PROCESSO CIVIL
EMPRESARIAL

CÂNDIDO RANGEL DINAMARCO

PROCESSO CIVIL EMPRESARIAL

2ª edição

PROCESSO CIVIL EMPRESARIAL

© CÂNDIDO RANGEL DINAMARCO

1ª edição: 06.2010.

ISBN 978-85-392-0232-4

Direitos reservados desta edição por
MALHEIROS EDITORES LTDA.
Rua Paes de Araújo, 29, conjunto 171
CEP 04531-940 – São Paulo – SP
Tel.: (11) 3078-7205
Fax: (11) 3168-5495
URL: www.malheiroseditores.com.br
e-mail: malheiroseditores@terra.com.br

Composição
PC Editorial Ltda.

Capa
Criação: Vânia Lúcia Amato
Arte: PC Editorial Ltda.

Impresso no Brasil
Printed in Brazil
04.2014

UMA DEDICATÓRIA
QUE É UMA HOMENAGEM

Dedico este livro aos meus colegas de trabalho, integrantes do Escritório DINAMARCO E ROSSI ADVOCACIA. Lá estão meus filhos Cândido e Pedro, lá estão meus velhos amigos Luiz Rodovil Rossi, José Roberto dos Santos Bedaque e Tarcisio Silvio Beraldo e lá está um grupo de jovens a quem devo muito do que venho fazendo na profissão. São advogados formados pelas melhores Faculdades de São Paulo, quase todos vindos desta nossa *escola*, que freqüentam desde os tempos de estagiários; e são estagiários que no presente trilham a mesma trilha que seus colegas já trilharam.

O que está escrito neste livro é fruto do trabalho e do talento de todos, que muito, e com muita dedicação e eficiência, vêm participando desse combate do nosso dia-a-dia. Ao dedicar a todos eles este livro que é fruto do trabalho de todos, quero reproduzir uma mensagem que no passado já lhes dirigi e agora quero levar ao conhecimento público.

Eu vejo nosso Escritório, ao mesmo tempo, como uma empresa, como uma escola, como uma família e, talvez sobretudo, como uma instituição.

Como empresa, ele é o instrumento organizado e estruturado do exercício profissional pelos advogados e estagiários que o integram. Essa é uma empresa profundamente comprometida com a prestação de bons serviços, no nível mais elevado de que sejamos capazes e sempre com vista a resultados. A virtude e o sucesso de uma empresa medem-se, afinal de contas, pelos resultados obtidos. Nossa empresa os busca mediante a conjugação de um conjunto de posturas profissionais, que passam pela seleção de pessoal, pela exigência de profundo empenho de cada um dos profissionais, pela limitada delegação de funções, pela constante presença e participação contínua dos sócios fundadores e advogados seniores. Temos e vivenciamos todos a convicção de que o talento de cada um só será produtivo de resultados na medida em que for acompanhado de uma extrema atenção e aplicação aos casos que nos são confiados – porque, se sem talento não é possível produzir trabalhos de bom nível, também sem muita aplicação o talento seria inócuo e improdutivo. Cultivamos também as posturas rigorosamente profissionais e éticas exigíveis de todo advogado, seja perante a clientela, seja perante as partes e advogados adversários, seja principalmente perante o Poder Judiciário. Temos a convicção de que esse profissionalismo ético é o penhor de uma credibilidade que só ao longo de muitos anos se conquista e não deve ser jogado ao vento por condutas impensadas ou incompatíveis com nossos sagrados deveres.

Como escola, levamos muito a sério nosso dever na formação de profissionais, especialmente mediante perenes instruções aos nossos estagiários, que vêm das principais Faculdades de Direito da Capital e aqui vão crescendo segundo seus próprios méritos e mediante o acompanhamento pelos advogados aos quais se reportam. Das funções mais modestas e acompanhamento das causas no fórum e nos tribunais, eles passam à redação de meras petições de juntada e gradualmente vão recebendo funções mais nobres, amadurecendo segundo os méritos de cada um e sempre em contato com os profissionais mais experientes. A maioria de nossos advogados vem dessa origem, mas também os profissionais que aqui ingressam quando já laureados recebem toda atenção e vão se amoldando aos nossos estilos e às nossas práticas. Nós nos consideramos Mestres e a maior realização de um Mestre é o progresso científico e profissional de seus discípulos.

Como família, esmeramo-nos em deixar portas abertas a todo diálogo desejado pelos mais novos, sem rígidas barreiras hierárquicas e com pleno acesso aos mais antigos e experientes. O informalismo de nosso convívio prescinde daquelas práticas que isolam os mais graduados dos principiantes. Nossa família é ex-

tremamente solidária e muito me orgulho do convívio com todos os integrantes de nosso grupo.

E assim é que, com os olhos postos no futuro que transcende à vida de cada um de nós, alimento a esperança de que essa empresa, essa escola e essa família sejam capazes de sobreviver a cada um de nós, prosseguindo com nossos discípulos e com os discípulos de nossos discípulos e firmando-se como verdadeira instituição no cenário das instituições forenses de nossa terra. Que a nós e a eles Deus dê forças e méritos para que isso aconteça.

CÂNDIDO RANGEL DINAMARCO

SUMÁRIO

Apresentação 39

TÍTULO I
O PROCESSO NOS TRIBUNAIS

I – MODULAÇÃO DOS EFEITOS DA DECLARAÇÃO DE INCONSTITUCIONALIDADE

§ 1º – O TEMA E A CONSULTA
1. armadilhas 43
2. armadilhas e armadilhas (do individual ao universal) 45
3. uma jurisprudência constante por duas décadas 46
4. a perspectiva de uma mudança jurisprudencial 47

§ 2º – O TEMA CENTRAL, OS CORRELATOS E A VISÃO SISTEMÁTICA DA SITUAÇÃO
5. a jurisprudência, meio informal de mudança da Constituição e das leis 49
6. uma escalada legislativa bem definida: valorização dos precedentes 50
7. entre a influência e o poder 52
8. jurisdição, jurisprudência, poder, influência e súmulas 54
9. uma decisão que se anuncia e uma influência praticamente equiparada ao poder 57
10. o previsível impacto de uma nova jurisprudência: uma influência inevitável 59
11. fundamento ético e político do veto à retroatividade: o *substantive due process of law* 60
12. irretroatividade de uma possível mudança jurisprudencial 62

§ 3º – FUNDAMENTO LEGAL E MEIOS PROCESSUAIS
13. a necessidade de oferecer tutelas adequadas apesar da inexistência de uma disciplina formal direta 65
14. o art. 27 da lei n. 9.868, de 10.11.99 (Lei da Ação Direta) 66
15. estreita analogia e presença dos requisitos 69
16. a solução proposta 70
17. uma sadia jurisprudência que se esboça 71
18. evitar um desconfortável paradoxo 72

II – CONTROLE DIFUSO DE CONSTITUCIONALIDADE: EFICÁCIA DA DECISÃO

§ 1º – O TEMA E A CONSULTA
19. os antecedentes e a situação processual pendente 75
20. os temas processuais 76

§ 2º – A DIMENSÃO ATUAL DA SÚMULA N. 343-STF
21. entre a justiça e a efetividade das decisões judiciárias – o equilíbrio do sistema processual 77
22. entre a coisa julgada e a ação rescisória – a Súmula n. 343 do Supremo Tribunal Federal 79
23. o núcleo resistente da Súmula n. 343: divergência entre tribunais em matéria infraconstitucional 81
24. qual a razão de ser da distinção estabelecida na aplicação da Súmula n. 343? 81
25. a supremacia da Constituição Federal e o Supremo Tribunal Federal como guarda da Constituição 82
26. a dimensão da *matéria constitucional* que afasta a incidência da Súmula n. 343 83
27. acórdão em conformidade com a jurisprudência do tempo e alterações ulteriores à propositura da ação rescisória 85

§ 3º – SOBRE AS SUPERVENIENTES DECISÕES CONTRÁRIAS DO SUPREMO TRIBUNAL FEDERAL
28. ainda sobre os temas constitucionais: jurisprudência 87
29. pronúncia de constitucionalidade ou de inconstitucionalidade em controle abstrato ou em controle difuso 88

§ 4º – RECAPITULAÇÃO E CONCLUSÕES SUCINTAMENTE FUNDAMENTADAS
30. visão panorâmica 90
31. imperiosa aplicação da Súmula n. 343 e carência da ação rescisória 91
32. inexistência de violação a disposição constitucional 92
33. modulação dos efeitos da declaração 93

III – EMBARGOS DE DIVERGÊNCIA NO SUPREMO TRIBUNAL FEDERAL
34. uma seqüência de recursos no Supremo Tribunal Federal 94
35. o fundamento dos segundos embargos de divergência: uma suposta inexistência de omissão 95
36. um elegante tema de ordem constitucional 96
37. vicissitudes históricas do recurso extraordinário 97
38. nascem os embargos de divergência no sistema de ampla competência do Supremo 98
39. mas sobreveio uma outra ordem constitucional 99
40. a dificuldade criada e a necessidade de uma interpretação sistemática 99
41. uma outra dificuldade sistemática 100

SUMÁRIO 11

42. conclusão: embargos alheios à competência do Supremo Tribunal Federal... 102

IV — EMBARGOS DE DIVERGÊNCIA
A ACÓRDÃO PROFERIDO EM AGRAVO INTERNO

43. o tema... 104
44. dois fatores históricos relevantes... 105
45. entre a lei e o regimento.. 105
46. os poderes do relator.. 106
47. unindo os pontos: decisões sobre o mérito do recurso especial. 108
48. tornando ao caso e concluindo... 111

V — SUSPENSÃO DO MANDADO DE SEGURANÇA
PELO PRESIDENTE DO TRIBUNAL

49. o caso... 113
50. duas fundamentais questões de direito processual........................ 115
51. a natureza jurídica da medida suspensiva....................................... 116
52. ação ou não, o resultado é o mesmo.. 118
53. fatos impeditivos e tipificação legal.. 120
54. doutrina e legislação.. 123
55. questões da competência absoluta dos órgãos colegiados........ 125
56. da liminar à sentença concessiva da segurança........................... 127
57. jurisprudência... 128
58. sobre a sentença sujeita a recurso.. 131
59. execução provisória de mandado de segurança............................ 132
60. inadmissível a suspensão sem pedido específico......................... 134
61. casos estritos... 135
62. os valores em jogo e uma necessária linha de equilíbrio............ 136
63. sobre a Súmula n. 626 do Supremo Tribunal Federal................ 137

VI — CONFLITO POTENCIAL DE COMPETÊNCIA E SUSPENSÃO
COLETIVA DE LIMINARES EM MANDADO DE SEGURANÇA

64. um grande número de ações individuais e coletivas.................. 140
65. a consulta e o tema.. 141
66. sobre a suspensão de liminar: aspectos conceituais básicos...... 141
67. um expressivo precedente e seu relevante significado sistemático 143
68. situação intimamente análoga... 145
69. admissível o conflito de eficácia coletiva...................................... 146

TÍTULO II
AÇÃO CIVIL PÚBLICA

VII — AÇÃO CIVIL PÚBLICA E SEPARAÇÃO DE PODERES — LIMITAÇÕES
AO CONTROLE JURISDICIONAL E ÀS MEDIDAS DE URGÊNCIA

§ 1º — ANTECEDENTES
70. a causa, a decisão e os temas.. 149

71. os quesitos... 151

§ 2º – IMPOSSIBILIDADE JURÍDICA DA DEMANDA
72. impossibilidade jurídica – do conceito tradicional à impossibilidade da demanda... 151
73. vetos legais, político-constitucionais ou sistemáticos............... 153
74. uma impossibilidade jurídica de fundo político-constitucional. 156
75. uma severa garantia constitucional de legalidade..................... 158
76. discricionariedade e critérios do legislador, não do juiz........... 160
77. infração à isonomia e à paridade de armas na concorrência...... 162
78. o Código de Defesa do Consumidor e os limites da tutela que oferece.. 164

§ 3º – ANTECIPAÇÃO DE TUTELA E EFEITOS DA APELAÇÃO
79. ausente o *fumus boni juris*... 166
80. a debilidade do *fumus boni juris* impõe maior atenção quanto à urgência... 167
81. uma antecipação inócua.. 167
82. o juízo do mal maior.. 169
83. recurso sem efeito suspensivo.. 170

§ 4º – O PRAZO PARA CUMPRIR E O VALOR DAS MULTAS
84. o início do prazo para cumprimento da medida antecipatória... 172
85. o valor das *astreintes*.. 174

§ 5º – CONCLUSÕES E RESPOSTAS AOS QUESITOS
86. síntese conclusiva.. 176
87. respostas aos quesitos.. 177

VIII – UMA AÇÃO CIVIL PÚBLICA JURIDICAMENTE IMPOSSÍVEL
– SUSPENSÃO DE ATIVIDADES DE ASSOCIAÇÃO
– CARÊNCIA DE AÇÃO E INCOMPETÊNCIA

§ 1º – OS ANTECEDENTES, A CONSULTA, OS TEMAS
88. a entidade consulente... 179
89. uma ação civil pública promovida pelo Ministério Público do Trabalho... 180
90. a consulta e os temas sugeridos... 181

§ 2º – INCOMPETÊNCIA ABSOLUTA DA JUSTIÇA DO TRABALHO E ILEGITIMIDADE *AD CAUSAM* DO MINISTÉRIO PÚBLICO DO TRABALHO
91. competência de jurisdição: uma competência rigorosamente absoluta... 184
92. o significado do caráter absoluto de uma competência............ 186
93. a distribuição constitucional das competências de jurisdição.... 187
94. qual relação de trabalho?... 188
95. manifesta incompetência da Justiça do Trabalho...................... 191
96. ilegitimidade ativa do Ministério Público do Trabalho............. 192

SUMÁRIO 13

97. matéria puramente civil, nada de trabalhista 193

§ 3º — A IMPOSSIBILIDADE JURÍDICA DESSA DEMANDA E OS DIVERSOS
FUNDAMENTOS QUE CONDUZEM A ELA
98. o teor da demanda deduzida e sua impossibilidade jurídica 195
99. impossibilidade jurídica da demanda – vetos constitucionais, legais ou sistemáticos 197
100. uma autêntica associação 198
101. norma explícita sobre a suspensão e dissolução 199
102. uma medida antecipatória de tutela jurisdicional com eficácia limitada a seis meses 200
103. uma antecipação pedida em caráter definitivo e sem ligação a um pedido de dissolução de sociedade 203
104. uma concreta impossibilidade jurídica 203
105. suspensão perpétua? uma *contradictio in terminis* 204
106. medida antecipatória de quais efeitos definitivos? 206
107. a suposta inconstitucionalidade do decreto regulamentador 207
108. reavivando conceitos fundamentais e concluindo o capítulo..... 209

§ 4º — A INUTILIDADE DO PROVIMENTO JURISDICIONAL PEDIDO – AUSÊNCIA
DE INTERESSE PROCESSUAL E LEGITIMIDADE *AD CAUSAM*
109. tornando ao caso 210
110. interesse de agir (aspectos gerais) 211
111. qual utilidade? 212
112. legitimidade *ad causam*, destaque do interesse de agir 214
113. o CIEE é parte manifestamente ilegítima 215
114. inépcia da petição inicial, ilegitimidade passiva e mérito 216

§ 5º — INADMISSIBILIDADE DESSA AÇÃO CIVIL PÚBLICA POR AUSÊNCIA DO
REQUISITO DA ADEQUAÇÃO
115. os padrões de admissibilidade da ação civil pública 217
116. tutela coletiva: direitos ou interesses transindividuais............ 219
117. uma ação civil pública por direito coletivo 220
118. mas qual seria esse direito coletivo? meras amostragens setoriais 221
119. situações heterogêneas 223
120. inadequação da via processual 225
121. superposição à ação direta de inconstitucionalidade 226
122. carência de ação por falta do interesse-adequação 228

§ 6º — A DIMENSÃO TERRITORIAL DO PROVIMENTO PEDIDO E A
COMPETÊNCIA TERRITORIAL
123. relembrando e colocando questões 229
124. competência territorial: aspectos gerais e fundamentos sistemáticos 229
125. na ação civil pública 231
126. entre os temas da competência e da eficácia de âmbito nacional.. 233

127. sobre a pretendida eficácia de âmbito nacional 234
128. uma competência rigorosamente absoluta 236

§ 7º – PROVA PRODUZIDA NO INQUÉRITO CIVIL E GARANTIA DO CONTRADITÓRIO
129. inquérito civil: origens e função legítima no sistema 237
130. inquérito civil, garantia do contraditório e prova 238
131. investigações conduzidas sem observância do contraditório..... 239
132. indispensabilidade de produção da prova em juízo – ônus do Ministério Público.. 240

§ 8º – PROPOSIÇÕES CONCLUSIVAS
133. concluindo sinteticamente... 241
134. incompetência da Justiça do Trabalho............................... 241
135. ilegitimidade do Ministério Público do Trabalho 242
136. impossibilidade jurídica da demanda proposta – uma ilegítima "suspensão"... 243
137. impossibilidade jurídica da demanda proposta – uma medida antecipatória sem pedido principal.................................... 243
138. impossibilidade jurídica da demanda proposta – contra disposição expressa de um decreto legítimo.................................... 244
139. falta de interesse de agir... 245
140. ilegitimidade passiva *ad causam* 246
141. falta de interesse-adequação – inadmissibilidade da ação civil pública... 246
142. invasão da área da ação direta de inconstitucionalidade.......... 248
143. incompetência territorial... 248
144. inadmissível eficácia de âmbito nacional 249
145. indispensável produzir a prova em juízo 250
146. o ônus da prova é do Ministério Público 250

IX – AÇÃO CIVIL PÚBLICA E REUNIÃO DE CAUSAS – MERA AFINIDADE DE QUESTÕES POR UM PONTO COMUM DE FATO OU DE DIREITO

147. primeira aproximação e a consulta 251
148. a demanda proposta pela consulente e seus elementos essenciais 252
149. a ação dos dois Ministérios Públicos e seus elementos 253
150. preparando os raciocínios: a dúvida posta pelo MM. Juízo estadual.. 254
151. relações entre demandas 255
152. litispendência 255
153. continência 258
154. tornando ao caso 258
155. as partes dos dois processos são distintas 259
156. nem litispendência nem continência 261
157. mera afinidade de questões e não conexidade entre as duas causas.. 262

SUMÁRIO 15

158. sobre a conexidade e a utilidade de seu reconhecimento em casos concretos... 262
159. uma ligação muito tênue entre as causas de pedir................... 264
160. afinidade de questões... 266
161. mera afinidade não dá causa à prorrogação de competência..... 267
162. conclusões finais: nem litispendência nem continência nem conexidade.. 268

**X — SEGURO COLETIVO POR ADESÃO
E UMA AÇÃO CIVIL PÚBLICA SEM IMPACTO DE MASSA**

§ 1º — O CASO E A CONSULTA
163. a ação civil pública examinada e os pedidos que contém.......... 270
164. os diversos tipos de seguros de saúde e a posição de cada uma das rés.. 271
165. a consulta e os quesitos.. 272

§ 2º — CONFLITOS CONSTITUCIONAIS E LEGAIS — IMPOSSIBILIDADE JURÍDICA DA DEMANDA
166. impossibilidade jurídica *da demanda* — vetos constitucionais, legais ou sistemáticos... 273
167. tornando ao caso: o controle atuarial de um plano coletivo por adesão... 273
168. não há disposição legal proibindo recusas................................ 276
169. decisão judiciária sem caráter universal e com infração à isonomia.. 277
170. uma concreta impossibilidade jurídica — carência de ação e extinção do processo... 278

§ 3º — FALTA O LEGÍTIMO INTERESSE PROCESSUAL
171. os padrões de admissibilidade da ação civil pública................. 279
172. as três categorias de direitos ou interesses transindividuais..... 281
173. uma ação civil pública por direitos individuais homogêneos.... 283
174. mas quais seriam esses direitos individuais homogêneos?........ 284
175. heterogeneidade e pequeno grupo de favorecidos.................... 285
176. uma ação civil pública também por direito coletivo................. 287
177. mas qual seria esse direito coletivo?... 290
178. situações heterogêneas... 291
179. inadequação da via processual e conseqüente carência de ação 291
180. tornando ao interesse de agir... 292

§ 4º — CONCLUSÃO
181. respostas aos quesitos.. 293

**XI — AÇÃO CIVIL PÚBLICA, FUSÃO DE SINDICATOS
E AUMENTO DA BASE DOS SINDICALIZADOS FAVORECIDOS**

182. um conflito entre sindicatos... 295
183. uma fusão de sindicatos... 296

184. substituição processual: o substituto e a posição ocupada pelos substituídos 296
185. inadmissível o aumento do universo de substituídos 298
186. conclusão: decisão limitada aos filiados ao primeiro sindicato. 299

TÍTULO III
PROBLEMAS DA COISA JULGADA

XII — CONFLITO ENTRE DUAS COISAS JULGADAS

187. dois processos distintos, duas demandas julgadas, duas coisas julgadas opostas 303
188. as questões postas e a consulta recebida., ... 305
189. pedidos ou recursos prejudicados: linguagem imprecisa nos juízos e tribunais 305
190. prejudicialidade 306
191. este não é um caso de prejudicialidade jurídica 307
192. o recurso prejudicado, segundo a visão corrente nos tribunais.. 309
193. o agravo da Fazenda mineira não perdera objeto 311
194. a coisa julgada anterior não excluía o interesse recursal 312
195. trânsito em julgado: conseqüência natural do descumprimento de um ônus pela Fazenda 312
196. a nova coisa julgada: efeito da decisão do sr. Relator 314
197. a elegante questão das duas coisas julgadas conflitantes 315
198. coisa julgada material: sua conceituação jurídica 316
199. justificação político-institucional e convivência com outros valores 320
200. tornando à questão posta pela consulente 321
201. a eficácia natural dos atos estatais e a revogação de sentença por sentença 322
202. os ônus processuais e o sistema processual das nulidades 324
203. confirmação da tese: o ônus de propor ação rescisória 327
204. proposições conclusivas 328

XIII — EFICÁCIA DA SENTENÇA, COISA JULGADA, QUESTÕES PREJUDICIAIS E A POSIÇÃO DO SUCESSOR

§ 1º — OS TEMAS, O CONTEXTO FÁTICO, AS DECISÕES, A CONSULTA

205. os temas 330
206. o contexto fático e o V. acórdão proferido em favor da consulente 331
207. ulteriores questionamentos pela Fazenda do Estado 332
208. alienação de alguns estabelecimentos e sucessão no direito 333
209. decisões da Justiça paulista 333

§ 2º — O RICO TEMA DA INTERPRETAÇÃO DA SENTENÇA E A DIMENSÃO DO V. ACÓRDÃO INTERPRETADO

210. sobre a interpretação da sentença: abordagem geral 334

SUMÁRIO 17

211. direito e processo – indispensável uma interpretação integrada 336
212. uma inadmissível interpretação restritiva 338
213. a lei quer a interpretação *estrita* do pedido, não *restritiva* 339
214. interpretando o pedido da consulente 341
215. sobre a autoridade da coisa julgada e seus destinatários 343
216. a autoridade da coisa julgada em causas tributárias: um esclarecimento 345
217. tornando às demandas que vêm sendo postas em juízo 347
218. prejudicialidade: remissão a outro capítulo da obra 348
219. o caso em exame e a coisa julgada sobre a decisão prejudicial. 348

§ 3º – A SITUAÇÃO DO SUCESSOR

220. a alienação de alguns estabelecimentos e as exigências do fisco perante o adquirente 350
221. sucessão: abordagem conceitual 352
222. o Carrefour como sucessor de Americanas em relação à situação fiscal das filiais adquiridas 353

XIV – COISA JULGADA, ASSISTÊNCIA E EFICÁCIA DA INTERVENÇÃO

223. o contexto litigioso 354
224. a consulta e os temas 355
225. sobre a assistência 355
226. o objeto do processo 356
227. a intervenção do assistente e o alcance da coisa julgada 357
228. a eficácia da intervenção do assistente 360
229. as repercussões da intervenção perante a consulente 361
230. as repercussões da intervenção perante as associadas da consulente 364
231. responsabilidade do assistente pelo custo do processo 366
232. conclusões 367

XV – COISA JULGADA EM MATÉRIA TRIBUTÁRIA
E SENTENÇA PARA O FUTURO

233. antecedentes – a causa decidida e o trânsito em julgado 369
234. fatos subseqüentes – autuação 370
235. a consulta – quesitos 371
236. o tema e sua sede 371
237. a coisa julgada e os efeitos da sentença 373
238. variadas vias processuais 375
239. distinções relevantes 377
240. as sentenças que contêm decisão negativa em via principal 378
241. tornando ao caso da consulta: a mais importante das distinções 381
242. sobre a autoridade da coisa julgada e seus destinatários 383
243. a autoridade da coisa julgada em causas tributárias 385
244. as sentenças para o futuro 386
245. sentenças para o futuro, sua eficácia e dimensão da coisa julgada 388

246. ainda a coisa julgada *rebus sic stantibus* (tornando ao caso)..... 390
247. conclusão central... 392
248. jurisprudência – intercorrência de fatos novos relevantes......... 394
249. respostas aos quesitos... 396

Título IV
ATIVIDADES EMPRESARIAIS DIVERSAS

XVI – PLANO ECONÔMICO E COISA JULGADA

250. uma demanda vitoriosa e os limites da condenação e da execução... 401
251. a segunda demanda: processo extinto sem julgamento do mérito 402
252. a consulta... 403
253. pressupostos de admissibilidade do julgamento do mérito........ 403
254. dos conceitos estáticos de coisa julgada e litispendência aos impedimentos ao julgamento do mérito... 404
255. causas de pedir e pedidos diferentes... 407
256. síntese e conclusão: nova demanda plenamente admissível...... 409

XVII – AÇÃO DE NULIDADE DE PATENTE
– PREJUDICIALIDADE E OUTRAS QUESTÕES PROCESSUAIS

257. as demandas propostas e pendentes... 411
258. a consulta e os temas.. 413
259. legitimidade e interesse de agir – aquela é um aspecto deste.... 413
260. o interesse e a legitimidade da consulente.................................. 414
261. também presentes a legitimidade e o interesse à antecipação de tutela... 416
262. prejudicialidade.. 417
263. uma fortíssima relação prejudicial.. 419
264. natureza constitutiva negativa da sentença pedida e sua eficácia *ex nunc*.. 421
265. o tratamento a ser dado às *ações de infração*............................. 423
266. suspensão prejudicial – não importa qual das causas foi proposta antes.. 423
267. as múltiplas alternativas para o julgamento da causa prejudicial.. 424
268. julgamento antecipado do mérito.. 426
269. improcedência das *ações de infração* e não impedimento ao seu julgamento pelo mérito.. 427
270. tornando à liminar concedida e sua influência atual sobre as outras causas... 428
271. suspensão dos processos por tempo indeterminado................... 429
272. inadmissível qualquer medida urgente contrariando aquela liminar... 430

SUMÁRIO

XVIII — INDÚSTRIA SUCROALCOOLEIRA
— DISCRICIONARIEDADE ADMINISTRATIVA E AÇÃO RESCISÓRIA

273. o caso 431
274. a causa julgada e os fundamentos da ação rescisória proposta.. 433
275. erro de fato: matéria preclusa 434
276. duas razões para a impropriedade da alegação de erro de fato.. 435
277. responsabilidade objetiva do Estado (Const., art. 37, § 6º) 437
278. a disposição constitucional foi aplicada com toda fidelidade.... 439
279. as disposições legais, suas interpretações possíveis e os limites da atuação do Poder Público 440
280. entre a discricionariedade e o devido processo legal 441
281. razões concretas para afastar a discricionariedade 443
282. ainda a lei é sua interpretação 444
283. conclusões: fundamentos suficientes e reciprocamente autônomos 446

XIX — RELAÇÕES JURÍDICAS SECURITÁRIAS — QUESTÕES PROCESSUAIS

§ 1º – O CASO – ASPECTOS GERAIS
284. demandas que se repetem 450
285. a defesa das seguradoras e o estado dos processos 451
286. a consulta e o objeto do presente parecer 452
287. duas espécies de contratos de seguro: de vida e de acidentes pessoais 453

§ 2º – SOBRE A REGÊNCIA DOS CONTRATOS DE SEGURO
288. relações de consumo 454
289. antinomia entre os dois Códigos? conflitos no tempo? 457
290. ainda sobre a prevalência de um dos Códigos 460
291. prevalência do Código Civil — autênticas normas consumeristas 461
292. as cláusula impugnadas e a lei — seguros de acidente, não de vida 463
293. cláusula determinada pela própria SUSEP 464

§ 3º – IMPOSSIBILIDADE JURÍDICA DA DEMANDA
294. aspectos gerais 465
295. uma impossibilidade jurídica de fundo político-institucional.... 466
296. uma severa garantia constitucional de legalidade 468
297. discricionariedade e critérios do legislador, não do juiz 469
298. infração à isonomia e à *paridade em armas* na concorrência.... 471

§ 4º – LITISCONSÓRCIO NECESSÁRIO
299. sobre o litisconsórcio necessário — um apanhado geral de temas 473
300. a posição da SUSEP no sistema nacional de seguros 474
301. a posição da SUSEP em caso de procedência das demandas da ANADEC 475

§ 5º – COMPETÊNCIA DA JUSTIÇA FEDERAL
302. competência da Justiça Federal... 478
303. competência também para pronunciar-se sobre esse litisconsórcio necessário.. 479
§ 6º – CONCLUSÕES
304. respostas aos quesitos.. 480

XX – CUMULAÇÃO DE PEDIDOS EM MATÉRIA TRIBUTÁRIA, LITISCONSÓRCIO NECESSÁRIO E CONCURSO ELETIVO DE FOROS

§ 1º – PREPARANDO A EXPOSIÇÃO
305. duas empresas e serviços prestados em dezenas de municípios 482
306. exigências referentes ao ISS e isenção no Município de Guaratinguetá... 483
307. uma demanda em via de ser proposta – os pedidos e os diversos fundamentos.. 484
308. um grande litisconsórcio necessário-unitário e a competência de foro... 485

§ 2º – CÚMULO DE PEDIDOS E DE FUNDAMENTOS
309. a pretensão central dos consulentes e seus fundamentos autônomos... 486
310. concurso objetivo de direitos e de ações....................................... 488
311. o acolhimento de um dos fundamentos será suficiente (confirmação na lei)... 489
312. os pedidos subsidiários.. 492

§ 3º – UM LITISCONSÓRCIO NECESSÁRIO-UNITÁRIO
313. um grupo grande de litisconsortes passivos................................. 494
314. litisconsórcio necessário e legitimidade *ad causam*.................... 494
315. sobre o litisconsórcio necessário-unitário..................................... 497
316. ainda a incindibilidade das situações jurídicas............................. 498
317. não só as sentenças constitutivas... 499
318. o litisconsórcio necessário-unitário no Código de Processo Civil 501
319. a excepcionalidade do litisconsórcio necessário........................... 502
320. um indiscutível litisconsórcio necessário-unitário....................... 503
321. sem possibilidade de cindir-se territorialmente........................... 505

§ 4º – DOIS TEMAS RELATIVOS À COMPETÊNCIA TERRITORIAL
322. trinta-e-cinco Municipalidades situadas em dois Estados........ 506
323. foros eletivamente concorrentes: visão sistemática..................... 507
324. típico caso de foros concorrentes – o de Guaratinguetá é um deles... 508
325. diferentes Estados da Federação: ponto inteiramente destituído de relevância... 509

§ 5º – ANTECIPAÇÃO DE TUTELA
326. providências já tomadas por algumas Municipalidades............. 511

SUMÁRIO 21

327. antecipação de tutela, razão de ser e os requisitos para sua concessão... 512
328. males de difícil reparação (procedimentos tributários já instaurados)... 513
329. a grande probabilidade do direito... 514

§ 6º – PROPOSIÇÕES CONCLUSIVAS
330. primeira conclusão: litisconsórcio necessário-unitário e portanto indissolúvel... 515
331. segunda conclusão: prevenção do foro escolhido pelos autores 516
332. terceira conclusão: imperiosa tutela antecipada... 517

XXI – CONTRATO ADMINISTRATIVO, INDISPONIBILIDADE DE BENS E FORÇA OBRIGATÓRIA DOS CONTRATOS

333. os negócios ajustados entre a COPEL e sua atual adversária... 519
334. sucessivas decisões judiciárias desfavoráveis... 520
335. os temas e os quesitos... 521
336. transação... 522
337. o juiz e a transação... 524
338. sobre a disponibilidade ou indisponibilidade de direitos... 525
339. a transação entre os contratos administrativos... 527
340. a força obrigatória da transação... 529
341. um raciocínio às avessas (I)... 530
342. um raciocínio às avessas (II)... 532
343. uma autêntica transação... 534
344. uma força obrigatória reafirmada e enfatizada pela lei... 537
345. respostas sucintas aos quesitos... 537

XXII – RESPONSABILIDADE DO EMPREGADOR POR DANOS AO EMPREGADO – ÔNUS DA PROVA E PERÍCIA INIDÔNEA

346. processos trabalhistas com questões processuais civis... 539
347. as reclamações... 540
348. os acontecimentos processuais... 540
349. a responsabilidade civil do empregador – entre o direito material e o processo... 541
350. responsabilidade civil e causalidade... 542
351. no plano processual... 543
352. do objeto da prova ao ônus de provar... 545
353. a alegada potencialidade danosa das substâncias... 546
354. inversões do ônus da prova – a convencional e a legal... 547
355. sobre a insuficiência da prova produzida e o *state of the art*... 548
356. prova insuficiente e regra de julgamento – fato não provado é fato inexistente... 550
357. ônus da prova e custeio da perícia... 551
358. perícias com expectativa de honorários *ad exitum*... 553
359. sobre a perita sem qualificação profissional e científica adequada... 554

360. prova pericial e conhecimento técnico-científico 555
361. a escolha do perito: em princípio, escolha pessoal do juiz 557
362. limitações ao poder de escolha 558
363. a óbvia razão de ser da exigência de habilitação técnico-científica adequada 560
364. concluindo: a sra. perita nomeada não poderia ter sido nomeada 562
365. necessidade de nova perícia 562

XXIII – *SHOPPING CENTERS* E RELAÇÃO DE CONSUMO

366. o caso 565
367. primeira aproximação 565
368. relação *jurídica* de consumo – confronto com conceitos metajurídicos 566
369. conceitos *jurídicos* de consumo e de relação de consumo 568
370. *shopping centers* 570
371. reconfirma-se: os *shopping centers* são estranhos às relações de consumo 572

TÍTULO V
DIREITO SOCIETÁRIO

XXIV – SOCIEDADE MERCANTIL INCORPORADA
E RESIDUAL PERSONALIDADE JURÍDICA DE DIREITO PROCESSUAL

372. ação rescisória proposta por Trikem S.A. 575
373. uma colocação metodológica de primeira grandeza 577
374. tornando ao caso 578
375. personalidade jurídica – aspectos conceituais gerais 580
376. personalidade jurídica de direito processual 582
377. a residual personalidade processual de Trikem S.A. 584
378. situação não equiparável à de uma pessoa falecida 586
379. a participação ativa da sucessora Braskem 588
380. sobre a vontade nos atos jurídicos e a lógica do razoável 589
381. uma ponte entre os tópicos precedentes e os que virão a seguir 591
382. a disciplina dos defeitos dos atos processuais e o valor do escopo realizado 594
383. o pleno exercício da defesa pela ré e o procedimento sem tumultos 596
384. a sanabilidade dos vícios do processo 597
385. proposições conclusivas e sucintamente fundamentadas 600

XXV – SOCIEDADES ANÔNIMAS E LEGITIMIDADE DOS MINORITÁRIOS – QUESTÕES PROCESSUAIS

§ 1º – A CONSULTA

386. introdução 603

SUMÁRIO 23

387. as indagações – quesitos... 603
§ 2º – SOBRE A SUBSTITUIÇÃO PROCESSUAL
388. o art. 246, § 1º da Lei das Sociedades Anônimas..................... 605
389. substituição processual – primeira aproximação...................... 606
390. direito alheio, ação própria e condição de parte no processo.... 607
391. o direito alheio e a demanda proposta pelo substituto.............. 609
392. fundamentos da outorga de legitimidade ao substituto............. 610
393. efeitos sobre a esfera de direitos do substituído....................... 612
394. legitimidade extraordinária para hipóteses bem especificadas.. 615
395. o substituto processual e o representante – um é parte e o outro não é... 617
396. faculdade do substituto, dever do representante...................... 618
§ 3º – UM CASO TÍPICO DE SUBSTITUIÇÃO PROCESSUAL
397. tornando ao art. 246 e aos termos da consulta......................... 618
398. o representante, o poder de representação e os correspondentes deveres.. 621
399. os minoritários legitimados pelo art. 246 LSA – poderes limitados – uma faculdade, não um dever..................................... 622
400. os minoritários são típicos substitutos processuais................... 623
§ 4º – DECORRÊNCIAS DA CONDIÇÃO DE SUBSTITUTO PROCESSUAL
401. introdução do capítulo.. 624
402. os minoritários agem em nome próprio e não da companhia.... 625
403. o resultado positivo da causa beneficia diretamente a companhia.. 626
404. o valor da causa: invariável, sejam quantos forem os autores... 627
405. suportam os encargos financeiros do processo e recebem os honorários da sucumbência em caso de vitória......................... 629
406. admissível a intervenção de litisconsortes ulteriores................. 631
407. sem legitimidade para atos de disposição de direitos................ 633
408. desistência da ação pelo substituto processual......................... 634
409. ainda a desistência da ação: ato privativo dos substitutos processuais.. 635
410. a controladora que paga ao minoritário paga mal..................... 637
411. substituição processual e alienação de ações........................... 637
412. a coisa julgada vincula a companhia e todos os outros possíveis substitutos.. 642
413. o prêmio é dividido por igual entre os autores......................... 642
414. *idem* quanto às despesas e honorários da sucumbência............ 645
415. acordos entre o administrador e o controlador......................... 645
§ 5º – AÇÃO CIVIL PÚBLICA E AÇÃO DOS MINORITÁRIOS
416. a ação civil do Ministério Público (lei n. 7.913, de 7.12.89)..... 648
417. ação civil pública: outro caso de substituição processual.......... 649
418. direitos e interesses individuais homogêneos........................... 651
419. prejuízo direto, em oposição a prejuízo indireto....................... 652

420. a ação dos sócios e a ação civil pública da lei n. 7.913, de 7.12.89 653
421. nem litispendência nem coisa julgada 655
422. composição inadmissível e portanto ineficaz 656

XXVI – SOCIEDADES ANÔNIMAS E RESPONSABILIDADE CIVIL DO ADMINISTRADOR – LEGITIMIDADE DOS ACIONISTAS MINORITÁRIOS

§ 1º – APRESENTAÇÃO
423. antecedentes – o Condomínio Acionário........................... 658
424. as iniciativas judiciais... 659
425. análise das demandas propostas: primeira aproximação.... 660
426. a consulta e as questões suscitadas..................................... 662

§ 2º – ANÁLISE CRÍTICA DAS DEMANDAS DO ESPÓLIO DE MARTINHO
427. o cúmulo de pedidos proposto pelo autor e o sujeito passivo de cada um deles.. 663
428. a anulação da deliberação assemblear: um pedido que não foi feito... 664

§ 3º – ILEGITIMIDADE *AD CAUSAM* DO ESPÓLIO-AUTOR
429. o problema da legitimidade *ad causam* ativa em relação a cada um dos pedidos 664
430. sobre a legitimidade ordinária e a extraordinária (substituição processual)... 665
431. o sócio como representante ou como substituto processual 667
432. ilegitimidade do Espólio-autor em relação à responsabilidade dos diretores... 668
433. ilegitimidade em relação aos alegados danos diretos......... 671
434. ainda a ilegitimidade do Espólio-autor: conclusões do parágrafo 674

§ 4º – PRESCRIÇÃO E PREJUDICIALIDADE
435. prescrição: duas vertentes 675
436. responsabilidade civil: prescrição em três anos.................. 676
437. anulação dos contratos sem anular a deliberação social?... 678
438. prejudicialidade.. 678
439. a prejudicialidade e a prescrição (ou decadência) no caso em exame... 679
440. direito potestativo não exercido no prazo: decadência consumada.. 680
441. conclusão quanto aos pedidos de natureza não-pecuniária....... 682
442. conclusão geral do parágrafo: extinção de ambos os processos 683

§ 5º – ENTRE A INADMISSIBILIDADE DA PRETENSÃO PRINCIPAL E A DA INDISPONIBILIZAÇÃO DE BENS
443. relação de instrumentalidade entre a tutela cautelar e a principal... 683
444. indisponibilização de bens e defesa do patrimônio público 684
445. natureza jurídica do ato judicial de indisponibilização............ 686

SUMÁRIO 25

446. a destinação específica da indisponibilização, segundo a lei..... 687
447. sem *periculum in mora* – sequer a petição inicial o alegou adequadamente 688
448. sem *fumus boni juris* 689

§ 6º – VÍCIOS DA PETIÇÃO INICIAL, CONEXIDADE E RESPONSABILIDADE DO AUTOR
449. pedidos incompatíveis e parcial inépcia da petição inicial 691
450. conexidade 692
451. causas de pedir coincidentes 693
452. pedidos coincidentes 694
453. responsabilidade civil objetiva (CPC, art. 811) 695

§ 7º – SÍNTESE E CONCLUSÕES
454. síntese conclusiva 695
455. ação *individual* e ação *social* 696
456. ilegitimidade ativa na ação *social* 697
457. sobre os *prejuízos indiretos*: mais que simples ilegitimidade *ad causam* 697
458. prescrição: responsabilidade civil dos diretores 698
459. decadência: anulação de atos 698
460. ausente o *fumus boni juris* 699
461. sem *periculum in mora* 699
462. indisponibilização de bens: medida inadequada 700
463. cumulação indevida de pedidos – incompatibilidade 700
464. causas conexas e sua reunião 701
465. responsabilidade objetiva do autor 701

XXVII – ENTIDADES MANTENEDORAS DE ESTABELECIMENTOS DE ENSINO E CONVERSÃO EM SOCIEDADE LIMITADA – QUESTÕES PROCESSUAIS

466. o caso 703
467. a consulta 704
468. sociedades sem fins lucrativos – associações 704
469. a transformação e seu significado 707
470. o regime estabelecido em estatuto 708
471. a estrutura do Centro Hispano-Brasileiro de Cultura enquanto sociedade sem fins lucrativos 708
472. a decisão tomada em assembléia 709
473. a exclusão dos sócios e sua causa – a eficácia do art. 12 do estatuto social 711
474. ainda o art. 12 – interpretação sistemática do estatuto 713
475. controle jurisdicional 715
476. três ausências consecutivas e o julgamento antecipado do mérito 716
477. a assembléia e a ata 716
478. o pedido de inclusão de novos sócios por decisão judicial 718
479. sociedade de pessoas, não de capital 719
480. impossibilidade jurídica da demanda 721
481. dois quesitos, um só problema 722

482. dupla incompatibilidade – prejudicialidade............................. 724
483. indeferimento da petição inicial ou extinção do processo em momento ulterior.. 726
484. antecipação da tutela: razão de ser e requisitos básicos............ 728
485. respondendo aos quesitos... 730

XXVIII – DEBÊNTURES E CLÁUSULA DE DAÇÃO EM PAGAMENTO – QUESTÕES PROCESSUAIS

§ 1º – O CASO E A CONSULTA
486. antecedentes... 732
487. uma ação de consignação em pagamento e uma declaratória incidental, ambas movidas por Kieppe.. 733
488. questões de fato suscitadas no processo e o julgamento antecipado do mérito.. 734
489. os fundamentos da apelação e os temas trazidos à consulta...... 735

§ 2º – JULGAMENTO ANTECIPADO DO MÉRITO E DIREITO À PROVA
490. julgamento antecipado do mérito, direito à prova, livre convencimento judicial e devido processo legal............................ 736
491. entre o julgamento antecipado e o saneamento do processo..... 737
492. tornando ao caso: fatos dependentes de prova........................... 739

§ 3º – MOTIVAÇÃO INSUFICIENTE
493. a legítima dimensão do dever de motivar.................................. 742
494. tornando ainda uma vez ao caso: deficiências na fundamentação... 745

§ 4º – ENTRE O RIGOR CAMBIÁRIO E A EFICÁCIA DE UMA CLÁUSULA EXTRACARTULAR
495. relembrando pontos relevantes.. 746
496. títulos de crédito, abstração e cartularidade.............................. 748
497. a posição do endossatário.. 749
498. pleno conhecimento pelo Fundo.. 751
499. mas houve realmente um endosso?.. 752

§ 5º – ANTECIPAÇÃO DA TUTELA RECURSAL E JUÍZO DO MAL MAIOR
500. a situação concreta e o pedido de antecipação de tutela recursal... 753
501. o mal irreparável e a probabilidade de provimento do apelo..... 754
502. *periculum in mora*... 754
503. juízo do mal maior... 756
504. o *fumus boni juris* e o juízo do direito mais forte................... 758
505. sobre a eficácia abstrata do título executivo.............................. 760
506. urgência urgentíssima.. 762

§ 6º – SÍNTESE DAS CONCLUSÕES
507. sobre o indevido julgamento antecipado do mérito................... 763
508. sobre a insuficiente motivação da R. sentença.......................... 764
509. sobre a oponibilidade da cláusula ao cessionário...................... 765

SUMÁRIO 27

510. sobre a antecipação da tutela recursal 766

TÍTULO VI
DIREITO TRIBUTÁRIO, EXECUÇÃO E COMPETÊNCIA

XXIX – CONSELHO DE CONTRIBUINTES E LIMITES DA RESPONSABILIDADE DOS CONSELHEIROS

§ 1º – OS ANTECEDENTES E A CONSULTA
511. uma ação popular, seus fundamentos, seus pedidos 769
512. os temas desenvolver 771

§ 2º – ATOS DA ADMINISTRAÇÃO, DEFINITIVIDADE, CONTROLE JURISDICIONAL
513. alguns pormenores do caso e das decisões do E. Conselho 772
514. as alegações do autor popular em relação às decisões que impugna 773
515. inafastabilidade do controle jurisdicional 774
516. a coisa julgada e a imunidade dos efeitos dos atos administrativos 775
517. compromisso com a garantia do devido processo legal 776
518. definitividade 778
519. declaração de vontade do titular do poder de tributar: sua eficácia jurídico-substancial sobre o crédito 781
520. controle jurisdicional limitado 783
521. a tendência universalizadora da tutela jurisdicional e algumas legítimas limitações 784
522. o controle dos atos administrativos e a separação dos Poderes do Estado 786
523. o controle jurisdicional na ação popular e sua limitação 788
524. tornando ao caso concreto e concluindo o capítulo 790

§ 3º – PREJUDICIALIDADE E DECADÊNCIA
525. o autor pede somente a condenação a ressarcir, não a anulação de atos 793
526. relações jurídicas dominantes e relações dependentes – pedidos sucessivos 793
527. anulação do ato e condenação dos agentes e beneficiários: relação de prejudicialidade 796
528. definitividade, decadência, prejudicialidade 799
529. nenhum pedido *principal* relativo aos srs. conselheiros 801

§ 4º – CONCLUSÕES PONTUAIS FUNDAMENTADAS
530. a definitividade das decisões do Conselho vincula a Administração 803
531. é inadmissível condenar sem anular 805
532. decadência do direito à anulação e extinção de supostas obrigações de indenizar 807
533. encargos da sucumbência sem sucumbência? 807

XXX – DEPÓSITO JUDICIAL DE VALORES EM DINHEIRO

534. um procedimento administrativo pendente perante o Col. Conselho Nacional de Justiça...	809
535. o tema e a sede jurídico-positiva da questão.............................	810
536. a consulta, os temas e a estrutura do parecer............................	811
537. execução por quantia, penhora e depósito – premissas conceituais básicas..	812
538. a escolha do depositário – critério central e regras ordinárias...	813
539. a *mens legis*...	813
540. o Banco do Brasil de ontem e o de hoje: de um agente estatal a uma autêntica instituição financeira..	815
541. uma sociedade de economia mista..	817
542. a Caixa Econômica Federal: uma empresa pública também inserida no mercado financeiro...	818
543. concorrência em busca de lucro – o lucro das instituições financeiras com os depósitos judiciais...	819
544. o falso mito da idoneidade maior..	820
545. tornando ao art. 666 do Código de Processo Civil e à sua inserção no contexto institucional de ontem e de hoje..........................	821
546. a competitividade: princípio básico das licitações.......................	822
547. aparente inconstitucionalidade do art. 666, inc. I, em sua cômoda leitura literal..	823
548. interpretação conforme à Constituição Federal – abordagem geral..	824
549. interpretação: abordagem geral e interpretação sistemática......	825
550. conclusão: a interpretação proposta – significado contextual do advérbio *preferencialmente*...	827
551. tornando à técnica processual: depositários idôneos e suficientemente confiáveis...	829

XXXI – EXCEÇÃO DE PRÉ-EXECUTIVIDADE, EMBARGOS DO EXECUTADO, HONORÁRIOS DA SUCUMBÊNCIA E DIREITO INTERTEMPORAL

552. antecedentes..	831
553. os litígios antes travados entre as partes.....................................	832
554. a execução pendente...	832
555. os quesitos...	833
556. decisões no curso da execução: razões e limites de sua admissibilidade..	834
557. regras sobre as objeções de pré-executividade...........................	836
558. tornando ao caso: a exceção rejeitada e os embargos depois opostos..	838
559. sentença terminativa, insuscetível de coisa julgada material.....	838
560. não havia o óbice da coisa julgada aos embargos opostos pelo consulente...	840
561. citação realizada na vigência da lei antiga...................................	841
562. direito processual civil intertemporal: abordagem geral............	841

SUMÁRIO 29

563. o termo inicial do prazo para embargar segundo a lei antiga e segundo a nova.. 844
564. conclusão: os embargos foram opostos tempestivamente........ 846
565. honorários da sucumbência: abordagem geral e o Estatuto da Advocacia.. 846
566. entre um crédito e um direito de propriedade........................... 848
567. legitimidade passiva dos sucumbentes, não do cliente............. 849
568. sucumbências futuras e incertas: meras expectativas ou esperanças, não direitos.. 850
569. concluindo: o Banco não é devedor nem parte legítima para essa execução... 851

XXXII – COMPETÊNCIA INTERNACIONAL
E CONDIÇÕES DA AÇÃO MERAMENTE DECLARATÓRIA

§ 1º – INTRODUÇÃO – O TEMA E A CONSULTA

570. as partes, a demanda e os pedidos que contém........................ 852
571. os fundamentos dos pedidos: uma história de negócios entre empresas... 853
572. os temas processuais a desenvolver e os quesitos..................... 854

§ 2º – AUSENTES O INTERESSE DE AGIR E A LEGITIMIDADE ATIVA

573. a missão da ação meramente declaratória no quadro da função jurisdicional.. 856
574. a ação meramente declaratória em sua feição específica: a dúvida objetiva e o interesse de agir.. 857
575. a leitura adequada do art. 4º, inc. I, do Código de Processo Civil... 858
576. interesse-necessidade e interesse-adequação........................... 859
577. ausentes a necessidade e a adequação..................................... 861
578. a motivação expressa na petição inicial: temor de insolvência. 863
579. alterando o enfoque: do interesse de agir à legitimidade *ad causam*... 864
580. legitimidade *ad causam*: noções conceituais e justificação da exigência... 864
581. manifesta ilegitimidade: nem legitimidade ordinária nem extraordinária... 866
582. nítida feição de uma ação coletiva, sem os requisitos para sua admissibilidade... 867
583. e a coisa julgada em face de terceiros? total inutilidade do julgado.. 869

§ 3º – INCOMPETÊNCIA DA AUTORIDADE JUDICIÁRIA BRASILEIRA

584. as regras de competência internacional e sua justificação política.. 870
585. passando ao caso em exame.. 872
586. fato ocorrido ou ato praticado no país (CPC, art. 88, inc. III)? contratos celebrados na França.. 872

587. obrigação a ser cumprida no país (CPC, art. 88, inc. II)? também não 874
588. competência internacional e competência interna: esclarecimento 875

§ 4º – RESPOSTAS CONCLUSIVAS AOS QUESITOS
589. essa ação declaratória é inadmissível.. 876
590. nem legitimidade ordinária nem extraordinária........................... 877
591. a autoridade judiciária brasileira é incompetente........................ 877

XXXIII – PREVIDÊNCIA COMPLEMENTAR, BANCO CENTRAL
E COMPETÊNCIA DA JUSTIÇA FEDERAL

592. o caso, o contexto e os temas de direito processual................... 879
593. significado e alcance das medidas postuladas na demanda inicial... 880
594. litisconsórcio necessário... 881
595. os resultados possíveis em caso de procedência da demanda principal... 883
596. cont.: em face do Banco Central do Brasil.................................... 884
597. caso típico de litisconsórcio necessário-unitário......................... 885
598. competência da Justiça Federal.. 887
599. uma jurisprudência impertinente alegada pelos autores............ 888
600. competência para pronunciar-se sobre esse litisconsórcio necessário.. 889
601. nulidade das decisões tomadas pela Justiça do Distrito Federal 890
602. pronúncia da incompetência e imediata remessa à Justiça Federal... 891

TÍTULO VII
TEMAS GERAIS E ATUAIS

XXXIV – ADMISSIBILIDADE DO RECURSO ESPECIAL
OU EXTRAORDINÁRIO E AS CHAMADAS *QUESTÕES MISTAS*

§ 1º – O TEMA E A CONSULTA
603. uma elegante questão de admissibilidade do recurso especial .. 895
604. o desequilíbrio da equação contratual e a demanda proposta.... 898
605. a motivação do V. acórdão... 899
606. a consulta e o tema único... 900

§ 2º – O V. ACÓRDÃO, AS AFIRMAÇÕES DE FATO E A COLOCAÇÃO
JURÍDICA CENTRAL
607. primeira aproximação... 901
608. ainda a inteligente colocação do V. acórdão................................. 903
609. a falsidade das premissas de fato... 904
610. pontos de fato e pontos jurídicos intimamente entrelaçados..... 905

611. juízos puramente jurídicos, não fáticos..................................... 908
612. o V. acórdão, a perícia e a necessária motivação..................... 910
613. uma premissa equivocada... 912
614. sobre o dever de motivar, seus limites e seu núcleo essencial... 913
615. a ciência então possível e a *previsibilidade* como conceito....... 914
616. ainda sobre as *questões mistas*.. 915
617. questões mistas, erros manifestos de fato e recurso especial – conclusão final... 916

XXXV – RECURSO ESPECIAL PROVIDO POR FUNDAMENTO CONSTITUCIONAL E RECLAMAÇÃO AO SUPREMO TRIBUNAL FEDERAL

§ 1º – O CASO E AS QUESTÕES POSTAS
618. a causa e seus recursos nas duas instâncias da Justiça Federal.. 919
619. o tema constitucional examinado no recurso especial............... 920

§ 2º – O SUPERIOR TRIBUNAL DE JUSTIÇA E O CONTROLE DE CONSTITUCIONALIDADE
620. entre a tipicidade recursal e a unicidade do recurso.................. 921
621. entre o recurso extraordinário e o especial................................ 922
622. os fundamentos do V. acórdão e os dos recursos interpostos.... 923
623. unicidade recursal e os acórdãos portadores de fundamentos distintos... 925
624. controle constitucional no improvimento do recurso especial e não em seu provimento.. 927
625. tornando ao caso.. 928
626. um indevido controle de constitucionalidade........................... 929

§ 3º – UMA RECLAMAÇÃO A SER ACOLHIDA
627. reclamação: abordagem conceitual e sistemática..................... 930
628. a reclamação oposta pelos consulentes – agora uma abordagem concreta.. 932
629. conclusão: admissibilidade e procedência da reclamação dos consulentes... 933
630. respondendo aos quesitos... 935

XXXVI – EMBARGOS DE DECLARAÇÃO OPOSTOS POR UMA DELEGACIA REGIONAL DA RECEITA FEDERAL

§ 1º – OS ANTECEDENTES E A CONSULTA
631. uma consulta envolvendo o direito processual administrativo.. 937
632. uma decisão definitiva do Conselho de Contribuintes e sucessivos embargos de declaração.. 938
633. dois pontos interligados de direito processual administrativo... 939

§ 2º – A PRECLUSÃO ADMINISTRATIVA, O PRINCÍPIO DA UNIRRECORRIBILIDADE E A DEFINITIVIDADE DA ÚLTIMA DECISÃO DO CONSELHO
634. a definitividade dos efeitos dos atos administrativos............... 940

635. sobre o Conselho Administrativo e sua função institucional..... 941
636. a definitividade das decisões do E. Conselho............................ 943
637. definitividade 943
638. declaração de vontade do titular do poder de tributar: sua eficácia jurídico-substancial sobre a pretensão fiscal........................ 946
639. limites à admissibilidade dos embargos declaratórios............... 948
640. mera instância de revisão das decisões do Conselho?............... 951
641. caráter infringente e unirrecorribilidade: jamais se admitem segundos embargos ao mesmo acórdão 953
642. segundos embargos: um esclarecimento................................... 954
643. conclusão: embargos declaratórios em si mesmos inadmissíveis 955

§ 3º – REPRESENTAÇÃO DA UNIÃO FEDERAL POR UM AGENTE ADMINISTRATIVO?
644. primeira aproximação 955
645. a posição do sr. delegado no processo pendente....................... 956
646. uma limitada legitimidade e capacidade de ser parte 958
647. contradição entre capítulos do decisório, e não contradição entre o decisório e sua fundamentação... 959
648. conclusão final: embargos inadmissíveis também por falta de representatividade... 960

XXXVII – A ESCOLHA DA ESPÉCIE ADEQUADA
DE LIQÜIDAÇÃO DE SENTENÇA

649. os temas e o caso (na fase de conhecimento)........................... 961
650. na fase de liqüidação.. 963
651. sobre a liqüidação e sua razão de ser 964
652. obrigações líquidas e obrigações ilíqüidas................................ 965
653. uma escalada de graus de dificuldade para se chegar a um valor determinado 965
654. a busca da liqüidação adequada ao caso: matéria de ordem pública não sujeita a opções... 967
655. sem discricionariedade judicial e sem preclusões..................... 969
656. afasta-se por completo uma suposta coisa julgada a respeito.... 970
657. caso típico de liqüidação por artigos e não mero arbitramento.... 971
658. os elementos do ilícito civil e os fatos que dependem de prova .. 972
659. um caso cheio de muitas dúvidas quanto aos fatos................... 974
660. ônus da prova 976
661. conclusões.. 977

XXXVIII – DAÇÃO EM PAGAMENTO,
AÇÃO DE CONSIGNAÇÃO EM PAGAMENTO E EXECUÇÃO

§ 1º – O CASO, O TEMA E A CONSULTA
662. um negócio entre sócios: uma demanda proposta e rejeitada pelo E. Tribunal local.. 979
663. a consulta 980

SUMÁRIO 33

§ 2º – UMA CLÁUSULA LIMITATIVA DE RESPONSABILIDADE E SEUS REFLEXOS
SUBSTANCIAIS E PROCESSUAIS
664. sobre a autonomia da vontade e seus legítimos limites 981
665. uma cláusula de inegável legitimidade sistemática 982
666. responsabilidade patrimonial limitada às ações mas não excluída 984
667. em uma futura execução 986
668. entre a responsabilidade patrimonial e a dação em pagamento . 987
669. dação em pagamento: o consenso do credor e a exoneração do obrigado 988
670. a ação de consignação em pagamento 988
671. defesa em processo de conhecimento ou de execução 991

§ 3º – SÍNTESES CONCLUSIVAS
672. legitimidade da cláusula limitativa de responsabilidade............ 992
673. admissível a dação em pagamento independentemente do consenso dos credores 993
674. uma possível ação de consignação em pagamento 993
675. defesa em processo de conhecimento ou de execução 994

XXXIX – UM ESTRANHO ARRESTO IMPOSTO A SUJEITO NÃO-RESSPONSÁVEL
E DIMENSIONADO MUITO ALÉM DO VALOR DO CRÉDITO

§ 1º – OS ANTECEDENTES E A CONSULTA
676. uma reclamação trabalhista e uma demanda cautelar – um início confuso, com centenas de reclamantes 996
677. o arresto concedido liminarmente e os brutais agravamentos que se lhe sucederam 997
678. a consulta, os temas e o plano do parecer................................. 998

§ 2º – QUESTÃO DE RESPONSABILIDADE PATRIMONIAL E NÃO DE SUCESSÃO
– INEXISTENTE ESSA RESPONSABILIDADE PATRIMONIAL
679. colocando a questão 998
680. responsabilidade patrimonial 999
681. fraude de execução e oneração de bens 1001
682. sucessão e sucessor – a Editora JB não é uma sucessora 1003
683. solidariedade passiva – a Editora JB não é uma obrigada solidária 1005
684. exclui-se de modo absoluto a responsabilidade da consulente .. 1006
685. licenciamento rescindido – uma pá-de-cal................................ 1007

§ 3º – DESVIOS E ILEGALIDADES NO TRATO DO ARRESTO
686. o conteúdo do presente parágrafo 1008
687. devido processo legal, limitações ao exercício da jurisdição e os excessos praticados na instância inferior 1010
688. *due process* e direito processual constitucional 1011
689. um aglomerado de transgressões à cláusula *due process*......... 1013

690. o arresto entre as medidas cautelares: sua finalidade e sua natureza instrumental 1015
691. os pressupostos legais do arresto e sua legitimidade sistemática 1017
692. a exigência de um risco de dissipação de bens 1018
693. inexistente o risco e sequer considerado ou afirmado pelo MM. Juízo 1020
694. a exigência de título executivo 1021
695. inexistente o título e sequer considerado ou afirmado pelo MM. Juízo 1022
696. o valor do crédito – somente do autor, não de todos os credores da Gazeta Mercantil 1023
697. o valor dos créditos dos que "moveram a cautelar" e o do autor que permaneceu no processo 1024
698. decurso do prazo de trinta dias: perda de eficácia da medida cautelar 1025

§ 4º – CONEXIDADE INEXISTENTE (MERA AFINIDADE) E DECISÕES NÃO-MOTIVADAS
699. mais duas infrações à lei e à ordem constitucional 1027
700. entre a conexidade e a mera afinidade de questões 1027
701. inadmissível a distribuição por dependência 1029
702. sobre a motivação dos atos judiciais 1032
703. decisões sem motivação: patente nulidade 1032

§ 5º – CONCLUSÃO CENTRAL E PROPOSIÇÕES CONCLUSIVAS
704. Holdco não é responsável pelas obrigações das empregadoras (essa é a conclusão central) 1033
705. arresto inadmissível por inexistência dos requisitos legais 1034
706. sem liqüidez e sem proporcionalidade 1035
707. arresto ineficaz depois de decorridos trinta dias 1036
708. sem conexidade 1036
709. vícios de motivação 1037
710. excessos que se chocam com a garantia do *due process* – síntese final 1038

XL – AÇÃO DIRETA DE INCONSTITUCIONALIDADE:
LEGITIMIDADE DE ENTES ASSOCIATIVOS, ILEGITIMIDADE
DA ASSEMBLÉIA LEGISLATIVA E RESERVA DE PLENÁRIO

§ 1º – HISTÓRICO E PONTOS A DESENVOLVER
711. uma ação direta de inconstitucionalidade proposta perante o E. Tribunal de Justiça do Estado de São Paulo 1039
712. um agravo interposto pela Assembléia Legislativa e os pontos sobre os quais versará o parecer 1040

§ 2º – A LEGITIMIDADE *AD CAUSAM* DA CONSULENTE
713. a questão posta 1041
714. sobre a legitimidade *ad causam* e a substituição processual 1042
715. substituição processual 1043

SUMÁRIO

716. direito alheio e ação própria.. 1045
717. o direito alheio e a demanda proposta pelo substituto............. 1046
718. o fundamento da outorga de legitimidade pela lei................... 1047
719. tornando ao caso: o interesse que legitima e motiva a Associação.. 1049
720. interpretação do dispositivo constitucional paulista................ 1050
721. um poderoso fundamento constitucional e sistemático........... 1052

§ 3º – MEDIDA URGENTE E RESERVA DE PLENÁRIO

722. a questão posta pela Assembléia Legislativa.......................... 1053
723. por que se antecipam tutelas?... 1054
724. a indispensável competência do relator – os princípios e a conclusão.. 1055

§ 4º – A ASSEMBLÉIA LEGISLATIVA, SEM CAPACIDADE DE SER PARTE

725. Casas Legislativas não têm personalidade jurídica................. 1057
726. sem capacidade de ser parte... 1060
727. personalidade jurídica de direito processual........................... 1062
728. a capacidade de ser parte das Casas Legislativas, limitada à sua própria defesa institucional... 1063
729. a conseqüência processual da incapacidade de ser parte: inexistência jurídica dos atos praticados... 1065
730. o agravo interposto pela Assembléia Legislativa paulista........ 1066
731. o *amicus curiæ* não tem legitimidade recursal, segundo a jurisprudência do C. Supremo Tribunal Federal............................. 1066
732. um recurso de terceiro prejudicado, sem capacidade de ser parte e sem ter sofrido prejuízo jurídico?.. 1067

XLI – AÇÃO DIRETA DE INCONSTITUCIONALIDADE: *QUORUM* PARA A MODULAÇÃO DE EFEITOS

§ 1º – OS ANTECEDENTES E A CONSULTA

733. uma situação atípica... 1071
734. variados temas de direito.. 1074

§ 2º – MODULAÇÃO E SEGURANÇA JURÍDICA

735. modulação de efeitos da declaração de inconstitucionalidade: primeira aproximação.. 1075
736. direito processual constitucional e devido processo legal........ 1077
737. segurança jurídica e irretroatividade das leis e das decisões judiciárias.. 1080
738. a superioridade da Constituição e o império da lei.................. 1081
739. segurança jurídica e repúdio às decisões com eficácia retroativa.. 1083
740. concluindo o parágrafo: a segurança jurídica como limite....... 1085

§ 3º – SUFICIÊNCIA DO *QUORUM* SOBRE O NÚMERO DOS PRESENTES

741. tornando ao caso e reavivando as questões postas................. 1085
742. ação.. 1086

743. o silêncio do art. 27 da Lei da Ação Direta e o recurso ao sistema e aos princípios 1089
744. o indispensável equilíbrio entre os valores em jogo 1090
745. o contexto metodológico como pano de fundo para a interpretação do art. 27 1092
746. do pano de fundo ao Regimento Interno 1092
747. a interpretação adequada do art. 27 da Lei da Ação Direta 1095

§ 4º – SOBRE A SESSÃO DE JULGAMENTO E SEU "PROSSEGUIMENTO"
748. exigência formulada casuisticamente depois de tomados os votos 1095
749. julgamento terminado, sessão encerrada – ilegítimo o "prosseguimento" 1097

§ 5º – SÍNTESE CONCLUSIVA E CONCLUSÕES PONTUAIS
750. a conclusão central: suficiência de dois-terços dos presentes não-impedidos 1098
751. votação encerrada, juiz natural e uma decisão casuística pelo prosseguimento da sessão 1100
752. disposição alguma exige os votos de todos os integrantes 1100

XLII – TERMO INICIAL DA CORREÇÃO MONETÁRIA, JUROS
E FIDELIDADE DA LIQÜIDAÇÃO À SENTENÇA

§ 1º – HISTÓRICO E TEMAS DA CONSULTA
753. o contexto e visão geral dos acontecimentos processuais 1101
754. discussões atuais: o termo inicial da correção monetária e a incidência dos juros 1102

§ 2º – A REGRA DA FIDELIDADE DA LIQÜIDAÇÃO À SENTENÇA
755. entre a regra da fidelidade e a interpretação da sentença 1104
756. sobre a regra da fidelidade em si mesma 1105
757. fundamentos sistemáticos 1107
758. os diversos vetos ao *bis in idem* 1107
759. a dimensão da regra da fidelidade e sua projeção no caso presente 1109

§ 3º – O RICO TEMA DA INTERPRETAÇÃO DA SENTENÇA E A INTERPRETAÇÃO ESTRITA DO PEDIDO
760. sobre a interpretação da sentença – remissão a outro capítulo da obra 1110
761. indispensável uma interpretação integrada 1111
762. interpretação *estrita* do pedido, embora não *restritiva* 1112
763. os termos da demanda, da sentença e do acórdão liqüidando ... 1114
764. sobre a locução *título de dívida liqüida e certa* 1115
765. a partir do ajuizamento da demanda (I) – aplicação de disposição clara da lei 1117
766. a partir do ajuizamento da demanda (II) – a interpretação estrita do pedido 1118

SUMÁRIO 37

767. a partir do ajuizamento da demanda (III) – conclusão final e sintetizada do parágrafo.. 1120

§ 4º – INCIDÊNCIA DE JUROS SOBRE O VALOR DA CORREÇÃO MONETÁRIA

768. a questão posta... 1120
769. juros incidentes exclusivamente sobre a correção monetária.... 1121
770. juros somente a partir da propositura da demanda – antes não havia verbas de correção monetária a serem pagas.................. 1122

XLIII – OBRIGAÇÃO PECUNIÁRIA, MORA, JUROS, LUCROS CESSANTES E AÇÃO RESCISÓRIA

771. os temas e o caso – remissão a um capítulo anterior................ 1123
772. uma ação rescisória em perspectiva....................................... 1123
773. o pedido inicial, a discussão e os fundamentos do V. acórdão.. 1124
774. a regra contida no art. 1.061 do Código Civil de 1916............. 1125
775. impossibilidade jurídica: vetos legais, constitucionais ou sistemáticos.. 1127
776. tornando ao caso e ao tema central do parecer: carência de ação.. 1127
777. nenhuma situação extraordinária... 1128
778. uma sentença condicional e imotivada................................... 1129
779. admissibilidade da ação rescisória – violação a literais disposições de lei... 1131
780. um esclarecimento final: prequestionamento não exigível em ação rescisória.. 1133

XLIV – PROCESSO CIVIL E DIREITO DA MINERAÇÃO – QUESTÕES DIVERSAS

§ 1º – O CASO E A CONSULTA – TEMAS

781. um preciso relato recebido da consulente............................... 1134
782. antecedentes relevantes – uma concessão de lavra e uma série de óbices à efetiva mineração... 1136
783. os aspectos jurídicos, a consulta e os quesitos....................... 1137
784. colocando os pontos de interesse – pedidos, legitimidades passivas, causas de pedir... 1139

§ 2º – OS PEDIDOS CUMULADOS E AS PARTES LEGÍTIMAS

785. pedido – o ônus de deduzi-lo com as pertinentes especificações.. 1140
786. cúmulos de pedidos... 1142
787. os pedidos que a consulente cumulará – sua recíproca compatibilidade e adequação à situação concreta................................. 1145
788. legitimidade *ad causam* – aspectos conceituais e sistemáticos. 1146
789. as partes legítimas que Omnia incluirá em sua petição inicial.. 1147
790. legitimidade *ad interveniendum* do Ministério Público............ 1151
791. um palco de incertezas e um litisconsórcio alternativo............. 1153

792. possível também um litisconsórcio ativo 1155
793. um vasto litisconsórcio multitudinário 1158
794. sujeitos numerosos e de difícil identificação – entre o processo oficial e o inoficial 1159
795. ainda a citação dos assentados – um autêntico *procedimento edital* 1162

§ 3º – OS FUNDAMENTOS DOS PEDIDOS DA CONSULENTE – MATÉRIA A SER CONHECIDA *INCIDENTER TANTUM*
796. causa de pedir – abordagem conceitual e sistemática 1164
797. as causas de pedir a serem alegadas pela consulente 1165
798. nulidade e ineficácia – aspectos conceituais e sistemáticos 1166
799. nulidade do ato e ineficácia perante a consulente – precedência de seu direito 1169
800. matéria a ser conhecida *incidenter tantum* e não *principaliter*.. 1170

§ 4º – ANTECIPAÇÃO DA TUTELA JURISDICIONAL – OS JUÍZOS DO MAL MAIOR E DO DIREITO MAIS FORTE
801. sobre a antecipação de tutela – entre sua razão de ser e os requisitos para sua concessão 1172
802. *periculum in mora* dispensado no Código Nacional de Mineração 1173

§ 5º – RESPOSTAS FUNDAMENTADAS AOS QUESITOS
803. Omnia tem legitimidade ativa 1176
804. a União e o DNPM têm legitimidade passiva 1176
805. do INCRA é a mais patente das legitimidades passivas 1177
806. via processual adequada 1177
807. a nulidade e a ineficácia do Projeto de Assentamento Agroextrativista (PAE) 1178
808. imperiosa antecipação liminar da tutela jurisdicional 1179

Bibliografia 1181

APRESENTAÇÃO

Esta é uma seleção de pareceres que elaborei durante anos e anos, todos eles versando temas de direito processual civil aplicados aos casos estudados. Em muitos deles esses temas estão intimamente enredados com relevantes questões jurídico-materiais, o que resulta em uma perspectiva interdisciplinar a meu ver muito útil a trabalhos que versam sobre a dinâmica da vida dos direitos perante o Poder Judiciário. Por essa razão, a classificação dos estudos aqui contidos é feita por um *critério misto* pelo qual se agrupam pareceres segundo a matéria processual versada e também segundo a área do direito substancial na qual se situa o caso. A coletânea contém, assim, *títulos* englobando os temas tipicamente processuais (a) do processo nos tribunais, (b) da ação civil pública e (c) da coisa julgada material, ao lado de outros onde se incluem pareceres versando também (d) atividades empresariais diversas, (e) direito societário e (f) direito tributário. É claro que, sendo eu um processualista, as situações jurídico-materiais examinadas nesses pareceres estão sempre enfocadas segundo o modo como aparecem no processo, ou seja, com intencional preponderância aos aspectos processuais pertinentes.

A redação dos diversos capítulos foi alterada na medida necessária para poupar o leitor da fastidiosa leitura de relatos pormenorizados de acontecimentos do processo, quando irrelevantes para o tema em estudo. Em alguns deles, quando o consulente me pediu a ocultação de seu nome e de circunstâncias que pudessem expô-lo a uma publicidade indesejada, isso foi feito. Também deixo de incluir pareceres que, não havendo ainda sido anexados aos processos, devem ser resguardados da confidencialidade solicitada pelo consulente.

Anima-me a esperança de, com esta publicação, oferecer aos leitores não só a contribuição de meus estudos e reflexões, como também o resultado das pesquisas doutrinárias e jurisprudenciais ali apresentadas, o que espero seja útil aos profissionais que consultarem a obra. Receberei de muito bom grado as observações que entenderem de me endereçar, as suas sugestões e eventuais críticas, que serão analisadas e respondidas.

CÂNDIDO RANGEL DINAMARCO
caradi@uol.com.br

Título I
O PROCESSO NOS TRIBUNAIS

I – Modulação dos efeitos da declaração de inconstitucionalidade. II – Controle difuso de constitucionalidade: eficácia da decisão. III – Embargos de divergência no Supremo Tribunal Federal. IV – Embargos de divergência a acórdão proferido em agravo interno. V – Suspensão do mandado de segurança pelo presidente do tribunal. VI – Conflito potencial de competência e suspensão coletiva de liminares em mandado de segurança.

I – MODULAÇÃO DOS EFEITOS DA DECLARAÇÃO DE INCONSTITUCIONALIDADE[1]

§ 1º – o tema e a consulta – 1. armadilhas – 2. armadilhas e armadilhas (do individual ao universal) – 3. uma jurisprudência constante por duas décadas – 4. a perspectiva de uma mudança jurisprudencial – **§ 2º – o tema central, os correlatos e a visão sistemática da situação** – 5. a jurisprudência, meio informal de mudança da Constituição e das leis – 6. uma escalada legislativa bem definida: valorização dos precedentes – 7. entre a influência e o poder – 8. jurisdição, jurisprudência, poder, influência e súmulas – 9. uma decisão que se anuncia e uma influência praticamente equiparada ao poder – 10. o previsível impacto de uma nova jurisprudência: uma influência inevitável – 11. fundamento ético e político do veto à retroatividade: o *substantive due process of law* – 12. irretroatividade de uma possível mudança jurisprudencial – **§ 3º – fundamento legal e meios processuais** – 13. a necessidade de oferecer tutelas adequadas apesar da inexistência de uma disciplina formal direta – 14. o art. 27 da lei n. 9.868, de 10.11.99 (Lei da Ação Direta) – 15. estreita analogia e presença dos requisitos – 16. a solução proposta – 17. uma sadia jurisprudência que se esboça – 18. evitar um desconfortável paradoxo

§ 1º – O TEMA E A CONSULTA

1. armadilhas

No discurso que no longínquo ano de 1983 proferi ao tomar posse no cargo de desembargador do Tribunal de Justiça de São Paulo, quis transmitir a idéia de que o processo deve ser tratado pelos juízes de um modo muito límpido e transparente, caminhando por caminhos conhecidos de todos e optando por decisões previsíveis diante do direito posto, das provas produzidas e dos comportamentos das partes. Minha mensagem foi de repúdio ao encaminhamento misterioso do processo e à opção por decisões

---

1. Reprodução de parecer elaborado em abril de 2005.

portadoras de surpresas para as partes ou para uma delas, como verdadeiras *armadilhas* ardilosamente instaladas e ativadas à espera do primeiro tropeço do mais incauto, mais inocente ou mais leal no trato com o juiz e o adversário.

Quando disse essas coisas, estava com o pensamento posto somente nas realidades internas de um processo, girando em torno de uma causa e das pretensões contrapostas de dois sujeitos, à espera de uma decisão. Pensava na deontologia judicial e nos deveres éticos do juiz em face das partes de algum determinado processo pendente (Carlos Aurélio Mota de Souza[2]), com a vista posta no culto ao *justo processo*, que é um dos postulados da moderna processualística (Luigi Paolo Comoglio, Augusto Mario Morello) e, ao mesmo tempo, fator de produção de resultados justos. Como já pensava então, e disse por escrito depois, a construção de um *processo justo e équo* é o caminho pelo qual, com muito mais segurança, se pode chegar à *justiça* através do processo e mediante o exercício da jurisdição; a experiência dos séculos mostra ao legislador e ao juiz que é muito mais provável obter resultados bons quando os pilares do *due process of law* são respeitados, o processo se desenvolve em efetivo contraditório entre as partes e o juiz, este se pauta por uma linha de independência e imparcialidade e endereça àquelas um tratamento substancialmente isonômico *etc.* "Segundo a experiência multissecular expressa nas garantias constitucionais, é grande o risco de erro quando os meios adequados não são cumpridos."[3] São também palavras minhas:

> "a generosa idéia do *processo justo e équo*, que vem sendo cultuada pelos processualistas modernos, apóia-se na constatação de que dificilmente produzirá resultados substancialmente justos o processo que não seja em si mesmo justo – ou seja, aquele que for realizado sem o predomínio dos parâmetros político-liberais emanados das garantias constitucionais do sistema".[4]

2. *Cfr. Poderes éticos do juiz*, n. 2.3, pp. 87-89.
3. *Cfr.* Dinamarco, *Instituições de direito processual civil*, I, n. 94, esp. p. 253.
4. *Op. loc. cit.*, n. 72, esp. p. 185.

2. armadilhas e armadilhas (do individual ao universal)

Não imaginava eu que, passados mais de vinte anos, viesse um dia, como vim agora, a ser convidado a discorrer sobre *armadilhas*. Vejo que a armadilha temida pela Empresa que ora me consulta não é bem como aquelas que combati então, mas é uma *armadilha* e, como tal, precisa ser tratada com o mesmo cuidado. Como disse, o que me movia àquele tempo era a preocupação pela justiça a ser obtida em um processo civil de resultados mediante o culto a certos comportamentos judiciosamente havidos como escudos contra os resultados injustos que sempre as partes correriam o risco de suportar. Era uma *visão atômica*, como se vê, à qual quero associar agora a proposta de uma perspectiva macroscópica do mesmo fenômeno das *armadilhas*.

O tema colocado é o das *mutações jurisprudenciais como fatores de frustração de expectativas de um universo de jurisdicionados*, com uma ponderada indagação sobre a legitimidade ou ilegitimidade da imediata e generalizada imposição de seus resultados. Esse instigante tema resvala (somente resvala) na eterna discussão acerca da *jurisprudência como fonte do direito*, sem se confundir com ela nem estar condicionado a uma tomada de posição a seu propósito – mas remontando, como se verá, a alguns conceitos e premissas de intensa aplicação à *dimensão temporal da eficácia das normas jurídicas*. Queremos então saber se e em qual medida uma radical alteração da jurisprudência acerca de um tema de direito substancial de interesse de um extenso universo de sujeitos poderá repercutir no julgamento futuro de outras causas, entre outros sujeitos, relativas a *fatos ocorridos antes da modificação*. Serão – pergunto – serão tão grandes e significativas as diferenças entre a edição de uma lei nova e a alteração de uma linha jurisprudencial de bem mais de uma década, a ponto de se reputar sempre legítima a imposição imediata da jurisprudência nova, quando notoriamente a *lei nova* é constitucionalmente impedida de atingir situações já consolidadas (direitos adquiridos, atos jurídicos perfeitos, coisa julgada material – Const., art. 5º, inc. XXXVI)? Mesmo negando que a jurisprudência seja fonte de direito (como nego eu), é inquestionável que ela se insere entre os *meios informais de alteração da Constituição e da lei* – o que constitui tema e título de respeitada obra da constitucionalista Ana Cândida da Cunha Ferraz, referida ao longo do presente estudo.

Ao discorrer sobre os temas assim postos, indago se mutações jurisprudenciais como essa de que agora cogito não são verdadeiras *armadilhas* capazes de colher de surpresa aqueles que, confiando na estabilidade de uma orientação pretoriana quinzenária, pautaram sua conduta e seus procedimentos empresariais segundo ela. Como também já disse, já não estou em um exame particularizado do que acontece em algum processo concretamente considerado, mas nas *repercussões gerais* de uma tomada de posição portadora de outros juízos e reveladora de outras normas destinadas a reger aquela conduta e aqueles procedimentos pretéritos. Quero colocar as coisas no plano do *logos de lo razonable* e do princípio da *proporcionalidade*, em busca de soluções que, sem contrariar as grandes premissas e estruturas do modelo processual brasileiro, sejam capazes de permitir uma sadia dinâmica jurisprudencial e, ao mesmo tempo, resguardar as legítimas expectativas plantadas e alimentadas pelos tribunais ao longo de muitos anos.

3. uma jurisprudência constante por duas décadas

O caso diz respeito a matéria tributária. Não discorrerei sobre temas de direito tributário, obviamente, porque essa não é minha especialidade acadêmica e nada teria a dizer à altura do que muitos conceituados especialistas já disseram. Limito-me a descrever o tema, conforme ele vem sendo posto. Na realidade, a matéria tributária ali versada em primeiro plano está intimamente envolvida com outras que no caso lhe são correlatas, como a "eficácia da lei tributária no tempo, a interpretação da lei financeiro-tributária e o conceito de incentivo setorial fiscal, bem como a vontade constitucional quanto ao referido benefício fiscal". Mais especificamente, "a questão que se coloca diz respeito à vigência ou não, após 1983, do crédito-prêmio de IPI, tendo em vista a inconstitucionalidade da delegação presente nos dec-leis nn.

1.724/79 e 1.894/81".[5] Desde a década dos anos *oitenta*, ou seja, praticamente desde quando existe, vem o Superior Tribunal de Justiça tratando essa temática de modo favorável às empresas interessadas, afirmando a constitucionalidade da delegação de poderes ao Executivo para aumentar benefícios e concluindo pela subsistência do direito daquelas ao *crédito-prêmio* que postulam.

Segundo me relata a ora consulente, ao longo desses quinze anos as Empresas exportadoras (entre elas incluídas as *trading companies*) pautam suas condutas, seus negócios, seu planejamento econômico-financeiro pela crença e expectativa, alimentada naquela jurisprudência insistentemente estável, de que realmente tinham e continuariam a ter tal direito, valendo-se do incentivo fiscal que o Superior Tribunal de Justiça sempre lhes reconheceu. Incluem-se nesse proceder os relatórios elaborados para fins de auditoria, oferta de ações no mercado financeiro nacional e internacional *etc.* – sempre contando com aqueles incentivos e projetando perante terceiros um perfil de robustez financeira em que tal expectativa ocupa lugar relevante.

4. a perspectiva de uma mudança jurisprudencial

Mas eis que presentemente, em um recurso especial cujo julgamento já teve início perante o órgão judiciário competente (o Superior Tribunal de Justiça), sobreveio um alentadíssimo voto, proferido pelo relator do caso, o Min. Luiz Fux, negando aquele direito que vinha sendo iterativamente afirmado. Percorrendo os tópicos e sub-tópicos da temática acima reproduzida, chegou Sua Excelência a conclusões diametralmente opostas àquelas antes adotadas. Passou pelo direito tributário, regras de interpretação das disposições tributárias, normas de superdireito relativas à eficácia da lei no tempo, Lei de Introdução ao Código Civil *etc.*, para concluir, em síntese, pela tese de que estão fora de vigor as normas instituidoras do crédito-prêmio de IPI e que, conseqüentemente, a empresa que naquele recurso figura como parte não tem

---

5. São palavras do Min. Luiz Fux em ilustrado voto que mais adiante referirei.

o direito alegado, procedendo pois o recurso especial interposto pela União.

Eis o motivo da preocupação da empresa que me consulta. Ela não figura como parte naquele processo ou naquele recurso mas antevê as repercussões negativas de eventual julgamento na linha proposta pelo Min. Luiz Fux. Sente que, no caso de a Primeira Seção do Superior Tribunal de Justiça optar por essa solução discrepante do que ao longo de anos e anos se decidiu, todas as empresas exportadoras poderiam ver-se no epicentro de uma brusca e surpreendente inversão de expectativas e, por isso, ameaçadas pelos males de um terrível prejuízo econômico-financeiro. Teme que essa hipotética mudança de rumo, máxime porque oriunda de um colegiado tão representativo quanto é uma Seção de um tão elevado Tribunal, se propague rapidamente como as chamas geradas em um palheiro e, influenciando diretamente todos os juízes e tribunais no julgamento de causas e recursos já pendentes, acabe por surpreender todo esse universo de empresas exportadoras, atuando sobre suas esferas de direitos e interesses do mesmo modo como atuaria uma nova lei que fosse capaz de se impor retroativamente.

Essa preocupação, essa antevisão e esse legítimo temor são os motivos pelos quais entendeu a ora consulente oportuno solicitar os préstimos deste processualista. Ela vem em busca de uma solução que (sempre a partir da *mera hipótese* de uma inversão jurisprudencial) seja capaz de conciliar a autoridade e o poder de influência de um julgado do Superior Tribunal de Justiça com o valor da *segurança jurídica* e as garantias constitucionais inerentes a esta, expressos mediante a regra de intangibilidade das situações jurídicas já consumadas e, superiormente, pela garantia constitucional do *devido processo legal* (Const., art. 5º, inc. LIV).

> Como disse, a presente consulta foi endereçada a *um processualista* e, conseqüentemente, o que em resposta a ela se dirá há de ficar restrito ao campo do direito processual, sem desbordar para o *meritum causæ* e sem opinar sobre as teses postas no recurso pendente ou no voto já proferido – e limitando-se, pois, ao que há de processual, especialmente ao que de processual emana das

superiores garantias contidas na Constituição Federal (*tutela constitucional do processo*).

§ 2º – O TEMA CENTRAL, OS CORRELATOS E A VISÃO SISTEMÁTICA DA SITUAÇÃO

5. *a jurisprudência, meio informal de mudança da Constituição e das leis*

Ao dizer que não só por via legislativa se modificam, ampliam ou restringem os preceitos normativos contidos em uma lei ou Constituição (Ana Cândida da Cunha Ferraz), no fundo das coisas está a doutrina a desenvolver uma projeção da notória idéia de que não só nas leis formalmente constituídas residem preceitos normativos. E o que a propósito diz a doutrina é que a Constituição tanto pode ser alterada por emendas implantadas em seu texto após a observância de regras formais de técnica revisional por ela própria impostas, como também por certos fatores de outra ordem, entre os quais as alterações legislativas e outros, ditos *informais*, de diversas origens ou decorrentes de variadas causas; simetricamente e do mesmo modo, é também lícito o entendimento de que as leis tanto podem ser alteradas ou até revogadas por outras que lhes sobrevenham, como também em decorrência de alguns desses fatores. Estamos agora, em cheio, no campo dos *processos informais de mudança da Constituição*, de que fala a monografista e acerca dos quais disse expressivamente:

"a relevância atribuída à interpretação constitucional judicial deve, em grande parte, ser atribuída à *repercussão das decisões judiciais* e às características de que se reveste essa modalidade de interpretação constitucional".[6] É nessas *repercussões* que consistem as mudanças constitucionais trazidas pela interpretação jurisdicional, sendo elas tanto mais intensas quanto mais elevado o órgão do qual provém a interpretação. E Ana Cândida desenvolve com muita ênfase ao longo do livro o exame dos modos e razões pelas quais as

---

6. *Cfr. Processos informais de mudança da Constituição*, esp. pp. 102 ss. Examino o tema, com louvores a essa idéia, no livro *A instrumentalidade do processo*, n. 4, pp. 44 ss.

interpretações variam no tempo, em adaptação a novas realidades, novos valores.

Fixemo-nos agora nas variações jurisprudenciais como meio capaz de atuar sobre a Constituição ou as leis, induzindo por via informal alterações no conteúdo preceptivo substancial de uma ou de outras e, por esse modo, projetando outros preceitos diferentes daqueles antes contidos no texto escrito de direito positivo – sem alterar os textos do direito positivo. E por diversas razões altera-se a jurisprudência ao longo do tempo, especialmente no caso de haver-se alterado a realidade fática ou axiológica sobre a qual atua, ou por reverem os julgadores seu próprio pensamento, por haverem eles sido substituídos por outros *etc*. Por outro lado, o que diz um tribunal em suas súmulas ou acórdãos, especialmente quando estes se reiteram de modo regularmente uniforme ou vêm de uma célula colegiada de elevado nível (Plenário, Seções *etc.*), não só tende a se reproduzir em outros julgados dele próprio, como ainda flui como que por gravidade ou osmose para os julgados dos órgãos que lhe são hierarquicamente subordinados, com fortíssima tendência a se impor nas práticas decisórias destes. Para isso concorrem (a) de um lado o *elemento cultural* consistente na reverência aos precedentes jurisprudenciais, que leva tribunais e juízes inferiores, às vezes até por comodismo, a afeiçoar-se aos ventos que vêm do alto e (b) de outro, certas *precisas disposições legais* aportadas ao direito processual positivo nas últimas décadas e convergentes à oficial valorização dos precedentes jurisprudenciais em associação ao reforço dos poderes do relator.

6. *uma escalada legislativa bem definida: valorização dos precedentes*

Como já disse em sede doutrinária, nesse movimento "foi pioneiro o Supremo Tribunal Federal. No distante ano de 1963, sob a liderança histórica do Min. Victor Nunes Leal, seu Regimento Interno passou a incluir na competência do relator o poder de 'mandar arquivar o recurso extraordinário ou o agravo de instrumento⁷ indicando o correspectivo número da Súmula' (art. 15, inc. IV). Essa foi uma das técnicas idealizadas com o objetivo de buscar soluções para o notório, antigo e angustiante problema da sobrecarga da Corte Suprema brasileira, que já fora objeto das preocupações de Alfredo Buzaid na década dos anos *cinqüenta*.⁸ Estava nesse momento, também, instituída a *Súmula do Supremo Tribunal Federal*, que se destinou a favorecer a estabilidade da jurisprudência e, de igual modo, a *simplificar o julgamento das questões mais freqüentes*.⁹ Bem depois, e havendo dito regimento sido alterado ou substituído mais de uma vez, a chamada Lei dos Recursos trouxe para o plano legal o que era meramente regimental, ratificando aqueles poderes do relator e dando igual tratamento ao *recurso especial*, processado no Superior Tribunal de Justiça, instituído um ano antes (lei n. 8.038, de 28.5.90, art. 28, §§ 2º e 3º)".¹⁰

Vieram depois diversas leis, inclusive as que integraram as *Reformas do Código de Processo Civil*, alinhadas a essa tendência motivada ao mesmo tempo pelo intuito de acelerar os julgamentos nos tribunais e pelo de produzir alguma uniformidade na interpretação dos textos legais e constitucionais. Em uma série grande de disposições, muitas delas inseridas no corpo do próprio Código, valorizam-se fortemente os precedentes jurisprudenciais, de modo a tornar oficial aquela influência dos julgados dos órgãos superiores sobre os inferiores. Eis algumas manifestações do que acima vem sendo dito:

> a) no Supremo Tribunal Federal e no Superior Tribunal de Justiça, o relator tem e exerce amplos poderes, quer nos recursos especial e extraordinário, quer nos agravos interpostos contra a dene-

---

7. Interposto contra decisão denegatória daquele.
8. *Cfr.* "A crise do Supremo Tribunal Federal", esp. n. 16, pp. 144 ss.
9. A Súmula apareceu como *anexo* do Regimento Interno do Supremo Tribunal Federal, em obediência ao disposto no tít. III, cap. XX, conforme emenda aprovada em 28 de agosto de 1963. Palavras da *Explicação preliminar* elaborada pela Comissão de Jurisprudência, da qual participaram os Mins. Gonçalves de Oliveira, Victor Nunes Leal e Pedro Chaves.
10. *Cfr.* meu ensaio "O relator, a jurisprudência e os recursos", n. 2, pp. 128-130.

gação de seguimento a um ou a outro. Poderá, p.ex., "se o acórdão recorrido estiver em confronto com a Súmula ou jurisprudência dominante do Superior Tribunal de Justiça, conhecer do agravo para dar provimento ao próprio recurso especial" (CPC, art. 545, § 3º);

b) o "confronto com súmula ou com jurisprudência dominante do respectivo tribunal, do Supremo Tribunal Federal ou de Tribunal Superior" (STJ) autoriza o relator, nos tribunais locais, a interceptar o seguimento do recurso ao órgão colegiado, decidindo ele próprio, monocraticamente, para declarar inadmissível o recurso ou mesmo negar-lhe provimento (CPC, art. 557, *caput*);

c) inversamente, "se a decisão recorrida estiver em manifesto confronto com súmula ou com jurisprudência dominante do Supremo Tribunal Federal ou de Tribunal Superior, o relator poderá dar provimento ao recurso" (CPC, art. 557, § 1º-A);

d) entre as hipóteses em que deixa de haver a devolução oficial de sentenças proferidas contra a Fazenda Pública, figura a de estar a sentença "fundada em jurisprudência do Plenário do Supremo Tribunal Federal ou em súmula desse tribunal ou do Tribunal Superior competente" (STJ – art. 475, § 3º) *etc*.

Quando escrevi o parecer aqui reproduzido não existia ainda um *autêntico efeito vinculante da jurisprudência* nem mesmo das Súmulas de qualquer tribunal ou mesmo do Supremo Tribunal Federal mas, como se vê, é crescente a *influência* que, ultimamente por força de lei expressa, os precedentes jurisprudenciais exercem sobre decisões futuras do próprio tribunal que os emite ou de órgãos sujeitos ao seu poder de revisão. No contexto de então, ainda seria exagerado e mesmo inadequado ver nessa influência projetada verticalmente do alto para baixo uma autêntica manifestação de *poder* de uns órgãos sobre outros, ficando-se pois no campo da própria *influência*, que é menos que poder.

7. entre a influência e o poder

Poder estatal, em uma conceituação colhida na ciência política e acatada com toda convicção em minha tese *A instrumentalidade do processo*, é a "capacidade de decidir imperativamente e impor decisões".[11] Exercer o poder é, em primeiro lugar, *decidir para*

11. *Cfr. A instrumentalidade do processo*, n. 11, p. 104.

outrem. Aquele que decide para si próprio, auto-regulando seus próprios interesses, estará exercendo apenas a faculdade de liberdade negocial, ou *autonomia da vontade*, ao realizar um negócio jurídico de influência na esfera de direitos daquele que o realiza e, conforme o caso, também daquele que com ele se ajusta (negócios jurídicos bilaterais, contratos). Exercer o poder é, em seguida, decidir *imperativamente*, ou seja, decidir com capacidade de comandar e para ser obedecido sem que o destinatário do ato tenha a faculdade de evitar os efeitos deste; a *inevitabilidade* é um dos predicados essenciais ao poder estatal (Jellinek).[12] E exercer o poder é também, conseqüentemente, decidir com a capacidade de neutralizar eventuais resistências ao decidido – sendo lícito, inclusive, *impor* pela força os resultados inevitáveis da decisão emitida.

Influência é menos que isso mas constitui um fator de muito peso na trama dos atos de exercício do poder pelo Estado e da distribuição desse exercício entre os diversos agentes deste, situados em setores diferentes e níveis hierarquizados. Talvez a diferença seja pouco mais que diferença de grau porque, máxime entre os órgãos jurisdicionais, é grande a disposição a alinhar-se aos precedentes vindos do alto, ainda quando a lei não dê por obrigatória a observância da *jurisprudência dominante* do Supremo Tribunal Federal, do Superior Tribunal de Justiça *etc.* – e, como também vem dos politicólogos, a *disposição a obedecer* é um dado psicossocial de imensa valia na aferição da intensidade do poder de determinado órgão ou de determinado Estado soberano. O *culto à jurisprudência*, que tradicionalmente vai além do cumprimento daquelas disposições legais de valorização dos precedentes, é uma superlativa demonstração da mais inequívoca *disposição a obedecer*, da parte dos juízes brasileiros em relação aos atos dos tribunais a que estão sujeitos. No Superior Tribunal de Justiça, chegou o Min. Humberto Gomes de Barros a dizer enfaticamente que "se nós os integrantes da Corte não observarmos as decisões que ajudamos a formar, estaremos dando sinal para que os demais

---

12. *Cfr.* Cintra-Grinover-Dinamarco, *Teoria geral do processo*, n. 65, esp. p. 155.

órgãos judiciários façam o mesmo. Estou certo de que, em acontecendo isso, perde sentido a existência de nossa Corte. *Melhor será extingui-la*".[13]

Foi dito em conceituada doutrina que "a influência tenta penetrar na personalidade de uma pessoa", enquanto que "o poder age sobre ela essencialmente do exterior" – ou seja, a influência vai ao espírito para persuadir e o poder produz diretamente o resultado desejado, independentemente da vontade do destinatário. Por isso é que, como também vem da doutrina e acima foi dito com outras palavras, "influência é uma forma de poder mais ampla e moderada".[14]

8. jurisdição, jurisprudência, poder, influência e súmulas

Como é notório, vencendo misoneístas resistências também notórias, a emenda constitucional n. 45, de 8 de dezembro de 2004 introduziu na Constituição Federal a figura das *súmulas vinculantes* a serem emitidas pelo Supremo Tribunal Federal com a capacidade de se imporem a juízes de todas as Justiças ou graus de jurisdição, bem assim a todos os órgãos dos demais Poderes do Estado (Const., art. 103-A). Ao declararem assim *imperativamente* "a validade, a interpretação e a eficácia de normas determinadas" (art. 103-A, § 1º), com validade para todos os casos que se enquadrem na *fattispecie* de cada uma delas, essas súmulas são autênticos atos normativos, de eficácia geral e abstrata – não tão geral nem tão abstrata quanto a eficácia de uma lei ou da própria Constituição, mas suficientemente geral e abstrata para se expandir muito além dos limites subjetivos e objetivos de um processo (*supra*, n. 5).

Sabemos também todos que, mercê de notórios influxos europeu-continentais, a estrutura da vida dos direitos na ordem jurídica brasileira desenvolve-se do *abstrato* representado pela lei

---

13. STJ, 1ª Seção, AgReg ERESP 227.703, j. 17.2.02, rel. Humberto Gomes de Barros, v.u., *DJU* 7.10.02.

14. *Cfr.* Lasswell, *apud* Karl Wolfgang Deutsch, *Política e governo*, p. 47 trad.

– produto de atividades conjugadas do Governo e das Casas do Congresso – ao *concreto* residente nas decisões judiciárias. Essa divisão de planos de positivação jurídica e missões dos Poderes do Estado levou prestigioso doutrinador de primeiríssima linha a indicar como fator de diferenciação do Poder Judiciário o fato de que os juízes tratam com fatos concretos, enquanto que ao legislador incumbe a elaboração de normas gerais e abstratas. Foi Mauro Cappelletti quem o disse, ao comparar os sistemas da família romano-germânica dos direitos com o que vige além da Mancha:

> "i giudici sono costretti ad essere creatori del diritto, *law makers*. Essi sono infatti chiamati ad interpretare, e perciò inevitabilmente a chiarire, integrare, plasmare e trasformare, e non di rado a creare *ex novo*, il diritto. Ma ciò non significa ch'essi siano legislatori. C'è infatti, come qui mi propongo di dimostrare, un'essenziale differenza tra il processo legislativo e quello giurisdizionale".[15]

> "Un buon giudice può ben essere creativo, dinamico, 'attivista', e palesarsi come tale; ma solo un cattivo giudice agirebbe nelle forme e modalità di un legislatore, ché anzi a mio giudizio un giudice, il quale agisse in tal guisa, cesserebbe semplicemente di eser un giudice."[16]

Para depois esclarecer quais os traços distintivos que reputa essenciais:

> "ciò che fa sì che un giudice sia un giudice e che una Corte sia una Corte non è la sua non-creatività [e quindi la sua passività sul piano sostanziale], ma bensì [la sua passività sul piano procedurale, ossia] (a) la connessione della sua attività decisionale con *cases and controversies*, quindi con le parti di tali casi concreti e (b) l'atteggiamento di imparzialità del giudice".[17]

Conexão das atividades do juiz a *cases and controversies* e, pois, às partes de um específico processo e aos casos concretos examinados – eis, na palavra autorizadíssima de um dos mais finos e profundos pensadores do direito do século XX, a *vocação ao*

---

15. *Cfr. Giudici legislatori?*, n. 11, pp. 63-64.
16. *Id.*, *ib.*, esp. p. 64.
17. *Id.*, *ib.*, esp. pp. 64-65.

concreto como o elemento que, associado à imparcialidade do juiz, caracteriza a jurisdição, dá-lhe os contornos institucionais e conceituais e, sobretudo, distingue-a das demais funções do Estado.

Por isso é que, como venho insistentemente dizendo em relação às súmulas vinculantes, *sumular não é exercer jurisdição mas uma função normativa* consistente em inserir um patamar novo entre o abstrato da lei e o concreto da sentença. Ao interpretar uma disposição da lei, ou definir em súmula vinculante a interpretação de um dispositivo constitucional, ou ainda ao dispor sobre a eficácia ou validade desta, está o Supremo Tribunal Federal exercendo uma função normativa não tão intensa quanto a do legislador porque não dispõe do poder de optar por uma entre duas ou mais disposições igualmente compatíveis com a Constituição Federal (discricionariedade legislativa); mas *declara imperativamente* a interpretação que entende politicamente legítima e adequada perante os princípios jurídicos. Ele o faz em pronunciamentos que, como digo, insisto e agora reitero, não se confundem com aqueles inerentes à função jurisdicional.

Depois (prossigo no raciocínio), impondo-se essas súmulas a uma estrita observância pelos órgãos e agentes de todos os Poderes do Estado, e notadamente a todos os integrantes do Poder Judiciário, caracterizam-se elas não somente pelo intenso teor de generalidade e abstração de que são dotadas mas igualmente pela *imperatividade* outorgada pelo texto constitucional (Const., art. 103-A).[18]

Concluindo: o Estado-juiz exerce com diferentes graus de intensidade a sua genérica capacidade de produzir os resultados pretendidos, que é o *poder* em seu sentido mais amplo e menos preciso. De intensidade menor é a mera *influência*, que se resume, como disse, a uma forma mais branda e mais ampla de poder; o grau máximo está no poder, em sentido estrito, que é a *capacidade de decidir imperativamente e impor decisões*. No exercício da jurisdição em si mesma todo juiz exerce tipicamente o *poder* em re-

---

18. *Cfr*: meu escrito "Súmulas vinculantes", in *Fundamentos do processo civil moderno*, vol. I, cap. VIII.

lação às partes do processo e ao objeto deste – e ele o exerce, como é inerente ao próprio conceito de poder estatal, decidindo imperativamente e impondo decisões sempre que for necessário. Fora do âmbito estrito das partes e do objeto de dado processo, o que os tribunais decidem dilui-se em mera *influência* – influência capaz de motivar ou mesmo induzir novas decisões a serem tomadas por outros juízes ou tribunais, mas nada além da mera *influência*.

No controle *concentrado* da constitucionalidade, mediante a ação direta de inconstitucionalidade ou da declaratória de inconstitucionalidade, o Supremo Tribunal Federal exerce também autêntico *poder*, dado que sua decisão terá a eficácia de declarar imperativamente a validade constitucional de uma lei ou sua interpretação conforme a Constituição ou, ainda, de excluí-la da ordem jurídica – sempre com plena imposição *erga omnes*.

No presente estudo é de *influência* que estamos tratando e a digressão que acabo de fazer sobre as súmulas vinculantes visa em primeiro lugar a destacar a distinção conceitual entre influência e poder em sentido estrito. Mas visa também, sobretudo, a preparar os raciocínios que a seguir virão, desenvolvidos no sentido de que, mesmo sem as súmulas vinculantes, certos precedentes jurisdicionais exercem uma força tal sobre o espírito dos julgadores, que na prática aquela distinção conceitual se esmaece e acaba por se reduzir a quase nada. Como cuido de demonstrar a partir das próximas linhas, a previsível influência de um possível julgado contrário naquele recurso especial ora pendente poderá ser tão intensa que com o poder se confundirá, causando os mesmos efeitos que causaria o exercício formal e oficial deste em relação a todo um universo de contribuintes e das causas que mantêm perante a Justiça brasileira.

9. *uma decisão que se anuncia*
e uma influência praticamente equiparada ao poder

Tornando à situação que deu origem à presente consulta, prossigamos a raciocinar com a hipótese, naturalmente não desejada pela consulente mas possível em face da dinâmica da jurisprudência dos tribunais, de o Superior Tribunal de Justiça alterar aquela sua jurisprudência antes consolidada e, em seguida, passar a negar sistematicamente o direito das empresas ao credenciamento até agora reconhecido. Se isso vier a acontecer, *em relação às partes e ao objeto específico do processo* em julgamento estará sendo exercido plenamente o *poder*, mediante um acórdão que estaria decidindo imperativamente, impondo-se inexoravelmente a elas. Todo o universo das outras empresas que vinham obtendo decisões favoráveis, mas que ainda estão na dependência de julgamentos ainda não postos em Mesa, ficaria atingido apenas pela *influência* que tal hipotética decisão projetará sobre julgamentos futuros, a serem proferidos pelo próprio Superior Tribunal de Justiça e pelos tribunais e juízes que lhe são subordinados (Tribunais Regionais Federais e juízes federais de primeiro grau).

Estarão todos eles comandados por atos de exercício imperativo do pode estatal e condicionados em seu poder de livre decisão? A resposta é obviamente negativa, mas também é seguríssima a previsão de que todo o quadro atual se inverteria. Implantar-se-ia em todos os graus jurisdicionais (sempre a partir daquela hipótese não desejada pela ora consulente) essa linha de pensamento proposta no voto do Min. Luiz Fux, com a generalização de uma nova jurisprudência contrária à que vige até hoje e desinteressante a todas as empresas exportadoras. Como já disse, conceitualmente essa repercussão caracterizar-se-ia como *influência e não poder* mas, conceitos à parte, a esfera de direitos de cada uma delas suportaria os efeitos da nova jurisprudência que vier, tanto quanto aconteceria se aqueles tribunais e juízos inferiores viessem a decidir tolhidos por autênticos atos de poder – e, pior ainda, tanto quanto sucederia se os direitos e obrigações das partes passassem a ser regidos por uma lei de efeitos retroativos.

> Discorrendo sobre a tese (que renego) da jurisprudência como fonte de direito, preocupei-me já ao tempo da primeira edição de minhas *Instituições de direito processual civil* em enfatizar a distinção entre *influência e poder*, com a afirmação de que, em si mesma, a jurisprudência exerce apenas influência sobre os juízes que deci-

dirão sobre o mesmo tema jurídico. Disse: "a repetição razoavelmente constante de julgados interpretando o direito positivo de determinado modo (jurisprudência) exerce algum grau de *influência* sobre os futuros julgadores mas não expressa o exercício do *poder*, com os predicados de generalidade e abstração inerentes à lei. (...) O máximo a que se poderia chegar é a afirmação da jurisprudência como *fonte informativa ou intelectual do direito* (Caio Mário): *rationis auctoritate* e nunca *auctoritatis ratione*, ela pode influir sobre decisões futuras mas não as vincula".[19] Faço essa transcrição em nome da transparência e fidelidade a idéias já antes defendidas, acrescendo a elas, como no texto se vê, considerações sobre a crescente intensidade da influência dos precedentes jurisprudenciais em razão de expressas disposições aportadas ao direito positivo.

10. o previsível impacto de uma nova jurisprudência: uma influência inevitável

Nos termos da legislação vigente e conforme ilustrei acima (*supra*, n. 6), na hipótese de sobrevir uma decisão da Corte Especial nos moldes propostos pelo Min. Luiz Fux, implantando-se com isso uma nova jurisprudência do Superior Tribunal de Justiça, os presidentes dos tribunais negariam seguimento aos recursos especiais contra acórdãos que, por estarem conforme com essa nova jurisprudência, não mais seriam havidos como violadores da lei federal ou da Constituição; no próprio Superior Tribunal de Justiça o relator passaria a negar provimento aos agravos interpostos contra a decisão denegatória; também os juízos de primeiro grau afeiçoariam suas sentenças ao novo modo de pensar *etc.*

Também consideradas as idéias já desenvolvidas acima, conceitualmente estamos sim nos limites da *influência* e não, propriamente, da imposição de um ato de *poder* diretamente sobre o universo das empresas interessadas (*supra*, n. 7); mas essa seria uma influência tão intensa que, na prática, tudo se passaria como se todas as causas pendentes perante juízos e tribunais de todo o país já estivessem *literalmente prejulgadas* (mesmo sem haverem sido acionadas as técnicas inerentes aos recursos repeti-

---

19. *Cfr. Instituições de direito processual civil*, I, n. 29, p. 84.

tivos – CPC, art. 543-C). E isso, por um lado, em razão das normas processuais muito claras, valorizadoras dos precedentes dos Tribunais Superiores, a que me referi (*supra*, n. 6); e, por outro lado, por imposição daquela verdadeira *cultura dos precedentes* fortemente implantada no espírito dos juízes de todos os graus. É notório e diuturno, especialmente no Supremo Tribunal Federal e no Superior Tribunal de Justiça, a prática consistente em invocar com ênfase julgados do próprio Tribunal, da Corte, Seção, Turma *etc.* como fundamento praticamente suficiente, ou quase, para decidir causas envolvendo temas que já foram objeto de apreciação anterior (seja ainda uma vez lembrada aquela veemente exortação do Min. Humberto Gomes de Barros ao zelo pela estabilidade jurisprudencial – *supra*, n. 7).

Uma guinada de cento-e-oitenta graus, como essa que poderá acontecer se prevalecer o voto do Min. Luiz Fux, produziria portanto, inevitavelmente, fortíssimo impacto sobre a esfera de direitos de todo aquele universo empresarial. O tema central do presente parecer consiste precisamente na proposta do manejo de meios legítimos e aptos a administrar adequadamente tal impacto, de modo a evitar que uma abrupta mudança jurisprudencial venha a surpreender aqueles que ao longo de mais de quinze anos pautaram seus negócios segundo a linha de decisões que durante todo esse tempo veio sendo adotada no nível soberanamente superior do Superior Tribunal de Justiça. Estou, deliberadamente, associando o tema da eficácia imediata de uma nova jurisprudência ao da eficácia imediata, ou mesmo retroatividade *das leis*.

11. *fundamento ético e político do veto à retroatividade:* *o* **substantive due process of law**

Falemos um pouco sobre a disposição contida no art. 5º, inc. XXXVI, da Constituição Federal, *verbis*: "a lei não prejudicará o direito adquirido, o ato jurídico perfeito e a coisa julgada". A síntese racional dessa tríplice garantia é o culto à *segurança das relações jurídicas*, a qual em si mesma constitui um bem constitucionalmente assegurado (José Afonso da Silva[20]). Chega-se à visão sistemática de conjunto mediante a consciência de que o que importa é preservar os "efeitos já produzidos pelos fatos que a lei se destina a regular". Nem à lei de direito privado nem à de direito público substancial é lícito transgredir situações já consumadas, a dano do titular.

> José Afonso: segurança jurídica consiste no "conjunto de condições que tornam possível às pessoas o *conhecimento antecipado e reflexivo das conseqüências diretas de seus atos e de seus fatos* à luz da liberdade reconhecida".[21]

Essas regras de *superdireito* consistem em repelir a *retroatividade da lei*, que consistiria na imposição do império desta a fatos pretéritos ou a situações consumadas antes da vigência; elas chegam a repelir também a *aplicação imediata* da lei, consistente em impô-la a fatos e situações pendentes quando entra em vigor – sempre que essa imposição seja incompatível com a preservação de alguma daquelas situações já consumadas. É clássica a distinção entre *retroatividade da lei* e sua *aplicação imediata* (Roubier).

Ora, bem pensado, essas tradicionais limitações temporais à eficácia da lei constituem projeção particularizada de um princípio político-constitucional de maior espectro, que é o *due process of law* – cláusula essa notoriamente impregnada de conteúdo substancial e liberta de um suposto confinamento à área do processo.

No estudo da conhecida e interessante história da cláusula *due process of law* e sua incorporação ao direito norte-americano segundo a emenda constitucional n. 14, a doutrina refere sempre o julgamento *Mugler v. Kansas*, com a reafirmação da existência de *"numerosas limitações ao poder do legislador"*.[22] Como um

---

20. *Cfr. Curso de direito constitucional positivo*, tít. VI, cap. II, nn. 18-21, pp. 433 ss.

21. *Op. loc. cit.*, esp. n. 18, p. 433.

22. *Cfr.*, entre outros, Joseph Bockrath, "Droit constitutionnel", nn. 99-103, pp. 76-80; Steven H. Gifis, *Law dictionary*, verbete *due process of law*, pp. 149-150.

todo, a garantia do devido processo legal resolve-se em um esteio das liberdades e dos direitos fundamentais. Sobre as dificuldades de defini-la e traçar-lhe contornos é conhecida a manifestação do Juiz Frankfurter, onde se lê essa passagem: "*due process* cannot be imprisoned within the treacherous limits of any formula. Representing a profound attitude of fairness between man and man, and not particularly between the individual and government, *due process* is compounded of history, reason, the past course of decisions and stout confidence in the strength of the democratic faith which we profess".[23] Na doutrina brasileira essa idéia é reafirmada pela palavra do tributarista Antonio Roberto Sampaio Dória, especialmente na frase: "o conteúdo substantivo de *due process* é, pois, e deve continuar, *insuscetível de confinamentos conceituais*".[24]

Devido processo legal é, pois, irmão siamês da democracia e falar em *due process* é falar em um sistema de *limitações ao exercício e imposição do poder pelos agentes estatais*, em nome de um valor mais elevado que é a liberdade das pessoas, associado ao dever ético de respeitá-lo, superiormente imposto pela Constituição. É falar do respeito, politicamente indispensável, às liberdades, em nome dos valores inerentes à democracia. Diz a doutrina norte-americana que *due process of law* em sentido substancial é "a concept in U.S. and English jurisprudence that establishes *limits to the powers of government*, specifically against the arbitrary deprivation of life, liberty, or property".[25]

12. *irretroatividade de uma possível mudança jurisprudencial*

Associando a imposição de uma nova jurisprudência a situações consumadas no passado e aos fundamentos da irretroatividade das leis, quis preparar a base sistemática de minha preocupação pelo que poderia acontecer na hipótese, ao longo do parecer considerada, de se alterar a jurisprudência do Superior Tribunal

---

23. *Apud* Gifis, *Law dictionary*, pp. 149-150.
24. *Cfr. Direito constitucional tributário e* due process of law, n. 12, esp. p. 33.
25. *Cfr. Grollier encyclopedia*, verbete *due process*.

de Justiça em torno do direito das empresas ao *crédito-prêmio de IPI*. Para elas o impacto de uma tal mudança jurisprudencial seria em tudo e por tudo equivalente ao impacto que sobre suas respectivas esferas de direitos produziria uma alteração legislativa. Elas vêm organizando seus negócios e sua própria estrutura financeira, contando com esse direito. Suas projeções de equilíbrio patrimonial apóiam-se na legítima previsão da incorporação daqueles créditos em seu patrimônio ativo; captaram recursos no mercado de capitais, atraindo investidores nacionais e estrangeiros, com base em lançamentos contábeis, projeções e simulações onde está presente tal previsão. Seria agora legítimo (pergunto eu) que o próprio Poder Judiciário, que tanto tempo alimentou essa mais que legítima expectativa, em simples e abrupto ato de revisão do pensamento assim consolidado, viesse a inverter toda essa previsão e, de uma hora para outra, impusesse a todos a privação daqueles créditos com os quais todos contavam? Qual diferença haveria entre a retroatividade dessa mudança jurisprudencial e a de uma lei nova?

> Não estou a questionar a legitimidade das alterações jurisprudenciais em si mesmas. Também em sede doutrinária, já sustentei a validade constitucional e ética da dinâmica das evoluções jurisprudenciais, que constituem fonte de enriquecimento e aprimoramento dos modos como participam os juízes na condução dos destinos da população do país.[26] Nem estou tampouco a referendar ou censurar o ilustrado voto do Min. Luiz Fux, sobre o qual não me cabe opinar. Mas, como me parece que ficou bastante claro, o que aqui repudio é outra coisa, a saber: a abrupta imposição de uma nova jurisprudência, em um tema de tanta repercussão na vida e higidez das empresas, sem levar em conta todas aquelas situações criadas e consumadas diante da expectativa alimentada pelo próprio Poder Judiciário.

Ora, em si mesmo o expresso veto constitucional à retroatividade *das leis* (Const., art. 5º, inc. XXXVI) comporta fácil extensão analógica capaz de produzir sua imposição à *jurisprudência* nova, que não deverá atingir situações pretéritas, já consumadas

---

26. *Cfr. A instrumentalidade do processo*, n. 36.3, esp. pp. 347 ss.

sob a égide da antiga. A *ratio* daquela expressa disposição constitucional propaga-se legitimamente ao campo da eficácia da jurisprudência no tempo, porque os efeitos perversos da retroatividade da jurisprudência são os mesmíssimos da retroatividade das leis e, como sempre se diz, *ubi eadem ratio ibi eadem legis dispositio*. Houvesse o constituinte atinado com essa problemática que aqui coloco, por certo haveria ditado em relação a ela a mesma norma que ditou no tocante à eficácia *da lei* no tempo.

Mas sequer esse recurso à analogia seria necessário, uma vez que estamos no campo das limitações do exercício e imposição do poder pelo Estado e seus agentes, ditadas pela cláusula *substantive due process*. Seria incompatível com as bases políticas dessa cláusula uma tamanha reversão de expectativas, com tão profundas repercussões substanciais na economia e finanças de todo um universo das empresas exportadoras e até graves e imprevisíveis repercussões macroeconômicas de interesse das instituições nacionais como um todo.

Seja mediante aquela extensão analógica, seja por este enquadramento na garantia constitucional do devido processo legal substancial, a conclusão a que chego é sempre esta: ainda quando venha hipoteticamente a prevalecer a mudança jurisprudencial proposta no voto do Min. Luiz Fux, ainda assim a nova linha de pensamento deverá respeitar situações pretéritas já consumadas, sem se aplicar a elas nem ao universo das empresas interessadas no crédito-prêmio de IPI.

> Volto a indagar: que diferença haveria entre (a) a imposição retroativa de uma lei, atingindo situações consumadas e assim transgredindo o princípio da segurança jurídica, e (b) a imposição retroativa de uma *jurisprudência superior*, que na prática determinará o modo como os juízos e tribunais decidirão acerca de situações também já consumadas? Disse José Afonso da Silva: "uma importante condição da segurança jurídica está na relativa certeza que os indivíduos têm, de que as relações realizadas sob o império de uma norma devem perdurar ainda quando tal norma seja substituída".[27] E digo eu agora, parafraseando o constitucionalista:

27. *Op. loc. cit.*

"uma importante condição da segurança jurídica está na relativa certeza que os indivíduos têm, de que as relações realizadas *sob o império de uma jurisprudência superior* devem perdurar ainda quando tal jurisprudência seja substituída".

§ 3º – FUNDAMENTO LEGAL E MEIOS PROCESSUAIS

13. *a necessidade de oferecer tutelas adequadas apesar da inexistência de uma disciplina formal direta*

Não há na lei processual uma disposição diretamente ligada ao tema proposto no capítulo precedente, ou destinada a disciplinar os modos como poderá o Supremo Tribunal Federal ou o Superior Tribunal de Justiça, em um controle tipicamente difuso, fixar uma nova linha de interpretação da Constituição ou da lei sem atingir situações consumadas em tempo pretérito. Já no plano sistemático, porém, esse obstáculo formal será até facilmente superado se tivermos presente que muito acima das formas processuais e instrumentos específicos destinados a produzir no mundo exterior determinados resultados, paira a solene promessa constitucional de oferecer justiça ou, empregando linguagem bastante prestigiada na atualidade, *a garantia constitucional de acesso à justiça*. Como em tantos temas de primeiro interesse em direito processual, vamos encontrar no imortal Giuseppe Chiovenda a chave sistemática para o problema em exame. Disse o Mestre:

"deve-se ter por admissível todo modo de atuação da lei e todo meio executivo que seja praticamente possível e não contrarie uma norma geral ou especial do direito".[28]

Esse pensamento tem raízes em uma premissa sistemática de maior espectro, colocada por ele próprio e consistente em negar que o direito processual se resuma ou se resolva em mera *disciplina de formas*, havendo também, ao lado dessa disciplina, a da *oferta de meios* – que é algo de muito mais profundidade, valendo como conformação da promessa constitucional de acesso à ordem

---

28. *Cfr. Istituzioni di diritto processuale civile*, I, n. 12, esp. p. 43.

jurídica justa. Dissera ele: "é preciso evitar a crença de que lei processual seja sinônimo de lei formal".

E disse eu, apoiando-me nessa riquíssima colocação proposta pelo Mestre: "esse pensamento teve o mérito de abrir caminho para a percepção de que existem normas de duas naturezas a influenciar de modo direto certos institutos processuais. São *processuais substanciais* as que outorgam ao sujeito certas situações exteriores ao processo e que nele repercutirão de algum modo se vier a ser instaurado. São *processuais puras*, ou processuais formais, as que operam exclusivamente pelo lado interno do processo e nele exaurem sua eficácia, disciplinando os atos e relações inerentes ao processo e não lançando efeitos diretos para o lado externo, ou seja, sobre a vida das pessoas (p.ex., normas sobre a forma dos atos processuais, prazos, procedimentos adequados, recursos *etc.*)".[29]

Ora, esse modo de ver sistematicamente a ordem processual é o que de com maior aptidão se propõe a dar efetividade à promessa constitucional de acesso à ordem jurídica justa, porque seria decepcionante se, existindo uma solução justa possível e desejável, ficassem os juízes impedidos de adotá-la por falta de um específico instrumento processual. Isso seria um culto irracional à forma, equivalente àquela redução do processo a um mero sistema formal, superiormente repudiada por Giuseppe Chiovenda.

14. o art. 27 da lei n. 9.868, de 10.11.99 *(Lei da Ação Direta)*

Ao reger o controle *concentrado* da constitucionalidade das leis ou atos normativos, o art. 27 da lei n. 9.868, de 11 de novembro de 1999 dá ao Supremo Tribunal Federal ampla liberdade para a escolha do momento inicial da ineficácia de um texto declarado inconstitucional. Diz textualmente:

"ao declarar a inconstitucionalidade de lei ou ato normativo, e tendo em vista razões de segurança jurídica ou excepcional interesse social, poderá o Supremo Tribunal Federal, por maioria de 2/3 (dois terços) de seus membros, restringir os efeitos daquela decla-

---

29. *Cfr. Instituições de direito processual civil*, I, n. 6, esp. pp. 47-48.

ração ou decidir que ela só tenha eficácia a partir de seu trânsito em julgado ou de outro momento que venha a ser fixado".

Escrevendo antes da vigência dessa lei, tecera o conhecido constitucionalista e hoje Ministro Gilmar Ferreira Mendes profundas considerações de inteira pertinência ao que depois veio a ser disposto no art. 27, acima transcrito, especialmente quando discorre acerca da *aplicação da lei inconstitucional* – tema dedicado particularmente aos institutos do mandado de injunção e da declaração de inconstitucionalidade por omissão, mas expressamente associado por ele próprio também ao *processo de controle abstrato de normas*.[30] Não estava o monografista no trato do controle difuso, como no caso que examino, e sequer do controle difuso da legalidade, mas da constitucionalidade – mas o que diz constitui substrato sistemático de ordem muito geral e, portanto, também válido a embasar o que aqui vou dizendo. Leiamos algumas passagens de sua monografia:

a) "em determinados casos, a aplicação excepcional da lei inconstitucional traduz exigência do próprio ordenamento constitucional";

b) "a aplicação da lei, mesmo após a pronúncia de sua inconstitucionalidade, pode ser exigida pela própria Constituição";

c) trata-se daqueles casos em que a aplicação da lei mostra-se, do prisma constitucional, indispensável no período de transição";

d) "no interesse da segurança, da clareza e determinação jurídicas, deveria o legislador editar uma regra sobre suspensão da aplicação e legitimar o Supremo Tribunal Federal a, sob determinadas condições, autorizar a aplicação da lei inconstitucional nos casos constitucionalmente exigidos" [*e foi precisamente isso que a lei veio a fazer*].[31]

---

30. *Cfr. Jurisdição constitucional*, cap. III, seção V, n. 4, esp. p. 298.

31. Repito, para evitar mal-entendidos: o eminente Ministro não estava a discorrer especificamente sobre o tema que constitui objeto do presente parecer nem a propor soluções que diretamente se apliquem a ele. *Minha* é a proposta, calcada no que dissera Sua Excelência, de transpor para cá aquelas idéias que a meu ver têm uma dimensão e uma aplicabilidade de maior espectro, valendo portanto como guia geral para a solução do caso aqui examinado.

Também não posso dissociar esses lúcidos pensamentos de um outro tema evidentemente correlato, tratado na mesma obra aqui referida, que é o da *declaração de inconstitucionalidade sem a pronúncia de nulidade*.[32] Embora esse tema seja ali examinado à luz do direito alemão e não do brasileiro, e embora na própria Alemanha ainda grassem muitas incertezas a esse respeito,[33] o certo é que aqui estou alvitrando precisamente isso, ou seja: que, na hipótese de vir a prevalecer um novo entendimento sobre o tema tributário em exame, não seja automática e radicalmente negada aplicação àqueles dispositivos legais que até agora vêm sendo pacificamente considerados em vigor e consentâneos com a ordem infraconstitucional. Ou, em outras palavras: proponho que os decretos-leis questionados naquele recurso especial pendente sejam, apesar do possível reconhecimento da cessação de sua vigência, aplicados aos casos já consumados antes dessa não desejada mas possível e até provável guinada jurisprudencial.

    É também pertinente a invocação de um instituto do processo civil italiano, o *recurso no interesse da lei*, assim regido pelo Código daquele país: "quando as partes não houverem interposto recurso nos prazos legais, ou hajam desistido do recurso interposto, o procurador-geral em exercício junto à Corte de Cassação poderá interpor recursos pedindo que seja cassada a sentença no interesse da lei. *Nesses casos, as partes não poderão valer-se da cassação da sentença*" (c.p.c., art. 363). Nas palavras grifadas está o que mais de perto diz respeito ao problema aqui examinado. Dizendo que a cassação da sentença pelo julgamento do recurso no interesse da lei não aproveitará às partes, está o Código italiano estabelecendo, em outras palavras, que *apenas a fundamentação da sentença ficará cassada mas o dispositivo, não*. Evita-se a adoção de uma interpretação socialmente inconveniente mas isso de nada valerá para as partes que não houverem recorrido. É precisamente isso que estou a sustentar: que, vindo o Superior Tribunal de Justiça a fixar uma tese jurídica discrepante daquela que vinha prevalecendo há tanto tempo, *o dispositivo do acórdão recorrido não fique atin-*

32. *Op. cit.*, cap. II, seção II, pp. 202 ss.
33. *Id., ib.*

gido, permanecendo pois o vencedor como vencedor e o vencido, como vencido. Depois, superado o *período de transição* de que fala a doutrina acima referida, os fundamentos da rejeição da tese até agora vigente passarão a valer como regra concreta, autorizando-se o julgamento de novas causas com sua aplicação em cada caso.

15. *estreita analogia e presença dos requisitos*

Da leitura do art. 27 acima transcrito emerge que aquela liberdade outorgada ao Supremo Tribunal Federal depende da presença (a) de razões de segurança jurídica ou (b) de excepcional interesse social. Pois estou a falar precisamente de poderosas razões de segurança jurídica.

Mais precisamente, estou a sustentar que seria ilegítimo impor às empresas uma *surpresa* como essa que está em via de preparação. Assim como a lei, também a jurisprudência é, máxime na ordem jurídico-processual brasileira vigente a partir das *Reformas*, poderoso fator de segurança, na medida em que, como acima ilustrei, tantos dispositivos legais mandam que relatores e tribunais locais observem, em certas situações, a jurisprudência sumulada do Supremo Tribunal Federal ou reiterada nessa mesma Corte ou no Superior Tribunal de Justiça (*supra*, n. 6). Tudo que construíram com fundamento em uma jurisprudência reiterada durante quase duas décadas seria contrariado por uma nova linha de pensamento assim projetada ao passado. Não há insegurança maior que essa e, tornando ao que disse no início, estariam as Empresas enlaçadas por uma brutal *armadilha*.

Reportando-me agora ao que disse sobre a inconstitucionalidade dessa retroação por infringência à garantia do *due process*, saliento também, valendo-me ainda uma vez das palavras de Gilmar Mendes, que a "aplicação excepcional da lei inconstitucional", aqui proposta, "traduz exigência do próprio ordenamento constitucional" (*supra*, n. 14); sim, a estrita observância das limitações ao exercício do poder, contidas naquela cláusula de fundo político contida na Constituição Federal, resolve-se em uma autêntica *exigência do próprio ordenamento constitucional*.

16. *a solução proposta*

Como se vê, estou aqui a propor, sempre atento àquelas lições do constitucionalista, que, na hipótese de ocorrer uma mutação jurisprudencial de tão grande impacto sobre a vida das empresas, seja implantado um *período de transição* durante o qual poderão elas adequar suas condutas, seu planejamento econômico-financeiro ou societário, seus negócios, à situação decorrente da nova linha de pensamento que agora as ameaça. E isso é de inteira aderência ao requisito do *excepcional interesse social*, também presente no art. 27 da Lei da Ação Direta.

Leio essa locução como alusiva ao *interesse público em geral*, quer de ordem social mesmo, quer de ordem econômica, quer relacionado com as instituições políticas do país – atento, agora, ao que a propósito disse Mauro Cappelletti, no sentido de que interesses públicos são interesses "permeati di un valore che *trascende lo uomo singolo* e investe tutta intera la società". Ocorrendo violação a direitos dessa ordem, "si sentono colpiti tutti i cittadini e non quelli soli, che immediatemente siano interessati: colpiti in quel loro diritto di libertà, che é in fondo uno solo (o meglio sta alla base, é la causa, di tutti i diritti): spetta ad ogni uomo e la sua lesione lede ciascuno".[34]

E assim, não havendo como conciliar com a Constituição e com a cláusula *due process* a abrupta negativa daquilo que sempre vinha sendo concedido, reputo imperiosa a necessidade de, mesmo sem a formal oferta de um meio técnico-processual adequado e específico, decidir o Tribunal de modo a manter, *em relação à causa que está sendo julgada*, os resultados práticos daquela antiga e arraigada jurisprudência. Negará, se entender, a tese antes acatada, e sustentará talvez a tese oposta, mas isso será feito somente na *motivação* do acórdão que vier a ser proferido; passando ao decisório, mandam aqueles princípios que seja concedido à empresa o crédito-prêmio postulado, com a ressalva de que isso

---

34. *Cfr. La giurisdizione costituzionale delle libertà*, pp. 1-10. V. ainda as seguras observações de Kazuo Watanabe a esse respeito, *in Controle jurisdicional e mandado de segurança contra atos judiciais*, esp. p. 99, referindo e referendando essa passagem de Cappelletti.

só é assim feito para criar um *período de transição* suficiente para que todos venham a reformular adequadamente suas condutas, seus negócios, sua contabilidade *etc.* Não tenho a menor dúvida de que esta é uma proposta inovadora, que aos mais conservadores poderia até soar como verdadeira *heresia jurídica*, mas às vezes é preciso ousar corajosamente se se quiser fazer justiça. Volto a Chiovenda: "deve-se ter por admissível todo modo de atuação da lei e todo meio executivo que seja praticamente possível e não contrarie uma norma geral ou especial do direito" porque o contrário do que proponho equivaleria a alimentar "a crença de que lei processual seja sinônimo de lei formal", sem aberturas para a oferta de acesso à justiça sempre que não houver uma forma específica para tanto.

17. *uma sadia jurisprudência que se esboça*

O Supremo Tribunal Federal já vem dando significativas aberturas para a modulação dos efeitos de suas decisões em controle *difuso* de constitucionalidade, possibilitando a adoção da *prospectividade* também nessa sede, sem restringi-la aos casos de controle concentrado. Uma pesquisa revela que ao menos dez entre os onze Ministros da Corte já se manifestaram nesse sentido,[35] o que mostra que a tese não é sequer tão inovadora quanto me parecia – até porque já no ano de 1998 assim se pronunciara um de seus mais ilustres integrantes. Indico a seguir dois expressivos votos com esse teor.

> Pertence (no controle difuso em um recurso extraordinário em matéria penal): "o caso mostra, com efeito, a inflexível estreiteza da alternativa da jurisdição constitucional ortodoxa, com a qual ainda jogamos no Brasil: consideramo-nos presos ao dilema entre a constitucionalidade plena e definitiva da lei ou a declaração de sua inconstitucionalidade com fulminante eficácia *ex tunc*; ou ainda, na hipótese de lei ordinária pré-constitucional, entre o reconhecimento da recepção incondicional e a da perda da vigência

---

35. Apenas da parte do sr. Min. Eros Grau é que não me consta qualquer pronunciamento sobre o tema.

desde a data da Constituição". Daí observar, ainda, os reflexos dessa orientação no plano da segurança jurídica, ao enfatizar que essas "alternativas radicais – além dos notórios inconvenientes que gera – faz abstração da evidência de que a implementação de uma nova ordem constitucional não é um fato instantâneo, mas um processo, no qual a possibilidade da realização da norma da Constituição – ainda quando teoricamente não se cuide de preceito de eficácia limitada – subordina-se muitas vezes a alterações da realidade fática que a viabilizem".[36]

Peluso (também em recurso extraordinário): "no acompanhar S. Exa. faço-o nos termos do voto do Min. Gilmar Mendes, que, em eruditas, perspicazes e largas razões, mostrou a compatibilidade de uma *limitação temporal dos efeitos de uma pronúncia de inconstitucionalidade, no controle difuso*, com nosso sistema constitucional. De fato, se a CF legitima tal limitação no controle abstrato, *não tem porque não legitimá-la em concreto*, pois, no fundo, as técnicas de controle servem ambas, com caráter alternativo e conseqüências próprias, adequados a cada situação histórica, ao mesmíssimo propósito constitucional. *A variedade dos instrumentos, ou dos métodos, não desnatura o fim*, que é único, o controle eficaz de constitucionalidade das leis. A regra de nulidade, enfim, cede apenas a razões de coerência sistemática e de segurança jurídica, ditadas por situações excepcionais, como a do caso".[37] É muito expressiva a conclusão sobre o resultado da votação e julgamento, contida na publicação em *site* do Supremo Tribunal Federal: "unânime quanto ao conhecimento do recurso, entretanto, por maioria, restabelecido em parte a decisão de primeiro grau, e declarado inconstitucional, *incidenter tantum*, o § único, do art. 6º, da Lei Orgânica 226, de 31.03.1990, do Município de Mira Estrela/SP e determinado à Câmara de Vereadores que, após o trânsito em julgado, adote as medidas cabíveis".

18. *evitar um desconfortável paradoxo*

O que digo agora, em arremate aos raciocínios e propostas acima desenvolvidos, praticamente já estava dito nos tópicos precedentes. Mas quero enfatizar. Refiro-me ao confronto, a que já

---

36. STF, 1ª T., RE n. 147.776, j. 19.8.98, rel. Sepúlveda Pertence, v.u., *DJU* 19.6.98.

37. STF, Pleno, RE 197.917, j. 6.6.02, rel. Maurício Corrêa, m.v., *DJU* 7.5.04.

aludi, entre o controle difuso da legalidade, feito no julgamento de recursos como esse que está pendente, e o controle concentrado da constitucionalidade pela via das ações diretas perante o Supremo Tribunal Federal. E falo em um *paradoxo* porque vejo realmente como incompatíveis entre si a permissão de delimitar no tempo a eficácia da declaração direta de inconstitucionalidade, que é algo de muito maior profundidade e mais larga eficácia (lei *cit.*, art. 27) e a imposição de uma tradicional rigidez no trato do controle difuso da legalidade. Se estivéssemos em uma ação direta de inconstitucionalidade ou declaratória de constitucionalidade, poderia o Supremo Tribunal Federal determinar a seu modo o início da ineficácia da lei comprometida por inconstitucionalidade, fixando-lhe prudentemente o termo inicial. Mas, como não estamos em uma sede de controle abstrato nem se cogita da *inconstitucionalidade* de alguma lei, pergunto: seria aqui impossível essa flexibilização, sendo por isso inexorável a declaração de uma suposta ilegalidade preexistente, sempre com eficácia *ex tunc*, a partir do momento em que supostamente teria cessado a vigência dos decretos-leis questionados? Só pela lógica do absurdo poder-se-ia defender esse paradoxo, em frontal contraste com os sadios pilares da *lógica do razoável*. Recaséns Siches: "la única proposición válida que puede emitirse sobre la interpretación es la de que el juez en todo caso debe interpretar la ley precisamente del modo que lleve a la *conclusión más justa* para resolver el problema que tenga planteado ante su jurisdicción".[38] É dever do juiz "interpretar essas leis de modo que o resultado da aplicação aos casos singulares produza a realização do *maior grau de justiça*" – porque, segundo diz ainda o jurisfilósofo, a lógica do razoável é acima de tudo a *lógica da justiça*.[39]

Tudo quanto agora venho dizendo parte da premissa, que tenho por irrespondível, de que uma decisão como aquela proposta pelo Min. Luiz Fux poderia propagar fortíssima *influência* sobre todos os juízos e tribunais do país; é fácil antever que, no caso de pre-

38. *Cfr. Tratado general de filosofía del derecho*, cap. XXI, n. 7, p. 660.
39. *Id., ib.*, esp. p. 661.

valecer tal proposta, imediatamente todos poderiam passar a decidir do mesmo modo, atingindo indistintamente todas as situações pretéritas, inclusive essa que está em julgamento. Como também já disse, teríamos a *eficácia imediata* de uma mudança informal da Constituição Federal e da lei, ocasionada pela jurisprudência (Ana Cândida da Cunha Ferraz – *supra*, n. 5), com a capacidade de atingir situações já consumadas. Jurisprudência não se confunde com lei, nem penso que seja fonte do direito – mas parece-me evidente que uma transformação assim brusca no modo como determinada relação é tratada pelos tribunais seria, tanto quanto a retroatividade de uma lei, afrontosa à solene garantia constitucional do *due process* (*supra*, n. 11).

II – CONTROLE DIFUSO DE CONSTITUCIONALIDADE: EFICÁCIA DA DECISÃO[1]

§ 1º – o tema e a consulta – 19. os antecedentes e a situação processual pendente – 20. os temas processuais – § 2º – a dimensão atual da Súmula n. 343-STF – 21. entre a justiça e a efetividade das decisões judiciárias – o equilíbrio do sistema processual – 22. entre a coisa julgada e a ação rescisória – a Súmula n. 343 do Supremo Tribunal Federal – 23. o núcleo resistente da Súmula n. 343: divergência entre tribunais em matéria infraconstitucional – 24. qual a razão de ser da distinção estabelecida na aplicação da Súmula n. 343? – 25. a supremacia da Constituição Federal e o Supremo Tribunal Federal como guarda da Constituição – 26. a dimensão da *matéria constitucional* que afasta a incidência da Súmula n. 343 – 27. acórdão em conformidade com a jurisprudência do tempo e alterações ulteriores à propositura da ação rescisória – **§ 3º – sobre as supervenientes decisões contrárias do Supremo Tribunal Federal** – 28. ainda sobre os temas constitucionais: jurisprudência – 29. pronúncia de constitucionalidade ou de inconstitucionalidade em controle abstrato ou em controle difuso – **§ 4º – recapitulação e conclusões sucintamente fundamentadas** – 30. visão panorâmica – 31. imperiosa aplicação da Súmula n. 343 e carência da ação rescisória – 32. inexistência de violação a disposição constitucional – 33. modulação dos efeitos da declaração

§ 1º – O TEMA E A CONSULTA

19. os antecedentes e a situação processual pendente

Sou consultado por Madeireira Miguel Forte S.A. a propósito de uma *ação rescisória* em que é ré e que lhe foi movida pela União Federal perante o E. Tribunal Regional Federal da Quarta Região, envolvendo matéria tributária. Antes, e perante essa mesma Corte, obtivera ela ganho de causa mediante um V. acórdão passado em julgado, com a concessão do mandado de segurança então impetrado e a declaração de ter o "direito ao creditamento

---

1. Reprodução de parecer elaborado em setembro de 2008.

de IPI na aquisição de matérias-primas e insumos isentos, não tributados ou sujeitos à alíquota zero, empregados na fabricação de produtos tributados". Dita ação rescisória foi julgada *procedente* por aquele E. Tribunal, sobreveio *recurso especial* interposto pela Empresa e esse recurso veio a ser *improvido* em decisão monocrática do sr. Relator no Col. Superior Tribunal de Justiça, o sr. Min. Francisco Falcão. A Empresa *interpôs agravo interno* contra essa R. decisão, o qual foi improvido pela Col. Turma Julgadora. Foram também rejeitados seus *embargos de declaração* a seguir opostos. Diante disso, prepara-se a Madeireira Miguel Forte S.A. a interpor *recurso extraordinário* ao Col. Supremo Tribunal Federal, impugnando aqueles VV. acórdãos proferidos no Col. Superior Tribunal de Justiça.

20. os temas processuais

No recurso a ser interposto, cuja minuta me ofereceu, a ora consulente questiona pontos de natureza processual já farta e insistentemente agitados ao longo da ação rescisória, sobre os quais sou consultado. Dada minha especialidade acadêmica, essa consulta e o presente parecer versam exclusivamente tais pontos, não me tocando qualquer aventura na seara do direito tributário. E, sempre no campo do processo, os pontos levantados pela Empresa são de grande riqueza e extrema relevância para o caso agora em exame e para inúmeros pleitos, de outros contribuintes, versando a ação rescisória e a aplicabilidade da Súmula n. 343 do Col. Supremo Tribunal Federal; há uma enorme potencialidade de propagação da decisão que vier a ser tomada, sendo pois inegável a *repercussão geral* de que certamente será dotada essa decisão. Cumprindo severa exigência constitucional e legal (Const., art. 102, § 3º, e CPC, art. 543-A, § 2º), a ora consulente cuidou adequadamente, em suas razões recursais, de fazer a demonstração da repercussão geral.

O núcleo do recurso extraordinário agora interposto consiste na aplicação da Súmula n. 343 do Col. Supremo Tribunal Federal, não-obstante o envolvimento constitucional da matéria posta na causa originária e no V. acórdão rescindendo. A esse propósito, salienta a ora consulente a relevantíssima circunstância de que a jurisprudência dessa Casa, durante muitos anos favorável ao contribuinte, *só foi alterada depois de proposta a sua ação rescisória*. Com vista a isso, a Empresa exibe o seguinte demonstrativo cronológico dos fatos pertinentes a esse tema e relacionados com a admissibilidade ou inadmissibilidade da ação rescisória, colocando-os assim:

> a) em primeiro lugar no tempo, o trânsito em julgado do V. acórdão rescindendo (15.jan.01); b) em segundo, o ajuizamento da ação rescisória pela União (25.out.01); c) finalmente, a consumação de um julgamento em sentido contrário, pelo Col. Supremo Tribunal Federal (15.fev.07). Mais de cinco anos depois.

§ 2º – A DIMENSÃO ATUAL DA SÚMULA N. 343-STF

21. *entre a justiça e a efetividade das decisões judiciárias – o equilíbrio do sistema processual*

Toda ordem processual busca ser um sistema equilibrado entre o empenho em *decidir bem e corretamente*, oferecendo a quem tiver razão aquilo que ele tiver o direito de obter, e a necessidade de produzir resultados *o mais cedo possível*, para que a tutela jurisdicional a quem tem razão seja tempestiva e, portanto, realmente efetiva. Assim é o *equilíbrio entre exigências conflitantes*, de que venho falando em sede doutrinária e ao qual, muito antes de mim, já fizera referência Piero Calamandrei – o qual falou, mais precisamente, em "duas exigências, geralmente contrastantes da justiça, ou seja, da celeridade e da ponderação".[2] Em sentido substancialmente análogo, propôs também Carnelutti o "contraste entre a justiça e a certeza"[3] e, na doutrina brasileira, discorreu Celso Agrícola Barbi sobre a oscilação do processo "entre a necessidade de decisão rápida e a de segurança na defesa do direito dos litigantes".[4]

---

2. *Cfr. Introduzione allo studio sistematico dei provvedimenti cautelari*, n. 8, esp. p. 20.
3. *Cfr.* "La certezza nel diritto", p. 81.
4. *Cfr. Comentários ao Código de Processo Civil*, I, n. 680.

Transportados esses pensamentos à realidade da vida concreta dos processos, vemos que ali convivem (a) normas e institutos voltados ao objetivo de *melhor conhecer para melhor decidir*, atuando umas e outros sobre o sistema com o escopo de evitar a produção ou a perpetuação de decisões injustas ou contrárias ao direito material e (b) normas cujo objetivo é *acelerar*, para que um dia o litígio chegue ao fim e produza resultados efetivos na vida dos sujeitos, evitando-se com isso a perpetuação dos litígios. *De um lado* deseja-se que o processo venha concretamente a produzir resultados compatíveis com a verdade dos fatos e os desígnios do direito material pertinente, fazendo justiça – e por esse modo oferecendo a quem tiver razão o acesso à ordem jurídica justa, com a efetiva obtenção do bem da vida por aquele que tiver direito; e, *de outro*, não se deseja um processo mais demorado que o razoável nem a abertura para infindáveis reaberturas de rediscussões porque a excessiva demora na produção desses resultados constituiria fator de enfraquecimento da própria tutela jurisdicional – sabendo-se que a oferta de tutela jurisdicional em *tempo razoável* é um dos postulados do Pacto de São José da Costa Rica e veio a ser incorporada ao sistema garantístico da Constituição Federal pela emenda constitucional n. 45, de 8 de dezembro de 2004 (Const., art. 5º, inc. LXXVIII).[5]

São engajadas ao objetivo de acelerar o processo e oferecer segurança final às partes todas as disposições referentes a prazos, preclusões, coisa julgada formal e material, poderes do juiz destinados a efetivar tão logo quanto possível suas decisões (CPC, art. 461), sanções aos retardamentos indevidos (arts. 14, par., e 273, inc. II), *contempt of court* (arts. 600-601) *etc*. Visam à oferta de resultados bons, justos e tão aprimorados quanto possível os princípios, garantias e normas constitucionais e ordinárias refletidos em institutos relacionados com o que Calamandrei chamou de *ponderação*, a saber: as garantias do contraditório, ampla defesa e devido processo legal, todas as atividades relacionadas com a

---

5. A *Convenção Americana de Direitos Humanos* está em vigor desde 1978 e foi incorporada à ordem jurídica brasileira em 1992 (dec. n. 678, de 6.11.92).

instrução da causa, com a prova e a possibilidade de argumentar, a oferta de graus diferenciados de jurisdição para que novas mentes repensem aquilo que já foi decidido uma vez (recursos, ação rescisória) *etc.*[6]

22. entre a coisa julgada e a ação rescisória – a *Súmula n. 343 do Supremo Tribunal Federal*[7]

Enquanto a *coisa julgada* atua no sistema com o objetivo de oferecer segurança e pôr fim ao litígio, à *ação rescisória* cabe a missão de, mitigando os rigores daquela, reabrir o litígio a uma nova apreciação, com nova possibilidade de aprimoramento do decidido. O processo já teve seus trâmites, com amplas possibilidades ao juiz e às partes para dirimir dúvidas e buscar a verdade dos fatos e o preciso significado das normas de direito material pertinentes; chegado ao fim, foi proferida sentença e, para que o litígio tenha fim, chegou o momento do trânsito em julgado. Tudo quanto se fez visou à produção de resultados bons e justos; agora propicia-se a estabilidade dos julgados, em nome do elevado valor da *segurança jurídica*. E a ação rescisória, admissível em casos especialíssimos e precisamente tipificados em lei contra sentenças ou acórdãos cobertos pela autoridade da coisa julgada material (CPC, art. 485), entra no sistema como uma nova chave para a abertura de portas a novas ponderações, novos exames, nova decisão e, se seu autor tiver razão, à remoção de uma injustiça contida na decisão impugnada.

Diante disso e daquele indispensável equilíbrio axiológico entre os valores da justiça e da segurança, é indispensável encarar e tratar a ação rescisória *sem tantos preconceitos e tantas restrições*, que se chegasse ao ponto de neutralizar esse remédio processual concebido em nome da justiça para emprego em casos

---

6. *Cfr.* Dinamarco, *A instrumentalidade do processo*, n. 32, pp. 229-236.

7. *Cfr.* meu estudo "O núcleo resistente da Súmula n. 343 do Supremo Tribunal Federal", *passim*. Tomo a liberdade de reproduzir aqui o que ali está dito quase *ipsis litteris*, com o objetivo de poupar o leitor ao incômodo de uma nova consulta.

excepcionais; mas também *sem tanta liberalidade*, que acabasse por ser um instrumento de instabilidade dos direitos e de desprezo à garantia constitucional do julgado. O sistema não comporta nem a radicalização da garantia constitucional da coisa julgada, em nome de uma segurança jurídica que em alguns casos pode não traduzir um culto à justiça; nem a banalização dos meios de infração a essa garantia, porque essa perigosa prática inconstitucional seria fator de insuportável insegurança para os litigantes. É preciso, como em tantos temas e em relação a tantos problemas, buscar uma linha de equilíbrio.

    Mesmo os que ardorosamente defendem a moderníssima tese da *relativização da coisa julgada*, entre os quais me incluo, cuidam de ressalvar que todos os caminhos destinados a afastar essa *auctoritas* são tão estreitos quanto restritas são as hipóteses excepcionais nas quais se legitima abrir mão da segurança jurídica.[8]

Ora, a máxima contida na importantíssima Súmula n. 343 do Col. Supremo Tribunal Federal, sendo um fator de restrição à admissibilidade da ação rescisória, é *ipso facto* também um fator de apoio à garantia constitucional da coisa julgada material e, pois, ao valor *segurança jurídica*. Ditou-a a Corte Suprema com a declarada intenção de evitar a banalização desse remédio em si mesmo excepcional no sistema, estabelecendo então que "não cabe ação rescisória por ofensa a literal disposição de lei, quando a decisão rescindenda se tiver baseado em texto legal de interpretação controvertida nos tribunais". Esse enunciado teve de início uma aplicação bastante ampla e radical, (a) fosse para afastar a rescindibilidade em caso de interpretação controvertida entre dois ou mais tribunais, (b) fosse quando a controvérsia grassasse no seio do próprio tribunal prolator do acórdão rescindendo, (c) fosse em matéria infraconstitucional, (d) fosse em matéria constitucional. Depois vieram algumas mitigações impostas pela própria jurisprudência mas restou sempre um *núcleo resistente* sem cuja sobrevivência a própria Súmula não sobreviveria.

8. *Cfr*. Dinamarco, "Relativizar a coisa julgada material", nn. 135-136, pp. 259 ss.

23. o núcleo resistente da Súmula n. 343: divergência entre tribunais em matéria infraconstitucional

Os abrandamentos impostos à aplicação da máxima contida na Súmula n. 343 visaram a reduzir o alcance desta, delimitando o campo de sua aplicação e assim ampliando o espaço aberto à rescindibilidade de sentenças e acórdãos. Esses movimentos de acomodação ao contexto do sistema fazem parte daquela busca pelo equilíbrio, de que venho falando. Uma das tendências no sentido de abrandar, desenvolvida com muita firmeza no seio do Supremo Tribunal Federal, consiste na sólida afirmação de que a Súmula n. 343 só se impõe quando se trata de controvérsia jurisprudencial instalada no plano infraconstitucional, *não no da constitucionalidade*. Ganhou também muito corpo a tese, igualmente restritiva quanto à Súmula n. 343 (e portanto ampliativa da rescindibilidade), de que somente a controvérsia *entre tribunais* autoriza sua aplicação, admitindo-se portanto a ação rescisória ainda quando, no seio do próprio tribunal prolator do acórdão rescindendo, haja discrepâncias quanto à interpretação do texto legal. Multiplicam-se os julgados no sentido dessas duas ordens de restrições à aplicação da Súmula n. 343.

Mas o *núcleo resistente* persiste e, tratando-se de divergência entre tribunais diferentes em torno da interpretação e aplicação do *direito infraconstitucional*, a Súmula n. 343 prossegue com toda sua força e vigor. Nesses casos e ressalvadas outras legítimas restrições estranhas ao tema do presente estudo, reputa-se inadmissível a ação rescisória quando a sentença ou acórdão rescindendo houver sido proferido em clima de divergências jurisprudenciais. Mas em quais circunstâncias e em qual medida se considera que um acórdão envolveu matéria constitucional, para o fim de afastar a restrição imposta pela Súmula n. 343 e, conseqüentemente, admitir a ação rescisória?

24. qual a razão de ser da distinção estabelecida na aplicação da Súmula n. 343?

O julgamento pela inconstitucionalidade de uma lei, de um ato normativo ou (como no caso) de uma exigência fiscal tem um conteúdo e um significado sistemático *diametralmente oposto* ao daqueles com que um tribunal, ao apreciar uma questão constitucional, conclui pela *constitucionalidade* do ato impugnado (juízo positivo de constitucionalidade). Quando erra ao afirmar que a lei ou o ato é constitucionalmente hígido, erra transgredindo a Constituição Federal e dando supremacia àquele sobre esta. Viola a Constituição Federal e tal desvio comporta corretivo pelo Supremo Tribunal Federal. Mas, como no caso em exame, se erra ao afirmar que uma exigência fiscal é *inconstitucional* (juízo negativo de constitucionalidade) com isso poderá eventualmente estar *negando vigência a uma lei hígida*, não à Constituição Federal.

Não ofende a Constituição, mas a lei, o acórdão que, enxergando uma suposta inconstitucionalidade onde inconstitucionalidade não existe, afasta indevidamente a incidência da disposição de direito infraconstitucional.

Tornemos então mais uma vez ao *núcleo resistente* da Súmula n. 343, de que venho falando. E pergunto: por qual razão sistemática a jurisprudência impõe a aplicação dessa Súmula, impedindo com isso a ação rescisória, sempre que se trate de matéria infraconstitucional, mas afasta a Súmula e abre portas à ação rescisória quando a matéria é constitucional?

Na resposta a essa indagação, *óbvia resposta*, está a solução para o tema aqui examinado em parecer.

25. a supremacia da Constituição Federal
e o Supremo Tribunal Federal como guarda da Constituição

A óbvia resposta a essa indagação é somente esta: o Supremo Tribunal Federal nega aplicação a sua Súmula n. 343 em casos de divergência pretoriana em matéria constitucional porque esse é um imperativo da *supremacia da Constituição* sobre todas as demais fontes normativas e todos os atos estatais – sendo sabido que "por força da supremacia constitucional, *nenhum ato jurídico*, nenhuma manifestação de vontade pode subsistir validamente se for incompatível com a Lei Fundamental" (Luís Roberto Barroso).[9] No dizer expressivo do sr. Min. Teori Albino Zavascki, contido em voto proferido no Col. Superior Tribunal de Justiça, "a lei constitucional não é uma lei qualquer, mas a lei fundamental do sistema, na qual todas as demais assentam suas bases de validade e de legitimidade, e cuja guarda é a missão primeira do órgão máximo do Poder Judiciário, o Supremo Tribunal Federal (CF, art. 102)".[10]

Diante disso, fechar portas à revisão de decisões que possivelmente hajam transgredido a Constituição Federal seria abri-las à inversão hierárquica das leis, dando oportunidade para que disposições infraconstitucionais viessem, em casos concretos, a desfrutar de uma condição de supremacia sobre aquela. Sendo notoriamente e por disposição constitucional qualificado como *the guardian of the Constitution* (art. 102, *caput*), estaria o Supremo Tribunal Federal descumprindo essa sua superior missão institucional e renunciando ao exercício integral de seu poder quando permitisse que isso viesse a acontecer.

26. *a dimensão da* **matéria constitucional** *que afasta a incidência da Súmula n. 343*

Nesse quadro sistemático careceria de apoio legitimador um radical dimensionamento da exclusão da incidência daquela Súmula, de modo a afastá-la (e com isso admitir a ação rescisória apesar de a matéria ser controvertida nos tribunais) tanto nos casos (a) em que o acórdão rescindendo haja afirmado a *constitucionalidade* de um ato estatal, impondo desse modo a sua aplicação, quanto naqueles (b) em que ele haja afirmado a *inconstitucionalidade* de um desses atos, afastando sua aplicação para que a Constituição prevaleça. Quando o tribunal local *afasta um ato infraconstitucional* por considerá-lo incompatível com a Constituição, não há o menor risco de, assim decidindo, *inverter a ordem hierárquica das*

---

9. *Cfr. Interpretação e aplicação da Constituição*, parte II, cap. I, n. 2, p. 161.
10. *Cfr.* STJ, 1ª Seção, EDv no REsp n. 608.122, j. 9.5.07, rel. Teori Albino Zavaski, v.u.

leis – ou seja, não há risco algum de uma denegação de autoridade àquele estatuto que sobre os demais deve prevalecer. Equiparar as duas situações equivaleria a deixar à margem aquela distinção fundamental entre o juízo positivo e o negativo de constitucionalidade e, mais grave que isso, a tratar no mesmo plano as possíveis infrações à lei e as possíveis infrações à Constituição Federal.

> Equivaleria também, de um modo quase melancólico, a banir por completo a aplicação da Súmula n. 343 no âmbito do Supremo Tribunal Federal. Qual espaço lhe sobraria, se *sempre* ela deixasse de ser aplicada no controle difuso de constitucionalidade, sabendo-se que a primordial missão institucional dessa Corte consiste justamente no controle de constitucionalidade?

O que acaba de ser dito significa pois que à regra de exclusão da Súmula n. 343 em matéria constitucional não deve ser atribuída toda essa dimensão afirmada pela Col. Turma Julgadora no caso em exame. Essa notória limitação aplica-se, sim, aos casos em que o tribunal local haja afirmado a *constitucionalidade* do ato posto em questão, porque do contrário o Supremo Tribunal Federal estaria impedido de exercer sua superior missão institucional de *guarda da Constituição*, com ilegítima diluição do princípio da supremacia constitucional. Não é porém legítimo, e choca-se com o modo como a Corte Suprema se coloca entre as instituições judiciárias do país, o falso entendimento de que também em caso de pronúncia de *inconstitucionalidade* pelo tribunal *a quo* a Súmula ficasse excluída.

Em síntese:

a) a Súmula n. 343 do Supremo Tribunal Federal não se aplica, admitindo-se pois a ação rescisória, quando o acórdão rescindendo houver afirmado a *constitucionalidade* do ato infraconstitucional; mas

b) essa máxima aplica-se, e com isso impede a ação rescisória, quando houver sido pronunciada a *inconstitucionalidade*.

> Não fazer essa distinção, achatando pois em um só plano todos os casos de exame da lei e demais atos normativos em face da

Constituição Federal, teria por conseqüência uma distorção institucional, para que então o Col. Supremo Tribunal Federal passasse à condição de guarda da lei – o que ocorreria quando se pusesse a fazer a censura, que na realidade ao Superior Tribunal de Justiça compete, da observância da ordem normativa infraconstitucional. Sua notória *competência legislativa negativa* passaria a ser também uma competência *positiva*, destinada a assegurar a permanência da lei na ordem jurídico-normativa do país.

No caso em exame aplica-se portanto a Súmula n. 343 e a ação rescisória proposta pela União Federal é inadmissível, porque o V. acórdão rescindendo concluíra pela *inconstitucionalidade* de um ato estatal infraconstitucional e, com isso, não ofereceu o menor risco de, com esse julgamento, transgredir ou macular a Constituição Federal em sua inafastável supremacia.

27. *acórdão em conformidade com a jurisprudência do tempo e alterações ulteriores à propositura da ação rescisória*

Volto a registrar que em suas razões recursais a ora consulente destaca a *ordem cronológica* em que aconteceram certos fatos relevantes, relacionados com a admissibilidade ou inadmissibilidade da ação rescisória, colocando-os assim: a) em primeiro lugar no tempo, o trânsito em julgado do V. acórdão rescindendo (15.jan.01); b) em segundo, o ajuizamento da ação rescisória pela União (25.out.01); c) finalmente, a consumação de um julgamento em sentido contrário, pelo Col. Supremo Tribunal Federal (15. fev.07). Esses dados permitem ver que, quando essa ação rescisória foi proposta, a jurisprudência da Corte Suprema ainda era francamente no sentido acatado pelo V. acórdão rescindendo, aplicando-se pois a Súmula n. 343. O primeiro acórdão em sentido contrário ao que então prevaleceu só veio a sobrevir *mais de cinco anos depois*.

Realmente, reiteram-se os tribunais no entendimento de que, sendo proposta a ação rescisória ainda sob a égide de uma jurisprudência constitucional superior firmemente estabelecida, eventuais mutações pretorianas *ulteriores* não tornam admissível a ação rescisória que ao tempo da propositura não o fosse. Seria quase cínico impor, àquele que recebera um julgamento favorável mediante acórdão passado em julgado, as vicissitudes de uma mudança jurisprudencial ocorrida depois – e principalmente quando essa postura consistisse em fazer, como que mediante um passe de mágica, com que uma ação rescisória improcedente quando proposta se convertesse em ação procedente em virtude das longas demoras que o próprio Poder Judiciário impõe às parte. Mas felizmente, como já foi registrado e é notório, o Col. Supremo Tribunal Federal é sensível a situações como essas, proclamando que eventual mutação jurisprudencial ocorrida após a propositura da ação rescisória não deve interferir no julgamento desta. É emblemática a manifestação do sr. Min. Menezes Direito em voto vencedor proferido no Plenário do Col. Supremo Tribunal Federal, dizendo que "se eventualmente houver sido decidida uma questão em qualquer instância ou tribunal e posteriormente, mas *no prazo de dois anos*, houver uma alteração da jurisprudência desta Suprema Corte no tocante àquele tema, tornar-se-á possível o curso da ação rescisória, independentemente de invocação da Súmula 343" etc.[11] E por que a alteração jurisprudencial precisa ter ocorrido no prazo de dois anos, para que a Súmula n. 343 fique afastada e a ação rescisória seja admissível? Obviamente, porque esse é o prazo para propositura da ação rescisória (CPC, art. 495). Se nesse período nada se alterar na jurisprudência do Supremo Tribunal Federal, *a contrario sensu* do que disse o sr. Ministro "não se tornará possível o curso da ação rescisória". Não será possível o curso da ação rescisória quando, proposta antes de uma mutação jurisprudencial, depois de sua propositura a jurisprudência se alterar. Foi o que aconteceu no presente caso.

    Essa linha de orientação atende fielmente à severa advertência de Giuseppe Chiovenda, de que, "la necessità di servirsi del processo per ottener ragione non deve tornar a danno di chi ha la ragione".[12] Se essa ação rescisória pudesse e viesse a ser julgada de imediato, logo que proposta, encontrar-se-iam os srs. Julgadores

---

11. Voto proferido no RE n. 328.812-1-AM.
12. *Cfr. Istituzioni di diritto processuale civile*, I, n. 34, esp. p. 147.

diante de uma jurisprudência que os induziria a aplicar a Súmula n. 343 e, sendo pacífica a jurisprudência favorável ao V. acórdão rescindendo, a negar admissibilidade a essa ação. As esperas são sim indispensáveis, por imposição das garantias constitucionais do contraditório e do *due process of law* e por aplicação das regras infraconstitucionais do processo – mas manda a lógica do sistema, também associada ao *due process*, que, para não onerar a parte com os males dessa espera, o julgamento seja feito como seria se viesse ao tempo do início do processo. Lembro-me, a esse propósito, das palavras de meu Mestre de direito processual nas Arcadas de São Francisco, o saudoso e venerando prof. Luís Eulálio de Bueno Vidigal, dizendo que por aquele motivo a sentença é sempre dotada de um *efeito retardado*.

Aqui, a demanda de rescisão foi proposta em desafio à jurisprudência então remansosa do Col. Supremo Tribunal Federal, a qual só veio a se alterar *mais de cinco anos após o trânsito em julgado do V. acórdão rescindendo* (de outubro de 2001 a fevereiro de 2007) – e por esse motivo a Súmula n. 343 deve ter a mais plena aplicação, carecendo pois de ação a União Federal.

§ 3º – SOBRE AS SUPERVENIENTES DECISÕS CONTRÁRIAS DO SUPREMO TRIBUNAL FEDERAL

28. ainda sobre os temas constitucionais: jurisprudência

Versar direito constitucional não é, no contexto do tema da aplicabilidade ou inaplicabilidade da Súmula n. 343, apenas e simplesmente tomar um preceito constitucional como fundamento do julgado ou, inversamente, somente julgar ao arrepio de um preceito constitucional – porque, como adequadamente ponderou alhures o sr. Min. João Otávio de Noronha, "segundo orientação da Primeira Seção desta Corte, deve-se afastar a aplicação da Súmula 343-STF somente na hipótese em que o Supremo Tribunal Federal venha a declarar a inconstitucionalidade da lei aplicada pelo acórdão rescindendo".[13]

---

13. *Cfr.* STJ, 1ª T., AR n. 2.912, j. 10.12.03, rel. João Otávio de Noronha, v.u., *DJU* 16.5.05, p. 219.

E, com extraordinária ênfase, o sr. Min. Luiz Fux:

"um dos pilares da segurança jurídica é exatamente o respeito à coisa julgada. Deveras, a eliminação da lei inconstitucional, em geral, deve obedecer os princípios que regulam a vigência das Leis, impedindo-as de retroagir. Desta sorte, salvo manifestação expressa nos acórdãos das ações de declaração de inconstitucionalidade, em controle concentrado, as decisões judiciais anteriores não podem ficar à mercê de rescisórias, sob o fundamento de terem sido proferidas com base em lei inconstitucional. Posicionamento diverso implica violar dois institutos preservados pela Constituição, um instrumental e outro substancial, a saber, a coisa julgada e a segurança jurídica".[14]

29. pronúncia de constitucionalidade ou de inconstitucionalidade em controle abstrato ou em controle difuso

Nos julgamentos aos quais o Col. Superior Tribunal de Justiça se reporta aqui no caso em exame, pronunciou-se o Col. Supremo Tribunal Federal *pela constitucionalidade, não pela inconstitucionalidade* das exigências ficais afastadas pelo V. acórdão rescindendo. Aquelas decisões vieram a ser tomadas em *recursos extraordinários*, controle difuso portanto, e não em sede de controle abstrato. Quando uma *inconstitucionalidade* é declarada pelo Supremo Tribunal Federal, o destino da norma impugnada é a perda de eficácia – seja mediante automática suspensão em caso de declaração em controle abstrato, seja mediante ato do Senado Federal, quando pronunciada em sede de controle difuso. Perdendo eficácia, a norma fica à margem da ordem jurídico-positiva do país e, conseqüentemente, não pode mais impor-se a qualquer juízo ou tribunal. Quando a *constitucionalidade* da lei é declarada no julgamento de uma ação direta (seja mediante a procedência de uma ação de constitucionalidade, seja mediante a improcedência de uma ação de inconstitucionalidade), dá-se fenômeno diferente

---

14. *Cfr.* STJ, 1ª T., AgRg na AR n. 1.684, j. 16.8.04, rel. Luiz Fux, v.u., *DJU* 9.6.04.

e a lei que estava em vigor e era eficaz prossegue eficaz e vigente como antes e por sua força própria, simplesmente porque, na lição sempre respeitadíssima de Gilmar Ferreira Mendes, "a validade da lei não depende de declaração judicial e a lei vige, após a decisão, tal como vigorava anteriormente".[15] Em termos técnico-processuais a declaração de inconstitucionalidade tem a natureza de uma sentença *constitutiva* (constitutiva negativa) e a de constitucionalidade, *meramente declaratória* (declaratória positiva). Como é sabido, uma sentença declaratória nada acrescenta à ordem jurídica além da *certeza*; ao dirimir a crise de certeza que a justifica, ela não cria nem extingue direitos, não modifica relações jurídicas, não acrescenta validades ou invalidades. E assim é o julgado proferido em ação abstrata de constitucionalidade ou de inconstitucionalidade, o qual não é e não pretende ser a fonte da validade da lei fiel à Constituição Federal.

Ora, quando uma dessas pronúncias (constitucionalidade ou inconstitucionalidade) vem expressa pelo Supremo Tribunal Federal no controle *concentrado* de constitucionalidade, é natural que tenha eficácia *erga omnes* porque essa é a função das ações diretas (ainda Gilmar Mendes).[16] No controle *concentrado*! Não ocorre uma tal expansão de eficácia, todavia, quando a constitucionalidade da lei é declarada no controle *difuso*. Se ao julgar um recurso extraordinário vem o Supremo Tribunal Federal a declarar a inconstitucionalidade, é natural que essa decisão tenha grande poder de contaminação, dada a já apontada razão de, imediata ou mediatamente, produzir a ineficácia (sentença constitutiva negativa). Mas, sendo um *recurso extraordinário* julgado com a conclusão pela *constitucionalidade* da lei ou ato impugnado, não ocorre essa desconstituição de eficácia nem qualquer outra conseqüência parecida. Em perspectiva técnico-processual vê-se que, em decisões como essa, não está o Supremo pronunciando a constitucionalidade em sede principal (*principaliter*) mas *incidenter tantum*: a constitucionalidade da lei impugnada aparece ali exclusivamen-

15. *Cfr. Jurisdição constitucional*, IV, cap. III, seção IV, n. 2, p. 280.
16. *Op. loc. cit.*, esp. p. 282.

te como fundamento, ou *razão de decidir*. O *decisum*, nos processos de controle difuso, consiste na conclusão que o Tribunal vier a dar no tocante ao litígio pendente entre as partes, concluindo pela procedência ou improcedência da pretensão do autor. Foi assim nos casos em que aprovou as exigências fiscais impostas a outros contribuintes em situação análoga à da ora consulente; as decisões finais ali tomadas consistiram na denegação dos *writs* impetrados e as declarações de constitucionalidade residiram somente entre as razões de decidir, ou seja, foram típicas declarações *incidenter tantum*. Não ocorre pois tal propagação de eficácia e, como vou dizendo, a pronúncia de constitucionalidade de uma lei ou de algum outro ato estatal em sede de controle difuso não é dotada de eficácia *erga omnes*.

Esse pensamento associa-se à função do recurso extraordinário no sistema processual brasileiro e a missão, a ela associada, do Supremo Tribunal Federal. Os tribunais de cassação e as *cortes constitucionais* presentes em modelos europeus limitam-se a fixar teses, sem decidir a causa; fixam a tese, declaram a constitucionalidade ou inconstitucionalidade conforme o caso, e remetem a causa para julgamento pelo tribunal competente (e tal é o *giudizio di rinvio* do direito italiano). Em certa medida, no sistema judiciário brasileiro o Supremo Tribunal Federal figura como um *tribunal de revisão*, um pouco à moda do que existe na Alemanha.[17]

§ 4º – RECAPITULAÇÃO E CONCLUSÕES SUCINTAMENTE FUNDAMENTADAS

30. *visão panorâmica*

Este parecer girou em torno da ação rescisória proposta pela União Federal com vista à desconstituição de um V. acórdão portador da declaração do direito de um contribuinte, a empresa Madeireira Miguel Forte S.A., ao "creditamento de IPI na aquisição de matérias-primas e insumos isentos, não tributados ou sujeitos

---

17. *Cfr*. Jolowicz, "The role of the Supreme Court at the national and international level", p. 54; v. também Dinamarco, "The role of the Supreme Court at the national and international level – Latin American countries", p. 361.

à alíquota zero, empregados na fabricação de produtos tributados". Desde o início sustenta a ré a inadmissibilidade dessa ação rescisória, por imposição da Súmula n. 343 do Supremo Tribunal Federal, bem como a inexistência de violação ao dispositivo constitucional invocado pela União. Não obteve sucesso no E. Tribunal de origem, o E. Tribunal Regional Federal da Quara Região, nem no recurso especial endereçado ao Col. Superior Tribunal de Justiça e por ele julgado: a ação rescisória foi julgada procedente nessas duas instâncias, abrindo-se com isso caminho à propositura de um recurso extraordinário, o que a ora consulente faz.

31. imperiosa aplicação da Súmula n. 343 e carência da ação rescisória

É notória entre os profissionais da área contenciosa a progressiva mitigação dos rigores da Súmula n. 343, com a qual o Col. Supremo Tribunal Federal declara inadmissível a ação rescisória quando ao tempo da prolação da sentença ou acórdão rescindendo a jurisprudência fosse controvertida nos tribunais acerca do tema jurídico ali versado. Tais movimentos de acomodação não chegaram contudo ao ponto extremo de esvaziar por completo o conteúdo dessa Súmula e não tenho qualquer notícia de que já se haja cogitado de revogá-la. Permanece ainda, e parece que permanecerá ainda por muito tempo, um *núcleo resistente* que é exclusão da admissibilidade da ação rescisória ainda quando o V. acórdão rescindendo haja versado matéria constitucional mas desde que (a) ao tempo da prolação do acórdão e até ao momento da propositura da ação rescisória a jurisprudência do Col. Supremo Tribunal Federal fosse no sentido ali acatado e (b) não haja essa Corte, em tempo algum, declarado a inconstitucionalidade da lei em controle difuso ou abstrato nem a sua constitucionalidade, em controle abstrato. Quando é declarada uma *constitucionalidade* mediante medidas de controle difuso, a decisão assim proferida confina-se ao caso posto em julgamento, porque (a) a declaração de *constitucionalidade* pelo Supremo Tribunal Federal nada retira e nada acresce à lei ou à sua potencialidade de eficácia, uma vez que ela própria já é dotada de toda essa capacidade (Gilmar Mendes) e (b) sempre o que se decide no controle difuso de constitucionalidade das leis ou demais atos estatais tem o foco lançado sobre um caso e suas peculiaridades, sem a vocação, que o controle abstrato tem, à generalização e à imposição *erga omnes*.

> É diferente do que sucede quando uma *inconstitucionalidade* é declarada em sede de controle difuso; tal declaração tem efeitos *erga omnes* porque a eficácia da lei será suspensa. Mas, como uma declaração de *constitucionalidade* não tem qualquer conseqüência sequer semelhante a essa, é imperioso concluir, como vou concluindo, que ela não se projeta para fora, como sucederia quando se tratasse de controle concentrado.

Concluo pois que a Súmula n. 343 do Col. Supremo Tribunal Federal tem plena aplicação ao caso, (a) porque o V. acórdão rescindindo alinhou-se à jurisprudência vigente nessa Corte ao tempo de sua prolação, (b) porque essa jurisprudência *se mantinha ainda firme quando a própria ação rescisória foi proposta* e (c) porque em momento algum o Col. Supremo Tribunal Federal veio a declarar em controle *concentrado* a constitucionalidade de atos estatais como esse que desde a origem vem impugnado pela ora consulente. Acrescento e enfatizo que, a não se aplicar a Súmula n. 343 nessas circunstâncias, melhor seria revogá-la de vez, dado que então não sobraria espaço algum para sua aplicação pelo próprio Supremo Tribunal Federal, que a editou.

32. *inexistência de violação a disposição constitucional*

Como está claro desde o começo, para declarar o direito da ora consulente aos creditamentos desejados o V. acórdão rescindindo afirmou a inconstitucionalidade dos atos com que a Fazenda os negava, valorizando o disposto no art. 153, § 3º, da Constituição Federal. Assegurou pois a supremacia desta e, se houvesse errado, haveria errado por infração exclusivamente a certos atos infraconstitucionais, não à Constituição Federal.

33. *modulação dos efeitos da declaração*

No parecer aqui reproduzido alvitrei também a *modulação* dos efeitos de eventual decisão do Col. Supremo Tribunal Federal pela constitucionalidade dos atos infraconstitucionais que a consulente impugna, embora consciente de que somente com relação ao controle concentrado de constitucionalidade existe autorização legal para tanto (lei n. 9.868, de 10.11.99, art. 27). A sustentação feita assenta em fundamentos a meu ver dotados de muita consistência e apoiados na garantia constitucional do *due process of law*. Para evitar o vício da repetição ociosa, omito aqui o que lá ficara dito, limitando-me a sugerir ao leitor interessado o que está no capítulo "Modulação dos efeitos da declaração de inconstitucionalidade", contido nesta mesma obra (*supra*, esp. nn. 13-15).

III – EMBARGOS DE DIVERGÊNCIA NO SUPREMO TRIBUNAL FEDERAL[1]

34. uma seqüência de recursos no Supremo Tribunal Federal – 35. o fundamento dos segundos embargos de divergência: uma suposta inexistência de omissão – 36. um elegante tema de ordem constitucional – 37. vicissitudes históricas do recurso extraordinário – 38. nascem os embargos de divergência no sistema de ampla competência do Supremo – 39. mas sobreveio uma outra ordem constitucional – 40. a dificuldade criada e a necessidade de uma interpretação sistemática – 41. uma outra dificuldade sistemática – 42. conclusão: embargos alheios à competência do Supremo Tribunal Federal

34. uma seqüência de recursos no Supremo Tribunal Federal

O Sindicato que me consultou, havendo sucumbido em um recurso extraordinário interposto pelo adversário (outro sindicato), opôs embargos de declaração ao V. acórdão desfavorável, julgador daquele recurso. Ao apreciarem tais declaratórios optaram os srs. Julgadores, a partir do voto do sr. Ministro Gilmar Mendes, pelo seu conhecimento com fins infringentes mediante o fundamento da indevida adoção de uma "premissa equivocada, capaz de alterar o julgado" (premissa relacionada com o modo como o Supremo Tribunal Federal vem encarando a fundamental questão de mérito). Sobrevieram *novos embargos de declaração*, desta feita opostos pelo Sindicato autor (adversário do consulente) contra o V. acórdão que julgara os anteriores; também veicularam uma pretensão à infringência, ao invocarem uma suposta ocorrência de omissão, obscuridade e contradição no V. acórdão embargado (aquele que julgara os primeiros embargos) e pediram, para suprimento desses supostos vícios, a anulação do que então se decidira e conseqüente restabelecimento da eficácia do V. acórdão julga-

---

1. Parcial reprodução de parecer elaborado em março de 2007.

dor do recurso extraordinário (procedência da demanda inicial). Esses novos embargos foram rejeitados por vários fundamentos, entre os quais o de que realmente a utilização de premissa equivocada é caso típico de omissão, suscetível pois de ser suprida pela via daqueles primeiros declaratórios. Manteve-se portanto, com essa decisão, a *improcedência* da demanda inicial.

> Para clareza diante desses *vaivéns* de julgados, esclareço que os resultados dos diversos julgamentos quanto ao *meritum causæ* foram assim: a) no tribunal de origem, *improcedência* da demanda; b) no julgamento do recurso extraordinário pela Col. Segunda Turma do Supremo Tribunal Federal, *procedência*; c) no julgamento dos embargos de declaração do réu (que ora me consulta) outra vez a *improcedência*. Foram rejeitados os embargos de declaração depois opostos pelo autor (adversário do consulente).

Tais decisões motivaram o Sindicato autor a opor *embargos de divergência* ao último dos VV. acórdãos – embargos que ainda pendem perante o Col. Supremo Tribunal Federal e caminham para julgamento por seu E. Plenário.[2] Foram recebidos para processamento em R. decisão monocrática pelo sr. Relator, Min. Sepúlveda Pertence. O fundamento central invocado é a *inocorrência da omissão* que teria justificado o conhecimento e acolhimento dos embargos declaratórios opostos pelo consulente. Resiste este aos embargos de divergência, mediante a alegação de que, por versarem sobre matéria infraconstitucional, eles são inadmissíveis e, portanto, não merecem ser conhecidos.

35. o fundamento dos segundos embargos de divergência: uma suposta inexistência de omissão

A divergência alegada pelo adversário do consulente residiria no tema da *admissibilidade dos embargos declaratórios* segundo o sistema do Código de Processo Civil. Afirma tal embargante que, havendo a questão da *premissa equivocada* sido agitada no julgamento do recurso extraordinário pelo voto do sr. Min. Gilmar

---

2. Situação existente quando o parecer foi elaborado.

Mendes e contrastada por outros Julgadores, que a examinaram e negaram sua ocorrência, não houve omissão alguma. Diante disso, prossegue o embargante de agora, não haveria *omissão alguma* a suprir e por isso seriam inadmissíveis aqueles embargos de declaração fundados na hipótese legal da omissão (CPC, art. 535, inc. II). Conseqüentmente, seria nulo o V. acórdão agora impugnado por embargos de divergência, por ter ido além da área permitida àquele recurso, invadindo a de embargos de diverência eventualmente admissíveis naquela oportunidade.

36. *um elegante tema de ordem constitucional*

Questiona o ora embargado e consulente a admissibilidade dos embargos de divergência no âmbito do Col. Supremo Tribunal Federal quando a divergência alegada não se passa no plano superior dos institutos e disposições de ordem constitucional, mas infraconstitucional. Mostra, com toda clareza, que os embargos de divergência opostos pelo adversário giram em torno de um tema puramente infraconstitucional – a saber, em torno do tema da caracterização da *omissão* como fundamento para os embargos declaratórios. Nesses embargos de agora (de divergência) a disposição juridico-positiva a ser considerada seria a do art. 535 do Código de Processo Civil, a cujo propósito, alega o embargante, há decisões do próprio Supremo Tribunal Federal em sentido contrário ao preferido no julgamento dos embargos de declaração opostos pelo ora consulente. Dito dispositivo contém um rigoroso *numerus clausus* (art. 535, incs. I-II) fora do qual os declaratórios são inadmissíveis, sendo contrária à lei a decisão judiciária que os acolhe em situação assim extrapolante.

Mas nesse quadro, alega agora o embargado (consulente), os embargos de divergência opostos pelo adversário são estranhos à competência constitucional do Col. Supremo Tribunal Federal, uma vez que se voltam à unificação jurisprudencial de tema estranho à Constituição – e a esse Tribunal, como se sabe e é notório, reservam-se recursos civis em matéria constitucional, não infraconstitucional. A divergência em torno da interpretação do art. 535 do Código de Processo Civil tem sede exclusivamente no nível inconstitucional.

37. *vicissitudes históricas do recurso extraordinário*

Como já disse eu próprio em sede doutrinária, "a capilaridade da malha judiciária de um país, desenhada em vasos de menor tomo situados em sua base e em canais gradualmente mais amplos à medida que se sobe na escala, é responsável pela elevação dos níveis em que as causas e suas questões são apreciadas e, com isso, pela redução dos riscos de dispersão de julgamentos. Não fora o sistema dos órgãos judiciários estruturados em graus, haveria sempre o risco de julgados tão contraditórios que, na prática, o direito substancial nacional seria praticado de modo diferente nas diversas regiões ou até mesmo em cada uma das diversas cidades".[3] Essa função unificadora, que também se relaciona muito de perto com a de zelar pela autoridade e efetividade do ordenamento jurídico nacional, é outorgada pela Constituição Federal, em matéria civil, ao Supremo Tribunal Federal e ao Superior Tribunal de Justiça – sendo notória a distinção entre a matéria constitucional atinente ao primeiro pela via do recurso extraordinário e a matéria infraconstitucional, da competência do segundo (recurso especial). Aos tempos de outras Constituições Federais que tiveram vigência neste país de tantas Constituições Federais, escreveu Alfredo Buzaid que, com o objetivo de evitar a dispersão de interpretações na aplicação do direito federal pelas muitas unidades da Federação, "foi instituído o recurso extraordinário com o propósito de assegurar o primado da Constituição e a unidade da jurisprudência do direito federal".[4] Preservar a ordem jurídica nacional como um todo, quer em nível constitucional, quer infraconstitucional – eis o escopo do recurso extraordinário e a missão do Supremo Tribunal Federal naqueles tempos.

---

3. *Cfr.* Dinamarco, *Fundamentos do processo civil moderno*, I, n. 97, "Cortes Supremas, órgãos de unidade do direito nacional".

4. *Cfr.* "O Supremo Tribunal Federal e a função do recurso extraordinário", n. 1, p. 181.

Depois, todos sabem, pela Constituição Federal de 1988 foi instituído o *recurso especial* e implantado o Superior Tribunal de Justiça, cuja missão precípua é julgá-lo (Const., art. 105, inc. III).

É também notório, mas precisa ser dito para não deixar truncado o raciocínio, que com essas novidades cindiu-se a competência para processar e julgar recursos *de direito estrito*, permanecendo a matéria constitucional na órbita do recurso extraordinário e competência do Supremo Tribunal Federal e indo para o Superior Tribunal de Justiça, pela via do recurso especial, a matéria infraconstitucional. Acentuou-se com isso a qualidade de *guarda da Constituição*, tradicionalmente atribuída àquele, passando a partir de então a ser indispensável pensar o Supremo Tribunal Federal como uma *corte constitucional* e não mais, como dantes, um órgão de zelo por todo o direito positivo nacional.

38. nascem os embargos de divergência
no sistema de ampla competência do Supremo

No longínquo ano de 1949, havendo o Supremo Tribunal Federal sido dividido em Turmas, sentiu o legislador a necessidade, para aprimoramento do instrumental jurídico destinado à unidade de interpretação da Constituição e da lei, de instituir um recurso destinado a dissipar as divergências surgidas no próprio âmbito desse Tribunal. Vieram assim à luz os *embargos de divergência*, mediante o acréscimo de um parágrafo ao art. 833 do Código de Processo Civil então vigente, portador dos seguintes dizeres: "além de outros casos admitidos em lei, são também embargáveis, no Supremo Tribunal Federal, as decisões das Turmas quando divirjam entre si ou de decisão tomada pelo Tribunal Pleno".[5] Quer se tratasse de divergência em matéria constitucional, quer infra, não importa: ali estavam os embargos de divergência prontos a debelá-la em nome da unidade interpretativa da Constituição Federal e da lei nacional. Era natural que assim fosse, dada aquela

---

5. *Cfr.* ainda Buzaid, "Ensaio para uma revisão do sistema de recursos no Código de Processo Civil", n. 16, esp. p. 101.

ampla competência do Supremo Tribunal Federal na qual não se distinguia entre esses dois planos do ordenamento jurídico do país.

39. mas sobreveio uma outra ordem constitucional

Mas veio a Constituição Federal de 1988 e, com ela, a redução da competência do Supremo. Apesar disso nada se alterou na substância ou dimensão da admissibilidade dos embargos de divergência oponíveis perante essa Corte. O vigente Código de Processo Civil ainda diz, como antes, que "é embargável a decisão da Turma que (...) em recurso extraordinário, divergir do julgamento da outra Turma ou do Plenário" (art. 546, par.). Estabelece também o Regimento Interno do Supremo Tribunal Federal que "cabem embargos de divergência à decisão que, em recurso extraordinário ou em agravo de instrumento, divergir do julgado de outra Turma ou do Plenário na interpretação do direito federal" (art. 330). Vejam: fala ainda em *interpretação do direito federal*, como antes se falava, sem a consciência de que hoje o Supremo Tribunal Federal não tem mais competência para a interpretação ou unificação de *todo* o direito federal, mas apenas da Constituição Federal.

40. a dificuldade criada
e a necessidade de uma interpretação sistemática

Mas será que, com a passagem da matéria infraconstitucional para o Tribunal que então se criou, mesmo assim manteve o Supremo Tribunal Federal sua antiga competência para embargos de divergência tanto em matéria constitucional como infraconstitucional? A preservação dessa íntegra competência não estaria em conflito com a nova ordem constitucional? Esse é o tema que me foi proposto pelo consulente.

Quando entrou em vigor a Constituição de 1988, o legislador infraconstitucional e os srs. Ministros do Supremo Tribunal Federal não se aperceberam do reflexo que deveria ter sobre o Código de Processo Civil e o Regimento Interno, na parte relativa a tais embargos, a retirada da competência para julgar recursos em matéria infraconstitucional. É por isso indispensável uma conscienciosa *interpretação sistemática* desses dispositivos, ou seja, sua leitura no contexto do sistema jurídico brasileiro como um todo, levando em conta que foi suprimida do Supremo Tribunal Federal a competência em matéria infraconstitucional. O raciocínio será assim: a) *no sistema das Constituições anteriores*, nas quais esse Col. Tribunal tinha toda aquela competência, era natural que lhe tocasse uniformizar sua própria jurisprudência tanto em matéria constitucional, quanto infra; b) mas, *no sistema constitucional hoje vigente*, no qual a matéria infraconstitucional não mais lhe pertence, mas ao Superior Tribunal de Justiça, é também natural que ao Supremo Tribunal Federal não caiba a missão de uniformizar jurisprudência alguma em matéria infraconstitucional. Pensando no princípio da supremacia da Constituição, diremos também: o art. 546, par., do Código de Processo Civil e o art. 330 do Regimento Interno do Supremo Tribunal Federal não foram recepcionados por inteiro na Constituição Federal de 1988, que com toda clareza quis afastar desse Col. Tribunal a competência para decidir em matéria infraconstitucional e, conseqüentemente, para uniformizar a jurisprudência relativa a toda essa matéria. A conseqüência será ler no art. 330 do Regimento Interno do Supremo Tribunal Federal a referência a embargos em caso de divergência em *interpretação de norma constitucional*; as divergências na interpretação da lei federal infraconstitucional acontecerão no Superior Tribunal de Justiça e por sua Corte Especial ou uma de suas Seções serão decididas (RISTJ, art. 266).

41. *uma outra incompatibilidade sistemática*

Jamais fui adepto da idéia, sustentada por ilustres juristas do passado e do presente, de que os recursos de direito estrito não teriam qualquer função ligada à justiça dos casos concretos mas *exclusivamente* a de promover a unidade e integridade da ordem jurídica objetiva. Com esse espírito, sempre fui um crítico da hoje desgastada Súmula n. 400 do Supremo Tribunal Federal e de sua óbvia premissa, que é essa suposta indiferença do recurso extraordinário, do especial e também da ação rescisória à justiça ou injustiça na tutela jurisdicional. Toda ordem processual deve ser um sistema equilibrado entre duas exigências conflitantes, a da justiça e a da segurança jurídica – sendo imperioso que no sistema convivam instrumentos e remédios destinados a impor o fim dos litígios (coisa julgada, celeridade processual, preclusões em geral) e aqueles que são portadores de oportunidades para construir e aprimorar decisões, afastando injustiças.[6] Assim são as prestigiosas lições de Calamandrei,[7] de Carnelutti[8] e do nacional Celso Agrícola Barbi,[9] que sempre me apresso em citar. E assim são os recursos. Não consigo compreender que um recurso, posto à disposição da parte vencida e dependente sempre de sua iniciativa em recorrer e do pagamento de preparo, não desempenhe no sistema qualquer função relacionada com a busca de uma solução favorável.

Mas, como também venho dizendo, é sempre indispensável um *equilíbrio* no sistema. Os recursos são, sim, instrumentos de justiça mas também todo recurso desempenha missões institucionais relacionadas com a ordem pública. Ao especial e ao extraordinário a Constituição Federal comete, mais acentuadamente que a todos os outros, a missão institucional de propiciar a autoridade, a efetividade e a uniformidade interpretativa das normas de direito federal em todo o território do país. Assim é a observação do clássico Alcides de Mendonça Lima, de que a finalidade dos recursos de direito "é a de, ao menos teoricamente, atender à integridade da norma jurídica, colocando em plano secundário a defesa do direito subjetivo das partes".[10]

Nesse contexto de equilíbrio ganha realce e legitimidade o endereçamento das funções recursais do Supremo Tribunal Federal

6. *Cfr.* minha *A instrumentalidade do processo*, n. 32, pp. 271 ss.
7. *Cfr. Introduzione allo studio sistematico dei provvedimenti cautelari*, n. 8. esp. p. 20.
8. *Cfr.* "La certezza nel diritto", p. 81.
9. *Cfr. Comentários ao Código de Processo Civil*, I, n. 680.
10. *Cfr. Introdução aos recursos cíveis*, n. 122, p. 136.

à preservação da autoridade, efetividade e uniformidade das normas constitucionais, sendo-lhe estranha uma análoga função com referência às infraconstitucionais. Por isso é que, quando se pensa no escopo de *uniformizar interpretações* com vista à indução de julgamentos não díspares nos demais Tribunais e conseqüente integração jurídica de toda a nação, os embargos de divergência a serem julgados pela Corte Suprema não podem avançar pelo campo infraconstitucional.

E também por isso é que prosseguir atribuindo ao art. 546 do Código de Processo Civil e ao art. 330 do Regimento Interno a mesma dimensão que tinham antes da Constituição Federal de 1988 equivaleria a implantar no seio do Supremo Tribunal Federal mais uma pura e simples instância recursal posta à disposição dos litigantes e destinada pura e simplesmente ao desafogo de seus anseios por decisões favoráveis. Com toda essa dimensão os embargos de divergência no Supremo Tribunal Federal afastar-se-iam de sua dimensão institucional de elemento integrador da ordem constitucional, com ruptura daquele equilíbrio entre as funções dos recursos e dos institutos processuais em geral, de que fala a doutrina.

42. *conclusão: embargos alheios à competência do Supremo Tribunal Federal*

Pelo que disse nos tópicos precedentes, são inadmissíveis os embargos de divergência opostos pelo adversário do ora consulente mediante invocação de possíveis divergências implantadas no plano exclusivamente infraconstitucional, sem passar ao da Constituição Federal. Como recordo e já referi (*supra*, n. 35), o embargante cingiu-se ao tema da *omissão como fundamento dos embargos de declaração*, coligindo precedentes em busca de demonstrar a alegada discrepância entre o V. acórdão embargado e outros da Primeira Turma ou do Plenário da Corte Suprema. Ora, sabendo-se que esse tema se reporta à disciplina dos embargos declaratórios no nível infraconstitucional do Código de Processo Civil, segue-se que o Supremo Tribunal Federal não tem competência para julgar os embargos de divergência assim opostos, dada sua institucional destinação a preservar a efetividade das normas residentes na Constituição Federal e unificar a interpretação dessas normas. Como disse, é segura a observação de que o legislador infraconstitucional e os srs. Ministros responsáveis pelo Regimento Interno não se aperceberam da necessidade de adaptar o Código de Processo Civil e tal Regimento à realidade implantada no sistema pela Constituição Federal de 1988 ao restringir a competência do Supremo Tribunal Federal à matéria constitucional. Cabe a essa Corte, por isso, eliminar apenas divergências entre Turmas somente no tocante a essa matéria de sua competência constitucional, não no tocante à lei.

IV – EMBARGOS DE DIVERGÊNCIA A ACÓRDÃO PROFERIDO EM AGRAVO INTERNO[1]

43. o tema – 44. dois fatores históricos relevantes – 45. entre a lei e o regimento – 46. os poderes do relator – 47. unindo os pontos: decisões sobre o mérito do recurso especial – 48. tornando ao caso e concluindo

43. o tema

As partes deste processo discutem sobre a concreta admissibilidade dos embargos de divergência previstos pelo Código de Processo Civil, no âmbito do Superior Tribunal de Justiça, contra acórdão de Turma que "em recurso especial, divergir do julgamento de outra turma, da seção ou do órgão especial" (art. 546, inc. I). A razão desse desencontro de opiniões vem do fato de aqueles embargos não haverem sido opostos contra *acórdão proferido em recurso especial* mas em agravo interno – agravo, por sua vez, interposto contra decisão monocrática que negara seguimento a esse recurso, por inadmissibilidade. Agita-se a Súmula n. 599 do Col. Supremo Tribunal Federal, segundo a qual "são incabíveis embargos de divergência de decisão de Turma em agravo regimental". O Ministério Público vem sustentando, mediante invocação de prestigiosos precedentes do Superior Tribunal de Justiça, que essa máxima jurisprudencial teria sido desautorizada a partir de quando, por ingerência da lei n. 9.756, de 17 de dezembro de 1998, no Superior Tribunal de Justiça e no Supremo Tribunal Federal o relator passou a ter competência para dar provimento ao recurso especial ou extraordinário endereçado a um deles e não só para *não conhecer*, como antes era (CPC, arts. 554, § 3º e 557,

[1]. Parcial reprodução de parecer elaborado em agosto de 2002.

§ 1º-A, red. lei n. 9.756, de 17.12.98). Essa elegantíssima linha de raciocínio apóia-se na racional observação de que negar admissibilidade aos embargos de divergência contra acórdão confirmador das decisões do relator equivaleria a outorgar a este o poder de "impor restrição ao cabimento dos embargos de divergência" (Min. Sálvio de Figueiredo Teixeira, citando doutrina). Existem muitas decisões no seio do Col. Superior Tribunal de Justiça a respeito desse tema, de variado teor e fundamentação, atrevendo-me eu agora, diante da consulta recebida, a contribuir com algumas reflexões para o aclaramento das dúvidas colocadas.

44. dois fatores históricos relevantes

Há duas inovações na história relativamente recente do sistema recursal brasileiro, que devem ser consideradas na busca da solução do problema do âmbito de admissibilidade dos embargos de divergência. Ambas convergem, como trato de demonstrar, à mitigação de uma prestigiosa idéia bastante restritiva dessa admissibilidade (Súmula n. 599-STF) – embora o presente caso, situando-se *a latere* da linha dessa evolução, seja de embargos de divergência manifestamente inadmissíveis.

45. entre a lei e o regimento

O primeiro desses dados históricos relevantes diz respeito diretamente à Súmula n. 599 do Col. Supremo Tribunal Federal, fixada antes da vigência do atual art. 546 do Código de Processo Civil. Ela vem de um tempo em que, mercê de uma divergência entre o texto do Código de Processo Civil e o do regimento interno daquela Casa, muito se discutia acerca do âmbito de cabimento dos embargos de divergência. É que, enquanto o texto então vigente no Código destinava tal recurso exclusivamente à impugnação de acórdãos proferidos *em recurso extraordinário* (art. 546, red. original), o Regimento Interno ia além, estendendo-o aos acórdãos julgadores de agravo regimental (art. 263, red. emenda de 28 de agosto de 1963). Prevaleceria o âmbito mais estrito do Código de

Processo Civil, ou dever-se-ia ampliá-lo, privilegiando portanto o disposto no regimento (Barbosa Moreira)?

A dúvida comportava, como se vê, exame no plano da órbita de competência normativa permitida aos tribunais, ou seja, ao espaço legitimamente consentido aos regimentos que estes instituem no exercício de seu poder de autogoverno. Naturalmente, as disposições contidas nos regimentos internos dos tribunais devem guardar a "observância das normas de processo e das garantias processuais das partes", sendo essa uma limitação ao poder regulamentar, de validade universal e tradicionalmente aceita sem discussões – e hoje incluída de modo expresso no texto constitucional vigente (Const, art. 96, inc. I, letra *a*).[2] Naquele contexto, a Súmula n. 599 representou a vitória da lei sobre o regimento, em um momento histórico no qual havia motivos para duvidar.[3]

Depois de algumas peripécias legislativas, com a regência do recurso especial e do extraordinário pela chamada *Lei dos Recursos* (lei n. 8.038, de 28.5.90), a *Reforma do Código de Processo Civil* devolveu ao Código o seu art. 546, em sua feição atual, no qual se estabelecem regras em alguma medida diferentes para a admissibilidade dos embargos de divergência no Superior Tribunal de Justiça e no Supremo Tribunal Federal (art. 546, incs. I e II, red. lei n. 8.950, de 13.12.94). Nos dois incisos do vigente art. 546 somente se alude a acórdãos proferidos *em recurso especial ou extraordinário*, como possíveis alvos daqueles embargos – e nada a respeito dos acórdãos em agravo regimental.

46. *os poderes do relator*

A segunda superveniência legislativa a considerar é a edição da lei n. 9.756, de 17 de dezembro de 1998, que aos poderes do relator em recurso extraordinário ou especial acresceu o de *dar provimento* a esses recursos. O poder de negar provimento ao

---

2. *Cfr*. Dinamarco, *Instituições de direito processual civil*, I, n. 28, pp. 83-84.
3. *Cfr*. Barbosa Moreira, *Comentários ao Código de Processo Civil*, V (9ª ed., 2001), n. 337, pp. 661-662.

agravo interposto contra decisão denegatória ele já os tinha; tinha também o de converter esse agravo em recurso especial ou extraordinário, a ser objeto de decisão pela Turma. Com essa nova lei, "a novidade é que em alguns casos o relator tem também competência para, em caso de prover o agravo, julgar ele mesmo, monocraticamente, o próprio *recurso especial*. Os casos em que isso se admite são os de confronto do acórdão recorrido com a súmula ou jurisprudência dominante do Superior Tribunal de Justiça (CPC, art. 544, § 3º)".

A propósito dessa inovação merecem atenção os sucessivos pronunciamentos que o Superior Tribunal de Justiça vem manifestando acerca da admissibilidade ou inadmissibilidade dos embargos de divergência contra acórdãos proferidos ao julgar agravo interno, a partir do precioso alvitre do Min. Sálvio Figueiredo, que repercute em decisões da própria Turma a que pertence e de outras.[4] Ele alude à outorga de novos poderes ao relator, para dizer: "após a edição da lei n. 9.756, de 17.12.98, deve ser interpretado *modus in rebus* o enunciado n. 599 da súmula/STF, uma vez autorizado o relator, por lei, a decidir monocraticamente *o próprio mérito*, não sendo razoável, em conseqüência, inadmitir-se *tout court* os embargos de divergência somente por tratar-se de decisão proferida em agravo regimental" (da ementa).[5]

> Diz também: "se a decisão colegiada proferida no âmbito do agravo interno veio substituir, por um hábil mecanismo legal de agilização de processos nas instâncias extraordinária e especial, a decisão colegiada do recurso especial, e se é do escopo do especial a uniformização interpretativa do direito federal infraconstitucional, a pressupor que tal uniformização comece por se dar no próprio Tribunal que por força de norma constitucional dela se incumbe, razoável a todas as luzes ensejar-se a possibilidade dessa uniformização na hipótese, quer em face do interesse da parte, quer em face do superior interesse público" (*ib.*).

---

4. Refiro-me a fatos e situações do tempo em que o parecer foi elaborado.
5. *Cfr*: STJ, 4ª T., REsp n. 258.616, j. 7.3.01, rel. Sálvio Figueiredo, v.u.; v. ainda STJ, 4ª T., REsp n. 286.332, j. 15.3.01, rel. Sálvio Figueiredo, v.u.

Em uma posição que em algum momento foi até mais liberal, a sra. Min. Eliana Calmon vem rejeitando a preliminar de não-conhecimento dos embargos de divergência "por ter sido proferido o acórdão embargado em agravo regimental, haja vista que o STJ, inclusive pela Corte Especial em reiterados precedentes, vem entendendo superado o óbice jurisprudencial, expresso na Súmula 599/STF, após a instituição da decisão monocrática do relator quando do exame de apelação e dos recursos derradeiros, especial e extraordinário respectivamente".[6]

Em todas essas decisões prepondera o sensato raciocínio de que, se hoje o relator tem o poder, que ontem não tinha, de decidir *sobre o mérito do recurso especial*, está superada a situação em que, antes dessas novidades, aquela máxima foi sumulada pelo Supremo Tribunal Federal – porque recusar os embargos de divergência opostos contra acórdão de Turma que apreciou agravo interno contra decisão monocrática referente ao mérito do recurso especial implicaria abrir portas para o aleatório e para o injusto. A incoerência estaria em que (a) se o mérito do recurso especial chega a ser apreciado pela Turma, admitem-se os embargos de divergência mas (b) se o relator decide monocraticamente sobre esse mérito e o recorrente interpõe agravo interno, eles não caberiam. Foi para sustentar a tese da admissibilidade, que disse aquele *jovem e talentoso* monografista referido nos votos do sr. Min. Sálvio Figueiredo: "do contrário, conferir-se-ia aos relatores dos recursos especial e extraordinário o poder de impor restrição ao cabimento dos embargos de divergência".[7]

47. *unindo os pontos:*
decisões sobre o mérito do recurso especial

Para os fins do presente parecer não tem relevância alguma a questão da prevalência da lei ou do regimento, que fora posta em

---

6. *Cfr.* STJ, 1ª Seção, emb. div. n. 271.295, j. 18.2.02, rel. Eliana Calmon, v.u.
7. O autor referido pelo Ministro é Bernardo Pimentel e o que disse está na obra *Introdução aos recursos cíveis e à ação rescisória*, Brasília, Brasília Jurídica, p. 353.

relação ao Regimento Interno do Supremo Tribunal Federal (*supra*, n. 45), simplesmente porque o estatuto regimental do Superior Tribunal de Justiça não contém norma como aquela que dera motivo às discussões atacadas pela Súmula n. 599. O Regimento Interno do Superior Tribunal de Justiça é substancialmente como o inc. I do art. 546 do Código de Processo Civil, ao prever os embargos de divergência contra "decisões da Turma *em recurso especial*" (RISTJ, art. 266), sem aludir aos acórdãos proferidos em agravo interno. Afasta-se por isso qualquer possível pressão a ser exercida por norma regimental, no âmbito do Col. Superior Tribunal de Justiça.

O outro ponto a ser considerado é mais complexo.

Para entendê-lo bem é bom principiar pelos termos em que aqueles precedentes do Superior Tribunal de Justiça deram por admissíveis os embargos de divergência contra acórdão proferido em agravo regimental. Eles não afastaram por completo a Súmula n. 599 do Supremo Tribunal Federal mas limitaram-se a afirmar que ela deve ser entendida com a ressalva *modus in rebus* – ou seja, deve ser mitigada, não desconsiderada. Todos se referiam a julgamento do próprio *mérito do recurso especial*, que não chegara ao conhecimento da Turma diretamente no julgamento desse recurso, senão através das técnicas que vão do improvimento monocrático à do manejo do agravo regimental contra essa decisão do relator – mas sempre tendo ao centro *o mérito*. Dizem os votos do sr. Min. Sálvio Figueiredo não ser razoável inadmitir os embargos de divergência "*somente* por tratar-se de decisão proferida em agravo regimental".

> Em resumo: a) apenas *mitigar* a Súmula n. 599, sem repudiá-la, (b) referências exclusivas ao julgamento do *mérito do recurso especial* e (c) o fato de os embargos de divergência serem opostos contra acórdão em agravo regimental não é *motivo bastante em si mesmo para afastá-los*.

Reunidos esses dados, uma conclusão é bastante segura: os VV. acórdãos analisados não chegam ao ponto de afirmar que os embargos de divergência fossem admissíveis contra acórdão julgador de *qualquer agravo interno*. Nem disseram que coubessem *sempre* que o agravo interno haja sido interposto contra decisão monocrática do relator no procedimento do recurso especial; todos eles aludem exclusivamente aos agravos interpostos contra decisões com que o relator aprecia *o mérito desse recurso*. Nos casos e nos limites do que decidiram, esses pronunciamentos refletem precisamente o fundamento sistemático invocado, ou seja, a necessidade de *manter coerência*, sem permitir que o fato aleatório de o relator decidir o mérito ou (em vez disso) remeter o julgamento à Turma possa ser tão influente em relação à sorte das partes e ao escopo de uniformização. Essa idéia cresceu significativamente no Superior Tribunal de Justiça, culminando por erigir-se em Súmula com os dizeres: "cabem embargos de divergência contra acórdão que, em agravo regimental, decide recurso especial" (Súmula n. 316-STJ).[8]

Mas se por essa mesma via chegar à Turma outro tema que não seja o mérito do recurso especial, nem o texto legal nem a *mens legis* legitimariam a extensão da admissibilidade dos embargos de divergência.

Em resumo: não importa qual foi o caminho percorrido até que o mérito do recurso especial seja julgado pela Turma. Se ele é apreciado no julgamento do próprio recurso especial, cabem os embargos de divergência por disposição expressa e direta do art. 546, inc. I, do Código de Processo Civil; se eles chegaram lá pela *via indireta* do agravo interno, também caberão tais embargos porque assim impõe a *mens* desse dispositivo.

Não têm contudo pertinência as razões históricas e sistemáticas postas a fundamento dessa tomada de posição do Col. Superior Tribunal de Justiça, quando a decisão monocrática que o relator houver proferido e a Turma confirmado *não disser respeito ao mérito do recurso especial*. Uma tal extensão do âmbito de admissibilidade dos embargos de divergência negaria vigência à restrição contida no art. 546, inc. I, do Código de Processo Civil,

---

8. Inversamente: "não cabem embargos de divergência no âmbito do agravo de instrumento que não admite recurso especial" (Súmula n. 315).

que de modo expresso destina aquele recurso aos casos de decisão da Turma "em recurso especial". Adaptar a leitura desse texto legal segundo os ditames da interpretação histórica e teleológica é dever do magistrado, mas incluir hipóteses excluídas pelo texto, sem haver uma boa razão sistemática para isso, é transgredir a lei. A lógica do razoável manda que se dê aos textos legais a interpretação que melhor atenda aos objetivos com que foram editados e aos clamores de justiça aos quais *l'uomo della strada* é até mais sensível que o jurista (Calamandrei); ela não quer todavia que o julgador se transmude em legislador, inserindo no ordenamento jurídico uma norma que este não quis e dizendo *sim* onde a lei diz *não* sem que isso seja indispensável para preservar a fidelidade à *mens legis* ou a efetividade de preceitos, princípios ou garantias vindas da Constituição Federal. Tudo quanto está nos VV. acórdãos do Col. Superior Tribunal de Justiça a respeito do tema representa acatamento da idéia de que, se o legislador tivesse diante de si a competência do relator para apreciar monocraticamente o mérito do recurso especial, ele teria dado outra redação ao inc. I do art. 546 do Código de Processo Civil, para abranger também os acórdãos proferidos em agravo contra decisões monocráticas com esse conteúdo. Não o fez, porque tal competência chegou ao direito positivo depois da vigência desse dispositivo, mas fá-lo-ia se ele houvesse chegado antes.

48. *tornando ao caso e concluindo*

O agravo interno contra cujo julgamento o Ministério Público veio a interpor embargos de divergência não apreciara o mérito de seu recurso especial. O tema da intempestividade surgiu quando o sr. Relator, em decisão monocrática permitida em lei, antecipou-se à Col. Turma e negou seguimento ao recurso especial porque o então recorrente e hoje embargante, Ministério Público Federal, havia entendido mal as regras determinantes do *dies a quo* para interpô-lo. Se Sua Excelência não o houvesse feito, fá-lo-ia certamente a Col. Turma, o que facilmente se deduz do fato de haver depois, em sede de agravo interno, confirmado aquela decisão monocrática; em grau recursal, também ela ficou na intempestividade, sem passar ao mérito. O mérito do recurso especial não foi decidido pelo sr. Relator nem pela Col. Turma e tampouco seria decidido por esta se o próprio recurso especial houvesse chegado diretamente à sua apreciação. Considerados esses fatos vindos do caso em exame, vê-se com muita clareza (a) que a Col. Primeira Turma não julgou diretamente o mérito de um recurso especial, o que afasta a admissibilidade desses embargos de divergência em face dos dizeres formais e nominais do inc. I do art. 546 do Código de Processo Civil; b) que esse colegiado também não apreciou esse mérito sequer quando julgou o agravo interno, o que afasta aquela inteligente interpretação histórica e teleológica de tal dispositivo, corrente no Col. Superior Tribunal de Justiça.

Nessa situação, não tendo ocorrido um julgamento do mérito do recurso especial, aplica-se por inteiro o que preceitua a Súmula n. 299 do Supremo Tribunal Federal e os embargos opostos pelo Ministério Público não estão a merecer conhecimento.

V – SUSPENSÃO
DO MANDADO DE SEGURANÇA
PELO PRESIDENTE DO TRIBUNAL[1]

49. o caso – 50. duas fundamentais questões de direito processual – 51. a natureza jurídica da medida suspensiva – 52. ação ou não, o resultado é o mesmo – 53. fatos impeditivos e tipificação legal – 54. doutrina e legislação – 55. questões da competência absoluta dos órgãos colegiados – 56. da liminar à sentença concessiva de segurança – 57. jurisprudência – 58. sobre a sentença sujeita a recurso – 59. execução provisória de mandado de segurança – 60. inadmissível a suspensão sem pedido específico – 61. casos estritos – 62. os valores em jogo e uma necessária linha de equilíbrio – 63. sobre a Súmula n. 626 do Supremo Tribunal Federal

49. o caso

Fui consultado e opinei sobre um caso então pendente na Justiça paulista e envolvendo a mal esclarecida questão atinente ao poder, que a lei outorga ao presidente do Tribunal competente para julgar o mandado de segurança em grau recursal, de *suspender a eficácia da medida outorgada na instância antecedente* (lei n. 4.348, de 26.6.64, art. 4º). Tratava-se de impetrações versando sobre o então rumoroso *affair* da proibição de fumar em restaurantes, ditada por decreto do sr. Prefeito paulistano, havendo o sindicato consulente obtido dois mandados de segurança em primeiro grau de jurisdição. Ambas as ordens foram suspensas pela Presidência do Tribunal de Justiça e daí a consulta. O tema substancial está superado porque em São Paulo a matéria passou a ser regida por lei estadual de muito maior amplitude,[2] mas as dificuldades processuais então estudadas permanecem com atualidade; temos agora

1. Reprodução de parecer elaborado em novembro de 1995.
2. Escrevo agora em julho de 2009.

até uma Súmula do Supremo Tribunal Federal a seu respeito, da qual mais adiante se falará (Súmula n. 626 – *infra*, nn. 57 e 63).

Na primeira daquelas impetrações o consulente obteve *liminar* contra decreto da Municipalidade paulistana, para manter a liberdade dos estabelecimentos associados e de seus freqüentadores no tocante ao consumo de cigarros nos ambientes ali indicados. Essa liminar foi suspensa pela Presidência do Tribunal de Justiça, com fundamento no dispositivo acima indicado e pelos motivos que adiante se examinarão.

Depois, *em sentença de mérito* a segurança foi concedida, sendo naturalmente determinado o reexame oficial da matéria (LMS, art. 11, par.) e sobrevindo apelação interposta pelo impetrado.

Aí surgiu desde logo um sério problema de ordem técnico-processual: entendeu o sr. Presidente do Tribunal que a suspensão da *liminar* nos termos do art. 4º da lei n. 4.348, de 26 de junho de 1964, seria medida que prevalece sobre a concessão da segurança *em sentença de mérito*. Afirmou que "a cautela deferida persiste até o julgamento definitivo da ação a que se refere a decisão que suspende os efeitos da liminar nela concedida" (palavras com as quais praticamente coincidem as da Súmula n. 626-STF, editada bem depois – novembro de 2003). Invocou ainda o fato de haver o Sindicato, logo após proferida a sentença, desistido do agravo interposto contra a precedente decisão presidencial. E, assim fundamentada, a segunda decisão daquela Presidência concluiu que a suspensão antes concedida (em relação à liminar) produziria efeitos automaticamente, sem mais considerações, até quando eventualmente passasse em julgado o julgamento concessivo do *writ*. Tal posicionamento, como se percebe, impõe que se ponha atenção na relação entre uma liminar e a sentença que concede a segurança; têm também pertinência os raciocínios plantados na *substituição* daquela por esta, de modo a inexistir uma automática extensão da medida suspensiva, capaz de obstar aos efeitos da sentença de mérito.

A segunda das impetrações acima referidas veio de outra entidade associativa a que pertencia o sindicato consulente e visava aos mesmos objetivos. Também ali foi proferida liminar em primeira instância, cujos efeitos a Presidência veio a suspender. Também ali, de igual modo, a sentença em primeiro grau foi concessiva da segurança e os efeitos desta vieram a ser obstados como conseqüência automática dos efeitos da liminar.

Em suma: a) em cada uma das impetrações houve liminar e as duas impetrações vieram a ser julgadas procedentes em primeiro grau de jurisdição; b) em relação a cada uma das liminares foi pedida à Presidência do Tribunal de Justiça a suspensão prevista em lei e o sr. Presidente suspendeu os efeitos de ambas; c) em cada um desses processos entendeu aquele magistrado que a suspensão da liminar teria o efeito automático de suspender também a eficácia da segurança concedida em sentença. Estava, pois, plantado o tema central sobre o qual se desenvolve o presente estudo.

50. duas fundamentais questões de direito processual

Uma das questões postas é aquela já revelada acima, consistente em determinar se a suspensão dos efeitos de liminar concedida na instância inferior é medida que resista, por sua própria eficácia e próprios fundamentos, à concessão do mandado de segurança por sentença sujeita a devolução oficial e apelação – ou se, ao revés, essa sentença, conquanto sujeita a reexame, substitui a liminar e com isso *prejudica* a medida presidencial suspensiva dos efeitos desta. No caso de prevalecer essa segunda opinião, para suspender a segurança concedida em sentença será necessária outra medida da Presidência do Tribunal, mediante outra apreciação dos requisitos para tanto.

Com tal questão entrelaça-se outra, não menos interessante e significativa, que é a dos pressupostos da própria suspensão de efeitos de liminares e seguranças. As decisões presidenciais são suscetíveis de impugnação, entre outros, pelo motivo de não terem por fundamento qualquer das hipóteses de *interesse público* elencadas no art. 4º da lei n. 4.348, de 26 de junho de 1964. Será legítimo à Presidência do Tribunal, nessa sede e momento de *suspensão de efeitos*, fazer a censura de liminares e seguranças no plano da admissibilidade e acerto de sua concessão, ou seja: pelo seu *mérito*? O juízo da Presidência inclui exame do *fumus boni juris*, urgência e liqüidez-e-certeza, como se dá em sede recursal? Como se vê, essa segunda indagação é na realidade mais abrangente que a primeira, questionando a própria suspensão de liminares antes de se chegar à da abrangência maior ou menor da suspensão.

Ambas as questões assim postas são riquíssimas pelo aspecto conceitual e muito relevantes para a fixação de rumos e limites ao poder de suspender liminares e seguranças no quadro de legalidade e liberalismo inerente ao Estado-de-direito e ao *due process of law*, em que se situam as próprias garantias constitucionais caracterizadoras da chamada *jurisdição constitucional das liberdades*. Os tópicos a seguir constituem uma tentativa de sistematização doutrinária dessa matéria à luz das funções político-constitucionais a que tal instituto se filia.

51. *a natureza jurídica da medida suspensiva*

Como dito, não se dedica a doutrina brasileira à determinação da natureza jurídica da medida que suspende a eficácia de liminares ou seguranças concedidas em primeira instância, ou do procedimento pertinente a essa postulação, seus requisitos, seu ato postulatório *etc*. Tal instituto permanece à sombra dos ricos progressos da doutrina brasileira do mandado de segurança e ainda constitui, para todos nós intérpretes, uma verdadeira ilha de mistérios a desvendar. E, quando o caminhar sem rumo e sem norte por entre tais mistérios traz o risco de injustiças e desvios, torna-se aguda a necessidade de perquirir e meditar adequadamente, para que da ausência de uma sólida edificação conceitual não decorram males inquinadores dos verdadeiros objetivos do sistema processual-constitucional.

Do ponto-de-vista puramente procedimental, não tenho dúvida de que se trata de mero *incidente do processo de mandado de segurança*. Tenho presente a distinção entre *questão incidente*, *incidente do processo* e *processo incidente*, lembrando preciosas lições de Francesco Carnelutti. Certas questões que incidem sobre o processo, ou seja, que recaem sobre ele (*incidunt*) são desde logo decididas sem maiores desvios no procedimento, como é o caso das *preliminares* de carência de ação, coisa julgada ou incompetência absoluta *etc*. No extremo oposto há discussões que se travam em *novo processo*, distinto do primeiro mas incidente a ele, como são os embargos do executado, os de terceiro ou os embargos ao mandado de pagamento ou entrega (processo monitório). No entremeio há questões cujo surgimento não ocasiona a formação de processo novo mas provoca alguns desvios procedimentais significativos, ora com suspensão do procedimento principal, ora sem ela (*v.g*., as exceções de suspeição, impedimento, incompetência relativa). É o que se dá aqui. Não surge processo novo mas a lei elabora um sistema mais complexo, ou menos, de apreciação de questão de ordem pública suscitada pela entidade de direito público. Esse incidente chega ao ponto de sujeitar-se a uma competência hierarquicamente diferenciada da competência para o próprio processo da impetração. Mero *incidente do processo*, todavia (tanto quanto uma exceção de incompetência relativa) e não processo incidente. O que ali se decide prevalece somente quanto à medida que se proferiu no processo pendente.

A medida que a Presidência concede *não cassa* a liminar de primeiro grau. Menos que isso: nos termos da própria lei expressa, limita-se a *suspender sua eficácia*, ou seja, a impor a inanidade prática da medida enquanto assim convier e outra convicção não se formar a respeito. Embora a edição do vigente art. 273 do Código de Processo Civil haja aberto os olhos da doutrina para a natureza não-cautelar das antecipações de tutela,[3] ainda assim permanece a realidade de medidas que são provisórias e revisíveis, devendo ser na prática suscetíveis de reversão justamente porque fundadas em necessidade de urgência e requisitos de mera probabilidade do bom direito (cognição superficial).[4] Transpondo o que vem da co-

3. *Cfr*. Luiz Guilherme Marinoni, "Novidades sobre a tutela antecipatória", n. 3, p. 106.
4. *Cfr*. Dinamarco, *A Reforma do Código de Processo Civil*, n. 103, esp. p. 140.

nhecida linguagem de Piero Calamandrei em relação ao sistema cautelar propriamente dito,[5] pode-se atribuir à medida suspensiva de competência do presidente do Tribunal, *mutatis mutandis*, a natureza de *contra-cautela* destinada a oferecer um substancial equilíbrio jurídico entre valores em jogo. Havendo risco de certos males a serem causados pela medida concedida na instância precedente, reage a ordem processual mediante outra medida que de algum modo neutralize tal risco e afaste esses males.[6] É o que ocorre com essas suspensões de eficácia aqui submetidas a exame: se a preservação de um direito razoavelmente indicado por um bom *fumus boni juris* entrar em conflito com relevantes valores inerentes à ordem pública e assim elencados em lei (lei n. 4.348, de 26.6.64, art. 4º), a solução será impor *ao impetrante* o risco e dar prevalência ao interesse público; e isso acontece ainda quando em sentença de mérito houver sido afirmada a lesão a direito líqüido-e-certo, sendo ela suscetível de reforma pela instância superior. Sobre as possíveis fórmulas desse desejado equilíbrio manifesto-me mais abaixo.

52. ação ou não, o resultado é o mesmo

Uma terceira ordem de indagações refere-se à *iniciativa* desse procedimento e ao condicionamento da medida que mediante ele se prepara. Ela não se concede *ex officio* e quanto a isso o art. 4º é claro (lei n. 4.348, de 26.6.94). Pedi-la-á sempre a entidade a que pertencer o impetrado[7] e pedi-la é um dos chamados *ônus absolutos*, ou seja, ônus sem cujo desempenho veda-se por completo a obtenção do benefício.[8] Em linguagem mais precisa, diria que a iniciativa prevista na lei caracteriza um *ato indutivo*, ou seja, ato

---

5. *Cfr. Introduzione allo studio sistematico dei provvedimenti cautelari*.
6. Exemplo bastante invocado de contra-cautelas são as *cauções*.
7. Mera observação de ordem sistemática: fala a lei em requerimento a ser feito pela *pessoa jurídica de direito público interessada* mas também uma pessoa jurídica de direito privado é legitimada a essa iniciativa, a partir de quando se admite mandado de segurança contra ato de funcionários de sociedades de economia mista, de diretor de estabelecimento particular de ensino superior *etc.*
8. *Cfr.* Dinamarco, *A instrumentalidade do processo*, n. 28.4, pp. 236 ss.

indispensável para tornar possível o benefício desejado, embora insuficiente para que o resultado se produza (suficientes são os atos *causativos*).⁹

O que disse agora não chega ao ponto de tomar partido, fosse para caracterizar essa iniciativa como demanda integrada no exercício de *ação* pelo Poder Público, fosse para afirmar que se trata de uma *exceção em sentido estrito*. Como direi logo a seguir, não me parece que tal determinação seja relevante no deslinde da questão prática posta acima, porque em qualquer das duas hipóteses a solução prática será sempre a mesma.

Se se tratar de *ação*, chega a ser óbvia a afirmação de não estar o Presidente do Tribunal autorizado a conceder a suspensão da liminar ou da segurança sem a iniciativa da entidade interessada, ou além dos limites do pedido ou por fundamentos diversos dos alegados. Todo e qualquer juiz está sempre adstrito a julgar as demandas nos limites em que tiverem sido propostas (CPC, art. 128, primeira parte), em decorrência do princípio da inércia da jurisdição e da tradicional regra *nemo judex sine actore*. Se todo processo civil só pode começar por iniciativa de parte (CPC, art. 262) e se a tutela jurisdicional não será concedida se o sujeito legitimado não a postular (CPC, art. 2º), segue-se que, dispondo o juiz sem fidelidade à demanda, dispõe ele contra a regra da inércia, a que está fadado pelo sistema. Quem entender que a iniciativa da pessoa jurídica de direito público (lei n. 4.348, de 26.6.94, art. 4º) constitui exercício do poder de ação já estará, portanto, automaticamente afirmando também a impossibilidade de conceder a suspensão da liminar com base em fatos não alegados naquela iniciativa.

O mesmo se terá também, se em vez de *ação* considerarmos que a postulação da pessoa jurídica de direito público, instituída no art. 4º da lei especial, caracteriza-se como *exceção*. Quando nesse contexto digo *exceção*, refiro-me ao tradicional conceito de

---

9. Conhecida lição de Liebman, apoiado em Goldschmidt. Os atos causativos são, na linguagem preferida por Barbosa Moreira, *determinantes* (*cfr. Litisconsórcio unitário*, n. 104, p. 172).

defesas atribuídas à iniciativa da parte e mais ou menos tipificadas na lei substancial ou material, às vezes estritamente dependentes dessa iniciativa. Trata-se do contraposto negativo da ação, definindo-a Giuseppe Chiovenda como "un controdiritto tendente ad impugnare e annullare il diritto d'azione".[10] Para Liebman trata-se da "afirmação por parte do réu, de um fato extintivo, modificativo ou impeditivo, destinada a obter a rejeição da ação".[11] Exceção é, nesse sentido e na linha dessas lições, defesa cujo exercício a lei tem por indispensável para que o juiz possa levar em conta algum desses fatos extintivos, modificativos ou impeditivos do direito do autor. Tanto quanto o exercício da ação, o da exceção faz-se por uma *demanda de parte* e, tanto quanto aquela iniciativa, essa do réu constitui-se em ônus absoluto. Em conseqüência, aos termos da exceção, conforme deduzida, está adstrito o juiz. Não é outra coisa que diz o Código de Processo Civil na locução, contida no mesmo art. 128 acima referido (segunda parte), e assim posta: "(...) sendo-lhe defeso conhecer de questões, não suscitadas, a cujo respeito a lei exige a iniciativa da parte". A exigência está nítida no art. 4º da lei especial aqui considerada. Trata-se, pois, daquilo a que a doutrina vem denominando *exceções de mérito em sentido estrito* e que conceitual e funcionalmente se opõem às chamadas *objeções*.

> Sou propenso a considerar que a iniciativa prevista no art. 4º constitui uma *exceção em sentido estrito*, não exercício de ação. Mas abstenho-me de qualquer tentativa de demonstrar os porquês desse pensamento, justamente pelo que já disse e procurei demonstrar: em qualquer das hipóteses, tenho por certo que o juiz fica adstrito aos limites da iniciativa do Poder Público e violará o art. 128 do Código de Processo Civil (primeira ou segunda parte) se se apoiar em fatos não alegados.

53. *fatos impeditivos e tipificação legal*

Por outro lado e como também já disse, as razões que podem ser alegadas e consideradas nesse incidente perante o presidente

---

10. *Cfr.* "Sulla *eccezione*", p. 149.
11. *Cfr. Manual de direito processual civil*, I, n. 79, esp. p. 220 trad.

do Tribunal são típicas razões de *interesse público*. Caracterizam-se, na precisa conceituação de Mauro Cappelletti, como razões que transcendem os pontos relevantes para a pura consideração do confronto entre os interesses opostos dos litigantes instalados na relação jurídica processual. São motivos que dizem respeito à sociedade como um todo, ou ao próprio Estado como instituição permanente e que, por esse ou aquele motivo, devem ter seu peso na solução do conflito *inter partes*.

São *interesses públicos*, na lição do inesquecível Mauro Cappelletti, aqueles "permeati di un valore che trascende lo uomo singolo e investe tutta intera la società". Ocorrendo violação a direitos dessa ordem, "sentem-se atingidos todos os cidadãos e não apenas aqueles que sejam imediatamente interessados – todos são atingidos naquele seu direito de liberdade que no fundo é um só, ou melhor, que está à base e é a causa de todos os direitos; esse direito pertence a todos os homens e a sua lesão atinge cada um deles".[12]

Na técnica processual a lesão ou ameaça aos valores indicados no art. 4º constitui *fato impeditivo* do direito do impetrante aos efeitos da liminar ou mesmo da sentença concessiva de segurança. O raciocínio completo é este (estou falando em tese): a) considerando os fatos inerentes ao litígio em si mesmo, o impetrante pode ter direito ao *writ* e aos seus efeitos; b) mas o Estado tem o direito à preservação daqueles valores de que a Constituição e a lei o instituem guardião; c) em conseqüência, a ordem jurídica afasta os efeitos da medida concedida, para que prepondere o culto a tais valores. Em suma: a lesão ou ameaça aos valores invocados pela entidade (art. 4º) são fatos que têm o poder de *impedir* que prepondere o direito do impetrante, ainda quando líqüido-e-certo ou suficientemente provável para em princípio autorizar a antecipação tutelar mediante a liminar concedida em processo de mandado de segurança.

12. *Cfr. La giurisdizione costituzionale delle libertà*, pp. 1-10. V. ainda as seguras observações de Kazuo Watanabe a esse respeito, *in Controle jurisdicional e mandado de segurança contra atos judiciais*, esp. p. 99, referindo e referendando essa passagem de Cappelletti.

Nenhum fato é, em si mesmo, por sua natureza e em todas as situações, sempre constitutivo, sempre modificativo, sempre extintivo, ou sempre impeditivo. O enquadramento em alguma dessas categorias é sempre efeito do modo como aparece na concreta situação posta em cada caso (lição incontrastada de Gian Antonio Micheli).[13] Aquelas razões de interesse público postas pelo art. 4º com o objetivo de autorizar a suspensão de segurança poderiam figurar como fato constitutivo em algum outro pleito judicial – mas, tratando-se do direito à segurança que poderá ficar suspenso por esse meio, nessa sede a alegação terá nítido caráter impeditivo.

Por isso é que, como dito na parte final do tópico precedente, é preciso estar atento ao disposto no art. 128 do Código de Processo Civil, especialmente porque a própria lei deixa bem claro que não se trata de questionar os *fatos constitutivos* desse direito. A suspensão presidencial é instituto coexistencialmente ligado ao *interesse público* que em certas situações se sobrepõe legitimamente ao interesse de indivíduos ou grupos, sendo inadmissível suspender liminares ou seguranças por outro motivo que não aqueles elencados no art. 4º. A tipificação legal de hipóteses postas como impeditivas do direito à segurança é expressa e taxativa no direito positivo, resumindo-se a casos de perigo de grave lesão (a) à ordem pública, (b) à saúde pública, (c) à segurança pública ou (d) à economia pública. E, exigindo a lei que os *fatos* juridicamente relevantes sejam descritos – e a lesão referida no art. 4º sendo um *fato* (fato futuro e previsível, mas fato), que precisa ser necessariamente alegado – segue-se que (e) tudo quanto se apoiar em outro *fato* que a entidade não alegou será nulo por infração àquelas normas e princípios que já referi.

Assim, (a) se o pedido de suspensão se fundar em hipótese não elencada no art. 4º, ele será tecnicamente inepto; b) se a decisão presidencial se fundar em fato assim não tipificado, que a pessoa jurídica de direito público haja alegado, ela será violadora do art. 4º e da própria garantia constitucional e disciplina legal do mandado de segurança; c) se o pedido de suspensão se fundar em uma das hipóteses elencadas no art. 4º e o ato presidencial tiver outra mo-

13. *Cfr*. Micheli, *L'onere della prova*, n. 50, pp. 313 ss. (esp. p. 321).

tivação, este será infringente ao disposto na segunda parte do art. 128 do Código de Processo Civil.

Tudo isso é assim porque, como dito, só sendo legalmente admitidos como impeditivos do direito do impetrante os fatos que se enquadrem nas *fattispecie* do art. 4º, nenhum outro pode validamente ser invocado pela pessoa jurídica de direito público e muito menos tomado como razão de decidir.

Seria algo como alegar ou tomar como razão de decidir, em um pleito de *anulação de casamento*, o adultério do demandado. A infidelidade conjugal, como qualquer outro fato subseqüente à celebração do matrimônio, é substancialmente relevante para a separação judicial ou divórcio, jamais para a anulação. Uma alegação daquela ordem viciaria a petição inicial (inépcia) e a sentença anulatória (violação à lei material). Se for alegado adultério pelo demandante e a sentença conceder a anulação por algum erro essencial contemporâneo ou precedente à celebração, então estaria violada a regra da correspondência entre a sentença e os fundamentos da demanda.

É indiscutível portanto, como aliás já ficou anunciado, que as decisões suspensivas das *liminares* não podem em hipótese alguma assentar no fundamento da *complexidade* da matéria, na discutibilidade da tese dos impetrantes, na falta do requisito de liqüidez-e-certeza *etc.*

54. doutrina e legislação

No pouco que se escreveu sobre o tema, o que se vê soa pelo mesmo tom do que acima foi dito, embora a partir de outras colocações conceituais e sistemáticas. Assim, o conceituadíssimo Hely Lopes Meirelles diz algo de muito significativo para o deslinde dessa questão quando, referindo-se ao presidente do Tribunal em sua competência para suspender liminares e mandados de segurança, enfatiza: "fica ao seu alto critério a valoração da oportunidade e conveniência da suspensão".[14]

---

14. *Cfr. Mandado de segurança*, p. 95.

Falar em *oportunidade e conveniência* é situar-se no campo das decisões legítimas em face dos valores expressos na ordem jurídica, sendo legítima uma solução mas podendo o agente público optar por outra igualmente legítima. Aliás, toda a teoria da *discricionariedade* assenta nessa institucionalizada liberdade de apreciar situações em face dos reflexos perante a sociedade, definindo-a a monografista Maria Sylvia Zanella di Pietro como a "faculdade que a lei confere à Administração para apreciar o caso concreto segundo critérios de oportunidade e conveniência e escolher uma dentre duas ou mais soluções, todas válidas perante o direito".[15]

Assim é que, falando Hely Lopes Meirelles em suspender a segurança em face de *critérios de oportunidade e conveniência*, resta muito claro que não está aludindo aos pressupostos da impetração ou da concessibilidade da segurança, ou mesmo da liminar (direito líqüido-e-certo, perigo *etc.*). Trata-se, como dito, de observar os interesses da ordem pública, entendendo-se por isso "a normal execução do serviço público, o regular andamento das obras públicas, o devido exercício das funções da Administração pelas autoridades constituídas".[16]

> Não se trata de recurso mas de incidente da *competência originária do presidente do tribunal*, visando tão-somente à suspensão provisória da liminar, uma vez verificadas as circunstâncias mencionadas no dispositivo comentado. É vedado ao órgão destinatário do pedido de suspensão o exame do mérito do mandado de segurança, bem como lhe é defeso proferir decisão revogando ou modificando a liminar. Quando assim proceder, essa decisão será nula porque *ultra petita* e contrária à norma legal autorizadora da medida.

Enfáticas e ainda mais expressivas são as palavras do conceituadíssimo processualista, professor e então desembargador Donaldo Armelin, em pronunciamento que figura nos repertórios jurisprudenciais: "o requerente somente pode fundar seu pedido

---

15. *Cfr*: Maria Sylvia Zanella Di Pietro, *Da discricionariedade administrativa*, cap. 2, n. 1, esp. p. 67.
16. *Id., ib.*

de suspensão dos efeitos da liminar concedida em mandado de segurança nas causas enumeradas na lei n. 4.348/64, art. 4º, sendo vedado ao presidente do tribunal o reexame das razões de decidir do provimento jurisdicional que concedeu essa medida".[17]

Tudo isso somado converge ao resultado que aqui vem sendo demonstrado, ou seja, à interpretação sistemática do art. 4º da lei n. 4.348, de 26 de junho de 1964 no sentido de que as suspensões ali autorizadas não constituem um juízo de *reexame* das liminares ou segurança em seus pressupostos de admissibilidade ou requisitos de concessibilidade. As razões de *interesse público* ali consideradas, quando presentes e reconhecidas em decisão motivada, *impedem* que o impetrante, não-obstante presentes os requisitos para a medida, se beneficie dela antes do trânsito em julgado da última decisão no processo da impetração. Daí, pois, dizer-se que tais razões constituem *fatos impeditivos* do direito à segurança (*supra*, n. 53).

> Nem é outro o significado de manifestações jurisprudenciais, como esta do Col. Supremo Tribunal Federal, dizendo ser cabível a suspensão nos casos em que "o cumprimento imediato do julgado ou da liminar pode ferir ou ameaçar os interesses superiores legalmente protegidos".[18]

55. *questões da competência absoluta dos órgãos colegiados*

O que acabo de dizer projeta-se no direito positivo como importante fator determinante e limitador de competências – sempre considerando a especificidade das situações jurídico-substanciais impeditivas do direito do impetrante à liminar ou à própria segurança. Pelo art. 4º da lei especial, é exclusivamente nas hipóteses ali indicadas que compete ao presidente do tribunal a competência para suspender a efetividade da medida concedida em primeiro

---

17. *Cfr.* 1º TACSP, Pleno, SS 482.203, *apud* Nery & Nery, *Código de Processo Civil* cit., nota 9 ao art. 4º, pp. 1.627-1.628 (*casuística*).

18. *Apud* Negrão-Gouvêa, *Código de Processo Civil e legislação processual em vigor*, nota 1-d ao art. 4º da lei n. 4.348, de 26 de junho de 1964, p. 1.838, 2ª col.

grau de jurisdição. O presidente não dispõe de competência geral para apreciar impugnações de toda ordem à concessão dessas medidas. As questões referentes à própria admissibilidade do *writ* e de suas liminares pertencem aos órgãos colegiados do tribunal, não à sua Presidência. "No âmbito estreito do pedido de suspensão de decisão proferida contra o Poder Público, é vedado o exame do mérito da controvérsia principal, bastando a verificação da ocorrência dos pressupostos atinentes ao risco de grave lesão à ordem, à saúde, à segurança e à economia públicas" (STJ).[19]

Essa é mais uma razão pela qual aqueles atos impugnados pelos consulentes destoam do direito positivo. Medidas que foram concedidas em processo regular e poderiam em tese ser censuradas em colegiado por uma das Câmaras do Tribunal tiveram sua eficácia suspensa por um órgão monocrático (a Presidência). Para a crítica dos pressupostos de admissibilidade ou concessibilidade daquelas medidas existe o sistema recursal; e os recursos cabíveis são plenamente capazes de levar ao órgão colegiado competente eventuais pretensões à cassação do que tiver sido feito ao arrepio da lei.

Em situações de significativa urgência o exame dos pressupostos da medida concedida pode até ser feito pelo relator em sede de agravo de instrumento, suspendendo a medida (CPC, art. 527, inc. II). Mas esse é sempre um ato provisório e emergencial, que se situa no trajeto do recurso em direção ao órgão colegiado, que é o competente para tal exame. Jamais se legitima um ato da Presidência, quando não fundado nas estritas razões de *interesse público* ditadas no art. 4º da lei n. 4.348, de 26 de junho de 1964; o Presidente não teria essa competência, ainda quando, estranhamente, o regimento interno de algum tribunal lha atribuísse.

"Podem os tribunais, através de norma regimental, atribuir competência própria e singular aos seus membros. Mas não podem declinar a favor deles a competência que a Constituição investiu

---

19. *Cfr*. STJ, Corte Especial, Rcl n. 541, j. 18.12.98, rel. Pádua Ribeiro, v.u., *DJU* 12.4.99, p. 84, *apud* Negrão-Gouvêa, *op. cit.*, nota 3-b ao art. 4º da lei n. 4.348, de 26 de junho de 1964, p. 1.839, 2ª col.

nos próprios tribunais, como órgão de deliberação coletiva."[20] Essa máxima, colhida em julgado do Col. Supremo Tribunal Federal, é de plena aplicação ao caso em exame e a todos aqueles em que, seja por qual motivo for, um órgão singular do Tribunal julgar causas ou questões para as quais caiba recurso aos colegiados fragmentários.

56. *da liminar à sentença concessiva da segurança*

Quando afirmou que a suspensão dos efeitos da liminar teria a eficácia automática de obstar aos efeitos da sentença concessiva da segurança enquanto sujeita a recurso, a Presidência do Tribunal de Justiça de São Paulo abriu caminho fértil para o exame da função da liminar no processo do mandado de segurança e da duração de sua eficácia. Será que, concedida a liminar e depois julgada procedente a impetração, o acesso às situações desejadas pelo impetrante continua tendo apoio naquela ou passa a ser efeito da sentença? Inversamente, quando a liminar foi concedida e a segurança vem a ser negada em sentença, sobrevive aquela até que esta seja reexaminada em decisão com trânsito em julgado?

A doutrina brasileira tem consciência de que as *liminares típicas* instituídas em certas leis, como a do mandado de segurança, da ação popular, da ação civil pública, assim como os interditos possessórios, constituem antecipações dos resultados postulados no processo – antecipações às vezes integrais e no mais das vezes parciais, antecipação de todos ou de somente algum efeito da futura e verossímil concessão da tutela postulada, mas sempre *antecipações de tutela jurisdicional*. Essas antecipações nada têm de cautelares, dado que não se resolvem em meios de apoio *ao processo* mas de verdadeira – posto que talvez mais tênue e por definição revogável – *tutela jurisdicional às pessoas*. Ao conceder liminar em mandado de segurança o juiz antecipa ao menos em parte a própria tutela que o impetrante pretende obter afinal ou ao menos oferece-lhe uma proteção que o instala em uma situação propícia a poder, no futuro, fruir com utilidade a tutela definitiva

20. STF *apud RJTJSP* 118/esp. pp. 485-486.

esperada.[21] Por isso mesmo que *provisórias* e destinadas a dar tutela urgentíssima em situações particularmente angustiosas, as liminares antecipatórias não devem criar situações irreversíveis e, no caso específico do mandado de segurança, são em tese destinadas a uma duração limitada no tempo (lei n. 4.348, de 26.6.64, art. 1º).

Discorrendo sobre a eficácia da liminar em face da sentença que julga afinal a impetração, estabeleceu Celso Agrícola Barbi uma distinção entre duas situações: a) ou a segurança é concedida e nesse caso "a liminar antes concedida será absorvida pela sentença final, que é imediatamente exeqüível"; b) ou ela é negada e a liminar "extinguir-se-á, porque não mais existem dois dos pressupostos de sua concessão, quais sejam a relevância do fundamento do pedido e a necessidade da manutenção do *status quo* até à sentença".[22]

É sobre essa temática que versam os itens subseqüentes, onde se demonstra que, cessando a eficácia da liminar quando a impetração vem a ser julgada por sentença, fica também prejudicada a medida presidencial suspensiva dos efeitos daquela. Possíveis razões de interesse público eventualmente capazes de impedir a imediata efetividade da tutela jurisdicional buscada pelo impetrante (lei n. 4.348, de 26.6.64, art. 4º) hão de ser postas *em confronto com a sentença* e seus fundamentos – não mais com a liminar, que já inexiste no mundo jurídico.

57. jurisprudência

Os tribunais brasileiros têm sido praticamente uníssonos no sentido daquela judiciosa afirmação de Barbi, de que o julgamento da impetração, por sentença, sempre supera e deixa sem conteúdo ou eficácia a liminar antes concedida. Outra não é, por exemplo, a premissa da qual deriva a afirmação de que "denegada

---

21. *Cfr.* Dinamarco, *A Reforma do Código de Processo Civil*, n. 104, pp. 141 ss. e "O regime jurídico das medidas urgentes", n. 27, pp. 60-62.
22. *Cfr. Do mandado de segurança*, n. 185, pp. 212-213.

a segurança, não pode o juiz restaurar a liminar ao receber a apelação interposta pelo impetrante" (TJSP).[23] Obviamente, a liminar havia perdido eficácia por força da própria sentença denegatória da segurança – e foi nessa situação que o Tribunal negou ao juiz o poder de *restaurá-la*. Essa linha conta inclusive com o respaldo da Súmula n. 405 do Supremo Tribunal Federal, assim enunciada:

> "denegado o mandado de segurança pela sentença ou no julgamento do agravo dela interposto, fica sem efeito a liminar concedida, retroagindo os efeitos da decisão contrária".

A parte dessa Súmula, aplicável e aproveitável para a questão em exame, é a que diz: "denegado o mandado de segurança pela sentença, fica sem efeito a liminar concedida". Está o Supremo Tribunal, com essas palavras, deixando claro que a sentença substitui a liminar em sua eficácia. E tanto a substitui quando nega e também quando concede a medida. Tal inferência conta com o claríssimo respaldo da invocação do *contraditório*, da qual é antecedida a sentença, não o sendo a liminar. É inegável a diferença de eficácia entre uma sentença e uma liminar, sendo inadmissível pensar que uma decisão interlocutória tomada *inaudita altera parte*, antes das informações e eventuais provas trazidas pelo impetrado, e ainda sem o parecer do Ministério Público, pudesse prevalecer sobre uma sentença dada depois de cumpridos todos esses trâmites inerentes ao *due process of law*.

> Mostra-se legítimo e oportuno um exercício sistemático de hipóteses, na demonstração do que acima se disse. Pense-se (a) em uma liminar concedida e sentença negando a segurança e, inversamente, (b) em uma decisão interlocutória negando a liminar e depois uma sentença que concede a segurança. Em ambos esses casos, não se aceitando a indispensável *substituição do ato interlocutório pela sentença*, chegar-se-á sempre a resultados inaceitáveis e mesmo absurdos.

---

23. *Apud* Negrão-Gouvêa, *op. cit.*, nota 3 ao art. 12 LMS, p. 1.822, 2ª col. As palavras entre aspas estavam transcritas nas edições anteriores. Na atual (41ª ed.) há mera referência àquele julgado, após indicação de outros em sentido contrário.

Tudo converge, portanto, à premissa posta à base da opinião exarada neste capítulo, ou seja, a de que em qualquer hipótese o ato jurisdicional pleno caracterizado pela sentença, substitui a decisão interlocutória proferida em resposta a pedido de liminar. Essa máxima vale para casos (a) de liminar concedida e sentença também concedendo a segurança, (b) de liminar concedida e sentença negando a segurança, (c) de liminar negada e sentença concedendo a segurança e (d) de liminar negada e sentença também negando a segurança. Ou seja, a substituição ocorre *sempre*. E as razões de assim ser repousam, como já dito, no contraditório e na observância de todo o procedimento, que antecedem à sentença e não ao julgamento do pedido de liminar.

Não-obstante essas sólidas razões sistemáticas e aqueles pronunciamentos do próprio Supremo Tribunal Federal, em novembro de 2003 veio este a emitir sua Súmula n. 626, onde diz que "a suspensão de liminar em mandado de segurança, salvo determinação em contrário da decisão que a deferir, vigorará até o trânsito em julgado da decisão definitiva de concessão de segurança ou, havendo recurso, até a sua manutenção pelo Supremo Tribunal Federal, desde que o objeto da liminar deferida coincida, total ou parcialmente, com o da impetração". Também o Superior Tribunal de Justiça já se manifestou nesse sentido[24] mas ali esse posicionamento não é pacífico. Ao menos um pronunciamento, em voto do brilhante e saudoso Min. Franciulli Netto, diz precisamente o que neste estudo vem sendo dito, *verbis*:

> "se a sentença que julga procedente ação de mandado de segurança constitui-se em ordem para cumprimento imediato pela autoridade coatora – por isso que contra ela o recurso não pode ter efeito suspensivo – é inconcebível ampliar-se a eficácia de decisão concessiva de liminar para momento após a solução do litígio, ainda que porventura não tenha ocorrido o trânsito em julgado".[25]

24. *Cfr*: STJ, Corte Especial, AgRg na SS n. 1.021, j. 29.8.02, rel. Nilson Naves, v.u., *DJU* 20.5.03, p. 241, *apud* Negrão-Gouvêa, *op. cit.*, nota 3-b ao art. 4º da lei n. 4.348, de 26 de junho de 1964, esp. p. 1.840, 1ª col.

25. *Cfr*: STJ, 2ª T., REsp n. 184.144, j. 19.3.02, rel. Franciulli Netto, v.u., *DJU* 28.10.03, p. 238, *apud* Negrão-Gouvêa, *op. loc. cit.*

58. *sobre a sentença sujeita a recurso*

O que acaba de ser dito repousa inclusive sobre a moderna visão da sentença sujeita a recurso – a qual, conquanto ainda não amparada pela autoridade da coisa julgada, pela lei é algumas vezes dotada de uma eficácia integral ou parcial. Nos tempos de Chiovenda a falta de consciência da distinção entre a eficácia da sentença e a sua imutabilidade conduzia a doutrina a supervalorizar esse tema, com seguidas discussões acerca da *sentenza soggetta a gravame* e a opinião de que não passaria de mero *fato processual*, ou de sentença sob condição. Tais desvios foram muito bem dissipados por Enrico Tullio Liebman em desdobramento de sua vitoriosa lição que distingue a *imperatividade* da sentença (sua eficácia) e sua *autoridade* representada pela coisa julgada material. Disse o Mestre:

> "la sentenza viene al mondo viva, cioè efficace, ed è un atto d'autorità, l'atto giurisdizionale. Questa sua imperatività è intrinseca, originaria alla sentenza ed ha per contenuto un giudizio vincolante sulle pretese fatte valere dalle parti".

E prossegue:

> "l'imperatività non dipende dalla validità della sentenza, finché non venga riformata, cassata o revocata dal giudice".[26]

O ponto é precisamente esse. A eficácia da sentença sujeita a recurso pode ser contida ou retardada pelo ordenamento jurídico mas pode também ser liberada desde logo. A ausência de coisa julgada não é fator que seja de modo absoluto posto pelo ordenamento jurídico-processual como impeditivo dos efeitos da sentença. Tudo depende de como a lei trata cada espécie de sentença e, portanto, do modo como o direito positivo disciplina a matéria.

Eis como, de modo sistemático, chega-se ao disposto no parágrafo do art. 12 da Lei do Mandado de Segurança e à regra, que

---

26. *Cfr.* Liebman, *Manuale di diritto processuale civile*, II, n. 311, pp. 209-291.

contém, da não-suspensividade do recurso interposto contra sentença concessiva do *writ*. Quando ali se autoriza de modo expresso a *execução provisória* de tal sentença, nisso reside a opção do legislador por liberar desde logo os efeitos desta. E, sempre nos quadros do direito positivo brasileiro, tem-se que essa exeqüibilidade só será suspensa quando, nas estritas hipóteses do art. 4º da lei n. 4.348, de 26 de junho de 1964, houver fundadas razões de ordem pública a desaconselhar que os efeitos da sentença concessiva de segurança sejam liberados antes do trânsito em julgado. É o direito positivo dispondo e excepcionando, mas sempre o direito positivo. E esse é o fio condutor do voto do Min. Franciulli Netto, acima referido e parcialmente transcrito.

59. execução provisória de mandado de segurança

Como medida que "tem por fito preponderante que alguma pessoa atenda, imediatamente, ao que o juízo manda", o remédio heróico consubstanciado no mandado de segurança dispõe de uma força íntima capaz de desencadear meios de sua própria efetivação, independentemente dos meios convencionais de *executar* estabelecidos no Código de Processo Civil (por quantia certa, por obrigações de fazer ou não-fazer *etc.*). Quer se aceite ou não a teoria das ações e sentenças mandamentais, à moda de Pontes de Miranda (de quem são as palavras entre aspas),[27] o certo é que o mandado de segurança, como medida *impaciente*, destinada institucionalmente a debelar agressões a direitos, clama sempre por uma *eficácia imediata*. Sem essa eficácia imediata, deixaria de ser um remédio *heróico*, como o quer a Constituição.

> Essa idéia é confirmada pelo disposto no art. 520, inc. VII do Código de Processo Civil, pelo qual será recebida no efeito somente devolutivo a apelação interposta contra sentença que "confirmar a antecipação dos efeitos da tutela". Será pois excepcional a outorga de suspensividade a apelações portadoras desse conteúdo. E a sentença proferida no mandado de segurança, que por sua própria

---

27. Cfr. *Tratado das ações*, § 1, n. 1, p. 3.

destinação repele a eficácia suspensiva da apelação contra ela interposta, ainda mais enérgica será quando precedida de uma liminar antecipatória da própria segurança nela concedida.

O mandado de segurança é pela própria natureza uma *injunção*, ou seja, comando a realizar um ato. Comando imperativo, portador do *imperium* estatal. Por isso é que, diferentemente do que sucede com outras *condenações*, a sentença concessiva do mandado de segurança destina-se a ser *cumprida imediatamente ou no prazo fixado*. Pela própria missão institucional de que é dotada com vista à efetiva tutela contra atos estatais ilegítimos, é conatural a ela a sua eficácia imediata. Seria uma frustração e uma inconstitucionalidade a prolação de sentença concessiva da segurança em breve tempo e, depois, a imposição das angustiosas esperas pela chegada da coisa julgada material ou pelas medidas de um processo executivo convencional, quase sempre insuficientes. Por isso, já há várias décadas ensinava meu Mestre Luís Eulálio de Bueno Vidigal que "o órgão judicial concedente do mandado poderá empregar todos os meios de que dispuser para assegurar o seu efetivo cumprimento".[28]

Tal é o significado da visão do mandado de segurança como "rito célere, escoimado das formalidades peculiares às ações em geral" (Seabra Fagundes).[29] O Superior Tribunal de Justiça, referendando ensinamento de Hely Lopes Meirelles, consagra que "o mandado de segurança tem rito próprio e suas decisões são sempre de natureza mandamental, que repele o efeito suspensivo e protelatório de qualquer de seus recursos. Assim sendo, cumprem-se imediatamente tanto a liminar como a sentença ou o acórdão concessivo da segurança".[30] Conta-se também um julgado em que, havendo o juiz *a quo* recebido em ambos os efeitos uma apelação contra sentença concessiva de segurança, o Tribu-

---

28. *Cfr.* "Do mandado de segurança", n. 72, esp. p. 68.
29. *Cfr. O controle jurisdicional dos atos administrativos*, n. 113, pp. 304 ss.; n. 109, pp. 288-289.
30. STJ, 2ª T., RMS 1.873-8, j. 24.11.93, rel. Pádua Ribeiro, v.u., *RSTJ* 58/162.

nal deu provimento a agravo de instrumento, suprimindo o efeito suspensivo.[31]

"Daí toda a exacerbada preocupação com a celeridade, que se vê na vigente lei do mandado de segurança (...) e daí o especial comportamento dos dispositivos da lei processual comum no processo das impetrações, com a finalidade de proporcionar julgamento rápido e cumprimento imediato (destacando-se a ausência de efeito suspensivo de todos os recursos contra sentença ou acórdão concessivo da segurança" (palavras minhas).[32]

Disse ainda que "a garantia constitucional do mandado de segurança chega inclusive a interferir no modelo brasileiro da separação de Poderes, na medida em que traz em si o significado de permitir uma injunção do Poder Judiciário a qualquer órgão público, para que respeite ou restaure, *in natura*, direitos ameaçados ou violados".[33] Aludi também às "sanções penais, bem como políticas ou mesmo administrativas que, mediante provocação do próprio interessado ou do juiz, até poderão recair sobre a autoridade recalcitrante".[34]

Eis também, uma vez mais, a demonstração da legitimidade do que acima se disse, ou seja, de que não só existe norma explícita outorgando eficácia imediata à sentença concessiva de mandado de segurança não passada em julgado (não-suspesividade da apelação e devolução oficial), como ainda que essa solução legislativa é de toda legitimidade diante da própria destinação institucional desse remédio constitucional.

60. inadmissível a suspensão sem pedido específico

A teor do exposto nos capítulos que antecedem, tenho por certo que jamais poderá a suspensão de uma liminar concedida em pro-

---

31. *Cfr.* TJSP, 7ª C.Cív., agr. instr. n. 81.092-1, j. 11.2.87, rel. Nelson Schiavi, v.u., *RJTJ* 108/352; v. também TJSP, 12ª C.Cív., agr. instr. n. 201.513-2, j. 3.10.92, rel. Mariz de Oliveira, v.u., *RJTJ* 139/200.

32. Reporto-me ao escrito "Execução provisória de mandado de segurança", incluído em edições anteriores deste livro (1ª ed., n. 302, esp. p. 474).

33. *Id., ib.*, esp. p. 473.

34. *Id., ib.*, n. 299, esp. pp. 467-468.

cesso de mandado de segurança propagar-se à sentença concessiva do *writ*, sem que haja pedido expresso da pessoa jurídica de direito público a que pertence o impetrado. E não só esse *pedido* é indispensável – quer consideremos que a lei o qualifica como autêntico exercício de ação ou como exceção em sentido estrito – como ainda a suspensão só pode ter por motivo os *fundamentos invocados pela pessoa jurídica requerente* ao pedir a nova suspensão. A sentença, sendo precedida de muito mais cuidados que a mera liminar, é ato jurisdicional que invariavelmente *substitui* a decisão interlocutória concessiva desta.

Essa substituição chega a ser uma verdade elementar, em direito processual. Liminares como essas, sendo medidas concedidas em consideração a uma situação de urgência e em face da mera probabilidade de existência do direito afirmado pelo demandante, têm vocação a uma vida relativamente efêmera e destinada somente a antecipar o que afinal provavelmente será decidido. Daí dizer a lei que elas são *provisórias e revisíveis* (CPC, art. 461, § 3º c/c 273, § 2º). Como toda antecipação de tutela jurisdicional, elas nem sempre são portadoras dos mesmos efeitos da sentença que julga o objeto da impetração. Referem-se a um *momento* da vida do processo – o da espera por uma sentença – que já estará superado quando esta vem a ser proferida. Concedida uma liminar e depois concedida a segurança por sentença, prevalecem os efeitos desta, na medida do que dispuser, e não mais os efeitos da liminar. Não pode pois haver a menor dúvida quanto à substituição da liminar pela sentença. Como já registrei, o Supremo Tribunal Federal chegou à solução oposta em sua Súmula n. 626 mas essa sua opção não resiste às críticas aqui lançadas e à força do pensamento contido no voto do Min. Franciulli Netto, também referido (*supra*, n. 57).

61. *casos estritos*

Segundo também ficou dito acima, não se admite a suspensão de liminar ou de sentença concessiva de segurança senão nos estritos termos do que dispõe o art. 4º da lei n. 4.348, de 26 de junho de 1964. O exame dos pressupostos de um e de outro, como o risco de mal irreparável, presença de *fumus boni juris* ou mesmo direito líqüido-e-certo, é da competência de um dos órgãos fracionários do tribunal e eventualmente do relator a quem o recurso vier a ser distribuído – jamais da Presidência do Tribunal.

Uma coisa é negar os fatos constitutivos do direito ao *writ* e outra é dizer que, não-obstante a presença dos fatos constitutivos, esse direito é contrariado por razões de ordem pública que o impedem. Uma coisa é *revogar* a liminar ou a sentença, dando provimento ao agravo ou apelação por ausência dos fatos constitutivos, outra é a mera suspensão da medida, pela presença de fatos impeditivos consubstanciados nas *razões de Estado* postas na lei especial. A competência do presidente do tribunal não vai além dessa segunda hipótese. Assim é a lei.

62. os valores em jogo e uma necessária linha de equilíbrio

Estou convencido de que os critérios propostos ao longo deste estudo conduzem a soluções de harmonioso equilíbrio entre o objetivo de resguardar direitos líqüidos-e-certos e as projeções sociais da segurança concedida em liminar ou em sentença. Quando se fala no *contraditório* que está à base dessa sentença e das decisões jurisdicionais em geral, pensa-se na participação que juiz e litigantes desenvolvem no processo, na captação e dedução de elementos para uma consciente e sadia conclusão. No caso que examinei, tratando-se de questão acirradamente polêmica, tudo aconselhava que nenhuma restrição a direitos se impusesse enquanto não consumado por completo o contraditório em todos os graus de jurisdição, sob pena de empobrecimento do material que legitimaria essa restrição.

A liberdade de fumar em recintos fechados, antes jamais contrastada do modo amplo e enérgico que se vê no decreto impugnado pelo consulente, estava sendo atingida pela maneira como a Presidência do Tribunal paulista tratou o assunto. Mas existia uma *sentença* afirmando o direito a continuar no *status quo*, permanecendo essa liberdade apesar do decreto. Uma medida judicial suspendendo a eficácia dessa sentença causaria um impacto tão abrupto quanto foi o do próprio decreto; e foi nesse quadro que me animei a sugerir que o contraditório fosse observado até ao fim, só se impondo o império do ato municipal proibitivo, se e quando a segurança viesse a ser negada afinal. Em outras palavras: como antes daquelas medidas tal liberdade sempre havia vigorado, seria ilegítimo coartá-la assim de modo abrupto – quer o ato constritor viesse diretamente da autoridade administrativa, quer se impusesse com a chancela do Poder Judiciário.

> Falar em contraditório amplo, efetivo e exaustivo é abrir caminho para os debates e reflexões que o caso exigia. A questão posta a partir daquele decreto é apaixonante e a própria sociedade acabará por participar da formação do julgamento final, dada a inserção dos juízes no universo axiológico do meio em que vivem: as *máximas de experiência* que levarão em conta ao julgar são expressões de sua cultura e, portanto, valerão como legítimos elementos formadores de convicção. Antecipar juízos e proibições antes dessa integral discussão de tema tão cheio de conotações coexistenciais, seria dar curso a um açodamento que não faz bem à comunidade.

A legitimidade social da solução proposta – que de resto está rigorosamente de acordo com a lei vigente – manifesta-se também pela observação dos males efetivos que essa abrupta proibição é capaz de causar, em confronto com os possíveis e contestados males eventualmente derivados de mais alguns meses fumando. Ainda que em hipótese a impetração viesse a ser julgada improcedente, ninguém terá sofrido tanto com a continuação, por tão pouco tempo afinal, de um hábito que vem de tempos tão distantes.

O meio de chegar à solução equilibrada que proponho consistirá no estrito cumprimento do que está no direito positivo, ou seja: negar-se que a suspensão de mera liminar se propague à própria sentença concessiva da segurança, fazendo a suspensão depender sempre de pedido específico da Administração e limitando o poder presidencial aos casos de suspensão indicados no art. 4º da lei n. 4.348, de 26 de junho de 1964.

63. *sobre a Súmula n. 626 do Supremo Tribunal Federal*

A já referida Súmula n. 626 do Supremo Tribunal Federal (*supra*, n. 57), mandando que a suspensão de liminar perdure automaticamente até que passe em julgado a sentença ou acórdão concessivo do *writ*, conta com relativo apoio na distinção, que enfaticamente venho ressaltando, entre os pressupostos para conceder o *writ* e os pressupostos da própria suspensão (*supra*, n. 53) – direito líqüido-e-certo lá, interesse público cá. Dir-se-ia que, assim separadas as coisas, a maior carga de probabilidade de acerto da sentença em relação à liminar, sendo aquela precedida de amplo contraditório e esta não, constituiria circunstância alheia ao que é necessário para suspender a liminar, ou seja, alheia e estranha ao requisito do *interesse público* (lei n. 4.348, de 26.6.64, art. 4º). Se nessa sede o que interessa é essa razão de Estado, nada importaria a diferença entre aquelas duas decisões (liminar e sentença): o interesse público reconhecido pela Presidência do Tribunal naquele momento é o mesmo que existe agora e sempre, o que legitimaria a propagação da suspensão concedida com a atenção posta somente na liminar.

Talvez até seja assim na maioria dos casos. Mas casos haverá em que, na composição do indispensável equilíbrio entre o interesse do impetrante e o do Estado (interesse público), a certeza formada pelo juiz sentenciante após ouvir o impetrado e o Ministério Público seja tão forte que justifique a execução imediata da sentença concessiva do *writ* (*supra*, nn. 51 e 62). Em casos assim, a cegueira da propagação automática da suspensão, para que sem qualquer outra decisão da Presidência também os efeitos da sentença fiquem contidos, será fator de injustiças e enfraquecimento da própria garantia constitucional do mandado de segurança (Const., art. 5º, inc. LIX). Que decida o Presidente do Tribunal em cada caso concreto. Se houver razão para suspender também a sentença, suspenda. Se a situação concreta apontar para a preponderância do interesse do particular, não suspenda.

> Pensar no caso de um mandado de segurança impetrado contra um decreto expropriatório com alegação de ter sido fruto de um desvio de poder. Levando em conta o interesse público, a suspensão concedida contra a liminar poderá ter sido legítima no momento em que ditada pela Presidência. Mas, se afinal se viu que houve realmente aquele desvio de poder e que a própria desapropriação

não *interest rei publicæ*, mandar que se espere durante meses ou muitos anos pelo trânsito em julgado acabaria valendo por infração à própria norma com que a Constituição Federal garante tutela jurisdicional célere e ágil contra as violações a direitos líqüidos-e-certos.

VI – CONFLITO POTENCIAL DE COMPETÊNCIA E SUSPENSÃO COLETIVA DE LIMINARES EM MANDADO DE SEGURANÇA[1]

64. um grande número de ações individuais e coletivas – 65. a consulta e o tema – 66. sobre a suspensão de liminar: aspectos conceituais básicos – 67. um expressivo precedente e seu relevante significado sistemático – 68. situação intimamente análoga – 69. admissível o conflito de eficácia coletiva

64. *um grande número de ações individuais e coletivas*

Brasil Telecom S.A. é açoitada por um sem número de ações individuais e coletivas, em todos os Estados do país nos quais opera, todas portadoras de pedidos substancialmente coincidentes. O objeto dessas demandas é sempre a pretensão a sentença impedindo-a de cobrar tarifas referentes à *assinatura básica residencial* e de suspender o fornecimento de serviços em caso de não-pagamento. Nos processos assim instaurados, seja por iniciativa de um ou alguns usuários, seja do Ministério Público, vêm os MM. Juízos de primeiro grau dispensando *tutela antecipada* aos autores, com a determinação de não cobrar as tarifas e não suspender os serviços. Recursos têm sido interpostos e alguns já decididos nas Justiças locais, havendo a notícia de que em ao menos um desses casos o Col. Superior Tribunal de Justiça, por seu Presidente, deferiu à Brasil Telecom a suspensão da liminar concedida pelo E. Tribunal de Justiça do Mato Grosso do Sul, "até que decidido o mérito".[2]

A grande dificuldade para a Empresa é que pedidos e decisões locais como essas se repetem e multiplicam de modo praticamen-

---

1. Reprodução de parecer elaborado em maio de 2006.
2. Situação existente ao tempo da elaboração do parecer.

te incontrolável, sendo-lhe extremamente difícil e na prática inviável atender a cada um desses casos e, em cada um, pleitear e obter uma suspensão como essa que em um caso lhe concedeu o Tribunal Superior.

65. *a consulta e o tema*

Nessa situação sou honrosamente consultado pelos ilustres advogados prof. Paulo Cezar Pinheiro Carneiro e dr. Flávio Galdino, patronos da Empresa, os quais me colocam o desafiador tema da *coletivização da suspensão liminar*. Sustentando a inocuidade de soluções individuais, referentes a cada um dos casos, pedem minha opinião a respeito da possibilidade de proferir a E. Presidência do Supremo Tribunal Federal uma decisão de espectro suficientemente amplo para englobar todas as medidas já concedidas ou em via de sê-lo, de modo a restabelecer o equilíbrio afetado por aquela multiplicação desordenada.

Adianto que fiquei profundamente sensibilizado com a inovadora tese proposta pelos perspicazes e preparadíssimos advogados, dispondo-me a apoiá-los. Destaco também que essa minha postura em face de um tema absolutamente novo em minha experiência pessoal e provavelmente na própria experiência dos advogados e órgãos judiciários brasileiros em geral, constitui desdobramento de uma linha de pensamento assumida há muitos anos em prol da coletivização da tutela jurisdicional. Venho, realmente, para empregar a sugestiva figura proposta por Kazuo Watanabe, dando intenso apoio à idéia de *molecularizar a tutela jurisdicional*, a qual conduz a abandonar a tradicional fixação no trato disperso e casuístico de cada *átomo* em particular, para dar atenção coletiva aos grandes feixes de litígios que se agrupam como os átomos em moléculas.

66. *sobre a suspensão de liminar: aspectos conceituais básicos*

Implantada no direito brasileiro pela lei n. 4.348, de 26 de junho de 1964 (art. 4º), a suspensão de liminar ou sentença concessiva de mandado de segurança pelo Presidente do tribunal competente para o julgamento dos recursos cabíveis foi depois estendida à ação popular (LAP, art. 5º, § 4º), às medidas em geral concedidas contra o Poder Público (lei n. 8.437, de 30.6.92) e à ação civil pública (LACP, art. 12). Trata-se de mero *incidente do processo* em que uma dessas ações se processa, e não de um processo novo, mas a lei elabora um sistema mais ou menos complexo de apreciação de questão de ordem pública suscitada pela entidade interessada. Esse incidente chega ao ponto de sujeitar-se a uma competência hierarquicamente diferenciada da competência para os recursos eventualmente admissíveis contra o ato impugnado.

A suspensão de efeitos não pode ser concedida *ex officio* e quanto a isso é claro o art. 4º da lei n. 4.348, de 26 de junho de 1994. Pedi-la-á sempre a entidade legitimada. Tem legitimidade para postulá-la a entidade envolvida no processo, que não será mais, como estava na formulação inicial do instituto (lei n. 4.348, de 26.6.94), necessariamente uma pessoa jurídica *de direito público*. A propagação do próprio mandado de segurança, que passou a ser admitido contra atos de pessoas jurídicas de direito privado em certas situações, bem como a aplicação às ações civis públicas, acabou por ampliar o leque de legitimados a postular a suspensão liminar, antes bastante estrito em sua formulação inicial. A legitimidade é, portanto, da entidade envolvida no processo onde a medida houver sido concedida, quer se trate de pessoa jurídica de direito público ou privado; o essencial é que, pela natureza das atividades que exerce, haja um *interesse público* a ser tutelado pela medida.

Dito isso, a causa de pedir é, nos pleitos de suspensão de medidas pela Presidência, o *interesse público* e não as razões pelas quais o ente legitimado resiste à impetração ou à ação na qual figura como demandado. Não há, pois, coincidência entre os fundamentos do pedido de suspensão e os do agravo, apelação ou recurso especial ou extraordinário – nos quais se debate em torno dos fatos constitutivos do direito alegado pelo autor e das negativas postas pelo réu, ou impetrado (sobre as razões de ordem pública como *fatos impeditivos* do direito à segurança, v. *supra*, n. 53).

Eis por que a medida concedida pela Presidência *não cassa* a liminar mas limita-se a suspender seus efeitos. Para evitar o vício da repetição remete-se o leitor ao raciocínio a esse propósito desenvolvido no capítulo "Suspensão do mandado de segurança pelo presidente do tribunal" contido neste mesmo volume (esp. *supra*, n. 51).

67. um expressivo precedente
e seu relevante significado sistemático

Tradicionalmente a suspensão presidencial endereça-se a casos pontuais, ou seja, a determinada medida liminar concedida em um daqueles processos indicados nas leis específicas, ou mesmo a determinada sentença concessiva de mandado de segurança. É esse o modelo inicial de sua apresentação ao direito brasileiro pela pioneira lei n. 4.348, de 26 de junho de 1964. Nem poderia passar pela mente do legislador de então a admissibilidade, ou mesmo a necessidade ou conveniência de uma suspensão como essa, com caráter de generalidade e portanto abrangente de uma pluralidade de atos judiciais contrários ao interesse público. Estávamos em clima de puro individualismo no processo civil e, conseqüentemente, de medidas concebidas no puro plano da tutela jurisdicional individual.

Hoje os tempos são outros. A dinâmica do trato judicial dos conflitos absorveu o mesmo ritmo célere, frenético talvez, das próprias relações interindividuais, clamando por soluções aptas a acompanhar esses movimentos dos quais antes sequer se cogitava. A coletivização da tutela jurisdicional, que já é uma realidade na ordem processual brasileira institucionalizada, pede uma resposta para situações como essa proposta pelos ilustres consulentes, também coletivizadora.

A esse propósito apraz-me sempre o paralelo com um expressivo precedente do próprio Col. Superior Tribunal de Justiça, relacionado com um conflito de competência a que chamei *potencial*, que veio a ser conhecido e acolhido pelo Min. Demócrito Reinaldo apesar de não haver sido formalmente suscitado por juiz algum.

A letra dos incisos do art. 115 do Código de Processo Civil e os limites acanhados de sua exegese conservadora pareceriam conduzir ao não-conhecimento do incidente conflitual posto perante Sua Excelência, mas sua decisão inovadora e realista não foi assim. Como também sucede no presente caso, as realidades da experiência judiciária nestes tempos de incontidas solicitações ao Poder Judiciário têm posto os juízes diante de situações nas quais são propostas, diante de uma pluralidade mais ou menos alargada de juízos, causas ligadas por estreitíssima conexidade, quase idênticas, ligadas ao mesmo objetivo final. Aquele *leading case* ocorreu no episódio da privatização das ações da Companhia Vale do Rio Doce, no qual aquele magistrado ousou transcender os lindes acanhados da redação do art. 115, inc. III, do Código de Processo Civil, fosse para não condicionar a existência do conflito relevante à expressa "controvérsia [*entre juízes*] acerca da reunião ou separação de processos", fosse para não limitar sua solução às causas conexas já pendentes em juízo. Tratava-se de uma infinidade de ações populares propostas aleatoriamente em inúmeros pontos do território nacional com vista a impedir o então anunciado leilão de ações, havendo sido negada a tutela antecipada (liminar) postulada na primeira das ações propostas – de modo que utilidade alguma poderia ter essa decisão se o caminho fosse deixado livre para novas e novas tentativas, com dispersão de julgados, desgaste da autoridade do Poder Judiciário e extrema incerteza jurídica para os interessados. Assim está na ementa daquele julgamento:

> "ações populares aforadas perante juízes com a mesma competência territorial, visando ao mesmo objetivo (a suspensão ou anulação do leilão da empresa Vale do Rio Doce) e com fundamentos jurídicos idênticos ou assemelhados são conexas (art. 5º, § 3º, da lei 4.717/1965), devendo ser processadas e julgadas pelo mesmo juiz, fixando-se a competência pelo critério da prevenção. (...) A propositura da primeira ação previne a jurisdição do juizo para as subseqüentemente intentadas contra as mesmas partes e sob a égide de iguais ou aproximados fundamentos".[3]

3. STJ, 1ª Seção, CC n. 19.686, j. 10.9.97, rel. Demócrito Reinaldo, m.v. (vencido o sr. Min. Ari Pargendler), *DJU* 17.11.97, p. 59.398.

Com esses fundamentos, a Primeira Seção do Superior Tribunal de Justiça admitiu e acolheu o conflito positivo então suscitado, determinando a convergência de todas as ações visando ao mesmo objetivo ao MM. Juízo da 4ª Vara Federal do Estado do Pará, onde fora proposta a primeira das ações populares conexas. Foram desse modo debelados os males da dispersão de proposituras perante juízos variadíssimos, coibindo-se também a extrema e manifesta litigância de má-fé sob cuja motivação vinham atuando os inúmeros autores populares.

68. *situação intimamente análoga*

A situação agora posta sob meu exame guarda extrema e íntima analogia com aquela examinada pelo Col. Superior Tribunal de Justiça. Propõem aqui os ilustres advogados, tal como lá se propusera, a ampliação coletivizadora de uma regra ditada com vista exclusiva à tutela jurisdicional individual – ampliação visando a dar resposta adequada a situações não imaginadas pelo legislador. Assim como se abrem caminhos para as tutelas coletivas em prol dos sujeitos viventes em um dado ambiente, ou dos consumidores que não devem ser lesados por maus fornecedores de bens ou serviços, assim também e na mesma medida é indispensável oferecer meios coletivos para a defesa contra aquelas iniciativas de que se vai falando.

O pensador moderno do direito processual já conscientizou a necessidade de rebelar-se contra o método que ousei determinar *processo civil do autor*, representado pela inconsciente tendência a oferecer e agilizar meios de busca da tutela jurisdicional pelo demandante, sem a equivalente oferta de meios de resistência ao demandado. O processo não foi concebido nem sua efetividade é oferecida com exclusividade àqueles que tomam a iniciativa de sua instauração. O *direito de defesa* é, no direito moderno, um conjunto de possibilidades processuais tão amplo *quanto o de ação*, sendo valorizada pela própria Constituição Federal, seja ao explicitar a garantia da ampla defesa (art. 5º, inc. LV), seja ao reafirmar a necessidade de equilíbrio isonômico entre as partes

– mesmo porque, na superior lição do Mestre Liebman, "só tem direito à tutela jurisdicional aquele que tem razão, não quem ostenta um direito inexistente".[4]

Em uma perspectiva ainda mais ampla, a suspensão liminar com a ampla dimensão desejada pela Brasil Telecom – tão ampla quanto as medidas de tutela coletiva concedidas ao consumidor – constitui exigência, em situações como a descrita, da promessa constitucional de acesso à justiça, sabendo-se que essa locução expressa o *acesso à ordem jurídica justa*. Seria inaceitável sujeitar uma Empresa a um verdadeiro *tiroteio* desorganizado de medidas coletivas tomadas sob o impulso de um *frisson* de tutela ao consumidor e, ao mesmo tempo, não municiá-la com meios defensivos de equivalente eficácia. São demandas propostas em muitos pontos do país, donde a necessidade, que teria, de locomover advogados e acionar estruturas de uma variedade imensa, com total quebra do equilíbrio isonômico indispensável nas coisas de Justiça.

69. *admissível o conflito de eficácia coletiva*

Diante disso, a conclusão seguríssima é pela existência de um conflito positivo de competência a ser dirimido, não-obstante nenhum juízo haja solicitado processo algum para si e nenhum se haja negado a remetê-lo. Embora virtual, ou *potencial*, esse conflito é relevante perante o direito e, como tal, clama por apreciação pelo Col. Superior Tribunal de Justiça, como único remédio disponível para evitar os males da dispersão de decisões acerca do mesmo núcleo de direito substancial. A abrangência de todos os processos nos quais esteja acontecendo esse abuso impõe inclusive a suspensão de todos, em caráter coletivo (*supra*, n. 67).

---

4. *Cfr. Manual de direito processual civil*, I, n. 71, esp. p. 195 trad.

Título II
AÇÃO CIVIL PÚBLICA

VII – Ação civil pública e separação de Poderes – limitações ao controle jurisdicional e às medidas de urgência. VIII – Uma ação civil pública juridicamente impossível – suspensão de atividades de associação – carência de ação e incompetência. IX – Ação civil pública e reunião de causas – mera afinidade de questões por um ponto comum de fato ou de direito. X – Seguro coletivo por adesão e uma ação civil pública sem impacto de massa. XI – Ação civil pública, fusão de sindicatos e aumento da base dos sindicalizados favorecidos.

VII – AÇÃO CIVIL PÚBLICA E SEPARAÇÃO DE PODERES – LIMITAÇÕES AO CONTROLE JURISDICIONAL E ÀS MEDIDAS DE URGÊNCIA[1]

§ 1º – antecedentes – 70. a causa, a decisão e os temas – 71. os quesitos – **§ 2º – impossibilidade jurídica da demanda** – 72. impossibilidade jurídica – do conceito tradicional à impossibilidade da demanda – 73. vetos legais, político-constitucionais ou sistemáticos – 74. uma impossibilidade jurídica de fundo político-constitucional – 75. uma severa garantia constitucional de legalidade – 76. discricionariedade e critérios do legislador, não do juiz – 77. infração à isonomia e à paridade de armas na concorrência – 78. o Código de Defesa do Consumidor e os limites da tutela que oferece – **§ 3º – antecipação de tutela e efeitos da apelação** – 79. ausente o *fumus boni juris* – 80. a debilidade do *fumus boni juris* impõe maior atenção quanto à urgência – 81. uma antecipação inócua – 82. o juízo do mal maior – 83. recurso sem efeito suspensivo – **§ 4º – o prazo para cumprir e o valor das multas** – 84. o início do prazo para cumprimento da medida antecipatória – 85. o valor das *astreintes* – **§ 5º – conclusões e respostas aos quesitos** – 86. síntese conclusiva – 87. respostas aos quesitos

§ 1º – ANTECEDENTES

70. *a causa, a decisão e os temas*

Companhia de Bebidas das Américas – AMBEV, que me consultou, figurava como ré em uma demanda mediante a qual o Ministério Público do Estado de São Paulo pediu e obteve em primeiro grau de jurisdição uma sentença impondo-lhe uma série de deveres positivos e negativos, relacionados com seus produtos portadores de açúcar adicionado; foram-lhe impostas limitações à divulgação publicitária e promocional desses produtos, ao lado

---

1. Reprodução de parecer elaborado em fevereiro de 2004.

da exigência de que fizesse incluir, em sua publicidade e em seus rótulos ou invólucros, uma advertência sobre os efeitos maléficos do consumo imoderado do açúcar. Na mesma sentença em que assim se decidiu, também se concedeu a antecipação dos efeitos de tal decisão de mérito, determinando-se que, no prazo de cento-e-vinte dias, a AMBEV passasse a observar integralmente os preceitos contidos no *decisum*, sob pena de pesadíssimas *astreintes* (5 milhões de reais ao dia – valores do ano de 2004).

Ao postular aquelas medidas, alegara o Ministério Público a *omissão do Estado* em coibir mediante regulamentação adequada e específica o consumo excessivo de carboidratos e sacarose, para daí inferir o dever do Poder Judiciário de ocupar esse espaço no exercício de uma função política – promovendo um lavor de integração do direito, como foi dito pelo dr. Promotor de justiça. Segundo afirma, as disposições do Código de Defesa do Consumidor seriam suficientes para abrir caminho à admissibilidade da tutela jurisdicional pretendida. A consulente insistia na tese da *impossibilidade jurídica* de pronunciamentos judiciais como esse, dada a inexistência de leis ou regulamentos capazes de impor as restrições que o Ministério Público postulava; segundo sua defesa, estamos na área das disposições de competência dos Poderes Legislativo e Executivo. Esse é um dos pontos substancialmente mais densos e vitais da causa, a que o presente estudo dará bastante destaque. Como direi, mostra-se também indispensável examinar esse tema à luz dos preceitos constitucionais relativos à *isonomia* e à liberdade de comunicação (propaganda comercial).

Questionava-se ainda a *medida antecipatória* concedida pelo Juízo, com os relevantes fundamentos da inexistência de um direito tão forte que tornasse segura a concessão dessa medida urgente, bem como de uma urgência tão grande que desaconselhasse a espera pelo momento em que houvesse uma decisão judiciária passada em julgado. De envolta com isso colocou-se também o tema dos *efeitos* que deve ter a apelação admissível contra aquela sentença.

71. os quesitos

Em face do quadro de pontos e questões realçados nos tópicos anteriores, coloca-me a ora consulente, Companhia de Bebidas das Américas – AMBEV, por seus competentes advogados, os seguintes quesitos:

primeiro: é juridicamente possível a demanda proposta pelo Ministério Público, com o objetivo de limitar as atividades publicitárias e promocionais dos produtos da ora consulente?

segundo: existe um direito suficientemente provável, para legitimar a antecipação de tutela concedida pelo MM. Juízo?

terceiro: está presente o requisito da urgência?

quarto: qual o termo inicial do prazo de cento-e-vinte dias concedido pelo MM. Juízo para cumprimento daquela medida antecipatória?

quinto: a R. sentença proferida no presente caso comporta efeito suspensivo?

§ 2º – IMPOSSIBILIDADE JURÍDICA DA DEMANDA

72. impossibilidade jurídica
– do conceito tradicional à impossibilidade da demanda

A possibilidade jurídica, como condição da ação e portanto requisito sem o qual o mérito não pode ser julgado, é notoriamente um conceito concebido e elaborado inicialmente por Enrico Tullio Liebman em sua famosa aula inaugural proferida na Universidade de Turim no ano de 1949. Nessa sua primeira formulação, a possibilidade jurídica foi conceituada como *a admissibilidade, em abstrato, do provimento desejado*,[2] ou seja, a possibilidade de ser apreciado o *meritum causæ*, independentemente do teor que o julgamento acerca deste possa vir a ter (procedência, improcedência). Na linha desse pensamento, outras fórmulas foram propostas na doutrina brasileira, substancialmente coincidentes com aquela

2. *Cfr.* "L'azione nella teoria del diritto processuale civile", n. 6, esp. p. 46.

vinda da idéia inicial de Liebman. Para Alfredo Buzaid, a possibilidade jurídica é representada pela existência, dentro do ordenamento jurídico do país, do provimento jurisdicional desejado;[3] Galeno Lacerda explicou essa condição da ação dizendo que só há a possibilidade jurídica se o direito objetivo substancial admitir em tese *o pedido*;[4] e também, em termos muito semelhantes, o nosso saudoso José Frederico Marques.[5]

De minha parte, venho sustentando que a impossibilidade jurídica, como fator impeditivo do julgamento do mérito, não se revela exclusivamente como a incompatibilidade entre o *petitum* e o ordenamento jurídico, mas como a incompatibilidade da *demanda* como um todo. Às vezes é realmente o *pedido* que não comporta julgamento algum, como o de constituição do estado de casado por uma sentença judiciária, mas há também casos nos quais a impossibilidade do julgamento de mérito decorre da *causa de pedir* e não do pedido, o que se vê no clássico exemplo das dívidas de jogo, insuscetíveis de cobrança em via judicial; e também certas condições inerentes *às partes* afastam a possibilidade da tutela jurisdicional, como é o caso dos Estados estrangeiros ou organismos internacionais, que não podem ser envolvidos em um processo como réus perante a Justiça brasileira (o que se resolve em falta de competência internacional em relação a essas pessoas).[6] O que há de fundamental é isso: uma demanda é juridicamente impossível quando impossíveis forem perante o direito os resultados que mediante ela o sujeito pretende obter. Ou, em outras palavras: a impossibilidade jurídica da demanda é reflexo da incompatibilidade dos resultados pretendidos, com alguma disposição legal, princípio geral ou mesmo com o sistema de direito positivo do país. Antes de mim, Calmon de Passos já havia

---

3. *Cfr. Do agravo de petição no sistema do Código de Processo Civil*, n. 39.
4. *Cfr. Despacho saneador*, cap. IV, n. 7, esp. p. 81.
5. *Cfr. Instituições de direito processual civil*, II, n. 271, pp. 39-40.
6. A falta de competência no plano internacional equivale à falta de jurisdição (*carenza di giurisdizione*), o que também acontece nos casos de impossibilidade jurídica da demanda. *Cfr.* Dinamarco, *Execução civil*, n. 248, pp. 384-386; *Instituições de direito processual civil*, II, n. 543, pp. 307-309.

sentido essa perspectiva mais ampla do conceito de possibilidade ou impossibilidade jurídica, negando que se possa abstrair a causa de pedir para a construção do conceito desta;[7] depois de mim, assim também veio a se posicionar Vicente Greco Filho.[8]

> A própria categoria jurídica *possibilidade jurídica* tem sido alvo de questionamentos na doutrina brasileira, especialmente da parte do prof. Calmon de Passos, que a exclui por completo do quadro das condições da ação – sustentando que a impossibilidade jurídica é na realidade uma improcedência da demanda, perceptível a olho nu e sem necessidade de exame dos demais pontos suscitados na causa.[9] Sabe-se também que, havendo o Código de Processo Civil brasileiro acolhido expressamente essa categoria jurídico-processual e incluído a impossibilidade jurídica do pedido como causa impeditiva do julgamento do *meritum causæ* (arts. 267, inc. VI, e 295, inc. I, c/c par., inc. I), pouco depois o próprio criador do conceito (Liebman) renunciou à sua criatura, passando a cogitar somente das outras duas condições da ação – o interesse de agir e a legitimidade *ad causam*.[10] Mas, feitos alguns descontos (porque realmente há casos indicados como de impossibilidade jurídica embora sejam de puro mérito) e enquanto o Código de Processo Civil contemplar essa categoria, precisamos conviver com ela, entendendo-a corretamente e retirando dela o que ela tem de útil.

73. *vetos legais, político-constitucionais ou sistemáticos*

Diante do que costuma ser dito e do que foi exposto acima, a teoria da possibilidade jurídica como condição da ação pode ser condensada nessa proposição: *se de antemão já se sabe que a ordem jurídica repele em tese e de modo absoluto aquilo que estou a pretender, também de antemão já se impede que o processo vá avante e prossiga em direção a um julgamento que jamais poderá*

---

7. *Cfr.* "Em torno das condições da ação – a possibilidade jurídica", n. 8, pp. 62-63.
8. *Cfr. Direito processual civil brasileiro*, I, n. 14.3, esp. pp. 87-88.
9. *Cfr.* "Em torno das condições da ação – a possibilidade jurídica", n. 8, pp. 62-63 e n. 12, p. 66.
10. *Cfr. Manual de direito processual civil*, de Enrico Tullio Liebman, nota 127 trad., pp. 204-205.

atender ao que pretendo. Assim entendida, a impossibilidade jurídica da demanda é um reflexo da impossibilidade jurídica do provimento pretendido, ou dos resultados substanciais pretendidos; ela constitui, em outras palavras, antecipação da impossibilidade jurídica do resultado pretendido, ou dos efeitos sentenciais postulados. Como já disse em sede doutrinária, há "certas sentenças de mérito que, pretendendo ditar um preceito *juridicamente impossível*, não têm força para impor-se sobre as normas ou princípios que o repudiam. Só aparentemente elas produzem os efeitos substanciais programados, mas na realidade não os produzem porque eles são repelidos por razões superiores, de ordem constitucional". E fiz a seguinte ilustração:

> "imagine-se uma sentença que declarasse o recesso de algum Estado federado brasileiro, dispensando-o de prosseguir integrado na República Federativa do Brasil. Um dispositivo como esse chocar-se-ia com um dos postulados mais firmes da Constituição Federal, que é o da indissolubilidade da Federação. Sequer a mais elevada das decisões judiciárias, proferida que fosse pelo órgão máximo do Poder Judiciário, seria suficiente para superar a barreira política representada pelo art. 1º da Constituição. Imagine-se também uma sentença que condenasse uma pessoa a dar a outrem, em cumprimento de cláusula contratual, determinado peso de sua própria carne, em conseqüência de uma dívida não honrada;[11] ou que condenasse uma mulher a prestar serviços de prostituta ao autor, em cumprimento ao disposto por ambos em cláusula contratual. Sentenças como essas esbarrariam na barreira irremovível que é o zelo pela integridade física e pela dignidade humana, valores absolutos que a Constituição Federal cultiva (art. 1º, inc. III, e art. 5º). Invoco ainda uma notícia divulgada há algum tempo na imprensa brasileira, segundo a qual um tatuado excêntrico teria vendido a alguém a sua própria pele, para entrega *post mortem* (venda a termo?): qual médico cumpriria, sem grave transgressão ao juramento hipocrático, uma sentença, ainda que passada em julgado, que lhe impusesse a obrigação de retirar o couro do cadáver do tatuado e entregar ao comprador? Pensar ainda na condenação do devedor à

---

11. Alusão ao drama *O mercador de Veneza*, em que o personagem *shakespeareano* Shylock alimentava uma pretensão dessa ordem.

prisão por dívida, fora dos casos constitucionalmente ressalvados (art. 5º, inc. LXVII)".[12]

Essa digressão de ordem conceitual visa a preparar um ponto de vital importância para o presente estudo e para a causa a que se refere. Não comete impropriedade alguma o Ministério Público, ao sustentar naquele processo que a impossibilidade jurídica decorre sempre de alguma exclusão feita pela lei, entendendo-se que a demanda será juridicamente possível sempre que não haja um veto legal apriorístico à tutela jurisdicional pretendida; a ordem constitucional-processual dos tempos presentes é fortemente arredia à tipificação das ações, que no passado remoto correspondia ao enunciado legal e taxativo das situações em que essa tutela seria admissível (tais eram as *ações típicas* do direito romano clássico). A garantia constitucional do acesso à justiça constitui, segundo uma imagem que venho propondo em sede doutrinária, a *cobertura geral do sistema de direitos*[13] – sendo em tese admissível a tutela jurisdicional sempre que se apresente ao juiz uma pretensão com a invocação de uma regra jurídico-substancial que a ampare.

Embora, pois, nenhum erro conceitual haja cometido o dr. Promotor de justiça naquela sua manifestação, parece-me estar incompleto o que ele disse sobre *a lei* como fonte das específicas exclusões da tutela jurisdicional, ou seja, sobre *a lei* como fator de imposição das impossibilidades jurídicas. Quando se diz que toda impossibilidade jurídica decorre de uma disposição legal, é imperioso tomar o vocábulo *lei* em sentido mais amplo, ali se incluindo não só os textos normativos elaborados segundo as competências e o processo legislativo definidos na Constituição e nas leis pertinentes (leis em sentido estrito, quer ordinárias, quer complementares), mas também, e acima de tudo, a própria Constituição Federal e os valores que ela resguarda. E, quando se fala na Constituição e na lei como portadoras de legítimos vetos à

---

12. *Cfr.* Dinamarco, "Relativizar a coisa julgada material", n. 127, esp. p. 245.
13. Refiro-me ao ensaio "Das ações típicas", in *Fundamentos do processo civil moderno*, I, nn. 227-240.

tutela jurisdicional, não se pode ficar no exame pobre e acanhado dos *textos* de uma ou de outra, como se fossem o substrato único e soberano de uma ordem jurídica: tanto é juridicamente impossível um pedido de condenação civil por dívida de jogo, que a lei veda de modo explícito (CC, art. 814), como um outro destinado a excluir da Federação um dos Estados que compõem o território brasileiro – embora não haja qualquer disposição constitucional ou legal impondo diretamente a impossibilidade jurídica nesse caso.

Falemos então dos valores mais elevados e dos grandes princípios de ordem política, econômica, cultural e humana que residem no sistema constitucional. Ninguém encontrará em um texto do direito positivo o veto à condenação de alguém a pagar uma dívida com um peso de sua própria carne, mas ninguém iria também sustentar a insensatez de que, por não haver um texto proibitivo, um provimento jurisdicional dessa ordem seria juridicamente possível.

Estou visivelmente manejando o tema das *impossibilidades*, fartamente desenvolvido por Pontes de Miranda, com destaque, como é natural, a uma delas (a impossibilidade jurídica) – uma vez que as demais não guardam pertinência com o caso em exame. Discorre o festejado jurista sobre as hipóteses em que a sentença é nula de pleno direito, arrolando *três impossibilidades* capazes de conduzir a isso: impossibilidade cognoscitiva, a lógica e a jurídica. E fala, nesse contexto, da sentença ininteligível, da que pusesse alguém sob regime de escravidão, da que instituísse concretamente um direito real incompatível com a ordem jurídica nacional *etc.*[14]

74. *uma impossibilidade jurídica de fundo político-constitucional*

E assim chegamos ao ponto. A demanda do Ministério Público, de imposição a uma empresa de certas restrições referentes à publicidade, *marketing* e rotulação de seus produtos, sem que a nenhuma outra congênere essas restrições sejam impostas de

14. *Cfr. Tratado da ação rescisória das sentenças e de outras decisões*, § 18, n. 2, esp. p. 195.

modo sistemático, é juridicamente impossível porque também não é possível, perante a ordem constitucional, uma sentença com esse conteúdo e essa dimensão subjetiva. Argumentou no processo o dr. Promotor de justiça, invocando as modernas e legítimas tendências expansionistas da atividade jurisdicional cometidas ao Poder Judiciário – mas foi longe demais ao transpor a barreira da separação entre os Poderes do Estado e das atividades constitucionalmente confiadas pela Constituição Federal a cada um deles. Não havendo lei alguma a impor diretamente as restrições sustentadas em sua demanda, disse S. Exa., *interest rei publicæ* que dos juízes parta a iniciativa de impô-las, a bem da saúde pública.

O que diz constitui uma tese muito generosa, que conta com enorme credibilidade em tempos presentes; deixo claro que também me sinto pessoalmente envolvido no clima da *universalização da tutela jurisdicional*, mas é imperioso o reconhecimento de que esse expansionismo encontra no sistema certas barreiras indisponíveis. Escrevi assim sobre os *óbices legítimos* a essa universalização, manifestando uma idéia de todo pertinente a este caso:

> "a generosa idéia de universalizar o exercício da jurisdição não deve conduzir a níveis tais de plenitude e exaurimento, que franqueassem ao Estado e aos seus juízes o mais amplo e incondicionado exercício do poder. Nenhum sistema processual pode prescindir de limitações à plenitude do exercício da jurisdição, o que transparece como natural e óbvio diante dos ditames e pressupostos do Estado-de-direito. A radicalização do postulado de universalização acabaria conduzindo pelos caminhos do arbítrio e do absurdo".[15]

Estamos no campo das *limitações políticas* à prática da jurisdição, agudamente tratadas por Francesco Carnelutti mediante raciocínios substancialmente reproduzidos nas linhas acima.[16] O mesmo Estado, que quer reduzir quanto possível os conflitos

---

15. *Cfr. Fundamentos do processo civil moderno*, I, "Universalizar a tutela jurisdicional", esp. n. 194.
16. *Cfr. Lezioni di diritto processuale civile*, V, n. 7 [401], p. 16. Não-obstante endereçado especificamente à execução forçada (e portanto à tutela executiva), o discurso do criativo Mestre oferece uma dimensão muito mais ampla e é de inteira pertinência ao presente estudo.

não-jurisdicionalizáveis, pensa também em preservar certos valores, certas idéias-mestras e certas estruturas de poder, optando legitimamente por deixá-los imunes à censura judiciária. A regra da *separação entre os Poderes do Estado* é um desses óbices políticos, que tem sede na mesma Constituição onde se vão buscar as generosas garantias do acesso à justiça e da tutela jurisdicional tão ampla quanto possível. É inadequado pensar que cada um dos princípios e garantias constitucionais, como esse invocado pelo dr. Promotor de justiça, vivesse isoladamente dos demais ou pudesse preponderar absoluto sobre cada um dos outros. Ao contrário, eles constituem uma *família*, que deve ser harmoniosa e composta de elementos ligados por intensos vínculos de interação e de cooperação para a construção de um sistema constitucional democrático consistente, mas todos eles são reciprocamente sujeitos a uma série de limitações decorrentes da vida em comum. Um exemplo muito expressivo dessa convivência e recíproca limitação entre princípios são as medidas urgentes concedidas *inaudita altera parte*, que jamais poderiam ser concedidas se a garantia constitucional do contraditório vivesse isoladamente em seu mundo próprio; mas elas são admissíveis porque acima dessa garantia deve preponderar a superior promessa, também constitucional, de uma tutela jurisdicional efetiva e sobretudo tempestiva.

75. *uma severa garantia constitucional de legalidade*

A limitação política não observada pelo MM. Juízo, ao impor à AMBEV aquelas restrições ao exercício de sua atividade econômica, vem também diretamente da Constituição Federal, onde se positiva categoricamente o princípio da *liberdade de comunicação* (art. 220, *caput*), condicionando à existência de leis específicas as eventuais limitações a essa liberdade. Essa remissão ao plano infraconstitucional também é clara no texto da Constituição Federal, onde se impõe a *necessidade de lei* para

"estabelecer os meios legais que garantam à pessoa e à família a possibilidade de se defenderem de programas ou programações de rádio e televisão que contrariem o disposto no art. 221, bem como da *propaganda de produtos, práticas e serviços que possam ser nocivos à* saúde e ao meio-ambiente" (art. 220, § 3º, inc. II).

E diz ainda: "a propaganda comercial de tabaco, bebidas alcoólicas, agrotóxicos, medicamentos e terapias estará sujeita a *restrições legais*, nos termos do inc. II do parágrafo anterior, e conterá, sempre que necessário, advertências sobre os malefícios decorrentes de seu uso" (art. 220, § 4º).

Ora, uma das prerrogativas detidas e conservadas pelas Constituições modernas é a de *fixar competências*, distribuindo racionalmente o exercício do poder entre os diversos planos da Federação e, no seio de cada um destes, entre os diversos setores dos organismos estatais, a que chamamos *Poderes*. Assim, ao mandar que somente *a lei* possa estabelecer limites à publicidade comercial, o constituinte excluiu a possibilidade de que isso seja feito por decretos ou demais regulamentos do Poder Executivo, ou por sentenças ou decisões dos juízes; e, ao estabelecer que compete exclusivamente à União legislar a esse respeito, excluiu a competência dos Estados, municípios ou Distrito Federal para fazê-lo (art. 22, inc. XXIX).

O açúcar e os produtos que o contêm adicionado não estão formalmente na lista constitucional daqueles cuja propaganda a lei pode restringir (tabaco, bebidas alcoólicas, agrotóxicos, medicamentos e terapias). Não é porém o caso de examinar, neste parecer, se mediante uma interpretação integrativa se poderia chegar a incluí-los – porque, qualquer que fosse o resultado dessa laboriosa investigação, chegaríamos sempre à mesma conclusão, a saber, à de que, sem uma disposição legal específica, nenhuma propaganda se pode restringir.

Essa precisa delimitação de competências, fixada e assegurada pela Constituição Federal, constitui um penhor democrático de segurança dos indivíduos e suas entidades em face do Estado e do poder que exerce; é, em outras palavras, uma veemente afirmação do princípio da liberdade, inerente ao Estado-de-direito e, ao mesmo tempo, da ampla garantia da legalidade, ambos também alojados nos textos constitucionais (Const., art. 5º, inc. II). E a superior garantia da prevalência de todo esse sistema garantístico é representada, no moderno Estado-de-direito, pela cláusula *due process of law* (Const., art. 5º, inc. LIV), que outra coisa não é senão um sistema de autolimitações ao exercício do poder, instituído para a segurança do cidadão.

> "Due process of law is a concept in U.S. and English jurisprudence that establishes *limits to the powers of government*, specifically against the arbitrary deprivation of life, liberty, or property."[17]

76. *discricionariedade e critérios do legislador, não do juiz*

Dessas claras garantias e limitações instituídas no plano constitucional resulta que, para a consecução dos objetivos visados pelo Ministério Público neste processo, é indispensável a formulação, pelo legislador, de uma verdadeira *política nacional da propaganda comercial dos produtos do açúcar*, integrada por normas de valor universal e sistemático – normas coordenadas entre si segundo certos objetivos a conquistar e equilibradas em face do grande princípio democrático da *isonomia*. É como sucede, notoriamente, com a publicidade dos produtos do tabaco, a qual é disciplinada de modo bastante minucioso pela lei, com ramificações em decretos regulamentadores e disposições da própria Agência Nacional de Vigilância Sanitária – ANVISA. Mas, quanto a esses produtos, há disposições contidas *em lei* – que não há no tocante ao açúcar e produtos que o contêm.

Ora, para ser legítima, essa possível política nacional precisará tomar, racional e ordenadamente, consciência de uma complexa multiplicidade de fatores, notadamente biológicos, nutricionais, culturais e econômicos, sob pena de cair em um passional casuísmo lesivo às próprias pessoas que se quer beneficiar e, seguramente, também ao equilíbrio concorrencial entre empresas. E, como é notório, a construção dessa disciplina sistemática deve

---

17. *Cfr. Grolier Encyclopedia*, verbete *due process*. Sobre o tema do devido processo legal como sistema de limitações ao exercício do poder pelos agentes estatais, v. Dinamarco, *Vocabulário do processo civil*, n. 60, pp. 127 ss.

apoiar-se em juízos discricionários da competência do legislador – a quem compete, e não ao juiz, o estabelecimento de normas gerais e abstratas, de universal aplicação.

> Estabelecer-se-á, p.ex., quais os teores de sacarose adicionada os produtos poderão conter; como deverá o público consumidor ser informado desses teores, em cada produto; qual o público-alvo das atividades de propaganda e *marketing* dos produtos do açúcar e quais as restrições a serem feitas a esse propósito; se deverão ser feitas advertências sobre a possível nocividade desses produtos, como deverão ser feitas, qual o conteúdo de que elas precisam se revestir *etc*. Com os produtos do tabaco é assim, como resulta de leis específicas.

Todos esses critérios e as posições a serem tomadas a seu respeito com o caráter de universalidade constituirão o exercício, pelo legislador, da *discricionariedade* própria à sua atividade criativa de normas gerais e abstratas – entendida essa discricionariedade como "poder de valoração dos interesses em relação aos quais a ação administrativa deverá ser exercida" (Massimo Tucci[18]). O juiz é que, pela própria natureza da função jurisdicional posta a seu cargo, não tem esse poder de escolhas discricionárias, em cujo exercício fixasse critérios para a adição de açúcar ou para a limitação da publicidade, ou determinasse dizeres ou estampas a serem apostos às etiquetas à guisa de advertência. Isso compete ao legislador e, nos limites da lei, aos órgãos da Administração pública encarregados do controle e vigilância sanitária (ANVISA). Por mais generosa que seja a tese da *universalização da jurisdição*, sustentada pelo Ministério Público, e que em princípio conta com toda minha simpatia pessoal, ela não pode sobrepor-se aos ditames constitucionais de legalidade e separação entre os Poderes do Estado, para permitir ao juiz essa pretendida invasão de competências constitucionalmente reservadas aos outros Poderes. Nos dizeres do monografista já citado, "la discrezionalità

---

18. *Cfr. Giudice civile e affievolimento del diritto soggettivo*, p. 25. No mesmo sentido, Maria Sylvia Zanella di Pietro, *Da discricionariedade administrativa*, cap. 2, n. 1, p. 66.

amministrativa è figlia del principio della separazione dei poteri e della correlata esigenza di difendere il dispotismo illuminato dell'esecutivo da eccessive ingerenze, principalmente del potere giudiziario".[19]

77. infração à isonomia e à paridade de armas na concorrência

Uma das notas diferenciais da jurisdição, e talvez a única que a distingue da legislação e faz com que o juiz não se equipare ao legislador, é a vocação que a sentença tem, e a lei não, a pronunciar-se sobre *casos e situações concretas* (*cases and controversies* – Mauro Cappelletti[20]). Decidindo sobre casos concretos, o juiz deixa fora das decisões que profere todos os demais sujeitos que poderão estar na mesma situação de uma das partes (no caso, da AMBEV), mas aos quais, por não haverem sido partes, não se estendem os efeitos diretos da sentença nem a autoridade da coisa julgada que sobre eles se abate (CPC, art. 472). Isso não aconteceria com uma lei reguladora das atividades publicitárias dos produtos portadores de açúcar adicionado, dado o caráter de universalidade que obrigatoriamente a envolveria. A prevalecer a situação criada pela sentença aqui sob respeitosa crítica, a consulente ficaria sujeita a todas aquelas restrições impostas pelo MM. Juízo, enquanto que suas concorrentes poderiam prosseguir livremente divulgando seus produtos, sem qualquer vinculação dessa ordem. E essa disparidade de tratamentos ganha tintas mais fortes e uma nítida feição concreta quando se atenta à relevantíssima circunstância de haver sido julgada *improcedente* uma outra demanda muito semelhante a esta, movida pelo próprio Ministério Público a uma das principais concorrentes da AMBEV – com o resultado consistente em atar os braços desta e deixar a multinacional Coca Cola com todas as armas publicitárias em punho. Cappelletti:

19. *Cfr.* Massimo Tucci, *Giudice civile e affievolimento del diritto soggettivo*, p. 23.
20. *Cfr. Giudici legislatori?*, n. 11, pp. 64-65; v. também p. 71.

"i giudici sono costretti ad essere creatori del diritto, *law makers*. Essi sono infatti chiamati ad interpretare, e perciò inevitabilmente a chiarire, integrare, plasmare e trasformare, e non di rado a creare *ex novo*, il diritto. Ma ciò non significa ch'essi siano legislatori. C'è infatti, come qui mi propongo di dimostrare, un'essenziale differenza tra il processo legislativo e quello giurisdizionale".[21]

"Un buon giudice può ben essere creativo, dinamico, 'attivista', e palesarsi come tale; ma solo un cattivo giudice agirebbe nelle forme e modalità di un legislatore, ché anzi a mio giudizio un giudice, il quale agisse in tal guisa, cesserebbe semplicemente di eser un giudice."[22]

"(...) ciò che fa sì che un giudice sia un giudice e che una Corte sia una Corte non è la sua non-creatività [e quindi la sua passività sul piano sostanziale], ma bensì [la sua passività sul piano procedurale, ossia] (a) la connessione della sua attività decisionale con *cases and controversies*, quindi con le parti di tali casi concreti e (b) l'atteggiamento di imparzialità del giudice."[23]

A primeira e mais intuitiva das infrações constitucionais geradas por essa diversidade de julgamentos (diversidade que é própria à experiência judiciária) consiste na manifesta quebra da *parità nelle armi*, que outra coisa não é senão a isonomia garantida constitucionalmente (Const., art. 5º); outra infração, de igual intensidade, é o golpe lançado contra outra garantia, também estabelecida em sede constitucional, que é a da *livre concorrência* (art. 170, inc. IV). E o Estado brasileiro, que se proclama "agente normativo e regulador da atividade econômica" (art. 174, *caput*), estaria, pela mão de seus juízes, a gerar uma desordenada, casuística e anti-isonômica regulação de uma atividade econômica, a dano da concorrência, da livre iniciativa e, conseqüentemente, dos próprios consumidores que o Ministério Público é encarregado de tutelar.

---

21. *Cfr. Giudici legislatori?*, n. 11, pp. 63-64.
22. *Id., ib.*, esp. p. 64.
23. *Id., ib.*, esp. pp. 64-65.

78. o Código de Defesa do Consumidor e os limites da tutela que oferece

Não me parece aceitável a argumentação do dr. Promotor de justiça, de que aquela sua demanda seria juridicamente possível porque o Código de Defesa do Consumidor assegura, para a tutela dos sujeitos que constituem seu público-alvo, "todas as espécies de ações capazes de propiciar sua adequada e efetiva tutela" (art. 83). O conteúdo preceptivo de tal dispositivo legal consiste somente em franquear todos os *instrumentos e técnicas processuais*, não em abrir caminho para pronunciamentos sobre pretensões de toda e qualquer ordem, em quaisquer circunstâncias ou mesmo com infração a superiores princípios constitucionais. *Espécies de ações*, na única linguagem aceita por todos os doutrinadores modernos, é uma locução destinada a indicar a espécie de provimentos jurisdicionais a serem postulados mediante o exercício de cada *ação*. Fala-se em ações de conhecimento, executivas, cautelares e, mais modernamente, em ações monitórias. Entre as cognitivas identificam-se as subespécies consistentes nas ações meramente declaratórias, constitutivas e condenatórias (inclusive mandamentais). Qual será o conteúdo e o direito a ser pleiteado mediante o exercício dessas ações e reconhecido mediante o provimento a que elas visam, isso *veremos*. O manejo de qualquer das espécies de *ação* não significa que o autor já se habilite, de modo determinante e irreversível, à obtenção da tutela postulada, porque, na lição superior do Mestre Liebman, "só tem direito à tutela jurisdicional aquele que tem razão, não quem ostenta um direito inexistente"[24] – e carece do direito à tutela jurisdicional não só aquele que não tem o direito subjetivo material afirmado (mérito), como também quem vem a juízo postular sem ter direito à própria sentença de mérito (carência de ação, falta de pressupostos processuais). Por isso é que, como vou dizendo, o dispositivo que para a defesa dos consumidores admite qualquer espécie de ação não tem o significado que lhe foi atribuído pelo Ministério

24. *Cfr. Manual de direito processual civil*, I, n. 71, esp. p. 195 trad.

Público – e não tem, sobremodo, o significado de permitir o julgamento *de meritis* de qualquer demanda que venha a ser proposta, especialmente quando ocorrem todos os óbices constitucionais aqui postos em destaque.

Também não reconheço qualquer valia, como argumento pela admissibilidade dessa ação civil pública aqui em exame, ao disposto no art. 3º da Lei da Ação Civil Pública, segundo o qual "a ação civil poderá ter por objeto a condenação em dinheiro ou ao cumprimento de obrigação de fazer ou não-fazer". A razão dessa discordância é sempre a mesma: não se nega que obrigações de fazer ou de não-fazer possam ser objeto de uma ação civil pública mas, como toda e qualquer ação, é indispensável que concorram os demais requisitos postos pela lei, sem que haja as incompatibilidades constitucionais acima expostas.

Diante da inconstitucionalidade de decisões judiciárias que, invadindo a área de competência de outros Poderes, sejam também geradoras de desequilíbrios anti-isonômicos na concorrência entre empresas, o caminho aberto pelo próprio Código de Defesa do Consumidor é aquele indicado em seu art. 102, *verbis*: "os legitimados a agir na forma deste Código poderão propor ação visando a compelir o Poder Público competente a proibir, em todo o território nacional, a produção, divulgação, distribuição ou venda, ou alterar a composição, estrutura, fórmula ou acondicionamento de produto cujo uso ou consumo regular se revele nocivo ou perigoso à saúde pública e à incolumidade pessoal". Não me toca sugerir neste parecer qual a via processual será mais adequada, se um mandado de injunção, se uma ação de inconstitucionalidade por omissão, se uma outra qualquer. Para os fins deste estudo, uma coisa me parece muito segura: é inconstitucional a decisão que (a) estabelece restrições ao direito de comunicação publicitária, sem apoio em qualquer lei como exige a Constituição Federal e também (b) impõe somente a uma empresa restrições dessa ordem, transgredindo a garantia constitucional da isonomia ao deixar livres de qualquer restrição de igual teor as demais empresas que atuam no mesmo segmento econômico.

§ 3º – ANTECIPAÇÃO DE TUTELA E EFEITOS DA APELAÇÃO

79. *ausente o* fumus boni juris

O que foi dito nos tópicos precedentes vale por si mesmo como um libelo contra a admissibilidade da antecipação de tutela concedida pelo MM. Juízo de primeiro grau. Como é corriqueiro nos tribunais do país e entre as obras doutrinárias sobre o tema, as locuções *prova inequívoca* e *verossimilhança da alegação*, contidas no art. 273, *caput*, do Código de Processo Civil, expressam a exigência de que, para antecipar tutelas, os juízes se sintam suficientemente sensibilizados por uma razoável probabilidade de existência do direito alegado pelo autor. Nos termos do que disse acima, no caso que examino não é razoável ver uma preponderância das perspectivas favoráveis à pretensão do autor – estejamos atentos aos fortíssimos elementos de fundo constitucional que conjuram contra a possibilidade jurídica da demanda proposta, sendo muito mais provável uma decisão dos Tribunais pela carência de ação, do que pela confirmação do que ficou decidido em primeiro grau.

Não há parâmetros legais para decisões a esse respeito e por isso é que prefiro falar, vagamente como resulta da lei e do sistema, em *razoável probabilidade* – entendido o vocábulo *probabilidade*, segundo antiga lição, como *preponderância dos motivos convergentes à aceitação de determinada proposição, sobre os motivos divergentes* (Niccolò Framarino dei Malatesta).[25] Se tenho mais motivos para crer do que para descrer, eis aí a probabilidade; se tenho mais motivos para descrer do que para crer, estamos então diante de uma improbabilidade.

Observo também que *essa matéria ainda é muito nova nos pretórios brasileiros*, não sendo de meu conhecimento qualquer precedente jurisdicional referente à admissibilidade ou inadmissibilidade da imposição de preceitos, pelo juiz, destinados a restringir a propaganda, *marketing* e rotulação de produtos portadores de açúcar adicionado – ou mesmo de qualquer outro produto não

---

25. *Cfr. La logica delle prove in materia criminale*, pp. 52 ss.

regulamentado em lei. Mesmo aqueles que não se convençam *prima facie* das colocações e propostas contidas neste parecer, hão de convir em que o tema comporta muita reflexão e debates, não sendo prudente antecipar os efeitos dessa tutela, com imensos constrangimentos a uma das partes, quando não há qualquer sinal razoável de que a R. sentença virá a ser mantida. A prematuridade de decisões como essa, no atual estado da jurisprudência do país, é reconfirmada pela existência de apenas uma outra sentença de primeiro grau sobre esse tema – e, como dito antes, em sentido diametralmente oposto a esse que está no julgamento proferido em desfavor da consulente.

80. *a debilidade do* fumus boni juris *impõe maior atenção quanto à urgência*

É natural que, no jogo dos dois requisitos ordinariamente exigidos para conceder antecipações de tutela (a probabilidade e a urgência), o juiz se sinta mais à vontade para antecipar quando a probabilidade de existência do direito for extraordinariamente grande, ainda que não haja tanta urgência; e, do mesmo modo, quando os perigos para o demandante são uma questão de vida ou morte, é até usual que os juízes sejam mais generosos na apreciação do requisito da probabilidade. Estamos no campo de decisões que, por natureza, levam muita carga de um inevitável subjetivismo, embora algumas balizas como essas sejam sempre úteis para evitar distorções e injustiças.

No presente caso não ocorre uma coisa nem outra. Nem há um direito tão provável, como foi demonstrado, a ponto de autorizar maiores liberalizações judiciárias quanto à urgência; nem há, como procurarei demonstrar, tanta urgência que legitime menores cuidados em relação ao *fumus boni juris*.

81. *uma antecipação inócua*

O mundo conhece o açúcar de cana desde muitos séculos antes de Cristo e os povos o consomem há tanto tempo, que, segundo os historiadores, os antigos egípcios já haviam até mesmo desenvolvido as técnicas inerentes ao seu refinamento. A população brasileira consome o açúcar desde os primórdios da colonização portuguesa, há quinhentos anos. A tradição dos doces e guloseimas, do cafezinho com açúcar, dos chocolates, dos sucos caseiros ou industriais, das tradicionais *quitandas* do interior de Minas Gerais *etc.* faz parte da cultura deste país, do mesmo modo que, embora com feições nem sempre coincidentes, dos hábitos de todo o mundo ocidental. Ainda quando se aceitasse pacificamente que o açúcar seja um perverso fator de inevitável obesidade e que a generalização desta constitua motivo de fundadas e concretas apreensões na sociedade brasileira contemporânea, é certo que existem outros fatores – e também não estamos diante de alguma *catástrofe iminente*, que clame por soluções tão urgentes ou radicais como essa antecipação de tutela concedida pelo MM. Juízo de primeiro grau. O sistema processual moderno quer agilidade e tempestividade na tutela jurisdicional, mas não há o menor risco de que a espera pelo trânsito em julgado da decisão final desse processo *faça com que a tutela chegue a destempo*, isto é, de que ela venha a ser intempestiva. O próprio processo biológico da obesidade, como é do conhecimento comum (CPC, art. 335), não é algo explosivo e subitâneo, que se desenvolva e cause danos no curto lapso de poucos dias ou meses.

Digo isso, em associação com o que disse sobre a escassa probabilidade de aquela R. sentença ser mantida pelos órgãos superiores da Magistratura, para fundamentar um justo repúdio a essa antecipação por ela concedida. Insisto em que, para o combate racional e equilibrado às causas da obesidade, é indispensável uma verdadeira *política nacional*, expressa *em lei* como a Constituição Federal exige e sem a qual não se obterão os resultados desejados. Nenhuma utilidade poderá ter essa medida urgente quando outros produtores de bebidas congêneres continuam livres no mercado e em suas atividades de propaganda e *marketing*, não sendo impostas as mesmas restrições a outros produtos portadores de açúcar adicionado.

Tornemos agora aos conceitos. O "fundado receio de dano irreparável ou de difícil reparação", que constitui uma das hipóteses legais de antecipação da tutela jurisdicional (CPC, art. 273, inc. I),[26] corresponde ao requisito do *interesse processual*, que por sua vez é uma exigência sem a qual nenhum provimento jurisdicional tem razão de ser. Na precisa lição de Carnelutti, em direito *interesse é utilidade*; ele consiste na relação de complementariedade entre *um bem* portador da capacidade de satisfazer uma necessidade e *uma pessoa* portadora de uma necessidade que pode ser satisfeita por esse bem.[27] Pois, pelas razões vistas acima, nenhuma utilidade prática terá essa antecipação concedida pelo MM. Juízo de primeiro grau, uma vez que, em caso de uma eventual diminuição no consumo dos produtos da AMBEV, o espaço deixado será fatalmente ocupado por outro produtor. Assim é o mercado.

Concluo portanto pela *inutilidade dessa antecipação*, associada à transgressão ao disposto no art. 273, inc. I, do Código de Processo Civil, visto que (a) não há uma situação urgente a debelar e (b) o instrumento que se pretende pôr em prática não é apto a debelar aquele *periculum in mora*, se existisse.

82. *juízo do mal maior*

Permito-me agora expor rapidamente um pensamento que venho expressando em via doutrinária e que me parece útil como fio condutor de um raciocínio equilibrado no julgamento dos pedidos de tutela urgente. Toda medida cautelar ou antecipatória tem o efeito de transferir de uma das partes à outra os males da espera pelo julgamento final da causa. Todas elas são, ainda na lição de Francesco Carnelutti, meios de combate ao tempo-inimigo, a serem manejados quando o juiz sente uma grande probabilidade da existência do direito afirmado pelo autor e, ao mesmo tempo, significativo risco de seu perecimento pelo decurso do tempo.[28]

---

26. Desconsiderados os casos de antecipação como sanção aos expedientes protelatórios do réu ou fundada na incontrovérsia quanto aos fatos constitutivos do direito do autor (art. 273, inc. II e § 6º), sem interesse para o presente parecer.
27. *Cfr. Teoria generale del diritto*, Roma, § 35, pp. 58-61.
28. *Cfr. Diritto e processo*, n. 232, p. 354.

Ora, não é racional nem legítimo impor *ao demandado* uma longa espera pelo julgamento final da causa, sem poder exercer ordinariamente suas atividades, quando o mal que ele sofrerá for manifestamente mais grave que o mal a que supostamente estaria sujeito o autor durante esse mesmo tempo. No caso, o mal imposto pelo MM. Juízo à AMBEV consiste em enfraquecer-se no mercado e deixar espaços a serem fatalmente ocupados pela concorrência; e o mal suportado pela comunidade dos consumidores daqueles produtos não é tão grave assim, nem tão iminente, porque com toda certeza ninguém passará assim tão rapidamente do estado de esbelto ao de obeso.[29] E tudo isso, associado à fragilidade da própria demonstração do direito sustentado pelo Ministério Público e à insuficiência dessa medida estreitamente setorial contida na R. sentença, conduz com segurança à conclusão final de que a antecipação de tutela, no presente caso, constituiria fator de males maiores que os males que o MM. Juízo quis evitar.[30]

83. *recurso sem efeito suspensivo*

O que acabo de dizer desemboca também, com naturalidade, na imperiosa concessão de efeito suspensivo à apelação que vier a ser imposta contra aquela R. sentença que, ao mesmo tempo, julgou procedente a demanda do Ministério Público e ditou a antecipação dos efeitos desse julgamento. Repele-se a idéia de admissibilidade de dois recursos contra uma só sentença – apelação contra a decisão *de meritis*, agravo contra a antecipação – porque a sentença é uma só, um só o ato com que o MM. Juízo definiu a causa (CPC, art. 162, § 1º), não-obstante conter ela, em casos como este, dois capítulos assim distintos. Também não se ignora que, no sistema do Código de Processo Civil, não têm efeito suspensivo as apelações interpostas contra sentenças que confirmem antecipações de tutela concedidas em tempo anterior (art. 520, inc. VII).

---

29. Sobre o *juízo do mal maior* v. Dinamarco, "Revisão de decisões do juiz incompetente pelo competente e a relativa estabilidade das medidas urgentes", *Fundamentos do processo civil moderno*, I, cap. XXXII, nn. 420 ss.

30. *Cfr*. Dinamarco, "O regime jurídico das medidas urgentes", n. 33, p. 72.

No sistema do Código de Defesa do Consumidor, em que as apelações em princípio não têm eficácia suspensiva, esta será concedida pelo juízo ou tribunal, "para evitar dano irreparável à parte" (art. 90, c/c lei n. 7.437, de 24.7.85, art. 14). Ora, nos tópicos precedentes cuidei de demonstrar que serão muito graves os danos aos quais o MM. Juízo de primeiro grau expôs a ora consulente, ficando ela tolhida do exercício das normais atividades de propaganda e *marketing* de seus produtos, com os concorrentes livres para avançar sobre esse espaço que fatalmente lhes será franqueado. Não é possível dimensionar com razoável precisão o montante de tais prejuízos mas sabe-se que andará por volta de muitos milhões de reais e sabe-se também que, depois, a reparação será extremamente difícil e problemática – até porque seria de suma dificuldade a precisa quantificação dos lucros cessantes a serem objeto de reparação.

Por isso é que (a) sendo extremamente discutível o direito à tutela jurisdicional pretendida pelo Ministério Público, (b) não havendo urgência alguma que legitime a eficácia imediata daquela R. sentença, (c) sendo essa pronta imposição de efeitos extremamente gravosa à ora consulente e (d) sendo praticamente impossível a reparação dos danos que esta fatalmente suportaria – concluo pela imperiosidade da outorga de efeito suspensivo à apelação que ela vier a interpor, porque o contrário implicaria coonestar uma antecipação que não tem razão de ser e é contrária à lei.

> Pelo aspecto da *probabilidade* de provimento do recurso interposto, ou dos recursos eventualmente admissíveis, mais ainda se acentua a imperiosidade de conceder efeito suspensivo ao recurso pendente no presente caso, uma vez que os pontos frágeis da R. sentença são muitos e a probabilidade de êxito no E. Tribunal, muito grandes. Sobre a probabilidade de êxito do recurso como critério para a determinação dos efeitos dos recursos em geral, v. o que está no estudo "Efeitos da apelação contra sentença que confirma antecipação de tutela".[31]

---

31. *Cfr. Fundamentos do processo civil moderno*, II, nn. 549 ss.

§ 4º – O PRAZO PARA CUMPRIR E O VALOR DAS MULTAS

84. *o início do prazo para cumprimento da medida antecipatória*

Em dois pontos e na mesma página, a R. sentença fixa o termo inicial do prazo de cento-e-vinte dias para o cumprimento das exigências formuladas, (a) falando em contagem *da intimação*, mas sem esclarecer qual intimação seria essa, se ao advogado, se pessoal à própria parte e (b) falando também no início a partir *da decisão*. Restam então duas dúvidas interpretativas, diante da *obscuridade* quanto ao modo de intimar e da *contradição* entre a frase que manda contar o prazo a partir da intimação e a que manda contá-lo desde a própria decisão. Diante dessas circunstâncias, a interpretação desse capítulo sentencial deve ser feita à luz dos parâmetros da razoabilidade e segundo o disposto em lei sobre a intimação em casos como esse.

No sistema do processo civil brasileiro, as intimações são feitas *aos advogados* quando se trata de realizar atos próprios ao patrocínio técnico, como a manifestação sobre a resposta do réu, a indicação de assistentes-técnicos e formulação de quesitos, a apresentação do rol de testemunhas, a interposição de recursos ou resposta a eles *etc.*; mas são endereçadas *à própria parte* quando os atos a realizar são pessoais e não processuais, especialmente o cumprimento de uma obrigação estabelecida em sentença. E assim é porque (a) quem tem capacidade postulatória é o advogado e não a parte, sendo pois indispensável que ele tenha ciência dos atos inerentes ao andamento do processo e possa realizar os que lhe competem, mas (b) quem realiza atos não-processuais, na vida de seus negócios ou no desenvolvimento de suas atividades, não é o advogado mas a parte mesma. Quem tem o poder de decisão sobre seu próprio patrimônio, ou seja, a parte, é que deve ser intimado a realizar os atos dessa natureza – cessando atividades, adequando-as à sentença, fazendo o que juiz houver mandado fazer *etc.*

Por isso é que o Código de Processo Civil contém várias disposições mandando que a própria parte seja intimada, sob pena de ineficácia, como p.ex.: a) na intimação para o autor sair do estado de inércia, sob pena de extinção do processo por abandono (art. 267, incs. II-III c/c § 1º); b) na intimação para vir prestar depoimento pessoal em audiência (art. 343, § 1º); c) na intimação referente ao dia, local e hora do leilão ou hasta pública (art. 687, § 5º) etc.

Por outro lado, só ao advogado se fazem intimações pela imprensa (CPC, arts. 236-237); como venho dizendo em sede doutrinária, "em relação às partes e representantes, que não são leitores obrigatórios do Diário Oficial nem têm o ônus de acompanhar as publicações eletrônicas dos tribunais, a via ordinária é o correio e só em casos excepcionais sua intimação se faz de outro modo".[32] Intimar o advogado para que transmita ao constituinte o preceito contido em uma decisão judiciária significaria exigir desse profissional atividades estranhas a seu mister, além de *gerar insegurança quanto ao efetivo conhecimento pela parte* – sendo esse o alcance do disposto no art. 238 do Código de Processo Civil, segundo o qual "não dispondo a lei de outro modo, as intimações serão feitas às partes, aos representantes legais e aos advogados, pelo correio ou, se presentes em cartório, diretamente pelo escrivão ou chefe de secretaria". Da jurisprudência do Superior Tribunal de Justiça, coligida por Negrão-Gouvêa, colhem-se estas significativas máximas, que confirmam o que acima está dito: a) "a intimação da parte deve ser feita pessoalmente e não pelo Diário da Justiça";[33] b) "se o ato é pessoal da parte, a esta deve ser feita a intimação para praticá-lo".[34]

> Ressalvam-se, na jurisprudência, as intimações a partir das quais flui o prazo para pagar o valor fixado em sentença, sob pena de multa de dez por cento sobre esse valor (CPC, art. 475-J). É largamente majoritário o entendimento de ser desnecessário intimar a própria parte, mas essa é uma hipótese bastante pontual e o que

32. *Cfr. Instituições de direito processual civil*, III, n. 1.048, p. 450.
33. *Cfr.* STJ, 2ª T., REsp n. 1.815, j. 7.2.90, rel. Vicente Cernicchiaro, v.u., *DJU* 5.3.90, p. 1.406.
34. *RSTJ* 13/413, *RT* 494/157, *RT* 655/158 e *JTA* 76/229 – também *apud* Negrão-Gouvêa, *Código de Processo Civil e legislação processual em vigor*, nota 2 ao art. 238, p. 361, 1ª col.

a propósito vem sendo decidido não se propaga aos outros casos de intimação.

No caso em exame, diante da falta de precisão da R. sentença, a interpretação desta deve atender ao que está na lei e na jurisprudência superior, como acima indicado – porque, ressalvados os casos em que o juiz haja decidido expressa e claramente de modo contrário à lei, não é lícito atribuir-lhe a prática de desvios ou ilegalidades. Como o MM. Juiz mandou contar o prazo a partir da *decisão*, mas também a partir da *intimação*; e como também não foi explícito quanto ao modo como essa intimação deveria ser feita, conclui-se que, para preservar a harmonia da R. sentença com a lei e as razões que lhe estão à base, a única interpretação razoável é a que fixa o início daquele prazo *na intimação da sentença, a ser feita à própria parte*.

85. o valor das astreintes

É notório que as multas a serem impostas pelo juiz no sistema das execuções específicas (CPC, art. 461, § 4º) têm a feição de medidas de *pressão psicológica* sobre o espírito do obrigado e o claro objetivo de induzi-lo a cumprir os comandos contidos nas decisões judiciárias. Elas são impostas para que o obrigado, diante do agravamento de sua situação em razão das multas que se acumulam, decida optar pelo adimplemento e, com isso, permita que o exercício da jurisdição cumpra suas finalidades institucionais. Por isso, e como também é do conhecimento geral e da prática diuturna dos juízos e tribunais, as *astreintes* não precisam guardar necessária relação de estrita proporcionalidade ao valor da obrigação a cumprir, pois seu objetivo primordial é o cumprimento desta e não uma compensação ao credor.

Dessas indiscutíveis premissas não se deve porém inferir o absurdo de permitir ao juiz a fixação das multas periódicas em níveis de superlativo exagero, mais compatível com a idéia de punir ou arrasar, do que com a de compelir a cumprir a obrigação.

No caso, os 5 milhões de reais diários impostos como *astreintes* pelo MM. Juízo de primeiro grau significam um passivo anual superior a 1,8 bilhões; e, considerando otimistamente que uma decisão final da causa tardará por volta de cinco ou seis anos (com os trâmites recursais no Tribunal de Justiça, no Superior Tribunal de Justiça e no Supremo Tribunal Federal), ao cabo desse tempo a AMBEV acumularia um passivo, a título de multas periódicas, da ordem de 10 bilhões de reais. Por mais opulenta que seja uma empresa e mais saudáveis suas finanças, é difícil imaginar que um impacto dessa envergadura possa ser assimilado sem imensos traumas e sem o risco de perecimento empresarial. A ninguém é lícito ignorar que fatos como esses, além da diminuição patrimonial causada diretamente por eles próprios, têm ainda perniciosas repercussões no mercado financeiro, afugentando investidores e comprometendo o crédito da empresa.

Esses números assustadores levam-me a fazer um reclamo à razoabilidade nas decisões e, mais precisamente, à teoria da *lógica do razoável*, de grande prestígio no direito moderno. Repito, com Recaséns Siches, que "la única proposición válida que puede emitirse sobre la interpretación es la de que el juez en todo caso debe interpretar la ley precisamente del modo que lleve a la *conclusión más justa* para resolver el problema que tenga planteado ante su jurisdicción".[35] É dever do juiz "interpretar essas leis de modo que o resultado da aplicação aos casos singulares produza a realização do maior grau de justiça" – porque, segundo diz ele próprio, *a lógica do razoável é acima de tudo a lógica da justiça*.[36] Um valor tão alto quanto esse fixado na R. sentença aqui criticada vai além do razoável e passa ao campo do exagero; não é razoável uma disposição de lei, uma interpretação de textos ou uma sentença que, afastando-se dos valores que lhes devem dar vida, contrarie o sentimento comum de um observador equilibrado.

35. *Cfr. Tratado general de filosofia del derecho*, n. 7, p. 660.
36. *Id., ib.*, esp. p. 661.

§ 5º – CONCLUSÕES E RESPOSTAS AOS QUESITOS

86. *síntese conclusiva*

O tema de maior envergadura e destaque, dentre os examinados no presente estudo, é o da *impossibilidade jurídica* da demanda deduzida pelo Ministério Público. Não é admissível a incursão do Poder Judiciário no espaço não-legislado referente à propaganda comercial dos produtos portadores de açúcar adicionado, como são esses de que o processo cuidou. Severas disposições constitucionais reservam esse espaço *ao legislador*, negando-o pois ao juiz, ao estabelecer que somente a lei federal pode dispor a respeito (Const., art. 220, § 3º, inc. II, e § 4º, c/c art. 22, inc. XXIX). E, na medida em que esse campo não-legislado fica excluído de qualquer preenchimento por ato jurisdicional, correspondentemente falta ao autor o direito de ação destinado a provocar tal atividade dos juízes – porque, como é do entendimento geral, a carência de ação constitui sempre um reflexo da carência de jurisdição. Segundo o parecer, pois, o processo ao qual se refere merece ser extinto sem julgamento do mérito, a teor do disposto no art. 267, inc. VI, do Código de Processo Civil (*supra*, nn. 74-77).

> Ponderou-se ainda que, sem uma global *política nacional da propaganda dos produtos portadores de açúcar adicionado*, as decisões que tome o Poder Judiciário em relação a uma empresa, isoladamente, transgridem a regra constitucional da isonomia e desequilibram a concorrência entre empresas, infringindo também desse modo a Constituição Federal (art. 170, inc. IV – *supra*, n. 77).

No tocante à *antecipação de tutela* concedida pelo MM. Juízo, procurei demonstrar (a) que falece o requisito da probabilidade do direito do Ministério Público autor, precisamente em razão daquela carência de ação que vejo como manifesta e (b) que não há o *periculum in mora*, porque não se antevê qualquer mal ao público consumidor, tão grave e tão iminente, que ou se debela agora ou nunca mais. Além disso, o enfraquecimento das campanhas publicitárias de uma empresa, deixando as demais livres como sempre foram, não é capaz de aportar vantagem alguma aos consumidores, o que por si só esvazia por completo a utilidade da antecipação daquela tutela e, portanto, a sua admissibilidade.

Procurei ainda demonstrar que o prazo para cumprir a medida antecipatória, fixado em sentença em cento-e-vinte dias, tem seu *dies a quo* na intimação que for feita, ou que houver sido feita diretamente à AMBEV, (a) porque as intimações para realizar atos pessoais, sem caráter postulatório, são endereçadas à parte e não ao advogado (CPC, art. 238) e (b) porque as intimações à parte fazem-se por correio e não pela imprensa oficial.

Também ficou dito que peca pelo exagero o valor da multa arbitrado pela R. sentença (5 milhões de reais ao dia), porque refoge ao senso comum e, portanto, às balizas do *logos de lo razonable*. Como se sabe que a duração de um processo perante os órgãos superiores é de cinco anos ou mais, quando chegar a decisão com trânsito final a ora consulente terá acumulado um passivo de cerca de 10 bilhões de reais a título de *astreintes*, o que aberra do suportável e, portanto, do bom-senso do homem comum.

87. respostas aos quesitos

Dito isso, passo a responder sinteticamente a cada um dos quesitos, nos termos em que foram formulados, fazendo-o como a seguir se vê:

ao primeiro: **não**, não é juridicamente possível a demanda proposta pelo Ministério Público com o objetivo de limitar as atividades publicitárias e promocionais dos produtos da ora consulente;

ao segundo: **não**, não existe um direito suficientemente provável, para legitimar a antecipação de tutela concedida pelo MM. Juízo.

ao terceiro: **não**, não está presente o requisito da urgência.

ao quarto: o termo inicial do prazo de cento-e-vinte dias concedido pelo MM. Juízo para cumprimento daquela medida antecipatória é representado pelo *dia em que houver sido ou vier a ser feita a intimação pessoal da AMBEV*, na pessoa do representante estatutariamente competente para recebê-la;

ao quinto: **sim**, a R. sentença proferida no presente caso comporta efeito suspensivo.

VIII – UMA AÇÃO CIVIL PÚBLICA JURIDICAMENTE IMPOSSÍVEL – SUSPENSÃO DE ATIVIDADES DE ASSOCIAÇÃO – CARÊNCIA DE AÇÃO E INCOMPETÊNCIA[1]

§ 1º – **os antecedentes, a consulta, os temas** – 88. a entidade consulente – 89. uma ação civil pública promovida pelo Ministério Público do Trabalho – 90. a consulta e os temas sugeridos – § 2º – **incompetência absoluta da Justiça do Trabalho e ilegitimidade** *ad causam* **do Ministério Público do Trabalho** – 91. competência de jurisdição: uma competência rigorosamente absoluta – 92. o significado do caráter absoluto de uma competência – 93. a distribuição constitucional das competências de jurisdição – 94. qual relação de trabalho? – 95. manifesta incompetência da Justiça do Trabalho – 96. ilegitimidade ativa do Ministério Público do Trabalho – 97. matéria puramente civil, nada de trabalhista – § 3º – **a impossibilidade jurídica dessa demanda e os diversos fundamentos que conduzem a ela** – 98. o teor da demanda deduzida e sua impossibilidade jurídica – 99. impossibilidade jurídica da demanda – vetos constitucionais, legais ou sistemáticos – 100. uma autêntica associação – 101. norma explícita sobre a suspensão e dissolução – 102. uma medida antecipatória de tutela jurisdicional com eficácia limitada a seis meses – 103. uma antecipação pedida em caráter definitivo e sem ligação a um pedido de dissolução da sociedade – 104. uma concreta impossibilidade jurídica – 105. suspensão perpétua? uma *contradictio in terminis* – 106. medida antecipatória de quais efeitos definitivos? – 107. a suposta inconstitucionalidade do decreto regulamentador – 108. reavivando conceitos fundamentais e concluindo o capítulo – § 4º – **a inutilidade do provimento jurisdicional pedido – ausência de interesse processual e legitimidade** *ad causam* – 109. tornando ao caso – 110. interesse de agir (aspectos gerais) – 111. qual utilidade? – 112. legitimidade *ad causam*, destaque do interesse de agir – 113. o CIEE é parte manifestamente ilegítima – 114. inépcia da petição inicial, ilegitimidade passiva e mérito – § 5º – **inadmissibilidade dessa ação civil pública por ausência do requisito da adequação** – 115. os padrões de admissibilidade da ação civil pública – 116. tutela coletiva: direitos ou interesses transindividuais – 117. uma ação civil pública por direito coletivo – 118. mas qual seria esse direito coletivo? meras amostragens setoriais – 119. situações heterogêneas – 120. inadequação da via processual – 121. superposição à ação direta de inconstitucionalidade – 122. carência de

---

1. Reprodução de parecer elaborado em janeiro de 2007.

AÇÃO CIVIL PÚBLICA JURIDICAMENTE IMPOSSÍVEL

ação por falta do interesse-adequação – § 6º – **a dimensão territorial do provimento pedido e a competência territorial** – 123. relembrando e colocando questões – 124. competência territorial: aspectos gerais e fundamentos sistemáticos – 125. na ação civil pública – 126. entre os temas da competência e da eficácia de âmbito nacional – 127. sobre a pretendida eficácia de âmbito nacional – 128. uma competência rigorosamente absoluta – § 7º – **prova produzida no inquérito civil e garantia do contraditório** – 129. inquérito civil: origens e função legítima no sistema – 130. inquérito civil, garantia do contraditório e prova – 131. investigações conduzidas sem observância do contraditório – 132. indispensabilidade de produção da prova em juízo – ônus do Ministério Público – § 8º – **proposições conclusivas** – 133. concluindo sinteticamente – 134. incompetência da Justiça do Trabalho – 135. ilegitimidade do Ministério Público do Trabalho – 136. impossibilidade jurídica da demanda proposta – uma ilegítima "suspensão" – 137. impossibilidade jurídica da demanda proposta – uma medida antecipatória sem pedido principal – 138. impossibilidade jurídica da demanda proposta – contra disposição expressa de um decreto legítimo – 139. falta de interesse de agir – 140. ilegitimidade passiva *ad causam* – 141. falta de interesse-adequação – inadmissibilidade da ação civil pública – 142. invasão da área da ação direta de inconstitucionalidade – 143. incompetência territorial – 144. inadmissível eficácia de âmbito nacional – 145. indispensável produzir a prova em juízo – 146. o ônus da prova é do Ministério Público

§ 1º – OS ANTECEDENTES, A CONSULTA, OS TEMAS

88. *a entidade consulente*

O CIEE – Centro de Integração Empresa-Escola é uma associação sem fins lucrativos, qualificada como *agente de integração* entre instituições de ensino, estudantes interessados em realizar estágios e entidades públicas ou privadas (concedentes) que se disponham a oferecer tais oportunidades profissionalizantes. Regem-no as normas constantes da lei n. 6.494, de 7 de dezembro de 1977, regulamentadas pelo dec. n. 87.497, de 18 de agosto de 1982, em associação com preceitos hauridos principalmente da lei n. 9.394, de 20 de dezembro de 1996 (Lei de Diretrizes e Bases) e de um complexo emaranhado de resoluções ministeriais. Dentre seus escopos institucionais, enunciados logo no art. 3º do *estatuto social*, avulta aquele que constitui sua própria razão de ser e que é "a integração dos estudantes no mercado de trabalho" (art. 3º, inc. I). Tem sede social na cidade de São Paulo e desenvolve atividades em mais de três centenas de unidades localizadas em todo o território nacional. É gerido por educadores de incontestável idoneidade e reconhecimento no cenário nacional, com apoio em equipes especializadas e uma notável infra-estrutura técnica e administrativa.

89. uma ação civil pública promovida pelo Ministério Público do Trabalho

Mas eis que, no ano de 2004, o Ministério Público do Trabalho afora perante uma MM. Vara do Trabalho da cidade de Presidente Prudente *ação civil pública* em que pede nada mais nada menos que a condenação do CIEE a se abster de toda sua atividade institucional. Ou seja, pede a paralisação total dessa instituição. O fundamento central dessa demanda consiste em uma suposta distorção de atividades, sustentando o Ministério Público, em síntese, que o CIEE não vem atuando como agente integrador mas como autêntico *agenciador de mão-de-obra*. Alega supostas irregularidades que teriam sido praticadas por empresas concedentes de estágio em algumas cidades do Estado de São Paulo, pontualmente arroladas na petição inicial (Delegacia Regional do Trabalho de Presidente Prudente), mas no *petitum* declara pretender a total proibição de atividades em todo o território nacional. Sustenta radicalmente, em caráter geral e sem ressalvas, que a própria existência de agentes de integração seria perniciosa aos estudantes. Como que para justificar seu pedido de condenação a abster-se em todo o território nacional, afirmou, sem produzir ou propor provas nesse sentido, que essa entidade opera de modo uniforme em todo o país ("adota linha única de atuação"), para em seguida concluir:

> "a presente ação civil pública, pois, visa [sic] combater irregularidades e corrigir omissões do réu que geram efeitos em âmbito nacional, em todos os pontos onde o mesmo [sic] mantém agências, porque o modo de operação e a ofensa a preceitos laborais são únicos, reclamando provimento jurisdicional amplo";

> "as decisões que obrigarem-no [sic] a agir de forma diversa também deverão ter âmbito nacional, afastando-se o art. 16 da Lei da Ação Civil Pública" *etc.*

90. *a consulta e os temas sugeridos*

Nessa situação, fui consultado pelo prestigioso prof. Luiz Carlos Amorim Robortella, que, em nome do CIEE, cuja defesa patrocina em juízo, me apresenta uma série de ricas e profundas indagações de natureza processual pertinentes ao caso. Manifesto-me muito lisonjeado pela honra de um convite trazido por tão eminente jurista e já neste tópico cuidarei de situar os pontos mais destacados de sua defesa. Para tanto, vejamos alguns *pormenores e circunstâncias* a serem levados em consideração no parecer – adiantando desde logo que são muitos e muito enriquecedores da pesquisa que venho realizando.

Incompetência absoluta e ilegitimidade ativa. Essa ação civil pública foi aforada por um agente do Ministério Público *do Trabalho* perante a Justiça *do Trabalho*, quando a matéria versada não inclui relações *de trabalho* e quando o demandado não é um empregador e a ele os estagiários não prestam trabalho algum (*infra*, nn. 94 ss.). Essa observação sugere de imediato a incompetência absoluta da Justiça perante a qual foi tal ação proposta, com a conseqüente ilegitimidade ativa do *Parquet* autor, ao qual, por ser Ministério Público *do Trabalho*, só cabe atuar perante aquela Justiça, em causas de sua competência (*infra*, nn. 95-96).

Ainda a incompetência absoluta e ilegitimidade ativa. Sob o manto diáfano de uma ação civil pública, o Ministério Público do Trabalho está a encobrir sua pretensão a obter todos os efeitos práticos da dissolução de uma sociedade civil, sem dissolvê-la juridicamente. O próprio *Parquet* tem sim legitimidade para ações dessa natureza (CPC-39, art. 670 c/c CPC-73, art. 1.218, inc. VII), mas não o *do Trabalho*. Como é óbvio, a competência para a dissolução de sociedades civis pertence à Justiça comum, quase sempre à de algum Estado e jamais à do Trabalho. Mais uma razão determinante de sua incompetência absoluta (*infra*, nn. 95 e 97).

Incompetência territorial. Ainda no campo da competência, vê-se que, qualquer que seja ou fosse a Justiça competente, o *foro* ao qual essa causa deveria ser encaminhada é o do Distrito Federal e jamais o de uma cidade de um dos Estados da Federação. Por disposição expressa do art. 93, inc. II, do Código de Defesa do Consumidor, a Capital da República é o foro competente para as ações coletivas destinadas a produzir efeitos em todo o território nacional – e, como o pedido formulado pelo autor neste processo tem toda essa amplitude, tal será o foro competente para a causa, não o de Presidente Prudente (*infra*, nn. 127-128).

Inadmissibilidade da ação civil pública proposta. A demanda proposta pelo Ministério Público do Trabalho reputa potenciais beneficiários da tutela jurisdicional postulada todos os *atuais estagiários* e todos os estudantes deste país, *virtuais estagiários*. Essa é uma ação civil pública fundada em supostos direitos e interesses *coletivos*, com o pedido de uma tutela jurisdicional portadora do efeito de barrar alegadas violações a esses direitos. Um ponto digno de reflexão é contudo o do *efeito benéfico ou perverso* que a extinção pura e simples dessa atividade de integração projetará sobre a categoria dos estudantes de todos os níveis. Sem nada dizer sobre o *meritum causæ*, posso desde logo adiantar que vejo nessa ação civil pública a tentativa de provocar um pronunciamento judicial *perverso*, em total descompasso com os sadios objetivos da tutela coletiva. Será essa uma fortíssima razão para a inadmissibilidade da demanda proposta, carecendo de ação o seu autor em razão dessa manifesta impossibilidade jurídica do pedido (*infra*, nn. 117 ss.).

Impossibilidade jurídica. Serão também examinados vários aspectos de uma carência de ação por impossibilidade jurídica, representados pela pretensão a suspender *ad æternum* as atividades de uma sociedade civil regularmente constituída, quando a suspensão de atividades é limitada por lei a um tempo máximo de seis meses (dec.-lei n. 9.085, de 25.3.46) e quando nenhuma medida provisional como essa pode ser pedida e muito menos concedida sem que esteja instrumentalmente conexa a uma principal. O Ministério Público do Trabalho não formulou pedido principal algum, como seria o de dissolução da sociedade (em tese permitida por aquele decreto-lei). Nesse quadro, como se demonstrará, a pretensão deduzida choca-se de frente com a garantia constitucional da liberdade de associação e com as restrições, também constucionais, à interferência estatal nas associações regularmente constituídas (Const., art. 5º, incs. XVII a XIX). Daí a impossibilidade jurídica (*infra*, nn. 105-107).

Outra impossibilidade jurídica. Além disso, ao querer banir simplesmente e com o máximo caráter de generalidade um legítimo dispositivo contido em decreto regulamentador, a demanda proposta vai de encontro ao direito positivo e também por esse motivo é juridicamente impossível (*infra*, n. 107). Esse pedido invade ainda a esfera de competência exclusiva do C. Supremo Tribunal Federal para o controle abstrato de constitucionalidade (Const., art. 102, inc. I, letra "a"), sendo inadmissível também por esse motivo (*infra*, n. 121).

Carência de ação por falta de interesse de agir e por ilegitimidade passiva. Anoto também que o provimento pedido pelo Ministério Público não será apto a produzir qualquer efeito sobre os modos como os estágios vêm sendo conduzidos, justamente porque não é o CIEE quem os realiza ou conduz. Sua atividade de integração, importante e útil no sistema, não é contudo necessária ou indispensável (lição superior do insuspeito prof. Amauri Mascaro do Nascimento) – donde a conclusão de que, com ela ou sem ela, as coisas continuarão como antes. E a conclusão, também, de que o autor carece de ação porque seu pedido (a) não é apto a produzir qualquer utilidade, sendo a utilidade o núcleo do *interesse de agir* e (b) e porque, para ter alguma utilidade, o pedido e o provimento deveriam endereçar-se a outro sujeito e não a esse que, no caso, é *parte ilegítima* (*infra*, nn. 109 ss.).

Inquérito civil, prova e contraditório. O Ministério Público autor anexou farta documentação à sua petição inicial e nela transcreveu, desnecessariamente, longos depoimentos prestados por gente de empresas no inquérito civil instaurado para investigar os fatos depois agitados no processo. Ora, a prova produzida em inquérito civil, tanto quanto no policial, não é apta a servir de base a um julgamento judiciário, simplesmente porque realizada por um agente do Estado-administração e não por juiz, porque a esse agente falecem poderes jurisdicionais e sobretudo porque naquele inquérito não costuma ser observado o princípio do contraditório – como, no caso, realmente não foi (*infra*, nn. 131-132).

Ônus da prova. Diante da inaptidão daquela prova produzida unilateralmente pelo Ministério Público em um inquérito civil por ele próprio conduzido e sem a participação do ora réu em contraditório, disso resulta que tem ainda o autor todo o ônus de provar, perante o Poder Judiciário, os fatos que alegou – sem que esse ônus se repute cumprido pela juntada das transcrições daqueles depoimentos. O ônus da prova é seu, porque se trata de fatos constitutivos do direito afirmado (CPC, art. 333, inc. I – *infra*, n. 132).

Com o exame desses e outros pontos relevantes, o parecer propriamente dito principia no capítulo logo a seguir, desenvolvendo-se sistematicamente mediante a exposição de raciocínios destinados a contribuir para o bom julgamento da causa.

§ 2º – INCOMPETÊNCIA ABSOLUTA DA JUSTIÇA DO TRABALHO E ILEGITIMIDADE *AD CAUSAM* DO MINISTÉRIO PÚBLICO DO TRABALHO

91. *competência de jurisdição: uma competência rigorosamente absoluta*

Diz-se *competência de jurisdição* a competência de cada uma das Justiças integrantes da estrutura judiciária brasileira, com exclusão das demais. Tem-se hoje a mais plena consciência de que essa locução não é das mais perfeitas, porque não se trata de distribuir *a jurisdição* mas apenas as competências – mas, por comodidade de linguagem e até mesmo pela falta de outra designação melhor, é lícito falar em *competência de jurisdição*, sabendo-se embora que não se trata de separar supostas *jurisdições* (José Frederico Marques[2]).

Encarrega-se em primeiro lugar a própria Constituição Federal de estabelecer as regras de competência de jurisdição, distri-

---

2. *Cfr.* suas *Instituições de direito processual civil*, I, n. 165, pp. 278-279; *cfr.* também Cintra-Grinover-Dinamarco, *Teoria geral do processo*, n. 143, esp. p. 255.

buindo o exercício da jurisdição estatal pelas diversas Justiças e deixando clara a separação destas entre os órgãos e organismos da *Justiça especial* (Militar, Eleitoral, Trabalhista) e da *Justiça comum* (Federal e Estaduais). Em princípio cabem às Justiças especiais as causas que no plano jurídico-substancial são regidas por normas de direito especial – eleitoral, penal militar, trabalhista; das Justiças comuns são as causas fundadas em direito comum – civil, comercial, penal comum *etc*. Esse não é um critério rígido e constante mas muito auxilia na correta compreensão da competência de cada uma das Justiças e delimitação de seu âmbito.

Ora, a mais absoluta das competências é aquela estabelecida pela Constituição Federal e não pela lei: o princípio da *supremacia da Constituição* rejeita todas as regras modificadoras da competência quando ditadas em nível infraconstitucional. Se a Constituição Federal manda que tal classe de causas vá ter a determinada Justiça, não pode o direito infraconstitucional dizer que em determinadas situações tais causas possam eventualmente pertencer a uma outra que não aquela fixada constitucionalmente. As normas modificadoras da competência (conexidade ou continência, eleição de foro, exceção não deduzida) são normas infraconstitucionais, ditadas pelo Código de Processo Civil, e nessa qualidade só podem ter a eficácia de modificar competências fixadas também por normas infraconstitucionais. Por isso é que, como digo, a competência de jurisdição é a mais absoluta de todas as competências. Disse eu a esse respeito:

> "o sistema de prorrogação de competências estabelecido no Código de Processo Civil, que é uma lei ordinária, não pode ter o poder de derrogar normas *constitucionais* determinadoras da competência. Por isso, estas são imunes a toda e qualquer regra modificadora contida no Código: limitando-se a Constituição Federal a impor normas *determinadoras* de competência sem oferecer uma sequer destinada a disciplinar *modificações*, são absolutas as competências constitucionalmente estabelecidas. Todas aquelas são de *ordem pública* e dizem respeito diretamente ao modelo constitucional da estrutura judiciária brasileira. Mitigar ou limitar sua imposição, mediante incidência das normas flexibilizadoras contidas no Código de Processo Civil, implicaria subverter a ordem hierárquica

com transgressão ao princípio da *supremacia constitucional*. Implicaria, em outras palavras, negar vigência às normas constitucionais sobre competência".[3]

92. o significado do caráter absoluto de uma competência

Ser *absoluta* significa ser insuscetível de modificações. Existem na ordem jurídica (a) normas *determinantes* da competência, como as que estabelecem a competência das diversas Justiças do país, as que o fazem em relação ao Supremo Tribunal Federal ou ao Superior Tribunal de Justiça, as que distribuem a competência territorial *etc.* – todas elas em harmoniosa convivência com (b) normas *modificadoras* da competência. Reside nestas a definição dos fatores capazes de alterar as competências oriundas das normas determinantes. Tais fatores são, como é para lá de notório, a conexidade entre causas (CPC, art. 102), a eleição de foro (art. 111) e a omissão do réu em suscitar oportunamente a exceção declinatória de competência (art. 114). Quando um desses fatores se aplica, a conseqüência é a *prorrogação da competência* de dado órgão jurisdicional; a competência desse órgão se *prorroga*, ou seja, ela se alarga e amplia o suficiente para receber aquela causa que ordinariamente não lhe caberia mas que agora passa a caber-lhe por força do fator de modificação da competência.

> Vendo as coisas por outro ângulo, as normas modificadoras da competência (conexidade, eleição de foro *etc.*) são dotadas do poder de derrogar parcialmente as determinantes. Derrogam-nas parcialmente, na medida das hipóteses em que se aplicam. A partir dessa observação, falam os italianos em *derrogação da competência* e não em sua *prorrogação*.

Ora, o sistema processual só permite que se prorroguem competências estabelecidas em benefício das partes, ou de uma delas. A hipótese mais típica é a da competência territorial. Quando porém existe uma *razão de ordem pública* subjacente à norma determinadora da competência, não sendo esta determinada em

---

3. *Cfr.* minhas *Instituições de direito processual civil*, I, n. 315, pp. 616-617.

consideração ao interesse de uma das partes mas da própria regularidade no exercício da jurisdição, nada se prorroga nem pode prorrogar-se; nem se dá prorrogação alguma quando a norma determinadora da competência se situa em nível constitucional. De nada vale a vontade das partes, quer em consenso, quer unilateral, porque acima de tudo *interest rei publicæ* a manutenção da competência estabelecida pela norma determinadora. É nesse quadro e em consideração a esses valores que o art. 113 do Código de Processo Civil diz que "a incompetência absoluta deve ser declarada de-ofício e pode ser alegada em qualquer tempo e grau de jurisdição, independentemente de exceção".

93. *a distribuição constitucional das competências de jurisdição*

Quanto à Justiça do Trabalho, diz a Constituição Federal que ela é competente para "as ações oriundas da relação de trabalho" (art. 114, inc. I) – sendo essa a razão de ser da própria existência dessa Justiça e a *norma de encerramento* à qual convergem todas as demais hipóteses de sua competência (art. 114, incs. II-IX). Toda relação de emprego é relação de trabalho, posto que nem toda relação de trabalho seja *de emprego*.

> A Constituição não fala mais em relação entre empregado e empregador nem em *relação de emprego*, que é uma locução claramente ligada aos conceitos e fundamentos do direito (material) do trabalho. Foi nítida intenção do Congresso Nacional, ao instituir a nova redação do inc. I do art. 114, alargar a competência trabalhista para que então a ela se destinem não somente causas envolvendo relações de emprego mas, mais amplamente, relações *de trabalho*.

A Constituição Federal contém regras também sobre a competência das demais Justiças de responsabilidade da União, que são a Eleitoral, a Militar e a Federal. Nada dispondo de modo explícito sobre a competência das Justiças dos Estados, entende-se que essa é uma *competência residual*, ou seja, prevalece nos casos para os quais a Constituição não haja determinado a competência de qualquer outra Justiça. As atribuições do Poder Judiciário dos

Estados são regidas por essa residualidade mediante a mesma e única norma constitucional que dá aos Estados competência residual perante a União e os Municípios (Const., art. 25, § 1º): assim como os Poderes Executivo e Legislativo, também o Judiciário estadual só terá competência quando esta não pertencer, por disposição constitucional, a outra unidade. Eis o que em sede doutrinária disse eu próprio a respeito:

> "como é inerente ao sistema de atribuição de funções na ordem federativa brasileira, a Constituição estabeleceu a competência de cada uma das Justiças da União (inclusive da Justiça Federal, que é *comum*), sem nada dispor sobre a competência das Justiças comuns dos Estados. Com isso, valeu-se do *critério residual*, pelo qual compete ao Estado tudo aquilo que não for constitucionalmente negado a eles nem atribuído à União ou aos Municípios. São da competência das Justiças Estaduais todas as causas que a Constituição Federal não reserve aos tribunais de superposição e a qualquer uma das outras Justiças (especial ou comum, inclusive a Federal). Tal é uma aplicação da regra geral de competência residual dos Estados, ditada no art. 24, § 3º, da Constituição Federal".[4]

94. qual relação de trabalho?

O Ciee não está envolvido em qualquer relação de emprego nem de trabalho com os estudantes por ele aproximados às empresas ofertantes de estágio. Muito mais que eu, sabem os qualificados leitores que *relação de emprego* é, em direito laboral brasileiro, um vínculo de dependência jurídica entre um prestador de serviços de natureza não-eventual e um tomador desses serviços, que o admite e assalaria, assumindo os riscos da atividade econômica e dirigindo os serviços prestados por aquele (CLT, arts. 2º e 3º).

Pois o Ciee não admite os estudantes a serviço algum, não lhes coordena atividade alguma, não os assalaria, não recebe serviços prestados por eles e não assume os riscos das atividades empresariais às quais eles se engajam. Não há entre o Ciee e os estudantes

---

4. *Op. cit.*, I, nn. 233-234, pp. 489-490.

o mais mínimo vínculo jurídico de dependência, capaz de sequer insinuar uma relação de emprego.

Nem há entre eles uma relação de trabalho. Conceitua-se essa relação como "a situação jurídica entre duas pessoas, que visa à prestação de serviço" – naturalmente, prestação de serviço por uma delas à outra. É também sabido que, em si mesmo, "trabalho é o esforço decorrente da atividade humana que visa à produção de uma utilidade" (Sérgio Pinto Martins[5]). É para lá de óbvio e intuitivo, pois, que entre duas pessoas só haverá relação de trabalho quando uma delas realizar esforços, ou estiver obrigada a realizá-los, com o objetivo de proporcionar à outra uma utilidade. Também já foi dito que "nem todo labor humano ensejará uma relação de trabalho, porque esta pressupõe uma *relação jurídica*, isto é, um vínculo estabelecido entre sujeitos de direito, formado a partir de um fato ao qual o sistema jurídico atribui a produção de determinados efeitos".[6] Como facilmente se percebe, não há relação alguma de trabalho entre os estagiários e o CIEE, porque os esforços que eles realizam – ou seja, os trabalhos que desenvolvem – não são dedicados a esse mero centro de integração, mas às variadas empresas junto às quais estagiam.

Qual vínculo jurídico permanente existe então entre o CIEE e os estudantes por ele integrados em atividades das empresas conveniadas? Nenhum. Em benefício dos estudantes já integrados em empresas ele desenvolve atividades de cunho educacional, destinadas a elevar seu grau de habilitação profissional; isso é feito mediante oferta de cursos de idiomas, comunicação *etc.*, incluindo-se *workshops* nos quais o jovem faz imersões nessas áreas de conhecimento. Não os remunera, todavia, nem dirige suas atividades nem recebe deles qualquer prestação laboral – seja mediante uma relação de dependência (emprego), seja mediante a realiza-

5. *Cfr.* "Competência da Justiça do Trabalho para julgar questões relativas a relações de trabalho", in *Repertório de jurisprudência IOB* 9/2005, n. 2, p. 265, 1ª col.

6. *Cfr.* José Antônio Ribeiro de Oliveira Silva, "Critério científico para a definição das relações de trabalho", in *Repertório de jurisprudência IOB* 22/2005, n. 2, esp. p. 696, 2ª col.

ção de trabalhos sob qualquer outro regime jurídico. Os estagiários jamais trabalham para o CIEE. Não prestam serviços a este.

Na realidade, o vínculo jurídico gerado pelas atividades desse centro de integração envolve três outros sujeitos, sem incluir o próprio *Centro*. Nos termos de preciosa lição presente em parecer do prestigioso prof. Amauri Mascaro Nascimento, elaborado com vista a este mesmo caso, "há uma relação entre o agente de integração e a instituição de ensino que, em linhas gerais, é pré-constitutiva do contrato de estágio, situando-se em fase preambular, introdutória, de aproximação entre os seus sujeitos". Depois, o próprio contrato de estágio é celebrado *entre a empresa e o estudante-estagiário*, sem que nele figure o agente de integração. O CIEE não é parte no contrato de estágio – e daí decorre (a) não apenas a inexistência de qualquer relação jurídica permanente entre ele e o estagiário, como também (b) a sua mais absoluta impossibilidade de interferir no modo como a empresa conduz o estágio.

> Esse segundo aspecto será examinado mais adiante, na demonstração de que, se eventuais irregularidades houver em algum estágio, ao CIEE não podem ser debitadas, mas exclusivamente às empresas que acolhem os estagiários (*infra*, n. 113).

O CIEE não passa portanto de mero *agente catalisador*, que aproxima dois ou mais elementos mas não se mistura a eles, permanecendo estranho ao produto dessa aproximação. Sua relação com o estudante, ainda não *estagiário*, é eminentemente efêmera e não passa dessa aproximação que faz. Celebra convênios com escolas, assumindo perante estas o encargo de colocar seus estudantes em empresas. Contata empresas, obtendo delas a oferta de vagas para estagiários. Mas, uma vez celebrado o contrato de estágio (*entre a empresa e o estudante*), o agente de integração se retira por completo desse mecanismo e não integra a relação jurídica que esse contrato houver gerado. Ficam interligados por essa relação jurídica o próprio estagiário, a sua escola e a empresa onde irá fazer o treinamento. Não sobra espaço para o CIEE, ao qual nada deve o estagiário e que nada deve a este.

Os agentes de integração atuam também, ou podem atuar, cooperando na elaboração das *normas* que irão reger o estágio em dada empresa; mas não lhes compete aplicar tais normas nem fiscalizar a efetividade de sua observância. Como dito, sua atividade é prévia à contratação do estágio e exaure-se antes mesmo da concreta contratação de cada estudante.

E tanto não lhe sobra espaço nessa relação jurídica, que reina concordância geral em torno da dispensabilidade dos agentes de integração na constituição do contrato de estágio. Tenho diante dos olhos um parecer do próprio Ministério Público do Trabalho dizendo com todas as letras que "a intervenção dos agentes de integração no processo de escolha do estagiário não é obrigatória. A instituição de ensino poderá recorrer, *se quiser*, aos serviços dessas entidades. Em sendo esse o caso, os agentes servirão de elo entre os sistemas de ensino e os setores de produção, serviços, comunidade e governo" *etc.* Nada mais que *elos*, como se vê, ou meros *agentes catalisadores*.

95. manifesta incompetência da Justiça do Trabalho

O que acaba de ser dito desnuda por completo a realidade de uma manifesta incompetência absoluta. O CIEE, réu na demanda proposta pelo Ministério Público, é apenas uma associação, ou sociedade civil sem fins lucrativos, que presta serviços a escolas e empresas, no exercício de uma legítima atividade civil. Não há entre ele e os estagiários, supostamente protegidos pela iniciativa do *Parquet*, a mais mínima relação jurídica – e muito menos alguma relação de trabalho. Se assim é, por que a propositura de tal demanda perante uma Justiça cuja competência é, por disposição constitucional explícita, voltada às *relações de trabalho*? A assunção dessa causa por essa Justiça desconsidera não somente os termos do próprio art. 114, inc. I, da Constituição Federal, como ainda a regra da competência residual das Justiças dos Estados, contida em seu art. 25, § 1º.

Como toda incompetência absoluta, e máxime porque resulta da afronta a uma distribuição *constitucional* de competências, essa que aqui se vê comporta pronunciamento pelo Poder Judiciário a qualquer tempo ou grau de jurisdição, não dependendo sequer da iniciativa do demandado (CPC, art. 113, *caput*). Diante disso, não pode haver a menor dúvida ou vacilação quanto à afirmação de que a providência esperada do MM. Juiz do Trabalho neste caso será a pronúncia de sua própria incompetência.

96. ilegitimidade ativa do Ministério Público do Trabalho

"Oficiando os membros do Ministério Público junto ao Poder Judiciário e compondo-se este de diversos organismos distintos (o Supremo Tribunal Federal, o Superior Tribunal de Justiça e as *Justiças* comuns e especiais, da União e dos Estados), é compreensível que também o Ministério Público se apresente diversificado em diversos organismos separados, cada um deles oficiando perante um daqueles" (Cintra-Grinover-Dinamarco[7]). Em cada Estado há um Ministério Público (de vinculação estadual), com sua carreira obviamente desligada das carreiras do Ministério Público de cada outro Estado; e, do mesmo modo, no âmago do Ministério Público da União há também diversas carreiras diferentes e autônomas, cada uma com as funções e a legitimidade que a Lei Orgânica do Ministério Público da União lhe outorga (lei compl. n. 75, de 20.5.93). Nesse quadro, dispõe o art. 83 da referida Lei Orgânica que "compete ao Ministério Público do Trabalho o exercício das seguintes atribuições junto aos órgãos da Justiça do Trabalho (...)" – sendo essa disposição completada pelo que vem do art. 33, *verbis*: "as funções do Ministério Público da União só podem ser exercidas por integrantes da respectiva carreira, que deverão residir onde estiverem lotados".

E diz o art. 32 da Lei Orgânica do Ministério Público da União: "as carreiras dos diferentes ramos do Ministério Público da União são independentes entre si, tendo cada uma delas organização própria, na forma desta lei complementar". É a cada uma dessas carreiras que faz referência o art. 33, logo acima transcrito.

7. *Cfr. Teoria geral do processo*, n. 123, esp. p. 230.

E assim é que, não sendo esta ação civil pública uma causa da competência da Justiça do Trabalho (*supra*, nn. 94-95), para sua propositura não tinha legitimidade o órgão que a propôs – a saber, o Ministério Público *do Trabalho*. Pensando bem, o que estou agora a dizer não constitui senão a outra face da mesma moeda representada pela incompetência da Justiça laboral; mas era e é necessário dizer o que estou dizendo, dada a importantíssima conseqüência prática que daí deflui. É que, enquanto falássemos exclusivamente na incompetência da Justiça do Trabalho, no momento em que o MM. Juízo trabalhista a reconhecesse seria seu dever enviar o processo à Justiça competente, ou seja, a uma Justiça local (CPC, art. 113, § 2º). Mas, ao reconhecer que também o Ministério Público do Trabalho não tinha legitimidade *ad causam* para propor a demanda que propôs, espera-se do MM. Juízo a extinção do processo em virtude dessa manifesta carência de ação. Como é para lá de notório, a falta de legitimidade *ad causam* ativa ou passiva importa carência de ação, e a carência de ação é, em si mesma, causa inexorável de extinção do processo sem julgamento do mérito (CPC, art. 267, inc. VI).

97. *matéria puramente civil, nada de trabalhista*

Ao pedir a radical condenação do CIEE a abster-se em todo o território nacional de exercer qualquer das atividades inerentes ao seu objeto social, está o Ministério Público querendo a total aniquilação dessa sociedade civil regularmente constituída segundo a lei. Não pediu sua *dissolução*, dizendo até, muito explicitamente, que "não se está a questionar a existência da pessoa jurídica" (fls. 3) – mas o que pediu produz efeitos práticos equivalentes, porque na prática de nada vale a formal continuação da existência de uma sociedade e de sua personalidade jurídica sem poder fazer a única coisa para a qual foi constituída, ou seja, sem poder promover a integração escola-empresa para fins de estágio. A Constituição Federal admite a possibilidade de *dissolução* das associações por decisão judicial, com uma possível antecipação de tutela consistente na *suspensão* de suas atividades (art. 5º, inc. XIX), mas isso se passa no campo da vida dessas pessoas jurídicas de direito privado e nada tem a ver com relações de trabalho. Sobre a impossibilidade jurídica do pedido aforado pelo Ministério Público direi mais adiante (*infra*, nn. 104 ss.). Digo agora apenas que, fosse possível ou impossível tal pedido, quem a propósito decidirá é a Justiça Comum, porque a vida das associações e suas atividades constituem matéria puramente civil; pensamos na associação mesma,e por mais que estivéssemos cogitando de suas relações de trabalho (o que decididamente não ocorre) a possibilidade de continuar ou cessar de ter vida nada tem de trabalhista. Reconfirma-se, pois, que a Justiça do Trabalho é absolutamente incompetente para essa causa.

> Já no longínquo ano de 1946 um decreto-lei relacionado com a disciplina dos registros públicos estabelecia que, em caso de desvio de finalidade, as sociedades ou associações dotadas de personalidade jurídica poderiam ser "suspensas pelo Governo, por prazo não excedente de seis meses" (dec.-lei n. 9.085, de 15.3.46, art. 6º *caput*). Dizia também que a dissolução dessas associações seria promovida em juízo pelos "representantes judiciais da União" (art. 6º § 1º; e já àquele tempo falava o então vigente Código de Processo Civil em uma legitimidade *ad causam* concorrente do Ministério Público para as ações de dissolução de sociedade (CPC-39, art. 670). Provavelmente, no espírito do autor daquele decreto-lei os *representantes judiciais da União* seriam os procuradores da República, mas a Justiça perante a qual proporiam sua demanda só poderia ser a Estadual, até porque a Federal não existia àquele tempo; a ação deveria ser proposta "no juízo competente para as causas em que esta [*a União*] for parte" e esse juízo deveria ser o das Varas da Fazenda da União então existentes em Capitais de Estado (sempre, Justiça Estadual).

Reconfirma-se, pois, a mais absoluta incompetência da Justiça do Trabalho. É manifesto que a demanda proposta pelo Ministério Público do Trabalho não gira em torno de relações de trabalho das quais fizesse parte o demandado, sendo também claro que a matéria versada se situa no campo da disciplina civil das associações – e para as ações visando a suspender atividades destas ou a lhes impor a extinção a competência é expressamente outorgada por lei à Justiça comum.

§ 3º – A IMPOSSIBILIDADE JURÍDICA DESSA DEMANDA E OS DIVERSOS FUNDAMENTOS QUE CONDUZEM A ELA

98. *o teor da demanda deduzida e sua impossibilidade jurídica*

Como está explícito na petição inicial e já foi posto em destaque, o Ministério Público do Trabalho pede, como provimento final no processo da presente ação civil pública, a condenação do consulente a se abster, em todo o território nacional, "de promover a intermediação de mão-de-obra de estudantes do ensino médio, técnico, tecnológico, profissionalizante e superior, deixando de celebrar ou manter acordos de cooperação ou termos de compromisso e de praticar quaisquer atos voltados à seleção, colocação e acompanhamento de 'estágios', sob pena de pagamento de multa diária no valor de R$ 1.000,00 por trabalhador alvo do descumprimento, reversível ao FAT". Como toda a atividade do CIEE consiste nessa integração escola-empresa com vista a alocar estudantes interessados em realizar aprendizado mediante estágios, abster-se disso é reduzir-se à mais completa inatividade, privando-se por inteiro da realização do escopo institucional e estatutário que constitui sua razão de ser. Quero salientar de modo muito enfático que essa integral abstenção de atividades não é objeto de um pedido de antecipação tutelar, mas o próprio pedido principal posto em juízo como objeto do processo a ser apreciado na sentença que vier a definir a causa proposta. Esse ponto é vital para o raciocínio que será desenvolvido.

> Não sei se maldosamente, ou apenas traindo um vício de perspectiva que constitui a base de todo seu raciocínio, o Ministério Público alude à atividade do CIEE como "intermediação de mão-de-obra"; na óptica do consulente, ele não necessita de ser condenado a abster-se de intermediar simplesmente porque, como sustenta veementemente, sua atividade não é de intermediação mas de *integração*. Esse é um ponto relativo ao próprio mérito, que não deve ser aceito ou imposto assim subliminarmente, como se fosse

pacífico. A mesma postura está na grafia do vocábulo *estágios*, no trecho acima transcrito, entre aspas ("estágios"): ao dizer assim, o autor já dá como certo que os *estágios* intermediados pelo Ciee não sejam verdadeiros *estágios*, mas *empregos*. E alude aos estagiários como *trabalhadores*. Mais uma questão de mérito.

O raciocínio a ser desenvolvido no presente capítulo endereça-se à demonstração de que, ao postular assim, o Ministério Público do Trabalho incorre em uma radical e profunda carência de ação, por ser juridicamente impossível a demanda que propôs. Adianto que seu pedido é juridicamente impossível porque transgride a garantia do *direito de associação*, afirmada pela Constituição Federal em seu art. 5º, inc. XVII, e reafirmada nos dois incisos imediatamente subseqüentes.

O representante do *Parquet* vai também a fundo na crítica ao art. 7º do dec. n. 87.497, de 18 de agosto de 1982 (no qual residiria a autorização para a atividade de integração, exercida pelo Ciee), sustentando que essa norma regulamentadora carece de suporte em lei e, por esse motivo, seria inconstitucional. Diz:

> "essa inovação [*a autorização supostamente criada pelo decreto*] padece de insanável ilegalidade, decorrente da inequívoca nulidade do disposto no aludido art. 7º, porque, em se tratando de norma regulamentar, inferior à lei, o ato explicativo tem de se cingir ao que a lei contém, não podendo ao seu alvedrio admitir um novo participante e contemplar-lhe [*sic*] com funções específicas não definidas ou delineadas na própria lei. O decreto foi além do que poderia" (fls. 53).

Ora, ao assim sustentar demonstra mais uma vez o Ministério Público do Trabalho uma total desconsideração à superior garantia constitucional da *liberdade de associação* (Const., art. 5º, incs. XVII, XVIII e XIX), associada a uma outra garantia, também residente na Constituição Federal, que é a da *liberdade de iniciativa* (art. 170). E assim é que, nada vendo na lei que autorizasse a atividade de integração exercida pelo Ciee e sustentando que sem uma autorização plantada no plano infraconstitucional essa atividade não seria lícita, conclui que o decreto seria contrário à lei e, por esse motivo, inconstitucional. Como também se demonstrará a seu tempo (*infra*, n. 107), um decreto *præter legem* não é, só por esse motivo, inconstitucional – e, além disso, esse art. 7º outra coisa não faz senão regulamentar de modo específico uma autorização que, se não vem da lei, vem do plano superior da própria Constituição Federal. Daí a reconfirmação da impossibilidade jurídica da demanda proposta, a qual também por esse aspecto se lança contra expressas disposições constitucionais.

Antes de passar ao exame aprofundado desses motivos pelos quais a demanda movida pelo Ministério Público do Trabalho é juridicamente impossível, lancemos um olhar a certos conceitos fundamentais relacionados com essa condição da ação que é a possibilidade jurídica do pedido, ou da demanda.

99. impossibilidade jurídica da demanda
– vetos constitucionais, legais ou sistemáticos

Na redação original do parecer aqui reproduzido, a este ponto foram desenvolvidos raciocínios e explicitados conceitos referentes à impossibilidade jurídica como condição da ação, a qual é impossibilidade da *demanda* como um todo e não necessariamente do *pedido*. Também foi feita uma associação entre a impossibilidade da demanda e a impossibilidade jurídica do provimento desejado, sendo aquela uma antecipação desta; não se dá curso a um processo iniciado por uma demanda juridicamente impossível justamente porque de antemão já se sabe que o resultado positivo desse processo só poderá ser um resultado impossível. Destacou-se ainda que não só da lei emergem vetos a pretensões de dada ordem, com a conseqüência de serem estas juridicamente impossíveis. Tais vetos vêm também do plano superior da Constituição Federal e, quando não, também do próprio sistema jurídico considerado como um todo.

Tais considerações são de total pertinência ao presente estudo, no presente ponto, mas deixam de ser aqui reproduzidas porque já estão incluídas, com toda explicitude, em outro capítulo deste mesmo volume. Para evitar o vício das repetições desnecessárias, limito-me a remeter o leitor interessado ao que lá está escrito (*supra*, capítulo "Ação civil pública e separação de Poderes – limitações ao controle jurisdicional e às medidas de urgência", nn. 72-73).

100. *uma autêntica associação*

Como entidade *sem fins lucrativos* voltada a servir de elo entre escolas e empresas com vistas a proporcionar estágios profissionalizantes a estudantes de diversos níveis, o CIEE é uma associação, ou sociedade civil. Ausente a idéia do capital e do lucro, sobra somente o trabalho a unir os sócios. É essa a razão pela qual venho afirmando a *apatrimonialidade* de entidades como essa e, por conseqüência, negando a possibilidade de sequer se cogitar da *herança* de quotas sociais e muito menos de uma sucessão na situação ocupada pelo sócio pré-morto. Onde não há quotas não se cogita de haveres. "O que caracteriza a associação é somente a ausência de intenção de dividir resultados, mas normalmente tem fim altruísta" (Orlando Gomes[8]).

Observação muito pertinente e de absoluta propriedade é também a de Caio Mário, de que uma associação pode até mesmo desenvolver "negócios visando ao alargamento da pessoa jurídica [*ou seja, dela própria*], sem proporcionar ganhos aos associados".[9] E Maria Helena Diniz: "não perde a categoria de *associação* mesmo que realize negócios para manter o seu patrimônio, sem contudo proporcionar ganhos aos associados".[10] Tratando-se de entidade que não busca o lucro, a *affectio societatis* estabelece-se não com base em conferências de capital ou no objetivo comum de lucro, mas a partir da contribuição pessoal de cada um com seu *trabalho*. É essa, entre outras, a razão da existência de *regras especiais* a que se sujeitam as associações, "quanto à participação

---

8. *Cfr. Introdução ao direito civil*, n. 135, p. 213.
9. *Cfr. Instituições de direito civil*, n. 60, esp. p. 231.
10. *Cfr. Curso de direito civil brasileiro*, I, 1993, p. 120.

de seus membros e ao funcionamento, inaplicáveis às sociedades" (ainda Orlando Gomes[11]).

Sempre foi extremamente escassa a legislação brasileira acerca das associações em geral. Afora as previsões vagas e inespecíficas contidas nos arts. 16-17 do Código Civil de 1916, praticamente nada existia no plano infraconstitucional – diferentemente do que se dá no direito italiano, em que as associações de diversas naturezas e objetivos recebem forte carga de disciplina legal, com forte reflexo nas obras doutrinárias (Pietro Rescigno[12]). Hoje o Código Civil que temos é mais explícito, a ponto de emitir uma conceituação legal ("união de pessoas que se organizem para fins não-econômicos" – CC-02, art. 53).

101. norma explícita sobre a suspensão e dissolução

No regime ditado há mais de sessenta anos pelo dec.-lei n. 9.085, de 25 de março de 1946, de dois modos uma associação desviada de suas finalidades poderia ser atingida por medidas repressivas: a) poderia o Governo, mediante ato puramente administrativo, determinar a *suspensão* de suas atividades, embora (b) a *dissolução* fosse necessariamente judicial, com legitimidade do Ministério Público para postulá-la em juízo (art. 6º, *caput* e § 1º). Está ainda escrito naquele diploma que a duração da suspensão administrativa é limitada a seis meses (sempre o art. 6º). Depois, ao sopro dos ventos democráticos que iluminaram a Constituição Federal de 1988, com adesão total às premissas do *due process of law* e da inafastabilidade da tutela jurisdicional (art. 5º, incs. XXXV e LIV), era natural que também a suspensão de atividades fosse jurisdicionalizada, não se admitindo sua imposição por ato administrativo.[13]

---

11. *Op. loc. cit. Cfr.* também Walter Moraes, *Sociedade civil estrita*, n. 11, p. 24.
12. *Cfr. Manuale del diritto privato italiano*, n. 41, p. 174.
13. Também o dec.-lei n. 41, de 18 de novembro de 1966, cuida da dissolução de sociedades mas não se aplica ao CIEE, porque diz respeito somente a socieda-

Daí a óbvia não-recepção daquela antiga norma que outorgava tal competência ao Governo, ou seja, ao Poder Executivo; sua inconstitucionalidade por não-recepção chegou a ser proclamada pelo C. Supremo Tribunal Federal (*cfr*. Celso Ribeiro Bastos[14]). Tal competência havia sido delegada pela Presidência da República ao Ministro da Justiça (dec. n. 87.056, de 23.3.82), mas hoje nem o Presidente nem o Ministro a têm, porque assim dispõe o art. 5º, inc. XIX, da Constituição Federal: "as associações só poderão ser compulsoriamente dissolvidas ou ter suas atividades suspensas por decisão judicial, exigindo-se, no primeiro caso, o trânsito em julgado". Essa disposição está no contexto de uma disciplina constitucional empenhada em privilegiar a *plena liberdade de associação para fins lícitos* (art. 5º, inc. XVII), declarando-se muito expressamente que a criação de associações "independe de autorização, sendo vedada a interferência estatal em seu funcionamento" (art. 5º, inc. XVIII).

E, sabido que só de um juiz pode vir a ordem de suspender atividades (inc. XIX), qual medida seria essa de *suspensão*, que pode ser imposta e efetivada antes do trânsito em julgado, quando o ato judicial de *dissolução* das associações só se efetiva e pode impor-se quando coberto pela *res judicata* (v. ainda a redação do art. 5º, inc. XIX)?

102. *uma medida antecipatória de tutela jurisdicional com eficácia limitada a seis meses*

A um profissional familiarizado com o dia-a-dia das atividades forenses e com os mecanismos de atuação das atividades jurisdicionais chega a ser óbvia a resposta à indagação lançada acima. Essa medida, a ser concedida por juiz e com duração limitada no tempo, não é outra coisa senão uma autêntica *ante-*

---

des de fins assistenciais que recebam subsídios públicos ou se mantenham com contribuições periódicas da população.
14. *Cfr. Comentários à Constituição do Brasil*, II, nota ao art. 5º, inc. XIX, esp. p. 104.

cipação de tutela jurisdicional, nos moldes da disciplina geral contida no art. 273 do Código de Processo Civil e com a peculiaridade que lhe confere o art. 6º, *caput*, do vetusto dec.-lei n. 9.085, de 25 de março de 1946. Desse dispositivo o que não foi constitucionalmente recepcionado é somente a autorização dada ao Poder Executivo para suspender as atividades de associações desviadas de sua finalidade. Só isso. Tal autorização, colidindo com a superveniente regra constitucional que dá ao Poder Judiciário a competência exclusiva para determinar a suspensão, não poderia realmente subsistir. Mas a limitação temporal da eficácia da medida nada tem de inconstitucional e em nada colide com o que está no art. 5º, inc. XIX, da Constituição Federal. Não colide nem pode colidir, porque está em plena consonância com a *mens* protetiva das associações, expressa na própria Constituição. Leia-se agora aquele dispositivo infraconstitucional à luz do que diz a vigente Constituição, da seguinte maneira, compatível com ela: "as sociedades ou associações (...) serão suspensas por sentença judicial, por prazo não excedente de seis meses". Essa é uma leitura sistemática que atende com perfeita harmonia a uma prestigiosa linha jurisprudencial e metodológica de intensa e reiterada aceitação pelo C. Supremo Tribunal Federal, consistente na *interpretação conforme a Constituição* – a qual é um eficiente meio de controle de constitucionalidade das leis e, sem redução do texto, aporta às normas um significado constitucionalmente correto.

> Disse o Min. Gilmar Mendes em sede doutrinária: "deve o juiz, *na dúvida, reconhecer a constitucionalidade da lei*. Também no caso de duas interpretações possíveis de uma lei, há de se preferir aquela que se revele compatível com a Constituição".[15]

Ora, a limitada duração temporal é mesmo uma inerência das medidas de tutela jurisdicional acelerada, entre as quais as antecipações tutelares. Já o próprio Código de Processo Civil, no § 4º de seu art. 273, determina o óbvio, a saber, que as antecipa-

---

15. *Jurisdição constitucional*, cap. III, n. III, esp. p. 316.

ções tutelares podem ser revogadas a todo tempo – o que, também óbvia e notoriamente, é assim porque os resultados de uma cognição plena e exauriente podem desautorizar as conclusões tomadas com fundamento em mero *fumus boni juris*. No tocante às medidas cautelares antecedentes ou preparatórias, que também são instrumentos de tutela jurisdicional acelerada (de urgência), a lei determina que não terão duração acima de trinta dias se a demanda principal não vier a ser proposta nesse período (CPC, art. 808, inc. I).

Esses esclarecimentos conceituais, apoiados em lições para lá de sedimentadas e pacíficas em direito processual, reconfirmam com segurança que no binômio suspensão-extinção, mutuado pela Constituição Federal ao decreto-lei de 1946, a suspensão é uma medida antecipatória de efeitos da dissolução judicial das sociedades desviadas de suas finalidades institucionais – e, como toda medida antecipatória, só se concebe quando atrelada a uma outra, de caráter principal. Tal é a notória relação de instrumentalidade funcional entre as medidas urgentes e as principais. Não tem lugar no sistema processual uma medida antecipatória a ser concedida sem essa dependência, ou seja, uma medida antecipatória de natureza principal (*contradictio in terminis!*). Só se pode falar em *antecipação de efeitos* quando haja razoável expectativa de que um dia esses efeitos poderão vir a ser concedidos em caráter definitivo e permanente. Daí dizer Pinto Ferreira que a suspensão temporária das associações "é uma medida preventiva que não provoca evidentemente a extinção da entidade".[16]

Medida preventiva era, na linguagem anterior ao Código de Processo Civil de 1973, uma das locuções empregadas para designar o que hoje nós estamos habituados a chamar de medida cautelar ou, conforme o caso, antecipação de tutela jurisdicional (Lopes da Costa[17]).

16. *Cfr. Comentários à Constituição brasileira*, I, nota ao art. 5º, inc. XIX, esp. p. 97.
17. *Cfr. Medidas preventivas, medidas preparatórias, medidas de conservação.*

103. uma suspensão pedida em caráter definitivo e sem ligação a um pedido de dissolução da sociedade

Mas o Ministério Público do Trabalho veio a juízo (a) com um pedido de absoluta e permanente inabilitação do CIEE ao exercício de todas suas atividades institucionais e (b) sem sequer cogitar de colocar tal pedido como postulação de uma tutela destinada a antecipar os efeitos de uma outra, de caráter principal. Não pediu a dissolução da sociedade.

Em outras palavras, a demanda inicial do *Parquet* traz como pedido principal uma pretensão que só poderia, ainda em tese, ser admitida e processada como pretensão a uma antecipação tutelar – e que, por ditame legal explícito, não poderia jamais ter duração superior a seis meses (dec.-lei n. 9.085, de 25.3.46, art. 6º, c/c Const., art. 5º, inc. XIX). Por esses motivos, o pedido do Ministério Público do Trabalho é juridicamente impossível.

104. uma concreta impossibilidade jurídica

Como foi dito acima e é notório entre os operadores do direito, impossibilidade jurídica da demanda é a inadmissibilidade, mesmo em tese, de obter o resultado prático visado pelo demandante. Ela decorre da frontal oposição entre a pretensão e a ordem jurídica, sendo irrelevantes os fatos ou os demais fundamentos jurídicos invocados: examina-se a pretensão perante o direito nacional e, se ela for logo *a priori* excluída por uma norma específica ou mesmo por uma incompatibilidade com o sistema como um todo, isso significa que é juridicamente impossível (*supra*, n. 99).

Ora, na linha do raciocínio até aqui em curso, já se sente que a demanda proposta pelo Ministério Público do Trabalho e aqui posta no crivo de respeitosa crítica está fatalmente comprometida por duas impossibilidades jurídicas, (a) porque pede uma abstenção de atividades sem qualquer limitação temporal, quando a lei limita a suspensão a seis meses, e (b) porque a suspensão admitida pela lei e pela Constituição Federal é uma medida antecipatória de tutela jurisdicional e não um direito em si, só podendo ser concedida em vista de um provimento jurisdicional provavelmente devido e concretamente pedido pela parte.

105. *suspensão perpétua?* uma contradictio in terminis

Suspensão, em direito, significa parada momentânea ou provisória de um prazo ou atividade, com a previsão de recomeçar do ponto em que se encontrava, após decorrido determinado tempo ou ocorrido determinado fato. Eduardo Couture define *suspensão*: "acción y efecto de suspender, detener o parar, por un cierto tiempo, un término, obra, ejercicio de empleo u otra forma de actividad".[18] Em direito processual *suspensão* opõe-se a *interrupção*, sendo sabido que um prazo interrompido volta a correr depois em sua integralidade (ou seja, a contar de *zero*), enquanto o prazo suspenso volta a fluir pelo tempo faltante no momento em que se suspendeu. Ambas têm em comum a marca da *provisoriedade*, dado que nem uma nem outra se destina a prevalecer para sempre ou a impedir perpetuamente a obra, exercício ou atividade que antes estava em curso (sempre, Couture). Não se concebe, pois, suspensão que não seja provisória – quer se trate da suspensão como fenômeno processual, quer seja ela encarada na perspectiva mais ampla da teoria geral do direito. Não se concebe, em outras palavras, uma suspensão consistente em impedir *sub specie æternitatis* a retomada da obra, exercício ou atividade que por força dela houver ficado parada.

No contexto da disciplina legal e constitucional das associações acusadas de desvio de finalidade, o vocábulo *suspensão* vem sendo usado em oposição a *dissolução* (Const., art. 5º, inc. XIX, e dec.-lei n. 9.085, de 15.3.46, art. 6º, *caput – supra*, n. 101). Está claríssima a intenção do legislador e do constituinte de, mediante a constante oposição entre os dois vocábulos integrantes desse binômio, estabelecer uma clara distinção entre o provisório e o definitivo.

---

18. *Cfr. Vocabulario jurídico*, p. 552.

Na linha dessas claras disposições e da própria *liberdade de associação*, que a Constituição Federal estabelece e garante em termos bastante amplos (art. 5º, inc. XVII), entende-se com facilidade que uma associação só pode ser dissolvida quando ocorrerem motivos capazes de torná-la incompatível com a ordem pública ou com o interesse ou segurança da nação. Pelo disposto naquele decreto-lei de 1946, as sociedades serão dissolvidas "quando o seu objeto ou circunstância relevante indique destino ou atividade ilícitos ou contrários, nocivos ou perigosos à segurança do Estado e da coletividade, à ordem pública ou social, à moral e aos bons costumes" (art. 6º, *caput*, c/c art. 2º). Como já foi ressaltado, a suspensão das atividades de uma associação, como *suspensão* que é, poderia e pode ser imposta pelo tempo máximo de seis meses, enquanto que *a dissolução é definitiva*; e não foi à-toa ou por acaso que já aquele decreto-lei tomava a cautela de autorizar ao Poder Executivo a competência para suspender, mas só ao Judiciário a competência para dissolver (tal oposição estava em seu art. 6º, *caput* e § 1º).

Ora, dessa constante e sistemática *oposição entre o suspender e o dissolver* resulta a total impossibilidade jurídica de suspender atividades por tempo indeterminado sem dissolver. A ser acolhida a demanda proposta pelo Ministério Público do Trabalho, o CIEE continuaria a existir, porque não dissolvido, mas, apesar de existente como pessoa jurídica, estaria rigorosa e absolutamente impedido de realizar suas atividades institucionais e estatutárias. Que estranha existência seria essa? O destino imediato de toda sociedade dissolvida é a liquidação e, depois desta, o cancelamento de seu registro. Aqui, nada disso ocorreria. Nem se extinguiria o CIEE como pessoa jurídica, nem se liquidaria, nem se cancelaria sua inclusão no registro público. Seria, pois, uma autêntica e estranha *entidade fantasma*.

Não bastasse a evidência desse absurdo lógico, o total impedimento de exercer toda e qualquer atividade mostra-se ainda como frontal transgressão ao disposto no art. 5º, inc. XVIII, da própria Constituição Federal, que de modo claro e direto proíbe "a intervenção estatal em seu funcionamento" [*no funcionamento das associações*]. Ou bem a associação cessa de existir, pela dissolução, ou prossegue. Se prossegue, prosseguirá no pleno exercício de suas atividades, e disso só poderá ser impedida se e quando houver motivo para antecipar a tutela jurisdicional, *suspendendo-se por seis meses suas atividades por decisão de um juiz*. Parece-me para lá de óbvia essa constatação, bem assim a impossibilidade jurídica decorrente dessa contrariedade à Constituição Federal e à lei ordinária.

106. medida antecipatória de quais efeitos definitivos?

Não se pode ter a menor dúvida de que a pretensão do Ministério Público autor, em sua demanda inicial, fosse, como de fato realmente é, a de obter a total e definitiva cessação de atividades do CIEE. Não bastasse o eloquente fato de pedir precisamente isso, sem nada limitar no tempo e sem pedir a *dissolução* dessa associação, vê-se na própria petição inicial um pedido de antecipação tutelar liminar, associado àquele que o Ministério Público entendeu como "principal". Na realidade, seu formal pedido de antecipação é o mesmo, mesmíssimo, que depois vem a título de principal, ambos redigidos precisamente com essas palavras: "abster-se de promover a intermediação de mão-de-obra de estudantes do ensino médio, técnico, tecnológico, profissionalizante e superior, deixando de celebrar ou manter acordos de cooperação ou termos de compromisso e de praticar quaisquer atos voltados à seleção, colocação e acompanhamento de 'estágios', sob pena de pagamento de multa diária no valor de R$ 1.000,00 por trabalhador alvo do descumprimento, reversível ao FAT" (fls. 64-65).

E, assim, o processo instaurado pela propositura dessa demanda está destituído de um legítimo objeto, ou seja, de uma *pretensão principal juridicamente possível*, colocando-se no lugar da principal uma que, conforme visto e revisto ao longo do parecer e à luz do direito positivo, é desenganadamente antecipatória. Eis os mais salientes pontos de atrito dessa demanda com a Constituição e com a lei: a) pede em caráter definitivo uma providência jurisdicional que, por definição, é provisória e portanto revogável (CPC, art. 273, § 4º); b) não associa essa pretensão antecipatória a uma principal, que só poderia ser a de *dissolução* da associação (Const., art. 5º, inc. XIX, e CPC, art. 273, § 4º, c/c art. 801, inc. III).

Não estranhem os qualificados leitores a remissão que faço a uma disposição contida em capítulo do Código referente à tutela *cautelar*, quando no presente caso venho seguidamente falando em *antecipação da tutela*. Na realidade, as cautelares e as antecipações integram uma só categoria mais ampla, a da *tutela jurisdicional de urgência* (ou tutela jurisdicional acelerada), transpondo-se legitimamente às segundas grande parte do que a propósito das primeiras dispõe de modo explícito o Código de Processo Civil. Há tempos venho dizendo isso em sede doutrinária[19] e também na obra respeitadíssima de José Roberto dos Santos Bedaque é demonstrada a imperiosidade de dar a umas e outras um tratamento homogêneo e em grande parte coincidente.[20]

107. a suposta inconstitucionalidade do decreto regulamentador

Como já referido (*supra*, n. 98), sem razão sustenta o Ministério Público que a única autorização jurídico-positiva para as atividades de integração exercidas pelo CIEE seria representada pelo art. 7º do dec. n. 87.497, de 18 de agosto de 1982, e que, como nenhuma autorização nesse sentido existe *na lei*, tal decreto seria inconstitucional. Segundo diz, "o decreto foi além do que poderia". E, se essa norma autorizadora era assim carente de apoio em qualquer norma superior a ser regulamentada, conclui o Ministério Público que o consulente opera à margem da legalidade, sem apoio no direito.

---

19. *Cfr.* meu ensaio "O regime jurídico das medidas urgentes", *in Nova era do processo civil*, nn. 26-27, pp. 58 ss.
20. *Cfr. Tutela cautelar e tutela antecipada: tutelas sumárias e de urgência*, *passim*.

Poderia talvez ter razão o dr. Procurador se realmente aquele art. 7º de um mero decreto estivesse laborando no vazio, sem um sustentáculo jurídico-positivo de mais elevada hierarquia e sem compatibilidade com o que na lei se dispõe. Mas, como dito, o principal sustentáculo daquela disposição regulamentadora não é um diploma infraconstitucional, como a lei em sentido estrito, mas a própria Constituição Federal, em suas explícitas disposições sobre a liberdade de associação e a liberdade de iniciativa (art. 5º, incs. XVII-XIX, e art. 170).

Quero com isso pôr em evidência que, mesmo sem o que no decreto está, a liberdade de realizar a integração escola-empresa estaria do mesmo modo franqueada ao CIEE. Essa é uma atividade socialmente produtiva, de elevado grau de utilidade pública em face do propósito de propiciar a profissionalização e retirar jovens da marginalidade e do desemprego – e, por isso, dada sua manifesta legitimidade social e política, a liberdade de exercê-la é diretamente assegurada pela própria Constituição Federal, ao menos mediante aquelas duas expressas *liberdades* explicitamente asseguradas (de associação e de iniciativa). Diante disso, com decreto ou sem decreto, o substrato jurídico dessa atividade está plenamente assegurado. Se pudéssemos retirar da ordem jurídica nacional o art. 7º do dec. n. 87.497, de 18 de agosto de 1982, isso nada alteraria, porque tal disposição era rigorosamente dispensável no tocante à autorização para as atividades institucionais do CIEE.

Nesse afã de repudiar a disposição contida naquele art. 7º, por ausência de norma infraconstitucional a ser regulamentada, reside, como venho dizendo, uma reconfirmação da impossibilidade jurídica da demanda proposta pelo Ministério Público do Trabalho e aqui posta em respeitosa crítica. Simplesmente, o que quer o dr. representante do *Parquet* é que uma sentença judicial negue ao CIEE, por falta de expressa regência legal em nível infraconstitucional, uma indiscutível liberdade que a Constituição Federal lhe outorga claramente.

108. reavivando conceitos fundamentais e concluindo o capítulo

Tornemos a uns conceitos elementares na teoria do processo mas indispensáveis ao raciocínio aqui proposto. Embora o direito de ação seja uma regra de cobertura geral de todo o sistema de direitos, posta superiormente na Constituição Federal (art. 5º, inc. XXXV), essa garantia não pode prevalecer em casos nos quais a pretensão trazida ao juiz colida de frente com uma norma legal, com o sistema jurídico do país como um todo ou, *a fortiori*, com a própria Constituição Federal. Todos sabemos que em casos assim o autor carece de ação por impossibilidade jurídica de sua demanda. Como venho dizendo e é do conhecimento geral entre os operadores do direito, "uma demanda é juridicamente impossível quando impossíveis forem os resultados que mediante ela o sujeito pretende obter. Ou, em outras palavras: a impossibilidade jurídica da demanda é reflexo da incompatibilidade dos resultados pretendidos com alguma disposição legal, princípio geral ou mesmo com o sistema de direito positivo do país" (*supra*, capítulo "Ação civil pública e separação de Poderes – limitações ao controle jurisdicional e às medidas de urgência", esp. nn. 72-73). Relembro também que, ao dizer essas coisas, apoiei-me em doutrinadores estrangeiros e nacionais do peso de Liebman, Buzaid, Galeno Lacerda, Calmon de Passos, José Frederico Marques e Vicente Greco Filho (*ib.*).

Pois, como visto, é precisamente isso que ocorre aqui. Ao querer que não se cumpra o art. 7º do dec. n. 87.497, de 18 de agosto de 1982, porque supostamente desamparado por qualquer lei, na realidade está o autor desta ação civil pública a postular que pura e simplesmente se negue vigência aos arts. 5º, incs. XVII-XIX, e 170, *caput*, da Constituição Federal, portadores das garantias de liberdade de associação e de iniciativa. Aquela disposição regulamentar reúne plenas condições para prevalecer com ou sem apoio em lei expressa, nada tendo de ilegítima.

Por todas as razões somadas, constantes dos diversos tópicos do presente capítulo, a conclusão inequívoca a que se chega é que a demanda do Ministério Público do Trabalho, aqui em exame, está irremediavelmente comprometida por uma redobrada impossibilidade jurídica. Resumindo: a) ela é juridicamente impossível porque pede uma *suspensão* em caráter definitivo, quando a suspensão autorizada por lei tem por limite máximo o prazo de seis meses (dec.-lei n. 9.085, de 25 de março de 1946, art. 6º); b) ela é juridicamente impossível também porque pretende uma medida de caráter antecipatório sem pedir e deixando claro que jamais pretendeu pedir a medida principal, que seria a *extinção* da associação; c) ela é ainda juridicamente impossível porque implica a interferência estatal no funcionamento desta, o que a Constituição Federal proíbe (art. 5º, inc. XVIII); d) é juridicamente impossível, finalmente, porque nega a liberdade de associação e a de iniciativa, asseguradas em nível constitucional (Const., art. 5º, inc. XVII, e art. 170, *caput*).

Desses confrontos com normas explícitas no direito positivo nacional resulta a clara carência de ação, que deve conduzir à extinção do processo sem julgamento do mérito (CPC, art. 267, inc. VI).

§ 4º – A INUTILIDADE DO PROVIMENTO JURISDICIONAL PEDIDO
– AUSÊNCIA DE INTERESSE PROCESSUAL
E LEGITIMIDADE *AD CAUSAM*

109. *tornando ao caso*

Como está claro da petição inicial, o que postula o Ministério Público autor é o total e irrestrito alijamento do ora consulente do *processus* relacionado com o estágio de estudantes em empresas. Outra coisa não significa seu pedido de condenação do CIEE a se abster por completo e para sempre, em todo o território nacional, de sua atividade de integração, que constitui a única razão de ser de sua própria existência. Mas por que alimenta e defende tal pretensão? Segundo diz,

"o *Parquet* não tem dúvidas em afirmar que sem a presença do agente de integração que opere nos moldes do CIEE haverá uma substancial melhora na qualidade dos estágios, eliminando-se em grande parte as situações de mera intermediação de mão-de-obra, pois o contato direto entre o concedente e a escola favorecerá o correto delineamento das propostas e atividades com o programa pedagógico" (fls. 54).

Bem lido, esse trecho da petição inicial revela que o verdadeiro desiderato do dr. *Promotor justitiæ* vai até além daquilo que pede no processo, a saber: o que lhe desagrada é a própria atividade integrativa exercida pelo C<small>IEE</small> ou por quem quer que seja. Em um exercício de futurologia, ele vaticina, como está mais do que claro em suas palavras, que o contato direto entre a escola e a empresa, sem a participação de qualquer agente de integração, propiciará seguramente uma substancial melhora para os estágios. Não pede porém a imposição de medida alguma às empresas que admitem estagiários, as quais, se depender do que neste processo se decidir, continuarão a atuar tal e qual. Surge daí a relevância da investigação, que a seguir inicio, acerca da presença ou ausência, no caso em exame, do indispensável requisito do *interesse de agir*.

110. interesse de agir (aspectos gerais)

"Como conceito geral, *interesse é utilidade*. Consiste em uma *relação de complementariedade entre um bem e uma pessoa*, a saber, entre um bem portador da capacidade de satisfazer uma necessidade e uma pessoa portadora de uma necessidade que pode ser satisfeita por esse bem (Carnelutti). Há o *interesse de agir* quando o provimento jurisdicional postulado for capaz de efetivamente ser útil ao demandante, operando uma melhora em sua situação na vida comum – ou seja, quando for capaz de trazer-lhe uma verdadeira *tutela*, a tutela jurisdicional (*supra*, nn. 39-40). O interesse de agir constitui o núcleo fundamental do direito de ação, por isso que só se legitima o acesso ao processo e só é lícito exigir do Estado o provimento pedido na medida em que ele tenha essa utilidade e essa aptidão". Essas palavras minhas, escritas em sede doutrinária,[21] são abertamente inspiradas em superiores

---

21. *Cfr.* ainda minhas *Instituições de direito processual civil*, II, n. 544, pp. 309 ss.

lições de Francesco Carnelutti, de perene atualidade na teoria processual.[22] É muito natural que o Estado-juiz só se disponha a desencadear atividades em torno da pretensão de uma pessoa quando for razoavelmente previsível que a medida jurisdicional preparada por essas atividades será apta a produzir o resultado prático desejado e autorizado pelo direito. Antevendo-se a inexistência dessa utilidade, não há por que exercer a jurisdição e não há por que percorrer todos os caminhos de um processo. Diz-se então, como é notório, que em casos assim o autor *carece de ação por falta de interesse de agir*.

111. qual utilidade?

Bem conhecida a pretensão posta pelo Ministério Público do Trabalho neste processo e postos em destaque esses conceitos elementares em processo civil, ponho-me a questionar qual seria a utilidade que, para os estagiários em geral e para a comunidade estudantil de potenciais estagiários, poderia oferecer essa completa e radical extirpação das entidades de integração. Como resulta claramente da lei e de seu regulamento, sendo esse também o pensamento explícito do próprio Ministério Público Federal, a inserção dos agentes de integração no sistema dos estágios é rigorosamente facultativa, ficando a critério das instituições de ensino e das empresas o valer-se ou não se valer da participação daqueles – lembrando ainda que, como acima já foi registrado, assim é também a prestigiosa voz do renomado Amauri Mascaro Nascimento (*supra*, n. 90).

> "A intervenção dos agentes de integração no processo de escolha do estagiário não é obrigatória. A instituição de ensino poderá recorrer, se quiser, aos serviços dessas entidades. Em sendo esse o caso, os agentes servirão de elo entre os sistemas de ensino e os setores de produção, serviços, comunidade e governo."

Aliás, o próprio dispositivo legal autorizador dessa atividade integrativa é explícito ao dizer que "a instituição de ensino poderá

---

22. *Cfr. Teoria generale del diritto*, § 35, pp. 58-61.

recorrer aos serviços de agentes de integração" (dec. n. 87.497, de 18.8.82, art. 7º). *"Poderá* recorrer", diz o decreto regulamentador – e não *"deverá* recorrer". E, quando o CIEE participa, participa somente para aproximar escolas, empresas e candidatos a estágio, para selecionar estagiários e atividades empresariais compatíveis com as necessidades daquele, para promover serviços administrativos de cadastramento *etc.*, para captar recursos viabilizadores dos estágios curriculares (dec. *cit.*, art. 7º, par., letras "a" a "d"). Atua como o botão que *dá corda* a um relógio de pulso automático, ficando do lado de fora e servindo somente para dar início a um movimento que depois prossegue sem qualquer participação ou ajuda de sua parte; e, assim como o relógio pode manter-se em funcionamento com um simples balançar do braço da pessoa, sem ajuda do botão, assim também o sistema de estágios curriculares pode atuar sem que sequer aquele *start* haja sido dado pelo CIEE.

A conseqüência é que, ainda quando o pedido formulado neste processo viesse a ser provido pelo Poder Judiciário e o consulente ficasse impedido de prosseguir em sua atuação, ainda assim o objetivo final do Ministério Público não seria atingido. As mazelas que atribui aos estágios em algumas cidades paulistas, se é que ocorreram realmente e se é que são tão graves como diz, continuarão precisamente como vinham sendo. Como tem sido dito por todos os especialistas que se dedicam ao tema e o consulente cita em sua contestação, "o CIEE não participa diretamente da supervisão do estágio" (Bernadette Edith Rosa Pinto, auditora fiscal do trabalho); "a fiscalização dos estágios nas empresas concedentes não é função legalmente exigível do agente de integração" (Amauri Mascaro Nascimento).

Repito, pois, apoiando por inteiro a preliminar de ausência de interesse de agir suscitada pelo consulente: o Ministério Público do Trabalho carece de ação por falta de legítimo interesse processual, dada a mais completa inutilidade do provimento que pede e em vista dos objetivos a que visa. Se mazelas há, repito de novo, mazelas continuarão a existir. E esse é o sinal mais claro de falta de interesse de agir, a partir da identificação dessa condição da ação como a *utilidade* que o provimento jurisdicional possa proporcionar ao autor, em vista dos objetivos que o movem. O provimento que pede o Ministério Público neste processo não é minimamente capaz de proporcionar qualquer tutela ou melhoria de condições de aprendizado aos estudantes cujos interesses são supostamente defendidos por esse substituto processual. Com ou sem o CIEE no *iter* de aproximação entre escolas, estudantes e empresas, os modos como os estágios são conduzidos permanecerão tal e qual.

> Não consigo vencer a tentação de comparar a iniciativa do Ministério Público do Trabalho, querendo excluir o CIEE do sistema, à do marido traído que, para pôr fim aos seguidos adultérios praticados pela mulher no sofá de sua sala, resolveu *vender o sofá*.

112. legitimidade ad causam, *destaque do interesse de agir*

Em uma primeira aproximação, segundo conhecida lição lançada por Liebman e apoiada por Alfredo Buzaid, a legitimidade *ad causam* consiste na *pertinência subjetiva ativa e passiva da ação*.[23] Essa conceituação é ainda muito vaga, mas já na obra do antigo professor da Universidade de Milão colhemos algo mais concreto, quando ele diz: "o problema da legitimação consiste em individualizar a pessoa a quem pertence o interesse de agir (e, pois, a ação) e a pessoa com referência à qual ele existe".[24] Manifestando-me sobre o tema, propus conceituar essa condição da ação como "qualidade para estar em juízo, como demandante ou demandado, em relação a determinado conflito trazido ao exame do juiz", esclarecendo que "ela depende sempre de uma necessária *relação entre o sujeito e a causa* e traduz-se na relevância que o resultado desta virá a ter sobre sua esfera de direitos, seja para favorecê-la ou para restringi-la".[25]

Em rigorosa técnica processual, a legitimidade *ad causam* insere-se no âmbito do interesse de agir, porque sua falta traduz-se

---

23. *Cfr.* Liebman, *Manual de direito processual civil*, I, n. 74-B, p. 208 trad.; Buzaid, *Do agravo de petição*, n. 39, esp. p. 89.
24. *Id., ib.*
25. *Cfr.* Dinamarco, *Instituições de direito processual civil*, II, n. 545, p. 313.

em ausência de utilidade do provimento jurisdicional. Ainda que tenha legitimidade, o autor pode carecer do direito de ação se por outro motivo esse provimento não for apto a proporcionar-lhe utilidade, como no exemplo do *writ* concedido quando o concurso já se realizou; mas se a medida for postulada por outra pessoa já se sabe de antemão que a tutela jurisdicional será inútil, dispensada a perquirição relativa a outros elementos. A ilegitimidade *ad causam* é, assim, um destaque negativo do requisito do interesse de agir, cuja concreta ocorrência determina *a priori* a inexistência deste. Jamais haverá legítimo interesse processual onde a parte for ilegítima.

113. o Ciee é parte manifestamente ilegítima

O Ministério Público do Trabalho descreve acontecimentos ocorridos em empresas de uma região paulista e, por irregularidades supostamente praticadas no âmbito dessas empresas, vem a juízo pedir o engessamento das atividades do agente de integração e sua responsabilização por alegados danos. Ora, proibir o Ciee de atuar, quando se sabe que ele não coordena, não administra e não fiscaliza estágios, seria atuar no campo da mais absoluta inutilidade. O Ministério Público escolheu para réu um sujeito cuja atuação ou alijamento do sistema dos estágios curriculares é inteiramente indiferente em vista das irregularidades que aponta. Nesse contexto, o Ciee não é mais que um mero *sofá*, cuja remoção não será apta a alterar em coisa alguma os modos como, segundo o autor, os fatos vêm acontecendo no âmbito de algumas empresas. Em outras palavras: o Ministério Público autor diz pretender um dado resultado, que é o aprimoramento dos estágios curriculares, e envolve na posição de réu um sujeito, o Ciee, que sequer nas longas narrativas contidas na petição inicial figura como elemento perverso em relação aos objetivos desejados. O Ciee omite-se na fiscalização? Sua função não é fiscalizar. Não coordena adequadamente os estágios? Sua função não é coordenar. As empresas admitem mais estagiários do que comportam? O Ciee não exerce qualquer poder sobre elas. Impõem jornadas de trabalho excessivas? O CIEE não é uma empresa empregadora nem uma *holding company* ou uma agência reguladora com poder de comando sobre as empresas.

Em suma, falta neste caso aquela *relação de adequação entre o sujeito e a causa*, em que consiste a legitimidade para ser parte no processo (*supra*, n. 112) – no caso, falta a legitimidade passiva do CIEE, com a conseqüência de o Ministério Público carecer da ação que veio trazer a juízo. O resultado prático que se alvitra nessa situação é, obviamente, a extinção desse processo sem julgamento do mérito (CPC, art. 267, inc. VI).

114. inépcia da petição inicial, ilegitimidade passiva e mérito

Um dos pedidos contidos na demanda aqui em análise é de condenação do ora consulente "a pagar a quantia de R$ 1.000.000,00 (um milhão de reais) a título de reparação pelos danos causados aos direitos difusos e coletivos dos trabalhadores" *etc.* Como venho ressaltando, aliás na mesma linha sustentada pelo CIEE em contestação, nesse ponto a petição inicial chega às raias da *inépcia*, porque descreve condutas supostamente irregulares de determinados sujeitos (as empresas concedentes de estágios) e, pelos danos alegadamente causados por estes, pede a condenação de outro sujeito (o CIEE). Esse é o vício da *incongruência da petição inicial*, caracterizado pela falta de correspondência entre os fatos e a conclusão – sendo explícito o Código de Processo Civil ao determinar que, isso ocorrendo, a petição inicial será inepta e conseqüentemente deve ser indeferida, com extinção do processo sem julgamento do mérito (art. 267, inc. IV, c/c art. 295, inc. I, c/c par., inc. I).

Em casos assim é usual afirmar-se que ocorre uma carência de ação por ausência de legitimidade passiva *ad causam*, mas na realidade essa é uma questão de direito material e não processual, porque perante o direito material aquele que causar um dano deve repará-lo (CC, art. 927) – e obviamente, sempre no plano do direito material, aquele que não causou dano algum não é devedor de indenização alguma.

Quer nos animemos a ver no presente caso uma inépcia da petição inicial, quer o encaremos pelo prisma de uma ilegitimidade *ad causam*, quer tenhamos preferência por um diagnóstico jurídico-substancial, em qualquer das hipóteses concluiremos por afastar a viabilidade do pedido de condenação do CIEE a prestar uma reparação por alegados danos que outros sujeitos teriam causado. Ainda uma vez na palavra do prof. Amauri Mascaro Nascimento, "o agente de integração não pode ser responsabilizado pelo eventual desvirtuamento, numa empresa, do estágio".

§ 5º – INADMISSIBILIDADE DESSA AÇÃO CIVIL PÚBLICA POR AUSÊNCIA DO REQUISITO DA ADEQUAÇÃO

115. *os padrões de admissibilidade da ação civil pública*

A notória origem da ação civil pública brasileira no modelo norte-americano das *class actions*[26] faz dela algo de institucionalmente *excepcional* no sistema romano-germânico de direito processual, ao qual se filia o brasileiro. O individualismo dos romanos chega até nós de modo bastante veemente e quase intransigente, sendo a raiz mais remota e profunda de disposições como a do art. 6º do Código de Processo Civil, portadora da regra individualista da legitimidade individual de cada um para a defesa de seus próprios interesses. Foi somente quando a *sociedade de massa* passou a impor regras de um *direito de massa* que surgiu a consciência da necessidade de medidas integrantes de um verdadeiro *processo civil de massa*, caracterizado na ordem jurídica brasileira por certos remédios jurídico-processuais como o mandado de segurança coletivo e a ação civil pública destinada à tutela dos valores ambientais, dos consumidores como comunidade, dos deficientes físicos, das crianças e adolescentes *etc.*

---

26. Fala Ada Pellegrini Grinover, ainda, nas *relator actions* dos direitos britânico e australiano, ao lado de medidas de outra natureza, mas sempre voltadas a interesses difusos, existentes na França e Alemanha (*cfr. in A tutela dos interesses difusos*, "A tutela jurisdicional dos interesses difusos no direito comparado", n. 2, esp. p. 79).

Tais medidas vieram a ser adotadas em resposta ao clamor de doutrinadores brasileiros impressionados com a existência de verdadeiros *bolsões de ilegalidade*, que por sua vez eram o efeito prático da não-absorção de uma série grande de matérias e de conflitos na órbita da jurisdição. Grassava a sistemática e incontrolável violação a bens e interesses que, justamente porque indivisíveis e insuscetíveis de personificação em sujeitos identificáveis (interesses difusos ou coletivos), não podiam ser objeto da tradicional tutela jurisdicional preconizada nas regras de legitimidade *ad causam* individual (art. 6º, CPC). Vigia a rígida limitação dos efeitos da sentença e a *auctoritas rei judicatæ* exclusivamente a quem houvesse sido parte no processo (art. 472).[27]

As regras então sucessivamente criadas na órbita da ação civil pública tinham e têm o endereço certo da tutela jurisdicional aos titulares de *interesses supra-individuais*, sem desmontar o velho e tradicional sistema de *tutela jurisdicional individualista*, residente no Código de Processo Civil. É assim na própria Lei da Ação Civil Pública (lei n. 7.347, de 24.7.85) e é assim nos diplomas que se lhe sucederam, como o Código de Defesa do Consumidor (lei n. 8.078, de 11.9.90) e o Estatuto da Criança e do Adolescente (lei n. 8.069, de 13.7.90).

Na visão global da ordem jurídico-processual brasileira tem-se então que a própria admissibilidade da *tutela coletiva* e a correlativa legitimidade do Ministério Público e associações não infirmam o sistema tradicional e só podem ser reconhecidas nos limites em que as estabelecem a Constituição e a lei. Fora disso prepondera a regra geral de legitimidade individual e tutela limitada às partes, ditada no Código de Processo Civil. Para a tutela coletiva, legitimidade do Ministério Público e associações. Para a tutela de bens e interesses personificados, legitimidade exclusiva dos sedizentes titulares de direitos. Preponderam também as regras constitucionais e legais disciplinadores da tutela jurisdicional como um todo, dos remédios processual-constitucionais integrantes da jurisdição

---

27. Se "ninguém poderá pleitear, em nome próprio, direito alheio" (art. 6º) e se a ninguém pertencem por direito esses bens e interesses difusos, concluía-se pelo rigoroso estrangulamento das vias de ingresso em juízo e *acesso à justiça* em relação a eles.

constitucional das liberdades e das competências das Justiças, dos juízos inferiores e dos tribunais.

Foi pensando nisso que disse o promotor de justiça Hugo Nigro Mazzilli, que é um dos mais profundos e festejados conhecedores da Instituição do Ministério Público e de sua doutrina: "deve-se evitar, em nosso entendimento, prestar-se a ser o órgão ministerial o cobrador de dívida entre partes maiores e capazes".[28] Nem o Ministério Público nem as associações são legitimados fora ou além dos casos constitucionalmente autorizados e legalmente disciplinados.

116. tutela coletiva: direitos ou interesses transindividuais

Para o perfeito entendimento e qualificação jurídica desta ação civil pública aqui em exame, sejam relembrados alguns conceitos básicos referentes aos direitos e interesses que por via desse remédio processual podem buscar reconhecimento e satisfação. Falemos do gênero *direitos transindividuais* e das três espécies que o integram (difusos, coletivos e individuais homogêneos).

São *transindividuais* os direitos e interesses que transcendem a esfera jurídica de *indivíduos*, porque dizem respeito a toda uma classe, categoria, grupo, coletividade ou comunidade. Transindividual significa *além do indivíduo*. Diz-se *tutela coletiva* essa que se refere a direitos transindividuais, quer estes se qualifiquem como difusos, coletivos ou individuais homogêneos: tais especificações situam-se no plano do direito material, sem embargo de no campo do processo chamar-se sempre *coletiva* a tutela relacionada com qualquer uma dessas espécies de direitos transindividuais. Tanto é *coletiva* a tutela que mediante o processo se concede em relação a direitos coletivos quanto aos difusos e aos individuais homogêneos.

Os direitos difusos e os coletivos caracterizam-se por sua *impessoalidade e indivisibilidade*, não tendo como centro de imputação indivíduo algum, ou mesmo uma pessoa jurídica, e não sen-

---

28. *Cfr. Manual do promotor de justiça*, cap. V, n. 44, p. 232.

do suscetíveis de fragmentação ou partilha. Assim é, p.ex., o direito à higidez ambiental, que é de uma coletividade como um todo mas não tem como titular pessoa alguma e não pode ser repartido entre os integrantes da coletividade. Tal é um direito *difuso*. E assim é também o direito à não-comercialização de um medicamento nocivo ou inócuo, do qual é titular a soma dos consumidores desse produto e não cada um destes. Tal é um direito *coletivo*. A diferença entre uns e outros, segundo a definição que lhes dá o Código de Defesa do Consumidor, consiste em que os interesses difusos têm por titulares "pessoas indeterminadas e ligadas por circunstâncias de fato" (art. 81, par., inc. I), enquanto os coletivos pertencem sempre a algum "grupo, categoria ou classe de pessoas ligadas entre si ou com a parte contrária por uma relação jurídica base" (art. 81, par., inc. II). É muito tênue, talvez até arbitrária, essa distinção entre direitos difusos e direitos coletivos – donde decorrem, na prática, grandes dificuldades para a qualificação de um direito transindividual, em casos concretos, como coletivo ou como difuso. Melhor seria se todos estivessem, naquela definição, englobados em um só conceito.

Os *direitos individuais homogêneos*, porém, são autênticos direitos individuais. A homogeneidade, que constitui efeito de sua "origem comum" (CDC, art. 81, par., inc. III), é somente o elemento que justifica seu *trato processual coletivo*, sem lhes desfigurar a condição de direitos individuais. São assim, p.ex., os direitos dos indivíduos que consumiram o medicamento nocivo ou inócuo, tendo cada um deles um direito subjetivo à indenização pelo dano efetiva e individualmente suportado.

117. *uma ação civil pública por direito coletivo*

E qual seria a natureza do interesse transindividual em tese perseguido pelo Ministério Público do Trabalho nesta sua ação civil pública? Difuso? Coletivo? Individual homogêneo?

Não me parece possível enquadrar tais interesses no primeiro nem no terceiro desses conceitos – ou seja, nem na categoria dos direitos ou interesses difusos nem na dos individuais homogêneos. Como procurarei demonstrar, o suposto direito aqui afirmado pelo *Parquet* é *coletivo* e se refere à categoria dos estagiários.

Não se trata de direitos ou interesses individuais homogêneos porque a demanda proposta não visa à outorga de benefícios a cada um dos possíveis estagiários ou a satisfazer direitos individuais de todos ou cada um deles. Visa a obter do Poder Judiciário uma medida que, na óptica de seu autor, crie condições para melhor funcionamento do sistema de estágios de estudantes em geral nas empresas que se disponham a aceitá-los. Nenhuma situação individual é considerada – e, portanto, estamos fora do conceito enunciado no art. 81, par., inc. III, do Código de Defesa do Consumidor. A total abstenção das atividades estatutárias pelo CIEE, ou mesmo a radical supressão sistemática das atividades integradoras, não pode ser vista como um bem que comporte divisão entre possíveis titulares a serem depois individualizados e identificados.

Nem se trata de direito ou interesse difuso, porque o âmbito de abrangência da medida proposta não chega, assim de modo indiscriminado, a todas as possíveis "pessoas indeterminadas e ligadas por circunstâncias de fato" (art. 81, par., inc. I). Esse âmbito subjetivo é bem mais restrito, e fica nos limites de um "grupo, categoria ou classe de pessoas ligadas entre si ou com a parte contrária por uma relação jurídica base" – a saber, restringe-se aos limites de um grupo ou categoria a que chamamos *estagiários*. Por isso é que, nos termos do art. 81, par., inc. II, do Código de Processo Civil, este é um caso de ação civil pública em tese relacionada com um direito coletivo, não com um direito difuso nem com direitos individuais homogêneos.

118. *mas qual seria esse direito coletivo?*
meras amostragens setoriais

Como foi visto logo de início, essa demanda do Ministério Público foi precedida de investigações realizadas em algumas poucas cidades do interior paulista relacionadas com atividades de estagiários em algumas empresas situadas nessas cidades. Afirma o autor que irregularidades foram então encontradas nos modos como *aquelas empresas* conduzem os estágios, mas não diz se outras também foram investigadas nem se foram encontradas outras empresas em situação regular. Nem diz o que sucede nas demais cidades e regiões do Estado de São Paulo, e muito menos em outros Estados da Federação. Todas as investigações foram bem setorializadas, não indo além de umas poucas regiões paulistas.

Talvez por sentir essa setorialização dos fatos que afirma ter apurado, o dr. Procurador do Trabalho afirma, em caráter absolutamente arbitrário e sem comprovação alguma, que "o CIEE, no que tange à colocação de 'estagiários', adota linha única de atuação" – prosseguindo a partir daí, e à guisa de conclusão, a dizer que "a presente ação civil pública, pois, visa combater [sic] irregularidades e corrigir omissões do réu que geram efeitos em âmbito nacional, em todos os pontos em que o mesmo [sic] mantém agências, porque o modo de operação e a ofensa a preceitos laborais são únicos, reclamando provimento jurisdicional amplo" (fls. 58-59). Para sustentar essa unidade de conduta, que na lógica da inicial se estenderia por todo o território nacional, alega o sr. representante do *Parquet* trabalhista que uma "investigação conduzida pelo Ministério Público do Trabalho ouviu o gerente regional do CIEE no Estado de São Paulo e supervisores baseados em várias regionais, bem como colheu o depoimento de dirigentes de ensino, 'estagiários' e concedentes"; alude também, logo em continuação, a uma "farta documentação, consubstanciada em termos de cooperação, informes publicitários, relatórios de fiscalizações realizadas em diversos pontos do Estado etc.". Não especifica de quais regiões ou Estados do País vieram esses documentos, mas onde faz alguma alusão a algum lugar essa alusão é sempre a algumas cidades do Estado de São Paulo e a nenhuma outra. Além disso, como visto, foram poucas as cidades pelas quais passou tal fiscalização. Nada vi nos autos quanto às regiões da Mogiana, Alta Mogiana, Paulista, Alta Paulista, Araraquarense, Vale do Paraíba, Litoral Norte, Campinas e, principalmente, à Capital do Estado. Nas intermináveis transcrições detalhadas que inclui na petição inicial são feitas alusões quase exclusivas às cidades de Bauru e Presidente Prudente, assim como uma à de Boituva.

Ora, assim setorializadas as investigações nas quais se funda, é, como disse, arbitrária a alegação de que em todo o território nacional existe aquela suposta distorção de atividades pelas quais o CIEE responderia (*supra*, n. 89) – sem contar que todas as irregularidades que o Ministério Público diz haver constatado residem nas atividades das empresas concedentes de estágio, não nas do próprio CIEE (*supra*, n. 113). Torno a observar, como fiz poucas linhas atrás, que o Ministério Público não informou se todas as empresas investigadas apresentaram irregularidades, ou se umas sim e outras, não.

Assim postas as coisas, vamos nos afastando da idéia dos direitos e interesses coletivos merecedores de proteção mediante a ação civil pública, os quais, além de serem indivisíveis e não-personalizáveis por definição (CDC, art. 81, par., inc. II), precisam referir-se a um grupo ou categoria como um todo, não a poucos ou alguns integrantes desse grupo ou categoria

119. *situações heterogêneas*

Afaste-se desde logo a idéia, sustentada pelo Ministério Público autor, de serem nefandas e merecedoras de veto total e apriorístico as atividades integrativas desenvolvidas pelo consulente. Como é notório e chega a ser intuitivo, não é legítimo substituir as escolhas e preferências do constituinte e do legislador pelas do juiz e muito menos pelas do *promotor justitiæ*. O juiz avalia fatos e situações e interpreta textos segundo a escala axiológica da nação, da qual é legítimo espelho, mas não tem o poder de inverter escolhas – principalmente quando não há uma razão superior ou um valor de categoria mais elevada sendo ilegitimamente sacrificado. Não é esse o caso.

Afastada essa idéia, vamos ao caso em sua concreta realidade. Valendo-se de uma aleatória amostragem probatória de duvidosa idoneidade, o dr. Procurador vai ao extremo em seu *petitum*, querendo que em todo o Brasil não haja mais atividades integrativas entre escola e empresa. Qual bem isso traria aos estudantes, potenciais estagiários? Qual direito teriam todos eles, em todo o território nacional, a não serem encaminhados por uma entidade de integração, sem que os próprios estágios sejam postos no crivo? Além das cidades de Presidente Prudente, Bauru e Boituva, em quais outras localidades do território brasileiro estariam os estagiários sofrendo os males dos alegados maus estágios? Em que medida excluir o CIEE do sistema melhoraria as coisas? Para todos ou somente para alguns?

Ora, como está na doutrina especializada, "o interesse coletivo é a síntese dos interesses individuais e não mera soma, sendo necessário que haja uma alma coletiva" (Pedro da Silva Dinamarco[29]). E não me parece possível vislumbrar uma *alma coletiva* em um contexto como esse, onde para lá de heterogêneas são as situações dos milhares de estagiários e não sei quantos convênios entre escolas e empresas. E com muita alegria valho-me de uma imagem ilustrativa trazida na obra de meu próprio filho, onde diz: "passemos ao exame de uma situação que caracterizaria tal interesse: meio ambiente do trabalho. Visando uma demanda à melhoria das condições dos trabalhadores de uma indústria, não haveria como defender um sem defender o outro (indivisibilidade)".[30] E disse também o conceituadíssimo Kazuo Watanabe que para a configuração de direitos ou interesses coletivos "é necessário que os interesses sejam, a um tempo, transindividuais e *indivisíveis*".[31] Aqui neste processo nós estamos longe do campo dos direitos indivisíveis, simplesmente porque tudo indica que, se há maus estágios, há também os bons e idôneos, sendo estes a imensa maioria; refoge pois à *mens* e aos escopos da ação civil pública essa medida que poderá talvez proteger alguns mas, certamente, dificultar para muitíssimos o acesso aos bons estágios.

Dessa heterogeneidade de situações emerge a clara ilegitimidade do manejo da ação civil pública na situação examinada. Se há

---

29. *Cfr. Ação civil pública*, n. 7.2, esp. p. 56.
30. *Op. loc. cit.*
31. *Cfr.* "Da defesa do consumidor em juízo – disposições gerais", *in Código Brasileiro de Defesa do Consumidor*, n. 5, esp. p. 507.

estágios distorcidos, que o sujeito ou ente legitimado venha postular repressão a eles, não a todos os estágios deste país. Que venha a postulá-la em face dos responsáveis pelas mazelas e distorções, não de uma entidade que se limita a fazer o papel de agente integrador – sem oferecer estágios, sem contratar, sem conduzir atividades, sem fiscalizá-las, sem ter controle algum sobre o que ali se faz e, portanto, sem incidir em qualquer desvio de atividades pelo qual devesse responder.

120. *inadequação da via processual*

E assim, sem estar tratando de direitos ou interesses gerais de um grupo como tal nem ligados pelo elo da homogeneidade, essa demanda do Ministério Público mantém-se à margem dos *standards* da ação civil pública conforme os delineia o direito positivo brasileiro. O direito que possa existir não é na realidade coletivo, ou seja, imputável a todo um grupo ou categoria de modo integral e homogêneo. Se a ação civil pública constitui remédio especificamente destinado à tutela de grupos ou de pessoas relativamente a direitos e interesses difusos, coletivos ou individuais homogêneos e se aqui, na realidade, não tratamos de qualquer uma dessas categorias de direitos ou interesses, conclui-se que *a via da ação civil pública é inadequada ao processamento das pretensões trazidas pelo autor* – carecendo este de ação por falta do interesse-adequação e, conseqüentemente, estando também por esse motivo impedido o julgamento do *meritum causæ*.

> Estou nitidamente manipulando o *binômio interesse-adequação*. Como está na moderna doutrina do processo civil e pessoalmente venho dizendo amiúde, a adequação da via processual escolhida figura, ao lado da necessidade da tutela jurisdicional, como confiável indicador da presença do interesse de agir, carecendo de ação o autor sempre que estiver ausente algum desses dois indicadores.[32]

---

32. *Cfr.* Dinamarco, *Execução civil*, n. 264, p. 420, e *Instituições de direito processual civil*, II, n. 544, pp. 309 ss.

121. superposição à ação direta de inconstitucionalidade

Vejamos agora as mesmas coisas por um outro aspecto. A lei dispõe para situações, ditas *fattispecie*, enquadradas em modelos emergentes das realidades sentidas ou previstas pelo legislador. Sensível ao que ordinariamente acontece em determinada setor da vida das pessoas e de sua atuação, ele estabelece as conseqüências jurídicas positivas ou negativas (*sanctiones juris*) que se seguirão a determinado ato previsto e constituirão o regramento concreto das situações que no futuro surgirem, sempre que enquadradas no tipo delineado na *fattispecie*. Lembremos a propósito o sempre reverenciado Francesco Carnelutti, de quem é o pensamento a seguir:

> "precisamente por ser idêntica à da lei natural, a estrutura da lei jurídica é composta de dois elementos: o *prius* e o *posterior*, ou seja, o que acontece primeiro e o que acontece depois. (...). Ao primeiro desses dois elementos dá-se o nome de *fattispecie* e consiste na representação do fato que, quando acontecer, provoca o acontecer do outro. (...). Ao segundo elemento é dado o nome de *sanção*".[33]

Ora, ao descrever assim uma *fattispecie* e cominar uma *sanção* associada a ela, o legislador lavora simplesmente sobre hipóteses, sem a vista posta em qualquer situação concreta, ou seja: sem estar pensando em um determinado sujeito, nominado e qualificado, nem em um determinado fato ocorrido ou a ocorrer em um certo dia, hora e lugar. Daí serem, como se diz, *genéricas e abstratas* as normas contidas em lei. Mas o juiz não trabalha sobre hipóteses. Ele tem uma conatural e indomável vocação ao concreto e ao específico, endereçando seus preceitos e comandos a dois ou mais sujeitos ou grupos nominados e qualificados, sempre a partir de certos fatos comprovadamente ocorridos em determinado dia, hora e lugar. Uma das notas diferenciais da jurisdição – e segundo Mauro Cappelletti talvez a única que a distingue da legislação e faz com que o juiz não se equipare ao legislador – é a vocação que

---

33. *Cfr. Diritto e processo*, n. 6, p. 11.

a sentença tem, e a lei não, a pronunciar-se sobre *casos e situações concretos*.[34] A lei avalia e sanciona situações futuras. A sentença, pretéritas.

No presente caso, vejo o Ministério Público do Trabalho a pretender do juiz uma sentença com uma tal amplitude que equivaleria a uma lei banindo os centros de integração escola-empresa da ordem jurídica e da dinâmica da vida deste país. Reproduzo ainda uma vez o trecho em que o dr. Procurador deixa bem clara essa sua intenção bastante ampla e essa sua aspiração a desconsiderar o que está no direito positivo:

> "o *Parquet* não tem dúvidas em afirmar que sem a presença do agente de integração que opere nos moldes do Ciee haverá uma substancial melhora na qualidade dos estágios, eliminando-se em grande parte as situações de mera intermediação de mão-de-obra, pois o contato direto entre o concedente e a escola favorecerá o correto delineamento das propostas e atividades com o programa pedagógico" (fls. 54).

Além da já destacada impossibilidade jurídica de uma demanda que abertamente se volta contra o direito positivo e textos da própria Constituição Federal, nessa postura reside um confronto com a própria instituição da ação civil pública, que não foi concebida com o objetivo de ditar diretrizes por obra do juiz, contrárias à do constituinte e do legislador. Ao negar a aplicabilidade do art. 7º do decreto regulamentador e pedir a total e definitiva cessação das atividades do Ciee, na prática está o sr. Procurador propondo a prolação de uma sentença, por juízes do trabalho, que invadiria a competência exclusiva do C. Supremo Tribunal Federal para as ações diretas de inconstitucionalidade (Const., art. 102, inc. I, letra "a").

> Ele quer, por outro aspecto, substituir a escolha discricionária do legislador por uma outra escolha discricionária, do juiz – que, no fundo, a ser acatada sua demanda, seria, no fim das contas, uma escolha dele próprio.

34. *Cfr. Giudici legislatori?*, n. 11, pp. 64-65; v. também p. 71.

122. *carência de ação por falta do interesse-adequação*

O que acaba de ser dito leva-nos a ver que estarmos no campo da *carência de ação por ausência do interesse-adequação*, porque a ação civil pública não é o remédio predisposto pela ordem jurídica para a consecução dos objetivos do Ministério Público autor. Ela não é institucionalmente destinada a produzir decisões assim tão amplas, genéricas e, sobretudo, alusivas a sujeitos em situações tão heterogêneas quanto a dos milhares de estagiários efetivos ou potenciais que são beneficiados pela atividade integrativa desenvolvida pelo consulente. Remeto os qualificados leitores ao que há mais de trinta anos venho dizendo em sede doutrinária, *verbis*:

> "o *interesse-adequação* liga-se à existência de múltiplas espécies de provimentos instituídos pela legislação do país, cada um deles integrando uma técnica e sendo destinado à solução de certas *situações da vida* indicadas pelo legislador. Em princípio, não é franqueada ao demandante a escolha do provimento e portanto da espécie de tutela a receber. Ainda quando a interferência do Estado-juiz seja necessária sob pena de impossibilidade de obter o bem devido (interesse-necessidade), *faltar-lhe-á o interesse de agir quando pedir medida jurisdicional que não seja adequada segundo a lei*".[35]

E assim: a) se não há a consistência de um verdadeiro direito coletivo a ser objeto de zelo judicial em prol de toda uma comunidade, (b) se as situações ocorrentes na realidade são tão heterogêneas que aquilo que talvez possa ser bom para uns poucos será seguramente mau para muitíssimos e (c) se a ação civil pública proposta vai além do que a Constituição Federal e a lei permitem, invadindo a área de outro remédio constitucional e a competência do C. Supremo Tribunal Federal para a ação direta de inconstitucionalidade, conclui-se que (d) por todos esses motivos a ação civil pública proposta é inadmissível, por falta de interesse-ade-

---

35. *Cfr.* ainda uma vez minhas *Instituições de direito processual civil*, II, n. 544, esp. pp. 309 ss.

quação, sendo conseqüentemente carecedor de ação o seu autor e, também por esse motivo, devendo ser extinto o processo sem julgamento do mérito (CPC, art. 267, inc. VI).

§ 6º – A DIMENSÃO TERRITORIAL DO PROVIMENTO PEDIDO E A COMPETÊNCIA TERRITORIAL

123. *relembrando e colocando questões*

A ação civil pública aqui examinada foi proposta perante a MM. 2ª Vara do Trabalho de Presidente Prudente, uma cidade do interior do Estado de São Paulo, com o pedido de uma providência de âmbito nacional. Pediu o Ministério Público do Trabalho que o réu CIEE seja condenado a abster-se de modo absoluto, em todo o território nacional, de exercer as atividades de integração escola-empresa, que constituem sua finalidade institucional estatutária. Questiona-se, diante disso, (a) se o MM. Juízo sediado naquela cidade do interior paulista teria, ou não, competência territorial para tal demanda e (b) se uma sentença de mérito eventualmente proferida nesse processo e por aquele MM. Juízo poderia legitimamente projetar eficácia sobre todo o território nacional, ou se essa eficácia seria necessariamente restrita aos lindes daquele foro. Essas são duas questões distintas, mas intimamente conexas, que o parecer examinará no presente capítulo.

124. *competência territorial: aspectos gerais e fundamentos sistemáticos*

Competência territorial, ou de foro, é a atribuição do exercício da jurisdição a determinado órgão ou órgãos judiciários tendo em vista a ligação da causa com o espaço geográfico no qual eles estão sediados e atuam. Como já disse eu próprio em sede doutrinária, "sabido que *foro* é cada uma das porções em que se divide o território nacional para o exercício da jurisdição, competência territorial (ou de foro) é a *quantidade de jurisdição cujo exercício se atribui aos órgãos de determinada Justiça situados em deter-

minada base territorial (foro)".[36] É sempre em um ou alguns dos elementos da causa a ser proposta que se identificam os pontos de ligação com determinado território, suficientes para determinar a competência deste. Tais são os *momenti di collegamento*, da linguagem de Liebman,[37] representados pelas partes, pela causa de pedir ou pelo pedido.

> Do domicílio de uma das *partes* vale-se a lei, *v.g.*, para fixar a competência territorial comum, que, como é notório, pertence ao foro do domicílio do réu (CPC, art. 94, *caput*); também a condição de uma das partes (a mulher) determina a competência de foro para as ações de separação judicial (art. 100, inc. I). A *causa petendi* é levada em conta, p.ex., quando se trata da competência do lugar em que ocorreu o dano ou o acidente automobilístico (art. 100, inc. V, letra "a" e par.). O objeto do *pedido* é um dos elementos determinantes da competência territorial para as ações fundadas em direito real sobre bem imóvel (art. 95). Mesmo no plano internacional a oferta do exercício jurisdicional pelo Estado brasileiro é condicionada por determinantes dessa ordem (domicílio do réu, ocorrência fato, situação do bem *etc.* – arts. 88-89).

E isso não é assim por mero acaso. O legislador tem razões para favorecer o réu ou a mulher mediante a atribuição de competência ao foro onde têm sua sede. Tem razões para mandar que a causa se processe lá onde o fato aconteceu, porque ordinariamente ali as fontes de prova estão mais próximas do juiz e também porque provavelmente ali estão as repercussões do fato e estarão as da sentença. E tem mais de uma razão para querer que em dados casos o processo se celebre no lugar onde o bem está. Por quê? Ao menos pela maior facilidade probatória e também pelas variadas repercussões econômicas e até mesmo sociais que uma decisão judicial a seu respeito pode ter, sendo natural que elas sejam ditadas pelo juiz do lugar.

36. *Cfr. Instituições de direito processual civil*, I, n. 238, pp. 497-498. Esse palavreado é nitidamente inspirado no conceito de competência proposto por Liebman.

37. *Cfr. Manual de direito processual civil*, I, n. 6, esp. p. 37 trad.

125. na ação civil pública

Essas premissas sistemáticas elementares e ao mesmo tempo vitais no regramento legal da competência facilitam a correta interpretação dos dispositivos com os quais o Código de Defesa do Consumidor cuida da competência territorial para as causas por ele regidas. Nos dois incisos de seu art. 93 reside um sistema racional que harmoniza a competência de foro para essas causas com a extensão territorial dos efeitos substanciais pretendidos pelo autor. Como resulta da lei e do sistema processual do país, (a) para os danos locais é competente o juiz local, (b) para os danos regionais o da Capital do Estado e (c) para os de âmbito nacional o da Capital Federal. Essas disposições conciliam a dimensão territorial da competência de cada juiz e a dimensão territorial da eficácia das decisões a serem proferidas.

> Não deve causar impressão a confusa redação do inc. II do art. 93, onde se fala em "danos de âmbito nacional ou regional" (nessa ordem), e depois está dito que a competência será do foro "da Capital do Estado ou do Distrito Federal" (também nessa ordem, que é inversa àquela primeira). Uma leitura desavisada poderia conduzir ao falso entendimento de que o foro da Capital do Estado (qual Estado?) fosse competente para as causas de repercussão nacional e o da Capital da República fosse competente para as de repercussão apenas regional. Esse entendimento traria em si um insuportável absurdo, por conter uma manifesta incoerência sistemática, inclusive no plano da distribuição de competências em um sistema federativo como o brasileiro.

A esse propósito é bastante conhecida a regra da territorialidade no exercício da jurisdição, ou *princípio da aderência ao território*, segundo o qual "cada juiz só exerce a sua autoridade nos limites do território sujeito por lei à sua jurisdição" – ressaltando também a doutrina que, em razão desse princípio, são postas "limitações territoriais à autoridade dos juízes" (Cintra-Grinover-Dinamarco[38]). Seria assistemático e incoerente com o sistema

---

38. *Cfr. Teoria geral do processo*, n. 65, esp. p. 154.

dizer que o juiz só exerce a jurisdição em seu território (comarca, região, seção judiciária *etc.*) e ao mesmo tempo sustentar que a jurisdição exercida em um foro aleatoriamente escolhido pelo demandante pudesse produzir efeitos em todo o território nacional. Uma tal interpretação viria de encontro às garantias constitucionais do *juiz natural*,[39] ao permitir ao autor uma escolha arbitrária e a essa escolha arbitrária sujeitar os interesses do demandado.

Fica, pois, fora de cogitação a competência do foro de Presidente Prudente para essa ação na qual se pede de modo explícito, claro e particularmente enfático um provimento jurisdicional destinado a produzir efeitos em todo o território nacional. Ainda quando fosse competente para ela a Justiça do Trabalho (mas não o é – *supra*, esp. n. 95), no âmbito dessa Justiça seriam competentes os órgãos judiciários (Varas do Trabalho) situados no Distrito Federal, e jamais nesse foro escolhido por um representante do *Parquet* simplesmente porque ali tem ele próprio sua sede funcional. E, ainda quando houvesse no caso um concurso eletivo de foros, esse concurso passar-se-ia entre o foro do Distrito Federal e o da Capital de algum Estado – jamais o de um foro distinto desses dois. Ou, mais diretamente: jamais Presidente Prudente.

> A tese do concurso eletivo entre Capitais de Estado e Distrito Federal conta com algum apoio doutrinário e vem sendo acatada pelo C. Superior Tribunal de Justiça, *verbis*: "interpretando o art. 93, inc. II, do Código de Defesa do Consumidor, já se manifestou esta Corte no sentido de que não há exclusividade do foro do Distrito Federal para o julgamento de ação civil pública de âmbito nacional. Isso porque o referido artigo ao se referir à Capital do Estado e ao Distrito Federal invoca competências territoriais *concorrentes*, devendo ser analisada a questão estando a Capital do Estado e o Distrito Federal em planos iguais, sem conotação específica para o Distrito Federal" (Min. Menezes Direito).[40] Nem falta quem sustente que para danos de âmbito nacional a competência é exclusiva do foro do Distrito Federal, sem qualquer abertura para

---

39. *Cfr.*, mais uma vez, minhas *Instituições de direito processual civil*, I, n. 81, pp. 208 ss.

40. STJ, 2ª Seção, CC n. 17.533-DF, rel. Min. Menezes Direito, j. 13.9.00, v.u., *DJU* 30.10.00, p. 120.

foros concorrentes. Ada Pellegrini Grinover: "sendo o dano de âmbito nacional, entendemos que a competência deveria ser sempre do Distrito Federal: isso para facilitar o acesso à justiça e o próprio exercício do direito de defesa por parte do réu".[41]

Mas não tenho a menor notícia de algum jurista ou tribunal que sustentasse a competência do foro local para litígios coletivos destinados a produzir medidas com eficácia sobre todo o território nacional.

126. entre os temas da competência e da eficácia de âmbito nacional

O que acima se disse sobre a competência territorial é natural reflexo da dimensão dada pelo autor ao seu *petitum*, ou seja, conseqüência de haver o Ministério Público do Trabalho pedido uma medida de âmbito nacional. Ele postula, como está para lá de claro e explícito, a condenação do CIEE a abster-se de suas atividades institucionais e estatutárias em todo o território do país. O foro prudentino fica fora de cogitação, porque a competência sempre se determina a partir dos elementos da demanda proposta (*supra*, n. 125), e como a demanda proposta contém um *petitum* com toda essa dimensão aplica-se o inc. II do art. 93 do Código de Defesa do Consumidor, e jamais seu inc. I. Não importa se tal pedido procede ou improcede, ou se ele comporta, ou não, julgamento pelo mérito. O que importa para a determinação da competência é a demanda tal qual foi proposta; examina-se a demanda *in statu assertionis*, e a competência fica determinada com base naquilo que ela contém.

A partir deste momento, porém, passa-se a lançar atenções sobre a questão da admissibilidade ou inadmissibilidade desse pedido de âmbito nacional. Examina-se, em outras palavras, a própria pretensão a essa dimensão amplíssima, agora sem direta preocupação com a escolha do foro competente para processá-la e julgá-la. O enfoque é outro, como claramente se vê.

41. *Cfr. in Código Brasileiro de Defesa do Consumidor*, "Das ações coletivas para a defesa de interesses individuais homogêneos", nota 5 ao art. 93, p. 898.

127. *sobre a pretendida eficácia de âmbito nacional*

Como é notório entre os operadores do direito neste país, particularmente na área da tutela jurisdicional coletiva, a conhecida profa. Ada Pellegrini Grinover vem lançando severas críticas ao vigente art. 16 da Lei da Ação Civil Pública, que tacha de *inconveniente e inócuo*.[42] Essa inovação, ali introduzida pela lei n. 9.494, de 10 de setembro de 1997, é portadora da regra segundo a qual a coisa julgada[43] *erga omnes* das sentenças proferidas em ações coletivas se limita territorialmente à área geográfica sujeita à competência do órgão jurisdicional prolator. Segundo a professora ítalo-paulista, a *ineficácia* daquele art. 16 decorreria da interação entre as disposições da Lei da Ação Civil Pública e do Código de Defesa do Consumidor, tal como dispõem o art. 90 deste e o art. 21 daquela lei. No que diz respeito aos direitos e interesses difusos e coletivos sustenta ela que, (a) instituindo o inc. II do art. 93 do Código de Defesa do Consumidor um foro competente para a hipótese de o dano ter dimensão nacional e (b) dizendo o art. 16 da Lei da Ação Civil Pública que a coisa julgada se impõe nos "limites da competência territorial do órgão prolator", (c) é natural que a coisa julgada abranja todo o território nacional. Ou seja, no que se refere aos direitos difusos e coletivos o limite da competência territorial do órgão prolator é todo o território nacional, e daí a ineficácia da norma. Afirma Ada, ainda, que a abrangência da coisa julgada é determinada pelo pedido apresentado na ação civil pública, e não pela competência do órgão prolator da decisão. Desse modo, conclui, se o pedido abranger danos causados ou fatos ocorridos em mais de um Estado da Federação, a coisa julgada formada no processo terá as dimensões da decisão que acolher o pedido.

> Entende-se que só se põe em discussão o tema da dimensão territorial da eficácia dessas sentenças quando se trata de admitir ou inadmitir pedidos com dimensão mais ampla do que a lei permite ou de perquirir sobre os limites territoriais da eficácia de uma

42. *Op. cit.*, nota 7 ao art. 93, esp. p. 901.
43. *Rectius*: a eficácia.

sentença que não os haja especificado. Tal discussão fica rigorosamente afastada quando a própria sentença já houver, com clareza, estabelecido quais serão os limites territoriais de sua própria eficácia – se os da comarca ou subseção judiciária em que houver sido proferida, se os do Estado ou Região ou todo o território nacional. Estando a sentença dotada de toda essa explicitude e assim coberta pela autoridade da coisa julgada material, *tolitur quæstio*: seus limites serão aqueles por ela indicados.

A tese da ilustre Professora conta com adeptos e é também contrastada por opositores, não sendo oportuno aprofundar, aqui, amplas discussões sobre o elegante tema suscitado. Nos limites dos escopos do parecer e das situações por ele examinadas, é porém pertinente observar que, ao dizer que a coisa julgada não irá além dos lindes territoriais da competência do órgão prolator, claramente quis o legislador limitar a *eficácia* das decisões. Mais do que nula por incompetência, uma eventual decisão do juiz local sobre danos ou fatos de âmbito nacional não seria, em si mesma, portadora de toda a eficácia eventualmente programada pelo juiz local que a houver proferido. Ou, em outras palavras, mais diretas: inócua será a sentença local no tocante aos pretendidos efeitos extraterritoriais. Todo ato jurídico tem e não pode ter mais efeitos ou efeitos mais amplos do que aqueles que lhe atribui a lei ou o sistema jurídico como um todo, sendo ilegítimo atribuir àquela o emprego de palavras inúteis. A proposta interpretação sistemática do art. 16 da Lei da Ação Civil Pública, ou seja, sua interpretação em face das regras de competência ditadas nos incisos do art. 93 do Código de Defesa do Consumidor, deve sim levar ao entendimento de que (a) a *competência do órgão prolator* assegura à sentença uma eficácia de âmbito nacional quando esse órgão prolator for, segundo o inc. II, sediado no Distrito Federal; b) de igual modo, da *competência do órgão prolator*, ditada pelo mesmo inc. II, emerge a capacidade da sentença a produzir efeitos em todo o Estado, quando tal órgão tiver sede na Capital deste; c) mas quando o *órgão prolator* não tiver sede na Capital da República, nem na de um Estado, da sua competência territorialmente restrita decorre que, para ter vigência o art. 16 da Lei da Ação Civil Pública, é indispensável expurgar a sentença de qualquer eficácia que vá além dos limites de seu foro.

Carlos Maximiliano: "presume-se que a lei não contenha palavras supérfluas; devem todas ser entendidas como escritas adrede para influir no sentido da frase respectiva".[44] Ora, se o art. 16 da Lei da Ação Civil Pública não continha as palavras "nos limites da competência territorial do órgão prolator", e agora contém, atentaria contra tal severa regra de hermenêutica a insistência em continuar a lê-lo como antes, ou seja, como se tais palavras não lhe houvessem sido acrescidas.

128. uma competência rigorosamente absoluta

Embora o legislador também tenha adotado o local do dano como critério determinante da competência das demais ações cíveis (CPC, art. 100, inc. V, letra "a"), a expressão *competência funcional* contida na lei da Ação Civil Pública e ausente do art. 100 do Código de Processo Civil evidencia a principal diferença entre as duas espécies de competência: enquanto nas causas regidas pelo Código de Processo Civil o foro é *relativamente competente*, nas ações coletivas *a competência é absoluta* (LACP, art. 2º – Barbosa Moreira,[45] Ada Pellegrini Grinover,[46] Hugo Nigro Mazzilli[47]). Também disse eu próprio, a esse respeito:

> "a Lei da Ação Civil Pública, empregando linguagem inadequada, diz ser *funcional* a competência de foro ali estabelecida (art. 2º). Entende-se que quis com isso dar por *absoluta* essa competência, porque a realização do processo no foro onde se localiza o dano é do interesse público e não de indivíduos identificados – afastando-se conseqüentemente a possibilidade de eleição de outro foro e mesmo a prorrogação da competência territorial por força de omissão em

---

44. *Cfr. Hermenêutica e interpretação do direito*, n. 115, p. 91.
45. *Cfr.* "A expressão 'competência funcional' no art. 2º da Lei da Ação Civil Pública", in *A ação civil pública após 20 anos: efetividade e desafios*, pp. 248-255.
46. *Cfr.* in *Código Brasileiro de Defesa do Consumidor*, "Das ações coletivas para a defesa de interesses individuais homogêneos", nota 6 ao art. 93, p. 809.
47. *Cfr. A defesa dos interesses difusos em juízo*, cap. 15, n. 2, p. 137.

opor exceção declinatória. O juiz fiscalizará de-ofício a observância das regras de competência territorial nas ações civis públicas, remetendo o processo ao foro competente quando for o caso".[48]

Quero então dizer que, independentemente de exceção ou alegação na resposta ou onde for, é dever do MM. Juízo trabalhista de Presidente Prudente declinar de sua competência para esse processo que perante ele foi instaurado e, incontinenti, remetê-lo ao foro do Distrito Federal – obviamente, se não o extinguir desde logo (*supra*, nn. 98 ss.) nem o remeter à Justiça Comum (*supra*, nn. 97 *etc.*).

§ 7º – PROVA PRODUZIDA NO INQUÉRITO CIVIL E GARANTIA DO CONTRADITÓRIO

129. *inquérito civil: origens e função legítima no sistema*

O inquérito civil não estava incluído entre as disposições do primitivo projeto de lei apresentado à Câmara dos Deputados com o texto proposto por uma comissão autoconstituída em São Paulo, da qual fiz parte.[49] Foi criação do grupo de promotores paulistas que, pendente aquele projeto, redigiram outro a partir do texto primitivo e o patrocinaram junto a parlamentares, obtendo para ele uma rápida tramitação legislativa. Mais tarde a instituição do inquérito civil propagou-se ao campo da tutela ao consumidor mediante expressa determinação do art. 90 de seu Estatuto.

Como se compreende logo à primeira abordagem, destina-se o inquérito civil a preparar demandas judiciais relacionadas com os valores a que a Lei da Ação Civil Pública busca outorgar tutela jurisdicional (lei n. 7.347, de 24.7.85, art. 8º, § 1º). Tanto quanto o policial, o inquérito civil vale como conjunto de provas pré-constituídas destinadas a esclarecer e orientar os próprios agentes

---

48. *Cfr. Instituições de direito processual civil*, II, n. 271, esp. pp. 548-549.
49. Integraram-na também os profs. Waldemar Mariz de Oliveira Jr., Kazuo Watanabe e Ada Pellegrini Grinover: *cfr.* Hugo Nigro Mazzilli, *A defesa dos interesses difusos em juízo*, n. 4, p. 22.

do Ministério Público e o juiz também, em seu juízo delibativo inicial, acerca da concreta admissibilidade do processamento da demanda (Hugo Nigro Mazzilli[50]). De todo modo, é indiscutível o *nexo instrumental* entre o inquérito civil e a ação civil pública. Instituiu-o a lei, com vista ao correto e eficaz exercício desta e à efetiva tutela aos valores eleitos. Essa ligação instrumental resulta de sua inserção no quadro do *devido processo legal*, de modo que ele aparece como algo transcendente ao aspecto inquisitório dos poderes conferidos ao Ministério Público pela lei e pela própria Constituição Federal (art. 129, inc. III).

Tanto quanto o policial, o inquérito civil expressa-se em uma série de atividades desenvolvidas fora do âmbito jurisdicional e conduzidas por um agente estatal alheio ao Poder Judiciário – no caso, o *promotor justitiæ*. Destina-se, no dizer de Édis Milaré, "à colheita de elementos prévios e indispensáveis ao exercício responsável da ação civil pública".[51] Vendo-o por esse mesmo prisma, define-o Mazzilli como "uma investigação administrativa prévia, a cargo do Ministério Público, que se destina a colher elementos de convicção para o próprio órgão ministerial para identificar se ocorre circunstância que enseje eventual propositura de ação pública ou coletiva".[52]

130. inquérito civil, garantia do contraditório e prova

Assim concebido e inserido funcionalmente no sistema geral das tutelas coletivas, esse instrumento de natureza administrativa e não jurisdicional não pode, obviamente, produzir resultados imperativos assimiláveis aos que produzem as decisões judiciárias. Ele sequer é predestinado a produzir decisões. Por isso, os elementos probatórios nele constituídos jamais poderão ter o mesmo grau de eficácia de uma prova produzida pelo Poder Judiciário

---

50. Traça esse autor um pertinente paralelo entre o inquérito civil e o policial, apresentando-o também como "mera peça informativa" (*cfr. A defesa dos interesses difusos em juízo*, n. 22, p. 80).
51. *Cfr. A ação civil pública na nova ordem constitucional*, p. 18.
52. *Cfr. O inquérito civil*, cap. 2, n. 1, p. 46.

ou perante ele. Até venho admitindo que, quando no curso do inquérito a parte houver sido admitida pelo promotor de justiça a participar em contraditório, as provas ali produzidas poderão ter alguma eficácia no processo jurisdicional – porque em alguma medida essa participação legitimaria o resultado, e não seria razoável permitir que um dos *produtores* da prova pudesse ao fim repudiar os seus resultados.

"A garantia do contraditório, imposta pela Constituição com relação a todo e qualquer processo – jurisdicional ou não (art. 5º, inc. LV) –, significa em primeiro lugar que *a lei* deve instituir meios para a participação dos litigantes no processo e *o juiz* deve franquear-lhes esses meios. (...). A participação a ser franqueada aos litigantes é uma expressão da idéia, plantada na ordem política, de que o exercício do poder só se legitima quando preparado por atos idôneos segundo a Constituição e a lei, com a participação dos sujeitos interessados. (...). O que legitima os atos de poder não é a mera e formal observância dos procedimentos mas a *participação* que mediante o correto cumprimento das normas procedimentais tenha sido possível aos destinatários".[53]

Contraditório é participação, e para que seja efetivo precisa que as partes tenham *ciência* dos atos do processo e, assim, possam *reagir* convenientemente, participado segundo os ditames de seu interesse na causa. *Informação e reação* constituem, como é sabido e vem de clássica lição de Joaquim Canuto Mendes de Almeida, o binômio em que se concentram as exigências práticas inerentes ao princípio do contraditório.[54]

131. investigações conduzidas
sem observância do contraditório

Aqui não é porém o caso de cogitar de um possível aproveitamento em juízo das provas produzidas no inquérito conduzido pelo sr. representante do Ministério Público do Trabalho, simples-

---

53. *Cfr.* ainda minhas *Instituições de direito processual civil*, I, nn. 84-85, pp. 220 ss.
54. *Cfr. A contrariedade na instrução criminal.*

mente porque o CIEE não foi chamado nem de qualquer modo admitido a participar em contraditório das atividades probatórias ali desenvolvidas. Elas foram realizadas unilateralmente e, nessa situação, seu resultado e sua eficácia devem ficar restritos àquela função institucional do próprio inquérito civil, que é, como já disse Mazzilli (logo acima citado), somente a de oferecer orientação inicial e servir de mera *peça informativa*. Em nenhum documento vejo qualquer referência a uma possível abertura à participação do CIEE naquele inquérito civil, fosse mediante oferta de meios probatórios, participação nas inquirições, possibilidade de impugnar documentos ou depoimentos *etc*.

132. *indispensabilidade de produção da prova em juízo*
   – ônus do Ministério Público

Como naquele inquérito civil tudo foi feito sem qualquer traço de observância à garantia constitucional do contraditório, dar peso e atribuir credibilidade aos resultados probatórios lá obtidos importaria direto descaso a essa garantia e frontal negativa de vigência à norma constitucional que a implementa (Const., art. 5º, inc. LV). Para a concreta efetividade desta, especificamente no que diz respeito à produção de *prova testemunhal*, seria imprescindível observar os ditames processuais constantes dos arts. 407 ss. do Código de Processo Civil – rol de testemunhas oferecidos por ambas as partes, possibilidade de contradita, reperguntas *etc*. Manifestamente nada disso foi observado, e também da produção de *prova documental* não participou sequer minimamente o CIEE – donde a imprestabilidade, como elemento para o julgamento do *meritum causæ* por órgãos jurisdicionais, das provas produzidas no inquérito civil conduzido pelo dr. Procurador. Elas valeram como elemento informativo inicial e poderão ao fim valer como meros adminículos ancilares à prova judiciária, sem autonomia instrutória própria.

Diante disso, incide sobre o Ministério Público autor toda a carga do ônus da prova dos fatos alegados em juízo, que é notoriamente seu. Tais são os *fatos constitutivos* dos direitos que alega ao demandar; e, como fatos constitutivos que são, o ônus

AÇÃO CIVIL PÚBLICA JURIDICAMENTE IMPOSSÍVEL

de prová-los é incisivamente imposto pela lei ao autor (CPC, art. 333, inc. I). Para a comprovação de tais fatos deverá o Ministério Público produzir perante o Poder Judiciário todas as provas que forem necessárias à formação de um convencimento racional, não lhe aproveitando aquelas que, sem observância de contraditório algum, foram produzidas no inquérito civil público por ele conduzido. A disposição legal que outorga ao juiz o poder de formar livremente seu convencimento quanto aos fatos manda também que esse convencimento seja formado à luz dos autos e das provas regularmente produzidas (CPC, art. 131); o *livre convencimento motivado*, de que fala o monografista José Rogério Cruz e Tucci,[55] é necessariamente livre convencimento formado sobre tais elementos regulares de prova, segundo os ditames da cláusula *due process of law* (Const., art. 5º, inc. LIV).

> A conhecida *regra de julgamento* (Liebman[56]), que os estudiosos mais antigos denominavam *ônus objetivo da prova*, dá amparo e efetividade às disposições sobre distribuição do ônus probatório; é inerente a esse sistema a regra prática segundo a qual *fato não provado é fato inexistente* (Giovanni Verde[57]).

§ 8º – PROPOSIÇÕES CONCLUSIVAS

133. concluindo sinteticamente

Para clareza, trato agora de sintetizar muito resumidamente os pontos conseguidos ao longo do parecer, emitindo proposições bastante incisivas e, ao longo de cada uma delas, indicando o ponto, ou pontos, em que as matérias foram alongadamente cuidadas.

134. incompetência da Justiça do Trabalho
(supra, nn. 95 e 97)

A Justiça do Trabalho é incompetente para a presente ação civil pública, pois esta não põe como objeto do processo ou como fun-

---
55. *Cfr. A motivação da sentença no processo civil*, cap. V, n. 2.1, p. 102.
56. *Cfr. Manuale di diritto processuale civile*, II, n. 172, esp. p. 89.
57. *Cfr. L'onere della prova nel processo civile*, n. 9, p. 37.

damento do pedido (causa de pedir) qualquer relação de trabalho da qual faça parte o consulente. O Ciee, como mero agente de integração entre escolas e empresas ofertantes de oportunidades de estágio, não contrata os estudantes, não lhes atribui trabalho algum, não os remunera, não os fiscaliza, não lhes avalia resultados nem exerce qualquer atividade disciplinar sobre eles, não os dispensa. A aceitação dessa causa pela Justiça do Trabalho teria o significado de uma insuportável ampliação da hipótese de competência lançada no art. 114 da Constituição Federal, a qual já é tão ampla quanto nunca foi; ir além do que ali está contraria esse próprio dispositivo bem como a regra da competência residual dos Estados (e conseqüentemente de suas Justiças), contida no art. 25, § 1º, da própria Constituição.

Por ser incompetente a Justiça perante a qual a causa foi proposta, manda o Código de Processo Civil que seja essa causa, a requerimento de parte ou mesmo de-ofício e a qualquer tempo ou fase do procedimento, remetida à Justiça competente (art. 113, *caput*).

135. ilegitimidade do Ministério Público do Trabalho
(supra, nn. 96-97)

O Ministério Público do Trabalho, autor no feito em exame, é parte ilegítima para propor a demanda que propôs, porque esse braço do *Parquet* só é legitimado para atuar em causas envolvendo relações do trabalho, perante a Justiça do Trabalho. Tal é uma disposição clara e explícita contida no art. 83 da Lei Orgânica do Ministério Público da União (lei compl. n. 75, de 20.5.93). Estabelece também essa lei complementar que "as funções do Ministério Público da União só podem ser exercidas por integrantes da respectiva carreira" (art. 33), ditando desse modo a ilegitimidade de eventuais extrapolações, como esta que aqui se vê.

A conseqüência da ilegitimidade ativa *ad causam* aqui demonstrada é a carência de ação – e, pois, a extinção do processo sem julgamento do mérito (CPC, art. 267, inc. VI). Se não o extinguir a própria Justiça do Trabalho, fá-lo-á aquela à qual vier o processo a ser legitimamente encaminhado.

136. impossibilidade jurídica da demanda proposta
– uma ilegítima "suspensão" (supra, nn. 104 ss.)

Essa demanda é juridicamente impossível, em primeiro lugar, porque a ordem brasileira vigente repudia de modo explícito a suspensão de atividades de associações por tempo indeterminado. Assim está disposto no art. 6º, *caput*, do dec.-lei n. 9.085, de 15 de março de 1946, nessa parte recepcionado pela ordem constitucional vigente, sem qualquer incompatibilidade. Tal dispositivo, que limita a *seis meses* a suspensão de atividades por ordem estatal (antes pelo Governo, e hoje pelo Poder Judiciário), está em harmonia com a garantia constitucional de liberdade associativa (Const., art. 5º, inc. XVII) e com o veto, também constitucional, à intromissão estatal na vida das associações (art. 5º, inc. XVIII). Mas aqui o Ministério Público do Trabalho, que de modo explícito deixou claro não pretender a dissolução do CIEE como pessoa jurídica, quer que essa associação, mesmo permanecendo viva, porque não extinta, tenha suas atividades institucionais bloqueadas radical e definitivamente. Não se chegará pois à extinção da entidade, pretendendo o autor uma suspensão *ad æternum* que conflita com a Constituição e com a lei.

A conseqüência desse manifesto conflito com a ordem jurídica é a impossibilidade jurídica do pedido aforado, com a extinção do processo também por esse motivo, sempre mediante a técnica estabelecida no art. 267, inc. VI, do Código de Processo Civil.

137. impossibilidade jurídica da demanda proposta
– uma medida antecipatória sem pedido principal
(supra, nn. 105-106)

Vista essa mesma realidade pela perspectiva dos conceitos jurídico-processuais, tem-se que o Ministério Público do Trabalho está a pretender uma medida que em substância não passa de mera antecipação de tutela jurisdicional, com foros de definitividade. Sim, na técnica dos dispositivos conjugados do art. 6º daquele vetusto decreto-lei e do art. 5º, inc. XIX, da Constituição Federal, uma medida judicial (a) que se impõe por período limitado, sem poder durar mais do que o tempo permitido em lei, e (b) que pode ser efetivada pelo Poder Judiciário antes do trânsito em julgado outra coisa não é (c) que uma medida antecipatória. E, como toda medida antecipatória há de estar necessariamente atrelada instrumentalmente a um pedido principal, é juridicamente impossível pedi-la em caráter autônomo, como no presente caso fez o autor, sem se aperceber de que seria indispensável formular também um pedido principal.

Também em virtude dessa outra impossibilidade jurídica a demanda proposta está a desmerecer apreciação pelo mérito, sendo mais uma vez imperiosa a extinção do processo por carência de ação, como manda o mesmo art. 267, inc. VI, do Código de Processo Civil.

138. impossibilidade jurídica da demanda proposta
– *contra disposição expressa de um decreto legítimo*
(supra, nn. 107-108)

Ao impugnar o art. 7º do dec. n. 87.497, de 18 de agosto de 1982 (no qual residiria a autorização para a atividade de integração exercida pelo CIEE), sustenta o autor que tal dispositivo "padece de insanável ilegalidade, decorrente da inequívoca nulidade", porque iria além do que a lei regulamentada contém. Mas, em primeiro lugar, a lei regulamentada cuida precisamente dos estágios, e o que o decreto fez foi o que a um decreto cumpre fazer, *i.e.*, editar normas complementares para a boa aplicação das normas que a lei contém. Nem há no sistema ou na doutrina aquele sustentado repúdio aos decretos autônomos, que se reputam editados *præter legem* e não *contra legem*. Além disso, a liberdade associativa está expressamente consagrada em um plano superior, o constitucional (Const., art. 5º, inc. XVII), e o que tal decreto fez não foi mais que estabelecer requisitos para seu exercício na seara da integração escola-empresa. Na realidade, está o dr. Procurador externando seu explícito *repúdio pessoal* a uma escolha feita pelos órgãos competentes para legislar e regulamentar – e esse sentimento, que é a mola dessa iniciativa tomada perante o

Poder Judiciário, ficou muito claro quando disse que tudo andaria muito melhor se as escolas e as empresas se entendessem sempre diretamente, sem a interferência de qualquer agente de integração. Seria mais adequado dizê-lo ao legislador, não ao juiz.

Eis mais uma impossibilidade jurídica a comprometer a demanda aqui examinada. Há um decreto, há uma lei regulamentada por ele e há uma ampla disposição constitucional com a qual ele mantém perfeita harmonia. Pleitear contra o que o art. 7º daquele decreto estabelece é, pois, pedir algo juridicamente impossível – não sendo possível perante o direito, repito, sobrepor gostos pessoais ao que a lei e a Constituição estabelecem.

Também por esse motivo carece de ação o *Parquet* autor, aplicando-se mais uma vez a técnica extintiva do art. 267, inc. VI, do Código de Processo Civil.

139. falta de interesse de agir (supra, nn. 110-111)

Vai aí mais uma causa de carência de ação. No sistema repudiado pelo dr. Procurador em nome próprio a participação dos agentes de integração é simplesmente autorizada e não exigida, de modo que com ou sem essa atividade as escolas e empresas podem pactuar e efetivar estágios de estudantes – de modo que a eliminação daquilo que o autor pretende eliminar deixará *tudo como antes no Castelo de Abrantes*. Eliminam-se os agentes integradores, mas as mazelas que Sua Excelência. diz haver nos estágios profissionalizantes continuarão a existir (se é que existem). Como disse o parecer a seu tempo, invocando um conhecido chiste do conhecimento geral, vender o sofá não impede que os males a ele equivocadamente atribuídos continuem a ocorrer. E, como também ficou dito, naquele sistema o CIEE não passa de mero *sofá*. Em termos processuais isso significa que a medida postulada na inicial não tem a mínima aptidão a produzir o resultado pretendido ou a mínima utilidade em face do fim colimado. E, como sem utilidade não há interesse, falece ao Ministério Público do Trabalho o interesse de agir que a lei reputa indispensável para o julgamento de toda e qualquer demanda pelo mérito (CPC, art. 3º).

Mais uma vez carece de ação o autor, portanto, com a conseqüência de se impor, também por isso, a extinção do processo sem julgamento do mérito (CPC, art. 267, inc. VI).

140. ilegitimidade passiva ad causam (supra, nn. 113-114)

Como venho dizendo em sede doutrinária e também neste parecer já disse, a legitimidade *ad causam* é uma faceta, ou aspecto, do próprio interesse de agir – sendo essa uma tese que muito se agitou na doutrina italiana dos meados do último século. Uma demanda que talvez possa produzir resultados úteis quando proposta por um sujeito verdadeiramente legitimado, ou em face de um sujeito legitimado, não terá utilidade alguma se houver sido proposta por ou contra quem não tenha legitimidade. É como, *v.g.*, mover uma ação de despejo a quem não seja o locatário do imóvel: uma procedência, em casos assim, de nada serviria ao autor, porque não pode ser imposta ao legitimado que não foi parte no processo (ultraje ao contraditório), e quando fosse direcionada ao não-legitimado não produziria efeito prático algum. Ora, vendo por esse aspecto a mesma realidade já examinada no tópico anterior, conclui-se que foi equivocada a escolha do mero agente de integração para figurar no pólo passivo dessa ação civil pública, pois ele está operacionalmente fora das atividades de estágio. Escolhesse as empresas supostamente infratoras e, aí, sim, seria teoricamente possível obter os resultados pretendidos.

Acrescenta-se mais essa carência de ação, como se vê, entre as causas pelas quais o processo deve ser extinto sem julgamento do mérito (CPC, arts. 3º e 267, inc. VI).

141. falta de interesse-adequação – inadmissibilidade da ação civil pública (supra, nn. 120-122)

Não há um interesse coletivo a justificar a suposta admissibilidade dessa ação civil pública movida pelo Ministério Público do Trabalho, em primeiro lugar porque não é do interesse da universalidade dos estudantes a supressão pura e simples de uma atividade que, quando não cooperasse para a efetividade de bons estágios, ao menos em nada a prejudicaria. Por outro lado, as mazelas que o autor diz ter encontrado limitam-se a poucas cidades de um só Estado da Federação, o de São Paulo, e ele pretende, com base nelas, generalizar seu repúdio pessoal ao ponto de suprimir radicalmente a atividade de integração em todo o território nacional. Os problemas que aponta são pontuais, bem particularizados e limitados a algumas empresas. Acrescenta, provavelmente para legitimar a pretendida generalização, que "o CIEE, no que tange à 'colocação de estagiários', adota linha única de atuação" – mas disso não dá a menor demonstração no enorme volume de papéis que trouxe a juízo. Mas volto a indagar: isso que o *Parquet* está a pretender seria bom para todos os estudantes e estagiários, ou bom para uns apenas e mau para a generalidade? Nessa situação, como consignei referindo doutrina especializada, falta a *alma coletiva* que é o substrato legitimador de toda tutela jurisdicional coletiva (Pedro da Silva Dinamarco – *supra*, n. 119). Volto de igual modo a valer-me da lição do conceituadíssimo Kazuo Watanabe no sentido de que para a configuração de direitos ou interesses coletivos "é necessário que os interesses sejam, a um tempo, transindividuais e *indivisíveis*". A fragmentariedade e dispersão de situações às quais pretende o autor aplicar a decisão coletiva pleiteada constitui, em si mesma, negação da admissibilidade da ação civil pública, precisamente porque esta não foi concebida e oferecida pelo legislador para situações tão heterogêneas como essas. Na linha do que claramente emana da *norma de encerramento* contida no art. 1º, inc. IV, da Lei da Ação Civil Pública, em consonância com o art. 129, inc. III, da Constituição Federal, essa via processual só se admite quando se tratar realmente de direitos difusos ou coletivos, o que no presente caso não ocorre.

> Além disso, diga-se também *en passant*, sendo por definição extraordinária a legitimidade ativa do Ministério Público para essas ações por direitos realmente transindividuais, jamais será lícito levá-la além do que a Constituição Federal e a lei autorizam, sob pena de grave violação ao sistema.

Daí a manifesta inadmissibilidade dessa ação civil pública proposta, por não ser o caminho adequado para a defesa dos interesses aqui indicados pelo Ministério Público. Falta-lhe o indispensável requisito do *interesse-adequação*, sem o qual o autor carece mais uma vez de ação e o processo clama por extinção sem julgamento do mérito (sempre e sempre o art. 267, inc. VI, do Código de Processo Civil).

142. invasão da área da ação direta de inconstitucionalidade (supra, n. 121)

No momento em que o autor desta ação civil pública se põe a postular a total exclusão da eficácia de um decreto (dec. n. 87.497, de 18.8.82), tachando-o de inconstitucional porque supostamente viciado na origem, com isso está ele também a utilizar inadequadamente a via da ação civil pública com o fito de obter uma declaração de caráter manifestamente abstrato que somente pela via da ação direta de inconstitucionalidade poderia ser pleiteada (Const., art. 102, inc. I, letra "a"). Com toda a amplitude com a qual seu pleito foi colocado, o pedido de reconhecimento dessa suposta inconstitucionalidade vai além de uma declaração *incidenter tantum* inerente ao controle difuso e passa para a área proibida do controle concentrado, ou abstrato, que somente ao C. Supremo Tribunal Federal compete.

Mais um motivo, portanto, para a extinção desse processo sem julgamento do mérito, por inadequação da via eleita (falta do interesse-adequação – CPC, arts. 3º e 267, inc. VI).

143. incompetência territorial (supra, n. 128)

Sem qualquer alusão neste momento à admissibilidade ou inadmissibilidade da própria ação popular proposta, ou do âmbito nacional pretendido por seu autor, o certo é que, nos termos em que foi deduzido, o *petitum* ali incluído só poderia ser conhecido por um órgão jurisdicional sediado no Distrito Federal, com exclusividade ou (segundo alguns) em concurso com órgãos sediados em Capitais de Estado. Jamais por um órgão local distinto daqueles, como emana claramente do disposto no art. 93, inc. II, do Código de Defesa do Consumidor – simplesmente porque os danos alegados e a eficácia pretendida são dotados da maior amplitude territorial imaginável, espalhando-se (segundo o autor) por todo o território nacional.

O desatendimento a essa regra gera a incompetência do *giudice adito*, a qual, por ser claramente absoluta, deve ser apreciada de-ofício, com a remessa do feito ao juiz territorialmente competente (CPC, art. 113).

144. inadmissível eficácia de âmbito nacional
*(*supra*, nn. 126-127)*

E, como o art. 16 da Lei da Ação Civil Pública limita e condiciona a eficácia das sentenças em ação coletiva à competência do órgão prolator, um eventual pronunciamento do MM. Juízo do Trabalho de Presidente Prudente sobre a integralidade do *petitum* deduzido seria fatalmente atingido por uma insuperável ineficácia. Nem seria hermeneuticamente legítimo afastar pura e simplesmente a vigência daquele dispositivo, sob o fundamento de ser supostamente inócuo. Havendo uma lei incluído nele o palavreado "nos limites da competência territorial do órgão prolator", negar qualquer relevância a esse acréscimo seria contrariar frontalmente o direito positivo; seria, em outros termos, atribuir à lei o emprego de palavras inúteis, o que é repudiado pela boa doutrina (Carlos Maximiliano). Pelo que resulta do art. 93, inc. II, do Código de Defesa do Consumidor, o órgão jurisdicional prudentino não tem competência para uma ação coletiva de âmbito nacional, e é para casos assim que foi ditada aquela inovação no art. 16 da Lei da Ação Civil Pública. A garantia constitucional do *juiz competente* (Const., art. 5º, inc. LIII), se não chega a impor a inexistência jurídica de sentença proferida por juiz que não o seja, serve ao menos como valioso substrato mais que suficiente para corroborar a *ineficácia* ditada pelo art. 16 da Lei da Ação Civil Pública.

A conseqüência é que, se uma sentença viesse a ser proferida pelo MM. Juízo de Presidente Prudente, com toda a extensão pretendida pelo Ministério Público autor nessa ação civil pública, ao menos no que diz respeito aos supostos danos ocorridos em outras localidades ela seria fatalmente colhida pelo vício da ineficácia.

145. indispensável produzir a prova em juízo (supra, n. 132)

O inquérito civil público, conduzido pelo próprio *Parquet* fora do âmbito judiciário, e portanto sem o menor caráter jurisdicional e sem oferta de oportunidades para a participação do consulente em contraditório, não é institucionalmente destinado a fornecer elementos de convicção para o julgamento da causa, mas somente (a) a orientar o próprio Ministério Público quanto à admissibilidade e oportunidade de uma ação civil pública a ser talvez proposta e (b) a oferecer ao juiz elementos de convicção inicial sobre essa admissibilidade. Outorgar-lhe uma imaginária autonomia instrutória implicaria desconsiderar as garantias constitucionais do *due process* e do *contraditório* (Const., art. 5º, incs. LIV e LV), além de transgredir importantes normas infraconstitucionais atinentes à produção da prova (CPC, arts. 407 ss.). Por isso, a presença da farta documentação trazida pelo Ministério Público autor com sua petição inicial não dispensa que provas *judiciárias* sejam produzidas, sob pena de se reputarem inexistentes os fatos não provados.

146. o ônus da prova é do Ministério Público (supra, n. 132)

Visto que os fatos alegados ao demandar necessitam ser provados *no processo* e visto que o art. 333, inc. I, do Código de Processo Civil atribui ao autor o ônus de provar os fatos constitutivos do direito alegado, é obviamente do Ministério Público o ônus de provar todos os fatos alegados em sua petição inicial. Eles são, em tudo e por tudo, autênticos *fatos constitutivos*. A conseqüência da ausência ou insuficiência de prova desses fatos impõe a aplicação da chamada *regra de julgamento*, segundo a qual fato não comprovado se reputa fato inexistente. *Allegatio et non probatio quasi non allegatio*. E, sendo as coisas assim, o destino da demanda proposta será a improcedência.

IX – AÇÃO CIVIL PÚBLICA E REUNIÃO DE CAUSAS – MERA AFINIDADE DE QUESTÕES POR UM PONTO COMUM DE FATO OU DE DIREITO[1]

147. primeira aproximação e a consulta – 148. a demanda proposta pela consulente e seus elementos essenciais – 149. a ação dos dois Ministérios Públicos e seus elementos – 150. preparando os raciocínios: a dúvida posta pelo MM. Juízo estadual – 151. relações entre demandas – 152. litispendência – 153. continência – 154. tornando ao caso – 155. as partes dos dois processos são distintas – 156. nem litispendência nem continência – 157. mera afinidade de questões e não conexidade entre as duas causas – 158. sobre a conexidade e a utilidade de seu reconhecimento em casos concretos – 159. uma ligação muito tênue entre as causas de pedir – 160. afinidade de questões – 161. mera afinidade não dá causa à prorrogação de competência – 162. conclusões finais: nem litispendência nem continência nem conexidade

147. primeira aproximação e a consulta

Examina-se neste parecer o caso de uma suposta *litispendência, continência ou conexidade* a interligar duas causas, uma pendente perante a Justiça do Estado do Rio de Janeiro e outra, perante a Justiça Federal (Segunda Região, Rio de Janeiro). A primeira delas resulta de demanda proposta pela consulente HG Beta 14 Fundo de Investimento em Ações, na qualidade de substituto processual de Telemar Norte Leste S.A., tendo por objetivo a condenação da *holding company* Tele Norte Leste Participações S.A. – TNLP a prestar a esta uma indenização correspondente aos prejuízos dos quais adiante se dirá. A segunda, que pende perante a Justiça Federal, é uma ação civil pública proposta em litisconsór-

---

[1]. Reprodução de parecer elaborado em junho de 2008.

cio por duas instituições do Ministério Público (o Federal e o do Estado do Rio de Janeiro) com uma série de pedidos cumulados, entre os quais (a) o de anulação de um negócio jurídico e (b) o de condenação de três empresas a indenizar os acionistas da mesma Telemar Norte Leste S.A. em virtude de fatos em alguma medida semelhantes aos alegados na demanda proposta perante a Justiça carioca. Entre essas empresas figura aquela *holding* que também é ré na primeira (Tele Norte Leste Participações S.A.), em litisconsórcio com as demais e com a União Federal (cuja condenação é expressamente excluída pelos *Parquets*).

Foi proferida decisão no processo em que figura como autor a ora consulente (HG Beta 14), pela qual o MM. Juízo estadual lhe determinou que apresentasse cópia da petição inicial da demanda proposta pelo *Parquet* perante a Justiça Federal, com vista a avaliar se existe ou inexiste uma possível relação de *litispendência ou continência* entre aquelas duas demandas. A diligência foi cumprida, a cópia foi exibida, a autora pediu novo prazo para trazer cópia de um aditamento feito pelo Ministério Público à sua petição inicial e esse prazo está pendente.

É a respeito desses casos que discorrerei nos capítulos subseqüentes, trazendo algumas considerações de ordem doutrinária e conceitual, para em seguida aplicá-las ao contexto descrito. Agradeço ao sempre lúcido e eficiente profissional, o advogado Ricardo de Santos Freitas, patrono de HG Beta 14, a honra de participar de um caso assim rico, no qual tenho mais uma vez uma gratificante oportunidade de trazer para a prática certos conceitos que venho desenvolvendo em doutrina. Como se verá, limito-me ao essencial, desprezando o supérfluo ou impertinente aos objetivos do presente estudo.

148. *a demanda proposta pela consulente e seus elementos essenciais*

A demanda proposta pela consulente perante a Justiça do Estado do Rio de Janeiro tem apoio no art. 246, § 1º, letra *b* da Lei das Sociedades Anônimas (lei n. 6.404, de 15.12.76) e, ao demandar, compareceu essa autora (HG Beta 14 Fundo de Investimento em Ações) na qualidade de substituto processual de Telemar Norte Leste S.A., da qual é acionista minoritário. O caso diz respeito à alienação de 99,99% das ações da "Oi" (TNL PCS S.A.) a esta. A ré era proprietária de 99,99% das ações da Oi e também de 80,89% das ações da Telemar. Controladora de ambas, portanto. E, nessa qualidade, aprovou a compra da "Oi" pelo preço de um real.

Como *causa petendi* de seu pedido indenizatório, afirma HG Beta 14 (a) que a Oi foi alienada por quantia superior ao valor de mercado, pois seu valor era fortemente negativo, o que fez com que aproximadamente 20% do passivo da empresa fosse transferido aos acionistas minoritários da Telemar, (b) que a assembléia geral não foi consultada a respeito da operação, (c) que não foi franqueado aos acionistas minoritários da Telemar o acesso ao laudo de avaliação da Oi, (d) que houve abuso do poder de controle e o negócio foi realizado em evidente conflito de interesses, (e) que o noticiário e grandes instituições financeiras desaconselharam os investidores a comprar ações da Telemar em decorrência da compra da Oi, dados os manifestos prejuízos trazidos com o negócio e (f) que houve portanto dano à Telemar.

Apresentada a causa de pedir, o consulente concluiu por postular a condenação da T_{NLP} "a reparar os danos causados à Telemar por conta da operação de alienação do controle da Oi", indicando então os parâmetros quantificadores dessa reparação.

> Eis portanto o *petitum*: condenação de T_{NLP} a pagar a Telemar o valor dos prejuízos que, na qualidade de controladora, lhe causou mediante aquela operação. E eis a *causa petendi*: aquela operação conduzida pela controladora de ambas as empresas, com suas conotações de ilicitude substancial e formal acima descritas.

149. *a ação dos dois Ministérios Públicos e seus elementos*

A ação civil pública movida pelo Ministério Público Federal e pelo Ministério Público do Estado do Rio de Janeiro é aquela regida pela lei n. 7.913, de 7 de dezembro de 1989, que trata da "responsabilidade por danos causados *aos investidores* no mercado de valores mobiliários". Nesse sistema age o *Parquet*, portanto, não como substituto processual da empresa lesada mas dos acionistas que houverem sofrido prejuízos em decorrência de ato do controlador. Na ação movida pela consulente pede-se a condenação em benefício da companhia Telemar, sendo esta o substituído processual. Na ação civil pública que o Ministério Público moveu aparecem como substituídos os acionistas da época, em cujo benefício a condenação é pedida. Apesar de reproduzir diversos dos argumentos apresentados na demanda proposta por HG Beta 14, a causa de pedir ali levantada está centrada nos prejuízos que a operação causou *aos acionistas minoritários da época e ao mercado*, por ter sido causada acentuada queda do valor das ações da Telemar.

> Mais especificamente, pediu o Ministério Público (a) declaração de nulidade da transferência do controle acionário, (b) a "condenação de todas as rés, com exceção da União, a indenizar os acionistas minoritários pelos danos morais e materiais sofridos em função da depreciação de suas respectivas posições acionárias, acarretada pela absorção do passivo da operadora móvel pela Telemar Norte Leste S.A., cujo *quantum* deverá ser apurado em fase de liquidação de sentença" e (c) a condenação dos réus ao pagamento de indenização a título de dano moral coletivo.

150. *preparando os raciocínios:*
a dúvida posta pelo MM. Juízo estadual

Despachando nos autos, o MM. Juízo demonstrou a suspeita de talvez existir entre aquela ação civil pública e a demanda proposta pela consulente uma possível relação de *litispendência* ou ao menos de *continência*. Com certeza, pensa Sua Excelência na hipótese de, conforme venha a ser o resultado do confronto que realizar entre essas duas causas, determinar sua reunião em um só processo para serem decididas por *judex unum*. Determinou a exibição de cópia da petição inicial do outro processo e, com isso, legitimamente abriu às partes a possibilidade de amplos debates acerca do tema. Louvo à MM. Juíza essa prudente cautela, que é inerente aos padrões da garantia constitucional do contraditório em sua configuração moderna, mas adianto que, conforme exporei ao longo deste capítulo, não vejo no caso uma relação de litispendência, de continência e sequer de uma conexidade processualmente relevante.

151. *relações entre demandas*

Como as pessoas não vivem em total isolamento na sociedade e os fatos que lhes dizem respeito também não têm significados próprios absolutos, fazendo parte de um contínuo e infinito desenrolar de acontecimentos que é a História, assim também e por isso mesmo as relações jurídicas entre as pessoas também se relacionam entre si. E, quando duas ou mais relações jurídicas entre si entrelaçadas se tornam controvertidas, despejando-se em demandas judiciais propostas por seus titulares, surgem os fenômenos que Piero Calamandrei enfeixou no conceito de *relações entre ações*, ou relações entre demandas.[2] Diz-se que há relação de *litispendência* entre duas demandas pendentes quando coincidem todos seus elementos estruturais e identificadores (partes, causa, pedido) e, conseqüentemente, ambas visam à obtenção do mesmo resultado prático; de *continência*, quando uma delas, por conter um pedido mais extenso, contém em si a outra; e de mera *conexidade*, ou conexão objetiva, quando coincidem a causa de pedir ou o pedido, sem uma coincidência integral entre todos os elementos das duas demandas postas em confronto. É sobre esses temas, que de longa data me são muito caros, que passarei a discorrer.

152. *litispendência*

Conceitualmente, litispendência nada mais é que a mera *pendência de um processo* (*litis-pendentia*). É o estado de um pro-

---

2. *Cfr.* Calamandrei, *Istituzioni di diritto processuale civile secondo il nuovo codice*, § 41, pp. 141 ss.

cesso *vivo*, ou seja, que já existe e ainda existe, porque já foi formado e ainda não foi extinto. O expressivo binômio *já e ainda* é usualmente empregado pela doutrina alemã na explicação do conceito de litispendência (*schon und noch*). Sinteticamente, diz Moniz de Aragão que litispendência é "a fluência da causa em juízo".[3] Segundo antiga usança, porém, o vocábulo *litispendência* é mais freqüentemente empregado para indicar o *impedimento* para a realização de um processo e consecução de seus resultados, em razão de um estado anterior de litispendência – pendência de *outro* processo. E tal é a *exceção de litispendência*, da linguagem dos antigos, "consistente em uma defesa processual tipificada em lei e voltada à extinção do processo em razão de estar pendente um primeiro, pela mesma demanda".[4]

> Liebman: "*litispendência* significa *pendência de um processo* mas a expressão é usada, em particular, para indicar o problema que surge quando a mesma demanda é proposta em dois processos distintos; essa é uma situação anormal, não devendo haver sobre determinado objeto mais de um processo (*ne bis in idem*), inclusive para evitar que ocorra mais de um julgamento".[5]

É claramente nesse segundo sentido que o art. 301 do Código de Processo Civil emprega o vocábulo *litispendência* (Moniz de Aragão),[6] seja ao incluir esta como possível fundamento de defesa e extinção do processo (art. 301, inc. V – v. ainda art. 267, inc. V), seja ao afirmar que "há litispendência quando se repete ação que está em curso" (art. 301, § 3º). É esse o aspecto que interessa ao presente parecer, levando-se em conta e pondo-se em realce que, em minhas próprias palavras, "evitar dois processos instaurados com o fim de produzir o mesmo resultado prático" constitui a óbvia razão de ser da proibição de instaurar-se um segundo pro-

---

3. *Cfr. Comentários ao Código de Processo Civil*, II, n. 516, p. 498.
4. São palavras minhas, *in Instituições de direito processual civil*, II, n. 409, p. 63.
5. *Cfr. Manual de direito processual civil*, I, n. 32, p. 107 trad.
6. *Op. loc. cit.*

cesso em relação à mesma causa – porque, como a doutrina geral reconhece e proclama, "o *bis in idem* é tradicionalmente repudiado pelo direito, mediante a chamada exceção de litispendência".[7]

Toda comparação entre causas em algum caso concreto, com vista à verificação de ocorrer ou não ocorrer a *litispendência*, deve ser conduzido com as vistas postas nos *resultados* que cada uma das demandas propostas visa a obter. Se ambas visam ao mesmo resultado prático, ou a resultados opostos que se excluem, haverá esse impedimento. Se não, não. Assim, se o mesmo sujeito *move duas vezes uma demanda* integrada pelas mesmas partes, mesma causa de pedir e msmo pedido (ou *duas demandas iguais*, mera questão de linguagem), sendo claro que tudo quanto em uma delas se pede também na outra é pedido, o Estado-juiz nega-se a dar prosseguimento à segunda delas, que nenhum benefício poderá trazer a quem quer que seja, além do benefício já possibilitado pela primeira. Extingue-se o segundo processo. Mas não se extingue quando cada um deles visar a um resultado diferente do resultado visado no outro, sem o risco de que o resultado prático de um deles se sobreponha ao que no outro se tem em mira, ou com ele venha a conflitar.

Diante disso, proibir a duplicidade de processos endereçados ao mesmo resultado prático constitui, em última análise, afastar o risco de que, no futuro, venha a ser proferida uma sentença de mérito quando já houver outra coberta pela *coisa julgada*. Litispendência e coisa julgada associam-se pois, intimamente, como fatores destinados a impedir a duplicação de julgados sobre a mesma *demanda*, ou sobre a mesma causa.

Repito, para enfatizar: o critério central legitimador do repúdio ao segundo processo em caso de litispendência é notoriamente o endereçamento de ambos ao mesmo resultado – e, por isso, tal impedimento só ocorre, segundo clara definição do Código de Processo Civil, quando duas demandas são *idênticas*, ou seja, "quando têm as mesmas partes, a mesma causa de pedir e o mesmo pedido" (CPC, art. 301, § 2º).

7. *Cfr.* ainda minhas *Instituições de direito processual civil*, II, n. 409, esp. p. 64.

153. continência

Diz-se que há relação de *continência* entre duas demandas quando uma delas, por conter um pedido mais extenso, contém em si a outra. Daí a denominação pelo vocábulo *continência*, que é derivado do verbo *conter*; relação de continência é relação de continente a conteúdo.

Com esses contornos, a continência costuma ser apontada como uma *litispendência parcial* (José Frederico Marques).[8] Em parte, a demanda de maior extensão coincide com a menos ampla e, na parte que a excede, ela é somente *conexa* a esta. Ou, em outras palavras: a) a parte da demanda maior (continente) que coincide com a menor (contida) está, com referência a esta, em uma relação de *litispendência*; b) a parte que não está contida na demanda menor poderá eventualmente estar, com referência a esta, em relação de *conexidade*. O legislador poderia até impedir que tivesse curso aquele capítulo coincidente, incluído em ambas as demandas; poderia, se assim preferisse, dar aplicação ao princípio *ne bis in idem* e, conseqüentemente, à litispendência como fator impeditivo do conhecimento total ou parcial das demandas (CPC, art. 301, inc. V e §§ 1º, 2º e 3º). Pragmaticamente, porém, a lei permite o prosseguimento simultâneo das duas causas apesar do parcial *bis in idem*, determinando somente a reunião das causas para julgamento conjunto.

154. tornando ao caso

O que disse e enfatizei nos tópicos precedentes, com claro apoio no que está presente no direito positivo brasileiro e no que toda a doutrina e os tribunais pensam, conduz à clara percepção de que no caso examinado não existe uma relação de coincidência integral entre as duas causas confrontadas (*litispendência*) nem sequer a coincidência parcial qualificada como *continência*. As partes são diferentes, quer em sentido processual, quer

---

8. *Cfr*: José Frederico Marques, *Instituições de direito processual civil*, II, n. 695, esp. p. 204.

em substancial, e nem mesmo um só dos pedidos coincide, como passo a expor.

155. *as partes dos dois processos são distintas*

No pólo ativo da demanda proposta na Justiça Estadual carioca figura um acionista minoritário, que age na qualidade de substituto processual da companhia da qual detém parte das ações. Esse autor (substituto processual) é HG Beta 14 e o titular do interesse substancial é a Telemar. Muito diferentemente, na ação civil pública pendente perante a Justiça Federal é parte formal a Instituição do Ministério Público e o benefício postulado visa a favorecer os acionistas minoritários da época em que foi celebrado o negócio posto sob impugnação.

Ou, em outras palavras mais técnicas: a) na ação civil pública são partes formais (autores) os dois Ministérios Públicos; b) na ação individual é autora a ora consulente; c) na ação civil pública são substituídos pelos autores (substituição processual) os acionistas minoritários da época; d) na ação individual, é substituída pela ora consulente a empresa Telemar.

Essa colocação e esse confronto abrem portas para uma distinção que é muito cara à melhor doutrina processualista, entre parte em sentido formal e parte em sentido substancial, particularmente no exame de casos como o presente, de substituição processual.

Com as vistas postas na teoria do processo, afirma a mais conceituada de todas as doutrinas que "são partes do processo *os sujeitos do contraditório instituído perante o juiz*, ou seja: os sujeitos do processo diversos do juiz, para os quais este deve proferir seu provimento" (Liebman).[9] De minha parte venho também dizendo, em estrita consonância com o ensinamento do Mestre: "esse é um *conceito puro de parte*, ou puramente processual. Apóia-se exclusivamente no fato objetivo de a pessoa estar incluída em uma relação processual como seu sujeito parcial e ali estar em defesa de

---

9. *Cfr. Manual de direito processual civil*, I, n. 41, p. 123 trad.

alguma pretensão".[10] Levados em conta esses conceitos elementares, já se vê logo à primeira vista que, nos dois processos aqui considerados as partes formais são totalmente diversas, porque lá figura como autor o Ministério Público e, cá, a empresa que veio me consultar (HG Beta 14 Fundo de Investimento em Ações).

E quem são as partes em sentido substancial? São aqueles sujeitos que, substituídos no processo por uma parte formal figurante na condição de mero substituto processual, poderão receber os efeitos do que vier a ser julgado. Como sempre lembramos, substituto processual é o sujeito que atua processualmente em nome próprio mas no interesse de outrem (CPC, art. 6º).

Ora, como já foi mais de uma vez registrado e está claro nos dois processos, lá na ação civil pública dos dois Ministérios Públicos todo o benefício patrimonial-indenizatório que se pede, pede-se em favor dos acionistas minoritários do tempo em que foi realizado o negócio jurídico lesivo; enquanto que, cá na ação individual, é pedida uma indenização à própria Telemar, na qualidade de companhia controlada pela empresa causadora da lesão. São essas as *partes em sentido substancial*, de que fala a doutrina. Como também costuma ser destacado, é inerente a toda substituição processual a produção de efeitos sobre a esfera jurídica do substituído (no caso, o adquirente), embora não figure formalmente no processo como parte; sendo seu o interesse substancial em causa, ele será atingido favorável ou desfavoravelmente pelos resultados do processo. Disse a propósito o clássico Garbagnati que, se a sentença se pronuncia "sobre o mérito da *fattispecie* concretamente submetida à decisão do juiz, é logicamente necessário concluir que a coisa julgada manifesta sua eficácia precisamente em relação aos sujeitos sobre cuja situação substancial o comando do juiz vem a incidir, ou seja, *sobre os titulares da relação jurídica litigiosa*" – sendo incontroverso que o substituto é "estranho à relação litigiosa".[11]

10. *Cfr.* Dinamarco, *Instituições de direito processual civil*, II, n. 520, esp. p. 253.
11. *Cfr. La sostituzione processuale*, cap. VII, n. 2, p. 280. O monografista coloca o tema sobre o plano da teoria da coisa julgada e a meu ver estamos no

Carnelutti: "quando alguém defende em juízo o direito de um outro, entende-se que a eficácia do julgado se produz em relação ao segundo e não ao primeiro". E, pouco mais adiante: "uma vez que a lei admite a substituição processual de alguém em relação a outrem, daí pode-se inferir que ela também reconhece como eficaz em relação a esse outro a sentença que alguém haja obtido para si".[12]

156. nem litispendência nem continência

Do que acabo de dizer e demonstrar infere-se, sem a menor margem para qualquer dúvida, que entre aquela ação civil pública e esta ação individual realmente não é possível identificar qualquer traço caracterizador de uma litispendência, sequer parcial (continência). Não há a própria litispendência, como tal delineada no art. 301, inc. V, e §§ 1º a 3º, do Código de Processo Civil, (a) porque sem coincidirem as partes (nem formais *nem substanciais*), já fica de modo absoluto excluída a identidade entre as duas demandas e também (b) porque, pedida lá a prestação de uma reparação civil aos minoritários da época e cá uma reparação à própria companhia como ente corporativo (Telemar), também os pedidos diferem. São inclusive muito diferentes os pressupostos da existência do direito dos acionistas e os pressupostos do direito da companhia a uma indenização por ato do controlador (LSA, art. 117, § 1º, letra *e*, e lei n. 7.913, de 7.12.89). Seja pela diversidade das partes em sentido formal, das partes em sentido substancial ou dos próprios pedidos e seus fundamentos, não creio que alguém seja capaz de afirmar uma relação de litispendência entre essas duas causas.

Nem ocorre a *continência*, que se conceitua como litispendência parcial, também (a) porque as partes não são as mesmas, (b) porque os pedidos e os pressupostos do direito diferem – sem que o pedido de lá seja mais amplo que o de cá. O pedido de in-

---

campo da eficácia e não da autoridade da sentença (Liebman) – mas esse é um ponto conceitual sobre o qual não teria cabimento estender-se o parecer.

12. *Cfr. Sistema di diritto processuale civile*, I, n. 142, esp. p. 381.

denizar os minoritários da época não é maior nem menor que o pedido de indenizar a Telemar – simplesmente, é outro pedido.

157. mera afinidade de questões e não conexidade entre as duas causas

Cogitou-se também de uma *conexidade* entre aquela ação civil dos Ministérios Públicos e a ação individual promovida pela ora consulente. Mas a tênue relação que existe entre tais demandas não chega ao ponto de qualificar-se como conexidade, senão como mera *afinidade de questões*. A conseqüência prática desse enquadramento conceitual é que, não se tratando de autêntica conexidade, não se legitima a reunião das duas causas em um só processo, como ocorreria se de conexidade se tratasse. Lembremos alguns conceitos e o modo como o Código de Processo Civil trata essas duas espécies de relações entre demandas.

158. sobre a conexidade e a utilidade de seu reconhecimento em casos concretos

Como é notório entre nós profissionais do foro, *conexidade* é a relação de semelhança entre duas ou várias demandas que tenham um ou mais elementos constitutivos em comum, sem terem todos (nessa hipótese as demandas não seriam conexas, mas *iguais* – CPC, art. 103 e art. 301, § 2º). Na definição do art. 103 do Código de Processo Civil, duas demandas serão conexas *quando lhes for comum o objeto ou a causa de pedir*. Há nessa definição nítida remissão aos três *eadem*, que tradicionalmente servem de apoio para a identificação e comparação entre demandas (*personæ, causa, res*). Ocorre conexidade quando duas ou várias demandas tiverem por objeto o mesmo bem da vida ou forem fundadas no mesmo contexto de fatos mas dificilmente ocorre a *completa e integral coincidência* entre duas ou mais causas de pedir, presentes em duas ou mais demandas: na grande maioria dos casos, os fatos são comuns entre elas até certo ponto da narrativa, diferenciando-se em seguida. Existe ainda a *conexidade subjetiva*, que o Código de Processo Civil não considera para os fins de prorrogação da competência e consiste na identidade entre as partes de um e de outro processo.

Esclareço aos qualificados leitores que jamais adotei posições restritivas quanto à configuração da conexidade, especialmente quando se trata de conexidade por identidade da causa de pedir. Há muito venho preconizando um abrandamento nos rigores da exigência dessa identidade, não vendo no sistema razões para uma rígida interpretação do disposto no art. 103. Se o contexto de fatos trazidos ao juiz lá e cá, em confronto com a fundamentação jurídica da inicial, exigir que aquele forme uma *convicção única* ao julgar uma causa e a outra, isso bastará para a configuração da conexidade. O que importa, nos institutos regidos pela conexidade, é a *utilidade* desta como critério suficiente para impor ou autorizar certas conseqüências práticas – prorrogação da competência, reunião de processos, litisconsórcio.

> Segundo judiciosa lição que vem de um passado já relativamente distante (Enrico Redenti), para que haja conexidade por coincidência entre as causas de pedir basta que "estas tenham em comum o suficiente para que, com uma *única convicção*, possa o juiz pronunciar-se sobre as demandas cumuladas".[13] Em outras palavras, para a conexidade basta "a identidade *parcial* do título" (Giuseppe Tarzia)[14] desde que os elementos comuns sejam tais, que eventuais pronunciamentos diferentes, feitos por dois ou mais juízes, ou também pelo mesmo juiz em processos distintos, possam produzir resultados jurisdicionais discrepantes ou incoerentes entre si. O que se pretende, quando se dá esse realce ao conceito de *convicção única*, é superar os critérios formalistas e burocráticos calcados na teoria dos três *eadem*, com o objetivo de obter os proveitos úteis que a ordem processual associa à presença da conexidade. Aderi a essa idéia há mais de vinte anos e sobre ela venho insistindo em sucessivos escritos doutrinários, com a certeza da utilidade que tem para a boa realização dos serviços jurisdicionais.[15]

13. Essas palavras são minhas (*Litisconsórcio*, n. 40, esp. p. 87), mas a lição vem do clássico Redenti, em preciosa e festejada monografia (*Il giudizio civile con pluralità di parti*, n. 5, nota 5, p. 6).
14. *Cfr. Il litisconsorzio facoltativo nel processo di primo grado*, p. 41.
15. *Cfr.* Dinamarco, *Litisconsórcio*, n. 40, esp. pp. 87-88; *Instituições de direito processual civil*, II, n. 460, pp. 154 ss.

Faço esse esclarecimento aos qualificados leitores a bem da transparência e da lisura profissional, ficando muito claro que não sou restritivo na interpretação da exigência de identidade de títulos mas obviamente não chegando eu, como ninguém poderia chegar, ao ponto de prodigalizar conexidades a granel, ainda quando conexidade alguma inexista. É o que se dá no presente caso.

159. uma ligação muito tênue entre as causas de pedir

Apesar de em parte o contexto fático narrado pela consulente ser comum àquele apresentado na ação civil pública de que aqui se fala, dessa constatação não se pode inferir a identidade entre as causas de pedir. Conforme tive a oportunidade de observar em sede doutrinária, "para que seja necessária a tutela jurisdicional é indispensável que o direito alegado pelo autor esteja *em crise*. Sem uma crise de certeza, de adimplemento ou de alguma situação jurídica sequer se justificaria a intromissão dos agentes do Poder Judiciário. Não teria utilidade alguma. A conseqüência é que a demanda deve necessariamente, além de individualizar fatos e propor seu enquadramento jurídico para a demonstração do direito alegado, descrever também *fatos caracterizadores da crise jurídica lamentada* (...). Distingue-se, por esse aspecto, a causa de pedir *ativa*, consistente na descrição da situação atual e narrativa dos fatos que criaram a crise jurídica; e a causa de pedir *passiva*, consistente no direito posto em crise (Marco Tullio Zanzucchi)".[16]

Percebe-se claramente que as *causæ petendi* daquelas duas demandas chega a ser bem semelhante, pois ambas partem do mesmo contexto de fato, no qual se descrevem as ilicitudes e os danos causados pelas rés. Mas a causa de pedir *passiva* é claramente distinta porque *os direitos que os acionistas da época tinham não são os mesmos direitos que tinha a Telemar*. Aqueles tinham direitos decorrentes da boa cotação de suas ações. Esta, o direito à

---

16. *Cfr.* ainda *Instituições de direito processual civil*, II, n. 450, pp. 130-133.

preservação de suas próprias finanças. Os Ministérios Públicos atuam como substitutos processuais daqueles minoritários, que bem poderiam ter vindo a juízo com suas ações individuais, sendo obviamente legitimados a tanto. A ora consulente promove uma ação que a doutrina denomina *ação social*.

Com lucidez e muita autoridade, discorre Bulhões Pedreira sobre a *ação individual*, facultada a cada sócio para a defesa dos danos sofridos diretamente, em oposição à *ação social*, que é a reação da companhia ou dos minoritários aos prejuízos causados ao patrimônio social. Em resumo: a) prejuízo direto, *ação individual*; b) prejuízo indireto, *ação social*.[17] A ação dos sócios legitimados pelo art. 159 da lei societária em relação aos diretores é, tanto quanto a do art. 246, que cuida da autorização a tomar iniciativas processuais em face do controlador, a *ação social* de um substituto processual – sendo *substituída* a companhia. Diz-se que é uma *ação social*, porque está precisamente no lugar daquela que a própria companhia poderia exercer. A ação promovida por HG Beta 14 é típica *ação social* mas aquela que os Ministérios Públicos estão a conduzir nada tem de *social*. Mira ao patrimônio dos sócios, não da companhia. É substitutiva das ações individuais que os próprios minoritários da época poderiam ter movido em nome próprio e em seu próprio proveito.

Nessa situação não há aquela necessidade de que o juiz decida as duas causas segundo uma *convicção única*. Se houverem sido causados danos aos minoritários da época e portanto estes tiverem direito a uma reparação pelos danos sofridos em seus respectivos patrimônio individuais, a demanda do *Parquet* será julgada procedente e as rés, condenadas a ressarcir. Se houverem sido causados danos à própria companhia Telemar e portanto esta tiver direito a uma reparação pelos danos sofridos em seu patrimônio social, a demanda promovida por HG Beta 14 será julgada procedente e a controladora, condenada a esse outro ressarcimento. Litiga-se, lá e cá, sobre fatos lesivos a direitos distintos – os individuais e os sociais. Nada obsta a uma procedência lá e uma improcedência cá, ou vice-versa.

17. *Cfr*: "A responsabilidade civil do diretor de S.A.", n. 4, pp. 599 ss.

Daí a certeza de que a tênue ligação entre essas duas demandas somente pela causa de pedir passiva não chega ao ponto de qualificá-las como conexas entre si, senão que ligadas exclusivamente por um elo que não passa da *mera afinidade de questões por um ponto de fato*.

160. afinidade de questões

Em um único dispositivo alude o Código de Processo Civil a essa categoria jurídica, fazendo-o ao dizer que "duas ou mais pessoas podem litigar no mesmo processo em conjunto, ativa ou passivamente, quando (...) ocorrer afinidade de questões por um ponto comum de fato ou de direito" (art. 46, inc. IV). Como disse eu próprio em sede doutrinária, para que duas demandas sejam *afins*, "basta que lhes seja comum o fundamento na mesma disposição de lei ou a alegação de um fato-base do qual hajam decorrido créditos ou prejuízos para mais de uma pessoa".[18] Na afinidade não há coincidência quanto a elementos concretos da demanda mas apenas de elementos abstratos.[19]

> Na lição do prestigioso José Roberto dos Santos Bedaque, na mera afinidade de questões "apenas um dos aspectos da fundamentação é o mesmo nas várias situações da vida reunidas no mesmo processo para julgamento conjunto". E acrescenta: "em todos esses casos as relações de direito material são diferentes, havendo identidade apenas quanto à tese jurídica a ser aplicada pelo juiz, o que não é suficiente para configurar conexão".[20] Em casos assim, já ensinava o clássico José Frederico Marques que "o litisconsórcio facultativo tem seu fundamento na *economia processual*" porque "a reunião das causas em um só processo representa indiscutível economia do juízo".[21] Não é o que se dá no litisconsórcio por comunhão no direito ou por conexidade, que é movido por um "duplo objetivo: o da economia processual e o de evitar decisões contraditórias".[22]

18. *Cfr*. Dinamarco, *Instituições de direito processual civil*, II, n. 461, p. 156.
19. *Op. cit.*, II, n. 460, pp. 154-155.
20. *Cfr*. "Comentário ao art. 46 do Código de Processo Civil", esp. p. 119.
21. *Cfr*. suas *Instituições de direito processual civil*, II, n. 378, esp. p. 183.
22. *Id., ib.*, n. 380, p. 184.

Eis o ponto. O litisconsórcio por mera afinidade de questões, que encerra em si uma ligação subjetiva entre causas muito mais tênue que a conexidade, não tem o objetivo de evitar decisões contraditórias justamente porque ali (no caso de mera afinidade) as causas são independentes e o juiz não está adstrito a decidi-las de modo homogêneo, ou coerente. Como ficou dito aqui mesmo neste parecer, o que deve ser levado em consideração é sempre o resultado prático final (*supra*, n. 152).

161. mera afinidade não dá causa à prorrogação de competência

Exatamente porque a mera afinidade de questões é *menos* que a conexidade, expressando uma relação mais tênue entre duas causas (ela pode ser considerada como uma *conexidade degradada*), a ordem jurídica não lhe confere o poder de determinar a prorrogação da competência. A conexidade, sim, opera esse efeito; quando ocorre, autoriza-se o litisconsórcio ainda que em princípio sejam diferentes as competências territoriais em relação a cada um dos litisconsortes: "havendo dois ou mais réus, com diferentes domicílios, serão demandados no foro de qualquer deles, à escolha do autor" (CPC, art. 94, § 4º). Quando ocorre a conexidade, reúnem-se as causas em *simultaneus processus* (art. 105). Mas quando se tem pela frente uma mera afinidade de questões, nem se autoriza a prorrogação da competência para viabilizar o litisconsórcio nem se reúnem causas. Sempre porque, como já disse e venho enfatizando, não há o risco de decisões conflitantes. Ainda José Frederico Marques: "inexistindo conexão entre essas diversas lides, faz-se necessário que haja igual competência de foro e juízo para o processo e julgamento de todos os litígios reunidos no processo".[23] E assim também Humberto Theodoro Júnior: "é claro porém que o litisconsórcio do art. 46, n. IV, só será possível quando houver uniformidade de competência do juízo para as diversas ações afins. É que, não havendo conexão para justificar a

---

23. *Id. ib.*, n. 379, pp. 183-184.

prorrogação de competência, falece ao autor o direito de demandar um ou alguns dos litisconsortes facultativos fora do juízo que lhes corresponde".[24]

Não pensem os leitores que, ao discorrer sobre problemas do litisconsórcio, esteja eu a desviar o foco do problema vivenciado no presente caso, que é o de uma imaginária reunião entre causas. O motivo de tais digressões é a circunstância de a afinidade de questões ser tratada pelos doutrinadores em geral somente com referência ao litisconsórcio – porque é na disciplina legal deste que surge uma referência a ela (art. 46, inc. IV). Em si mesma a *afinidade de questões* é um tema inserido no contexto das variadas *relações entre causas*, que passa pela continência, conexidade objetiva, conexidade subjetiva, prejudicialidade, dependência, acessoriedade *etc.*[25] e, por isso, comporta todo esse exame também com referência à problemática da *prorrogação da competência*. É esse o tema central do parecer, para cujo deslinde tem grande utilidade a invocação do modo como a lei trata a afinidade de questões. O que se diz sobre ela quando se trata do instituto do litisconsórcio releva, no fundo e em substância, aquilo que ela realmente é: uma modalidade degradada de conexidade, insuficiente para prorrogar a competência.

162. conclusões finais:
nem litispendência nem continência nem conexidade

A conclusão final do parecer é que no caso ostentado não se legitima reunir, em *simultaneus processus*, a ação civil pública movida perante a Justiça Federal pelas duas instituições do Ministério Público e a ação individual em que é autora a consulente na Justiça do Estado do Rio de Janeiro. Impor-se-ia essa reunião se entre essas causas houvesse um vínculo muito forte e suficiente, caracterizado como *continência* ou como *conexidade*. Mas, como a relação que realmente pode ser identificada entre essas causas

---

24. *Cfr. Curso de direito processual civil*, I, n. 100, esp. p. 99.
25. *Cfr.* Dinamarco, *Instituições de direito processual civil*, II, nn. 459 ss., pp. 152 ss.

não é mais que a de *mera afinidade de questões*, tal reunião não se legitima e muito menos se legitimaria sua imposição pelo Poder Judiciário. O eixo central em torno do qual gravita o parecer e em torno do qual é imperioso gravitar todo estudo da prorrogação da competência como efeito de uma relação entre causas é sempre e não pode ser outro senão o da necessidade de evitar decisões conflitantes (*supra*, nn. 152, 153 *etc.*). E, como no caso da mera afinidade não há sequer em tese o risco de um conflito entre o resultado prático final de cada uma dessas ações, absolutamente não é o caso de reuni-las. Louvo ao MM. Juízo estadual carioca o zelo pelo bom encaminhamento da causa a seu cargo e manifesto agora a Sua Excelência a minha esperança de, com o presente parecer, haver contribuído para a solução da dúvida que a propósito da necessidade de reunir aquelas causas naquele momento lhe ocorreu.

X – SEGURO COLETIVO POR ADESÃO E UMA AÇÃO CIVIL PÚBLICA SEM IMPACTO DE MASSA[1]

§ 1º – o caso e a consulta – 163. a ação civil pública examinada e os pedidos que contém – 164. os diversos tipos de seguros de saúde e a posição de cada uma das rés – 165. a consulta e os quesitos – § 2º – **conflitos constitucionais e legais – impossibilidade jurídica da demanda** – 166. impossibilidade jurídica *da demanda* – vetos constitucionais, legais ou sistemáticos – 167. tornando ao caso: o controle atuarial de um plano coletivo por adesão – 168. não há disposição legal proibindo recusas – 169. decisão judiciária sem caráter universal e com infração à isonomia – 170. uma concreta impossibilidade jurídica – carência de ação e extinção do processo – § 3º – **falta o legítimo interesse processual** – 171. os padrões de admissibilidade da ação civil pública – 172. as três categorias de direitos ou interesses transindividuais – 173. uma ação civil pública por direitos individuais homogêneos – 174. mas quais seriam esses direitos individuais homogêneos? – 175. heterogeneidade e pequeno grupo de favorecidos – 176. uma ação civil pública também por direito coletivo – 177. mas qual seria esse direito coletivo? – 178. situações heterogêneas – 179. inadequação da via processual e conseqüente carência de ação – 180. tornando ao interesse de agir – **§ 4º – conclusão** – 181. respostas aos quesitos

§ 1º – O CASO E A CONSULTA

163. a ação civil pública examinada e os pedidos que contém

Access Administração e Serviços Ltda., que ora me consulta, figura como litisconsorte passivo em uma ação civil pública mediante a qual o Ministério Público do Estado de São Paulo pede que ela e mais Sul América Seguro Saúde S.A. e Associação dos Funcionários Públicos do Estado de São Paulo – AFPESP, sejam condenadas a se absterem de rejeitar propostas de seguro *coletivo por adesão*. Tal demanda tem origem em representação instaurada a pedido de uma professora filiada à APEOSP (*uma só professora*),

1. Reprodução de parecer elaborado em março de 2007.

que tivera sua proposta de filiação a plano de seguro coletivo por adesão rejeitada por Access, a qual é a empresa responsável pelo controle atuarial e financeiro da carteira de segurados. Os pedidos veiculados nessa ação civil pública são no sentido (a) de serem as rés condenadas a abster-se de recusar propostas de adesão em todo o território nacional, (b) de que seja declarada a nulidade da cláusula quinta da proposta de adesão em todos os contratos vigentes e futuros, em âmbito nacional, (c) de serem publicados em jornais e revistas de grande circulação a informação de que a seguradora se dispõe a aceitar as propostas antes rejeitadas, (d) de que sejam as rés condenadas ao pagamento de indenização aos consumidores cujas propostas tenham sido rejeitadas e, por fim, se não houver cumprimento das sanções acima pedidas, que (e) as rés sejam condenadas em multa cominatória, a ser recolhida ao Fundo de Reparação dos Interesses Difusos Lesados. Todas as partes foram devidamente citadas, apresentaram defesa e esse é o atual momento processual do processo.[2]

164. os diversos tipos de seguros de saúde
e a posição de cada uma das rés

O sistema jurídico brasileiro enumera três tipos de planos de saúde a serem comercializados. Segundo a res. CONSU n. 14/98, eles são divididos em: a) individual ou familiar, (b) coletivo empresarial e (c) coletivo por adesão. Entende-se como *individual* aquele oferecido no mercado para livre adesão de consumidores físicos, com ou sem seu grupo familiar (art. 2º). Tem-se o *familiar* quando lhe é facultada a inclusão de membro de seu grupo familiar. Já o *coletivo empresarial* destina-se a pessoas que tenham determinado vínculo empregatício, associativo ou sindical com uma empresa, sendo sua vinculação ao plano de saúde automática no momento da contratação (art. 3º). Por fim, há o *coletivo por adesão*, que é "aquele que embora oferecido por pessoa jurídica para massa delimitada de beneficiários, tem adesão apenas espon-

---
2. Refiro-me ao tempo em que o parecer foi elaborado.

tânea e opcional de funcionários, associados ou sindicalizados, com ou sem a opção de inclusão do grupo familiar ou dependentes" (art. 5º). No presente caso, o plano de saúde em discussão é exclusivamente o *coletivo por adesão*, pois por meio da Apeosp, que figura como sub-estipulante, a consumidora enviou sua proposta, a qual veio a ser rejeitada por não estar incluída nos perfis atuariais adequados.

É importante demonstrar a posição jurídica de cada uma das rés no sistema do contrato de seguro coletivo por adesão. A Afpesp é a estipulante, sendo a Associação dos Professores do Ensino Oficial do Estado de São Paulo – Apeoesp a sub-estipulante. Essas duas entidades corporativas atuam portanto como intermediários entre seus associados e a seguradora, no caso a Sul América Seguro Saúde S.A. A empresa que comercializa os produtos chama-se Qualicorp e a Access Administração e Serviços Ltda., ora consulente, gere o plano, tanto financeira quanto atuarialmente.

> Temos pois, na linha das atividades aqui descritas: a) A Sul América, como seguradora: b) a Afpesp, como estipulante; c) a Apeoesp, como sub-estipulante; d) a Qualicorp, como comercializadora; e) a Access, como consulente-gestora dos planos de saúde.

165. *a consulta e os quesitos*

Em face do contexto acima exposto, coloca-me a consulente Access Administração e Serviços Ltda., por seu competente advogado, dr. Renato Bastos Rosa, os seguintes quesitos:

primeiro: é juridicamente possível a demanda proposta pelo Ministério Público com o objetivo de que as rés aceitem todas as propostas de seguro coletivo por adesão?

segundo: há na lei a proibição de que as estipulantes e gestores de seguros e planos de saúde recusem propostas?

terceiro: há interesse-adequação do pedido feito, tendo em vista não estar presente o requisito da transindividualidade?

quarto: há interesse-necessidade do pedido de indenização, sem que tenha havido descrição ou prova da ocorrência ou iminência de danos a um universo de pessoas?

§ 2º – CONFLITOS CONSTITUCIONAIS E LEGAIS – IMPOSSIBILIDADE JURÍDICA DA DEMANDA

166. *impossibilidade jurídica* da demanda
– *vetos constitucionais, legais ou sistemáticos*

Na redação original do parecer aqui reproduzido, nesta parte inicial foram desenvolvidos raciocínios e explicitados conceitos referentes à impossibilidade jurídica como condição da ação, a qual é impossibilidade da *demanda* como um todo e não necessariamente do *pedido*. Também foi feita uma associação entre a impossibilidade da demanda e a impossibilidade jurídica do provimento desejado, sendo aquela uma antecipação desta; não se dá curso a um processo iniciado por uma demanda juridicamente impossível, justamente porque de antemão já se sabe que o resultado positivo desse processo só poderá ser um resultado impossível.

Destacou-se ainda que não só da lei emergem vetos a pretensões de dada ordem, com a conseqüência de serem estas juridicamente impossíveis. Tais vetos vêm também do plano superior da Constituição Federal e, quando não, também do próprio sistema jurídico considerado como um todo.

Tais considerações são de total pertinência ao presente estudo, no presente ponto, mas deixam de ser aqui reproduzidas porque já estão incluídas, com toda explicitude, em outro capítulo deste mesmo volume. Para evitar o vício das repetições desnecessárias, limito-me a remeter o leitor interessado ao que lá está escrito (*supra*, capítulo "Ação civil pública e separação de Poderes – limitações ao controle jurisdicional e às medidas de urgência", nn. 72-73).

167. *tornando ao caso:*
o controle atuarial de um plano coletivo por adesão

O valor de todos os prêmios a serem pagos a uma seguradora é sempre calculado de acordo com o *grau de sinistralidade* relacionado com o bem ou as atividades a serem cobertas mediante o contrato de seguro – no caso de seguros ou planos de saúde, levam-se em conta as diversas parcelas da sociedade, ou de um grupo ou categoria a ser beneficiada. Em um plano individual esse complexo cálculo é baseado principalmente na idade do segurado, pois com a carga dos anos a tendência é que a eclosão de moléstias se torne gradualmente mais provável e mais freqüente. Outros métodos para controle prévio da quantidade de sinistros a serem cobertos consiste na consideração da existência de doenças preexistentes e na fixação de períodos de carência. Em todas as modalidades de plano de saúde é vedado à seguradora rejeitar um consumidor em razão da idade ou pelo fato de ser portador de alguma deficiência (lei n. 9.656, de 3.6.98, art. 14). Sobre as doenças preexistentes e períodos de carência, a lei foi bem clara ao distinguir as hipóteses em que é possível haver rejeição da proposta. Na modalidade de plano de saúde *individual ou familiar*, não é permitida a rejeição porque a seguradora poderá inserir uma cláusula de agravo do prêmio e uma cobertura parcial temporária (res. CONSU n. 14/98, art. 5º, inc. I). Também no plano do tipo *coletivo empresarial* e *coletivo por adesão* com número abaixo de cinqüenta participantes poderá haver cláusula de agravo e de cobertura parcial temporária (res. CONSU n. 14/98, art. 5º, incs. III e V). Já em casos de plano de saúde *coletivo empresarial* e *coletivo por adesão* com número de participantes igual ou superior a cinqüenta, não poderá haver cláusula de agravo ou de cobertura parcial temporária (art. 5º, incs. II e IV, da res. CONSU n. 14/98).

Essas diferentes hipóteses de possibilidade de cláusulas de agravo de prêmio e de cobertura parcial temporária funcionam como uma medida de *compensação* para a seguradora, na tentativa de equilíbrio econômico do contrato. Ou seja, ela não pode recusar os consumidores nos planos de saúde (a) individual, (b) familiar, (c) coletivo empresarial e (d) coletivo por adesão com menos de cinqüenta membros – mas em contrapartida poderá incluir nesses contratos uma cláusula de aumento de prêmio ou de cobertura parcial temporária.

Diferente é o caso dos planos coletivos por adesão e empresarial com mais de cinqüenta aderentes, em relação aos quais a lei veda expressamente essas medidas compensatórias. Como não há tais possibilidades, *está aberto o caminho para a recusa das propostas nesses tipos de planos*, porque não é razoável que as seguradoras tenham de suportar o custo de uma pessoa com doença pré-existente, ou seja, com a certeza de uma doença, ou com uma idade tal que previamente já se saiba que a incidência de sinistralidade será maior. Essa pessoa já doente ou mais idosa, que se tratará às expensas dos demais, influenciaria diretamente nos prêmios a serem pagos por toda a gama de associados.

Voltemos ao caso. A senhora que teve a proposta rejeitada (única pessoa descoberta pelo Ministério Público) era portadora de uma doença já antes de ingressar no *plano*. Se fosse um plano de saúde individual, familiar, empresarial ou por adesão com menos de cinqüenta membros, por meio de cálculos atuarias a seguradora incluiria uma cláusula de agravo no prêmio ou uma cobertura parcial temporária. Mas na modalidade de seguro solicitada não há essa possibilidade. Portanto, *se a seguradora a aceitasse, todos os associados sairiam prejudicados*, i.é, todos os demais associados da AFPESP, que detêm o plano da Sul América. Para viabilizar o *mutualismo* é indispensável que em alguma medida e observados os critérios de razoabilidade e proporcionalidade, o *indivíduo* seja recusado nessa modalidade securitária. Os demais associados jamais aceitariam um aumento significativo de seus prêmios pelo fundamento de a consulente haver feito um cálculo atuarial errado e não controlar corretamente a carteira da AFPESP.

Percebe-se que aceitar indiscriminadamente consumidores nessa modalidade de plano de saúde é interpretar o sistema de maneira contrária aos sadios pilares da *lógica do razoável*, tão bem comentada por Recaséns Siches: "la única proposición válida que puede emitirse sobre la interpretación es la de que el juez en todo caso debe interpretar la ley precisamente del modo que lleve a la *conclusión más justa* para resolver el problema que tenga planteado ante su jurisdicción".[3] É dever do juiz "interpretar essas leis de modo que o resultado da aplicação aos casos singulares produza a realização do *maior grau de justiça*" – porque, segundo diz ainda

3. *Cfr. Tratado general de filosofía del derecho*, cap. XXI, n. 7, p. 660.

o jurisfilósofo, *a lógica do razoável é acima de tudo a lógica da justiça*.[4]

É justo portanto que todos os membros da carteira sejam prejudicados, em razão de um *único indivíduo*? Deveria a seguradora arcar com prejuízos decorrentes da admissão de segurados idosos ou já enfermos ao mesmo custo dos demais, sabendo de antemão que seguramente eles lhe darão despesas maiores que os demais? Lá se vai o equilíbrio econômico do contrato!

168. não há disposição legal proibindo recusas

Mais do que a mera *possibilidade* de rejeitar propostas de consumidores que queiram filiar-se a planos de seguro-saúde coletivo por adesão com mais de cinqüenta membros, as estipulantes e gestoras recebem da ordem jurídica a *plena faculdade* de fazê-lo. A sistemática da legislação dos planos de saúde não inclui proibição alguma contra essa conduta absolutamente legítima da parte de uma estipulante (no caso, a AFPESP) ou de uma gestora (no caso, a Access). Tal possibilidade é inerente à própria razão de ser da existência da ora consulente Access porque de nada serviria o controle financeiro e atuarial de planos se não pudesse rejeitar proponentes que não estejam enquadrado nos perfis da carteira. Se esse controle não for feito, certamente a Access, AFPESP e APEOESP serão responsáveis por infração ao mutualismo securitário, por terem aceito segurados com a *certeza* de prejuízo para a carteira.

Obviamente, a nenhum integrante da cadeia securitária é lícito negar um *risco* inerente à sua própria atividade, mas também não é proibido rejeitarem consumidores com a *certeza* de moléstias cujo custo seria suportado por todos os demais participantes. A própria lei dos planos de saúde e a res. CONSU n. 14/98 falam somente que a *seguradora* não poderá rejeitar as propostas nas condições ali estabelecidas. E, no caso da demanda promovida pelo Ministério Público, a proposta de adesão do único caso questionado sequer seguiu para a seguradora. Quando

---

4. *Id., ib.*, esp. p. 661.

uma entidade (CAASP, APEOSP, APAMAGIS *etc.*) decide contratar um determinado *plano de saúde* para seus associados, ela quer que essa carteira seja gerida da melhor maneira para todo o universo desses associados – e foi também para isso que a Access veio a ser inserida no sistema.

Percebe-se que é possível à estipulante e gestora do plano fazer esse controle, desde que sem discriminações subjetivas ou proibidas pela Constituição Federal, porque (a) a própria sistemática da legislação de seguros não o proíbe, (b) a lógica do sistema e da própria razão de ser da gestora a obrigam fazer esse controle e (c) não há uma sequer disposição legal impedindo as recusas contra as quais se volta o Ministério Público autor. Como já foi ressaltado, o veto existente não se aplica a planos como este porque aqui se trata de grupo com mais de cinqüenta participantes e a própria lei faz uma relevantíssima distinção em face dos grupos menores; no plano aqui versado, não sendo admissíveis alterações do prêmio nem coberturas parciais, a conseqüência sistemática inerente a tal legislação é a abertura para a recusa daqueles que seguramente trariam despesas maiores para a seguradora e, indiretamente, prejuízos ao universo dos co-partícipes (*supra*, n. 167).

169. decisão judiciária sem caráter universal e com infração à isonomia

Uma das notas diferenciais da jurisdição, e talvez a única que a distingue da legislação e faz com que o juiz não se equipare ao legislador, é a vocação que a sentença tem, e a lei não, a pronunciar-se sobre *casos e situações concretas* (Mauro Cappelletti).[5] E, decidindo sobre casos concretos, o juiz deixa fora das decisões que profere todos os demais sujeitos que poderão estar na mesma situação de uma das partes (no caso, da Access), mas aos quais, por não haverem sido partes, não se estendem os efeitos diretos da sentença nem a autoridade da coisa julgada que sobre

---

5. *Cfr. Giudici legislatori?*, n. 11, pp. 64-65; v. também p. 71.

eles se abate (CPC, art. 472). Isso não aconteceria com uma lei que proibisse as seguradoras de rejeitarem as propostas de planos coletivos por adesão com mais de cinqüenta membros, dado o caráter de universalidade que obrigatoriamente a envolveria – o negócio de todas as seguradoras seria assim e quem não aceitasse tal imposição legal endereçada a todas elas, que se retirasse desse ramo empresarial. Mas a prevalecer a situação pretendida pelo dr. Promotor de justiça em sua demanda, a ora consulente ficaria sujeita a todas aquelas restrições impostas, enquanto que suas concorrentes poderiam prosseguir livremente rejeitando propostas, sem qualquer vinculação dessa ordem.

A primeira e mais intuitiva das impossibilidades constitucionais geradas na hipótese de admissibilidade dessa demanda (*supra*, n. 166) consiste na manifesta quebra da *parità nelle armi*, que outra coisa não é senão a isonomia garantida constitucionalmente (Const., art. 5º); outra infração, de igual intensidade, é o golpe lançado contra outra garantia, também estabelecida em sede constitucional, que é a da *livre concorrência* (art. 170, inc. IV). E o Estado brasileiro, que se proclama "agente normativo e regulador da atividade econômica" (art. 174, *caput*), estaria, pela mão de seus juízes, a gerar uma desordenada, casuística e anti-isonômica regulação de uma atividade econômica, a dano da concorrência, da livre iniciativa e, conseqüentemente, *dos próprios consumidores que o Ministério Público é encarregado de tutelar*.

170. uma concreta impossibilidade jurídica – carência de ação e extinção do processo

Como foi dito acima e é notório entre os operadores do direito, impossibilidade jurídica da demanda é a inadmissibilidade, mesmo em tese, de obter o resultado prático visado pelo demandante. Ela decorre da frontal oposição entre a pretensão e a ordem jurídica, sendo irrelevantes os fatos ou os demais fundamentos jurídicos invocados: examina-se a pretensão perante o direito nacional e, se ela for logo *a priori* excluída por uma norma específica ou mesmo por uma incompatibilidade com o sistema como um todo, isso significa que é juridicamente impossível (*supra*, n. 166).

Ora, na linha do raciocínio até aqui em curso já se sente que a demanda proposta pelo Ministério Público e aqui posta no crivo de respeitosa crítica está fatalmente comprometida por uma impossibilidade jurídica, porque a eventual condenação das empresas que aqui são rés (deixando inteiramente intactas as demais) representaria seguramente uma inaceitável transgressão às garantias constitucionais da isonomia e da livre concorrência.

§ 3º – FALTA O LEGÍTIMO INTERESSE PROCESSUAL

171. *os padrões de admissibilidade da ação civil pública*[6]

A notória origem da nossa ação civil pública no modelo norte-americano das *class actions*[7] faz dela algo de institucionalmente *excepcional* no sistema romano-germânico de direito processual, ao qual se filia o brasileiro. O individualismo dos romanos chega até nós de modo bastante veemente e quase intransigente, sendo a raiz mais remota e profunda de disposições como a do art. 6º do Código de Processo Civil, portadora da regra individualista da legitimidade individual de cada um para a defesa de seus próprios interesses. Foi somente quando a *sociedade de massa* passou a impor regras de um *direito de massa*, que surgiu a consciência da necessidade de medidas integrantes de um verdadeiro *processo civil de massa,* caracterizado na ordem jurídica brasileira por certos remédios jurídico-processuais como o mandado de segu-

---

6. Este tópico reproduz por inteiro o que a respeito do mesmo tema está no estudo "Uma ação civil pública juridicamente impossível – suspensão de atividades de associação – carência de ação e incompetência" (*supra*, n. 115) mas resolvi incluí-lo porque me pareceu que essa repetição contribuirá para a clareza e fluência do raciocínio em curso. E faço a presente observação em homenagem ao leitor, como consumidor da obra.

7. Fala Ada Pellegrini Grinover, ainda, nas *relator actions* do direito britânico e australiano, ao lado de medidas de outra natureza, mas sempre voltadas a interesses difusos, existentes na França e Alemanha (*cfr*: "A tutela jurisdicional dos interesses difusos no direito comparado", n. 2, esp. p. 79).

rança coletivo e a ação civil pública destinada à tutela dos valores ambientais, dos consumidores como comunidade, dos deficientes físicos, das crianças e adolescentes *etc.*

Tais medidas vieram a ser adotadas em resposta ao clamor de doutrinadores brasileiros impressionados com a existência de verdadeiros *bolsões de ilegalidade*, que por sua vez eram o efeito prático da não-absorção de uma série grande de matérias e de conflitos na órbita da jurisdição. Grassava a sistemática e incontrolável violação a bens e interesses que, justamente porque indivisíveis e insuscetíveis de personificação em sujeitos identificáveis (interesses difusos ou coletivos), não podiam ser objeto da tradicional tutela jurisdicional preconizada nas regras de legitimidade *ad causam* individual (art. 6º CPC). Vigia a rígida limitação dos efeitos da sentença e *auctoritas rei judicatæ* exclusivamente a quem houvesse sido parte no processo (art. 472).[8]

As regras então sucessivamente criadas na órbita da ação civil pública tinham e têm o endereço certo da tutela jurisdicional aos titulares de *interesses supraindividuais*, sem desmontar o velho e tradicional sistema de *tutela jurisdicional individualista*, residente no Código de Processo Civil. É assim na própria Lei da Ação Civil Pública (lei n. 7.347, de 24.7.85) e é assim nos diplomas que se lhe sucederam, como o Código de Defesa do Consumidor (lei n. 8.078, de 11.9.90), o Estatuto da Criança e do Adolescente (lei n. 8.069, de 13.7.90) e a Lei do Mandado de Segurança Individual e Coletivo (lei n. 12.016, de 7.8.09).

Na visão global da ordem jurídico-processual brasileira, tem-se então que a própria admissibilidade da *tutela coletiva* e a correlativa legitimidade do Ministério Público e associações não infirmam o sistema tradicional e só podem ser reconhecidas nos limites em que as estabelecem a Constituição e a lei. Fora disso, prepondera a regra geral de legitimidade individual e tutela limitada às partes, ditada no Código de Processo Civil. Para a tutela coletiva, legiti-

---

8. Se "ninguém pode pleitear em nome próprio direito alheio" (art. 6º) e se a ninguém pertencem por direito esses bens e interesses difusos, concluía-se pelo rigoroso estrangulamento das vias de ingresso em juízo e *acesso à justiça* em relação a eles.

midade do Ministério Público e associações. Para a tutela de bens e interesses personificados, legitimidade exclusiva dos sedizentes titulares de direitos. Preponderam também as regras constitucionais e legais disciplinadores da tutela jurisdicional como um todo, dos remédios processual-constitucionais integrantes da jurisdição constitucional das liberdades e das competências das Justiças, dos juízos inferiores e dos tribunais.

> Foi pensando nisso que disse o promotor de justiça Hugo Nigro Mazzilli, que é um dos mais profundos e festejados conhecedores da Instituição do Ministério Público e de sua doutrina: "deve-se evitar, em nosso entendimento, prestar-se a ser o órgão ministerial o cobrador de dívida entre partes maiores e capazes".[9] Nem o Ministério Público nem as associações são legitimados fora ou além dos casos constitucionalmente autorizados e legalmente disciplinados.

172. *as três categorias de direitos ou interesses transindividuais*

Para o perfeito entendimento e qualificação jurídica desta ação civil pública aqui em exame, sejam relembrados alguns conceitos básicos referentes aos direitos e interesses que por essa via processual podem buscar reconhecimento e satisfação. Falemos do gênero *direitos transindividuais* e das três espécies que o integram (difusos, coletivos e individuais homogêneos).

São *transindividuais* os direitos e interesses que transcendem a esfera jurídica de *indivíduos* porque dizem respeito a toda uma classe, categoria, grupo, coletividade ou comunidade. Trans-individual significa *além do indivíduo*. Diz-se *tutela coletiva* essa que se refere a direitos transindividuais, quer estes se qualifiquem como difusos, coletivos ou individuais homogêneos: tais especificações situam-se no plano do direito material, sem embargo de, no campo do processo, chamar-se sempre *coletiva* a tutela relacionada com qualquer uma dessas espécies de direitos transin-

---

9. *Cfr. Manual do promotor de justiça*, cap. V, n. 44, p. 232.

dividuais. Tanto é *coletiva* a tutela que mediante o processo se concede em relação a direitos coletivos, quanto aos difusos e aos individuais homogêneos.

Os direitos difusos e os coletivos caracterizam-se por sua *impessoalidade e indivisibilidade*, não tendo como centro de imputação indivíduo algum ou mesmo uma pessoa jurídica, e não sendo suscetível de fragmentação ou partilha. Assim é, p.ex., o direito à higidez ambiental, que é de uma coletividade como um todo mas não tem como titular pessoa alguma e não pode ser repartido entre os integrantes da coletividade. Tal é um direito *difuso*. E assim é também o direito à não-comercialização de um medicamento nocivo ou inócuo, do qual é titular a soma dos consumidores desse produto e não cada um destes. Tal é um direito *coletivo*. A diferença entre uns e outros, segundo a definição que lhes dá o Código de Defesa do Consumidor, consiste em que os interesses difusos têm por titulares "pessoas indeterminadas e ligadas por circunstâncias de fato" (art. 81, par., inc. I), enquanto que os coletivos pertencem sempre a algum "grupo, categoria ou classe de pessoas ligadas entre si ou com a parte contrária por uma relação jurídica base" (art. 81, par., inc. II). É muito tênue, talvez até arbitrária, essa distinção entre direitos difusos e direitos coletivos – donde decorrem, na prática, grandes dificuldades para a qualificação de um direito transindividual, em casos concretos, como coletivo ou como difuso. Melhor seria se todos estivessem, naquela definição, englobados em um conceito só.

Os *direitos individuais homogêneos*, porém, são autênticos direitos individuais. A homogeneidade, que constitui efeito de sua *origem comum* (CDC, art. 81, par., inc. III), é somente o elemento que justifica seu *trato processual coletivo*, sem lhes desfigurar a condição de direitos individuais (Pedro da Silva Dinamarco[10]). São assim, p.ex., os direitos dos indivíduos que consumiram o medicamento nocivo ou inócuo, tendo cada um deles um direito subjetivo à indenização pelo dano efetiva e individualmente suportado.

---

10. *Cfr. Ação civil pública*, n. 7.3, esp. 60.

173. uma ação civil pública
por direitos individuais homogêneos

E qual seria a natureza do interesse transindividual em tese perseguido pelo Ministério Público nesta sua ação civil pública? Coletivo? Difuso? Direitos individuais homogêneos? Não me parece possível enquadrá-la no primeiro nem no segundo desses conceitos – ou seja, nem na categoria dos direitos ou interesses difusos nem na dos coletivos. Como procurarei demonstrar, o suposto direito aqui afirmado pelo *Parquet* é *individual homogêneo*.

Não se trata de direito coletivo porque não há o requisito da indivisibilidade de um determinado "grupo, categoria ou classe de pessoas ligadas entre si ou com a parte contrária por uma relação jurídica base" (art. 81, par., inc. II). Os possíveis consumidores lesados não pertencem a nenhuma entidade ou associação comum ligadas às rés da ação civil pública. Mantém, sim, uma relação com a AFPESP ou APEOSP, e estas, por sua vez, firmaram contrato com as rés. Além do mais, não há o requisito essencial da indivisibilidade, pois os supostos direitos de tais consumidores podem ser individualizados para cada um deles.

Nem se trata de direito ou interesse difuso porque o âmbito de abrangência da medida proposta não chega, assim de modo indiscriminado, a todas as possíveis "pessoas indeterminadas e ligadas por circunstâncias de fato" (art. 81, par., inc. I). O âmbito subjetivo da demanda proposta é bem mais restrito e fica nos limites das pessoas que tiveram um fato-referência comum, a saber, *consumidores com propostas de planos coletivos por adesão rejeitadas*. Por isso é que, nos termos do art. 81, par., inc. III, do Código de Processo Civil, este é um caso de ação civil pública em tese relacionada com um direito individual homogêneo, não com um direito difuso nem com direitos coletivos. A situação individual é a mesma (só para a rejeição da proposta e não para os danos morais, logicamente) e pode ser vista como um bem que comporta divisão entre possíveis titulares a serem depois individualizados e identificados.

174. mas quais seriam esses direitos individuais homogêneos?

O pedido do Ministério Público beira a *inépcia*, tendo em vista que não há uma correlação da norma em abstrato com um possível evento danoso. Não estão caracterizados danos impostos a um *número significativo* de consumidores rejeitados – e sequer foi declinado qual o dano suportado pela consumidora (única) que tomou a iniciativa da representação motivadora da presente ação civil pública. Isso torna o pedido vago e indeterminado (e não só meramente genérico, o que seria admissível), quando a lei processual imponível a todos os processos civis, quer individuais ou coletivos, impõe que o pedido seja sempre especificado (CPC, art. 282, inc. IV). Não estamos na seara do *dano moral coletivo*, pois este somente acontece quando atingir "toda uma parcela da sociedade, sem um titular individualizado" (Pedro da Silva Dinamarco[11]). O pedido aforado mediante a presente ação civil pública é incompatível com a noção de *transindividualidade*, porque no caso o único sujeito supostamente lesado por um imaginário dano ilícito é perfeitamente individualizado e, como dito, *um só*. O raciocínio aqui posto tem também o conforto de expressivo pronunciamento do Superior Tribunal de Justiça.[12]

Se é que houve algum dano moral, cada consumidor deverá alegar e provar sua existência, além de quantificá-lo de acordo com a dor experimentada, sob pena de enriquecimento sem causa. Mais que isso: seria indispensável alegar e provar, em processo individual, (a) não só a existência do dano moral suportado mas também (b) a ligação etiológica desse dano com uma conduta ilícita das integrantes desse sistema segurador. Imagine-se a seguinte situação: um consumidor teve sua proposta de seguro coletivo por adesão recusada mas não veio a ter necessidade de qualquer serviço médico. Qual a dor experimentada? Nenhuma! E ainda assim seria credor das rés por alguma quantia a título de reparação de dano moral? Obviamente não. Não há um *critério único* para a

---

11. *Op. cit.*, n. 16.4, p. 295.
12. *Cfr*: STJ, REsp n. 598.281-MG, j. 2.5.06, rel. Luiz Fux, m.v., *DJU* 1.6.06, p. 147.

condenação porque não ocorre um suposto dano moral coletivo. Por isso, cada consumidor que tenha tido sua proposta rejeitada deverá não só provar a existência do alegado dano individual como também, antes disso, demonstrar a ilicitude do ato causador. Mas sequer a própria consumidora que gerou a reclamação provou ter sofrido um dano em virtude dessa rejeição.

175. *heterogeneidade e pequeno grupo de favorecidos*

Segundo informa a consulente, há *pouquíssimos casos* de rejeição de propostas de inclusão em planos de saúde coletivo por adesão com mais de cinqüenta aderentes. Esses sujeitos seriam plenamente identificáveis pelas próprias propostas, sendo esse um número muito pequeno para representar um universo de consumidores a serem adequadamente tutelados pela via da ação civil pública. Falta portanto o requisito do *impacto de massa*, ou da *relevância social*, que depende sempre da existência de um número significativo de sujeitos em situações jurídicas semelhantes, oriundas de um fato comum (aí, sim, direitos individuais *homogêneos*). Disse Barbosa Moreira: "o fenômeno adquire, entretanto, dimensão social em razão do grande número de interessados e das graves repercussões na comunidade; numa palavra: do impacto de massa".[13] Um só inconformado, como indica o próprio Ministério Público, ou mesmo uns poucos sujeitos contrariados, como podem ser aqueles de que têm conhecimento as rés, não compõem um *grande número de interessados*, ou um grupo significativo capaz de caracterizar a configuração de autênticos direitos coletivos dignos de tutela a teor do art. 81, par., inc. II, do Código de Defesa do Consumidor. *Uma andorinha não faz verão.*

E tais sujeitos, que são poucos e não constituem autêntico *grupo*, são clara e facilmente determináveis, ou identificáveis, fal-

---

13. *Cfr.* "A legitimação para a defesa dos interesses difusos no direito brasileiro", n. 1, p. 184. Fala Mancuso, também, em "número notável dos sujeitos concernentes" como critério de outorga de legitimidade ao Ministério Público (*Manual do consumidor em juízo*, II.2-A, esp. p. 23) – o que vale igualmente para as associações.

tando também o requisito da *indeterminabilidade de titulares*, associada indissoluvelmente idéia de interesses coletivos. A exigência da indeterminabilidade do sujeito e indivisibilidade do objeto desses interesses transparece também claramente em escritos de Kazuo Watanabe,[14] de Rodolfo de Camargo Mancuso[15] *etc*. A monografia de Hugo Nigro Mazzilli faz incisiva alusão à *indeterminabilidade do sujeito*.[16] Cuidam também do tema, com a autoridade de notórios especialistas, os procuradores de justiça Antonio Augusto Mello de Camargo Ferraz, Édis Milaré e Nelson Nery Júnior, em preciosa monografia.[17]

Além disso, a suposta *homogeneidade de interesses* está comprometida por intensas peculiaridades que no caso diferenciam as situações: a) qual o motivo da rejeição à proposta de cada um? b) houve dano nas rejeições? c) o fato de ter havido a negativa da proposta impediu os consumidores de encaminhar outras propostas a essa ou a outra seguradora? – eis aí três indagações, variáveis entre os consumidores supostamente lesados, cujas respostas podem diferenciar profundamente suas situações, sem que sequer aproximadamente se possa sustentar que os interesses ou possíveis direitos desses sujeitos sejam *homogêneos*.

> Em casos assim, diz a doutrina (Barbosa Moreira), faltam as *repercussões na comunidade*, que se reconhecem como aptas a conferir a esses interesses ontologicamente individuais a conotação de *acidentalmente coletivos*. Tem-se agora uma tutela que se refere a meros *interesses individuais agrupados* e não mais a uma massa de interesses individuais indefinidos e amalgamados pela origem comum a desvendar.[18] "A defesa dos interesses de meros grupos

---

14. "Tutela jurisdicional dos interesses difusos: a legitimação para agir", esp. p. 89.

15. *Cfr*. Mancuso, *Interesses difusos*, pp. 64 ss.; esse autor acrescenta àquelas duas as notas de *intensa* conflituosidade e *duração efêmera, contingencial*.

16. *Cfr*. Mazzilli, *A defesa dos interesses difusos em juízo*, n. 1, p. 9.

17. *Cfr*. *A ação civil pública e a tutela jurisdicional dos interesses difusos*, n. 10.2, esp. p. 56.

18. A expressão salientada em itálico é de Kazuo Watanabe, na demonstração da ilegitimidade do Ministério Público para a tutela de meros interesses individuais agrupados (*cfr*: "Da defesa do consumidor em juízo", nota 3 ao art. 82). Na

determinados de pessoas (como consumidores individualmente lesados) só se pode fazer pelo Ministério Público quando isto convenha à coletividade como um todo". Ou seja, isso é possível "se é extraordinária a dispersão de lesados; se a questão envolve defesa da saúde ou da segurança dos consumidores; se a intervenção ministerial é necessária para assegurar o funcionamento de todo um sistema econômico, social ou jurídico. Não se tratando de hipótese semelhante, a defesa de interesses de consumidores individuais deve ser feita por meio de legitimação ordinária, ou, se por substituição processual, por outros órgãos e entidades que não o Ministério Público, sob pena de ferir-se a destinação institucional deste último".[19]

176. *uma ação civil pública também por direito coletivo*

Em sua demanda inicial o Ministério Público pede, antes de chegar ao pedido de condenação por danos morais, (a) a condenação das rés a abster-se de recusar propostas de adesão em todo o território nacional, (b) a declaração de nulidade da cláusula quinta da proposta de adesão em todos os contratos vigentes e futuros, em âmbito nacional, (c) a condenação a divulgar em jornais e revistas de grande circulação a informação de que a seguradora se dispõe a aceitar as propostas antes rejeitadas (*supra*, n. 163). O autor quer a declaração de nulidade da cláusula pela qual a seguradora rejeita propostas em caso de idade maior ou preexistência mórbida, com as conseqüências da abstenção de recusar, da

---

realidade, esse prestigioso pensador ressalva os *interesses individuais homogêneos*, que não compartilham dessa natureza; mas está cuidando da legitimidade para o processo da ação condenatória de tutela coletiva. Passando agora ao processo de liqüidação ou de execução, quando já desfeito o laço que legitimava a tutela coletiva a esses direitos e interesses individuais, eles já não passam de *meros interesses individuais agrupados*. No dizer de Nelson Nery Jr., "os direitos individuais puros não podem ser defendidos pelo Ministério Público. Apenas os individuais homogêneos, assim entendidos os que têm origem comum" (*cfr*: "O Ministério Público e sua legitimação para a defesa do consumidor em juízo", n. 4, esp. p. 247).

19. *Cfr*: Hugo Nigro Mazzilli, *A defesa dos interesses difusos em juízo*, n. 8.4, esp. pp. 90-91 (v. ainda *apud* Mancuso, *Manual do consumidor em juízo*, n. 2-A, esp. p. 23).

publicação da disposição a aceitar e da responsabilidade pelo que até agora recusou.

Ora, nesses pedidos de nulidade, abstenção e publicidade reside a pretensão do Ministério Público a um provimento jurisdicional destinado a favorecer todos os possíveis pretendentes a ingressar em seus planos *por adesão*, ou seja, pessoas indeterminadas, integrantes de dada faixa etária e que possam pretender a cobertura por esses planos. Não me parece possível enquadrar tais pretensões na primeira nem na terceira daquelas classes de direitos e interesses individuais – ou seja, nem na categoria dos direitos ou interesses difusos nem na dos individuais homogêneos. Como procurarei demonstrar, os supostos direitos afirmados pelo Ministério Público e repercutidos nesses itens seriam, se existissem, *coletivos* – referem-se a todo o grupo amorfo de sujeitos possivelmente naquela situação. A teor do art. 89, par, inc. II, do Código de Defesa do Consumidor, direitos coletivos são

> "(...) os transindividuais de natureza indivisível de que seja titular grupo, categoria ou classe de pessoas ligadas entre si ou com a parte contrária por uma relação jurídica base".

Os pedidos aqui postos em foco *não tratam de direitos ou interesses individuais homogêneos* porque mediante eles a demanda proposta não visa à outorga de benefícios a cada um dos possíveis pretendentes à adesão ou a satisfazer direitos individuais de cada um deles. Visa a obter do Poder Judiciário uma medida que, na óptica de seu autor, crie condições para que todo e qualquer pretendente com idade superior ou portador de mal preexistente possa propor e ter sua proposta aceita, aderindo a planos *por adesão*. Nenhuma situação individual é considerada e, portanto, estamos fora daquele conceito enunciado no art. 81, par., inc. III, do Código de Defesa do Consumidor. Toma-se coletivamente o *grupo* de pessoas e a ele se destina a tutela pretendida, de modo que as providências postuladas nos pedidos acima enunciados não podem ser vistas como um bem que comporte divisão entre possíveis titulares a serem depois individualizados e identificados.

Por isso é que, nos termos do art. 81, par., inc. I, do Código de Defesa do Consumidor, esse pedido caracteriza-se como um caso típico de ação civil pública em tese relacionada com um suposto direito coletivo, não direito difuso nem sequer direitos individuais homogêneos.

Diante disso, resta claro que a *relação jurídica base* a que alude esse dispositivo não se encara, para fins da conceituação dos direitos e interesses coletivos, como direitos individuais dos integrantes do grupo, "que passam a formar uma só unidade, tornando-se perfeitamente viável, e mesmo desejável, a sua proteção jurisdicional por via molecular" – palavras claras e incisivas de Kazuo Watanabe.[20] E de Pedro da Silva Dinamarco: "o interesse coletivo é a síntese dos interesses individuais e não mera soma, sendo necessário que haja uma *alma coletiva*".[21] E absolutamente não será possível vislumbrar uma alma coletiva em um contexto como esse, onde para lá de heterogêneas são as situações (*supra*, nn. 174-175). Não é lícito cogitar de uma suposta tutela coletiva a grupo, classe ou categoria de pessoas, assim encarados em sua unitariedade monolítica, quando sequer se sabe quais são as situações comuns e quais as lamentações e aspirações comuns. Se nada mais que algumas poucas pessoas se manifestaram descontentes e só uma foi ao Ministério Público, nessa minúscula parcela da sociedade não se pode identificar um *grupo, classe ou categoria*, para os fins do art. 81, par., inc. II, do Código de Defesa do Consumidor.

> E disse também o festejado jurista e pensador do direito: "com o uso da expressão *transindividuais de natureza indivisível* se descartou, antes de mais nada, a idéia de interesses individuais agrupados ou feixe de interesses individuais da totalidade dos membros de uma entidade ou de parte deles" (Kazuo Watanabe[22]). E Pedro

---

20. *Cfr.* "Da defesa do consumidor em juízo – disposições gerais", nota 5 ao art. 81, esp. p. 824.
21. *Cfr. Ação civil pública*, n. 7.2, esp. p. 56.
22. "Da defesa do consumidor em juízo – disposições gerais", nota 5 ao art. 81, esp. p. 823.

da Silva Dinamarco: "essa relação jurídica [*nos direitos coletivos*] é permanente e preexistente à lesão ou ameaça de lesão, não podendo ser considerada aquela nascida da própria lesão ou ameaça de lesão".[23]

Nem se trata de *direito ou interesse difuso*, porque o âmbito de abrangência da medida proposta não chega, assim de modo indiscriminado, a todas as possíveis "pessoas indeterminadas e ligadas por circunstâncias de fato" (art. 81, par., inc. I). Aqui, o âmbito subjetivo é bem mais restrito e fica nos limites de um "grupo, categoria ou classe de pessoas ligadas entre si ou com a parte contrária por uma relação jurídica base" – a saber, restringe-se aos limites de um grupo ou categoria a que chamamos *idosos ou portadores de moléstias preexistentes*.

177. mas qual seria esse direito coletivo?

Como dito, toda a motivação do Ministério Público a promover a pendente ação civil pública veio da representação de uma só e única pessoa, aquela professora filiada à APEOESP (*uma só professora*), que tivera sua proposta de filiação a plano de seguro coletivo por adesão rejeitada por Access. E, como também foi dito, as próprias rés têm ciência de que, além dessa pretendente, umas pouquíssimas outras tiveram suas propostas recusadas e se insurgiram contra isso – não porém mediante provocação ao *Parquet*. Como também já frisei, sendo isso do entendimento geral nessa área de conhecimentos, somente quando houver um *impacto de massa* pode mostrar-se admissível a ação civil pública. Assim postas as coisas, vamos nos afastando da idéia dos direitos e interesses coletivos merecedores de proteção mediante a ação civil pública, os quais, além de serem por definição indivisíveis e não-personalizáveis (CDC, art. 81, par., inc. II), precisam referir-se a um grupo ou categoria como um todo, não a poucos ou alguns integrantes desse grupo ou categoria.

23. *Cfr. Ação civil pública*, n. 7.2, esp. p. 55.

178. situações heterogêneas

Afaste-se desde logo a idéia, sustentada pelo Ministério Público autor, de ser nefanda e merecedora de um veto total aquela cláusula contra a qual se insurge. Como é notório e chega a ser intuitivo, não é legítimo substituir as escolhas e preferências do legislador pelas do juiz e muito menos pelas do *promotor justitiæ*. O juiz avalia fatos e situações e interpreta textos segundo a escala axiológica da nação, da qual é legítimo espelho, mas não tem o poder de inverter escolhas – principalmente quando não há uma razão superior sendo desconsiderada ou um valor de categoria mais elevada, sendo ilegitimamente sacrificado. Não é esse o caso. Como vem sendo veementemente sustentado pelas consulentes, nessa modalidade de planos de saúde (coletivo com mais de cinqüenta participantes) a viabilidade da recusa aqui tão maltratada pelo Ministério Público decorre da própria lei, como inevitável reflexo do equilíbrio financeiro-atuarial estruturado pelo legislador (*supra*, n. 167).

179. inadequação da via processual e conseqüente carência de ação

E assim, sem estar tratando de direitos ou interesses gerais de um grupo como tal nem ligados entre si pelo elo da homogeneidade, todos os pedidos contidos na demanda do Ministério Público mantêm-se à margem dos *standards* da ação civil pública conforme os delineia o direito positivo brasileiro no Código de Defesa do Consumidor. O alegado direito à declaração de nulidade de cláusula, com abstenção de recusas e publicidade da disposição a não mais recusar, não é na realidade *coletivo*, ou seja, imputável a todo um grupo ou categoria de modo integral e homogêneo. Assim também são as coisas, em relação ao alegado direito à condenação em danos morais, pois esse suposto dano não está ligado pelo elo da indeterminabilidade de sujeitos. *Os direitos supostamente homogêneos nada têm de homogêneos* segundo a definição legal de homogeneidade (CDC, art. 81, par., inc. III), já que no caso em exame inexiste o requisito da *transindividualidade* – tendo em vista que os sujeitos são facilmente identificáveis e os possíveis danos, divisíveis; sem o nexo da transindividualidade, cada um desses supostos direitos lesados deve ser perseguido em relação a cada um dos consumidores em ações individuais, não sendo admissível a civil pública nem legitimado o *Parquet*. Se a ação civil pública constitui remédio especificamente destinado à tutela de grupos ou de pessoas relativamente a direitos e interesses difusos, coletivos ou individuais homogêneos; e se aqui na realidade não tratamos de qualquer uma dessas categorias de direitos ou interesses, conclui-se que *a via da ação civil pública é inadequada ao processamento das pretensões trazidas pelo autor*, carecendo este de ação por falta do interesse-adequação e, conseqüentemente, estando também por esse motivo impedido o julgamento do *meritum causæ*.

>Estou nitidamente manipulando o *binômio interesse-adequação*. Como está na moderna doutrina do processo civil e pessoalmente venho dizendo amiúde, a adequação da via processual escolhida figura, ao lado da necessidade da tutela jurisdicional, como confiável indicador da presença do interesse de agir, carecendo de ação o autor sempre que estiver ausente algum desses dois indicadores.[24]

180. *tornando ao interesse de agir*

Como conceito geral, *interesse é utilidade*. Consiste em uma *relação de complementariedade entre um bem e uma pessoa*, a saber, entre um bem portador da capacidade de satisfazer uma necessidade e uma pessoa portadora de uma necessidade que pode ser satisfeita por esse bem (Carnelutti). Há o *interesse de agir* quando o provimento jurisdicional postulado for capaz de efetivamente ser útil ao demandante, operando uma melhora em sua situação na vida comum – ou seja, quando for capaz de trazer-lhe uma verdadeira *tutela*, a tutela jurisdicional. O interesse de agir constitui o núcleo fundamental do direito de ação, por isso

---

24. *Cfr.* Dinamarco, *Execução civil*, n. 264, p. 420.

que só se legitima o acesso ao processo e só é lícito exigir do Estado o provimento pedido, na medida em que ele tenha essa utilidade e essa aptidão". Essas palavras minhas, escritas em sede doutrinária,[25] são abertamente inspiradas em superiores lições de Francesco Carnelutti, de perene atualidade na teoria processual.[26] É muito natural que o Estado-juiz só se disponha a desencadear atividades em torno da pretensão de uma pessoa quando for razoavelmente previsível que a medida jurisdicional preparada por essas atividades serão aptas a produzir o resultado prático desejado e autorizado pelo direito. Antevendo-se a inexistência dessa utilidade, não há por que exercer a jurisdição e não há por que percorrer todos os caminhos de um processo. Diz-se então, como é notório, que em casos assim o autor carece de ação por falta de interesse de agir.

§ 4º – CONCLUSÃO

181. respostas aos quesitos

Ante tudo que expus no decorrer do parecer, passo a dar respostas aos quesitos formulados e por três motivos independentes e autônomos concluo, em síntese, que a presente ação civil pública deve ser extinta sem julgamento de mérito. Eis as respostas:

primeiro: não, não é juridicamente possível a demanda proposta pelo Ministério Público com o objetivo de que as rés aceitem todas as propostas de seguro coletivo por adesão, já que esse pedido fere gravemente as garantias constitucionais da isonomia e da livre–concorrência, devendo portanto o processo ser extinto sem julgamento de mérito;

segundo: não, não há na lei a proibição de que as estipulantes e gestores de seguros e planos de saúde recusem propostas nem de fazer o controle do grau de sinistralidade de um plano de saúde

---

25. *Cfr.* ainda minhas *Instituições de direito processual civil* cit., II, n. 544, pp. 309-313.
26. *Cfr. Teoria generale del diritto*, § 35, pp. 58-61.

coletivo por adesão. Ao contrário, é dever da Access fazer tal controle, para o bem do *mutualismo*;

terceiro: não, não há interesse-adequação do pedido feito, tendo em vista a total ausência do requisito da transindividualidade e também levando em conta a inocorrência de um verdadeiro *impacto de massa* que legitimasse a presente ação civil pública. O Ministério Público trabalha sobre o interesse de uma só consumidora descontente, o que está longe de caracterizar a indispensável transindividualidade. E assim: a) se não há a consistência de um valor transindividual a ser objeto de zelo judicial em prol de toda uma comunidade, (b) se as situações de possível ocorrência no contexto dos seguros aqui considerados são tão heterogêneas que aquilo que talvez possa ser bom para uns poucos será mau para muitíssimos, conclui-se que (c) a ação civil pública proposta é inadmissível por falta de interesse-adequação, sendo conseqüentemente carecedor de ação o seu autor e, por esse motivo, devendo ser extinto o processo sem julgamento do mérito (CPC, art. 267, inc. VI);

quarto: não há também o interesse-necessidade do pedido de indenização, uma vez que não foi feita a descrição ou prova da ocorrência ou iminência de danos a um universo de pessoas – pois como já demonstrado, não haveria qualquer *utilidade transindividual* em eventual sentença que acolhesse o pedido do autor. Por mais esse motivo a ação civil pública proposta é inadmissível, agora por falta de interesse-necessidade, sendo conseqüentemente carecedor de ação o seu autor e, por esse motivo, devendo ser extinto o processo sem julgamento do mérito (CPC, art. 267, inc. VI).

XI – AÇÃO CIVIL PÚBLICA, FUSÃO DE SINDICATOS E AUMENTO DA BASE DOS SINDICALIZADOS FAVORECIDOS[1]

182. um conflito entre sindicatos – 183. uma fusão de sindicatos – 184. substituição processual: o substituto e a posição ocupada pelos substituídos – 185. inadmissível o aumento do universo de substituídos – 186. conclusão: decisão limitada aos filiados ao primeiro sindicato

182. um conflito entre sindicatos

Distingue-me com esta consulta SINPEQ – Sindicato das Indústrias de Produtos Químicos para Fins Industriais, Petroquímicos e de Resinas Sintéticas de Camaçari, Candeias e Dias D'Ávila, por gentil iniciativa da atuante advogada dra. Fernanda Hernandez e com relação a um processo a cujo respeito já emiti opinião em dezembro do ano de 2006. O processo é o mesmo mas os temas agora colocados são outros.

O sindicato *patronal* que ora me consulta figura como réu em ação coletiva promovida por outro sindicato, este representativo de *trabalhadores* e denominado SINDIQUÍMICA – Sindicato dos Trabalhadores do Ramo Químico e Petroleiro do Estado da Bahia. No momento em que elaboro o presente parecer, o processo que envolve essas duas entidades sindicais pende perante o Col. Supremo Tribunal Federal, em grau de *embargos de divergência* opostos pelo sindicato autor, ou seja, pelo adversário do consulente (*cfr.* o capítulo "Embargos de divergência no Supremo Tribunal Federal" – *supra* nn. 34 ss.).

---

1. Parcial reprodução de parecer elaborado em março de 2007.

183. uma fusão de sindicatos

Quem deu início ao processo em exame foi uma outra pessoa jurídica, também empregatícia, e não o Sindicato que ora figura como embargante perante o Col. Supremo Tribunal Federal. Já estava o processo nessa sede superior quando tal ente sindical, o autor, veio a fundir-se com um outro, resultando daí uma nova pessoa jurídica, que é o embargante de agora. Como conseqüência imediata dessa fusão, a nova entidade passou a ter uma *base sindical mais ampla* que a daquela que originariamente posta no processo como autora, embargante, recorrente. São filiados ao novo Sindicato tanto os que o eram ao primeiro, quanto ao segundo – ampliando-se pois, pelo aspecto processual, o número de sujeitos potencial ou aparentemente caracterizados como *substituídos processuais*. Ou seja, aumentou o universo dos obreiros a serem beneficiados pelo fenômeno da substituição processual. Como deve ser tratado um caso assim tão atípico na experiência do processo?

184. substituição processual:
o substituto e a posição ocupada pelos substituídos

Sabe-se que o Sindicato, ao provocar o exercício da jurisdição para tutela dos sindicalizados, atua como substituto processual destes, figurando pois no processo em nome próprio mas para a defesa de interesses dessas pessoas (CPC, art. 6º e Const., art. 8º, inc. III). Ora, ao exercer essa *ação própria*, o substituto processual faz-se desde logo parte no processo – sabendo-se que, em seu conceito puro, partes são os sujeitos *interessados* da relação processual, ou os *sujeitos do contraditório instituído perante o juiz* (Liebman).[2] O conceito de parte processual decorre exclusivamente desse dado objetivo consistente em estar agindo no processo, ter sido citado ou ter ingressado como interveniente de qualquer natureza – sendo rigorosamente inadequada qualquer investigação sobre a legitimidade *ad causam* do sujeito ou

---

2. *Cfr*: Liebman, *Manual de direito processual civil*, I, n. 41, pp. 123 ss. trad.

suas ligações com a relação jurídico-material controvertida. "La nozione di parte è una nozione strettamente processualística" (Monacciani)[3] e "ser parte no processo significa ser titular das faculdades, ônus, poderes e deveres inerentes à relação jurídica processual, em estado de sujeição ao juiz".[4] O substituto processual que age em juízo é autor e portanto *parte*, sendo pois titular de todos aqueles poderes, deveres, faculdades e ônus – entre eles, os ônus e obrigações referentes ao *custo do processo*, que constituem objeto de específica indagação da consulente.

Com realismo, porém, a doutrina entende maciçamente que, embora não sejam partes na relação processual (partes processuais), para diversos efeitos os substituídos são havidos como partes e não meros terceiros (*infra*, capítulo "Sociedades anônimas e legitimidade dos minoritários – questões processuais", esp. nn. 392-393). Na qualidade de *partes em sentido substancial*, é a eles que se endereçam os efeitos substanciais diretos do provimento jurisdicional que virá, são eles que ficarão favorecidos ou desfavorecidos, ficam eles adstritos à coisa julgada, não se incluindo no conceito de *terceiros* para os fins da limitação subjetiva desta (CPC, art. 472).

> Garbagnati: "no art. 2.909 do Código Civil, a palavra *partes* não está a indicar os sujeitos da chamada relação processual – como bem observou Zanzucchi, ela é usada em um sentido muito diferente, servindo para designar *os sujeitos da relação jurídica litigiosa*".[5]
>
> Araújo Cintra (discorrendo sobre o art. 472 CPC e os limites subjetivos da coisa julgada material): "a palavra *partes* não está na lei em seu sentido de sujeitos do contraditório do processo, mas indica os sujeitos da relação jurídica litigiosa (...). Realmente, as-

---

3. *Cfr. Azione e legittimazione*, n. 91, esp. pp. 244-245; para a ênfase desse *conceito puro de parte*, v. Dinamarco, *Instituições de direito processual civil*, II, n. 520, pp. 252-254.

4. *Cfr.* ainda minhas *Instituições de direito processual civil*, II, n. 521, p. 255, onde dou adesão integral ao que, no mesmo sentido, dissera Enrico Tullio Liebman (*cfr.* seu *Manual de direito processual civil*, I, n. 59, pp. 165 ss. trad.).

5. *Cfr. La sostituzione processuale*, cap. VII, n. 4, pp. 290-291.

sim se explica porque, no caso de substituição processual, o substituído fica sujeito à coisa julgada formada em processo de que não participou".[6]

185. inadmissível o aumento do universo de substituídos

Dito isso, vê-se com clareza que a fusão de dois Sindicatos, figurando como filiados à nova entidade então gerada não só aqueles que eram filiados ao Sindicato autor mas também os que integravam o outro que com este se fundiu, poderia dar a impressão de que, no presente processo, o que se decidir abrangeria toda essa base maior do Sindicato novo. Ter-se-ia a impressão de que eventual procedência da demanda inicial teria como beneficiários todo esse universo dos que hoje integram o novo Sindicato.

É porém falsa essa impressão, em virtude do que se disse no tópico anterior. Embora não figurem formalmente como partes na relação processual, os sindicalizados são a parte material a quem se destina o julgamento *de meritis* a ser proferido e, do mesmo modo, a *auctoritas rei judicatæ* que depois se formará. Ampliar essa base de substituídos significa, pois, ampliar subjetivamente o pólo dos sujeitos substanciais do litígio, o que é severamente proibido pelos arts. 264 e 294 do Código de Processo Civil. A propósito de tais dispositivos aparentemente superpostos, disse eu em doutrina, "são portadores da regra segundo a qual, angularizada a relação processual pela citação – e portanto integrado a ela o demandado – a demanda permanecerá imutável e a sentença a ser afinal proferida não poderá pronunciar-se fora dos limites que ela estabelece (arts. 128 e 460). A finalidade desses dois dispositivos é limitar com bastante severidade a possibilidade de alterações na demanda proposta". Disse também, refletindo um pensamento doutrinário absolutamente incontrastado:

> "somados, esses dispositivos são responsáveis, nos limites do que autorizam e do que vedam, pela *estabilização da demanda*. Devendo o juiz pronunciar-se rigorosamente dentro dos limites da

---

6. *Cfr. Comentários ao Código de Processo Civil*, IV, n. 267, esp. p. 305.

demanda proposta (partes, causa de pedir, pedido: art. 128) e não podendo proferir em favor do autor sentença de natureza diferente da pedida ou por bem diferente ou valor acima do pedido (*extra vel ultra petita*, art. 460), os limites do pronunciamento judicial possível são estabilizados no momento em que o réu é citado – ressalvado seu consentimento, em alguma medida (...). Explicitamente, o texto portador de tal restrição endereça-a apenas às alterações objetivas (pedido e causa de pedir: art. 264, par.) mas o tumulto decorrente do ingresso de novos sujeitos seria o mesmo e por isso também as alterações subjetivas só podem ser aceitas antes do saneamento – ainda que o réu as aceite depois. Resolvidas as questões incidentes, fixados os pontos fáticos dependentes de prova e deferidos os meios probatórios a produzir (isso é *sanear*: art. 331, § 2º, o procedimento já terá chegado a um ponto tal, que retroceder seria tumultuar; como o processo não é um *negócio em família* e a jurisdição é uma função pública, o poder de disposição das partes não pode chegar ao ponto de permitir que elas prejudiquem o bom exercício desta".[7]

186. conclusão:
decisão limitada aos filiados ao primeiro sindicato

Mais não preciso dizer, diante dessas colocações tão claras na doutrina e na prática dos tribunais deste país, para demonstrar que a fusão de dois Sindicatos, com a absorção de todos os filiados de ambos no corpo associativo da nova entidade, não pode ter o efeito de ampliar o universo dos substituídos processualmente. Como todos os substituídos, os filiados ao Sindicato que propôs a causa em juízo e a conduziu ao longo de todo o processo são as *partes substanciais do litígio* e então, para vigência dos arts. 264 e 294 do Código de Processo Civil, a fusão ocorrida não pode ter o efeito de ampliar o universo dos sujeitos a serem beneficiados com uma possível procedência da demanda inicial.

Alvitro pois, à luz de tudo quanto venho dizendo, que o julgamento de mérito já contido ou que vier a ser contido no presente processo abranja somente os trabalhadores que eram filiados

---

7. *Cfr.* ainda uma vez minhas *Instituições de direito processual civil*, II, n. 414, pp. 69-72.

ao SINDIQUÍMICA – Sindicato dos Trabalhadores nas Indústrias e Empresas Petroquímicas, Químicas Plásticas e afins do Estado da Bahia, que figura como autor desde o início do processo – não beneficiando nem prejudicando os que eram filiados ao Sindicato que com ele se fundiu.

Título III
PROBLEMAS DA COISA JULGADA

XII – Conflito entre duas coisas julgadas. XIII – Eficácia da sentença, coisa julgada, questões prejudiciais e a posição do sucessor. XIV – Coisa julgada, assistência e eficácia da intervenção. XV – Coisa julgada em matéria tributária e sentença para o futuro.

XII – CONFLITO ENTRE COISAS JULGADAS[1]

187. dois processos distintos, duas demandas julgadas, duas coisas julgadas opostas – 188. as questões postas e a consulta recebida – 189. pedidos ou recursos prejudicados: linguagem imprecisa nos juízos e tribunais – 190. prejudicialidade – 191. este não é um caso de prejudicialidade jurídica – 192. o recurso prejudicado, segundo a visão corrente nos tribunais – 193. o agravo da Fazenda mineira não perdera objeto – 194. a coisa julgada anterior não excluía o interesse recursal – 195. trânsito em julgado: conseqüência natural do descumprimento de um ônus pela Fazenda – 196. a nova coisa julgada: efeito da decisão do sr. Relator – 197. a elegante questão das duas coisas julgadas conflitantes – 198. coisa julgada material: sua conceituação jurídica – 199. justificação político-institucional e convivência com outros valores – 200. tornando à questão posta pela consulente – 201. a eficácia natural dos atos estatais e a revogação de sentença por sentença – 202. os ônus processuais e o sistema processual das nulidades – 203. confirmação da tese: o ônus de propor ação rescisória – 204. proposições conclusivas

187. *dois processos distintos, duas demandas julgadas, duas coisas julgadas opostas*

Consultou-me uma empresa sobre o intrigante caso de uma só e mesma pretensão deduzida em juízo duas vezes (dois processos diferentes), sendo duas vezes julgada *de meritis* por acórdãos do Superior Tribunal de Justiça, ambos passados em julgado e cada um deles decidindo de modo diametralmente oposto ao do outro. A questão não é de fácil deslinde, considerando-se não só os preceitos legais pertinentes, que não são exaurientes do tema, mas sobretudo os delicadíssimos contornos sistemáticos que a envolvem. Como elemento complicador, tem-se ainda que o trânsito em julgado ocorrido em segundo lugar *adveio* de uma decisão monocrática do Supremo Tribunal Federal, na qual o Relator deu por prejudicado o agravo interposto pela Fazenda do Estado de

1. Reprodução de parecer elaborado em maio de 2004.

Minas Gerais – agravo contra a decisão denegatória do recurso extraordinário interposto contra o acórdão do Superior Tribunal de Justiça. É melhor explicar um pouco mais a sucessão de fatos processuais acima sintetizada, mas esclareço desde já: não estou afirmando que a segunda coisa julgada incidiu sobre essa decisão monocrática do sr. Relator mas que, em virtude dela, passou em julgado o julgamento *de meritis* que fora submetido ao crivo do recurso extraordinário.

E eis a sucessão de fatos de interesse para o entendimento da questão. Uma *outra empresa* foi autora em uma demanda promovida à Fazenda do Estado de Minas Gerais com o objetivo de obter a declaração de não estar sujeita ao regime de substituição tributária que lhe queria impor o fisco estadual; e a consulente, na qualidade de fornecedora de mercadorias àquela empresa, tinha intenso interesse jurídico na procedência daquela demanda, dada a repercussão desse julgamento sobre sua esfera de direitos, reputando-se também ela dispensada de reter valores em caso de procedência da demanda proposta pela outra empresa. Essa demanda da consulente, após haver percorrido as instâncias da Justiça Estadual mineira, veio a ter ao Superior Tribunal de Justiça, onde obteve julgamento favorável (procedência da inicial). Contra o acórdão então proferido manifestou a Fazenda recurso extraordinário, que, indeferido na origem, foi reiterado em agravo contra decisão denegatória. Ao apreciar dito agravo, no Supremo Tribunal Federal o Relator deu-se conta de que a empresa que ali comparecia como agravada (e no recurso extraordinário como recorrida) havia também figurado como autora, entre outros litisconsortes, em uma outra causa inteiramente coincidente com aquela – mesmas partes, mesmo pedido e mesma causa de pedir. E essa causa já havia sido julgada antes, com decisão passada em julgado pela *improcedência* da demanda – estando esse fato documentado nos autos do agravo fazendário. Mas, como a existência dessa coisa julgada não constituía fundamento do recurso extraordinário interposto pelo Estado, não tendo sequer havido *prequestionamento* a respeito, entendeu o Relator, Min. Ilmar Galvão, que em tais circunstâncias não podia prover o agravo nem o recurso extraordinário por esse fundamento – e foi então que preferiu *dar por prejudicado aquele*, terminando por aí o agravo e o processo.

188. *as questões postas e a consulta recebida*

Nesse quadro rigorosamente atípico de situações criadas em torno da causa em exame, emergem duas questões centrais intimamente conexas entre si e bastante delicadas, sobre as quais é preciso discorrer um pouco alongadamente antes de concluir. Refiro-me (a) ao significado e efeitos da decisão com que o Relator deu por *prejudicado* o recurso extraordinário interposto contra o acórdão do Superior Tribunal de Justiça, de procedência da demanda proposta em face do fisco e (b) à prevalência da primeira ou da segunda sentença passada em julgado, em caso de formação de duas coisas julgadas divergentes.

189. *pedidos ou recursos prejudicados: linguagem imprecisa nos juízos e tribunais*

Os juízos e tribunais não são precisos ou unívocos no uso do adjetivo *prejudicado*, ao afirmarem que um pedido ou um recurso está nessa situação. Que significado e quais efeitos terá uma tal decisão? Quais as causas ou os fatos capazes de *prejudicar* um recurso ou um pedido? E, finalmente, ao ser dado por prejudicado um recurso, em qual situação fica a sentença ou acórdão contra o qual ele havia sido interposto?

> Esta última indagação constitui ao mesmo tempo o fecho de convergência das demais e a essência da primeira parte da consulta recebida. E perguntou-me a consulente: ficou coberta pela coisa julgada material o acórdão com o qual o Superior Tribunal de Justiça, dando provimento ao recurso especial interposto pela autora, concluiu pela procedência de sua demanda proposta em face da Fazenda mineira? Minha resposta a essa indagação central será *sim*, pelas razões que passo a expor.

Quando digo que o adjetivo *prejudicado* costuma aparecer em escritos forenses sem um significado único, quero fazer alusão ao seu emprego, nada raro em sentenças ou acórdãos, *ora* para expressar a idéia de que a demanda ou o recurso perdeu o objeto, sendo inútil ou desnecessário o que a propósito viesse a ser decidido, *ora* porque uma demanda relacionada com a causa em julgamento já foi solucionada em outro processo. Somente nesse último emprego está presente a afirmação ou reconhecimento de uma relação de *prejudicialidade*, entendida esta em seu significado bastante técnico de "relação entre duas ou mais situações jurídicas, consubstanciada na influência que o julgamento da causa prejudicial poderá ter sobre o da prejudicada".[2]

190. prejudicialidade

Prejudicialidade é a relação existente entre duas ou mais *causas, questões ou pontos*, sempre que a decisão sobre uma dessas causas, questões ou pontos exerça uma influência tal sobre os demais, que a solução destes fique condicionada pelo que lá houver sido decidido. Não se confunde com as *preliminares*, cuja decisão poderá *impedir* um pronunciamento judicial sobre o mérito, o que se dá quando é acolhida uma *exceptio litis ingressum impediens* (preliminares de carência de ação, litispendência, coisa julgada etc.). A decisão sobre uma causa, questão ou ponto prejudicial interfere no *teor* de outra, não na admissibilidade da decisão sobre esta, como se dá nas preliminares (Barbosa Moreira).[3] Há *prejudicialidade lógica* entre duas causas, questões ou pontos quando a coerência exige que o pronunciamento sobre uma delas seja tomado como precedente para o pronunciamento subseqüente;[4] e a prejudicialidade torna-se relevante para o direito quando a isso se acresce a *prejudicialidade jurídica*, representada pela igual natureza do juízo relativo a essas duas causas. "La pregiudicialità

---

2. Palavras minhas *in Instituições de direito processual civil*, III, n. 964, p. 326.

3. *Cfr. Questões prejudiciais e coisa julgada*, n. 32, pp. 51-52.

4. "In logica diconsi prejudiciali questi giudizi che formano il precedente della conclusione finale; e pregiudiciale è pure il raziocinio che il soggetto pensante si ponesse per giungere a loro" – *cfr.* Menestrina, *La pregiudiciale nel processo civile*, n. 22, p. 100.

giuridica nasce dall'unirsi di un nuovo elemento alla pregiudicialità logica: e il nuovo elemento è l'eguale natura del giudizio pregiudiciale e del finale" – tal é uma conhecida lição do clássico do tema da prejudicialidade, Francesco Menestrina,[5] que a doutrina especializada acata e transcreve.[6]

> O exemplo mais expressivo e comumente empregado pela doutrina é a da ação de investigação de paternidade, prejudicial em relação à de alimentos. A decisão sobre aquela, que é prejudicial, ou dominante, interfere decisivamente no teor da decisão sobre esta, havida por prejudicada ou dominada, porque (a) se a ação investigatória for julgada improcedente, também improcedente deverá inevitavelmente ser a de alimentos, porque aquele que não é pai não tem o dever de prestá-los e (b) se a investigatória for julgada procedente, na de alimentos o juiz pronunciar-se-á sobre todas as outras questões eventualmente suscitadas (necessidade do autor, possibilidade do réu, valor a ser pensionado *etc.*), menos sobre a da paternidade, que já estará decidida com eficácia sobre a relação alimentar.

191. este não é um caso de prejudicialidade jurídica

Diante desses conceitos que acabo de relembrar, ocorreria em relação ao agravo da Fazenda esse esvaziamento de objeto como conseqüência de uma *relação de prejudicialidade*, somente se o julgamento de outro recurso houvesse imposto uma solução para o julgamento daquele, sem a possibilidade de decidir diferentemente. Na prática diuturna dos tribunais isso acontece quando as duas partes apelam e o tribunal dá provimento ao apelo do réu para declarar que o autor não tem direito algum perante ele – ficando *prejudicado o apelo do autor*, interposto com o objetivo de obter majoração no valor do débito, fixado em primeiro grau

---

5. *Cfr. La pregiudiciale nel processo civile*, p. 103.
6. *Cfr.* Barbosa Moreira, *Questões prejudicais e coisa julgada*, n. 32, esp. pp. 51-52; Adroaldo Furtado Fabrício, *Ação declaratória incidental*, n. 29, esp. p. 68; Dinamarco, *Intervenção de terceiros*, n. 43, pp. 84-85. Para um profundo exame crítico dessa tese, *cfr.* Clarisse Frecchiani Lara Leite, *Prejudicialidade no processo civil*, n. 12, pp. 62 ss.

de jurisdição. Uma decisão negativa no tocante ao *an debeatur* exclui de modo absoluto a possibilidade de prover o recurso que se destinava a majorar o *quantum debeatur*.

Mas o emprego do adjetivo *prejudicado* naquela decisão do Min. Ilmar Galvão não constitui conseqüência de uma situação como essa, não veio acompanhado de qualquer significado que se relacione com a prejudicialidade e nada indica que fosse essa a intenção de Sua Excelência. Não se tratava de uma causa decidida com trânsito em julgado, cuja decisão projetasse efeitos sobre o teor da decisão a ser tomada naquela segunda causa, como se daria se estivéssemos diante do já invocado exemplo de uma ação de alimentos em vista da decisão já proferida em uma investigatória. Tratava-se na realidade da *mesma causa*, caracterizada pelo mesmo pedido, mesma causa de pedir e mesmas partes – porque a empresa cliente da consulente, que na segunda dessas causas era autora isolada, na anterior fora autora também, em litisconsórcio com outras. E, por se tratar de uma só e única demanda proposta pela consulente duas vezes com essa tríplice identidade, a decisão judiciária a ser tomada com fundamento em uma *res judicata* formada antes, em outra causa, consistiria em pronunciar a existência dessa autoridade, pondo termo ao processo sem julgamento do mérito (CPC, art. 301, inc. III, c/c §§ 1º a 3º). Nada autoriza crer que aquele Ministro houvesse dito que o agravo estava *prejudicado*, quando pretendesse dizer que havia uma *coisa julgada* a impedir o julgamento do *meritum causæ*. Se pretendesse reconhecer essa autoridade e determinar a extinção do processo sem julgamento do mérito, optaria Sua Excelência, certamente, por aquele linguajar mais direto e mais adequado.

> Compreendo muito bem que o Ministro haja encontrado uma grande dificuldade para decidir naquela situação esdrúxula criada no processo – a saber, um recurso extraordinário interposto sem alegação da coisa julgada, um agravo interposto com o objetivo de dar trânsito a esse recurso extraordinário e a prova, nos autos, da existência da *res judicata*. Sem prequestionamento e sem a invocação de violação à garantia constitucional da coisa julgada (Const., art. 5º, inc. XXXVI), não lhe seria possível, como também à Turma não

seria, prover o agravo tirado contra a decisão denegatória, conhecer do recurso extraordinário e dar-lhe provimento... com fundamento nessa suposta violação que não fora alegada em razões recursais. O fato é que, independentemente de qualquer outra consideração a respeito, aquela decisão do sr. Relator foi no sentido de reconhecer que aquele agravo estava prejudicado pela existência de uma coisa julgada anterior, sem acatar esta como fundamento para a admissibilidade e acolhimento do recurso extraordinário – e, o que é mais importante, sem admitir e muito menos acolher esse recurso.

E assim, se a decisão proferida no agravo contra a decisão denegatória do recurso extraordinário do fisco não foi no sentido de reconhecer uma suposta relação de prejudicialidade (que, no caso, estava muito longe de poder ser reconhecida), qual teria então sido a intenção de seu prolator e quais os efeitos da decisão que proferiu?

192. *o recurso prejudicado, segundo a visão corrente nos tribunais*

Como já dito, no linguajar freqüente nos tribunais brasileiros, tem-se por *prejudicado* um recurso sempre que ele não seja, ou *já* não seja apto a proporcionar ao recorrente a utilidade desejada ou quando, pelo mérito, ele não tiver como ser provido. Essa segunda hipótese volta a nos reaproximar ao conceito técnico-jurídico de *prejudicialidade*, de que se tratou acima e que, como visto também, não tem a menor aplicação ao caso em exame. E quando se diz que o recurso não é apto a proporcionar vantagem ao sujeito que recorre?

Acabamos de entrar no campo do *interesse recursal*, que é um indispensável pressuposto de admissibilidade sem o qual nenhum recurso pode ser conhecido. O tema do *interesse* pertence à teoria geral do direito e tem o significado de uma *relação de complementariedade* entre o sujeito que tem necessidade de um bem e o bem que tem a capacidade de satisfazer essa necessidade do sujeito; tal é uma conhecidíssima colocação de Francesco Carnelutti,[7]

7. *Cfr. Teoria generale del diritto*, § 17, esp. p. 31.

que transparece na obra de Barbosa Moreira, no trato do interesse recursal. Assim como o interesse de agir em juízo e o interesse em geral se aferem pela utilidade que o bem ou o ato desejado seja apto a oferecer ao sujeito, assim também o interesse a um recurso só existirá se e na medida em que ele possa criar condições para que venha o recorrente a receber uma decisão mais favorável que aquela impugnada. Fixada essa importantíssima premissa conceitual conclui-se que o interesse recursal se afere mediante uma *óptica prospectiva*, tendo em vista a "utilidade ou proveito (...) que à parte seja lícito esperar do novo julgamento por ela provocado" (Barbosa Moreira).[8] Quando o novo provimento jurisdicional pretendido for capaz de proporcionar à parte o bem que lhe fora negado pelo provimento recorrido, isso significa que entre ele e o recorrente existe aquela *relação de complementaridade*, caracterizando-se portanto seu legítimo interesse recursal; e, quando não há sequer em tese a possibilidade de obter pela via do recurso essa desejada melhoria de situação, falecerá à parte o requisito do interesse recursal e seu recurso reputar-se-á inadmissível independentemente de qualquer consideração sobre o seu próprio mérito.

É precisamente esse o raciocínio dos tribunais, na maioria dos casos em que afirmam estar prejudicado um recurso – e os pronunciamentos com esse teor costumam acontecer em duas hipóteses fundamentais, a saber, (a) quando, com ou sem o recurso, a parte já não puder obter aquilo a que almeja, ou (b) quando ela já obteve o que queria, antes do julgamento do recurso e portanto independentemente deste. A primeira dessas situações ocorre, p.ex., quando no curso da apelação interposta contra a sentença denegatória de mandado de segurança, é realizado o concurso público ao qual o impetrante queria ser admitido com o apoio do *writ* postulado. A segunda ocorre, *v.g.*, quando na pendência daquele recurso a autoridade impetrada resolve *sponte sua* admitir o impetrante-apelante ao concurso público, reconsiderando sua própria decisão inicial. Em ambos os casos a nova decisão pedida ao tribunal carece de qualquer possibilidade de melhorar a condição

---

8. Cfr. *O juízo de admissibilidade no sistema dos recursos civis*, n. 58, p. 74.

jurídica do sujeito que apelou, faltando a este, por conseqüência, o requisito da utilidade do provimento postulado ao órgão superior, que constitui a essência do interesse recursal.

Ainda segundo a prática muito comum nos tribunais brasileiros, quando um desses fatos impeditivos de um juízo positivo de admissibilidade ocorre antes da interposição do recurso, deste não se conhece por ausência do interesse recursal, dada a absoluta falta de utilidade do provimento desejado; mas, quando um de tais fatos só veio a acontecer depois da interposição, aí sim, diz-se que o recurso está prejudicado por haver *perdido o objeto*.

Seria esse o significado daquela decisão proferida no Supremo Tribunal Federal pelo Min. Ilmar Galvão?

193. *o agravo da Fazenda mineira não perdera o objeto*

Não, não vejo o menor sinal de que Sua Excelência pretendesse afirmar que aquele agravo da Fazenda houvesse perdido o objeto, porque (a) mal ou bem, o eventual e teoricamente possível provimento de tal recurso abriria caminho para o conhecimento do recurso extraordinário interposto por aquela parte, sempre com o teoricamente possível conhecimento e provimento deste; b) o não-conhecimento ou improvimento daquele agravo teria por conseqüência o trânsito em julgado do acórdão do Superior Tribunal de Justiça, pela Fazenda impugnado. Volto a dizer: compreendo a situação em que se viu o Ministro diante de uma coisa julgada que em tese seria impeditiva do julgamento *de meritis* da causa então pendente, mas que não havia sido alegada como fundamento do recurso extraordinário e sequer prequestionada junto ao Tribunal *a quo*. Não podendo conhecer e muito menos prover o recurso extraordinário por esse fundamento não colocado nas razões recursais, mas também preocupado em razão da coisa julgada anterior, proferiu aquela decisão afirmando estar *prejudicado* o agravo – mas fazendo-o fora das hipóteses em que, segundo os usos pretorianos em curso, se entende que acontece essa situação. Ele o fez (a) sem que houvesse uma relação de prejudicialidade entre aquele processo e um outro qualquer, (b) sem que uma eventual decisão do Supremo Tribunal Federal sobre o agravo ou o recurso extraordinário se mostrasse de antemão como incapaz de melhorar a situação fazendária e (c) sem que a então recorrente já houvesse obtido o bem da vida ao qual tinha interesse.

194. *a coisa julgada anterior não excluía o interesse recursal*

A Fazenda Estadual já tinha, sim, obtido uma decisão favorável e trânsita em julgado, mas esse não era um fator capaz de excluir seu interesse jurídico pelo recurso extraordinário interposto – sendo lembrado, apesar de óbvio, que o *bem* cuja obtenção exclui a admissibilidade do recurso é o próprio bem da vida disputado entre os litigantes e não um pronunciamento jurisdicional sobre ele. O sujeito que a seu favor tem uma sentença passada em julgado terá em mãos apenas o reconhecimento de seu direito ao bem, não o próprio bem; isso aconteceria, no caso, se a Fazenda já houvesse logrado todo o proveito econômico defendido naquele processo, recebendo os tributos que pretende e as retenções às quais afirmava ter direito. Isso não aconteceu e, conseqüentemente, o que seria apto a lhe favorecer seria apenas e tão-somente a *res judicata* obtida no processo anterior – e cuja prevalência ou não-prevalência em caso de sobrevir uma coisa julgada divergente constitui o tema central do presente estudo, a ser examinado em tópicos a seguir.

195. *trânsito em julgado: conseqüência natural do descumprimento de um ônus pela Fazenda*

Ninguém poderia pôr em dúvida que uma situação como essa é profundamente indesejável no sistema, ou seja, a ocorrência de duas coisas julgadas divergentes, relativas à mesma causa. O Código de Processo Civil faz sua parte no lavor de evitar que isso aconteça, ao incluir a *exceptio rei judicatæ* entre os possíveis fundamentos da defesa (art. 301, inc. VI), ao mandar que por força de um julgado anterior o processo se extinga sem julgamento do mérito (art. 267, inc. V) e ao determinar que o juiz declare essa extinção a qualquer tempo ou grau de jurisdição ordinária, quer em atendimento a uma preliminar suscitada pelo réu, quer de-ofício (art. 267, § 3º). Os juízes também fazem o que lhes cumpre, ditando a extinção processual por força da coisa julgada sempre que apareça nos autos a prova da ocorrência desta. Mas também à parte interessada na preservação da coisa julgada favorável compete o ônus de deduzir a sua alegação em tempo hábil, trazer prova do que alega, recorrer em caso de ser contrariada *etc.*

Nesse caso que examinei *omitiu-se o fisco*, porque lhe competia o ônus de excepcionar a coisa julgada ainda antes do julgamento do recurso especial interposto pela empresa contribuinte, para que a esse propósito se manifestasse o Superior Tribunal de Justiça ou ao menos para cumprir o requisito do prequestionamento com vista a um possível recurso extraordinário com esse fundamento. Não me preocupo em assumir aqui um posicionamento sobre um recurso extraordinário que então viesse fundado na *exceptio rei judicatæ* – se ele seria admissível naquele caso ou se eventual violação constitucional seria meramente reflexa. O fato objetivo é que *não foi interposto recurso extraordinário com esse fundamento*, o que deixa fora de dúvida que, se uma coisa julgada veio a ocorrer em relação ao acórdão do Superior Tribunal de Justiça desfavorável à Fazenda, isso só pôde acontecer porque ela própria descumpriu um ônus que era seu – repito, o ônus de recorrer adequadamente e em tempo oportuno.

> Falo em *ônus* no sentido técnico de *imperativo do próprio interesse*, proposto inicialmente por James Goldschmidt e acatado na doutrina em geral.[9] A teoria dos ônus processuais, sua conceituação, distinção de figuras afins, inserção no sistema do processo, constitui uma das linhas mais lúcidas e uma das mais preciosas contribuições que se aportaram à ciência processual no século XX, servindo para esclarecer muitos pontos de dúvida e ditar o correto direcionamento e justa medida das conseqüências dos possíveis comportamentos omissivos das partes.[10]

9. *Cfr.* Goldschmidt, *Principios generales del proceso*, I, n. 37.
10. Sobre o tema dos *ônus processuais*, *cfr.* Pedro da Silva Dinamarco, *Ônus processuais*, no prelo da Editora Saraiva.

Nesse quadro é que afirmo haver o fisco descumprido um ônus que era seu e, conseqüentemente, haver ele próprio permitido que um mal lhe acontecesse, a saber, o mal da ocorrência de uma coisa julgada desfavorável, incidente sobre o acórdão do Superior Tribunal de Justiça, a ele adverso.

196. a nova coisa julgada: efeito da decisão do sr. Relator

Afirmo também que uma segunda coisa julgada aconteceu porque, embora tudo se deva fazer por evitar ocorrências como essa, chega um momento, em circunstâncias que devem ser encaradas como atípicas, no qual isso acaba por acontecer. Foi o que se deu no caso então posto em exame, no qual se cumularam (a) a omissão do fisco em interpor recurso adequado com fundamento na coisa julgada preexistente e (b) o teor da decisão do Relator no Supremo Tribunal Federal, a qual não deu trânsito ao agravo e muito menos ao recurso extraordinário interposto. Sobre esse último pensamento, explico-me desde logo.

Lembro em primeiro lugar que o único modo pelo qual a parte pode impedir o trânsito em julgado de uma decisão judiciária é a interposição e conhecimento de um recurso contra ela – não importando que este venha a ser provido ou improvido porque a cassação do ato inferior pelo superior, ditada no art. 512 do Código de Processo Civil, ocorre inclusive quando a sentença vem a ser confirmada. Mas, se o recurso for provido e a decisão recorrida for portanto substituída por outra mais favorável, doravante será esta que estará em condições de talvez vir a ser coberta pela coisa julgada; e, conseqüentemente, a parte recorrente estará habilitada a receber uma coisa julgada favorável, no lugar da desfavorável que seu recurso terá evitado. Mas, para tanto, *é indispensável que o recurso seja conhecido*.

Nesse caso que examinei, o acórdão do Superior Tribunal de Justiça, desfavorável à Fazenda, acabou por passar em julgado a partir de quando, havendo sido indeferido na origem o recurso extraordinário interposto contra ele, também fracassou o agravo que aquela parte vencida interpusera contra a decisão denegatória.

E não importa como nem porque ele fracassou, porque o dado relevante é somente este, já salientado linhas atrás: o único acontecimento capaz de evitar o trânsito em julgado de uma sentença é o conhecimento, pelo órgão superior, do recurso interposto contra ela. Ou, em outras palavras: não sendo interposto ou não sendo conhecido um recurso contra determinado ato judicial, ele fatalmente passará em julgado. Por isso é que, como disse antes, não me preocupo em analisar mais profundamente aquela decisão monocrática do Min. Ilmar Galvão. Basta-me, para os fins do presente parecer, pôr em destaque o fato de ela ter apenas dado por prejudicado o agravo da Fazenda, sem *sequer resvalar em um suposto conhecimento do recurso extraordinário também interposto por esta*. O acórdão recorrido passou em julgado, portanto.

197. a elegante questão das duas coisas julgadas conflitantes

Diante da situação atípica implantada pela formação de uma *auctoritas rei judicatæ* sobre o julgamento de determinada causa quando essa mesma causa já havia sido decidida por acórdão também coberto por essa autoridade, põe-se diante do intérprete a elegante questão consistente em determinar qual das duas coisas julgadas deve prevalecer. Ou, mais tecnicamente: qual dessas duas decisões se reputa coberta pela coisa julgada material? A primeira, não-obstante a prolação de uma segunda que também veio a tornar-se irrecorrível no processo em que foi proferida? Ou a segunda, cuja prolação e trânsito em julgado teria cancelado a coisa julgada antes incidente sobre a primeira?

Essa questão não é nova e já entre os romanos havia sido objeto de preocupações, informando Chiovenda que naquele sistema jurídico se afirmava a *nulidade* da segunda sentença passada em julgado, para prevalência da primeira[11] – provavelmente por força do chamado efeito consuntivo da *litis contestatio*, pelo qual a *actio* antes existente se reputava extinta em razão desse negócio celebrado pelas partes na primeira fase do processo. "Os efeitos

---

11. *Cfr. Principii di diritto processuale civile*, § 76, II, esp. p. 900.

principais da *litis contestatio* são o de estabelecer um vínculo em virtude do qual as partes devem aceitar a sentença do juiz, e o de extinguir a antiga relação jurídica que deu origem à lide" (Correia-Sciascia).[12] Ocorria uma autêntica novação, de modo que o credor, se o fosse, passaria a ser credor em razão da *litis contestatio* e não mais pela anterior relação jurídica, já extinta pelo fenômeno da *consumptio*. Nesse quadro era natural que a primeira coisa julgada prevalecesse porque a segunda *litis contestatio*, celebrada no segundo processo, já não encontrava diante de si aquela primitiva relação jurídica existente entre as partes, nada havendo portanto para ser objeto da *consumptio* por ela ordinariamente operada. Daí a nulidade da segunda sentença, naquele sistema de *actiones* que se extinguiam com a *litis contestatio*.

Em direito moderno a questão se coloca de outra maneira, à luz do conceito da coisa julgada, das raízes sociais e sistemáticas do instituto, de sua conseqüente inserção entre as garantias constitucionais oferecidas pelo Estado-de-direito e da dimensão que a essa garantia deve ser reconhecida. Vivêssemos no vetusto clima radical da coisa julgada que faz *de albo nigrum* e seria capaz de transmudar o *falsum in verum*, e talvez fôssemos proibidos de sequer pensar em qualquer ato que pudesse infirmar a coisa julgada antes consumada, sob pena de grave heresia ou pecado mortal contra esse sacrossanto dogma. Hoje, e especialmente nesta última década, quando com seriedade se buscam critérios ética e politicamente legítimos para a *relativização da coisa julgada material*, sentimo-nos libertos para nos darmos às investigações capazes de oferecer uma resposta racional e compatível com o sistema, sem qualquer traço daquele condicionamento servil a preconceitos irracionais.

198. *coisa julgada material: sua conceituação jurídica*

Para o direito processual, coisa julgada *tout court* é a imutabilidade da sentença, ou sua imunidade a futuras impugnações ou

---

12. *Cfr. Manual de direito romano*, I, § 47, p. 91; também Vittorio Scialoja, *Lezioni di procedura civile romana*, § 29, esp. p. 243.

questionamentos. A doutrina do processo já chegou a um estágio suficientemente desenvolvido de maturidade para ter a plena consciência de que ela não é um outro efeito da sentença, convivente com os demais (declaratório, constitutivo, condenatório), mas uma especial qualidade que os torna insuscetíveis a mutações ulteriores – e daí falar-se na *imutabilidade* como o elemento que caracteriza a coisa julgada (lições conhecidíssimas de Liebman, substancialmente acolhidas no art. 468 do Código de Processo Civil).[13]

Quando se pensa simplesmente na sentença *como ato do processo* que em dado momento se torna definitivo e insuscetível de substituição por um ato de outro órgão jurisdicional de nível mais elevado, estamos no campo da *coisa julgada formal*, que é uma especialíssima modalidade de preclusão, a *præclusio maxima* a que aludem as fontes mais antigas. A coisa julgada formal é fenômeno interno a um processo e constitui a primeira e imediata conseqüência da irrecorribilidade de uma sentença ou acórdão. Toda sentença ou acórdão é suscetível de chegar a esse grau de intangibilidade no seio do processo, quer contenha o julgamento de mérito, quer tenha eficácia meramente terminativa.[14]

Quando porém se passa a cogitar das projeções da sentença *de mérito* para fora do processo e sobre a vida real das pessoas, estamos entrando na seara da *coisa julgada material*, que conceituamos como a *imutabilidade dos efeitos da sentença* e não dela própria como ato do processo. Agora já não lançamos o foco de nossas considerações sobre um ato do processo como tal, mas sobre os *efeitos substanciais* desse ato. Ainda Liebman: "la cosa giudicata formale indica l'immutabilità della sentenza come atto processuale, la cosa giudicata sostanziale indica questa stessa im-

---

13. *Cfr. Eficácia e autoridade da sentença*, n. 7, p. 31 e n. 15, pp. 50-52 trad. etc.

14. Salvo os acórdãos que apenas cassem a sentença, sem substituí-la. Assim são os que dão provimento à apelação para anular a sentença e determinar que em primeira instância o ato inválido seja refeito. Tendo eles próprios natureza interlocutória, sobre eles não incide a coisa julgada, sequer formal. *Cfr.* Dinamarco, "Os efeitos dos recursos", nn. 80-82, pp. 154 ss.

mutabilità, in quanto è riferita al suo contenuto e soprattutto ai suoi effetti".[15] Formada a coisa julgada material, a parte vencedora passa a desfrutar, no terreno de suas relações com o vencido, de um verdadeiro *status* caracterizado pela segurança jurídica proporcionada pela coisa julgada em relação ao bem da vida posto em litígio.

Muito se discutiu sobre a eficácia negativa ou positiva da coisa julgada, ou seja, (a) se essa autoridade condiciona o juiz de um eventual segundo processo sobre a mesma causa a decidir de modo conforme com a sentença coberta por ela ou (b) se ela simplesmente proíbe ao juiz a emissão de qualquer outra decisão sobre a mesma causa. Sem ingressar agora pelos meandros de uma discussão fadada à infertilidade com relação ao caso sob exame, tenho por indubitável que o direito positivo brasileiro consagra a *teoria negativista*, ao mandar que o juiz extinga o processo sem o julgamento do mérito sempre que houver uma coisa julgada anterior sobre a mesma causa, estando presente a tríplice identidade (CPC, art. 267, inc. V); no Brasil, portanto, o juiz não é obrigado a decidir de modo conforme com a sentença anterior coberta pela autoridade do julgado, mas *proibido de decidir novamente sobre a mesma demanda*.

Esse dispositivo do Código de Processo Civil, que constitui operacionalização processual da garantia constitucional da coisa julgada (Const., art. 5º, inc. XXXVI), insere-se no contexto de uma leitura bastante ampla dessa garantia, de validade universal: ela não só se impõe em face dos juízes mas também do legislador e, de modo geral, de "todos os que no âmbito do ordenamento jurídico têm institucionalmente o mister de estabelecer, de interpretar ou de aplicar a vontade do Estado" (sempre Liebman).[16] Essa inafastável leitura, que transcende os lindes da atuação *do juiz*, constitui razão suficiente para mostrar que é inadequado falar da *auctoritas rei judicatæ* como um instituto de direito processual e confinado à seara deste. A coisa julgada material é na realida-

---

15. *Cfr. Efficacia ed autorità della sentenza*, n. 19, p. 44 (na tradução, p. 55).
16. *Cfr.* ainda *Eficácia e autoridade da sentença*, n. 15, esp. p. 51 trad.

de um instituto de direito constitucional (Liebman) ou de *direito processual-material* como venho sustentando,[17] conceituando-se como um *status* assegurado pela ordem constitucional ao sujeito que obteve o reconhecimento de seu direito por uma sentença ou acórdão que se tornou irrecorrível. Estar amparado pela coisa julgada material significa desfrutar de uma situação de grande segurança em relação ao bem da vida que fora objeto de disputa no processo – segurança em um grau elevadíssimo, do qual em hipótese alguma o sujeito poderia desfrutar sem a sentença coberta por essa autoridade, ou antes que ela viesse ao mundo.

Esse é o significado jurídico da coisa julgada material, que a Constituição Federal assegura e o Código de Processo Civil operacionaliza. Para que o sujeito goze efetivamente do bem assegurado em sentença irrecorrível, a mesma causa não deverá ser julgada novamente – e contra o julgamento coberto por aquela *auctoritas* já não se podem mais levantar, em outro processo ou onde quer que seja, sequer eventuais defesas que no processo poderiam ter sido agitadas antes da sentença mas não o foram. Tal é a *eficácia preclusiva da coisa julgada*, que manda considerar coberta por esta todas as defesas pertinentes à causa decidida, quer as deduzidas, quer as meramente dedutíveis (CPC, art. 474 – *infra*, n. 228).

Essas disposições do direito positivo constitucional e infraconstitucional são portadoras da manifesta intenção de proteger os efeitos substanciais da sentença passada em julgado e assegurar ao vencedor aquele *status* de segurança que caracteriza a coisa julgada material. Nada diz a Constituição ou a lei, todavia, sobre o que fazer ou entender quando, apesar de todo aquele empenho em evitar uma nova decisão sobre a mesma causa, essa nova decisão vem a ser tomada por algum juiz ou tribunal, sobrevindo a irrecorribilidade e conseqüente trânsito em julgado. Essa nova coisa julgada cancela a precedente, ou simplesmente é desconsiderada em razão de existir uma coisa julgada mais antiga?

17. *Cfr.* Dinamarco, *Instituições de direito processual civil*, I, n. 6, pp. 45 ss.

Diante do silêncio do direito positivo, é imperioso buscar resposta a essa importante indagação nos fundamentos sociais e políticos da própria garantia da coisa julgada e nos modos como esta se insere no universo das demais garantias constitucionais do processo. É o que se fará a seguir.

199. *justificação político-institucional e convivência com outros valores*

A garantia constitucional da coisa julgada material e todo o aparato infraconstitucional destinado à sua efetividade têm como objetivo último a preservação da *segurança jurídica*, indispensável ao convívio de seres humanos em sociedade (José Afonso da Silva).[18] É da grandeza desse valor que decorre o empenho de todos em afirmar a autoridade da coisa julgada como fator de estabilidade para os litigantes depois de extinto o processo no qual litigaram, mas é também essa a fonte de certos exageros que conduzem a desviar raciocínios e a projetar aquela autoridade em um plano distorcido e às vezes irracional. Sequer será necessário enveredar pelo terreno fertilíssimo das elegantes discussões acerca da *relativização da coisa julgada*, para se tomar consciência da necessidade de ver essa solene garantia e o próprio valor *segurança* no plano de uma *família de princípios e garantias* e não em um destacado *podium* que a pusesse acima de todos e imune às influências de cada um deles; hoje é corrente a idéia de que entre os princípios e garantias constitucionais deve reinar harmonia e equilíbrio para que cada um deles possa produzir os resultados benéficos que de todos eles se espera. Porque, como venho dizendo e me parece óbvio, *nenhum princípio ou garantia tem valor absoluto*.[19]

Se o valor *segurança* ou a garantia da coisa julgada tivesse valor absoluto, não haveria lugar na ordem processual para a ação rescisória nem para as relativizações que muito comedidamente os tribunais vêm impondo em nome da moralidade e contra a fraude processual, ou ainda para a preservação de certos valores

---

18. *Cfr. Curso de direito constitucional positivo*, pp. 433 ss.
19. *Cfr.* Dinamarco, "Relendo princípios e renunciando a dogmas", n. 7, esp. p. 22.

mais elevados que aquele. É o caso, *v.g.*, das decisões com que o Superior Tribunal de Justiça vem prudentemente abrindo portas para uma nova ação de investigação de paternidade, agora com suporte probatório nos testes imunológicos permitidos pela ciência moderna, sem embargo da existência de uma precedente coisa julgada a amparar a sentença que julgara improcedente uma demanda idêntica. Como se vai reconhecendo nessas manifestações pioneiras e desbravadoras, mais grave que fragilizar em casos extremos a segurança jurídica seria impor a estabilização de decisões transgressoras de algum valor mais elevado que esse. Não é legítimo, a pretexto de evitar que se perenizem litígios, fazer com que se perenizem injustiças graves ou transgressões profundas a valores de primeira grandeza, também assegurados pela Constituição Federal.

200. *tornando à questão posta pela consulente*

Enquanto a doutrina se mantivesse presa àqueles exageros dogmáticos em torno da coisa julgada, *levando-a longe demais* na expressão de Pontes de Miranda,[20] o clima seria mais propício a fechar portas para a eficácia substancial de toda e qualquer sentença que se chocasse com outra já coberta por essa autoridade. Seria como no sistema romano, em que prevalecia sempre a primeira sentença passada em julgado, reputando-se nula a segunda porque transgressiva à *res judicata*. Mas já na obra de Giuseppe Chiovenda, divulgada há mais de século (junho-1906), está dito que

> "em nosso sistema a contrariedade entre julgados pode ser alegada como motivo de *revocazione* (...) ou como motivo de cassação [*da segunda sentença*]. Mas, decorridos os prazos sem que um desses recursos seja interposto, essa nulidade é sanada e conseqüentemente o primeiro julgado perde valor porque *o segundo deles implica negação de todo julgado precedente em sentido contrário*".[21]

20. *Cfr. Tratado da ação rescisória das sentenças e de outras decisões*, 1976, § 18, n. 2, esp. p. 195.

21. *Cfr. Principii di diritto processuale civile*, § 76, II, esp. p. 900 (o texto acima alude à primeira edição dos *Principii*, que realmente é do ano de 1906).

É isso que me proponho a demonstrar no presente estudo, onde nego a prevalência dos efeitos da primeira sentença passada em julgado, sobre os da segunda. Para chegar a essa conclusão valho-me dessa preciosa passagem de Chiovenda acima transcrita, a qual merece ser projetada no plano mais amplo dos atos estatais em geral, todos portadores dessa natural vocação a eliminar os efeitos dos anteriores. Valho-me também de elementos de direito positivo brasileiro, especialmente daqueles inerentes à disciplina positiva da ação rescisória, todos a meu ver convergentes à tese que há muito venho sustentando (refiro-me agora ao tópico "duas coisas julgadas conflitantes", contido em obra de caráter geral, de minha autoria).[22]

> Uma retificação terminológica de menor importância. Como a coisa julgada não é um efeito da sentença mas uma especial qualidade que torna imutáveis esses efeitos, não é inteiramente adequado falar em conflito de *coisas julgadas*, no plural, ou na prevalência de uma delas sobre outra. Existe sim um conflito entre efeitos divergentes de duas sentenças – uma julgando procedente determinada demanda e outra, improcedente – e, como ambas são em tese suscetíveis de obter a *auctoritas rei judicatæ*, tem-se a impressão de que há duas coisas julgadas em conflito. É portanto melhor indagar: *no caso de duas sentenças de mérito passadas em julgado prevalecem os efeitos da primeira ou os da segunda*? Apesar desse ligeiro senão vocabular, o modo como a indagação costuma ser feita não contém um absurdo repugnante e nada obsta a que se continue falando em *conflito de coisas julgadas*.

201. *a eficácia natural dos atos estatais e a revogação de sentença por sentença*

Liebman discorreu com reconhecida proficiência sobre a *eficácia natural da sentença*, demonstrando que esta tem uma tendência espontânea a impor seus efeitos *a todos* e quem quer que seja, ainda quando esses efeitos se destinem a atingir *diretamente* a esfera jurídica de somente duas ou poucas pessoas. Mas, sempre

---

22. *Cfr.* Dinamarco, *Instituições de direito processual civil*, III, n. 970, pp. 335-336.

segundo sua lição, essa eficácia natural não é um privilégio das sentenças, sendo mais adequado enquadrá-la no plano da *eficácia natural dos atos estatais*, com a observação de que todos esses atos "têm em comum uma aptidão a se imporem de modo vinculante como atos da autoridade social, sem qualquer necessidade de uma verificação de sua validade, até que esta venha a ser contestada em sede competente".[23] Essa é uma proposta que de certo modo nosso Mestre mutuou aos teóricos do direito administrativo, inclusive e principalmente ao prestigioso Massimo Severo Giannini, citado na obra daquele. E, ao fazer essa transposição ao plano dos atos estatais em geral, Liebman abre caminho para o que depois veio a dizer sobre a questão das duas coisas julgadas conflitantes.

Disse ele, realmente, que a uma sentença proferida depois da outra tem a eficácia de cancelar os efeitos desta, *como todo ato estatal revoga os anteriores*. Assim como a lei revoga a lei e o decreto revoga o decreto, também a sentença passada em julgado revoga uma outra, anterior, também passada em julgado. Estamos pois fora do campo específico do direito processual, em uma visão bastante ampla dos atos estatais de qualquer dos três Poderes e sempre segundo uma perspectiva racional e harmoniosa do exercício do poder. Na nova lei, há uma nova vontade do legislador, que sobrepuja a vontade contida na lei velha; no novo decreto, nova vontade da Administração; na nova sentença, do Estado-juiz.

A esse ponto poderia ser alegado, em uma distorção de raciocínio, que a sentença deve ser tratada de modo diferente dos demais atos estatais porque só ela recebe a *auctoritas rei judicatæ* e os atos dos demais Poderes, não. Mas já em Chiovenda está a resposta a esse falso argumento, havendo ele deixado bastante claro que a coisa julgada anterior é motivo para a pronúncia de nulidade da segunda sentença sobre a mesma causa, podendo essa nulidade ser alegada pelas vias processuais adequadas – que na Itália são a

---

23. *Cfr.* outra vez *Efficacia ed autorità della sentenza*, "prefazione", esp. p. VII (original italiano).

revocazione e a *cassazione* e, no Brasil, os recursos em geral e a ação rescisória (CPC, art. 485, inc. V). Só na hipótese de a parte não utilizar esses remédios para a remoção da sentença infratora da coisa julgada anterior, é que essa segunda sentença prevalece sobre a primeira, a qual passa a ficar privada da eficácia que antes tinha. Em outras palavras, sempre empregando o raciocínio e, em parte, as próprias palavras de Chiovenda: em caso de não-utilização dos remédios adequados contra a segunda sentença, *a nulidade desta ficará sanada* e, como já transcrito,

> "il primo giudicato perde valore perchè il secondo giudicato implica negazione di ogni precedente giudicato contrario" (*op. loc. cit.*).

Estamos pois de volta ao tema da *eficácia natural da sentença*. Agora apoiado em Chiovenda, torno à afirmação de que toda sentença tem sua natural e espontânea vocação a remover de sua frente os efeitos de uma outra, ainda que precedente, sempre que sejam incompatíveis com os efeitos que ela própria haja produzido. E a esse propósito quero também invocar o que disse com muita autoridade Luigi Montesano, ao apoiar a maioria doutrinária estabelecida em prol da tese da prevalência da segunda coisa julgada: "a *ratio* disso parece-me coincidir com uma analogia à eficácia dos atos legislativos, porque os atos jurisdicionais são, no fundo, a concretização daqueles".[24]

Mas ainda poderia ser questionado: como fica a autoridade da coisa julgada, garantida constitucionalmente?

202. os ônus processuais e o sistema processual das nulidades

Torno aqui ao que já disse antes, sobre o sistema de ônus que constitui a mola propulsora das atividades das partes no processo – e o faço agora para pôr em destaque a responsabilidade de cada um pela defesa de seus próprios interesses mediante o manejo dos

---

24. Texto traduzido por Teresa Arruda Alvim Wambier e José Miguel Garcia Medina, na obra *O dogma da coisa julgada*, n. 2.2, esp. p. 37, nota 26.

remédios processuais adequados, sob pena de decair do *status* de segurança instituído pela coisa julgada material. Sendo fora de dúvida que é *viciada* uma sentença proferida em sentido contrário ao de uma outra já coberta pela coisa julgada, nem por isso ficaria dispensada a parte vencida de qualquer atividade destinada a fazer valer essa nulidade, ou autorizada a simplesmente cruzar os braços à espera de uma correção do que está viciado. Ela tem o ônus de provocar dos órgãos superiores do próprio Poder Judiciário o reconhecimento da nulidade sentencial que a incomoda, sob pena de permitir que essa sentença passe em julgado (*supra*, n. 195).

No caso, como salientado em tópico anterior (*supra*, nn. 194-195), a Fazenda Pública mineira não cumpriu adequadamente seus ônus recursais porque, ao interpor seu recurso extraordinário, não incluiu entre os fundamentos deste a coisa julgada anterior. E esse era rigorosamente um *ônus absoluto*, sem o qual jamais poderia chegar ao resultado consistente na anulação do acórdão por infração à coisa julgada, porque, como é sabido, o recurso extraordinário opera uma devolução estrita de questões, diferentemente da apelação, que leva ao tribunal todas as questões suscitadas e decididas em primeira instância e não cobertas pela preclusão (CPC, art. 516 – v. também art. 515, §§ 1º e 2º).

Esse raciocínio associa-se de perto à teoria das nulidades processuais, que é regida por ditames e premissas de direito público e não de direito privado, como as do direito civil ou comercial. Como venho insistentemente dizendo em doutrina, em direito processual *o nulo é sempre eficaz* porque em direito público não há nulidades de pleno direito. Uma assertiva como essa pode repugnar aos juristas presos a fundamentos extremamente privatistas de direito civil mas aqui há uma razão muito séria para que seja assim: é que consistiria uma subversão da relação de autoridade e sujeição existente entre o Estado e os indivíduos um suposto poder atribuído a estes para repudiar por si próprios, unilateralmente, a eficácia de um ato estatal. Por mais viciado que seja um ato estatal, ele permanecerá eficaz e só deixará de produzir efeitos quando o mesmo órgão que o emitiu ou outro órgão estatal competente vier a pronunciar sua nulidade, retirando-o assim do mundo jurídico; até então ele terá permanecido no mundo do direito, diferentemente do ato absolutamente nulo do direito privado. Tratando-se de um ato administrativo sua nulidade poderá ser pronunciada na área da própria Administração ou por um órgão judiciário (Súmula n. 473-STF). Quando o ato nulo for jurisdicional, só o mesmo ou outro órgão judiciário poderá declarar sua nulidade; e, tratando-se especificamente de *sentença ou acórdão*, isso só pode ser feito por um órgão jurisdicional de nível mais elevado que o prolator do ato viciado (CPC, art. 463).[25]

E assim é que (a) se os vícios dos atos do processo só podem conduzir à ineficácia destes quando declarados pelo órgão judiciário competente, (b) se o órgão competente para pronunciar em via recursal a nulidade de um acórdão do Superior Tribunal de Justiça por infração à garantia constitucional da coisa julgada é somente o Supremo Tribunal Federal e nenhum outro mais, (c) se o único caminho para se chegar ao Supremo Tribunal Federal em casos assim é o recurso extraordinário, (d) se o recurso extraordinário só investiria o Supremo Tribunal Federal do conhecimento dessa questão da infração da coisa julgada se ela houvesse sido apresentada como fundamento da interposição, (e) se o recurso extraordinário interposto pela Fazenda mineira não trouxe esse fundamento e a questão só foi levantada depois, chegando ao Supremo Tribunal Federal pela via do *agravo* interposto contra a decisão denegatória daquele, (f) se o Ministro Relator se limitou a declarar prejudicado tal agravo por esse motivo e (g) se a Fazenda agravante se omitiu em opor possíveis embargos declaratórios a essa decisão monocrática – segue-se de tudo isso que (h) as omissões da Fazenda foram *determinantes do evento atípico que hoje a incomoda*, qual seja a incidência da autoridade da coisa julgada material sobre o acórdão do Superior Tribunal de Justiça, desfavorável a ela.

Daí a legitimidade constitucional, política e ética da conclusão a que chego com apoio em Liebman e Chiovenda, a saber, a legi-

---

25. Tomando a liberdade de citar a mim mesmo porque esse tema me é muito caro, remeto o leitor ao que escrevi nas *Instituições de direito processual civil*, II, n. 709, pp. 607-608.

timidade da ocorrência de uma segunda coisa julgada referente ao mesmo litígio e legitimidade, de igual modo, da prevalência dessa coisa julgada sobre a primeira.

203. confirmação da tese: o ônus de propor ação rescisória

Não existissem esses fundamentos profundamente enraizados nas bases sistemáticas gerais da ordem processual e em suas premissas éticas e políticas, também no plano operacional do direito infraconstitucional se colhem razões que conduzem ao mesmo resultado. Refiro-me agora a um outro ônus que tem a parte contrariada pela segunda sentença, o ônus de impugná-la propondo ação rescisória com fundamento na transgressão à coisa julgada (CPC, art. 485, inc. V). A esse ponto proponho aos leitores este raciocínio que me parece para lá de óbvio:

> se a lei inclui a transgressão à coisa julgada entre as razões para rescindir sentenças ou acórdãos, sendo a ação rescisória o único caminho para infringir a coisa julgada material, é porque antes de propor essa ação, ou sem que ela seja proposta, *a segunda sentença prevalece sobre a primeira* apesar do vício que traz em si. Só pela lógica do absurdo se poderia imaginar que o legislador oferecesse ao vencido esse remédio destinado a rescindir a sentença, ou seja, a retirá-la do mundo jurídico... mas ao mesmo tempo queira que ela já se considere fora do mundo jurídico mesmo sem a rescisão.

E mais: por que a lei daria ao vencido um prazo para propor a ação rescisória (o biênio – CPC, art. 495), ao cabo do qual o eventual direito à rescisão é colhido por fatal decadência, se com ou sem essa propositura no prazo a sentença contrária a uma coisa julgada anterior fosse ineficaz? Que ônus seria esse, cujo exercício fosse indiferente para a salvaguarda de um direito? E que prazo decadencial seria esse, estabelecido pela lei sem haver sequer necessidade alguma de propor a ação rescisória? Pontes de Miranda: "uma vez que se admitiu *de lege lata*, com o prazo preclusivo, a propositura [*da ação rescisória*] somente no biênio a respeito da segunda sentença, o direito e a pretensão à rescisão desaparecem e a segunda sentença, tornada irrescindível, prepondera. Em conseqüência, *desaparece a eficácia de coisa julgada da primeira sentença*".[26]

Mas Teresa Arruda Alvim Wambier e José Miguel Garcia Medina, propondo uma interpretação além da lei, sustentam que a sentença proferida contra uma coisa julgada anterior seria *juridicamente inexistente* porque a quem a postulou faltaria interesse de agir – e essa inexistência seria, segundo tais autores, o vício reservado para os casos da falta de tal interesse. A parte prejudicada disporia, para o reconhecimento dessa inexistência, do caminho da ação declaratória, não sujeita a prazo algum. Apóiam, nessa sustentação, algumas premissas postas por Tereza Alvim.[27] Essa posição é porém isolada e os próprios autores indicam, em percuciente pesquisa, a expressiva maioria doutrinária no sentido de prevalência da segunda coisa julgada; a favor dessa tese vitoriosa está ainda Ada Pellegrini Grinover e contra ela, somente tais autores e Sérgio Rizzi.

204. proposições conclusivas

Passo então a sintetizar o que acima foi exposto, fazendo-o em proposições brevemente sintetizadas e com referências ao que foi exposto ao longo do presente estudo. Enuncio a seguir as proposições que sintetizam os pensamentos expostos.

Recurso prejudicado. Em razão da decisão com que o sr. Relator deu por prejudicado o agravo contra decisão denegatória de recurso extraordinário interposto pela Fazenda do Estado de Minas Gerais, passou em julgado o acórdão com o qual o Superior Tribunal de Justiça julgara procedente a demanda movida pela empresa adquirente de produtos da consulente (*supra*, n. 196). Uma sentença ou acórdão só não passa em julgado quando *cassada* pelo órgão jurisdicional superior e, no caso, essa cassação dependia estritamente do conhecimento do recurso extraordinário interposto pela Fazenda, o que visivelmente não ocorreu (*supra*, nn. 187 e 196).

---

26. *Cfr. Tratado da ação rescisória das sentenças e de outras decisões*, § 23, n. 3, *b*, esp. p. 250.
27. *Cfr.* Wambier-Medina, *O dogma da coisa julgada*, n. 2.2, esp. p. 39.

Prevalência da segunda coisa julgada. Deve prevalecer a coisa julgada que se formou em segundo lugar no tempo, favorável àquela empresa, porque a eficácia natural da sentença implica revogação de alguma outra que eventualmente haja decidido sobre a mesma causa, de modo diferente (Chiovenda, Liebman, Montesano, Pontes de Miranda – *supra*, nn. 201 e 203). E seria uma irracional inutilidade a lei incluir a infração à coisa julgada entre os possíveis fundamentos da ação rescisória mas ao mesmo tempo considerar que, com ou sem a rescisão, a segunda sentença já seria destituída de sua eficácia natural (*supra*, n. 203).

XIII – EFICÁCIA DA SENTENÇA, COISA JULGADA, QUESTÕES PREJUDICIAIS E A POSIÇÃO DO SUCESSOR[1]

§ 1º – os temas, o contexto fático, as decisões, a consulta – 205. os temas – 206. o contexto fático e o V. acórdão proferido em favor da consulente – 207. ulteriores questionamentos pela Fazenda do Estado – 208. alienação de alguns estabelecimentos e sucessão no direito – 209. decisões da Justiça paulista – **§ 2º – o rico tema da interpretação da sentença e a dimensão do V. acórdão interpretado** – 210. sobre a interpretação da sentença: abordagem geral – 211. direito e processo – indispensável uma interpretação integrada – 212. uma inadmissível interpretação restritiva – 213. a lei quer a interpretação *estrita* do pedido, não *restritiva* – 214. interpretando o pedido da consulente – 215. sobre a autoridade da coisa julgada e seus destinatários – 216. a autoridade da coisa julgada em causas tributárias: um esclarecimento – 217. tornando às demandas que vêm sendo postas em juízo – 218. prejudicialidade: remissão a outro capítulo da obra – 219. o caso em exame e a coisa julgada sobre a decisão prejudicial – **§ 3º – a situação do sucessor** – 220. a alienação de alguns estabelecimentos e as exigências do fisco perante o adquirente – 221. sucessão: abordagem conceitual – 222. o Carrefour como sucessor de Americanas em relação à situação fiscal das filiais adquiridas

§ 1º – OS TEMAS, O CONTEXTO FÁTICO, AS DECISÕES, A CONSULTA

205. *os temas*

A presente consulta traz-me a estudo, em primeiro plano, o elegantíssimo e pouco explorado tema da *interpretação da sentença*, sobre o qual já tenho refletido e escrito algumas linhas com a proposta de integração da *hermenêutica sentencial* no quadro geral das interpretações jurídicas e absorção de regras, conceitos e métodos usualmente desenvolvidos com o foco lançado sobre a interpretação *das leis*. Cuida-se de determinar se uma dada sentença obtida pela consulente com a declaração de um certo direito peran-

---

1. Reprodução de parecer elaborado em março de 2009.

te o fisco estadual limitou-se a favorecer apenas uma das unidades operacionais dessa Empresa ou a Empresa como um todo.

Em ordem logicamente sucessiva a esse ponto, o contexto que aqui examino estende-se a considerações sobre a projeção da eficácia da sentença proferida em favor dessa Empresa, às posições tributárias de uma outra, que dela adquiriu alguns estabelecimentos. Indaga-se se e em qual medida a Empresa adquirente se reputa beneficiada pela declaração contida naquela sentença. O tema aqui é a *sucessão* e cuida-se da colocação do sucessor como continuador, na medida da sucessão, da personalidade jurídica do sucedido.

Entrelaçados, esses dois pontos sugerem ainda alguma reflexão em torno da garantia constitucional da coisa julgada e sua inserção na esfera de direitos das pessoas, considerado o momento em que se formou e *momentos sucessivos*, nos quais possam surgir questionamentos em torno de direitos reconhecidos pela sentença passada em julgado. Ao falar da coisa julgada nesse contexto, é indispensável discorrer também sobre a nítida relação de *prejudicialidade* existente entre as causas consideradas.

Trata-se, em resumo, e agora olhando mais de perto as realidades que me foram apresentadas na consulta, de estabelecer: a) se aquela sentença favorável à ora consulente e passada em julgado teve dimensão suficiente para incluir todas as operações da própria Empresa como um todo ou somente as de um de seus estabelecimentos; (b) se essa corrente de eficácia se mantém ou se interrompe quando um estabelecimento é alienado a outra Empresa.

206. *o contexto fático e o V. acórdão proferido em favor da consulente*

No ano de 1995 Lojas Americanas S.A. propôs em face da Fazenda do Estado de São Paulo uma "ação de rito ordinário com pedido de sentença declaratória e condenatória", na qual postulava a declaração judicial de seu direito "de utilizar-se da prerrogativa de creditar-se da correção monetária incidente sobre seus créditos de ICMS referentes aos meses elencados na planilha anexa" *etc.* Os *meses indicados na planilha anexa* iam de fevereiro de 1990 a junho de 1994 – mês em que, vigente o dec. n. 38.355, de 28 de janeiro de 1994, cessou o problema porque tal diploma consagrou de modo expresso o direito da então autora e ora consulente. A Americanas foi vitoriosa em julgamento proferido pelo E. Tribunal de Justiça do Estado de São Paulo após sentença adversa proferida em primeiro grau, que a Col. Turma Julgadora reformou. Sobre o V. acórdão então proferido abateu-se o manto da coisa julgada material após improvidos os agravos contra decisões denegatórias de recurso especial e de recurso extraordinário endereçados pela Fazenda do Estado aos CCol. Superior Tribunal de Justiça e Supremo Tribunal Federal. A última palavra do Poder Judiciário consistiu, pois, na declaração de existência do direito da consulente a creditar-se da correção monetária incidente sobre seus créditos tributários no período indicado.

207. *ulteriores questionamentos pela Fazenda do Estado*

Mas eis porém que, depois dessa decisão final e da consumação da coisa julgada material, em certos e repetidos casos pontuais o fisco do Estado vem questionando o âmbito do *decisum* contido no V. acórdão do E. Tribunal paulista. Vem, mais precisamente, lavrando autos de infração e inscrevendo créditos fiscais com relação a diversos estabelecimentos das Lojas Americanas neste Estado, com a alegação de que tal pronunciamento judiciário "não favoreceria a todos os seus estabelecimentos mas apenas determinado estabelecimento".

Essa argumentação lançada pelo fisco prende-se ao fato de a petição inicial ter, em sua parte final, feito remissão a uma *planilha* de que se fazia acompanhar e na qual estava especificada a movimentação financeira de determinado estabelecimento durante aquele período indicado (fev. 90 a jun. 94). Pela óptica da Fazenda, a ora consulente teria pedido e o E. Tribunal de Justiça ter-lhe-ia concedido uma declaração relacionada *exclusivamente com aquele estabelecimento.* Essa é a mais central de todas as questões trazidas na presente consulta e foi dela que emergiu a necessidade, já adiantada, de fixar balizas para a correta interpretação do V. acórdão.

208. *alienação de alguns estabelecimentos e sucessão no direito*

Aconteceu também que, de lá para cá, a consulente Americanas alienou alguns de seus estabelecimentos a uma outra Empresa, a Carrefour Comércio e Indústria Ltda., junto à qual também vem o fisco insistindo em minimizar o âmbito de abrangência daquele V. acórdão coberto pela coisa julgada. Também Carrefour vem sendo assediado por autuações lançadas por agentes fiscais e, como se percebe, aqui reside um dos outros pontos a serem examinados pelo parecer, que é o da *sucessão* de uma empresa por outra e propagação, à cessionária, dos efeitos de uma sentença conseguida pela cedente.

209. *decisões da Justiça paulista*

Tenho o informe, trazido pela consulente, de vários desses casos nos quais os juízes de São Paulo vêm sendo chamados a se manifestar, com um saldo que a favorece e favorece também o sucessor Carrefour, mas reveladores de uma insistência fiscal que ao menos incomoda. Um dos VV. acórdãos que julgaram tais casos, muito expressivo conquanto majoritário e não unânime, é o que alude a um caso envolvendo aquele sucessor na comarca de Votuporanga, em que a Col. Turma Julgadora afirmou severamente a *abrangência total daquela coisa julgada*, ressaltando (a) que a tutela jurisdicional fora pedida com relação ao "direito da autora" e não de uma de suas filiais e (b) que "na ação então aforada figura como autora a matriz, sediada no Rio de Janeiro, sendo mencionado o CNPJ dela e não da filial mencionada pela agravante".[2] Em outro caso, da comarca de Presidente Prudente e travado entre as mesmas partes, também assim se manifestou o Poder Judiciário

---

2. *Cfr*: TJSP, 8ª Câmara de Direito Público, agr. instr. n. 754.530, j. 30.4.08, rel. para o ac. Paulo Dimas Mascaretti, m.v. (acórdão consultado em cópia).

paulista, para desconstituir o auto de infração lavrado pelo fisco sobre o pressuposto de a Empresa não ter o direito àquela correção monetária. E disse o MM. Juiz prolator da R. sentença em primeiro grau: "imaginar que cada filial de uma mesma empresa tivesse de recorrer autonomamente ao Poder Judiciário para ver reconhecido um direito que seria comum a todas é tese absurda".

Do mesmo teor é outro julgado referente à comarca de Taubaté e assim também vem seguidamente decidindo o Tribunal de Impostos e Taxas do Estado de São Paulo.

Mas o fisco insiste e continua a autuar e a resistir quanto pode perante a Justiça.

§ 2º – O RICO TEMA DA INTERPRETAÇÃO DA SENTENÇA E A DIMENSÃO DO V. ACÓRDÃO INTERPRETADO

210. sobre a interpretação da sentença: abordagem geral

Como todo texto escrito, a sentença é composta de *palavras*, que são *símbolos convencionais* pelos quais o redator procura expressar *idéias*. Para captar-lhes o significado e a intenção de quem os externa é indispensável buscar o significado desses símbolos e a idéia que eles expressam, seja isoladamente, seja no contexto de uma redação ou de um contexto fático ou mesmo jurídico. Tanto quanto a lei, a sentença precisa *sempre* ser interpretada, ainda quando o significado das palavras, como símbolos representativos de idéias, seja aparentemente muito claro e a conjugação destas no texto, coerente e harmoniosa. Por mais imediata, fácil e segura que seja a captação das idéias, o trabalho de captá-las é sempre uma *interpretação*.

Tanto quanto em relação às leis, portanto, também em relação às sentenças repudiam-se as bases do superado *in claris cessat interpretatio*. Na severa lição de Recaséns Siches, "sin interpretación no hay posibilidad de que exista ningún orden jurídico".[3] Intérpretes das sentenças são o próprio vencedor e o vencido, os tribunais que julgam recursos interpostos contra elas, ações resci-

---

3. *Cfr. Tratado general de filosofia del derecho*, p. 627.

sórias *etc.*, bem como o juiz que dirige sua liqüidação em busca do alcance quantitativo das decisões, ou, como neste caso, *aquele que decide sobre novas situações atingidas pelos efeitos da decisão*. Sempre e sempre, o último e definitivo intérprete de toda sentença é o Poder Judiciário, pela palavra do órgão competente em cada caso.

A interpretação das sentenças é comandada por normas gerais de interpretação de textos e por outras que lhe são peculiares: sabe-se que todo o progresso da hermenêutica se desenvolveu no campo da interpretação das leis e não das sentenças, mas entre os métodos apontados como critérios interpretativos daquelas existem os que são propícios a uma ampliação e portanto valem também para estas. Das premissas gerais interpretativas, a primeira e mais ampla é aquela, já referida, de que *sempre* um texto comporta interpretação, por mais claro que seja aquele e mais singela que possa ser esta.

Outra, também bastante ampla, é a que conclama o intérprete à *razoabilidade da interpretação*. Nenhum texto deve ser interpretado, sem maiores e exaustivos cuidados, de modo a concluir que nele se contenham absurdos. O conhecidíssimo método interpretativo consistente na *lógica do razoável* foi desenvolvido com vista à interpretação da lei e não da sentença mas também, como em geral tudo quanto se diz sobre interpretação de textos jurídicos, tem plena aplicação a esta. Se a sentença condenou o responsável por uma fonte emissora de sons a abster-se de utilizar o amplificador que vinha utilizando, só pela *lógica do absurdo* poder-se-ia afirmar que o sujeito não estaria proibido de substituir aquele aparelho por outro de igual ou maior potência.

É também inerente à exigência de razoabilidade a busca da captação do *alcance e amplitude* das decisões judiciárias. Se a sentença não for clara quanto às parcelas de uma obrigação ou quanto ao valor de cada uma, ou da própria obrigação como um todo *etc.*, o intérprete recorrerá à prova dos autos, às normas do direito positivo substancial, aos fundamentos e conteúdo da demanda e da defesa *etc.*, em busca de elementos capazes de orientar uma interpretação pelo justo e pelo razoável.

A junção das normas de direito material com os fundamentos da demanda oferece outro relevante critério para a interpretação das decisões judiciais, tendo-se em conta o princípio da correlação entre a demanda e a tutela jurisdicional (CPC, arts. 128 e 460). Na dúvida entre haver ou não o juiz concedido ao autor bens em quantidade menor que a pedida (decisão *infra petita*), opte o intérprete pela interpretação que dela extraia uma postura processualmente correta. Se o juiz se limita a condenar o réu a pagar *nos termos do pedido*, sem ressalvas ou especificações, é imperioso concluir que todos os pedidos apresentados foram acolhidos. Nesse sentido as judiciosas observações de Humberto Theodoro Júnior:

> "o pedido, formulado na inicial, torna-se o *objeto* da prestação jurisdicional sobre o qual a sentença irá operar. É ele, portanto, o mais seguro critério de interpretação da sentença, visto que esta é justamente a *resposta do juiz ao pedido do autor*, não podendo o provimento ficar aquém nem ir além dele, sob pena de nulidade (CPC, arts. 128 e 460) (...).
>
> "O melhor meio de interpretar uma sentença é o que toma como ponto de partida da operação exegética o pedido formulado na inicial. Depois de definido o seu conteúdo, isto é, depois de revelada a *pretensão deduzida pelo autor*, passa-se à análise da resposta que lhe deu a sentença.
>
> "As palavras com que o juiz acolheu ou rejeitou o pedido terão seu sentido e alcance clareados pelo que na inicial o autor demandou. Se houver alguma imprecisão ou alguma dubiedade na linguagem do sentenciante, a fixação do real sentido do comando jurisdicional será encontrada por meio de sua sistematização com o pedido."[4]

211. direito e processo
– indispensável uma interpretação integrada

Esses critérios interpretativos têm ampla aplicação ao caso que examino e sem a consciência formada em torno deles seria im-

---

4. "Execução de sentença – iniciativa do devedor – interpretação de sentença", pp. 7-8.

possível chegar com segurança a resultados justos e conformes com o direito e seu sistema. Como processualista, é natural e esperado que minhas atenções maiores se voltem aos fenômenos do processo – como, no caso presente, à interpretação das sentenças, que são atos processuais. Mas estou também consciente de que, "de mero técnico encarregado de explicar ou burilar formas, o processualista moderno transformou-se num verdadeiro crítico da dinâmica dos direitos. A vida dos direitos no processo é o objeto de seus estudos e de suas propostas".[5] Nessa condição é que, já em diversos pareceres e estudos anteriores, venho procurando no direito material a solução para muitos problemas do processo em sua vida dinâmica e prática, com a convicção de que os tempos exigem uma grande aproximação entre esses dois planos do ordenamento jurídico, banida a obsessão pelo superado dogma da rígida autonomia da ordem processual.

Com esse espírito e esclarecida essa premissa, acrescento que no presente caso a interpretação do V. acórdão paulista se associa intimamente à da demanda inicial da Americanas, ou dela depende, uma vez que para captar adequadamente o alcance da *procedência da demanda*, ditada pelo E. Tribunal, é indispensável bem conhecer o alcance da própria demanda. Que foi que Americanas pediu em sua petição inicial? Qual a extensão de seu pedido? Referia-se à movimentação de somente um estabelecimento ou de toda sua constelação de estabelecimentos situados no Estado de São Paulo? Vamos, pois, interpretar a demanda inicial com a consciência de que, como dito em um dos VV. julgados de que tenho conhecimento (e já referi), "imaginar que cada filial de uma mesma empresa tivesse de recorrer autonomamente ao Poder Judiciário para ver reconhecido um direito que seria comum a todas é tese absurda". Só mesmo diante de uma extrema e inafastável clareza de uma petição inicial nesse sentido de restringir tanto é que se poderia reconhecer tal dimensão assim estrita. Mas aqui estamos longe disso.

5. *Cfr.* Dinamarco, "O conceito de mérito em processo civil", nn. 102-119, pp. 232 ss.

212. uma inadmissível interpretação restritiva

Quem moveu aquela demanda que está à base de toda a celeuma foi a pessoa jurídica Lojas Americanas S.A., que tem sede na cidade do Rio de Janeiro e inclui dezenas de lojas, ou estabelecimentos, espalhados em muitos cantos deste país. Insurgiu-se contra uma postura da Fazenda do Estado de São Paulo, que qualificou de *confisco*, consistente em opor-se à correção monetária de créditos de ICMS. Essa petição inicial foi extremamente ampla e em momento algum fez qualquer alusão a uma filial, a um estabelecimento, nada. Ela foi extremamente ampla. Basta lê-la.

> A autora principia com um capítulo denominado *dos fatos* onde, dizendo ser (ela própria) contribuinte do ICMS, passa a discorrer sobre a inserção desse imposto no quadro constitucional e infraconstitucional, chegando ao nível de um decreto que acabou por consagrar às expressas aquele direito que ela veio a juízo pleitear (dec. est. n. 38.355, de 31.1.95). *De fatos* nada mais disse. A seguir, a petição inicial desdobra-se em capítulos denominados (a) *do direito*, (b) *do princípio da igualdade*, (c) *do confisco*, (d) *resumo* e (e) *pedido*. Ao longo de todos esses capítulos, nada mais sobre fatos, nada de acontecimentos particularizados em uma dada filial, nada de alusão a qualquer estabelecimento.

O ponto ao qual se apega o fisco em sua busca de minimizar a dimensão do *petitum* e conseqüentemente do *decisum*, é aquela já transcrita parte final da petição inicial, onde é feita alusão a uma *planilha anexa*. Tal planilha contém a indicação de créditos conquistados mês a mês (de fev. 90 a jun. 94), referentes à movimentação de um dado estabelecimento da Americanas, e por isso vem a Fazenda do Estado de São Paulo insistindo em que (a) o pedido então trazido a juízo se referia com exclusividade a tal estabelecimento e (b) conseqüentemente, a procedência desse pedido, ditada pelo E. Tribunal, não significaria mais do que declarar o direito *desse estabelecimento* à correção monetária de seus créditos fiscais.

213. *a lei quer a interpretação* estrita *do pedido, não* restritiva

Na linha daquele judicioso alvitre lançado pelo prof. Humberto Theodoro Jr. e acima transcrito, para a correta captação da dimensão dos efeitos do V. acórdão proferido pelo E. Tribunal de São Paulo principiemos pela interpretação da demanda ali julgada procedente por inteiro – porque, obviamente, julgar *totalmente procedente* uma demanda é conceder precisamente tudo quanto o autor pediu e esperava do Poder Judiciário. Para tanto, deixo claro que não desconsidero a regra da (mal) chamada interpretação restritiva do pedido, contida no art. 293 do Código de Processo Civil, *verbis*: "os pedidos são interpretados restritivamente, compreendendo-se, entretanto, no principal os juros legais".

Como venho insistentemente dizendo em sede doutrinária, o que a lei chama de *interpretação restritiva do pedido* e a doutrina jamais parou para pensar a respeito é, na realidade, uma interpretação *estrita*, ou meramente declaratória. Segundo está na doutrina, interpretação meramente declaratória é aquela que atribui ao texto interpretado precisamente a *dimensão que de suas palavras resulta*, nada lhe acrescentando, como sucede na interpretação extensiva e nada lhe retirando, como na verdadeiramente restritiva (Cintra-Grinover-Dinamarco).[6] Pela interpretação extensiva, ou ampliativa, conclui-se que *lex minus dixit quam voluit*; pela restritiva, que ela *majus dixit quam voluit*. Pela meramente declarativa afirma-se que o autor do texto disse precisamente o que está escrito, nem mais nem menos.

O que venho afirmando a partir dessas idéias claríssimas é que, pela disposição contida no art. 293 do Código de Processo Civil, o pedido deve ser interpretado tal e qual, ou seja, *sem ampliações e sem restrições* – porque tanto a ampliação como a restrição seriam fatores de infidelidade da sentença à demanda, ou fatores de ausência de correlação entre uma e outra. O juiz que interpreta o pedido *para mais* terminará por proferir uma sentença *ultra vel*

---

6. *Cfr. Teoria geral do processo*, n. 46, esp. p. 108.

extra petita, extrapolando a real intenção do autor e transgredindo conspícuas regras de direito processual (CPC, arts. 128 e 460). Aquele que o interpreta *para menos* denega justiça ao proferir uma sentença *citra petita*, na qual deixa de fora, sem apreciação, parte daquilo que o autor declarou pretender. Liebman chega ao ponto de afirmar, com todas as letras e com toda razão, que em caso de sentença *citra petita* o autor permanece com seu direito íntegro à repropositura do pedido omitido, sem qualquer peia emergente da garantia constitucional da coisa julgada.[7] Eis precisamente o que a propósito disse eu próprio:

> "A interpretação estrita do pedido constitui norma fundamental, em tema de *fidelidade da sentença a este*. Não é lícito ao juiz optar por uma compreensão maior, quando a demanda deixe dúvidas sobre sua própria amplitude (art. 293). A lei fala em interpretação *restritiva*, mas não é o caso de *restringir*, ou seja, de *diminuir* a extensão do pedido. Interpretá-lo de modo *estrito* é não interpretá-lo ampliativamente, ou seja, é não se aventurar pelo *majus* quando não se sabe se o autor está a postular o *majus* ou o *minus*. Estará ultrapassando os limites jurídicos do pedido o juiz que optar pela compreensão maior, nessa situação; e incorrerá no vício de *citra petita* aquele que restringir a intenção do autor".[8]

E disse também, após alertar para a imperiosidade de uma prudente cautela do juiz no sentido de não ampliar as intenções do autor, indo-lhes além:

> "essa cautela do juiz não deve ir além dos casos em que haja *dúvida* invencível quanto às intenções do autor. Não seria legítimo converter o zelo pela integridade da máxima *ne eat judex ultra vel extra petita partium* em motivo para denegar justiça mediante julgamentos *citra petita*. Que o juiz jamais conceda coisas não pedidas ou em quantidade maior que a pedida, ou por fundamento diverso do invocado pelo autor (arts. 128 e 460), mas também que não se negue a decidir sobre todo o pedido e por todos os fundamentos trazidos. Não sendo suficientemente forte a dúvida sobre a extensão da demanda, a solene promessa constitucional de acesso

---

7. *Cfr. Manuale di diritto processuale civile*, II, n. 271, esp. p. 226, nota n. 12.
8. *Cfr.* Dinamarco, *Instituições de direito processual civil*, III, n. 942, p. 280.

à justiça impede as opções pelo mais estrito (Const., art. 5º, inc. XXXV). Entre dois riscos opostos – o de ir além e o de ficar aquém dos reais limites da demanda do autor – sendo eles razoavelmente equilibrados, é dever do juiz a assunção do primeiro, sob pena de denegar justiça"[9] – ou seja, como venho sustentando, é preferível errar dando uma tutela jurisdicional maior, a errar também, de modo mais grave, violando por omissão a garantia constitucional de acesso à justiça.

214. *interpretando o pedido da consulente*

Como é notório e já registrei, a ora consulente é uma pessoa jurídica com larga atuação no comércio varejista, dispondo de uma grande rede de estabelecimentos, ou filiais, em muitos pontos do país. Muitas lojas mas uma só pessoa jurídica – esse ponto é essencial. Pois essa pessoa jurídica, que é una e não se desdobra em tantas personalidades quantas são suas lojas, veio a juízo com sua petição inicial, invocou sua condição de contribuinte, indicou seu próprio CNPJ, narrou o comportamento do fisco que lhe negava a correção monetária sobre créditos de ICMS e pediu sentença que declarasse a existência desse seu direito. Nada falou de filial, agência ou estabelecimento. Falou de si própria. E só.

E agora, só porque a petição inicial fez alusão a uma planilha que a acompanhava e porque essa planilha retratava a movimentação de uma unidade comercial da Americanas, vem o fisco com a tese de que o que esta pediu, pediu somente para aquela unidade. Repito, *sem conceder*: se essa dúvida fosse séria e o juiz pudesse legitimamente vacilar entre uma interpretação e outra, mandaria a ordem constitucional que ele optasse por errar interpretando o *petitum* e o *decisum* pelo mais amplo porque, interpretando-os pelo mais estrito, entraria em rota de colisão com a garantia, também constitucional, de acesso à justiça (Const., art. 5º, inc. XXXV).

Mas também *não é o caso de duvidar*. Qual empresa iria pensar em socorrer somente uma de suas unidades operacionais, quando todas as que se situam neste Estado estavam e estão na mesma

---

9. *Op. cit.*, II, n. 454, esp. p. 139.

situação perante o fisco estadual? Qual estranha idéia passaria pela cabeça de seus dirigentes ou de seus advogados, para nada pedirem para a Empresa como um todo, pedindo somente para aquela unidade? Qual idéia os levaria a preparar outras tantas demandas quantas são as filiais, propondo uma em relação a cada uma delas? E por que não moveram todas essas tantas demandas? Eles não as moveram! Pondero aliás que essa idéia tão excêntrica quanto insensata não foi também assimilada ou de modo algum insinuada pelo MM. Juiz que inicialmente julgara improcedente a demanda da ora consulente nem pela Col. Turma Julgadora que depois a acolheu por inteiro. Ninguém falou nisso. Todos foram à tese, diretamente. Ressalva alguma foi feita.

Essa interpretação (que, repito, não é extensiva mas meramente declarativa) conta aliás com o respaldo da coerência com um dos postulados mais cuidadosamente cultivados na moderna processualística, que é o do *maior aproveitamento possível do processo*. E aqui se vai forçosamente ao maior de todos os Mestres do processo civil, Giuseppe Chiovenda, naquela lição que é um verdadeiro *slogan* do processo civil moderno: para bem cumprir sua missão social e jurídica, o processo deve ser apto a "dar a quem tem um direito, na medida do que na prática for possível, tudo aquilo e precisamente aquilo que ele tem o direito de obter".[10] Buscar em pequenas minúcias de uma petição inicial, ou mesmo em uma peculiaridade na maneira como foi composta, razões para reduzir o âmbito da tutela jurisdicional, seria caminhar contra os ventos do processo civil moderno. Imaginar que uma empresa vitoriosa e bem administrada como é a Americanas cometeria uma verdadeira *bobagem*, como seria essa consistente em pedir para uma só de suas unidades, seria dar curso ao que seria excepcional, desprezando o que ordinariamente acontece. Seria também curvar-se à *lógica do absurdo*, fosse de um absurdo cometido pela própria parte, fosse pelos juízes que decidiram a causa.

10. *Cfr. Istituzioni di diritto processuale civile*, I, n. 12, p. 42; essa afirmação foi feita pela primeira vez em 1911, pelo próprio Chiovenda (*cfr.* "Dell'azione nascente dal contratto preliminare", n. 3, p. 110).

EFICÁCIA DA SENTENÇA, COISA JULGADA, PREJUDICIAIS   343

Todo esse contexto converge, pois, ao entendimento de que o *petitum* contido naquela demanda inicial de Americanas visava a uma declaração de interesse da própria Empresa como um todo, abrangendo pois as operações de todas suas unidades situadas no Estado de São Paulo e não só de uma delas. E, assim tendo sido o pedido que o E. Tribunal declarou acolher por inteiro, infere-se que também assim foi o próprio V. acórdão que o julgou, o qual teve, como sempre deve ter, as mesmas dimensões do pedido julgado (CPC, arts. 128 e 460).

Conseqüentemente, a *auctoritas rei judicatæ* e os efeitos desse acórdão são aptos e suficientes para impedir que venha o fisco a questionar novamente o direito de Americanas àquela correção monetária e, mais que isso, para impedir que órgãos do Poder Judiciário desconsiderem o que foi julgado.

215. sobre a autoridade da coisa julgada e seus destinatários

A coisa julgada, que não é um instituto de direito material e não se rege por normas inerentes a cada ramo do direito material conforme o caso concreto,[11] também não pertence exclusivamente à seara do direito processual. Ela tem, acima de tudo, um fundamento constitucional intimamente relacionado com o valor *segurança jurídica*, que a Constituição Federal cuida de preservar quando a erige em garantia política dos indivíduos e grupos. Não é um efeito da sentença, como superiormente ensinou Liebman em clássica monografia, mas uma especial qualidade que torna imutáveis os efeitos que cada sentença tiver.[12] O bem jurídico proporcionado pela coisa julgada é a *segurança jurídica*, pela qual o sujeito vencedor em uma sentença de mérito fica a salvo de futuros questionamentos.

Ensinou ainda o Mestre que a autoridade da coisa julgada se impõe *a todos*. Disse: "essa característica imutabilidade do co-

---

11. *Cfr.*, neste mesmo volume, o capítulo "Coisa julgada em matéria tributária e sentença para o futuro", esp. n. 237
12. *Cfr. Eficácia e autoridade da sentença*, n. 7, p. 31, e n. 15, pp. 50-52 trad. *etc.*

mando [*a coisa julgada*], nos limites em que a lei a disciplina, opera não apenas em relação a determinadas pessoas, mas de todos aqueles que, no âmbito do ordenamento jurídico, tenham o encargo de formular, interpretar ou aplicar a vontade do Estado – sem se excluir o próprio legislador, porque sequer ele poderá alterar o concreto regulamento da relação jurídica, tal qual resulta já cristalizado pela autoridade da coisa julgada".[13]

É natural que assim seja porque, estando a segurança jurídica *incorporada ao patrimônio ativo do vencedor*, ato algum poderá ter a eficácia de suprimi-la; nem um ato do adversário, nem de outro juiz, nem da Administração Pública, nem mesmo do legislador. Na ordem jurídico-positiva brasileira, esse é o significado dos termos com os quais a Constituição Federal garante a autoridade da coisa julgada material, dizendo que "a lei não prejudicará a coisa julgada" (art. 5º, inc. XXXVI). Surge nesse raciocínio elementar a idéia da *imunização*, proposta pelo júris-sociólogo Niklas Luhmann ao indicar que, em alguma medida, todo ato estatal imperativo é dotado de algum grau de imunidade, apto a pô-lo a salvo de negaças vindas do particular, da Administração Pública, do legislador ou *de quem quer que seja*;[14] e a coisa julgada material representa o mais elevado grau de imunidade atribuído pela ordem jurídica a um ato estatal, justamente porque é culto à integridade do patrimônio da parte vencedora e ao valor *segurança* a ele integrado.[15]

> Atento às lições de Liebman, também já escrevi que, consumada a coisa julgada material, o patrimônio do devedor reputa-se acrescido desse bem jurídico, instituindo-se entre as partes e em relação ao litígio que foi julgado "uma situação de absoluta firmeza quanto aos direitos e obrigações que os envolvem, ou que não os envolvem. Esse *status*, que transcende a vida do processo e atinge a das pessoas, consiste na rigorosa intangibilidade das situações

---

13. *Op. cit.*, n. 15, esp. p. 51 trad.
14. *Cfr. Legitimação pelo procedimento*, pp. 22 ss.; v. ainda Tércio Sampaio Ferraz Jr., "Apresentação" da tradução brasileira dessa obra, p. 13; Dinamarco, *A instrumentalidade do processo*, n. 32, pp. 280 ss.
15. *Cfr. A instrumentalidade do processo*, n. 12, pp. 110-111.

jurídicas criadas ou declaradas, de modo que nada poderá ser feito por elas próprias nem por outro juiz ou pelo próprio legislador, que venha a contrariar o que foi decidido (Liebman): a garantia constitucional da coisa julgada consiste na imunização geral dos efeitos da sentença. A Constituição Federal estabelece que *a lei não prejudicará a coisa julgada* (art. 5º, inc. XXXVI) e o Código de Processo Civil manda que o juiz se abstenha de decidir a mesma causa, extinguindo o processo sem julgamento do mérito, quando existir a coisa julgada material (art. 267, inc. V e § 3º)".[16]

Assim delineada, a coisa julgada material é uma categoria jurídica de direito constitucional, portadora de contornos definidos pelo processual. É a matéria já decidida em caráter definitivo e a firme situação jurídica criada por sua *auctoritas* consiste, conforme o caso, (a) na definitiva e indiscutível existência do direito afirmado, ou (b) na definitiva e indiscutível inexistência do direito negado em sentença não suscetível de recurso. O credor, como tal reconhecido em sentença definitiva, é credor porque já o era e também porque o valor *segurança jurídica*, proporcionado pela coisa julgada material, exclui qualquer negativa de seu direito; de igual modo, o não-devedor amparado por sentença definitiva que houver negado o direito de seu adversário, não é devedor porque já não o era e também porque a segurança jurídica agregada pela coisa julgada impede qualquer reconhecimento de que ele o fosse.

216. *a autoridade da coisa julgada em causas tributárias: um esclarecimento*

Não há razão alguma para que as coisas fossem diferentes quando a sentença coberta pela coisa julgada contém decisão sobre matéria regida pelo direito tributário. Como a coisa julgada não é tributária, administrativa, civil, comercial *etc.*, mas vem do

16. *Cfr.* Dinamarco, *Instituições de direito processual civil* cit., III, n. 955, pp. 307-308. Para clareza e para evitar mal-entendidos, ressalvo a possibilidade de infringência à coisa julgada pela via da rescisória e os casos excepcionalíssimos em que essa autoridade se relativiza, em homenagem a valores mais elevados, também garantidos no plano constitucional; *cfr.* Dinamarco, "Relativizar a coisa julgada", n. 132, pp. 253 ss.

plano político da Constituição e se rege pelo direito processual, é imperioso destacá-la dos conceitos, regras e princípios de todo e qualquer ramo do direito material, sem o que não se teria a visão unitária de seu próprio conceito, de sua autoridade e de seus limites. A sentença que decide sobre matéria tributária terá, como toda sentença, a *auctoritas rei judicatæ* que corresponder ao conteúdo preceptivo contido em seu decisório.

Esse é o teor e o espírito de lúcido parecer do prof. Antonio Carlos de Araújo Cintra, a meu ver inédito, o qual se reporta a uma manifestação bastante específica do Mestre Liebman, constante de artigo elaborado com vista ao direito brasileiro. Dizendo que "não há razão para admitir-se desvios ou restrições [*à coisa julgada*] devidas à natureza especial da função desenvolvida pelo Estado quando cobra os impostos para satisfazer a necessidades de ordem geral", ensinou em seguida o Mestre que "ainda quando desenvolve essa função, o Estado está submetido ao direito objetivo, à jurisdição e à coisa julgada".[17] Essa é a visão unitária da coisa julgada, que venho sustentando desde o início.

Estou perfeitamente consciente de que toda discussão acerca da coisa julgada em matéria tributária costuma ser travada em torno de certas *situações repetitivas*, nas quais, havendo sido negada a existência de dado crédito tributário, o fisco vem depois a afirmar a existência de créditos da mesma natureza, referentes a outras operações ou outros exercícios. Tal é o tema da já desgastada Súmula n. 239 do Supremo Tribunal Federal, segundo a qual uma decisão referente a dado exercício fiscal não faria coisa julgada em relação a exercícios subseqüentes. Não é disso que trata o presente caso, no qual o julgamento da demanda proposta por Americanas e seu trânsito em julgado são *posteriores* a todo o período coberto pela decisão; como está claro, aquela demanda foi proposta em fevereiro de 1995 e referia-se a um período compreendido entre fevereiro de 1990 e junho de 1994. O V. acórdão que decidiu essa causa, proferido em fevereiro de 1996, lançou efeitos exclusivamente sobre os créditos de tal período, que já se

17. *Cfr.* "Limites da coisa julgada em matéria de imposto", esp. p. 170.

encontrava no passado – o que significa que estamos completamente fora do campo de incidência da Súmula n. 239, não havendo como questionar períodos cobertos ou não cobertos pela coisa julgada material. Bem consciente dessa situação, faço porém a ressalva contida neste tópico somente com o objetivo de afastar qualquer dúvida ou tentativa de desvios de raciocínio.

217. tornando às demandas que vêm sendo postas em juízo

Aqueles diversos pronunciamentos do Poder Judiciário, ulteriores ao V. acórdão sobre o qual é lançado o principal foco do presente parecer, ocorreram em processos nos quais a ora consulente Americanas ou seu sucessor Carrefour se insurgem contra certas exigências fiscais bastante pontuais, sempre com a Fazenda questionando a correção monetária dos créditos por ICMS. Ora são embargos à execução fiscal, onde as empresas pedem a declaração de não dever o que o fisco lhes cobra e extinção do processo executivo; ora são demandas nas quais elas postulam a anulação de autuações fiscais ou a desconstituição de crédito tributário, sempre mediante a alegação de serem titulares de créditos corrigidos. Em suma: em todos esses processos que vêm sendo instaurados o tema central é sempre a correção monetária dos créditos dessas Empresas por ICMS em associação à coisa julgada que em outro processo se formou sobre a existência desse direito. Todos aqueles processos referem-se a créditos obtidos no período considerado no V. acórdão passado em julgado (fevereiro de 1990 a junho de 1994).

Com o que acabo de dizer, creio já haver insinuado ao espírito dos qualificados leitores a idéia de que existe *uma claríssima relação de prejudicialidade* entre aquela causa julgada em 1996 pelo E. Tribunal de Justiça e estas outras que se repetem em casos pontuais. Lá, o objeto do processo fora precisamente a pretensão de Americanas à declaração de existência do direito à correção monetária no período indicado. Cá, discute-se a existência de supostas obrigações da mesma Americanas ou de seu sucessor Carrefour em razão de se haverem creditado pelo modo autorizado no V. acórdão passado em julgado. Vejamos pois alguns conceitos básicos, atinentes à prejudicialidade e ao modo como a decisão da causa prejudicial interfere no julgamento das causas prejudicadas.

218. *prejudicialidade: remissão a outro capítulo da obra*

Na redação original do parecer aqui reproduzido, neste ponto foram desenvolvidos raciocínios e explicitados conceitos referentes à prejudicialidade como uma relação de dependência entre duas causas, uma chamada *prejudicial* e outra, *prejudicada* – de modo que a decisão da primeira delas fatalmente exercerá influência sobre a da segunda. Foram feitas remissões a seguras lições doutrinárias e traçadas algumas comparações com certos casos emblemáticos de prejudicialidade entre duas ou mais causas. Tais considerações são de total pertinência ao presente estudo, no presente ponto, mas deixam de ser aqui reproduzidas porque já estão incluídas, com toda explicitude, em outro capítulo deste mesmo volume. Para evitar o vício das repetições desnecessárias, limito-me a remeter o leitor interessado ao que lá está escrito (*infra*, capítulo XVII, "Ação de nulidade de patente – prejudicialidade e outras questões processuais", esp. n. 262).

219. *o caso em exame*
e a coisa julgada sobre a decisão prejudicial

Ao discorrer sobre esses conceitos fundamentais em processo civil, em obra muitas vezes clássica, o monografista Francesco Menestrina mostra por quais modos a decisão sobre um ponto, uma questão ou uma causa pode vir a ter influência no teor de futuras decisões sobre outro ponto, questão ou causa.[18] No Brasil o tema é magistralmente tratado em monografia também clássica de José Carlos Barbosa Moreira, na qual constitui ponto de destaque a distinção entre *preliminar e prejudicial*, com a lição de que esta ocorre quando a decisão puder projetar efeitos relevantes

---

18. *Cfr. La pregiudiciale nel processo civile*, *passim*.

para *o teor* de outra – enquanto que aquela opera no sistema como fator de impedimento ou retardamento do julgamento do *meritum causæ*.[19]

Diante das circunstâncias concretas registradas mais acima e das colocações conceituais inerentes ao tema, resulta ser para lá de óbvia a já afirmada relação de prejudicialidade entre a causa decidida por aquele V. acórdão passado em julgado e todas essas outras nas quais a Fazenda do Estado de São Paulo repropõe o tema da correção monetária dos créditos de ICMS. Naquela primeira causa foi emitida a declaração judicial de que, *com relação ao período indicado, a Empresa tinha e tem direito à correção monetária*. Nas demais discutem-se créditos constituídos pelo fisco ou autuações impostas às Empresas, *a partir do pressuposto de que não tivessem direito a tal correção*. Não estamos, como se vê, diante de duas ou mais demandas iguais (mesmas partes, mesma causa de pedir, mesmo pedido), a ponto de podermos afirmar que todas essas causas subseqüentes já houvessem sido decididas por aquele V. acórdão, com incidência direta da autoridade da coisa julgada (CPC, art. 301, §§ 1º a 3º). Estamos, sim, no campo da *prejudicialidade*, no qual a coisa julgada que se formou quanto à causa prejudicial se impõe sempre que o mesmo ponto já decidido seja relevante para o julgamento das causas prejudicadas.

A coisa julgada incidente sobre a declaração do direito à correção monetária durante todo aquele período impede que aquilo que lá se decidiu seja de novo discutido, em qualquer outra causa na qual seja relevante o ponto da existência ou inexistência desse direito, naquele período. Lá afirmou-se em declaração contida no decisório sentencial que o direito existe. Aqui, em todos os processos ulteriores, declarará o juiz ou tribunal que o crédito fiscal foi ilegitimamente constituído ou que as autuações impostas às Empresas são ilegítimas, *porque* o direito à correção monetária existe. Lá, uma decisão *principaliter*. Cá, *incidenter tantum*. Toda a doutrina cultiva a idéia de que, como acabo de dizer, o preceito contido na decisão da causa prejudicial impõe-se em todas as situações nas quais tiver alguma relevância, como no caso em exame (Celso

19. *Cfr. Questões prejudiciais e coisa julgada*, n. 18, pp. 26-27.

Agrícola Barbi).²⁰ E assim também, com toda clareza e ênfase, é Barbosa Moreira: "o segundo juiz, ante a questão proposta como *prejudicial*, tem de acatar a coisa julgada do feito onde ela foi apreciada *principaliter*".²¹ E mais:

> "bem pesadas as coisas, mais exato será entender-se que no segundo processo, a prejudicial a rigor não assume o contorno de verdadeira *questão*. O juiz, a bem dizer, não tem por que examinar de novo a controvérsia e emitir a seu respeito outro pronunciamento: já a encontrando resolvida, limita-se na verdade a inserir tal solução na cadeia do seu raciocínio, a pô-la como antecedente lógico da decisão que lhe compete proferir".²²

Concluindo: como já existe coisa julgada afirmativa do direito da Americanas à correção monetária de seus créditos por ICMS no período indicado, agora nesses novos processos que se vão formando a sentença sequer decidirá se existe ou não existe tal direito: limitar-se-á a tomar esse ponto como pressuposto lógico de sua decisão, dando-o como certo e indiscutível e decidindo cada uma das causas a partir desse pressuposto. A garantia constitucional e as regras infraconstitucionais alusivas à coisa julgada (Const., art. 5º, inc. XXXVI e CPC, arts. 467-468) impedem inclusive que o juiz torne a decidir a respeito da existência de tal direito; ao motivar a sentença, ele simplesmente reconhecerá que tal direito existe *porque assim foi reconhecido em acórdão imunizado pela coisa julgada material*, passando então às demais questões pertinentes a cada um desses processos.

§ 3º – A SITUAÇÃO DO SUCESSOR

220. *a alienação de alguns estabelecimentos e as exigências do fisco perante o adquirente*

Como já registrei, não só a consulente Americanas como também a empresa Carrefour vem sendo alvo de ações fiscais,

---

20. *Cfr. Comentários ao Código de Processo Civil*, I, n. 264.1, p. 406.
21. *Cfr. Questões prejudiciais e coisa julgada*, n. 44, esp. p. 69.
22. *Op. loc. cit.*

seja mediante autuações, seja pela via da inscrição de créditos e propositura de execuções fiscais perante o Poder Judiciário. Insistindo naquela interpretação restritiva do julgado do E. Tribunal paulista, vem a Fazenda do Estado impondo ao Carrefour, na qualidade de sucessor de Americanas naqueles estabelecimentos que adquiriu, medidas da mesma natureza das que impõe a esta. Para tanto, toma como premissa a relativa autonomia de cada uma das filiais perante o fisco e, impondo medidas a estas com relação a atividades suas, acaba por atingir a própria pessoa jurídica Carrefour Comércio e Indústria Ltda. Tais condutas e procedimentos trazem à baila o tema da *sucessão*, considerado que, com relação a cada uma daquelas filiais, às suas operações e às relações com o fisco, Carrefour é sucessor de Americanas. Como direi e adianto desde logo, aquele é realmente um sucessor desta, mas não só sucessor em suas obrigações. Também quanto àquele direito à correção monetária e ao *status* inerente à coisa julgada formada a seu respeito, Carrefour é um sucessor e como tal deve ser tratado.

. Para os fins do presente parecer e com relação aos temas que aborda, ficam à margem certas idéias que vêm sendo lançadas na jurisprudência a propósito de uma suposta *personalidade jurídica da filial*. Aqui basta considerar que perante o fisco cada uma das unidades operacionais de uma empresa goza de uma relativa autonomia – autonomia suficiente para permitir que, quando alienada a filial, venham os seus débitos, seus créditos, seus deveres e suas obrigações *perante o fisco* a ser tratados como se essas filiais fossem verdadeiras pessoas jurídicas. E assim, com o foco no ICMS relativo ao período considerado no V. acórdão, (a) a filial é tratada como uma contribuinte autônoma e (b) como tal também é tratada quanto aos créditos e correção monetária que a beneficiaram e foram reconhecidos pelo E. Tribunal de Justiça quando ainda integrava a constelação Americanas. Ao adquirir tais filiais, Carrefour tornou-se devedor dos tributos que cada uma devesse antes da transferência e também titular dos direitos que cada uma tivesse perante o fisco – inclusive desse direito à correção monetária reconhecido pelo V. acórdão coberto pela coisa julgada.

221. *sucessão: abordagem conceitual*

Sucessão, como conceito geral em direito, é o fenômeno jurídico pelo qual uma pessoa substitui outra na titularidade de uma situação jurídica ativa ou passiva. A palavra *sucessão* indica a alteração subjetiva ocorrida em uma relação jurídica, de modo que *o direito ou obrigação que tinha um titular passa a ter outro* (Andrea Torrente[23]). Há sucessão pela morte ou por ato entre vivos; sucessão a título particular ou universal; sucessão em relações de direito material ou de direito processual. Segundo a lição incontrastada da melhor doutrina nacional e estrangeira, é extremamente restrita a sucessão universal em direitos e obrigações, a qual acontece somente nas hipóteses de morte da pessoa física ou de extinção da jurídica. Em qualquer das hipóteses "decisiva in ogni caso, perchè possa verificarsi successione universale, appare la circostanza che si estingua il soggetto da cui prende impulso la vicenda" (Pietro Rescigno). Os fenômenos extintivos das pessoas jurídicas, que abrem caminho para a possível sucessão por outra, são a fusão, a cisão e a incorporação.[24]

> Em primoroso parecer inédito, do qual tive conhecimento por gentileza de seu autor, o prof. Luiz Gastão Paes de Barros Leães estabelece pertinentes distinções ao ensinar: "na sucessão *causa mortis* opera-se a transmissão a título universal da totalidade das relações jurídicas do *de cuius* para os seus sucessores, considerada essa totalidade na sua unidade patrimonial, abrangendo todos os direitos e obrigações da pessoa falecida. Com a extinção da sua personalidade, todo o patrimônio do pré-morto se transfere, destarte, para os seus herdeiros. Na sucessão *inter vivos*, opera-se a transferência a título particular, que ocorre quando o sucessor substitui alguém em

---

23. *Cfr. Manuale di diritto privato*, § 29, esp. p. 74. Textualmente, diz esse autor que, pela sucessão, que é um modo derivado de adquirir direitos, "una persona subentra all'altra nella titolarità di un diritto soggettivo": Mas a seguir esclarece : "può verificarsi non soltanto il mutamento del soggetto attivo del rapporto (successione nel lato attivo) ma anche quello del soggetto passivo (successione nel lato passivo)" .

24. *Cfr. Diritto privato italiano*, n. 63, esp. pp. 250-251. Mas é claro que a extinção pura e simples não dá causa a sucessão alguma, mercê da inexistência da figura do sucessor.

uma ou algumas relações jurídicas, particularmente consideradas, conservando porém o autor – que não se extingue – o seu patrimônio, feixe de outras tantas relações jurídicas".

222. *o Carrefour como sucessor de Americanas em relação à situação fiscal das filiais adquiridas*

Já se vê portanto, reconfirmando-se o que acima adiantei, (a) que, ao adquirir aquelas filiais, no tocante aos ativos e passivos fiscais relativos à movimentação pretérita de cada uma delas tornou-se Carrefour sucessor de Americanas por ato *inter vivos* e (b) que, incluindo-se no ativo das filiais aquele direito à correção monetária de créditos fiscais, também nesses créditos operou-se a sucessão e hoje, em vez de Americanas, é ele e não esta o credor (sempre, é claro, nos limites das situações das filiais adquiridas). Mais ainda: c) como a *coisa julgada material* é um bem jurídico agregado ao patrimônio do vencedor por uma decisão judiciária que se tornou irrecorrível (CPC, art. 467), a sucessão assim operada inclui também esse *status*, que ao Carrefour é lícito opor o fisco do Estado de São Paulo. Valer-se-á dessa coisa julgada como fundamento da defesa de seus direitos em todas aquelas causas nas quais a Fazenda do Estado pretende negar o direito, que antes era de Americanas e hoje é seu, à correção monetária dos créditos por ICMS conquistados entre fevereiro de 1990 e junho de 1994.

XIV – COISA JULGADA, ASSISTÊNCIA E EFICÁCIA DA INTERVENÇÃO[1]

223. o contexto litigioso – 224. a consulta e os temas – 225. sobre a assistência – 226. o objeto do processo – 227. a intervenção do assistente e o alcance da coisa julgada – 228. a eficácia da intervenção do assistente – 229. as repercussões da intervenção perante a consulente – 230. as repercussões da intervenção perante as associadas da consulente – 231. responsabilidade do assistente pelo custo do processo – 232. conclusões

223. o contexto litigioso

A consulente, Associação Nacional das Operadoras Celulares – ACEL, é entidade que congrega os interesses de operadoras de telefones celulares no Brasil. Diversas de suas associadas são rés em demandas propostas pela empresa Lune Projetos Especiais em Telecomunicações, Comércio e Indústria Ltda. e pelo sr. Nélio José Nicolai, pessoa natural, nas quais se alega que, ao oferecerem a seus usuários o serviço de identificação de chamadas, essas operadoras estariam violando a marca BINA, o pedido de privilégio de invenção PI 9504016-1 e a patente PI 9202624-9. Apoiados em tal fundamento, vêm pedindo que ditas empresas se abstenham de oferecer o serviço de identificação de chamadas e sejam condenadas ao pagamento de indenização. Uma dessas demandas já foi julgada procedente em dois graus jurisdicionais, estando pendentes os recursos especial e extraordinário interpostos pela ré.[2]

---

1. Reprodução de parecer elaborado em abril de 2005. O caso aqui examinado é intimamente relacionado com o que está no estudo "Ação de nulidade de patente – prejudicialidade e outras questões processuais", contido neste mesmo volume.

2. Situação existente ao tempo em que foi elaborado o parecer.

224. *a consulta e os temas*

Em decorrência da repercussão negativa que a decisão definitiva dessa demanda poderá ter perante o mercado de telefonia celular, pretende a consulente intervir como assistente, com vista a auxiliar a empresa ré em sua defesa (assistência, intervenção *ad coadjuvandum*). Questiona-me, na qualidade de entidade associativa, acerca da possibilidade de tal intervenção vir a afetar de algum modo sua esfera de direitos ou mesmo as de suas associadas. Sobre essa indagação discorrerei em parecer, como nos tópicos a seguir se lê.

225. *sobre a assistência*

Um dos modos de adquirir a qualidade de parte no processo é a *intervenção voluntária*, ou seja, a auto-apresentação do terceiro ao juiz com a postulação de ser admitido a participar da relação processual já pendente entre outros. A assistência é uma dessas espécies de intervenção,[3] mediante a qual o terceiro interveniente presta ajuda a uma das partes do processo, de modo a melhorar suas condições para obter a tutela jurisdicional.

Mas o terceiro, para tornar-se parte pela intervenção, inclusive por essa modalidade específica que é a *assistência*, deve estar de algum modo ligado ao litígio posto em juízo entre as partes principais, sendo por isso um *interessado*. Terceiros há muitos e, adotado o conceito puro de terceiro como todo e qualquer sujeito que já não esteja no processo na condição de parte, toda a população do globo terrestre, menos o autor e o réu de determinado processo, reputam-se terceiros em relação a este. Mas na enorme massa dos terceiros estão incluídos também aqueles poucos que se qualificam como *terceiros juridicamente interessados* e não se confundem, portanto, com os terceiros *indiferentes*; em relação à relação processual em si mesma eles são terceiros como qualquer outro, mas recebem da lei uma legitimidade para intervir (*legiti-*

---

[3]. Ao lado da oposição interventiva e da intervenção litisconsorcial voluntária, sem interesse para o presente estudo.

matio ad coadjuvandum) e, intervindo, a partir de então tornar-se-ão partes no processo. Em suma: terceiros há muitos mas nos interessa somente a posição daqueles que tenham algum interesse na solução do litígio.[4]

226. o objeto do processo

No desenvolvimento das idéias a serem expostas neste parecer é de extrema relevância a análise da repercussão da intervenção do assistente sobre o *objeto do processo* – o *Streitgegenstand*, da lei e doutrina alemãs. Neste tópico serão apresentadas algumas considerações sobre esse tema que muito me interessa e que tem significativa relevância para os raciocínios a serem depois desenvolvidos.

O objeto do processo figura no sistema processual como intenso pólo metodológico em torno do qual gira uma série de institutos e do qual emanam critérios para a solução de questões de diversas ordens. Discorrendo sobre o objeto do processo civil contencioso posto perante a Justiça estatal, os doutrinadores alemães muito discutiram sobre sua conceituação, até que acabaram por concluir que ele consiste na *pretensão deduzida em juízo*, a que nós chamamos *mérito*. Decidir o mérito é julgar a pretensão trazida pelo autor, seja para acolhê-la ou rejeitá-la. *Pretensão*, nesse contexto, é a exigência de submissão do interesse de outrem ao próprio, ou seja, a manifestação exterior de uma aspiração interior do sujeito (Carnelutti).[5] Os estudiosos alemães não chegaram a um consenso sobre ser a pretensão (objeto do processo) representada exclusivamente pelo pedido (*Antrag*) ou por este em associação com a causa de pedir (*evento da vida*, ou *segmento da História*), mas perante o direito brasileiro não tenho dúvida, hoje, de que é no *petitum* que reside o objeto do processo. Julgar o mérito é julgar o pedido. Somente o pronunciamento do juiz sobre o pedido (e não sobre a causa de pedir) tem uma imperativa eficácia preceptiva

---

4. *Cfr. Eficácia e autoridade da sentença*, n. 29, esp. p. 91 trad.; v. ainda minha *Intervenção de terceiros*, n. 4, p. 19.

5. *Cfr. Istituzioni del processo civile italiano*, I, n. 8, p. 8.

sobre a vida dos litigantes; somente esse pronunciamento fica coberto pela autoridade da coisa julgada material (CPC, art. 469).[6] Nessa linha, venho afirmando que existe um *eixo imaginário* interligando o pedido contido na demanda inicial do autor (*petitum*) e o dispositivo sentencial (*decisum*), em que ao pedido é dada uma resposta positiva ou negativa (procedência ou improcedência). Essa imagem destina-se a ilustrar a necessária correlação entre um e outro, de modo que a resposta nunca possa incidir sobre o que não foi demandado, sob pena de ultraje às garantias constitucionais do contraditório e do devido processo legal.[7]

227. *a intervenção do assistente e o alcance da coisa julgada*

A diversidade de situações que legitimam a intervenção no processo, justamente porque se relacionam com a posição do terceiro em face do objeto do processo pendente (e, conseqüentemente, dos fundamentos jurídico-substanciais do litígio ali instalado), conduz à diversidade dos efeitos de cada modalidade interventiva sobre o próprio objeto do processo e sobre a estrutura subjetiva deste.

Eis a chave para a solução do elegante problema do *alcance da coisa julgada em relação à intervenção de terceiros*. A consciência da situação que legitima cada uma das modalidades de intervenção e dos efeitos que produz no processo mostra que cada uma delas amplia os efeitos da sentença a ser dada, seja no tocante ao objeto do julgamento, seja quanto aos sujeitos que serão destinatários diretos desses efeitos. E a coisa julgada, que não tem dimensão própria e se amolda às dimensões objetivas e subjetivas dos efeitos da sentença, sofrerá as alterações objetivas e subjeti-

---

6. Quando pela primeira vez escrevi monograficamente sobre o tema, estava ainda na mesma dúvida dos alemães e não concluí sobre essa divergência. Ao longo do tempo, porém, a observação do que há no direito brasileiro positivo levou-me a tomar essa decidida posição. No estudo referido está o relato dos debates travados a respeito (*cfr*: "O conceito de mérito em processo civil", n. 119, p. 273).

7. *Cfr. Instituições de direito processual civil*, III, n. 960, esp. p. 320.

vas que cada intervenção operar sobre o processo, seu objeto e seus sujeitos.

Ao contrário do que ocorre com a oposição, a denunciação da lide, a intervenção litisconsorcial voluntária, o chamamento ao processo e a nomeação à autoria,[8] é imperiosa a constatação de que a intervenção do terceiro na condição de assistente é de absoluta irrelevância para o objeto do processo. Eis o que a esse respeito escrevi em sede doutrinária: "o *Streitgegenstand* continua tal e qual e em nada se altera pela presença daquele que interveio para auxiliar uma das partes. O que legitima o terceiro a intervir como *assistente* é a titularidade de uma situação jurídica conexa ou dependente da *res in judicium deducta* (p.ex., o devedor principal na causa em que figura como réu o seu fiador), mas quando intervém ele não provoca julgamento *principaliter* sobre qualquer relação jurídica *sua*. Com ou sem essa intervenção, o juiz julgará somente a pretensão do autor perante o réu". E, mais adiante: "conseqüentemente, os efeitos substanciais diretos da sentença serão sempre aqueles *que ela teria se o terceiro não tivesse ingressado na relação processual*. A coisa julgada que sobre esses efeitos se formar terá a mesma delimitação objetiva que teria sem essa intervenção".[9] Ou seja, a intervenção do assistente é rigorosamente *inócua* em relação à determinação dos limites objetivos e subjetivos da coisa julgada.

E dúvidas não há de que tais limites são determinados pela parte dispositiva da sentença (CPC, art. 469). Nessa parte é que o juiz, dizendo *sim* ou *não* à pretensão do autor, julga a causa proposta. O que ali ficar declarado ou determinado projetar-se-á para fora do processo e sobre a vida das pessoas, ditando um comportamento ou estabelecendo uma nova situação. Isso é que fica coberto pela coisa julgada material. Por essa razão é que o

---

8. Dinamarco, *Intervenção de terceiros*, nn. 8-12, pp. 26-34.
9. Dinamarco, *Intervenção de terceiros*, n. 13, pp. 34-35. No mesmo sentido, *cfr.* Vicente Greco Filho, *Da intervenção de terceiros*, cap. III, n. 2, p. 75; Celso Agrícola Barbi, *Comentários ao Código de Processo Civil*, I, p. 302; Athos Gusmão Carneiro, *Intervenção de terceiros*, 1998, n. 66.1, p. 123.

Código, adotando tradicional e conhecida fórmula *carneluttiana*, diz: "a sentença que julgar total ou parcialmente a lide tem força de lei nos limites da lide e das questões decididas" (art. 468). A doutrina é unânime no reconhecimento de que tal preceito legal estabelece a coisa julgada somente quanto ao julgamento da lide, ou seja, do objeto do processo, ou *meritum causæ*;[10] e as questões já solucionadas entre os motivos da sentença só não poderão mais ser objeto de apreciação enquanto se tratar de decidi-las outra vez com vista à mesma lide.[11] Os motivos da sentença valerão, quando muito e se for o caso, como elemento útil na interpretação do *decisum*.[12]

> É claro que o juiz resolve *questões* no curso do processo – ou seja, ele resolve dúvidas de fato e de direito, com base na prova dos autos e em sua cultura jurídica. Tais questões inserem-se no *objeto do conhecimento* do juiz, porém *não no objeto do processo*. O juiz conhece das dúvidas quanto aos fatos ou quanto ao direito e as soluciona, mas como *premissa ou fundamento* para o julgamento da pretensão mesma, ou seja, para o julgamento do mérito. Assim como o autor alinha fundamentos e conclui pedindo, também o juiz alinha os seus fundamentos (motivos da sentença) e conclui julgando o mérito. O que declara nos motivos da sentença, ele o faz *incidenter tantum*; o que julga na parte dispositiva, ele o faz *principaliter*.

Reunidas as premissas expostas neste tópico e no precedente, temos que (a) o objeto do processo é delimitado pelo pedido do demandante, (b) a intervenção do assistente em nada altera esse objeto, (c) há um *eixo imaginário* interligando o pedido e o dispositivo da sentença, o qual nada mais é do que uma resposta *sim* ou *não* à pretensão ali formulada e (d) a coisa julgada material incide única e exclusivamente sobre o dispositivo da sentença. A conclusão óbvia é a de ser indiferente ao assistente, em toda e qualquer

---

10. No linguajar do Código de Processo Civil *lide é o mérito* – "o projeto só usa a palavra *lide* para designar o mérito da causa", diz sua Exposição de Motivos.

11. *Cfr.*, por todos, Celso Neves, *Coisa julgada civil*, esp. cap. V, n. 1, p. 494.

12. Liebman, "Limites objetivos da coisa julgada", esp. p. 164.

hipótese, a *auctoritas rei judicatæ* formada no processo em que interveio. Esta se refere exclusivamente aos efeitos da sentença em relação aos eventuais *direitos e obrigações entre autor e réu*. Somente foi julgada a pretensão daquele em face deste e por isso somente os efeitos sentenciais referentes a essa pretensão ficam cobertos pelo julgado. E o *assistente*, que não é sujeito desses direitos e obrigações e não foi o autor da pretensão ou destinatário dos efeitos da sentença, não fica dentro dos limites subjetivos da coisa julgada; do mesmo modo, seus eventuais direitos, obrigações ou pretensões restam igualmente à margem dos limites objetivos desta.

228. *a eficácia da intervenção do assistente*

Mas ao participar do processo não fica o assistente imune a todo e qualquer efeito da sentença. Intervindo como assistente e tornando-se *parte*, desse momento em diante aquele que fora terceiro expõe-se a ficar de algum modo adstrito ao que vier a ser decidido *entre as partes*, sendo proibido de, em eventual processo futuro, pôr em discussão a *justiça da decisão*. Tal é o que está disposto no art. 55 do Código de Processo Civil, em uma disposição que bem se encaixa no sistema porque, se não é lícito vincular o terceiro, enquanto terceiro, aos resultados de um processo em que não foi parte, também não se legitimaria vincular todos os que foram partes, menos um – o assistente. Uma vez que esse sujeito haja intervindo no processo e, por haver intervindo, tenha podido desfrutar das oportunidades inerentes ao princípio do contraditório, é natural que passe a ser tratado como verdadeira parte e receba do processo e da sentença, ainda que indiretamente e nos limites dos objetivos de sua intervenção, os benefícios e também os males que ele é capaz de produzir (*ubi commoda ibi incommoda*). Diz o art. 55: "transitada em julgado a sentença na causa em que interveio o assistente, este não poderá, em processo posterior, *discutir a justiça da decisão*" etc. Seria realmente muito estranho que o terceiro que interveio fosse tratado de modo rigorosamente igual ao modo como é tratado aquele que não interveio.

A vinculação do assistente, nesse caso, constitui o que a doutrina alemã denomina *Interventionswirkung*, ou eficácia da intervenção. Trata-se de *autêntica eficácia preclusiva da coisa julgada* e não da *res judicata* em si mesma (Rosenberg-Schwab).[13] Em virtude dela, ficará o assistente preso aos motivos da sentença, na medida em que tais pronunciamentos do juiz venham a ser *relevantes em eventual causa ulterior na qual ele figure ou venha a figurar como parte principal*. O que ficar declarado entre os motivos não será coberto pela coisa julgada nem em relação às partes principais nem em relação ao assistente (CPC, art. 469) – mas tanto quanto ficarão aquelas impedidas de repor em discussão tais *premissas de julgamento* em relação ao mesmo litígio, também o *assistente* estará impedido de fazê-lo em eventual litígio envolvendo a matéria. "Estas premissas são atingidas pelo efeito preclusivo da coisa julgada, mas não adquirem, elas próprias, autoridade de coisa julgada" (Luís Machado Guimarães).[14]

> Chama-se *eficácia preclusiva* o poder, que a própria coisa julgada tem, de impedir qualquer discussão sobre os pontos cuja solução (entre os motivos da sentença) constitui a base que dá apoio e legitima o julgamento da causa. Escreveu a esse propósito Giuseppe Chiovenda, dizendo que "la cosa giudicata contiene dunque in sè la preclusione di ogni futura questione: l'istituto della preclusione è la base pratica della efficacia del giudicato".[15] A eficácia preclusiva é instrumento de defesa da própria coisa julgada, na medida em que impede a remoção de sua base sustentadora: seria mera ilusão declarar estável o *decisum* mas permitir que se rediscutisse, com efeitos sobre ele, os motivos que o embasam.

229. *as repercussões da intervenção perante a consulente*

Como registrado ao intróito, a consulente, na qualidade de entidade que congrega os interesses de empresas operadoras de telefones celulares, pretende intervir como assistente em processo

---

13. *Cfr.* Rosenberg, *Zivilprozessrecht*, § 47, IV, esp. p. 213.
14. "Preclusão, coisa julgada, efeito preclusivo", cap. XIV, esp. p. 21.
15. *Cfr. Principii di diritto processuale civile*, § 78, II, esp. p. 911.

no qual uma de suas associadas é ré. Tal intervenção encontra fundamento em sua *legitimidade extraordinária*; se o ente coletivo pode estar em juízo em prol dos interesses de seus associados (Const., art. 5º, inc. XXI), não se legitimaria restringir sua intervenção na qualidade de assistente para auxiliá-los. Trata-se de hipótese que refoge aos moldes da assistência como disciplinada no Código de Processo Civil. Entende-se tradicionalmente que a assistência se legitima quando o resultado do processo possa trazer *reflexos jurídicos* à esfera de direitos de um sujeito estranho à relação processual, que ocorrem "quando o terceiro se mostra titular de algum direito ou obrigação cuja existência ou inexistência depende do julgamento da causa pendente, ou vice-versa".[16] Sempre com vista ao modelo tradicional da assistência, também afirmo em sede doutrinária que "é de *prejudicialidade* a relação entre a situação jurídica do terceiro e os direitos e obrigações versados na causa pendente. Ao afirmar ou negar o direito do autor, de algum modo o juiz estará colocando premissas para a afirmação ou negação do direito ou obrigação do terceiro – e daí o interesse deste em ingressar".[17]

> A *prejudicialidade* consiste em um liame de dependência entre duas causas, entre duas questões ou entre dois pontos, de modo que o julgamento da causa (ou questão, ou ponto) prejudicial influirá no *teor* do julgamento das demais. Por isso é que uma se chama *prejudicial* e outra, *prejudicada* (Barbosa Moreira).[18] Uma causa, questão ou ponto é prejudicial quando, no plano lógico e no jurídico, a solução a ser dada a ela determina ou limita o modo como será julgada outra causa, questão ou ponto (Francesco Menestrina).[19]
> Há *prejudicialidade lógica* entre duas causas, questões ou pontos quando a coerência exige que o pronunciamento sobre um deles seja tomado como precedente para o pronunciamento sobre o outro; e a prejudicialidade torna-se relevante para o direito quando a

---

16. Dinamarco, *Instituições de direito processual civil*, II, n. 597, esp. p. 395.
17. *Op. loc. cit.*
18. *Cfr. Questões prejudiciais e coisa julgada*, nn. 32 ss., pp. 49 ss.
19. *Cfr. La pregiudiziale nel processo civile*, nn. 30-31, pp. 139 ss.; n. 35, pp. 153 ss.

isso se acresce a *prejudicialidade jurídica*, representada pela igual natureza do juízo relativo a esses dois pontos, questões ou causas.[20]

Mas a *eficácia da intervenção* de que trata o art. 55 do Código de Processo Civil impõe-se apenas quando se trata da assistência em sua vertente clássica e *é inócua na situação do caso concreto*. Como nada será decidido, afirmado, negado ou declarado na sentença a propósito de alguma relação jurídica da qual faça parte a entidade associativa ou qualquer outra de suas associadas, a vinculação da assistida à eficácia preclusiva da coisa julgada não terá *qualquer repercussão* na esfera de direitos de uma nem de outras. Ao invocar sua legitimidade extraordinária para intervir na causa como assistente, a Acel atuará no processo na qualidade de *substituto processual* das associadas, conceituando-se tradicionalmente tal substituto como a "pessoa que recebe da lei legitimidade para atuar em juízo no interesse alheio, como parte principal, *não figurando na relação jurídico-material controvertida*".[21] E portanto reafirma-se: se o substituto processual não figura na relação jurídico-material controvertida nem em alguma outra que lhe seja conexa, a vinculação da consulente à *justiça da decisão* lhe será indiferente (porque ela é um substituto processual). Não poderá impugnar ou pôr em questão aquilo que vier a ser decidido entre as partes e com eficácia sobre as esferas jurídicas destas – mas, como o que vier a ser decidido entre as partes jamais poderá ser utilizado em relação a ela própria ou às demais filiadas, a eficácia de sua intervenção será, em face de todas elas, rigorosamente incapaz de vinculá-las a essa decisão ou limitar suas pretensões ou suas possíveis defesas.

A vinculação à eficácia preclusiva da coisa julgada impedirá que no futuro a Acel discuta, na qualidade de legitimado extraordinário, a violação, *pela empresa que ora é ré*, da marca Bina, do pedido de privilégio de invenção PI 9504016-1 e da patente

20. *Cfr.* Menestrina, *op. cit.*, p. 103. *Cfr.* ainda Barbosa Moreira, *op. cit.*, n. 32, esp. pp. 51-52; Adroaldo Furtado Fabrício, *Ação declaratória incidental*, n. 29, esp. p. 68.
21. Dinamarco, *Instituições de direito processual civil*, II, n. 548, p. 317.

PI 9202624-9. Mas isso ela não poderia fazer de qualquer modo, pois essa discussão já foi posta perante o legitimado ordinário e o sistema repele que a mesma causa seja discutida duas vezes, uma pelo legitimado ordinário e outra, pelo extraordinário (CDC, art. 104).

230. as repercussões da intervenção perante as associadas da consulente

Sendo um ente coletivo, indaga-me ainda a consulente se sua intervenção no processo em que sua associada é ré poderá trazer algum prejuízo às demais associadas. Mas mesmo que se parta da discutível premissa de que a intervenção de um ente coletivo no processo para assistir o réu possa trazer alguma repercussão indireta na esfera de direitos dos outros associados, ainda assim não se lhes imporá a vinculação à *justiça da decisão* que ali vier a ser proferida. É que não há a mais mínima relação de prejudicialidade entre os direitos e possíveis obrigações de cada uma dessas associadas e os direitos e possíveis obrigações da associada que é ré no processo. O que há é mera *afinidade de questões*, caracterizada pela validade ou invalidade daquela patente posta em discussão, pelas repercussões da anulação dessa patente *etc.* – sabendo-se e sendo pacífico que, como já ressaltei, o pronunciamento do juiz a respeito de questões não fica coberto pela coisa julgada e não impede sequer as próprias partes de, em processo futuro, pôr em discussão os mesmos temas já examinados na motivação da sentença (CPC, art. 469).

> Na lição do prestigioso José Roberto dos Santos Bedaque, na mera afinidade de questões "apenas um dos aspectos da fundamentação é o mesmo nas várias situações da vida reunidas no mesmo processo para julgamento conjunto". E acrescenta: "em todos esses casos as relações de direito material são diferentes, havendo identidade apenas quanto a tese jurídica a ser aplicada pelo juiz, o que não é suficiente para configurar conexão".[22]

22. *Cfr*: "Comentário ao art. 46 do Código de Processo Civil", esp. p. 119.

Enquanto na *prejudicialidade* há uma relação de dependência entre duas causas, questões ou pontos, pela qual o teor do juízo sobre uma delas determinará o teor do juízo sobre a outra, a mera *afinidade de questões* caracteriza-se pela simples existência de *pontos comuns de fato ou de direito* entre as demandas. Para que duas demandas sejam *afins*, "basta que lhes seja comum o fundamento em uma dada regra jurídica ou a alegação de um fato-base do qual hajam decorrido créditos ou prejuízos para mais de uma pessoa".[23] Na afinidade não há coincidência quanto a elementos concretos da demanda, mas apenas de elementos abstratos.[24] A relação entre aquela demanda já posta em grau de recursos extremos e as outras propostas perante as demais associadas é de *mera afinidade* porque o único ponto em comum entre elas são, no plano abstrato, os fundamentos de direito invocados pelos autores. São inequivocamente distintas e independentes as relações entre eles e cada uma das operadoras de celulares associadas da consulente; a única eficácia que a decisão de uma das demandas pode ter perante a de outra é a derivada da força do precedente jurisprudencial. Coincidem com o exposto as observações de Celso Agrícola Barbi acerca da *eficácia da intervenção*, ao dizer que "ela só alcança os fatos que foram objeto de apreciação pelo juiz e as questões suscitadas e que levaram à conclusão contida no dispositivo da sentença. Logo, outras circunstâncias que não influíram, ou que não foram objeto de apreciação, *não ficam sujeitas a essa eficácia da imutabilidade*".[25] E na demanda proposta em face de uma das associadas não será discutido *aspecto algum* da específica relação havida entre outra associada e os autores.

Um exemplo esclarecerá de modo definitivo a questão. Na clássica situação do fiador que intervém como assistente na demanda proposta pelo credor em face do afiançado, a *eficácia da intervenção* impedirá aquele de discuti-la no futuro se for declarada a existência da dívida. E se esse fiador prestou fiança para várias

---

23. Dinamarco, *Instituições de direito processual civil*, II, n. 461, p. 156.
24. Dinamarco, *op. cit.*, II, n. 460, pp. 154-155.
25. *Comentários ao Código de Processo Civil*, I, p. 303

pessoas, em contratos distintos mas padronizados, e o credor de todas essas pessoas for um só? Caso seja proposta demanda contra outro afiançado, na qual se discutam exatamente as mesmas questões, mas desta vez o fiador não intervenha, parece óbvio que no futuro ser-lhe-á franqueada a possibilidade de discussão da existência da dívida. Tal como na situação analisada neste parecer, por serem diferentes as relações jurídicas e não haver qualquer relação de prejudicialidade entre elas, a eficácia da intervenção ocorrida na primeira demanda não atingirá de modo algum a segunda.

231. responsabilidade do assistente pelo custo do processo

A disciplina da medida do custo do processo a ser suportado pelo assistente consta do art. 32 do Código de Processo Civil: "se o assistido ficar vencido, o assistente será condenado nas custas em proporção à atividade que houver exercido no processo". É ao menos sustentável que tal disposição diz respeito não somente às custas mas também aos honorários advocatícios,[26] mas tal opinião não encontra amparo na jurisprudência, a qual sistematicamente limita a responsabilidade do assistente simples às custas.[27]

Em duas situações deve ser atribuída ao assistente responsabilidade por honorários advocatícios: a) quando o réu é revel e o assistente assume sua defesa, atuando como *gestor de negócios* (CPC, art. 52, par.) e (b) quando somente o assistente interpõe recurso contra a decisão que julga a causa, hipótese em que ele responderá pelo acréscimo à condenação em honorários pertinente à fase recursal (Bruno Vasconcelos Lopes).[28]

Mesmo considerando que haja uma responsabilidade por honorários advocatícios, dispõe a referida norma que a do assistente é dimensionada em "proporção à atividade que houver exercido no processo". O processo em que a consulente pretende intervir está atualmente em tramitação perante o Superior Tribunal de Justiça,

---

26. Dinamarco, *Instituições de direito processual civil*, II, n. 750, esp. p. 670.
27. *Cfr.* Bruno Vasconcelos Lopes, *Honorários advocatícios no processo civil*, n. 17, p. 63.
28. *Honorários advocatícios no processo civil*, n. 17, pp. 64-65.

em sede de recurso especial. Dada sua fase bastante adiantada, apenas terá responsabilidade por honorários na hipótese improvável de sua intervenção provocar algum aumento significativo no volume ou intensidade dos trabalhos exigidos ao patrono da parte adversa; no que diz respeito às custas, sua responsabilidade é restrita àquelas pertinentes aos atos que praticar (p.ex., preparo recursal).

232. conclusões

Ao cabo da exposição contida nos tópicos acima, torno agora a cada um dos pontos ali desenvolvidos para recapitular, em forma sintetizada e à guisa de conclusão, cada uma das assertivas então lançadas:

a) ao intervir como assistente na demanda proposta em face de uma de suas associadas, nem a consulente nem as demais associadas ficarão vinculadas pela autoridade da coisa julgada material, pois a intervenção do assistente não tem o condão de alargar o objeto do processo; tal autoridade, respeitados seus limites subjetivos e objetivos, projetar-se-á exclusivamente sobre os autores e a ré, em relação aos direitos e obrigações de uns ou de outra;

b) a vinculação do assistente à *justiça da decisão* (CPC, art. 55) é inócua perante a consulente, pois essa *eficácia da intervenção* apenas tem sentido quando a intervenção se dá com fundamento na existência de relação de *prejudicialidade* entre a relação jurídica tratada no processo e aquela da qual faça parte o assistente. Na situação que me foi exposta não há relação dessa natureza, pois a intervenção da consulente foge aos moldes tradicionais previstos no Código de Processo Civil e tem amparo na *legitimidade extraordinária* que a Constituição lhe confere para a defesa de suas associadas (Const., art. 5º, inc. XXI);

c) também as associadas da consulente não serão afetadas pela *eficácia da intervenção*, pois igualmente não há relação de prejudicialidade entre as relações jurídicas existentes entre cada uma delas e os direitos e obrigações dos atuais demandantes;

d) ao intervir na demanda em que uma das associadas é ré, a consulente será responsabilizada pelo custo dos atos que praticar, havendo ainda o remoto risco de ser responsabilidade por eventual acréscimo na condenação em honorários que sua participação no processo causar (em caso de sucumbência da assistida). Riscos, como facilmente se percebe, perfeitamente suportáveis.

XV – COISA JULGADA EM MATÉRIA TRIBUTÁRIA E SENTENÇA PARA O FUTURO[1]

233. antecedentes – a causa decidida e o trânsito em julgado – 234. fatos subseqüentes – autuação – 235. a consulta – quesitos – 236. o tema e sua sede – 237. a coisa julgada e os efeitos da sentença – 238. variadas vias processuais – 239. distinções relevantes – 240. as sentenças que contêm decisão negativa em via principal – 241. tornando ao caso da consulta: a mais importante das distinções – 242. sobre a autoridade da coisa julgada e seus destinatários – 243. a autoridade da coisa julgada em causas tributárias – 244. as sentenças para o futuro – 245. sentenças para o futuro, sua eficácia e dimensão da coisa julgada – 246. ainda a coisa julgada *rebus sic stantibus* (tornando ao caso) – 247. conclusão central – 248. jurisprudência – intercorrência de fatos novos relevantes – 249. respostas aos quesitos

233. antecedentes – a causa decidida e o trânsito em julgado

O dr. Marcos Araújo e Silva honra-me com a presente consulta, que se refere ao velho e ainda não resolvido tema da coisa julgada referente a causas tributárias. A empresa que representa, Deten Química S.A., foi vencedora em uma *ação ordinária declarativa de inexistência de relação jurídica*, aforada em face da União Federal com fundamento em inconstitucionalidades da lei n. 7.689, de 15 de dezembro de 1988 (lei ordinária federal), instituidora da *contribuição social sobre o lucro das pessoas jurídicas*. Reconhecida a natureza tributária dessa contribuição, o MM. Juízo Federal de primeira instância declarou (a) a indispensabilidade de lei complementar para a instituição dessa exigência fiscal, (b) a cumulatividade daquela contribuição com o imposto sobre a renda, com infração ao veto constitucional aos tributos cumulativos e (c) a infração à limitação constitucional que impede a exigência

[1]. Reprodução de parecer elaborado em março de 2003.

de tributos incidentes sobre fato gerador ocorrido antes da vigência da lei que os institui. E, por assim reconhecer Sua Excelência, julgou procedente a demanda então proposta, "para declarar inexistente a relação jurídica que obrigue a empresa autora a recolher a contribuição social instituída pela lei n. 7.689, de 15.12.88, *quer no período-base encerrado em 31.12.88, quer nos exercícios financeiros seguintes*". As palavras postas em destaque, extraídas da R. sentença, são vitais para a conclusão que proporei.

Em segundo grau de jurisdição, a Col. Terceira Turma do E. Tribunal Regional Federal da Primeira Região negou provimento ao apelo interposto pela Fazenda Nacional e à devolução oficial, adotando os mesmos fundamentos da R. sentença e reportando-se de modo explícito a um incidente de constitucionalidade precedentemente decidido em Plenário por esse mesmo tribunal. Houve recurso especial, interposto pela Fazenda, denegado na origem e assim encerrado porque não foi interposto agravo contra essa R. decisão monocrática. Houve também recurso extraordinário, não conhecido no Supremo Tribunal Federal por decisão irrecorrida do sr. Relator.

Passou em julgado, portanto, o V. acórdão proferido no E. Tribunal Regional Federal da Primeira Região, com seu dispositivo pela procedência e com seus fundamentos calcados na tríplice inconstitucionalidade da lei instituidora do tributo em questão. A Fazenda Nacional deixou decorrer *in albis* o prazo para propor ação rescisória desse R. julgado.

234. *fatos subseqüentes – autuação*

Não-obstante, vem o fisco exigindo à ora consulente aquela contribuição social, chegando a autuá-la porque não a recolhe. Na autuação cuja cópia tenho em mãos, alusiva ao ano-base de 1996, o sr. Auditor fiscal que a lavrou tece considerações jurídicas e invoca jurisprudência no sentido de que a coisa julgada não impede as exações impostas em exercícios subseqüentes àquele que houver motivado a demanda decidida. Na defesa deduzida perante a Delegacia da Receita Federal em Camaçari, que é o centro de suas atividades, a Deten Química reporta-se à sua anterior argumentação pela inconstitucionalidade daquela contribuição social e sustenta a imposição da *auctoritas rei judicatæ* produzida em seu favor. Está pendente o processo perante aquele órgão administrativo.[2]

235. *a consulta – quesitos*

Postas assim as coisas, sou então consultado pela Deten Química S.A., cujo ilustre patrono me coloca os seguintes quesitos:

primeiro: a consulente está permanentemente protegida pela coisa julgada incidente sobre o V. acórdão que negou estar ela obrigada a recolher a contribuição social sobre lucros de pessoas jurídicas?

segundo: são lícitas as exigências feitas no presente pela Fazenda Nacional à ora consulente, referentes a esse tributo? A Fazenda deverá obter ganho de causa em eventual cobrança judicial relacionada com este?

terceiro: de qual medida judicial deve valer-se a consulente para evitar que a União cobre esses seus pretensos créditos tributários?

quarto: ou é preferível "estar preparada para se resguardar dos possíveis excessos de exação por parte do Poder Público, tais como inscrições em seu nome e dados nos cadastros impeditivos da prática normal de operações comerciais e bancárias, impedimento da prática de operações de comércio exterior *etc. etc*?"

236. *o tema e sua sede*

"Decisão que declara indevida a cobrança do imposto em determinado exercício não faz coisa julgada em relação aos posteriores." Esse enunciado da jurisprudência estável do Supremo Tribunal Federal (Súmula n. 239-STF) tem sido seguidamente posto em discussão em processos referentes a matéria tributária,

---

2. Situação vigorante ao tempo da elaboração do parecer.

ora questionando-se seu acerto, ora propondo-se sua interpretação restritiva e muitas vezes sendo ele ainda prestigiado de modo irrestrito. O tema é riquíssimo, desafiador, controvertido e, em alguma medida, mal colocado entre os que se debruçam sobre ele a partir de uma visão quase exclusivamente *tributarista* dos fenômenos que o compõem – quando a matéria comporta exame a partir da teoria do direito processual e de seus pressupostos constitucionais. Não se pode negar, e não nego, que a questão posta transcenda a pura teoria do processo e clame pela correta colocação de temas de direito material pertinentes a ela. Vivemos tempos de relativização do binômio direito-processo e o processualista moderno está consciente de que a missão instrumentalista de sua ciência não pode ser adequadamente cumprida, com a indispensável preocupação pelos resultados bons ou maus a que suas tomadas de posição poderão conduzir, se não estiver atento aos conceitos e às realidades jurídico-substanciais subjacentes. Mas há sensível diferença entre fazer essa indispensável aproximação e simplesmente subtrair temas processuais a sua sede natural, transferindo-os indevidamente a outras áreas do saber jurídico e do direito positivo.

> Perdoem-me os tributaristas e todos aqueles que cuidam de uma suposta *coisa julgada tributária*, mas a coisa julgada não é *tributária* nem fenômeno que comporte exame *em direito tributário*, como tem sido proposto nos estudos especializados sobre o tema ora em exame. Se não fosse assim como digo, teríamos uma coisa julgada civil, outra comercial, tributária, administrativa, penal *etc.*, com uma assistemática fragmentação do instituto, pulverização de sua disciplina e sua dispersão por todos os ramos do direito material, para a insegurança de todos. A coisa julgada é uma categoria de direito constitucional e sua disciplina operacional pertence toda ao processual.

Proponho-me, em face disso, a estudar o tema da (mal) denominada *coisa julgada tributária* à luz dos conceitos e estruturas do direito processual e não do tributário, embora com a permanente busca dos elementos vindos deste e legitimamente utilizados para a formação de um raciocínio sólido e conclusões realistas. Nada há de específico, em direito tributário ou em causas regidas por ele no plano substancial, que autorize qualquer desvio das regras, princípios e ensinamentos correntes acerca da sentença, de seus efeitos, alcance destes e sua imutabilidade caracterizada pela coisa julgada material. Disse, a propósito, conceituada doutrina: a) "la decisione avente forza di cosa giudicata, anche nel processo tributario, produce dunque quei rigidi effetti che le sono propri nel diritto processuale comune"; b) "a obrigação fiscal se apresenta, portanto, cada ano, como autônoma e distinta" e essa problemática há de ser resolvida, exclusivamente, "de acordo com o princípio segundo o qual os motivos da sentença não são compreendidos na coisa julgada" – inexistindo "razão para admitir-se desvios ou restrições, devidas à natureza especial da função desenvolvida pelo Estado quando cobra os impostos" (Liebman).[3] A submissão do próprio Estado à coisa julgada é regra indiscutível mas nem o Estado nem qualquer outra parte ficaria submetido a uma coisa julgada fora dos limites objetivos e subjetivos que a lei lhes destina e fora dos próprios objetivos com que a jurisdição é exercida. É preciso, sempre, primeiro definir os efeitos que uma sentença tem, para só depois dimensionar a *auctoritas rei judicatæ* incidente sobre eles – porque, como venho dizendo, a coisa julgada não tem dimensão própria, mas a dimensão dos efeitos da sentença sobre a qual incide em cada caso concreto.[4]

237. *a coisa julgada e os efeitos da sentença*

É muito conhecida a distinção entre os efeitos substanciais da sentença, considerados em conjunto (sua *eficácia*) e a coisa julgada material que recobre esses efeitos e os torna imutáveis (a *autoridade* da sentença). Os efeitos da sentença de mérito variam, conforme seja ela constitutiva, condenatória ou meramente declaratória. Há categorias de sentenças com eficácia bastante complexa, como as de despejo, que têm os efeitos cumulados de

3. *Cfr.* Liebman, "Limites da coisa julgada em matéria de imposto", esp. p. 170.
4. *Cfr. Intervenção de terceiros*, n. 1, p. 13.

desconstituir a relação jurídico-material de locação e condenar o locatário-réu a entregar coisa certa. Há sentenças com a força de autorizar a execução *per officium judicis*, ou seja, execução mediante mera continuação do processo já pendente e independentemente da provocação da parte, valendo ainda como exemplo as que decretam o despejo; há sentenças mandamentais, como as regidas pelo art. 461 do Código de Processo Civil, as quais se caracterizam por valerem como severos comandos a serem obedecidos sob pena de ultraje à jurisdição (art. 14, par.). E há sentenças que, apreciando relações jurídicas das quais emergem direitos e obrigações ao longo do tempo (relações jurídicas *continuativas*), projetam ao futuro os seus efeitos, destinadas que são a regular os direitos e obrigações existentes ao seu tempo e também os que se forem maturando depois. Isso não quer dizer, no entanto, que a coisa julgada material, recobrindo os efeitos que cada uma dessas sentenças tenha, acabe por ser diferente lá e cá. Variam os efeitos da sentença conforme o caso e conforme a espécie concretamente julgada (os três *eadem*, de clássica formulação – CPC, art. 301, §§ 1º a 3º), mas nada se altera na coisa julgada material. Ela é sempre o que é em sua substância, ou seja, a autoridade que torna imutáveis os efeitos da sentença de mérito. Essas observações apóiam-se, como se vê, na clássica distinção entre *eficácia e autoridade da sentença*, da conceituada e notória obra de Enrico Tullio Liebman.

A *retificação* aqui proposta visa, como se vê, a deslocar a questão dos termos em que tem sido posta: não se cogita de reconhecer amplitude maior ou menor à coisa julgada, como invólucro destinado a proteger os efeitos da sentença que julga certas causas tributárias; mas de traçar *a medida, a dimensão e a duração desses efeitos em si mesmos*, que o manto da coisa julgada material recobre com o predicado da imutabilidade. E, definida assim a verdadeira sede do problema, sua solução fica em parte facilitada (ou menos difícil), uma vez eliminados todos os elementos complicadores relacionados com a teoria e disciplina positiva da coisa julgada material.

Diante do exposto, a Súmula n. 239 (de cujo acerto e amplitude não se cogita neste passo) deve ser relida, assim: "sentença que declara indevida a cobrança do imposto em determinado exercício não produz efeitos em relação a exercícios posteriores". É em torno desse enunciado, assim *convertido* ao direito processual segundo os conceitos geralmente aceitos na atualidade, que se devem concentrar as discussões sobre a conveniência de preservar a máxima que essa Súmula contém, de repudiá-la ou de restringir o campo de sua aplicação.

238. *variadas vias processuais*

Por diversos modos as relações entre contribuinte e fisco chegam ao conhecimento do Poder Judiciário, ao qual de algum modo aquele pede o reconhecimento de não ser devedor de certo tributo. As diferentes vias processuais manejadas em cada caso e as situações trazidas a julgamento proporcionam também modos diferentes de análise da relação fisco-contribuinte, com reflexo no tema da coisa julgada em matéria tributária.

Um desses caminhos processuais é representado pelos *embargos à execução fiscal*, mediante os quais o contribuinte resiste à pretensão posta em juízo pela Fazenda Pública. Quando esses embargos são de mérito e vêm a ser acolhidos, a sentença ali produzida traz em seu *decisum* a declaração de que o embargante não é devedor, com a conseqüência de extinguir-se o processo executivo porque a existência do crédito exeqüendo é um pressuposto indispensável à tutela jurisdicional executiva.[5]

Outro caminho para a discussão sobre a existência ou inexistência do crédito fiscal é o *mandado de segurança* que o contribuinte impetra quando se vê acuado por uma exigência fiscal, sendo notificado, autuado *etc.*, e sustentando não ser devedor. O resultado preceptivo da sentença que concede o *writ* nesses casos é o afastamento da medida imposta pelo fisco e o *fundamento* dessa decisão é a inexistência do crédito fiscal.

5. *Cfr.*, em sentido parcialmente coincidente, Liebman, *Embargos do executado*, n. 167, p. 278 trad.

Há também as *ações de consignação em pagamento*, com que o contribuinte, alegando dever menos que o valor exigido pelo fisco, põe à disposição deste aquilo que sustenta dever, com o pedido de exoneração da dívida sem pagar tudo quanto lhe estava sendo exigido. A sentença que acolhe tais demandas é declaratória da existência do débito fiscal pelo valor indicado pelo contribuinte, com a negativa de existência de sua obrigação pelo excesso.

Ao lado dessas iniciativas, comumente manejadas perante os juízos e tribunais, proliferam ainda as chamadas "ações anulatórias de débito fiscal", na verdade demandas de *sentença meramente declaratória da inexistência do débito fiscal e correspectivo crédito* (colocação corretamente feita pela ora consulente, na demanda que recebeu julgamento favorável). Não se trata, realmente, de *anular* um débito mas de *declarar* que ele não existe. Também essas demandas são propostas quando o fisco formula exigências, afirmando um crédito que o contribuinte nega e vindo este a juízo para obter, se tiver razão, uma sentença cujo *decisum* consiste em uma declaração negativa – declaração de que o crédito inexiste. A exação formulada pelo fisco é, no sistema processual, o elemento que outorga ao contribuinte o requisito do interesse de agir, caracterizando-se a *crise de certeza*, ou dúvida objetiva que, no entendimento de toda a doutrina, é a razão de ser das ações declaratórias;[6] e a sentença, quando opta pelo *não* do contribuinte, afastando o *sim* sustentado pela Fazenda, é a negação imperativa da existência do crédito.

Sucede também que às vezes o contribuinte pede a pura declaração de não ser devedor por aquela precisa e concreta exação que o fisco lhe vem endereçando, e mais (cumulativamente): *de não ser devedor neste nem em futuros exercícios fiscais*. Pede portanto, a partir de um fato presente capaz de lhe outorgar o interesse de agir, uma declaração abrangendo o presente e o futuro. Até se pode discutir se é ou não admissível uma tutela jurisdicional com toda essa amplitude mas, quando ela é dada, o decisório senten-

6. *Cfr.* Dinamarco, *Instituições de direito processual civil*, III, n. 907, pp. 238-239.

cial é portador de uma declaração que cobre também exercícios esperados e não só aquele em que se houver externado a concreta exigência do fisco.

239. *distinções relevantes*

Em todas essas sedes processuais é lícito e usual colocar a questão sobre se a sentença se projeta para o futuro, disciplinando a relação fisco-contribuinte de modo perene, ou se ela se confina no âmbito mais estreito do exercício fiscal a cujo respeito houver sido proferida. É indispensável todavia estabelecer certas distinções.

A primeira e mais ampla dessas distinções leva em conta a diferença entre um pronunciamento pela inexistência do crédito na parte decisória da sentença (*decisum*) ou em sua motivação (*fundamentos*). No primeiro caso tem-se uma declaração negativa lançada *principaliter* e, portanto, capaz de ficar imunizada pela autoridade da coisa julgada material – o que implica banir, daí por diante, qualquer possibilidade de reafirmação do que houver sido negado. No outro, segundo as linhas tradicionais do processo civil, a coisa julgada não pereniza a negativa do crédito, feita pelo juiz, a qual é lançada *incidenter tantum* e tem somente a utilidade de preparar a conclusão a ser estabelecida no decisório; a lei exclui expressamente a *auctoritas rei judicatæ* em relação aos motivos da sentença (CPC, art. 469, incs. I-III).

As sentenças que concedem o mandado de segurança são por certo as que mais resistem às tendências expansionistas, porque o *writ* é remédio contra atos concretos dos agentes estatais e o preceito que elas contêm em seu decisório é muito pontual, destinando-se especificamente à remoção dos efeitos desses atos. A declaração negativa do crédito, constante dessas sentenças, está exclusivamente em sua motivação e portanto não é mais que um suporte lógico do preceito imperativo contido no decisório; como todas as declarações proferidas *incidenter tantum*, essa negativa do crédito não é coberta pela autoridade da coisa julgada.

Ainda assim, são sempre atuais as discussões acerca do mandado de segurança *normativo* e o *preventivo*, os quais recebem tratamentos diferentes mas na prática são confinantes entre si. Vê-se na jurisprudência especializada um constante lavor no sentido de distinguir as impetrações voltadas à segurança normativa e aquelas de caráter *preventivo*, porque aquelas são incompatíveis com o sistema de proteção a direitos líqüidos-e-certos mas estas, evidentemente, não; justificam-se pela ocorrência de uma concreta ameaça, objetivamente capaz de pôr em perigo um direito líqüido-e-certo do impetrante.[7] Tal é o *justo receio*, que a Lei do Mandado de Segurança coloca como requisito suficiente para a admissibilidade do *writ* (lei n. 12.016, de 7.8.09, art. 1º), sendo razoável entender que, enquanto perdurar a ameaça, devem perdurar também os efeitos da segurança destinada a debelá-la. E, assim, a coisa julgada não permaneceria confinada ao exercício em que a ameaça tivera início.

Um pouco diferentes são as sentenças que acolhem os embargos à execução fiscal, a ação de consignação em pagamento promovida pelo contribuinte ou sua ação declaratória negativa de crédito fiscal. A diferença entre elas e a que concede segurança consiste, pelo aspecto aqui considerado, em conter essa declaração *no decisório e não na motivação*. Tais sentenças são permeáveis a interpretações mais amplas, i.é, a interpretações no sentido de que a declaração nelas contida é declaração de não dever dado tributo agora nem nunca – sempre que permaneçam as circunstâncias de fato em que se fundam e a lei não sofra alterações. Essa é a discussão central a cujo respeito tomou posição o Col. Supremo Tribunal Federal ao editar sua Súmula n. 239, negando a expansão temporal da coisa julgada.

240. *as sentenças que contêm decisão negativa em via principal*

As tentativas de justificação das sentenças abrangentes de situações futuras em matéria tributária têm-se apoiado (mais implícita do que explicitamente) na premissa de que existam relações

---

7. *Cfr.* Hely Lopes Meirelles, *Mandado de segurança*, parte I, n. 15, pp. 101-103.

jurídico-tributárias *complexas* entre fisco e contribuinte, delas decorrendo direitos e obrigações mediante a ocorrência concreta de fatos geradores individualizados; considerado esse quadro, os pronunciamentos judiciais não se limitariam a deixar definitivamente julgados somente os casos concretos eventualmente deduzidos (ou seja, as concretas pretensões fiscais), senão a existência ou inexistência da própria relação jurídico-tributária complexa. A coisa julgada teria toda essa extensão (*rectius*: a eficácia da sentença a teria) e isso corresponderia ao sadio objetivo de evitar decisões repetitivas sobre mesma questão e entre as mesmas partes.

> Fala a doutrina tributarista em *impostos continuativos*, definidos como aqueles cujo fato gerador ocorre em cada momento, em cada operação realizada. Trata-se de impostos não lançados pelo fisco e sim objeto de autolançamento pelo contribuinte. Os impostos continuativos opõem-se conceitualmente aos *periódicos*, nos quais o fato gerador "compreende um período, geralmente anual", ou um exercício (*v.g.* imposto predial e territorial urbano – IPTU). Quem contesta a Súmula n. 239 vale-se desses dois conceitos para sustentar que, seja pela periodicidade das incidências tributárias, seja pela repetição de fatos geradores revestidos das mesmas conotações jurídicas e fáticas, a declaração negativa contida em sentença propaga efeitos por todo o tempo em que perdurar aquela continuidade ou em que se repetirem homogeneamente os fatos geradores.

Essa colocação remonta sistematicamente à teoria das *sentenças para o futuro*, notavelmente desenvolvida entre os italianos e incluída na ordem processual brasileira, mas não é seguro nem pacífico que haja realmente uma relação continuativa entre fisco e contribuinte, a qual seria o lastro jurídico-substancial legitimador de sentenças portadoras dessa eficácia perene. A jurisprudência expressa na Súmula tende a ver em cada concreto fato gerador, ou em cada período de incidência tributária, o germe de uma relação jurídica nova, talvez de igual natureza mas não amalgamada em uma só unidade com as outras situações que se sucedem. E daí a conclusão, associada a esse modo de pensar, de que a eficácia de uma sentença se limita a dado período ou a dada operação, não-obstante a continuidade ou repetição.

Contrariamente a esse entendimento, ou seja, em defesa da potencialidade expansiva dessas sentenças, invoca-se a antiga conceituação da coisa julgada como *lei entre as partes*. Essa visão é alimentada pelo vocábulo *Rechtskraft*, com que em língua alemã se designa a coisa julgada e que, em tradução literal, significa *força de direito* – ou, como querem, "força de lei". Também o art. 468 do Código de Processo Civil brasileiro se vale dessa locução, ao estabelecer que "a sentença que julgar total ou parcialmente a lide tem *força de lei* nos limites da lide e das questões decididas". Esse argumento, porém, em nada contribui para a correta solução do problema, porque a locução *força de lei* tem somente um significado retórico, destinando-se a enfatizar o poder que a coisa julgada tem, de imunizar julgamentos. Ela não tem a natureza de uma lei nem o efeito de transmudar em lei as decisões judiciárias, as quais são institucionalmente voltadas a situações particularizadas e não têm, como as leis, uma eficácia genérica e abstrata. Continuamos, pois, onde estávamos.

Diante da fragilidade dos fundamentos jurídico-substanciais lançados contra a Súmula n. 239, fui no passado um defensor desta e assim me manifestei em diversos julgados como juiz do Primeiro Tribunal de Alçada Civil de São Paulo (tribunal então competente em matéria recursal referente a tributos municipais). Confesso que cheguei a escrever um ensaio sobre o tema, que nunca publiquei porque, antes que isso acontecesse, fui assaltado por sérias dúvidas e acabei por repudiar as conclusões antes assumidas. Quero reconhecer aqui, publicamente, que a isso fui levado por ponderações do prof. Antonio Roberto Sampaio Dória, brilhante tributarista falecido precocemente e que foi meu colega de turma na Faculdade do Largo de São Francisco e, depois, meu companheiro de advocacia. O argumento central que lançou contra mim foi o de que a visão estreita da eficácia das sentenças proferidas em matéria tributária repetitiva ou contínua conflita com as balizas da *instrumentalidade do processo*, que venho enaltecendo desde que discorri sobre esse tema em concurso acadêmico. Reconheci que realmente aquela posição não só conflita com essa visão moderna do sistema processual, como ainda com a idéia da *universalização da tutela jurisdicional*, que também venho sustentando com entusiasmo;[8] se quero decisões judiciárias portadoras do maior proveito útil possível, como podia querer aquele confinamento temporal da eficácia das sentenças proferidas em causas tributárias?

E foi assim que, na terceira edição do livro-tese *A instrumentalidade do processo*, publicada no ano de 1993, fiz um verdadeiro *confiteor* ao discorrer sobre a necessidade de promover "a ampliação objetiva dos julgados, de modo a colher feixes de situações jurídicas do mesmo sujeito e oferecer, numa única decisão, solução abrangente para todas elas". E, mais diretamente, concluí: "é o que se dá em causas tributárias, com pretensões fiscais que se repetem de modo sempre igual, relativamente a fatos geradores homogêneos, com a tendência dos tribunais a examiná-las uma a uma".[9]

> Reconfirma-se, com isso, que é no próprio direito processual e em sua moderna visão teleológica e instrumental que se deve buscar a solução do problema em exame, e não no direito tributário ou em conceitos a ele inerentes. Mas o problema persiste e ainda é muito forte, no Col. Superior Tribunal de Justiça, a tendência a continuar prestigiando a tese da Súmula n. 239 do Supremo Tribunal Federal.

241. *tornando ao caso da consulta:*
a mais importante das distinções

Colocada assim a questão em termos processuais, chega a ficar muito fácil a tomada de posição em prol da eficácia duradoura das sentenças que, como esta exibida pela consulente, são explícitas na declaração de que o contribuinte não é devedor do tributo no exercício em que ele fora cobrado *nem nos exercícios financeiros seguintes*. Digo que fica fácil sustentar a posição da Deten Química S.A., porque aqui, sim, estamos diante de uma autêntica *sen-*

---

8. *Cfr.* meu ensaio "Universalizar a tutela jurisdicional", in *Fundamentos do processo civil moderno*, I, nn. 188-206.
9. *Cfr. A instrumentalidade do processo*, n. 36.4, esp. p. 358; v. também nota 11, *ib*.

tença para o futuro. Sentenças portadoras de uma cláusula assim são diferentes daquelas outras, já consideradas logo acima, nas quais o juiz apenas se reporta a um exercício financeiro, cabendo ao intérprete o lavor de interpretar seu *decisum* pelo modo adequado, para concluir que ele se projeta ao futuro ou se confina no passado. Essa é uma distinção relevantíssima, à qual há décadas se reportou o prof. Antonio Carlos de Araújo Cintra em denso parecer sobre um caso substancialmente idêntico ao presente – ou seja, um caso em que a sentença coberta pela coisa julgada havia declarado o direito do contribuinte a creditar-se pelo ICMS referente a determinado período pretérito "bem como nas futuras aquisições" dos produtos com os quais operava.[10]

Tanto no caso examinado pelo parecerista, como neste que ora tenho diante de mim, tratava-se e trata-se de sentenças cujo *decisum* se desmembra em dois direcionamentos distintos, a saber: a) ao passado, com referência a um tributo que, se existisse, seria já exigível porque o fato gerador já ocorrera; (b) ao futuro, relativamente a tributos ainda não concretizados porque os fatos geradores eram ainda eventos por ocorrer, embora previsíveis. É isso que se vê na sentença obtida por Deten Química S.A. e passada em julgado, onde o MM. Juízo consignou de modo expresso a declaração de que ela não é devedora por aquelas contribuições sociais, *"quer no período-base encerrado em 31.12.88, quer nos exercícios financeiros seguintes"*. Chego a ter a sensação de estar fazendo um desnecessário exercício de demonstração do óbvio, ao dizer que, se assim é o preceito contido na sentença, a coisa julgada que no caso se consumou abrange tanto o passado como o futuro – sempre a partir da idéia, já consignada, de que a coisa julgada tem invariavelmente a dimensão dos efeitos sentenciais sobre os quais incide (*supra*, n. 237). Poder-se-ia até questionar, ainda no curso daquele processo, se era ou não legítima a prolação de uma sentença para o futuro naquele caso; mas, uma vez proferida e não impugnada, o que ela decidiu é *coisa julgada* e não mais pode ser questionado porque o contrário significaria ultraje

10. *Cfr*: "A coisa julgada em direito tributário", pp. 609 ss.

a essa garantia constitucional e às regras limitativas inerentes à eficácia preclusiva desta (CPC, art. 474).

Não me consta que em momento algum houvesse a Fazenda Nacional alegado a invalidade processual da sentença ou do acórdão proferido em favor da ora consulente, pelo aspecto processual da admissibilidade ou inadmissibilidade de uma sentença para o futuro nas condições em que isso aconteceu no caso. Se desejava reduzir os efeitos da sentença, era ônus seu, que ela não desempenhou, levantar essa questão processual perante os tribunais. Não o tendo feito, também esse tema está coberto pela eficácia preclusiva da coisa julgada material.

Conclusão óbvia: se a sentença obtida pela Deten Química dispôs para o futuro, é natural que seus efeitos atinjam pretensões futuras do fisco, referentes àquele tributo; e, estando esses efeitos cobertos pela *auctoritas rei judicatæ*, é também natural e óbvio que eles não possam mais ser questionados, negados ou postos em discussão.

242. *sobre a autoridade da coisa julgada e seus destinatários*

A coisa julgada, que não é um instituto de direito material e não se rege por normas inerentes a cada ramo do direito material conforme o caso concreto, também não pertence substancialmente à seara do direito processual. Ela tem, acima de tudo, um fundamento constitucional intimamente relacionado com o valor *segurança jurídica*, que a Constituição Federal preserva quando a erige em garantia política dos indivíduos e grupos. Não é um efeito da sentença, como superiormente ensinou Liebman em clássica monografia, mas uma especial qualidade que torna imutáveis os efeitos que cada sentença tiver.[11] O bem jurídico proporcionado pela coisa julgada é a segurança jurídica, pela qual o sujeito vencedor em uma sentença de mérito fica a salvo de futuros questionamentos; ao autor vencedor não poderá ser negado o bem afir-

---

11. *Cfr. Eficácia e autoridade da sentença*, n. 7, p. 31 e n. 15, pp. 50-52 trad. *etc.*

mado pela sentença, ao réu vencedor não podem ser impostos os sacrifícios que o autor pretendera.

> Ensinou ainda o Mestre que a autoridade da coisa julgada se impõe *a todos*. Disse: "essa característica imutabilidade do comando [*a coisa julgada*], nos limites em que a lei a disciplina, opera não apenas em relação a determinadas pessoas, mas de todos aqueles que, no âmbito do ordenamento jurídico, tenham o encargo de formular, interpretar ou aplicar a vontade do Estado – sem se excluir o próprio legislador, porque sequer ele poderá alterar o concreto regulamento da relação jurídica, tal qual resulta já cristalizado pela autoridade da coisa julgada".[12]

É natural que assim seja porque, estando a segurança jurídica incorporada ao patrimônio ativo do vencedor, ato algum poderá ter a eficácia de retirá-la; nem um ato do adversário nem de outro juiz nem da Administração Pública e nem mesmo do legislador. Na ordem jurídico-positiva brasileira, esse é o significado dos termos com os quais a Constituição Federal garante a autoridade da coisa julgada material, dizendo que "a lei não prejudicará a coisa julgada" (art. 5º, inc. XXXVI). Surge nesse raciocínio elementar a idéia da *imunização*, proposta pelo júris-sociólogo Niklas Luhmann ao indicar que, em alguma medida, todo ato estatal imperativo é dotado de algum grau de imunidade, apto a pô-lo a salvo de negativas vindas do particular, da Administração ou de quem quer que seja;[13] e a coisa julgada material representa o mais elevado grau de imunidade atribuído pela ordem jurídica a um ato estatal, justamente porque é culto à integridade do patrimônio da parte vencedora e ao valor *segurança* a ele incorporado.[14]

> Atento às lições de Liebman, também já escrevi que, consumada a coisa julgada material, o patrimônio do devedor reputa-se acrescido desse bem jurídico, instituindo-se entre as partes e em

---

12. *Cfr. Eficácia e autoridade da sentença*, n. 15, esp. p. 51.
13. *Cfr. Legitimação pelo procedimento*, pp. 22 ss.; v. ainda Tércio Sampaio Ferraz Jr., "Apresentação" da tradução brasileira dessa obra, p. 13; Dinamarco, *A instrumentalidade do processo*, n. 32, esp. p. 273.
14. *Cfr. A instrumentalidade do processo*, n. 12, esp. pp. 108.

relação ao litígio que foi julgado "uma situação de absoluta firmeza quanto aos direitos e obrigações que os envolvem, ou que não os envolvem. Esse *status*, que transcende a vida do processo e atinge a das pessoas, consiste na rigorosa intangibilidade das situações jurídicas criadas ou declaradas, de modo que nada poderá ser feito por elas próprias, nem por outro juiz, nem pelo próprio legislador, que venha a contrariar o que foi decidido (Liebman): a garantia constitucional da coisa julgada consiste na imunização geral dos efeitos da sentença. A Constituição Federal estabelece que *a lei não prejudicará a coisa julgada* (art. 5º, inc. XXXVI) e o Código de Processo Civil manda que o juiz se abstenha de decidir a mesma causa, extinguindo o processo sem julgamento do mérito, quando existir a coisa julgada material (art. 267, inc. V e § 3º)".[15]

Assim delineada, a coisa julgada material é uma categoria jurídica de direito constitucional, portadora de contornos definidos pelo processual. É a matéria já decidida em caráter definitivo; e a situação criada por sua *auctoritas* consiste, conforme o caso, na definitiva e indiscutível existência do direito afirmado, ou definitiva e indiscutível inexistência do direito negado em sentença não suscetível de recurso. O credor, como tal reconhecido em sentença definitiva, é credor porque já o era e também porque o valor *segurança jurídica*, trazido pela coisa julgada, exclui qualquer negativa de seu direito; de igual modo, o não-devedor amparado por sentença definitiva que houver negado o direito de seu adversário, não é devedor porque já não o era e também porque a segurança jurídica agregada pela coisa julgada impede qualquer reconhecimento de que ele o fosse.

243. *a autoridade da coisa julgada em causas tributárias*

Não há razão alguma para que as coisas fossem diferentes quando a sentença coberta pela coisa julgada contém decisão so-

---

15. *Cfr.* Dinamarco, *Instituições de direito processual civil*, III, n. 955, esp. p. 308. Para clareza, ressalvo a possibilidade de infringência à coisa julgada pela via da rescisória e os casos excepcionalíssimos em que essa autoridade se relativiza, em homenagem a valores mais elevados, também garantidos no plano constitucional; *cfr.* Dinamarco, "Relativizar a coisa julgada", *passim*.

bre matéria regida pelo direito tributário. Como a coisa julgada não é tributária, administrativa, civil, comercial *etc.* mas vem do plano político da Constituição e se rege pelo direito processual, é imperioso destacá-la dos conceitos, regras e princípios de todo e qualquer ramo do direito material, sem o que não se teria a visão unitária de seu próprio conceito, de sua autoridade e de seus limites. A sentença que decide sobre matéria tributária terá, como toda sentença, a *auctoritas rei judicatæ* que corresponder ao conteúdo preceptivo contido em seu decisório.

Esse é o teor e o espírito do parecer do prof. Antonio Carlos de Araújo Cintra, referido acima, o qual se reporta a uma manifestação bastante específica de Liebman, constante de artigo elaborado com vista ao direito brasileiro. Dizendo que "não há razão para admitir-se desvios ou restrições [*à coisa julgada*] devidas à natureza especial da função desenvolvida pelo Estado quando cobra os impostos para satisfazer a necessidades de ordem geral", ensinou em seguida o Mestre que "ainda quando desenvolve essa função, o Estado está submetido ao direito objetivo, à jurisdição e à coisa julgada".[16] Essa é a visão unitária da coisa julgada, que venho sustentando desde o início.

> O artigo de Liebman foi escrito em comentário e apoio a uma decisão do Col. Supremo Tribunal Federal do ano de 1944, na qual ficou assentada a tese que muito depois se cristalizaria na Súmula n. 239. O caso dizia respeito, porém, a uma situação que difere bastante da presente, porque a sentença passada em julgado, então referida pelo Supremo, fora pronunciada em processo de embargos à execução e não, como aqui, em ação declaratória. Nem o acórdão nem o artigo se detiveram na hipótese de sentenças que, de modo expresso, declaram que a obrigação por dado tributo não existe no presente nem existirá no futuro.

244. *as sentenças para o futuro*

Reputam-se *sentenças para o futuro* os provimentos jurisdicionais referentes a situações ou eventos que no momento da prola-

---

16. *Cfr*: "Limites da coisa julgada em matéria de imposto", esp. pp. 170-171.

ção ainda não se consumaram mas que, segundo uma avaliação probabilística, deverão ocorrer. A doutrina italiana aplica-se com intensidade ao tema das *condenações* para o futuro (particularmente na obra de Virginio Rognoni),[17] sem ser usual ampliar o discurso para as sentenças em geral (incluindo as constitutivas e as meramente declaratórias), mas o tema comporta esse exame mais amplo.

Ordinariamente não se admitem sentenças dispondo sobre relações futuras, porque não há legítimo interesse processual sem que ocorra uma situação concreta e presente, capaz de tornar necessária a atividade jurisdicional. Mas o sistema aceita que certas relações jurídicas futuras sejam apreciadas e a seu respeito decidam os juízos e tribunais, quando ligadas a situações do presente. É o que ocorre em relação a certas relações jurídicas, ditas *continuativas*, que envolvem obrigações sucessivas e homogêneas a serem cumpridas em momentos diferentes (obrigações de trato sucessivo); não cumprida uma dessas obrigações, é intuitiva a probabilidade de que as demais também não o sejam, razão pela qual a ordem processual permite que, em uma só sentença, o juiz disponha sobre todas. O elo entre o passado e o futuro é representado pela probabilidade de que se projetem no porvir as mesmas situações concretizadas no presente, a saber, que sobrevenham direitos e obrigações da mesma natureza da dos direitos e obrigações que já se configuraram, que essas situações jurídicas se interliguem em um só contexto de fatos e que essas obrigações venham a ser inadimplidas.

> "Ordinariamente é inadmissível o julgamento sobre obrigações futuras, ou ainda inexigíveis, carecendo de ação por falta do interesse-necessidade aquele que viesse a juízo com uma pretensão a obter condenação a satisfazê-las. A lei todavia, fundada em razões pragmáticas de aceleração da tutela jurisdicional, abre caminho para que sejam objeto de julgamento e possível condenação certas obrigações futuras que de algum modo estejam entrelaçadas com obrigações existentes e exigíveis no presente. Isso acontece quando

---

17. *Cfr. La condanna in futuro.*

de uma só relação jurídica emanam obrigações já vencidas e outras vincendas, onde a experiência comum mostra ao legislador que o inadimplemento das parcelas vencidas é indicador razoavelmente confiável de que, no futuro, o obrigado continuará inadimplente. É o que acontece, entre outros casos, em relação aos *alimentos* devidos entre familiares."[18]

Aqui no presente caso não estamos no campo das sentenças *condenatórias* nem de demandas propostas com o objetivo de condenar, mas de uma *ação declaratória negativa* movida pela ora consulente e julgada procedente em ambas as instâncias. Ela formulou um pedido, que foi acolhido em sua integralidade, de que se declarasse não ser devedora pelas contribuições sociais nos exercícios que indicou *nem em exercícios futuros*. Seu interesse de agir decorria da exigência, que no ano de 1989 o fisco lhe fazia, de recolher ditos tributos; e, como esses tributos se enquadram no conceito de *impostos periódicos*, nessa sua característica residia o elo entre o passado e o porvir, mercê do qual o Poder Judiciário veio a produzir aquela sentença para o futuro. O discurso legitimador de *sentenças* assim (sentenças em geral), não se limitando às *condenações* com essa conotação, tem amplitude suficiente para explicar por que aquela sentença foi proferida e, ao mesmo tempo, para aceitá-la como plenamente legítima. É sempre o critério da *probabilidade* o elemento que está à base de todos esses raciocínios.

245. sentenças para o futuro, sua eficácia e dimensão da coisa julgada

No trato da sentença condenatória proferida em ação de alimentos, que é uma sentença para o futuro porque não se limita a condenar por prestações vencidas mas também pela vincendas, a lei especial dá a falsa impressão de que, quanto a essa espécie de sentença, não haveria coisa julgada material (lei n. 5.478, de

---

18. São palavras minhas, ditas em sede doutrinária e de plena pertinência ao caso em exame; *cfr.* minhas *Instituições de direito processual civil*, III, n. 959, esp. pp. 316-317.

25.7.68, art. 15). Não é bem assim, todavia. O que sucede é que, com relação a prestações *futuras* (e jamais quanto às vencidas), a coisa julgada deixará de prevalecer quando sobrevier alguma nova disciplina legal ou algum fato novo capaz de desfazer o juízo probabilístico sobre o qual se apóia a condenação por prestações futuras; no campo das obrigações por alimentos as novas situações de fato serão levadas em conta na *ação revisional* que eventualmente uma das partes venha a propor. Sem a ocorrência de fato novo capaz de deslocar o caso do foco, a autoridade da coisa julgada permanece íntegra e o que se dispôs para o futuro impõe-se com toda essa autoridade. Como já tive oportunidade de dizer em sede doutrinária, "*quanto às prestações futuras*, nova declaração pode sobrevir sobre a existência ou valor da obrigação, sempre que a previsão probabilística contida na declaração judicial venha a ser contrariada pelos fatos".[19] Dizer o contrário implicaria desconsiderar a própria garantia constitucional da coisa julgada, além de, ao mesmo tempo, negar eficácia às sentenças que dispõem para o futuro.

> Muito fiel a essa premissas, o Supremo Tribunal Federal[20] chegou ao ponto de negar a possibilidade de rever, mesmo em face de alteração na situação econômica do alimentante, o percentual dos rendimentos devido ao alimentado (uma terça-parte, ou 33,33%) – reputando lícito somente levar em conta eventual variação do valor desses rendimentos mas sempre fazendo incidir sobre eles o percentual estabelecido na sentença coberta pela coisa julgada.

Estamos agora falando da coisa julgada material *rebus sic stantibus*, ou seja, da *dimensão temporal da coisa julgada*, com o exame da possibilidade de rever julgados a partir da constatação de fatos novos e relevantes. Esses fatos novos e relevantes, justamente porque contrariam a previsão probabilística posta à base das sentenças para o futuro, autorizam que a relação jurídica existente ou inexistente entre as partes seja revista e a decisão antes tomada, adaptada às novas realidades. Liebman: "nada de

---
19. *Op. loc. cit.*
20. Quando ainda era competente em matéria infraconstitucional.

diferente prevalecerá também para os casos aqui considerados, nos quais, tratando-se de uma relação que se prolonga no tempo e devendo a decisão ser determinada pelas concretas circunstâncias da *fattispecie*, a alteração desta justifica sem dúvida alguma uma correspondente adaptação da definição da relação antes feita – o que constituirá uma aplicação e não derrogação dos princípios gerais e não colidirá sequer ligeiramente com a coisa julgada". Mas (enfatiza):

> "esta fará sentir toda a sua força, neste como em todos os outros casos, ao excluir totalmente uma apreciação diversa do caso, enquanto permaneça inalterado. O que há de diverso nesses casos não é a rigidez menor da coisa julgada, mas a natureza da relação jurídica, que continua a viver no tempo com conteúdo ou medida determinados por *elementos essencialmente variáveis*, de maneira que os fatos que sobrevenham podem influir nela, não só no sentido de extingui-la..." *etc.*[21]

246. ainda a coisa julgada rebus sic stantibus
(tornando ao caso)

Os *elementos essenciais variáveis* a que alude Liebman, capazes de interromper a continuidade dos efeitos da sentença e permanência da autoridade da coisa julgada, situam-se *no plano dos fatos e do direito*. Alterando-se a situação de fato em relação à qual a sentença para o futuro foi proferida, ou sobrevindo lei nova disciplinando a relação jurídica levada em conta em sentença, é natural que esta cesse de produzir os efeitos declarados e o campo se repute aberto para novas apreciações, novos questionamentos, novas decisões. As sentenças para o futuro são em alguma medida suscetíveis ao influxo de fatos ou leis supervenientes, justamente por conta daquela sua característica peculiar, que é a de apoiar-se em *previsões*, não em *certezas*. Como toda sentença, elas dispõem pontualmente sobre as situações de fato alegadas pelas partes e provadas nos autos, levando em conta o direito aplicável ao tem-

---

21. Cfr. *Eficácia e autoridade da sentença*, n. 5, esp. p. 28; v. também *Manuale di diritto processuale civile*, II, n. 394, esp. p. 420, texto e nota 4.

po; e dispõem para o presente e para o futuro, na previsão de que a situação fática perdure no tempo e o direito positivo se mantenha tal e qual. O que dispõem para o futuro, todavia, vem com a ressalva, implícita mas clara, de que os efeitos do julgado cessarão se e quando uma daquelas alterações ocorrer. Por isso é que, como se diz, as sentenças para o futuro são dotadas de uma autoridade de coisa julgada *rebus sic stantibus*, a qual se reputa sempre exposta às vicissitudes dessa ordem.[22]

> Tal é, em última análise, um imperativo da necessária *correlação* entre a demanda e a decisão, que é uma fundamental regra limitadora do exercício da jurisdição e da validade das decisões judiciárias. O juiz *fotografa* o futuro e, ao dispor para aquela situação existente no presente, dispõe também para o porvir – mas sempre levando em conta a situação alegada e comprovada no processo. Quando essa situação se desfizer, a partir daí cessam também os efeitos da sentença para o futuro, embora o passado prossiga regido por ela. Assim é nas sentenças que condenam a pagar alimentos, cujos efeitos podem sim ser alterados (ação revisional), mas somente para o futuro. Prestações já vencidas e portanto já incorporadas ao patrimônio do alimentando, essas permanecem intocáveis.

No caso da consulente, nem houve alteração alguma na situação de fato, nem a lei sofreu modificações em relação ao regime jurídico-tributário a que está sujeita.

Dificilmente poderia ocorrer uma situação de fato relevante e capaz de provocar uma diferente regência nas relações Deten-fisco, referentes às contribuições sociais sobre lucros. Esse não é um tributo cujo fato gerador ou base de cálculo sejam diferenciados conforme a natureza das atividades da empresa ou do produto desta, nem sua alíquota está sujeita a variáveis como essas ou a qualquer outra; parece-me por isso muito improvável a possibilidade, mesmo em tese, de uma alteração de fato capaz de desviar o foco, para que então a ora consulente se pusesse sob uma regência diversa e não considerada no V. acórdão trânsito em julgado. Mas,

---

22. *Cfr.* Dinamarco, *Instituições de direito processual civil*, III, n. 955, esp. p. 308 e n. 959, pp. 316-317.

seguramente, se algum relevante cambiamento na situação de fato houvesse ocorrido, a partir de sua ocorrência cessariam os efeitos daquele julgado e, conseqüentemente, a vinculação à *auctoritas rei judicatæ*. Não há, todavia, qualquer notícia ou mesmo a mais leve insinuação de que algo assim houvesse acontecido.

Nem se alterou a lei, de lá para cá. Aquela eficácia sentencial e sua autoridade de julgado reputar-se-iam excluídos se uma lei nova houvesse delineado um novo desenho da contribuição social sobre o lucro das empresas, definindo um novo fato gerador e uma nova base de cálculo – porque foi a coincidência com o fato gerador e a base de cálculo o motivo que levou o E. Tribunal a ver na regência dessa contribuição o vício da bitributação. No momento em que houvessem ocorrido alterações legislativas relevantes como essa, a fundamentação do V. acórdão seria marginalizada e seu *decisum* já não prevaleceria. Mas, se nada disso aconteceu, os efeitos dessa decisão judiciária permanecem, não havendo causa para remover a *auctoritas rei judicatæ* incidente sobre eles.

> O que acaba de ser dito não padece do vício de confundir os fundamentos da sentença e seu *decisum*, ou de propor a incidência da coisa julgada sobre a motivação. A coisa julgada incide exclusivamente sobre o decisório, de onde promanam os efeitos substanciais e processuais da sentença, mas ela só permanece se e na medida em que permaneçam a situação fática sobre a qual se decidiu e sua regência legal. Por disposição expressa do Código de Processo Civil, a *auctoritas rei judicatæ* só é impeditiva de novo julgamento nos limites da tríplice identidade, ou, *a contrario sensu*, ela não é impeditiva quando se alterarem as partes, a causa de pedir (fatos ou direito) ou o pedido. Nada disso ocorreu no caso em exame.

247. conclusão central

Ao longo do parecer, por dois motivos centrais afirmei que a ora consulente está amparada pela *auctoritas rei judicatæ* em relação a exercícios ulteriores àquele em que propôs sua demanda e ulteriores ao próprio acórdão ali proferido: a) porque o julgamento que então se proferiu e passou em julgado declarou que a Deten nada deve ao fisco a título de contribuição social sobre o lucro, "quer no período-base encerrado em 31.12.88, *quer nos exercícios financeiros seguintes*"; b) porque de lá para cá nenhuma alteração houve, de fato ou de direito, que contrariasse as bases sobre as quais esse julgamento foi proferido.

Sobre o teor do V. acórdão. Se o julgamento coberto pela coisa julgada fosse omisso quanto à dimensão temporal de seus próprios efeitos, entrar-se-ia na discussão sobre o acerto ou erro da máxima contida na Súmula n. 239 do Supremo Tribunal Federal, com a necessidade de tomar posição a seu respeito. No caso em exame, contudo, a questão da projeção que a declaração negativa a respeito de um exercício fiscal tem ou deixa de ter sobre exercícios futuros permanece *a latere* porque essa projeção está determinada de modo explícito no próprio *decisum* sentencial – sabendo-se que a autoridade da coisa julgada cobre precisamente o *decisum*, imunizando-o a futuros questionamentos. Como está em sábias lições que transcrevi, a coisa julgada incidente sobre sentenças em matéria tributária nada tem de peculiar e rege-se, em seus limites subjetivos e objetivos, pelos mesmos preceitos que a regem em qualquer outro setor (Liebman) – porque a *res judicata* é instituto geral, de direito constitucional e não de direito tributário, de direito civil, comercial, administrativo *etc.* Como dito e enfatizado, tratando-se de sentença que dispõe para o futuro, ela só cessa de impor-se quando houver relevante alteração no direito positivo ou na situação fática que houver servido de base para o julgamento proferido e imunizado; e no presente caso a lei não mudou e a situação de fato permanece como antes.

Sobre as sentenças para o futuro e a permanência da lei e da situação fática. Se a legislação sobre essas contribuições sociais houvesse sofrido alterações, sobrevindo um novo perfil desse tributo, ficaria afastada a permanência da coisa julgada e da própria eficácia da decisão no futuro, porque estaríamos fora dos limites em que essa autoridade imuniza os efeitos da sentença. *Idem*, se houvesse ocorrido alguma improvável alteração na situação de fato, relevante para a lei. Como nada disso ocorreu, volta-se à disciplina geral da coisa julgada segundo a Constituição Federal e o Código de Processo Civil e tem-se o impedimento constitucional de novos questionamentos e novas decisões a respeito. Como é notório mas a seu tempo cuidei de enfatizar, a *auctoritas rei judicatæ* impede novos julgamentos sobre a mesma relação jurídica enquanto se mantiverem as mesmas partes, o mesmo pedido e a mesma causa de pedir (fatos e fundamentos jurídicos); assim dispõe o 267, inc. V, em combinação com o art. 301, inc. VI §§ 1º a 3º e art. 468 do estatuto processual básico.

Nesse quadro de permanência dos elementos essenciais da demanda proposta e do V. acórdão que a julgou, a reabertura de discussões a respeito do que nele se contém seria, em um primeiro plano, frontal desrespeito às referidas disposições de direito infraconstitucional. Seria também, mais que isso, uma afronta à superior garantia da coisa julgada material (Const., art. 5º, inc. XXXVI), a qual é modelada, em sua feição prática e concreta, pelo que o Código de Processo Civil dispõe e *nenhum outro preceito legal ab-roga ou limita*.

248. *jurisprudência – intercorrência de fatos novos e relevantes*

Embora os tribunais brasileiros não sejam particularmente explícitos quanto à fundamental distinção que proponho no presente estudo (*supra*, n. 241), vê-se que invariavelmente (a) ou eles cuidam de casos nos quais o acórdão passado em julgado não dispôs expressamente para o futuro, (b) ou fazem a ressalva de que fatos novos e relevantes influem sobre a eficácia da sentença no futuro, excluindo a autoridade da coisa julgada a partir do momento em que ocorrem.

Que significaria, p.ex., a afirmação de que "em se tratando de relação continuativa, é possível rever decisão transitada em julgado *se ocorrer alteração no estado de fato*"? – palavras contidas em acórdão proferido pelo Col. Superior Tribunal de Justiça em causa tributária.[23] Só pode significar que, enquanto não *ocorrer alteração no estado de fato*, a decisão coberta pela coisa julgada

---

23. *Cfr*: STJ, 1ª T., REsp n. 193.500, j. 6.5.99, rel. Garcia Vieira, m.v., *DJU* 13.9.99, p. 43.

não pode ser revista. As decisões com que o mesmo Tribunal nega a projeção da coisa julgada *in futurum* são seguramente proferidas sobre casos nos quais o acórdão trânsito em julgado nada dispusera além do exercício a que se referiam – e, portanto, essas RR. decisões estão fora do foco posto no presente parecer, que vai somente aos casos de sentenças ditadas *explicitamente para o futuro*. Existem ainda inúmeros precedentes de outros tribunais, em que, sempre sem fazer a distinção que propus e que é fundamental, também afirmam somente a cessação da *auctoritas rei judicatœ* no momento de ocorrência de um fato novo e relevante. Assim, p.ex.:

> a) "a sentença que entende indevida a cobrança de determinado tributo, sem especificar o exercício, produz efeitos para o futuro, mas sem o caráter de perpetuidade. A coisa julgada faz lei entre as partes, desde que presente o mesmo estado de fato e de direito";[24]
>
> b) "a sentença que julga improcedente pedido formulado com fundamento na inconstitucionalidade da cobrança da contribuição previdenciária *projeta efeitos para o futuro*, pois a relação jurídica tributária tem natureza continuativa. [...] Aos fatos futuros sobre os quais a ação [rescisória] dizia respeito diretamente, estes devem sofrer os efeitos da ação em atenção ao princípio da isonomia jurídica...";[25]
>
> c) "formada a coisa julgada material pela declaração, ainda que *incidenter tantum*, há o direito de o impetrante ser resguardado na mesma relação jurídica continuativa, de novas constrições por parte do Instituto Nacional do Seguro Social. Não há razão para que o remédio heróico seja proposto mensalmente, se vigente a mesma lei e se sucede a mesma situação de fato"[26] *etc.*

Duas conclusões emergem da observação do que acaba de ser dito: a) que a máxima contida na Súmula n. 239 do Supremo Tribunal Federal já não é tão pacífica nos tribunais, inclusive no

---

24. *Cfr.* TRF 5ª Reg., 3ª T., ap. n. 2.002.363, j. 29.11.01, rel. Rivaldo Costa, v.u., *DJU* 12.3.02.

25. *Cfr.* TRF 5ª Reg., Pleno, emb. infr. na ação resc. n. 297, j. 13.8.97, rel. Hugo Machado, v.u., *DJU* 24.10.97, p. 89.361.

26. *Cfr.* TRF 3ª Reg., ap. em MS, proc. n. 9503012363, j. 23.9.97, rel. Sinval Antunes, v.u., *DJU* 11.11.97, p. 95.504.

tocante a acórdãos que não hajam disposto expressamente para o futuro: b) que, quando houver uma disposição expressa nesse sentido, dispondo claramente para o presente e o faturo (como no caso examinado), seguramente só um fato novo ou uma nova regência legal podem infirmar a *auctoritas rei judicatæ*.

249. respostas aos quesitos

Passo agora a responder aos quesitos que me propôs a consulente e acima transcrevi, com a sucinta fundamentação de cada uma das respostas oferecidas e remissão ao que está no corpo do parecer e em sua conclusão central:

ao primeiro quesito: sim, a consulente está permanentemente protegida pela coisa julgada incidente sobre o V. acórdão que negou estar ela obrigada a recolher a contribuição social sobre lucros de pessoas jurídicas. A resposta *poderia* ser diferente (mas a meu ver também não o seria), se o V. acórdão passado em julgado houvesse silenciado sobre exercícios futuros, deixando campo aberto às costumeiras discussões acerca da Súmula n. 239 do Col. Supremo Tribunal Federal, seu acerto ou sua erronia. Como porém esse acórdão dispôs expressamente para o futuro, seus efeitos e sua autoridade têm necessariamente a dimensão temporal do que está no *decisum*, sob pena de ser negada vigência a importantes preceitos contidos no Código de Processo Civil e à garantia constitucional da coisa julgada;

ao segundo: não, não são lícitas as exigências feitas no presente pela Fazenda Nacional à ora consulente, referentes a esse tributo. A Fazenda não deverá obter ganho de causa em eventual cobrança judicial relacionada com este, porque, na linha do que enfaticamente ficou sustentado, a coisa julgada precedentemente constituída impede novo julgamento do mérito e deverá conduzir, segundo a lei, à extinção de eventual processo sem esse julgamento;

ao terceiro: para evitar que a União cobre esses seus pretensos créditos tributários a consulente tem a sua disposição, na área do direito processual, (a) a impetração de um mandado de segurança preventivo ou (b) a propositura de uma ação declaratória negativa. Seja qual for sua escolha, a demanda que ajuizar terá por *causa petendi*, cumulativamente, (a) os mesmos argumentos com os quais, no processo anterior, impugnara a existência de sua obrigação tributária e (b) o fundamento da coisa julgada material que, segundo o que foi largamente exposto, exclui por completo a existência dessa obrigação. A *auctoritas rei judicatæ* não consiste apenas na exclusão de novo julgamento mas também (e acima disso) na implantação de um *plus* ao direito do vencedor, representado pela segurança jurídica; e aquele que por algum motivo já não devia pelas razões reconhecidas em sentença, agora já não deve, por essas razões e também porque a coisa julgada estabilizou essa situação (*supra*, n. 242). Nesses termos é que, conforme proponho, a coisa julgada comportará alegação na *causa petendi* de futura e eventual demanda da Deten Química em face da União;

ao quarto: também não se exclui a possibilidade de manter-se a consulente "preparada para se resguardar dos possíveis excessos de exação por parte do Poder Público, tais como inscrições em seu nome e dados nos cadastros impeditivos da prática normal de operações comerciais e bancárias, impedimento da prática de operações de comércio exterior *etc. etc.*" Em caso de a Fazenda tomar iniciativas como essas, disporá a ora consulente de medidas pontuais destinadas a impugná-las, particularmente a impetração de mandado de segurança. Eventuais iniciativas fazendárias como essas suscitadas na consulta seriam flagrantemente ilícitas, por se chocarem frontalmente com a garantia constitucional e disciplina legal da coisa julgada. Pelas razões expostas em tópicos precedentes, prevejo o pleno sucesso da consulente nas medidas judiciais destinadas a impugnar tais investidas do fisco.

Título IV
ATIVIDADES EMPRESARIAIS DIVERSAS

XVI – Plano econômico e coisa julgada. XVII – Ação de nulidade de patente – prejudicialidade e outras questões processuais. XVIII – Indústria sucroalcooleira – discricionariedade administrativa e ação rescisória. XIX – Relações jurídicas securitárias – questões processuais. XX – Cumulação de pedidos em matéria tributária, litisconsórcio necessário e concurso eletivo de foros. XXI – Contrato administrativo, indisponibilidade de bens e força obrigatória dos contratos. XXII – Responsabilidade do empregador por danos ao empregado – ônus da prova e perícia inidônea. XXIII – Shopping centers *e relação de consumo.*

XVI – PLANO ECONÔMICO E COISA JULGADA[1]

250. uma demanda vitoriosa e os limites da condenação e da execução – 251. a segunda demanda: processo extinto sem julgamento do mérito – 252. a consulta – 253. pressupostos de admissibilidade do julgamento do mérito – 254. dos conceitos estáticos de coisa julgada e litispendência aos impedimentos ao julgamento do mérito – 255. causas de pedir e pedidos diferentes – 256. síntese e conclusão: nova demanda plenamente admissível

250. *uma demanda vitoriosa e os limites da condenação e da execução*

Fui consultado por uma pessoa física que no passado ajuizara perante a Justiça Federal uma demanda em face da União Federal e Centrais Elétricas Brasileiras S. A. – ELETROBRAS, com o pedido de condenação das rés a lhe pagar diferenças referentes ao reajuste do valor de resgate de valores oriundos de empréstimos compulsórios, das quais era credor. Pediu, muito especificamente, para reajuste do valor dessas obrigações, diferenças referentes aos meses de janeiro de 1989 e março e abril de 1990, com incidência de índices do IPC/IBGE e cálculo a partir do primeiro dia útil do ano posterior ao da tomada do empréstimo. Do MM. Juízo de primeiro grau essa demanda recebeu sentença de procedência, a qual mandou

> "(...) incluir no cálculo da correção monetária acima referida os índices referentes à variação do IPC nos meses de janeiro de 1989 (Plano Verão) e março e abril de 1990 (Plano Collor), tradutores da inflação real no período".

Só pediu a compensação de *expurgos* desses dois meses assim bem definidos e só obteve, conseqüentemente, reajustes referen-

---

[1]. Reprodução de parecer elaborado em fevereiro de 2007.

tes a eles e nada mais. Ao dar início à execução judicial de tal julgado, na *memória de cálculo* exigida pelo (então vigente) art. 604 do Código de Processo Civil o consulente incluiu corretamente apenas os reajustes referentes aos meses de janeiro de 1989 e março e abril de 1990, porque tais foram os limites de seu *petitum*, tais os do *decisum* e, portanto, tais os do título exeqüendo. Já então havia sido implantado o Plano Real (ao tempo da execução) mas por esses óbvios motivos dita *memória* não incluiu reajustes com ele relacionados.

251. a segunda demanda: processo extinto sem julgamento do mérito

Sempre corretamente, o consulente foi mais uma vez à Justiça Federal e ali obteve outra sentença favorável, condenando aquelas mesmas rés pela correção monetária compensatória dos *expurgos* de julho e agosto de 1994 (Plano Real). Sucederam-se apelações da União, pela exclusão do feito, e da Eletrobras, pela improcedência da demanda. No Tribunal Regional Federal foi provido o apelo da União, que ficou excluída e, ao decidir sobre o da Eletrobras, de-ofício a Col. Turma Julgadora pronunciou a inadmissibilidade do julgamento do mérito daquela causa, em virtude de uma suposta "litispendência e/ou coisa julgada" (*sic*) – e, apoiando-se nesse incorreto fundamento, determinou a extinção do processo sem julgamento do mérito. O recurso especial do autor, visando à rejeição daquelas preliminares impeditivas do julgamento do mérito, foi conhecido mas improvido pela Col. Segunda Turma do Superior Tribunal de Justiça e tal decisão passou incólume pelos embargos declaratórios e embargos de divergência por ele opostos, dando-se em seguida o trânsito em julgado.

O V. acórdão da Justiça Federal não foi muito claro ao enunciar o fundamento da extinção sem julgamento do mérito, falando, como acima está entre aspas, em "litispendência e/ou coisa julgada". Não me deterei sobre essa imperfeição ou pouca clareza porque entendo suficiente registrar que o fundamento extintivo fora, na óptica do E. Tribunal Regional Federal, a ocorrência de um suposto *bis in idem* impeditivo do julgamento do mérito. O processo foi extinto, como está acima de qualquer dúvida, pelo fundamento enunciado no art. 267, inc. V, do Código de Processo Civil (perempção, litispendência, coisa julgada).

252. *a consulta*

Nesse ponto fui consultado. No primeiro daqueles processos instaurados por iniciativa do ora consulente já havia sido proferido julgamento *de meritis* favorável e o crédito integrante do título executivo judicial, posto em execução. O segundo processo já estava definitivamente extinto sem julgamento do mérito, por uma suposta *litispendência ou coisa julgada* e fundamento explícito no art. 267, inc. V, do Código de Processo Civil. Nessa situação me foi indagado se há algum caminho apto a veicular a pretensão do consulente à desconstituição dessa decisão desfavorável e qual é esse caminho. Pretendia ele, bem especificamente, a indicação do caminho da *ação rescisória*, que de minha parte adianto considerar seguramente admissível apesar de voltada contra um acórdão extintivo do processo sem julgamento do mérito (CPC, art. 267, inc. V – mas v. art. 268). Em torno dessa primeira indagação, outra ele formulou, também de vital importância, referente à concreta ocorrência ou inocorrência daquela suposta "litispendência e/ou coisa julgada".

No presente capítulo cuido somente do segundo desses temas (ocorrência ou inocorrência da litispendência ou coisa julgada). O primeiro deles, versando o riquíssimo tema da admissibilidade da *ação rescisória contra certas sentenças terminativas*, constitui objeto de meu estudo denominado "Liqüidação, fidelidade ao título e duas coisas julgadas conflitantes".[2]

253. *pressupostos de admissibilidade do julgamento do mérito*

Em preparação ao que tenho a dizer sobre a litispendência e a coisa julgada em suas projeções pertinentes ao presente caso, principiemos com algumas breves considerações acerca dos *pres-*

---

2. *Fundamentos do Processo Civil Moderno*, II, cap. LIII, nn. 613 ss.

supostos de admissibilidade do julgamento do mérito. A esse propósito digo inicialmente que, para ser admissível o julgamento do mérito, isto é, para que o demandante tenha direito ao pronunciamento judicial acerca de sua pretensão, certos conhecidos requisitos são indispensáveis – e tais são os pressupostos de que estamos falando. Eles vão desde as condições da ação e pressupostos processuais até aos atos de correto exercício daquela e adequada realização dos atos processuais indispensáveis, sem os quais o processo é extinto e o mérito fica sem julgamento (CPC, art. 267).[3] Diz o Estado que, além e acima do que as partes queiram ou façam, ele próprio só se considera adstrito à solene promessa de oferecer o acesso à justiça (Const., art. 5º, inc. XXXV) quando estiverem presentes todos aqueles requisitos. A esse propósito são valiosíssimas as lições do Mestre Alfredo Buzaid, que faço questão de enfatizar; a ele se deve a locução *pressupostos de admissibilidade do julgamento da lide*, aqui empregada com a formulação que acima se vê.[4]

254. dos conceitos estáticos de coisa julgada e litispendência aos impedimentos ao julgamento do mérito

Conceitualmente, litispendência nada mais é que *pendência do processo* (do latim, *litis + pendentia*). Entre os vários efeitos da pendência de um processo, ou seja, da *litispendência*, inclui-se esse que consiste no impedimento para que outro processo se instaure e siga validamente até ao fim (CPC, art. 219 c/c art. 267, inc. V). Ordinariamente também esse efeito recebe na linguagem corrente e no próprio Código de Processo Civil a denominação de *litispendência*. Tal é a antiga *exceção de litispendência*, consistente em uma defesa processual tipificada em lei e voltada à extinção do processo em razão de estar pendente um primeiro, pela mesma demanda em seguida reproposta (CPC, art. 301, inc. V). É também notório que, como impedimento ao segundo processo, a *litispendência* existe quando a segunda demanda proposta apre-

---

3. *Cfr*. Dinamarco, *Capítulos de sentença*, n. 13, esp. pp. 40-41.
4. *Cfr*. Buzaid, *Agravo de petição*, nn. 56-68, esp. p. 115.

senta os clássicos três *eadem* (partes, causa de pedir, pedido – art. 301, §§ 1º a 3º).

Um processo reputa-se pendente, para efeitos da *exceção de litispendência*, desde quanto a demanda é apresentada ao Poder Judiciário (CPC, art. 263) e até quando se torna irrecorrível a sentença que lhe põe termo sem julgamento do mérito ou lhe aprecia o próprio mérito (arts. 162, § 1º, 267, 269).[5] Os alemães empregam um palavreado muito expressivo, dizendo que os efeitos da litispendência se consideram existentes quando o processo *já está pendente* e enquanto ele *ainda está pendente* (*schon und noch* – já e ainda).

Por sua vez, *coisa julgada* é a situação criada por uma sentença de mérito já não sujeita a recurso algum (CPC, art. 467).[6] Sem ser mais um entre os efeitos da sentença, a *auctoritas rei judicatæ* não tem dimensão própria. Abrange uma área cuja delimitação corresponde à dos efeitos da sentença coberta por ela. "L'efficacia della sentenza deve logicamente e praticamente distinguersi dalla sua immutabilità", disse Liebman ao conceituar a coisa julgada como a "imutabilidade do comando emergente da sentença".[7]

Essa conceituação, qual verdadeira premissa metodológica à compreensão da coisa julgada material, é de maciça aceitação na doutrina brasileira, apoiada na lição que o Código de Processo Civil acatou (v., por todos, Vicente Greco Filho).[8] E, como já foi dito mas convém repetir para compor o presente quadro de raciocínios, a coisa julgada material representa o mais elevado grau de imunidade dos atos estatais e é privativa das sentenças de mérito. É também notório que, tanto quanto a litispendência, a coisa julgada somente será fator impeditivo do julgamento *de meritis* em

---

5. Na ordem processual vigente, a sentença de mérito nem sempre (ou quase nunca) terá a eficácia de pôr fim ao processo, mas apenas à fase cognitiva (CPC, art. 162, § 1º, red. lei n. 11.232, de 22.12.05). Mas essa *nuance* é irrelevante para os efeitos do presente parecer e por isso nada mais direi a seu respeito.
6. Esse dispositivo contém uma redação muito defeituosa mas isso não influi sequer um pouco nos raciocínios propostos no presente parecer.
7. *Cfr.* Liebman, *Eficácia e autoridade da sentença*, n. 15, esp. p. 51 trad.
8. *Cfr. Direito processual civil brasileiro*, II, n. 57.1, pp. 273-274.

relação a futuras demandas identificadas com a primeira pela já referida *tríplice identidade*.

Nesse quadro, no qual tanto a litispendência quanto a coisa julgada aparecem como pressupostos negativos da admissibilidade do julgamento do mérito, não é difícil ver que a situação criada pela segunda delas é ordinariamente continuação da que começara pela primeira. Como a litispendência se impõe nos limites da demanda em curso (CPC, art. 301, §§ 1º a 3º) e como a sentença não deve conter decisão fora desses limites (*o juiz julgará a demanda nos limites em que foi proposta* – art. 128), segue-se com naturalidade que os limites da coisa julgada como fator impeditivo do julgamento do mérito devem ser precisamente os mesmos da litispendência antes existente. O trânsito em julgado da sentença de mérito é, a um tempo, o momento final da litispendência cognitiva e o inicial da coisa julgada. As disposições legais proibitivas de um julgamento do mérito em outro processo enquanto o primeiro estiver em curso (litispendência) e depois que a causa estiver julgada por sentença de mérito contra a qual já não caiba recurso (coisa julgada), constituem manifestações de repúdio a um só e mesmo mal, que é o *bis in idem* – porque, como dito e todos sabem, o Estado promete o exercício da jurisdição por seus juízes, com vista a pacificar conflitos e conflitados (Const., art. 5º, inc. XXXVIII), mas nega-se a exercer duas vezes tal atividade com relação a um só e mesmo conflito. Em ambos os casos, como venho dizendo, o que importa é *evitar dois processos instaurados com o fim de produzir o mesmo resultado prático* e é por isso que se impõe a extinção do segundo processo sempre que o mesmo resultado seja postulado pelo mesmo sujeito, em face do mesmo réu, pelos mesmos fundamentos de fato e com vista ao mesmo objeto (ainda os três *eadem*).

Essa identidade funcional, associada a esse encadeamento no tempo (passando-se da litispendência à coisa julgada) e à identidade dos elementos delimitadores da *exceptio rei judicatæ* e da exceção de litispendência constitui a razão de ser de minha já manifestada indiferença quanto à vacilação do E. Tribunal Regional Federal ao determinar a extinção processual por "litispendência e/ou coisa julgada" (*supra*, n. 251). É realmente irrelevante para as considerações aqui propostas a circunstância transitória de ao tempo existir uma litispendência porque o processo ainda estava em curso, ou uma coisa julgada porque já terminara com um julgamento *de meritis*, agora protegido por irrecorribilidade. Qualquer discussão a esse propósito não passaria de mera *lana caprina*, sem relevância prática alguma.

O fundamento prático da autoridade da coisa julgada é posto em destaque pela doutrina em geral, merecendo ser lembrada a lição autorizada de Chiovenda, no sentido de que "os princípios sobre a coisa julgada excluem, portanto, por si próprios, somente o *conflito prático* de julgados, isto é, decisões diversas em relação à mesma ação e, pois, *praticamente incompatíveis*".[9] Discorreu Liebman a propósito da "finalidade da própria coisa julgada, que é a de garantir o *resultado prático e concreto do processo* ou, em outras palavras, o seu efeito".[10] E falou Carnelutti, detidamente, sobre o valor prático da coisa julgada.[11]

255. *causas de pedir e pedidos diferentes*

Neste ponto tomo a liberdade de valer-me de mais uma proposta lançada em minha obra sistemática de direito processual civil, onde afirmo a necessidade de ver, em cada um dos elementos objetivos de identificação da demanda, um fator abstrato e um concre*to*. No *pedido* o elemento concreto é o bem da vida pretendido pelo demandante; a natureza do provimento postulado é o abstrato, "repetindo-se em inúmeras demandas". Também são extremamente abstratos e se repetem em inúmeras demandas os *fundamentos jurídicos* lançados em cada uma. Ser fundada em direito pessoal inerente à locação ou comodato, ou em direito real de propriedade é uma característica que pode influir na determinação da competência e talvez em algum outro ponto, mas em nada concorre para delimitar a ação, ou para pôr limites à liberdade de apre-

---

9. *Cfr. Principii di diritto processuale civile*, § 79, II, esp. p. 920.
10. *Cfr.* "Limites objetivos da coisa julgada", p. 162.
11. *Cfr. Diritto e processo*, n. 158, pp. 254-255.

ciação do juiz. Quando se perquire sobre a identidade entre duas ou mais demandas segundo o critério dos três *eadem*, indaga-se acerca (a) dos *sujeitos* de lá e de cá, (b) dos *fatos* narrados lá e cá à guisa de causa de pedir e não sobre a categoria jurídica ou fundamento de direito invocado e (c) do *pedido* especificado em cada uma das petições iniciais, em suas peculiaridades práticas (o bem da vida). Disse eu, ao discorrer sobre as partes, causa e pedido como elementos constitutivos, ou identificadores da demanda:

"desses elementos, dois são puramente jurídicos e destituídos de conotações concretas, repetindo-se em inúmeras demandas: os fundamentos jurídicos do pedido (categoria jurídica em que o autor funda sua pretensão ou natureza jurídico-material do direito alegado) e a espécie jurídico-processual do provimento pedido (sentença condenatória, meramente declaratória, entrega do bem na execução *etc.*). Os outros quatro são necessariamente concretos: o demandante, o demandado, os fatos narrados e o preciso bem da vida que o demandante pretende. A *natureza* do bem é também um dado abstrato".[12]

Ora, nas duas ações que propôs, o ora consulente teve como demandadas a União Federal e a ELETROBRAS (identidade de autor e rés). Em ambas alegou prejuízos consistentes na perda de poder aquisitivo em razão de expurgos inflacionários. Pediu sentenças condenatórias. Até aqui, nada mais que mera coincidência entre elementos *abstratos*. Quando se passa aos concretos, porém, vê-se que: a) os prejuízos alegados lá foram decorrentes do Plano Verão e do Plano Collor, enquanto que os daqui vieram do Plano Real; b) o valor indenizatório daqui, sendo embora *dinheiro* como lá, é naturalmente outro montante e não aquele que já recebera. E assim: a) o que ficou coberto pela coisa julgada foram os prejuízos sofridos com o Plano Verão e Collor, não com o Plano Real; b) o valor a que tinha direito pelos prejuízos sofridos com aqueles *planos* é outro e não o mesmo de agora, não se cogitando de rediscutir seu direito àquela soma que já recebeu.

12. *Cfr.* ainda uma vez minhas *Instituições de direito processual civil*, II, n. 436, pp. 116-117.

Vê-se também (a) que o juiz do segundo processo poderia perfeitamente, sem infração a coisa julgada alguma, julgar improcedente a segunda demanda proposta pelo ora consulente, sem qualquer interferência sobre o julgamento daquela primeira e, portanto, sem atingir os resultados práticos lá já conseguidos. Poderia também, (b) nos fundamentos de sua sentença, negar a *causa petendi* e portanto o perigo gerador do direito a alguma compensação pecuniária, sem embargo de no primeiro processo haver reconhecido a existência de prejuízos (Planos Verão e Collor). Vejam pois os qualificados leitores que somente no *abstrato* os elementos objetivos das duas demandas coincidem e no *concreto*, não. Haveria uma "litispendência e/o coisa julgada" a impedir o novo julgamento do mérito, se agora estivesse reposta em discussão a perda da capacidade aquisitiva dos créditos do autor em decorrência dos dois primeiros *planos*; mas aqui só se discute sobre a desvalorização monetária conseqüente ao *terceiro* deles; ou (o que na prática vem a ser o mesmo) se agora se questionasse o direito do autor a receber aquelas diferenças de correção monetária já recebidas.

256. síntese e conclusão:
nova demanda plenamente admissível

A síntese do que acabo de dizer, fechando agora os olhos às minúcias conceituais e doutrinárias neste tópico chamadas à colação, é esta: o que na segunda das causas propostas pelo consulente ficar decidido não interferirá minimamente *no resultado* do primeiro processo, onde a primeira de suas demandas foi objeto de exame e definitiva decisão. Como venho dizendo com apoio no pensamento doutrinário em geral, somente ocorre o impedimento decorrente da litispendência ou da coisa julgada quando em um segundo processo se buscar o mesmo resultado postulado em um processo pendente (litispendência) ou se recolocar em julgamento o resultado já definitivamente ditado em sentença já irrecorrível (coisa julgada – *supra*, n. 254). Em casos assim ocorrerá o *bis in idem* que a lei quer coibir mediante a imposição dos impedimentos decorrentes da litispendência ou da coisa julgada; mas, quando os elementos concretos da nova demanda não coincidem com os da primeira, impor um impedimento assim inexistente seria negar indevidamente o julgamento do mérito e, o que é pior, o acesso à ordem jurídica justa (Const., art. 5º, inc. XXXV).

Perdoem-me a insistência e possível preciosismo tecnicista contidos nesta exposição, mas a isso fui obrigado diante dos julgamentos que geraram o V. acórdão rescindindo, onde a meu ver as coisas foram mal compreendidas a ponto de ser reiteradamente afirmada uma "litispendência e/ou coisa julgada" que aqui me empenho em demonstrar que absolutamente inexistia. O fato de um mesmo sujeito estar cobrando judicialmente diferenças de valor referentes aos mesmos títulos não significa, só por isso e sem que os elementos da demanda coincidam, uma litispendência apta a impedir o prosseguimento do segundo processo e final julgamento *de meritis*.

XVII – AÇÃO DE NULIDADE DE PATENTE – PREJUDICIALIDADE E OUTRAS QUESTÕES PROCESSUAIS[1]

257. as demandas propostas e pendentes – 258. a consulta e os temas – 259. legitimidade e interesse de agir – aquela é um aspecto deste – 260. o interesse e a legitimidade da consulente – 261. também presentes a legitimidade e o interesse à antecipação de tutela – 262. prejudicialidade – 263. uma fortíssima relação prejudicial – 264. natureza constitutiva negativa da sentença pedida e sua eficácia *ex nunc* – 265. o tratamento a ser dado às *ações de infração* – 266. suspensão prejudicial – não importa qual das causas foi proposta antes – 267. as múltiplas alternativas para o julgamento da causa prejudicial – 268. julgamento antecipado do mérito – 269. improcedência das *ações de infração* e não impedimento ao seu julgamento pelo mérito – 270. tornando à liminar concedida e sua influência atual sobre as outras causas – 271. suspensão dos processos por tempo indeterminado – 272. inadmissível qualquer medida urgente contrariando aquela liminar

257. *as demandas propostas e pendentes*

No foro do Rio de Janeiro, a ora consulente ajuizou demanda denominada *ação de nulidade de patente* em face de uma outra empresa e do Instituto Nacional da Propriedade Industrial, com o *pedido principal* de uma sentença declarando a nulidade de determinada patente de invenção ou, alternativamente, "a nulidade parcial da patente em questão, limitando o escopo e a abrangência das reivindicações de forma a não englobar qualquer elemento ou característica que já era parte do estado da técnica, para fins de novidade, atividade inventiva ou suficiência descritiva". Pediu

---

1. Reprodução de parecer elaborado em dezembro de 2004. O caso aqui examinado é intimamente relacionado com o que está no estudo "Coisa julgada, assistência e eficácia da intervenção", contido neste mesmo volume, Capítulo XIV (*supra*, nn. 223 ss.).

pois uma sentença constitutiva negativa, fosse para atingir a patente como um todo, fosse para declaração de sua nulidade parcial (pedido subsidiário). A patente cuja nulidade a autora afirma foi expedida para um *equipamento controlador de chamadas entrantes no terminal telefônico do usuário*, tendo o número acima indicado pela consulente e sendo seu titular a ré. O fundamento central agitado pela autora é a não-patenteabilidade desse falso *invento*, com a alegação de que lhe faltam os requisitos da *novidade*, da *atividade inventiva* e da *suficiência descritiva*, impostos pelos arts. 8º e 24 da Lei de Propriedade Industrial – e esse processo está pendente, sempre no foro federal da cidade do Rio de Janeiro, ainda em primeiro grau de jurisdição.[2]

Mas a autora, ora consulente pediu também, na mesma demanda, uma medida liminar que lhe antecipasse a tutela principal postulada, sustando ou suspendendo os efeitos da patente que veio a juízo impugnar. O fundamento central dessa postulação adicional é, ao lado das próprias razões de mérito, que lhe outorgam verossimilhança, o *perigo* representado por demandas que a ré vem aforando em outros lugares, ou seja, em outros foros – demandas propostas em face de empresas consumidoras de produtos da autora, com a alegação de que, usando-os, elas estariam a transgredir o direito dela, ré, decorrente da patente que a favorece (*ações de infração*). Em fundamentada decisão, o MM. Juízo carioca concedeu a antecipação postulada, assim se pronunciando: "preenchidos os requisitos legais, *defiro* a liminar requerida e determino a imediata suspensão do uso da patente de invenção até ulterior decisão deste juízo".

Ao que me consta essa liminar está vigente, não havendo sido interposto contra ela o recurso de agravo de instrumento nem qualquer outro. Limitou-se a ré a pedir ao próprio MM. Juízo a reconsideração de sua R. decisão, mas silenciou a partir de quando esse pleito lhe foi indeferido. Daí a preclusão da liminar.[3]

---

2. Situação ao tempo em que parecer foi elaborado.
3. Sempre, a situação do tempo do parecer.

258. *a consulta e os temas*

É sobre esse contexto que sou consultado, sendo-me colocadas as seguintes indagações, sobre as quais discorrerei em parecer:

primeira: a consulente é parte legítima e tem interesse processual para a demanda que propôs e para o pedido de antecipação que formulou?

segunda: qual efeito terá a procedência da demanda proposta pela consulente (*ação de nulidade de patente*) sobre as *ações de infração* movidas por sua atual adversária a outras empresas? Levar em conta os possíveis julgamentos da causa. Esses efeitos serão operantes *ex tunc* ou *ex nunc*?

terceira: qual efeito tem sobre essas ações a liminar concedida no processo em que a consulente figura como autora?

quarta: em virtude dessa liminar, ficam os juízos dessas *ações de infração* impedidos de conceder liminares ou antecipações de tutela apoiadas no pressuposto de aquela patente impugnada estar sendo violada?

quinta: foi regular a antecipação tutelar concedida à consulente? Examinar os pressupostos nos quais se apóia a concessão.

259. *legitimidade e interesse de agir – aquela é um aspecto deste*

Na linha de uma evolução conceitual principiada na obra de Liebman e consinuada na de Buzaid, venho definindo a legitimidade *ad causam* como a "qualidade para estar em juízo, como demandante ou demandado, em relação a determinado conflito trazido ao exame do juiz".[4] Tem legitimidade ativa para uma causa o sujeito que em tese possa vir a se beneficiar juridicamente dos efeitos da tutela jurisdicional pleiteada; e tem legitimidade passiva aquele que, também em tese, poderá sofrer algum impacto desfavorável em sua esfera jurídica (*supra*, capítulo VIII, "Uma ação civil pública juridicamente impossível", esp. n. 112).

---

4. *Cfr.* Dinamarco, *Instituições de direito processual civil*, II, n. 545, p. 306.

Dando mais um passo rumo a uma noção ainda mais concreta e palpável de legitimidade *ad causam*, venho apoiando um pensamento que teve muita força na doutrina italiana de mais de meio século atrás, consistente em apontar essa condição da ação como mero destaque de uma outra, que é o interesse de agir. Tomo a liberdade de transcrever um trecho da obra em que sustentei essa idéia, *verbis*:

> "em rigorosa técnica processual, a legitimidade *ad causam* insere-se no âmbito do interesse de agir porque sua falta traduz-se em ausência de utilidade do provimento jurisdicional. Ainda que tenha legitimidade, o autor pode carecer do direito de ação se por outro motivo esse provimento não for apto a proporcionar-lhe utilidade, como no exemplo do *writ* concedido quando o concurso já se realizou; mas, se a medida for postulada por outra pessoa, já se sabe de antemão que a tutela jurisdicional será inútil, dispensada a perquirição relativa a outros elementos. A ilegitimidade *ad causam* é, assim, um destaque negativo do requisito do interesse de agir, cuja concreta ocorrência determina *a priori* a inexistência deste".[5]

260. *o interesse e a legitimidade da consulente*

A consulente sente-se, com toda razão, molestada e ameaçada pelas *ações de infração* movidas por sua atual adversária em face de empresas que, havendo adquirido e estando a utilizar produtos de sua fabricação (fabricação da consulente), são apontadas como infratoras à patente aqui posta em discussão. Invocando a tal patente, intitulando-se titular dos direitos que dela decorreriam e ampliando arbitrariamente sua área de abrangência, aquela autora afirma-se dona de uma suposta exclusividade sobre certos *equipamentos* que a ora consulente fabrica, dizendo então que aquelas empresas, ao prestarem serviços ao público mediante o uso de tais produtos, estariam a lesar seu afirmado direito de exclusividade.

Eis o ponto.

Se uma empresa é responsabilizada por usar produtos fabricados pela consulente, sendo esses produtos em si mesmos infrato-

---

5. *Op. cit.*, n. 546, p. 313.

res a uma patente, é claro que a responsabilidade da tal empresa decorreria de uma suposta infração cometida antes pela fabricante dos produtos, ou seja, pela consulente. E salta aos olhos que a procedência de alguma das demandas assim movidas por aquela empersa traria em si a perspectiva de um possível direito de regresso em face da fabricante dos produtos assim tachados de ilícitos, correndo a ora consulente, nessa situação, o risco de ser depois responsabilizada por suas próprias clientes. Ela já foi inclusive notificada por várias dessas empresas, que figuram como rés de ações movidas por Lune, sendo ainda que uma dessas clientes-rés já chegou ao ponto de denunciar-lhe a lide com vista a esse regresso. O risco é portanto manifesto e concreto – e daí o interesse da ora consulente no reconhecimento da nulidade daquela patente, a qual está à base e nos fundamentos de todas as suas iniciativas contra os consumidores dos equipamentos fabricados por aquela.

E tornemos ainda uma vez aos conceitos. *Interesse, em direito, é utilidade.* Consiste, segundo notória lição de Carnelutti, na relação de complementariedade entre *um bem* portador da capacidade de satisfazer uma necessidade e *uma pessoa* portadora de uma necessidade que pode ser satisfeita por esse bem.[6] Pois, pelas razões vistas acima, o mais eficaz dos meios de que dispõe a consulente para debelar o risco de uma responsabilidade regressiva perante os consumidores de seu produto é a obtenção de uma sentença que, declarando a nulidade da patente obtida por sua adversária, neutralize os efeitos dessa patente e, com isso, retire a base e o fundamento de todas as alegações desta. Há, como se vê, uma forte relação de *prejudicialidade* entre essa demanda movida pela ora autora e cada uma que a ré houver movido ou vier a mover em face dos usuários dos equipamentos fabricados pela primeira – e essa prejudicialidade revela-se no fato de que o julgamento da demanda proposta pela consulente poderá ser determinante para o julgamento de cada uma daquelas outras causas (sobre a prejudicialidade, v. *infra*, nn. 262 ss.).

6. *Cfr. Teoria generale del diritto*, § 35, pp. 58-61.

E assim é que, fazendo-se uma prospecção com os olhos nos efeitos que poderá ter a sentença anulatória aqui postulada pela consulente, percebe-se com facilidade e clareza a grande utilidade que essa sentença poderá aportar à esfera jurídica desta. Se for julgada inteiramente procedente, isso repercutirá nas demandas promovidas por aquela outra empresa como definitivo reconhecimento da licitude da conduta da ora consulente e dos produtos que fabrica e comercializa; se for julgada parcialmente procedente, com parcial nulificação da patente impugnada, na medida dessa procedência estará também reconhecida aquela licitude. Daí seu legítimo interesse na postulação e obtenção desse provimento jurisdicional, sendo ela um *sujeito interessado* e, portanto, tendo a legitimidade ativa *ad causam* de que estamos tratando.

261. também presentes a legitimidade e o interesse à antecipação de tutela

Como é óbvio e todos sabem, pedir uma antecipação de tutela não é *mover uma ação*. Mas, como antecipações só podem ser concedidas a pedido de uma parte, sendo vedado ao juiz antecipar espontaneamente, é imperioso suscitar, também em relação a elas, se aquele que as pede tem interesse em sua concessão e é legitimado a postulá-las. A ora consulente tem interesse processual na medida antecipatória que postulou e obteve do MM. Juízo de primeiro grau? Era legitimada a postulá-la?

Sim e sim.

O veto à antecipação tutelar *ex officio*, é explícito na lei (CPC, art. 273, *caput*: "o juiz poderá a requerimento da parte (...)"); é tema absolutamente pacífico em doutrina e sobre isso já me manifestei em estudo doutrinário. Disse que, diferentemente do que se passa em relação às medidas cautelares incidentes, "quando se pensa em oferecer a uma das partes, antecipadamente, a posse ou fruição de bens ou situações jurídicas no mundo exterior [*ou seja, quando se trata de antecipar tutela*], retomam força e vigor as disposições dos arts. 2º e 262 do Código de Processo Civil, para que o juiz dependa sempre da provocação do interessado".[7] E, como uma iniciativa de parte é sempre indispensável, coloca-se necessariamente o problema de identificar se a antecipação que alguém pede terá a potencialidade de ser útil e, mais especificamente, de ser útil a quem a pede; colocam-se, em outras palavras, o tema do legítimo interesse jurídico em postular a antecipação e o da legitimidade a postulá-la – até porque, como sempre relembro ao referir judicioso pensamento de Donaldo Armelin, esses temas não são privativos da teoria da ação e sequer do próprio direito processual como um todo (*infra*, n. 407).

Pois a utilidade que manifestamente a antecipação de tutela concedida no Rio de Janeiro trouxe à consulente consiste em minar fatalmente qualquer possibilidade de, durante sua vigência, ser por algum modo ou em qualquer outro processo concedido à adversária algum provimento que tenha por premissa os efeitos daquela patente cujos efeitos estão suspensos. Como toda antecipação de tutela, essa de que estamos falando produz efeitos da mesma natureza que os do provimento principal e final postulado pela parte. E a suspensão dos efeitos da patente, concedida mediante essa antecipação de que falamos, tem agora, em caráter provisório, a mesma eficácia substancial que no futuro poderá ter a sentença, em caráter definitivo; ela terá a eficácia consistente em impedir que aquela patente seja empregada como fundamento para qualquer direito ou pretensão da empresa titular, ou para qualquer decisão judicial reconhecendo a ilicitude da produção daqueles equipamentos pela consulente. Isso é *prejudicialidade*, e sobre a prejudicialidade discorro logo a seguir.

262. *prejudicialidade*

É clássico o ensinamento de Barbosa Moreira, de que a prejudicialidade consiste em um liame de dependência entre duas causas, entre duas questões ou entre dois pontos, de modo que o julgamento da causa (ou questão, ou ponto) *prejudicial* influirá no teor do

7. *Cfr*: "O regime jurídico das medidas urgentes", n. 42, pp. 97-88.

julgamento das demais causas, questões ou pontos. Por isso é que uma se chama prejudicial e outra, prejudicada.[8] Uma causa, questão ou ponto é prejudicial quando, no plano lógico e no jurídico, a solução a ser dada a ela determina ou limita o modo como será julgada outra causa, questão ou ponto (Francesco Menestrina).[9] Há *prejudicialidade lógica* entre duas causas, questões ou pontos quando a coerência exige que o pronunciamento sobre um deles seja tomado como precedente para o pronunciamento sobre o outro; e a prejudicialidade torna-se relevante para o direito quando a isso se acresce a *prejudicialidade jurídica*, representada pela igual natureza do juízo relativo a esses dois pontos, questões ou causas.[10]

> Diz-se *ponto*, em direito processual, todo fundamento de uma demanda ou de uma decisão. Quando controvertido, o ponto converte-se em *questão* – que notoriamente Carnelutti define como *ponto controvertido de fato ou de direito*. As questões são resolvidas pelo juiz ao motivar suas sentenças, como *iter* de um raciocínio que culminará no dispositivo. Resolvidas as questões, ele então decide a *causa*, (ou seja, em linguagem *carneluttiana*, a lide – que é a pretensão trazida como objeto do processo).

Como exemplo emblemático de prejudicialidade jurídica temos a obrigação de prestar alimentos, que é dependente da relação de filiação entre quem os postula e aquele que deverá prestá-los; conseqüentemente, sendo movidas uma ação de investigação de paternidade e uma de alimentos, aquela será prejudicial a esta, a qual se considera *dependente*, ou prejudicada – porque, obviamente, a ação de alimentos só poderá ser julgada procedente se a investigatória também o for, sendo ela fatalmente rejeitada em caso de improcedência desta. Em casos assim, uma série de com-

---

8. *Cfr. Questões prejudiciais e coisa julgada*, nn. 32 ss., pp. 49 ss.
9. *Cfr. La pregiudiciale nel processo civile*, nn. 30-31, pp. 139 ss.; n. 35, pp. 153 ss. *Causa, questão* e *ponto* são três conceitos bastante manipulados no trato da prejudicialidade.
10. *Cfr.* Menestrina, *op. cit.*, p. 103. *Cfr.* ainda Barbosa Moreira, *Questões prejudicais e coisa julgada*, n. 32, esp. pp. 51-52; Adroaldo Furtado Fabrício, *Ação declaratória* incidental, n. 29, esp. p. 68.

binações de hipóteses é admissível, podendo-se pensar p.ex. na ação de alimentos (prejudicada) julgada improcedente apesar de ser procedente a investigatória (prejudicial) – o que sucederá se o juiz reconhecer que ao autor falta a necessidade dos recursos financeiros que veio a postular, embora filho ele seja. Podem também ser ambas acolhidas ou rejeitadas pelo mérito, ou dadas por inadmissíveis. O que não se admite, mercê da relação de prejudicialidade, seria o convívio entre a *improcedência* da ação de investigação de paternidade e a *procedência* da ação de alimentos.[11] Sempre na lição de Chiovenda, há essa relação de dependência entre dois pedidos, entre dois capítulos da sentença ou entre duas causas, "quando um não pode logicamente subsistir se o outro tiver sido negado".[12]

263. *uma fortíssima relação prejudicial*

No presente caso estamos diante de uma outra situação que também posso qualificar como emblemática, porque com a procedência da ação declaratória de nulidade de uma patente *jamais poderá conviver* a procedência de uma ação cujo fundamento seja a infração a essa patente. Qualquer uma daquelas *demandas* já aforadas pela adversária da consulente, ou que venham a ser aforadas com o mesmo fundamento e finalidade, terá seu julgamento fatalmente condicionado pelo julgamento dessa outra demanda que esta moveu, porque todas aquelas contam com um fundamento que desaparecerá se esta for julgada procedente. Todas elas têm por fundamento a existência de uma patente e todas giram em torno de condutas que sua autora tacha de infratoras a esse seu suposto direito – de modo que, proclamado que tal direito não existe, todas as pretensões fundadas nele ruirão inevitavelmente por terra, como um castelo de cartas.

Ora, discorrendo sobre esses conceitos fundamentais em processo civil, em obra muitas vezes clássica, o monografista Fran-

---

11. Essas são conhecidíssimas lições de Giuseppe Chiovenda, que acolhi em minhas *Instituições de direito processual civil*, II, n. 473, esp. pp. 172-174.
12. *Cfr. Principii di diritto processuale civile*, § 91, V, esp. p. 1.136.

cisco Menestrina mostra como a decisão sobre um ponto, uma questão ou uma causa pode vir a ter influência no teor de futuras decisões sobre outro ponto, questão ou causa.[13] No Brasil o tema é magistralmente tratado em monografia também clássica e já citada mais acima, de autoria de José Carlos Barbosa Moreira, na qual constitui ponto de destaque a distinção entre *preliminar e prejudicial*, com a lição de que esta ocorre quando a decisão puder projetar efeitos relevantes para *o teor* de outra – enquanto que aquela opera no sistema como fator de impedimento ou retardamento do julgamento do *meritum causæ*.[14] Pois no caso presente é mais do que manifesta, como com muita facilidade pude demonstrar logo acima, o modo como o julgamento da demanda proposta pela consulente poderá projetar efeitos sobre o teor do julgamento de todas as que sua adversária propôs a outras empresas; é para lá de seguro que, julgada procedente aquela, fatalmente todas estas estarão irremediavelmente fadadas a serem julgadas improcedentes. Apesar de toda a limpidez com que vejo tal situação, a bem da maior clareza talvez convenha ser ainda um pouco mais explícito.

E, para ser mais explícito, saliento (a) que as demandas movidas pela ora adversária da consulente, chamadas *ações de infração*, têm por fundamento central o suposto direito de exclusividade daquela sobre esse tipo de produto; b) que esse direito, se existisse, estaria amparado pela patente cuja nulidade a consulente está a pedir que seja declarada; c) que a declaração dessa nulidade, passando em julgado a sentença que a contiver, terá uma eficácia de amplitude geral, não podendo jamais alguém sustentar que a tal patente é válida ou querer fruir efeitos derivados dela; d) que, conseqüentemente, todo juiz que vier a decidir sobre uma dessas causas estará rigorosamente adstrito ao teor daquela primeira sentença e, obviamente, à *auctoritas rei judicatæ* de que ela se revestirá.

É também conveniente deixar explícito que as coisas se passam assim porque o tema da nulidade daquela patente está posto

---

13. *Op. loc. cit.*
14. *Cfr. Questões prejudiciais e coisa julgada*, n. 18, pp. 26-27.

não como mera *questão* na demanda proposta pela consulente, mas como autêntico *meritum causæ*, ou objeto do processo. Ela não veio a juízo pedir algo, pelo fundamento de ser nula a tal patente: veio pedir, sim, a declaração *principaliter* dessa nulidade. A sentença que decidir a respeito fará coisa julgada material sobre a própria declaração da nulidade, que nela não aparecerá como mero fundamento, ou suporte lógico de uma decisão, mas como verdadeira decisão de mérito. Essa é a diferença entre os pronunciamentos que o juiz toma *incidenter tantum*, os quais, por expressa disposição de lei, não ficam protegidos pela autoridade da coisa julgada, e os pronunciamentos emitidos em via principal, na parte decisória da sentença e não nos fundamentos (declaração *principaliter*). Estes fazem coisa julgada material e o preceito que contêm se impõem em todas as situações nas quais tiver alguma relevância, como no caso em exame (Celso Agrícola Barbi).[15]

> Na técnica do Código de Processo Civil, não faz coisa julgada a decisão sobre questão prejudicial, quando contida entre os fundamentos da sentença, sem que haja sido proposta a ação declaratória incidental (art. 469, inc. I); mas coisa julgada haverá se a ação declaratória incidental houver sido proposta (art. 470) ou também, como é intuitivo, se a ação prejudicial houver sido posta como objeto de um outro processo.

264. *natureza constitutiva negativa da sentença pedida e sua eficácia* ex tunc

O ato administrativo, ainda quando portador de algum vício que permita qualificá-lo como *nulo*, produzirá seus efeitos até que a própria Administração o declare tal ou que, em um regular processo contencioso, isso seja feito por obra de um juiz (Súmula n. 473-STF). Não há nulidades *pleno jure* em direito público porque os atos estatais de autoridade não podem ficar à mercê dos juízos a serem feitos pelos indivíduos ou grupos sobre os quais a autoridade estatal é exercida. Por isso é constitutiva negativa a

---

15. *Cfr. Comentários ao Código de Processo Civil*, I, n. 264.1, p. 406.

sentença que julga procedente uma *ação de nulidade* como esta aqui examinada.

> Se a procedência for integral, essa será uma sentença puramente constitutiva negativa; se parcial, haverá em seu seio um capítulo puramente constitutivo negativo (o que cancelar certos efeitos da patente) e um outro meramente declaratório (o que declarar subsistente algum outro efeito).

Nesse quadro, a anulação de um ato administrativo ou processual dado por viciado não se sujeita à mesma disciplina que rege a anulação dos atos de direito privado. Nessa área, ou seja, no direito civil, anulam-se atos anuláveis (CC, art. 171) e não os nulos, que já nascem sem eficácia perante o direito – e, no máximo, sua nulidade precisará ser declarada por sentença somente para debelar a chamada *dúvida objetiva*, ou crise de certeza (CPC, art. 4º). Em direito público, o vício que inquina o ato nulo é radical e vem do início, tanto quanto sucede com os atos nulos de direito privado mas a necessidade de um outro ato estatal que lhe retire os efeitos é uma imposição de ordem política da própria relação de direito público existente entre o Estado e cada membro da população – aquele exercendo o poder e todos os demais indivíduos ou grupos ficando sob sujeição a esse poder. Como *sujeição* é conceitualmente uma situação na qual o sujeito não pode resistir ao exercício do poder por outro, que sobre ele impõe sua *autoridade* (Carnelutti), só um ato de quem exerce o poder estatal pode pôr no *nada* um outro ato vindo do Estado.

Não se trata de anular um ato *anulável*, portanto. E, por isso, quando um ato administrativo é anulado, a eficácia da sentença que assim decide projeta-se no passado, atingindo radicalmente o ato viciado, para não só excluir toda sua eficácia no presente e no futuro, como também cancelar os efeitos que já houver produzido. Daí o acerto do art. 48 da Lei da Propriedade Industrial, ao dispor que "a nulidade da patente produzirá efeitos a partir da data do depósito do pedido". Tem-se portanto a mais autêntica eficácia *ex tunc* dessa sentença constitutiva negativa, tanto quanto seria se se tratasse de uma sentença meramente declaratória.

265. o tratamento a ser dado às ações de infração

Dizendo que a sentença a ser proferida em cada uma daquelas ações estará fortemente condicionada pela que julgar procedente a demanda movida pela consulente, sinto que ainda não disse tudo. É preciso também uma explicitude sobre os modos como cada um daqueles processos deve ser desde logo tratado e como será tratado quando a demanda da consulente vier a ser julgada. Discorrerei por isso, logo em seguida, (a) sobre a suspensão prejudicial dos processos das *ações de infração* e (b) sobre o julgamento antecipado do mérito dessas ações.

266. suspensão prejudicial
– não importa qual das causas foi proposta antes

Ocorre no caso uma chamada *prejudicialidade externa*, caracterizada pela propositura de uma demanda, a da ora consulente, em um processo autônomo e separado de todos aqueles nos quais sua adversária figura como autora (e tendo no pólo passivo empresas que empregam produtos da consulente). O direito dá tratamentos diferentes (a) a casos assim, de causa prejudicial gerada fora do processo da causa prejudicada e (b) de causa prejudicial proposta pela via da *ação declaratória incidental*. Esta é julgada naquele mesmo processo, em uma sentença só, juntamente com a demanda inicial, que é a prejudicada; aquela, em outro processo e outra sentença. Ambas produzem coisa julgada material mas diferem os modos como o processo da ação prejudicada é tratado.

Tratando-se de prejudicial *externa* é dever do juiz suspender o processo no qual houver sido proposta a ação prejudicada, à espera do julgamento da prejudicial. "Suspende-se o processo (...) quando a sentença de mérito depender do julgamento de outra causa ou da declaração da existência ou inexistência da relação jurídica que constitua o objeto principal de outro processo pendente". Ao dispor assim, o art. 265, inc. IV, letra *a*, do Código de Processo Civil teve o visível intuito de propiciar a efetividade da imposição do efeito magno da prejudicialidade entre duas causas, que é sempre aquele consistente no comando da decisão da causa prejudicada pelo teor da decisão da prejudicial (*supra*, n. 262). Se o processo não se suspendesse, não haveria como tratar uma causa como dependente e outra, como dominante.

E não importa qual das causas se instalou em juízo antes da outra – se a prejudicial, se a prejudicada. Ou seja, se a *ação de nulidade* proposta pela ora consulente, se alguma daquelas *ações de infração* que têm sua adversária como autora. A prejudicialidade é sempre uma relação entre causas (ou entre ações, na lição de Piero Calamandrei) e o modo como o julgamento entre elas influi sobre o teor do julgamento de outra não está sujeito a variáveis como essa. A casual circunstância de esta ou aquela haver sido proposta em primeiro lugar não afeta a relação de prejudicialidade existente entre elas. Conseqüentemente, também para o fim de suspensão da causa prejudicada não terá influência alguma a circunstância pobremente temporal de haver ela sido instaurada antes ou depois da prejudicial. Se for necessário harmonizar decisões, se a decisão de uma colocará uma peça que não poderá faltar à decisão de outra, então há entre elas uma relação de prejudicialidade e a suspensão da causa dependente se imporá.

267. *as múltiplas alternativas para o julgamento da causa prejudicial*

Como foi consignado ao início deste parecer, em sua ação de nulidade deduziu a ora consulente (a) um pedido principal, de anulação integral da patente obtida pela adversária e (b) um pedido subsidiário, de anulação parcial (CPC, art. 289). Assim agindo, pautou-se pelo que lhe autoriza o art. 47 da Lei da Propriedade Industrial, onde se lê que "a nulidade poderá não incidir sobre todas as reivindicações" *etc*. Se o vício for radical, atingindo o ato ou a patente como um todo, ou se não houver reivindicações aptas a serem deferidas de modo autônomo e independente das demais, *tolitur quœstio*: a anulação será integral e nada restará da patente viciada. Mas, estando viciada somente uma parte do ato, havendo itens de reivindicações que possam subsistir sem a companhia dos demais, anular-se-á apenas parcialmente a patente (art. 47). Diante disso, ainda quando não houvesse a consulente deduzido aquele seu pedido menor, o campo estaria aberto ao juiz para lhe conceder a parcial anulação da patente – o que consistiria em uma *procedência parcial* da demanda, uma vez que a anulação parcial é um *minus* que cabe dentro da *anulação integral do ato*, em uma perfeita relação de *minus a majus*. Mas seguramente, havendo configurado dessa maneira o seu *petitum*, a autora deixou mais do que clara a possibilidade de o juiz pronunciar-se (a) pela improcedência total da demanda, (b) por sua procedência total ou (c) pela parcial procedência.

A partir de agora multiplicam-se as hipóteses porque (a) se a procedência for total, lá se vai toda a patente e o ato que a concedeu perderá toda sua eficácia (*ex tunc*, como manda a lei – *supra*, n. 265), mas (b) se vier a ser ditada apenas uma parcial procedência, não se sabe neste momento quais partes das reivindicações da ora ré serão banidas e quais sobreviverão. Isso dependerá de um leque muito vasto de circunstâncias relacionadas com o direito da propriedade industrial, que um processualista prudente não se arriscaria a analisar ou enumerar, sendo certo porém que as variáveis do julgamento dessa causa serão muitas e, para o processualista, imprevisíveis.

> Uma *análise técnica* precisará ser realizada e daquilo que se concluir nesse exame poderá resultar que tais ou quais itens das reivindicações merecem subsistir e outros tantos, não – sem que se possa, no momento, antever quais serão uns e quais os outros.

Pois esse quadro de incertezas exalta a intensidade da relação prejudicial existente entre a *ação de nulidade* e aquelas outras, agravando o risco de decisões contraditórias em caso de não serem suspensas as causas prejudiciais. Como disse, é para que a relação de prejudicialidade tenha sua eficácia nas decisões e para que efetivamente a decisão da causa prejudicial comande a das prejudicadas, que a lei manda suspender o curso destas (CPC, art. 265, inc. IV, letra *a*).

268. *julgamento antecipado do mérito*

É tão intensa a relação de prejudicialidade entre essas causas, que se for julgada procedente a demanda proposta pela ora consulente, ficando então declarada *principaliter* a nulidade da patente por ela impugnada, nenhuma outra questão poderá desviar o rumo do julgamento do mérito das *ações de infração* movidas pela empresa que neste processo é ré – uma vez que, como acima disse, "com a procedência da ação declaratória de nulidade de uma patente jamais poderá conviver a procedência de uma ação cujo fundamento seja a infração a essa patente". Já não importará saber se a autora daquelas demandas sofreu prejuízo ou não, qual teria sido o montante desse suposto prejuízo, se cada uma das rés agiu de boa-fé ou de má-fé, se em tese a consulente responde ou não pela conduta de suas clientes *etc*. E, mais importante que isso: não poderá ser apreciada sequer a questão da licitude do fabrico e utilização daqueles equipamentos – questão posta ao centro dos fundamentos da autora naquelas causas – porque sobre isso já haverá uma decisão tomada *principaliter* e portanto coberta pela coisa julgada material como expressamente manda a lei (CPC, art. 470).

A conseqüência é que, nenhuma outra questão havendo a julgar (porque todas se tornam impertinentes) e não podendo ser decidida a questão central da licitude ou ilicitude (porque já decidida, com coisa julgada), ver-se-á cada um dos juízes daquelas causas na situação prevista pelo inc. I do art. 330 do Código de Processo Civil, sendo seu dever julgar antecipadamente o mérito. A síntese desse dispositivo, perceptível apesar de sua má redação, é que o juiz antecipará o julgamento do mérito sempre que não houver qualquer questão de fato dependendo ainda da produção de alguma prova.

"Julgar antecipadamente o mérito é decidir sobre a pretensão do autor antes do momento ordinariamente reservado para isso (ao fim da audiência de instrução e julgamento – art. 456). O ato com que esse julgamento se profere é *sentença*, porque decide o *meritum causæ* (art. 162, § 1º), e essa sentença nada tem em si de especial.

Diferencia-se somente pela circunstância da antecipação, sendo estrutural e funcionalmente igual à que se proferiria depois de finda a instrução. Ela é uma sentença de mérito como outra qualquer, cujos efeitos são suscetíveis de ficar imunizados pela autoridade da coisa julgada material."[16] O *julgamento antecipado da lide*, assim chamado pelo art. 330, não se confunde pois com a antecipação da tutela jurisdicional, que é por definição provisória, não deve causar situações irreversíveis e não fica coberta pela *res judicata*.

269. improcedência das ações de infração e não impedimento ao seu julgamento pelo mérito

Neste tópico quero somente enfatizar algo já dito, evitando mal-entendidos. Quando digo que uma das causas é *prejudicial* e todas as outras *prejudicadas*, não é minha intenção dizer que estas perderão o objeto, como se costuma dizer, ou que os pedidos ficarão *prejudicados*. Uma coincidência verbal poderia gerar algum desses mal-entendidos e é por isso que cuido de fazer os presentes esclarecimentos.

Dizer que um pedido ficou *prejudicado*, ou que a causa *perdeu o objeto* equivale na maioria dos casos a afirmar que, por um motivo superveniente, o demandante passou a carecer do interesse de agir, não se admitindo mais o julgamento da causa pelo mérito. Isso se dá, *v.g.*, quando no curso do processo do mandado de segurança se realiza o concurso público do qual o impetrante pretendia participar, sem que o juiz lhe houvesse concedido a tutela liminar; ou se a autoridade coatora, reconsiderando decisão anterior, decide por aceitar o candidato apesar de não haver uma liminar nesse sentido. Em casos assim, nos quais nenhuma utilidade o julgamento do mérito da impetração poderá aportar à esfera jurídica do impetrante, o que sucede é que este perdeu o interesse de agir, passando pois a carecer da ação. Diz-se também que fica *prejudicado* o recurso do autor postulando majoração do valor da indenização fixada em primeira instância, quando o tribunal dá provimento ao do réu, julgando improcedente a demanda inicial.

16. *Cfr.* minhas *Instituições de direito processual civil*, III, n. 1.137, pp. 580-581.

Não é disso que cuidamos aqui. Como já ficou dito, lembrando vigorosa lição de Barbosa Moreira, não há coincidência entre os conceitos de causa ou questão *prejudicial* e questão *preliminar* (*supra*, n. 263). O acatamento de uma preliminar pelo juiz tem o efeito de impedir o julgamento do mérito,[17] ao contrário das prejudiciais, cujo julgamento influirá *no teor* do julgamento das causas prejudicadas, não o impedindo nem retardando. Aqui, a procedência da ação declaratória proposta pela empresa que me consulta irá ao fundo da pretensão de sua adversária, no sentido de impor a improcedência de suas demandas e não a extinção daqueles processos, por supostamente haverem *perdido o objeto* e por estar, como se diz, *prejudicado o pedido* contido em cada um deles.

270. tornando à liminar concedida e sua influência atual sobre as outras causas

No estado atual das coisas e do processo pendente no foro do Rio de Janeiro, temos uma liminar vigente e, por força dela, uma *patente inoperante*. A R. decisão que concluiu por conceder *a imediata suspensão do uso daquela patente de invenção* tem precisamente esse efeito, o efeito de impedir que aquele ato permaneça produzindo os efeitos que ordinariamente produziria. Tanto quanto uma sentença constitutiva negativa, uma antecipação com tal conteúdo (suspender o uso da patente) afasta o ato administrativo do mundo jurídico; e poderíamos até dizer, embora essa linguagem não seja usual, que estamos diante de uma *antecipação desconstitutiva*, ou constitutiva negativa, tanto quanto será a sentença que julgar procedente a demanda principal da autora – com a única diferença consistente em sua própria temporariedade, podendo ser revogada no curso do processo ou desfeita pela sentença que vier (CPC, art. 273, § 4º).

Sendo constitutiva negativa a sentença que julga procedente uma *ação de nulidade* como esta aqui examinada, terá igual efi-

---

[17] Ou retardá-lo, como no caso de acolhimento da preliminar de incompetência absoluta.

cácia, posto que provisória, a decisão interlocutória que houver antecipado a tutela esperada pelo autor. Uma decisão como essa, suspendendo o uso da patente, vale por uma *provisória anulação* – se é que se pode falar assim. Ou, com mais precisão técnica e terminológica: essa decisão é portadora de uma provisória supressão dos efeitos do ato administrativo impugnado, ou de sua *suspensão* – com a conseqüência de que, enquanto aquela medida urgente durar, durará também a impossibilidade de invocar aquela patente como fonte ou esteio de qualquer direito.

Em virtude dessa situação implantada pela medida antecipatória ditada pelo MM. Juízo, não havendo pois uma patente dotada de eficácia atual, nenhum ato poderá ser praticado, por quem quer que seja, com apoio em um suposto direito desta que aqui é ré aos efeitos da carta-patente de que é, formalmente, titular. Mais especificamente, não poderá outro juízo (a) julgar procedente uma daquelas *ações de infração* e não poderá sequer, ou muito menos, (b) conceder alguma medida cautelar ou antecipatória de tutela, que dependa da eficácia presente daquela patente suspensa.

271. *suspensão dos processos por tempo indeterminado*

Ainda quando não houvesse liminar alguma, seria dever do juiz de cada um daqueles outros processos determinar a suspensão destes (suspensão por prejudicialidade), a teor do disposto no art. 265, inc. IV, letra *a*, do Código de Processo Civil. Se não houvesse a liminar, todavia, também por expressa disposição legal essa suspensão estaria limitada no tempo, não podendo ir além dos doze meses indicados no § 5º do mesmo artigo. Mas isso, se não houvesse uma liminar com efeitos em vigor – porque, do contrário, o juiz daquelas causas estaria autorizado a revogar uma decisão proferida por outro juiz, do mesmo grau jurisdicional que ele, o que seria um grande absurdo. A suspensão, em casos como este, durará quanto tempo durar o processo da demanda movida pela ora consulente, sendo assim o raciocínio completo que estou a propor: a) porque a ação *de nulidade* é prejudicial, ou dominante, e as de infração são prejudicadas, ou dependentes, é preciso suspender os processos destas (art. 265, inc. IV, letra *a*); b) porque há uma liminar em vigor e não pode ser revogada ou desautorada pelos juízes das causas dependentes, a suspensão daqueles processos não estará condicionada ao limite de um ano estabelecido no § 5º do art. 265.

Em estudo realizado depois deste, cheguei até à conclusão de que o próprio cumprimento rigoroso do disposto nesse parágrafo, mesmo em casos normais, conduziria a uma transgressão às regras inerentes à prejudicialidade e abriria portas uma irracional *perda de tempo*: suspende-se o processo durante um ano, nada progride nesse período e, quando exaurido este, reinicia-se seu curso no mesmo estado em que antes se encontrava, sem que a causa prejudicial haja sido julgada. Isso só não seria uma realidade, se a realidade dos serviços jurisdicionais brasileiros fosse de razoável celeridade e então se pudesse contar com a final decisão da causa prejudicial dentro de um ano. Quanto irrealismo!

272. inadmissível qualquer medida urgente contrariando aquela liminar

Se pudesse algum juiz conceder medidas de urgência assentadas na premissa de existir e estar eficaz aquela patente suspensa no foro do Rio de Janeiro, isso significaria, mais uma vez, que um juiz de primeiro grau teria o poder de revogar ou desconsiderar decisões proferidas por outro juiz do mesmo patamar jurisdicional que ele. Eis o absurdo. Os efeitos da patente estariam "suspensos", mas continuariam a se impor, como se nada houvesse acontecido e nada decidido a respeito, justamente nos casos e para os fins que têm relevância sobre a esfera jurídica da parte que os obteve (a consulente). Que suspensão de efeitos seria essa? Nenhuma!

XVIII – INDÚSTRIA SUCROALCOOLEIRA – DISCRICIONARIEDADE ADMINISTRATIVA E AÇÃO RESCISÓRIA

273. o caso – 274. a causa julgada e os fundamentos da ação rescisória proposta – 275. erro de fato: matéria preclusa – 276. duas razões para a impropriedade da alegação de erro de fato – 277. responsabilidade objetiva do Estado (Const., art. 37, § 6º) – 278. a disposição constitucional foi aplicada com toda fidelidade – 279. as disposições legais, suas interpretações possíveis e os limites da atuação do Poder Público – 280. entre a discricionariedade e o devido processo legal – 281. razões concretas para afastar a discricionariedade – 282. ainda a lei e sua interpretação – 283. conclusões: fundamentos suficientes e reciprocamente autônomos

273. o caso

O prof. Hamilton Dias de Souza honra-me com a presente consulta, que se refere a uma ação rescisória na qual é ré sua cliente Cooperativa de Produtores de Cana, Açúcar e Álcool do Estado de São Paulo – COPERSUCAR. Essa empresa havia sido autora em um litígio em face da União Federal, obtendo sucesso porque foi reconhecido o direito dos cooperados a uma indenização, a ser paga por esta, em decorrência de haver distorcido critérios para o reajuste do preço de seus produtos no período compreendido entre março de 1985 e outubro de 1989. Assim decidiu o E. Tribunal Regional Federal da Primeira Região, cujo V. acórdão veio a passar em julgado porque não foi admitido o recurso especial interposto pela União. Em primeiro grau de jurisdição a demanda da ora consulente havia sido acolhida somente em parte, excluída a indenização com referência a parte daquele período. Houve apelação da União, não conhecida por inépcia de suas razões. A devolução oficial foi improvida e foi provido o apelo da COPERSUCAR para incluir na indenização o período que o MM. Juízo de primeiro grau excluíra. E foi assim que passou em julgado o V. acórdão da Justiça Federal.

Também o Instituto do Açúcar e do Álcool figurava como réu na demanda inicial mas sua ulterior extinção veio a reduzir o pólo passivo da causa, onde passou a figurar exclusivamente a União. Foi motivo central do indeferimento do recurso especial desta o fato de haver sido interposto contra acórdão não-unânime, sem exaurimento das vias recursais locais (embargos infringentes não opostos). A União interpôs agravo de instrumento contra essa R. decisão denegatória de seu recurso especial, mas foi improvido.

Em sua ação rescisória a União imputa ao V. acórdão rescindendo os vícios consistentes em violação a literais disposições de lei e em erro de fato. As disposições de direito positivo maculadas seriam o § 6º do art. 37 da Constituição Federal e os arts. 9º e 10º da lei n. 4.870, de 1º de dezembro de 1965.[1] O *erro de fato*, na versão da autora da ação rescisória, teria consistido em reconhecer a existência de um dano, quando dano algum teria ocorrido porque, segundo a petição inicial, o direito positivo não concedia àqueles produtores o direito a um preço maior. A demanda da União acrescenta ao pedido de rescisão do V. acórdão impugnado o de novo julgamento da causa pelo E. Tribunal Regional Federal (*judicium rescissorium*), de modo a dar provimento à devolução oficial e negar ao apelo que a seu tempo fora interposto pela COPERSUCAR. Esta ofereceu resposta à demanda rescisória, negando a ocorrência de erro de fato e das alegadas transgressões à Constituição e à lei.

Já no curso do processo da ação rescisória foi proferida pelo sr. Relator uma decisão que afastou o erro de fato como fundamento da pretensão da União autora e, ao mesmo tempo, indeferiu a prova pericial requerida por esta. Essa decisão, por não ter sido objeto de recurso algum, veio a ficar coberta por preclusão. O parecer do Ministério Público Federal é pela admissibilidade e procedência da ação rescisória somente pelas alegadas violações à Constituição e à lei, excluído o fundamento do erro de fato.

---

1. Que "dispõe sobre a produção açucareira, a receita do Instituto do Açúcar e do Álcool e sua aplicação, e dá outras providências".

274. a causa julgada
e os fundamentos da ação rescisória proposta

Como é do conhecimento de todos que atuam na área ou se mantêm informados dos acontecimentos ligados à economia do país, por muitas décadas a economia do setor sucroalcooleiro foi sujeita a severíssimo controle exercido pelo Governo Federal, particularmente no tocante à fixação de preços para a venda de seus produtos. Por imposição legal esses preços eram periodicamente revistos pelos órgãos competentes, fornecendo a lei critérios e procedimentos para as revisões. O procedimento para tais operações incluía, nos períodos cobertos pelo V. acórdão rescindindo, uma *proposta* a ser encaminhada pelo Instituto do Açúcar e do Álcool ao sr. Ministro da Indústria e Comércio, ao qual competia examiná-la e determinar, estando de acordo, a fixação de preços sugerida por aquela entidade. No caso em exame, a proposta do IAA foi feita a partir de um estudo realizado pela Fundação Getúlio Vargas a pedido dessa entidade mas o sr. Ministro a desaprovou invocando razões macroeconômicas de interesse geral da população que, segundo Sua Excelência, estariam a aconselhar reajustes inferiores aos propostos. Afastou-se com isso dos critérios estabelecidos no direito positivo, ou, mais especificamente, pelos arts. 9º e 10º da lei n. 4.870, de 1º de dezembro de 1965, segundo os quais os reajustes devem ser feitos mediante apuração das *funções-custo* do setor com observância "de pesquisas contábeis e de outras técnicas complementares" (art. 9º, *caput* e § 1º). O óbvio resultado daquela determinação ministerial no sentido de fixar preços abaixo dos que correspondiam às realidades econômicas do setor foi um descompasso entre a evolução dos custos suportados pelos produtores e a dos preços que foram autorizados a praticar – com as perdas decorrentes dessa compressão assim exercida pelo Governo Federal. Daí o reconhecimento dos danos suportados pelos produtores, contido no V. acórdão rescindendo.

Mas a União insurge-se contra esse pronunciamento judicial, alegando em primeiro lugar que aqueles mesmos dispositivos teriam sido violados pela douta Turma Julgadora porque esta mandou levar em conta somente a evolução dos custos da produção quando a lei mandaria, sim, ter em vista esse fator, mas em associação a outros. Em outras palavras: a ação rescisória proposta coloca a questão interpretativa consistente em repudiar a *exclusividade* do custo de produção como fator único para os reajustes dos preços do açúcar e do álcool. A esse fundamento associa um suposto *erro de fato* cometido pelos srs. Julgadores, consistente em ver um dano que na realidade não teria ocorrido, uma vez que da lei não resultaria o direito que eles reputaram lesado. E, por sustentar a inocorrência de dano, conclui também que a disposição do § 6º do art. 37 constitucional teria sido distorcida – uma vez que ela é claramente endereçada à recomposição de *danos* causados por agentes públicos. A interpretação sistemática dos fundamentos dessa ação rescisória conduz todavia à segura impressão de que tudo gira em torno dos arts. 9º e 10º daquela lei especial, uma vez que o suposto erro de fato não seria *de fato* mas de interpretação desses dispositivos e a lesão ao texto constitucional decorreria também dessa interpretação que desagrada à autora de agora.

275. *erro de fato: matéria preclusa*

A R. decisão monocrática com que o sr. Relator indeferiu a prova pericial requerida pela União na ação rescisória assim concluiu a partir da inadmissibilidade do próprio fundamento do *erro de fato* no caso. Lendo-a por inteiro e associando suas diversas partes, percebe-se que Sua Excelência afastou esse fundamento (não se limitando a indeferir a prova pericial) porque se estendeu suficientemente sobre os requisitos para rescindir com base nele – e foi por isso que, logo em seguida disse: "por tais razões, *também* indefiro a produção de prova pericial requerida pela autora".
O emprego do advérbio *também* evidencia que algo havia sido indeferido antes, e esse *algo* foi obviamente o prosseguimento da ação rescisória por erro de fato. Além disso, o indeferimento da prova pericial foi determinado "por tais razões", a saber, pela

circunstância de ter sido excluído o erro de fato que a autora pretendia provar mediante perícia.

Como essa R. decisão não foi submetida ao recurso de agravo nem a qualquer outro meio de impugnação pela autora da ação rescisória, resultou desenganadamente precluso não só o indeferimento da prova antes requerida, como também o prosseguimento da ação rescisória pelo fundamento do erro de fato.

276. *duas razões para a impropriedade da alegação de erro de fato*

Ainda quando não houvessem ocorrido aquela exclusão e aquela preclusão, não haveria mesmo como admitir a ocorrência do erro de fato no presente caso, por outras duas razões distintas e cada uma delas suficiente em si mesma.

A primeira e mais profunda dessas razões é a confusão, feita na demanda rescisória ajuizada pela União, entre erro de fato e *erro de direito*. Ao dizer que o E. Tribunal enxergara um dano onde dano não havia, na realidade estava a autora a sustentar que esse dano não havia porque a lei não teria outorgado aos produtores sucroalcooleiros o direito aos reajustes que eles sustentam. Seria assim o seu raciocínio: a) dos arts. 9º e 10º da lei n. 4.870, de 1º de dezembro de 1965, não resultaria o direito aos reajustes a partir da evolução dos custos de produção; b) não havendo esse direito, seria inteiramente legal a determinação feita pelo sr. Ministro da Indústria e Comércio; c) sendo legítima essa determinação, não se vislumbraria qualquer dano causado ao setor; d) mas, dizendo o E. Tribunal que houvera um dano, ele teria cometido um erro; e (e) sempre segundo a óptica da autora, esse seria um *erro de fato*. Mas é superlativamente óbvio que não o é, porque erro de fato é coisa totalmente diversa; "o erro no art. 485, IX, não é *error juris*, mas só *error facti*" (Pontes de Miranda).[2] Consiste em ver *nos autos* algum elemento, prova, pedido, afirmação *etc.*, que na

---

2. *Cfr. Tratado da ação rescisória das sentenças e outras decisões*, § 28, n. 1, esp. p. 342.

realidade lá não esteja, ou em não ver um elemento, prova, pedido, afirmação *etc.* que lá esteja (CPC, art. 485, § 1º). É erro de percepção cometido pelo julgador desatento.

> Ainda Pontes de Miranda: "se o juiz, na sentença, disse que constam dos autos documentos ou outra prova que não existe, ou que deles não consta documento ou outra prova que foi produzida, há, evidentemente, erro de fato. Idem, se, na sentença, cita trecho de documento que nele não está ou que é diferente (...) ou se funda em ter havido perícia ou testemunho, que não foi feito, ou em ser pai ou mãe da parte a pessoa a que não permitiu o depoimento".[3]

Ainda quando o erro alegado pela ora autora fosse *de fato*, é mais do que certo que sobre a existência do dano as partes controverteram desde o início e ao longo de todo o processo. A perícia foi feita para esse fim. A lei foi interpretada e a discussão sobre o significado e pertinência daqueles arts. 9º e 10º esteve bem viva em dois graus de jurisdição. Por isso, mesmo a quem absurdamente visse nas atuais alegações da União um verdadeiro *erro* não seria lícito afirmar esse suposto erro como fundamento possível para uma ação rescisória, porque a decisão tomada pela douta Turma Julgadora foi bastante consciente e correspondeu a uma deliberada opção interpretativa. Nada de vício de desatenção. A lei é explícita e bastante clara, ao excluir o erro consciente como fundamento para a ação rescisória, estabelecendo que, sempre, é indispensável *não ter havido controvérsia entre as partes nem pronunciamento judicial* acerca do fato visto a mais ou a menos pelo juiz (art. 485, § 2º).

> Nada disso bastasse, a existência do erro de fato apto a permitir a rescisão deve resultar do mero confronto entre o que o juiz disse e o que está nos autos. A partir do momento em que a própria autora da ação rescisória requereu prova pericial para demonstrar o erro que alega, incorreu ela própria em uma invencível contradição porque eventuais erros determinados por uma má perícia, ou por uma perícia insuficiente, não justificam a rescisão.

3. *Op. loc. cit.*, esp. p. 344.

Em suma: estamos muito distantes de um erro que seja de fato e que, na dicção da lei, seja "resultante de atos ou de documentos da causa" (CPC, art. 485, inc. IX). Na lição de Liebman, o erro de fato legitimador da *revocazione ordinaria* da sentença é um vício manifesto (*palese*), "porque intrínseco à sentença e reconhecível mediante a simples leitura da motivação pela parte sucumbente" – o que de modo algum acontece no caso em exame. Conclui-se portanto que, mesmo quando nada houvesse disposto o sr. Relator a esse respeito nem houvesse a preclusão afirmada acima, de todo modo não poderia o Col. colegiado julgador examinar esse estranhíssimo "erro de fato" invocado na petição inicial.

277. *responsabilidade objetiva do Estado (Const., art. 37, § 6º)*

Um fato é absolutamente claro no presente caso, a saber, o fato de haver o sr. Ministro da Indústria e Comércio imposto aos produtores de álcool e açúcar preços muito abaixo da realidade econômica do período, com sensíveis quebras na receita dessas empresas. É também incontroverso que Sua Excelência assim agiu invocando fundamentos de ordem pública e interesse social e afastando-se dos resultados aos quais chegara o IAA mediante os estudos realizados pela Fundação Getúlio Vargas. A própria petição inicial da ação rescisória insiste naquele pensamento do sr. Ministro, ao aludir seguidamente a razões de ordem pública, de política econômica, de interesse do consumidor *etc.* – em suma, ao invocar uma *discricionariedade* supostamente consentida ao extinto IAA ou ao sr. Ministro da Indústria e Comércio.

> Como se verá, no Estado-de-direito a discricionariedade é temperada pela cláusula *due process* e não deve servir de escudo ao arbitrário descumprimento dos princípios e preceitos estabelecidos no direito positivo.

Ora, é rigorosamente pacífico que a disciplina constitucional brasileira da responsabilidade civil do Estado por atos de seus agentes (art. 37, § 6º) acata sem ressalvas a chamada *teoria do risco*, segundo a qual os entes públicos respondem independentemente de culpa e sem ser necessário perquirir da ilicitude do ato danoso. Tal é um reflexo do *princípio da solidariedade*, consistente em mandar que todos respondam pelos danos que o Estado causar a um, ou a alguns: como muitas vezes as atividades estatais sacrificam direitos de alguns e como o Estado é a "síntese patrimonial de todos os contribuintes", é natural que de seus cofres saiam os recursos suficientes para indenizar os titulares dos direitos sacrificados – porque, o Estado pagando, as conseqüências patrimoniais dos danos causados estarão sendo suportadas isonomicamente por todos os membros da população. "Houve o prejuízo a bem ou direito, existiu vítima, apurou-se que o sujeito da ação ou omissão danosa contra a vítima é agente público no exercício de suas funções, verificou-se que a causa traz em si a referibilidade ao Estado – este arcará com a indenização ao prejudicado".[4] Levam-se em conta apenas a existência do dano, a conduta do agente estatal e o nexo etiológico entre a conduta e o dano. Desconsideram-se os fatores *culpa* e *ilegalidade*.

Quando se diz que a Constituição Federal não chegou ao ponto de adotar a *teoria do risco integral* (Hely Lopes Meirelles) essa ressalva significa apenas que o Estado não responde por fatos da natureza ou de terceiros (enchentes, vendavais, depredações),[5] ou por danos decorrentes de culpa exclusiva da vítima.

A doutrina lembra várias situações, que se repetem amiúde, nas quais o Estado impõe sacrifícios a direitos individuais com plena legitimidade perante a ordem pública e a lei – mas sempre devendo indenizar, para efetividade daquela regra isonômica inerente ao princípio da solidariedade. Assim é quando desapropria imóveis a serem utilizados para a construção de estradas ou edificação de escolas, hospitais *etc.*; assim também quando institui

---

4. *Cfr.* Edmir Netto de Araújo, *Responsabilidade do Estado por ato jurisdicional*, nn. 16-17, pp. 32 ss.

5. *Cfr. Direito administrativo brasileiro*, p. 658. Mas responderá se os agentes estatais houverem concorrido para a ocorrência ou agravamento do dano, ou se houverem negligenciado deveres cujo cumprimento fosse capaz de evitá-lo ou reduzi-lo.

áreas de preservação permanente, impedindo a fruição do bem pelo proprietário e assim restringindo o que expressamente dispõe o art. 1.228 do Código Civil; ou quando, por supervenientes razões de saúde ou de segurança pública, impede a realização de um espetáculo já programado *etc.* A licitude desses atos lesivos não exclui a responsabilidade civil do Estado porque o contrário implicaria sacrificar os direitos e o patrimônio de poucos, em benefício de toda uma comunidade.

Chega a ser enfático o título da obra de Canotilho, denominada *O problema da responsabilidade do Estado por atos lícitos.* Percorre casos de reparação por danos decorrentes de decisões judiciárias, de disposições contidas em regulamento ou na própria lei, de atos administrativos, de tratados ou acordos internacionais *etc.*
– sempre na linha da demonstração de que por todos eles responderá o Estado, sempre que lesivos e causados por seus agentes no exercício funcional, não-obstante a licitude da conduta destes.[6]

278. *a disposição constitucional foi aplicada com toda fidelidade*

O que no tópico precedente se disse demonstra a rigorosa observância do disposto no art. 37, § 6º, da Constituição Federal, o qual foi atendido não só em seu conteúdo preceptivo imediato (obrigação de indenizar) quanto nos requisitos que impõe para sua própria aplicação (o trinômio conduta-lesão-causalidade). Os tribunais brasileiros são rigorosos na premissa de que só interpretações *aberrantes* podem caracterizar violação às literais disposições contidas em textos da Constituição ou da lei, sendo emblemática essa colocação do Col. Superior Tribunal de Justiça: "para que a ação rescisória fundada no art. 485, V, do CPC prospere, é necessário que a interpretação dada pelo *decisum* rescindendo seja de tal modo aberrante que viole o dispositivo legal em sua literalidade. Se, ao contrário, o acórdão rescindendo elege uma dentre as interpretações cabíveis, ainda que não seja a melhor, a

---

6. *Cfr.* José Joaquim Gomes Canotilho, *O problema da responsabilidade do Estado por atos lícitos, passim.*

ação rescisória não merece vingar, sob pena de tornar-se um mero 'recurso' com prazo de interposição de dois anos".[7]

Essa máxima jurisprudencial constitui autorizado reclamo à lógica do razoável, que repudia soluções destoantes do senso comum de justiça. "O juiz deve, em todos os casos, interpretar a lei precisamente pelo modo que conduza à conclusão mais justa para o problema colocado perante sua jurisdição" – porque o único método interpretativo válido e correto é o que vem da "lógica do humano, do razoável" (Recaséns Siches).[8] Como demonstrado, o V. acórdão rescindendo esteve rigorosamente atento às bases éticas e democráticas do § 6º do art. 37 constitucional, ao mandar que a União indenizasse porque seus agentes causaram dano. Decidir de modo diferente, isso sim é que seria afastar-se dos valores da *isonomia*, a qual é assegurada constitucionalmente, e da *solidariedade*, que é inerente ao Estado democrático de direito.

Esse raciocínio permite ver a responsabilidade objetiva do Estado como *fundamento autônomo* do V. acórdão rescindendo, ou seja, como fundamento cuja pertinência e legitimidade prescindem por inteiro do modo como se encarar aquele *decisum* em face do direito infraconstitucional; ainda quando não houvesse a Administração transgredido os arts. 9º e 10º da lei n. 4.870, de 1º de dezembro de 1965, mesmo assim da *mens* do § 6º do art. 37 e da sua pacífica interpretação segundo os tribunais resultaria com clareza a obrigação de indenizar, reconhecida no V. acórdão rescindendo.

Mas também aqueles dispositivos infraconstitucionais foram adequadamente invocados e aplicados no V. acórdão rescindendo, como se demonstra a seguir.

279. as disposições legais, suas interpretações possíveis e os limites da atuação do Poder Público

Em sua petição inicial de rescisão vem a União sustentando que dos arts. 9º e 10º da lei n. 4.870, de 1º de dezembro de 1965,

7. STJ, 2ª T., REsp n. 168.836, j. 8.10.98, rel. Adhemar Maciel, v.u., *DJU* 1.2.99.
8. *Cfr. Tratado general de filosofía del derecho*, cap. XXI, n. 5, esp. p. 647; n. 7, esp. p. 660.

resultaria apenas que os custos de produção devem ser *levados em conta* para os reajustes periódicos de preços, sem serem tomados como critério único, ou *exclusivo*. Essa é, realmente, uma interpretação possível daqueles dispositivos, ao lado de uma outra, também razoável, no sentido de que os custos de produção constituiriam o critério único e exclusivo para aqueles cálculos. Mas a situação criada pelo ato do sr. Ministro, que a COPERSUCAR impugnou ao vir a juízo, não foi decorrência de uma dessas interpretações em vez de outra, senão de um desprezo total e absoluto de qualquer interpretação dos textos infraconstitucionais em nome de uma alegada razão de Estado; segundo Sua Excelência, não seria *politicamente conveniente* valer-se dos critérios legais em relação ao período porque isso oneraria o mercado consumidor. Na própria petição inicial da União também se vêem argumentos dessa ordem, dizendo ela (a) que não é legítimo "penalizar a União pela política de fixação de preços", (b) que os preços são fixados "à luz do interesse público" e, o que é mais radical, (c) que "as planilhas de custos fornecidas pela FGV *não são relevantes* na composição dos fatores a serem considerados para fixação do preço de comercialização dos produtos do setor".

Nessas colocações da autora e na assertiva de que os arts. 9º e 10º da lei especial foram violados pelo V. acórdão desponta com muita clareza a idéia de um suposto *poder discricionário* consentido ao Governo Federal para a fixação dos preços do setor sucroalcooleiro e que seria suficiente para autorizá-lo a agir como agiu, sem qualquer obrigação de indenizar. Mas no Estado-de-direito a discricionariedade é também sujeita a limites e não pode abrir caminho para a total liberdade de atuação dos agentes, porque essa liberdade incontrolável resolver-se-ia em *arbítrio*, indo além do poder discricionário legítimo.

280. *entre a discricionariedade e o devido processo legal*

A idéia da discricionariedade insuscetível de censuras judiciárias teve nos regimes autoritários do nazi-fascismo campo fértil para progredir além dos limites suportáveis, como escudo protetor de arbitrariedades e fator permissivo da compressão de direitos subjetivos e interesses legítimos, sem reclamo possível ao Poder Judiciário. "La discrezionalità amministrativa è figlia del principio della separazione dei poteri e della correlata esigenza di difendere il dispotismo illuminato dell'esecutivo da eccessive ingerenze, principalmente del potere giudiziario".[9] Eis a aguda explicação do modo como politicamente se buscou a legitimidade desse escudo imunizador.[10] No moderno Estado-de-direito a discricionariedade legítima define-se como "poder de valoração dos interesses em relação aos quais a ação administrativa deverá ser exercida"[11] ou "faculdade que a lei confere à Administração para apreciar o caso concreto segundo critérios de oportunidade e conveniência e escolher uma dentre duas ou mais soluções, todas válidas perante o direito"[12] – sem que daí se possa sustentar a inexistência de limites ao seu exercício. Só entre soluções *legítimas* é lícito optar, não sendo permitida a opção por alguma solução não autorizada pela lei.

Existe consenso universal no sentido de que, se de um lado é politicamente ilegítimo comprimir tanto as atividades do Poder Executivo, a ponto de *engessar* a atuação deste a dano da boa administração, de outro também não é lícito liberar tanto o Governo de vínculos ou censura pelo Judiciário, a ponto de expor direitos e interesses dos indivíduos a lesões arbitrárias. O *mistério* representado pelas dificuldades para determinar essa linha de equilíbrio[13] deve ser resolvido, ou ao menos contornado, mediante a firme repulsa a condutas que superem os limites da razoabilidade ou im-

9. *Cfr.* Massimo Tucci, *Giudice civile e affievolimento del diritto soggettivo*, p. 23.

10. Qual a linha divisória entre as *ingerências* legítimas e as que são *excessivas*? É uma questão de regime político. Para o direito moderno, v. critérios enunciados pelo monografista Massimo Tucci (*Giudice civile e affievolimento del diritto soggettivo*, pp. 111 ss.).

11. *Cfr.* Massimo Tucci, *Giudice civile e affievolimento del diritto soggettivo*, p. 25.

12. *Cfr.* Maria Sylvia Zanella Di Pietro, *Da discricionariedade administrativa*, cap. 2, n. 1, esp. p. 67.

13. Desse *mistério* fala José Raimundo Gomes da Cruz in *O controle jurisdicional do processo disciplinar*.

ponham a quebra dos parâmetros da proporcionalidade. Quando isso acontecer, reage a garantia constitucional do *substantive due process*, que opera no sistema como freio limitador do exercício do poder estatal.

Esse é o conteúdo e o substrato político da cláusula *due process* – conter o *exercício do poder*. Também essa garantia constitucional é fluida e portanto arredia a definições ou delimitações muito precisas mas a doutrina afirma, apoiada nela, a existência de "numerosas limitações ao poder do legislador".[14] Por isso é que, como se diz com freqüência, o devido processo legal é uma inerência ao Estado-de-direito, ao qual repugna o exercício incontrolado do poder e no qual se assegura constitucionalmente o primado da legalidade (Const., art. 5º, inc. II).

281. razões concretas para afastar a discricionariedade

Primeira razão. O sr. Ministro da Indústria e Comércio não afirmou que estivesse agindo no exercício de uma discricionariedade legítima. Expressamente, ele sequer invocou qualquer poder discricionário ao repudiar as planilhas elaboradas pela Fundação Getúlio Vargas a pedido do IAA; simplesmente disse que havia razões de ordem pública para fazê-lo, sem mais esclarecer. Ora, é curial em direito administrativo e na sua jurisprudência, que o administrador se vincula aos motivos do ato que realiza, não lhe sendo lícito defendê-lo com fundamento em motivos não invocados ao tempo. Essa é uma projeção da garantia da legalidade, inerente à cláusula *due process*, porque a motivação do ato administrativo é, tanto quanto a do jurisdicional, um penhor de sua fidelidade ao direito e aos fatos pertinentes a cada caso. Não será lícito ao Poder Judiciário, portanto, validar agora o ato por um fundamento não invocado em sua própria motivação (a discricionariedade).

Segunda razão. Na lição sempre prestigiosa de Jean Rivero, "le contrôle du juge, étant un contrôle de la légalité, s'arrête là

---

14. *Cfr.*, entre outros, Joseph Bockrath, *Droit constitutionel*, nn. 99-103, pp. 76-80; Gifis, *Law dictionary*, verbete *due process of law*, pp. 149-150.

où elle s'arrête".[15] Nem é lícito ao juiz exercer controles além do confronto entre o ato e a lei, para impor ele próprio uma outra solução discricionária diferente da desejada pelo administrador; nem é lícito a este esparramar-se em liberdades em desafio à lei, a pretexto de uma discricionariedade que em realidade não existe quando o ato é vinculado por esta. No caso, os critérios estabelecidos nos arts. 9º e 10º da lei n. 4.870, de 1º de dezembro de 1965 constituem inarredáveis *landmarks* a serem observados pelo Governo na fixação periódica dos preços dos produtos do setor sucroalcooleiro, impedindo pois que se valha este das liberdades inerentes ao poder discricionário – porque não há discricionariedade contra a lei.

> Essas considerações sobre a discricionariedade da Administração Pública, seu confronto com a garantia constitucional do *due process of law* e vinculação do administrador à motivação de seus próprios atos são aqui desenvolvidas com a finalidade de deixar muito clara a impossibilidade de ser a presente ação rescisória julgada com fundamento em um suposto poder discricionário do sr. Ministro. Na realidade, a petição inicial não traz um trato explícito desse fundamento mas, como em suas entrelinhas está a premissa de haver Sua Excelência agido nos limites de uma legítima discricionariedade, pareceu-me conveniente deixar claras as idéias que excluem por completo o reconhecimento desta.

282. *ainda a lei e sua interpretação*

Segundo o art. 10º da lei n. 4.870, de 1º de dezembro de 1965, a fixação dos preços do setor será feita "tendo-se em vista a apuração dos custos de produção referidos no artigo anterior"; e, segundo o art. 9º, os órgãos estatais, ao fazerem o levantamento dos "custos de produção agrícola" deverão apurar "as funções-custo dos respectivos fatores de produção". Diante da já referida orientação jurisprudencial no sentido de só reconhecer a violação a literais disposições de lei em casos extremos de decisões *aberrantes*, o mínimo que se pode dizer do V. acórdão rescindendo é que ele

---

15. *Cfr.* Jean Rivero e Jean Waline, *Droit administratif*, n. 265-1, pp. 221-222.

se pautou por uma linha de grande razoabilidade. Seria também razoável se os srs. Juízes houvessem optado pela outra linha interpretativa, *nominalmente* sustentada pela União, ou seja, optar por ver naqueles textos legais a inclusão dos custos de produção entre os diversos critérios a preponderar nos cálculos destinados ao reajuste; mas já não se poderia rescindir o V. acórdão porque optou por aquela primeira linha interpretativa, justamente porque ela é zelosamente apegada às próprias palavras da lei (a qual fala reiteradamente em *custos*) e também ao seu espírito, como demonstra a ora consulente. De todo modo, não viola a lei a interpretação que se mostra fiel à letra desta, sem contrariar à sua *mens*.

Nesse quadro, tenho a nítida impressão de que a União está a maquilar sua própria intenção, ao sustentar nominalmente que os custos são apenas um fator entre vários a serem considerados mas ao mesmo tempo defender um ato administrativo que se afastou totalmente tanto dos custos de produção como de qualquer outro fator inerente às realidades econômicas do setor. A prevalecer tal ato, aí sim os arts. 9º e 10º da lei especial ficariam inteiramente contrariados porque os custos de produção, neles indicados, passariam a ser *inteiramente desconsiderados* e os demais fatores econômicos relevantes, também. O resultado que a União postula não corresponde ao que ela própria sustenta porque ela não sustenta que todos esses fatores devam ser considerados mas defende um ato administrativo que simplesmente os *desconsiderou*.

Não me passa despercebido um V. acórdão com que o Col. Superior Tribunal de Justiça invocou aquela regra de independência do Poder Executivo como fundamento para rejeitar uma pretensão análoga a esta que ora examino. A relatora, sra. Min. Nancy Andrighi, invocou expressamente a discricionariedade para afirmar que seria "imprescindível a conjugação de critérios essencialmente técnicos com a valoração de outros elementos de economia pública". Poderia ter razão Sua Excelência se *a própria lei* não fosse portadora dos critérios que devem prevalecer; talvez ao legislador fosse lícito abrir uma margem maior ao Poder Executivo para que este desbordasse para critérios macroeconômicos e desprezasse as realidades do setor produtivo em exame. Mas, como *legem habe-*

mus e os arts. 9º e 10º da lei especial trazem em si uma *fórmula*, o campo discricionário encontra-se ocupado pelo legislador sem que nem ao administrador nem ao juiz se permita exercer uma discricionariedade própria, indo além do que a lei permite.

É claro que, quando chegássemos a pontos absurdos, a lógica do razoável estaria a aconselhar a flexibilização do sistema legal, permitindo então que o administrador ou o juiz impusessem critérios outros, capazes de desfazer distorções. Mas o caso não apresenta distorção alguma nem disso se cogita aqui – já que nada assim foi alegado e muito menos provado pela União, seja no curso da própria causa originária, seja nesta ação rescisória. Ao contrário, do próprio Superior Tribunal de Justiça nos vêm outros pronunciamentos conformes com o que está no V. acórdão rescindendo, invocando a legalidade (e portanto a garantia constitucional do *due process*) como fundamento para afastar aqueles avanços discricionários. O próprio acórdão em que daquele modo se manifestou a ilustre Ministra foi tomado por maioria de votos, lendo-se dois votos vencidos em que se define de modo correto a relação existente entre a discricionariedade e a legalidade (Min. Eliana Calmon).[16] Além disso, sempre no seio daquele Col. Tribunal, uma decisão monocrática pautou-se por esse mesmo critério que aqui se preconiza, ditando limites ao poder discricionário da Administração.[17] Ao que estou informado, essa R. decisão não foi objeto de recurso algum e, portanto, ficou preclusa, valendo pois como a palavra final do Poder Judiciário sobre o caso então em julgamento.

283. conclusões:
fundamentos suficientes e reciprocamente autônomos

Erro de fato (*preclusão*). O fundamento do erro de fato, posto na petição inicial desta ação rescisória, foi afastado por decisão do sr. Relator, estando preclusa qualquer possibilidade de impugnar tal decisão porque escoou *in albis* o prazo para interpor recurso contra ela.

---

16. *Cfr.* STJ, 2ª T., REsp n. 79.937-DF, j. 6.2.01, rel. Nancy Andrighi, m.v., *DJU* 10.9.01, p. 366.

17. *Cfr.* STJ, REsp n. 354.699, decisão 14.3.01.

Erro de fato (inocorrência). Ainda quando assim não fosse, (a) o suposto erro de fato alegado na petição foi o resultado de uma opção decisória muito consciente do E. Tribunal e não de mera desatenção dos srs. Juízes, como precisaria ser para que um erro dessa natureza se configurasse; b) se o E. Tribunal houvesse errado ao decidir como decidiu, tal erro não seria de fato mas *de direito* porque, segundo alega a União, ele teria por origem a convicção da lesão a um direito que, segundo ela, o direito infraconstitucional não outorga aos produtores do setor; c) não há erro de fato quando a verificação da verdade depende de prova a ser realizada no processo da ação rescisória (prova que a União efetivamente requereu) – porque, segundo a lei expressa, o erro deve *resultar dos autos*, ou seja, ele deve ser suscetível de verificação à simples leitura atenta destes (art. 485, inc. IX). Cada uma dessas ordens de pensamentos é por si só bastante para afastar a rescindibilidade com fundamento no falso erro de fato invocado pela autora, somando-se ainda ao fato de já haver o sr. Relator excluído tal fundamento.

Violação à literal disposição do art. 37, § 6º, da Constituição Federal. Tal dispositivo não foi violado, mas cumprido. Violado ele seria se o E. Tribunal houvesse dispensado o ente público de reparar um dano causado por agente seu no exercício das funções públicas ou se mandasse indenizar sem que os produtores houvessem sofrido um dano, ou ainda se o dano não fosse etiologicamente dependente de um ato de agente estatal. A teoria do risco administrativo, acatada naquele parágrafo constitucional, quer que o Estado indenize sempre que haja um dano suportado por alguma pessoa e que esse dano haja sido efetivamente causado por um agente público. Não importa a culpa e não importa sequer a eventual licitude do ato: basta que tenha sido realizado e tenha produzido lesão a direito. Por isso o preceito contido no § 6º do art. 7º se imporia ainda quando o ato impugnado pela ora consulente contasse com o respaldo de uma legítima discricionariedade exercida pelo sr. Ministro.

Violação a literais disposições dos arts. 9º e 10º da lei n. 4.780, de 1º de dezembro de 1965. Esses dispositivos poderiam ter sido transgredidos se o V. acórdão houvesse renegado suas duas interpretações razoáveis, a saber, (a) a de que os reajustes se fizessem exclusivamente com base na evolução dos custos de produção e também (b) a de que eles se fizessem com base nesse e em outros fatores inerentes às atividades econômicas do setor sucroalcooleiro. Mas o E. Tribunal local optou por uma delas e sua decisão foi, portanto, muito mais do que razoável, forrando-se por isso à rescindibilidade.

Discricionariedade e devido processo legal. Não se poderia coonestar o ato do sr. Ministro da Indústria e Comércio mediante o reconhecimento de ter agido nos limites de uma discricionariedade legitimamente consentida, porque a matéria é regida por lei expressa e o campo aberto às opções discricionárias termina onde começa o império da lei. Discricionariedade acima da lei não é discricionariedade, mas *arbítrio*. No Estado-de-direito todo arbítrio é repelido mediante imposição da cláusula *due process*, a qual é institucionalmente destinada a conter o exercício do poder estatal e assegurar a observância da lei e dos grandes esteios políticos do regime democrático.

Discricionariedade e responsabilidade do Estado. Mesmo que o ato do sr. Ministro tivesse respaldo constitucional no interesse público, que freqüentemente foi invocado no caso, ainda assim a obrigação indenizatória haveria de permanecer porque é o Estado o responsável pelo bem-estar da população; os danos que causar no exercício dessa função política poderão até resultar de atos lícitos mas os sacrifícios patrimoniais devem ser repartidos entre todos os contribuintes, não sendo legítimo impô-los integralmente aos poucos que houverem sido vítimas dos atos danosos. Tal é uma imposição da garantia constitucional da igualdade e da solidariedade, que é notoriamente integrada à índole do Estado moderno.

Não é demais insistir em que a União procura deslocar o foco da questão, falando em violação ao § 6º do art. 37 constitucional mas na realidade querendo um *reexame da prova* – e tanto que requereu a realização de prova pericial nesta ação rescisória. Se um dano ocorreu – e esse dano é representado pela diferença entre os preços impostos pelo sr. Ministro e os que resultariam da aplicação da lei – não há como ver uma tal violação no V. acórdão que se limitou a desencadear a *sanctio juris* contida naquele texto, à luz da prova produzida no processo originário.

Síntese conclusiva. Por todas essas razões somadas, não há como progredir a ação rescisória promovida pela União em face da COPERSUCAR. O exame global dos fundamentos postos na petição inicial mostra que a autora pretende reabrir questões inadequadas a esse remédio processual, seja ao impugnar critérios de julgamento protegidos por intensa razoabilidade, seja ao alimentar a esperança de produzir provas e assim repor a discussão sobre fatos, seja ao propor para o ato administrativo causador de dano o suporte de motivos que seu próprio autor não invocara.

XIX – RELAÇÕES JURÍDICAS SECURITÁRIAS – QUESTÕES PROCESSUAIS[1]

§ 1º – **o caso – aspectos gerais** – 284. demandas que se repetem – 285. a defesa das seguradoras e o estado dos processos – 286. a consulta e o objeto do presente parecer – 287. duas espécies de contratos de seguro: de vida e de acidentes pessoais – § 2º – **sobre a regência dos contratos de seguro** – 288. relações de consumo – 289. antinomia entre os dois Códigos? conflitos no tempo? – 290. ainda sobre a prevalência de um dos Códigos – 291. prevalência do Código Civil – autênticas normas consumeristas – 292. as cláusula impugnadas e a lei – seguros de acidente, não de vida – 293. cláusula determinada pela própria SUSEP – § 3º – **impossibilidade jurídica da demanda** – 294. aspectos gerais – 295. uma impossibilidade jurídica de fundo político-institucional – 296. uma severa garantia constitucional de legalidade – 297. discricionariedade e critérios do legislador, não do juiz – 298. infração à isonomia e à *paridade em armas* na concorrência – § 4º – **litisconsórcio necessário** – 299. sobre o litisconsórcio necessário – um apanhado geral de temas – 300. a posição da SUSEP no sistema nacional de seguros – 301. a posição da SUSEP em caso de procedência das demandas da ANADEC – § 5º – **competência da Justiça Federal** – 302. competência da Justiça Federal – 303. competência também para pronunciar-se sobre esse litisconsórcio necessário – § 6º – **conclusões** – 304. respostas aos quesitos

§ 1º – O CASO – ASPECTOS GERAIS

284. *demandas que se repetem*

A FENASEG – Federação Nacional das Empresas de Seguro Privado e de Capitalização, que me honra com a presente consulta, é uma entidade associativa que congrega companhias seguradoras de todo o país, com o compromisso, constante de seu estatuto, de defender judicial e extrajudicialmente os interesses das afiliadas. Cumprindo esse objetivo institucional, ela vem observando com preocupação o repetir de demandas propostas em face de

1. Reprodução de parecer elaborado em junho de 2004.

diversas de suas associadas por uma entidade denominada ANA-
DEC – Associação Nacional de Defesa da Cidadania e do Consumidor, sempre com o objetivo de impugnar cláusulas integrantes
das *condições gerais* dessas companhias. Trata-se, nos três casos
que me foram trazidos a conhecimento, da cláusula que exclui
certos eventos da cobertura por acidentes pessoais; e, em um desses casos, também da cláusula que, ao fixar o conceito de *acidente*, deixa fora algumas ocorrências. Em suma, trata-se sempre de
cláusulas de não-seguro, contidas nos contratos celebrados pelas
seguradoras associadas, que a autora tacha de *abusivas* e portanto
transgressivas a regras de ordem pública contidas no Código de
Defesa do Consumidor.

    Dos *riscos excluídos*, ou *eventos não cobertos*, segundo as con-
dições gerais das seguradoras, a entidade autora impugna os decorrentes (a) da hérnia e suas conseqüências, (b) do parto, (c) do aborto, (d) das perturbações e intoxicações alimentares e (e) do choque
anafilático e suas conseqüências.

    Dos *eventos excluídos do conceito de acidente*, são impugnadas
as "intercorrências ou complicações conseqüentes da realização de
exames, tratamentos clínicos ou cirúrgicos, quando não decorrentes de acidente coberto".

Em suas demandas, a entidade autora inclui sempre um cúmulo de pedidos relacionados com as referidas cláusulas e assim
especificados: a) declaração de sua nulidade, por serem, na sua
opinião, abusivas; b) condenação a não mais incluir tais cláusulas
nas *condições gerais* das seguradoras-rés; c) condenação a exibir
em juízo novo texto dessas condições gerais, sem ditas cláusulas;
d) condenação a publicar em jornais de grande circulação o texto
da sentença que acolher os pedidos precedentes.

285. *a defesa das seguradoras e o estado dos processos*

Nas contestações oferecidas pelas três seguradoras nos processos que me foram exibidos, todas da lavra do escritório Pimentel e Associados – Advocacia, vejo certas defesas constantes
pelas quais se batem. No plano do mérito negam a abusividade

das cláusulas impugnadas, alegando sua conformidade ao Código Civil e ao próprio Código de Defesa do Consumidor e pondo em destaque a *diferença entre seguro de vida e seguro por acidentes pessoais*, não levada em conta nas petições iniciais propostas pela autora daquelas ações civis públicas. Em sede de direito processual alegam, entre outras preliminares:

> a) a *necessariedade do litisconsórcio*, a saber: a necessidade de integrar à relação processual a Superintendência dos Seguros Privados – SUSEP, na condição de litisconsorte passivo necessário;
> b) a *competência da Justiça Federal*, como conseqüência direta da admissão daquela autarquia federal como parte no processo (Const., art. 109, inc. I).

Dos três casos que me foram trazidos, um já recebeu sentença, com rejeição das preliminares e procedência da demanda quanto aos três primeiros pedidos (só não acolhido o de mandar publicar a sentença em jornais de grande circulação). Os outros dois processos estão em curso perante os MM. Juízos de primeiro grau jurisdicional, ainda em fase postulatória.[2]

286. *a consulta e o objeto do presente parecer*

Diante dessa situação assim descrita em suas linhas bem gerais, consulta-me a FENASEG, através de seus representantes, os ilustres advogados Salvador Cícero e Adilson José Campoy, sobre os aspectos processuais dos processos em exame e, particularmente, sobre as preliminares que vêm sendo suscitadas. Não só sobre estas versará porém o parecer, ou seja, não só sobre a necessariedade do litisconsórcio e competência da Justiça Federal. Antes de ingressar na área posta na consulta, entendo da máxima relevância examinar outra matéria de ordem pública de primeira grandeza e inteira pertinência a essas ações civis públicas, que é a *impossibilidade jurídica* dos pedidos postos em juízo: como procurarei demonstrar, não tem o Poder Judiciário competência para ditar os preceitos contidos no *petitum* da entidade autora, porque se trata

---

2. Situação ao tempo em que foi elaborado o parecer.

de tema a ser objeto de normas contidas na lei e regulamentos, a cargo, naturalmente, do Poder Legislativo e do Executivo. E, para chegar ao que há a ser dito a esse propósito, será indispensável passar pelo direito substancial securitário, onde será enfatizada a existência de *dois diferentes contratos de seguro* a serem considerados, bem como sua regência pelo Código Civil e os modos como a SUSEP, na qualidade de agência reguladora, interfere na vida das seguradoras e nos contratos que celebra. Eis, pois, a estrutura nuclear da exposição que virá:

    a) duas espécies de contratos
    b) regência pelo Código Civil
    c) o papel da SUSEP
    d) impossibilidade jurídica
    e) litisconsórcio necessário
    f) competência da Justiça Federal.

287. *duas espécies de contratos de seguro: de vida e de acidentes pessoais*

Estou plenamente convencido de que a autora das demandas coletivas aqui examinadas laborou em sério equívoco conceitual ao tratar o contrato de seguro de acidentes pessoais como se fora contrato de *seguro de vida*. Esse é, a meu ver, o germe inicial dos desvios de raciocínio contidos nas petições iniciais que me foram exibidas. Nos contratos de seguro de pessoa (CC, arts. 789 ss.), o evento coberto é a morte ou incapacidade permanente causada por um *fenômeno externo abrupto e involuntário*; a morte e a incapacidade por doença não estão cobertas pelo contrato de seguro de acidentes. Já no seguro de vida o sinistro coberto é *a própria morte em si mesma*, sem qualquer consideração sobre a causa; morreu o segurado, nasceu para o beneficiário o direito ao capital segurado.

Ora, como vêm as seguradoras dizendo de modo convincente, nada impede e chega a ser usual a convivência desses dois contratos em um só instrumento, uma só apólice, o que às vezes causa a falsa impressão de uma suposta *dupla indenização* por um só seguro. Morrendo o segurado, o beneficiário terá direito

(a) à indenização correspondente ao seguro de vida, só pelo fato de o segurado haver morrido e (b) também à indenização correspondente ao seguro de acidentes pessoais, se a morte houver sido causada por um evento caracterizado como acidente e não excluído. Dupla indenização, sim, mas não por força de um só contrato. E, se a morte não tiver sido causada por um acidente, o beneficiário poderá ter direito à indenização pelo seguro de vida e não pelo de acidentes.

Tive por oportuno desenvolver essas considerações elementares porque são vitais para o exame do significado das exclusões presentes nas *condições gerais* impugnadas pela autora. Parece-me muito claro que os textos compostos pelas diversas seguradoras excluem a cobertura por morte decorrente de hérnia, parto, aborto, intoxicações alimentares, choque anafilático *etc.*, *exclusivamente no trato do seguro de acidentes, não no do seguro de vida*. Seria realmente estranho que um seguro de vida não cobrisse a morte causada por alguma doença ou disfunção orgânica; tal modalidade securitária ficaria descaracterizada como tal e reduzir-se-ia a um seguro de acidentes pessoais, em visível superposição àquele outro contratado explicitamente com essa qualificação.

Percebo porém que todas as ênfases da entidade autora, referentes à alegada abusividade das cláusulas que impugna, endereçam-se ao absurdo que estaria presente naquelas exclusões criticadas, se estas incidissem sobre seguro de vida, não sobre seguros de acidentes pessoais. E, como é manifestamente falsa a premissa assim posta pela entidade autora, conseqüentemente impõe-se o entendimento de que aquela crítica cai no vazio, não havendo como sustentar a abusividade daquelas cláusulas mediante a invocação de normas e conceitos vindos do Código de Defesa do Consumidor.

§ 2º – SOBRE A REGÊNCIA DOS CONTRATOS DE SEGURO

288. *relações de consumo*

É natural que, como toda categoria jurídica, o *consumo* traga consigo certas conotações prévias, de caráter econômico e sociológico, capazes de explicar o instituto em sua fenomenologia e legitimar os contornos da disciplina que o direito lhe imponha; mas, quando se pensa em direitos e obrigações ligadas ao consumo, é indispensável a consideração dos modos como ele é tratado *pelo direito*. A ordem jurídica de cada país dispõe sobre os modos como o consumo deve ser tratado, conceituando-o para os fins dos tratamentos que lhe dá e dispondo imperativamente sobre as situações jurídicas inerentes a ele.

> Pelo aspecto puramente econômico diz-se que "todos os homens são necessariamente consumidores" (Federico Chessa).[3] Pelo sociológico também se diz que "consumatore è dunque (...) uno degli aspetti caratteristici dell'uomo di oggi" (Carlo Maria Verardi).[4] Ainda por essas perspectivas metajurídicas fala-se no *consumerismo*, cujo objetivo não é o de subverter o regime capitalista mas de compatibilizar seu desenvolvimento com os direitos do cidadão consumidor (ainda Verardi).[5]

Ora, exatamente como projeção da conceituação econômica do consumo e das premissas do chamado consumo *econômico*, é geral a ligação do conceito daquele à idéia da *bilateralidade onerosa e comutativa*, em que o consumo juridicamente relevante aparece sempre como a absorção do produto ou serviço pelo consumidor final em razão de um ajuste de vontades com o fornecedor e mediante o pagamento do *preço* estipulado. Quem fornece produtos ou serviços recebe por isso um preço, pago por aquele que os recebe para consumir. Isso está presente nas correntes e constantes definições do *consumidor* como um *comprador*, como se lê, p.ex., nos textos a seguir:

> a) "a buyer (other than for purposes of resale) of consumer product" – (*Black's*[6]);

3. *Cfr.* "Consumo (economia politica)", n. 1, p. 359.
4. *Cfr.* "Riflessioni introduttive – la protezione del consumatore tra strumenti di tutela individuale ed azione collettive", n. 6, esp. p. 20.
5. *Op. cit.*, n. 2, esp. p. 9.
6. *Black's law dictionary*, verbete *consumer*, p. 316.

b) "an individual who buys goods and services for personal use rather than for manufacture" (Gifis[7]).

Em estrita coerência e correlação com a idéia da compra de bens ou serviços está a firme convicção da *origem negocial das relações de consumo* – sempre na demonstração de que não existe um vínculo jurídico dessa ordem sem que fornecedor e consumidor se hajam, de algum modo, posto de acordo quanto ao fornecimento e à contraprestação financeira.[8] Fala a doutrina especializada em *tutela negocial* e tutela prenegocial do consumidor – sendo esta qualificada como tutela a direitos e interesses difusos ou coletivos e aquela, a individuais (Ugo Ruffolo).[9] Dois especialistas norte-americanos (Epstein-Nickles) dizem que, em resumo, uma lei consumerista "deals with consumer transactions" – empregado este vocábulo, tanto como sucede em relação ao vernáculo transação, no significado de *agreement*, ou contrato.[10] Na doutrina brasileira, é coincidente a voz do respeitadíssimo José Geraldo Brito Filomeno, que se destaca como verdadeiro arauto da defesa dos direitos dos consumidores, segundo o qual no direito vigente consumidor é "o personagem que no mercado de consumo adquire bens ou então contrata a prestação de serviços, como destinatário final (...)".[11]

> Está mais do que claro que o emprego dos verbos *adquirir* e *contratar* corresponde à idéia central do *consumo remunerado*, integrante de uma relação jurídica (bilateral, naturalmente) de feição desenganadamente comutativa, em que à entrega do produto ou prestação do serviço corresponde, no plano econômico e no jurídico, o pagamento do preço ou remuneração.

7. *Cfr.* Steven H. Gifis, *Law Dictionary*, verbete *consumer*, p. 95.
8. *Cfr.* Coughlin Jr., *Your handbook of everyday law*, n. 23, p. 341.
9. *Cfr. La tutela individuale e collettiva del consumatore*, I, n. 2, esp. p. 7. Esse monografista divide sua obra em duas partes que bem expressam essa idéia – a da responsabilidade contratual e a da precontratual.
10. *Cfr.* David G. Epstein e Steve H. Nickles, *Consumer Law*, p. 1.
11. O que diz a esse respeito está no capítulo "disposições gerais", constante da obra *Código Brasileiro de Defesa do Consumidor* (v. n. 2, pp. 24-27, em que trata do *conceito de consumidor*).

Pelo aspecto jurídico, portanto, é imperioso ver toda *relação jurídica de consumo* inserida no contexto *dos direitos e obrigações* entre dois sujeitos que de algum modo concertaram suas vontades. O fornecedor de produtos vendendo e o consumidor final, comprando; o prestador de serviços prestando-os e o consumidor fruindo-os ou utilizando-se deles mediante prévio ajuste. É também indispensável ter em conta a *origem invariavelmente negocial* das relações jurídicas estabelecidas entre um e outro.[12]

E, como estamos no campo dos negócios jurídicos e mais especificamente na área contratual, é também indispensável buscar as fontes normativas dessas relações, pondo em confronto o que a propósito dispõem o Código Civil e o Código de Defesa do Consumidor.

289. *antinomia entre os dois Códigos? conflitos no tempo?*

Sobre o contrato de seguro dispõe o Código Civil em seus arts. 757 a 802;[13] com ele convivem o dec.-lei n. 73, de 21 de novembro de 1966, conhecido como Lei do Seguro, o qual regula sua casuística, do mesmo modo que, especificamente no tocante ao seguro-saúde, a Lei dos Planos de Saúde (lei n. 9.565, de 3 de junho de 1998). Vigem ainda outras leis e uma enorme quantidade de normas de valor hierárquico inferior – portarias, resoluções, circulares *etc*.[14] Além disso, o Código de Defesa do Consumidor ordinariamente se impõe também a essa espécie de contratos, na medida em que esteja presente uma relação de consumo.[15]

---

12. Pela razão já exposta, carece de interesse para estudo a tutela prenegocial, que mais diz respeito a interesses difusos ou coletivos, não aos individuais, de que tratamos.

13. O Código Civil de 1916 tratava do contrato de seguro nos arts. 1.432 a 1.476.

14. Há, p.ex., um alentado número de circulares, portarias e resoluções editadas pelo Conselho Nacional de Seguros Privados (CNSP) e pela Superintendência de Seguros Privados (SUSEP).

15. O Código de Defesa do Consumidor não foi revogado pelo Código Civil de 2002 (Cláudia Lima Marques, *Contratos no Código de Defesa do Consumidor*, n. 2.2.c, p. 555).

Mas esse Código não contém normas específicas sobre o contrato de seguro. Seus preceitos gerais projetam-se sobre os contratos em geral, quando ligados a relações de consumo, na condição de cláusulas também *gerais*. Visto assim, o que preceitua o Código de Defesa do Consumidor sobre contratos resolve-se em disposições de um *direito civil especial*, ou aplicado às relações daquela ordem.[16]

A compra-e-venda celebrada entre um fornecedor de bens e um consumidor final não deixa de ser um contrato de compra-e-venda, com os elementos essenciais a este segundo o Código Civil, sem embargo dos preceitos especiais que o regem, vindos do Código de Defesa do Consumidor. Assim também os serviços, a locação, o mútuo *etc.*, sempre que em uma das pontas desse contrato esteja um fornecedor no exercício de sua atividade típica e, na outra, um consumidor final.

Destina-se este tópico a propor soluções para eventuais dúvidas quando houver mais de uma norma que poderia, em tese, ser aplicada em determinado caso concreto (antinomia e conflito de leis no tempo, ainda que meramente aparentes),[17] tendo em vista a abundância das leis versando sobre a matéria securitária. É de particular interesse o tema da aplicação ou não-aplicação do Código de Defesa do Consumidor a determinada relação jurídica decorrente do contrato de seguro, cogitando-se de alguma possível antinomia entre normas nele contidas e normas contidas no Código Civil. Examinemos duas situações básicas:

   a) uma norma do Código Civil que trate especificamente do contrato de seguro em confronto com uma outra que vise à proteção ao consumidor em geral, sem particular alusão a essa modalidade negocial;

16. É o mesmo que se dá com as normas de direito agrário, na parte em que regem os contratos de empreitada, parceria agrícola *etc.*, não deixando de ser um direito civil aplicado só pelo fato de referir-se às relações do campo.
17. Ocorrendo a antinomia, cabe ao operador buscar uma interpretação sistemática capaz de harmonizar os preceitos, ou, não sendo isso possível, optar pela aplicação de uma das duas disposições segundo as regras de hermenêutica.

b) uma norma genérica daquele Código, que não diga respeito especificamente ao contrato de seguro, em confronto com uma norma igualmente genérica do Código de Defesa do Consumidor.

Inicialmente, não se pode esquecer que o Código Civil de 2002 introduziu os *mesmos princípios básicos* do Código de Defesa do Consumidor, a saber, o da *ética* e o da *socialidade*. Assim, ambos exigem o respeito à boa-fé objetiva pelos contratantes e pressupõem a função social do contrato, bem como traçam genericamente os mesmos objetivos – inclusive o de obter a igualdade material entre os sujeitos da relação jurídica.

Além disso, como esses dois Códigos são contemporâneos, tendo inclusive tido trâmites parcialmente simultâneos no Congresso Nacional, houve entre eles uma influência recíproca, inclusive mediante o emprego de linguagens semelhantes e o acatamento da mesma visão renovada da teoria contratual.[18] Cabe portanto ao intérprete ter em mente que eventuais antinomias entre as normas dos dois Códigos provavelmente já foram consideradas pelo legislador, de modo que os dispositivos específicos do Código Civil sobre o contrato de seguro já sofreram as influências necessárias da legislação consumerista.

Dos diversos critérios propostos para a solução das aparentes antinomias relacionadas com os contratos de seguros, adequado é o da *especificidade da matéria*, pelo qual os preceitos resultantes de leis específicas suplantam os que venham de disposições genéricas sobre o mesmo tema ou sobre a mesma situação. Tal é o clássico *lex specialis derogat lege generale*, de ampla aceitação.

Não me convence o critério da *hierarquia das leis*, cuja aplicação foi proposta com assento na equivocada premissa de que o Código de Defesa do Consumidor gozasse de alguma primazia

---

18. Sabe-se que alguns dispositivos do Código de Defesa do Consumidor realmente foram retirados do projeto do Código vigente, que por morosidade em sua tramitação legislativa apenas veio a ser aprovado mais de dez anos após aquele. Além dos princípios gerais acima indicados, tem-se, p.ex., a regra que autoriza a modificação dos contratos quando eles se tornarem excessivamente onerosos (CC, arts. 478-480 e CDC, art. 6º, inc. V).

pelo fato de contar com expressa previsão constitucional (Const., art. 5º, inc. XXXII e ADCT, art. 48).[19] O Código de Defesa do Consumidor não foi elaborado com os requisitos de uma lei complementar, o que aliás não foi sequer previsto naquelas disposições constitucionais.

Também me parece inoperante o critério da *lex posterior*, porque a lei nova só revoga a velha quando não lhe for inferior e desde que a velha não seja *specialis*. Tal critério em nada contribui para a solução dos nossos problemas, porque pressupõe precisamente os pontos que aqui se trata de esclarecer.

Mas qual será a *lex specialis* e qual a *generalis*?

290. ainda sobre a prevalência de um dos Códigos

No plano mais amplo da disciplina geral dos contratos as normas do Código Civil são genéricas em relação às do Código de Defesa do Consumidor e, pela regra *lex specialis derogat generale*, prevalecem as deste sobre as daquele. Quando não se trata de um contrato qualquer, mas de um celebrado no desenvolvimento de uma relação de consumo, sucumbem certas regras de caráter geral contidas no Código Civil, como a da ampla liberdade contratual, que pressupõe a paridade em armas entre os contratantes dos dois lados. Elas sucumbem diante das normas consumeristas, que partem de uma premissa oposta, a da vulnerabilidade maior do consumidor, para imporem certos critérios específicos, como a interpretação a favor deste, maiores cuidados com as informações recebidas antes de aderir, restrições à liberdade de eleger foro *etc*.

Mas assim não é quando o próprio Código Civil é que estabelece normas específicas sobre determinada relação jurídica ou sobre o contrato mediante a qual essa relação se forma. Quando o próprio Código Civil institui *leges speciales*, sem que a categoria contratual visada conte com qualquer disposição também específica do Código de Defesa do Consumidor, é imperioso entender que aquele quis, de modo direto e com dispensa das disposições

---

19. *Cfr.* Cláudia Lima Marques, *Contratos no Código de Defesa do Consumidor*, n. 2.2.b, pp. 548-549.

com as quais este cria normas para os contratos em geral, dar todos os contornos do contrato disciplinado. Lembrar o que já foi lembrado sobre a contemporaneidade dos dois Códigos em sua tramitação legislativa e sobre a grande afinidade entre eles em torno de certas idéias-matrizes, como o princípio da boa-fé objetiva, o da proporcionalidade, o da função social.

Resumindo o quanto dito até aqui neste item, tem-se que: a) o próprio legislador cuidou de conciliar o Código Civil com o Código de Defesa do Consumidor, inclusive quanto aos seus objetivos; b) havendo uma norma, no Código Civil ou em qualquer outra lei, que trate especificamente de uma certa modalidade contratual, ela prevalece sobre o Código de Defesa do Consumidor, *o qual não cuida de qualquer espécie de contrato em particular*; c) se uma norma do Código Civil não disser respeito a uma certa modalidade contratual mas aos contratos em geral, aplica-se a regra contida no Código consumerista; d) esse Código e seus objetivos servem sempre como elemento para a correta interpretação da legislação securitária.

É esse o campo em que estamos e que será explorado a seguir com vista ao caso em exame.

> Cogita-se também de um *diálogo das fontes*, consistente em *pinçar* no Código de Defesa do Consumidor e no Código Civil as disposições mais favoráveis ao consumidor, prevalecendo elas ainda quando não sejam *speciales* nem posteriores. Importou-a ao país a profa. Cláudia Lima Marques e desenvolveu-a em ao menos um ensaio[20] e em obra sistemática.[21] As fontes realmente dialogam tantas vezes e em tantas situações mas esse *diálogo* aqui referido peca pela arbitrariedade própria à obsessão consumerista.

291. prevalência do Código Civil
– autênticas normas consumeristas

Como nada dispõe o Código de Defesa do Consumidor acerca do contrato ou das relações de seguro e o Código Civil sim,

---

20. *Cfr.* "Superação das antinomias pelo diálogo das fontes".
21. *Cfr. Contratos no Código de Defesa do Consumidor*, parte I, 2, 2, n. 2.1, pp. 502 ss. e n. 2.2, pp. 536 ss.

segue-se que se aplica com clareza o segundo dos critérios acima, a saber, o da plena vigência das normas deste, sem interferência das contidas na lei consumerista.

E quais disposições contém o Código Civil sobre os contratos de seguro?

No capítulo que cuida desse instituto (arts. 757-802) ele contém seções (a) com disposições gerais, (b) com disposições sobre o seguro de dano e (c) com disposições sobre o seguro de pessoa. No primeiro deles dedica um artigo específico às exigências de *boa-fé e veracidade* na formação dos contratos de seguro em geral (art. 765), sancionando eventuais falácias ou omissões do segurado ao contratar (art. 766). Além disso, traz disposições sobre a apólice de seguro, sua preparação, exigências formais, e sobre o prêmio, seu pagamento, conseqüências legalmente imponíveis em caso de inadimplemento pelo segurado *etc*. Pode-se dizer com segurança que aí reside uma verdadeira *parte geral dos seguros*, na qual são fixados os princípios válidos para essa modalidade negocial – e esses princípios coincidem substancialmente com aqueles postos no Código de Defesa do Consumidor, inclusive em razão da já afirmada simultaneidade da tramitação legislativa dos dois Códigos e reconhecida modernidade do Código Civil, o qual adota sistemática principiológica substancialmente coincidente com o da lei consumerista (Pedro da Silva Dinamarco).[22]

É por essa óptica, por isso, que devem ser analisadas as disposições contidas na seção "do seguro de pessoa", representada pelos arts. 789-802 do Código Civil, sem interferência das disposições do Código de Defesa do Consumidor, eventualmente limitativas da liberdade de contratar. Não haveria razão sistemática para desprezar o que está dito no Código Civil, optando pelas disposições da lei especial, porque, *naquele capítulo, a lei geral de direito privado está a lidar com relações de consumo entre seguradora e segurado*, com plena consciência de fazê-lo e com a preocupação de zelar pela integridade do mais fraco.

---

22. Todo o presente tópico é inspirado e reproduz idéias contidas em artigo desse autor, ainda em fase de preparação (*cfr*: "Harmonização da legislação securitária com o Código de Defesa do Consumidor", *passim*).

Não é o que sucede, p.ex., com o capítulo do mesmo Código Civil, referente à compra-e-venda. Esse capítulo não está redigido com vista a negócios entre fornecedor e consumidor e, portanto, para a proteção da parte mais fraca em negócios relacionados com o consumo, é indispensável a invocação do Código de Defesa do Consumidor. Quando a modalidade negocial disciplinada pelo Código Civil já é em si mesma e por sua natureza relacionada com o consumo, e mormente quando ali mesmo já residem normas protetivas, não há regra ou expediente interpretativo que legitimasse o recurso às disposições da lei especial.

292. *as cláusulas impugnadas e a lei*
– seguros de acidente, não de vida

Seja ainda uma vez lembrado que o seguro de acidentes pessoais não se confunde com o de vida, porque variam os riscos que cada um deles é destinado a cobrir. O sinistro que dá causa ao direito do beneficiário à indenização decorrente do seguro de vida é a *morte, tout court*, sem se pensar em sua causa e excluindo-se somente algumas hipóteses de má-fé do segurado (suicídio premeditado, moléstia preexistente); por isso, destoariam do espírito e finalidade desse contrato certas cláusulas, como aquelas impugnadas pela ANADEC, que fossem destinadas a excluir a cobertura representada por um seguro dessa natureza. Mas não é do seguro de vida que estamos a tratar, senão do seguro de *acidentes pessoais*; ambos são incluídos no gênero *seguro de pessoa* (CC, arts. 789 ss.) mas o de acidentes liga-se sempre, como o nome diz, a um *acidente*. Por isso é intuitivamente natural que uma morte que não seja causada por um evento abrupto e imprevisível (acidente) não está coberta por esse seguro – diferentemente do que se dá em caso de seguro de vida. No seguro de acidentes pessoais é rigorosamente lícito (a) definir o conceito de *acidente*, fora do qual não há cobertura e (b) excluir alguns acidentes especificamente relacionados em apólice e, conseqüentemente, deixar fora de cobertura também a morte ou incapacidade causada por esses fatos expressamente excluídos.

E assim é que, sempre respeitando zelosamente a distinção entre a natureza e finalidades dos dois diferentes contratos de seguro de pessoa, conclui-se que a liberdade contratual assegurada no art. 789 do Código Civil chega com facilidade ao ponto de legitimar as exclusões postas em apólice, referentes ao contrato de seguro por acidente (parto, aborto, choque anafilático, intoxicações alimentares *etc.*). A liberdade contratual, que também se apresenta como *autonomia da vontade*, é filha da geral garantia constitucional da liberdade e por isso só pode sofrer restrições impostas por lei, nos limites da proporcionalidade e da razoabilidade.

Pois no caso que examino, a liberdade de estabelecer exclusões à cobertura pelo contrato de seguro de acidentes pessoais não só é assegurada pelo próprio Código Civil, como ainda conta com o respaldo de precisas normas regulamentares ditadas pela Superintendência dos Seguros Privados – Susep, agência estatal responsável pela regulamentação e fiscalização de todo o sistema securitário.

E como a Susep trata as exclusões impugnadas pela Anadec?

293. cláusula determinada pela própria Susep

O espaço de liberdade negocial deixado pelo art. 789 do Código Civil é de certo modo ocupado pelo ato com o qual a própria agência reguladora disciplina os contratos em exame. Esse ato é a circular Susep n. 29, de 20 de dezembro de 1991, cujo art. 2º estabelece estarem excluídas do seguro de acidentes pessoais: "(...) II – qualquer tipo de hérnia e suas conseqüências; III – o parto ou aborto e suas conseqüências; IV – as perturbações e intoxicações alimentares de qualquer espécie *etc.*; (...) VI – o choque anafilático e suas conseqüências".

> A Susep, que é por lei investida "na qualidade de executora da política traçada pelo Conselho Nacional dos Seguros Privados, como órgão fiscalizador da constituição, organização, funcionamento e operações das sociedades seguradoras" (dec.-lei n. 73, de 21.11.66, art. 36), tem o encargo específico de "fixar condições de

apólices, planos de operações e tarifas a serem utilizadas obrigatoriamente pelo mercado segurador nacional" (art. 36, letra *c*).

Como se vê, o seguro por acidentes pessoais, aos quais se referem as cláusulas impugnadas pela ANADEC, é em primeiro lugar regido por ampla liberdade negocial e, na medida em que a lei restringe essa liberdade, ela o faz para impor precisamente aquilo que consta de ditas cláusulas (exclusão dos acidentes derivados da hérnia, parto, aborto, choque anafilático, intoxicações alimentares). E, como o Código Civil cuida exaustivamente dessa modalidade securitária, conclui-se que as seguradoras não vêm transgredindo norma alguma ao instituir tais exclusões, porque (a) o Código Civil não as proíbe, (b) o Código de Defesa do Consumidor não se aplica porque se trata de contrato de natureza consumerista regido como tal naquela lei geral de direito privado e (c) a SUSEP, autorizada por um decreto-lei, que o sistema constitucional da época equiparava à lei, não se limita a deixar campo livre a tais exclusões, chegando mesmo a incluí-las entre as regras gerais dos seguros privados.

Mas mesmo assim poderia o Poder Judiciário, invocando equivocadamente preceitos do Código de Defesa do Consumidor, impor a uma companhia seguradora a exclusão daquelas regras que a SUSEP manda incluir nas condições gerais? Essa é uma indagação que nos conduz ao tema da *impossibilidade jurídica do pedido*, do qual cuida o parágrafo a seguir.

§ 3º – IMPOSSIBILIDADE JURÍDICA DA DEMANDA

294. *aspectos gerais*

Mais que uma impossibilidade jurídica *do pedido*, a ciência atual do processo prefere falar em impossibilidade jurídica *da demanda*, considerando que a inadmissibilidade *a priori* dos resultados pretendidos pelo demandante pode ser conseqüência do modo-de-ser de qualquer dos elementos constitutivos daquela (partes, causa de pedir, pedido). Estão presentes na ordem jurídica do país vetos legais, político-constitucionais ou sistemáticos ao acolhimento de demandas que, por terem determinadas características em algum daqueles elementos, não comportarão sequer exame referentes às conotações concretas da pretensão veiculada. Eis o fundamental: *uma demanda é juridicamente impossível quando impossíveis forem os resultados que mediante ela o sujeito pretende obter.* O tema da impossibilidade jurídica é mais amplamente desenvolvido em outro capítulo deste mesmo volume, ao qual se remete o leitor interessado (*supra*, "Ação civil pública e separação de Poderes – limitações ao controle jurisdicional e às medidas de urgência", esp. nn. 72-73).

295. uma impossibilidade jurídica de fundo político-constitucional

E assim chegamos ao ponto. As demandas propostas pela ANA-DEC, sempre visando a impor a alguma específica companhia seguradora certas restrições referentes a cláusulas incluídas em suas *condições gerais*, são juridicamente impossíveis porque também não é possível, perante a ordem constitucional, uma sentença com esse conteúdo e essa limitadíssima dimensão subjetiva. Já se argumentou alhures, em caso que guarda bastante analogia com estes agora examinados, que uma impossibilidade jurídica como esta aqui afirmada viria contra as modernas e legítimas tendências expansionistas da atividade jurisdicional cometida ao Poder Judiciário – mas foi longe demais quem assim argumentou, ao transpor a barreira da separação entre os Poderes do Estado e das atividades constitucionalmente confiadas pela Constituição Federal a cada um deles. Aquela argumentação apóia-se em uma tese muito generosa, que conta com enorme credibilidade em tempos presentes; deixo claro que também me sinto pessoalmente envolvido no clima da *universalização da tutela jurisdicional* mas é imperioso reconhecer que esse expansionismo encontra no sistema certas barreiras indisponíveis. Em sede doutrinária, escrevi assim sobre os *óbices legítimos* a essa universalização, manifestando uma idéia de todo pertinente aos casos que agora me são trazidos:

"a generosa idéia de universalizar o exercício da jurisdição não deve conduzir a níveis tais de plenitude e exaurimento, que franqueassem ao Estado e aos seus juízes o mais amplo e incondicionado exercício do poder. Nenhum sistema processual pode prescindir de limitações à plenitude do exercício da jurisdição, o que transparece como natural e óbvio diante dos ditames e pressupostos do Estado-de-direito. A radicalização do postulado de universalização acabaria conduzindo pelos caminhos do arbítrio e do absurdo".[23]

Estamos no campo das *limitações políticas* à prática da jurisdição, agudamente tratadas por Francesco Carnelutti mediante raciocínios que, em substância, estão reproduzidos nas linhas acima.[24] O mesmo Estado, que quer reduzir quanto possível os conflitos não-jurisdicionalizáveis, pensa também em preservar certos valores, certas idéias-mestras e certas estruturas de poder, optando legitimamente por deixá-los imunes à censura judiciária. A regra da *separação entre os Poderes do Estado* é um desses óbices políticos, que tem sede na mesma Constituição onde se vão buscar as generosas garantias do acesso à justiça e da tutela jurisdicional tão ampla quanto possível. É inadequado pensar que cada um dos princípios e garantias constitucionais, como o da ação e do acesso à justiça, vivesse isoladamente dos demais ou pudesse preponderar absoluto sobre cada um dos outros. Ao contrário, os princípios e garantia constitucionais constituem uma *família*, que deve ser harmoniosa e composta de elementos ligados por intensos vínculos de interação e de cooperação para a construção de um sistema democrático consistente – sendo todos eles, contudo, reciprocamente sujeitos a uma série de limitações decorrentes da vida em comum.

Um exemplo muito expressivo dessa convivência e recíproca limitação entre princípios são as medidas *inaudita altera parte*, as

---

23. *Cfr.* "Universalizar a tutela jurisdicional", n. 193, *in Fundamentos do processo civil moderno*.
24. *Cfr. Lezioni di diritto processuale civile*, V, n. 7 [401], p. 16. Não-obstante endereçado especificamente à execução forçada (e portanto à tutela executiva), o discurso do criativo Mestre oferece uma dimensão muito mais ampla e é de inteira pertinência ao presente estudo.

quais jamais poderiam ser concedidas se a garantia constitucional do contraditório vivesse isoladamente em seu mundo próprio; mas elas são admissíveis porque acima dessa garantia deve preponderar a superior promessa, também constitucional, de uma tutela jurisdicional efetiva e sobretudo tempestiva.

296. *uma severa garantia constitucional de legalidade*

A limitação política olvidada e não considerada pela entidade autora, ao postular que se imponham às empresas seguradoras aquelas restrições à sua liberdade contratual no exercício de uma atividade econômica lícita, vem também diretamente da Constituição Federal, onde se estabelece com clareza que "é assegurado a todos o livre exercício de qualquer atividade econômica, independentemente de autorização dos órgãos públicos, salvo nos casos previstos em lei" (art. 170, par.). E as palavras finais desse texto, ao deixarem também muito claro que eventuais restrições a essa ampla liberdade de iniciativa não serão legítimas senão quando forem ditadas por lei, valem por uma remissão ao democrático *princípio da legalidade*, igualmente consagrado em sede constitucional (Const., art. 5º, inc. II – "ninguém é obrigado a fazer ou deixar de fazer alguma coisa senão em virtude de lei").

> Confesso que sou pessoalmente arredio a invocar indiscriminadamente essa surrada fórmula constitucional do princípio da legalidade, a qual ficaria desgastada se fosse admitida, como tantas vezes tanta gente tenta, como verdadeira panacéia para todos os males. Reservo-me para valer-me dela nos casos estritos em que realmente veja uma direta relação com o princípio ali estabelecido: e, aqui, em relação ao tema em exame, aflora à sensibilidade de cada um a rigorosa pertinência do princípio da legalidade, ao qual se remete de modo expresso um outro dispositivo da própria Constituição Federal (o parágrafo do art. 170, que venho de citar).

Ora, uma das prerrogativas detidas e conservadas com extremo zelo pelas Constituições modernas é a de *fixar competências*, distribuindo racionalmente o exercício do poder entre os diversos planos da Federação e, no seio de cada um destes, entre os diversos setores dos organismos estatais, a que chamamos *Poderes*. Assim, ao mandar que somente *a lei* possa estabelecer limites à liberdade de iniciativa e à autonomia da vontade, o constituinte excluiu a possibilidade de que isso seja feito por decretos ou demais regulamentos do Poder Executivo, ou por sentenças ou decisões dos juízes; e, ao estabelecer que compete exclusivamente à União legislar a respeito dos seguros, excluiu a competência dos Estados, municípios ou Distrito Federal para fazê-lo (art. 22, inc. VII).

Essa precisa delimitação de competências, fixada e assegurada pela Constituição Federal, constitui um penhor democrático de segurança dos indivíduos e suas entidades em face do Estado e do poder que exerce; é, em outras palavras, uma veemente afirmação do princípio da liberdade, inerente ao Estado-de-direito e, ao mesmo tempo, da própria garantia da legalidade, versada logo acima, ambos também alojados nos textos constitucionais (Const., art. 5º, inc. II). E a superior garantia da prevalência de todo esse sistema garantístico é representado, no moderno Estado-de-direito, pela cláusula *due process of law* (Const., art. 5º, inc. LIV), que outra coisa não é senão um sistema de autolimitações ao exercício do poder, instituído para a segurança do cidadão.

> "Due process of law is a concept in U.S. and English jurisprudence that establishes *limits to the powers of government*, specifically against the arbitrary deprivation of life, liberty, or property."[25]

297. *discricionariedade e critérios do legislador, não do juiz*

Dessas claras garantias e limitações instituídas no plano constitucional resulta que, para a consecução dos objetivos visados pela autora nos processos em exame, seria indispensável introduzir modificações amplas e universais na *política nacional dos seguros*, integrada por normas de valor universal e sistemático – normas coordenadas entre si segundo certos objetivos a conquistar e equilibradas em face do grande princípio democrático da *isono-*

---

25. *Cfr. Grolier Encyclopedia*, Grolier Electronic Publishing, verbete *due process*.

mia. Como se sabe, compete ao Conselho Nacional dos Seguros Privados a definição dessa política (dec.-lei n. 73, de 21.11.66, art. 36, *caput*) e, naturalmente, também eventuais alterações a serem introduzidas nela.

Ora, para ser legítima, essa possível política nacional precisa ter e manter ao longo do tempo a racional e ordenada consciência de uma complexa multiplicidade de fatores, notadamente financeiros, estatísticos, econômicos, atuariais, conjunturais e até mesmo culturais, que exercem influência e pressão sobre o sistema securitário – sob pena de cair em um passional casuísmo lesivo às próprias pessoas que se quer beneficiar e, seguramente, também ao equilíbrio concorrencial entre empresas. Como é notório, a construção dessa disciplina sistemática deve apoiar-se em juízos discricionários da competência do legislador e do administrador em sua atividade regulamentadora – aos quais compete, e não ao juiz, o estabelecimento de normas gerais e abstratas de universal aplicação.

> De vital relevância é a problemática dos prêmios a serem pagos pelo segurado nas diversas modalidades de seguro e segundo a intensidade dos riscos assumidos pela seguradora: maior o risco, mais elevado o valor do prêmio. E, como toda ampliação de cobertura implica inevitavelmente aumento de risco, é natural que, ampliada a cobertura, o prêmio também aumente. Essa é uma inafastável imposição da realidade econômica dos contratos e, sem que os prêmios se amoldem à intensidade maior do risco, ter-se-ia uma verdadeira patologia negocial, representada pela ruptura do equilíbrio econômico dos contratos de seguro. Ou então, para manter esse equilíbrio, as seguradoras seriam obrigadas a aumentar o valor dos prêmios cobrados, a dano da comunidade de seus segurados e delas próprias.

Todos esses critérios e as posições a serem tomadas a seu respeito com o caráter de universalidade constituirão o exercício, pelo legislador, da *discricionariedade* própria à sua atividade criativa de normas gerais e abstratas – entendida essa discricionariedade como "poder de valoração dos interesses em relação aos quais a ação administrativa deverá ser exercida" (Massimo

Tucci).²⁶ O juiz é que, pela própria natureza da função jurisdicional, não tem esse poder de escolhas discricionárias, em cujo exercício fixasse critérios para a determinação das exclusões de cobertura que podem ou que não podem ser feitas, assim como para a correspondente fixação das correspondentes oscilações nos prêmios a serem pagos pelo segurados. Isso compete ao legislador e, nos limites da lei, aos órgãos da Administração Pública encarregados da política nacional dos seguros privados (CNSP). Por mais generosa que seja (e realmente é) a tese da *universalização da jurisdição*, a qual conta com toda minha simpatia pessoal, ela não pode sobrepor-se aos ditames constitucionais de legalidade e separação entre os Poderes do Estado, para permitir ao juiz essa pretendida invasão de competências constitucionalmente reservadas aos outros Poderes. Nos dizeres do monografista já citado, "la discrezionalità amministrativa è figlia del principio della separazione dei poteri e della correlata esigenza di difendere il dispotismo illuminato dell'esecutivo da eccessive ingerenze, principalmente del potere giudiziario".²⁷

298. *infração à isonomia e à* paridade em armas *na concorrência*

Uma das notas diferenciais da jurisdição, e talvez a única que a distingue da legislação e faz com que o juiz não se equipare ao legislador, é a vocação que a sentença tem, e a lei não, a pronunciar-se sobre *casos e situações concretas* (Mauro Cappelletti).²⁸ E, decidindo sobre casos concretos, o juiz deixa fora dos julgados que profere todos os demais sujeitos que possam estar na mesma situação de uma das partes (todas as seguradoras não trazidas a juízo), aos quais, por não haverem sido partes, não se estendem os

---

26. *Cfr. Giudice civile e affievolimento del diritto soggettivo*, p. 25. No mesmo sentido, Maria Sylvia Zanella di Pietro, *Da discricionariedade administrativa*, p. 41.
27. *Cfr.* Massimo Tucci, *Giudice civile e affievolimento del diritto soggettivo*, p. 23.
28. *Cfr. Giudici legislatori?*, n. 11, pp. 64-65; v. também p. 71.

efeitos da sentença nem a autoridade da coisa julgada que sobre eles se abate (CPC, art. 472). Isso não aconteceria com uma lei que realmente restringisse, em caráter geral e abstrato, a liberdade de impor em apólice aquelas exclusões de cobertura criticadas pela entidade autora. A prevalecer a pretensão ajuizada por esta em face de algumas seguradoras mas não de todas as que operam no país, essas que são rés ficariam sujeitas a todas aquelas restrições desejadas pela demandante, enquanto que suas concorrentes poderiam prosseguir livremente formatando seus produtos com inclusão daquelas cláusulas e sem a obrigação de eliminá-las. Essa disparidade de tratamentos equivaleria, na prática, a engessar os braços das empresas-rés e deixar livre o caminho para as demais, com uma profunda e indesejável desarticulação do mercado dos seguros, a dano dos segurados que são os consumidores finais dos produtos oferecidos por todas elas.

A primeira e mais intuitiva das infrações constitucionais geradas por essa diversidade de julgamentos (diversidade que é própria à experiência judiciária) consiste na manifesta quebra da *parità nelle armi*, que outra coisa não é senão a isonomia garantida constitucionalmente (Const., art. 5º); outra infração, de igual intensidade, é o golpe lançado contra outra garantia, também estabelecida em sede constitucional, que é a da *livre concorrência* (art. 170, inc. IV). E o Estado brasileiro, que se proclama "agente normativo e regulador da atividade econômica" (art. 174, *caput*), estaria, pela mão de seus juízes, a gerar uma desordenada, casuística e anti-isonômica regulação de uma atividade econômica, a dano da concorrência, da livre iniciativa e, conseqüentemente, dos próprios consumidores que a ANADEC pretende tutelar.

A conclusão do presente parágrafo é portanto pela manifesta *impossibilidade* jurídica das demandas deduzidas pela ANADEC nos processos aqui examinados, uma vez que sofrem robusta e intransponível resistência oposta por aqueles superiores preceitos constitucionais. Do choque com estes resulta aquilo que já foi dito e constitui a essência da própria teoria das impossibilidades jurídicas, a saber: a inadmissibilidade em tese do provimento desejado, independentemente de qualquer concreta investigação sobre os demais elementos da pretensão da demandante.

§ 4º – LITISCONSÓRCIO NECESSÁRIO

299. *sobre o litisconsórcio necessário – um apanhado geral de temas*

Todo discurso sobre a necessariedade do litisconsórcio deve partir sempre de elementares conceitos relativos à legitimidade *ad causam*, resolvendo-se a necessariedade do litisconsórcio em uma legitimidade necessariamente conjunta de dois ou mais sujeitos para demandarem ou serem demandados (litisconsórcio necessário ativo ou passivo).

É também notório que no sistema brasileiro o litisconsórcio será necessário em duas situações básicas – a saber, quando a lei assim o determina de modo específico (litisconsórcio por força de lei) ou quando se trata de decidir sobre relações jurídicas de um sujeito, tão intimamente associadas à situação de outros, que se mostre impossível cindir os efeitos da decisão a ser proferida, para que aquele seja atingido e estes, não (litisconsórcio necessário-unitário). A *incindibilidade* é o fator que não só justifica como impõe o litisconsórcio unitário, o qual será também necessário por imposição da norma contida no art. 47, par. do Código de Processo Civil – sabendo-se no entanto que nem sempre o litisconsórcio unitário será também necessário, pois há casos em que é facultativo. Houve no passado uma fortíssima opinião no sentido de que a necessariedade-unitariedade somente poderia ocorrer em relação às ações constitutivas (Chiovenda), mas esse pensamento está completamente superado e hoje se entende que tanto nessas ações quanto nas meramente declaratórias poderá o litisconsórcio ser unitário e necessário. Assim é a jurisprudência dos tribunais brasileiros.

Em sua versão original o parecer aqui reproduzido contina diversos tópicos versando sobre aspectos da teoria do litisconsórcio necessário, assim nomeados: a) litisconsórcio necessário e legitimidade *ad causam* – colocações conceituais e sistemáticas; b) sobre o litisconsórcio necessário-unitário; c) necessariedade por incindibilidade das situações jurídicas; d) ainda sobre a incindibilidade das situações jurídicas; f) não só as sentenças constitutivas – também as meramente declaratórias e certas condenatórias; g) o litisconsórcio necessário-unitário no Código de Processo Civil; h) a excepcionalidade do litisconsórcio necessário – uma ressalva pessoal. Uma vez que tais temas estão amplamente examinados em outro parecer também reproduzido neste mesmo volume, para evitar o vício da repetição tais tópicos ficaram excluídos do presente capítulo e àquele outro permito-me a liberdade de remeter o leitor interessado.[29] O que logo acima se lê é somente um apanhado geral das idéias lá desenvolvidas, destinado a encaminhar a linha de pensamento referente ao caso examinado.

300. a posição da SUSEP no sistema nacional de seguros

A Superintendência dos Seguros Privados, no exercício das funções de executora da política nacional dos seguros, emite determinações às empresas seguradoras e estas estão adstritas a cumpri-las, sob as sanções que a lei comina. É a ela que cabe, nos termos da lei vigente, a tarefa e o poder de "fixar condições de apólices", definindo cláusulas a serem incluídas nas condições gerais que acompanham aquelas; cabe também, em estreita correspondência com esse mister o de "fixar tarifas a serem utilizadas obrigatoriamente pelo mercado segurador nacional". Para clareza, volto a transcrever o art. 36, *caput* e letra *c* do dec.-lei n. 73, de 21 de novembro de 1966, *verbis*:

> "na qualidade de executora da política traçada pelo Conselho Nacional dos Seguros Privados, como órgão fiscalizador da constituição, organização, funcionamento e operações das sociedades seguradoras", tem o encargo específico de "fixar condições de apólices, planos de operações e tarifas a serem utilizadas obrigatoriamente pelo mercado segurador nacional".

---

29. *Cfr. infra*, "Cumulação de pedidos em matéria tributária, litisconsórcio necessário e concurso eletivo de foros", esp. nn. 314-319.

Além disso, sempre na condição de agente fiscalizador da observância de uma política nacional, cabe à SUSEP "*fiscalizar as operações das Sociedades Seguradoras*, inclusive o exato cumprimento deste decreto-lei, de outras leis pertinentes, disposições regulamentares em geral, resoluções do CNSP e *aplicar as penalidades cabíveis*" (art. 36, cit., letra *h*).

Temos aí, então, o desenho de todo um quadro com os seguintes traços fundamentais: a) o Conselho Nacional dos Seguros Privados estabelece uma política nacional dos seguros privados; b) a SUSEP, como órgão executor dessa política, vai aos detalhes para "fixar condições das apólices"; c) a mesma SUSEP exerce fiscalização sobre as companhias seguradoras, inclusive e muito notadamente no tocante à observância das normas oriundas dela própria (SUSEP) ou daquele Conselho (CNSP); d) no exercício dessa fiscalização e da *missão repressiva* que o dec.-lei n. 73 lhe comete ("do regime repressivo", arts. 108 ss.), ela aplica as sanções cominadas também nesse diploma.

E quando as seguradoras estarão sujeitas a essa repressão?

Isso acontecerá, entre outras hipóteses, (a) quando "infringirem disposições das normas e instruções baixadas pelo CNSP, pela SUSEP ou pelo IRB" (art. 111, letra *a*) ou (b) quando realizarem uma "contratação de seguro em desacordo com as normas da SUSEP" (art. 116, letra *c*).[30]

301. *a posição da SUSEP em caso de procedência das demandas da ANADEC*

Podemos agora imaginar o que sucederia se um juízo ou tribunal, superando a barreira representada pela impossibilidade jurídica daquelas demandas propostas pela ANADEC, chegasse a um julgamento *de meritis* e pronunciasse a procedência de suas pretensões. A SUSEP encontraria diante de si uma, ou algumas segu-

---

30. Legislação vigente ao tempo em que o presente estudo foi elaborado. Alguns dispositivos acima referidos foram revogados pelo art. 31 da lei compl. n. 126, de 15 de janeiro de 2007.

radoras dispensadas por sentença judicial de cumprir um preceito e comando que emitiu, qual seja o de incluir entre as *condições gerais do seguro de acidentes* aquelas cláusulas contra as quais se bate a autora. Qual seria sua atitude e quais seus poderes em face dessa empresa? Ela, que definiu as condições gerais e fixou tarifas, como manda a lei (dec.-lei n. 73, de 21.11.66, art. 36, letra *a*), tendo o poder-dever de fiscalizar a observância do que dispôs e punir as que se afastam de suas normas (arts. 111, 116), ficaria impedida de exercer sua missão institucional, porque a empresa estaria amparada por sentença? Nesse caso, deveria resignar-se e permitir o esfacelamento do sistema, com variações nos termos das *condições gerais* de empresa para empresa? Ou estaria, apesar da sentença, autorizada a prosseguir no exercício de sua função institucional? Na primeira hipótese, a Susep seria refém dos efeitos de uma sentença proferida *inter alios* e por uma Justiça (a estadual) à qual não está sujeita? Na segunda, a sentença não terá valido para nada, sendo pois *inutiliter data*?

Estão assim colocados os termos da necessariedade do litisconsórcio necessário-unitário no caso em exame, porque (a) sujeitar a Susep à eficácia de sentenças proferidas sem que fosse parte seria transgredir elementarmente a garantia do contraditório e (b) proferir sentenças sabendo que não terão utilidade alguma choca-se com a própria missão do Poder Judiciário. É em casos assim que toda a doutrina indica ser inútil a sentença proferida *inter pauciores ex pluribus*, proclamando então a indispensabilidade do litisconsórcio. O reconhecimento dessa inutilidade está ao centro de toda teoria e disciplina do litisconsórcio necessário, à qual acima se aludiu (*supra*, n. 299 – v. também o capítulo "Cumulação de pedidos em matéria tributária, litisconsórcio necessário e concurso eletivo de foros", esp. nn. 314-319).

> Seria o mesmo que (a) impor ao cônjuge que não foi parte na ação de anulação de casamento os efeitos da sentença que houver julgado procedente a demanda, ou (b) resignar-se o juiz a proferir uma sentença em face de um só dos cônjuges, sabendo de antemão que ela não poderá produzir efeito algum.

Tais são as razões que me levam a concluir com muita segurança pela necessidade de incluir a SUSEP no pólo passivo daquelas demandas propostas por ANADEC a algumas companhias seguradoras, sob pena de se cair naquele desconfortável dilema posto acima: ou estender os efeitos da sentença a quem não foi parte ou resignar-se com sentenças destituídas de qualquer eficácia ou utilidade prática. Ao concluir assim, enfatizo em primeiro lugar que a restrição ao direito de ação, em casos de verdadeiro litisconsórcio necessário como estes aqui examinados, está plenamente legitimada e compensada pelo culto que se presta à garantia constitucional do contraditório. Ressalto ainda que de nada valeria à própria entidade autora uma sentença aparentemente portadora de tanta eficácia direta sobre a esfera de alguma seguradora mas que, por não haver a SUSEP sido trazida ao processo para receber tratamento conjunto e homogêneo (necessariedade e unitariedade), não produziria efeitos sequer em face da própria empresa eleita para ser ré em qualquer daqueles processos. Nessa situação, e até por disposição expressa de lei (CPC, art. 47, *caput*), a parte tem o ônus de litigar contra quem não pretende, sob pena de não poder litigar contra quem pretende. Assim é a disciplina legal e sistemática do litisconsórcio necessário.

> É tão íntima a vinculação das seguradoras à SUSEP e aos regulamentos que esta emite, que a situação versada nos processos sob exame chega a resvalar fortemente em uma das hipóteses legais de *nomeação à autoria*. Em poucos casos ver-se-á com tanta nitidez alguém "que praticou o ato por ordem ou em cumprimento de instruções de terceiro"; as seguradoras incluem em suas *condições gerais* aquelas cláusulas restritivas, porque assim determina a SUSEP de modo expresso e direto no art. 2º de sua circular n. 29, de 20 de dezembro de 1991. Mas não se chega ao ponto de admitir tal forma de intervenção de terceiro, que pressupõe a ilegitimidade *ad causam* passiva do réu originário, porque o resultado que a ANADEC postula em cada uma de suas demandas atinge também de modo direto a própria seguradora em suas relações com cada segurado: anular uma cláusula, excluindo-a do contrato, interfere no equilíbrio deste e, no futuro, certamente implicará revisão nas tarifas a serem cobradas a título de prêmio. Por isso é que, tratando-se de pretensões com potenciais efeitos sobre a esfera jurídica da au-

tarquia e também de cada uma das seguradoras, a solução correta consistirá na integração daquela aos processos (CPC, art. 47, par.).

§ 5º – COMPETÊNCIA DA JUSTIÇA FEDERAL

302. *competência da Justiça Federal*

Demonstrada a existência do litisconsórcio necessário, a primeira conseqüência lógica a ser reconhecida consiste na competência da Justiça Federal, com exclusão da Estadual, o que corresponde a disposição expressa da Constituição da República. Segundo o art. 109, inc. I desta, "aos juízes federais compete processar e julgar (...) as causas em que a União, *entidade autárquica* ou empresa pública federal forem interessadas na condição de autoras, rés, assistentes ou opoentes, exceto (...)". Ora, litisconsorte é sempre parte e parte principal – na condição de autor entre outros autores quando o litisconsórcio é ativo, ou na de réu entre outros réus, quando passivo. *Litisconsorte ativo é autor e litisconsorte passivo é réu*. E um ligeiro relance à *mens* norteadora daquela disposição constitucional deixa claro que não importa se o litisconsórcio é *originário ou ulterior*, uma vez que em ambas as hipóteses estará em jogo algum litígio sobre bens ou interesses federais – sabendo-se que a própria instituição de uma Justiça Federal constitui culto ao federalismo e à conveniência de deixar a cargo de juízes *federais* o controle jurisdicional relativo a bens e interesses da União ou de suas emanações.

As Constituições anteriores esclareciam que o ingresso de um daqueles entes federais depois da instauração do processo deslocaria a competência para a Justiça Federal. Não o faz a de 1988 mas o resultado é o mesmo porque qualquer terceiro, no momento em que ingressa no processo, torna-se parte; e, por isso, a partir do momento de sua inserção processual configura-se a hipótese daquele inciso do vigente art. 109, sendo competente a Justiça Federal daí por diante.
O conceito de *parte*, inerente à técnica processual, é suficiente para conduzir a esse resultado interpretativo – porque litisconsorte é parte e litisconsorte ulterior é tanto litisconsorte quanto o originário.[31]

31. *Cfr.* Dinamarco, *Instituições de direito processual civil*, I, n. 227, p. 480 e II, n. 560, pp. 339-340. *Cfr.* também *infra*, capítulo "Previdência complemen-

303. competência também para pronunciar-se sobre esse litisconsórcio necessário

"Compete à Justiça Federal decidir sobre a existência de interesse jurídico que justifique a presença, no processo, da União, suas autarquias, ou empresas públicas". Quase não seria necessário dizer mais nada, do que citar essa Súmula n. 150 do Col. Superior Tribunal de Justiça, para mostrar que a um órgão da Justiça Federal, não da Estadual, competirá decidir sobre a Superintendência dos Seguros Privados como litisconsorte necessário nos processos aqui em estudo. Essa é uma autarquia federal, plenamente enquadrada não só na disposição do art. 109, inc. I da Constituição Federal, como também na hipótese contemplada naquele enunciado sumular. Quero porém, ainda uma vez, lembrar as premissas federalistas da estrutura judiciária brasileira e da distribuição de competências entre as Justiças locais e a Federal, com o objetivo de deixar mais claro que não poderia ser de outra maneira. Não poderia o juiz estadual pronunciar-se sobre a questão do ingresso de um ente federal no processo como parte, porque já nesse momento estaríamos a municiar um agente do *Estado federado* com poderes para decidir sobre a sorte de um ente do *Estado Federal*. Já nesse momento, portanto, é da Justiça Federal a competência para decidir, seja para afirmar o litisconsórcio necessário e aceitar sua própria competência para prosseguir na causa, seja para negar esse litisconsórcio e dizer-se incompetente para prosseguir.

Nesse quadro e por esses motivos jurídicos, constitucionais e políticos, é dever do juiz estadual, quando surge em uma causa pendente a séria alegação de um litisconsórcio necessário envolvendo um ente federal, simplesmente remeter esse processo à Justiça Federal, para que ali essa preliminar receba julgamento. E, por tudo quanto disse no parágrafo anterior, tenho por muito séria (e procedente) a alegação de que a autarquia federal SUSEP é

tar, banco central, litisconsórcio necessário e competência da justiça federal", n. 598.

litisconsorte necessário naqueles processos pendentes entre outras partes perante a Justiça Estadual.

§ 6º – CONCLUSÕES

304. respostas aos quesitos

Fixo agora, resumidamente e de modo conclusivo, as idéias centrais do presente parecer, em torno das quais gravitaram as reflexões lançadas nos diversos capítulos que antecedem a este. Eis, em pontos bastante definidos e identificados, a síntese conclusiva que proponho aos qualificados leitores:

primeiro ponto: é preciso distinguir *as cláusulas de um contrato de seguro de vida e as de um seguro de acidentes pessoais*, muitas vezes inseridas em uma só apólice e por isso sujeitas a alguma confusão que vem sendo indevidamente feita;

segundo ponto: as cláusulas de exclusão de cobertura em caso de morte ou incapacidade decorrente de hérnia, acidentes de parto, aborto, intoxicações alimentares, choque anafilático *etc.*, contidas nas condições gerais impugnadas pela autora ANADEC, *referem-se exclusivamente ao seguro de acidentes e não ao de vida*;

terceiro ponto: no que diz respeito a essas cláusulas, estabelecidas no exercício da liberdade negocial constitucionalmente assegurada, aplicam-se as disposições contidas no Código Civil, no dec.-lei n. 73, de 21 de novembro de 1966, e em normas regulamentares, onde se situa toda a disciplina dessa matéria;

quarto ponto: não se aplica o Código de Defesa do Consumidor porque essa relação de consumo já está exaustivamente disciplinada naquela legislação, a qual está para com estes na condição de *leges speciales* em relação a uma *lex generalis*;

quinto ponto: os pedidos deduzidos pela ANADEC são *juridicamente impossíveis*, em primeiro lugar porque seu acolhimento em sentença proferida entre essa autora e algumas seguradoras constituiria transgressão à competência do Poder Legislativo e do Executivo para reger os seguros mediante uma *política nacional* e estabelecer regras operacionais a serem observadas nos contratos de seguros;

sexto ponto: a impossibilidade jurídica dessas demandas é também conseqüência do fato de não só proporem o esfacelamento das bases dessa política, como também o tratamento anti-isonômico entre empresas;

sétimo ponto: a SUSEP é parte legítima para figurar como *litisconsorte necessário* nos processos instaurados por iniciativa da ANADEC em face de seguradoras, porque as demandas propostas visam a resultados que só podem ser produzidos em presença daquela autarquia;

oitavo ponto: uma sentença que viesse a ser proferida sem essa litisconsorte necessária seria inteiramente inútil (a) porque não poderia ter o efeito de impedir a SUSEP, sem ter sido parte, de exercer sobre as empresas o seu poder de fiscalização e repressão e (b) porque não se poderia impor às empresas a prática de atos que fatalmente a poriam na mira dessas atividades da autarquia;

nono ponto: a inclusão dessa autarquia federal no processo deslocará a competência para a Justiça Federal, como determina o art. 109, inc. I da Constituição Federal;

décimo ponto: é da Justiça Federal a competência para pronunciar-se sobre a necessariedade desse litisconsórcio e sobre sua própria competência, como emana da Súmula n. 150 do Col. Superior Tribunal de Justiça.

XX – CUMULAÇÃO DE PEDIDOS EM MATÉRIA TRIBUTÁRIA, LITISCONSÓRCIO NECESSÁRIO E CONCURSO ELETIVO DE FOROS[1]

§ 1º – **preparando a exposição** – 305. duas empresas e serviços prestados em dezenas de municípios – 306. exigências referentes ao Iss e isenção no Município de Guaratinguetá – 307. uma demanda em via de ser proposta – os pedidos e os diversos fundamentos – 308. um grande litisconsórcio necessário-unitário e a competência de foro – § 2º – **cúmulo de pedidos e de fundamentos** – 309. a pretensão central dos consulentes e seus fundamentos autônomos – 310. concurso objetivo de direitos e de ações – 311. o acolhimento de um dos fundamentos será suficiente (confirmação na lei) – 312. os pedidos subsidiários – § 3º – **um litisconsórcio necessário-unitário** – 313. um grupo grande de litisconsortes passivos – 314. litisconsórcio necessário e legitimidade *ad causam* – 315. sobre o litisconsórcio necessário-unitário – 316. ainda a incindibilidade das situações jurídicas – 317. não só as sentenças constitutivas – 318. o litisconsórcio necessário-unitário no Código de Processo Civil – 319. a excepcionalidade do litisconsórcio necessário – 320. um indiscutível litisconsórcio necessário-unitário – 321. sem possibilidade de cindir-se territorialmente – § 4º – **dois temas relativos à competência territorial** – 322. trinta-e-cinco Municipalidades situadas em dois Estados – 323. foros eletivamente concorrentes: visão sistemática – 324. típico caso de foros concorrentes – o de Guaratinguetá é um deles – 325. diferentes Estados da Federação: ponto inteiramente destituído de relevância – § 5º – **antecipação de tutela** – 326. providências já tomadas por algumas Municipalidades – 327. antecipação de tutela, razão de ser e os requisitos para sua concessão – 328. males de difícil reparação (procedimentos tributários já instaurados) – 329. a grande probabilidade do direito – § 6º – **proposições conclusivas** – 330. primeira conclusão: litisconsórcio necessário-unitário e portanto indissolúvel – 331. segunda conclusão: prevenção do foro escolhido pelos autores – 332. terceira conclusão: imperiosa tutela antecipada

§ 1º – PREPARANDO A EXPOSIÇÃO

305. *duas empresas e serviços prestados em dezenas de municípios*

Concessionária da Rodovia Presidente Dutra S.A. é, como o nome indica, uma sociedade anônima que, havendo saído ven-

---

1. Reprodução de parecer elaborado em dezembro de 2006.

cedora em regular certame licitatório, foi-lhe adjudicada a concessão de serviços, operação, conservação e manutenção daquela rodovia federal. COPER – Consórcio Operador da Rodovia Presidente Dutra, litisconsorte daquela na causa de que cuida este parecer, é uma entidade constituída nos termos do art. 278 da Lei das Sociedades Anônimas com o escopo de prestar-lhe serviços, operacionalizando seus compromissos. Mantém com a Dutra um contrato com tal escopo. A Dutra tem sede social na cidade de São José dos Campos e o COPER, em Guaratinguetá – ambas, portanto, no Vale do Paraíba e às margens da Rodovia Presidente Dutra.

Ora, desempenhando sua função contratualmente assumida, o COPER atua ao longo de toda a Rodovia Presidente Dutra, prestando serviços relacionados com a operação da própria Rodovia e das praças de pedágio, com a conservação e manutenção das pistas, assistência aos usuários, segurança *etc*. As praças de pedágio não passam de seis e localizam-se apenas nos Municípios de Arujá, Guararema, Jacareí, Pindamonhangaba, Itatiaia e Seropédica, mas o serviço em si mesmo é prestado em todos os municípios cortados pela Rodovia.

306. *exigências referentes ao Iss e isenção no Município de Guaratinguetá*

Por prestar o COPER seus serviços em tantos municípios, sem uma base operacional fixa porque o que deve fazer é feito ao longo de toda a Rodovia, têm surgido exigências tributárias de algumas das Municipalidades, sendo que as de Roseira, Silveiras e Cachoeira Paulista já efetuaram lançamentos de Iss a seu cargo, com a indicação da Dutra como responsável tributária. Além disso, duas outras Municipalidades (Lavrinhas e Piraí) notificaram a Dutra e o COPER a fornecer informes acerca dos serviços prestados por este àquela – com o que se evidencia estar em curso algum procedimento visando a efetuar lançamentos.[2]

---

2. Essa era a situação ao tempo em que o parecer foi elaborado.

Registra-se também que, quando da instalação da sede do Coper na cidade de Guaratinguetá, a E. Câmara Municipal local editou a lei n. 2.599, de 17 de junho de 1993, que, regulamentada pelo dec. munic. n. 3.784, de 3 de maio de 1996, concedeu a esse consórcio isenção do imposto sobre serviços naquele Município. Com fundamento nessa isenção tributária guaratinguetaense, querem os ora consulentes, como está explícito em seu primeiro pedido subsidiário, que se declare nada deverem a Municipalidade alguma porque (a) todas as demais são destituídas de competência para o lançamento daquele tributo, uma vez que sua sede se situa em Guaratinguetá, tratando-se de serviço sujeito ao recolhimento de Iss no local do estabelecimento prestador e (b) essa Municipalidade, única competente, não é credora pelo Iss em virtude da isenção concedida.

Esclareço que esse pedido não será o principal a ser deduzido pelos consulentes, mas subsidiário (CPC, art. 289), a ser conhecido somente em caso de o principal não ser acolhido.

307. *uma demanda em via de ser proposta – os pedidos e os diversos fundamentos*

Nessa situação, estão os consulentes Dutra e Coper em via de propor uma ação declaratória no foro de Guaratinguetá, cumulando ao pedido principal dois subsidiários e invocando, com relação ao primeiro deles, dois fundamentos autônomos e suficientes.

O *pedido principal* tem por fundamentos (a) a *não-incidência* do Iss, porque os serviços prestados por Coper não se enquadram na *lista de serviços* anexa à lei compl. n. 116/03; b) o veto constitucional à *bitributação*, porque as atividades das duas empresas resumem-se à prestação de um só e único serviço, sendo que a Dutra já vem recolhendo o Iss pela cobrança de tarifas em seus postos de pedágio. Sendo acolhidos ambos esses fundamentos, ou mesmo só um deles, será procedente o pedido principal, proferindo-se uma sentença declaratória negativa – negativa da existência de obrigação dos autores perante qualquer das Municipalidades-rés, a título de imposto sobre serviços.

O *primeiro pedido subsidiário* é de uma sentença também declaratória negativa perante todas as Municipalidades e tem por fundamento (a) a competência tributária exclusiva da Municipalidade de Guaratinguetá e (b) a total *isenção* tributária que por essa Municipalidade lhe foi regularmente concedida.

O *segundo pedido subsidiário*, também deduzido expressamente como permite o art. 289 do Código de Processo Civil, visa a obter a declaração de que COPER, se for contribuinte do imposto sobre serviços, será devedor a todas as Municipalidades-rés, (a) mediante uma só e única classificação segundo a *lista anexa* à lei compl. n. 116, de 31 de julho de 2003, (b) na proporção da extensão da Rodovia Presidente Dutra no território de cada uma delas e (c) segundo a alíquota vigente em cada Municipalidade.

308. um grande litisconsórcio necessário-unitário e a competência de foro

São rés nessa causa trinta-e-cinco Municipalidades, ou seja, trinta-e-cinco litisconsortes passivos. Esse grande volume de sujeitos aglutinados em um só processo sugere à primeira vista o veto do art. 46, par. do Código de Processo Civil aos litisconsórcios muito numerosos, os quais em princípio devem ser desmembrados para evitar dificuldades para o exercício da defesa de cada um deles e da jurisdição, pelo juiz. Tal é o *litisconsórcio multitudinário*, do qual venho falando com a intenção de demonstrar o inconveniente de manter em um só feito uma *multidão* de litisconsortes.

> Comecei a falar em *litisconsórcio multitudinário* um pouco por pilhéria, mas a locução foi bem aceita e por isso a mantive e a ela tenho voltado muitas vezes.[3]

A se impor o disposto no parágrafo do art. 46, no entanto, ficaria *desfeito um litisconsórcio necessário-unitário*, com a conseqüência de permitir a fragmentação de decisões que a exigência deste visa a evitar e com a manifesta negativa de vigência ao

3. *Cfr.* meu *Litisconsórcio*, n. 73, pp. 344 ss.

que dispõe o art. 47 do Código de Processo Civil. Adianto desde logo, por isso, que tal desmembramento não tem cabimento neste caso, justamente porque aqui temos um litisconsórcio necessário-unitário e só os litisconsórcios facultativos comportam desmembramento. A seu tempo desenvolverei com a necessária e possível profundidade esse elegante tema (*infra*, nn. 316, 321 *etc.*).

§ 2º – CÚMULO DE PEDIDOS E DE FUNDAMENTOS

309. *a pretensão central dos consulentes e seus fundamentos autônomos*

A pretensão central dos consulentes, exposta em sua petição inicial, consiste pura e simplesmente na declaração de não serem devedores de Iss algum, a qualquer das Municipalidades-rés, tendo por fato gerador o serviço prestado por COPER à Dutra ao longo da Rodovia Presidente Dutra. Para o caso de essa pretensão não ser acolhida, deduzem também dois *pedidos subsidiários*, dos quais direi mais adiante; aqui, estou cuidando apenas do pedido principal e quero enfatizar que ele é um só, embora apoiado em três fundamentos distintos. Os consulentes pedem a prolação de uma sentença declaratória negativa na qual "seja afinal declarada, em face de todas as Municipalidades-rés, a inexistência de tributação de Iss sobre o serviço de operação, conservação e manutenção da Rodovia Presidente Dutra, prestado pelo COPER à Dutra, tornando inexigíveis os créditos tributários decorrentes dos lançamentos efetuados por todas essas Municipalidades". Como já dito, esse pedido tem por fundamentos (a) a *não-incidência* do imposto sobre serviços, porque o serviço prestado por COPER não se enquadra na *lista de serviços* anexa à lei compl. n. 116/03 e (b) o veto à *bitributação*, porque as atividades das duas empresas resumem-se à prestação de um só e único serviço, sendo que a Dutra já vem recolhendo o Iss sobre o valor arrecadado em seus postos de pedágio.

Diz também a petição inicial: "o objetivo desta ação judicial é, em suma, a declaração da inexistência de relação jurídica que obrigue os autores – o COPER na condição de prestador de serviços (contribuinte) e a Dutra na condição de tomadora dos serviços (eventual responsável tributária) – ao recolhimento do Iss sobre o serviço de operação, conservação e manutenção da Rodovia Presidente Dutra em favor das Municipalidades lindeiras à Rodovia, por inexistir previsão na Lista de Serviços anexa à Lei Complementar n. 116/03 quanto à cobrança do Iss sobre serviços dessa natureza prestados por alguém que não seja o explorador da Rodovia".

Colocado assim seu *petitum* e sendo em si mesmo autônomo e suficiente cada um dos fundamentos que o amparam, segue-se que, para ele ser julgado procedente, basta o acolhimento de um dos fundamentos, ainda quando o outro fosse rejeitado. Assim, (a) a demanda será procedente se o MM. Juízo reconhecer a não-incidência alegada na petição inicial, mesmo que entenda não ocorrer o vício da bitributação; b) ela será também procedente se ficar reconhecido o vício da bitributação, ainda quando seja negada a não-incidência. Podem também, obviamente ser acolhidos os dois fundamentos – com a conseqüência de que, tratando-se de um pedido só, em todas essas hipóteses ter-se-á sempre uma sentença de procedência integral da demanda, não de procedência parcial. Como venho dizendo com integral apoio na lição do Mestre Liebman, não existem *capítulos autônomos de sentença*, repartidos pela pluralidade de fundamentos – porque cada capítulo sentencial é necessariamente um *decisum* e cada *decisum* há de corresponder sempre a um *petitum*.[4]

O que os autores querem é, simplesmente, uma sentença que os declare não-titulares de qualquer obrigação perante qualquer das Municipalidades-rés, relativamente ao imposto sobre serviços. Para eles é rigorosamente indiferente que essa declaração negativa venha apoiada pelo MM. Juízo no fundamento *a*, no fundamento *b* ou em ambos os fundamentos. Logo, se a pretensão é uma só, um só é também o pedido, ou objeto do processo.

4. *Cfr.* Liebman, "Parte o *capo* di sentenza", n. 2, esp. pp. 50-51; Dinamarco, *Capítulos de sentença*, 2006, nn. 5-7, pp. 18 ss.

310. concurso objetivo de direitos e de ações

Estamos diante de um claro *concurso objetivo de direitos*, ao qual corresponde um equivalente concurso objetivo de ações. Estou já empregando a linguagem desenvolvida pelo Mestre Liebman em um profundo ensaio no qual examina e põe em confronto (a) essa situação caracterizada pela pretensão a um só resultado com fundamento em duas ou mais razões e (b) a possibilidade de optar entre dois ou mais resultados práticos, com fundamento em uma só razão de direito (ou uma só causa de pedir).[5]

Na primeira hipótese, que coincide com a que se vê no presente caso, tem-se o *concurso objetivo de ações*. Caso típico, no direito moderno, é o do credor por título de crédito, tendo feito um mútuo: ele tem direito sempre à mesma importância em dinheiro, seu crédito é um só, variando somente os títulos (mútuo ou relação jurídica cambial). Outro, o do passageiro que sofre lesões no transporte ferroviário ou rodoviário: tem direito à indenização por força da culpa aquiliana do preposto da empresa transportadora (CC, arts. 186 e 927) e também *ex vi* da responsabilidade objetiva desta, ditada em lei (dec. legislat. n. 2.681, de 7.12.12). Nesses exemplos, tanto quanto aqui no presente caso, aspira o sujeito a um só e único bem da vida e, para obtê-lo, invoca dois ou mais fundamentos jurídicos autônomos e suficientes.[6] Um só direito, volto a repetir, com mais de uma razão jurídica a sustentá-lo.

> A segunda hipótese, que não coincide com a dos autos mas entendo conveniente invocar para fixar bem as idéias, é conceituada como *concurso impróprio de ações*, correspondente aos *direitos alternativos* pertinentes ao autor (sempre, Liebman).[7] Exemplo clássico, que vem dos romanos, é o da pessoa que, havendo adquirido um imóvel *ad mensuram*, verifica que ele não tem a área indicada pelo vendedor: terá direito, segundo sua escolha e conve-

---

5. *Cfr.* "Azioni concorrenti", pp. 54 ss. Mas, a bem da clareza, apresso-me em adiantar desde logo que nosso caso se enquadra somente na primeira hipótese, não na segunda.

6. *Cfr.* meu próprio ensaio "*Electa una via non datur regressus ad alteram*", esp. nn. 246-247, pp. 915 ss.

7. *Cfr.* "Azioni concorrenti", § 4º, p. 58.

niência, (a) à complementação da área, (b) à redução do preço ou (c) à resolução do negócio (CC, art. 500). É usual o emprego das locuções *actio ex empto, actio quanti minoris* e *actio redhibitoria*, para designar cada um desses três direitos do comprador, todos eles amparados por um só e mesmo fundamento jurídico. Nessa hipótese, tem o adquirente três direitos distintos, em razão de um só acontecimento (a insuficiência de área).

O que unifica organicamente as duas espécies de concurso, próprio ou impróprio, é sempre o que a doutrina identificou como *unidade de escopos*. Sempre que se possa identificar o mesmo resultado econômico ou prático a ser proporcionado ao titular dos direitos, entende-se que estes estão dotados da *equivalência funcional* suficiente para colocá-los sob o regime dos direitos concorrentes (com o conseqüente concurso entre as ações voltadas à tutela relacionada com eles). Em relação aos casos de concurso impróprio a lei "oferece a escolha entre dois resultados, cada um dos quais exclui necessariamente o outro, dada a impossibilidade da sua cumulativa obtenção".[8] Em caso de *concurso objetivo*, no qual existe um só resultado possível e os fundamentos é que se multiplicam (o que sucede aqui), é perfeitamente lícito ao autor cumular quantos fundamentos tiver. Cumule quantos cumular e sejam acolhidos todos ou apenas um dos que houver cumulado, o resultado será somente um – como, no presente caso, será a definitiva declaração de inexistência de relação tributária com qualquer das rés.

311. *o acolhimento de um dos fundamento será suficiente (confirmação na lei)*

Como é notório e intuitivo, só tem interesse em recorrer aquele que possa aspirar do órgão *ad quem* uma decisão mais favorável do que aquela da qual recorre – e tal pessoa é a *parte vencida*, a que alude o art. 499, *caput* do Código de Processo Civil. Recorre-se em busca de uma melhora, não de uma piora e, conseqüentemente, não tem interesse recursal aquele que já não tenha melhora

8. *Op. loc. cit.*

alguma a postular ao órgão superior, porque o inferior já lhe deu tudo quanto havia pedido.

Seja lembrado, com o imortal Francesco Carnelutti, que *interesse*, em direito, é *utilidade*. Resolve-se na aptidão, que em tese tenha o provimento jurisdicional pretendido, a proporcionar ao sujeito e à sua esfera de direitos uma situação melhor, no tocante a dado bem da vida, do que a situação em que ele se encontrava antes.[9] E com Barbosa Moreira: "para que se reconheça à parte interesse em recorrer, é bastante, desse ponto-de-vista, que a eventual interposição do recurso lhe abra o ensejo de alçar-se a situação mais favorável do que a que lhe adveio da decisão impugnada". O juízo que se faz, para a investigação da presença ou ausência do interesse recursal, é um *juízo prospectivo* que tem em vista o que se pode esperar do novo julgamento – e não uma pura e simples mirada no passado e no prejuízo que o ato a impugnar tenha causado ou se proponha a causar.[10]

Mas por que estou eu a discorrer sobre recurso e interesse recursal, quando o tema do presente parecer é outro e não se cuida de recurso algum?

Explico-me.

É que os §§ 1º e 2º do art. 515 do Código de Processo Civil, ao cuidarem da devolução de questões ao tribunal destinatário dos recursos, partem da correta premissa de que a parte não se reputa vencida, sequer parcialmente, quando um dos fundamentos de sua demanda ou de sua defesa houver sido acolhido. Não importa que os demais hajam sido rejeitados. Um deles sendo acolhido, a parte é vencedora. E como aqueles dois parágrafos assumem essa premissa?

Eles a assumem ao considerarem que, sendo acolhido ao menos um dos fundamentos da demanda ou da defesa, o autor ou o réu (conforme o caso) não apelará nem poderá apelar, porque não é *parte vencida* (art. 499). Como se sabe, não se admitem recursos

---

9. *Cfr. Teoria generale del diritto*, § 35, pp. 58-61.
10. *Cfr. O juízo de admissibilidade no sistema dos recursos civis*, n. 57, esp. p. 75; v. também meu escrito *Capítulos de sentença*, n. 47, pp. 102 ss.

destinados a interferir nos motivos da sentença sem interferir no *decisum*. Qual utilidade jurídica poderia o autor esperar do tribunal (ou qual interesse recursal o ampararia) quando, havendo sua demanda sido julgada procedente por apenas um dos fundamentos postos como causa de pedir, ele apelasse com o objetivo de obter o acolhimento do outro, ou outros? Nenhuma! A procedência continuaria a ser uma procedência e nenhum efeito da sentença ficaria alterado. E assim é que, pelo disposto nos §§ 1º e 2º do art. 515, o vencedor não apelará mas obterá do mesmo modo a devolução, ao tribunal, daqueles fundamentos que houverem sido rejeitados ou omitidos; e essa construção permite ao órgão *ad quem*, em caso de rejeitar o fundamento que o juízo inferior haja acolhido, examinar os fundamentos rejeitados ou omitidos na sentença e, eventualmente, acolhê-los.

> Art. 515, § 1º. "Serão porém objeto de apreciação e julgamento pelo tribunal todas as questões suscitadas e discutidas no processo, ainda que a sentença não as tenha julgado por inteiro" (caso de omissão quanto a algum dos fundamentos).
>
> Art. 515, § 2º. "Quando o pedido ou a defesa tiver mais de um fundamento e o juiz acolher apenas um deles, a apelação devolverá ao tribunal o conhecimento dos demais" (caso de rejeição de algum dos fundamentos).

Essa digressão aparentemente sem relevância para o caso serve para reconfirmar que o Código de Processo Civil não trata como sucumbente, sequer em parte, aquele cuja pretensão houver sido acolhida por um dos fundamentos, não importando como os outros hajam sido decididos pelo juiz. Ela põe em evidência, conseqüentemente, que o Código aceita sem pestanejar o chamado *concurso objetivo de ações*, onde uma só pretensão é deduzida com invocação de dois ou mais fundamentos – de modo que, aceito um desses fundamentos, a pretensão está acolhida e isso basta.

É como aqui no caso sobre o qual sou consultado: uma só pretensão, a de declaração de nada dever a qualquer das Municipalidades-rés a título de Iss, é amparada por dois fundamentos. Se um deles for acolhido, sua demanda será procedente, nada importando como o outro for julgado. Só seria improcedente, e improcedente uma vez só, se ambos os fundamentos viessem a ser rejeitados.

312. *os pedidos subsidiários*

Como já ressalvei, tudo quanto diria e vim a dizer acerca do concurso objetivo de direitos, ou de ações, circunscreve-se ao pedido *principal* dos consulentes, ou seja, ao pedido de declaração de nada deverem a qualquer das rés a título de Iss. Mas eles deduzem também dois pedidos subsidiários, a serem objeto de julgamento apenas no evento de o principal ser rejeitado (CPC, art. 289); se este for julgado procedente, os pedidos subsidiários, que por natureza são eventuais, ficarão prejudicados e não merecerão qualquer julgamento *de meritis*. Os fundamentos desses pedidos são obviamente outros, não coincidentes com os do principal, mas incompatibilidade alguma existe e, portanto, ele é claramente admissível. O art. 289 do Código de Processo Civil, que autoriza o pedido subsidiário ou eventual, é uma clara abertura para a aplicação, à demanda inicial, do princípio da eventualidade: afirmo que tenho direito a este bem da vida que venho pedir, mas também peço que, na hipótese de o juiz não me conceder esse que vim pedir, ao menos me conceda aquele outro, a que também afirmo ter direito. Palavras minhas:

> "cúmulo eventual é a reunião de dois ou mais pedidos em uma só iniciativa processual, com a manifestação de preferência por um deles. Esse é um cúmulo alternativo, porque não se deduzem pretensões somadas para que ambas fossem satisfeitas (como no cúmulo simples). Mas é uma alternatividade qualificada pela *eventualidade* do segundo pedido que se deduz, de modo que este só será apreciado em caso de o primeiro não ser *acolhido* (CPC, art. 289). O não-acolhimento, que autoriza conhecer do segundo pedido, pode ser pela improcedência do primeiro ou pela declaração de sua inadmissibilidade (carência de ação *etc.*). Em caso de ser provido o pedido prioritário,[11] o *eventual*[12] ficará prejudicado e não será

---

11. Que o Código de Processo Civil chama *anterior* (art. 289).
12. No Código de Processo Civil, *posterior*.

julgado pelo mérito porque para tanto o autor carecerá de interesse processual".[13]

É precisamente isso que ocorre aqui. Os autores querem prioritariamente a declaração de total inexistência de relação jurídica perante qualquer das Municipalidades-rés, a título de Iss; querem pois um ampla declaração negativa, a prevalecer enquanto exercerem as atividades que ora exercem. Pedem isso mas, precavendo-se contra uma improvável, não desejada mas teoricamente possível rejeição de sua demanda, formulam outras, em caráter eventual (CPC, art. 289).

A primeira das demandas subsidiárias é muito semelhante e quase coincidente com a principal. Querem os autores também ali uma declaração de que nada devem a Municipalidade alguma (a) porque, se devessem, deveriam somente à de Guaratinguetá, onde se situa o estabelecimento do COPER, (b) porque o serviço prestado estaria enquadrado em item da Lista de Serviços tributáveis pelo Iss que atribui somente àquele município a competência para cobrar esse tributo e (c) porque essa Municipalidade lhe concedeu isenção de Iss. Esse pedido só não coincide com o principal porque uma tal declaração é destinada a ter eficácia limitada ao tempo durante o qual durar a própria isenção.

A segunda das demandas subsidiárias traz o pedido de declaração de que (se é que devem algum Iss) são devedores a todas aquelas Municipalidades segundo um só e único critério de repartição. Esse pedido tem dimensão e eficácia prática bem mais restritos, pois seu acolhimento traria para os ora consulentes apenas a vantagem de não ficarem expostos a exigências desordenadas e sobreposição de critérios; não os deixaria, contudo, liberados da condição de contribuintes pelo Iss.

É natural que, como processualista, não me intrometa eu nesses temas sobre o que é devido e o que não é segundo as normas de direito tributário. Mas, cá deste meu canto, o que vejo é a legítima cumulação entre um pedido principal (prioritário) e dois

---

13. *Cfr.* minhas *Instituições de direito processual civil*, II, n. 475, esp. p. 177.

subsidiários (eventuais), para que cada um destes só venha a ser objeto de julgamento na hipótese de não ser acolhido o antecedente, ou os antecedentes (improcedência, inadmissibilidade do julgamento do mérito). E isso é perfeitamente legítimo perante o sistema e de modo expresso autorizado pelo art. 289 do Código de Processo Civil, sem qualquer preocupação por alguma suposta incompatibilidade entre pedidos ou entre seus fundamentos ou premissas.

§ 3º – um litisconsórcio necessário-unitário

313. *um grupo grande de litisconsortes passivos*

Como venho dizendo, no pólo passivo da demanda a ser proposta pelos ora consulentes figurarão nada menos que trinta-e-cinco Municipalidades, em litisconsórcio. E qual seria a natureza desse litisconsórcio? Qual o seu regime? Adianto desde logo que esse litisconsórcio é *necessário*, não sendo pois suscetível de ser dispensado pela vontade de qualquer das partes ou mesmo por decisão do juiz, além de ser também *unitário*, não comportando pois julgamentos incoerentes ou diversidade de tratamentos aos litisconsortes durante o curso do procedimento. A razão pela qual afirmo essas coisas será exposta nos tópicos a seguir. Adianto também que, sendo necessário-unitário e portanto indissolúvel, esse litisconsórcio deve ser mantido apesar do número relativamente grande de litisconsortes passivos. Repito: a regra de desmembramento dos litisconsórcios muito numerosos, contida no art. 46, par. do Código de Processo Civil, só se aplica ao litisconsórcio facultativo, não ao necessário – e muito menos ao necessário-unitário.

314. *litisconsórcio necessário e legitimidade* ad causam

Todo discurso sobre a necessariedade do litisconsórcio deve sempre partir de elementares conceitos relativos à legitimidade *ad causam*, que Liebman conceitua como a *pertinência subjetiva ativa e passiva da ação*,¹⁴ sendo secundado expressamente por Alfredo Buzaid.¹⁵ Na lição precisa do antigo professor da Universidade de Milão, "o problema da legitimação consiste em individualizar a pessoa a quem pertence o interesse de agir (e, pois, a ação) e a pessoa com referência à qual ele existe".¹⁶ Manifestando-me sobre o tema, propus conceituar essa condição da ação como "qualidade para estar em juízo, como demandante ou demandado, em relação a determinado conflito trazido ao exame do juiz", esclarecendo que "ela depende sempre de uma necessária *relação entre o sujeito e a causa* e traduz-se na relevância que o resultado desta virá a ter sobre sua esfera de direitos, seja para favorecê-la ou para restringi-la".¹⁷ Em suma: tem legitimidade ativa para uma causa o sujeito que em tese poderá vir a se beneficiar juridicamente dos efeitos da tutela jurisdicional pleiteada; e tem legitimidade passiva aquele que, também em tese, poderá sofrer algum impacto desfavorável em sua esfera jurídica. Falta pois o requisito da *legitimatio ad causam*, carecendo de ação o autor, quando em relação ao objeto do litígio ele próprio não estiver em uma situação tal, que a decisão lhe possa trazer algum benefício; ou quando não estiver como réu no processo aquele, *ou aqueles*, cujos direitos poderão ser diretamente afetados a final.

É isso que pode acontecer em caso de não estarem no processo todos os litisconsortes necessários passivos.

Esses conceitos são sim elementares, mas constituem a base sobre a qual se apóia toda a teoria e disciplina da necessariedade do litisconsórcio, notadamente no tocante ao necessário-unitário. Ainda no dizer de Liebman, sempre preciso e esclarecedor, "o litisconsórcio necessário resolve-se, do ponto-de-vista teórico, em uma legitimação para agir necessariamente abrangente dos titulares da relação jurídica que o autor pretende deduzir em juízo; a ação, única, tem cabimento apenas conjuntamente contra os vá-

---

14. *Cfr. Manual de direito processual civil*, I, n. 74-B, p. 208 trad.
15. *Cfr. Do agravo de petição*, n. 39, esp. p. 89.
16. *Id., ib.*
17. *Cfr.* Dinamarco, *Instituições de direito processual civil*, II, n. 545, p. 313.

rios legitimados passivos necessários, e isso quer dizer que não tem cabimento só contra um ou alguns deles".[18]

E assim é porque não seria juridicamente admissível nem constitucionalmente legítimo impor os resultados desfavoráveis de um processo a sujeitos aos quais, não havendo sido integrados ao processo, não se hajam oferecido mínimas oportunidades de participar em contraditório (Const., art. 5º, inc. LV) – ou seja, oportunidades para trazer elementos, alegações e provas destinadas a influir no espírito do julgador.

> Aqui neste caso, como poderia o juiz ou tribunal negar radicalmente todas as obrigações das autoras referentes ao Iss ao longo da Rodovia Presidente Dutra, ou como poderia repartir proporcionalmente esse suposto crédito tributário, sem que todos os pretendentes a ele estivessem no processo?

Tem-se pois como pacífico e rigorosamente correto (a) que, em caso de ser necessário o litisconsórcio, o autor carece de ação e o sistema desautoriza o julgamento do mérito sem que estejam presentes todos os sujeitos envolvidos na relação jurídica material posta em juízo; (b) que assim é porque o contrário equivaleria a negar efetividade ao princípio do contraditório, constitucionalmente assegurado. É notório que a lei mitiga esse rigor, ao mandar que o juiz, até mesmo por iniciativa própria, promova a integração do litisconsorte necessário ao processo, compondo desse modo a pluralidade passiva de partes que o autor houver omitido em sua demanda inicial. Mas é também fora de dúvida que, omitido o litisconsorte necessário na inicial, o mérito não poderá ser julgado enquanto a providência ditada pelo par. do art. 47 do Código de Processo Civil não vier a ser tomada. E também não se duvida que, ao determinar essa providência, o juiz age no exercício dos poderes que a Constituição e a lei lhe conferem, com vista a resguardar a regularidade constitucional do processo e, portanto, a *ordem pública* (daí serem esses poderes suscetíveis de serem exercidos de-ofício).

18. *Cfr. Manual de direito processual civil*, I, n. 51, esp. p. 145 trad.

315. *sobre o litisconsórcio necessário-unitário*

É também notório que no sistema brasileiro o litisconsórcio será necessário em duas situações básicas – a saber, quando a lei assim determina de modo específico ou quando se trata de decidir sobre relações jurídicas de um sujeito, tão intimamente associadas com a situação de outros, que se mostre impossível cindir os efeitos da decisão a ser proferida, para que aquele seja atingido e estes, não. Daí dizer-se, sinteticamente, que o litisconsórcio será necessário por força de lei ou em razão da incindibilidade das situações jurídicas – e nessa segunda hipótese ele será não somente necessário, mas também *unitário* (assim é a lição de todos os autores, não sendo pois necessário fazer referência específica a qualquer deles).

> Do litisconsórcio necessário por força de lei nada direi no presente parecer, pois disso não se cogita nos casos examinados. Também nada há a dizer sobre o litisconsórcio unitário facultativo.

O litisconsórcio necessário *por incindibilidade* é irmão gêmeo do litisconsórcio unitário, no sentido de que ambos decorrem da impossibilidade de decidir sobre a situação de um dos sujeitos, sem decidir também sobre a do outro (necessariedade) e sem que sejam homogêneas as decisões referentes aos dois (unitariedade). Se o Ministério Público move uma ação de anulação de casamento em um dos casos permitidos pelo Código Civil, é indispensável que a mova a ambos os cônjuges porque é juridicamente impossível trazer um deles de volta ao estado de solteiro, deixando o outro casado – *casado com quem?* Pela mesma razão, movida essa ação a ambos é indispensável que a julgue o juiz do mesmo modo para o marido e para a mulher, porque a decisão que pusesse os dois em estados diferentes seria tão absurda quanto aquela outra. Esse exemplo corriqueiro, que chega a ser caricato, é dos que mais têm sido utilizados pela doutrina na demonstração da necessariedade-unitariedade, embora se saiba também que o litisconsórcio necessário não é invariavelmente unitário e que o unitário pode ser facultativo (assim está, p.ex., na obra de Enrico Redenti,

Calmon de Passos, Amaral Santos, Hélio Tornaghi *etc.*).[19] Ordinariamente, o litisconsórcio necessário em razão da incindibilidade das situações é também unitário (como o do exemplo acima), mas isso não acontece quando a necessariedade decorre apenas de uma disposição legal; nessa segunda hipótese tem-se o litisconsórcio necessário mas comum (não unitário). Inversamente, o litisconsórcio unitário será em princípio também necessário, mas nem sempre: é muito conhecida e reconhecida em doutrina a figura do litisconsórcio unitário facultativo. Já vão longe os toscos tempos em que se acreditava que o litisconsórcio unitário fosse uma subespécie do necessário.

316. *ainda a incindibilidade das situações jurídicas*

Da complexidade da vida e do fato de o homem viver em sociedade ao lado de muitos outros, com os quais coopera em atividades do interesse comum e com os quais também às vezes entra em conflito, decorre com alguma freqüência que o mesmo fato traz ao mundo jurídico direitos e obrigações para uma pluralidade de pessoas e não para uma só (um acidente com muitas vítimas *etc.*). Sucede também que o mesmo direito ou a mesma obrigação tenha mais de um titular (solidariedade) ou que direitos e obrigações de uma só pessoa projetem efeitos indiretos ou influência jurídica sobre a situação de outras. Esses emaranhados de situações trazem como conseqüência natural a necessidade, ou ao menos conveniência, de que mais de duas pessoas participem do mesmo processo como sujeitos interessados na solução a ser gerada através dele (ou seja, como *partes*).

Tal é o fundamento da *pluralidade de partes*, reflexo processual imediato da interligação entre as situações jurídico-materiais de uma pluralidade de pessoas cujos interesses substanciais estejam

19. *Cfr.* Redenti, *Il giudizio civile con pluralità di parti*, n. 4, p. 5 e n. 12, p. 13; Calmon de Passos, *Do litisconsórcio no Código de Processo Civil*, n. 19, p. 30; Amaral Santos, *Primeiras linhas de direito processual civil*, II, n. 306, esp. p. 6; Tornaghi, *Comentários ao Código de Processo Civil*, I, p. 216.

em conflito e cujas esferas jurídicas possam ser atingidas diretamente pelo provimento a ser emitido.[20]

A *incindibilidade das situações jurídicas*, que está à base do litisconsórcio necessário unitário, constitui reflexo da existência dessas situações complexas da vida, caracterizando-se por uma proximidade maior que nas outras hipóteses. Ela ocorre, como a própria palavra diz, nos casos em que será impossível impor uma *ruptura* nas situações jurídicas das quais cada uma daquelas pessoas seja titular, de modo a deixar cada uma delas de um lado, com soluções ditadas para ela e não para a outra – porque *ruptura* significa *quebra* e, por extensão, *corte*, *cisão*, sendo incindível tudo aquilo que não for suscetível de ser *cortado ao meio*. Esse conceito vem sendo explorado há muito tempo pela doutrina, ainda que de início com outras palavras mas sempre com a preocupação de evitar decisões inúteis – porque, como se costuma dizer, seriam inúteis (*inutiliter datœ*) eventuais tentativas de levar por caminhos distintos aqueles que estiverem presos a uma só realidade da vida.

> Digladiaram-se no passado notáveis processualistas em torno da fixação do ponto em que uma decisão se deve reputar *inútil*, sustentando Chiovenda que só a *sentença constitutiva* correria o risco de ser *priva d'ogni utilità pratica*,[21] mas indo Redenti além dessa limitação para demonstrar que também outras sentenças são suscetíveis a essa inutilidade, notadamente as meramente *declaratórias*[22] – e esse é um ponto fundamental do presente parecer. O ponto é esse: que significa ser inútil, ou incapaz de produzir qualquer efeito? Qual a eficácia mínima, sem a qual uma sentença *inutiliter datur*?

317. *não só as sentenças constitutivas*

Desde quando comecei a dedicar atenções ao tema do litisconsórcio, assumi de imediato a posição de Enrico Redenti e jamais

---

20. *Cfr.* Dinamarco, *Instituições de direito processual civil*, II, n. 532, esp. p. 284.
21. *Cfr. Principii di diritto processuale civile*, § 88, IV, B, p. 1.082.
22. *Cfr. Il giudizio civile con pluralità di parti*, n. 179, p. 256.

a abandonei. Estou plenamente convicto, aliás em perfeito alinhamento com a *jurisprudência brasileira*, de que, colocando ao centro da necessariedade-unitariedade a premissa da *incindibilidade das situações jurídicas*, não importa qual a natureza da ação proposta e, conseqüentemente, a da sentença esperada. Invoco o pensamento de José Carlos Barbosa Moreira no sentido de que os raciocínios destinados a aferir a unitariedade do litisconsórcio giram em torno de um *eixo eminentemente prático*: para reconhecer este como unitário sempre que, não sendo praticamente possível mandar um dos sujeitos para um lado e outro para outro lado, o litisconsórcio entre eles será unitário (e conseqüentemente necessário).[23] Disse o monografista: "o eixo de referência é sempre o resultado a que tende o processo, à vista do pedido e da *causa petendi*".[24] E disse eu: "a inconciliabilidade de pronunciamentos contidos na unidade formal de um só provimento está presente da mesma forma na sentença que declare inexistente a relação jurídico-substancial [*como pretendem as ora consulentes*] e também naquela outra (constitutiva) que a retire do mundo jurídico: numa hipótese, tanto como na outra, teríamos a concomitante existência e inexistência da relação (*ex tunc* em caso de mera declaração, *ex nunc* por força de sentença constitutiva)".[25] Tão absurda quanto a sentença que anulasse o casamento do marido sem anular o da mulher seria a que o declarasse nulo em relação a um dos cônjuges e válido em face do outro – sentença constitutiva no primeiro caso, meramente declaratória no segundo. E insisto, sempre com o monografista carioca: é preciso pensar no resultado prático a ser produzido em cada caso, pois é no plano das conseqüências práticas a serem suportadas pelos litisconsortes que se afere a impossibilidade de convivência entre decisões antagônicas.

Digo que a colocação proposta por Barbosa Moreira e por mim aceita conta com o *apoio dos tribunais brasileiros*, com fundamento em uma casuística do litisconsórcio unitário que incluí no livro

23. Salvo em alguns casos nos quais o unitário é facultativo.
24. *Cfr.* Barbosa Moreira, *Litisconsórcio unitário*, n. 85, p. 146.
25. *Cfr.* Dinamarco, *Litisconsórcio*, n. 67, esp. p. 162.

Litisconsórcio, onde também indico a fonte de cada um dos casos citados. Eis os casos jurisprudenciais de unitariedade em ações declaratórias, ali referidos e documentados: a) ação de anulação ou declaratória de casamento, quando proposta pelo Ministério Público; b) ação de investigação de paternidade proposta após a morte do suposto pai, em que todos os herdeiros deste serão partes; c) ação de impugnação de paternidade, a ser movida conjuntamente ao suposto filho e a sua suposta mãe; d) ação declaratória de nulidade de testamento, que tem como réus necessários todas as pessoas interessadas na validade deste, por terem sido instituídas herdeiras ou legatárias; e) ação de nulidade de procuração e atos subseqüentes; e) ação reivindicatória, estando o imóvel registrado em nome de mais de uma pessoa; f) embargos de terceiro, sendo o executado litisconsorte passivo necessário quando houver feito a indicação do bem a ser penhorado *etc.*[26] Como exporei em pormenor, o presente caso é também de uma ação meramente declaratória que ou será decidida com eficácia perante todas as Municipalidades-rés, ou não poderia ser decidida em face de nenhuma delas. Caso típico, pois, de litisconsórcio necessário-unitário.

318. o litisconsórcio necessário-unitário no Código de Processo Civil

O art. 47, *caput* do Código de Processo Civil, que está muito longe de ser um primor de clareza, estabelece que "há litisconsórcio necessário quando, por disposição de lei ou pela natureza da relação jurídica, o juiz tiver de decidir a lide de modo uniforme para todas as partes". Lido em sua essência, essa confusa redação, que praticamente reproduz o § 62 da *Zivilprozessordnung* alemã, diz que "há litisconsórcio necessário quando ocorrer a unitariedade do litisconsórcio" – porque, como se sabe e foi exposto logo acima, o litisconsórcio será unitário quando "o juiz tiver de decidir a lide de modo uniforme para todas as partes". Na realidade, o litisconsórcio não será necessário *porque* unitário. Como disse, necessariedade e unitariedade são irmãs gêmeas, ambas filhas de uma causa só, que é a incindibilidade das situações jurídicas – de modo que, por serem incindíveis as situações de dois ou vários

26. *Op. cit.*, n. 83, pp. 195 ss.

sujeitos, o litisconsórcio será ao mesmo tempo unitário e necessário.[27] Como dito, é a incindibilidade o fator que, ao mesmo tempo, impede a realização do processo *inter pauciores ex pluribus* (com exclusão de algum dos sujeitos excluídos) e exige que, presentes todos, o tratamento dado a eles seja homogêneo para que também homogêneo possa ser o resultado final (unitariedade).

Os casos em que o litisconsórcio é necessário sem ser unitário (necessariedade por força de lei) não vêm do próprio art. 47 mas de cada um dos dispositivos em que se estabelece a necessariedade a ser observada em certos casos – como se vê na ação popular, na de usucapião, discriminatórias de terras públicas (v., respectivamente: lei n. 4.717, de 29.6.65, art. 1º, CPC, art. 542 e lei n. 6.383, de 7.12.76, arts. 4º, 10º e 19, inc. II). Mas deles não se ocupa o presente estudo, por manifesta impertinência ao caso examinado.

319. *a excepcionalidade do litisconsórcio necessário*

Longe estou, muito longe, de poder ser considerado um pródigo no reconhecimento de litisconsórcios necessários a granel ou por atacado. Ao contrário, levo em conta que a necessariedade litisconsorcial implica por sua própria natureza alguma restrição ao constitucional direito de ação e, a partir dessa premissa sistemática, venho sempre sustentando sua *excepcionalidade no sistema*.[28] Mas, quando realmente se configura uma situação em que o provimento pedido atingirá fatalmente a esfera de variados sujeitos, aí a garantia da ação cede à do contraditório, também de assento constitucional (Const., art. 5º, inc. LV) porque, como é óbvio e elementar, seria ilegítimo impor os efeitos diretos de uma decisão judiciária a quem não houver sido parte no processo. É com vista a isso que tradicionalmente a doutrina fala em *sentenza priva d'ogni utilità*, ao cuidar da situação dos provimentos judiciais que venham a ser emitidos sem a presença de todos aqueles que serão atingidos por sua eficácia direta. E a expressão *sentença sem qualquer utilidade*, assim empregada pelos clássicos, indica

27. *Op. cit.*, nn. 80-81, pp. 187 ss.
28. *Op. cit.*, n. 98, pp. 245 ss.

CUMULAÇÃO DE PEDIDOS, LITISCONSÓRCIO, COMPETÊNCIA   503

que uma sentença proferida naquelas circunstâncias não produzirá efeitos *sequer para quem houver sido parte no processo* (Chiovenda, Redenti, Vittorio Denti, Celso Agrícola Barbi).[29]

Seria acaso possível impor ao marido a nulidade de seu casamento, com averbação no registro civil e todas as demais conseqüências, sem que também o da mulher tivesse sido anulado porque ela não fora parte no processo? E seria o direito de ação do Ministério Público uma força suficiente para excluir a efetividade da garantia constitucional do contraditório, legitimando a imposição desses efeitos a quem não haja sido parte? Absurdo e absurdo!

320. um indiscutível litisconsórcio necessário-unitário

Chega o momento para explicitar as razões pelas quais este é um litisconsórcio necessário e unitário. Tornemos aos conceitos e aos fundamentos da teoria do fenômeno litisconsorcial, lendo-os sobre o pano de fundo do presente caso.

Primeiro enfoque. O primeiro dos pedidos dos ora consulentes (seu pedido principal) é de uma declaração de nada deverem a Municipalidade alguma, a título de Iss – sendo pois (a) reconhecida a chamada *inexigibilidade* dos créditos decorrentes dos lançamentos já efetuados ou que vierem a ser efetuados pelas Municipalidades-rés[30] e (b) impedidas estas de praticar qualquer ato tendente à cobrança do Iss. Só isso seria insuficiente para caracterizar a necessariedade-unitariedade porque nada impede que o contribuinte deva a uma entidade tributante, sem dever a outra, ou outras: como foi dito com citação de escritos de Barbosa Moreira e meus próprios, o *eixo de referência* da unitariedade litis-

---

29. *Cfr.* Chiovenda, "Sul litisconsorzio necessario", n. 6, esp. p. 452; Redenti, *Il giudizio civile con pluralità di parti*, n. 12, texto e nota 11, p. 13; Denti, "Appunti sul litisconsorzio necessario", n. 1, p. 14; Barbi, *Comentários ao Código de Processo Civil*, I, n. 304, p. 276. *Cfr.* ainda, por todos, meu *Litisconsórcio*, n. 125, esp. p. 288, texto e nota 134.

30. Os tributaristas chamam de *inexigibilidade* o que na realidade é *inexistência* do crédito. Um crédito inexigível *existe* e somente não reúne requisitos para ser exercido ou para que sua satisfação seja imposta ao devedor (Carnelutti, *Lezioni di diritto processuale civile*, V, n. 520, pp. 263-265).

consorcial é eminentemente prático e se apóia na possibilidade ou impossibilidade de atuação da sentença em face de um dos litisconsortes, sem sê-lo sobre os demais.

Segundo enfoque. Mas as coisas não são tão simples assim. Considerada a dialética do processo de conhecimento ou a chamada *bilateralidade alternativa* que o caracteriza, em tese é perfeitamente possível que o juiz entenda nada ser devido a Municipalidade alguma mas apenas à de Guaratinguetá (se ele entender que esse é o poder competente para tributar e que a isenção não merece prevalecer). Nesse caso, a declaração positiva que fizesse sobre o crédito de Guaratinguetá teria o efeito oposto, com referência aos demais Municípios, de uma declaração negativa. Daí a indiscutível *incindibilidade de situações*, que é ao mesmo tempo fonte direta da unitariedade (necessidade de tratamento homogêneo) e da necessariedade (necessidade de estarem todos no processo). Como já foi dito e está na teoria do litisconsórcio necessário-unitário, seria ineficaz para todos uma sentença com esse conteúdo, (a) não produzindo os efeitos de uma declaração positiva a favor de Guaratinguetá porque isso implicaria negativa do crédito dos demais e (b) também não produzindo os efeitos de uma declaração negativa do crédito dos demais, porque não teriam sido partes no processo. Esses são os males da sentença proferida *inter pauciores ex pluribus*, de que falam os clássicos (*supra*, nn. 314-318).

Terceiro enfoque. Mais ainda. No último dos pedidos subsidiários que fazem para o caso de nenhum dos pedidos antecedentes ser acolhido (CPC, art. 289), os autores estão a postular uma sentença proporcionalizando o Iss segundo determinado critério, de modo a pagá-lo em partes a cada uma das Municipalidades-rés. Nada mais claro do que a incindibilidade quanto a essa parte, uma vez que não é possível dizer a uma das rés, p.ex., que o critério de repartição será a *testada*, ou seja, a extensão da Rodovia em cada Município; e depois dizer a outra que o critério é o do volume de tráfego em cada trecho ou da localização das praças de pedágio. A disparidade seria manifesta, gerando contradições,

CUMULAÇÃO DE PEDIDOS, LITISCONSÓRCIO, COMPETÊNCIA   505

desgastes para a respeitabilidade da Justiça e injustiça ao menos para algum dos interessados.

Não pode portanto restar a menor dúvida quanto à necessariedade-unitariedade do litisconsórcio proposto pelos autores, com a rigorosa impossibilidade de desfazê-lo e com a mais absoluta inaplicabilidade do disposto no art. 46, par. do Código de Processo Civil. A regra da necessariedade, ditada no art. 47 desse estatuto, é de natureza superlativamente cogente e não comporta arrefecimentos ou ressalvas. Uma sentença dada sem a presença de algum litisconsorte necessário é, em um primeiro momento, *nula* e como tal comportaria anulação em grau de apelação ou recurso especial. Mantida que fosse essa sentença, o acórdão que a mantivesse e viesse a passar em julgado seria claramente *rescindível* por violação à literal disposição do art. 47 do Código de Processo Civil. Não rescindido porque não proposta a ação rescisória, ainda assim ele não teria como prevalecer porque as raízes constitucionais do processo civil repudiam impor decisões a pessoas que não houverem sido partes no processo (*princípio do contraditório*) – sendo portanto *ineficaz*. Essa sentença ou esse acórdão não passaria de uma inutilidade. Como também se sabe, evitar a prolação de sentenças *inutiliter datæ* é uma das razões substanciais que levam a ordem jurídica a impor a necessariedade do litisconsórcio (*supra*, nn. 314-316).

321. sem possibilidade de cindir-se territorialmente

Em face do que acabo de dizer no tópico imediatamente acima, já nada preciso acrescentar para demonstrar que a existência de rés sediadas em trinta-e-cinco comarcas diferentes e em dois diferentes Estados da Federação não interfere sequer minimamente na admissibilidade desse (ainda que numeroso) litisconsórcio passivo proposto pelos consulentes. Aos argumentos de que o art. 94, § 4º do Código de Processo Civil autoriza a escolha do foro de qualquer dos réus, e de que nenhuma norma constitucional ou legal faz ressalva alguma a essa norma instituidora de um *foro eletivamente concorrente*, soma-se agora a verdadeira *cláusula pétrea* representada pela necessariedade desse litisconsórcio. Estamos sob o império de uma norma rigorosamente cogente, a do art. 47 do Código de Processo Civil, cuja imperatividade absoluta e cujas sólidas razões de ser não são suscetíveis de superação ou derrogação por meras razões de conveniência operacional, como aquela contida no art. 46, par. – sendo sabido que, mesmo no campo do litisconsórcio facultativo, ao qual esta se destina com exclusividade, a manutenção de um *litisconsórcio multitudinário* não é algo de desastroso nem fonte de nulidades ou ineficácias.

> Palavras minhas, em sede doutrinária: "sendo necessário o litisconsórcio, tais e outras dificuldades não constituem óbice a sua admissibilidade, já que as razões da própria necessariedade têm um poder muito grande de aglutinação e são suficientes para superá-las, determinando a todo custo o cúmulo subjetivo".[31]

§ 4º – DOIS TEMAS RELATIVOS À COMPETÊNCIA TERRITORIAL

322. *trinta-e-cinco Municipalidades situadas em dois Estados*

Como já foi anotado e mais de uma vez relembrado, a demanda proposta pelos ora consulentes traz no pólo passivo as trinta-e-cinco Municipalidades sobre cujos territórios se estende o leito da Rodovia Presidente Dutra. Tem esta a extensão de quatrocentos-e-quatro quilômetros, principiando no Município do Rio de Janeiro e terminando no de São Paulo. Parte está no Estado do Rio de Janeiro, onde se situam catorze dos Municípios litisconsortes, e parte no de São Paulo, ao qual pertencem vinte-e-um destes. De toda sua extensão, duzentos e trinta-e-seis quilômetros são paulistas e cento e sessenta-e-oito, fluminenses.

Essas características da demanda proposta e das pessoas jurídicas que ali são rés, em associação à necessariedade-unitariedade do litisconsórcio proposto pelos autores, suscitam dois pontos relevantes, relacionados com a *competência territorial*. O primeiro deles, resolvido direta e claramente pelo Código de Processo Ci-

---

31. *Cfr.* ainda uma vez meu *Litisconsórcio* cit., n. 147, p. 402.

vil, é representado pela determinação do foro competente – havendo os autores optado legitimamente pelo da comarca paulista de Guaratinguetá. O segundo, associado ao primeiro, consiste em indagar se alguma relevância tem, e qual seria, a circunstância de estarem na causa pessoas jurídicas de direito público com sedes em diferentes Estados da Federação. Nenhuma relevância, respondo desde logo – e a seu tempo direi por que (*infra*, n. 325).

323. foros eletivamente concorrentes: visão sistemática

Como se sabe, o fator que orienta o legislador na criação de regras sobre a competência territorial é sempre constituído por algum ponto de ligação entre a causa e determinado foro. Estamos falando do lugar do domicílio do réu, da praça de cumprimento da obrigação, do lugar onde o fato ocorreu *etc*. Mas há casos em que, tendo a causa pontos de ligação com dois ou mais foros, a lei autoriza que ela seja proposta, processada e julgada em qualquer deles. Falamos agora da pluralidade de *momenti di collegamento*, lembrando mais uma sábia lição de Liebman. Em casos como esses, temos um "*concurso de foros igualmente competentes*, sem qualquer preferência do legislador por algum deles e ficando ao exclusivo arbítrio do autor a propositura no local de sua preferência, sem possibilidade de a escolha ser impugnada pelo adversário (essa é uma das manifestações do princípio constitucional da *liberdade das partes*). Fala-se, por isso, em foros *eletivamente* concorrentes. Feita a escolha e proposta a demanda em um deles, dá-se a *prevenção* e os demais, que abstratamente tinham competência para a causa, deixam de tê-la: concentra-se a competência em um só, fechando-se com isso, por completo, o ciclo da *concretização da jurisdição*".[32]

Como em todos os casos nos quais ocorre uma prevenção, essa resultante da opção por um dos foros eletivamente concorrentes

---

32. Esse é um ponto rigorosamente pacífico em doutrina e perante os tribunais mas, apenas como referência, tomo a liberdade de indicar o que a respeito disse eu próprio em sede doutrinária (*Instituições de direito processual civil*, I, n. 241, esp. pp. 502-504).

opera a perpetuação do foro e do juízo em relação à causa, de modo que, daí por diante, só um fator extraordinário e muito superior poderia cancelar o efeito da escolha – extinção da comarca, alteração na competência material, descoberta de uma prevenção anterior *etc.* Nada disso acontecendo, nem o demandado nem o juiz tem o poder de impedir o prosseguimento da causa onde foi proposta ou de deslocar a competência territorial para seu processamento e final decisão.

324. *típico caso de foros concorrentes – o de Guaratinguetá é um* deles

Como também venho dizendo em sede doutrinária, "exemplo típico [*de concurso eletivo de foros*] é a demanda promovida a dois ou vários réus, sendo cada um deles domiciliado em um foro diferente: o autor escolherá livremente entre esses dois foros (CPC, art. 94, § 4º)" – e isso assim é porque "os concursos de foros competentes constituem ordinariamente o resultado da *dupla incidência* de alguma norma determinadora da competência territorial: nas situações em que se apresentam dois ou mais fatores de ligação territorial da mesma natureza, a norma confere igual valor a todos eles e oferece ao autor a faculdade de optar".[33]

Ora, entre as trinta-e-cinco Municipalidades postas na causa como rés, uma delas é a de Guaratinguetá, sede de comarca. Sendo assim, a competência para demandas em que for ré será a da comarca de igual nome, onde tal pessoa jurídica tem sua sede (CPC, art. 94, *caput*). Não importa que cada uma das outras Municipalidades tenha sede em outra comarca porque, não trazendo a lei preferência alguma por qualquer delas, ocorre o fenômeno do *concurso eletivo de foros* e, como disse, cabe exclusivamente ao autor escolher, entre todos, aquele que preferir. Tal é uma aplicação direta do disposto no art. 94, § 4º do Código de Processo Civil e tal é um postulado básico do instituto jurídico-processual do concurso eletivo de foros; ser *eletivo* significa ser franqueado à eleição, ou escolha de um sujeito – no caso, do autor.

---

33. *Op. loc. cit.*, esp. p. 503.

Não resta dúvida de que realmente o foro de Guaratinguetá seja competente para as ações da natureza desta, em que for parte a Municipalidade daquele lugar. Estamos em uma típica hipótese de competência do foro comum, que é o domicílio do réu (art. 94, *caput*), não sendo aplicável qualquer regra determinadora de algum suposto foro especial.

E assim é que, havendo os autores optado pelo foro de Guaratinguetá, que é o da sede de uma das Municipalidades-rés, essa sua opção é legítima e paira acima de qualquer possível impugnação por alguma das rés ou de uma imaginária decisão contrária, da parte do MM. Juízo. Eventual impugnação chocar-se-ia de frente com a disposição expressa do art. 94, § 4º do Código de Processo Civil.

Pondero também, ainda que desnecessário, que em Guaratinguetá se localiza a sede social e estabelecimento do autor COPER, o que serve para demonstrar que nada tem de arbitrária a opção por esse foro; esse autor, que poderia optar pelo foro de qualquer das rés, optou realmente por um deles, que é aquele em que ele próprio tem sua sede.

325. *diferentes Estados da Federação: ponto inteiramente destituído de relevância*

É rigorosamente indiferente, para o fim de fixação da competência, o fato de as Municipalidades-rés estarem distribuídas entre dois diferentes Estados da Federação – São Paulo e Rio de Janeiro. Poderíamos até procurar e procurar, mas jamais encontraríamos, na Constituição Federal, no Código de Processo Civil ou em qualquer outra lei federal, disposição alguma no sentido de que pessoas jurídicas de direito público de um Estado só pudessem ser sujeitas ao exercício da jurisdição por juízes do Estado ao qual pertencem. Essa total omissão é muito natural diante da mais que secular lição de João Mendes Jr., de que os órgãos judiciários são federais e estaduais, repartindo-se estes entre os diversos Estados da Federação – mas *a jurisdição é nacional* e sobre todos eles se impõe, segundo as regras de competência fixadas na Constituição e na lei federal. A jurisdição exercida pelo juiz de Guaratinguetá é a mesma exercida por qualquer outro, de qualquer grau ou de qualquer outro lugar do país – simplesmente porque, segundo entendimento elementar e generalizado, a jurisdição nacional é una e o que se reparte é apenas seu exercício, ou seja, a competência.

A jurisdição é uma das expressões do próprio poder estatal, o qual por sua vez também é uno e não comporta pluralizações. O poder estatal é uma capacidade de atuar sobre interesses dos sujeitos e essa capacidade, ainda quando exercida por agentes diferentes ou com vista a funções diversas, é em si mesma uma só – a "capacidade de decidir imperativamente e impor decisões".[34] Assim como seria absurdo cogitar, no seio de um só e mesmo Estado soberano, de uma suposta multiplicação de poderes estatais, tão absurda como essa seria a afirmação de uma pluralidade de jurisdições no mesmo Estado. A locução *competência de jurisdição*, empregada à falta de outra melhor para designar a competência de cada uma das Justiças, traz em si a consciência de sua própria imprecisão vocabular – porque ela designa uma repartição de competências, não de *jurisdições*.[35]

Não fora assim, ou seja, se cada Municipalidade só pudesse ser sujeita ao exercício jurisdicional por juízes do Estado ao qual pertence, seria inevitável romper, de modo irracional e arbitrário, os laços do litisconsórcio necessário-unitário existente no presente caso. Uma suposta, misteriosa e oculta regra limitativa da competência dos juízes de um Estado teria o inexplicável poder de impedir a reunião de todos os litisconsortes em um só e único processo, como único meio capaz de assegurar a homogeneidade e coerência do resultado final a ser imposto a todos. Seria lícito até inverter os termos dessa influência, dizendo que a incindibilidade responsável pela necessariedade-unitariedade do litisconsórcio (CPC, art. 47 – *supra*, nn. 315-316) tem forças suficientes até mesmo para superar uma imaginária regra limitativa de competência, como essa que no direito brasileiro inexiste.[36] Dizer o contrário equivaleria a sustentar absurdamente uma suposta *imu-*

---

34. *Cfr.* Dinamarco, *A instrumentalidade do processo*, n. 11, p. 104.
35. *Cfr.* Cintra-Grinover-Dinamarco, *Teoria geral do processo*, n. 143, esp. p. 255.
36. E existirá em algum lugar deste planeta? Não tenho a menor notícia.

nidade à jurisdição, que, como ninguém ignora, é um predicado político exclusivo dos Estados estrangeiros soberanos, de que aqui obviamente não se trata.

Como juiz do Primeiro Tribunal de Alçada Civil de São Paulo, participei do julgamento de uma ação de consignação em pagamento proposta por um contribuinte em razão de ter "dúvida sobre quem deva legitimamente receber" (CPC, art. 898). Eram rés a Municipalidade de São Paulo e a do Rio de Janeiro e a demanda foi proposta na Capital paulistana, com recurso, depois, para um tribunal paulista. Se existisse aquela tal regra absurda e irracional, essa ação consignatória simplesmente não poderia ser proposta perante o foro de São Paulo nem o do Rio de Janeiro, ficando o contribuinte sem a efetividade do acesso à justiça e ficando sem vigência o disposto no art. 898 do Código de Processo Civil.

É natural que, optando o autor pela propositura de sua demanda em um foro situado em determinado Estado, não só se fixará a competência desse foro (prevenção), como ainda eventuais recursos só poderão ter ao Tribunal de Justiça desse Estado. Proposta a demanda em Guaratinguetá, eventuais agravos, apelação ou mesmo devolução oficial serão da competência do E. Tribunal de Justiça do Estado de São Paulo e de nenhum outro, não-obstante figurarem na causa algumas Municipalidades situadas no Estado do Rio de Janeiro. Vige, como sempre, a regra, plenamente acatada pelo Col. Superior Tribunal de Justiça, segundo a qual "cada tribunal só tem competência recursal em relação aos atos dos juízes que lhe são ligados hierarquicamente (mesma Justiça, mesma região)".[37]

§ 5º – ANTECIPAÇÃO DE TUTELA

326. providências já tomadas por algumas Municipalidades

Como ficou consignado (*supra*, n. 306), algumas das Municipalidades sobre cujas superfícies se estende o leito da Rodovia

---

37. *Cfr.* Dinamarco, *Instituições de direito processual civil*, I, n. 232, esp. p. 489.

Presidente Dutra já manifestaram intenção de exigir do COPER e da Dutra – esta, na condição de responsável tributária – o imposto sobre serviços supostamente devido a elas em razão das atividades realizadas sobre essa via de transporte ou em razão dela. Roseira, Silveiras e Cachoeira Paulista já efetuaram lançamentos de Iss a cargo do consulente COPER, sempre com a indicação da Dutra como responsável tributária; Lavrinhas e Piraí notificaram a Dutra e o COPER a fornecer informes acerca dos serviços prestados por este àquela – com o que também se evidencia estar em curso, nesses Municípios, algum procedimento visando a efetuar lançamentos.[38] Essa situação sugere desde logo e à primeira vista a idéia de um *periculum in mora* a ser neutralizado pela emissão de um provimento urgente do MM. Juízo.

> Os tópicos subseqüentes tratam dessa situação de justo temor e dos elementos de convicção sobre as pretensões declaratórias dos autores, com vista à concessão desse provimento urgente pedido na demanda inicial.

327. antecipação de tutela, razão de ser e os requisitos para sua concessão

Antecipa-se a tutela jurisdicional, em casos como este, quando houver urgência – e daí ser essa antecipação uma *medida de urgência*, como tal denominada entre os italianos. Antecipa-se se houver também suficiente *probabilidade do direito*. A urgência, nas hipóteses previstas no inc. I do art. 273 do Código de Processo Civil, é a própria razão de antecipar, porque nada justificaria uma decisão tomada com apoio em mera probabilidade resultante de uma cognição incompleta, não fora o risco de permitir que o *tempo-inimigo* solapasse irremediavelmente o direito daquele que tem o direito a uma tutela jurisdicional mas teria de esperar muito tempo por ela. Como há quase um século pontificou a mais autorizada de todas as doutrinas, "la necessità di servirsi del processo per ottener ragione non deve tornar a danno di chi ha la ragione"

---

38. Situação existente em dezembro de 2006, quando o parecer foi elaborado.

(Chiovenda)[39] – o que conduz à necessidade de oferecer remédios contra os males do tempo, porque o decurso deste poderia trazer danos ao litigante que, embora tenha o direito ao bem que pretende, de outro modo acabaria ficando sem a possibilidade de obtê-lo ou de fruir utilmente o bem que viesse a obter. "O valor que o tempo tem no processo é imenso e em grande parte desconhecido. Não seria temerário comparar o tempo a um inimigo, contra o qual o juiz trava uma luta sem tréguas" (Carnelutti). Curvar-se o juiz ante o tempo em seu curso corrosivo significaria permitir que seu trabalho não passasse de um *furo n'água*, girando em falso a roda da Justiça.[40] Para a pronta reação a esses males corrosivos é preciso conciliar o *fazer logo* com o *fazer bem feito*, sabendo-se que, em situações assim, a pressa é uma necessidade.

> Calamandrei: "entre fazer logo porém mal e fazer bem mas tardiamente, os provimentos cautelares visam, sobretudo, a fazer logo, deixando que o problema do bem e do mal, isto é, da justiça intrínseca do provimento, seja resolvido mais tarde, com a necessária ponderação, nas sossegadas demoras do processo ordinário".[41]

328. *males de difícil reparação (procedimentos tributários já instaurados)*

O requisito de urgência, descrito pelo art. 273 do Código de Processo Civil em seu inc. I, está no presente caso revelado por aquelas medidas já tomadas por cinco das Municipalidades-rés, seja efetuando lançamentos a cargo dos ora consulentes, seja promovendo autuações, seja notificando-os a fornecer informes. Os procedimentos administrativos tributários já foram desencadeados. Daí o justo receio de que, no prosseguimento ordinário dessas providências, os débitos tributários assim afirmados sejam constituídos e multas aplicadas, aforando-se execuções fiscais e atingindo o patrimônio dos ora consulentes com penhoras e riscos

---

39. *Cfr. Istituzioni di diritto processuale civile*, I, n. 34, esp. p. 147.
40. *Cfr. Diritto e processo*, n. 232, esp. p. 354.
41. *Cfr. Introduzione allo studio sistematico dei provvedimenti cautelari*, n. 8, esp. p. 20.

de expropriação. O risco de penhora *on line* constitui hoje, por si só, uma terrível ameaça à boa fluência da vida econômico-financeira e ao patrimônio das empresas e de seus sócios. Por isso, deixar tudo como está e permitir que cada uma das Municipalidades desencadeie suas medidas sobre os consulentes seria dar via livre ao tempo-inimigo, para que pudesse corroer à vontade os direitos e o patrimônio dessas empresas.

329. *a grande probabilidade do direito*

É extremamente improvável que o Poder Judiciário, rejeitando por completo todos os pedidos dos autores (principal e subsidiários), venha a deixar portas abertas à implantação da desordem que se anuncia. Cada Municipalidade faria seu lançamento e levaria avante suas exigências segundo seus próprios critérios e suas alíquotas, enquadrando a seu modo as atividades dos ora consulentes nas previsões legais que mais lhe conviessem. Seria até possível, ou provável mesmo, que com essa dispersão desorganizada e assistemática de exações fiscais a Dutra e o COPER viessem a ser assaltados por lançamentos ou mesmo execuções que, somadas, chegariam a valores extraordinários, acima do que seria devido se pagassem a uma só Municipalidade.

> Imaginem. Dadas Municipalidades cobrariam parcelas muito grandes do total, porque em seus territórios estão situadas as praças de pedágio da Dutra. Outras cobrariam mediante a estatística do volume de tráfego, que em seu território é muito grande (São Paulo, Rio de Janeiro, Guarulhos). Guaratinguetá cobraria a totalidade, porque é ali o estabelecimento do prestador de serviços. Caos total!

Esse manifesto risco de dispersão tumultuária, que de um lado constitui poderoso fator de probabilidade de procedência da demanda proposta pelos ora consulentes, de outro reforça a satisfação do requisito do *periculum in mora*. Ainda quando fosse rejeitada a tese da não-incidência, ainda quando se negasse a iminência de uma inconstitucional bitributação e ainda quando se desconsiderasse a isenção concedida pela Municipalidade de Guaratinguetá, sobraria sempre o último dos pedidos subsidiários; e, nessa hipótese improvável, seria rigorosamente imperioso, ao menos, estabelecer um critério unitário de repartição do Iss entre todas as Municipalidades-rés. Deixar que cada uma delas fizesse e impusesse suas próprias exigências, construídas mediante critérios unilaterais, seria permitir o caos e privar absolutamente os autores de um mínimo de tutela jurisdicional (Const., art. 5º, XXXV). Por isso é que, como digo, é de imensa probabilidade o acolhimento ao menos de um dos pedidos formulados na demanda inicial.

E assim, sem me aventurar em terreno alheio, ou seja, sem opinar sobre temas de direito tributário, não tenho dúvida alguma ao afirmar a presença eloqüente daquela probabilidade de existência do direito à tutela jurisdicional, adotada pela lei como elemento determinante do direito à antecipação tutelar (CPC, art. 273, *caput*). Não vou além da minha área acadêmica de conhecimentos específicos mas mesmo assim posso sentir que o MM. Juízo só chegaria a negar a tutela antecipada pedida pelos autores se rejeitasse todos e cada um dos sólidos fundamentos contidos na demanda inicial e, ao mesmo tempo, admitisse a absurda hipótese de deixar tudo como está, permitindo ao fim que cada Municipalidade cobrasse quanto quisesse, como quisesse.

§ 6º – PROPOSIÇÕES CONCLUSIVAS

330. *primeira conclusão: litisconsórcio necessário-unitário e portanto indissolúvel*

Não-obstante numeroso, o litisconsórcio instituído pela demanda dos ora consulentes, incluindo mais de trinta Municipalidades, não comporta o desmembramento determinado pelo art. 46, par. do Código de Processo Civil, simplesmente porque é *necessário* e, justamente por sê-lo, não pode ser dispensado ou fragmentado. Sustentar sua fragmentariedade equivaleria a negar-lhe a necessariedade. A regra contida naquele dispositivo visa exclusivamente a evitar dificuldades para a defesa ou para o exercício da jurisdição, mas não são dificuldades intransponíveis; intransponível é a ineficácia de uma sentença eventualmente proferida sem a presença de todos os litisconsortes necessários-unitários. Como impor ao Município de Lorena ou ao de Canas ou São João de Meriti uma sentença que declare serem os autores devedores de Iss apenas e tão-somente a Guaratinguetá, com exclusão de todos os demais? Como impor aos autores um pagamento a Barra Mansa segundo a *testada* da Via Dutra em seu território, deixando que a outras Municipalidades o critério fosse outro, rompendo-se pois a proporcionalidade? A incindibilidade das situações jurídico-tributárias de todas as rés com referência à posição dos autores é tão forte que qualquer dissolução do litisconsórcio por eles proposto implicaria infração direta e frontal ao art. 47 do Código de Processo Civil, o qual impõe a efetividade do litisconsórcio necessário em casos assim (*supra*, n. 316).

331. *segunda conclusão:*
prevenção do foro escolhido pelos autores

O que acaba de ser dito ilumina a interpretação do quesito da competência territorial, reconfirmando a presença de um concurso eletivo de foros e a conseqüente legitimidade da escolha de um deles pelos autores. O art. 94, § 4º do Código de Processo Civil autoriza essa escolha unilateral e insondável, quando na demanda figurem dois ou mais réus e os domicílios deles se situarem em foros diferentes. O caso é típico: como é natural, cada uma das Municipalidades-rés tem sede em seu próprio território e, portanto, em uma comarca diferente das demais. Não fora essa regra e não fora seu indiscutível apoio na garantia constitucional da liberdade (Const., art. 5º), a simples indissolubilidade do litisconsórcio no presente caso já seria por si só suficiente para deixar a cargo dos autores a escolha do foro de uma das rés – sob pena de, em caso contrário, frustrar-lhes por inteiro o direito a obter uma tutela jurisdicional mediante sentença válida e eficaz. Não seria válida nem eficaz aquela que fosse proferida sem a presença de todos os litisconsortes necessários, todos em um processo só (*supra*, n. 316).

É destituída de qualquer relevância jurídica a circunstância de entre as rés figurarem algumas situadas em Estado diferente deste no qual se situa a comarca de Guaratinguetá. Nem a Constituição Federal nem o Código de Processo Civil nem qualquer outra lei processual manipula o conceito de Estado federado, para fins de competência territorial: limitam-se a dispor sobre foros, ou comarcas. Também não há impedimento algum à submissão de uma Municipalidade fluminense ao E. Tribunal de Justiça paulista porque isso constitui decorrência natural de a causa ser, em primeiro grau de jurisdição, processada e julgada por um juiz deste Estado (*supra*, n. 325).

332. terceira conclusão: imperiosa tutela antecipada

A tutela antecipada pedida pelos ora consulentes é o único meio hábil a debelar a situação absolutamente insegura que se vai criando mediante exigências fiscais construídas pelas diversas Prefeituras, sem um mínimo de coordenação e compatibilidade. Não sendo concedida, essa situação tenderá a evoluir, com a provável imposição de multas, instauração de processos executivos, penhoras por via eletrônica *etc.* – não sendo difícil antever que essas execuções e eventuais embargos a elas serão apreciados ao menos por trinta-e-cinco juízes diferentes, ficando pois aberta a porta para decisões discrepantes, sem qualquer segurança de uma coerência unitária entre elas. Nessa situação consideram-se presentes, até de modo enfático, os dois pressupostos das medidas urgentes, a saber: a) o *fumus boni juris* (CPC, art. 273, *caput*), representado ao menos pela quase absoluta improbabilidade de serem rejeitados todos os pedidos dos ora consulentes, inclusive aquele (subsidiário) de distribuição proporcional dos créditos municipais; b) o *periculum in mora* (art. 273, inc. I), representado pelo grande risco de uma avalanche de exigências e execuções, sem a menor segurança quanto às defesas possíveis e convenientes em cada uma delas e sobretudo sem a menor indicação de que as decisões serão coerentes e não acabarão por impor-lhes pagamentos absurdos e sobrepostos. Depois, se isso acontecer e o patrimônio dos autores ficar desfalcado, já se sabe quão difícil será o retorno ao *status quo ante*. A ninguém é lícito ignorar as ingentes dificuldades dos cidadãos ou empresas para obter pagamentos, ressarcimentos ou restituições, quando do lado de lá está um ente público. Sem uma tutela antecipatória eficaz, o tempo-inimigo terá encontrado terreno fértil para atuar.

XXI – CONTRATO ADMINISTRATIVO, INDISPONIBILIDADE DE BENS E FORÇA OBRIGATÓRIA DOS CONTRATOS[1]

333. os negócios ajustados entre a COPEL e sua atual adversária – 334. sucessivas decisões judiciárias desfavoráveis – 335. os temas e os quesitos – 336. transação – 337. o juiz e a transação – 338. sobre a disponibilidade ou indisponibilidade de direitos – 339. a transação entre os contratos administrativos – 340. a força obrigatória da transação – 341. um raciocínio às avessas (I) – 342. um raciocínio às avessas (II) – 343. uma autêntica transação – 344. uma força obrigatória reafirmada e enfatizada pela lei – 345. respostas sucintas aos quesitos

333. os negócios ajustados entre a COPEL e sua atual adversária

Ao cabo de regular procedimento licitatório, a Companhia Paranaense de Energia – COPEL, que ora me consulta, contratou serviços de uma empresa para a derivação de determinado rio situado em território paranaense. Depois, alegando a superveniência de fatos e circunstâncias desfavoráveis que teriam rompido o equilíbrio econômico-financeiro desse contrato, dita empresa pleiteou e obteve da ora consulente a revisão dos valores ajustados. Foram três ajustes, antecedidos de pareceres favoráveis do E. Tribunal de Contas do Estado do Paraná e portadores de *transações* celebradas entre as partes – denominados *termos de transação e quitação*. Três vezes, portanto, os valores foram revistos e a contratada recebeu as diferenças pleiteadas, dando ampla e inequívoca quitação.

1. Parecer elaborado em outubro de 2006.

334. sucessivas decisões judiciárias desfavoráveis

Mas eis que, ainda insatisfeita, aquela empresa privada vem a juízo e obtém, nos dois graus jurisdicionais do Estado do Paraná, uma sentença e depois acórdão declaratório de ser ainda credora por mais outra diferença, sempre referente àquele mesmo contrato. Em ambas as instâncias foi sustentada pelos srs. Julgadores a tese de que os contratos administrativos não se regem pelo Código Civil mas apenas e exclusivamente pela Lei de Licitações, não se lhes aplicando por isso a disciplina da *transação*, naquele contida; sustentaram, em outras palavras, que aquelas avenças não teriam a natureza de ato de disposição de direito e, conseqüentemente, não se imporia, quanto a elas, a força obrigatória da transação (CC-16, art. 1.030).

Nesses termos passou em julgado o V. acórdão paranaense, não tendo progredido o recurso especial subseqüentemente interposto, mas depois veio a paraestatal a impugná-lo mediante a propositura de uma *ação rescisória*, cujo julgamento também lhe foi inteiramente desfavorável no âmbito estadual. O V. acórdão que a julgou improcedente persistiu no entendimento da impertinência do art. 1.030 do Código Civil vigente à época dos reajustes de valores, sustentando ainda que, sendo a Copel uma paraestatal e indisponíveis seus bens e interesses, a transação seria inadmissível por razões de ordem pública. Sim, o E. Tribunal afirmou que *a empresa privada* não estaria vinculada àqueles ajustes negociais, porque os interesses *da sociedade de economia mista* Copel são indisponíveis.

Também contrária à consulente foi a R. sentença proferida na comarca de Curitiba em *ação de cobrança* mediante a qual a tal empresa postula a *condenação* daquela a pagar as diferenças a que teria direito, conforme o que ficara decidido na ação meramente declaratória. Nesse segundo processo, com vista a justificar a delimitação da prova pericial à mera atualização dos valores sustentados pela autora, disse o MM. Juiz que "o objetivo da perícia era tão somente quantificar os valores do desequilíbrio econômico-financeiro do contrato, respeitando os valores reconhecidos (porque não impugnados) na ação declaratória". E, assim dizendo, julgou procedente a demanda da autora, condenando COPEL por um valor de mais de 180 milhões de reais, resultante da mera atualização da planilha trazida unilateralmente por aquela autora. Torno a ressaltar, porque é de suma relevância: nos dois graus de jurisdição pelos quais passara aquela primeira demanda (meramente declaratória) fora expressamente consignado pelo MM. Juízo inferior e pelo E. Tribunal de Justiça que o *quantum debeatur* não estava em julgamento. Foram rejeitados os *embargos de declaração* opostos por COPEL agora na ação condenatória e ela, condenada por um suposto intuito procrastinador. Apelou e sua apelação está em curso.

335. *os temas e os quesitos*

Nessa situação, por iniciativa de seus eficientes patronos, os drs. Damasceno Maurício da Rocha Júnior e Hélio Eduardo Richter, honra-me muito a estatal Companhia Paranaense de Energia – COPEL com a consulta que me faz, tanto em relação à *ação rescisória* já julgada pelo E. Tribunal de Justiça do Estado do Paraná, quanto à *ação condenatória* que a este está em via de chegar por força da apelação interposta.[2]

Aqui os temas a desenvolver são (a) o da natureza jurídica dos *termos de transação e quitação* celebrados entre COPEL e IVAÍ, (b) o da regência dos contratos administrativos exclusivamente pelo direito administrativo ou também por normas de direito civil, (c) o da existência ou inexistência da força vinculante daqueles negócios em face da IVAÍ, uma empresa privada e (d) o da tempestividade ou intempestividade da ação rescisória proposta por COPEL. Tais pontos são corporificados em quesitos, como segue:

primeiro: os contratos da Administração Pública são regidos exclusivamente por normas de direito administrativo ou também de direito civil?

segundo: a indisponibilidade de bens dos entes estatais impede a eficácia desses ajustes em face da IVAÍ, uma empresa privada?

2. Situação existente ao tempo da elaboração do parecer.

terceiro: qual a verdadeira natureza jurídica dos *termos de transação e quitação* celebrados entre Copel e Ivaí?

quarto: ao negar que se tratasse de uma verdadeira transação e desconsiderar a quitação dada por Ivaí, o V. acórdão rescindendo transgrediu o disposto no art. 1.030 do Código Civil de 1916?

336. *transação*

Transação é ato jurídico de direito material, não processual. Pertence à categoria dos *negócios jurídicos*, tendo fundamento na autonomia da vontade e sendo, como os negócios jurídicos em geral, ato de auto-regulação dos próprios interesses, celebrado pelos titulares de interesses em conflito. Especificamente, ela é o negócio com o qual dois ou mais sujeitos, ao disporem sobre seus próprios interesses, fazem-se recíprocas concessões com o objetivo de evitar o litígio em juízo ou pôr-lhe fim. Assim a define o art. 840 do Código Civil vigente, nos mesmos termos em que o fazia o art. 1.025 do estatuto de 1916. Na voz concisa e pontual de Giuseppe Chiovenda, negócio jurídico é "um ato jurídico destinado a produzir efeitos jurídicos de acordo com a lei".[3] É negócio jurídico toda declaração de vontade feita por dois ou mais sujeitos em nível de igualdade (sem relação de hierarquia ou sujeição entre os partícipes) e destinada a produzir efeitos jurídicos (Antonio Junqueira de Azevedo).[4] Na lição de Orlando Gomes, negócio jurídico é "ato de autonomia da vontade que empenha o sujeito, ou os sujeitos que o praticam, a ter conduta conforme ao regulamento dos seus interesses fixado com a prática do ato".[5]

---

3. *Cfr. Lezioni di diritto amministrativo*, cap. II, n. 2-bis, esp. p. 105. Esse pequeno livro, pouco conhecido no Brasil até porque causa surpresa o fato de um famoso processualista haver tratado de outra matéria, é a compilação de aulas que o Mestre proferiu na Universidade de Roma no ano letivo 1909-1910, cuja composição litográfica foi encontrada pelo prof. Franco Cipriani e em seguida publicada por iniciativa sua.
4. *Cfr. Negócio jurídico e declaração negocial*, seção 4ª, p. 25.
5. *Cfr. Transformações gerais do direitos das obrigações*, cap. V, n. 7, esp. p. 71.

Somadas e convergentes ao mesmo fim, a vontade da consulente e a da empresa IVAÍ traduziram-se em um ato dotado da finalidade e efeito de eliminar conflitos ou divergências sobre eventual direito desta a receber valores de reajustes contratuais, fixando o montante desses reajustes e incluindo a quitação pelo que foi reconhecido e veio a ser efetivamente pago.

Esse negócio jurídico caracterizado como transação é, mais especificamente ainda, autêntico *contrato*. Como todo contrato, é um negócio jurídico bilateral porque envolve necessariamente a vontade de mais de um sujeito e gera efeitos sobre as esferas jurídicas de todos os participantes. Mas é também um *contrato bilateral*, em razão da necessária presença de mútuas concessões. Ainda quando pudessem persistir as resistências à configuração da transação como *contrato*, certo é que ela se resolve em uma declaração bilateral de vontade e, como tal, vincula os declarantes ao instituir uma situação jurídico-material diferente daquela que existia antes.[6] O Código Civil de 1916 chegava a dizer que ela "produz entre as partes o efeito da *coisa julgada*" (art. 1.030) e com isso deixava fora de dúvida que a transação vincula os sujeitos aos resultados das concessões feitas, impedindo todos eles de pretender mais ou de querer dar menos, ou de pretender ou dar outra coisa. Residia nesse dispositivo, em outras palavras, a severa afirmação do *efeito vinculante* da transação entre os sujeitos transatores – cujas relações, objeto dessa declaração bilateral, passam a reger-se pelo que assim declararam e não pelo negócio ou situação precedente.

São de inteira pertinência as sábias e profundas lições de Francesco Carnelutti em sede de *teoria geral do direito*, nas quais não só analisa a natureza como a diversidade da eficácia que, de espécie para espécie, decorre das declarações juridicamente relevantes.[7] Acordos como esse que as partes celebraram no caso examinado são desenganadas *declarações de vontade* e não de *mero conhecimento* porque, sempre na linguagem expressiva de Carnelutti, não

---

6. V. os precisos conceitos emitidos por Caio Mário nas *Instituições de direito civil*, II, n. 164, pp. 178 ss.
7. *Cfr. Teoria generale del diritto*, §§ 145-158, pp. 369 ss.

se destinam a informar o destinatário sobre fatos mas a expressar uma vontade dos declarantes, portadora de eficácia perante o direito. Falava o Mestre da diferença entre *far sapere* e *far fare*, ou seja, entre o mero *fazer saber*, ou informar, e o *fazer fazer*, que significa criar vínculos jurídicos aos quais ambas as partes devem ater-se.[8]

Assim é que, como sucede com todas as declarações constitutivas, essa do caso em exame instituiu uma indisfarçável "diversidade da situação jurídica final em face da situação inicial".[9] A situação jurídica precedente, instituída pelo contrato em sua formulação original e pelo seu cumprimento por IVAÍ, consistia em uma obrigação pecuniária já cumprida pela COPEL, a qual já não era devedora de valor algum porque tudo já pagara. A subseqüente, criada pela transação, é outra: a existência de novos valores a pagar, com quitação geral da IVAÍ em relação a toda e qualquer outra pretensão. Na doutrina alemã, com toda sua autoridade disse Friedrich Lent que, trazendo a transação em si um regulamento da relação substancial que constitui objeto do processo, "seu efeito é constitutivo e consiste na criação de uma *nova situação jurídica*".[10] A COPEL ateve-se à nova situação jurídica instituída pela transação celebrada, pagando efetivamente os valores então pactuados. E a IVAÍ, dada a força obrigatória da transação, a mais nada poderia aspirar.

337. *o juiz e a transação*

Obtida a transação pelas partes, cumpre ao juiz fazer apenas o *exame externo do ato*, que a doutrina chama *delibação*. Assim como o enólogo prova pequenas doses do vinho, em busca da identificação de seu sabor e controle de qualidade, também o juiz, quando chamado a manifestar-se sobre uma transação, permanece na periferia do ato celebrado entre as partes, em busca somente dos requisitos de sua existência, validade e eficácia. Não lhe é

---

8. Carnelutti, *Teoria generale del diritto*, § 150, esp. p. 381.
9. Sempre Carnelutti, *Teoria generale del diritto*, § 158, p. 401.
10. *Cfr. Diritto processuale civile tedesco*, § 48, II, p. 194 trad.

lícito perquirir da boa ou má qualidade da transação, ou de sua conveniência ou inconveniência para esta ou aquela parte. Recordemos ainda o Mestre Chiovenda, agora na lição de que "essas atividades das partes [*atos autocompositivos, entre os quais a transação*] constituem um limite ao poder do juiz, no sentido de que trazem em si o conteúdo da sua sentença".[11] São cinco os pontos periféricos que ao juiz cumpre verificar quando encontra diante de si uma transação relevante para a causa que irá julgar: a) se realmente houve uma transação, (b) se os transatores são verdadeiramente titulares dos direitos ou situações jurídicas dos quais dispõem, (c) se são capazes de transigir, (d) se estão adequadamente representados e (e) se a matéria comporta disposição (CC, art. 841 – CC-16, art. 1.035).

Esses pontos dizem respeito à *ordem pública*, e sua verificação constitui dever do juiz, quer as partes a hajam requerido ou mesmo de-ofício, negando homologação ao ato quando lhe faltar algum dos pressupostos, um só que seja. Cuidemos mais detidamente do último dos requisitos acima indicados, que é o da *disponibilidade dos direitos*, diretamente exigida pelo art. 841 do Código Civil ao estabelecer que "só quanto a direitos patrimoniais de caráter privado se permite a transação" (art. 1.035 do Código de 1916).

338. *sobre a disponibilidade ou indisponibilidade de direitos*

A locução "direitos patrimoniais de caráter privado", empregada no art. 841 do Código Civil, significa *direitos disponíveis*. Não há disposições legais claras e diretas definindo em que consiste a indisponibilidade de direitos e os casos nos quais se impõe, mas essa fórmula oferecida pelo Código Civil é um bom começo para se chegar a tal conceito e tal delimitação. Dela se infere facilmente que não são disponíveis e portanto não comportam transação (a) os *direitos da personalidade*, entre os quais aqueles relacio-

---

11. Cfr. *Principii di diritto processuale civile*, § 47, esp. p. 736; Moniz de Aragão, *Comentários ao Código de Processo Civil*, II, esp. n. 550, pp. 534-536.

nados com o estado e capacidade das pessoas e (b) os de *caráter público*, assim considerados aqueles que tenham por titular um ente público. Daqueles não me ocuparei no presente estudo, dada sua manifesta impertinência ao caso em exame. Dos segundos, adianto logo nesta primeira aproximação que seria exagerado excluir a disponibilidade de *todos* os direitos do Estado ou de suas emanações; quando se trata de litígios em torno de *bens dominicais*, sobre os quais o Estado exerce direito de propriedade (e tal é o dinheiro), não há indisponibilidade e o correto é permitir que sobre eles se façam transações (o que não pode acontecer em relação aos bens de uso comum). Mas quero também ir dizendo desde já que todos os casos de indisponibilidade de direitos são excepcionais no sistema jurídico e têm assento em razões de ordem pública legitimadoras dessa severa limitação à autonomia da vontade, ou liberdade negocial, que é filha da garantia constitucional da liberdade e por esta é resguardada na ordem jurídica (Const., art. 5º, *caput* e inc. II).

"Autonomia privada significa possibilidade, para os indivíduos, de regular por si e pelo modo desejado as relações jurídicas com outras pessoas" (Pietro Trimarchi),[12] sendo excepcionais e indicados na lei os casos em que a vontade deve ser exteriorizada mediante canais precisamente predeterminados (disciplina formal dos negócios jurídicos) ou em que ela não poderá prevalecer (indisponibilidade de direitos). No Estado-de-direito, onde a liberdade é a regra e as restrições a ela devem confinar-se a específicas áreas onde seu pleno exercício poderia ser prejudicial aos superiores interesses da nação, é natural que as indisponibilidades também assim se circunscrevam e delimitem. Seriam incompatíveis com o *substantive due process* eventuais restrições à liberdade negocial sem a justificativa de uma consistente razão de ordem pública – o que ocorreria sempre que se pretendesse levar longe demais as hipóteses de indisponibilidade de direitos. Na lição de Emilio Betti, que Orlando Gomes refere e apóia, são três os tratamentos que o ordenamento jurídico endereça ao exer-

---

12. *Cfr. Istituzioni di diritto privato*, n. 108, p. 177.

cício da autonomia da vontade, conforme os fins almejados pelos particulares, ou conforme a *função* do ato que realizam: "1º) que não considere sua função digna ou carente de tutela, caso em que *ignora* o negócio; 2º) que repute sua função como transcendente e digna de proteção, caso em que o *reconhece*; 3º) que estime a função reprovável, caso em que o combate".[13] O ordenamento jurídico *combate* a transação incidente sobre certos direitos dos entes estatais porque considera que, em relação a eles, essa transação exerceria uma função *reprovável*; mas quando não existir uma poderosa razão política capaz de pôr os bens públicos sob essa proteção restritiva da autonomia da vontade, é natural que o ordenamento jurídico *reconheça* a transação, ou seja, que ele aceite sua admissibilidade.

A projeção dessas premissas fundamentais sobre a admissibilidade da transação manifesta-se na interpretação a ser dada ao art. 841 do Código Civil, a qual não deve ser no sentido de acirrar indisponibilidades e, por via reflexa, confinar em um campo demasiadamente estrito a admissibilidade da transação.

339. *a transação entre os contratos administrativos*

Contrato que é, a transação assume a feição de contrato administrativo quando celebrada pela Administração Pública central ou descentralizada. Vi nos autos que examinei a assertiva, com a qual não posso concordar, de que aqueles ajustes celebrados entre as partes e denominados *termos de transação e quitação* não se poderiam reputar verdadeiras transações porque em direito público transação não se admite – seriam meros *aditivos, não transações*. Foi também afirmado que os contratos administrativos não comportam tal modalidade porque se regem exclusivamente por normas de direito público (lei n. 8.666, de 21.6.93) sem receber qualquer influxo do privado. Disse-o o E. Tribunal de Justiça do Estado do Paraná no V. acórdão que julgou a ação declaratória promovida por IVAÍ mas também essa assertiva não me parece

---

13. *Cfr.* Orlando Gomes, *Transformações gerais do direito das obrigações*, cap. V, n. 3, pp. 67-68.

condizente com a realidade do direito positivo ou com o sistema jurídico do país.

Que os contratos administrativos são fortemente disciplinados pela Lei das Licitações, isso está fora de dúvida; não é porém correta a idéia de que sejam regidos *somente* por ela e nada pelo Código Civil. Vejo em arrazoados da consulente a invocação de prestigiosos doutrinadores nesse mesmo sentido e, ao que ali vejo, tomarei a liberdade de acrescentar algumas lições vindas de outras plagas. Todos aqueles e todos estes deixam claro que o contrato administrativo é realmente, como o próprio nome está a indicar, *espécie do gênero contrato*, não se descaracterizando nem se desfigurando pelo fato de se sujeitar a certas normas específicas. O que o distingue dos módulos ordinários de contrato regidos exclusivamente pelo direito privado são certos pontos específicos, como sua preparação mediante licitação, sujeição a regras cogentes limitativas da vontade dos próprios agentes estatais e inerentes ao interesse público, a fiscalização a cargo de funcionários ou agentes designados pelo órgão estatal contratante, a excepcionalidade da admissão da *exceptio non adimpleti contractus*. Quanto aos pontos não regidos pela lei administrativa, os contratos administrativos sujeitam-se à civil ordinária, especialmente naquilo que diga respeito ao necessário *consensus* e à conseqüente *força obrigatória* que todo contrato há de ter.

Quanto à parcial regência pelo direito privado, vejamos inicialmente Jean Rivero ensinando que, salvo em dois pontos essenciais, "o regime dos contratos administrativos, tal como decorre tanto das *cláusulas exorbitantes* como das regras estabelecidas nos textos de lei ou na jurisprudência, toma de empréstimo alguns elementos de direito privado, como por exemplo no que diz respeito às condições de validade do contrato".[14] Distingue-se dos contratos de direito privado (a) porque, no lugar de um encontro de vontades equilibradas perante a ordem jurídica, "a Administração Pública atua com uma certa quantidade de *prerrogativas* ligadas ao primado do interesse geral, do qual ela é o guardião" e (b) porque a própria Administração não age por uma vontade inteiramente li-

14. *Cfr. Droit administratif*, n. 112, p. 104.

vre, sendo sua liberdade de contratar sujeita a limitações emergentes do interesse público.[15] Logo em seguida diz que, em relação aos contratos administrativos, é nesses dois pontos que o regime dos atos administrativos derroga o do direito comum.

Na mesma linha está a lição de Aldo Sandulli, ao informar que "a doutrina moderna vem, não sem razão (...) firmando-se essencialmente sobre a inexistência, para esses contratos, de regras tais que os fizessem configurar-se como uma categoria autônoma em relação aos contratos de direito comum".[16] Disse isso após ter dito, no trato da própria *transação*, que esta é admissível "no tocante às lides relativas a relações de direito público que admitem transação"; e que isso só se dá nos casos em que a parte tenha livre disponibilidade de seus direitos, sendo "evidente que não pode haver transação sobre a algum dos direitos fundamentais, ou de alguma outra das posições subjetivas de direito público não suscetíveis de renúncia".[17]

Chegamos com isso ao ponto. Os contratos administrativos são sim verdadeiros *contratos* e em parte regem-se por normas comuns de direito contratual, residentes na lei civil. A transação se admite e é válida, com exclusão somente dos casos em que se pusesse a Administração Pública a dispor de direitos dos quais não tenha plena disponibilidade. Fora disso e fora dos casos nos quais sequer o particular poderia dispor de direitos porque inerentes à sua própria personalidade (estado e capacidade, direitos políticos), a admissibilidade da transação é ampla e, como venho dizendo, inerente a um sistema onde em princípio a liberdade negocial deve ser preservada.

340. *a força obrigatória da transação*

Não existisse o art. 1.035 do Código Civil de 1916 (vigente quando dos fatos aqui examinados), o qual chegava ao ponto de equiparar a força obrigatória da transação à autoridade da coisa

---

15. *Op. loc. cit.*
16. *Cfr. Manuale di diritto amministrativo*, n. 124, esp. p. 411.
17. *Id.*, *ib.*, esp. p. 410.

julgada, ainda assim essa vinculação se imporia porque é inerente aos negócios jurídicos em geral. Nesse dispositivo está muito clara a intenção de impor o *efeito vinculante da transação* entre os sujeitos transatores – cujas relações, objeto dessa declaração bilateral, passam a reger-se pelo que assim declararam e não pelo negócio ou situação precedente. Mas, acima dele e como regra geral, estavam os arts. 1.080 ss. daquele Código, portadores da regra do efeito vinculante, ou *força obrigatória*, dos contratos em geral. Por ser um contrato, a transação vincula e vincularia ainda que não existisse o art. 1.035 do então vigente Código Civil.

Não me passa despercebido que em alguma medida a Administração Pública não se reputa assim tão adstrita à força obrigatória dos contratos que celebra. A chamada *mutabilidade* dos contratos administrativos consente a esta as modificações ou mesmo rescisão unilateral do contrato, sempre que assim exigir o *interesse público* e mediante certas salvaguardas a direitos daquele com quem contratou.[18] Marcelo Caetano: "a Administração tem o direito de introduzir unilateralmente certas modificações no regime das prestações a fazer pelos particulares a quem esteja vinculada por contrato administrativo" – fazendo-o com vista a "adaptar-se às exigências do interesse público que deve servir".[19]

Em suma: como todos os contratos, também o administrativo é em princípio regido pela cláusula *pacta sunt servanda* e pelo fortíssimo substrato ético que lhe está à base mas, sobrevindo razões de interesse da coletividade como um todo, que à Administração cumpre resguardar, tem ela o direito de, em certa medida e mediante certas cautelas, alterar ou mesmo rescindir os contratos que houver celebrado.

341. *um raciocínio às avessas (1)*

Mas por que estou eu a discorrer sobre a indisponibilidade de certos direitos da Administração e conseqüente inadmissibilidade

---

18. *Cfr.* Maria Luíza Machado Granziera, "Execução, alteração e rescisão dos contratos administrativos", n. 2, p. 146.
19. *Cfr. Princípios fundamentais do direito administrativo*, n. 110, esp. p. 241.

da transação em torno desses direitos, se não é esse o ponto em julgamento? Quais razões me teriam levado também a enfrentar o tema da maior ou menor vinculação da Administração Pública aos contratos que celebra, se aqui não se cogita da validade ou da força obrigatória dos reajustes concedidos e pagos pela COPEL mas da *quitação* dada pela empresa privada IVAÍ, com a promessa de nada mais pedir? Realmente, não tem pertinência alguma debater, com referência àquela ação declaratória ou à ação rescisória do V. acórdão ali produzido, em torno dos efeitos daquelas transações sobre a esfera de direitos da COPEL, senão da empresa privada IVAÍ. Quem deu quitação e assim privou-se de outros futuros e eventuais direitos ou postulações foi a IVAI, não a COPEL – e, por lógica e natural conseqüência, só seria o caso de dizer quando e por que os entes públicos não podem transigir, se no processo se pretendesse liberar a COPEL, não a IVAÍ, de algum dos compromissos postos naqueles ajustes, o que não é o caso. Aqui no caso em exame quem não pretende estar vinculado pelo que naqueles ajustes se estabeleceu é a empresa privada, não a estatal.

Senti-me porém obrigado a enfrentar tais pontos, apesar da consciência de serem absolutamente impertinentes ao contrato e aos ajustes que se lhe sucederam, porque esse foi o modo que encontrei para pôr em evidência um absurdo tão grande, que custa crer. Pôs-se a empresa IVAÍ a alegar e a Justiça do Estado do Paraná a aceitar a falsa tese de que, sendo a COPEL um ente paraestatal, viciadas seriam, só por isso, as transações que fizesse e inoperante a quitação dada pela empresa privada IVAÍ. Diante disso, tudo quanto expus sobre a transação, a disponibilidade de bens e interesses como requisito para sua validade e sobre o afrouxamento da regra *pacta sunt servanda* em relação à Administração Pública passa apesar de tudo a ser relevante para a demonstração de que um enorme equívoco vem distorcendo em cento-e-oitenta graus as RR. decisões da Justiça paranaense.

> Seu raciocínio tem sido este: como os bens e interesses da COPEL são indisponíveis e inadmissível a transação em torno deles, não fica a IVAÍ adstrita à quitação por ela própria dada à COPEL. Tudo muito estranho, mas é isso que vem sendo dito nas RR. decisões que aqui respeitosamente critico.

342. *um raciocínio às avessas (II)*

Parece-me para lá de óbvia a inversão de raciocínio. Tornemos ao caso. Havendo a COPEL contratado serviços da IVAÍ para a derivação de um certo rio e havendo pago os valores contratados, eis que essa empresa privada postula e obtém revisão de preços, dando quitação geral e ampla, com a clara declaração de não mais ser credora por diferença ou parcela alguma, referente a esse contrato e a esse serviço. Não fosse assim, seu ato não seria uma *quitação*. Depois vem a juízo e, alegando que os ajustes então firmados não constituiriam verdadeira *transação* porque a Administração Pública não teria disponibilidade de direitos e portanto não pode transigir, pede e obtém em juízo a declaração de ser credora ainda por outros valores, sempre a título de reajuste.

Como porém já perceberam os qualificados leitores, está completamente fora de foco o raciocínio posto pela própria IVAÍ porque, obviamente, da afirmada indisponibilidade de bens da Administração e suposta incapacidade para transigir não faz sentido algum extrair a conclusão de haver sido inválida ou ineficaz a quitação dada por empresa privada que com ela contrata. Faço questão de salientar ainda uma vez, na tentativa de evitar que tal distorção prossiga: o caso posto e decidido em juízo não cuida da imposição ou não, a uma estatal, dos vínculos jurídicos derivantes daqueles termos de transação e quitação. Quer a IVAÍ, ela própria, ficar liberta desses vínculos, e por que? Com qual fundamento? Com fundamento na indisponibilidade de bens e interesses *da outra parte*, com a qual contratou, a saber, da COPEL. Esse raciocínio parece-me tão absurdo, que sinto até dificuldades para contrariá-lo. Por mais que a estatal não tivesse disponibilidade alguma sobre seus bens e interesses, daí decorreria sua não-vinculação às obrigações enunciadas naquele negócio, jamais a não-vinculação da empresa privada que com ela contratou.

> É como se dissesse: contratei com um menor absolutamente incapaz e dele recebi tudo que me prometeu dar, mas agora não cumpro com minha parte na obrigação porque ele é incapaz e por-

tanto não poderia haver contratado. Esse raciocínio chega às raias do cinismo.

Nem deveria eu estar tão preocupado com a qualificação jurídica daqueles *termos de transação e quitação* como verdadeira transação ou como seja lá o que for. Trata-se sim de autêntica transação, porque outra coisa não é o ato com o qual cada uma das partes faz concessões às pretensões da outra e, no presente caso, é mais do que evidente haverem COPEL e IVAÍ trocado entre si mútuas concessões. O sinalagma então composto pelas partes incluiu (a) de um lado, o reconhecimento da COPEL de dever à IVAÍ os valores resultantes daqueles reajustes, posto que não indicados no contrato original e (b) de outro, o compromisso da IVAÍ de nada mais pedir a título de reajuste ou a qualquer título, em relação àquele serviço e àquele contrato. A COPEL cumpriu o ajustado, pagando; mas a IVAÍ, ao postular ainda outros e outros reajustes, não cumpre o que prometera quando outorgou plena quitação àquela, com referência àquele contrato e àqueles serviços. Nesse quadro,

a) não se podem invocar as razões que ditam a relativa *mutabilidade* dos contratos administrativos porque elas já foram invocadas e se exauriram quando, por três vezes, a COPEL acedeu a proceder aos reajustes postulados e recebeu quitação pelo *plus* que veio a pagar;

b) nem se pode, absurdamente, invocar razões de interesse público e indisponibilidade dos direitos da estatal COPEL, como motivo para negar a força obrigatória, em face da IVAÍ, daquela reiterada quitação.

Essas duas proposições apóiam-se, em primeiro lugar, no disposto pelo art. 1.030 do Código Civil então vigente sobre a *força obrigatória da transação*, a qual chega a ser, naquele texto, exageradamente equiparada à autoridade da própria coisa julgada material. Apóiam-se também na regra geral da *força obrigatória* dos contratos (CC-16, arts. 1.080 ss. – CC-02, arts. 427 ss.), com a consideração de que, ainda quando os *termos* firmados entre as partes não revelassem uma autêntica *transação*, é de todo modo aplicável a eles a disciplina dos contratos e negócios jurídicos em geral. Poderia eventualmente aproveitar à COPEL a alegação de que seus bens fossem indisponíveis, caso estivesse ela própria, a COPEL, a postular a liberação das obrigações então assumidas; mas como quem pretende uma liberação dessa ordem não é essa estatal mas uma empresa privada, não teria legitimidade alguma uma tal transgressão àqueles dispositivos e à máxima *pacta sunt servanda*. Razões de ordem pública poderiam infirmar os próprios reajustes concedidos à IVAÍ, levando a sustentar que a COPEL não deveria haver-lhe concedido tais vantagens; mas não condiz com a ordem pública e não resiste à mais superficial análise no plano da lógica a invocação do interesse público como motivo para desconsiderar, em benefício da empresa privada e não da estatal, os laços representados pela força obrigatória dos contratos.

É natural que, ao celebrarem aquela transação, IVAÍ e COPEL hajam buscado *segurança*, porque são geralmente as incertezas quanto às próprias posições que levam dois ou mais sujeitos a fazer concessões, resguardando-se cada um deles do risco de perda maior. Ao discorrer sobre a "incerteza em torno do direito de cada um dos transatores ou ao menos de um deles", pondo-a entre os próprios requisitos da transação, ensina superiormente Caio Mário que essa incerteza outra coisa não é senão a "insegurança pessoal do interessado como qualificação duvidosa do próprio direito".[20]
É claro: as concessões que cada um faz ao adversário não são generosos gestos de altruísmo mas um modo de eliminar a insegurança pessoal inerente à incerteza quanto aos seus afirmados direitos. E qual segurança obtém COPEL a troco do *plus* que veio a pagar, se a empresa privada vai se forrando da força obrigatória do negócio jurídico celebrado, na sombra de um argumento que poderia favorecer uma empresa estatal, não a empresa privada?

343. uma autêntica transação

Como disse, segundo meu entendimento a qualificação daqueles *termos de transação e quitação* como portadores de autêntica transação ou como seja lá o que for não prejudica a força obrigatória do ajuste contratual que eles contêm. Mas também, como

20. Cfr. *Instituições de direito civil*, III, n. 273-A, esp. p. 508.

venho dizendo e agora especifico mais detalhadamente, não pode haver a menor dúvida de que eles revelam inequívoca transação celebrada entre as partes.

A esse propósito, creio oportuno reportar-me a três pontos já desenvolvidos e dos quais partirei para a demonstração do que agora estou enfatizando, a saber, para deixar muito claro que estamos realmente diante de uma transação. Esses pontos são (a) a parcial regência dos contratos administrativos pelas normas comuns do direito civil, (b) a total irrelevância do fato de em um dos lados daqueles *termos de transação e quitação* estar a COPEL, um ente paraestatal. e (c) a existência de relevantes concessões mútuas naquele ato celebrado entre as partes. Ao dizer que os contratos administrativos recebem influxos do direito comum, quis lançar bases para a óbvia conclusão de que eles são dotados de força obrigatória como os contratos em geral. Ao falar da irrelevância da natureza jurídica da COPEL, já disse também que, se alguma das partes poderia valer-se de eventual inadmissibilidade da transação feita, essa parte seria ela própria e não a pessoa jurídica de direito privado com quem negociou. A existência de mútuas concessões é a pá-de-cal da minha conclusão.

Mas vejo que, ao rejeitar o agravo contra decisão denegatória do recurso especial interposto por COPEL no primeiro processo, o sr. Min. Relator afirmou que estaríamos no campo proibido da interpretação de cláusula contratual ou do exame de provas – e daí, no raciocínio de Sua Excelência, a suposta inadmissibilidade daquele recurso especial. Segundo foi dito em sua R. decisão, não se poderia nessa sede especialíssima examinar a violação ao art. 1.030 do Código Civil então vigente, porque para ter aqueles atos como transação seria indispensável examinar provas e interpretar palavras dos próprios *termos* (Súmulas nn. 5 e 8-STJ). Mas, como logo a seguir se vê, discordo por inteiro desse entendimento porque a matéria é *puramente jurídica*, não de fato, e porque não se trata de interpretar o contrato mas de *qualificá-lo juridicamente*. É essa um crítica muito respeitosa, como deve ser, mas também bastante enfática, como se permite nos embates judiciários.

Explico-me.

Quando disse que naqueles *termos* havia um *sinalagma* cujo equilíbrio precisava e precisa ser respeitado (*supra*, n. 340), quis pôr em evidência os pesos de um equilíbrio econômico programado pelas partes mediante concessões que ambas reputaram aceitáveis e satisfatórias para a economia de cada uma. E, assim, (a) a COPEL daria à IVAÍ, como efetivamente veio a dar, valores que não estavam previstos no contrato originário, o que obviamente não era, em si mesmo, conveniente aos interesses daquela que pagava mais do que prometera e (b) em contraprestação, IVAÍ comprometia-se a nada mais pedir a título de reajuste ou a qualquer título, em relação àquele serviço e àquele contrato. Ora, para extrair dessas singelíssimas balizas a conclusão de que se tratava de autêntica transação, nada mais era preciso do que entender os termos desse sinalagma: se um deu mais do que prometera no passado e outro deu-se por definitivamente satisfeito, renunciando a qualquer outro direito referente ao contrato originário, que falta para concluir que *transigiram*? Nada!

Reitero, pois, que estamos no campo da *qualificação jurídica* daqueles ajustes, não da interpretação pontual de cláusulas, sub-cláusulas, obrigações com tal ou qual objeto ou valor *etc*. Para chegar a essa qualificação não é necessário qualquer exame de fatos ou provas, bastando ler os ajustes. A qualificação jurídica de um ato ou de um escrito negocial é uma operação que se passa no espírito do juiz mediante aplicação de seus conhecimentos jurídicos e dos conceitos vindos da lei e de construções conceituais sedimentadas em sua cultura. Quais fatos seria preciso examinar, para ver que os dizeres daqueles *termos de transação e quitação* eram os dizeres de mútuas concessões outorgadas pelos autores daqueles atos? Nenhum!

Por outro lado, sequer a própria IVAÍ colocou qualquer dúvida interpretativa do preciso e pontual significado de cláusulas ou sub-cláusulas. Limitou-se ela e limitaram-se os srs. Julgadores a discutir questões puramente jurídicas, como a disponibilidade de bens públicos, a regência dos contratos públicos pelo direito comum ou pelo administrativo, a suposta (e irrelevante) incapacidade da COPEL para transigir e, como arremate final, a natureza jurídica dos ajustes feitos (transação ou não?). Puro debate sobre qualificação jurídica, nada mais. Nenhum ponto de fato foi suscitado, que necessitasse de aclaramento mediante provas. Nenhuma interpretação controvertida da substancial intenção das partes, que foi manifestamente no sentido de pôr fim a qualquer controvérsia ou risco de litígio entre elas.

344. uma força obrigatória reafirmada e enfatizada pela lei

E assim é que, não havendo a menor dúvida de que os ajustes feitos configuram autêntica *transação* e decorrendo essa conclusão de meras operações intelectuais voltadas a uma qualificação jurídica e não a uma suposta interpretação de cláusulas controvertidas (até porque não foram controvertidas), decorre daí a óbvia conclusão de que o art. 1.030 do Código Civil tinha plena aplicação e foi frontalmente transgredido pelo V. acórdão rescindendo. Mas reitero o que venho dizendo: ainda quando, em um entendimento completamente distorcido, se entendesse que não estamos diante de verdadeira transação, ainda assim a força obrigatória daqueles atos se imporia, como estava preceituado nos arts. 1.080 ss. do Código Civil de 1916 (atuais arts. 427 ss.). O art. 1.030 não era mais que uma especificação dessa regra geral do direito dos contratos, formulada com extraordinária ênfase no tocante à transação; mas, ainda quando ele não existisse, como no vigente Código Civil não existe, os ajustes celebrados naqueles termos teriam a força obrigatória que todo contrato tem – e isso seria suficiente para afastar toda a infecunda discussão provocada por IVAÍ e aceita pelo E. Tribunal quanto a terem ou não terem as partes celebrado verdadeira transação.

345. respostas sucintas aos quesitos

Feitas as demonstrações que me pareceram adequadas e oportunas, passo agora a responder sucintamente aos quesitos recebidos, fazendo-o mediante proposições tão breves quanto eles próprios e invocando de modo também bastante abreviado os fundamentos de cada uma das respostas:

ao primeiro: os contratos da Administração Pública são regidos por específicas normas de direito administrativo, sem exclusão da disciplina geral dos contratos, contida no direito civil. A Lei das Licitações dita regras sobre a formação do contrato, limites e salvaguardas inerentes ao interesse público *etc.*, mas as estruturas contratuais e a força obrigatória dos negócios neles configurados são regras gerais não excluídas ou derrogadas de modo absoluto pelas *cláusulas inerentes* ao direito administrativo (*supra*, n. 339);

ao segundo: obviamente, a indisponibilidade de bens dos entes estatais não impede a eficácia desses ajustes em face da Ivaí, uma empresa privada. Se houvesse alguma indisponibilidade a ser considerada, poderia invocá-la o ente público eventualmente prejudicado, jamais a empresa privada que com ele negociou (*supra*, nn. 341-341 – um raciocínio às avessas);

ao terceiro: os *termos de transação e quitação* celebrados entre Copel e Ivaí configuram autênticas transações. As mútuas concessões inerentes a esses negócios jurídicos estão presentes (a) na promessa feita por aquela, de pagar mais do que havia sido inicialmente contratado e (b) no compromisso, assumido por esta, de nada mais postular em referência ao contrato em pauta (*supra*, esp. n. 343);

ao quarto: ao negar que se tratasse de uma verdadeira transação e desconsiderar a quitação dada por Ivaí, o V. acórdão rescindendo transgrediu, sim, o disposto no art. 1.030 do Código Civil de 1916. Tal dispositivo, falando de um efeito vinculante equivalente ao da coisa julgada, continha em si a outorga de uma extraordinária força vinculante à transação, sendo essa uma enfática especificação da regra geral da força obrigatória dos contratos (CC-16, arts. 1.080 ss. – *supra*, esp. n. 344).

XXII – RESPONSABILIDADE DO EMPREGADOR POR DANOS AO EMPREGADO – ÔNUS DA PROVA E PERÍCIA INIDÔNEA[1]

346. processos trabalhistas com questões processuais civis – 347. as reclamações – 348. os acontecimentos processuais – 349. a responsabilidade civil do empregador – entre o direito material e o processo – 350. responsabilidade civil e causalidade – 351. no plano processual – 352. do objeto da prova ao ônus de provar – 353. a alegada potencialidade danosa das substâncias – 354. inversões do ônus da prova – a convencional e a legal – 355. sobre a insuficiência da prova produzida e o *state of the art* – 356. prova insuficiente e regra de julgamento – fato não provado é fato inexistente – 357. ônus da prova e custeio da perícia – 358. perícias com expectativa de honorários *ad exitum* – 359. sobre a perita sem qualificação profissional e científica adequada – 360. prova pericial e conhecimento técnico-científico – 361. a escolha do perito: em princípio, escolha pessoal do juiz – 362. limitações ao poder de escolha – 363. a óbvia razão de ser da exigência de habilitação técnico-científica adequada – 364. concluindo: a sra. Perita nomeada não poderia ter sido nomeada – 365. necessidade de nova perícia

346. processos trabalhistas com questões processuais civis

Eli Lilly do Brasil Ltda., que me trouxe esta consulta, vem sendo atropelada por uma quantidade de reclamações trabalhistas de autoria de ex-empregados, movidas no foro de Paulínia, neste Estado, e todas portadoras de questões *processuais civis* de alta relevância. Sou consultado precisamente em virtude dessa circunstância, dado que, posto se trate de litígios regidos pelo direito do trabalho, os temas a que me refiro pertencem à seara do direito processual civil e merecem desenvolvimento pela pena de um processualista. Pela honra da consulta que me foi trazida agradeço aos ilustres patronos da consulente, os ilustres advogados dr. Paulo C. Spirandelli e dr. Fabiano Andreatta.

1. Reprodução de parecer elaborado em agosto de 2008.

347. as reclamações

Os ex-empregados que com seus pleitos compareceram perante a Justiça do Trabalho reclamam de supostos efeitos perversos de substâncias presentes no ambiente de trabalho e, segundo eles, potencialmente lesivas à saúde humana. Dizem que, em cada um desses casos, o dano decorreria concretamente da exposição dos trabalhadores a tais substâncias e seus efeitos malignos. Afirmam uma responsabilidade objetiva da ex-empregadora, procurando extrair dessa afirmação a conclusão de não serem, eles reclamantes, tangidos pelo ônus de provar que efetivamente foram lesados por aqueles efeitos.

A consulente figura como demandada em tais pleitos em razão de no passado haver sido proprietária e gestora de uma unidade industrial no município de Paulínia, onde desenvolvia atividades inerentes a seu escopo social e institucional, relacionadas com produtos farmacêuticos. Segundo as reiteradas alegações dos reclamantes (que a reclamada nega), teriam estado eles sujeitos a ambientes de trabalho contaminados por *metais pesados*, especialmente chumbo, arsênico, titânio, alumínio e cobre, disso resultando *estados hepato-patológicos* consistentes, entre outras moléstias, em cirrose hepática e esteatose hepática. E por essa contaminação responderia objetivamente a consulente, na qualidade de empregadora que foi.

> Pedem todos eles a reparação de danos materiais e morais alegadamente causados pela atividade da ex-empregadora, reparação essa que se expressaria no pagamento de vultosas importâncias e, cumulativamente, prestação de assistência mediante um alentado elenco de medidas de apoio a serem oferecidas a eles próprios e a familiares (cerca de vinte itens).

348. os acontecimentos processuais

Ocorreu nesses processos um incidente relacionado com as provas periciais e seu custeio, querendo os reclamantes que as custeasse a reclamada (ora consulente) e opondo-se esta a fazê-lo porque tais meios probatórios se destinariam à eventual demonstração de fatos do interesse daqueles, de quem era o *onus probandi*. Essa situação veio a ser contornada mediante a aceitação do encargo por uma profissional que se dispôs a desempenhá-lo independentemente do adiantamento de honorários, para ser remunerada afinal pela parte vencida (honorários *ad exitum*). É essa a perita que vem oficiando naquelas diversas reclamações trabalhistas, todas pendentes no mesmo foro – e, segundo sou informado, ela vem elaborando seus laudos, todos positivos quanto à presença de moléstias e agressividade do ambiente de trabalho, louvando-se em *meras informações* prestadas pelos próprios reclamantes periciados; não realiza qualquer exame do próprio local de trabalho nem se apóia em elementos confiáveis, do tempo em que eles ali desenvolviam suas atividades.

349. *a responsabilidade civil do empregador – entre o direito material e o processo*

Examina-se neste capítulo a alegada natureza objetiva da responsabilidade do empregador perante seus empregados, por danos à saúde emergentes da agressividade do ambiente de trabalho. Esse exame destina-se a fixar as balizas da responsabilidade objetiva, em confronto com a responsabilidade por culpa e sempre com vista às repercussões que no *direito probatório* são projetadas pelas diferenças existentes entre uma e outra. Não me animo a participar da discussão sobre serem objetivas ou subjetivas as responsabilidades do empregador pelos males de saúde causados aos empregados, pois sobre isso não fui consultado e esse tema refoge à minha especialidade acadêmica. Quero apenas, neste enfoque processual bastante amplo, demonstrar que o reconhecimento de ser objetiva uma responsabilidade *não dispensa o nexo etiológico* necessariamente existente entre as condutas ou omissões de um sujeito e o dano suportado por outro; ninguém responde por dano que não causou. Conseqüentemente, pelo aspecto processual (a) a relação de causa e efeito constitui indispensável *objeto da prova* a ser produzida e (b) do sedizente lesado é o *ônus* de produzi-la.

350. responsabilidade civil e causalidade

Como é de elementar sabença (*cfr.*, entre muitos, Sílvio Rodrigues),[2] a responsabilidade por culpa, ou *aquiliana*, apóia-se sobre um quadrinômio representado (a) pela ação ou omissão de um ser humano, (b) pelo dano suportado por outrem, (c) pelo nexo de causalidade existente entre um e outro e (d) pela disposição subjetiva do agente (culpa, dolo). Esses elementos do ato ilícito estão presentes no art. 186 do Código Civil, *verbis*:

> "aquele que, por ação ou omissão voluntária, negligência ou imprudência, violar direito e causar *dano* a outrem, ainda que exclusivamente moral, comete ilícito".

Como é notório entre os cultores do direito neste país, o Código Civil de 2002 desdobrou o conteúdo do art. 159 do Código de 1916, descrevendo pelo modo acima *o ilícito em si mesmo* e depois dispondo, em outro capítulo, acerca da *obrigação de indenizar*. É quando diz: "aquele que, por ato ilícito, causar dano a outrem, fica obrigado a repará-lo" (art. 927). Reunidos, esses dois dispositivos definem todos os contornos da regra segundo qual, resumidamente, *quem causa culposamente um dano tem a obrigação de reparar*.

Nessa tradicional disciplina, assume papel importante o elemento subjetivo, *culpa*, sem o qual somente em casos extraordinários, indicados em lei haverá a responsabilidade civil (responsabilidade objetiva). E a culpa se conceitua, na palavra do mais qualificado entre todos os estudiosos do tema da responsabilidade civil, como um comportamento mental que se revela "quando non è stata impiegata quella tensione delle facoltà mentali che avrebbe fatto prevedere il danno prevedibile, come quando, pur essendosi previsto il danno, non si è dato alla propria energia volitiva quell'indirizzo che, al fine di evitare il danno, sarebbe stato necessário" (Adriano de Cupis).[3] A imposição da obrigação de ressarcir em conseqüência de um dano causado com culpa tem

---

2. *Direito civil – responsabilidade civil*, n. 8, p. 14.
3. *Cfr. Il danno*, cap. IV, n. 3, esp. pp. 65.

portanto, pelo que diz respeito ao causador, uma faceta de *sanção* por sua postura subjetiva desconforme com os ditames da boa convivência.

Daí consignar o direito romano do período pós-clássico o conceito do *quase-delito*, representativo das condutas culposas lesivas de direito, em oposição aos *delitos civis*, que se resolvem em condutas lesivas dolosas.[4]

Quando se passa ao campo da responsabilidade *objetiva*, para cuja configuração o elemento subjetivo *culpa* é dispensado, nem por isso se dispensa o nexo de causalidade entre o ato de um sujeito e o dano suportado por outro. A esse propósito e ao discorrer sobre o que sugestivamente denomina *causalità giuridica*, traça o clássico Adriano de Cupis estas linhas de imperiosa aplicação a todos os possíveis casos de responsabilidade civil, seja contratual ou extracontratual, seja por culpa ou objetiva:

> "o conteúdo jurídico do dano está sobretudo em função da relação de causalidade entre o fato produtivo do dano e o dano: vale dizer que, para fixar o montante do dano a ser reprimido juridicamente, é preciso em primeiro lugar estabelecer em quais limites ele se pode dizer causado por um fato incluído no âmbito da responsabilidade".[5]

351. *no plano processual*

Parte-se pois da idéia central, que é a *indispensabilidade da relação causal* para a concreta configuração da responsabilidade civil, seja em sua modalidade subjetiva, seja objetiva. Por mais objetiva que possa ser uma responsabilidade civil em tese considerada, e por mais objetiva que em tese possa ser a responsabilidade do empregador perante o empregado, no plano concreto ela não poderá ser reconhecida se inexistente aquele liame entre a conduta e o dano. No plano processual e na vida dos processos ela necessita ser provada, sob pena de não poder ser reconhecida pelo

---
4. *Id., ib.*, nota 12.
5. *Cfr. Il danno*, cap. I, n. 2, p. 106.

juiz. Daqueles clássicos elementos integrantes do *quadrinômio* referente à responsabilidade civil, somente a *disposição subjetiva do agente* (culpa, dolo) não necessita ser provada em caso de responsabilidade objetiva mas os demais, sim – inclusive o nexo causal, sem o qual responsabilidade alguma existe.

Estamos agora a falar do *objeto do conhecimento* do juiz, do elegante discurso do Mestre Liebman.[6] Consiste esse objeto em toda a massa de *pontos de fato ou de direito* que o juiz deve examinar para então estar em condições de julgar a causa; e o conhecimento de cada um desses pontos será tão necessário quão necessária for a presença de cada um para que o direito afirmado pelo autor exista. Disse eu próprio acerca desse conceito:

> "em seu conjunto, todas as questões solucionadas em momento logicamente antecedente à conclusão sobre o mérito formam um corpo que se denomina *objeto do conhecimento do juiz* (Liebman). Este é composto pelas questões relativas à admissibilidade do julgamento do mérito e pelas questões de mérito. *Objeto do conhecimento do juiz* é o conjunto de todo o material lógico que o espírito do juiz capta e elabora de modo a saber se julgará o mérito e como o julgará. Não-obstante a proximidade que existe entre os dois conceitos, são coisas bem diferentes o objeto do conhecimento do juiz e o objeto do processo. Lá, um conjunto de *questões* a serem decididas; cá, a *pretensão*. Lá, material puramente lógico-jurídico; cá, a realidade prática do conflito existente entre os litigantes. O objeto do conhecimento do juiz é também designado por *objeto formal do processo*, em oposição ao seu objeto *material*, que é o mérito".[7]

Ora, postas as coisas assim compete ao direito material a determinação dos elementos que precisam estar presentes para que uma relação jurídica exista, não existindo quando algum deles faltar. É o direito material quem diz que a relação jurídica de paternidade só existirá se houver uma relação biológica de paternidade. Vem do direito material a exigência de que, para a aquisição da propriedade sobre imóvel, seja feito o registro do contrato de compra-e-venda. E, em casos como este que agora examino, vem

---

6. *Cfr. Manual de direito processual civil*, I, nn. 78-79, pp. 216 ss. trad.
7. *Cfr.* minhas *Instituições de direito processual civil*, II, n. 483, pp. 191-192.

do direito material a exigência do nexo etiológico entre a conduta e o dano, sem o qual nenhuma responsabilidade civil existirá (*supra*, n. 350). Uma petição inicial corretamente composta conterá em sua *causa petendi* a indicação desse nexo e, em conseqüência, a alegação da existência desse nexo virá a integrar o objeto do processo em que se peça o ressarcimento do dano alegado. Sem tal alegação a petição inicial será *inepta*, por deficiência na causa de pedir (CPC, art. 295, inc. I e par., inc. I). Alegado e não provado o nexo, a demanda será *improcedente* por não se configurar em concreto a específica *fattispecie* descrita pelo direito material.

352. *do objeto da prova ao ônus de provar*

Devendo o juiz pronunciar-se sobre a concreta ocorrência do nexo de causalidade e sendo ele controvertido entre os litigantes (como se dá no presente caso), para eliminar o estado de dúvida instalado no espírito daquele torna-se necessário *provar*. E quem provará? Provará sempre aquele que possa ser beneficiado com o reconhecimento do fato controvertido, a saber, aquele que tenha *interesse* nesse reconhecimento.

Os preceitos sobre distribuição do ônus da prova, contidos no art. 333, incs. I e II do Código de Processo Civil e ali inseridos por manifesta inspiração do art. 2.697 do Código Civil italiano (capítulo *tutela dei diritti*), remontam notoriamente a Chiovenda, o qual deu destaque ao critério do *interesse*. Como ressalta Liebman,

> "é natural que cada uma das partes, no desempenho de sua atividade defensiva, seja levada a alegar e provar os fatos favoráveis a ela própria; esse é, pois, o critério mais lógico para repartir o ônus da prova, mesmo porque acaba por atribuir a prova àquela entre as partes que pode oferecê-la com maior facilidade".[8]

A síntese de tais pensamentos é pois aquela que acima já ficou anunciada: incumbe o ônus da prova àquele que se beneficiará com o reconhecimento da ocorrência do fato a provar. Essa não

---

8. *Cfr. Manuale di diritto processuale civile*, II, n. 172, esp. p. 90.

é apenas a síntese do que dispõem os dois incisos do art. 333 do Código de Processo Civil mas também um critério geral e muito amplo e, acima de tudo, o fator de legitimação sistemática e ética de tais disposições.

Torna-se pois àquela indagação: quem haverá de provar a suposta existência de um nexo de causalidade entre tudo quanto a empregadora haja feito ou deixado de fazer em suas instalações e os males lamentados pelos reclamantes? A resposta já está dada, pois essa suposta causalidade seria um *fato constitutivo* do alegado direito destes, sendo por isso *destes* o interesse em que seja reconhecida. Essa solução, colhida no sistema do direito probatório e das razões de ser da própria distribuição do *onus probandi* entre as partes, é também diretamente ditada pelo art. 333, inc. I do Código de Processo Civil, *verbis*: "o ônus da prova incumbe (...) ao autor, quanto ao fato constitutivo do seu direito".

É dos reclamantes, portanto, o ônus de provar o suposto liame causal entre as condutas da ex-empregadora e os males que lamentam.

353. *a alegada potencialidade danosa das substâncias*

Dizem os reclamantes que todo o ambiente de trabalho, naquela unidade industrial então de titularidade da ora consulente, era contaminado por substâncias lesivas à saúde, como chumbo, arsênico, titânio, alumínio e cobre, disso resultando os *estados hepato-patológicos* que indicam. Segundo vejo pelo manuseio de diversas petições iniciais, essa contaminação não teria atingido somente aqueles que efetivamente manuseavam tais substâncias ou operassem máquinas industriais, mas todos os empregados, inclusive aqueles que exerciam funções administrativas mais próximas do ambiente daquela fábrica, como assistentes administrativos, analistas de informática *etc*. Se é assim, também fazem parte do objeto da prova (a) não só a própria potencialidade danosa daquelas substâncias em si mesmas mas também (b) o grau de contaminação de que elas são capazes e a medida de sua capacidade de expansão por toda a fábrica ou toda a unidade industrial.

Ora, a partir de quando a demandada (consulente) negou toda essa capacidade de lesar, esse passou a ser um *ponto controvertido*, ou seja, uma questão de fato merecedora de prova. E ela o alegou com grande seriedade, inclusive mediante aporte de pareceres científicos de primeira linha, donde a necessidade de provar. Aceitam-se fatos incontroversos (CPC, art. 334, inc. III), presumem-se fatos de ocorrência comum ou constante segundo a experiência do juiz (art. 335), dispensa-se a prova dos notórios, mas não se podem presumir fatos postos em dúvida com seriedade no processo. E, como é também claríssimo, havendo necessidade de produzir a prova desses fatos constitutivos do alegado direito, o ônus de prová-los é sempre daqueles a quem interessa o seu reconhecimento, a saber, dos reclamantes (sempre o art. 333, inc. I).

354. inversões do ônus da prova – a convencional e a legal

Ao menos por dois modos o direito brasileiro vigente abre caminho para a inversão do ônus da prova, a qual é admissível, segundo o Código de Processo Civil, (a) em virtude de alguma presunção legitimamente operante no caso (art. 335 – *presunção legal ou judicial*) ou (b) por um ato bilateral de vontade das partes (*inversão convencional* – art. 333, par.); e, segundo o Código de Defesa do Consumidor, por decisão imperativa do juiz (art. 6º, inc. VIII – *inversão judicial*). Sem que ocorra uma válida presunção, sem o consenso bilateral dos litigantes e sem que a causa verse relações de consumo,[9] a inversão pelo juiz, expressamente declarada ou implícita no modo como decide a causa, constitui pura e simples negativa de vigência aos conhecidos incs. I e II do art. 333 do Código de Processo Civil – os quais, como é notório e já foi destacado, mandam que o autor prove os fatos constitutivos de seu alegado direito e o réu, os demais (impeditivos, modificativos ou extintivos).

Além disso, por disposição expressa desse Código a possibilidade de inverter o ônus probatório é condicionada por severas

9. E, nesse caso, quando presentes os requisitos da hipossuficiência do consumidor e verossimilhança de suas alegações.

limitações, relacionadas (a) com a natureza dos direitos em litígio, os quais hão de ser *disponíveis* sob pena de a inversão não se admitir e (b) com o efeito da própria inversão, a qual não pode conduzir a uma extrema dificultação da defesa por uma das partes (*probatio diabolica*). Bastante escreveu a respeito a doutrina italiana especializada, sendo inquestionável o repúdio às inversões que tornem a defesa *troppo gravosa* (Gian Antonio Micheli).[10]

Ora, um singelo exercício de interpretação sistemática permite ver com solar clareza que, se às próprias partes não se permite uma inversão probatória capaz de impedir a defesa de uma delas em juízo, *a fortiori* ao juiz não se pode atribuir tanta liberdade de inverter. Se mesmo a quem tem a plena disponibilidade de seus possíveis direitos a lei impõe aquela limitação (CPC, art. 333, par., inc. II), como poderíamos nós, em plena consciência, permitir que fosse o juiz além dessa limitação? Absurdo lógico, incoerência sistemática e sobretudo injustiça substancial!

355. *sobre a insuficiência da prova produzida e o* state of the art

Segundo estou informado, inexistem recursos científicos capazes de determinar, com suficiente confiabilidade, o grau de lesividade de cada um daqueles metais pesados, dimensionando-se inclusive sua capacidade de expansão e, portanto, de atingir todas as dependências da unidade industrial. Pareceres de cientistas qualificados põem na mesa tais dificuldades, desaconselhando que simplesmente se aceite, sem cuidados nem ressalvas, a assertiva de que eles são realmente, em cada caso concreto, *metais pesados* capazes de causar todos aqueles males lamentados. A própria afirmação de que os reclamantes estavam submetidos aos efeitos de substâncias dessa ordem foi posta em questão pela consulente, que a ela se contrapõe, negando-a. Além disso, até onde chegam os perigos criados por aquelas substâncias e com qual intensidade? E pergunta-se também: seriam elas capazes de

---

10. *Cfr. L'onere della prova*, n. 38, pp. 244 ss.; v. ainda Giovanni Verde, *L'onere della prova nel processo civile*, n. 21, esp. p. 131, nota 194.

causar, efetivamente causaram, todos aqueles distúrbios patológicos lamentados?

Em contraposição aos laudos oferecidos por aquela perita, a ora consulente levou aos autos pareceres de profissionais altamente qualificados como (a) o de um médico especializado em oncologia e (b) um outro emitido pela Sociedade Interamericana de Vigilância Sanitária (Sivs), o qual se fundamentou nos pareceres de dois professores do Laboratório Thomson de Espectrometria de Massas da UNICAMP e um professor da EMBRAPA. Se qualificados especialistas e conceituadas entidades negam a potencialidade danosa afirmada pelos reclamantes e pelos laudos da sra. Perita *não especializada*, é dever do juiz ao menos adotar uma atitude de prudente cautela em face desse ponto. Aceitar pura e simplesmente aqueles laudos sem lastro científico de um especialista é baratear indevidamente o ônus da prova, a dano de uma parte que se defende com seriedade no processo.

Trago também no acervo de minha vivência profissional uma experiência muito análoga à presente, quando então se examinava o grau de confiabilidade das provas possíveis acerca da efetiva causação de graves males pelo tabaco. Já não se discutia que *em tese* o tabaco fosse cancerígeno mas não havia, como parece que até hoje não há, elementos capazes de autorizar a segura conclusão, *em cada caso concreto*, de que o câncer houvesse sido efetivamente causado por ele. Em um pormenorizado estudo científico elaborado por uma comissão consultiva especializadíssima e apresentado nos Estados Unidos ao *Surgeon General* (*smoking and health*) lê-se a conclusão de que "informações sobre uma associação entre o fumo e o câncer do estômago são contraditórias e incompletas".[11] Tive também em mãos naquela oportunidade uma volumosa publicação, que era o *Summary of health litigation*, edição de 1990, com o subtítulo "confidential attorney client communication containing opinion work-product of retained outside counsel". Era um trabalho assinado pelo Escritório de Advocacia Shook, Hardy & Bacon, contendo um capítulo com a listagem e

---

11. "Data on an association between smoking and cancer of the stomach are contradictory and incomplete."

sucinta análise de dezoito casos submetidos a cortes norte-americanas, indicando-se o resultado dos julgamentos. No primeiro deles (*Pritchard x Liggett & Myers*), versando a possível etiologia entre o tabaco e o câncer de pulmão em dado caso concreto, assim se manifestou a *United States District Court for the Western District of Pennsylvania* (p. 84):

> "the Court is of opinion that no substantial evidence has been offered to support a verdict against the defendant on any theory of negligence, and that fair minded men could not differ as to the conclusions of facts to be drawn from the evidence".

Tomei a liberdade de caminhar por essa digressão aparentemente (só aparentemente) fora do contexto aqui em exame porque vejo grande similitude entre as situações de lá e a daqui. Tanto lá como cá vivenciam-se as perplexidades probatórias decorrentes do que os americanos chamam *state of the art* e que nós podemos chamar *estado da ciência*. Onde a ciência não é capaz de concluir com segurança por um concreto nexo etiológico entre certas substâncias e certos males, muito menos poderia concluir um homem comum e absolutamente não deve fazê-lo um perito não especializado. Sobretudo ao juiz não se permite que se arrisque tanto, ou que tanto arrisque o patrimônio daquele cujos atos ou omissões não foram comprovadamente danosos. É indispensável comprovar que, em cada caso, as substâncias manipuladas pela então empregadora em sua unidade industrial fossem concretamente causadoras dos males lamentados pelos ex-empregados.

356. prova insuficiente e regra de julgamento
– fato não provado é fato inexistente

Tem-se por certo que "o tema da prova é seguramente o mais importante e fecundo da ciência processual, não só pelo valor da reconstrução dos fatos na formação do provimento jurisdicional, mas sobretudo por constituir ponto de observação privilegiado para o estudo das íntimas e complexas relações entre o processo e as estruturas sociais" (Antônio Magalhães Gomes Filho).[12] Ora, essa perspectiva metaprocessual e mesmo metajurídica mostra a prova pelo duplo aspecto de um autêntico direito inerente à ação e à defesa e, de outro lado, como um ônus a que estão sujeitos os litigantes, com a conseqüente imposição da *regra de julgamento* em caso de omissão em provar (Giovanni Verde).[13] Consiste essa regra, que os estudiosos mais antigos denominavam *ônus objetivo da prova*, no conhecido critério a ser observado pelo juiz, segundo o qual fato não provado é fato inexistente (Liebman).[14]

> É a *regra de julgamento* que dá efetividade e amparo sistemático às disposições legais sobre o ônus da prova porque, se não existisse, de nada valeria dizer que em tal caso esse ônus é do réu e em outro ele é do autor, nenhum deles suportando conseqüência alguma pelo descumprimento do ônus que tem.

Essas considerações associam-se muito intimamente àquelas outras sobre as dificuldades que a ciência encontra para opinar conclusivamente em casos concretos como estes (*state of the art* – *supra*, n. 355), porque não desempenha satisfatoriamente o ônus de provar aquele que o desempenha somente em parte. Aqui nestes casos não se pode concluir com seriedade que em cada um deles as substâncias presentes naquela unidade industrial hajam efetivamente produzido as doenças alegadas pelos reclamantes como câncer renal, diabetes *mellutis*, doenças degenerativas, distúrbios neurológicos, dores generalizadas *etc*.

357. ônus da prova e custeio da perícia

Ora, cabendo aos reclamantes o ônus de provar os elementos sem cuja presença inexiste a responsabilidade civil (nexo etiológico inclusive), é também deles o de adiantar as despesas destinadas à realização dessa prova. "Salvo as disposições concernentes à justiça gratuita, cabe às partes prover as despesas dos atos que

---

12. *Cfr. Sobre o direito à prova no processo penal*, 1995, p. 1.
13. *Cfr. L'onere della prova nel processo civile*, n. 9, p. 37.
14. *Cfr. Manuale di diritto processuale civile*, II, n. 172, esp. p. 89.

realizam ou requerem no processo, antecipando-lhes o pagamento desde o início até sentença final" (CPC, art. 19, 2º). *Prover às despesas* significa adiantar o seu valor para que o ato requerido possa vir a ser realizado.

Surge também o problema, que neste caso está presente, de partes desprovidas de recursos suficientes para custear os atos que requerem, sendo por isso beneficiadas pela *assistência judiciária*. Aquele dispositivo faz a ressalva mas não lhe dá solução. Não estabelece como ou por quem serão adiantados os honorários do perito, quando para tanto não tenha condição o autor. Ideal seria que o fizesse o Estado, em cumprimento de sua solene promessa de prestar assistência jurídica integral e gratuita aos necessitados (Const., art. 5º, inc. LXXIV). Havia no espírito do legislador de 1973 a idéia de constituir um corpo de peritos remunerados pelo Estado e integrantes do *esquema fixo da Justiça* (auxiliares permanentes, tanto quanto os escrivães, oficiais de justiça *etc.*) mas essa idéia não foi avante e aqui estamos nós. Vige o disposto no art. 33 do Código de Processo Civil, segundo o qual a remuneração do perito será *adiantada* "pela parte que houver requerido o exame, ou pelo autor, quando requerido por ambas as partes ou determinado de-ofício pelo juiz".[15]

Esse dispositivo, que tangencia a situação vista nas reclamações aqui consideradas, não chega ao ponto de dar solução aos casos de insuficiência de recursos mas serve de norte para as colocações que logo a seguir desenvolvo. Escrevendo sobre ele em sede doutrinária, tive a oportunidade de dizer:

> "é de duvidosa constitucionalidade a transferência desse ônus invariavelmente ao autor, porque repugna à garantia da ampla defesa (Const., art. 5º, inc. LV): em alguns casos, essa transferência de ônus consiste em atribuí-lo precisamente ao sujeito cujo interesse pode até ficar prejudicado pelo ato a realizar. Isso acontecerá sempre que o Ministério Público requeira ou o juiz determine *ex officio* a realização de prova pericial destinada a comprovar fato extintivo

---

15. O art. 33 fala em *pagar* as despesas, mas o faz por manifesto engano. Como requisito para que o ato se realize, a parte interessada *adianta* despesas. O *pagamento* só será feito ao fim, pela parte vencida (art. 27).

do direito do demandante, sendo do réu e não deste o ônus dessa comprovação (CPC, art. 333, inc. II)".[16]

O que disse tem inteira pertinência ao caso, dado que tanto lá quanto cá se tem em vista a absurda transferência a uma das partes *do ônus de provar fatos contrários ao seu interesse*, o que colide com a garantia constitucional da ampla defesa e com a solene cláusula *due process of law*, que sobrepaira a toda a ordem processual.

Jamais poderia, pois, ser transferido à demandada o encargo de custear as despesas com as perícias destinadas a provar fatos do interesse de seus próprios adversários e por eles alegados (fatos constitutivos de alegado direito dos reclamantes). Se o Estado não cumpre seu dever de prestar assistência judiciária integral, a última pessoa a quem esse encargo poderia ser atribuído é precisamente o adversário daqueles que dela tenham necessidade – ou seja, a reclamada.

> Criar-se-ia um embaraçoso impasse: se nada ficar provado contra mim, a demanda em que sou réu será julgada improcedente mas mesmo assim tenho eu o ônus, ou o dever, de custear as diligências que poderão provar contra mim, para que essa demanda possa ser julgada procedente. Que estranho!

358. *perícias com expectativa de honorários* ad exitum

Recusou-se a ora consulente a adiantar honorários periciais e, pelas razões acima expostas, tinha todo direito a fazê-lo. Não foram atos de capricho ou má-fé, mas da mais genuína preservação de seus direitos. Ninguém pode ser obrigado a *contra se probare*. Mas eis que, no desenrolar desses fatos, veio a surgir uma profissional que se dispôs a realizar perícias em todos os casos onde aquela dificuldade surgira, dispensando adiantamentos de honorários e trabalhando pela expectativa de recebê-los ao fim do processo, pagos pela parte que vier a sair-se vencida (CPC, art. 27).

---

16. *Cfr.* ainda minhas *Instituições de direito processual civil*, II, n. 747, esp. p. 665.

Parece-me para lá de óbvio que essa solução criou para a reclamada uma situação de extremo perigo, pois a sra. Perita sabe muito bem que, quando vencidos os reclamantes, nada lhe será pago porque eles não dispõem de recursos para tanto. Receberá, sim, se a Empresa sucumbir. Nessa situação, a sra. Perita colocou-se em uma situação da mais nítida *suspeição* para atuar nessas causas, uma vez que é, sem dúvida alguma, um sujeito "interessado no julgamento da causa em favor de uma das partes". Essa é uma situação em que o Código de Processo Civil considera suspeito o juiz (art. 135, inc. V) e depois manda aplicar a mesma regra em relação ao perito (art. 138, inc. III).

O que venho de dizer e os fatos e circunstâncias até aqui referidos constituem elemento relevantíssimo na demonstração da escassa confiabilidade dos trabalhos realizados, decorrente (a) da falta de qualificação profissional e científica adequada da sra. Perita, bem como de seu comprometimento com o acolhimento das demandas dos ex-empregados e (b) do modo como as perícias se realizaram, mediante utilização de meras informações e sem exames adequados (*supra*, nn. 355 ss.).

359. sobre a perita
sem qualificação profissional e científica adequada

Estamos diante da alegação de que os ex-empregados da ora consulente teriam sido contaminados por emanações de certos metais pesados, como chumbo, arsênico, titânio, alumínio e cobre, disso resultando *estados hepato-patológicos* consistentes, entre outras coisas, em cirrose hepática e esteatose hepática. E nós operadores do direito, que não somos portadores de conhecimentos científicos referentes à área médica, devemos ter ao menos o discernimento suficiente para sabermos que, quando se cuida de verificar possíveis *intoxicações*, para exames dessa ordem devem ser convocados peritos especializados em *toxicologia*. Estudo dos tóxicos é toxicologia.

Mas a profissional que o MM. Juízo nomeou para essas perícias toxicológicas não é uma toxicóloga. Segundo me informa a consulente, pesquisas realizadas no *site* do Conselho Regional de Medicina do Estado de São Paulo (CREMESP) revelam que essa profissional figura como "especialista em *acupuntura e nutrologia*". Informa-me também que no *site* da clínica particular da própria perita está consignado que ela atua nas áreas de *medicina biomolecular, fitoterapia e medicina estética*. Nenhuma dessas áreas relaciona-se com tóxicos ou intoxicações. São áreas completamente estranhas à toxicologia.

360. *prova pericial e conhecimento técnico-científico*

A prova pericial é adequada sempre que se trate do exame de realidades fora do alcance do homem dotado de cultura comum, não especializado em temas técnicos ou científicos, como são as partes, os advogados e o juiz. O critério central para a admissibilidade desse meio de prova é traçado pelas disposições conjugadas (a) do art. 145 do Código de Processo Civil, segundo o qual "quando a prova depender de conhecimento técnico ou científico, o juiz será assistido por perito" e (b) do art. 335, que autoriza o juiz a valer-se de sua experiência comum e também da eventual experiência técnica razoavelmente acessível a quem não é especializado em assuntos alheios ao direito, mas ressalva os casos em que seja de rigor a prova pericial. *Onde termina o campo acessível ao homem de cultura comum ou propício às presunções judiciais, ali começa o das perícias.*

> Art. 335: "em falta de normas jurídicas particulares o juiz aplicará as regras de experiência comum subministradas pela observação do que ordinariamente acontece e ainda as regras de experiência técnica, ressalvado, quanto a esta, o exame pericial".

Experiência comum é o conhecimento do *homo medius*, o qual sabe que certos sinais são indicadores da provável ocorrência de certos fatos não vistos ou não sentidos diretamente, como o arco-íris no céu pode ser sinal de que choveu; ou como as lágrimas no rosto de uma criança ou de uma mulher devem levar a crer que chorou. Daí, com base em sua própria experiência a respeito daquilo que ordinariamente acontece (*quod plerumque accidit*), diante de um sinal conhecido o homem médio presume o fato de interesse para as conclusões ou decisões que pretende tomar. *Homo medius* é o ser humano vivente em sociedade e integrado na cultura de sua nação, de sua *urbs*, de seu meio de convivência. O juiz deve ser um *homo medius*.

Experiência técnica, no art. 335 do Código de Processo Civil, é o acervo de conhecimentos técnicos ou científicos de que ordinariamente é dotado o homem não especializado (ou seja, o *homo medius*), composto por *noções* de psicologia, física, matemática, química, informática, economia, mercado, algo sobre enfermidades e suas causas *etc*. Não é necessário ser economista ou profundo conhecedor de matemática financeira, para estar a par de certas fórmulas para a correção monetária das obrigações; nem técnico em grafologia, para reconhecer a falsidade de uma assinatura grosseiramente destoante daquela que o suposto signatário pratica.[17]

Quando os fatos a investigar refogem ao conhecimento comum, aí são necessários os peritos, superiormente definidos por Chiovenda como "pessoas chamadas a expor ao juiz não só as observações de seus sentidos e suas impressões pessoais sobre os fatos observados, como também as ilações que devem ser extraídas objetivamente dos fatos observados ou que eles tenham por existentes".[18] Ainda quando lei alguma o dissesse, é indispensável que o perito seja portador de "determinados conhecimentos teóricos ou práticos, ou aptidões em campos específicos, que outras pessoas cultas não têm necessariamente ou não têm em igual medida".[19] É claro que, se a função do perito é esclarecer fatos, circunstâncias ou situações que o juiz não tem condições de conhecer porque lhe falta preparo específico, precisa ele próprio, o perito, ser dotado do suficiente e adequado conhecimento espe-

---

17. Ainda uma vez, *Instituições de direito processual civil*, III, n. 1.164, pp. 613-615.
18. *Cfr. Principii di diritto processuale civile*, § 64, n. 1, p. 837.
19. *Id., ib.*

cializado que lhe permita entender esses fatos, circunstâncias ou situações, para poder depois reportá-los ao juiz. Por isso, é sempre rigorosamente indispensável (e de todo modo o seria independentemente de qualquer disposição legal a respeito) que o encargo da perícia recaia sobre pessoa que seja e se revele conhecedora da matéria em pauta, sob pena de nada valer o seu serviço. Não é à-toa ou por acaso que em língua francesa o perito é designado como *expert* e, em inglês, *expert witness*. Em vernáculo, *expert* equivale a conhecedor. Léxico inglês define o vocábulo *expert* como indicativo de "pessoa que sabe muito a respeito de alguma coisa em especial"; como adjetivo, *expert* é definido como "muito competente".[20]

361. a escolha do perito: em princípio, escolha pessoal do juiz

O juiz nomeará *o perito*.

Essa regra, posta no Código de Processo Civil (art. 421) quando o legislador quis eliminar o sistema de escolha dos peritos pelas partes (CPC-39, art. 129), tem o significado de afirmar o poder instrutório do juiz, a quem cabe, como diretor geral do processo, comandar também a produção de provas. Não é a expressão de um absolutismo judicial, como talvez pudesse parecer, porque a própria lei estabelece e impõe limites ao poder de escolha, enquadrando-se este, como todos os poderes exercidos pelos agentes estatais, na moldura democrática do *due process* constitucionalmente garantido (Const., art. 5º, inc. LIV). Sabido que toda prova e toda instrução realizada no processo tem um destinatário só, que é o juiz, é natural que seja ele o árbitro de certas escolhas relacionadas com os modos como as provas serão feitas e como, afinal, chegarão a seu espírito quando for o momento de decidir. Em tempos de *ativismo judiciário*, é natural a racional concentração de poderes processuais no Estado-juiz, de quem se espera uma participação efetiva no desenvolvimento do processo, saindo ele do *imobilismo* característico do Estado liberal do século XIX.

20. *Cfr.* Thorndike-Barnhart, *Handy pocket dictionary*, p. 166, 2ª col., verbete *expert*.

O *ativismo judiciário*, que tem sido objeto de uma verdadeira cruzada em recentes congressos e estudos de direito processual, diz respeito muito de perto à natureza pública da relação processual e do processo dos tempos modernos, o qual não quer mais ser um *negócio combinado em família* (Liebman),[21] como era próprio ao privatismo já superado.

362. limitações ao poder de escolha

Mas também não é e obviamente não pode ser absoluto o poder de escolher o perito.

Como tudo no Estado-de-direito, esse poder é limitado pelas disposições contidas em lei e que, em conjunto, integram o conteúdo da cláusula *due process of law*. Pelo que com toda clareza está no art. 145, § 1º do Código de Processo Civil, a escolha do perito deve em princípio recair sobre profissionais de nível universitário, sendo rigorosamente indispensável o *conhecimento específico* da matéria em cada caso. Duas exigências, portanto: a) a da formação acadêmica em especialidade relacionada com os fatos e realidades a serem dilucidados e (b) a do enquadramento profissional mediante inscrição no órgão competente. O disposto no art. 145, § 1º é manifestação da necessidade de que, para bem cumprir a missão pericial, a pessoa seja portadora de conhecimentos específicos – e o legislador optou pela exigência do grau universitário como critério razoavelmente seguro para uma boa escolha.

Isso significa que a concreta escolha do perito passa por dois momentos sucessivos e reciprocamente complementares: a) o *momento legislativo*, em que o legislador faz uma escolha bastante genérica e abstrata ao estabelecer que o perito há de ser um profissional dotado de formação acadêmica relacionada com o fato probando e como tal registrado no órgão competente; b) o *momento judiciário*, no qual, entre as pessoas com tal qualificação, o juiz escolhe concretamente o perito segundo seu próprio critério da confiança. É indispensável que ele *confie no perito* pelo aspecto

---

21. *Cfr. Eficácia e autoridade da sentença*, n. 34, esp. p. 124 trad.

técnico-científico de sua competência profissional especializada e também pelo aspecto ético e moral de sua conduta pregressa – mas não lhe é lícito, a pretexto de uma confiança subjetiva e pessoal, escolher pessoas sem as qualificações exigidas na lei. Sua liberdade de escolha não vai e não pode ir além dos limites impostos pelo direito positivo.

É como nos casos aqui examinados, onde prevaleceu como critério para a nomeação apenas e tão-somente a disposição daquela profissional a exercer o *munus* sem a antecipação de honorários e somente pela expectativa de vir a receber depois, a cargo do vencido, *se este tiver condições para tanto*. Leia-se: "se vencida for a reclamada" – porque, se os reclamantes forem vencidos, ninguém pagará coisa alguma à sra. Perita porque eles não têm mínimas condições para tanto.

Mesmo ao avaliar o enquadramento do possível *expert* na especialidade técnico-científica pertinente a cada caso, não se pode negar ao juiz algum grau razoável de legítimo poder decisório suficiente para autorizá-lo a verificar qual a especialidade acadêmica que mais se relaciona com os fatos e situações a serem desvendados, fazendo afinal sua escolha. Não se pode aceitar a imposição de uma *camisa-de-força* capaz de tolher ao juiz esse mínimo de liberdade para escolher o perito que, segundo seu juízo pessoal, melhor poderá contribuir para a descoberta da verdade. Ele não transgride o critério genérico e abstrato de escolha imposto pelo Código de Processo Civil, quando estabelece que, em um dado processo, maior utilidade terá a perícia a ser feita por profissional de determinada área e não de outra. Opções como essa são inerentes à função jurisdicional exercida pelo juiz, o qual trabalha com casos concretos (Cappelletti)[22] e, no exame de cada um, tem o poder de escolher os caminhos mais adequados à consecução

---

22. *Cfr. Giudici legislatori?*, pp. 64-65, onde está dito: "ciò che fa sì che un giudice sia un giudice e che una corte sia una corte, non è la sua non-creatività [e quindi la sua passività sul piano sostanziale], ma bensì [la sua passività sul piano procedurale, ossia] a) la connessione della sua attività decisionale con *cases and controversies* quindi con le parti di tali casi concreti, e b) l'atteggiamento di imparzialità del giudice".

dos objetivos finais. Não transgride a lei o juiz que interpreta as peculiaridades de cada caso quando se trata de fazer as escolhas e determinações adequadas - do mesmo modo que não vai além dela o juiz que, no próprio julgamento da causa, estabelece qual a lei aplicável e pertinente. De um modo mais amplo, não transgride a lei o juiz que a interpreta segundo os princípios e à luz das peculiaridades de cada caso.

Mas *transgride a lei*, sim, o juiz que, ao determinar a realização de uma perícia relacionada com *toxicologia*, escolhe uma profissional especializada em *acupuntura* e *nutrologia* ou talvez em *medicina biomolecular, fitoterapia e medicina estética*. Assim agindo o juiz transgride a lei porque nesse caso o *munus* pericial vem carregado de conotações estranhas à ciência de um profissional de área diferente dessa com a qual se entrelaçam os fatos a serem provados.

 Chegaria às raias do caricato nomear para complexa perícia médica envolvendo órgãos e funções renais, hepáticas ou hematológicas um médico ortopedista, ou dermatologista, só porque é *médico*. Por mais que um ortopedista ou dermatologista tenha conhecimentos gerais de medicina e, conseqüentemente, de urologia, hepatologia ou hematologia, um *especialista* ele não é. Não é um *expert*, como precisaria ser.

363. a óbvia razão de ser da exigência
de habilitação técnico-científica adequada

Tornemos às regras do processo.

Se o juiz se vê diante da necessidade de determinar a realização de prova pericial e para tanto nomear um especialista, ele o faz por sentir que a matéria refoge a seus limitados conhecimentos de *homo medius*, desbordando para a técnica. Coerentemente, para que os elementos técnicos pertinentes à causa lhe sejam revelados adequadamente é necessário que nomeie para a perícia alguém que conheça profunda, ou ao menos suficientemente, aquilo que ele próprio não conhece. É amplo seu poder de escolha naquele que chamei *momento judiciário* (*supra*, nn. 361-362), quando ele escolhe o perito entre pessoas dotadas de qualificação profissional e científica adequada, atendidas as exigências do art. 145, § 1º do Código de Processo Civil. Nessa disposição legal reside o primeiro momento dessa escolha, ou seja, o *legislativo*, no qual o legislador faz aquelas duas conhecidas exigências: a) que o escolhido seja portador de grau universitário e (b) que esteja inscrito no órgão da respectiva categoria. Mas não basta que o escolhido seja um profissional somente *graduado e inscrito*, sem mais especificações. É também imperioso que, antes de proceder à sua escolha pessoal, o juiz inclua entre os profissionais graduados e adequadamente inscritos somente aqueles que, por sua formação universitária *específica*, reúnam verdadeiras condições para desempenhar o *munus* a contento. O poder de escolha é realmente amplo, mas não tão amplo assim quanto a primeira leitura daquele texto poderia insinuar ao leigo.

Precisamos pois interpretar inteligente e adequadamente o § 1º do art. 145, *pelo prisma teleológico*. Levada a um extremo tragicômico de prevalência da mera exegese, tal dispositivo estaria satisfeito sempre que *alguém* com grau universitário fosse investido na missão pericial, não importando a matéria sobre a qual a perícia versasse nem qual a área de conhecimentos do sujeito. Um médico, um advogado, um engenheiro, dentista, biólogo ou veterinário - não importa. Afinal, todos eles são detentores de nível universitário e todos, inscritos em suas entidades de categoria. Mas, libertando-se da exegese pura, que notoriamente é muito pobre e empobrece miseravelmente a interpretação, perguntar-se-á então o intérprete-juiz qual a razão de ser daquela exigência legal aparentemente tão clara e simples; e, sem muito esforço, ele próprio responderá que a óbvia *ratio* do art. 145, § 1º do Código de Processo Civil é a necessidade de escolher pessoas efetivamente dotadas de conhecimentos técnico-científicos adequados e suficientes para bem observar, bem analisar e, sobretudo, bem compreender e bem explicar ao juiz os fatos e realidades sobre os quais é chamado a manifestar-se. Se o juiz é incapaz de bem compreender esses fatos e realidades, tanto que foi obrigado a chamar uma perícia, cometeria ele próprio uma insuportável incoerência se ficasse a meio caminho, nomeando profissionais de meia-ciência, ou de ciência inadequada aos concretos objetivos da perícia.

Bem lido, portanto, aquele dispositivo inclui a exigência de que, entre profissionais portadores de nível universitário, a escolha recaia necessariamente em quem seja habilitado na específica matéria sobre a qual a perícia versará. Interpretar de modo frouxo o art. 145, § 1º do Código de Processo Civil seria supervalorizar o momento judiciário de escolha do perito, dando-lhe uma irracional e desmedida primazia sobre o momento legislativo. Não será um processo *justo e équo* (Luigi Paolo Comoglio) aquele em que o juiz instale na perícia pessoa sem a qualificação profissional e acadêmica adequada ao objeto do exame a ser feito – porque de antemão já se pode razoavelmente prever que, quando a cargo desse falso *expert*, a perícia produzirá resultados insuficientes ou inadequados, prejudicando os *resultados justos* que de um autêntico processo justo se esperam.

364. concluindo:
a sra. Perita nomeada não poderia ter sido nomeada

A profissional nomeada para a perícia aqui em discussão não é uma *toxicóloga* mas uma especialista em áreas do saber médico muito diferentes. Nas reclamações trabalhistas aqui em questão era necessário concluir com certeza, fosse afirmativa ou fosse negativamente, se aqueles metais pesados causaram ou não causaram, efetivamente e em cada caso concreto, os distúrbios de saúde alegados pelos reclamantes como câncer renal, diabetes *mellutis*, doenças degenerativas, dores generalizadas *etc. Concluir com certeza* significa concluir com o respaldo de conhecimentos científicos adequados – e, como no presente caso isso não ocorre, também por esse motivo aquela profissional não deveria ter sido investida no *munus* da perícia.

365. necessidade de nova perícia

O sistema processual brasileiro é informado pela regra do livre convencimento do juiz, nos termos do disposto no art. 131 do

Código de Processo Civil: "o juiz apreciará livremente a prova, atendendo aos fatos e circunstâncias constantes dos autos, ainda que não alegados pelas partes; mas deverá indicar, na sentença, os motivos que lhe formaram o convencimento". Essa prova que o juiz apreciará livremente deve no entanto ostentar um mínimo de credibilidade, ser produzida com observância das regras do Código de Processo Civil e, no que se refere a uma perícia, (a) ser elaborada de modo adequado (b) por quem seja detentor do necessário conhecimento especializado e (c) reúna plenas condições para ser rigorosamente *imparcial*.

Ora, justamente para situações como esta do presente caso, em que as perícias se mostram inadequadas ao adequado deslinde da causa, o art. 437 do Código de Processo Civil institui a possibilidade de determinar o juiz a realização de uma segunda perícia: "o juiz poderá determinar, de-ofício ou a requerimento da parte, a realização de nova perícia, quando a matéria não lhe parecer suficientemente esclarecida". Aqui no presente caso, em tópicos precedentes cuidei de minuciosamente demonstrar que (a) as perícias foram elaboradas à base de meras informações obtidas dos próprios reclamantes, sem exame do local ou levantamentos históricos, (b) quem as realizou não era portador de qualificação profissional adequada, ou seja, não era uma médica especializada em toxicologia e (c) a sra. Perita nomeada tem manifesto *interesse patrimonial na vitória dos reclamantes*, não reunindo pois plenas condições para ser rigorosamente imparcial. Daí a imperiosidade de repetição de todas as provas periciais realizadas nos diversos processos reclamatórios aqui em foco, sob pena de mostrar-se o Poder Judiciário insuportavelmente dócil a tais injunções circunstanciais suficientes para macular a confiabilidade e portanto a legitimidade dos julgamentos que produz.

Seria, diante desse quadro de tantos vícios e tão pouca credibilidade das perícias realizadas (se não *nenhuma* credibilidade), ilegítimo escudar-se o Poder Judiciário na regra do livre convencimento e, dizendo-se o juiz satisfeito apesar de tudo, julgar com fundamento naquelas peças periciais de nenhuma confiabilidade. Afinal, o próprio *livre convencimento tem limites*, como limites tem todo exercício de funções estatais. A garantia constitucional do *due process of law* é em si mesma um severíssimo sistema de limitações a esse exercício, estabelecendo verdadeiros *landmarks* que não podem ser transpostos e que, quando transpostos, torna-se ilegítimo o exercício do poder. Falar de limitações ao exercício do poder estatal e repulsas ao poder incontrolado é falar do *devido processo legal*; o poder incontrolado é incompatível com o Estado-de-direito, ao qual o *due process* é rigorosamente essencial. Como está na doutrina especializada, essa cláusula consiste em "a concept in U.S. and English jurisprudence that establishes *limits to the powers of government*, specifically against the arbitrary deprivation of life, liberty, or property".[23]

É portanto a própria garantia constitucional do devido processo legal que estaria sendo transgredida quando, nesse quadro de tantas deficiências, o juiz preferisse lavar as mãos como um autêntico Pilatos e fazer de conta que tudo foi muito bem feito, para afinal dar apoio à sra. Perita e julgar as causas segundo as inidôneas conclusões deste. Reconfirma-se pois que nos casos aqui examinados a realização de outras perícias é um imperativo da lei e da Constituição (CPC, art. 477, interpretado segundo Const., art. 5º, inc. LIV).

---

23. *Cfr. Grollier encyclopedia*, verbete *due process*.

XXIII – SHOPPING CENTERS E RELAÇÃO DE CONSUMO[1]

366. o caso – 367. primeira aproximação – 368. relação *jurídica* de consumo – confronto com conceitos metajurídicos – 369. conceitos *jurídicos* de consumo e de relação de consumo – 370. *shopping centers* – 371. reconfirma-se: os *shopping centers* são estranhos às relações de consumo

366. o caso

Honraram-me muito dois ilustres advogados paulistas com a consulta que me trouxeram sobre questões jurídico-processuais da mais viva modernidade, referentes a processos envolvendo suas clientes, que são a proprietária e a administradora de conhecido *shopping center*. Figurando como rés em uma demanda de tutela coletiva, elas foram condenadas a prestar vultosa indenização às vítimas de um grave acidente ocorrido naquele estabelecimento. Pela remissão que faz ao art. 14 do Código de Defesa do Consumidor e pelo teor da fundamentação que emprega, vê-se com clareza que o MM. Juiz aceitou a tese de que as empresas do ramo dos *shopping centers* se qualificariam como *fornecedores de serviços* e nessa qualidade sujeitar-se-iam, perante os freqüentadores, aos preceitos ditados pelo Código de Defesa do Consumidor.

> Neste excerto reproduzo somente os raciocínios referentes ao tema da configuração ou não-configuração de relação de consumo no caso, ficando omitidos outros capítulos do parecer.

367. primeira aproximação

Por definição que o Código de Defesa do Consumidor enuncia, para os fins da legislação protetiva "*serviço* é qualquer atividade

[1]. Reprodução de parecer elaborado no ano de 1991.

fornecida no mercado de consumo, mediante remuneração" (art. 3º, § 2º).[2] *Consumidor* do serviço é toda pessoa que o utiliza como destinatário final (art. 2º, *caput*). *Fornecedor* de serviços é toda pessoa que desenvolva atividades de prestação de serviços (art. 3º, *caput*).[3] Com esses dados bastante singelos, já se sabe que haverá uma relação jurídico-substancial de consumo entre dois sujeitos *sempre que um deles prestar serviços mediante remuneração e o outro o utilizar, como consumidor final* – ou seja, quando este o receber para si e não para repassar a terceiro. Obviamente, tratando-se de uma *relação*, fornecedor e consumidor são reciprocamente ligados, não estando em relação um "fornecedor" que não forneça ao seu consumidor, e um "consumidor" que não pague ao seu fornecedor. Da bilateralidade inerente a toda relação emana a necessidade de que fornecedor e consumidor estejam ou por algum modo se ponham em *ligação direta*, a partir de um ato consensual de aproximação jurídica.

368. relação jurídica *de consumo* – *confronto com conceitos metajurídicos*

Estamos falando do consumo como fenômeno jurídico, ou seja, estão em exame os modos como o trata o direito.

Do ponto-de-vista da economia política, no passado o consumo era conceituado como "destruição total ou parcial de um bem econômico como tal, por meio de uma alteração objetiva". Por influência da doutrina marxista, mais modernamente instituiu-se a distinção entre *consumo produtivo* e *improdutivo*, inserindo-se o primeiro – e o segundo, obviamente não – no processo de produção de riquezas. Enquanto o consumo improdutivo pode ser predatório ou casual (guerras, desastres, epidemias, meros caprichos), o *produtivo* associa-se funcionalmente à *produção* – dizendo-se que "la produzione consiste in una creazione di utilità ed il consumo in un assorbimento di utilità" (Federico Chessa).[4]

---

2. O que esse dispositivo diz a seguir não tem a menor relevância para o caso.
3. Também aqui, omitidas palavras que não influem na análise conceitual a fazer.
4. *Cfr.* "Consumo (economia politica)", n. 1, p. 359.

Por esse aspecto puramente econômico "todos os homens são necessariamente consumidores" (ainda Federico Chessa). Esse mesmo pensamento transparece, agora pelo aspecto sociológico, quando se diz que "consumatore è dunque (...) uno degli aspetti caratteristici dell'uomo di oggi" (Carlo Maria Verardi).[5] Ainda por essas perspectivas metajurídicas fala-se no *consumerism*, cujo objetivo não é o de subverter o regime capitalista mas de compatibilizar seu desenvolvimento com os direitos do cidadão consumidor (ainda Verardi).[6]

Chegamos com isso às projeções jurídicas dos aspectos metajurídicos do consumo. É natural que, como toda categoria jurídica, o *consumo* traga consigo aquelas conotações prévias que explicam o instituto em sua fenomenologia e legitimam os contornos da disciplina que o direito lhe imponha – mas, quando se pensa em direitos e obrigações ligadas ao consumo, é indispensável a consideração dos modos como ele é tratado *pelo direito*. A ordem jurídica de cada país dispõe os modos como o consumo é tratado, conceituando-o para os fins dos tratamentos que lhe dá e dispondo imperativamente sobre as situações jurídicas inerentes a ele.

Juridicamente, em todos os países parte-se sempre da idéia macro-econômica do *consumo produtivo*, que se insere no *iter* econômico cujos pólos são representados, acima de tudo, pelo binômio *produção-consumo* (tal é a perspectiva do chamado *consumo econômico*). Tem-se a certeza, diante disso, da necessidade de apoiar o trato e o entendimento do instituto jurídico *consumo* em suas bases econômicas, consideradas estas pelo modo como o direito positivo as recebe e configura.

E isso não constitui novidade alguma nem peculiaridade que se possa atribuir ao consumo como instituto jurídico. O direito e os direitos não residem somente no que está nas leis ou vem das demais fontes formais do direito. Cada situação jurídica recebe a disciplina que lhe dá a lei, mas o conteúdo substancial desta é fortemente influenciado pelos elementos emanados da realidade

---

5. *Cfr.* "Riflessioni introduttive – la protezione del consumatore tra strumenti di tutela individuale ed azione collettive", n. 6, esp. p. 20.

6. *Op. cit.*, n. 2, esp. p. 9.

que esta visa a regular e das particulares conotações de cada fato a ser examinado. Tal é a conhecida *teoria tridimensional do direito*, concepção genial do nosso Miguel Reale, pela qual o direito se compõe do trinômio *fato-valor-norma*.[7]

369. conceitos jurídicos *de consumo e de relação de consumo*

A partir da conceituação econômica do consumo e das premissas do chamado *consumo econômico,* é geral a ligação desse conceito à idéia da *bilateralidade onerosa e comutativa*, em que ele aparece sempre como a absorção do produto ou serviço pelo consumidor final em razão de um ajuste de vontades com o fornecedor e mediante o pagamento do *preço* estipulado. Isso está presente nas correntes e constantes definições do *consumidor* como um *comprador*, como se lê, p.ex., nos textos a seguir:

a) "a buyer (other than for purposes of resale) of consumer product" (Black's);[8]

b) "an individual who buys goods and services for personal use rather than for manufacture" (Gifis).[9]

Em estrita coerência e correlação com a idéia da *compra* de bens ou serviços está a firme convicção da *origem negocial das relações de consumo* – sempre na demonstração de que não existe um vínculo jurídico dessa ordem sem que fornecedor e consumidor se hajam, de algum modo, posto de acordo quanto ao fornecimento e à contraprestação financeira.[10] Fala a doutrina especializada em tutela *negocial* e tutela *prenegocial* do consumidor – sendo esta qualificada como tutela a direitos e interesses *difusos ou coletivos* e aquela, individuais (Ugo Ruffolo).[11] Dois especia-

---

7. *Cfr. Filosofia do direito*, II, n. 217, p. 611 e *Teoria tridimensional do direito* (opúsculo monográfico), *passim*.
8. *Cfr. Black's law dictionary*, verbete *consumer*, p. 316.
9. *Cfr.* Steven H. Gifis, *Law dictionary, consumer*, p. 95.
10. *Cfr.* George Gordon Coughlin, *Your handbook of everyday law*, n. 23, p. 341.
11. *Cfr. La tutela individuale e collettiva del consumatore*, n. 2, esp. p. 7. Esse monografista divide sua obra em duas partes que bem expressam essa idéia – a da responsabilidade contratual e a da precontratual.

listas norte-americanos (Epstein-Nickles) dizem que, em resumo, a *consumer law* "deals with consumer transactions" – empregado este vocábulo, tanto como o vernáculo *transação*, com o significado de *agreement*, ou *contrato*.[12] Na doutrina brasileira e em face do Código de Defesa do Consumidor, é também decisiva a tomada de posição do monografista Fábio Ulhoa Coelho nesse sentido, dizendo:

> "por contrato de consumo entende-se aquele em que uma das partes se enquadra no conceito de consumidor";
> "a caracterização de apenas uma parte como consumidor ou fornecedor, sem a correspondente e inversa caracterização da outra parte, importa configuração de contrato estranho à relação de consumo".[13]

Não se ignora a existência de deveres e responsabilidades do fornecedor de produtos ou serviços independentemente de qualquer contrato mas disso não trata o processo que examino. Tais deveres e responsabilidades, que se manifestam particularmente em relação à publicidade e oferta pública de produtos ou serviços, têm como beneficiária toda a comunidade de virtuais consumidores – e daí a natureza *difusa* ou *coletiva* desses deveres e responsabilidades e a imperiosidade de sua observância. No caso aqui em exame, estamos no campo de supostos *direitos individuais homogêneos* – estes, sim, sempre de raiz negocial. Não estão em exame os comportamentos do suposto *fornecedor* perante uma comunidade indistinta e indefinida de virtuais consumidores mas de danos concretos suportados por indivíduos como tais.

Na doutrina brasileira é coincidente a voz do repeitadíssimo José Geraldo de Brito Filomeno,[14] que se destaca como verdadeiro arauto da defesa dos direitos dos consumidores. Também ele afasta a conceituação sociológica de consumidor ("qualquer indivíduo que frui ou se utiliza de bens e serviços e pertence a uma categoria ou classe social"), bem como a teoria psicológica do

---

12. *Cfr.* David G. Epstein e Steve H. Nickles, *Consumer Law*, p. 1.
13. *Cfr. O empresário e os direitos do consumidor*, cap. IV (capítulo sob a expressiva rubrica "tutela contratual dos consumidores"), n. 1.2, p. 126.
14. *Cfr.* "Disposições gerais", n. 21, pp. 28 e 33.

consumo. Informa que o Código de Defesa do Consumidor parte da *perspectiva econômica* do consumo e, à luz do que está em seu art. 2º, diz que consumidor, no direito vigente, é:

> "tão-somente o personagem que no mercado de consumo adquire bens ou então contrata a prestação de serviços, como destinatário final (...)".[15]

Está mais do que claro que o emprego dos verbos *adquirir* e *contratar* corresponde à idéia central do consumo remunerado, integrante de uma relação jurídica (bilateral, naturalmente) de feição desenganadamente comutativa, em que à entrega do produto ou prestação do serviço corresponde, no plano econômico e no jurídico, o pagamento do preço ou remuneração.

> O conceituado estudioso refere também um trecho de autoria de Othon Sidou, em que "consumidor é qualquer pessoa, natural ou jurídica, que contrata (...)"; em seguida refere a lei mexicana, que igualmente fala em *contratar*, assim como a sueca, que emprega o verbo *comprar*.

Para os fins puramente jurídicos da legislação protetiva é imperioso, portanto, ver *relação jurídica de consumo* exclusivamente no conjunto de direitos e obrigações entre dois sujeitos que de algum modo concertaram suas vontades. O fornecedor de produtos vendendo, o consumidor final comprando. O prestador de serviços prestando-os, o consumidor fruindo-os ou utilizando-se deles mediante prévio ajuste.

> O que se viu neste tópico reconfirma o que se disse a título de *primeira aproximação*, ou seja, que só existe relação de consumo quando o fornecedor e o consumidor estiverem em ligação direta (*supra*, n. 368). Essa é a bilateralidade onerosa da relação de consumo.

370. shopping centers

As empresas exploradoras dessas unidades complexas que são os *shopping centers* nada negociam com os freqüentadores de seu

---

[15]. As palavras omitidas são irrelevantes para a presente investigação conceitual.

estabelecimento, os quais constituem o mercado consumidor dos lojistas ali instalados e com eles, sim, contratam. Há quem qualifique como *vero e próprio contrato de locação* a relação constituída entre aquelas empresas e os locadores, não-obstante os específicos *elementos acidentais* (Caio Mário).[16] E há quem veja ali um contrato inominado ou atípico, da sub-categoria dos *contratos mistos* – caracterizado pela forma especial de remuneração (*aluguel percentual*) e por certas obrigações e certos compromissos de comportamento que não são próprios de um locatário (Orlando Gomes).[17]

De todo modo, todos excluem que esse *núcleo unitário de interesses* pudesse configurar uma *sociedade* entre o dono do *shopping center* e cada um dos lojistas ali instalados: a forma especial de remuneração proporcional ao movimento financeiro das lojas não é elemento suficiente para caracterizar uma tal *sociedade*, tanto quanto "um empregado não se torna sócio quando seu salário se completa com a participação nos lucros da empresa". É co-essencial às sociedades a participação tanto nos lucros quanto nos prejuízos da empresa, o que ali não acontece (Orlando Gomes, forte nas lições de Planiol, Santoro Passarelli e outros).[18] Rubens Requião, que de tanto prestígio desfruta na literatura comercialista brasileira, acentua a impossibilidade de atribuir uma suposta personalidade jurídica ao *shopping center*, com a firme postura no sentido de que este "não constitui, contratualmente, uma sociedade mercantil, embora na sua organização possa contar com uma associação, que não serve, entretanto, para qualificá-la".[19]

16. *Cfr.* "'Shopping centers' – organização econômica e disciplina jurídica", n. 4, p. 77.
17. *Cfr.* "Traços do perfil jurídico de um *shopping center*", nn. 4-5, pp. 92 ss.
18. *Op. cit.*, n. 18, esp. p. 110. As eruditas e profundas considerações do Mestre baiano falam desse contrato atípico como uma *unidade orgânica* em que transparecem traços do contrato societário, sem porém que, ali, esse componente compareça "na acepção lata de combinação de esforços para lograr fins comuns" (n. 7, p. 97). As peculiaridades do contrato entre o *shopping center* e os lojistas não determina a sua migração "da categoria dos contratos de troca para a dos contratos solidários" (n. 17, esp. p. 109).
19. *Cfr.* "Considerações jurídicas sobre os centros comerciais", esp. n. 5, p. 126.

Essas considerações de três notabilíssimos monografistas brasileiros são desenvolvidas em torno da especial forma de remuneração prestada pelo lojista à empresa proprietária do *shopping center* – uma prestação dimensionada na razão direta da receita daquele. Todos deixam claro, como dito, que esse dado é insuficiente para aproximar os *shopping centers* ao conceito e à disciplina das sociedades.

371. *reconfirma-se: os* shopping centers *são estranhos às relações de consumo*

Encontram-se agora as duas ordens de raciocínios acima desenvolvidas. Primeira, a de que inexiste relação *jurídica* de consumo sem um ajuste de vontades entre o sujeito que oferece produtos ou serviços e o que os toma para si ou os frui ou utiliza, pagando por isso. Segunda, a de que as entidades qualificadas como *shopping centers* não são uma sociedade entre cada um dos lojistas e a empresa que as explora.

Do encontro dessas duas idéias decorre que, nada contratando com os freqüentadores de suas instalações, nada vendendo e serviço algum prestando a eles mediante remuneração e não sendo sócio de quem o faz, o proprietário do *shopping center* é e se mantém juridicamente alheio aos negócios dos lojistas. Estes vendem produtos ou prestam serviços por conta própria, recebem por eles, acumulam afinal lucros ou amargam prejuízos – e o único reflexo que seus negócios projetam sobre a situação do proprietário constitui-se na dimensão maior ou menor da remuneração que pagam a este. Quem figura nos pólos ativo e passivo da relação de consumo são sempre o consumidor e, de outro lado, o lojista.

Reconfirma-se com isso a inexistência de relação de consumo entre os *shopping centers* e seus freqüentadores, que só são *consumidores*, em sentido jurídico e segundo a definição trazida no art. 2º do Código de Defesa do Consumidor, perante quem lhes vende produtos ou presta serviços – ou seja, perante os lojistas e não a empresa exploradora dos *shopping centers*.

Título V
DIREITO SOCIETÁRIO

XXIV – Sociedade mercantil incorporada e residual personalidade jurídica de direito processual. XXV – Sociedades anônimas e legitimidade dos minoritários – questões processuais. XXVI – Sociedades anônimas e responsabilidade civil do administrador – legitimidade dos acionistas minoritários. XXVII – Entidades mantenedoras de estabelecimentos de ensino e conversão em sociedade limitada – questões processuais. XXVIII – Debêntures e cláusula de dação em pagamento – questões processuais.

XXIV – SOCIEDADE MERCANTIL INCORPORADA E RESIDUAL PERSONALIDADE JURÍDICA DE DIREITO PROCESSUAL[1]

372. ação rescisória proposta por Trikem S.A. – 373. uma colocação metodológica de primeira grandeza – 374. tornando ao caso – 375. personalidade jurídica – aspectos conceituais gerais – 376. personalidade jurídica de direito processual – 377. a residual personalidade processual de Trikem S.A. – 378. situação não equiparável à de uma pessoa falecida – 379. a participação ativa da sucessora Braskem – 380. sobre a vontade nos atos jurídicos e a lógica do razoável – 381. uma ponte entre os tópicos precedentes e os que virão a seguir – 382. a disciplina dos defeitos dos atos processuais e o valor do escopo realizado – 383. o pleno exercício da defesa pela ré e o procedimento sem tumultos – 384. a sanabilidade dos vícios do processo – 385. proposições conclusivas e sucintamente fundamentadas

372. ação rescisória proposta por Trikem S.A.

Em ação rescisória proposta por Trikem S.A. suscitaram os réus uma relevante preliminar, a cujo respeito vim a ser consultado por aquela autora. Alegam que Trikem S.A. já não teria personalidade jurídica, por haver sido incorporada por outra companhia, a Braskem S.A. – sendo que a ação rescisória foi formalmente proposta por aquela e não por esta. E pedem os réus dessa ação rescisória a extinção do processo sem julgamento *de meritis*, pelo fundamento de que, mal proposta a demanda, faltaria um pressuposto para esse julgamento.

Ao formular sua consulta, o eminente patrono da consulente esclarece-me que, embora formalmente consumada a operação societária de incorporação, na realidade Trikem S.A. ainda mantém parte de suas atividades em nome próprio: algumas de suas

---

1. Reprodução de parecer elaborado em agosto de 2004.

unidades operacionais continuam aguardando regularização dos atos societários, para alteração da denominação (unidades de Santa Catarina, Rio de Janeiro e São Paulo) e, se isso já não fosse suficientemente relevante, ao menos uma das contas-correntes bancárias abertas em nome dessa companhia ainda assim permanece apesar do ato formal de incorporação. Informa-me ainda que a empresa incorporadora, Braskem S.A., compareceu aos autos, pedindo sua própria admissão no pólo ativo e ratificando todo o processado, a principiar pela demanda inicial proposta por Trikem S.A. Nesse quadro, a consulta que me foi dirigida é centrada em uma só indagação: se nas circunstâncias do caso a irregularidade apontada pela ré deve conduzir à *extinção do processo* ou se estão presentes os requisitos exigidos para o julgamento dessa ação rescisória pelo mérito.

Para responder a essa indagação tenho por indispensável examinar três ordens de temas processuais, a saber, (a) o da personalidade jurídica de direito processual, ou *capacidade de ser parte*, (b) o da *vontade* como elemento dos atos jurídicos processuais, especialmente os de parte e (c) o dos vícios processuais, sua classificação, sua *sanabilidade* ou insanabilidade. Essa colocação, por sua vez, contém em si um reclamo à categoria jurídico-processual dos *pressupostos de admissibilidade do julgamento do mérito*, os quais dão corpo a um importantíssimo capítulo da teoria processual, mas no entanto apresentam ainda hoje alguns pontos carentes de maior esclarecimento. A propósito dessa ampla categoria e de seus pontos mais claros ou mais obscuros discorrerei, na medida do necessário, do pertinente e de minhas forças, no parecer que aqui tem início.

Pressupostos de admissibilidade do julgamento do mérito. Nessa locução, que de certo modo foi inserida na doutrina brasileira por Alfredo Buzaid,[2] incluem-se as condições da ação, os pressupostos processuais e todos os requisitos de regularidade procedi-

---

2. Falou ele em "condições de admissibilidade do julgamento da lide": *cfr. Do agravo de petição no sistema do Código de Processo Civil*, nn. 56-68, esp. p. 115.

mental. Todos eles se qualificam como requisitos de ordem pública estabelecidos na lei com a severa advertência de que, quando ausentes, a parte não terá o poder de exigir o provimento jurisdicional e o Estado-juiz negar-se-á a proferir o provimento *de meritis* (CPC, arts. 3º, 267, inc. VI, e 295, incs. I-III c/c par., inc. III). Estamos no campo de atuação da cláusula *due process of law*, que é em si mesma um sistema de limitações ao exercício do poder pelo Estado, em nome da liberdade e da segurança dos indivíduos e grupos sujeitos a este.

373. *uma colocação metodológica de primeira grandeza*

No trato do processo, dos atos processuais, suas formas, seus requisitos para poderem conduzir a um julgamento *de meritis*, é indispensável ter por premissa a obcecada preocupação de *obter resultados*. Se o processo existe porque há a necessidade de pôr fim a um conflito, fazendo justiça, toda vez que o processo termina sem realizar esses objetivos a sensação é de frustração, perda de tempo, desperdício irracional de energias e recursos. Essa é a expressão do método que se vai denominando *processo civil de resultados*, a cujo respeito tenho me pronunciado insistentemente em sede doutrinária, falando sempre do "empenho em operacionalizar o sistema, buscando extrair dele todo o proveito que ele seja potencialmente apto a proporcionar, sem deixar resíduos de insatisfação por eliminar" *etc.*;[3] e discorri também, fazendo eco ao que modernamente dizem e pensam praticamente todos, a respeito da necessária "consciência de que o valor de todo sistema processual reside na capacidade, que tenha, de propiciar ao sujeito que tiver razão uma situação melhor do que aquela em que se encontrava antes do processo".[4] Essas coisas que venho dizendo remontam ao conhecido *slogan* modelado superiormente por Giuseppe Chiovenda, segundo o qual "na medida do que for praticamente possível, o processo deve propiciar a quem tem um direito tudo aquilo e precisamente aquilo que ele tem o direito de

---

3. *Cfr. A instrumentalidade do processo*, n. 34, esp. p. 315.
4. *Cfr. Instituições de direito processual civil*, I, n. 40, esp. pp. 110-112.

receber".⁵ Tudo que seja para privar o processo de cumprir essa missão deve ser encarado com ressalvas e preocupações.

Existem, sim, certos óbices legítimos ao exercício consumado da jurisdição, cuja ocorrência acarretará a extinção do processo sem que uma tutela jurisdicional plena possa ser outorgada a qualquer das partes. Daí todo o contexto dos pressupostos de admissibilidade do julgamento do mérito, cuja ausência deve, em princípio, determinar a extinção do processo sem esse julgamento. Mas a um desfecho assim decepcionante só se chegará quando a ausência de um desses pressupostos for, cumulativamente: a) *total e manifesta*, não sendo possível qualquer interpretação racional no sentido de que o ato foi bem realizado ou o processo, bem constituído; b) *portadora de prejuízo*, impedindo ou dificultando o exercício do direito de defesa de uma das partes ou o correto exercício da jurisdição; c) *irremediável*, não havendo como repetir o ato ou sanar o processo. Esse é um ditame do princípio da *instrumentalidade das formas*, que a lei consagra de modo expresso (CPC, arts. 244 e 294, § 1º), os tribunais praticam a todo momento e a doutrina não se cansa de alcandorar (Liebman, Bedaque *etc.*).⁶

374. tornando ao caso

Após essas colocações iniciais, o parecer procurará demonstrar que a imperfeição apontada pela ré nesta ação rescisória:

I – *não é total nem manifesta* porque a mais razoável das interpretações conduz à compreensão de que a demanda foi bem proposta, sabendo-se (a) que a empresa Trikem ainda tinha suficiente capacidade de ser parte quando a propôs e (b) que a incorporadora Braskem concorreu com sua vontade a essa propositura, fornecendo o valor dos 5% para serem depositados como requisito para a ação rescisória (CPC, art. 458, inc. I);

5. *Cfr.* "Dell'azione nascente dal contratto preliminare", n. 3, esp. p. 110.
6. *Cfr.* Liebman, *Manual de direito processual civil*, I, n. 117, pp. 327-329 trad.; Bedaque, *Efetividade do processo e técnica processual*, *passim* (essa obra é, por inteiro e toda ela, uma ode apaixonada ao princípio da instrumentalidade das formas).

II – *não é portadora de prejuízo algum* porque a mera inclusão de um nome em vez do outro não confundiu a ré, não lhe dificultou a defesa e não vem impedindo o correto exercício da jurisdição pelo E. Tribunal. Aquela pôde responder oportunamente à demanda rescisória, fazendo-o em alentada contestação, com invocação da Súmula 343 do Supremo Tribunal Federal e inclusive levando a autora, Trikem, a solicitar-me um primeiro parecer, que emiti em fevereiro do corrente ano;

III – *não é irremediável* porque, para a retificação do processo e expurgo da irregularidade, bastaria o comparecimento da incorporadora Braskem e sua integração ao pólo ativo, como aliás já foi requerido por ela. E isso foi feito muitos meses antes da expiração do biênio decadencial da ação rescisória (o qual terminaria em março de 2005) – o que reforça a convicção de que a regularização feita não privaria a ré sequer da comodidade de uma decadência, a qual está longe de se consumar. Como será demonstrado em tópico específico do parecer, a *sanabilidade dos vícios processuais* não é reservada aos casos de nulidade relativa, sendo outros os pressupostos a que o sistema processual a condiciona (*infra*, n. 384).

O que acaba de ser dito coloca pois o raciocínio e a estrutura do parecer sobre dois pilares centrais, uma vez que (a) procuro demonstrar que a propositura da demanda em exame não tem todo aquele defeito que se lhe imputou, mas (b) ainda quando ela fosse assim tão gravemente defeituosa, pela técnica da convalidação o processo dessa ação rescisória estaria, apesar de tudo, plenamente habilitado a caminhar de modo regular sobre seus trilhos, afastada a hipótese de sua extinção sem julgamento do mérito. Nos tópicos a seguir, desenvolvo raciocínios relativos (a) à personalidade jurídica residual da autora Trikem, a qual ainda era e permanecia titular de alguns direitos e obrigações apesar da incorporação em outra companhia, dispondo portanto da capacidade de ser parte; b) à vontade de propor a ação rescisória, manifestada pela incorporadora Braskem ao fornecer o numerário para o depósito indispensável a esta; c) à *convalidação de toda possível irregularidade*, operada mediante o comparecimento espontâneo da Braskem, a qual veio a juízo assumir a qualidade de autora da ação rescisória, ratificando todo o processado; d) à rigorosa *ausência de prejuízo* à ré ou ao correto exercício da jurisdição, como conseqüência do prosseguimento do processo após todos esses acontecimentos.

375. *personalidade jurídica – aspectos conceituais gerais*

Não são raras as hipóteses, configuradas no dia-a-dia da experiência forense ou imaginadas pelos doutrinadores, em que por não ser uma *pessoa* (sujeito de direitos) aquele que na demanda inicial é apresentado como autor, o processo não chega sequer a ter existência jurídica; e obviamente, permanecendo as coisas como foram inicialmente postas, sem qualquer providência corretiva, ele não será capaz de produzir um julgamento *de meritis*. É o caso, p.ex., de uma demanda proposta em nome de um morto, que deixou de ter personalidade a partir do momento do óbito, ou de uma Secretaria de Estado, que não é e jamais foi incluída entre as pessoas jurídicas.

Estamos, como se vê, no campo da *capacidade de ser parte*, que não coincide por inteiro com o da *personalidade jurídica*. O art. 12 do Código de Processo Civil contém um rol de entes aos quais a ordem jurídica positiva, embora não lhes reconheça a *plena* personalidade jurídica (especialmente no plano do direito substancial), outorga capacidade de ser parte em processos jurisdicionais – ou seja, mera capacidade de direito processual. Entidades como a sociedade de fato, a massa falida, o espólio, os consórcios e os condomínios *etc.*, embora não sejam autênticas pessoas jurídicas (elas não o são perante a ordem jurídico-substancial), podem ser titulares do direito de ação e legitimadas para certas demandas; têm capacidade de tornar-se titulares das faculdades, poderes, ônus, deveres e sujeição, que são as situações jurídicas ativas e passivas integrantes da complexa relação processual (Couture[7]); em suma, nos processos que promovem e naqueles em cujo pólo passivo figuram, essas entidades assumem a plena condição de *partes, em sentido processual*. Diz a esse pro-

---

7. *Cfr. Fundamentos del derecho procesal civil*, nn. 83-89, pp. 124 ss.

pósito o Mestre Liebman que certas "coletividades organizadas e patrimônios autônomos" recebem a capacidade de ser parte, "embora a lei não lhes reconheça verdadeira personalidade jurídica".[8]

Washington de Barros Monteiro – após dizer que a mesma lei que pode privar seres humanos da personalidade (os escravos), pode também dar personalidade a outros entes – define a personalidade jurídica como "uma forma, uma investidura, um atributo, que o Estado defere a certos entes".[9] *A lei*, a que se refere, é a substancial, que traz em si o *numerus clausus* das pessoas jurídicas de direito público e de direito privado. E Clóvis Beviláqua, ao conceituar a pessoa jurídica como "corpo social dotado de interesses jurídicos próprios", estava aludindo à capacidade de ser titular de direitos e obrigações na órbita do direito substancial.[10]

De um modo geral a doutrina condiciona a existência da pessoa jurídica aos requisitos: a) da identificação do ente subjetivado (nome, sede, objetivo), para ser possível definir sua capacidade e responsabilidade; b) de sua organização ("organização de homens e de meios para a satisfação de interesses e necessidades comuns"[11]); (c) da existência de patrimônio próprio e (d) do reconhecimento estatal.[12] Legitima a subjetivação desses entes incorpóreos, como centros de interesses coletivos, a própria existência de interesses coletivos a serem patrocinados, defendidos, exercidos, fruídos por determinado corpo de pessoas.[13] E, como esses interesses coletivos, como tais, não coincidem por inteiro nem necessariamente com os interesses individuais de cada um dos integrantes do grupo, eis que surge a pessoa jurídica como realidade jurídica derivante dessa realidade social centrada nos interesses comuns de uma coletividade.

8. *Cfr. Manual de direito processual civil*, I, n. 42, esp. p. 126 trad.
9. *Cfr. Curso de direito civil – parte geral*, p. 105.
10. *Cfr. Theoria geral do direito civil*, § 19, esp. p. 117.
11. Palavras de Giuseppe Menotti de Francesco, "Persona giuridica – diritto privato e pubblico", n. 6, esp. p. 1.038.
12. *Cfr.* Massimo Basile e Angelo Falzea, "Persona giuridica – diritto privato", esp. n. 3, pp. 238-239; De Francesco, "Persona giuridica – diritto privato e pubblico", esp. nn. 6-8, pp. 1.038-1.039.
13. V. ainda Basile-Falzea, "Persona giuridica – diritto privato", n. 3, p. 239.

"La persona giuridica é una creazione del diritto in relazione ad una realtà sociale, allo stesso modo come la persona é una creazione del diritto in relazione ad una realtà corporea; é cioè la realtà giuridica di una realtà sociale."[14]

"(...) che la creazione di una persona giuridica sia il frutto dell'emergere, nella realtà sociale, di un'entità effettivamente diversa dall'uomo singolo, o da una somma di individui considerati in modo atomistico."[15]

Identificada a personalidade jurídica na *plena* capacidade de ser titular de direitos e obrigações *perante a ordem jurídica substancial*, entidades como o consórcio, a massa falida, o espólio *etc.* não podem ser consideradas pessoas jurídicas; nem poderia sê-lo uma sociedade empresária incorporada em outra, ou em fase de incorporação, como a Trikem S.A. Em uma linguagem bastante conhecida, tais entidades não constituem *centros de imputação* de direitos e obrigações, por não lhes corresponder uma *integral alteridade* em relação a seus integrantes, ou seja, porque elas não se distinguem por inteiro deles. Uma das conotações essenciais das pessoas jurídicas é precisamente essa *alteridade*, sendo elas "fenômenos distintos dos indivíduos que as compõem ou de qualquer outro fenômeno com o qual pudessem ser confundidas".[16] Como já foi ressaltado, é ao ordenamento jurídico que cabe, caso a caso, declarar soberanamente que tal ou qual entidade é "digna de assumir o papel de sujeito do direito", erigindo-a em pessoa jurídica.[17]

376. personalidade jurídica de direito processual

Como dito, não há uma inteira coincidência entre a capacidade de ser parte e a personalidade jurídica plena, havendo entidades que têm aquela sem que seja *plena* a personalidade jurídica de

---

14. *Cfr.* De Francesco, "Persona giuridica – diritto privato e pubblico", esp. n. 5, p. 1.038.
15. *Cfr.* Basile-Falzea, "Persona giuridica – diritto privato", n. 3, esp. p. 239.
16. *Cfr.* Basile-Falzea, *op. cit.*, n. 3, esp. p. 241.
17. *Id., ib.*, esp. p. 238. V. ainda a lição já referida de Washington de Barros Monteiro, *in Curso de direito civil – parte geral*, p. 105.

que são dotadas. Venho discorrendo sobre esse tema há muitos anos e mais recentemente procurei colocá-lo de modo sistemático em minha obra de caráter geral, dizendo: "a lei do processo vai além [*das pessoas físicas e jurídicas*] e confere mera *personalidade processual* a alguns outros entes que, sem serem pessoas físicas ou jurídicas em sentido integral, são admitidas no processo como partes".[18] Se a personalidade jurídica (plena) é a irrestrita capacidade de tornar-se titular de direitos e obrigações perante a ordem jurídica geral, personalidade de direito processual é uma capacidade voltada às situações jurídicas inerentes ao processo, ou *capacidade de adquirir as faculdades, poderes, deveres e ônus* que identificam a qualidade de parte (Liebman[19]). Têm personalidade de direito processual todas as pessoas naturais e jurídicas, bem assim as outras entidades que, mesmo sem terem a personalidade jurídica plena, recebem da lei ou do sistema a capacidade de assumir a qualidade de parte em processo civil. Por disposição expressa de lei ou por imposição da lógica do sistema, essas entidades reputam-se habilitadas a serem titulares daquelas situações jurídicas ativas e passivas do processo, tornando-se autores quando tomam a iniciativa de propor uma demanda, tornando-se réus quando citadas.

Caso típico de entidade destituída da plena capacidade de tornar-se titular de direitos e obrigações perante a ordem civil, não sendo titular de patrimônio algum e não tendo plena autonomia para reger seus próprios destinos, é o *Ministério Público*, que em tempos presentes recebe da lei tanta legitimidade para agir em juízo. É uma pessoa jurídica? Não, porque integra a própria União ou algum Estado federado, precisamente no setor do Poder Executivo. Os bens que ocupa ou dos quais se vale pertencem à pessoa jurídica de direito público à qual ele próprio pertence. Tem legitimidade, p.ex., para postular em juízo uma proteção possessória relativa a esses bens, ou para ser demandado em matéria patrimonial como essa? Obviamente, não. Mas figura como parte, ou precisamente como autor, nas ações civis públicas, em causas

---

18. *Cfr. Instituições de direito processual civil*, II, n. 535, pp. 289-291.
19. *Cfr. Manual de direito processual civil*, I, n. 41, esp. pp. 123-125 trad.

relacionadas com a improbidade administrativa *etc.* Que significa isso? Significa que, nos limites estabelecidos em lei, o Ministério Público tem capacidade para ser parte, ou seja, tem *personalidade jurídica de direito processual* embora não seja, plenamente e para todos os efeitos, uma pessoa jurídica.

> Assim também é, p.ex., o *condomínio*: não tem legitimidade para defender a posse ou propriedade das áreas que administra, porque não é seu titular, mas é autorizado a estar em juízo em litígios referentes às contribuições devidas por condôminos (CPC, art. 12, inc. IX). Também a *massa falida*: a alei não a erige em titular dos direitos e obrigações do falido, mas dá-lhe legitimidade para substituí-lo processualmente em causas referentes a esses direitos e obrigações (art. 12, inc. III). Poderíamos também falar do espólio, da herança jacente, da vacante *etc.*

De sua parte, a jurisprudência tem como pacífica a legitimidade das *casas legislativas* para causas relacionadas com a defesa de suas próprias prerrogativas, ou de seus interesses peculiares. Elas não são pessoas jurídicas no sentido integral dessa expressão, não têm patrimônio próprio e integram uma pessoa jurídica que é a União, o Estado ou o Município. Seus funcionários são autênticos funcionários federais, estaduais ou municipais; as demandas que promovem em busca de vantagens funcionais ou pecuniárias, eles as promovem em face da pessoa jurídica e não das casas legislativas. Mas quando se trata, *v.g.*, de questionar uma invasão de competência do órgão legislativo, cometida pelo Executivo, ou de pleitear a liberação de verbas por este, nesses casos e para esses fins específicos as casas legislativas têm capacidade de ser parte em juízo. Essa é mais uma figura de personalidade jurídica de direito processual reconhecida a entes que não dispõem da plena capacidade de tornar-se titular de direitos e obrigações perante a ordem jurídica geral.

377. *a residual personalidade processual de Trikem S.A.*

Como foi registrado ao início, quando Trikem S.A. ajuizou aquela ação rescisória sua incorporação já estava nominalmente formalizada segundo os cânones do direito societário. Em um quadro puramente jurídico-formal, dir-se-ia que a partir desse momento ela já não tinha a mais mínima capacidade de direitos e obrigações de natureza alguma, deixando de existir perante a ordem jurídica e não sendo mais uma *pessoa*, tal qual sucede com um homem morto. Não seria mais titular dos bens que lhe pertenciam, já não seria devedora a seus credores e não teria mais qualquer resíduo da capacidade de ser parte em processo algum.

Mas as coisas seriam sempre rigorosamente assim? Não. A realidade da vida empresarial mostra aspectos da sobrevivência parcial mas significativa de empresas que, estando em fase de extinção por incorporação ou por algum outro motivo, no entanto ainda se mantêm parcialmente vivas, o suficiente para realizarem alguns atos em nome próprio, referentes a seu próprio patrimônio. É o que vejo no presente caso. Trikem S.A. foi formalmente incorporada a Braskem S.A. mediante os instrumentos societários adequados, os quais teriam sido regularmente arquivados na Junta Comercial, *etc.*, tudo como mandam a Lei das Sociedades Anônimas e todos os regulamentos pertinentes – mas nem por isso está ela inteira e consumadamente extinta, como um ser humano depois que o coração deixa de palpitar. Alguma palpitação significativa ainda existe nesse corpo semi-vivo de Trikem S.A., como observo a partir dos seguintes elementos que me foram fornecidos pelas consulentes:

> I – ao menos três de suas unidades industriais continuam aguardando a regularização dos atos societários, operando com o nome da companhia incorporada – e, segundo sou informado, mantêm-se ainda inscritas no CNPJ com esse mesmo nome;
>
> II – ainda existe ao menos uma conta-corrente bancária em nome de Trikem S.A., ativa e em pleno funcionamento.

Esses elementos dão conta de que, a despeito da formalização dos atos jurídicos de incorporação, a Trikem ainda não era uma figura do passado. Está em fase de extinção, mas alguns direitos tem, está no CNPJ com o nome de ao menos três de suas unidades e é considerada *correntista* por um dos bancos nos quais mantinha conta.

E como fica sua personalidade processual?

378. situação não equiparável à de uma pessoa falecida

Colho na jurisprudência o caso de uma demanda proposta em juízo com a indicação de um *morto* como figurante no pólo ativo da relação processual. A procuração havia sido outorgada ao advogado por uma pessoa viva mas, como a demanda só veio a ser proposta alguns dias depois, no interregno o outorgante veio a falecer e o advogado, de boa-fé e sem estar informado do fato, moveu a demanda em nome do morto. O Tribunal, examinando o caso pela óptica da irregularidade decorrente desse desencontro, estabeleceu que nada havia a anular e que o herdeiro daquele falecido estava em condições de habilitar-se no processo.[20]

Esse caso é emblemático e fornece às consulentes um significativo argumento *a fortiori*: se estando morta a pessoa física e portanto não tendo mais vida alguma ou qualquer resíduo de vida, ainda assim foi reconhecida a existência e validade de uma demanda proposta em seu nome, *com mais fortes razões* se há de reconhecer a existência e validade de uma demanda proposta em nome de uma companhia que estava em via de extinção mas ainda não consumadamente extinta. *Mutatis mutandis*, é como se a demanda houvesse sido proposta em nome de uma pessoa em estado de vida vegetativa, recolhida há algum tempo em uma UTI mas ainda não falecida. O agonizante ainda é vivo e ainda tem personalidade jurídica. Uma empresa na situação da Trikem estava, sim, agonizante, mas ainda não consumadamente morta.

> Invoco aquele rico precedente com o objetivo de reconfirmar o que venho dizendo sobre a personalidade jurídica *plena* e *não-plena* e, particularmente, sobre a *personalidade jurídica de direito processual*. Um Escritório de advocacia recebe procuração de uma

---

20. *Cfr.* TRF 4ª Região, 3ª T., ap. 9.604.426.281, j. 9.11.00, rel. Maria de Fátima Freitas Labarrère, v.u., *DJU* 10.1.01, p. 120.

empresa e essa empresa vem logo depois a ser incorporada por outra *do mesmo grupo*, lavrando-se os documentos oficiais exigidos por lei e levando-se o ato à Junta Comercial mas permanecendo ainda alguns sinais de vida da empresa incorporada. Os advogados, na mesma boa-fé daqueles indicados no acórdão acima invocado, vêm a juízo e promovem a ação rescisória para a qual haviam sido contratados. Depois, tanto quanto fez o herdeiro no caso apreciado por aquele acórdão, a empresa incorporadora (que é uma sucessora, do mesmo modo que o herdeiro) vem a juízo e se habilita no processo. A situação é a mesma e só um acirradíssimo espírito formalista ousaria sustentar a invalidade do ato de propositura da ação rescisória por Trikem S.A.

Mais que isso, na incorporação – em oposição ao que ocorre na sucessão *mortis causa* – a extinção da personalidade jurídica não se dá como efeito imediato da sucessão desejada pelas partes, mas como conseqüência da *transmissão de todo o patrimônio*, integral e intacto, da sociedade incorporada à incorporadora. Daí a judiciosa decisão do E. Tribunal de Justiça de São Paulo, ao afirmar que "a extinção da incorporada só ocorre após haver a transmissão de todo o seu patrimônio e haverem seus associados ingressado na sociedade incorporadora. É uma extinção *post facto*. Di-lo o art. 227, § 2º, da Lei das Sociedades Anônimas. Antes de extinguir-se, a incorporadora transmitiu todos os seus direitos e obrigações".[21]

Esse correto modo de ver o ato negocial de incorporação como fonte imediata de uma extinção meramente *formal* do ente jurídico é ainda reforçado na presente hipótese pelo fato de tratar-se de sociedades integrantes do mesmíssimo grupo econômico. "Juridicamente, ocorre o desaparecimento da incorporada. Contudo, de fato, ela permanece; ela subsiste, à sombra das atividades embutidas na atuação da incorporadora, que responderá, perante os credores da incorporada, e em lugar desta, numa verdadeira e autêntica sucessão, agindo em nome próprio" (Hélio da Silva Nunes).[22]

21. *Cfr.* TJSP, 4ª C. Civ., agr. instr. n. 104.758, j. 22.9.88, rel. Olavo Silveira – decisão citada e elogiada por Hélio da Silva Nunes, "Incorporação e a concordata preventiva", n. 73, pp. 74-79.
22. *Cfr.* ainda uma vez "Incorporação e a concordata preventiva", esp. p. 76.

Tudo converge, como se vê, à parcial sobrevivência da *capacidade de ser parte* de uma empresa em via de extinção por incorporação mas ainda não definitivamente banida do mundo jurídico. Essa idéia encontra também eco na voz abalizadíssima do comercialista Waldirio Bulgarelli, nesses precisos termos: "a extinção da sociedade, do ponto-de-vista lógico, supõe a transmissão do patrimônio e não vice-versa; (...) não se entende mais que a transmissão patrimonial decorra da extinção da sociedade, mas, ao contrário, esta se extingue porque transferiu seu patrimônio". O procedimento e o ato de incorporação de uma sociedade não passam, em si mesmos, de um conjunto de formalidades instrumentais, ou seja, não passam de um mecanismo para que se realize a transmissão do patrimônio; essa transmissão não se opera automaticamente no mesmo momento em que aqueles negócios jurídicos de direito societário são realizados, mas quando todo o patrimônio já estiver efetivamente *incorporado* ao da companhia incorporadora. Pelo aspecto funcional, portanto, o qual deve sempre sobrepor-se a uma visão meramente estrutural e formal, a extinção da sociedade incorporada não pode ser equiparada à extinção de uma pessoa física, dado o caráter meramente acessório ou subsidiário da primeira (sempre, pensamentos de Bulgarelli).[23]

379. *a participação ativa da sucessora Braskem*

Como dito, a empresa incorporadora integra o mesmo grupo econômico que a incorporada – e daí a grande similitude entre seus nomes: Trikem S.A. e Braskem S.A. Havendo sido regularmente outorgada procuração *ad judicia* aos profissionais pela primeira (antes da incorporação), sobreveio o ato societário de incorporação mas o ajuste com os advogados permaneceu tal e qual. E isso se revela de modo muito eloqüente no fato de o pagamento do depósito de 5% para a propositura da ação rescisória (CPC, art. 488, inc. II) haver sido feito com cheque bancário emitido por Braskem S.A., a incorporadora. Que significa isso? Significa que a Braskem, incorporadora, participou do ato de propor a ação res-

---

23. *Cfr. Fusões, incorporações e cisões de sociedades*, p. 107.

cisória com uma claríssima demonstração de vontade nesse sentido, desembolsando o expressivo valor de R$ 326.460,94. Esse desembolso e essa vontade não deixam a menor dúvida de que a inserção do nome *Trikem* na petição inicial, em vez de *Braskem*, não foi senão o fruto de um mero desencontro operacional, porque a vontade de propor ficou mais do que manifesta e inegável.

Depois, apercebendo-se do desencontro, pela segunda vez manifestou a incorporadora Braskem sua vontade coincidente com aquela expressa na procuração antes outorgada por Trikem, fazendo-o ao comparecer ao processo da ação rescisória, pedir sua inclusão no pólo ativo e ratificar todo o processado. Também *não houve e não haverá prejuízo algum à ré da ação rescisória*, inclusive levando-se em conta que de todo modo essa ação poderia folgadamente ser reproposta porque o biênio decadencial só se expira, segundo estou informado, em março de 2005.

380. sobre a vontade nos atos jurídicos e a lógica do razoável

Todo ato jurídico é uma declaração de vontade ou de conhecimento e sempre a *vontade de realizar o ato* é indispensável à existência de todos eles, qualquer que seja a categoria. Na lição sempre superior de Clóvis Bevilaqua, a característica central dos atos jurídicos consiste precisamente "na combinação harmoniosa do *querer individual* com o reconhecimento de sua eficácia por parte do direito positivo".[24] Sem o concurso da vontade pode haver acontecimentos relevantes perante o direito, ou meros *fatos jurídicos*, mas autênticos *atos jurídicos*, não; e, dita a mesma coisa de outra maneira, a manifestação da vontade insere-se entre os requisitos para a existência de todo ato jurídico lícito (*id., ib.*). Ora, nos atos processuais a vontade da parte expressa-se ordinariamente mediante um conjunto representado pela procuração outorgada a quem tem capacidade postulatória, o advogado, e por um ato deste, realizado em nome do outorgante. A *assinatura* de um e de outro são o atestado, que cada um deles emite, de ter efetivamente a vontade de realizar aquele ato.

24. *Cfr. Theoria geral do direito civil*, § 48, n. 1, esp. p. 196.

Mas a vontade pode expressar-se por outro meio e não exclusivamente por declarações formais, escritas e assinadas. O que vale é, de um lado, a intenção de quem realiza o ato (CC, art. 112) e, de outro, o modo como a manifestação dessa intenção chega ao espírito de uma pessoa normal (Orlando Gomes).[25] E agora, tornando ao caso, pergunto: como chegaria ao espírito de uma pessoa normal aquele ato realizado formalmente em nome de Trikem, estando esta nominalmente declarada extinta por incorporação mas permanecendo ainda a realizar certos atos – e ainda mais com a incorporadora Braskem oferecendo um cheque de sua própria emissão para realizar o depósito dos 5% exigidos para a ação rescisória? E que significado teria nesse contexto o comparecimento da incorporadora Braskem, que pagara o tal depósito, pedindo agora sua inclusão nominal no processo e declarando-se inteiramente de acordo com os atos até aqui já realizados?

> A própria assinatura não é um requisito exigido com tanta rigidez assim. Liebman, que reputa nulo o ato sem assinatura, diz no entanto logo em seguida: "mas precisa considerar sanada a nulidade, com efeitos *ex tunc* (...) sempre que o autor também compareça e reconheça o ato como próprio".[26] E o Col. Superior Tribunal de Justiça exibe copiosa jurisprudência admitindo a sanação do vício consistente na falta de assinatura de um ato da parte, pelo comparecimento daquele que deveria tê-lo assinado, acompanhado de sua declaração de que a omissão fora fruto de mero descuido, sendo sua intenção realizar o ato. "A assinatura deve constar de qualquer requerimento, inclusive de interposição de recurso. O processo, porém, como instrumento, consente superar falhas materiais. Evidenciado o *animus* de recorrer, no prazo legal, robustecido pelo preparo, cumpre superar a omissão" *etc.*[27] (a referência a essa e várias outras decisões no mesmo sentido está na conhecidíssima obra de Negrão-Gouvêa).[28]

---

25. *Cfr. Transformações gerais no direito das obrigações*, esp. pp. 15-17.
26. *Cfr. Manual de direito processual civil*, I, n. 116, pp. 325-326 trad.
27. *Cfr.* STJ, 6ª T., REsp n. 26.533, j. 8.9.92, rel. Vicente Cernicchiaro, v.u., *DJU* 28.9.92, p. 16.443.
28. *Cfr. Código de Processo Civil e legislação processual em vigor*, nota 5 ao art. 514, pp. 679-680.

Só pela *lógica do absurdo* poderíamos responder que a Braskem é estranha a tudo isso, que não concorreu de modo algum com sua vontade e que, proposta a demanda por uma companhia declarada extinta por ato formal, o processo seria inexistente. Gosto sempre de rememorar uma historieta, contada pelo jurisfilósofo Recaséns de Siches no desenvolvimento de sua vitoriosa teoria do *logos de lo razonable*, de uma pessoa que compareceu a uma estação ferroviária levando consigo um enorme urso puxado pela coleira; e quando lhe disseram que não era permitido levar um animal como aquele nos vagões de um trem, ele respondeu que no local havia um cartaz proibindo somente a condução de *cães*, não de ursos. Prevaleceu a lógica do razoável e aquele passageiro não pôde embarcar com seu urso, porque a qualquer pessoa dotada de um mínimo de bom-senso estava claríssimo que, onde um animal menos perigoso é proibido, com mais fortes razões será proibido também aquele que oferece perigo muito maior.

E como uma pessoa dotada de um mínimo de bom-senso vê essas coisas, aqui neste processo que examino? Por que a Braskem ofereceria vultosa importância para a propositura de uma ação rescisória pelo fantasma de uma empresa que supostamente não existisse mais? Por que compareceu logo que tomou consciência da irregularidade formal da propositura da demanda em nome dessa empresa e não no seu? A oferta daquele valor não seria expressiva manifestação de vontade, ainda que de forma não-escrita? E mais uma pergunta, voltando a comparar cães e ursos: se o comparecimento dos herdeiros *do morto* convalida todo o processo, como a jurisprudência reconhece, por que se negaria a convalidação neste caso em que a pessoa jurídica *incorporada* ainda não estava morta, senão apenas agonizante?

*381. uma ponte entre os tópicos precedentes
e os que virão a seguir*

O que até aqui foi dito visa a demonstrar que a indicação do nome de Trikem S.A. como autora, e não o de Braskem S.A., não passou de mera *irregularidade formal*, incapaz de trazer dano a quem quer que fosse e sem qualquer reflexo pernicioso ao exercício da defesa ou da jurisdição. A demanda judicial veio em nome de uma companhia em via de extinção mas ainda não extinta efetivamente em sua vida real e patrimonial; e contou, além disso, com a participação da própria incorporadora, que deixou muito clara sua *vontade de demandar*. Quero aqui reportar-me a um pensamento bastante consolidado na doutrina brasileira, o de que os defeitos dos atos processuais se classificam, em uma ordem crescente de gravidade, em (a) meras irregularidades, (b) nulidades relativas, (c) nulidades absolutas e (d) inexistência do ato processual. Estamos, aqui no presente caso, no campo das *meras irregularidades*, uma vez que somente pelo aspecto puramente formal teria havido um desvio por parte da autora, sem no entanto que o ato estivesse comprometido em sua substância. E não há uma especial cominação de nulidade para a hipótese de que tratamos. A propósito das meras irregularidades já tive oportunidade de dizer que "a lei não dá maior importância a suas próprias exigências, quando superficialmente formais, porque insignificante ou nenhuma é a relação dessas exigências com a indispensável seriedade na produção do *resultado* querido pelo agente". E disse também:

> "entre as imperfeições processualmente irrelevantes, ou *meras irregularidades*, existem as que não produzem conseqüência alguma e as que geram *sanções de outra ordem*, como a responsabilidade civil ou certas punições disciplinares a juízes, auxiliares da Justiça, partes ou mesmo ao advogado (CPC, arts. 22, 133, inc. II, 144, inc. I, *etc.*). Todas elas têm em comum a *irrelevância* em relação à regularidade do ato em si mesmo ou do procedimento como um todo".[29]

Mas repito que esses pensamentos são da doutrina em geral e, se transcrevo palavras minhas a respeito, faço-o por mera comodidade de exposição e sem omitir referências importantes, como à obra pioneira de Calmon de Passos, onde está dito:

> "atos atípicos existem que, por haverem alcançado os fins que objetivavam (na ótica do sistema), ainda quando imperfeitos, *per-*

---

29. *Cfr. Instituições de direito processual civil*, II, nn. 705-706, pp. 599-600.

manecem válidos. São atos meramente irregulares. Ato irregular, por conseguinte, é o ato atípico eficaz, o ato defeituoso que não sofreu a sanção da ineficácia. *Tem em comum com o ato regular a produção dos efeitos que lhe são próprios*.[30]

Vou também à vitoriosa tese de Roque Komatsu, mutuando-lhe a seguinte afirmação: "as irregularidades não têm conseqüência processual, isto é, não são impeditivas da geração da eficácia própria dos atos que maculam".[31]

E agora, lançando o olhar avante, a mesma base metodológica que ampara essas colocações realistas e legitima o aproveitamento do ato irregular sempre que não lesivo a interesse algum, legitima também as aberturas para a *convalidação do processo viciado por um ato formalmente inválido*. Explico-me. Mesmo nos casos em que o ato seja portador de um vício capaz de comprometer a regularidade do processo como um todo, ainda assim o procedimento pode ser salvo mediante a aplicação dos *remédios adequados*; o ato gravemente viciado poderia causar a perda de todo o procedimento mas há remédios capazes de eliminar as conseqüências funestas do vício e com isso salvar o processo como um todo, afastando a possibilidade de sua extinção. Essa é também uma inerência do método do *processo civil de resultados*, o qual postula a busca obcecada de todo proveito útil que o processo possa proporcionar, de modo a reduzir ao mínimo suportável a frustração das *extinções desnecessárias*, fundadas em vícios formais suscetíveis de correção. Lembro aqui o chamado *princípio da proibição de excessos*, desenvolvido em obra do prof. Teori Albino Zavascki, agora Ministro do Col. Superior Tribunal de Justiça, segundo o qual a solução de situações conflituosas "não poderá ultrapassar o limite mínimo indispensável à harmonização pretendida";[32] no conflito entre as exigências formais e o anseio por chegar aos resultados úteis da jurisdição, o juiz deve pautar-

---

30. *Cfr*. José Joaquim Calmon de Passos, *Esboço de uma teoria das nulidades aplicada às nulidades processuais*, n. 89, esp. p. 111.
31. *Cfr. Da invalidade no processo civil*, cap. 8º, n. 3.2, esp. p. 167.
32. *Cfr*. "Antecipação de tutela e colisão de direitos fundamentais", esp. pp. 397-398.

se pelo critério da *menor restrição possível*, só nulificando o que não comportar remédio capaz de eliminar riscos e prejuízos. Essas idéias serão desenvolvidas nos tópicos a seguir.

382. *a disciplina dos defeitos dos atos processuais e o valor do escopo realizado*

Tudo quanto venho dizendo tem como pano-de-fundo a moderna teoria dos atos processuais, sua forma, seus defeitos, acatada pelas legislações vigentes no mundo ocidental, inclusive pelo Código de Processo Civil brasileiro. Nesse quadro, toda exigência formal só tem uma fundamental justificativa de ordem política, que é a necessidade de oferecer *segurança* às partes; e só tem uma razão de ser lógico-jurídica, que é o empenho em obter os resultados a que visa o processo. A preservação da segurança e a obtenção do escopo preestabelecido são portanto *as chaves que devem presidir todo exame da validade de um ato processual*. Como ensina ainda uma vez o Mestre Liebman,

> [*o direito vigente*] "subordina a invalidade de um ato processual não à simples inobservância destas, mecanicamente constatada, mas à relação, apreciada caso por caso, entre o vício e o escopo do ato; comina-se a nulidade apenas quando o ato, por efeito do vício, não tiver podido atingir seu escopo, tudo de maneira *a salvar o que foi feito na maior medida em que o permitam as exigências técnicas do processo*".[33]

Além disso, no pensamento agudamente lúcido de Carlos Alberto Alvaro de Oliveira, as exigências formais referentes ao processo e seus atos constituem imposição da efetividade da garantia constitucional do *contraditório*; o que se visa é, "por um lado, garantir a igualdade entre as partes" e, "por outro, satisfazer o interesse público na descoberta da verdade e realização da justiça".[34] Nem é diferente a antiga lição de Joaquim José Calmon de Passos, de que "*as formas processuais tutelam as partes*, ora

---

33. *Cfr. Manual de direito processual civil*, n. 117, esp. p. 328 trad.
34. *Cfr. Do formalismo no processo civil*, n. 14.4, pp. 113-115.

assegurando-as contra o arbítrio judicial, ora contra os abusos do adversário" etc.[35] Pensando pois na segurança das partes, a conseqüência será inevitavelmente, sempre lembrada a vinculação das formas aos escopos que se têm em vista, que nenhum ato se anulará e nenhum processo se perderá quando esses dois escopos houverem sido atingidos – ou seja, sempre que a situação de ambas as partes seja preservada e o correto exercício da jurisdição não seja conturbado.

Chegamos portanto ao campo da *instrumentalidade das formas*, que o Código de Processo Civil prestigia com o preceito contido em seu art. 244. Qualquer que seja o vício ou sua gravidade, quer a nulidade seja relativa ou absoluta, quer a lei a comine de modo expresso ou não, o que está nesse dispositivo manda que se salve o ato e sua eficácia sempre que o escopo seja atingido e ninguém saia prejudicado (v. também art. 249, § 1º).

Como já tive oportunidade de dizer em sede doutrinária, "mesmo quando absoluta a nulidade e ainda quando esteja cominada pela lei, a radicalização das exigências formais seria tão irracional e contraproducente quanto em caso de nulidade relativa".[36] E, antes de mim, já o dissera também o prof. Calmon de Passos, *verbis*: "mesmo quando expressamente cominada a nulidade, não será ela pronunciada, caso inexistente prejuízo".[37] A palavra de ordem da doutrina em geral é portanto aquela expressa por Liebman em um verdadeiro *slogan* que ele compõe do seguinte modo, conjugando o valor da forma para a segurança das partes com o repúdio ao dogma do valor radicalizado das formas processuais: "*as formas são necessárias mas o formalismo é uma deformação*".[38]

E como terão sido atingidos os escopos no presente caso?

35. *Cfr. Esboço de uma teoria das nulidades aplicada às nulidades processuais*, n. 106, p. 102.
36. *Cfr.* Dinamarco, *Instituições de direito processual civil*, II, n. 714, esp. p. 616.
37. *Cfr. Esboço de uma teoria das nulidades aplicada às nulidades processuais*, n. 109, esp. p. 139.
38. Cf. *Manual de direito processual civil*, I, n. 117, p. 328 trad.

383. o pleno exercício da defesa pela ré e o procedimento sem tumultos

Como salientei acima, os réus Orteng Equipamentos e Sistemas Ltda. e outros tomaram ciência da demanda rescisória proposta em nome de Trikem S.A. e ofereceram sua alentada resposta. Depois da contestação, só então dando-se conta daquela sucessão de empresas de que se vai falando ao longo do parecer, foi que voltaram à presença do sr. Relator para postular, com fundamento nisso, a extinção do processo. Mas, quando contestaram, fizeram-no de forma ampla e, exercendo as faculdades inerentes ao princípio da eventualidade, trouxeram ao E. Tribunal todas as defesas que no caso seriam razoavelmente suscetíveis de serem levantadas. Depois, mesmo quando voltaram à carga com aquele pedido de extinção processual, também *nenhuma afirmação fizeram, de haverem sofrido algum prejuízo em decorrência da escolha do nome Trikem em vez de Braskem*. Ou seja: não há o menor sinal da ocorrência de prejuízo algum para a defesa dos réus. O contraditório, que constitui um dos pilares legitimadores das exigências formais do processo (Carlos Alberto Alvaro de Oliveira – *supra*, n. 382), vem sendo amplamente franqueando aos réus e por eles vem sendo exercido em sua plenitude.

Por outro lado, tudo que aconteceu e vem acontecendo não causou ao procedimento os males de algum desvio perverso e capaz de tumultuá-lo, a dano do correto exercício da jurisdição. A demanda foi proposta, os réus foram citados e contestaram, a Braskem compareceu. O único incidente, pequeno incidente, foi aquele provocado pela petição com que os réus pretendem a extinção do processo, mas esse incidente será fácil e rapidamente superado se o sr. Relator, levando em conta a total ausência de prejuízo, rejeitar a preliminar levantada e assim determinar o normal prosseguimento do processo. O incidente estará superado e o E. Tribunal terá plenas condições de decidir a causa pelo mérito, fazendo justiça sem o menor risco de distorções por conta disso.[39]

---

39. Essas conjeturas situam-se no tempo em que o parecer foi elaborado.

384. *a sanabilidade dos vícios do processo*

Como está consignado com muita clareza na obra de Humberto Theodoro Jr., "não há coincidência entre nulidade absoluta e nulidade insanável, ou entre nulidade cominada e nulidade insanável. É sob outro aspecto que, dentro do princípio da instrumentalidade das formas, as nulidades se apresentam como sanáveis ou insanáveis. Esse caráter é apurado após o ato judicial de reconhecimento do vício do ato processual".[40] Também venho dizendo que "não existe uma relação constante entre a sanabilidade do procedimento e o caráter absoluto ou relativo da nulidade. Há nulidades absolutas *sanáveis* e *insanáveis*, o mesmo acontecendo com as relativas – porque, independentemente da gravidade do vício ou de sua projeção na ordem pública, com a realização do ato omitido ou repetição do nulo desaparece a causa contaminadora".[41] E há décadas vinha ensinando Calmon de Passos que o critério para determinar a sanabilidade ou insanabilidade consiste na *possibilidade ou impossibilidade de uma repetição útil do ato*, sem qualquer referibilidade à natureza do vício, ou seja: sem a necessidade de investigar se o caso é de nulidade relativa, absoluta ou inexistência do ato. Como disse ele próprio, se a falta de um ato regular "repercutiu sobre os atos subseqüentes, atingindo-os de modo a inviabilizar o prosseguimento do feito, de duas uma: pode-se voltar a praticar o ato no procedimento, sanando-se os efeitos de sua repercussão, ou isso é impossível. Na primeira hipótese, há sanabilidade. Na segunda, de insanabilidade se trata".[42]

E, antes de todos, também já dissera o clássico José Frederico Marques, Mestre de todos nós:

> "de um modo geral pode ser afirmado que todo ato nulo é sanável ou sujeito a ser repetido. Ato nulo de efeitos irremediáveis só será aquele que atingir a relação processual, tornando inadmissível a sentença de mérito. Mas isso só se verifica em hipóteses raríssi-

---

40. *Cfr*: "As nulidades no Código de Processo Civil", n. 12, p. 46.
41. *Cfr. Instituições de direito processual civil*, II, n. 717, esp. p. 621.
42. *Cfr. Esboço de uma teoria das nulidades aplicada às nulidades processuais*, n. 110, esp. p. 141.

mas e quando o autor deixar de promover providências saneadoras ordenadas pelo juiz".[43]

E o moderníssimo José Roberto do Santos Bedaque:

> "inadmissível relacionar, então, a insanabilidade do ato com a nulidade absoluta: ou afirmar que o princípio da instrumentalidade não se aplica à nulidade absoluta. (...) De tudo, conclui-se que a distinção entre nulidade absoluta e relativa, em direito processual, é totalmente irrelevante para a questão da sanabilidade do ato viciado".[44]

Ora, essa uníssona tomada de posição quanto à amplitude do campo da *sanabilidade dos vícios processuais* reflete um pensamento muito rico de Francesco Carnelutti sobre dois conceitos contrapostos, o de vício processual e o de *remédio processual*. "O vício do ato é um acontecimento contra o qual naturalmente o ordenamento cuida de reagir e tal reação nos conduz ao conceito de remédio contra o vício do ato".[45] E diz mais, prosseguindo na idéia: "*a insanabilidade do vício é uma exceção* (...). A nulidade, sendo sanável, i.é, prestando-se à convalidação, refere-se tanto à nulidade absoluta quanto à relativa (...). A convalidação é portanto um verdadeiro *remédio da nulidade*, na medida em que serve para reparar os vícios dos atos *e eliminar suas conseqüências nocivas*".[46]

Contrapor remédios a vícios é, diante disso, empenhar-se na preservação da utilidade dos atos processuais e do processo mesmo, com fidelidade ao postulado metodológico do *processo civil de resultados*, de que venho falando com tanta ênfase (não só aqui, como em tantos escritos que venho produzindo nos últimos tempos – *supra*, nn. 373 e 381). Salvar o salvável![47] E vamos de volta ao caso das consulentes.

---

43. *Cfr. Manual de direito processual civil*, II, n. 410, esp. p. 123.
44. *Cfr.* "Nulidade processual e instrumentalidade do processo", n. 6, esp. p. 36.
45. *Cfr. Istituzioni del processo civile italiano*, I, n. 314, esp. p. 286.
46. *Op. cit.*, n. 374, pp. 347-348.
47. Essa expressão vem de Rubens Requião, que a empregou na sustentação de que tudo deve ser feito para evitar falências desnecessárias, as quais consti-

Quando a Braskem forneceu o numerário para que os advogados realizassem o depósito dos 5% para a ação rescisória, *sua vontade de propô-la já estava expressa*. Descontando isso, quando essa companhia compareceu e pediu sua inclusão no processo, ratificando o processado, esse foi um eficaz *remédio processual* capaz de sanar eventual vício que alguém pudesse reputar existente – e capaz de saná-lo independentemente de qualquer consideração sobre tratar-se de nulidade relativa, nulidade absoluta ou o que quer que fosse. Optar pela nulificação da demanda e do processo seria, diante dessas idéias fortemente arraigadas na doutrina, um brutal e insensato *retrocesso ao formalismo irracional*, que de muitas décadas para cá todos repudiam. Foi plenamente atingido o escopo da exigência de regular propositura da demanda como inarredável pressuposto de constituição válida do processo, (a) *porque* a autora, Trikem, ainda não estava extinta e banida do mundo jurídico, (b) *porque* a projeção econômica de sua personalidade (seu patrimônio) permanecia substancialmente inalterada, (c) *porque* houve a eficaz participação da legitimada Braskem, que custeou o depósito de 5% e (d) *porque* esta compareceu depois, ingressando formalmente na relação jurídica processual e tudo ratificando. O Poder Judiciário, diante desses inequívocos atos de provocação ao exercício da jurisdição, não vem atuando *ex officio* ou mediante uma mera aparência de provocação: houve a efetiva provocação do sujeito legitimado e o que no mérito se decidir, será decidido em face desse sujeito e a seu pedido. Não sobra espaço algum para pensar que, mercê daquela irregularidade meramente formal e nominal do início, houvessem ficado traídos os objetivos pelos quais a lei impõe dito pressuposto processual.

E torno aqui ao ensinamento de Calmon de Passos, transcrito logo acima, procurando colher a sua essência e reproduzi-la nestas poucas palavras: *ocorre a sanabilidade sempre que seja possível salvar o processo mediante a prática de um outro ato, regular e útil, em substituição ao ato viciado*. O comparecimento

tuem um castigo muito grande para o empresário e um mal para a economia do país. Salvemos o que for salvável.

de Braskem S.A. foi esse ato regular e útil, que no caso se mostra inteiramente eficaz como remédio capaz de salvar o processo e evitar sua extinção anômala.

385. *proposições conclusivas e sucintamente fundamentadas*

Havendo examinado todos os aspectos relevantes do caso, concluo, como aliás já venho adiantando ao longo de todo o parecer, que *o processo da ação rescisória movida em nome de Trikem S.A. deve seguir avante, sem a extinção postulada pelos réus*, não-obstante estivesse aquela empresa já incorporada formalmente a uma outra, a Braskem S.A. Recapitulando e resumindo, o estudo passou por algumas premissas conceituais e metodológicas, à luz das quais examinei certos aspectos concretos da vida e da atividade dessas empresas, ressaltando o seguinte:

I – *personalidade jurídica de direito processual*. O direito contempla muitas hipóteses nas quais uma entidade, mesmo não sendo dotada de personalidade jurídica plena, dispõe de uma personalidade jurídica de direito processual, suficiente para adquirir a titularidade das situações jurídicas ativas e passivas inerentes à relação processual, ou, em outras palavras, suficiente para tornar-se parte em um processo. Assim são a massa falida, o espólio e todos os outros entes indicados no art. 12 do Código de Processo Civil, e assim é também o próprio Ministério Público, o qual é apenas uma instituição integrante da União ou do Estado mas não-obstante dispõe de uma vastíssima gama de legitimidades para atuar em juízo como parte;

II – *a sobrevida da Trikem e sua personalidade residual*. Embora formalmente extinta pela incorporação a outra companhia, a Trikem não passou diretamente do estado de viva para o de morta: ela ainda está a emitir alguns significativos sinais de vida, suficientes para afastar a falsa idéia de que teria desaparecido por completo do mundo jurídico. Dois são esses expressivos sinais: a) ela ainda mantém ao menos três unidades operacionais com o nome Trikem, em fase de regularização dos atos societários e assim inscritas no CNPJ; (b) ela ainda conserva ao menos uma conta-corrente bancária em seu nome (conta n. 53.900-7, agência Bradesco n. 08265). Esses elementos permitem afirmar com toda segurança que alguns direitos e obrigações a consulente ainda tem, o que equivale a dizer que ela mantém uma residual personalidade jurídica suficiente para qualificá-la como ente *capaz de ser parte*;

III – *um ato de vontade da empresa incorporadora (Braskem)*. A discussão sobre a eficácia do ato de propositura da ação rescisória por Trikem S.A. deve ficar superada pelo fato de Braskem S.A. haver participado de modo extremamente relevante, fornecendo o dinheiro para o depósito de 5% exigido pelo art. 488, inc. II, do Código de Processo Civil. Ao fazê-lo, *deixou inequívoca sua vontade de propor aquela demanda* – sabendo-se que não só por escrito e mediante a formal assinatura de documentos ou declarações a vontade do agente se manifesta. Um ato como aquele, sem o qual a ação rescisória não poderia sequer ser proposta, é a mais eloqüente demonstração da vontade de propô-la;

IV – *a sanabilidade dos vícios processuais como regra geral*. Ainda quando a Trikem não dispusesse de qualquer resíduo de personalidade jurídica, sequer para figurar como parte em juízo; ainda quando nada valesse ou significasse o custeio da causa pela Braskem; ou ainda quando nos resignássemos a uma superada visão formalista dos fenômenos processuais – mesmo assim jamais poderíamos sustentar a extinção do processo, a partir do momento em que a empresa incorporadora compareceu ao processo, pedindo sua inclusão no pólo ativo e ratificando todo o processado. Lições prestigiosas de Carnelutti, Calmon de Passos, Humberto Theodoro Júnior e José Roberto dos Santos Bedaque dão-nos conta de que *mais vale o remédio do que o vício* e que só em casos extremos e excepcionalíssimos se reputa inadmissível a sanação de eventuais vícios do processo. Se até no caso da propositura de uma demanda em nome de pessoa física já falecida o comparecimento do herdeiro foi havido pelo Poder Judiciário como suficiente para sanar o vício, *a fortiori* o comparecimento da incorporadora neste caso em que a incorporada estava, sim, agonizante, mas morta não estava quando foi proposta a ação rescisória.

XXV – SOCIEDADES ANÔNIMAS E LEGITIMIDADE DOS MINORITÁRIOS – QUESTÕES PROCESSUAIS[1]

§ 1º – **a consulta** – 386. introdução – 387. as indagações – quesitos – § 2º – **sobre a substituição processual** – 388. o art. 246, § 1º da Lei das Sociedades Anônimas – 389. substituição processual – primeira aproximação – 390. direito alheio, ação própria e condição de parte no processo – 391. o direito alheio e a demanda proposta pelo substituto – 392. fundamentos da outorga de legitimidade ao substituto – 393. efeitos sobre a esfera de direitos do substituído – 394. legitimidade extraordinária para hipóteses bem especificadas – 395. o substituto processual e o representante – um é parte e o outro não é – 396. faculdade do substituto, dever do representante – § 3º – **um caso típico de substituição processual** – 397. tornando ao art. 246 e aos termos da consulta – 398. o representante, o poder de representação e os correspondentes deveres – 399. os minoritários legitimados pelo art. 246 LSA – poderes limitados – uma faculdade, não um dever – 400. os minoritários são típicos substitutos processuais – § 4º – **decorrências da condição de substituto processual** – 401. introdução do capítulo – 402. os minoritários agem em nome próprio e não da companhia – 403. o resultado positivo da causa beneficia diretamente a companhia – 404. o valor da causa: invariável, sejam quantos forem os autores – 405. suportam os encargos financeiros do processo e recebem os honorários da sucumbência em caso de vitória – 406. admissível a intervenção de litisconsortes ulteriores – 407. sem legitimidade para atos de disposição de direitos – 408. desistência da ação pelo substituto processual – 409. ainda a desistência da ação: ato privativo dos substitutos processuais – 410. a controladora que paga ao minoritário paga mal – 411. substituição processual e alienação da ações – 412. a coisa julgada vincula a companhia e todos os outros possíveis substitutos – 413. o prêmio é dividido por igual entre os autores – 414. idem quanto às despesas e honorários da sucumbência – 415. acordos entre o administrador e o controlador – § 5º – **ação civil pública e ação dos minoritários** – 416. a ação civil do Ministério Público (lei n. 7.913, de 7.12.89) – 417. ação civil pública: outro caso de substituição processual – 418. direitos e interesses individuais homogêneos – 419. prejuízo direto, em oposição a prejuízo indireto – 420. a ação dos sócios e a ação civil pública da lei n. 7.913, de 7.12.89 – 421. nem litispendência nem coisa julgada – 422. composição inadmissível e portanto ineficaz

1. Reprodução de parecer elaborado em junho de 2005.

§ 1º – A CONSULTA

386. introdução

Interessantes, múltiplas e muito ricas indagações me formula a conceituada corretora de valores Hedging-Griffo Corretora de Valores S.A. acerca de uma série de pontos tipicamente processuais relacionados com a responsabilidade civil da sociedade controladora por danos causados à companhia controlada – e, muito particularmente, com a ação autorizada aos minoritários para a efetivação dessa responsabilidade (LSA, art. 246, *caput* e §§ 1º e 2º). É essa uma consulta puramente preventiva, não se referindo a algum caso pendente; destina-se a obter a palavra do processualista acerca dos pontos que levantou, com vista a preparar-se adequadamente e programar atividades suas próprias e de investidores, a serem desenvolvidas no futuro. E, como os temas processuais trazidos estão intimamente relacionados com aquela premissa básica de direito societário, cuidou também a consulente de trazer-me preciosas e pontuais considerações de um prestigioso comercialista, o prof. Calixto Salomão Filho, expressas em parecer cuja cópia me foi também exibida. O que direi no corpo deste estudo são projeções processuais das premissas de direito substancial postas pelo ilustre Professor das Arcadas, que a mim chegam como pontos de partida para o que terei a dizer.

387. as indagações – quesitos

Especificando suas dúvidas, as ilustres advogadas dra. Virgínia Romano e dra. Lucila Prazeres da Silva formulam-me uma série bastante longa de interessantes indagações, sempre ligadas àquele instituto de direito societário e todas girando em torno dos modos como o direito processual trata os acionistas minoritários que venham a exercer a ação instituída no art. 246 da Lei das Sociedades Anônimas. Elas vão de um plano conceitual e fortemente abstrato, representado pelo confronto entre os institutos da *representação* e da *substituição processual*, ao enfoque bem mais específico, prático e operacional das situações ativas e passivas do minoritário-autor no processo das ações que mover nessa qualidade. Reproduzo a seguir os quesitos recebidos, aos quais procurarei dar respostas tão objetivas quanto conseguir, concluindo afinal como me pede Hedging-Griffo. Indaga-me ela:

I – o art. 246 da Lei das Sociedades Anônimas institui um caso de *representação ou de substituição processual*?

II – qual o *valor da causa*, nas ações movidas pelo acionista minoritário com fundamento em tal dispositivo? esse valor deve guardar proporção com o percentual de sua participação no capital social?

III – o objeto da ação que mover terá *valor proporcional* a essa participação?

IV – o minoritário tem o ônus de *antecipar custas*, a suas próprias expensas, nos termos do art. 19 do Código de Processo Civil?

V – sendo o processo extinto sem julgamento do mérito ou julgada improcedente sua demanda, ele arca com os *encargos da sucumbência*? sua condenação a esse título guardará relação com o percentual de sua participação acionária?

VI – sendo a demanda julgada procedente, ele faz jus aos honorários da sucumbência? integrais ou proporcionais a sua participação acionária?

VII – é lícito ao minoritário-autor celebrar acordos, ou transação, com a sociedade controladora no curso do processo?

VIII – eventual pagamento feito pela controladora a esse título será deduzido de sua responsabilidade perante a companhia?

IX – outros acionistas minoritários são admitidos a intervir em processos referentes à ação instituída pelo art. 246 da Lei das Sociedades Anônimas? a que título?

X – intervindo, terão eles o poder de *desistir eficazmente da ação*? quais efeitos terá sua desistência?

XI – o *prêmio* a que o minoritário-autor faz jus guardará proporcionalidade com o percentual de sua participação acionária?

XII – pendente uma *ação civil pública* para a responsabilidade da sociedade controladora, ainda será admissível a ação do minoritário, com fundamento no art. 246 da Lei das Sociedades Anônimas?

XIII – julgada procedente essa ação, ainda se admitirá a do minoritário?

XIV – é lícito ao Ministério Público celebrar acordos, ou transação, com a sociedade controladora no curso da ação civil pública por ele ajuizada?

Trata-se, como se vê, de uma lista bastante extensa de indagações, mas todas elas estão interligadas por dois claríssimos fios condutores, representados pelo escopo das ações instituídas pelo referido art. 246 e pelos fundamentos do instituto processual da substituição processual. De todos esses temas e sub-temas tratarão os capítulos a seguir.

§ 2º – SOBRE A SUBSTITUIÇÃO PROCESSUAL

388. o art. 246, § 1º da Lei das Sociedades Anônimas

Após estabelecer que "a sociedade controladora será obrigada a reparar os danos que causar à companhia por atos praticados com infração aos arts. 116 e 117" (art. 246, *caput*), a Lei das Sociedades Anônimas institui a legitimidade dos acionistas para o exercício da ação destinada a efetivar essa responsabilidade (art. 246, § 1º). Distingue entre (a) minoritários detentores de ao menos 5% do capital social (art. 246, § 1º, letra *a*), com referência aos quais não faz exigência alguma, e (b) minoritários com participação inferior a essa, os quais terão o ônus de prestar "caução pelas custas e honorários de advogado devidos no caso de vir a ação a ser julgada improcedente" (letra *b*). Depois está disposto que, em caso de procedência da demanda do minoritário-autor, a sociedade controladora lhe pagará honorários da sucumbência na proporção de 20% e um prêmio de 5%, ambos calculados sobre o valor da condenação (art. 246, § 2º).

É esse o nosso ponto de partida, sobre o qual discorreu o já aludido parecer do prof. Calixto Salomão Filho. E a primeira indagação a esse respeito, e mais genérica e central, é precisamente aquela consistente em saber se a lei societária está a fixar um caso de *representação* ou de *substituição processual* da companhia pelos minoritários. Adianto desde logo que não tenho a menor dúvida a respeito dessa indagação, parecendo-me para lá de seguro que estamos nitidamente no campo da *substituição processual*; e discorrerei longamente sobre esse elegante tema, sempre pela óptica do processualista embora sem negligenciar os substratos econômicos e substanciais *dessa* substituição processual, procurando assim colocar balizas indispensáveis ao exame das questões de ordem prática levantadas pela consulente.

389. *substituição processual – primeira aproximação*

O fecundo tema da substituição processual foi pela primeira vez suscitado já no longínquo ano de 1886, em um ensaio do alemão Joseph Kohler sobre o usufruto com poder de disposição.[2] Propagou-se rapidamente entre os doutrinadores de seu país e chegou logo à Itália, onde nos primeiros anos do século XX a ele dedicou Giuseppe Chiovenda profunda atenção em seu monumental *Principii di diritto processuale civile*. Também reportando-se a fenômenos já então corriqueiros em direito privado, propôs o Mestre o estudo, em direito processual, de casos nos quais a lei autoriza alguém a realizar, em nome próprio, atos relacionados com o direito de outrem. E disse: "come in diritto privato vi sono casi in cui alcuno è ammesso ad esercitare in nome proprio diritto altrui, cosi altri può *stare in giudizio* in nome proprio per un diritto altrui".[3]

> O fenômeno não é, como se vê, privativo do direito processual civil nem sequer do direito processual como um todo. Há substituições autorizadas por lei no campo do processo penal (a vítima exercendo a ação penal privada para a satisfação do *jus punitionis* que é sempre do Estado), em processo administrativo e até mesmo em direito tributário.[4] A substituição tributária é um fenômeno bastante conhecido na realidade brasileira atual.

---

2. *Cfr.* "Der Dispositionsniessbrauch", pp. 187 ss., *apud* Garbagnati, *La sostituzione processuale nel nuovo Codice di Procedura Civile*, cap. I, n. 1, p. 1.
3. *Cfr. Principii di diritto processuale civile*, § 36, n. 1, esp. p. 597.
4. *Cfr.* Garbagnati, *La sostituzione processuale, ib.*

Enfocando o tema da substituição processual pela óptica do processo civil, colocamo-nos claramente no campo da *legitimatio ad causam*, sendo há muito tempo notório que, segundo a lei, "o sujeito da relação processual não é *necessariamente* o sujeito da relação substancial deduzida em juízo" (ainda Chiovenda[5]); como se sabe, o art. 6º do Código de Processo Civil deste país abre caminho para que possa alguém, com permissão legal, "pleitear, em nome próprio, direito alheio". Quem pleiteia em nome próprio um direito ou interesse alheio é *substituto processual* e a qualidade para agir, conferida pela lei nesses casos, é a *legitimidade extraordinária*.

A expressão *legitimação extraordinária*, antes já utilizada por Redenti e por Allorio,[6] ganhou fama após a obra de Garbagnati (*La sostituzione processuale*, cap. IV, n. 8, p. 186), sendo geralmente utilizada na doutrina italiana (Liebman, Monacciani *etc.*)[7] e na brasileira (José Frederico Marques, Moacyr Amaral Santos, Waldemar Mariz de Oliveira, José Carlos Barbosa Moreira, Donaldo Armelin *etc.*);[8] mas houve quem preferisse dizer *legitimação anômala* (Calamandrei, Salvatore Satta)[9] ou *indireta* (Jaime Guasp).[10] De um modo geral, todos tratam o sujeito a quem a lei confere uma legitimidade *ad causam* extraordinária como *substituto processual*.

390. direito alheio, ação própria e condição de parte no processo

Partamos da premissa de que uma legitimidade é extraordinária *quando não coincidem o titular do direito ou da obrigação*

---

5. *Id., ib.*

6. *Cfr.* Enrico Redenti, *Il giudizio civile con pluralità di parti*, cap. III, § IV, p. 258; Enrico Allorio, *Diritto processuale tributario*, cap. XIX, n. 152.

7. *Cfr.* Enrico Tullio Liebman, *Manual de direito processual civil*, I, 74-A, p. 211 trad.

8. *Cfr.*, por todos, Armelin, *Legitimidade para agir no direito processual civil brasileiro*, n. 8.11, pp. 120 ss.

9. *Cfr.* Piero Calamandrei, *Istituzioni di diritto processuale civile secondo il nuovo codice*, I, § 37, p. 122; Salvatore Satta, *Diritto processuale civile*, 1967, n. 56, pp. 82-85.

10. *Cfr. Derecho procesal civil*, cap. III, p. 185.

afirmada em juízo e o titular do direito de estar em juízo para a defesa desse direito ou obrigação.[11] É dessa premissa que decorre o emprego do vocábulo *substituição* porque se entende que o sujeito ao qual a lei confere legitimidade, sem ser titular do direito ou da obrigação no plano do direito material, substitui o titular ao atuar em juízo em seu benefício. Segundo entendimento universalmente uniforme, a outorga de uma legitimidade extraordinária configura, em outras palavras, outorga do *direito de ação* a um sujeito que não é titular da situação de direito substancial controvertida. Ou, em outras palavras, ele é, em si mesmo e em nome próprio, o *titular da ação*; defende sim um direito alheio, mas exerce *ação própria*.[12]

> É corrente em doutrina esse confronto, que nos casos de legitimidade extraordinária se vê, entre a titularidade do direito substancial e a da ação. Garbagnati: "il potere di *far valere nel processo un diritto non è altro che il potere di provocare, in merito al diritto stesso, l'esercizio della funzione giurisdizionale* – e cioè, il *potere di azione*".[13]

Ao exercer essa *ação própria*, o substituto processual faz-se desde logo parte no processo – sabendo-se que, em seu conceito puro, partes são os sujeitos *interessados* da relação processual, ou os *sujeitos do contraditório instituído perante o juiz* (Liebman).[14] O conceito de parte decorre exclusivamente desse dado objetivo consistente em estar agindo no processo, ter sido citado, ou ter ingressado como interveniente de qualquer natureza – sendo rigo-

---

11. *Cfr.* Chiovenda, *Principii di diritto processuale civile*, § 36, n. 1, pp. 596-597; Garbagnati, *La sostituzione processuale*, n. 8, esp. p. 186; Allorio, *La cosa giudicata rispetto ai terzi*, n. 145, p. 249; Armelin, *Legitimidade para agir no direito processual civil brasileiro*, n. 117, esp. p. 121 *etc.*

12. A doutrina fala sempre em *ação própria*, pondo o foco exclusivamente na legitimidade extraordinária *ativa* – porque, como é óbvio, o legitimado *passivo* não exerce ação alguma (quer o ordinário, quer o extraordinário). Existem também casos de legitimidade extraordinária passiva (Allorio, *La cosa giudicata rispetto ai terzi*, n. 148, esp. p. 254), mas não têm interesse algum em relação ao presente estudo.

13. *Cfr. La sostituzione processuale*, cap. V, I, n. 1, esp. pp. 205-206.

14. *Cfr.* Liebman, *Manual de direito processual civil*, I, n. 41, p. 123 trad.

rosamente inadequada qualquer investigação sobre a legitimidade do sujeito para estar no processo ou suas ligações com a relação jurídico-material controvertida. "La nozione di parte è una nozione strettamente processualistica" (Monacciani)[15] e "ser parte no processo significa ser titular das faculdades, ônus, poderes e deveres inerentes à relação jurídica processual, em estado de sujeição ao juiz".[16] O substituto processual que age em juízo é autor e portanto *parte*, sendo pois titular de todos aqueles poderes, deveres, faculdades e ônus – entre eles, os ônus e obrigações referentes ao *custo do processo*, que constituem objeto de específica indagação da consulente (*infra*, n. 405).

É pleonástico falar em *parte em nome próprio*, simplesmente porque aquele que é parte no processo está sempre agindo ou defendendo-se em nome próprio. Ninguém é, em hipótese alguma, *parte em nome alheio*. Quem age em nome alheio não é parte e quem é parte não age em nome alheio. Essa ponderação abre espaço para a distinção entre substituto processual e representante, de que se falará a seu tempo (*infra*, nn. 398-399).

391. *o direito alheio e a demanda proposta pelo substituto*

A *ação própria* exercida pelo substituto processual no exercício de sua legitimidade extraordinária coincide intensamente com a ação que, em relação ao mesmo objeto ou mesma pretensão, poderia ser movida pelo próprio substituído. Dos elementos constitutivos da demanda, a que a doutrina ordinariamente se refere como *elementos identificadores da ação* (partes, causa de pedir, pedido), somente um difere, que é o próprio autor. O réu é o mesmo que seria se a demanda houvesse sido movida pelo próprio titular do direito, a *causa petendi* é a mesma, o mesmo *petitum*. A demanda ajuizada pelo cidadão com vista à anulação de um

---

15. *Cfr. Azione e legittimazione*, n. 91, esp. pp. 244-245; para a ênfase desse *conceito puro de parte*, v. Dinamarco, *Instituições de direito processual civil*, II, n. 520, pp. 252-254.

16. *Cfr.* ainda minhas *Instituições de direito processual civil*, II, n. 521, p. 255, onde dou adesão integral ao que, no mesmo sentido, dissera Enrico Tullio Liebman (*cfr.* seu *Manual de direito processual civil*, I, n. 59, p. 164 trad.).

ato da Administração lesivo ao interesse público ou viciado por imoralidade administrativa (*ação popular* – Const., art. 5º, inc., LXXIII) só difere da demanda que poderia ter sido proposta pela própria Administração porque lá o autor é o cidadão e, aqui, o ente estatal; o objetivo é o mesmo e mesmos também os fundamentos.

Fixemo-nos então um pouco mais no *objeto do processo*, que outra coisa não é senão o mérito da causa e se conceitua como a *pretensão posta pelo demandante diante do juiz* – ou, como disse em estudo específico sobre o tema, "a *exigência* que, através da demanda, uma pessoa apresenta ao juiz para exame" (e tal é o *Streitgegenstand*, de intenso interesse na doutrina alemã).[17] Ora, em si mesma a pretensão trazida em nome próprio pelo substituto em nada difere daquela que teria sido trazida pelo substituído; o fato de cada um deles deduzir aquela mesma pretensão em nome próprio, sendo autor no processo em vez do outro, não significa que a *pretensão* seja outra – a pretensão é a mesma, simplesmente apresentada ao juiz por outra pessoa e sempre destinada a obter um benefício para o titular do direito, não para seu possível substituto. O mérito da ação popular movida pelo cidadão é rigorosamente o mesmo da demanda que poderia ter sido movida pela própria pessoa jurídica substituída. Ou, em outras palavras: a *causa* é a mesma, distinguindo-se somente o sujeito que a propõe, ou seja, *o autor* – e essa é também uma premissa diretamente ligada à consulta recebida, como se verá mais adiante (*infra*, n. 402).

392. *fundamentos da outorga de legitimidade ao substituto*

"A legitimação para agir em via extraordinária funda-se em um especial jogo de interesses" que, na lição autorizada de Luigi Monacciani, é o *fio condutor* capaz de proporcionar a construção harmoniosa do próprio instituto e escolha dos casos nos quais convém à boa ordem processual a instituição de uma legitimidade extraordinária. Chega esse monografista ao ponto de propor que, em vez de dizer que o substituto age *em nome próprio*, se dissesse

17. *Cfr*: Dinamarco, "O conceito de mérito em processo civil", n. 110, p. 254.

que ele age *no próprio interesse*.[18] Parece-me mais correto aceitar as duas fórmulas porque (a) o substituto atua realmente em nome próprio, figurando como parte processual ele mesmo e não o substituído, mas (b) ele também o faz movido por um interesse que é seu, ou seja um seu interesse próprio a que o direito do substituído seja efetivado. De todo modo, tenho por indiscutível que o interesse próprio do não-titular do direito substancial é sempre a mola que ao mesmo tempo (a) induz o legislador a instituir casos de *legitimidade substitutiva*, o que ele faz ao legislar e (b) estimula o substituto a exercer efetivamente o direito de ação destinado diretamente à satisfação do direito do titular (substituído).

A esse propósito dissera também Edoardo Garbagnati: "constitui pressuposto da outorga do poder de ação ao substituto (...) um seu interesse à emanação de um provimento jurisdicional que declare a existência ou inexistência de uma relação jurídica do substituído".[19] E Enrico Allorio afirmara sucintamente que "o substituto tem interesse na lide", para depois esclarecer que esse interesse "é precisamente constituído por uma situação de direito substancial" e que "já no terreno do direito material ele é unido à relação deduzida em juízo".[20] E José Carlos Barbosa Moreira: "esses casos, que são excepcionais, fundam-se quase sempre na existência de um vínculo entre as duas situações, considerado suficientemente intenso, pelo legislador, para justificar-se o fato de autorizar alguém, que nem sequer se apresenta como titular da *res in iudicium deducta*, a exigir do juiz um pronunciamento sobre o direito ou estado alheio".[21] E ainda: a outorga de legitimidade

18. *Cfr. Azione e legittimazione*, n. 148, esp. p. 390. Ele propõe uma nova leitura do art. 81 do Código de Processo Civil italiano, chegando a uma fórmula consistente em dizer que substituto processual é o sujeito "ao qual seja reconhecido por uma especial disposição de lei o poder (*rectius* o direito) de defender processualmente, *no próprio interesse*, um direito alheio" (*id., ib.*).

19. *Cfr. La sostituzione processuale*, cap. V, I, n. 3, esp. p. 212; essas palavras foram transcritas e expressamente apoiadas por Monacciani na passagem referida acima.

20. *Cfr. La cosa giudicata rispetto ai terzi*, nn. 146-147, esp. pp. 251-252.

21. *Cfr.* "Apontamentos para um estudo sistemático da legitimação extraordinária", n. 1, esp. pp. 59-60 (v. também *RT* 404).

extraordinária ao não-titular do direito substancial deve depender "das relações entre a sua situação subjetiva e a situação jurídica objeto do juízo".[22] Em termos bem práticos, digamos que, ao instituir a legitimidade de certa pessoa para atuar em prol de outrem, o legislador presume *que aquilo que será bom e útil ao substituto será também para o substituído.*

O que até aqui foi exposto representa a primeira fase da busca das "razões jurídicas que explicam a atribuição de eficácia legitimante a determinadas situações jurídicas subjetivas diversas daquelas que constituem, em cada caso, o objeto do juízo" (Barbosa Moreira[23]). A legitimidade extraordinária é *extraordinária* porque recai sobre quem não é titular da relação jurídica de direito material que constitui objeto do julgamento em um processo; e ela é outorgada a esse não-titular de direitos em certos casos nos quais o legislador vislumbra um interesse próprio desse sujeito à satisfação de um direito conexo ao seu ou do qual o seu seja dependente. Depois, a segunda etapa dessa busca consistirá na escolha, pelo legislador, das situações ocorrentes na vida em que, sempre a seu juízo, seja conveniente a outorga dessa legitimidade substitutiva: "il legislatore, basandosi sulla comune esperienza, giudica esistere un interesse del sostituto all'esercizio della funzione giurisdizionale in merito ad un rapporto giuridico altrui" (Edoardo Garbagnati).[24] Só depois disso feito é que chega o momento em que o intérprete examinará, caso a caso, a situação jurídica conexa ou dependente que levou o legislador a outorgar essa legitimidade – e esse último exame será feito, na parte especial deste parecer, com relação a quesitos formulados pela consulente (*infra*, n. 397).

393. *efeitos sobre a esfera de direitos do substituído*

De tudo quanto vem sendo dito ao longo do parecer decorre que, substancialmente, a decisão jurisdicional de mérito toma-

---

22. *Op. cit.*, n. 4, esp. p. 65.
23. *Op. cit.*, n. 7, esp. p. 72.
24. *Cfr. La sostituzione processuale*, p. 226; v. também Monacciani, *Azione e legittimazione*, n. 151, esp. pp. 396-397.

da na causa em que é parte o substituto processual será sempre *uma decisão para o substituído* e não para o substituto. Esse é um dos pontos vitais, na teoria e disciplina legal da substituição processual; o legitimado extraordinário é autorizado por lei a tomar iniciativas e conduzir o processo sem ser titular dos interesses em conflito mas, como ele o faz por um direito alheio, é sobre o direito alheio que o juiz decidirá. Disse a propósito o clássico Garbagnati que, se a sentença se pronuncia "sobre o mérito da *fattispecie* concretamente submetida à decisão do juiz, é logicamente necessário concluir que a coisa julgada manifesta sua eficácia precisamente em relação aos sujeitos sobre cuja situação substancial o comando do juiz vem a incidir, ou seja, *sobre os titulares da relação jurídica litigiosa*" – sendo incontroverso que o substituto é "estranho à relação litigiosa".[25] Carnelutti: "quando alguém defende em juízo o direito de um outro, entende-se que a eficácia do julgado se produz em relação ao segundo e não ao primeiro". E, pouco mais adiante: "uma vez que a lei admite a substituição processual de alguém em relação a outrem, daí pode-se inferir que ela também reconhece como eficaz em relação a esse outro a sentença que alguém haja obtido para si".[26]

Esse ponto é tão importante, nuclear mesmo na teoria da coisa julgada, que é lícito afirmar que, se a esfera de direitos do substituído não fosse atingida diretamente pelos efeitos da sentença proferida em face do substituto, não haveria razão para a lei instituir a própria figura da substituição processual. De que valeria uma sentença dada na ação movida pelos minoritários como autorizado no art. 246, § 1º, da Lei das Sociedades Anônimas, se dela não resultasse proveito para a companhia? Essa sentença é dada para a companhia (substituída) e não para os minoritários que circunstancialmente se hajam posto como autores (substitutos), porque é para o bem do corpo societário que a lei os autoriza

---

25. *Cfr. La sostituzione processuale*, cap. VII, n. 2, p. 280. O monografista coloca o tema sobre o plano da teoria da coisa julgada e a meu ver estamos no campo da eficácia e não da autoridade da sentença (Liebman) – mas esse é um ponto conceitual sobre o qual não teria cabimento estender-se o parecer.

26. *Cfr. Sistema di diritto processuale civile*, I, n. 142, esp. p. 381.

a agir. Titular da situação substancial trazida a julgamento é o ente coletivo; o substituto não passa de mero sujeito do processo.

Depois, havendo o juiz decidido sobre uma *relação substancial* da qual é parte o substituído e não o substituto, é também mais do que natural que fique aquele adstrito às limitações decorrentes da coisa julgada material e sua eficácia preclusiva. Também de pouca ou nenhuma valia seria o exercício da jurisdição assim por iniciativa do substituto, se o substituído não ficasse preso nos limites subjetivos da *res judicata*. O art. 472 do Código de Processo Civil não foi ditado nem redigido com a consciência dos casos de processo conduzido pelo substituto processual mas é corrente o entendimento de que o vocábulo *partes*, ali contido ("a sentença faz coisa julgada às *partes* entre as quais é dada..."), tanto quanto no art. 2.909 do Código Civil italiano, deve ser lido como *partes do litígio* e, não, *partes do processo*.

    Garbagnati: "(...) no art. 2.909 do Código Civil, a palavra *partes* não está a indicar os sujeitos da chamada relação processual – como bem observou Zanzucchi, ela é usada em um sentido muito diferente, servindo para designar *os sujeitos da relação jurídica litigiosa*".[27]

    Araújo Cintra (discorrendo sobre o art. 472 CPC e os limites subjetivos da coisa julgada material): "a palavra *partes* não está na lei em seu sentido de sujeitos do contraditório do processo, mas indica os sujeitos da relação jurídica litigiosa (...). Realmente, assim se explica porque, no caso de substituição processual, o substituído fica sujeito à coisa julgada formada em processo de que não participou".[28]

É também pacífico em doutrina que, proferida a sentença de mérito em relação a um interesse que é do substituído e não do substituto e formando-se a coisa julgada material, ambos ficam impedidos de rediscutir a causa. No dizer de Araújo Cintra, o substituto "não pode obter nova decisão da matéria porque a lide já foi definitivamente decidida".[29] Ele sustenta, invocando Garbagnati,

---

27. *Cfr. op. cit.*, cap. VII, n. 4, pp. 290-291.
28. *Cfr. Comentários ao Código de Processo Civil*, IV, n. 267, esp. p. 305.
29. *Op. loc cit.*, nota 155, pp. 305-306.

que a vinculação do substituto processual não se dá por imposição direta da *auctoritas res judicatæ* mas, como dissera este, por força de sua "sujeição ao julgado do substituído".[30] Não creio que seja assim. Tenho por preconceituosa e arbitrária a premissa de que somente o titular da relação substancial controvertida fique sob o manto da coisa julgada (como freqüentemente se diz em doutrina) porque o não poder repropor em juízo o mesmo objeto de uma sentença já definitivamente irrecorrível não é outra coisa senão a imposição da autoridade da coisa julgada material. Se há dois ou mais legitimados a uma ação, a coisa julgada é o óbice que impede a repropositura da demanda por qualquer deles, não importa quem, importando somente que o objeto daquela sentença não pode ser reproposto. Não me animo porém a desenvolver esse tema puramente conceitual na presente sede porque, dados os precisos objetivos do parecer, o que há de fundamental é isso: *formada a coisa julgada na causa proposta pelo substituto, não poderá ele próprio, nem o substituído nem qualquer outro substituto processual repropor a mesma causa já definitivamente julgada.*

> Não pode o substituído porque seu litígio já foi definitivamente julgado e, como todos reconhecem, ele fica preso ao vínculo da coisa julgada. Não pode o substituto que já agiu em juízo porque ele próprio já exerceu uma vez seu direito de ação e, não podendo o próprio titular do direito voltar a juízo, não seria sequer sensato admitir que pudesse ele. E não podem os demais legitimados extraordinários por essa mesma razão e porque, se pudessem, não ganharia estabilidade alguma o que em relação ao primeiro substituído já fora decidido: seria um não acabar de repetições de demandas, possível enquanto ainda houvesse algum legitimado que não houvesse exercido o direito de ação. Que absurdo! O que acabo de dizer se impõe, quer entendamos que é a própria coisa julgada que inibe os substitutos, quer não.

394. legitimidade extraordinária para hipóteses bem especificadas

Quando a lei institui casos de substituição processual, ela o faz na consideração de algum interesse relevante a ser preservado –

---

30. *Cfr. La sostituzione processuale*, cap. VII, n. 5, esp. p. 296.

seja do substituto processual, seja do próprio substituído (*supra*, n. 392)[31] – sendo essa excepcionalidade um dos esteios que conferem legitimidade ao próprio instituto da substituição processual e justificam a projeção de efeitos de uma sentença sobre a esfera de direitos de quem não haja sido parte no processo (*supra*, n. 393). Quando o legislador decide por outorgar a um sujeito o poder de ação referente a uma relação jurídica alheia, entende-se que ele assim procede sopesando a conveniência de legitimar o substituto, em confronto com o resguardo dos interesses do substituído. Se se pusesse a prodigalizar indiscriminadamente casos de substituição processual, diluída ficaria a regra que exige a própria legitimidade *ad causam* e adeus art. 6º do Código de Processo Civil! A legitimidade extraordinária, porque *extraordinária*, deve ser excepcional no sistema.

> Ainda Garbagnati: como o exercício da jurisdição por provocação do substituto incidirá sobre a esfera jurídica dos titulares da relação substancial, "é natural que o legislador tenha por oportuno, no interesse deste, limitar a legitimação para agir em nome próprio por um direito alheio *a poucos casos especiais, expressamente limitados*". O exagero ou proliferação de casos abriria caminho para que o titular de direitos viesse a sofrer prejuízos, muitas vezes gravíssimos.[32]

Por isso, os casos de legitimidade extraordinária são *pontuais e específicos*. Dificilmente ocorrerá uma disposição outorgando essa legitimidade a alguém para todas as causas de interesse de uma outra dada pessoa, ou para um bloco exagerado dessas causas. A interpretação do art. 6º do Código de Processo Civil conduz ao entendimento de que não só é em princípio necessária uma disposição específica instituindo casos de legitimidade extraordinária,[33] como também é imperioso conter tais legitimidades nos limites das ações para as quais são instituídos.

---

31. Donaldo Armelin mostra, em percuciente pesquisa, uma classificação das razões que, em cada caso, levam o legislador a instituir a substituição processual (*cfr. Legitimidade para agir no direito processual civil brasileiro*, n. 118, esp. p. 122).

32. *Op. cit.*, cap. V, II, n. 11, pp. 231-232.

33. Sem prejuízo de alguns outros, que devem ser ainda mais raros porque superlativamente excepcionais, em que a garantia constitucional do acesso à jus-

O cidadão, legitimado à ação popular em defesa do interesse público, da moralidade administrativa *etc.* (Const., art. 5º, inc. LXXIII), não é titular de uma legitimidade tão ampla que o qualificasse a estar em juízo por toda e qualquer demanda de interesse dos entes públicos (execuções fiscais, desapropriações despejos); os *sócios minoritários* a que alude o art. 246 da Lei das Sociedades Anônimas são legitimados para a ação visando à responsabilidade do controlador mas não têm legitimidade para demandas de outra natureza ou finalidade (cobranças, despejos, iniciativas relacionadas com o fisco) *etc.*

395. *o substituto processual e o representante – um é parte e o outro não é*

A vizinhança entre os institutos da substituição processual e da representação sugere sempre aos doutrinadores o estudo comparativo entre os dois, do qual resulta invariavelmente o destaque a alguns elementos distintivos de primeira grandeza. A primeira dessas distinções, à qual se associam todas as demais, é que o substituto processual é um legitimado extraordinário, titular de um próprio direito de ação, enquanto que o representante é apenas qualificado pela lei ou pelo sistema a atuar *em nome do representado*. Não é um legitimado *ad causam* e não exerce ação própria, senão uma ação deste; e sua qualificação para atuar como representante não é institucionalmente dependente da existência de um interesse seu, próprio, à satisfação do direito do representado (*supra*, n. 392).

Diante desses conceitos e premissas, conclui Monacciani "que a *legitimatio ad causam* pertence ao representado e que ao representante se pode reconhecer no máximo uma *legitimatio ad processum*".[34] No sistema processual essa locução indica a capacidade para estar em juízo, que os incapazes não têm e por isso os atos em sua defesa só serão eficazes quando realizados pelo representante; e as pessoas jurídicas, sendo somente uma abstração

---

tiça justifica a legitimidade extraordinária *extra legem*. Mas também esse ponto não tem interesse para o parecer e apenas lhe faço referência com o objetivo de preservar coerência com meus escritos.

34. *Op. cit.*, n. 149, esp. p. 393.

e não tendo pois uma realidade física, só podem agir, em juízo ou fora dele mediante atos de seus representantes[35] (ou *presentantes*, na notória linguagem singular de Pontes de Miranda). Nesse quadro, os atos que o representante realiza no exercício da representação processual são atos *do representado* e sua eficácia recai sobre ele, uma vez que, na lição concisa de Liebman, o representante "exerce a ação do representado em nome e por conta deste, não sendo parte na causa".[36]

396. *faculdade do substituto, dever do representante*

Dessas clássicas diferenciações entre a figura do substituto processual e a do representante decorre, como conseqüência necessária, que em princípio aquele tem a *faculdade* de exercer a ação, enquanto que o representado tem o *dever* de fazê-lo. O substituto não tem mais que mera faculdade, que por definição não passa de uma *liberdade de conduta* e é filha da garantia constitucional da liberdade (Const., art. 5º, inc. III),[37] porque ele próprio é o titular de uma ação, exercendo-a, sempre se quiser, sob a pressão de uma mola representada por seu próprio interesse à proteção do direito alheio. Mas a representação é um *munus*, ou seja, encargo recebido com vista ao interesse alheio e sem qualquer consideração ao daquele que o recebe – de modo que não cumprir o encargo é contrariar o que dele espera a lei ou o outorgante do poder de representação, sendo ilegítima a omissão (*infra*, n. 399).

§ 3º – UM CASO TÍPICO DE SUBSTITUIÇÃO PROCESSUAL

397. *tornando ao art. 246 e aos termos da consulta*

Das indagações formuladas por Hedging-Griffo, uma é puramente conceitual e a resposta a ser-lhe dada condiciona direta-

---

35. *Cfr.* minhas *Instituições de direito processual civil*, II, n. 439, pp. 119-120.
36. *Cfr. Manual de direito processual civil*, I, n. 74-C, esp. p. 211 trad.
37. *Cfr.* Dinamarco, *Instituições de direito processual civil*, II, n. 493, pp. 207-209.

mente o modo de encarar muitas das outras. Foi com vista a ela que me vi obrigado a discorrer tão longamente e no plano conceitual sobre a *substituição processual*, pondo-a em confronto com a *representação*, porque aquele quesito central da consulta consiste exatamente em indagar se o § 1º do art. 246 da Lei das Sociedades Anônimas estabelece um caso de representação ou de substituição processual. A esse propósito, o parecer do prof. Calixto Salomão Filho, já referido, propõe que tal indagação seja conduzida à luz de um conceito de *representatividade substancial*, causando-me à primeira vista a impressão de que estaria Sua Excelência optando pela primeira daquelas alternativas; vejo no entanto, pelo contexto de sua brilhante exposição, que não houve a mais mínima intenção de afirmar, ou mesmo insinuar uma suposta preferência por qualquer das alternativas postas na consulta.

> Diz ele, apenas, que o sujeito portador da legitimidade substancial se qualifica como "legítimo defensor do interesse social", para depois acrescentar que "a idéia de representação orgânica ou *representatividade substancial* é coerente com a vigente teoria a respeito da gênese da pessoa jurídica". Nesse quadro os minoritários são "instrumentos de expressão dos interesses da sociedade, ainda que agindo em nome próprio".[38]

Lida agora com olhos de processualista, a locução *representatividade substancial* revela um conceito mais amplo, residente mesmo no plano do direito material e dos fundamentos mais profundos de seus institutos e equivalendo ao que, na teoria das *class actions*, a doutrina norte-americana denomina *adequacy of representation*. Estamos agora a falar em pessoas que, por sua posição no seio de uma entidade grupal, reúne condições para defender os direitos do próprio grupo ou os seus interesses – sem pensar ainda nas configurações técnico-processuais das vestes a serem assumidas por aquele que reúna tais condições (substituto? representante?). Tudo quanto no país de origem ou aqui se diz sobre a *adequacy of representation* é dito sem o menor compromisso conceitual com um preciso enquadramento do *ideological plaintiff*

---

38. *Parecer* cit., n. 4.1, texto e nota 16.

como substituto processual ou como representante. Representante adequado é, nesse prisma, apenas o sujeito capaz de "exprimir os anseios da categoria" (Pedro da Silva Dinamarco[39]); e, quando tal expressão é empregada, tem-se em mira só e exclusivamente o exercício de uma escolha politicamente conveniente do *sujeito habilitado a atuar*, sem qualquer preocupação conceitual projetada sobre os conceitos ou categorias de direito processual.

Pois vejo naquela expressão *representação substancial* essa mesmíssima idéia de uma aptidão a atuar eficaz e legitimamente na defesa dos interesses da companhia. Ela deixa ainda em aberto a questão conceitual sobre ser de *substituto* ou de *representante* a posição dos minoritários a quem as duas alíneas do § 1º do art. 246 da lei societária outorgam autorização para ir a juízo em busca da responsabilidade civil da sociedade controladora.

> Encaradas as coisas de um prisma bastante amplo e genérico, transcendente aos lindes do direito societário, vê-se que cabe ao legislador em alguns casos e ao juiz em outros a identificação dos sujeitos que, por terem aquela aptidão a propiciar bons proveitos aos entes coletivos ou a seus integrantes, terão o poder de estar em juízo no interesse de uns e outros. No tocante às ações coletivas, "a verificação da legitimidade se dá *ope judicis* nos países anglo-americanos e, em algumas matérias, na Itália; aqui ela se dá *ope legis*".[40] Quanto às sociedades anônimas essas definições estão naquele art. 246, § 1º, e também, para outra espécie de atuação que para o exame aqui feito não tem interesse, no art. 159 da Lei das Sociedades Anônimas. Sabemos portanto quem poderá atuar em juízo mas não se disse ainda em qual condição esse sujeito está legalmente habilitado a atuar.

Dito isso, chega o momento de definir-se o processualista por uma daquelas alternativas, tendo em conta certas premissas vindas do direito societário, as lições dos comercialistas sobre a estrutura e funcionamento das companhias e também, de modo muito significativo, os conceitos de substituição processual e de representação, residentes na teoria processualística.

39. *Cfr. Ação civil pública*, n. 10.6, esp. p. 135.
40. *Cfr.* ainda Pedro da Silva Dinamarco, *Ação civil pública*, n. 14.2, esp. p. 201.

398. o representante, o poder de representação e os correspondentes deveres

A representação das sociedades anônimas em juízo, como de resto a dos entes associativos em geral, cabe àqueles a quem os atos constitutivos outorgarem tal poder, ressalvada a possibilidade de, sempre segundo o estatuto, os diretores da companhia repassarem tal encargo a outros sujeitos (LSA, arts. 144, *caput* e par.). E a lei processual, como que se reportando a tais disposições, estatui que "são representados em juízo, ativa e passivamente (...) *as pessoas jurídicas*, por quem os respectivos estatutos designarem ou, não os designando, por seus diretores". Tal é a notória redação do art. 12, inc. IV, do Código de Processo Civil, que de *representação* está a cuidar e mantém estreita harmonia com a lei societária; é muito natural que toda a representação das companhias, e não apenas sua representação *em juízo*, seja feita por aquelas pessoas emergentes da vontade dos que, no exercício do poder de voto, comandam os destinos de tais entidades. Os representantes designados pelo estatuto são legítimos portadores daquela *representatividade substancial*, de que falou o comercialista – ou, na minha linguagem de processualista, recai sobre eles aquela *adequacy of representation*.

Ora, quando se fala em *representante*, ou na *representação* das sociedades empresárias, entende-se que se está diante de pessoas a quem o voto majoritário dos sócios concedeu não apenas o *poder* de atuar por ela mas também, ao mesmo tempo, um série de *deveres* relacionados com essa atividade. Justamente porque não se trata de autorizar a atuar em proveito próprio, mas da companhia, o representante está por lei adstrito a "empregar, no exercício de suas funções, o cuidado e a diligência que todo homem ativo e probo costuma empregar na administração de seus próprios negócios" (LSA, art. 153) – sendo todos os administradores "responsáveis pelos prejuízos causados em virtude do não-cumprimento dos deveres impostos por lei para assegurar o funcionamento normal da companhia" *etc.* (art. 158, § 2º).

399. os minoritários legitimados pelo art. 246 LSA – poderes limitados – uma faculdade, não um dever

A substancial razão institucional que justifica aquelas regras do art. 246 da Lei das Sociedades Anônimas é o objetivo de proteger as companhias contra eventuais abusos de poder praticados pelo controlador – sendo óbvio que, não vindo a juízo algum minoritário em busca da responsabilização deste, ninguém mais viria porque os diretores e outros possíveis representantes estatutários são sempre o próprio controlador ou alguém de sua escolha e confiança, dele dependente e suscetível de destituição por ato seu. De nada valeria a lei cominar abstratamente sanções ao administrador por eventuais atos lesivos, definindo os contornos de sua responsabilidade civil (LSA, arts. 117 e 246, *caput*), se não houvesse alguém mais, além dele próprio, ou pessoas postas por ele, em condições de operacionalizar em juízo essa responsabilidade.

Para atingir esse escopo a lei conta com a motivação do próprio minoritário, estimulado em primeiro lugar pela natural *repercussão benfazeja* que sobre seu patrimônio será projetada pela sentença que proteger a companhia. Mas há também a promessa de um *prêmio* a ser-lhe destinado, arcando com ele o controlador que vier a ser responsabilizado por sentença (LSA, art. 246, § 2º). Estamos, porém, no puro campo da *faculdade* dada aos minoritários para agir – agir motivados por aquelas prospecções de uma vantagem direta e outra indireta, mas agir sem o *dever* de fazê-lo. O *dever* de agir na defesa dos interesses da companhia é somente daqueles que tenham, por estatuto ou por delegação, responsabilidades diretas em relação aos interesses, às políticas e aos destinos desta.

Ora, as *omissões do administrador* são ilícitas e podem até gerar sua responsabilidade civil (LSA, art. 159) mas o *minoritário que se omite* não incide por isso em ilicitude alguma; ele sabe apenas que, não agindo, deixará de colaborar para que a companhia pudesse ser ressarcida à custa do controlador e também não se habilitará a obter o prêmio instituído pelo § 2º do art. 246 da lei societária. O máximo a que se pode chegar, portanto, é que o minoritário tem o *ônus* de propor a demanda de ressarcimento – prejudicando-se ele próprio em caso de omissão, (a) indiretamente, porque sua participação no capital social valerá menos do que poderia, e (b) diretamente, porque não se habilita a ganhar aquela recompensa.

São conceitos elementares, mas é sempre útil lembrar: a) *deveres são imperativos de conduta no interesse alheio* e o descumprimento caracteriza omissão ilícita, porque transgride a norma que impunha o cumprimento; b) *faculdades são liberdades de conduta*, filiam-se à garantia constitucional da liberdade e seu exercício é somente *permitido*, sem que a omissão importe ilicitude; c) em muitos casos a omissão no exercício de uma faculdade traz para o omisso a conseqüência consistente em não obter a vantagem que o exercício lhe proporcionaria ou em permitir que se consume uma desvantagem que o exercício seria capaz de evitar – e, nesse caso, estamos no campo dos *ônus*, superiormente conceituados como *imperativos do próprio interesse* (James Goldschmidt).[41]

400. os minoritários são típicos substitutos processuais

A conclusão do presente capítulo é que os sócios minoritários, autorizados pelo art. 146, § 1º, da Lei das Sociedades Anônimas a estar em juízo para postular a condenação da sociedade controladora por danos causados à companhia (LSA, arts. 117 e 246, *caput*), ali figuram como típicos substitutos processuais e não como representantes desta. Alinho a seguir os tópicos do raciocínio em que se funda tal conclusão, fazendo-o em proposições bastante simples e objetivas e sem me pejar de passar pelo óbvio: a) pelo disposto no art. 12, inc. IV do Código de Processo Civil, é aos sujeitos designados em estatuto, ou subsidiariamente aos diretores, que compete a representação das sociedades em juízo; b) os minoritários, como tais, não têm estatutariamente *qualquer poder de representação* – o que seria mesmo um absurdo, pois a nenhuma assembléia ocorreria essa aberração consistente em dar

41. *Cfr. Principios generales del proceso*, I, n. 37; v. também Cândido Rangel Dinamarco, *Instituições de direito processual civil*, II, nn. 492, 493, 494 e 498, pp. 206 ss.

poderes dessa ordem a todos os acionistas, ou a um número muito grande deles, em total dispersão do comando da companhia; c) não tendo poderes de representação, não têm também os deveres do administrador, sendo-lhes simplesmente facultado o exercício do direito de ação; d) a ação para a qual são legitimados é pontualmente indicada em lei (LSA, art. 246, § 1º), não tendo eles qualificação para estar em juízo por todo e qualquer direito ou interesse da companhia; e) exercerão o direito de ação, segundo sua vontade incensurável e sem obrigatoriedade alguma, sempre que forem suficientemente motivados pela valorização da própria companhia e de sua participação acionária, bem como pela promessa do prêmio instituído no art. 246, § 2º, da lei societária; f) não se sujeitam a sanção alguma pelo não-exercício desse direito de ação.

> Quando digo que os minoritários legitimados a agir têm um *poder limitado*, digo precisamente que a legitimidade outorgada pelo art. 246 da lei societária não vai além da qualificação desses sócios a agir em juízo para os fins ali estabelecidos, sem serem legitimados a ações de outra natureza ou finalidade e sem terem disponibilidade alguma sobre direitos substanciais da companhia. Mas, uma vez instaurado o processo por iniciativa sua, eles são *autores* em um processo e, nesse processo, dispõem de todos os poderes e faculdades inerentes à qualidade de parte, sendo-lhes lícito alegar, pedir, requerer, provar, recorrer, ou mesmo renunciar a atos do processo (renunciando a recursos, desistindo dos que houver interposto, desistindo da própria ação *etc.* – *infra*, nn. 407-408). Mas insisto: nenhuma disponibilidade de direitos ou situações jurídico-substanciais.

§ 4º – DECORRÊNCIAS DA CONDIÇÃO DE SUBSTITUTO PROCESSUAL

401. introdução do capítulo

É chegado o momento de examinar pontualmente as indagações formuladas pela consulente, relativas a certos desdobramentos relevantíssimos da resposta dada à primeira delas. Da condição de substitutos processuais e não representantes, resultam para os minoritários várias conseqüências, de forte conotação prática, que serão objeto dos tópicos a seguir.

402. *os minoritários agem em nome próprio e não da companhia*

Como todo substituto processual, os minoritários legitimados extraordinariamente pela lei societária serão partes, na condição de *autores*, nas causas que promoverem no exercício da ação franqueada pelo art. 246, § 1º, daquela. Partes são, na lição da mais moderna das doutrinas, os sujeitos *interessados* da relação processual, ou os *sujeitos do contraditório instituído perante o juiz* (Liebman – *supra*, n. 390). Quem propõe uma demanda em nome próprio (ou seja, sem ser mero representante) *é autor* e autor é *parte*. Sendo autores e portanto *partes*, os minoritários não serão representantes da companhia em juízo, pois para isso não têm qualificação legal nem estatutária (CPC, art. 12, inc. IV – *supra*, n. 400).

> Se se unirem dois ou vários sócios minoritários para a propositura da demanda, entre eles formar-se-á um *litisconsórcio*, ocupando todos eles um só pólo da relação processual – o ativo, naturalmente. Se um sócio se dispuser a prestar a caução aludida no art. 246, §, letra *b*, da Lei das Sociedades Anônimas, ele poderá vir isoladamente (sem litisconsórcio), qualquer que seja sua participação no capital social. Não a prestando, o sócio que não detiver 5% daquele capital precisará litisconsorciar-se a outros, tantos quantos bastem para atingir aquele nível (letra *a*) – e, nessa medida e para esse fim, tal litisconsórcio será *necessário*. O litisconsórcio entre colegitimados que em qualquer hipótese se formar (letra *a* ou letra *b*) será sempre *unitário*, dado que o objeto do processo será um só, qualquer que seja a quantidade de autores.[42]

Em qualquer hipótese, o sócio ou sócios que vierem a juízo serão *titulares de todas as situações ativas e passivas inerentes à condição de parte*, com as faculdades, poderes, ônus e deveres que toda parte tem (*supra*, n. 390). Suportam os encargos finan-

---

42. *Cfr.* meu *Litisconsórcio*, nn. 82 ss., pp. 121 ss.; nn. 91 e 93, pp. 188 ss.

ceiros do processo (*infra*, n. 405), desfrutam de todas as faculdades e sujeitam-se a todos os ônus ou deveres inerentes às partes (ônus da prova, faculdade de recorrer, dever de lealdade *etc.*) e vinculam-se ao resultado deste (*infra*, n. 412). Mas não têm poder algum de disposição quanto à própria relação de direito substancial, da qual não são sujeitos (*infra*, n. 407); pelo mesmo motivo, o resultado útil do processo irá diretamente à esfera de direitos da companhia, não à deles (*infra*, n. 403).

403. *o resultado positivo da causa beneficia diretamente a companhia*

Venham como autores quantos minoritários vierem, o pedido que um deles deduzir, ou dois, ou muitos, será sempre idêntico a si mesmo, a saber: pedido de condenação da sociedade controladora a pagar *à companhia* o valor dos prejuízos que lhe houver causado (LSA, arts. 117 e 246). Nenhum deles pede coisa alguma para si mas todos para o ente corporativo, do qual são substitutos processuais – e é precisamente nisso que consiste o *demandar em nome próprio por direito alheio*, que é o mote emblemático da substituição processual (*supra*, nn. 389-391). A conseqüência natural é que o objeto desse processo não estará em nada condicionado pela quantidade dos minoritários que vierem como autores ou à participação de cada um ou de todos eles.

> Alerto mais uma vez que objeto do processo é "a exigência que, através da demanda, uma pessoa apresenta ao juiz para exame" (*supra*, n. 391). O autor que pede em juízo está a formular uma exigência, que o juiz satisfará ou não, quando julgar procedente ou improcedente a demanda proposta. E por isso é que, após muitas discussões, chegou a doutrina alemã à conclusão de que o objeto do processo reside na pretensão deduzida em juízo; e eu, pessoalmente, fui ao ponto de, à luz do direito positivo brasileiro, sustentar que o objeto do processo está exclusivamente *no pedido*, sem que a causa de pedir influa em sua definição ou delimitação.[43] Acom-

---

43. *Cfr*. "O conceito de mérito em processo civil", n. 169, p. 272.

panhei nesse passo a lição autorizada de Rosenberg-Schwab: "o pedido é o verdadeiro objeto do litígio".[44]

Ora, o objeto do processo, assim definido no *petitum* aforado pelo autor, é sempre o metro limitador da decisão de mérito possível, uma vez que esta há de guardar invariavelmente uma correlação com a demanda, sem poder ir *ultra vel extra petita* (CPC, art. 460) e sem ser lícito ficar aquém do que se pediu (*citra petita* – art. 126). Por isso é que, como se lê no art. 128 do Código de Processo Civil, *o juiz julgará a demanda nos limites em que foi proposta*.[45]

Uma vez que no processo instaurado por iniciativa de um sócio minoritário ou de uma pluralidade deles, o objeto do processo será sempre o mesmo (nenhum deles pede para si e, todos, pela companhia), a sentença que vier terá sempre a dimensão dos prejuízos causados ao ente corporativo. *Não se emite condenação alguma em favor dos minoritários autores*, nada se proporcionaliza na razão da participação acionária de cada um, nada receberá qualquer um deles ao fim do processo (salvo, eventualmente, honorários advocatícios ou o prêmio previsto em lei).

404. o valor da causa:
invariável, sejam quantos forem os autores

Pela mesma razão da unidade e incindibilidade do objeto do processo,[46] em princípio o valor a ser atribuído à causa para fins fiscais (CPC, art. 282, inc. V) deveria em tese corresponder ao dos danos atribuídos à controladora-ré, ou, em outras palavras, ao valor integral do *petitum* deduzido (principal, correção monetária, juros – art. 259, inc. I). Não se busca o valor da causa no valor do reflexo (*mero reflexo*) que a procedência da demanda pode-

---

44. *Cfr. Zivilprozessrecht*, § 96, III, nn. 2-3, pp. 458-459.
45. *Cfr.* minhas *Instituições de direito processual civil*, III, nn. 940-951, pp. 277 ss.
46. *Incindibilidade* no sentido de não haver parcelas relacionadas com a participação acionária de cada minoritário-autor.

rá projetar no patrimônio do autor ou de cada um dos autores, ou mesmo de todos eles em conjunto, simplesmente porque eles nada pedem para si mas, todos conjuntamente, para a companhia (*supra*, n. 403).

A jurisprudência vem no entanto mitigando essa regra, que em alguns casos pode mostrar-se draconiana e constituir óbice à efetividade do *acesso à justiça*, constitucionalmente assegurado (Const., art. 5º, inc. XXXV). Embora o minoritário-autor peça sempre uma condenação por todo o valor dos danos causados (e esse valor será sempre o mesmo, sejam quantos forem os minoritários-autores), a sensibilidade do juiz deve fazê-lo perceber que, na prática, para aquele o resultado econômico será muito inferior, ou seja, será um resultado apenas reflexo e terá a *medida de sua participação acionária*. Com a procedência da demanda que propõe, cada minoritário beneficiar-se-á somente na proporção de sua participação no capital social. Se o objetivo da lei é estimular os minoritários a vir a juízo em defesa dos interesses da companhia (tanto que promete um prêmio àquele que colher resultados proveitosos a esta – LSA, art. 246, § 2º), seria até incongruente dificultar essa atuação, impondo a cada sócio os encargos financeiros do processo na razão de *todo* o benefício que a companhia poderá obter – e não apenas, como é justo, na razão do benefício reflexo que ele próprio obterá. Seja, portanto, por imposição da superior garantia constitucional de acesso à justiça, seja como resultado de uma *interpretação teleológica e sistemática* (confronto entre o art. 259, inc. I, CPC, e o art. 246, § 2º, LSA), concluo que o valor da causa, nas demandas de que cuida o parecer, será o do pedido deduzido, na proporção da participação acionária dos minoritários que vierem com a demanda.

> "Pequena acionista minoritária propôs demanda de anulação de uma dação em pagamento feita pela companhia da qual detinha muito menos de 1% do capital social. Invocando a garantia constitucional de acesso à justiça, o tribunal mandou que o valor da causa ficasse estabelecido na proporção da participação societária da autora, sem abranger o do negócio jurídico como um todo. Prevaleceu, afinal, o substancial critério baseado no benefício econômico

postulado na demanda." Gratifica-me muito relatar esse caso, porque nele oficiei como relator no Col. e saudoso Primeiro Tribunal de Alçada Civil de São Paulo, tendo havido uma sadia discussão entre os integrantes da Turma Julgadora, com final concordância de todos.[47]

Mas reitero o que já disse antes: seja como for, a condenação que for proferida no julgamento da causa será sempre pelo valor total dos danos, sem proporcionalização alguma e sem qualquer consideração à participação dos minoritários-autores no capital social. Assim é porque, como é notório, o valor do pedido é em princípio um parâmetro para a determinação do valor da causa, mas o contrário não se dá: o valor da causa jamais determina o objeto do processo nem concorre para dimensionar objetivamente a sentença a ser proferida.

405. *suportam os encargos financeiros do processo e recebem os honorários da sucumbência em caso de vitória*

Recolher o *preparo da inicial* é um dos primeiros ônus de quem vem a juízo propor uma demanda; não o cumprindo integralmente, a distribuição da petição inicial não deverá ser feita ou, quando houver sido feita, será cancelada (CPC, arts. 19 e 257). Pois assim também será com o minoritário-substituto que vier a juízo, o qual agirá em nome próprio, sendo portanto um autor como qualquer outro (*supra*, n. 39). Em caso de litisconsórcio ativo tal ônus será de todos os litisconsortes mas não importa qual deles realizou o preparo nem se foi feito proporcionalmente: recolhido o valor adequado, o ônus estará cumprido e o feito prosseguirá. O valor adequado do preparo inicial e do recursal será proporcionalizado ao valor atribuído à causa ou corrigido pelo juiz (art. 261), observado o que acima se disse sobre o modo de calcular esse valor (*supra*, n. 404).

Depois, ao longo do procedimento o minoritário-autor arcará com os demais ônus financeiros, como o de adiantar o salário do

---

47. *Cfr.* ainda minhas *Instituições de direito processual civil*, III, n. 998, esp. pp. 384-385.

perito, o de preparar eventuais recursos *etc*. Esse ponto é da máxima clareza e indiscutibilidade, mas não é demais invocar prestigiosa doutrina a respeito: "il sostituto, contrariamente al rappresentante, sopporta il costo della domanda" (Allorio[48]).

Estamos até aqui falando sobre os *ônus* financeiros do processo, que se resolvem em exigências de recolhimento sob pena de não obter a eficácia dos atos praticados ou privar-se de atos requeridos ao juiz. Tal é a mal denominada *responsabilidade provisória por custas*, de que fala a doutrina brasileira menos moderna. Ao fim virão as *obrigações* que a lei associa à sucumbência – obrigação pelo valor das taxas judiciárias, honorários do advogado do vencedor, remuneração do perito *etc*. Sempre na qualidade de parte, o minoritário que houver proposto a demanda será condenado por essas verbas em caso de sucumbir (improcedência da demanda, carência de ação *etc*.) e, se procedente a demanda proposta, a ele ou a seu advogado serão devidos os honorários pela sociedade controladora (CPC, art. 20).

> Em caso de *procedência da demanda dos minoritários*, sendo a controladora condenada a ressarcir, os honorários a cargo desta serão fixados em *vinte por cento da condenação*, por determinação direta e específica da Lei das Sociedades Anônimas (art. 246, § 2º); sendo proferida uma sentença ilíqüida, ou genérica, o valor devido transparecerá quando for feita a liqüidação e sobre ele incidirá esse percentual. Em caso de *improcedência da demanda ou extinção do processo sem julgamento do mérito*, sucumbindo os substitutos processuais autores, manda a superior garantia constitucional da isonomia (Const., art. 5º, *caput*) que também ali os honorários da sucumbência se fixem no mesmo valor que prevaleceria em caso de procedência (LSA, art. 246, § 2º – vinte por cento sobre o valor da causa); é porém usual nos tribunais o *barateamento* dos honorários devidos pelo autor quando sucumbe, deixando de lado a regra isonômica constitucional a pretexto de aplicar o disposto no art. 20, § 4º, do Código de Processo Civil – o que autoriza a previsão de que também na hipótese aqui considerada isso pode acontecer.

48. *Cfr. La coisa giudicata rispetto ai terzi*, 146, p. 250, com precisas considerações e convincente fundamentação.

Também por ser ele próprio a parte autora, e não a companhia substituída, responde o sócio minoritário por eventual *litigância de má-fé* (CPC, arts. 16-18), a qual estará presente em atos e omissões suas ou de seu patrono, não daquela. Como parte, ele está adstrito aos *deveres de lealdade* impostos pelo Código de Processo Civil (art. 14), sendo natural que responda quando transgredir algum deles. Responderá inclusive pela multa instituída no art. 14, par., quando eventualmente praticar algum dos atos de *atentado à jurisdição* indicados no inc. V.

406. admissível a intervenção de litisconsortes ulteriores

Como na generalidade dos casos em que há colegitimados extraordinários a uma dada ação, é sempre possível que um litisconsórcio entre dois ou vários deles, quando não formado logo à propositura da demanda, venha a formar-se no curso do processo, mediante o fenômeno da *intervenção litisconsorcial voluntária* (admitindo-se também a ampliação do litisconsórcio por esse meio). Sempre houve e nunca deixou de haver muita resistência da doutrina e dos tribunais à admissibilidade dessa modalidade interventiva no direito brasileiro[49] mas os fundamentos usualmente lançados contra ela não são aptos a comprometer a intervenção dos colegitimados extraordinários. Dizer que dois ou mais sujeitos são *colegitimados* equivale a dizer que a todos e cada um deles é concedida legitimidade para estar em juízo *por um mesmo objeto*. Em relação a esse só e único objeto eles são titulares de *legitimidades concorrentes* – e daí discorrer Calamandrei, com muita elegância, em torno do conceito de *legitimação por categoria*.[50] Agirá um dos legitimados, agirão dois, agirão vários ou muitos *etc.* – mas invariavelmente o que tantos pedirem será precisamente o mesmo que um só poderia pedir isoladamente, sem o concurso dos demais.[51]

---

49. *Cfr.* Dinamarco, *Litisconsórcio*, n. 17, p. 55.
50. *Cfr. Istituzioni di diritto processuale civile secondo il nuovo codice*, I, § 37, p. 124.
51. *Op. cit.*, nn. 54.1 e 54.2, pp. 188-191.

São casos bastante conhecidos: a) o do *condômino*, que pode isoladamente reivindicar o imóvel comum mas pode também fazê-lo em litisconsórcio com outros, sem que se amplie o *petitum* (CC, art. 1.314); b) o da legitimidade de todos os *interessados* e do Ministério Público para a demanda de declaração de *nulidade do casamento* (CC, art. 1.549); c) o da *ação popular*, a ser exercida por um cidadão isoladamente ou por mais de um.

Ora, tratando-se de colegitimados não faz diferença alguma que venham todos juntos e simultaneamente, instituindo um *litisconsórcio originário*, ou que ao autor único do início outros se acresçam – caso em que ocorrerá *litisconsórcio ulterior* formado pela iniciativa do terceiro que intervier.[52] E o que aqui estou dizendo, já o disse em sede doutrinária, *verbis*:

"essa intervenção *não altera o objeto do processo*, porque todos eles são substitutos processuais de um substituído só e a demanda que vêm sustentar é a mesma que já estava pendente desde a propositura da demanda inicial. Por isso, não havendo tumultos de monta, aconselha-se maior liberalidade de sua admissão ao processo. O único que eles têm a provar, além do que os outros já precisavam fazer, é sua própria legitimidade".[53]

Ora, (a) se é plenamente admissível o litisconsórcio entre os colegitimados decorrentes da regra contida no art. 246, § 1º, da Lei das Sociedades Anônimas; b) se esse litisconsórcio não importa peculiaridade alguma, ou aumento na dimensão do objeto do processo; c) se o ingresso de colegitimados no curso do processo também não influi minimamente sobre o objeto do processo, deixando-o tal e qual sem nada lhe acrescer ou modificar – conclui-se com docilidade (d) que esse litisconsórcio ulterior entre colegitimados é de inteira compatibilidade com o sistema, não causando prejuízo a quem quer que seja e não gerando tumulto algum no processo.

A intervenção litisconsorcial voluntária não se confunde com a *assistência litisconsorcial*, regida pelo art. 54 do Código de Processo Civil. Mediante esta ingressa no processo alguém que, sem ser

52. *Op. cit.*, n. 72, p. 333.
53. *Cfr.* ainda *Instituições de direito processual civil*, II, n. 595, p. 381.

parte na própria relação controvertida nem legitimado a estar em juízo com referência a ela, tem com o adversário do assistido uma relação jurídica conexa ou dependente daquela que é posta como objeto do processo. Ex.: o *devedor principal* que ingressa como assistente do fiador, na causa movida a este pelo credor de ambos. Na relação entre autor e fiador ele não é parte mas é também, ele próprio, ligado àquele por uma outra relação obrigacional, que não foi posta em juízo. Na assistência litisconsorcial, o terceiro que ingressa no processo é somente *um assistente e não litisconsorte* – assistente ao qual a lei outorga poderes assimilados aos do litisconsorte (art. 54), mas sempre *assistente*. Conceituá-lo como *litisconsorte* equivaleria a dar maior peso ao adjetivo que ao substantivo.[54]

407. sem legitimidade para atos de disposição de direitos

Justamente por não ser titular do direito substancial ou da relação litigiosa posta em juízo, não tendo poderes de representação da companhia (*supra*, nn. 390, 391, 399 *etc.*) e recebendo da lei apenas *um direito de ação e nada mais*, o substituto processual não tem poder algum de disposição das situações de direito material de titularidade do substituído. Ele é autorizado a vir a juízo exclusivamente para a *defesa* dos interesses e possíveis direitos deste, o que é coisa diferente e talvez oposta à disposição de direitos e interesses que não são seus.

Por isso, eventual transação que celebre com a controladora-ré, ou uma renúncia ao direito da companhia ao ressarcimento, são atos rigorosamente *ineficazes perante esta* porque praticados por sujeito sem legitimidade para fazê-lo. O conceito de *legitimidade* não se confina ao direito processual nem é restrito à legitimidade *ad causam*, que nesse sistema ocupa posição de destaque: também em direito material ele tem significado muito relevante, como na legitimidade para alienar, que pertence ao dono, para pagar com direito à sub-rogação, que é de qualquer sujeito interessado *etc.* (Donaldo Armelin[55]). A disposição de um direito sem ser titular equivale, *mutatis mutandis*, à alienação *a non domino*.

54. *Cfr.* ainda uma vez meu *Litisconsórcio*, n. 15, pp. 48 ss.
55. *Cfr. Legitimidade para agir no direito processual civil brasileiro*, nn. 1-4, pp. 9-11.

Na lição sempre respeitadíssima de Emilio Betti, a *ineficácia* "apresenta-se como a resposta mais adequada a um impedimento de caráter extrínseco, que incida sobre o projectado regulamento de interesses, na sua realização prática".[56]

O *impedimento extrínseco* a que alude o monografista é sempre o *interesse de terceiro*, que não pode ser atingido sem que haja participado do ato; e o terceiro, na hipótese aqui considerada, é o titular do direito controvertido no processo, ou seja, *o substituído*, que não está presente, não é parte no processo e, conseqüentemente, não participa do ato dispositivo que o substituído venha a realizar. Daí a mais clara ineficácia desse ato, que a doutrina especializada demonstra mediante abordagens bastante específicas. Na lição sempre prestigiosa de Edoardo Garbagnati, o substituto processual poderá ter poder de disposição de situações ou faculdades inerentes à relação processual, a qual foi instaurada mediante iniciativa sua, no exercício de uma ação que é sua; não terá porém semelhantes poderes em relação ao direito substancial posto na causa, porque é do substituído e não seu, e a legitimação extraordinária é apenas legitimidade *ad causam*, que não investe o substituto de outros poderes além daqueles alusivos à ação que exercerá. Ele desistirá eficazmente da ação, renunciará a um recurso ou desistirá do recurso interposto, mas não renunciará ao direito do substituído nem fará transações em torno dele, simplesmente porque dele não é titular.[57]

408. desistência da ação pelo substituto processual

O que acaba de ser dito, mediante o confronto entre o poder de dispor de situações exclusivamente processuais e a total ausência de poder sobre o direito substancial do substituído, já trouxe em si resposta ao quesito referente à desistência da ação (*supra*, n. 407). Como qualquer autor, o substituto pode, sim, desistir da ação, sempre observado o disposto no art. 158, par., do Código de Pro-

---

56. *Cfr. Teoria generale del negozio giuridico*, III, n. 57, esp. p. 11 trad.; v. também Tondo, "Invalidità e inefficacia del negozio giuridico", n. 1, p. 995.

57. *Cfr. La sostituzione processuale*, cap. V, II, n. 13, p. 239.

cesso Civil (anuência do réu), porque a ação exercida é sua e não do substituído, tendo ele plena disponibilidade sobre seu próprio direito ao exercício da jurisdição em torno da relação substancial da qual o substituído é titular.

Mas parece muito claro que a desistência formulada *por um só dos autores*, existindo outros em litisconsórcio, terá a única conseqüência de excluir da relação processual aquele que desiste, prosseguindo o processo com os demais sempre que os remanescentes preencham os requisitos da letra *a* ou da letra *b* do art. 246, § 1º, da Lei das Sociedades Anônimas; aquele que poderia ter agido sem o concurso do outro tem plena legitimidade para prosseguir ainda quando o outro se retire. É natural que essa regra prevaleça também em relação aos minoritários que houverem ingressado no processo mediante uma intervenção litisconsorcial voluntária, porque essa intervenção dá origem a um *litisconsórcio ulterior* e o litisconsorte ulterior é autor tanto quanto os originários (*supra*, n. 406); também a desistência da ação pelo autor único ou pelos litisconsortes originários não implicará extinção do processo se ali permanecerem litisconsortes ulteriores com legitimidade suficiente.

> Estamos no campo do *litisconsórcio unitário*, no qual as *condutas determinantes* realizadas por um sem o concurso dos demais não pode ter eficácia perante estes ou em relação ao processo: "faltando a unanimidade, não produzem efeitos sequer para os que se manifestaram".[58] Por isso é que, desistindo da ação algum dos litisconsortes, sem que todos desistam, esse ato será *determinante em relação ao que desiste*, sendo ele excluído do processo, mas ineficaz perante os outros, cujo direito ao julgamento do mérito não fica prejudicado.[59]

409. *ainda a desistência da ação: ato privativo dos substitutos processuais*

Nenhum ato pode o administrador praticar no processo instaurado por iniciativa do sócio minoritário, no qual não é parte. A

---

58. *Cfr.* ainda uma vez meu *Litisconsórcio*, n. 71, esp. p. 248; Barbosa Moreira, *Litisconsórcio unitário*, n. 104, p. 172.

59. *Op. cit.*, n. 49, p. 151.

qualidade de parte, composta pelo conjunto de faculdades, poderes, ônus *etc.* a serem exercidos no processo, é intimamente inerente, como se mostra para lá de óbvio, exclusivamente a quem for parte no processo, não a quem não o for.

> Liebman: "pelo fato de participar de um processo, isto é, de haver proposto uma ação em juízo ou de ter sido chamada a enfrentar uma ação, a pessoa adquire uma especial 'qualidade', ou *status*, que é precisamente a *qualidade de parte*, da qual decorrem para ela numerosas situações subjetivas ativas ou passivas. O conjunto dessas situações subjetivas forma o conteúdo da relação jurídica processual".[60]

No campo do presente estudo, a primeira e mais palpável projeção do que acabo de dizer é a mais absoluta impossibilidade de desistir o administrador da ação proposta pelo minoritário. Estamos falando pontualmente do ato, a que costumamos chamar *desistência da ação*, com o qual a parte renuncia ao prosseguimento do processo – ato que tem apenas o efeito de pôr fim ao processo sem julgamento do mérito, sem interferência alguma sobre o direito ou a pretensão posta como objeto deste (CPC, art. 267, inc. VIII). Ora, o direito de ação outorgado pelo art. 246, § 1º, da Lei das Sociedades Anônimas é direito do minoritário, a ser exercido em nome próprio e não em nome alheio[61] (substituição processual – *supra*, n. 400) e, tendo sido ele o sujeito que o exerceu, é dele e exclusivamente dele a faculdade de, na condição de parte *que o administrador não tem*, renunciar ao prosseguimento do processo instaurado por iniciativa sua e não do administrador. Só o autor tem o poder de desistir da ação, ninguém mais. Outorgar absurdamente eficácia a uma desistência formulada pelo administrador nesses processos seria frustrar por completo o intuito do legislador, que, outorgando legitimidade *ad causam* ao minoritário, quis com isso permitir iniciativas que jamais o administrador tomaria (*supra*, n. 400).

60. *Cfr. Manual de direito processual civil*, I, n. 59, p. 164 trad.
61. Mas sempre no *interesse* alheio.

410. a controladora que paga ao minoritário paga mal

Se a ação dos minoritários substitutos tem por objeto um pedido de condenação a favor da companhia e não deles próprios (*supra*, nn. 390, 391 e 393) e se não têm eles qualquer poder de disposição sobre direitos ou situações substanciais da companhia, sendo ineficaz qualquer concessão que venham a fazer acerca deles (*supra*, n. 407), nada mais falta dizer ou demonstrar para concluir que, em caso de a controladora-ré lhes pagar algum valor, também esse pagamento será de inteira *ineficácia perante a companhia*. Pagar ao não-credor é pagar mal e, como se diz há não sei quantos séculos, *quem paga mal paga duas vezes*. O devedor continua devedor, o credor continua credor e o crédito continua tendo o mesmo valor que tinha antes.

Reconhecer a eficácia de um tal pagamento seria, afinal, negar as próprias balizas da teoria da substituição processual. O acionista legitimado vem a juízo por um direito alheio e não próprio, apenas motivado pelo reflexo benéfico que uma receita agregada ao patrimônio ativo da companhia poderá projetar sobre o valor de sua participação acionária. Ele nada vem pedir para si, como nenhum substituto processual vem. Se nada pede para si, nada terá a receber, como é óbvio e natural. E, se algum valor vier a receber, o erro de quem pagou não poderá desfalcar o patrimônio da companhia, retirando-lhe ou reduzindo-lhe um crédito que é dela e não de quem recebeu.

411. substituição processual e alienação de ações

Em caso de alienação total de suas ações pelo minoritário *que não haja proposto* a demanda autorizada no art. 246 da Lei das Sociedades Anônimas, perde ele a legitimidade, que antes tivesse, por se haver despojado de modo integral de sua condição de acionista.[62] Estamos falando de *alienação*, como negócio jurídico

---

62. Se a alienação for apenas *parcial*, o alienante de parte de suas ações conservará ou não sua legitimidade, dependendo de estar ou não enquadrado nas hipóteses das letras *a* e *b* do § 1º do art. 246 da Lei das Sociedades Anônimas. Se permanecer legitimado, nada a considerar. Se não, aplica-se o que está dito

voluntário mediante o qual alguém transfere a outrem bens de sua propriedade (no caso, ações) e uma outra pessoa (o adquirente) os recebe em seu patrimônio. Quem aliena deixa de ser dono, quem adquire torna-se dono. O alienante de ações deixa de ser acionista, o adquirente passa a sê-lo na medida das ações adquiridas. Por isso é que, se ao ser feita a alienação *nenhuma ação houver sido proposta pelo alienante*, disporá o adquirente, sem ressalva alguma decorrente dessa sua condição, da legitimidade extraordinária para movê-la – sempre na qualidade de substituto processual. Ele é, em tudo e por tudo, um *sócio* e, nessa condição, desfruta da legitimidade instituída naquele dispositivo.

Maiores dificuldades surgem quando a alienação é feita *já no curso do processo* iniciado pelo alienante. Ao se tornar titular das ações, o adquirente recebe para si a mesma legitimidade que antes o alienante tinha, estando portanto habilitado a ingressar no processo, também na condição de substituto processual, tanto quanto até então ali figurava este. Estamos no campo da *sucessão em direitos* e, simetricamente, da *sucessão no processo*. Em sua abrangência mais ampla, ocorre o fenômeno da *sucessão* quando "um sujeito de direito toma a posição de outro em determinada relação jurídica, seja por negócio *inter vivos* ou *mortis causa*, a título singular ou a título universal", sem extinção do vínculo (Orlando Gomes[63]). Ora, em virtude do fenômeno jurídico da sucessão o adquirente das ações de um sócio *sócio é*. E, por ser sócio, desfruta dos direitos societários inerentes a essa condição, entre eles o de voto, o de participar de assembléias, o de obter informações nos termos da lei e, como é natural, o de propor a ação autorizada pelo art. 246 ou nela prosseguir: aquele vínculo que o alienante tinha com a companhia, agora foi o adquirente quem passou a ter. Pelo fenômeno da *sucessão* nos direitos de acionista transferem-se a ele todas as situações ativas que antes eram do outro, inclusive o de ação.

---

no texto acima. Pode também acontecer que a alienação parcial fragmente de tal modo a participação acionária, que nem o alienante nem o adquirente fique na condição de legitimado.

63. *Cfr. Obrigações*, nn. 143-144, pp. 234 e 236.

Nem por isso, no entanto, cessa desde logo a legitimidade do alienante nem será o caso de extinção do processo.

O que *pode* acontecer é uma transferência da condição de autor mediante a saída do alienante e inclusão do adquirente na relação processual. Essa *sucessão* será provocada mediante petição endereçada pelo adquirente ao juiz e acompanhada de documentos que comprovem a titularidade das ações que ele diz ter adquirido. A situação é extremamente semelhante à que tem regência pelo art. 42 do Código de Processo Civil, segundo o qual o adquirente propõe seu ingresso na condição de sucessor e, anuindo o adversário, ele é admitido e assume a posição de parte no processo. Digo que a situação é *semelhante* (e não a mesma), consciente de que os fatos em exame não se caracterizam como *alienação da coisa litigiosa*, que é objeto da direta disposição do art. 42. Mas a semelhança é tal e tanta, que certamente o legislador teria ditado para a alienação de ações a mesma regra que ali ditou para a alienação da coisa litigiosa: *ubi eadem ratio ibi eadem legis dispositio* – e tal é o aforismo que consubstancia a legitimidade da extensão analógica dos preceitos contidos em dispositivos legais. Por *analogia*, portanto, legitima-se equiparar o trato daquele que recebe legitimidade em virtude de haver adquirido ações societárias, ao que o art. 42 do Código de Processo Civil dedica de modo expresso e direto àquele que, havendo adquirido o bem, por força disso torna-se também parte legítima.

Disse eu a propósito da sucessão de partes regida nesse dispositivo: "já formado o processo e assim definidas as partes pelo fenômeno da estabilização da demanda (art. 264), a lei admite em tese a alteração subjetiva quando houver a alienação da coisa ou do direito litigioso, a título particular – mas desde que consinta o adversário (art. 42, § 1º). O Código outorga a este o poder de exigir que as partes continuem as mesmas, para resguardá-lo de possível fraude consistente em transferir o bem a um insolvente que depois não possa arcar com os encargos do processo.[64] Se o adquirente o

---

64. Ou pode ele, também, ter razões para não litigar com um adversário inconveniente, em cuja lisura não confia.

requerer e o adversário consentir, dar-se-á a *sucessão* da parte e o alienante ficará excluído da relação processual. Não consentindo, prossegue o alienante no pólo em que figura (autor ou réu) e o adquirente, querendo, intervirá no processo na qualidade de seu *assistente litisconsorcial* (art. 42, § 2º). A condição do alienante que permanece é de *substituto processual*, pois passa a defender em juízo, em nome próprio, os interesses de quem adquiriu o bem (legitimidade extraordinária – art. 6º CPC)".[65]

E digo agora, em relação à sucessão aqui em exame, o que a seguir se lê. O adquirente de ações não se torna titular do direito substancial em litígio, como se dá na hipótese prevista diretamente pelo art. 42 do Código de Processo Civil, porque o bem jurídico sobre o qual decidirá o juiz é de titularidade da companhia e não de seus substitutos processuais (*supra*, nn. 390-391); tanto quanto o alienante de ações, o adquirente, se for admitido à relação processual, será sempre uma parte que defende em nome próprio os interesses do substituído, a saber, da companhia. Ele será portanto, de igual modo que o autor originário, um *substituto processual* desta. Feito esse desconto, sua situação é a mesma daquele que adquire a coisa litigiosa e as razões que estão à base do disposto no art. 42 são de inteira pertinência ao caso da alienação de ações pelo minoritário. Por isso, também o alienante de ações, tanto quanto quem houver alienado a coisa litigiosa na pendência do processo, permanece na relação processual, com sua legitimidade intacta até que seja sucedido. Só a perderá se vier a ser sucedido. Se não o for – ou porque a sucessão não foi pedida pelo adquirente, ou porque foi pedida mas o adversário não anuiu – ele prosseguirá no processo como parte principal, com todas as faculdades, poderes, ônus e deveres de uma parte. Mas, em caso de recusa, o adquirente de ações poderá ingressar no processo como assistente litisconsorcial do alienante – ou seja assistente litisconsorcial de um substituto processual (CPC, art. 42, § 2º).

Dando-se a sucessão e assim instalando-se o adquirente na qualidade de parte (*supra*, n. 409), ele estará habilitado a requerer

---

65. *Cfr. Instituições de direito processual civil*, II, n. 531, pp. 280-282.

provas, participar da instrução, recorrer ou até mesmo *desistir da ação* – ou seja, desfrutará de todas as situações jurídicas ativas e sujeitar-se-á a todas as passivas que antes recaíam sobre o autor originário. Do mesmo modo que este, o adquirente que o houver sucedido *não é titular de poderes de disposição sobre direitos e interesses de natureza substancial* nem pode portanto celebrar transação ou renunciar ao direito à indenização – uma vez que esses direitos são da companhia e não dele (*supra*, nn. 390, 391 e 410).

Chegando o processo ao fim e havendo o adquirente ingressado na condição de autor por sucessão processual, receberá ele, e não o alienante, as conseqüências do bom ou mau êxito da causa. Se sucumbir, arca com os *encargos da sucumbência* (*supra*, n. 405). Se a demanda for julgada procedente, fará jus aos *honorários advocatícios* e ao *prêmio* instituído no art. 246, § 2º, da lei societária, porque essas são inerências de sua condição de parte vencedora; ao se tornar um acionista e um autor *por sucessão*, ele recebera em seu patrimônio todos os direitos e também as *expectativas* que antes eram de quem lhe transferira as ações, sendo pois natural que se beneficie da conversão dessas expectativas em realidade.

<blockquote>
A situação poderá ser diferente, se no negócio de alienação de ações houver sido incluída alguma *ressalva*. Sendo ressalvado que eventuais honorários da sucumbência ou mesmo o prêmio permanecerão integral ou parcialmente na titularidade do alienante, tal cláusula prevalecerá para que então ele receba o que por força desta lhe pertencer.
</blockquote>

Se não houver a sucessão processual e o alienante optar por não prosseguir na causa, legítima e eficaz será a *desistência da ação*, que assim venha a manifestar (*supra*, n. 408). Se não desistir mas negligenciar, deixando de praticar atos necessários ao prosseguimento do processo, este se extinguirá por *abandono* (CPC, art. 267, incs. II-III); nada porém impede que algum outro acionista legitimado, inclusive o eventual adquirente de ações, nele ingresse na qualidade de litisconsorte ativo (*intervenção litisconsorcial voluntária* – *supra*, n. 406) e, fazendo-se atuante, evite que se consume o abandono. Em casos assim, é natural que o novo substituto processual receba honorários e prêmio quando se sair vencedor, ou pague honorários se sucumbir.

412. *a coisa julgada vincula a companhia e todos os outros possíveis substitutos*

Esse tema já foi amplamente desenvolvido no trato geral da substituição processual, com a conclusão de que tanto o substituído quanto todos os possíveis substitutos processuais ficam impedidos de repropor uma demanda depois de passada em julgado a sentença dada em face de algum deles (*supra*, n. 393) Trazendo agora resumidamente aquelas conclusões para o caso dos minoritários que a lei societária legitima, temos então (a) que a companhia fica vinculada à coisa julgada que se forme sobre a decisão da causa proposta por um daqueles acionistas, quer ela lhe haja sido favorável, quer desfavorável; b) que o próprio minoritário-autor, que uma vez já exerceu seu direito de ação, também fica impedido de tornar a juízo pelo mesmo objeto; c) que o mesmo objeto não poderá ser reapresentado a juízo sequer por qualquer outro minoritário eventualmente legitimado, porque o mesmo objeto não pode ser o submetido a um novo julgamento, não importa de quem seja a iniciativa. E essas conclusões, como naquele capítulo foi dito (ainda n. 393), independem de qualquer compromisso sobre ser ou não ser a própria coisa julgada o fator que inibe novas ações dos substitutos processuais em geral.

413. *o prêmio é dividido por igual entre os autores*

Em termos bastante simples, o minoritário que se vale da legitimidade extraordinária instituída no art. 246 da Lei das Sociedades Anônimas e vai a juízo buscar a condenação do controlador a indenizar, está prestando um *serviço à companhia*. Como acontece na generalidade dos casos de substituição processual, ele atua motivado pela perspectiva de um *ganho próprio indireto*, aqui consistente na valorização de suas próprias ações (*supra*, nn.

392 e 399). Mas a lei societária, querendo motivar ainda mais os minoritários, promete também um *prêmio* àquele que, tendo ido a juízo em nome próprio e no interesse da companhia, obtiver a condenação da sociedade controladora e, com isso, proporcionar um ganho efetivo àquela, a bem da universalidade dos acionistas (LSA, art. 246, § 2º). Essa recompensa está inserida no sistema, como me parece muito claro, na qualidade de peça de uma política legislativa voltada à *proteção dos minoritários*. Foi nítida intenção do legislador obstar aos males de uma *tirania do controlador*, o qual, dispondo dos cargos de diretoria da sociedade anônima, tem na prática o comando das ações e omissões dos diretores, seus subordinados; sem a legitimidade concedida aos minoritários e sem o efetivo exercício da ação por eles, estaria aberto um caminho muito fácil à impunidade da sociedade controladora, de nada valendo as normas de direito substancial que definem sua responsabilidade civil por atos abusivos (arts. 117 e 246 – *supra*, nn. 397, 399 *etc.*).

> Falam os politicólogos em *sanção-premial* para casos como esse, em oposição às sanções consistentes em ameaças ou *castigos*. Umas e outras são estabelecidas como instrumentos de *estímulo*, às vezes para induzir à prática de condutas desejadas e às vezes, para inibir a prática das indesejadas. E também se diz que "os seres humanos têm tendência a aprender mais com recompensas do que com castigos",[66] valorizando-se pois as *sanções premiais*.

Diante disso, é natural que a *sanção premial* consistente na recompensa prometida pela lei societária caiba integralmente a quem houver se pautado pela *conduta desejada* instituída no § 1º de seu art. 246. Se só *um* minoritário tiver exercido a ação, a ele caberá o prêmio *por inteiro*, não importando qual o percentual de sua participação no capital social. Repito: a vantagem proporcional esperada pelo minoritário-autor é somente aquela indireta, consistente na valorização de suas ações, e o prêmio visa a *recompensar uma conduta*. Se a ação houver sido exercida por

---

66. *Cfr.* Robert A. Dahl, *A moderna análise política*, p. 159; Dinamarco, *A instrumentalidade do processo*, n. 14.2, p. 123, esp. nota 103.

dois ou mais, a situação não muda e nenhum olhar deve ser dado à participação acionária de cada um ou de todos em conjunto; tratar-se-á de uma conduta desejada *posta em prática por vários*, sendo pois natural que entre esses *vários* se reparta igualitariamente a recompensa, porque foi a atuação de todos que trouxe à companhia os benefícios visados pela lei. Todos tiveram a iniciativa, todos contrataram o advogado, forneceram-lhe informes e documentos, todos tiveram despesas – e, portanto, todos devem receber de modo igual.

Alguma atenção especial merece a hipótese de *intervenção litisconsorcial voluntária* examinada acima (*supra*, n. 406), havendo um ou alguns acionistas ingressado no processo pendente *inter alios* na condição de litisconsortes ulteriores. Não me parece prudente dar uma resposta *a priori* à indagação sobre merecerem eles, ou não, uma participação no rateio do prêmio destinado aos substitutos processuais da companhia. Em princípio *a resposta deverá ser negativa*, porque quando eles ingressam o processo já está instaurado, seu objeto já está perfeitamente definido e a intervenção não amplia o valor a ser eventualmente pago pela controladora-ré (*supra*, n. 406). Suponho até que na maioria dos casos a intervenção desses colegitimados chegue a ser *supérflua*, podendo inclusive ter sido motivada pela ganância por um lucro fácil (participação no prêmio). Mas pode também suceder que a participação dos intervenientes haja sido vital, ou ao menos útil para o sucesso da demanda proposta pelo autor inicial – havendo eles aportado documentos ou desenvolvido argumentos sem os quais a causa não teria obtido sucesso, ou mesmo havendo interposto algum recurso sem o qual se consumaria uma indesejável improcedência da demanda, a extinção do processo, a denegação de alguma prova *etc*. Caberá ao juiz, em situações assim, examinar o caso e concluir pela inclusão ou não-inclusão dos litisconsortes ulteriores no rateio do prêmio. Se forem incluídos, o rateio do qual participarão será em princípio igualitário, repartindo-se o prêmio entre os autores iniciais e os ulteriores, em quinhões equivalentes.

SOCIEDADES ANÔNIMAS E LEGITIMIDADE DOS MINORITÁRIOS 645

Havendo disputa entre os diversos litisconsortes, quer envolvendo litisconsortes ulteriores ou não, ao juiz da própria causa não competirá decidir a respeito. Tanto quanto sucede em relação aos honorários da sucumbência, a cujo propósito os advogados devem litigar em processo autônomo ("ação própria"), também em relação ao prêmio e seu eventual rateio assim deverá ser feito.

414. idem *quanto às despesas e honorários da sucumbência*

Pelas mesmas razões acima, em caso de os minoritários colegitimados obterem vitória os honorários da sucumbência devidos ou pagos pela sociedade controladora ratear-se-ão entre todos, por igual e sem qualquer proporcionalização à participação de cada um no capital social. O que cada um deles pediu, todos pediram conjuntamente; nenhum deles pediu coisa alguma para si mesmo mas todos, em prol da companhia; e, por isso, *no processo* todos assumiram posições rigorosamente iguais ou, mais ainda, todos assumiram a mesma condição de substitutos do mesmo substituído.

Se forem vencidos (improcedência da demanda ou extinção do processo), todos serão tratados como sucumbentes equiparados entre si, pela mesma razão de que o objeto do processo, um só, foi colocado por todos conjuntamente. E, como nessa situação eles são *litisconsortes unitários*, a condenação pelos encargos da sucumbência (despesas, honorários) endereçar-se-á a todos de modo tão unitário quanto é o objeto do processo que colocaram; ou seja, eles serão condenados em solidariedade e cada um deles responderá pelo total, independentemente das possíveis disparidades quanto às respectivas participações no capital social.

415. *acordos entre o administrador e o controlador*

Situam-se no puro campo do direito societário, não processual, o tema e a questão dos acordos eventualmente celebrados entre o administrador e o controlador – quer se trate de atos realizados no processo da ação movida pelos minoritários, fora dele ou mesmo sem que processo algum haja sido instaurado. Cuidemos aqui somente dos acordos celebrados em relação ao objeto do processo instaurado por iniciativa do minoritário, os quais são atos substanciais de disposição de direitos e portanto não se confundem com a desistência da ação (*supra*, nn. 407-408). A esse respeito, como acabo de dizer, é mais próprio que discorra o comercialista e não o processualista. Se pode ou não pode, em qual medida pode (se é que pode), se há ou não circunstâncias em que possa o administrador negociar com o controlador, esses são pontos eminentemente de direito societário. São estranhos ao saber especializado do processualista o regime legal do veto aos atos em *conflito de interesses* (LSA, 156), o da limitação dos poderes do administrador em face da soberania da assembléia, o da dimensão e alcance dessa soberania *etc.* – e, por isso, a seu respeito nada direi.

> Pela óptica processualista, excluo a hipótese de acordo celebrado *no processo* entre a companhia, representada pelo administrador, e a sociedade controladora, que é ré no processo – pela simples razão de que aquela (a companhia) não é um sujeito processual e, não o sendo, não lhe é dado realizar atos processuais. Estou aqui a cuidar exclusivamente do que acontece no processo pendente se, alhures, um tal acordo for feito.

Sempre cá do meu modesto canto de processualista e sem me aventurar no direito societário, pondero que se *fora do processo* algum acordo for feito pelo administrador ou por quem quer que seja (com ou sem autorização da assembléia, decidindo esta com ou sem o voto do controlador *etc.*) e eventualmente esse ato for eficaz, ele poderá ter um significativo efeito reflexo sobre o processo pendente. Refiro-me a um negócio jurídico versando precisamente a mesma pretensão ressarcitória posta como objeto do processo instaurado por iniciativa do sócio minoritário. Se em alguma circunstância um ato dessa ordem for reputado válido e eficaz perante o direito societário (e que o digam os especialistas), ele terá o efeito de tornar *prejudicada* a pretensão pendente no processo. Esse será, sempre a partir da premissa consistente em uma suposta eficácia do ato (tema de direito societário), um caso em que o processo se extinguirá porque o conflito de interesses que estava à sua base se extinguiu, com satisfação plena ou parcial da pretensão que constituía seu objeto (objeto do processo), ou mesmo com a integral renúncia a ela – convergindo todas essas hipóteses ao desaparecimento do interesse de agir. Ter-se-á, nesse caso, uma *carência de ação superveniente*, que, a teor do art. 267, inc. VI, do Código de Processo Civil, determina a extinção do processo sem julgamento do mérito.[67] Aplica-se também o disposto no art. 462, segundo o qual "se depois da propositura da ação algum fato constitutivo, modificativo ou extintivo do direito influir no julgamento da lide, caberá ao juiz tomá-lo em consideração, de-ofício ou a requerimento da parte, no momento de proferir a sentença".

> "Ocorre freqüentemente que no curso do processo sobrevenham fatos de tal ordem que eliminam objetivamente a necessidade ou utilidade de enunciar a concreta vontade da lei a propósito do caso deduzido em juízo. Fala-se, nessas circunstâncias, de *cessação da matéria contenciosa* e dela se faz contínuo uso na prática, não-obstante o silêncio da lei [*italiana*] e a falta de estudos específicos sobre o tema."[68] Mas insisto: para que isso aconteça é indispensável que se trate de uma composição que, segundo as regras e princípios de direito societário, seja havida por eficaz. Se for ineficaz a composição travada entre administrador e controlador, nada de relevante acontecerá no processo.

Em casos assim, a extinção do processo por estar prejudicado o seu objeto *independe de provocação de quem quer que seja*. Sempre que se dá uma carência de ação – seja ela originária, seja superveniente como seria na hipótese aqui conjeturada – o juiz é impedido, ou proibido mesmo, de proferir sentença de mérito. A presença de todas as condições da ação constitui inarredável pressuposto de admissibilidade do julgamento *de meritis* e, quando falte uma delas, a extinção processual é dever de ofício do juiz (CPC, art. 267, § 3º).

67. *Cfr.* Dinamarco, *Instituições de direito processual civil*, II, n. 554, pp. 325-326.
68. *Cfr.* Giuseppe de Stefano, *La cessazione della materia del contendere*, 1972, n. 1, p. 1.

§ 5º – AÇÃO CIVIL PÚBLICA E A AÇÃO DOS MINORITÁRIOS

416. *a ação civil do Ministério Público (lei n. 7.913, de 7.12.89)*

A lei n. 7.913, de 7 de dezembro de 1989 legitima o Ministério Público a propor demandas em juízo "para evitar prejuízos ou obter ressarcimento de danos causados aos titulares de valores mobiliários e aos investidores do mercado" (art. 1º, *caput*). O *ressarcimento* de que fala o dispositivo resolve-se em indenizações a serem prestadas diretamente "aos investidores lesados" (art. 2º, *caput*) e não ao ente corporativo. Trata-se claramente de uma ação civil pública, a qual se desdobra, segundo tal dispositivo, (a) em uma ação voltada à proteção de direitos ou *interesses coletivos* de uma comunidade amorfa e não-identificada de investidores, quando tiver por objetivo "evitar prejuízos" (art. 1º cit., c/c CDC, art. 81, par., inc. II), e (b) em uma ação protetiva de *direitos individuais homogêneos*, no caso de obter ressarcimento "aos investidores lesados" (CDC, art. 81, par., inc. III). Nesse ponto a lei é explícita em absorver a técnica de determinação e individualização dos lesados, contida no Código de Defesa do Consumidor, ao disciplinar a habilitação de cada um deles "ao recebimento da parcela que lhe couber" (art. 2º, § 1º); tal é a técnica da *liqüidação* instituída naquele Código e na Lei da Ação Civil Pública, à qual aquela lei especial faz remissão também explícita (art. 3º – v. CDC, art. 97, *caput* e par.). Nessa vertente da tutela relacionada com interesses individuais homogêneos o sistema contido naquela lei especial associa-se de algum modo ao da responsabilidade civil da sociedade controladora por *danos causados à companhia controlada* e à legitimidade dos minoritários a agir em juízo na condição de substitutos processuais (LSA, art. 246, § 1º) – tema de que cuida o presente parecer nos capítulos precedentes. E o que virá nos tópicos a seguir é o exame do modo como se dá a associação entre os dispositivos contidos naqueles dois diplomas.

A redação dos incisos do art. 1º da lei n. 7.913, de 7 de dezembro de 1989, indica que os danos a serem objeto da ação ali autorizada poderão ter sido causados tanto pelos administradores quanto pelo controlador da companhia. Vai daí que tal ação civil pública terá no pólo passivo aqueles, estes ou ambos, conforme o caso.

417. ação civil pública: outro caso de substituição processual

É corrente e pacífico em doutrina o entendimento de que nas ações civis públicas o Ministério Público oficia como autêntico *substituto processual*, figurando como autor em nome próprio por interesses alheios. Estamos no campo da provocação da tutela jurisdicional relacionada com direitos e interesses transindividuais, para a qual a legitimidade do *Parquet* tem forte assento constitucional (Const., art. 129, inc. III) e conta com consistente apoio cultural. Nessa *transmigração do individual para o coletivo*,[69] que caracteriza a implantação dos microssistemas de proteção aos titulares de direitos difusos, coletivos ou individuais homogêneos, entendeu a Constituição Federal e entendeu a lei de outorgar legitimidade a certos entes, que têm por detentores de *representatividade adequada*, para serem os possíveis portadores de demandas judiciais em prol daqueles titulares, agrupados segundo variados critérios. E a representatividade adequada do *Parquet* para as ações coletivas é uma natural projeção de sua institucional vocação ao zelo pelo *interesse público* (Const., art. 127), entendido este como o universo de direitos e interesses que transbordam da esfera de direitos de pessoas determinadas. No direito brasileiro, a escolha dessa Instituição como sujeito legitimado a agir em juízo com relação a tais direitos e interesses é feita, como de resto a de todos os substitutos processuais, pela lei e não pelo juiz (*ope legis* e não *ope judicis – supra*, n. 397).

São *interesses públicos*, na lição do imortal Mauro Cappelletti, aqueles "permeati di un valore che trascende lo uomo singolo e

---

69. Expressão de Barbosa Moreira – *cfr.* "Os temas fundamentais do direito brasileiro nos anos 80", esp. p. 69. *Transmigrar para o coletivo* não significa abandonar a tutela individual ou as técnicas voltadas a ela, senão *ampliar* o espectro de oportunidades e preocupações para que também a tutela jurisdicional coletiva seja uma realidade. Tanto a Constituição quanto a lei, ao cuidarem da tutela coletiva, fazem explícitas referências quanto à admissibilidade das tutelas individuais normalmente admissíveis (Const., art. 129, § 1º; CDC, art. 81 *etc.*).

investe tutta intera la società". Ocorrendo violação a direitos dessa ordem, "sentem-se atingidos todos os cidadãos e não apenas aqueles que sejam imediatamente interessados – todos são atingidos naquele seu direito de liberdade que no fundo é um só, ou melhor, que está à base e è a causa de todos os direitos; esse direito pertence a todos os homens e a sua lesão atinge cada um deles".[70]

Sendo o Ministério Público substituto processual, *quem será o substituído*? A resposta varia, conforme a classe dos direitos postos em juízo.

Quanto se trata de direitos *difusos ou coletivos*, são titulares toda a sociedade, ou uma classe ou categoria de pessoas, ou mesmo algum grupo não perfeitamente delineado ou definido – mas sempre tomados todos coletivamente e sem o foco posto em situações individuais. Já os direitos *individuais homogêneos* são verdadeiramente *individuais* e apenas se agrupam para o trato processual, não sendo transindividuais em si mesmos. "Eles são verdadeiros interesses individuais, mas *circunstancialmente tratados de forma coletiva*" (Pedro da Silva Dinamarco[71]). Tudo isso significa que, quanto aos direitos ou interesses difusos ou coletivos, no processo têm-se por *substituídos* grupos de pessoas não identificadas e não identificáveis, tratando-se de situações jurídicas indivisíveis por definição legal (CDC, art. 8º, par., incs. I-II); enquanto que, na tutela relativa a *direitos individuais homogêneos*, são substituídos todos os possíveis titulares de direitos individuais interligados por uma origem comum (inc. III) – titulares esses ainda não identificados no processo de conhecimento mas suscetíveis de o serem depois (o que acontecerá nos ulteriores processos de liqüidação e de execução da sentença genérica – CDC, arts. 95, 97, 98).

Mas, tornando agora à teoria da legitimidade extraordinária em seus termos gerais, vemos o Ministério Público como entidade incumbida da preservação dos direitos e interesses *da sociedade*

---

70. *Cfr. La giurisdizione costituzionale delle libertà*, pp. 1-10. V. ainda as seguras observações de Kazuo Watanabe a esse respeito, *in Controle jurisdicional e mandado de segurança contra atos judiciais*, esp. p. 99, referindo e referendando essa passagem de Cappelletti.

71. *Cfr. Ação civil pública*, n. 7.3, esp. p. 60.

como um todo e não dos grupos, categorias, classes ou mesmo indivíduos agrupados em torno de situações individuais por ele recolhidas para o trato coletivo. Ao substituir processualmente o grupo, a categoria, a classe e esses titulares de interesses agrupados, entende-se que o *Parquet* está realmente em busca de algo que será conveniente para toda a sociedade, que ele encarna. Presume-se que a tutela à classe, à categoria, ao grupo ou aos titulares de direitos individuais homogêneos será, indiretamente, uma tutela à própria sociedade como um todo e aos seus valores – sendo esse um mote que está à base do próprio instituto da legitimidade extraordinária (*supra*, nn. 389 ss.).

418. direitos e interesses individuais homogêneos

Como já foi dito e está na lei n. 7.913, de 7 de dezembro de 1989, o Ministério Público é legitimado por esta para ações visando a dois resultados diferentes, a saber, a "evitar prejuízos" (art. 1º, *caput*) ou a obter *ressarcimentos* que "reverterão aos investidores lesados" (art. 1º, *caput*, c/c art. 2º, *caput*). Lá, tutela preventiva e cá, reparatória – sabendo-se que, em relação aos direitos transindividuais em geral, o sistema admite "todas as espécies de ações capazes de propiciar sua adequada tutela" (CDC, art. 83, *caput*).

> São oportunas as veementes recomendações de Kazuo Watanabe,[72] propugnando por uma *leitura rica* do art. 83 do Código de Defesa do Consumidor, inclusive em associação ao art. 84, tudo no sentido de reconhecer-lhe toda a amplitude suficiente para atender à máxima *chiovendiana* segundo a qual "na medida do que for praticamente possível, o processo deve propiciar a quem tem um direito tudo aquilo e precisamente aquilo a que tem direito".

Ambas as ações acima são destinadas à efetivação de direitos individuais homogêneos dos investidores, figurando estes, conseqüentemente, na condição de substituídos nas ações que o Minis-

---

72. *Cfr.* "Da defesa do consumidor em juízo – disposições gerais", nota 1 ao art. 83, esp. p. 857.

tério Público propuser. Essas ações destinar-se-ão (a) a evitar prejuízos que seriam causados a eles diretamente e não à companhia, ou (b) a proporcionar-lhes o ressarcimento de prejuízos causados pela sociedade controladora. Enfatizo que a lei tem em mira, nessas duas hipóteses, evitar ou reparar prejuízos causados a todo o universo de acionistas minoritários de uma companhia – não ao patrimônio da companhia em si mesma, como pessoa jurídica distinta dos acionistas. Por isso é que, como disse, estamos no campo dos *direitos individuais homogêneos*.

E que direitos são esses?

419. prejuízo direto, em oposição a prejuízo indireto

Sou agora levado a realizar uma breve incursão pela seara dos comercialistas, o que farei na estrita medida do necessário e indispensável ao exame da legitimidade extraordinária instituída pela lei n. 7.913, de 7 de dezembro de 1989. Quero, mais especificamente, chegar à definição do objeto das ações civis públicas instituídas por esse diploma.

Ora, discorrendo acerca da responsabilidade civil dos diretores de sociedade anônima, enfatiza o autorizado Bulhões Pedreira a distinção entre (a) o *prejuízo direto* suportado pelos acionistas em seu próprio patrimônio e (b) o *prejuízo indireto* decorrente de danos causados à companhia, com repercussão no patrimônio de todos e cada um dos que participam do capital social. Invoca o disposto no § 7º do art. 159 da Lei das Sociedades Anônimas, o qual alude expressamente ao "acionista ou terceiro diretamente prejudicado por ato do administrador" e apóia-se nessa disposição para as considerações que a seguir lança sobre essa relevante distinção. A propósito do prejuízo indireto, enfatiza que "todo lucro da companhia pode indiretamente transformar-se – sob a forma de dividendo ou de rateio do acervo líquido – em aumento dos patrimônios dos seus acionistas, e o ato do administrador que causa prejuízo ao patrimônio da companhia, diminuindo o lucro social, pode ser causa de prejuízo indireto ao acionista – na medida em que diminua o dividendo a ele distribuído ou a quota-parte no acervo líqüido por ele recebido em caso de liqüidação". E invoca Mazeaud-Mazeaud, na explicação que dão para o conceito de *prejuízo indireto*: "os sócios sofrem necessariamente um dano do fato de a sociedade suportar um prejuízo (...) e cada sócio vê assim diminuir seu direito sobre o patrimônio social".[73] Esse dano indireto não se confunde com aquele outro, de que trata o referido § 7º, suportado pelo acionista em virtude de um ataque direto ao seu patrimônio, sem qualquer consideração a eventual prejuízo causado à sociedade.

Depois, assentado em tal distinção e em tais conceitos, passa a discorrer sobre a *ação individual*, facultada a cada sócio para a defesa dos danos sofridos diretamente, em oposição à *ação social*, que é a reação da companhia (ou de algum substituto processual) aos prejuízos causados ao patrimônio social. Em resumo: a) prejuízo direto, *ação individual*; b) prejuízo indireto, *ação social*.[74] A ação dos sócios legitimados pelo art. 159 em relação aos diretores é, tanto quanto essa do art. 246, de que trata o presente parecer, a ação de um substituto processual – sendo *substituída* a companhia. Digo que é uma *ação social*, porque está precisamente no lugar daquela que a própria companhia poderia exercer.

420. a ação dos sócios e a ação civil pública da lei n. 7.913, de 7.12.89

Os conceitos acima examinados proporcionam a clara percepção de que a ação civil pública instituída por aquela lei especial não se confunde, em seus elementos identificadores, com a ação franqueada pelo art. 246, § 1º, da Lei das Sociedades Anônimas aos minoritários. Reportando-me agora à didática teoria dos três *eadem*, que analisa toda ação ou demanda pelos seus sujeitos (autor e réu), pelos seus fundamentos (causa de pedir) e pelo seu objeto (pedido), proponho um relance à estrutura de cada uma dessas ações, do qual resultará essa diferenciação que estou sustentando.

---

73. *Cfr.* "Responsabilidade civil do diretor de S.A.", n. 3, esp. p. 599.
74. *Op. cit.*, n. 4, pp. 599 ss.

Objeto. Na ação civil pública instituída pela lei em exame, o Ministério Público põe como objeto de seu *petitum* a pretensão a obter uma indenização ao patrimônio dos investidores e não da companhia; tudo gira em torno de danos causados diretamente ao patrimônio deles e não dela, tratando-se, naquela judiciosa distinção vinda do direito societário, de danos *diretos* aos investidores, não *indiretos*. Se sua demanda for julgada procedente, o valor indenizatório irá ter aos investidores diretamente, devendo cada um deles *habilitar-se* como faculta a lei especial (art. 2º, § 1º) e como também é inerente ao sistema da Lei da Ação Civil Pública e do Código de Defesa do Consumidor (CDC, art. 97, *caput* e par. – *supra*, n. 416). Já na ação dos minoritários segundo o art. 246 da Lei das Sociedades Anônimas, pede-se uma condenação em benefício da companhia e não dos sócios nem dos investidores, *por danos causados a ela e não a eles*.

Causæ petendi. Observadas agora essas mesmas coisas por outro ângulo, vê-se que as causas de pedir diferem, porque na ação civil pública se alegam danos causados diretamente aos investidores, enquanto que a ação movida por acionistas (LSA, art. 246, § 1º) tem por fundamento o dano causado à companhia como pessoa jurídica distinta daqueles e de todos os sócios. São, como se vê, duas *causæ petendi* muito diferentes, às quais corresponde a distinção entre os pedidos, acima considerada.

Sujeitos. Em associação a essas duas diferenças substanciais (objetos e fundamentos diferentes), também os elementos subjetivos das duas ações diferem entre si. Na *ação civil pública* que tem por objeto a reparação dos prejuízos diretos sofridos pelos investidores o Ministério Público oficia como substituto destes, não da companhia, porque são eles os credores dessa reparação. Cada um deles é titular de uma chamada *ação individual* para a defesa de seu próprio direito e o *Parquet*, quando vem a juízo pelos direitos de todos eles, só pode mesmo ser visto como substituto processual da coletividade dos investidores. Já no caso do art. 246 da lei societária, a legitimidade ordinária seria da companhia, porque se trata de danos sofridos por ela; e os minoritários são legitimados extraordinariamente porque o dano sofrido pela companhia é para eles um *prejuízo indireto* que os qualifica a receber a condição de substitutos processuais. Em resumo: a) na ação civil pública em exame, o Ministério Público é substituto processual da universalidade dos investidores, sendo cada um deles o legitimado ordinário e, portanto, substituído; b) na ação *ex* art. 246 da Lei das Sociedades Anônimas, os minoritários são substitutos processuais e substituída é a companhia. Ou, em outras palavras: a) na legitimidade instituída pela lei societária, os acionistas são substitutos processuais e, na ação civil pública, eles são os substituídos; b) pela lei societária serão partes formais no processo os minoritários e, por aquela lei especial, o Ministério Público.

> Estando aos termos da consulta, analiso somente a ação civil pública de objetivo *reparatório*, que poderia ser objeto de alguma confusão com a ação de que trata o art. 246. A ação civil pública destinada a *evitar* danos (lei n. 7.913, de 7.12.89) é tão diferente dela, que sequer se justificaria fazer qualquer comparação.

421. nem litispendência nem coisa julgada

Postas as fundamentais diferenças acima alinhadas, nada falta para concluir que, pendente uma daquelas ações civis públicas, ou já julgada por sentença de mérito irrecorrível, essas circunstâncias não constituirão impedimento à propositura da ação prevista no art. 246 da Lei das Sociedades Anônimas pelos acionistas minoritários. Como é notório, para que houvesse o impedimento da *litispendência* ou da *coisa julgada* seria indispensável que se tratasse de ações, ou demandas, integralmente iguais em todos seus elementos (CPC, art. 301, §§ 1º a 3º). Mas os objetos são inteiramente diversos, diversas as causas de pedir e também diversos os sujeitos que figuram na condição de substituídos; e por isso tenho por claro e evidente que tais ações não coincidem em seus elementos identificadores, afastando-se conseqüentemente a incidência de qualquer daqueles impedimentos (litispendência ou coisa julgada).

422. composição inadmissível e portanto ineficaz

O que foi dito quanto à ilegitimidade dos sócios para realizar atos de disposição de direitos nas ações em que são partes na condição de substitutos processuais (*supra*, n. 407) aplica-se por igual e por inteiro ao Ministério Público em relação às ações civis públicas que propuser. Como todo substituto processual, o *Parquet* atua na defesa de um direito que não é seu mas dos substituídos – e, não sendo titular da relação de direito material controvertida, não tem qualquer poder de disposição sobre as situações jurídicas ativas inerentes a ela (créditos dos investidores substituídos). Conseqüentemente, serão de eficácia substancial *nenhuma* eventuais transações que venha a celebrar, ou uma absurda renúncia ao direito que não é seu: os investidores substituídos não estarão vinculados a esses negócios jurídicos de direito material e, se realmente forem credores de alguma indenização, continuarão a sê-lo, sem alterações ou reduções (ainda o n. 407, *supra*).

Estou falando somente da ação civil pública regida pela lei n. 7.913, de 7 de dezembro de 1989, e do trato adequado à tutela de titulares de direitos individuais homogêneos, ali disciplinado. Quando se passa ao campo dos direitos difusos ou coletivos, com ênfase à tutela jurisprudencial preventiva que a seu propósito tem cabimento ao menos na maioria dos casos, a lei abre caminho para uma composição entre o Ministério Público e o demandado, mediante o *compromisso de ajustamento de conduta* que a lei autoriza (LACP, art. 5º, § 6º). Essa regra poderá ser aplicada com relação a direitos ou interesses dos investidores de uma companhia, em caso de alguma prática desenvolvida pelo controlador em prejuízo destes, tomando o Ministério Público iniciativa de uma ação civil pública destinada à condenação do infrator a uma conduta comissiva ou omissiva adequada segundo a lei (obrigação de fazer ou de não-fazer). Nesses casos, se estiverem presentes os requisitos legais o Ministério Público poderá celebrar aquele ajuste, bem como, sempre em casos de interesse coletivo, transigir no curso do processo judicial.

XXVI – SOCIEDADES ANÔNIMAS E RESPONSABILIDADE CIVIL DO ADMINISTRADOR – LEGITIMIDADE DOS ACIONISTAS MINORITÁRIOS[1]

§ 1º – **apresentação** – 423. antecedentes – o Condomínio Acionário – 424. as iniciativas judiciais – 425. análise das demandas propostas: primeira aproximação – 426. a consulta e as questões suscitadas – § 2º – **análise crítica das demandas do Espólio de Martinho** – 427. o cúmulo de pedidos proposto pelo autor e o sujeito passivo de cada um deles – 428. a anulação da deliberação assemblear: um pedido que não foi feito – § 3º – **ilegitimidade *ad causam* do Espólio-autor** – 429. o problema da legitimidade *ad causam* ativa em relação a cada um dos pedidos – 430. sobre a legitimidade ordinária e a extraordinária (substituição processual) – 431. o sócio como representante ou como substituto processual – 432. ilegitimidade do Espólio-autor em relação à responsabilidade dos diretores – 433. ilegitimidade em relação aos alegados danos diretos – 434. ainda a ilegitimidade do Espólio-autor: conclusões do parágrafo – § 4º – **prescrição e prejudicialidade** – 435. prescrição: duas vertentes – 436. responsabilidade civil: prescrição em três anos – 437. anulação dos contratos sem anular a deliberação social? – 438. prejudicialidade – 439. a prejudicialidade e a prescrição (ou decadência) no caso em exame – 440. direito potestativo não exercido no prazo: decadência consumada – 441. conclusão quanto aos pedidos de natureza não-pecuniária – 442. conclusão geral do parágrafo: extinção de ambos os processos – § 5º – **entre a inadmissibilidade da pretensão principal e a da indisponibilização de bens** – 443. relação de instrumentalidade entre a tutela cautelar e a principal – 444. indisponibilização de bens e defesa do patrimônio público – 445. natureza jurídica do ato judicial de indisponibilização – 446. a destinação específica da indisponibilização, segundo a lei – 447. sem *periculum in mora* – sequer a petição inicial o alegou adequadamente – 448. sem *fumus boni juris* – § 6º – **vícios da petição inicial, conexidade e responsabilidade do autor** – 449. pedidos incompatíveis e parcial inépcia da petição inicial – 450. conexidade – 451. causas de pedir coincidentes – 452. pedidos coincidentes – 453. responsabilidade civil objetiva (CPC, art. 811) – § 7º – **síntese e conclusões** – 454. síntese conclusiva – 455. *ação individual* e *ação social* – 456. ilegitimidade ativa na *ação social* – 457. sobre os *prejuízos indiretos*: mais que simples ilegitimidade *ad causam* – 458. prescrição: responsabilidade civil dos diretores – 459. decadência: anulação de atos – 460. ausente o *fumus*

---

1. Reprodução de parecer elaborado em agosto de 2003.

boni juris – 461. sem *periculum in mora* – 462. indisponibilização de bens: medida inadequada – 463. cumulação indevida de pedidos – incompatibilidade – 464. causas conexas e sua reunião – 465. responsabilidade objetiva do autor

§ 1º – APRESENTAÇÃO

423. antecedentes – o Condomínio Acionário

A Rádio Clube de Pernambuco S.A. é uma das muitas empresas que, integrando a vasta constelação edificada por Francisco de Assis Chateaubriand Bandeira de Mello (Assis Chateaubriand), encontram-se sob o controle da entidade denominada *Condomínio Acionário das Emissoras e Diários Associados*, também instituída pelo legendário *Chatô*. Essa entidade é estruturada segundo disposições muito particulares, dispostas pelo Fundador com o intuito de institucionalizar sua obra e as empresas que criou ou incorporou, incluindo-se a limitação *pro vita* da propriedade das ações e quotas sociais passadas a seus antigos colaboradores – de modo que cada um deles, sendo embora acionista ou sócio-quotista, não tem a disponibilidade de suas participações societárias nem transmite ações ou quotas a herdeiros. Estou informado de que essa peculiaríssima entidade já foi objeto de discussão judiciária, sendo afinal convalidada pelo Col. Superior Tribunal de Justiça, que a declarou legítima.

Ora, sucedeu que uma das empresas controladas pelo *Condomínio Acionário* (precisamente a Rádio Clube de Pernambuco), havendo sido vítima de ilegalidades durante o período de exceção constitucional principiado em 1964, veio depois a receber uma vultosa indenização, da ordem de centenas de milhões de reais. Por deliberação dos controladores, ou seja, do *Condomínio* que os congrega, parte desse dinheiro foi repassado a outras empresas do Grupo, igualmente sujeitas ao controle de tal entidade – não sem antes serem feitas as regulares reservas e distribuição de dividendos entre os sócios. Tal operação, inicialmente configurada como *mútuo*, veio afinal a ser transformada em *adiantamentos para futuro aumento de capital*, sendo esse o título pelo qual as demais empresas receberam as parcelas que lhes couberam. A intenção declarada dos responsáveis pelo *Condomínio* ao realizarem essa operação foi a de manter o espírito norteador da *engenharia* posta em prática por Chateaubriand para a perpetuação de sua obra e manutenção de sua unidade.

Mas esses repasses de capital vieram a ser questionados judicialmente, mais de uma vez e por pessoas diferentes.

424. as iniciativas judiciais

Quem primeiro veio a juízo com sua impugnação foi o Espólio de Assis Chateaubriand, em litisconsórcio com os herdeiros, os quais figuram como acionistas minoritários da Rádio Clube de Pernambuco e, como tais, dizem-se lesados pela transferência de recursos às outras empresas. Vieram inicialmente com uma demanda de tutela cautelar, que lhes foi deferida em primeiro grau de jurisdição para que, em setenta-e-duas horas, todos aqueles valores fossem devolvidos a essa empresa. Mas a instância superior cassou essa decisão e, segundo sou informado, não houve a interposição de novo recurso.

Depois esses mesmos herdeiros tornaram a juízo, pleiteando outra vez uma medida urgente. Pediram e obtiveram (a) um decreto de indisponibilidade de todos os bens imóveis das empresas beneficiadas com aquelas transferências de capital e (b) *idem*, em relação a todos os bens imóveis dos srs. integrantes do *Condomínio Acionário*, cuja responsabilidade civil é afirmada na demanda. A imposição dessas medidas, feita inicialmente em primeira instância, veio a ser confirmada pelo E. Tribunal de Justiça e, pelo que me consta, está vigente. Depois o Espólio de Chateaubriand e seus litisconsortes aforaram sua demanda principal, de que se falará no corpo do parecer (*infra*, nn. 450 ss.).

Sobreveio a tudo isso uma nova iniciativa processual, agora da parte do Espólio de Martinho de Luna Alencar, o qual, sendo também acionista minoritário na Rádio Clube de Pernambuco S.A., comporta-se em parte como substituto processual desta, agindo pois no interesse corporativo mediante o que se chama *ação social*. Esse novo autor deduziu inicialmente uma demanda de tutela cautelar, com o pleito de liminar consistente em (a) determinar que a Rádio Clube de Pernambuco S.A. se abstivesse de realizar novas transferências patrimoniais como aquelas de que aqui se vai falando e (b) pôr em regime de indisponibilidade os bens imóveis daquela empresa, de todas as beneficiárias e de todos os controladores da primeira, aos quais atribui responsabilidade civil por alegados prejuízos decorrentes dos atos impugnados. Essa medida urgente foi concedida *inaudita altera parte* para os fins postulados, sobrevindo o *agravo de instrumento* interposto por alguns dos réus. Tal agravo ainda pende de julgamento, mas já foi julgado o *agravo regimental* que aqueles mesmos agravantes interpuseram quando, no Tribunal, o sr. Relator lhes negou o efeito suspensivo pretendido.[2]

Depois da cautelar, o mesmo Espólio de Martinho de Luna Alencar aforou sua *demanda principal*, associada àquela de natureza cautelar, onde pede (a) a anulação de todos os contratos de adiantamento para futuro aumento de capital, celebrados entre a Rádio Clube de Pernambuco e as outras empresas, (b) a condenação daquela a abster-se de realizar novas transferências como as que já fizera, (c) a condenação dos demais réus a restituir à Rádio Clube de Pernambuco os valores desembolsados por esta e (d) a condenação de todos a compor os prejuízos que o autor alega haver sofrido individualmente.

> Realmente, o Espólio-autor se comporta parcialmente como *substituto processual da companhia*, embora insista na assertiva de que age exclusivamente em seu interesse pessoal (*ação individual*). É que, entre os pedidos que deduziu, são teoricamente favoráveis à Rádio Clube de Pernambuco o de anulação de atos alegadamente *lesivos a esta* e o de condenação dos demais réus a restituir *a ela* os valores transferidos às outras empresas.

425. *análise das demandas propostas: primeira aproximação*

O relato que acaba de ser feito mostra a existência de *quatro processos em curso*, a saber: a) o da segunda demanda cautelar e

---

2. Situação referente ao tempo em que foi elaborado o parecer.

o da principal, promovidas pelo Espólio de Assis Chateaubriand e herdeiros; b) o da demanda cautelar e o da principal nas quais figura como autor o Espólio de Martinho de Luna Alencar. Há pontos comuns e pontos divergentes entre esses dois contextos litigiosos.

As causas de pedir. Todas as quatro demandas propostas relacionam-se com a transferência de recursos da Rádio Clube de Pernambuco às outras empresas. Têm por *causa petendi* central, descontadas as inevitáveis diferenças de pormenor, a história de ditas transferências e os fundamentos pelos quais todos os autores alegam sua ilicitude. Mas já na causa de pedir surge uma diferença entre as demandas dos dois Espólios, porque, enquanto o primeiro deles (Chateaubriand) lamenta o prejuízo que teria sido causado à Rádio Clube de Pernambuco, o segundo (Martinho) tem por fundamento esse alegado prejuízo e *também* aquele que ele próprio teria suportado, na qualidade de acionista.

Os pedidos. Ambos os Espólios pedem (a) a desconstituição ou declaração de nulidade dos atos de transferência patrimonial que tacham de inválidos, mais (b) a condenação das empresas e controladores a se absterem de realizar novas transferências patrimoniais e (c) a condenação dos controladores e demais empresas a prestarem uma indenização. Mas, enquanto o Espólio de Assis Chateaubriand e seus litisconsortes, atuando claramente como substitutos processuais, pedem essa condenação exclusivamente em prol da Rádio Clube de Pernambuco, o de Martinho pede também uma condenação em favor desta e mais outra, *em seu próprio favor.*

As partes. Essas diferenças são reflexo das diferentes posturas assumidas pelos dois Espólios. É que o de Chateaubriand e litisconsortes se apresentam exclusivamente como substitutos processuais da Rádio e, conseqüentemente, não incluem esta entre os réus; nem teria sentido ser réu o próprio substituído, em uma causa onde outro sujeito se apresenta como defensor judicial dos interesses deste. O Espólio de Martinho, diversamente, afirma ser autor em nome próprio e, segundo diz, no próprio interesse; não se diz substituto processual da Rádio e declara postular em benefício próprio, não desta (embora seu pedido contrarie em parte essa afirmação – *infra*, n. 429). Em coerência com o que afirma tal Espólio, em relação a alguns dos pedidos que deduziu figura a Rádio como ré, em litisconsórcio com as empresas beneficiadas e com os srs. controladores.

426. *a consulta e as questões suscitadas*

Mediante uma exposição muito clara e adequadamente redigida, consultam-me os advogados Francisco Antunes Maciel Müssnich, Luiz Fernando Fraga e Andreia Erthal, defensores da consulente Rádio Clube de Pernambuco; sua consulta envolve diversas questões processuais levantadas nas causas em que figura como parte o Espólio de Martinho de Luna Alencar e relevantes para o julgamento do agravo de instrumento pendente perante o E. Tribunal de Justiça do Estado do Rio de Janeiro. Na realidade, o temário da consulta não é puramente processual; raras vezes uma consulta ao processualista se restringe ao campo do processo porque todo litígio, como fenômeno concreto da experiência dos profissionais, envolve necessariamente temas de direito substancial e é sempre o direito substancial o responsável maior pela determinação dos resultados a serem produzidos. No caso presente, de envolta com temas puramente processuais como a legitimidade ativa *ad causam*, a *conexidade* entre as causas, a relação de *prejudicialidade* entre questões relevantes para o julgamento e os limites do poder de conceder *tutelas urgentes*, vejo o desafio representado por questões inerentes ao direito societário, como o da prescrição (ou decadência?) e o dos alegados vícios dos atos de uma sociedade. Além disso, o próprio tema da *legitimatio ad causam* é tão correlato com o das disposições de direito societário sobre o tema, que não é possível desenvolvê-lo no campo puro do processo.

Com essas considerações passo ao corpo do parecer propriamente dito, onde cada um desses pontos é examinado, ou cada um desses grupos de pontos relevantes.

§ 2º – ANÁLISE CRÍTICA DAS DEMANDAS DO ESPÓLIO DE MARTINHO

427. o cúmulo de pedidos proposto pelo autor e o sujeito passivo de cada um deles

Os diversos pedidos cumulados pelo Espólio de Martinho de Luna Alencar em sua demanda principal têm endereçamentos diferentes, uma vez que em alguns deles se trata de atingir a esfera jurídica da própria Rádio Clube de Pernambuco e outros, a das outras empresas integrantes do Grupo e dos controladores de todas, que são os integrantes do *Condomínio*. O exame analítico desse cúmulo de pedidos é indispensável para bem colocar as questões levantadas, a principiar pela da ilegitimidade ativa *ad causam* e da prescrição.

O *pedido de anulação* de "todos os contratos de adiantamento pecuniário para futuro aumento de capital celebrados entre a primeira ré e as empresas beneficiárias" tem no pólo passivo todas as empresas, uma vez que eventual sentença acolhendo tal pedido imporia alterações nas esferas jurídicas de todas elas. Sempre que se trata de anular um negócio jurídico celebrado entre outros, a legitimidade passiva para a causa é de todos os contratantes, uma vez que todos podem ser atingidos.

O *pedido de condenação a se abster de efetuar novas transferências* tem também no pólo passivo todas as empresas, porque o autor pretende não só que a Rádio Clube não ceda mais capital algum às outras empresas, como também que estas não celebrem outros contratos dessa natureza.

No tocante ao *pedido de condenação a restituir valores*, no pólo passivo da demanda estão somente as empresas beneficiárias, porque foram elas que receberam e, nesse item, em tese o provimento jurisdicional postulado beneficia a Rádio Clube. A própria petição inicial deixa claro que tal pedido se refere somente às demais empresas, não a esta.

Também o pedido de *condenação a indenizar* tem no pólo passivo somente os controladores e as entidades que contrataram com a Rádio Clube.

428. a anulação da deliberação assemblear: um pedido que não foi feito

Em sua demanda inicial, o Espólio de Martinho de Luna Alencar pede a anulação das transferências patrimoniais efetuadas pela Rádio Clube de Pernambuco mas nada pede em relação ao ato com que, em assembléia, essa companhia deliberou por aprovar tais medidas. Trata-se da assembléia geral ordinária realizada aos 7 de maio de 1999, que restou inacabada. Essa observação é importante em relação ao que adiante se dirá sobre a necessidade de anular a deliberação assemblear como um *prius* indispensável à anulação dos negócios autorizados ou aprovados pelo ente societário soberano.

§ 3º – ILEGITIMIDADE *AD CAUSAM* DO ESPÓLIO-AUTOR

429. o problema da legitimidade ad causam *ativa* em relação a cada um dos pedidos

O Espólio de Martinho de Luna Alencar afirma seguidamente que vem a juízo postular em nome próprio e no próprio interesse, ou seja, sem se apresentar como representante nem substituto processual da Rádio Clube de Pernambuco. Em aparente coerência com isso, não indicou a própria Rádio *como ré em relação ao pedido de restituição de valores*, sendo os interesses desta defendidos, *a parte actoris*, por aquele que a substitui. Mas a coerência desse Espólio não foi total porque, apesar de sempre afirmar que litiga no próprio interesse, seu *petitum* vai além do interesse individual do próprio autor quando inclui pretensões cujo eventual acolhimento conduziria ao enriquecimento ou preservação do patrimônio da Rádio: assim são, nitidamente, o pedido de anulação dos diversos contratos e o de condenação de todos a *restituir a essa ré* os valores recebidos. Vejo com estranheza uma demanda em que dado sujeito é posto *como réu* e, ao mesmo tempo, fazem-se pedidos que, quando acolhidos, viriam a beneficiar esse mesmo sujeito.

Esclarecimento. No intróito da petição inicial do Espólio de Martinho de Luna Alencar, a Rádio Clube de Pernambuco está formalmente incluída entre os réus (seu nome é, aliás, o primeiro que ali aparece) mas depois, ao deduzir seus pedidos, o autor tomou o cuidado de pedir a condenação de todos os réus, menos a Rádio, a pagar uma indenização a esta (item III do *petitum*). Isso significa que, em relação a tal pedido essa empresa não é ré, apesar de figurar como tal na parte introdutiva da petição inicial.

A conseqüência dessa postura assumida pelo Espólio-autor conduz à inevitável constatação de que, em parte, ele se apresenta realmente como autor no próprio interesse, ou seja, quando pede para si próprio uma indenização; mas em outra parte ele postula em benefício da Rádio a anulação de contratos e uma restituição de valores. Conseqüentemente, é preciso indagar (a) sobre sua *legitimidade ordinária* para pedir aquela indenização para si e (b) sobre sua *legitimidade extraordinária* para pedir o que pediu em relação à esfera de direitos daquela pessoa jurídica.

430. *sobre a legitimidade ordinária e a extraordinária (substituição processual)*

A condição da ação consistente na legitimidade *ad causam* resolve-se em uma relação *de legítima adequação entre o sujeito e a causa*, resultante da relevância que o resultado desta virá a ter sobre sua esfera de direitos, seja para favorecê-la ou para restringi-la.[3] Disse também Liebman que legitimidade é a *titularidade ativa e passiva da ação*.[4] E Buzaid: ela é a "qualidade do titular do conflito de interesses".[5] O que há de comum nessas conceituações é a constante ligação entre a legitimidade e a concreta situação de direito material posta em litígio entre as partes – fator esse de extrema relevância para o exame do presente caso. É também comum nos ordenamentos jurídico-processuais em geral a reserva

---

3. *Cfr.* Dinamarco, *Instituições de direito processual civil*, II, n. 545, p. 313.
4. *Cfr. Manual de direito processual civil*, I, n. 74-B, p. 208 trad.
5. *Cfr. Do agravo de petição no sistema do Código de Processo Civil*, n. 65, p. 125.

a cada qual da titularidade do poder de ação com referência aos seus interesses, excluída em princípio a legitimidade de todos os demais sujeitos. Essa idéia é proclamada sonoramente pelo art. 6º do Código de Processo Civil, segundo o qual *ninguém poderá pleitear em nome próprio um direito alheio*. Só em casos extraordinários o sistema autoriza terceiros a defender judicialmente interesses jurídico-substanciais que não sejam seus (substituição processual, legitimidade extraordinária). A esse respeito, veja-se o que venho dizendo em sede doutrinária:

> "dessa observação nitidamente inspirada na instrumentalidade dos institutos processuais ao direito material decorre a estreita conexidade entre os conceitos de parte legítima e parte de direito material, no sentido de que, salvo casos excepcionais, (...) terão legitimidade ativa e passiva para a causa aquelas mesmas pessoas que sejam titulares da relação jurídica substancial posta como objeto do juízo. (...) É por isso que, quando na experiência concreta figura no processo algum sujeito a quem falece a *legitimatio ad causam*, a conseqüência, em face do dever-ser inobservado, é a pronúncia da carência de ação", com extinção do processo sem julgamento do mérito.[6]

Diferente da legitimidade extraordinária concedida em casos muito específicos é a *representação* dos incapazes e das pessoas jurídicas em geral (que também constitui tema de interesse para o presente estudo). O substituto processual é parte no processo, atuando em nome próprio embora no interesse alheio; o representante não é parte, dado que está em juízo em nome do representado. O substituto é titular de um direito de algum modo correlato com o do substituído, o que conduz o legislador, sempre em casos específicos, a admitir o sujeito como parte na defesa de interesse alheio. O representante é aquele que a lei ou o contrato estabelecer. A lei outorga o *munus* de representar os incapazes aos seus pais, tutores ou curadores; o de representar as pessoas jurídicas de direito público, ao agente público no exercício do cargo *etc*. Sempre nos termos do art. 12 do Código de Processo Civil, a re-

---

6. *Cfr*: Dinamarco, *Litisconsórcio*, n. 4, pp. 27 ss.

presentação judicial das pessoas jurídicas de direito privado será exercida "por quem os respectivos estatutos designarem, ou, não os designando, por seus diretores" (inc. VI).

A propósito dos temas da legitimidade *ad causam*, substituição processual, justificação institucional desta e sua diferença em relação à representação, tomo a liberdade de remeter o leitor ao que mais amplamente está exposto no parecer "Sociedades anônimas e legitimidade dos minoritários − questões processuais", incluído neste mesmo volume. Também em sede doutrinária geral escrevi a respeito.[7]

431. *o sócio como representante ou como substituto processual*

O sócio, como tal, não tem o poder de representar a sociedade; e, para atuar em nome próprio e no interesse dela (substituição processual), a Lei das Sociedades Anônimas contém normas muito específicas, que são *leges speciales* destinadas a prevalecer exclusivamente no campo das hipóteses traçadas.

O poder de *representação judicial* caberá, como na lei está dito e é notório, a quem o estatuto ou contrato social designar. Ou a indicação já é feita nominalmente no próprio ato constitutivo, de modo direto, como muitas vezes sucede nas sociedades de responsabilidade limitada; ou o ato constitutivo estabelece o cargo, ou cargos, a cujo ocupante caberá a condição de representante da pessoa jurídica, como é ordinário ocorrer nas sociedades por ações.

A substituição processual da sociedade pelo sócio (ou seja, o poder de defesa judicial dos interesses daquela, em nome próprio e não como seu representante), sendo excepcional no sistema, qualifica-se como legitimidade *extraordinária*. Hipótese bastante específica de substituição da sociedade por sócios é a da ação de responsabilidade de diretor, nas situações que a lei societária descreve e disciplina (lei n. 6.404, de 15.12.76, art. 159, § 3º). Qualquer acionista tem legitimidade individual para essa ação,

7. *Cfr.* minhas *Instituições de direito processual civil*, II, n. 548, pp. 317-310.

podendo portanto agir em nome próprio e no interesse da sociedade, se a assembléia geral houver deliberado propô-la mas a companhia deixar decorrer três meses *in albis*, sem que seus órgãos administrativos ajuízem a demanda; se a assembléia deliberar que não ajuizará qualquer demanda ao administrador, ou se nada houver deliberado a esse respeito, a substituição processual da companhia tocará ao acionista, ou grupo de acionistas, que represente ao menos 5% do capital social (art. 159, § 4º). Individualmente, em nome próprio e sem haver acionado esses mecanismos societários, o sócio não tem legitimidade para substituir a empresa.

432. ilegitimidade ativa do Espólio-autor em relação à responsabilidade dos diretores

Quando pede a condenação a restituir valores, quer o Espólio uma providência em favor da companhia da qual é sócio, não para si mesmo. Pretende, pois, a condição de *substituto processual*. Ele diz seguidamente que não, que está realmente pleiteando em nome próprio e no próprio interesse individual, mas ao menos nessa parte não é isso que ocorre. A demanda que move é, ao menos nessa parte, uma *ação social*, não *individual*. Essa claríssima impressão é também confirmada pelo fato de ser pedida a condenação a restituir aqueles valores *integralmente* e não apenas na proporção de sua participação acionária. Se sua demanda fosse julgada procedente e depois se realizasse uma execução, o dinheiro arrecadado iria ter aos cofres da Rádio Clube de Pernambuco S.A. e não ao seu patrimônio pessoal. Ela é, portanto, autêntico substituído, cujo substituto é aquele Espólio.

Por outro lado, quando esse pedido põe no pólo passivo não só as empresas que contrataram com a Rádio Clube mas também todos os integrantes do *Condomínio*, que exercem o controle do Grupo, está seu autor a pleitear a responsabilidade dessas pessoas, na qualidade de diretores. *Restituições*, propriamente ditas, só podem ser feitas por quem houver recebido, porque do contrário não se trata de *restituir*, ou seja, de "entregar o que se possuía por empréstimo, ou indevidamente; devolver" (Aurélio). E os srs.

controladores, quando são chamados a uma responsabilidade solidária por tais restituições, na realidade são chamados em uma demanda indenizatória; deles, que nada receberam, não faz sentido pretender que *restituam*. Poderiam os controladores, sim, se fosse o caso, ser condenados a arcar com seu próprio patrimônio pelos valores despendidos pela Rádio Clube, mas isso significa *responsabilidade civil dos diretores*. Estamos, pois, diante de uma "ação de responsabilidade civil contra o administrador por danos causados ao seu patrimônio", ou seja, ao patrimônio da companhia (LSA, art. 159, *caput* e §§).

Ora, é para as causas dessa natureza e finalidade que os §§ 3º e 4º do art. 159 da Lei das Sociedades por Ações atribuem legitimidade extraordinária aos sócios, nas condições que explicitam. Segundo essas regras, o Espólio-autor só seria legitimado se fosse titular de ao menos 5% das ações representativas do capital social, o que não ocorre porque, como na própria inicial escrito está, sua participação é de apenas 3,3273%. Nessa situação, a legitimidade do Espólio só existiria se a assembléia houvesse decidido responsabilizar os diretores, mas a diretoria da empresa se houvesse omitido por três meses ou mais (art. 159, § 3º) – situação em que qualquer acionista, fosse qual fosse sua participação acionária, seria legitimado a agir em juízo.

No caso em exame, *a assembléia de acionistas nada deliberou a respeito*. Não deliberou responsabilizar os diretores nem deliberou em sentido contrário, simplesmente porque, ao que me consta, jamais lhe foi endereçada uma proposta com essa finalidade. Para o efeito processual de legitimidade a atuar como autor em causas dessa natureza, essa situação se equipara à deliberação negativa, porque o espírito da lei é só liberar os pequenos acionistas, autorizando-os a agir, quando sua iniciativa for coincidente com a da maioria dos sócios com direito a voto, expressa em assembléia; é mais do que lógico, além de legítimo, abrir largas portas à iniciativa individual nessa situação porque se trata de fazer com que prevaleça a vontade da maioria sobre a dos detentores de cargos na diretoria. Mas, quando nada houver sido deliberado, não há uma vontade da maioria a ser efetivada pela iniciativa de qualquer sócio; tanto quanto em caso de deliberação pela negativa, quando nada se decidiu a iniciativa do sócio não conta com o apoio de uma vontade majoritária e, portanto, não passa de um ato isolado do acionista.

Além disso, havendo a própria assembléia deliberado aprovar as transferências quando já realizadas, esse é um claríssimo sinal de que a maioria dos acionistas não pretende responsabilizar quem quer que seja.

O que acabo de dizer conta com o decidido apoio do prestigiosíssimo Modesto Carvalhosa, que, ao comentar os §§ 3º e 4º do art. 159, sintetiza os requisitos para a ação social *ut singuli*, ou seja, para a substituição processual da companhia pelo acionista. Diz que essa legitimidade *ad causam* "tem como pressuposto a decisão contrária da assembléia sobre tal proposta, ou seja, a recusa da assembléia de deliberar a respeito. Nesse caso, o acionista poderá agir diretamente contra os administradores". E, logo a seguir: "será legitimado, ainda, o acionista individualmente a propor a ação de responsabilidade civil, no caso de se recusarem os administradores a fazer constar da ordem do dia a deliberação sobre a matéria ou se, embora sendo conseqüência direta do assunto nela incluído, negar-se a mesa a reconhecê-lo, trancando a discussão e deliberação a respeito". Mas "a minoria age sempre em segundo lugar, *a título subsidiário*. Não tem, portanto, legitimidade para se antecipar à decisão da assembléia". E prossegue, no exame da exigência do *quorum* de 5% do capital social, dizendo que "quando os acionistas interessados não possuem 5% do capital social, podem compor litisconsórcio ativo, reunindo suas ações para o fim de alcançar aquele percentual". Em suma: a minoria dos acionistas, para ser havida como um *órgão social*, ou seja, para que se considere dotada da indispensável *legitimacy of representation*, é institucionalizada pela Lei das Sociedades por Ações "como um agrupamento de capital significativo" (sempre, Carvalhosa).[8]

---

8. *Cfr. Comentários à Lei de Sociedades Anônimas*, III, notas ao art. 159, esp. pp. 380-381.

E há uma forte razão societária para a distinção estabelecida nos §§ 3º e 4º do art. 159 da lei especial, a saber, para a distinção entre (a) casos em que a assembléia haja deliberado agir mas a diretoria não agiu, sendo então legitimado qualquer sócio, independentemente de sua participação no capital social, e (b) casos em que a assembléia haja deliberado não agir ou em que nada haja deliberado (inclusive por conta de alguma obstrução ou recusa a deliberar), quando então é indispensável o *quorum* de 5%. Essa distinção é ditada "a fim de proteger a companhia contra ações movidas por acionista cuja participação acionária seja *tão pequena que* não o motiva a ter em conta o interesse da companhia, como organização" (Bulhões Pedreira[9]); não pode a empresa ficar à mercê da vontade ou dos caprichos de uma pequena minoria, destoante da vontade majoritária e que nem sempre é motivada por interesses societários.

> É como no caso presente, em que, segundo vem a consulente afirmando, o Espólio de Martinho de Luna Alencar só veio a juízo porque havia sinais de um provável acordo entre os integrantes do *Condomínio* e aquele outro Espólio que havia antes proposto uma demanda – querendo esse autor de agora, como informa a consulente, *pôr-se em situação favorável à obtenção de alguma vantagem naquele possível acordo*, o qual no entanto acabou por ficar frustrado para todos. Esclareço ainda que, segundo sou informado, nem o Espólio de Martinho nem qualquer outro sócio tomou sequer a iniciativa de requerer uma deliberação assemblear sobre uma possível ação judicial em favor da companhia, donde se infere que, mesmo se fosse detentor de 5% do capital social, ainda assim não estaria ele legitimado a agir em favor da sociedade (pois estaria sempre fora da hipótese regida pelo § 4º do art. 159 da Lei das Sociedades por Ações).

433. ilegitimidade em relação aos alegados danos indiretos

Pelo que acaba de ser dito, restaria ainda ao Espólio-autor a possibilidade de ajuizar sua demanda pelos prejuízos que alega

---

9. *Cfr.* José Luiz Bulhões Pedreira, "A responsabilidade civil do diretor de S.A.", n. 4, p. 599.

ter sofrido em seu próprio patrimônio mediante a suposta diminuição do patrimônio da Rádio Clube de Pernambuco. Pergunta-se então: favorecê-lo-ia o disposto no § 7º daquele mesmo art. 159, segundo o qual "a ação prevista neste artigo não exclui a que couber ao acionista ou terceiro *diretamente* prejudicado pelo ato do administrador"?

A resposta a essa indagação só pode ser negativa, porque as *ações* que o § 7º ressalva são na realidade os eventuais direitos à reparação de danos causados direta e não indiretamente ao acionista ou terceiro – quando no caso o dano que o Espólio lamenta é somente a projeção, sobre seu patrimônio, do dano que à própria pessoa jurídica houvessem os srs. controladores causado. Estamos, pois, no campo dos *danos indiretos*, de que cuida a doutrina para negar peremptoriamente que em relação a eles o sócio possa *ter ação*. O próprio dispositivo em exame alude com toda clareza às ações por danos causados *diretamente* ao acionista ou a terceiro. A esse propósito diz ainda o monografista Bulhões Pedreira que "a reparação do chamado *prejuízo indireto* somente pode dar-se, portanto, através do exercício da ação social [*ou seja, da ação da própria sociedade ou do acionista como substituto desta*]; assim como o prejuízo é *indireto*, a reparação há de ser *indireta*, ou seja, através da recomposição do patrimônio da companhia".[10] E adverte, forte na lição autorizadíssima de Cesare Vivante:

"a tal distinção deve manter-se atento o magistrado, a fim de que o acionista desprovido de ação social não tente exercitá-la em afronta à lei sob pretexto de um dano individual".[11]

Realmente, para que se pudesse tratar como individuais os danos que diretores causassem a uma companhia seria necessário *desconsiderar a personalidade desta*, de modo que cada sócio se considerasse lesado diretamente pelos atos dos diretores e cada um deles pudesse receber a quota indenizatória correspondente a sua participação no capital social. É isso que, com outras palavras,

10. *Op. cit.*, n. 5, esp. p. 601.
11. *Op. loc. cit.*

está claro no pensamento dos irmãos Mazeaud, *verbis*: "a pessoa jurídica se interpõe entre os sócios e o autor da falta; ela forma um obstáculo intransponível às ações individuais dos sócios".[12] E, como é notório, só se desconsidera a existência de uma pessoa jurídica quando mediante ela o obrigado tenta *fraudar a lei ou seus credores* ou quando houver uma manifesta confusão patrimonial (CC, art. 50); o normal é respeitar as barreiras representadas pela personalidade jurídica, que constitui notória realidade em todo sistema jurídico. "Pessoa jurídica é uma entidade própria e inconfundível com as pessoas naturais que a compõem; seu patrimônio, igualmente, é distinto e inconfundível" – diz Renan Lotufo ao comentar o Código Civil de 2002, embora este não traga por explícito a fórmula "as pessoas jurídicas têm existência distinta da dos seus membros", contida no art. 20 do estatuto anterior. Segundo entendimento doutrinário corrente, a existência da pessoa jurídica subordina-se a quatro requisitos essenciais e indispensáveis, entre os quais a *existência de patrimônio próprio*; e esses entes incorpóreos são subjetivados como centros de interesses coletivos, tendo em vista os interesses coletivos a serem patrocinados, defendidos, exercidos, fruídos por determinado corpo de pessoas (Basile-Falzea).[13]

Os demais elementos integrantes do conceito de pessoa jurídica são: a) identificação do ente subjetivado (nome, sede, objetivo); b) sua organização ("organização de homens e de meios para a satisfação de interesses e necessidades comuns"[14]); (c) o reconhecimento estatal.[15]

Ora, o patrimônio comum centrado nas pessoas jurídicas é, antes de tudo, patrimônio destas e não dos sócios, sendo elas legí-

---

12. *Apud* Bulhões Pedreira, *op. cit.*, esp. p. 601.
13. *Cfr.* Massimo Basile e Angelo Falzea, "Persona giuridica – diritto privato", esp. n. 3, p. 239.
14. Palavras de Giuseppe Menotti de Francesco, "Persona giuridica – diritto privato e pubblico", n. 6, esp. p. 1.038.
15. *Cfr* ainda Basile-Falzea, "Persona giuridica", pp. 238-239; De Francesco, "Persona giuridica – diritto privato e pubblico", esp. nn. 6-8, pp. 1.038-1.039.

timos centros de imputação de direitos e obrigações que não são diretamente dos sócios mas delas próprias. Uma lesão a esse patrimônio é, diretamente, lesão à pessoa jurídica e só indiretamente aos sócios. Se não fosse assim, todo sócio seria credor em nome próprio pelos créditos da sociedade e, inversamente, devedor por todas as obrigações desta. Notoriamente, as coisas não são assim. Daí a corrente e uníssona lição dos Mestres comercialistas, no sentido da *ilegitimidade dos sócios para virem a juízo buscar reparação dos danos indiretos*.

> De minha parte, vou mais além por entender que não é a legitimidade *ad causam* que falta aos sócios em relação a esses danos. Entendo que a questão é de puro direito material porque não há uma relação de crédito e débito entre o sócio e aquele que houver causado dano à sociedade. A responsabilidade civil deste é perante o ente coletivo, não perante cada um dos sócios. Por isso, antes de ser parte ilegítima para cobrar em juízo a reparação desses *prejuízos indiretos*, o sócio é um não-credor e a demanda que intentar será improcedente (juízo de mérito) e não somente inadmissível segundo as regras do processo. Esse é um caso de *falsa ilegitimidade ad causam*, que no entanto, até por comodismo, a doutrina e os tribunais seguem tratando como de carência de ação.[16]

434. ainda a ilegitimidade do Espólio-autor: conclusões do parágrafo

Neste parágrafo pôs-se o foco na situação do Espólio de Martinho de Luna Alencar em relação aos seus pedidos de *restituição de valores* à pessoa jurídica Rádio Clube de Pernambuco S.A. e de *indenização por danos indiretos* supostamente causados a ele próprio, na qualidade de sócio. Vê-se com muita clareza que em relação a esses dois pedidos o autor carece de ação por *ilegitimidade ad causam*, porque:

a) *quanto à responsabilidade dos controladores perante a empresa*, a legitimidade do Espólio só existiria (a) se ele fosse titular

---

16. Cfr. Dinamarco, *Instituições de direito processual civil*, II, n. 554-A, pp. 326-327 e III, n. 958, pp. 311-312.

de ações representativas de ao menos 5% do capital social, o que não ocorre porque detém somente 3,3273% desse capital (LSA, art. 159, § 4º), ou (b) se a assembléia houvesse deliberado propor uma *ação social* em face dos controladores mas, decorridos três meses, nada houvesse sido providenciado nesse sentido (art. 159, § 3º) – situação essa que também não se deu no presente caso. Forte nas razões sistemáticas que apóiam tais dispositivos e na opinião expressa da doutrina dos comercialistas, procurei demonstrar que, para o fim processual de determinar a *legitimatio ad causam* ativa, a ausência de qualquer deliberação equivale à deliberação por não ajuizar tal *ação* – donde a exigência, no caso, de que, para ser parte legítima, cada sócio precisa ser titular daquele mínimo percentual de 5% (sem sequer avaliar o que aconteceria se ele fosse detentor dessa participação mínima mas não houvesse provocado uma deliberação assemblear a respeito, porque essa hipótese está completamente fora de cogitação) ;

b) *quanto aos danos supostamente causados indiretamente ao Espólio* na qualidade de sócio (prejuízos indiretos), não tem este legitimidade alguma, conforme uníssona lição doutrinária. Na realidade, acrescentei, sua ilegitimidade *ad causam*, comumente afirmada pela doutrina, deita raízes mais profundas no próprio direito material (direito societário), porque uma sociedade mercantil, sendo dotada de patrimônio próprio e personalidade jurídica distinta da personalidade dos sócios, é a única possível credora por danos que sejam causados ao seu patrimônio. Mais que parte ilegítima, o sócio não é sequer credor por indenizações referentes aos *prejuízos indiretos*.

§ 4º – PRESCRIÇÃO E PREJUDICIALIDADE

435. *prescrição: duas vertentes*

A ora consulente vem agitando o argumento da prescrição referente a dois distintos pedidos formulados na demanda principal do Espólio-autor, a saber: a) o decurso do prazo extintivo de três anos, quanto à *responsabilidade dos administradores* (LSA, art.

287, inc. II, letra *b*) e (b) o decurso de dois anos, quanto à pretensão a anular a deliberação assemblear de aprovação das transferências de capital a outras empresas (LSA, art. 286).

Na realidade, como anotado (*supra*, n. 428), entre os pedidos deduzidos pelo Espólio de Martinho de Luna Alencar em sua demanda principal não se inclui o de anulação ou declaração de nulidade daquela deliberação assemblear. Pediu a anulação dos negócios jurídicos aprovados e a responsabilidade de empresas e controladores mas deixou intacado aquele ato do órgão máximo da companhia. Por isso, a Rádio Clube ancorou a tese da prescrição à da *prejudicialidade*, sustentando que não se pode anular um ato apoiado pela assembléia geral, sem anular o próprio ato assemblear aprovador. Invocou em seu prol um pronunciamento do Col. Superior Tribunal de Justiça, em voto da lavra do sr. Min. Sálvio de Figueiredo Teixeira, com destaque para essa frase: "seja por não ter sido pleiteada na inicial a nulidade da deliberação que excluiu o autor dos quadros sociais, seja porque operada a prescrição em relação à possibilidade de impugná-la, não há como acolher-se o reclamado".

436. *responsabilidade civil: prescrição em três anos*

Pelo disposto na lei especial, "prescreve em três anos (...) a ação contra os fundadores, acionistas, administradores (...) para deles haver reparação civil por atos culposos ou dolosos, no caso de violação da lei, do estatuto ou da convenção do Grupo, contado o prazo (...) da publicação da ata que aprovar o balanço referente ao exercício em que a violação tenha ocorrido" (LSA, art. 287, inc. II, letra *b*, n. 2).[17] Ora, essa aprovação foi feita em assembléia no dia 7 de maio de 1999 e a publicação da ata, segundo sou informado, deu-se no dia 26 do mesmo mês e ano (ou seja, 26 de maio de 1999). Conseqüentemente, pois, o triênio extintivo consumou-se aos 26 de maio de 2002, mas a primeira das demandas do Espólio de Martinho de Luna Alencar, ou seja, a sua demanda de

---

17. Omiti palavras irrelevantes para o presente estudo.

tutela cautelar, foi ajuizada meses depois – no dia 5 de agosto de 2002. Nessa situação encontram-se ambos os itens das pretensões de ordem pecuniária incluídas na demanda principal do Espólio, ou seja, (a) o pedido de condenação das outras empresas e dos controladores a "restituir" valores à Rádio Clube e (b) o pedido de condenação a favor do próprio Espólio, por alegados danos individuais.

Valores a restituir à empresa. Toda a "restituição" de valores financeiros à Rádio Clube, pretendida pelo autor, enquadra-se no sistema da Lei das Sociedades por Ações como responsabilidade civil por danos causados por diretores, administradores, controladores etc. (*supra,* n. 432). Estamos aqui diante do instituto que entre os comercialistas vem designado como *ação social* e, para as ações sociais de caráter pecuniário-reparatório, o regime prescricional é esse que acima se viu – ainda quando, em vez de *indenização,* o autor proponha que se chame essa obrigação como mera *restituição.* O que importa é que ele está a pretender uma recomposição patrimonial à custa de quem nada recebera (os controladores) e isso não é restituir, mas indenizar. Para clareza, reproduzo o que acima ficara dito:

"*restituições,* propriamente ditas, só podem ser feitas por quem houver recebido, porque do contrário não se trata de *restituir,* ou seja, de 'entregar o que se possuía por empréstimo, ou indevidamente; devolver' (Aurélio). E os srs. controladores, quando são chamados a uma responsabilidade solidária por tais restituições, na realidade são chamados em uma demanda indenizatória; deles, que nada receberam, não faz sentido pretender que *restituam.* Poderiam os controladores, sim, se fosse o caso, ser condenados a arcar com seu próprio patrimônio pelos valores despendidos pela Rádio Clube, mas isso significa *responsabilidade civil dos diretores.* Estamos, pois, diante de uma 'ação de responsabilidade civil contra o administrador por danos causados ao seu patrimônio'".

Indenização individual por prejuízos indiretos. Também esse pedido constitui um modo de mascarar uma pretensão indenizatória em prol da sociedade, que já foi atingida pela prescrição. Se tais prejuízos são reflexo de prejuízos que a sociedade teria sofrido e se o único meio legítimo para obter sua reparação é a chamada *ação social* (quer movida pela própria sociedade, quer pelo sócio como substituto processual), não pode beneficiar ao sócio o expediente estratégico consistente em deslocar o foco, cobrando em juízo aquilo a que só a sociedade teria direito. Se me digo credor porque fulano lesou a sociedade de que sou sócio, mas se o direito da própria sociedade a haver indenização já está prescrito, como posso sustentar que meu (suposto) direito não esteja também prescrito? Ainda aqui é do próprio direito substancial que vem a conclusão pela prescrição já consumada, nada importando o fato de o foco haver sido estrategicamente desviado.

437. *anulação dos contratos sem anular a deliberação social?*

Entra aqui em cena o interessante tema da prejudicialidade, suscitado pela consulente. Seu raciocínio desenvolve-se em torno da seguinte indagação: tratando-se de contratos realizados por diretores da companhia mas aprovados pelo ente societário máximo, é possível anulá-los sem previamente desconstituir também os efeitos da deliberação assemblear? Sua resposta negativa apóia-se na afirmação de uma relação de prejudicialidade entre uma coisa e outra, o que exige que a seguir se diga algo sobre esse rico conceito de crescente prestígio entre os estudiosos do processo civil.

438. *prejudicialidade*

É clássico o ensinamento de Barbosa Moreira, de que a prejudicialidade consiste em um liame de dependência entre duas causas, entre duas questões ou entre dois pontos, de modo que o julgamento da causa (ou questão, ou ponto) prejudicial influirá no *teor* do julgamento das demais. Por isso é que uma se chama *prejudicial* e outra, *prejudicada*.[18] Uma causa, questão ou ponto é prejudicial quando, no plano lógico e no jurídico, a solução a ser dada a ela determina ou limita o modo como será julgada outra causa,

---

18. *Cfr. Questões prejudiciais e coisa julgada*, nn. 32 ss., pp. 49 ss.

questão ou ponto (Francesco Menestrina).[19] Há *prejudicialidade lógica* entre duas causas, questões ou pontos quando a coerência exige que o pronunciamento sobre um deles seja tomado como precedente para o pronunciamento sobre o outro; e a prejudicialidade torna-se relevante para o direito quando a isso se acresce a *prejudicialidade jurídica*, representada pela igual natureza do juízo relativo a esses dois pontos, questões ou causas.[20]

439. *a prejudicialidade e a prescrição (ou decadência) no caso em exame*

Tornando ao caso, vejo que a existência e validade de uma deliberação assemblear são pontos prejudiciais em relação a todas as pretensões contidas na petição inicial do Espólio-autor (demanda principal) porque interferem sobre estas como um fator condicionante do que a respeito se possa decidir. Esse condicionamento prejudicial se evidencia quando pensarmos no absurdo lógico-jurídico de um possível julgamento no qual se anulassem atos, se inibisse a empresa de praticar outros do mesmo teor, se condenasse alguém a restituir ou a ressarcir *etc.*, enquanto o ato soberano aprovador se mantivesse intatacado e, portanto, íntegro. Se aqueles negócios contam com a aprovação da assembléia e se a deliberação desta não foi questionada em juízo nem dela se pediu a anulação, também eles não podem ser tachados de nulos. É indispensável atentar, consoante o próprio conceito de pontos, causas ou demandas *prejudiciais* em direito processual, ao elemento lógico e ao jurídico que envolvem toda relação de prejudicialidade (*supra*, n. 438), ou seja: aos predicados da coerência entre duas situações e também à uniformidade jurídica que há de envolver os pronunciamentos sobre elas (prejudicialidade lógica e prejudicialidade jurídica).

---

19. *Cfr. La pregiudiciale nel processo civile*, nn. 30-31, pp. 139 ss.; n. 35, pp. 153 ss. *Causa, questão e ponto* são três conceitos bastante manipulados no trato da prejudicialidade.

20. *Cfr.* Menestrina, *op. loc cit.*, p. 103. *Cfr.* ainda Barbosa Moreira, *Questões prejudiciais e coisa julgada*, n. 32, esp. pp. 51-52; Adroaldo Furtado Fabrício, *Ação declaratória incidental*, n. 29, esp. p. 68.

Nesse diapasão, chega-se àquele R. voto do Min. Sálvio de Figueiredo, transcrito pela própria consulente, onde é dada ênfase à imperiosidade da apreciação dos temas de direito societário pela óptica metodológica do próprio direito societário e não do puro direito privado comum. Uma sociedade empresária, como todo ente corporativo, é instituída com o objetivo de somar esforços de dois ou mais sujeitos com vista aos benefícios a serem oferecidos a cada um deles individualmente, mas passando antes disso pelo *benefício comum*, segundo o estatuto social e as leis do país. Quando a lei confere legitimidade aos sócios com referência a uma possível causa a ser proposta em juízo, fazendo-a ela sob as ressalvas e nos legítimos limites que o legislador entende adequados, o exercício da ação com os requisitos exigidos e nos prazos estabelecidos é um *ônus* a que cada um deles deve se subordinar, sob pena de conformar-se para sempre. O Espólio até poderia ter legitimidade para postular em juízo a anulação do ato assemblear, mas não postulou. E agora, quando o prazo para fazê-lo está extinto por decadência, ele fica impedido não só de demandar judicialmente essa anulação, como ainda, por força da relação de prejudicialidade, de demandar as conseqüências jurídicas dessa anulação que já se tornou impossível. É de total pertinência o que naquele voto se disse a respeito, especialmente nessa passagem conclusiva: "era preciso, pois, que o acionista tido como lesionado ingressasse em juízo com a ação própria para obter a declaração de nulidade da referida decisão assemblear", ou "ao menos, na espécie em exame, formular o pedido explícito na exordial que apresentou". E, se ao tempo da propositura da demanda já havia decorrido *in albis* o prazo decadencial para a propositura do pedido de anulação, já nada mais pode fazer o Poder Judiciário.

440. *direito potestativo não exercido no prazo: decadência consumada*

Ainda que não muito clara a respeito dos fundamentos da pretensão deduzida, a petição inicial do Espólio de Martinho de Luna Alencar desenvolve-se principalmente em torno da *fraude* e da *simulação*, que são causas de anulabilidade do ato e não de sua nulidade (CC-16, art. 147, inc. II, e CC-02, art. 171, inc. II).[21] Além disso, conclui pedindo *anulação*, que é o tratamento adequado aos atos anuláveis (item *i* do pedido final). E o caso parece ser mesmo de anulabilidade (em tese, segundo as colocações feitas na inicial) porque não se alega infração a qualquer norma legal de ordem pública. As nulidades absolutas são fenômenos bastante raros em direito societário, notadamente quando se trata de companhias fechadas, como a Rádio Clube de Pernambuco. Cuidando da distinção entre os dois tipos de sociedades anônimas (abertas e fechadas), diz Fábio Konder Comparato: "num deles predomina o caráter institucional, marcado por disposições de ordem pública, não derrogáveis por deliberação dos acionistas, porque tendentes a proteger os interesses dos investidores no mercado de capitais. No outro prevalece o aspecto contratual, conferindo-se ampla liberdade de estipulação às partes para regular o funcionamento do mecanismo societário de acordo com os seus interesses particulares".[22] E, bem incisivamente, no mesmo sentido ensina o monografista Erasmo França: "o campo da nulidade absoluta das deliberações, portanto, restringe-se à violação da lei e não dos estatutos"; e, na casuística com que ilustra seu pensamento, dá realce às violações a normas de ordem pública.[23]

Ora, uma das projeções do trato menos severo e mais flexível outorgado às companhias de capital fechado consiste precisamente na atenuação dos rigores relacionados com os possíveis vícios nos atos *interna corporis* que realizam. Não há razão para a proteção particularmente vigorosa de terceiros, ou mesmo de pequenas minorias em certos casos, bastando que estes sejam municiados de instrumental razoável para se rebelarem contra as infrações que os prejudiquem. Daí a técnica das anulabilidades, preferida pelo sistema de direito societário no tocante às companhias fechadas,

21. O Código Civil de 2002 dá por nulo e não meramente anulável o ato viciado por simulação (art. 167), mas os fatos aqui examinados se passaram na vigência do anterior.
22. *Cfr.* "A natureza da sociedade anônima e a questão da derrogabilidade das normas legais de *quorum* nas assembléias gerais e reuniões do conselho de administração", esp. p. 119.
23. *Cfr.* Erasmo Valladão Azevedo e Novaes França, *Invalidade das deliberações de assembléia das S/A*, n. 19.2, esp. pp. 105 ss.

pela qual cada sócio tem o poder de vir a juízo postular a anulação de deliberações assembleares – o que constitui até, acima de tudo, exigência da garantia constitucional de acesso à justiça (Const., art. 5º, inc. XXXV) – mas também podendo não vir e suportar as conseqüências da omissão. Esse poder melhor se qualifica como *direito potestativo*, modernamente conceituado como "una situazione giuridica soggettiva strumentalmente diretta alla produzione di un certo effetto modificativo di rapporti sostanziali" (Corrado Ferri).[24] E Chiovenda, ao discorrer sobre os direitos potestativos, dizia que entre eles se incluem aqueles "nos quais um novo estado jurídico se produz automaticamente em virtude de mera declaração de vontade do titular; e outros nos quais a alteração só se produz se o direito potestativo for declarado pelo juiz".[25]

Ora, é inerente a todo direito potestativo o ônus de exercê-lo pelos modos indicados e no prazo fixado em lei, sob pena de extinção. Dá-se ao sujeito o poder de modificar uma relação jurídica, ou de realizar atos destinados a sua modificação, interferindo pois na esfera de direitos alheia, mas a esse poder se opõem tais limites. E foi assim que, sendo legitimado a postular a anulação daquela deliberação assemblear em determinado prazo (dois anos) e não o fazendo em tempo, o Espólio-autor decaiu desse direito e permitiu, pela inércia, que eventuais vícios ficassem convalidados – o que é intimamente inerente ao sistema das *anulabilidades*.

441. conclusão quanto aos pedidos de natureza não-pecuniária

Conclui-se portanto que por todos os ângulos se mostra inadmissível a anulação dos negócios impugnados pelo autor, bem assim a condenação dos réus a se absterem de praticar outros de análogo teor. O decurso do prazo de dois anos imposto pela lei (LSA, art. 286), causando a extinção do direito à anulação da deliberação assemblear aprovadora daqueles atos, extinguiu também o direito de atacar os próprios atos negociais, pela já exposta razão de que entre essas duas situações jurídicas existe uma invencível relação de prejudicialidade (*supra*, n. 439).

24. *Cfr. Profili dell'accertamento costitutivo*, cap. I, n. 9, esp. p. 61, nota 154.
25. *Cfr. Principii di diritto processuale civile*, 8º, II, p. 181.

442. conclusão geral do parágrafo: extinção de ambos os processos

Sabido que no processo cautelar não se julga a própria demanda principal (nem procedente nem improcedente nem inadmissível por carência de ação *etc.*), mesmo assim a lei abre caminho para que, vendo ter ocorrido a decadência ou a prescrição do direito do autor, já no processo cautelar o juiz leve em conta esses acontecimentos.

> Dispõe a propósito o art. 810 do Código de Processo Civil: "o indeferimento da medida [*cautelar*] não obsta a que a parte intente a ação [*principal*] nem influi no julgamento desta, salvo se o juiz, no provimento cautelar, acolher a alegação de decadência ou de prescrição do direito do autor".

Acolhendo o juiz na sede cautelar as alegações de prescrição e de decadência examinadas acima, a conseqüência consistirá pois em negar a tutela cautelar postulada e, ao mesmo tempo, declarar extinto o processo principal com julgamento do mérito (CPC, art. 269, inc. IV). Esse é um caso excepcionalíssimo, mas autorizado em lei, em que já no processo cautelar o juiz se pronuncia *principaliter* sobre a causa principal. E aqui no presente caso, estando pendente o agravo interposto pela ora consulente contra a medida concessiva da tutela cautelar, compete ao E. Tribunal de Justiça agir como dispõe o art. 810 do Código de Processo Civil, produzindo pois os resultados que decorrem da disposição nele contida.

§ 5º – ENTRE A INADMISSIBILIDADE DA PRETENSÃO PRINCIPAL E A DA INDISPONIBILIZAÇÃO DE BENS

443. relação de instrumentalidade entre a tutela cautelar e a principal

Como é corrente entre os estudiosos, todas as medidas urgentes guardam uma indispensável relação de instrumentalidade com o provimento a ser proferido na causa principal, sendo sua função eliminar ou ao menos mitigar os males de uma espera, talvez longa (clássica lição de Piero Calamandrei, que foi o pioneiro no estudo sistemático das medidas cautelares). "Entre fazer logo porém mal e fazer bem mas tardiamente, os provimentos cautelares visam, sobretudo, a fazer logo, deixando que o problema do bem e do mal, isto é, da justiça intrínseca do provimento, seja resolvido mais tarde, com a necessária ponderação, nas sossegadas demoras do processo ordinário".[26] Há realmente muitas situações em que ocorre o perigo de deterioração dos direitos ou fontes de prova, ou outros meios instrumentais exteriores ao processo, de modo que, se se deixar que o tempo passe a nada se fizer, depois a efetividade da tutela jurisdicional poderá ficar comprometida. As medidas cautelares são um antídoto contra o *tempo inimigo*, em defesa da efetividade do processo (Carnelutti).[27]

Essas singelas observações, que chegam a ser banais nos dias de hoje, são feitas com o intuito de estabelecer um nexo entre as perspectivas de julgamento da causa principal e a exigência legal do *fumus boni juris* como requisito para as medidas urgentes em geral – o que a partir do próximo tópico se fará. Não se perca de vista que aquele requisito só se considera suficientemente satisfeito quando as *chances* de vitória do autor preponderam sobre os riscos de derrota. Tal é a *probabilidade* de existência do direito, que o reverenciado e clássico Nicolò Framarino dei Malatesta conceituou como uma situação decorrente da preponderância dos motivos convergentes à aceitação de determinada proposição, sobre os motivos divergentes.[28] Trata-se sempre de fazer um juízo inteligente acerca dos motivos para crer, em confronto com os motivos para não crer.

444. *indisponibilização de bens e defesa do patrimônio público*

Pôr um bem em estado de indisponibilidade significa subtrair ao seu titular, provisoriamente ou *pro vita*, o poder de dispor dele,

---

26. *Introduzione allo studio sistematico dei provvedimenti cautelari*, n. 8, esp. p. 20.
27. *Cfr. Diritto e processo*, n. 232, esp. p. 354; a esse propósito, v. também Dinamarco, "O regime jurídico das medidas urgentes", n. 29, pp. 64-65.
28. *Cfr. La logica delle prove nel processo criminale*, pp. 42 ss.

ou seja, o poder de aliená-lo (vendendo, doando, dando em pagamento) ou de onerá-lo com os chamados direitos reais de garantia. No campo do direito privado há a inalienabilidade estabelecida por atos *inter vivos* (doações) ou *mortis causa* (testamentos), dispondo ainda o Código Civil que "a cláusula de inalienabilidade, imposta aos bens por ato de liberalidade, implica impenhorabilidade e incomunicabilidade" (art. 1.911). Mas não é dessas inalienabilidades que cogitamos aqui.

Na área do direito público existe a figura da inalienabilidade *imposta pelo juiz*, instituída pela legislação relacionada com a repressão à improbidade administrativa. Essa restrição ao direito de propriedade é estabelecida mediante decisão interlocutória, *inaudita altera parte* ou no curso de um processo contencioso, com vista a preservar o patrimônio do demandado para cumprimento das obrigações que a sentença de mérito vier a reconhecer. A Lei de Probidade Administrativa, que instituiu essa figura de medida judicial urgente e acauteladora (lei n. 8.429, de 2.7.92, art. 7º), constitui desdobramento infraconstitucional do disposto no art. 37, § 4º, da Constituição Federal. Tanto a Constituição quanto a lei estão todavia a disciplinar remédios processuais destinados à *defesa do patrimônio público*, não relacionando essa providência extraordinariamente enérgica com o sistema processual de efetivação das relações jurídicas privadas, entre sujeitos ou entidades privadas. "É que a previsão legal tem em mira assegurar o futuro ressarcimento *ao erário* (caso do art. 10º) ou o *perdimento dos bens* que o infrator adquiriu mediante ato de improbidade (caso do art. 9º)." Trata-se invariavelmente de assegurar a futura "recomposição *do erário* pela dissipação dos *bens do agente público ou terceiro*" (Pazzaglini-Rosa-Fazzio[29]). O que a Constituição Federal dispõe a respeito e o que a Lei da Probidade Administrativa disciplina não tem qualquer relação com a tutela jurisdicional a particulares.

---

29. *Cfr.* Marino Pazzaglini Filho, Márcio Fernando Elias Rosa e Waldo Fazzio Júnior, *Improbidade administrativa*, n. 9.2, esp. p. 186.

445. *natureza jurídica do ato judicial de indisponibilização*

O ato judicial de indisponibilização de bens situa-se entre as medidas processuais urgentes e, portanto, caracteriza-se como *tutela de urgência*. Sem descermos a minúcias irrelevantes para o caso, tenhamos em vista que toda medida urgente visa a favorecer um sujeito que, mercê do fluir do tempo, correria o risco de não conseguir do processo aquilo a que provavelmente terá direito. Há medidas urgentes consistentes em oferecer ao sujeito desde logo, total ou parcialmente, a fruição do bem que veio a juízo postular – e essas são as *antecipações de tutela jurisdicional*. E há também aquelas que oferecem apoio ao próprio processo, assegurando a disposição dos meios exteriores dos quais ele depende para cumprir sua missão institucional de pacificar com justiça – e essas são as *cautelares*. Não é que as medidas cautelares não visem, em *ultima ratio*, à proteção de um sujeito (aquele que provavelmente terá razão) mas elas chegam a esse resultado mediante o reforço que oferecem aos mecanismos processuais, para que funcionem bem.[30]

Nesse quadro, a indisponibilização de bens é uma *medida cautelar*. Tanto quanto o *arresto* disciplinado pelos arts. 813 ss. do Código de Processo Civil, ela visa a predispor bens para uma futura penhora, na previsão da provável procedência da demanda principal; tanto quanto o arresto, a indisponibilização de bens nada oferece de imediato ao credor, pois este só se beneficia com a segurança de poder obter depois a penhora do bem, sem recebê-lo para sua própria fruição e gozo. Diferentemente do arresto, porém, (a) a indisponibilização de bens não inclui a captação física destes nem sua entrega a um depositário e (b) ela impede alienações ou onerações, tornando ineficazes os atos que se tentem realizar nesse sentido – enquanto que o arresto não traz em

---

30. Há bom tempo venho defendendo essa distinção entre medidas antecipatórias e cautelares, sempre porém com a advertência de que ambas se aglutinam em um gênero próximo, que é o das *medidas urgentes*, recebendo por isso disciplinas estreitamente análogas (*cfr*. Dinamarco, *A Reforma do Código de Processo Civil*, nn. 236-238, pp. 327 ss.; e "O regime jurídico das medidas urgentes", nn. 26-28, pp. 58 ss.).

si tal impedimento (se a propriedade do bem arrestado vier a ser transferida a terceiro, este o adquire ordinariamente como todo adquirente mas deve suportar os atos executivos que depois se desencadeiem sobre ele).

446. *a destinação específica da indisponibilização, segundo a lei*

O direito positivo, como visto, tanto no plano constitucional como infraconstitucional, tipifica a indisponibilização de bens como medida associada à defesa do *patrimônio público*, nos casos regidos pela Lei de Probidade Administrativa (*supra*, n. 444). Para análoga tutela *a privados*, é o Código de Processo Civil quem especifica as medidas adequadas, mandando que, quando houver risco de dissipação de bens penhoráveis, se imponha o arresto (*periculum in mora* – art. 813). Exige também que, a demonstrar a probabilidade da existência de um direito a efetivar, o credor já esteja *munido de título executivo* ou ao menos de uma sentença condenatória sujeita a recurso com efeito suspensivo (art. 814, *caput* e par.). Formalmente, nada diz a Lei da Improbidade Administrativa quanto à necessidade do *fumus boni juris* como requisito para pôr bens em situação de indisponibilidade.

Essa comparação, que aponta para a grande diferença entre os requisitos e as finalidades das duas medidas comparadas, deve ao menos suscitar uma redobrada atenção do julgador quando cogita de impor a indisponibilidade de bens fora das hipóteses indicadas na Lei de Probidade. Sempre no plano infraconstitucional, é preciso também estar atento ao disposto no art. 247 da Lei dos Registros Públicos, que admite a averbação da indisponibilidade de bens imóveis, "na forma prevista na lei"; em tese, portanto, exclui-se que fora dos casos legais possa o juiz impor tal indisponibilidade ou que possa ela ser averbada no registro imobiliário.

Não excluo que, para satisfação da promessa constitucional de acesso à ordem jurídica justa mediante uma tutela jurisdicional *efetiva* (Const., art. 5º, inc. XXXV), possa o juiz, em casos de superlativa necessidade e perigo de dissipação, chegar aos extremos de rigorismo representados pela indisponibilização de bens, também nas relações entre privados. A abertura constitucional para a ampla tutela jurisdicional é nesse ponto especificada pelo Código de Processo Civil no trato da tutela cautelar, quando institui o *poder geral de cautela*. A teor do disposto no art. 798 desse Código, é lícito desconsiderar as limitações da tutela cautelar, estabelecidas mediante a tipificação de medidas diversas e dos requisitos de cada uma, devendo o juiz impor providências que, caso a caso, se mostrem necessárias e adequadas. Tais são as medidas cautelares atípicas ou inominadas, por definição arredias a qualquer tipificação legal. E o Espólio de Martinho de Luna Alencar cuidou, por isso, de deixar claro que está postulando uma tutela cautelar inominada, ainda que segundo a técnica da indisponibilização de bens.

Mesmo assim, como toda medida cautelar nominada ou inominada, esta que foi imposta aos réus no processo em exame dependia sempre dos clássicos requisitos do *periculum in mora*, sem o qual não há razão para acautelar, e do *fumus boni juris*, sem o qual não é legítimo comprometer o patrimônio de uma pessoa.

447. ***sem* periculum in mora**
– sequer a petição inicial o alegou adequadamente

Mesmo no campo da proteção ao patrimônio público, regida pela Lei de Probidade Administrativa, do *cunho emergencial* da indisponibilização de bens[31] decorre a exigência de algum perigo a debelar mediante a imposição dessa medida. Os comentadores mais acima referidos, tomando o cuidado de colocá-la no plano da tutela cautelar e discorrendo sobre o *periculum* como requisito para as cautelares em geral, concluem afirmando categoricamente:

"o deferimento de *medida liminar* como cautela em ação civil pública destinada a reparar os danos da improbidade administrativa ou reprimir o enriquecimento ilícito, *é justificado pela indispensa-*

---

31. Do *cunho emergencial e transitório* fala Marcelo Figueiredo, *Probidade administrativa*, comentário ao art. 7º, pp. 67 ss.

bilidade de garantir a efetividade dos princípios constitucionais da Administração Pública, por certo mais privilegiado que o direito individual que restringe" (Pazzaglini-Rosa-Fazzio).[32]

Isso significa que, mesmo quando fosse legítimo transplantar pura e simplesmente uma medida destinada a acautelar certos direitos *privilegiados*, aplicando-a a relações entre privados, ainda assim seria indispensável a existência de um perigo de dissipação de bens, sob pena de ilegitimidade. Além disso, somente em casos excepcionalíssimos é que, para dar cumprimento à promessa constitucional de tutela efetiva, se abrem caminhos para a imposição de medidas não tipificadas na lei processual, como é essa indisponibilização de bens.

No caso concreto, não vi na própria petição inicial do Espólio-autor uma palavra sequer, no sentido de que as empresas do Grupo ou seus controladores estejam praticando algum daqueles atos indicadores de uma iminente dissipação, descritos no art. 813 do Código de Processo Civil (venda apressada de bens, fuga do centro de atividades *etc.*). Fala apenas em um acordo que estaria sendo desenhado entre aqueles réus e o Espólio de Assis Chateaubriand e herdeiros, dizendo-se temeroso de que, concordando aquelas partes, nada sobraria para a satisfação da pretensão que ele, Espólio de Martinho de Luna Alencar, venha deduzir em juízo; mas, como é notório e incontroverso, esse acordo ficou frustrado e aquele outro processo prossegue normalmente. E mais: não vejo por que tal acordo, ainda com a aquisição de ações da Rádio Clube pelo próprio Grupo, viria a comprometer o patrimônio desta. Sem qualquer *periculum* a debelar, nem o arresto é admissível e muito menos aquela medida tão severa e extraordinária, transplantada da Lei de Probidade.

448. sem fumus boni juris

Como anunciado ao longo deste parágrafo, os óbices entrevistos para a admissibilidade do julgamento da própria deman-

32. Cfr. *Improbidade administrativa*, n. 9.2, esp. p. 187.

da principal pelo mérito são fatores que, somados, desgastam de tal modo a probabilidade de vitória do Espólio-autor, que não se pode afirmar a existência do *fumus boni juris* indispensável para a tutela cautelar. *Em primeiro lugar*: aquele autor não tem legitimidade para a chamada *ação social*, porque não detém o mínimo de 5% do capital social, exigido pelo art. 159, § 4º, da Lei das Sociedades por Ações (*supra*, n. 432) – e, se não tem legitimidade, não obterá um julgamento do mérito de sua demanda. *Em seguida*: ainda quando não ocorresse essa ilegitimidade *ad causam*, a demanda proposta não pode chegar a um resultado pela procedência porque a *prescrição* eliminou eventual direito a obter a responsabilização dos controladores (art. 287, inc. II, letra *b* – *infra*, n. 458). *Depois*: também o eventual direito à anulação dos atos está extinto, agora por *decadência*, porque decorridos mais de dois anos da publicação da ata da assembléia que aprovara os negócios impugnados (art. 286) e também porque a própria deliberação assemblear não foi impugnada, como era de rigor (*supra*, nn. 437-441). *E ainda*: o sócio não tem legitimidade para cobrar dos diretores eventuais *prejuízos indiretos* que viessem a ser causados por estes, inclusive porque o credor da indenização por prejuízos dessa ordem é sempre a sociedade e jamais o sócio (*supra*, n. 433). E, sendo assim tão improvável a procedência da demanda do Espólio, a conseqüência na causa cautelar será a negação do indispensável *fumus boni juris*.

A todas essas razões, de direito processual ou associadas ao processo, somam-se ainda as de mérito, sobre as quais não fui consultado, mas que estão desenvolvidas nas defesas da consulente – e todas elas, somadas, deixam a mais clara convicção de que estamos muito distantes daquela situação legitimante da tutela cautelar, que é o *fumus boni juris*. Não está satisfeito esse requisito quando pelo mérito a demanda se mostra de provável improcedência e também quando, pelo aspecto processual, ela não reúne condições para que o próprio mérito possa vir a ser julgado.

Além disso, a demanda inicial do autor *cumulou indevidamente* dois pedidos de indenização e, mais ainda, deixou um deles inteiramente desprovido de *causa petendi* – fatores esses que, prejudicando o julgamento de sua demanda pelo mérito, repercutem negativamente na causa cautelar, comprometendo ainda uma vez o *fumus boni juris*.

Não falta quem, no afã de privilegiar o Poder Público, sustente a não-imposição do requisito do *fumus boni juris* como requisito dessa ordem, mas tal posição, que atenta contra a segurança jurídica inerente à garantia constitucional do *due process of law*, é inteiramente aberrante do sistema. Em trabalho doutrinário, o Professor e Ministro Enrique Ricardo Lewandowski atenta ao *caráter excepcional* e para os prejuízos que podem advir da indisponibilização de bens, para em seguida consignar: "faz-se indispensável que a decretação liminar da medida seja precedida *de criteriosa avaliação das condições gerais* de admissibilidade da ação em que é pleiteada, bem como da presença do *fumus boni iuris* e do *periculum in mora*, evitando-se qualquer automatismo no provimento judicial".[33]

§ 6º – VÍCIOS DA PETIÇÃO INICIAL, CONEXIDADE E RESPONSABILIDADE DO AUTOR

449. pedidos incompatíveis e parcial inépcia da inicial

Como foi dito em parágrafos precedentes, o Espólio-autor formula, entre outros, dois pedidos de condenação pecuniária a cargo das empresas e dos controladores, a saber: a) o de condenação dos controladores e demais empresas, menos a Rádio Clube, a repor no patrimônio desta os valores que o autor diz terem sido irregularmente transferidos; b) o de condenação de todos os réus, agora a seu próprio favor, por prejuízos a serem apurados em liqüidação de sentença.

Mas a inicial não diz *quais prejuízos* teriam sido esses, alegadamente suportados pelo Espólio. Seriam prejuízos decorrentes da diminuição patrimonial da Rádio Clube, os quais o teriam atin-

---

[33]. "Comentários acerca da indisponibilidade liminar de bens prevista na lei 8.429, de 1992", p. 162. No mesmo sentido: Carlos Mário Velloso Filho, "A indisponibilidade de bens na lei 8.429", p. 103.

gido indiretamente na condição de acionista? Mas, para a recomposição patrimonial da Rádio Clube, o autor já formulara aquele outro pedido, mediante a *ação social* em que ele aparece como substituto processual desta e atua no seu interesse. Para que pudesse cumular aqueles dois pedidos, um em seu próprio benefício e outro em benefício da Rádio Clube, teria sido indispensável descrever quais outros prejuízos o autor sofreu, além daqueles que o teriam atingido de modo reflexo – porque, do contrário, ele estaria, como realmente está, pedindo *duas indenizações por um dano só*. E, diante disso:

a) se o autor está a pedir duas indenizações por um dano só, a pretendida cumulação de pedidos é inadmissível porque eles são incompatíveis entre si (CPC, art. 292, § 1º, inc. I). Entre as hipóteses de incompatibilidade entre pedidos encaixa-se comodamente esta, em que o autor descreve uma só conduta e um só dano, concluindo por pedir duas indenizações cumulativas para a reparação deste (uma para si, outra para o substituído). Ou pede só para si, ou pede só para a Rádio;

b) se ele se sente lesado por outros eventos, diferentes mas talvez associados àquelas transferências patrimoniais, aí, sim, poderia (pelo aspecto puramente processual) formular os dois pedidos que formulou – mas seria indispensável descrever esses outros pedidos, ou seja, enunciar a *causa petendi* à qual associa o pedido de indenização por danos indiretos. Nada disse o autor a respeito, porém, além da alegação de que a Rádio Clube fora lesada e que, em conseqüência dessa lesão, sua participação acionária ficara desvalorizada. Em resumo: desenvolveu só uma *causa petendi* mas formulou dois pedidos. Conseqüentemente, em relação ao pedido de indenização em seu próprio favor, a demanda do Espólio de Martinho de Luna Alencar pecou pela inépcia, por falta de causa de pedir (CPC, art. 295, inc. I, c/c par., inc. I).

450. conexidade

Existe fortíssima conexidade entre a demanda do Espólio de Martinho de Luna Alencar e a do Espólio de Assis Chateaubriand e herdeiros, em razão da superposição quase integral das causas de pedir e da coincidência entre itens dos pedidos contidos lá e cá. Como é notório e está na lei, há *conexidade objetiva* entre duas ou mais demandas quando elas tiverem em comum o pedido ou a causa de pedir (CPC, art. 103). A conexidade é uma das figuras das *relações entre demandas* (Calamandrei), as quais, por versarem sobre o mesmo segmento da vida das pessoas envolvidas, em princípio devem ser reunidas em processo único e sob o comando de um só juiz, para se evitarem desacertos ou desencontros entre decisões (art. 105). É disso que cuidam os tópicos a seguir.

451. *causas de pedir coincidentes*

Nas duas demandas aqui consideradas versa-se a história de um *Condomínio Acionário* que, detendo o controle de uma constelação de empresas, deliberou pela transferência, às outras, de uma vultosa quantia recebida por uma delas (Rádio Clube de Pernambuco S.A.). Não só a história é a mesma, ou seja, os *fundamentos de fato*, como ainda coincidem em grande parte os fundamentos jurídicos de ambas as demandas. Os dois Espólios autores, um lá e outro cá, desenvolvem os mesmos raciocínios pelos quais sustentam que devem ser anuladas aquelas transferências patrimoniais, ou declaradas nulas. Vejo que a petição inicial do Espólio de Assis Chateaubriand e litisconsortes é muito mais elaborada e circunstanciada que a outra quanto a fatos, pormenores das operações impugnadas, números referentes aos prejuízos *etc*., mas essas diferenças de circunstâncias não infirmam a conexidade por *identidade de título*.

Realmente, há bom tempo a doutrina e os tribunais já tomaram consciência de que é muito difícil, senão mesmo quase impossível, a total e absoluta coincidência entre duas causas de pedir; sempre haverá algum fato a mais narrado em uma das demandas e não na outra, algum dado relacionado com a situação de um dos autores e do outro não *etc*., mas o importante é que, em uma visão de conjunto, o juiz sinta a necessidade de formar *convicção única* a respeito das duas demandas. Segundo uma lição que vem de um passado já relativamente distante (Enrico Redenti), para que haja a conexidade por coincidência entre as causas de pedir basta que "estas tenham em comum o suficiente para que, com uma *única convicção*, possa o juiz pronunciar-se sobre as demandas cumuladas".[34] Em outras palavras, para a conexidade basta "a identidade parcial do título" (Giuseppe Tarzia)[35] desde que os elementos comuns sejam tais, que eventuais pronunciamentos diferentes, feitos por dois ou mais juízes, possam produzir resultados jurisdicionais discrepantes e incoerentes entre si.[36] No caso que examino, onde o que uma das causas de pedir tem a mais que a outra são somente circunstâncias e pormenorizações, estamos claramente diante da necessidade de formar uma só convicção, evitando-se os males dessa ordem.

452. pedidos coincidentes

O Espólio de Chateaubriand e herdeiros pedem a anulação (ou declaração de nulidade) dos atos impugnados e o de Martinho, também. Ambos pedem a condenação dos réus a se absterem de prosseguir na prática que recriminam. Os dois pedem a condenação dos controladores e das demais empresas a restituírem valores à Rádio Clube. Pedem ainda a condenação dos réus a prestarem reparação por prejuízos causados – apenas com a diferença de que o primeiro dos Espólios faz esse pedido em favor da Rádio (*ação social*) e o segundo, de si próprio (*ação individual*). Essa coincidência quase integral entre os pedidos é mais que suficiente para caracterizar a intensa conexidade entre as duas demandas e conseqüentemente conduzir à reunião das causas, nos termos dos arts. 102 e 105 do Código de Processo Civil. Não reunidas, correr-se-ia o risco de sobrevirem decisões *de meritis* divergentes, produzidas mediante provocação de dois diferentes substitutos processuais

---

34. Essas palavras são minhas (*Litisconsórcio*, n. 40, esp. p. 100) mas a lição vem do clássico Redenti, em preciosa e festejada monografia (*Il giudizio civile con pluralità di parti*, n. 5, nota 5, p. 6).
35. *Cfr. Il litisconsorzio facoltativo nel processo di primo grado*, p. 41.
36. *Cfr.* Dinamarco, *Instituições de direito processual civil*, II, nn. 459-460, pp. 152 ss.

da Rádio Clube. Seria possível que um dos juízes dissesse que essa empresa tem o direito às indenizações e o outro, que ela não o tem; um deles poderia anular os atos e os outros, declará-los válidos *etc*. Para evitar esses e outros desconfortos, ou impasses entre decisões, é que existe o instituto da reunião de duas ou mais causas sob o comando de um só juiz.

453. responsabilidade civil objetiva (CPC, art. 811)

Ubi commoda ibi incommoda – esse é o significado do disposto no art. 811 do Código de Processo Civil, segundo o qual a parte favorecida com os *benefícios* de uma medida cautelar arca também com o custo dos *inconvenientes* que ela vier a causar ao adversário. Estamos fora da área da responsabilidade aquiliana, pois a sanção estabelecida no art. 811 prescinde inteiramente do elemento subjetivo consistente na culpa ou dolo do autor: basta que o adversário suporte um *dano* e que haja uma relação de *causalidade* entre este e a medida cautelar efetivada sobre sua liberdade ou seu patrimônio, para que surja em seu favor o direito à reparação. A lei fixa as hipóteses em que ocorre tal *responsabilidade objetiva*, entre as quais a de sucumbir o autor no processo principal (art. 811, inc. I); e, redundantemente, explicita ainda as hipóteses de prescrição ou decadência (art. 811, inc. III), também pertinentes ao caso. Se o processo principal aqui em exame terminar por um desses modos e se a consulente ou os demais réus houverem sofrido algum dano em razão da medida urgente concedida e efetivada pelo MM. Juízo, o autor responderá objetivamente.

§ 7º – SÍNTESE E CONCLUSÕES

454. síntese conclusiva

Como anunciei de início e ficou visto ao longo da exposição, eram muitos e extremamente heterogêneos os pontos que o presente caso sugeria a exame. São na maioria pontos de interesse processual e que no processo têm sua sede, sem prejuízo de outros bastante enraizados no direito societário mas, como procurei demonstrar, sempre relacionados com a técnica processual. Esses pontos foram desenvolvidos ao longo do parecer com a possível clareza, mas, com o intuito de tornar ainda mais claras as conclusões, torno em seguida a cada um deles, sintetizando o que a seu propósito ficou dito e concluído parágrafo por parágrafo.

O primeiro lavor do parecerista, indispensável à boa compreensão do todo, consistiu em analisar o próprio *petitum* contido na petição inicial do processo principal, com o objetivo de fixar os objetivos que levaram o Espólio de Martinho de Luna Alencar a vir a juízo, ou seja, qual o resultado final que ele espera do processo; daí o esforço feito para bem caracterizar a demanda desse autor como *individual* ou como *social*, com a conclusão de que o cúmulo de demandas contido naquela petição inicial autoriza ver ali tanto uma coisa como outra (demanda individual em relação a uma parte do pedido e social, em relação à outra delas). Feito isso, passou-se ao exame de vários dos pontos da defesa dos réus, ora consulentes, onde vi que muitos óbices existem àquela pretensão, não reunindo ela condições para prosperar. Fez-se em seguida uma *ponte* entre a causa principal e a cautelar, na demonstração da inadmissibilidade das medidas constritivas urgentes postuladas pelo Espólio e concedidas pelo Poder Judiciário, seja em virtude da grande improbabilidade de outorga da tutela principal (falta-lhe o indispensável *fumus boni juris*), seja porque inexiste qualquer situação emergencial a debelar (falta o *periculum in mora*). O parecer examinou ainda o tema da conexidade, reunião de processos e responsabilidade civil objetiva do autor, mediante as ponderações e com as conclusões constantes dos respectivos parágrafose a seguir sintetizadas.

455. ação individual e ação social (supra, nn. 427 ss.)

O comportamento do Espólio de Martinho de Luna Alencar, na petição inicial do processo principal que instaurou, é ao mesmo tempo a de um sujeito pedindo reparação de danos que alega haver sofrido e a de um sócio que pretende proteção jurisdicional à sociedade de que faz parte. Quando ele alega *prejuízos indiretos* e quer receber uma indenização, sua demanda é a que os comercialistas denominam *ação individual* e, na técnica do processo, outra coisa não é senão a iniciativa de um sujeito que, em nome próprio, pede tutela jurisdicional para si mesmo; estamos portanto no campo da legitimidade ordinária, que no processo e no presente parecer é posta em discussão. Mas, quando aquele autor postula a anulação dos negócios celebrados entre a Rádio Clube de Pernambuco e outras empresas, pedindo também a condenação destas e dos srs. controladores a restituir à própria Rádio Clube o que dela receberam ou retiraram, essa é uma iniciativa a título de substituição processual, que entre os comercialistas se chama *ação social*; em técnica processual, fala-se em *substituição processual*, ou legitimidade extraordinária (CPC, art. 6º).

456. ilegitimidade ativa *na* ação social *(supra, nn. 432 e 434)*

O Espólio não tem legitimidade *ad causam* ativa para postular em juízo no interesse da Rádio Clube de Pernambuco, pela simples razão de que sua participação acionária se resume a 3,3273% do capital social e, para que tivesse tal legitimidade individual, seria necessário o mínimo de 5% (LSA, art. 159, § 4º). Só seria diferente, se a assembléia da própria companhia houvesse deliberado postular em juízo a responsabilidade dos diretores mas seus órgãos executivos se houvessem omitido de agir em juízo após decorrido o lapso temporal de três meses. No caso, como nenhuma assembléia deliberou sobre tal tema, seriam indispensáveis os 5%.

457. *sobre os* prejuízos indiretos*: mais que simples* ilegitimidade ad causam *(supra, n. 433-434)*

O Espólio está igualmente desamparado de qualquer direito a tutela jurisdicional referente aos chamados prejuízos indiretos. A doutrina é muito enfática no sentido de que *prejuízos suportados pela sociedade são prejuízos da sociedade*; a diminuição patrimonial que nesses casos atinge o sócio constitui apenas o reflexo, no valor de sua participação acionária, da diminuição acarretada ao patrimônio social. Por isso todos negam que o sócio disponha de legitimidade para vir a juízo cobrar para si, na proporção de sua participação acionária, o valor do dano sofrido pela sociedade; e o ente coletivo, vindo a juízo, estará beneficiando todos os sócios na mesma medida do prejuízo indireto que cada um houver suportado.

Em meu entendimento pessoal, esse raciocínio é mais profundo do que simplesmente negar a *legitimatio ad causam*, porque o sócio não figura na própria relação jurídico-material como credor; ele não é titular do próprio direito subjetivo de crédito pelos danos que a sociedade houver sofrido. A questão é de direito material, não processual. Só à sociedade, a pedido desta, pode ser concedida a tutela jurisdicional reparatória por danos que a ela venham a ser causados.

458. prescrição: responsabilidade civil dos diretores (supra, n. 436)

Além de não ter legitimidade para atuar em juízo pela responsabilidade dos diretores e controladores da Rádio Clube, o Espólio-autor só veio a fazê-lo mais de três anos depois da publicação da ata da assembléia geral ordinária que aprovara os negócios jurídicos impugnados em sua demanda. Já ocorrera, pois, a prescrição trienal estabelecida no art. 287, inc. II, letra *b*, n. 2, da Lei das Sociedades Anônimas. Essa ata foi publicada no dia 26 de maio de 1999 e a demanda só aconteceu a 5 de agosto de 2002, quando vários meses já eram decorridos do termo prescritivo final. Nenhuma possibilidade há, portanto, de reconhecimento judicial desse eventual direito, porque definitivamente extinto por prescrição.

459. decadência: anulação de atos (supra, n. 440)

Também o eventual e suposto direito potestativo dos autores a obter em juízo a anulação de deliberações assembleares, sujeito ao prazo decadencial de dois anos estabelecido no art. 168 da lei societária, já estava extinto há mais de ano quando o Espólio-autor aforou a primeira de suas demandas: da publicação das atas até ao exercício da ação cautelar pelo Espólio já eram decorridos três anos e alguns meses. Além disso, em momento algum cuidou o Espólio de postular a anulação da deliberação assemblear aprovadora dos negócios impugnados, o que era indispensável para se poder chegar à anulação destes, dada a relação de *prejudicialidade* existente entre esses dois pontos.

460. ausente o fumus boni juris (supra, n. 448)

Tudo que foi dito sobre a carência de ação, prescrição e decadência compromete radicalmente a pretensão cautelar do espólio, porque é insustentável o *fumus boni juris* em relação a determinada tutela cautelar quando tudo converge à inadmissibilidade da própria tutela principal pleiteada. Se o autor é parte ilegítima para alguns dos pedidos principais, se ele não é sequer em tese titular do direito à indenização por danos indiretos, se houve prescrição de eventual direito indenizatório e se o direito potestativo às anulações foi colhido pela decadência (estando todas essas situações muito claras nos autos e não dependendo de prova), não está presente aquela pungente probabilidade que autorizaria o juiz a conceder medidas urgentes mediante mera cognição sumária. Tudo quanto o juiz já pode conhecer deve levá-lo, muito ao contrário, a ver como fortemente improvável o direito alegado pelo autor.

461. sem periculum in mora (supra, n. 447)

O próprio autor não chegou ao ponto de alegar uma situação perigosa, que legitimasse as duras medidas urgentes postuladas e obtidas em primeiro grau de jurisdição. Alegou somente um *acordo* que há bastante tempo estaria em trâmite entre o *Condomínio Acionário* e o Espólio Chateaubriand, que é parte em outra causa. Mas esse acordo, que notoriamente já se frustrou, ainda quando fosse realizado não traria prejuízo algum aos acionistas da Rádio Clube de Pernambuco e a ninguém, porque o que estava sendo negociado era apenas a transferência de ações dessa companhia aos herdeiros do Fundador. De todo modo, se é que nisso consistiria o perigo, agora perigo algum existe porque já não se cogita mais de qualquer acordo.

462. *indisponibilização de bens: medida inadequada*
(nn. 444 ss.)

Para a proteção a privados em caso de iminência de dissipação patrimonial pelo devedor, o Código de Processo Civil oferece uma medida cautelar típica e nominada, que é o *arresto* (arts. 813 ss.). E o arresto, como toda medida cautelar, está sujeito não só a precisos requisitos quanto a sua adequação (assegurar futura penhora), como ainda à presença (a) do *periculum in mora* nas hipóteses do art. 813 do estatuto processual e (b) do *fumus boni juris* representado pela existência de um título executivo em favor do credor. A *indisponibilização de bens*, conseguida pelo Espólio em primeira instância, não é adequada ao caso nem supre a inadmissibilidade do arresto porque é ditada por lei especial com vista ao *resguardo do patrimônio público e não do privado*; somente se poderia cogitar da extensão dessa medida a casos como o presente, em nome da garantia constitucional da tutela jurisdicional tempestiva e em caso de extrema e angustiosíssima necessidade – o que aqui não ocorre. Mesmo essa medida especialíssima é condicionada aos requisitos do *fumus boni juris* e do *periculum in mora*, também inocorrentes.

463. *cumulação indevida de pedidos – incompatibilidade*
(supra, n. 449)

No momento em que o Espólio-autor pede em benefício da Rádio Clube de Pernambuco a reposição de todos os valores que ela desembolsou ao fazer repasses às outras empresas do Grupo, pedindo já estava ele a integral reparação dos danos que alega haverem sido causados – pois os danos alegados, como me parece inegável, só poderiam ter decorrido daquelas diminuições patrimoniais. Depois, vindo o mesmo autor a pedir para si uma indenização pelos mesmos fatos, estava ele a incorrer em um *bis in idem*, que para o direito material se caracteriza como dupla cobrança de um crédito só e, para o processual, é a cumulação de pedidos não suscetíveis de cumulação porque incompatíveis (ou aqueles valores são devidos à Rádio Clube ou aos sócios, nunca a ambos). Para vigência do disposto no art. 292, § 1º, inc. I, do Código de Processo Civil, esse cúmulo indevido deve ser desfeito.

464. causas conexas e sua reunião (supra, nn. 450-452)

Entre a demanda do Espólio de Martinho de Luna Alencar e a do outro Espólio, é manifesta uma conexidade de altíssimo grau, porque (a) as causas de pedir são praticamente idênticas e (b) os pedidos coincidem em grande parte. Por isso, de um lado tudo manda que as causas sejam reunidas em um só processo para que o juiz possa decidir ambas mediante uma *única convicção*, ou seja, sem o risco de permitir que os mesmos fundamentos postos lá e cá sejam ao mesmo tempo acolhidos e rejeitados por juízes diferentes. Por outro lado, da identidade de pedidos decorre também a necessidade de julgamento conjunto, para evitar os males de dupla anulação do mesmo ato ou de uma anulação concedida por um juiz e afirmada por outro como inadmissível. A reunião das causas é portanto um imperativo da lei (CPC, art. 105) e elas devem ser reunidas perante o MM. Juízo onde pendem as demandas promovidas pelo Espólio de Assis Chateaubriand, que são muito mais antigas (CPC, art. 106).

Respondendo a expressa indagação formulada pela consulente, concluo também que, como é para lá de óbvio, sendo os processos remetidos àquele MM. Juízo prevento, para lá eles irão com todos os seus vícios e merecendo as decisões sustentadas ao longo deste parecer.

465. responsabilidade objetiva do autor (supra, n. 453)

Vindo a ser revogada a medida cautelar concedida e efetivada a pedido do autor (o que poderá acontecer por decisão a ser proferida no próprio processo cautelar ou por rejeição da demanda principal), os danos que houverem sido causados aos réus serão da responsabilidade objetiva daquele, por determinação expressa do art. 811 do Código de Processo Civil. Essa responsabilidade, que por ser objetiva independe do elemento *culpa*, comporta liqüidação "nos autos do procedimento cautelar" (art. 811, par.), ou seja, em continuação a esse mesmo processo, sem necessidade da instauração de um outro.

XXVII – ENTIDADES MANTENEDORAS DE ESTABELECIMENTOS DE ENSINO E CONVERSÃO EM SOCIEDADE LIMITADA – QUESTÕES PROCESSUAIS[1]

466. o caso – 467. a consulta – 468. sociedades sem fins lucrativos – associações – 469. a transformação e seu significado – 470. o regime estabelecido em estatuto – 471. a estrutura do Centro Hispano-Brasileiro de Cultura enquanto sociedade sem fins lucrativos – 472. a decisão tomada em assembléia – 473. a exclusão dos sócios e sua causa – a eficácia do art. 12 do estatuto social – 474. ainda o art. 12 – interpretação sistemática do estatuto – 475. controle jurisdicional – 476. três ausências consecutivas e o julgamento antecipado do mérito – 477. a assembléia e a ata – 478. o pedido de inclusão de novos sócios por decisão judicial – 479. sociedade de pessoas, não de capital – 480. impossibilidade jurídica da demanda – 481. dois quesitos, um só problema – 482. dupla incompatibilidade – prejudicialidade – 483. indeferimento da petição inicial ou extinção do processo em momento ulterior – 484. antecipação da tutela: razão de ser e requisitos básicos – 485. respondendo aos quesitos

466. *o caso*

Sou consultado por Centro Hispano-Brasileiro de Cultura Ltda. e pelos sócios Julio Gregório Garcia M. e Olga Andrés de Garcia M. através de seu culto patrono, o ilustre advogado Luiz Antônio Stamatis de Arruda Sampaio, sobre aspectos processuais e jurídico-substanciais inerentes a um feito pendente na Justiça paulista. É uma demanda de ex-sócios da extinta sociedade sem fins lucrativos Centro Hispano-Brasileiro de Cultura, com o pleito (a) de anulação da resolução assemblear que os excluíra dessa entidade e (b) de sua inclusão no quadro social da sociedade empresária em que essa associação fora convertida. Em primeiro grau de jurisdição foi concedida tutela antecipada aos autores para percepção

[1]. Reprodução de parecer elaborado em junho de 2000.

de *pro labore* à custa de tal sociedade, mas em sede de agravo de instrumento o E. Tribunal de Justiça cassou essa decisão. O feito foi saneado, com rejeição das preliminares levantadas pelos ora consulentes, de inépcia da petição inicial, incompatibilidade entre os pedidos que contém e ilegitimidade passiva *ad causam* dos réus pessoas físicas. Pende contra essa R. decisão novo agravo de instrumento interposto pelos réus.[2]

467. *a consulta*

Nesse quadro e levando em conta as questões agitadas no processo, os demandados indagam-me o seguinte:

1º quesito: é inepta a petição inicial dos autores, por alegar uma fraude na realização da assembléia que os excluiu da sociedade sem fins lucrativos e ao mesmo tempo postular sua inclusão na sociedade comercial instituída nessa mesma assembléia?

2º quesito: há incompatibilidade entre o pedido de anulação dessa assembléia e o de inclusão de sócios na sociedade criada por ela?

3º quesito: é juridicamente possível incluir novos sócios em uma sociedade por quotas, por sentença judiciária?

4º quesito: procede o pedido dos autores, de tutela antecipada consistente no pagamento de *pro labore* no curso do processo pendente?

468. *sociedades sem fins lucrativos – associações*

Ao tempo em que foi elaborado o presente estudo, estando ainda vigente o Código Civil de 1916, era extremamente escassa a legislação brasileira acerca das associações em geral e em particular acerca dessa específica categoria de pessoas jurídicas que são as sociedades mantenedoras de entidades de ensino e cultura. Afora as previsões vagas e inespecíficas contidas nos arts. 16 e 17 daquele estatuto, praticamente nada existia. Não era como no direito

---

2. Situação existente ao tempo da elaboração do parecer.

italiano, em que as associações de diversas naturezas e objetivos recebem forte carga de disciplina legal[3] nem como no próprio direito brasileiro vigente, onde o Código Civil (de 2002) contém todo um capítulo com nove minuciosos artigos a propósito das associações (arts. 53-61).

Independentemente de como as trate o direito positivo do país, no entanto, elas se revestem de algumas características que as distinguem das sociedades empresárias e que conseqüentemente conduzem a uma disciplina jurídica peculiar – embora essa disciplina, mesmo na vigência do atual Código, deixe significativo espaço para a prevalência da vontade dos instituidores, expressa no estatuto de cada associação. É essa, entre outras, a razão de a doutrina afirmar a existência de *regras especiais* a que estão sujeitas as associações, "quanto à participação de seus membros e ao funcionamento, inaplicáveis às sociedades" (Orlando Gomes).[4]

> Ao disciplinar as associações o Código Civil (a) define-as como entidade sem fins econômicos (art. 53, *caput*), (b) exclui a existência de direitos e obrigações recíprocos entre associados (art. 53, par.), (c) indica o conteúdo mínimo do estatuto (art. 54), (d) estabelece, em princípio, a igualdade entre associados (art. 55), (e) estabelece a intransmissibilidade da qualidade de associado, ressalvada eventual disposição estatutária em contrário (art. 56), (f) impede que a transferência de quota ou fração ideal do patrimônio social implique automática atribuição da condição de associado ao adquirente (art. 56, par.), (g) disciplina a exclusão de associado (art. 57), (h) define a competência e funcionamento da assembléia geral (arts. 59-60) e (i) dita regras para a extinção da associação (art. 61). Em alguma medida algumas dessas regras influem no tema desenvolvido a seguir, sendo indicadas sempre que pertinentes.

A primeira e mais óbvia das características gerais das sociedades sem fins lucrativos, ou associações, consiste em sua *apatrimonialidade* em relação aos sujeitos que a compõem e administram, a qual é projeção do intuito de não dividir resultados (CC, art. 53). A propósito, em ensaio monográfico a profa. Maria

---

3. *Cfr.* Pietro Rescigno, *Manuale del diritto privato italiano*, n. 41, p. 174.
4. *Cfr.* ainda Walter Moraes, *Sociedade civil estrita*, n. 11, p. 24.

Helena Diniz põe a "*intransmissibilidade* da qualidade de associado ao terceiro sem o consenso da associação ou sem permissão estatutária" como um dos "efeitos jurídicos decorrentes da associação".[5] Nenhum sócio, ou associado, é dono de quota-parte representativa do capital e, em coerência com isso, inexiste um *escopo lucrativo subjetivo* ou um *escopo mutualítisco*. O *escopo lucrativo subjetivo* é caracterizado pela intenção de dividir entre os participantes os frutos decorrentes da atividade econômica comum. O *escopo mutualístico* é a intenção de beneficiar os participantes com alguma vantagem econômica, como ocorre nas cooperativas (Torrente-Schlesinger).[6] Nem um desses escopos está presente nas associações.

Decorrência da apatrimonialidade das associações é o *caráter efêmero da condição de seus sócios*. Precisamente porque se trata de entes sem fins lucrativos e voltados à prestação altruísta de serviços à comunidade, são sócios da associação aquelas pessoas que em dado momento sejam chamadas a participar e somar esforços, ali permanecendo enquanto bem servirem. Tal característica é decorrência direta da própria natureza da *affectio societatis* que se estabelece entre os sócios em tal tipo de sociedade, a qual se constitui não com base em conferências de capital ou em um objetivo comum de lucro, mas a partir da contribuição pessoal de cada um em termos de trabalho. Ausente a idéia do capital e do lucro, sobra somente o *trabalho* a unir os sócios.

> O Código Civil disciplina a exclusão de sócio fundada em *justa causa* (art. 57) e esse dispositivo comporta interpretação, à luz da *mens* que comanda a disciplina e a instituição das associações, no sentido de que os fatos caracterizadores da *justa causa* podem ser relacionados no estatuto social, segundo a vontade dos instituidores.

Esses dois traços coessenciais às associações são a base e premissa da lição de Orlando Gomes, de que "dissolvida uma sociedade ou associação, seu patrimônio terá destinação diversa: sendo

---

5. *Cfr.* "Sociedade e associação", n. 5, p. 373.
6. *Cfr. Manuale di diritto privato*, § 72, p. 147.

sociedade, partilha-se entre os sócios; sendo associação, devolve-se à pessoa designada no estatuto e, sendo este omisso, à que for indicada na lei".[7] Também Caio Mário afirma essa distinção quanto ao destino dos bens das sociedades de fins lucrativo e o dos bens das associações. Lá, o remanescente de seu patrimônio, após a liqüidação dos débitos, "compartilhar-se-á entre os sócios ou os herdeiros deste"; cá, "observar-se-á o que determinam os estatutos".[8] O art. 61 do Código Civil é explícito a esse respeito, mandando que o patrimônio remanescente da associação dissolvida se destine a alguma instituição "de fins idênticos ou semelhantes".

469. a transformação e seu significado

Sob o regime do Código Civil (de 1916) vivia o Centro Hispano-Brasileiro de Cultura até quando sobreveio a medida provisória n. 1.377-39, de 8 de agosto de 1997, cujo art. 10º, em associação como o art. 19 da lei n. 9.394, de 20 de dezembro de 1996, veio a autorizar a conversão das sociedades sem fins lucrativos, como essa mantenedora de cursos de elevado nível cultural, em sociedades mercantis de fins lucrativos. Assim autorizado, o Centro deliberou fazer a conversão, o que teve lugar em assembléia geral extraordinária realizada aos 31 de dezembro de 1997, sendo unânime a decisão dos sócios. Por força dessa transformação a entidade passou a ter sócios-quotistas e, como é natural, seu regime jurídico passou a ser o da Lei das Sociedades por Quotas e, hoje, o Código Civil. Cada quotista, como é natural também, passou a ser titular de parcelas do patrimônio social, segundo a participação de cada um.

Os autores, no entanto, não figuram na nova sociedade, pelo motivo de haverem sido excluídos da associação que a precedeu. O Centro Hispano-Brasileiro de Cultura Ltda., nos termos do que dispõe o ato constitutivo, tem como sócios as pessoas que integra-

---

7. *Cfr. Introdução ao direito civil*, n. 115, esp. p. 23.
8. *Cfr. Instituições de direito civil*, I, n. 61, esp. pp. 238-239.

vam a entidade convertida no momento da conversão – a saber, o prof. Julio Gregório Garcia M. e a sra. Olga Andrés de Garcia M.

Essa colocação mostra que são dois os enfoques jurídicos a que necessariamente se deve submeter o conjunto das questões de mérito suscitadas no processo pendente, a saber: a) a exclusão dos sócios que depois vieram a juízo regeu-se pela disciplina das sociedades sem fins lucrativos, como era o Centro antes da transformação, mas (b) o que eles pretendem em relação à nova sociedade limitada é disciplinado pelas leis aplicáveis a essa modalidade social. Entrelaçadas com essas, há também algumas questões processuais muito relevantes, que o parecer examinará.

470. *regime estabelecido em estatuto*

Salvo as sociedades por ações, antes da vigência do atual Código Civil os demais entes societários não eram obrigados a incluir em sua estrutura uma *assembléia* nem se excluía que as associações ou seus sócios deliberassem mediante outros mecanismos. Orlando Gomes: "as sociedades agem, também, por intermédio de órgãos na forma designada no contrato social. Não há assembléias, salvo na sociedade anônima".[9] Regido por seu contrato social, ou estatuto, o Centro Hispano-Brasileiro de Cultura trazia no art. 12 deste a disciplina da exclusão dos sócios, na qual dois pontos eram relevantes: a) exclusão motivada pela ausência não justificada a três reuniões consecutivas; b) decisão a ser tomada *pelos demais sócios*.

471. *a estrutura do Centro Hispano-Brasileiro de Cultura enquanto sociedade sem fins lucrativos*

Antes da convolação em sociedade de responsabilidade limitada, o Centro Hispano-Brasileiro de Cultura tinha uma estrutura interna bastante simples e seu funcionamento era também regido por regras exíguas e simples, como é natural às associações. Seu estatuto instituía uma *diretoria executiva* e um *conselho delibe-*

---

9. *Cfr. Introdução ao direito civil*, n. 114, esp. p. 202.

rativo, composto este de pessoas indicadas por qualquer um dos membros daquela (art. 8º); tais eram os *sócios deliberativos*, que teriam acesso diretamente ao *conselho*, independentemente da prévia condição de sócios do próprio Centro, porque isso é inerente a entidades desse tipo. Sem serem donos de quotas-partes da associação, cada sócio deliberativo ocupava essa condição, a convite, com o objetivo único de prestar serviços.

O estatuto do Centro continha algo que até ia além do indispensável à disciplina e estrutura de uma associação, que era a relativa estabilidade dos *sócios deliberativos*, cuja demissão se condicionava ao requisito das três faltas consecutivas e não justificadas às sessões do conselho deliberativo (art. 12). Mas não se incluía entre as competências deste a de demitir os sócios infratores, a qual cabia exclusivamente *aos demais sócios*. Hoje diríamos, à luz do art. 59, inc. II, do Código Civil, que os demais sócios deliberariam em assembléia.

> Segundo o art. 21 do estatuto, competia ao conselho deliberativo (a) eleger a diretoria executiva, (b) elaborar e aprovar o regimento interno, (c) opinar sobre projetos, (d) conferir títulos de sócios, (e) examinar relatórios e contas, (f) zelar pelo patrimônio social e pela execução de trabalhos, (g) reformar o próprio estatuto e (h) exercer as demais atribuições indicadas por este.

Além disso, o estatuto do Centro não cogitava de uma *assembléia* que fosse além dos componentes do conselho deliberativo, pela simples razão de que todos os sócios fundadores e deliberativos faziam parte deste (art. 21). Desse modo, o vocábulo *assembléia*, que vem sendo empregado no processo pendente, é tomado no sentido de *reunião* e não de um *órgão societário*, porque inexistia um órgão societário com esse nome. A *assembléia geral extraordinária*, a que a petição inicial alude, seria uma *reunião extraordinária* do conselho deliberativo.

472. *a decisão tomada em assembléia*

Efetivamente, foi tomada em assembléia a decisão de excluir os então sócios, que depois vieram a ser autores do processo em exame. Mas, como a própria assembléia era inteiramente dispensável em face da lei vigente ao tempo e do contrato social, tal deliberação não fica nulificada ou sequer arranhada por eventual vício formal de que fosse maculada a assembléia ou sua convocação. *Aqueles que podem deliberar eficazmente a exclusão dos demais por ato próprio e não assemblear, podem fazê-lo em assembléia ainda quando esta não houvesse sido convocada ou realizada segundo os cânones estatutários.* A legitimidade que tinham para tanto, segundo o contrato social, autorizava-os a realizar o ato pela forma que bem entendessem, ficando a validade da exclusão condicionada somente (a) à efetividade de sua vontade de excluir e (b) à real ocorrência dos motivos da exclusão.

A *vontade de excluir* foi manifestada de modo claro e suficiente quando, em assembléia, os sócios remanescentes votaram pela exclusão. Repito: o ato era da competência dos sócios e o fato de ter sido realizado em assembléia não o descaracteriza como deliberação dos sócios. Todo o direito privado é construído sobre o dogma da *prevalência da vontade sobre a forma*, sendo esta indispensável somente nos casos em que a lei ou o contrato a preestabelece. Tal é o significado da locução "forma prescrita ou não defesa em lei", contida no notório art. 104, inc. III, do Código Civil (antigo art. 82) e que constitui projeção do princípio da autonomia da vontade, ou liberdade negocial. "Autonomia privada significa possibilidade, para os indivíduos, de regular por si e pelo modo desejado as relações jurídicas com outras pessoas" (Pietro Trimarchi),[10] sendo excepcionais e indicados na lei os casos em que a vontade deve ser exteriorizada mediante canais predeterminados. "A validade do negócio jurídico não depende de forma especial, senão quando a lei expressamente a exigir. *Em princípio, pois, a forma é livre*" (Orlando Gomes).

Diz a petição inicial que foram irregulares as convocações feitas porque da ordem-do-dia publicada em edital não se fez constar o item *exclusão de sócios*. Esse raciocínio, porém, parte de uma premissa falsa, que é a suposta necessidade de decidir em

---

10. Cfr. *Istituzioni di diritto privato*, n. 108, p. 177.

assembléia. A partir de quando se tenha convicção do contrário, sendo livre a forma pela qual o art. 12 autorizava a decisão *pelos demais sócios*, o que ficou dito sobre a irregularidade do edital fica inteiramente impertinente porque sequer o edital ou a própria assembléia eram exigidos pelo estatuto ou por lei alguma.

> Por todas essas razões somadas é que, como disse, não vejo o menor fundamento para as discussões que se puseram no processo sobre certos requisitos formais da assembléia societária na qual foi deliberada a exclusão daqueles sócios. O tema realmente importante e pertinente é o da *substância*, ou seja, da *causa* da deliberação que os sócios Julio e Olga tomaram naquela oportunidade.

473. a exclusão dos sócios e sua causa – a eficácia do art. 12 do estatuto social

Ao ingressarem na sociedade e aceitarem o estatuto como era, os autores puseram-se voluntariamente sob a regência deste e especificamente de seu art. 12, vinculando-se ao que ali estava disposto, porque tal é a *eficácia vinculante dos negócios jurídicos*, sancionada no art. 427 do Código Civil (ao tempo, art. 1.080). A aceitação do estatuto e de todas suas cláusulas fica mais do que patente no momento em que o sujeito, convidado a integrar a associação, acede ao convite e passa a participar, sem opor-lhes ressalva alguma. Como é natural e elementar, "do contrato emana para cada um dos contratantes um *compromisso* que não poderá ser desfeito senão por acordo entre os mesmos sujeitos ou por causas definidas em lei" (Pietro Rescigno).[11]

> Por outro lado, "*o consentimento tácito*, como o expresso, sempre foi reputado como um dos elementos geradores das relações contratuais, se não tão fecundo, pelo menos dotado de igual legitimidade que o expresso" (Washington de Barros Monteiro[12]).

Mas os autores vêm impugnando a eficácia do art. 12 do estatuto do Centro enquanto associação, sob o argumento de que "a

---
11. *Cfr. Manuale del diritto privato italiano*, n. 190, p. 137.
12. *Cfr. Curso de direito civil – Direito das obrigações*, 2ª parte, p. 13.

ausência de justificação, *data venia*, não pode se constituir em justa causa para a exclusão do quadro societário, mormente quando se deve levar em consideração a faculdade que tem o sócio de somente comparecer às assembléias cuja ordem do dia lhe possa interessar". Diante do que acima expus, vejo nesse pensamento o equívoco consistente em confundir associações sem fins lucrativos com sociedades empresárias. Estas são constituídas em contemplação do proveito comum dos sócios, cada um dos quais aporta recursos para sua constituição e delas espera resultados econômicos compensadores; nas sociedades sem fins lucrativos, os sócios ingressam sem aportar capital (como era o caso do Centro) e participam com seu trabalho em vista de um ideal político, religioso, esportivo, cultural, filantrópico *etc.* – e não com vista a obter proveito. Por isso, é natural que, nas sociedades mercantis, cada sócio que se omite suporte as legítimas conseqüências das deliberações adversas, enquanto que nas associações o ausente é um omisso em relação ao trabalho que se comprometeu a desenvolver.

> Em termos de diagnóstico jurídico, (a) o sócio de uma sociedade mercantil tem o *ônus* do comparecimento, entendido o vocábulo ônus como imperativo do próprio interesse (Goldschmidt) mas (b) o sócio de uma sociedade sem fins lucrativos tem o *dever* de comparecer porque o comparecimento é um de seus compromissos perante o ente coletivo.

Nesse quadro, (a) havendo aqueles autores ingressado no Centro sem subscrever ou integralizar quotas e (b) sendo incluídos no conselho deliberativo com o objetivo e compromisso de participar em benefício dos fins da entidade, era muito natural (c) que se submetessem à sanção preestabelecida para as três ausências consecutivas e não justificadas, que era a exclusão ditada na cláusula 12ª. Eles não foram admitidos como sujeitos empenhados em buscar lucros e submetidos aos riscos de prejuízos. Vieram prestar serviços e a omissão, não os prestando, comporta a legítima sanção consistente na exclusão. Eles não compareceriam na defesa de seus próprios interesses, mas no cumprimento de um *dever*.

474. ainda o art. 12 – interpretação sistemática do estatuto

Segundo os autores suas consecutivas ausências não teriam influído no funcionamento da associação nem impedido a realização das sessões do conselho deliberativo, porque estas se realizaram em segunda convocação independentemente do *quorum*, duas horas depois da primeira. Segundo alegam, a abertura para a realização das sessões em segunda convocação "atrita frontalmente com o enunciado do art. 12, que permite a exclusão do sócio pela ausência em três reuniões consecutivas". Estão visivelmente a propor, com essa argumentação, a interpretação sistemática do contrato, cujo contexto repeliria a exclusão por aquele motivo.

Como todo texto escrito, o contrato é composto de *palavras*, que são *símbolos convencionais* pelos quais o redator procura expressar *idéias*. Para captar-lhe o significado e intenção, é indispensável buscar o significado desses símbolos e a idéia que eles expressam, seja isoladamente, seja no contexto de uma redação. Tanto quanto a lei e a sentença, o contrato precisa *sempre* ser interpretado, ainda quando o significado das palavras, como símbolos de idéias, seja aparentemente muito claro e a conjugação destas no texto, coerente e harmoniosa. Por mais imediata, fácil e segura que possa ser a captação das idéias, o trabalho de captá-las é sempre uma *interpretação*. Tanto quanto em relação às leis, portanto, em relação aos contratos repudiam-se as bases do superado *in claris cessat interpretatio*. Na lição de Recaséns Siches, "sin interpretación no hay posibilidad de que exista ningún orden jurídico".[13] A mais ampla regra legal sobre a interpretação dos contratos é aquela notória contida no art. 112 do Código Civil, segundo a qual "nas declarações de vontade se atenderá mais à sua intenção nelas consubstanciadas do que ao sentido literal da linguagem" (antigo art. 85, de redação substancialmente coincidente). Indo além, sustenta Orlando Gomes a *teoria da confiança*, ao asseverar que "o direito deve visar antes à certeza do que à verdade" – para depois concluir pela "responsabilidade de quem, por seu comportamento, suscitou em outra pessoa a justificada

---

13. *Cfr. Tratado general de filosofía del derecho*, p. 627.

expectativa no cumprimento de determinadas obrigações". Acima da vontade do declarante, que é um fenômeno psíquico às vezes muito difícil de desvendar, prevalece o modo como a declaração chega ao destinatário e lhe produz essas expectativas.[14]

> A essas considerações da mais autêntica modernidade e realismo associam-se as belas páginas do criativo e saudoso Augusto Mario Morello, incluídas em um volume que leva o nome sugestivo de *Dinámica del contrato*. Ao discorrer longamente sobre a *interpretação contratual*, enuncia o prestigioso professor da Universidade de La Plata uma série de critérios que, conquanto seu trabalho seja endereçado de modo específico aos contratos de adesão, em boa medida comportam aplicação aos contratos em geral. O primeiro deles consiste em delimitar as obrigações emergentes do contrato "àquilo que *verossimilmente* as partes entenderam ou puderam entender atuando com cuidado e previsão"[15] – pensamento que coincide substancialmente com a lição de Orlando Gomes, acima referida, porque não é razoável levar direitos e obrigações a pontos arredios à imaginação, ao bom-senso e à experiência dos contratantes. Realça também Morello que "a perquirição da real vontade das partes leva além disso a interpretar as condições gerais dos contratos conforme o destino essencial perseguido por aquelas e a finalidade objetiva do contrato a partir do ponto-de-vista do interesse coletivo".[16]

Diante dessas premissas e do *logos de lo razonable* que deve presidir toda interpretação jurídica, inexiste a suposta incompatibilidade entre as duas cláusulas do estatuto do antigo Centro e, conseqüentemente, a argumentação posta não justifica o descumprimento do *dever* de comparecer para participar das discussões e deliberações sociais. Nenhum fator racional e lógico conduz ao entendimento de que o art. 12 tivesse por razão de ser a causação de algum concreto dano ou desconforto à entidade, o que poderia conduzir à conclusão proposta pelos autores. À percepção do intérprete sereno e descompromissado, mas consciente do modo-de-ser e dos objetivos de um ente sem fins lucrativos como era

---

14. *Cfr. Transformações gerais no direito das obrigações*, esp. pp. 15-17.
15. *Cfr. Dinámica del contrato*, p. 45.
16. *Id., ib.*, p. 47.

aquele, a mensagem enviada por aquele texto é a de que o estatuto, pretendendo eliminar sócios improdutivos, tomou por base exclusiva as ausências consecutivas e injustificadas, sem levar em conta outros fatores. Nada justifica manter na sociedade um associado que sequer comparece às sessões. Essa é uma aplicação da lógica do razoável. Condicionar a despedida à não-realização das sessões traria em si os perigos de uma *lógica do absurdo*, porque abriria caminho para a perpetuação de sócios que não comparecem e não compartilham do trabalho comum.

475. controle jurisdicional

A existência de uma cláusula estatutária sancionando as ausências e dando competência aos demais sócios para a concreta aplicação dessa sanção não implica outorga de poder irrestrito a estes, de modo que pudessem impor sua vontade arbitrariamente, sem sujeição a controle algum. O *controle jurisdicional* é uma das mais importantes garantias que a ordem constitucional oferece, de modo que toda conduta humana ou grupal é sempre suscetível de censura pelo Poder Judiciário, para verificação de sua conformidade com a ordem constitucional e legal do país. Tal é chamada *garantia constitucional da ação* (Const., art. 5º, inc. XXXV), na qual a doutrina moderna entrevê a promessa de tutela jurisdicional a quem tiver razão, para a efetividade dos direitos e preservação da dignidade humana.

O exame da legalidade da exclusão dos sócios ora autores principia com o da legitimidade da disposição estatutária em que ela se fundou, o que já foi feito acima (*supra*, nn. 473-474). Prossegue com a verificação da competência dos sócios para impor essa sanção e forma livre para tanto, o que também já está no parecer (*supra*, n. 472) – e o contexto dessas e outras disposições limitativas do poder dos sócios integra um verdadeiro *due process* societário, a ser observado sob pena de ilegitimidade das deliberações (CC, art. 57). Falta agora rematar o raciocínio mediante considerações sobre os fatos concretamente ocorridos, o que se fará no tópico subseqüente.

476. três ausências consecutivas e o julgamento antecipado do mérito

Em momento algum os autores negaram as três ausências consecutivas e injustificadas que, segundo o art. 12 do estatuto do Centro Hispano-Brasileiro de Cultura, constituíam motivo para a demissão. Eles se limitam a duas ordens de raciocínios para sustentar a ilegalidade da medida concretamente imposta, a saber: a) incompatibilidade da cláusula com a ordem jurídica como um todo e (b) irregularidades na convocação e realização da assembléia. Sobre essas duas colunas, que representam a *causa petendi* de sua demanda, apóiam-se os pedidos deduzidos na petição inicial. À leitura desta, fica absolutamente acima de qualquer dúvida que não integra a causa de pedir uma suposta alegação de que houvessem *comparecido* ou mesmo justificado adequadamente suas ausências.

Assim, constituem objeto do conhecimento do juiz, nesse processo do litígio entre as partes, somente aquelas alegações feitas, sem espaço para qualquer consideração fática acerca de uma suposta alegação de haverem comparecido ou justificado as ausências – porque a regra da correlação entre a sentença e a demanda impõe que o juiz decida segundo os fundamentos desta, sem extrapolações (CPC, art. 128). Se os srs. Juízes se convencerem da legitimidade da cláusula expulsória e da competência dos sócios remanescentes para impô-la independentemente do formalismo de uma assembléia, isso bastará para a improcedência da demanda; e, porque não há fato algum a ser investigado, impor-se-á o julgamento antecipado do mérito, a teor do disposto no art. 330, inc. I, do Código de Processo Civil.

477. a assembléia e a ata

Alegam os autores que a assembléia realizada pelo Centro, na qual eles foram excluídos e este transformado em sociedade limitada, não teria passado de uma *mise en scène* montada por Julio e Olga e destinada a apoderar-se de todo o patrimônio social, ficando como titulares exclusivos das quotas da nova sociedade. Segundo diz a petição inicial, a assembléia não se realizou no local, dia e hora constantes do edital nem a ata foi elaborada e assinada ali. Em sua versão a ata dessa assembléia teria sido assinada pela sócia e secretária Olga Andrés de Garcia M. em outro lugar, ou seja, no escritório do advogado do Centro, o que seria indicativo de que ela não teria sequer estado presente no local estabelecido na convocação.

A legitimidade da transformação em si mesma, ou da medida provisória que a autoriza, não foi posta em dúvida pelos autores e não integra sua causa de pedir. Eles também alegam que os consulentes obtiveram a renúncia dos demais dez sócios, mas o fazem em um contexto de fatos circunstanciais e disso também não procuram extrair qualquer conseqüência jurídica. O fundamento de seus pedidos é sua exclusão, associada ao modo fraudulento como dizem que foi simulada a assembléia geral extraordinária. Como dizem expressamente, na realidade essa assembléia não se teria realizado em momento algum e onde quer que fosse.

Se uma assembléia foi ou não realizada no dia, hora e lugar referidos na ata, ou se a sócia-secretária esteve presente ou não, isso são questões de fato que ao parecerista não compete examinar. No plano puramente jurídico situa-se o fato de *a ata* dessa assembléia haver sido assinada alhures mas, como corretamente demonstram os consulentes, esse fato não atinge a assembléia em si mesma nem a macula de vício algum. É o que a seguir tento demonstrar.

Ata é o registro dos acontecimentos de uma sessão da qual hajam participado duas ou mais pessoas. Não passa de um relatório, que obviamente é elaborado depois de realizada a sessão e tomadas as deliberações; em relação a estas, a ata é um ato futuro, como as deliberações são pretéritas em relação à ata. Discorrendo sobre as sociedades anônimas, define-a o prestigioso Modesto Carvalhosa como "documento que concentra e perpetua os fatos ocorridos durante a assembléia".[17] Por isso, e dada a exígua re-

---

17. *Cfr. Comentários à Lei das Sociedades Anônimas*, II, p. 632 (comento ao art. 130).

gulamentação legal das associações no direito brasileiro então vigente, a ata não é necessariamente elaborada durante a própria sessão nem precisa ser feita no mesmo lugar em que ela se realizou (mesmo o direito vigente silencia a esse respeito). Assim é nas entidades associativas em geral, sendo notória a usança de principiar uma sessão com a leitura e discussão da ata da anterior. Não é uma regra geral, de aplicação às sociedades em geral, o disposto no art. 130 da Lei das Sociedades Anônimas no sentido de que a ata seja redigida, discutida e assinada na própria assembléia.

Nem haveria motivo para a generalização de uma exigência como essa, que na Lei das Sociedades Anônimas está incluída em razão da possibilidade de um grande número de pessoas presentes às assembléias, com risco de dispersão e dificuldades para a colheita de assinaturas, e principalmente para resguardo dos direitos dos sócios minoritários. À assembléia a que se refere a ata questionada pelos autores compareceram apenas dois sócios e nenhum deles impugna a veracidade dos relatos que ela contém – sendo somente eles os legitimados para tanto, porque se trata de discussões e deliberações de que participaram. Por isso, mais que em relação às sociedades anônimas, eventual "nulidade não invalida, por sua vez, as deliberações sociais nem a própria assembléia". (...) "A validade formal da ata nada tem a ver com a validade das deliberações, sendo atos jurídicos diversos, ainda que interligados" (sempre, Carvalhosa[18]). Em todas as áreas jurídicas vigora a regra *pas de nullité sans grief* e, se dúvida alguma lançam os autores ou os réus sobre a correspondência entre o conteúdo da ata e as deliberações efetivamente tomadas, nada há a anular.

478. o pedido de inclusão de novos sócios por decisão judicial

O último dos pedidos dos autores é o de sua inclusão no quadro social da sociedade com fins lucrativos em que fora convolada a antiga sociedade sem fins lucrativos, ou seja, de sua inclusão entre os sócios quotistas do Centro Hispano-Brasileiro de Cultura

---

18. *Op. cit.*, p. 638.

Ltda. Eles, que foram sócios da primitiva sociedade, dela vieram a ser excluídos e pedem a anulação da assembléia onde se deu a conversão, eles próprios querem também ser sócios da sociedade que, segundo sua alegação, fora constituída de modo irregular. Esse pedido é bastante especificado, chegando a petição inicial a indicar a composição societária desejada, inclusive com a determinação do número de quotas a serem atribuídas a cada um dos três autores e aos dois réus, pessoas físicas.

É nitidamente constitutiva-positiva a sentença postulada nessa parte do *petitum*. Os autores pretendem que, em capítulo específico de sentença, se modifique o modo-de-ser de uma relação jurídica societária hoje existente entre dois sujeitos, para que essa relação passe a ser compartilhada por cinco. Como em todo processo com pedido dessa ordem, seu objeto (*Streitgegenstand*, objeto do processo) é a pretensão a uma sentença que traga em si a eficácia de alterar uma relação jurídica, independentemente de qualquer ato ulterior do vencedor, do vencido ou do Poder Judiciário.[19] Como todo preceito sentencial constitutivo, esse que os autores pedem resolver-se-ia, se fosse admissível, em impor aos réus uma situação jurídico-substancial nova, contrariamente a sua vontade. O interesse de agir, que autorizaria a propositura da demanda, é representado precisamente pela resistência dos consulentes, que desenganadamente não querem os autores como sócios.[20]

479. sociedade de pessoas, não de capital

O que acaba de ser dito é a semente da *impossibilidade jurídica* do pedido de inclusão forçada de novos quotistas naquela sociedade mercantil, porque, sendo uma sociedade limitada, tem natu-

---

19. *Cfr.* Dinamarco, *Fundamentos do processo civil moderno*, I, "Momento de eficácia da sentença constitutiva", cap. XLIV, n. 530, e *Instituições de direito processual civil*, III, n. 924, esp. p. 257.

20. Nisso residiria a tipicidade das ações constitutivas, afirmada por Corrado Ferri (*Profili dell'accertamento costitutivo*) e por Luigi Montesano (*Le tutele giurisdizionali dei diritti*, n. 49, pp. 79 ss.) mas negada por Adolfo Di Majo (*La tutela civile dei diritti*, cap. IV, n. 5, pp. 345-346).

reza de sociedade de pessoas e não de capital. É essencialmente inerente às sociedades dessa natureza o valor atribuído à *affectio societatis*, sem a qual o ente associativo não se forma e não pode viver. Por isso, só pela vontade dos sócios elas se formam e só pela vontade dos sócios atuais podem ser admitidos novos sócios. Essa vontade manifesta-se no próprio ato de constituição da sociedade ou mediante a inclusão de cláusula abrindo portas à admissão dos sucessores de um sócio que venha a falecer, ou quando de algum modo os sócios declaram admitir um novo integrante. Sem essa vontade, sequer os sucessores são admitidos. Em estudo específico sobre as associações, a profa. Maria Helena Diniz põe a "intransmissibilidade da qualidade de associado ao terceiro sem o consenso da associação ou sem permissão estatutária" como um dos "efeitos jurídicos decorrentes da associação".[21] Temos agora uma sociedade empresária limitada, onde os mesmos princípios têm plena pertinência.

> Ensina Nelson Abrão que "com a morte do sócio e em havendo previsão contratual da continuação da sociedade com seus herdeiros (CCom, arts. 308 e 335, 4), problema algum existe, dando-se o ingresso automático daqueles na sociedade. Inexistindo, contudo, a previsão contratual, a transferência das quotas aos herdeiros depende do consentimento da maioria".[22]

Essa é também a razão pela qual os tribunais brasileiros, que em um tempo sequer admitiam a penhora de quotas sociais, no presente admitem a penhora mas ressalvam que eventual arrematante adquirirá somente o direito a haveres e não a qualidade de sócio. Assim é o zelo pela preservação da vontade dos sócios, em uma modalidade societária onde a *affectio societatis* é indispensável; e assim, também, o próprio direito positivo atual, que autoriza a penhora de haveres do sócio por dívida dele próprio, mas não a expropriação das próprias quotas sociais ou, muito menos, da condição de sócio (CC, art. 1.026).[23]

21. *Cfr.* "Sociedade e associação", n. 5, p. 373.
22. *Cfr. Sociedade por quotas de responsabilidade limitada*, n. 42, p. 85.
23. *Cfr.* minhas *Instituições de direito processual civil*, IV, n. 1.535, p. 370.

480. *impossibilidade jurídica da demanda*

Por esses fundamentos, concluo que é juridicamente impossível o pedido deduzido na petição inicial, de que por sentença venham os autores a ser incluídos como sócios do Centro Hispano-Brasileiro de Cultura Ltda. Tem-se por juridicamente impossível uma demanda quando sequer em tese a ordem jurídica autoriza o provimento pretendido pelo demandante – quer a razão da incompatibilidade com o direito resida na condição de uma das partes, no fundamento trazido como causa de pedir ou no *petitum*, como no caso. Escrevi a respeito:

> "a *possibilidade* jurídica é a admissibilidade desta *em tese* e, sem ela, sequer se indagará se o demandante é parte legítima, se o provimento que pede é adequado, se é apto a lhe trazer proveito ou se ele tem razão ou não, pelo mérito (se venho cobrar um crédito decorrente do jogo, de nada importa saber se ganhei honestamente, se realmente ganhei ou quanto ganhei – CC, art. 814)".[24]

No caso, nenhuma valia poderá ter eventual demonstração de todos os fatos alegados na petição inicial porque, com ou sem eles, os autores não terão jamais o direito a obter a condição de sócios-quotistas por força imperativa de uma sentença. É rigorosamente impossível perante o direito a imposição de novos sócios contra a vontade dos atuais. Conseqüentemente, carecem de ação e como tal devem ser declarados em relação a esse pedido (CPC, art. 267, inc. VI).

> Como aquelas pessoas poderiam conviver e cooperar no seio do Centro Ltda., quando os sócios atuais não as querem como sócios e especialmente quando os embates do pleito judicial pendente ainda mais as afastam e incompatibilizam? Não pode haver sociedade de pessoas sem que haja a *affectio societatis*.

---

24. *Op. cit.*, II, n. 543, pp. 307-308. Disse eu também, há mais tempo: "ocorrendo a impossibilidade jurídica, não se chega a emitir qualquer manifestação sobre a ocorrência dos fatos que fundamentam a pretensão. Incisivamente, proclama-se desde logo que eles não podem conduzir ao provimento pretendido, mesmo que tenham ocorrido" (*cfr. Execução civil*, n. 250, pp. 387-388).

481. *dois quesitos, um só problema*

Em dois quesitos, os consulentes me indagam (a) se a petição inicial não é inepta por incongruência entre os fundamentos e o pedido, visto que alegam a nulidade da assembléia e pedem inclusão na sociedade mercantil que esta criou e (b) se não são incompatíveis os pedidos de anulação de dita assembléia e o de incluí-los na sociedade instituída por ela. Esses dois quesitos são porém intimamente entrelaçados, tanto quanto são os pedidos feitos e as suas causas, razão por que os englobo em uma só resposta. A resposta a ambos tem por premissa a impossibilidade de valer-se de uma invalidade e de sua alegação para forrar-se aos efeitos do ato, e depois valer-se do mesmo ato para obter o *status* de sócio apesar de terem alegado o vício e pedido anulação.

Dois ataques fazem os autores à assembléia em que ficou deliberada sua exclusão do Centro e a convolação deste em sociedade limitada. Eles: dizem (a) que o edital não fez constar a matéria relativa à exclusão e (b) que a própria assembléia teria sido uma farsa, ou simulação.

Se o primeiro desses fundamentos fosse verdadeiro, o resultado seria a anulação da deliberação expulsória, mas da assembléia como um todo, não. Não se trata de um argumento lançado contra a regularidade da convocação, da realização ou da documentação da assembléia. Diante disso, se progredisse tal fundamento ter-se-ia o retorno dos autores ao Centro e, no extremo do absurdo, sua inclusão entre os sócios do Centro Ltda. Jamais a ausência de menção daquele tema no edital atingiria a deliberação por transformar a entidade sem fins lucrativos em sociedade mercantil porque, em direito, *utile per inutile non vitiatur*: anula-se a parte do ato maculada por eventual invalidade mas preservam-se as partes não atingidas.

Diferentemente do primeiro, o segundo desses fundamentos atinge a assembléia como um todo porque consiste em afirmar que ela *não se realizou* e que a documentação representada pela ata não passaria de uma farsa, ou *simulação*. Ora, a simulação era, no sistema do Código Civil de 1916, causa de anulabilidade do ato jurídico (art. 147, inc. II);[25] e a conseqüência da anulação, que os autores efetivamente pediram, seria a retirada dos efeitos do ato viciado, para que deixasse de produzir no mundo jurídico os efeitos programados. A partir de quando anulado, o ato anulável passava a ter no mundo jurídico a mesma eficácia que o nulo *pleno jure*, a saber, nenhuma. Por isso, se tivessem razão os autores no que alegavam, a procedência de sua demanda consistiria no retorno ao *status quo ante* mediante o cancelamento da conversão do Centro em sociedade por quotas e restauração de sua condição de sócios *daquele* – ou seja, da sociedade sem fins lucrativos.

> Ao mesmo resultado se chegaria no sistema atual de direito positivo, em que o ato simulado é nulo de pleno direito e não simplesmente anulável, como dantes (CC-02, art. 167). A única diferença seria quanto ao momento em que principiaria a ausência de eficácia do atos – *ex tunc* e não *ex nunc*. Mas essa observação, que não labora sobre a realidade do caso conforme me foi posto, por essa mesma razão não influi também no teor do parecer.

Tornando agora aos quesitos, reafirmo que no fundo a questão processual posta em ambos é uma só, porque (a) se fosse acolhido o pedido de anular a assembléia como um todo, a sociedade empresária deixaria de existir e seria juridicamente impossível incluir os autores entre os sócios de uma sociedade inexistente, inclusive com a discriminação da participação de cada um no capital social, conforme a petição inicial propõe; e (b) o argumento da anulabilidade da assembléia como um todo apontava para a inexistência da sociedade mercantil e não para a admissão de novos sócios. Pelo primeiro desses motivos chega-se à impossibilidade de cumular os dois pedidos incompatíveis e reciprocamente excludentes, a teor do art. 292, § 1º, inc. I, do Código de Processo Civil; pelo segundo, à inépcia da petição inicial por inexistir correspondência entre os fundamentos e o pedido (art. 295, inc. I, c/c par., inc. II).

Por isso é que, como ficou anunciado, o parecer examina os dois quesitos em um só contexto de incompatibilidades.

25. E não de nulidade, como no estatuto atual (art. 167).

482. dupla incompatibilidade – prejudicialidade

Diz-se que uma causa, questão ou ponto é prejudicial quando, no plano lógico e no jurídico, a solução a ser dada a ela determina ou limita o modo como será julgada outra causa, questão ou ponto.[26] Há *prejudicialidade lógica* entre duas causas, questões ou pontos quando a coerência exige que o pronunciamento sobre um deles seja tomado como precedente para o pronunciamento sobre o outro;[27] e a prejudicialidade torna-se relevante para o direito quando a isso se acresce a *prejudicialidade jurídica*, representada pela igual natureza do juízo relativo a esses dois pontos, questões ou causas.[28-29]

26. *Causa, questão e ponto* são três conceitos bastante manipulados no trato da prejudicialidade (v. Menestrina, *La pregiudiciale nel processo civile*, nn. 30-31, pp. 139 ss.; n. 35, pp. 153 ss.). Deles, o mais simples é o de *ponto*, conceituado como *fundamento* e caracterizado em cada um dos fundamentos da demanda e da defesa, relevantes para o julgamento. *Questão* é o ponto controvertido, ou seja, o ponto sobre o qual houver sido lançada dúvida por uma das partes (o *ponto controvertido de fato ou de direito*, da notória construção *carneluttiana*: v. Carnelutti, *Istituzioni del processo civile italiano* I, n. 13, esp. p. 13; Menestrina, *La pregiudiciale nel processo civile*, nn. 30-31, pp. 137 ss.; Dinamarco, *Instituições de direito processual civil*, II, nn. 465-466, pp. 160 ss. e, neste mesmo volume, capítulo XVII, "Ação de nulidade de patente – prejudicialidade e outras questões processuais", esp. n. 262). O ponto incontroverso, ou seja, o fundamento trazido por uma das partes e não impugnado, mantém-se como *ponto mesmo* e não se erige em *questão* – com a conseqüência prática de não necessitar de prova (CPC, art. 334, inc. III). *Causa*, nessa linguagem habitual entre os estudiosos da prejudicialidade, é o próprio litígio trazido ao processo por iniciativa do demandante (autor, opoente *etc.*) em busca de uma tutela jurisdicional. Julgar a causa é julgar a demanda.

27. "In logica diconsi pregiudiciali questi giudizî che formano il precedente della conclusione finale; e pregiudiciale è pure il raziocinio che il soggetto pensante si ponesse per giungere a loro": Menestrina, *La pregiudiciale nel processo civile*, n. 22, p. 100.

28. "La pregiudicialità giuridica nasce dall'unirsi di un nuovo elemento alla pregiudicialità logica: e il nuovo elemento è l'eguale natura del giudizio pregiudiciale e del finale": Menestrina, *op. loc cit.*, p. 103. *Cfr:* ainda Barbosa Moreira, *Questões prejudicais e coisa julgada*, n. 32, esp. pp. 51-52; Adroaldo Furtado Fabrício, *Ação declaratória incidental*, n. 29, esp. p. 68.

29. É moeda corrente na doutrina atual a distinção entre prejudicial e *preliminar* porque esta, sim, subordina a própria admissibilidade da decisão de mérito, a qual será negada conforme o modo como se decida aquela: *cfr:* Barbosa Moreira, *Questões prejudiciais e coisa julgada*, nn. 18-21, pp. 28 ss., e Adroaldo Furtado Fabrício, *Ação declaratória incidental*, n. 28, pp. 64-65.

Imaginar o caso de demanda de condenação do devedor principal e do fiador: julgada improcedente a primeira, esse julgamento é *subordinante* em relação à pretensão do autor em face do fiador, a qual também será improcedente porque, no plano jurídico, a existência da obrigação acessória depende da existência da principal. Inversamente, se for rejeitado o argumento da nulidade ou inexistência da obrigação principal o juiz fica relativamente desvinculado para apreciar o pedido de condenação do fiador, o qual será julgado procedente ou improcedente (não, porém, com fundamento nessa defesa rejeitada). Como se vê, a prejudicialidade juridicamente relevante mostra um perfil lógico e outro jurídico, que, somados, conduzem a uma fórmula de influência sobre o teor da causa prejudicada.[30]

Assentados esses conceitos, fica fácil a percepção de que a alegada nulidade da assembléia como um todo é prejudicial ao pedido de inclusão dos autores entre os sócios da sociedade limitada instituída pela própria assembléia, porque no plano lógico e no jurídico não se pode conceber a inclusão de sócios em uma sociedade inexistente. Não estamos diante de uma relação tal, que o acolhimento de um dos pedidos figurasse como requisito para o *acolhimento* do outro – tratando-se então de pedidos sucessivos. Aqui, inversamente, o acolhimento do pedido *a* é absolutamente excludente da possibilidade de acolher o pedido *b*. Daí a incompatibilidade existente entre eles, corretamente argüida pelos consulentes. Extremamente liberal em tema de cúmulo de demandas, o Código de Processo Civil o admite ainda que entre as demandas reunidas inexista o nexo da conexidade objetiva, desde que haja inteira coincidência entre os sujeitos (art. 292) – mas afasta a possibilidade de cumulá-las quando forem incompatíveis, ou seja, quando o acolhimento de uma delas importar rejeição de outra (art. 292, § 1º, inc. I). Para esse efeito não é necessária a relação de prejudicialidade entre as duas ou mais demandas, mas quando esta existir e for tal que produza uma incompatibilidade dessa ordem, não é possível cumular. Em casos de pedidos assim, recipro-

---

30. *Cfr.*, ainda Adroaldo Furtado Fabrício, *Ação declaratória incidental*, n. 29, pp. 67 ss., e Barbosa Moreira, *Questões prejudiciais e coisa julgada*, n. 33, esp. p. 52.

camente repugnantes, a cumulação não se admite e o julgamento do mérito será inadmissível. O Código anterior falava em *pedidos conexos e conseqüentes*, esclarecendo a melhor doutrina que são *conseqüentes* os pedidos compatíveis entre si e inconseqüentes os que se repelem reciprocamente (José Frederico Marques).[31]

> Corretamente, os consulentes destacaram em contestação a relevante circunstância de a petição inicial não haver deduzido um cúmulo *alternativo* de pedidos, mas um cúmulo simples. Se fosse alternativo, ou eventual (art. 289), o segundo pedido só seria suscetível de ser objeto de decisão quando rejeitado o primeiro, mas sua dedução na mesma demanda não implicaria a incompatibilidade que há entre dois que são formulados para que *ambos* sejam acolhidos (cúmulo simples, como no caso).

A segunda incompatibilidade existente neste caso, que é o outro lado da mesma moeda, é a existente entre a alegação de vício da assembléia e a pretensão a fruir de uma situação dependente da validade desta. *Arrazoe quem quiser, articule quem souber*, diziam os antigos. Ao articular fundamentos e pedidos, é indispensável fazê-lo em um quadro de compatibilidade lógica, a partir de premissas-maiores ditadas pelo direito substancial. A perfeição lógico-dedutiva de uma demanda depende de as narrativas serem tais que em tese, perante o direito material, o reconhecimento de serem verdadeiras implique acolhimento do *petitum*. Essa é a indispensável relação de compatibilidade, ou *congruência*, cuja falta o Código de Processo Civil qualifica como *inépcia da petição inicial* e sanciona com o indeferimento desta. Mercê dessa forte incompatibilidade, a petição inicial que examino padece do mal da inépcia (art. 295, inc. I, c/c par., inc. II).

483. *indeferimento da petição inicial ou extinção do processo em momento ulterior*

Tecnicamente, só se dá o *indeferimento da petição inicial* quando, ao apreciá-la no início do procedimento, o juiz emite um

---

31. *Cfr. Instituições de direito processual civil*, n. 563, esp. p. 54.

juízo negativo e, em vez de deferi-la mandando autuá-la e citar o réu, indefere o que foi requerido e ordena a extinção processual.

O indeferimento da petição inicial é o mais precoce de todos os possíveis e imagináveis atos judiciais de extinção do processo (CPC, arts. 267, inc. I, c/c art. 295).

Deferida a petição inicial, contudo, e citado o réu, já não se pode cogitar de seu "indeferimento", porque é impossível voltar atrás no tempo, quando o que havia a ser deferido ou indeferido já foi deferido e realizado – *factus infectus fieri nequit*. Mas as causas de indeferimento liminar (o indeferimento só pode mesmo ser *liminar*) são praticamente aquelas mesmas que devem levar o juiz a extinguir o processo em qualquer fase, havendo grande superposição entre as hipóteses figuradas nos dois dispositivos com que o Código de Processo Civil disciplina os dois institutos (arts. 267 e 295). Assim, já deferida a petição inicial e citado o réu, a qualquer momento o juiz pode e deve extinguir o processo sem julgamento do mérito, entre outros casos, "quando se verificar a ausência de pressupostos de constituição e de desenvolvimento válido e regular do processo" (art. 267, inc. IV). Essa fórmula ampla e vaga empregada pelo Código é suficiente para abranger as petições iniciais ineptas, sabido que a regular propositura da demanda é um dos requisitos sem os quais não se admite o julgamento do mérito.

> "O inc. I do art. 267 tem também a valia de evidenciar que não há um único momento em que o processo deve ser extinto (ou a fase cognitiva). O controle dos pressupostos de admissibilidade do julgamento do mérito é feito desde o momento em que o juiz aprecia a petição inicial para deferi-la ou indeferi-la (art. 295 c/c 267, inc. I), até quando, finda a instrução, dispõe-se a sentenciar."[32]

Esse óbvio pensamento apóia-se também na premissa de que, nesses assuntos relacionados com o indeferimento da petição inicial, *inexistem preclusões para o juiz*, o qual tem o poder-dever de extinguir o processo pelos fundamentos ali postos, *ex officio* e em qualquer grau de jurisdição; esse preceito, contido no § 3º do

---

32. *Cfr.* Dinamarco, *Instituições de direito processual civil*, III, n. 877, esp. p. 184.

art. 267 do Código de Processo Civil, tem o significado sistemático de dar ênfase ao aspecto publicista da relação processual e às razões de ordem pública que em cada caso impedem seu prosseguimento rumo ao provimento de mérito. Assim é que, embora de *indeferimento da petição inicial* já não se possa falar a partir de quando ela foi deferida (questão puramente vocabular), continua sendo obrigatória a extinção do processo por uma das razões que deveriam ter levado ao seu indeferimento.

484. *antecipação de tutela: razão de ser e requisitos básicos*

A razão de ser da tutela antecipada, que o art. 273 do Código de Processo Civil autoriza em termos amplos, são os males decorrentes do decurso do tempo, o qual pode corroer direitos, aniquilá-los ou tornar menos útil a sua efetivação depois das esperas ordinárias pelo desfecho do processo. Tal é o *tempo-inimigo*, contra quem o juiz deve travar uma guerra sem tréguas (Francesco Carnelutti).[33] Por isso, entre os requisitos gerais para a antecipação de tutela – como, de resto para todas as medidas urgentes, inclusive cautelares – figura o *periculum in mora*, conceituado pelo inc. I do novo art. 273 do Código de Processo Civil como "fundado receio de dano irreparável ou de difícil reparação".

> No dizer elegante e muito conhecido de Piero Calamandrei, "entre fazer logo e fazer bem mas tardiamente, os provimentos cautelares visam sobretudo a fazer logo, deixando que o problema do bem e do mal, isto é, da justiça intrínseca do provimento, seja resolvido mais tarde, nas sossegadas formas do procedimento ordinário".[34]

Mas não se pode perder de vista que as antecipações de tutela, também como toda e qualquer medida jurisdicional urgente, têm como requisito a razoável *probabilidade* do direito afirmado pelo demandante. Elas são ditadas justamente para obstar aos

---

33. *Cfr. Diritto e processo*, n. 232, esp. p. 354.
34. *Cfr. Introduzione allo studio sistematico dei provvedimenti cautelari*, n. 8, esp. p. 20.

males da espera pelo reconhecimento e satisfação de um direito provavelmente existente, o que a lei indica pela fórmula "desde que, existindo prova inequívoca [*o juiz*] se convença da verossimilhança da alegação" (art. 273, *caput*). Essa exigência tem como desdobramento a de que a medida antecipatória a ser concedida seja ao menos parcialmente coincidente com aquela que o demandante espera ao fim do processo. *Antecipam-se os efeitos da tutela pretendida no pedido inicial*, diz ainda o art. 273 do Código de Processo Civil. Isso significa que não se concebe dar ao autor uma tutela que de antemão se sabe que ele não receberá ao fim, quando o mérito vier a ser julgado.

É isso que acontece no caso sob exame, onde o pedido principal não inclui a pretensão de incluir os autores na condição de diretores da sociedade limitada nem o de arbitrar *pro labore* em seu favor; tudo que eles pedem, em relação a essa sociedade, é a inclusão como sócios, nada mais. Isso significa que, findo o processo, ainda quando os autores obtivessem ganho de causa nenhuma daquelas vantagens lhes será concedida, porque o juiz não pode julgar fora ou além dos limites da demanda proposta (CPC, arts. 128 e 460). É absolutamente incabível, portanto, essa falsa "antecipação" de um benefício que jamais lhes poderá ser concedido em definitivo. Como toda tutela antecipada é por natureza *provisória* e cessa quando o processo é extinto, seria um absurdo "antecipar" a tutela, oferecer as vantagens provisórias pedidas e depois, ainda que no fim os autores vençam no julgamento *de meritis*, subtrair-lhes tais vantagens porque não pedidas e portanto não concedidas em sentença. A vitória final pelo mérito seria um retrocesso e, para eles, saberia a derrota.

Além disso, a possibilidade da antecipação pedida está fortemente minada pela falta de probabilidade da existência do direito, porque (a) o próprio ingresso forçado na sociedade é juridicamente impossível, como se demonstrou; b) ainda que ingressassem na condição de sócios, só essa qualidade não asseguraria aos autores cargos na diretoria, cujo exercício lhes daria direito a perceber *pro labore* (meros sócios, sem função de administração societária, não recebem remuneração dessa ordem); c) são seríssimas as razões pelas quais se demonstra a ausência de vício na deliberação excludente dos autores (eles faltaram efetivamente a mais de três sessões, sem apresentar justificativa, e os outros sócios tinham o poder de aplicar a sanção, independentemente de assembléia). Nessa situação reputa-se ausente a ocorrência do *fumus boni juris* legitimador da antecipação.

485. respondendo aos quesitos

Feitas todas essas considerações, passo a responder aos quesitos que me foram endereçados, incluindo em cada resposta a síntese apertadíssima dos fundamentos em que se apóia.

– *resposta ao 1º quesito*: é inepta a petição inicial dos autores, porque o pedido de sua inclusão naquela sociedade empresária é flagrantemente repudiado pela alegação, também feita na petição inicial, de que a assembléia é nula (incompatibilidade lógica entre os fundamentos e o pedido);

– *resposta ao 2º quesito*: há incompatibilidade entre o pedido de anulação da assembléia e o de inclusão de sócios na sociedade criada por ela, porque a anulação teria por efeito dissolver a própria sociedade e não se concebe a inclusão de sócios em uma sociedade inexistente;

– *resposta ao 3º quesito*: é juridicamente impossível incluir novos sócios em uma sociedade limitada, por sentença judiciária, porque essa é uma sociedade por pessoas, onde a *affectio societatis* figura como requisito indispensável – não se concebe sociedade dessa natureza senão quando assim for a vontade de todos;

– *resposta ao 4º quesito*: não procede o pedido dos autores, de tutela antecipada consistente no pagamento de *pro labore* no curso do processo pendente, (a) porque eles não terão esse direito ainda que viesse a ser julgada procedente a sua demanda, (b) porque a procedência da demanda é juridicamente impossível e (c) porque é lícito antecipar o julgamento final pela procedência, dada a regularidade do ato expulsório.

Essas são as respostas dadas às questões de natureza processual postas no processo e nos quesitos. Para chegar a elas o parecer passou pelo campo das questões jurídico-substanciais em discussão na causa, com a afirmação (a) da licitude da cláusula impositiva da demissão dos sócios que faltassem a três ou mais sessões do conselho deliberativo, sem se justificarem, (b) da regularidade do ato expulsório por decisão dos demais sócios, independentemente de realização de assembléia e (c) da indiferença jurídica do fato de a ata desta haver sido assinada em local e hora diferentes daquilo que constava no edital de convocação.

XXVIII – DEBÊNTURES E CLÁUSULA DE DAÇÃO EM PAGAMENTO – QUESTÕES PROCESSUAIS[1]

§ 1º – o caso e a consulta – 486. antecedentes – 487. uma ação de consignação em pagamento e uma declaratória incidental, ambas movidas por Kieppe – 488. questões de fato suscitadas no processo e o julgamento antecipado do mérito – 489. os fundamentos da apelação e os temas trazidos à consulta – § 2º – **julgamento antecipado do mérito e direito à prova** – 490. julgamento antecipado do mérito, direito à prova, livre convencimento judicial e devido processo legal – 491. entre o julgamento antecipado e o saneamento do processo – 492. tornando ao caso: fatos dependentes de prova – § 3º – **motivação insuficiente** – 493. a legítima dimensão do dever de motivar – 494. tornando ainda uma vez ao caso: deficiências na fundamentação – § 4º – **entre o rigor cambiário e a eficácia de uma cláusula extracartular** – 495. relembrando pontos relevantes – 496. títulos de crédito, abstração e cartularidade – 497. a posição do endossatário – 498. pleno conhecimento pelo Fundo – 499. mas houve realmente um endosso? – § 5º – **antecipação da tutela recursal e juízo do mal maior** – 500. a situação concreta e o pedido de antecipação de tutela recursal – 501. o mal irreparável e a probabilidade de provimento do apelo – 502. *periculum in mora* – 503. juízo do mal maior – 504. o *fumus boni juris* e o juízo do direito mais forte – 505. sobre a eficácia abstrata do título executivo – 506. urgência urgentíssima – § 6º – **síntese das conclusões** – 507. sobre o indevido julgamento antecipado do mérito – 508. sobre a insuficiente motivação da R. sentença – 509. sobre a oponibilidade da cláusula ao cessionário – 510. sobre a antecipação da tutela recursal

§ 1º – O CASO E A CONSULTA

486. *antecedentes*

Kieppe Participações e Administração Ltda., que ora me consulta, tomou em empréstimo a Banco Santos S.A. trinta milhões de reais, distribuídos em seis cédulas de crédito bancário (CCBS) no valor de cinco milhões de reais cada. Embora nas cártulas estivesse consignado que o pagamento seria feito em moeda corrente

1. Reprodução de parecer elaborado em junho de 2007.

do país, pactuaram também as partes, em instrumento separado, que o valor daquelas cédulas seria quitado mediante dação de um lote grande de cerca de vinte-e-seis mil debêntures emitidas por determinada companhia.

Antes do vencimento foram aquelas CCBS transferidas pelo Banco Santos a um fundo de investimentos sob sua administração, que é Santos Credit Yield Fundo de Investimento Financeiro, com o qual hoje litiga em juízo. A devedora Kieppe tentou realizar a entrega liberatória mas o Fundo recusou-se a receber as debêntures e devolver as cártulas representativas de seu crédito (CCBS). Na sua alegação, seria ineficaz perante ele, Fundo, aquela disposição extracartular segundo a qual as CCBS seriam quitadas e resgatadas mediante dação das debêntures em pagamento.

487. *uma ação de consignação em pagamento e uma declaratória incidental, ambas movidas por Kieppe*

Nessa situação, veio Kieppe a juízo com uma *ação de consignação em pagamento* em face do Fundo. Depositou as debêntures e postulou o efeito liberatório desse depósito e ulterior entrega, em relação ao débito representado pelas CCBS. Pediu antecipação de tutela, que lhe foi concedida e depois revogada pelo MM. Juízo de primeiro grau. Motivo da revogação, uma suposta ilegitimidade passiva *ad causam* do Fundo. Tal causa impeditiva foi afastada em sede de agravo de instrumento pela C. Vigésima-Segunda Câmara de Direito Privado do E. Tribunal de Justiça paulista, sendo relator o sr. Des. Maia da Rocha. Ulteriormente, havendo sido restaurados os efeitos da medida antecipatória contra essa nova decisão inferior, interpôs o Fundo o recurso de agravo de instrumento, e este foi provido pela mesma Câmara, com a cassação da medida. Motivo do provimento do agravo, a precariedade das provas naquele momento procedimental.

No curso dessa ação consignatória, havendo o Fundo levantado em contestação o argumento da natureza cambial dos atos de transferência das CCBS (endosso), ao virem tais cártulas aos autos propôs a autora Kieppe uma *ação declaratória incidental,* com os pedidos (a) de declaração da natureza não-cambial daquelas transferências e (b) da conseqüente oponibilidade, ao Fundo, da cláusula extracartular de dação em pagamento.

488. *questões de fato suscitadas no processo e o julgamento antecipado do mérito*

Nesse processo com duas causas intimamente conexas por prejudicialidade puseram-se em pauta vários pontos relevantes para o julgamento de ambas e girando em torno daquelas duas questões jurídicas (natureza cambiária ou não, oponibilidade ou inoponibilidade ao Fundo). Agitaram-se, entre outros, os pontos (a) da administração do Fundo pelos mesmos administradores do Banco Santos, (b) do conhecimento que o Fundo tinha, por seus administradores, daquela cláusula de dação em pagamento pactuada fora das cártulas, (c) das circunstâncias em que se deu a transferência destas, sem o rigor cambiário do endosso, (d) da prática, usual no Banco Santos, de substituir títulos por outros, quando credor, sem realizar endosso algum.

Para a prova referente a tais fatos e esclarecimento das circunstâncias que o envolviam, requereu a autora Kieppe a produção de vários meios de prova, anotando-se a testemunhal, a pericial, prova emprestada, exibição de novos documentos e expedição de ofícios a entidades coordenadoras do sistema (CVM e CETIP). Tais provas não foram produzidas, porque indeferidas pelo MM. Juízo. Foi nessa situação proferido o *julgamento antecipado do mérito*, partindo o prolator da falsa premissa de que "a questão de mérito versa sobre direito e sobre fatos já suficientemente provados pelos documentos juntados aos autos, não havendo necessidade de produção de prova técnica ou oral".

A R. sentença então proferida julgou *improcedentes* as duas demandas propostas pela autora e ora consulente Kieppe – a saber, a ação de consignação em pagamento e a declaratória incidental. Apelou a vencida e requereu distribuição de seu apelo por dependência ao sr. Des. José Roberto Bedaque, na condição de Relator prevento.

489. os fundamentos da apelação e os temas trazidos à consulta

Ao apelar, Kieppe levanta uma série de pontos, impugnando a R. sentença de primeiro grau tanto pelo lado do direito processual mediante a imputação de relevantes *errores in procedendo*, quanto pelo aspecto jurídico substancial.

As críticas processuais lançadas contra a R. sentença giram em torno de *dois eixos principais*.

O primeiro deles é representado pelo fato de haver ela sido proferida antecipadamente (*julgamento antecipado do mérito* – CPC, art. 330). Vários pontos são agitados a esse propósito: a) o julgamento antecipado do mérito foi proferido quando pendia de cumprimento um R. despacho, já proferido pelo MM. Juízo, chamando as partes a *especificar provas* a serem produzidas na ação declaratória (CPC, art. 324); b) em relação às duas causas havia sido proferido despacho determinando "a remessa dos autos para realização de audiência de conciliação"; c) havia vários e importantes *pontos de fato a serem provados*, o que constitui a mais relevante das razões para a não-incidência do art. 330, inc. I, do Código de Processo Civil; d) não foi dada ciência de peças essenciais do processo ao sr. representante do Ministério Público. Nessas circunstâncias, alega a apelante Kieppe, o julgamento antecipado do mérito foi um ato de violação ao seu *direito à prova* e desconsideração aos pilares representativos do *due process of law*.

A outra vertente processual das razões recursais tem em seu foco a nulidade da R. sentença por *deficiência de motivação*. A ora consulente imputa a esta graves omissões, ao alegar que ela sequer se manifestou (a) sobre o fato de as Ccbs haverem sido transferidas ao Fundo sem endosso algum, fosse em preto ou mesmo em branco, (b) sobre a validade ou invalidade da transferência dos títulos por ato do sr. liqüidante do Banco Santos ou, pior ainda, por ato de seu assistente, (c) sobre a má-fé do apelado, a ela equiparável para esse efeito a plena ciência da cláusula que alega ser-lhe inoponível, e (d) sobre a prática usual no Banco Santos consistente em transferir títulos aos fundos sob sua gestão, sempre pela forma da cessão, não do endosso.

Na vertente jurídico-material, as razões de apelo da ora consulente alegam haver a R. sentença cometido o *error in judicando* consistente em reconhecer como endosso um ato que não foi mais que mera cessão civil, desconsiderando ainda (a) a circunstância de um ato qualificado como endosso haver sido assinado por preposto do sr. liqüidante, não por ele próprio, e (b) a de somente após o vencimento sobrevir uma ratificação do sr. liqüidante pretendendo validar o ato do assistente e conferir-lhe eficácia retroativa.

Sobre todos esses alegados *errores* tive a honra de ser consultado por Kieppe Participações e Administração Ltda., e agradeço aos seus qualificados defensores, os srs. Advogados Celso Cintra Mori e Luiz Fernando Valente de Paiva, ambos do conceituadíssimo Escritório *Pinheiro Netto Advogados*, a desvanecedora honra da consulta. Atendendo ao que me foi solicitado, o parecer que aqui tem início versará sobre os temas: a) do *julgamento antecipado do mérito*, naquelas circunstâncias em que muita prova a consulente ainda pretendia produzir; b) da *motivação da sentença*, havendo sido omitidos aqueles pontos acima indicados; c) da *oponibilidade da cláusula externa* ao novo titular das CCBS, diante daquelas vicissitudes da transferência dos títulos ao Fundo, também acima relatadas.

§ 2º – JULGAMENTO ANTECIPADO DO MÉRITO E DIREITO À PROVA

490. *julgamento antecipado do mérito, direito à prova, livre convencimento judicial e devido processo legal*

Neste capítulo examino o tema do julgamento antecipado do mérito, que me foi diretamente proposto pela consulente, no quadro do *due process of law* e no plano de uma equilibrada convivência com o *direito à prova*, que é inerente a essa superior garantia constitucional. Reputo igualmente valioso um confronto entre o direito à prova e a prerrogativa de *livre convencimento*, por lei concedida ao juiz, sempre em busca de um equilíbrio responsável pela legitimidade dessa prerrogativa em face dos reclamos pela segurança das partes no processo.

491. *entre o julgamento antecipado e o saneamento do processo*

Como venho dizendo muitas vezes em sede doutrinária (e nisso tive a honra de ser citado na apelação interposta pela consulente), no sistema processual *o ordinário é instruir a causa e o extraordinário é antecipar o julgamento do mérito*.[2] No procedimento ordinário brasileiro a ordem normal consiste em realizar a audiência preliminar disposta no vigente art. 331 do Código de Processo Civil, na qual o juiz, entre outras providências, *organiza a instrução* a ser feita. Deve ele, como na lei está disposto, definir o objeto da prova (ou seja, o conjunto das alegações dependentes desta), deferir provas pertinentes e alertar as partes sobre o *onus probandi* a cargo de cada uma delas.[3] O julgamento antecipado do mérito (art. 330) é um *optimum* em face dos anseios pela tempestividade da tutela jurisdicional. A extinção do processo (art. 329) é um fracasso da experiência processual. O saneamento, com aquelas determinações sobre a prova, é o ordinário. Residual, mas *ordinário*.

E o sistema assim é porque o contrário significaria, de um lado, renúncia pelo juiz à busca da verdade dos fatos como instrumento para bem cumprir a promessa constitucional de oferecer tutelas jurisdicionais justas, ou *adequadas*; de outro lado, expor as partes à privação de meios para comprovar os fatos de seu interesse, com infração ao *direito à prova*, de raízes constitucionais. *Direito à prova* é o *conjunto de oportunidades* oferecidas às partes pela Constituição e pela lei para que possam demonstrar no processo a veracidade do que afirmam em relação aos fatos relevantes para

---

2. *Cfr.* minhas *Instituições de direito processual civil*, III, n. 1.137, esp. p. 581.

3. *Cfr.* Dinamarco, *A Reforma do Código de Processo Civil*, nn. 84-86, pp. 117 ss.

o julgamento.[4] No plano das garantias constitucionais mostra-se como um verdadeiro *direito público ou cívico* de cada um dos litigantes, inerente à ação e à defesa (Antonio Magalhães Gomes Filho).[5] Cada um deles tem o direito de "empregar todas as provas de que dispõe, com o fim de demonstrar a verdade dos fatos que fundamentam sua pretensão" (Michele Taruffo[6]). Ainda na lição de Magalhães, "o tema da prova é seguramente o mais importante e fecundo da ciência processual, não só pelo valor da reconstrução dos fatos na formação do provimento jurisdicional, mas sobretudo por constituir ponto de observação privilegiado para o estudo das íntimas e complexas relações entre o processo e as estruturas sociais".[7] Quando depois se passa ao plano infraconstitucional, é ali que se vêem específicas normas sobre provas admissíveis, inadmissíveis ou inadequadas, sobre os modos e oportunidades para requerer e para produzir prova, sobre preclusões extintivas do direito de provar *etc.*

Esse conjunto normativo, que de um lado delimita o direito à prova ao definir seus contornos, de outro reafirma-o e municia os litigantes com o poder de exigir sua efetividade. São ilícitos os atos com que o juiz denega à parte a produção de um meio de prova lícito em si mesmo, que haja sido requerido tempestivamente, que se refira a fatos possíveis, que seja adequado a prová-los – em suma, *é ilegal a denegação de uma prova admissível e regularmente requerida*. Tal conduta transgride o direito à prova, em sua conformação traçada pela lei e em sua garantia instituída em nível constitucional. Sabido que o *due process* é um sistema de limitações ao exercício do poder, transgride essa garantia o juiz que exerce a jurisdição sem observar o direito à prova admissível, adequada e regularmente requerida. Repito, ainda uma vez com Taruffo, que é direito de cada uma das partes "empregar todas as

---

4. *Cfr.* ainda minhas *Instituições de direito processual civil*, III, n. 782, pp. 46-48.

5. *Cfr. Sobre o direito à prova no processo penal*, n. 9, pp. 80 ss.

6. *Cfr.* "Il diritto alla prova nel processo civile", *Riv. dir. proc.*, 1984, esp. p. 77.

7. *Cfr. Sobre o direito à prova no processo penal*, p. 1.

provas de que dispõe, com o fim de demonstrar a verdade dos fatos que fundamentam sua pretensão".

Postas essas premissas, vê-se que o princípio ou regra do *livre convencimento judicial* (CPC, art. 131) não pode ser levado ao extremo de permitir julgamentos desamparados dos meios de prova a que concretamente tivessem direito as partes. A liberdade na formação de seu convencimento, que é inerente à garantia de independência funcional dos juízes, encontra limite na dupla exigência (a) de ser formado à luz do que constar dos autos, com fiel aderência a estes, e (b) de expor na sentença todo o *iter* dos raciocínios desenvolvidos pelo juiz, a partir dos elementos constantes dos autos e chegando até às conclusões livremente adotadas sobre esse suporte indispensável. Daí falar a boa doutrina em *livre convencimento motivado à luz dos autos* (José Rogério Cruz e Tucci – *infra*, n. 493).

Por isso reafirmo sempre a excepcionalidade do julgamento *de meritis* antecipado e recomendo aos juízes cuidado ao optar por ele. Só mesmo quando se possa antever com segurança a inutilidade de uma produção probatória é que o juiz poderá antecipar esse julgamento, concedendo a tutela jurisdicional com apoio na prova suficiente que nos autos já exista. Arriscar é lançar-se contra a garantia constitucional do *due process of law* e contra o que está disposto no próprio art. 330 do Código de Processo Civil, para o qual só nos casos descritos em seus dois incisos o julgamento se antecipa. Fora dessas hipóteses, assim bem tipificadas, antecipar é descumprir o dever de instruir a causa e de realizar a audiência preliminar que o art. 331 exige.

492. *tornando ao caso: fatos dependentes de prova*

Animei-me a discorrer assim conceitualmente sobre os modos como se entrelaçam os temas do julgamento antecipado do mérito, do livre convencimento judicial e do direito à prova porque vejo no caso em exame uma transgressão a esse direito, sob a capa de uma supostamente legítima formação do convencimento do juiz à luz dos elementos de prova que nos autos já existiam. Os elementos probatórios já presentes nos autos não são todos a que tinha direito a ora consulente, e é por isso que afirmo ter ocorrido uma violação ao seu direito à prova, com ruptura das barreiras postas pela garantia do *due process* como limitações aos poderes do juiz. Havia fatos a provar e havia requerimento oportuno e adequado de produção de provas acerca desses fatos.

Pelo que senti das informações recebidas e do próprio teor da R. sentença, o MM. Juízo de primeiro grau não processou em um processo só, como deveria, e com adoção de um só procedimento, as duas causas aqui em exame. Leio na R. sentença que a ação declaratória incidental movida pela autora e ora consulente Kieppe foi processada em autos apensos aos da ação consignatória. Não faço essa observação como crítica, mas com o objetivo de ressaltar que os dois procedimentos então em curso não estavam precisamente no mesmo ponto quando a R. sentença antecipatória do julgamento *de meritis* veio a ser proferida. Nos dois procedimentos já havia sido determinada a realização da audiência preliminar prevista no art. 331 do Código de Processo Civil, mas em um deles já haviam sido requeridas pela autora as provas que pretendia produzir (CPC, art. 324); no outro ainda se aguardava a realização daquela audiência e não fora ainda aberta a oportunidade para requerer provas. Mas os fatos a serem provados eram os mesmos em ambas as causas e, portanto, em ambos os procedimentos. E foram esses fatos que ficaram sem provar, porque o MM. Juiz se antecipou e sentenciou.

Ao sentenciar sem colher tais provas indispensáveis incorreu Sua Excelência naquela ilicitude de que venho falando. Como dito, a autora já requerera provas e com elas pretendia demonstrar (a) que a administração do Fundo estava confiada aos mesmos administradores do Banco Santos, (b) que o Fundo tinha pleno conhecimento, por seus administradores, daquela cláusula de dação em pagamento pactuada fora das cártulas, (c) que o signatário da cessão civil e do endosso ulteriormente lançado era um preposto do sr. liqüidante, sem poderes para realizar atos dessa natureza, (d) que a ratificação pelo liqüidante veio depois do vencimento dos créditos cambiários, (e) que era usual no Banco Santos a prática de substituir títulos por outros, quando credor, sem realizar endosso algum.

Sinto que pretendeu o MM. Juiz superar toda essa necessidade de provar alegando que Kieppe, ao pôr em discussão a natureza do ato traslativo daquelas CCBS, estava "atendo-se mais à gramática que à boa-fé". É manifesta a legitimidade, em situações normais e diante de fatos perfeitamente esclarecidos, da superação das palavras pelo conteúdo e intenção com que os atos se realizam. Em situações normais! Quando porém a situação ainda é nebulosa e tantos fatos ainda dependiam de prova, é ao menos imprudente abandonar *sic et simpliciter* o significado das palavras e partir por caminhos diferentes daqueles que elas indicam – especialmente quando, como no caso, outros elementos havia a confirmar o sentido literal das palavras. Refiro-me especificamente à notificação endereçada à Kieppe, nos termos do que exige o art. 290 do Código Civil para eficácia da cessão de crédito perante o devedor. Refiro-me também à providência ulterior tomada pelo sr. assistente de liqüidante e consistente em *endossar*. Se endossou depois é porque antes não tinha tido a intenção de endossar, mas de ceder – o que é reconfirmado pela declaração do sr. liqüidante de que estava a ratificar o negócio jurídico anterior.

Vê-se também que o MM. Juiz, sem mais provas e arriscando-se a meros juízos de suposição (que sequer chegam ao grau de *presunção*), partiu das premissas assim assumidas e passou à crítica da conduta da ora consulente, tanto pelo aspecto ético, ao lhe imputar má-fé, quanto pelo econômico, ao afirmar que o conjunto das operações realizadas "não tem qualquer lógica econômica". O mundo dos negócios e das finanças é muito mais complexo do que pensa Sua Excelência e inclui operações que refogem à aparente lógica dos juristas. Também não sou capaz de explicar logicamente, porque também vivo fora desse mundo, aquela tomada de empréstimo ao Banco Santos e a aquisição de debêntures de outra companhia, para com elas pagar o que era devido a este. Mas, aqui como em tantas outras situações inerentes à vida dos negócios e das finanças, é recomendável a todos nós *nec sutor supra crepidam*. Além disso, não havia controvérsia a respeito do negócio jurídico original, pois nenhuma das partes alegou aquela malícia vislumbrada na suposição do MM. Juiz – razão por que é da mais patente impertinência, além de injusta, a dúvida levantada por Sua Excelência acerca da lisura desse negócio estranho à causa.

Nessa situação, dispensar a prova, louvando-se em uma suposta amplitude desmesurada do poder de livre convicção, é ultrajar o direito da parte à prova e, conseqüentemente, a garantia constitucional do *due process*. É também levar longe demais a possibilidade de julgar antecipadamente o mérito, deixando de cumprir o caminho procedimental adequado (audiência preliminar – CPC, art. 331).

§ 3º – MOTIVAÇÃO INSUFICIENTE

493. *a legítima dimensão do dever de motivar*

Com razão, os tribunais brasileiros não são radicalmente exigentes no tocante ao grau de pormenorizações a que deve chegar a motivação da sentença. Afinal, como disse Liebman e tenho a oportunidade de lembrar tantas vezes, "as formas são necessárias, mas o formalismo é uma deformação".[8] Com essa premissa antiformalista, entende-se que se toleram na sentença eventuais omissões de fundamentação no tocante a *pontos colaterais ao litígio*, pontos não-essenciais ou de importância menor, irrelevantes ou de escassa relevância para o julgamento da causa; mas *não se toleram omissões no essencial*. Isso viola princípios, fórmulas e regras de direito positivo atinentes à motivação da sentença, colidindo de frente com a garantia político-democrática do devido processo legal. A sentença não-motivada, ou insuficientemente motivada porque omissa quanto a pontos ou provas essenciais, transpõe os limites da deformalização racional e incide no repúdio assim expresso pelo Mestre Enrico Tullio Liebman, sempre presente nos grandes temas de direito processual:

---

8. *Cfr. Manual de direito processual civil*, n. 117, esp. p. 328 trad.

"uma indulgência exagerada para com a violação das formas deixaria sem eficácia as disposições da lei e ameaçaria a segurança da ordem processual e, conseqüentemente, a regularidade e eficiência no desempenho da função jurisdicional".[9]

É natural, portanto, que sempre se aprecie o cumprimento ou descumprimento do dever de motivar, em cada caso concreto, em face das questões debatidas na instrução da causa e do grau de relevância de cada uma delas. Ainda Liebman: "non sarà necessario che la motivazione si soffermi su tutti i punti discussi dalle parti, ma dovrà dare sufficiente e convincente ragione della conclusione a cui il giudice è pervenuto nella decisione della causa".[10]

Eis a fórmula definitiva.

Dispensam-se minúcias mas exige-se que o essencial seja objeto da motivação. Discorrendo superiormente sobre o *principio della completezza della sentenza*, ensina o conceituadíssimo Michele Taruffo que a motivação dos atos judiciais abrange (a) a interpretação das normas aplicadas, (b) o reconhecimento dos fatos, (c) a qualificação jurídica da *fattispecie* e, finalmente, (d) a declaração das conseqüências jurídicas derivantes da decisão.[11] E chega à remissão, que faz, à necessidade de invariavelmente reportar o exame da inteireza da motivação [*completezza*] ao exame das peculiaridades de cada caso. Diz:

"o parâmetro com base no qual deve ser avaliada a inteireza da motivação é constituído pelas exigências de justificação surgidas em relação à decisão,[12] sendo pois um parâmetro cujo significado varia sensivelmente em cada caso concreto, o que conseqüentemente torna pouco pertinentes eventuais critérios formulados de modo genérico e abstrato".[13]

Postos esses fundamentos e respeitadas aquelas limitações, o dever de motivar é um dos penhores da segurança substancial dos

---

9. *Op. cit.*, n. 117, p. 327.
10. *Cfr. Manuale di diritto processuale civile*, II, n. 270, p. 221.
11. *Cfr. La motivazione della sentenza civile*, cap. VI, n. 5, letra *e*, esp. p. 450.
12. Aquelas exigências transcritas logo acima.
13. *Op. loc. cit.*

litigantes e se projeta como fator restritivo da liberdade de convicção ditada pelo art. 131 do Código de Processo Civil, a qual passa a ser lida como regra do *livre convencimento motivado segundo a prova dos autos*. Essa leitura, harmoniosa com o disposto na Constituição Federal (art. 93, inc. IX), é também um imperativo da redação gramatical do próprio art. 131 do estatuto infraconstitucional ("o juiz apreciará livremente a prova, atendendo aos fatos e circunstâncias constantes dos autos"). No Estado-de-direito, em que o poder se autolimita e seu exercício só se considera legítimo quando fiel a regras procedimentais adequadas (Niklas Luhmann, Elio Fazzalari),[14] é natural que à liberdade de formar seu convencimento no processo corresponda, para o juiz, o dever de motivar suas decisões. A regra do livre convencimento motivado à luz da prova dos autos é inerente ao contexto de legalidade expresso na cláusula *due process* (Const., art. 5º, inc. LIV) e expressa-se na fórmula de equilíbrio fornecida pelo art. 131 do Código de Processo Civil, à qual alude com destaque o monografista José Rogério Cruz e Tucci.[15]

> Esse parece-me ser um ponto de central relevância. As partes têm o direito ao *devido processo legal*, garantido em cláusula constitucional (art. 5º, inc. LIV) e por disposições esparsas em todo o sistema processual, conforme descrito nas leis ordinárias. O direito ao processo inclui direito à prova e direito ao julgamento segundo a prova. "O inconveniente do princípio da livre apreciação, sem limites claros, é o de aumentar enormemente a responsabilidade do juiz, ao mesmo tempo que abre a porta às impressões pessoais, às suas convicções de classe ou políticas, às suas tendências de clã ou de clube" (Pontes de Miranda[16]).

Abrir-se-iam também portas à parcialidade e à desatenção, não fora aquela regra de equilíbrio e não fora, sobretudo, a superior exigência constitucional de motivar todas as decisões judiciais (Const., art. 93, inc. IX). Daí a exigência procedimental da trípli-

---

14. *Cfr.* Dinamarco, *A instrumentalidade do processo*, n. 16, pp. 148 ss.
15. *Cfr. A motivação da sentença no processo civil*, cap. V, n. 2.1, p. 102.
16. *Cfr. Comentários ao Código de Processo Civil* (de 1939), II, nota 1 ao art. 118, esp. p. 231.

ce estrutura da sentença, a qual deve necessariamente incluir, em precedência a seu núcleo dispositivo, o relatório e a motivação (CPC, art. 458, incs. I-II).

494. tornando ainda uma vez ao caso: deficiências na fundamentação

Partindo dessas premissas sistemáticas e constitucionais, com plena aderência ao que vem da melhor doutrina, no exame do presente caso vê-se que faltou o MM. Juízo ao seu dever de motivar adequadamente. Não estou a exacerbar a exigência constitucional ou legal de motivação das decisões judiciárias, mas a propor a leitura do caso à luz daquela que me parece ser a correta dimensão e a *mens* de tal exigência. Quando aponto falhas substanciais na fundamentação que aqui leio, faço-o porque nela vejo pontos *essenciais* omitidos. Reafirmo que não se trata de exigir ao juiz uma esmiuçada análise de pontos secundários, periféricos ou talvez irrelevantes ou de escassa relevância. Refiro-me realmente a pontos essenciais, cujo enfrentamento poderia ser capaz de determinar o teor do julgamento da causa ou de inverter os rumos do julgamento pelo qual optou o MM. Juízo.

Saindo do abstrato e passando ao concreto, indico os pontos de fato e de direito dos quais, segundo minha visão, descurou indevidamente a R. sentença: a) ela nada disse sobre o endosso ou cessão civil de crédito assinada por preposto do sr. liqüidante e não por ele próprio; b) nada, igualmente, sobre ter ou não o próprio liqüidante o poder de endossar títulos ou ceder créditos da massa; c) nada, ainda, sobre a eficácia ou ineficácia de um endosso *póstumo*, realizado após o vencimento dos títulos; d) nada também sobre existência ou inexistência de endosso das CCBS pelo Banco Santos ou por quem quer que fosse (quando esse ponto vinha sendo empenhadamente agitado pela ora consulente, a qual nega que tais endossos houvessem sido feitos); e) e também nada sobre a plena ciência e má-fé daqueles que eram administradores tanto do Banco quanto do Fundo. Resvalando nesse ponto, mas só *resvalando*, sem enfrentá-lo, disse a R. sentença apenas que "os participantes do fundo estão vinculados, exclusivamente, aos termos e condições expressamente previstos nos títulos de crédito a eles transferidos". Não chegou ao ponto de dizer *por quê* eles não estariam adstritos àquela cláusula extracartular quando cientes os seus administradores.

Em um momento o MM. Juiz prolator deu clara demonstração de que *decidia ideologicamente*, pensando em uma mais que legítima tutela aos investidores, mas chegando a esse ponto sem atentar aos fatos da causa e sem ver que, se alguém causou prejuízo a eles, esse *alguém* foi o Banco Santos, e não a autora Kieppe. Se os administradores do Banco, que são os mesmos do Fundo, cedem a este os créditos sabendo (em ambas as qualidades) da existência de uma cláusula de quitação por dação em pagamento, que se responsabilizem os administradores, não a empresa com a qual contrataram. Prestigiemos a boa-fé, não a malícia!

Daí por que, vendo naquela R. sentença tantas e tão graves omissões em pontos essenciais, não vacilo em afirmar sua nulidade por infringência ao dever de *motivar adequadamente*. Foi desconsiderada a exigência constitucional de motivação (Const., art. 93, inc. IX) e ficou-se aquém daquilo que substancialmente exigem os arts. 131 e 458, inc. II, do Código de Processo Civil.

§ 4º – ENTRE O RIGOR CAMBIÁRIO E A EFICÁCIA DE UMA CLÁUSULA EXTRACARTULAR

495. *relembrando pontos relevantes*

Quando emitiu aquelas seis cédulas de crédito bancário a favor do Banco Santos, a ora consulente Kieppe celebrou com este um ajuste extracartular pelo qual a quitação do débito por elas representado se faria mediante a *dação em pagamento* de um lote de debêntures nominativas subordinadas, de emissão de outra companhia (SANVEST). Em dado momento, e *antes do vencimento*, o credor transferiu tais CCBs a um fundo de investimentos que constituía braço operacional dele próprio, gerido pelos mesmos administradores (o Santos Credit Yield Fundo de Investimento Financeiro, que agora litiga na Justiça com Kieppe). A esse ato foi dada pelo Banco e pelo Fundo a qualificação de *cessão de crédito*, e como tal a operação foi por eles tratada, tanto que (a) a declaração de transferência não foi feita no dorso das cártulas, como é natural do endosso (*em dorso*), ato de puro direito cambiário, e (b) o cessionário cuidou de promover a notificação do devedor Kieppe nos termos do disposto no art. 290 do Código Civil. Como se sabe, tal dispositivo é portador da exigência de notificação ao devedor como requisito para a eficácia, perante ele, da cessão de crédito. Em contranotificação, Kieppe informou ao Fundo cessionário que em tempo oportuno honraria a obrigação assumida e, valendo-se do permissivo constante do art. 294 do Código Civil, faria a quitação mediante aquela dação em pagamento pactuada com o Banco cedente. Mais tarde, quando já consumada a cessão civil de crédito, havendo o devedor anunciado a intenção de opor a exceção pessoal de que dispunha perante o cedente (art. 294), por ato do assistente do liqüidante extrajudicial da massa do Banco Santos S.A. foi feito um *endosso* das cártulas ao mesmo cedente, ou seja, ao Fundo. Esse endosso, como me informa a consulente, foi feito mediante carimbo no dorso das cártulas, e quem o assinou foi o ainda assistente do sr. liqüidante, não o próprio titular do *munus* da liqüidação extrajudicial. Mais tarde ainda, e quando já vencidas aquelas obrigações cambiárias, o sr. liqüidante, agora por mão própria, ratificou os endossos feitos pelo auxiliar.

> Por outro lado, não controverteram as partes a respeito do negócio jurídico original, razão pela qual não cabia ao MM. Juízo colocar em dúvida, no âmbito da R. sentença, a lisura ou legitimidade de sua celebração. Esse fato, ademais, ou essa mera suposição do MM. Juiz, era e é de absoluta irrelevância para o deslinde da causa.

Nessa situação é que a ora consulente Kieppe, a meu ver com razão, sustenta a admissibilidade daquela sua exceção pessoal perante o Fundo, (a) porque este é mero cessionário de crédito, não um endossatário, e (b) porque, ainda quando fosse autêntico endossatário, o Fundo tinha pleno conhecimento da cláusula extracartular celebrada entre o Banco e o mutuário Kieppe, não se qualificando pois como endossatário de boa-fé. Essas colocações geram a conveniência de alguma incursão pelo direito cambiário, fazendo-a eu com a plena consciência de não ser especialista na matéria, mas fazendo-a com o objetivo de conferir maior consistência ao que venho de dizer em sede de direito processual.

496. *títulos de crédito, abstração e cartularidade*

Existem sólidas razões históricas e sistemáticas à base do predicado de *abstração* de que se conotam as cambiais. Em uma palavra, pode-se dizer que o substrato da abstração é a *circulabilidade* dos títulos de crédito. É para que possam circular e ser aceitas com elevado grau de confiabilidade que as cártulas corporificam em si próprias o crédito cambiário e afastam qualquer discussão acerca dos fatos e circunstâncias relacionados com a origem nãocambiária desse crédito, ou seja, relacionados com o direito subjacente a ele. Observadas as exigências formais caracterizadas no *rigor cambiário*, esses papéis são aptos a passar de titular a titular, sem riscos para quem os adquire.

"I requisiti della letteralita, dell'astrattezza e dell'autonomia insieme combinati assicurano al titolare del diritto cambiario la massima sicurezza, in quanto la sua posizione è indipendente da quella dei titolari precedenti ed è determinata esclusivamente dal contenuto obiettivo del titolo senza alcun richiamo alla particolare funzione cui questo adempie nella varietà dei casi concreti ed alla ragione dessa sua creazione o trasmissione" (Tullio Ascarelli[17]).

Esse pensamento costuma transparecer em doutrina mediante a clássica afirmação de que *as exceções pessoais do devedor* só podem ser admitidas se e enquanto relativas ao próprio credor. Ou, dizendo de outra maneira: eventuais defesas, créditos, com-

---

17. *Cfr. Cambiale, assegno bancario, titoli di credito*, n. 6, esp. p. 14. Entre nós, v. José Maria Whitaker, *Letra de câmbio*, n. 19, esp. p. 32: "por um acto pessoal e exclusivo – a transferência a um terceiro – tem o possuidor, formalmente legitimado, o poder de torná-lo sempre efficazmente exigível". É o endosso figurando como fator de desligamento entre o título e sua causa subjacente.

pensações *etc.* que o devedor cambiário tenha perante o primitivo beneficiário da cártula não podem ser eficazmente invocadas em face do endossatário (José Maria Whitaker[18]). Essa é uma colocação inerente ao direito material, não ao processual, embora se fale em *exceções* (ou seja, defesas) admissíveis ou não. Dizer que tais defesas só se admitem com tais restrições significa afirmar o *caráter abstrato das cambiais*, que, uma vez emitidas, se despregam do negócio que as gerou e passam a representar, por si próprias, a relação jurídica de crédito e débito existente entre as partes. Whitaker: "a obrigação cambial não é uma obrigação sem causa, é uma obrigação cuja causa é a letra".[19]

A liberação da letra e do crédito em relação à causa e circunstâncias extracartulares sobrevém gradualmente, como adiante procurarei ilustrar (*infra*, n. 497). Aqui, pretendo somente frisar que é a *circulação* do título de crédito, levando-o a terceiro de boa-fé, o fator que determina a consumação do nível mais elevado de seu caráter abstrato – porque o comércio jurídico tem necessidade de conferir ao título o mais absoluto grau de confiabilidade, sob pena de comprometer o próprio sistema ao qual ele serve.

497. a posição do endossatário

Em interessantíssima lição, discorre Tullio Ascarelli sobre o caráter abstrato dos títulos de crédito e as possíveis *exceções* a estes, propondo uma dúplice classificação de ditas defesas. Leva primeiramente em conta as pessoas *pelas quais* as exceções podem ser opostas, para dar a estas a qualificação de *objetivas*[20] e *subjeti-*

---

18. *Op. cit.*, n. 19, esp. p. 33: "contra o credor, porém, elle póde oppôr, si a tiver, qualquer defesa fundada em relação jurídica, de que houver provindo, ou com a qual se tiver modificado a relação cambial".

19. "(...) e que, por isso, da letra exclusivamente depende. As declarações cambiais, em regra, repousam sobre um contracto, mas este contracto fica fóra do titulo e nenhuma influencia directa exerce sobre a obrigação decorrente do titulo" (*op. cit.*, p. 331, nota 29).

20. "As que podem ser opostas por todos os obrigados cambiários (prescindindo-se, portanto, da sua oponibilidade ou inoponibilidade a qualquer possuidor)": *op. cit.*, n. 78, pp. 128-129.

*vas.*²¹ Considera depois as pessoas *às quais* as exceções podem ser opostas. Agora, classifica-as em (a) reais, ou absolutas, e (b) *pessoais* – "conforme possam ser opostas a qualquer portador ou apenas a determinados portadores".²² A segunda dessas classificações é que guarda relação de direta pertinência com a hipótese examinada, onde deparamos com o caso de uma exceção pessoal.

É claro que aqui estamos diante de uma *exceção pessoal*, porque se trata de defesa que obviamente pode ser oposta ao próprio credor originário, livrando-se dela o endossatário somente se estiver de boa-fé e portanto sem conhecimento dos fatos e circunstâncias extracartulares que envolviam o primitivo credor e seu devedor.

> "Il credito cambiario é distinto anche dall'eventuale rapporto fondamentale intercorso tra le parti (traente e trattario, traente e prenditore, prenditore e girante, girante e giratario ecc.); esso rimane distinto dall'obbligo di pagare il prezzo, di restituire il mutuo e via dicendo, per il quale sia stata eventualmente rilasciata la cambiale. Le eccezioni quindi, tratte dal rapporto fondamentale (inesistenza di esso, suoi vizi, suo mancato adempimento ecc.) fanno anche esse capo ad una convenzione extra-cartolare, e costituiscono quindi delle eccezioni personali che non posso venire oposte se non al soggetto del rapporto fondamentale."²³

Como tradicionalmente se diz da cambial, com autoridade e indiscutível acerto, "o direito que a lei atribui a quem a adquire em sua circulação é um direito abstrato, isto é, independente da causa da emissão" (Cesare Vivante²⁴). Frise-se a locução "a quem a adquire em sua circulação". Essas palavras concorrem para, em confirmação do que está logo acima e pelas razões invocadas, reafirmar que o predicado de *abstração*, característico dos títulos de crédito, não lhes é coessencial nem coevo à sua emissão.

---

21. "(...) que remontam aos vícios de um só determinado negócio cambiário (e não do título em si mesmo) e que portanto podem ser opostas somente por um obrigado, a saber, por aquele cujo negócio estiver viciado" (*id., ib.*).
22. *Op. loc. cit.*
23. *Op. loc. cit.*, esp. pp. 138-139.
24. *Cfr. Instituições de direito comercial*, n. 65, esp. p. 117.

Daí a *gradual* obtenção dessa característica, a que antes aludi. *Só se tornam abstratos se e quando adquiridos por terceiro de boa-fé*. O crédito cambiário torna-se, mercê do endosso, imune a exceções fundadas em fatos dos quais não tenha conhecimento o endossatário. Antes do endosso, ou em caso de má-fé do endossatário ou de seu pleno conhecimento das circunstâncias extracartulares, esse crédito é vulnerável a todas as exceções que possa o devedor ter, seja quanto ao título em si mesmo, seja quanto ao crédito nele encarnado.

498. pleno conhecimento pelo Fundo

Parto da premissa de que o Fundo, ora réu e apelado, tinha pleno conhecimento de que entre Kieppe e o Banco Santos havia sido extracartularmente ajustado que a quitação do débito representado pelas cédulas de crédito bancário se faria mediante a dação de debêntures em pagamento – para que, a partir de então, o Banco se tornasse credor da companhia emissora destas, e não mais do emitente daquelas (Kieppe). E assim me coloco porque, conforme dito tantas vezes pela consulente, o Fundo não era mais que um braço operacional do próprio Banco, e ambos se sujeitavam ao mesmo controle e administração. Para minha tranqüilidade e dos srs. Julgadores, pondero ainda que, se alguma dúvida ainda restasse sobre essa confusão de pessoas, ela só não veio a ser melhor dilucidada porque *a própria sentença o impediu*, julgando antecipadamente o mérito das causas (*supra*, n. 492).

Ora, tendo o Fundo esse pleno conhecimento, disso decorre que os títulos lhe foram passados sem a conotação de *abstração*, ou sem desligamento da causa e das circunstâncias que rodearam o negócio entre os participantes iniciais. Reporto-me aqui, em cheio, àquelas respeitadíssimas lições que acima referi, vindas de autores do peso de Vivante, Ascarelli e Whitaker, para dizer que o Fundo só receberia títulos cercados da abstração inerente aos negócios tipicamente cambiários se tivesse agido na mais plena boa-fé e se conhecimento algum tivesse daquela cláusula. Como tinha conhecimento, recebeu *títulos causais e não abstratos*, sujeitando-se àquela exceção pessoal da qual pretende forrar-se.

499. mas houve realmente um endosso?

Digo o que acima está, partindo do pressuposto de que tivesse acontecido um verdadeiro *endosso*. Mas a cadeia de fatos integrantes da história dessas cédulas conduz a entendimento contrário, para isso concorrendo várias razões jurídicas.

A primeira delas é que os créditos foram transferidos por autêntico ato de direito comum, que foi uma cessão de crédito lançada fora das cártulas (e não no dorso) e tratada como tal quando o próprio cessionário promoveu a notificação de Kieppe para satisfação de exigência contida no Código Civil (art. 294). Depois, quando se apercebeu da situação criada, *para proteção do Fundo* (que ao Banco era umbilicalmente ligado) o assistente do sr. liqüidante tratou de formalizar um endosso, mediante carimbos apostos no dorso de cada uma das cártulas. Mas, quando o fez, estava, na realidade, pretendendo transferir *por endosso* créditos que já não pertenciam ao Banco, porque já cedidos um ano antes, conforme expressa declaração do sr. liqüidante. Só se endossam títulos próprios, como é natural, nunca títulos alheios.

Torno, agora, ao *rigor cambiário*, instituído pelo sistema como penhor de segurança nos títulos de crédito. Se o endosso é o único modo de transferência e circulação de tais títulos sem perda de sua condição de *cambiais* e regência pelo direito cambiário, obviamente só tem legitimidade para endossar aquele que for, e *ainda* for titular do crédito a transferir. Mas, no caso, quem pretendeu endossar foi um (suposto) representante do *ex-credor*, não mais de um credor – porque, volto a frisar, o Banco perdera tal condição no momento em que procedeu àquela cessão civil e a tornou eficaz pela notificação. *Factus infectus fieri nequit*, não se pode voltar atrás na História.

Mas também por uma outra razão não podem ser eficazes aqueles endossos – a saber, porque a pessoa que os lançou não tinha poderes para tanto. Remeto-me aqui às ponderações da própria consulente, calcadas na legislação específica e com a conclusão de que o *munus* da liqüidação é personalíssimo e não comporta exercício por prepostos. Não foi neles que o Banco Central do

Brasil depositou confiança e não são eles que respondem perante este por possíveis irregularidades. Aliás, a consulente insiste também na tese de que o próprio liqüidante não teria poderes para endossar, dependendo de uma autorização da entidade reguladora. Deixo de discorrer de modo direto e específico sobre esses temas, que não pertencem à minha especialidade acadêmica, mas posso concluir que, não tendo um deles (o assistente) poder algum de representação e sendo o endosso pelo outro (o liqüidante) dependente de autorização superior, por um motivo ou pelo outro fica completamente fora de cogitação a eficácia dos endossos feitos e também do ato com que ulteriormente vieram a ser ratificados pelo sr. liqüidante os endossos lançados por seu auxiliar.

§ 5º – ANTECIPAÇÃO DA TUTELA RECURSAL E JUÍZO DO MAL MAIOR

500. *a situação concreta e o pedido de antecipação de tutela recursal*

Não-obstante esse quadro de tantas e tão graves irregularidades sentenciais, tenho a segura notícia de que Santos Credit Yield Fundo de Investimento Financeiro já aforou em face da ora consulente Kieppe uma execução por quantia certa contra devedor solvente, lastreada naquelas Ccbs e no endosso que sustenta ter ocorrido. Legitimamente temerosa das drásticas constrições a seu patrimônio que essa execução representa, a consulente endereçou ao sr. Relator da apelação interposta um pedido de antecipação de tutela recursal, com o objetivo central de suspender a execução antes que sobrevenha uma onerosíssima penhora. Pediu também (a) a vedação do protesto das cédulas exeqüendas e (b) a proibição de transferir ditas cédulas, a qualquer título. Tais e outros pedidos endereçados ao sr. Relator pendem de decisão monocrática que está em via de ser proferida, e é nessa situação que estou exarando a presente manifestação.[25]

---

25. Situação existente ao tempo de elaboração do parecer.

501. o mal irreparável
e a probabilidade de provimento do apelo

A antecipação pedida pela ora consulente e regida de modo específico pelo art. 558 do Código de Processo Civil (ao qual se reporta o art. 527, inc. III) é um desdobramento daquele genérico poder de antecipação outorgado ao juiz pelo art. 273, inc. I, e, portanto, rege-se pelas mesmas exigências e define-se segundo os mesmos conceitos desenvolvidos em torno deste. O risco de "lesão grave e de difícil reparação", de que fala o art. 558, é o mesmo pressuposto contido no art. 273, inc. I (*periculum in mora*). A exigência de *ser relevante a fundamentação*, presente no art. 558, equivale à de existência de *prova inequívoca* e conseqüente *verossimilhança da alegação*, de que fala o art. 273, *caput*. Falemos, pois, tanto aqui como nos casos de aplicação dessa regra genérica, dos dois requisitos gerais das medidas urgentes, a saber: do *periculum in mora* e do *fumus boni juris*.

502. periculum in mora

O tema do *periculum in mora* e dos meios de que dispõe o juiz para neutralizá-lo associa-se muito de perto a uma sábia premissa lançada há quase um século por Giuseppe Chiovenda ao dizer que "la necessità di servirsi del processo per ottener ragione non deve tornar a danno di chi ha la ragione".[26] De pouco ou nada serviria ter razão – e, portanto, direito a uma decisão favorável – se durante o tempo de espera fatos graves e desfavoráveis pudessem acontecer, sem que nada pudesse o juiz fazer para evitar sua consumação. De pouco ou nada serviria o esperado provimento da apelação de Kieppe pelo E. Tribunal se antes disso seus bens viessem a ser captados por violentíssima penhora e depois praceados, adjudicados ou arrematados; ou se lhe fossem penhorados, talvez mesmo pelo método *on line*, expressivos recursos financeiros, pela ordem de sessenta milhões de reais. Negar a tutela monocrática em uma situação assim, tão penosa quanto perigosa, seria ao

---

26. *Cfr. Istituzioni di diritto processuale civile*, I, n. 34, esp. p. 147.

mesmo tempo privar a Empresa de recursos indispensáveis a seu giro de negócios e abrir caminho para uma provável irreversibilidade, que a lei proíbe.

Estou, assim, a falar da tempestividade da tutela jurisdicional, ou do *processo em tempo razoável*, que constitui um dos postulados básicos do direito processual constitucional em tempos modernos. Como é do conhecimento dos estudiosos em geral, a explícita promessa de tutela jurisdicional tempestiva ingressou na ordem jurídica brasileira mediante adesão deste país à Convenção Americana de Direitos Humanos (*Pacto de São José da Costa Rica*), onde se consigna que "toda pessoa tem o direito de ser ouvida, com as devidas garantias e *dentro de um prazo razoável*, por um juiz ou tribunal competente, independente e imparcial, estabelecido anteriormente por lei" etc. (art. 8º, n. 1). Aderindo a essa convenção, o Estado brasileiro incorporou essa promessa em seu próprio direito constitucional (Const., art. 5º, § 2º), para depois o próprio texto constitucional assimilá-lo de modo direto ao estatuir que "a todos, no âmbito judicial e administrativo, são assegurados *a razoável duração do processo* e os meios que garantam a celeridade de sua tramitação" (art. 5º, inc. LXXVIII). E, como "o valor que o tempo tem no processo é imenso e em grande parte desconhecido, não constituindo ousadia comparar o tempo a um *inimigo* contra quem o juiz luta sem tréguas" (Carnelutti[27]), segue-se que não só a lei deve oferecer meios, como o juiz deve saber atuá-los de modo eficiente, com vista a neutralizar ou ao menos mitigar os males do tempo-inimigo.

A urgência, nas hipóteses previstas no inc. I do art. 273 do Código de Processo Civil, é a própria razão do antecipar, porque nada justificaria uma decisão tomada com apoio em mera probabilidade resultante de uma cognição incompleta, não fora o risco de permitir que o *tempo-inimigo* solapasse irremediavelmente o direito daquele que o tem o direito a uma tutela jurisdicional mas que teria de esperar muito tempo por ela. Neutralizar os males do tempo-inimigo é, no presente caso, antecipar a tutela recursal,

---

27. *Cfr. Diritto e processo*, n. 232, esp. p. 354.

suspendendo os efeitos da R. sentença liqüidatória até quando a apelação interposta por Kieppe vier a ser objeto da decisão colegiada esperada da douta Câmara.

Essa antecipação, que para a credora não geraria mais que uma espera, terá o valor de livrar a devedora dos terríveis males de uma penhora pesadíssima. Anoto a esse propósito que, desde quando me pus a refletir e vim a escrever em sede doutrinária acerca da antecipação de tutela jurisdicional, havendo ela sido inserida no Código de Processo Civil por uma das leis integrantes da primeira *Reforma do Código de Processo Civil* (art. 273, red. lei n. 8.952, de 13.12.94), empenhei-me na busca de critérios objetivos capazes de reduzir a um mínimo tolerável o grau de subjetivismo judicial no exame dos pedidos de antecipação. Impressionava-me a *desordem* com a qual já vínhamos convivendo em relação a medidas cautelares, que, como venho dizendo, eram concedidas *demais e de menos*; como é do conhecimento de todos que militamos como operadores do sistema processual, ocorrem com alguma freqüência casos surpreendentes em ambos os sentidos, a saber, casos em que são concedidas cautelas quando todos esperavam que fossem negadas e casos de cautelas negadas quando tudo fazia crer que seriam concedidas. Passei, naquela oportunidade, a propor que a aplicação das regras contidas no novo art. 273 do Código de Processo Civil se pautasse por um *dúplice juízo lógico de conotação tão objetiva quanto possível*, falando, então, em um *juízo do mal maior* e em um *juízo do direito mais forte*.[28]

Desses dois *juízos* cuidam os tópicos a seguir.

503. juízo do mal maior

É indispensável, em primeiro lugar, que toda decisão sobre conceder ou negar medidas antecipatórias de tutela se apóie sempre sobre um *juízo do mal maior*. Mais sofreria o demandante, ficando exposto a uma situação desfavorável imposta pela vida,

---

28. *Cfr.* Dinamarco, *A Reforma do Código de Processo Civil*, n. 241, esp. pp. 347-348.

enquanto a sentença final não vier? Ou sofrerá mais o demandado, agora amargando a situação desfavorável instituída pela antecipação de tutela? Eis o drama e o dilema a que o juiz não pode fugir. Compete-lhe, é claro, atribuir o ônus da espera àquele dos litigantes a quem esta for apta a causar o mal menor, não ao que sofreria mais. Esse *necessário equilíbrio* não está explicitado na lei, mas, como dizia o Mestre Liebman, *bisogna saper legere*. Se as medidas urgentes são meios de combate ao tempo-inimigo, a serem manejados quando o juiz sente uma suficiente probabilidade da existência do direito afirmado pelo autor e, ao mesmo tempo, significativo risco de seu perecimento pelo decurso do tempo (Carnelutti[29]), daí decorre a necessidade de serem concedidas sempre que exista um mal a debelar, sem que o mal causado pelo próprio juiz seja maior que o debelado. Daí falar-se *em juízo do mal maior*.

Do mal que Kieppe amargaria em caso de ter de esperar pelo julgamento de sua apelação em colegiado já falei. Nem preciso dizer mais para que todos sintam quanta turbulência ela suportaria em sua vida institucional, com penhora de recursos financeiros e possivelmente de ativos imobilizados, bens imateriais *etc*. Depois, quando provido seu apelo, o Poder Judiciário lhe diria, somente: "desculpe, paciência". Não é isso que se espera do Poder Judiciário, a quem cumpre dar sempre uma tutela jurisdicional capaz de evitar os males irreparáveis trazidos pelo decurso do tempo – ou, como se diz em doutrina, uma tutela jurisdicional *tempestiva*, capaz de evitar a ocorrência de prejuízos como esses.

E que mal suportaria o Fundo? A resposta não é difícil. O mal que a instituição credora suportaria não iria além do chamado *dano marginal do processo*, que é o mal da espera pura e simples, sem a iminência de qualquer acontecimento traumático e lesivo que esteja a ameaçá-la – enquanto que o mal temido pela consulente é daqueles que trariam turbulência financeira a qualquer empresa, com dificílimo retorno à normalidade quando a apelação interposta vier a ser provida. Desse sadio exercício do *juízo do*

---

29. *Cfr. Diritto e processo*, n. 232, p. 354.

mal maior decorre, portanto, a certeza da inexistência de um perigo tão grave a dano do detentor das cártulas e que, por ser grave e injusto, legitimasse a negativa de antecipação tutelar à Kieppe. Segundo a doutrina e a jurisprudência implantada nos tribunais do país, o mero *dano marginal do processo* não constitui fundamento para conceder tutela antecipada nem para negar antecipações ao adversário. Assim disse o C. Superior Tribunal de Justiça:

> "a *simples demora* na solução da demanda não pode, de modo genérico, ser considerada como caracterização da existência de fundado receio de dano irreparável ou de difícil reparação, salvo em situações excepcionalíssimas" (Min. José Delgado).[30]

E acrescento eu, coerente com essa prestigiosa premissa: como em si mesma a espera pura e simples (*dano marginal do processo*) não constitui mal a ser evitado com toda a ênfase pelo Poder Judiciário, porque é inerente às coisas da Justiça, por esse mesmo motivo a necessidade de esperar não pode e não deve servir de fundamento para negar uma antecipação tutelar de imensa relevância para aquele que vem pedi-la. Muito mais sofreria a consulente Kieppe com a negativa da antecipação que o Fundo com sua concessão. Eis o juízo do mal maior, em aplicação ao presente caso concreto.

504. *o fumus boni juris e o juízo do direito mais forte*

Observando as relações interindividuais a partir de um plano metajurídico e tomando em consideração o universo axiológico de uma sociedade, vê-se que ao longo da história do direito sempre houve forte tendência a privilegiar certos direitos em relação a outros, mediante a facilitação das tutelas jurisdicionais relacionadas com eles, porque eles revelam valores socialmente dignos de maior atenção e respeito. Tais são os *direitos mais fortes*, segundo a consciência coletiva das nações e as opções do legislador no

---

[30] STJ, 1ª T., REsp n. 113.368-PR, rel. José Delgado, j. 7.4.97, v.u., *DJU* 19.5.97.

sentido de privilegiá-los. Assim é desde longa data o *direito à posse*, que tradicionalmente recebe uma tutela diferenciada, remontando aos romanos toda a rica construção dos *interditos possessórios*; no direito atual a proteção liminar à posse é concedida mediante simples justificação, com cognição sumária e independentemente de qualquer consideração acerca de um desnecessário *periculum in mora* (CPC, arts. 928 etc.). Assim é o direito aos *alimentos*, que, mercê de sua destinação a preservar a vida, a saúde e a própria dignidade humana, comporta reconhecimento rápido e cercado por judiciosas presunções. Assim também é o direito à moradia, à assistência médica, ao ensino, que constituem objeto de disposições específicas da lei, ou mesmo da Constituição, e de pronunciamentos de cunho até mesmo humanitário da parte dos juízes e tribunais. É notória e difundida a orientação dos tribunais ao concederem sem maiores cuidados medidas urgentes a *aidéticos*, com o comando às entidades securitárias no sentido de autorizar tratamentos médicos ainda quando haja cláusula contratual excluindo a cobertura desse terrível mal; o direito mais forte aí reverenciado é o direito à vida. A expressão "direito mais forte" não é costumeiramente empregada pela doutrina em geral ou pelos tribunais, mas em todos esses casos está sempre presente a idéia de que um direito mais forte e socialmente mais relevante deve prevalecer sobre o que não seja assim tão relevante, ou tão forte.

E tornemos ao caso em exame.

Vejo aqui, de um lado, uma parte batalhando por demonstrar a grande ilicitude de uma sentença que, ao julgar antecipadamente o *meritum causæ*, deixou de lado pontos relevantíssimos cujo conhecimento poderia com muita probabilidade conduzir a resultados diferentes daqueles pelos quais optou o MM. Juízo e, não bastasse isso, decidiu sem que toda a prova pertinente e requerida houvesse sido produzida. Vejo, pois, uma sentença com fundamentação claramente insuficiente, que se choca com um dos pilares da tutela constitucional do processo, que é o dever de motivar. Vejo nítidas violações ao direito de Kieppe à prova, como tratei de demonstrar em tópicos anteriores. Vejo, em síntese, uma litigante que pede e espera da instância superior a prevalência desses seus direitos apoiados em sólidos esteios constitucionais, sendo esses direitos extremamente fortes, suficientemente fortes para superar as pretensões de sua adversária. A ética no processo, o dever de motivar, o direito à prova *etc.* são valores cultivados pela ordem democrática ínsita à tutela constitucional do processo, contando ainda com o apoio dos sadios imperativos hauridos da lógica do razoável.

Por outro lado, vejo o ora apelado querendo apenas executar desde logo, apoiado em um suposto direito prestigiado por um processo assim tão comprometido por eivas legais e constitucionais. Esse não é um direito forte, suficientemente forte para impedir que o Poder Judiciário, prudentemente, o faça esperar mais um pouco, até que, no julgamento sereno a ser proferido pela C. Câmara, conclua afinal onde está o bom e definitivo direito. O único inconveniente que poderia lamentar é o do *dano marginal do processo*, que, como dito aqui e também afirmado superiormente pelo C. Superior Tribunal de Justiça, não constitui motivo para especiais atenções. Concluo este tópico invocando essa sempre lembrada e prestigiosa lição de Piero Calamandrei:

> "entre fazer logo porém mal e fazer bem mas tardiamente, os provimentos cautelares visam, sobretudo, a fazer logo, deixando que o problema do bem e do mal, isto é, da justiça intrínseca do provimento, seja resolvido mais tarde, com a necessária ponderação, nas sossegadas demoras do processo ordinário".[31]

505. *sobre a eficácia abstrata do título executivo*

Não me passa despercebido que a providência urgente aqui pedida por Kieppe aparentemente colide com a eficácia abstrata da qual são em princípio dotados todos os títulos executivos, extrajudiciais inclusive. Disse a propósito o sempre lembrado Enrico Tullio Liebman: "a eficácia abstrata reconhecida ao título é que

---

31. *Cfr. Introduzione allo studio sistematico dei provvedimenti cautelari*, n. 8, esp. p. 20.

explica seu comportamento na execução; aí está o segredo que o torna o instrumento ágil e expedito, capaz de permitir a realização da execução sem depender de qualquer demonstração da existência do crédito".[32] E disse eu também, apoiado na lição do Mestre:

> "diz-se portanto *abstrata* a eficácia executiva dos títulos (Liebman), nesse sistema que consiste em primeiro exercer os atos de constrição para só depois admitir eventual impugnação ao crédito, a ser feita nos embargos que o executado opuser (...); e, se os embargos não forem opostos, a execução prosseguirá até ao fim, com a satisfação do credor, sem que o juiz se pronuncie sobre existir ou não a relação jurídico-material em razão da qual é feita".[33]

Mas tratei de dizer também que "a eficácia abstrata dos títulos executivos não é absoluta". Quando o disse, reportei-me à então necessária suspensão da execução por força da oposição de embargos (art. 739, § 1º, red. antiga) e também à sua extinção, ou redução de seu objeto, em caso de os embargos de mérito serem acolhidos.[34] E o que disse então ainda permanece válido hoje, mesmo diante da excepcionalidade da suspensão executiva pelos embargos opostos e, sempre, diante da perspectiva de serem eles acolhidos.

Ora, aquela ação declaratória incidental promovida por Kieppe destina-se a produzir sobre o crédito ostentado pelo Fundo e sobre os títulos representados pelas CCBS o mesmo efeito que os embargos haveriam de produzir. Tanto quanto eles, tal ação contém o pedido de declaração de que o Fundo se vincula àquela cláusula extracartular de dação em pagamento porque não é endossatário, mas mero cessionário (e porque tinha plena ciência de tudo), sujeitando-se aos efeitos dessa cláusula. Repito e esclareço: como essa *ação declaratória autônoma* tem o mesmo objetivo e é portadora do mesmo pedido que os embargos poderiam conter, ela merece ser tratada, para os fins de suas repercussões sobre a

---
32. *Cfr. Processo de execução*, n. 8, esp. p. 22.
33. *Cfr. Instituições de direito processual civil*, IV, n. 1.442, esp. p. 215.
34. *Op. loc. cit.*

execução agora proposta, como se fosse autênticos embargos. Em trabalho doutrinário consignei que, "modernamente, os juízos e tribunais vão (...) admitindo as demandas autônomas com que o executado pretende, em um processo novo, autônomo e sequer incidente ao executivo, uma *sentença declaratória* da inexistência do direito pelo qual a execução está em curso ou foi realizada, ou mesmo uma sentença desconstitutiva desse direito".[35]

> Na doutrina especializada está o reconhecimento de que a todo tempo é lícita a propositura de ação cognitiva autônoma, "com a finalidade de provar, por exemplo, falsidade de assinatura do título ou vício de consentimento, antes ou depois de ajuizada a ação executiva" (Paulo Henrique dos Santos Lucon[36]).

E assim é que, se aos embargos pode e deve ser agregado o efeito de suspender a execução quando presentes os requisitos da *relevância dos fundamentos* e do *dano de difícil ou incerta reparação* (CPC, art. 739-A, § 1º), assim também tal eficácia pode e deve ser outorgada ao recurso interposto contra uma sentença tão viciada como esta do caso em exame, estando configurado todo aquele perigo sobre o qual já discorri. O que importa, tanto cá como lá, é evitar os danos aqui facilmente previsíveis, com a tranqüilidade de que, ao fazê-lo, estará o sr. Relator decidindo como muito provavelmente decidirá o órgão colegiado competente (a C. 22ª Câmara de Direito Privado). Com essa decisão obsta-se, sim, à eficácia do título executivo; mas isso é feito, como no caso dos próprios embargos, por razões de justiça e de equilíbrio das partes no processo, em harmoniosa interpretação dos reclamos de presteza e de justiça.

506. *urgência urgentíssima*

Estou também consciente de que o ordinário seria aguardar a penhora e, quando opostos os embargos por Kieppe, dar-lhes o efeito suspensivo, com o reconhecimento de estarem presentes os

---

35. *Op. cit.*, n. 1.798, pp. 856-859.
36. *Cfr. Embargos à execução*, n. 117, p. 290.

requisitos do art. 739-A, § 1º, do Código de Processo Civil. Digo que essa seria a solução *ordinária*, porque o ordinário é opor-se o devedor à eficácia do título somente depois de proposta a execução (embargando). O caso em pauta afasta-se, porém, daquilo que ordinariamente acontece, pelo simples fato de antes da execução já haver sido impugnada a eficácia traslativa das CCBS exeqüendas, ou seja, a eficácia tão forte e abstrata quanto a de um endosso. Aguardar a penhora para só depois receber os embargos para processar e outorgar-lhes eficácia suspensiva significaria deixar a parte a descoberto, sujeitando-se a uma constrição judicial extremamente gravosa, apesar da grande probabilidade de êxito da apelação interposta. Reconheço que a antecipação de tutela recursal em caso como este implica um juízo prévio do possível provimento da apelação, mas a prática de juízos dessa ordem é inerente ao próprio sistema de antecipações tutelares como um todo. Como sempre, em situações de tão grave emergência o juiz optará por fazer *logo* aquilo que depois talvez possa fazer melhor, com a consciência de que deixando para fazer só depois, quando já cumpridas as *sossegadas demoras* inerentes ao processo de conhecimento ou aos recursos (Calamandrei – *supra*, nn. 490-491), talvez o que vier a fazer já não possa surtir os efeitos de uma boa tutela jurisdicional.

§ 6º – SÍNTESE DAS CONCLUSÕES

507. sobre o indevido julgamento antecipado do mérito

Procurei, no contexto de um só raciocínio, estabelecer uma relação entre os temas do julgamento antecipado do mérito, livre convencimento do juiz e direito à prova, na reconfirmação de meu arraigado pensamento de que aquele julgamento constitui solução excepcional no sistema, sendo ordinário o encaminhamento do processo ao saneamento. Generalizar julgamentos antecipados é ir além do permissivo muito específico contido no art. 330 do Código de Processo Civil, abrindo portas à denegação do direito das partes à prova e superdimensionando o poder de livre convencimento outorgado ao juiz. A autora havia requerido a produção de provas importantíssimas para a demonstração de fatos relevantes à defesa de seu direito – e tão importantes que a própria C. Câmara, ao cassar uma medida urgente a ele concedida em primeiro grau, externou o pensamento de que tudo só poderia ser mais tarde esclarecido mediante a produção das provas pertinentes. Disse textualmente:

> "os elementos probatórios coligidos no instrumento até o momento não permitem antever, *nos seus estreitos limites*, a existência de indícios emergentes quanto àquela irregularidade, circunstância que, por óbvio, poderá ser melhor examinada após o curso da instrução processual".

E foi nessa situação que, julgando antecipadamente o *meritum causæ* além do que permite o art. 330 do Código de Processo Civil, o MM. Juízo de primeiro grau violou diretamente o direito de Kieppe à produção de provas pertinentes e oportunamente requeridas, descumprindo o dever de realizar a audiência preliminar – cuja realização, aliás, já havia determinado. Não estando atento a essa exigência e àquele direito, descumpriu normas que nas circunstâncias valeriam como proteção ao consulente, sendo, por esse motivo, nula a R. sentença que proferiu.

508. *sobre a insuficiente motivação da R. sentença*

Também por esse motivo, nula é a R. sentença. Foram omitidos diversos pontos essenciais levantados pela autora e ora consulente Kieppe. Como ressaltei no corpo do parecer, "a) ela nada disse sobre o endosso ou cessão civil de crédito, assinada por preposto do sr. liqüidante e não por ele próprio; b) nada, igualmente, sobre ter ou não o próprio liqüidante o poder de endossar títulos ou ceder créditos da massa; c) nada, ainda, sobre a eficácia ou ineficácia de um endosso *póstumo*, realizado após o vencimento dos títulos; d) nada também sobre existência ou inexistência de endosso das CcBS pelo Banco Santos ou por quem quer que fosse (quando esse ponto vinha sendo empenhadamente agitado pela ora consulente, a qual nega que tais endossos houvessem sido feitos); e) e também nada sobre a plena ciência e má-fé daqueles que eram administradores tanto do Banco quanto do Fundo" (*supra*, n. 494). Ressalvei meu apoio à jurisprudência que, evitando acirrar exigências, tolera eventuais omissões em relação a pontos colaterais do litígio, menos importantes ou mesmo sem importância; mas essa postura flexibilizadora encontra limite na necessidade de enfrentar nos fundamentos os *pontos essenciais* – ou seja, pontos que, se fossem considerados, poderiam inverter o teor do julgamento, levando o juiz a optar pela procedência em vez da improcedência, ou vice-versa. Omitir pontos de tanta magnitude é descumprir a exigência constitucional de motivar (Const., art. 93, inc. IV) e, mais uma vez, superdimensionar a liberdade de convencimento autorizada pelo art. 131 do Código de Processo Civil. Como venho dizendo com apoio na boa doutrina, o livre convencimento, ali consignado, é um *livre convencimento motivado à luz dos autos*.

509. *sobre a oponibilidade da cláusula ao cessionário*

Aqui vão algumas conclusões acerca do *meritum causæ*, com a convicção da procedência das demandas propostas por Kieppe. Foi o Banco Santos, com plena concordância e aceitação da parte do Fundo, quem optou por efetuar a transferência das cédulas de crédito bancário pelo modo caracterizado como *cessão de direito*, e não via endosso cartular. Não só foi empregado aquela *nomen juris*, como também a transferência não foi feita por lançamento no dorso das cártulas e além disso, depois de tudo, ainda cuidou o Fundo de promover a notificação da devedora, Kieppe, como exige o art. 290 do Código Civil para a eficácia da cessão de direitos. Depois, quando se aperceberam de que esse modo de transferir direitos deixava o novo titular sujeito às exceções pessoais antes admissíveis contra o cedente (CC, art. 294), pretenderam os administradores das duas instituições financeiras corrigir a situação, mas, por três relevantíssimas razões, não lograram o intento: a) porque o endosso então lançado nas cédulas veio com a assinatura de um assistente do sr. liqüidante da massa liqüidanda do Banco Santos, e não do próprio liqüidante; b) porque o endosso é ato exclusivo do titular dos títulos de crédito, não sendo mais titular aquele que, de um modo ou de outro, já o haja transferido a terceiro; c) porque, sendo o Fundo gerido pelos mesmos administradores do Banco Santos e sujeito ao mesmo comando superior, é fortíssima a presunção, não desmentida por prova alguma, de que tivesse ele pleno conhecimento da cláusula extracartular de quitação daqueles créditos mediante dação em pagamento.

510. *sobre a antecipação da tutela recursal*

A ora consulente está na mira de uma execução forçada que o Fundo já cuidou de instaurar, sendo grande o perigo de lhe ser imposta constrição por um crédito de mais de trinta milhões de reais, talvez mesmo mediante uma desconcertante penhora *on line*. Nenhuma empresa, por mais saudável que seja, suporta uma privação como essa sem danos ao seu giro. Ponderei a esse propósito, aplicando o critério que venho denominando *juízo do mal maior*, que esse mal temido por Kieppe é muito mais grave que aquele do qual poderia queixar-se o Fundo – uma vez que com a concessão da tutela recursal antecipada o mal suportado por este não seria mais que o da espera, qualificado como mero *dano marginal do processo* e afastado pelo C. Superior Tribunal de Justiça como critério válido para decisões referentes à antecipação de tutela.

Título VI
DIREITO TRIBUTÁRIO, EXECUÇÃO E COMPETÊNCIA

XXIX – Conselho de Contribuintes e limites da responsabilidade dos conselheiros. XXX – Depósito judicial de valores em dinheiro. XXXI – Exceção de pré-executividade, embargos do executado, honorários da sucumbência e direito intertemporal. XXXII – Competência internacional e condições da ação meramente declaratória. XXXIII – Previdência complementar, Banco Central e competência da Justiça Federal

XXIX – CONSELHO DE CONTRIBUINTES E LIMITES DA RESPONSABILIDADE DOS CONSELHEIROS[1]

§ 1º – **os antecedentes e a consulta** – 511. uma ação popular, seus fundamentos, seus pedidos – 512. os temas a desenvolver – § 2º – **atos da Administração, definitividade, controle jurisdicional** – 513. alguns pormenores do caso e das decisões do E. Conselho – 514. as alegações do autor popular em relação às decisões que impugna – 515. inafastabilidade do controle jurisdicional – 516. a coisa julgada e a imunidade dos efeitos dos atos administrativos – 517. compromisso com a garantia do devido processo legal – 518. definitividade – 519. declaração de vontade do titular do poder de tributar: sua eficácia jurídico-substancial sobre o crédito – 520. controle jurisdicional limitado – 521. a tendência universalizadora da tutela jurisdicional e algumas legítimas limitações – 522. o controle dos atos administrativos e a separação dos Poderes do Estado – 523. o controle jurisdicional na ação popular e sua limitação – 524. tornando ao caso concreto e concluindo o capítulo – § 3º – **prejudicialidade e decadência** – 525. o autor pede somente a condenação a ressarcir, não a anulação de atos – 526. relações jurídicas dominantes e relações dependentes – pedidos sucessivos – 527. anulação do ato e condenação dos agentes e beneficiários: relação de prejudicialidade – 528. definitividade, decadência, prejudicialidade – 529. nenhum pedido *principal* relativo aos srs. Conselheiros – § 4º – **conclusões pontuais fundamentadas** – 530. a definitividade das decisões do Conselho vincula a Administração – 531. é inadmissível condenar sem anular – 532. decadência do direito à anulação e extinção de supostas obrigações de indenizar – 533. encargos da sucumbência sem sucumbência?

§ 1º – OS ANTECEDENTES E A CONSULTA

511. *uma ação popular, seu fundamentos, seus pedidos*

Sou honrado com esta consulta que me dirige o ilustre dr. Fernando Jacob Filho, no patrocínio judicial dos interesses de prestigioso ex-integrante do Conselho de Contribuintes do Ministério da Fazenda, referentes à ação popular em que figura entre os litis-

---

1. Reprodução de parecer elaborado em outubro de 2004.

consortes passivos, sendo autor José Carlos Monteiro. O autor é um auditor fiscal da Receita Federal aposentado e os réus pessoas físicas eram, ao tempo dos fatos narrados na inicial, conselheiros em exercício no Primeiro Conselho de Contribuintes e na Câmara Superior de Recursos Fiscais, ambos órgãos colegiados integrantes do Conselho de Contribuintes do Ministério da Fazenda. É também ré a União Federal, com o convite a vir ocupar o pólo ativo da relação processual, além de Duratex S.A. – esta, na condição de suposta beneficiária dos atos pelo autor popular apontados como lesivos ao patrimônio público.

Esses atos seriam decisões (a) da Col. Quinta Câmara do Primeiro Conselho de Contribuintes, dando provimento a recursos interpostos pela contribuinte Duratex e (b) da Col. Câmara Superior, que em grau de recurso especial interposto pela União confirmou tal julgamento. Tudo tivera origem em *autos de infração*, nos quais, mediante a imputação de supostos atos de evasão realizados por essa Empresa, eram formalizadas as exigências dos tributos que o sr. auditor fiscal então afirmava serem devidos (IRPJ e PIS). Submetidos de-ofício os lançamentos ao sr. Delegado da Receita Federal em São Paulo, então competente para a primeira instância administrativa, as autuações foram inteiramente mantidas; depois, a Col. Quinta Câmara do Primeiro Conselho deu provimento aos recursos da contribuinte, desconstituindo pois as exigências – no que foi seguida pela Col. Câmara Superior, que negou provimento aos recursos especiais da União. E assim sobreveio a *definitividade administrativa*, que constituirá um dos temas centrais do presente parecer.

É que, inconformado com a solução dos casos na esfera administrativa, o mesmo auditor fiscal da Receita Federal que havia lavrado aqueles autos de infração, sr. José Carlos Monteiro, havendo passado à inatividade, vem agora a juízo na condição de *cidadão* legitimado pela Constituição Federal, com uma ação popular na qual impugna aqueles pronunciamentos do E. Conselho de Contribuintes do Ministério da Fazenda. Sua demanda visa, como no sumário introdutório de sua petição inicial está consignado, a "ressarcir os cofres públicos dos valores que deixaram de ser recolhidos pela pessoa jurídica acima identificada [*Duratex*] correspondentes ao imposto de renda de pessoa jurídica – Irpj – e à contribuição ao programa de integração social – Pis – pelo fato de ter-se ilicitamente beneficiado de ilegais decisões" *etc*. Para tanto, *pede a condenação daquela empresa, e só dela*, "no pagamento da indenização, à União Federal, correspondente aos tributos acima referidos (Irpj e Pis), que deixou de recolher, atualizados até a data do efetivo recolhimento, no montante, na presente data, de R$ 478.589.403,09" (fls. 53, item *e*).[2]

E foi só esse o "petitum".

Anoto a seguir dois pedidos que o autor não fez e cuja ausência será a seu tempo comentada:

> a) não é pedida a *anulação* de ato algum, ou de alguma daquelas decisões. A última delas, proferida pela Col. Câmara Superior de Recursos Fiscais, ocorreu em 27 de novembro de 1990 e a ação popular foi proposta no dia 31 de janeiro de 2004;
>
> b) também não foi pedida qualquer *condenação das pessoas físicas* incluídas na petição inicial. Essas pessoas ali figuram na condição de integrantes dos colegiados responsáveis pelos julgamentos impugnados mas em face delas o único que o autor popular pediu foi sua condenação pelos encargos da sucumbência, juntamente com a empresa contribuinte.

Segundo sou informado, o mesmo auditor fiscal aposentado que aqui figura como autor popular assim também figura em outras ações populares, sempre referentes a atos administrativos que realizara quando em atividade. Estranho!

512. *os temas a desenvolver*

E assim é que, consultado agora pelo ilustre patrono daquele conselheiro que figura no pólo passivo da ação proposta por haver integrado a Col. Câmara Superior no último dos julgamentos combatidos, trato de isolar os pontos *de direito processual* dignos de maior atenção em parecer. Adianto desde logo que não direi

---

2. "Presente data", no texto acima, é a data da propositura daquela ação popular (janeiro de 2004).

uma só palavra sobre os temas tributários suscitados lá e cá, dados os limites de minha especialidade acadêmica e o dever de não ir além da área que me pertence. São os seguintes os pontos que identifiquei e a cujo respeito dispensei quesitos formais:

a) a *definitividade* da decisão do E. Conselho de Contribuintes como fator de vinculação do Poder Público;

b) a *discricionariedade administrativa*, associada a essa definitividade, em confronto com o princípio da inafastabilidade da tutela jurisdicional;

c) a *decadência* do direito à anulação dos atos administrativos;

d) a relação de *prejudicialidade* entre o direito à anulação do ato e o direito dos entes estatais à indenização;

e) a *inépcia da demanda inicial* em relação aos réus pessoas físicas porque quanto a eles só se pediu a condenação pelos encargos da sucumbência, sem qualquer outra providência que os atingisse.

No decorrer do exame de cada um desses riquíssimos temas irei externando minhas conclusões diretamente endereçadas ao caso da consulta, as quais serão ao fim agrupadas em capítulo específico.

§ 2º – ATOS DA ADMINISTRAÇÃO, DEFINITIVIDADE, CONTROLE JURISDICIONAL

513. *alguns pormenores do caso e das decisões do E. Conselho*

A contribuinte envolvida neste caso é uma tradicional empresa brasileira, dedicada há mais de cinqüenta anos à industrialização da madeira e, mais especificamente, à produção de chapas de madeira prensada a partir de troncos de eucalipto. Em certo momento passou a interessar-se também por mercados estrangeiros e foi para isso que, com apoio em lei específica, dispôs-se a gerar uma nova empresa, estruturada como uma *trading company* e, como tal, voltada ao comércio exterior. Mas eis que aquele auditor fiscal da Receita Federal, tomando por premissa a idéia de que a criação dessa *trading* não passaria de um embuste ao fisco, decide por lavrar autos de infração com a exigência de pagamento do imposto de renda e do PIS referentes aos anos de 1983 a 1987.

Impugnadas tais exigências pela contribuinte, foram elas no entanto confirmadas pelo sr. Delegado Regional da Receita Federal, cujas decisões vieram depois a ser reformadas em grau de recurso pela E. Quinta Câmara do Primeiro Conselho de Contribuintes do Ministério da Fazenda, sendo relatora a sra. Conselheira Mariam Seif e restando vencidos dois conselheiros – os quais, por essa razão, não estão incluídos entre os réus da ação popular depois proposta. Recorreu a União Federal dessa decisão à Col. Câmara Superior de Recursos Fiscais, mas seu recurso foi improvido à unanimidade – razão por que o cidadão-autor incluiu em sua demanda todos os integrantes desse colegiado, inclusive aquele que me honra com a presente consulta.

514. *as alegações do autor popular em relação às decisões que impugna*

Veio então a ação popular. Após deter-se sobre o tema de sua própria legitimidade, o autor-cidadão desenvolve em primeiro lugar e com bastante destaque as *razões de direito tributário* pelas quais Duratex S.A. seria devedora daqueles tributos que os dois colegiados entenderam indevidos. Diz que aquela empresa criada pela contribuinte não passaria de um braço exportador dela própria, operando sim como *trading company* mas ocupada exclusivamente com as exportações de sua criadora; passa pelo tema do *planejamento tributário* e o põe sobre o pano-de-fundo da distinção conceitual entre elisão e evasão fiscal; desce a detalhes, invoca jurisprudência, afirma que a criação de Duratex Trading foi apenas uma *simulação* e conclui pela existência do tributo a pagar, estando erradas as decisões administrativas em sentido contrário.

Não alega fraude no julgamento, corrupção ou concussão dos srs. Conselheiros aqui postos na condição de réus ou algum eventual desvio de poder. Aliás, como já consignado, nenhum *petitum* é formulado com relação a esses litisconsortes passivos.[3] Limita-

---

[3]. O autor quer apenas sua condenação pelos honorários da sucumbência e despesas processuais, embora eles não sejam réus em nenhuma das pretensões postas na demanda inicial (*infra*, n. 529).

se ou autor a algumas críticas ao pensamento da sra. Relatora no julgamento pela E. Quinta Câmara e do sr. Relator na Col. Câmara Superior, para concluir que, com os supostos erros que aponta, aquelas RR. decisões seriam nulas nos termos das alíneas *c* e *d* do art. 2º da Lei da Ação Popular, em combinação com os conceitos fixados nas alíneas *c* e *d* do parágrafo desse mesmo artigo. Em suma, tratar-se-ia de nulidade por ilegalidade do objeto e por inexistência de motivos.

515. *inafastabilidade do controle jurisdicional*

Examinam-se a partir de agora os modos como se relacionam e se harmonizam os conceitos e as idéias (a) da *definitividade* das decisões administrativas, caracterizada como uma imunidade de alto grau de certas decisões da Administração a possíveis impugnações, especialmente quando formulados por ela própria, e (b) da garantia constitucional da *inafastabilidade do controle jurisdicional*, responsável pela crescente redução dos conflitos insuscetíveis de jurisdicionalização no Estado-de-direito. Se esta pressiona no sentido de abrir portas para o efetivo *acesso à justiça* em nome da liberdade, da legalidade e da moralidade administrativa, por outro lado o predicado da *definitividade* aponta a uma imunidade conveniente ao correto desenho da equação entre valores inerentes à segurança jurídica e valores associados às necessidades sociais e à efetividade do poder estatal.

Indaga-se por isso, sempre com referência ao caso que me foi trazido, até que ponto prevalecem intangíveis as decisões cobertas pelo predicado da definitividade e a partir de onde a inafastabilidade prevalece e deve impor-se sobre aquela. Como venho dizendo, "constitui um desafio ao processualista moderno, envolvido nas tramas jurídico-constitucionais e metajurídicas que envolvem o sistema do processo, a busca de uma racional e equilibrada linha de legítima limitação entre a área dos conflitos dignos de solução judiciária, em confronto com a daqueles que não devem ser jurisdicionalizados. Existem óbices legítimos à tendência expansionista da tutela jurisdicional, como também existem os ilegítimos.

O juízo dessa legitimidade ou ilegitimidade, ou da medida em que sejam legítimos, será *de ordem* política em alguns casos [*como neste que agora está sob exame*] ou de *caráter técnico-processual* em outros".[4]

516. *a coisa julgada*
e a imunidade dos efeitos dos atos administrativos

Variam os graus de estabilidade das incontáveis espécies de atos jurídicos ocorrentes na vida em sociedade, mas é muito difícil indicar algum deles que jamais fique protegido por algum grau de imunidade, ainda que muito tênue. Mesmo os negócios jurídicos celebrados entre particulares reputam-se resguardados pela força obrigatória dos contratos (CC, arts 427), que impede a resolução unilateral, e, mais do que isso, pela proteção constitucional aos atos jurídicos perfeitos (irretroatividade das leis – Const., art. 5º, inc. XXXVI). Mais rígida é a imunidade dos atos estatais. "O grau mais elevado dessa estabilidade reside na coisa julgada material, autoridade que torna imutáveis os efeitos das decisões tomadas em sede jurisdicional". Em intencional abertura para uma teoria geral do processo com grande abrangência ou envergadura, já afirmei também que "*as decisões administrativas*, que também constituem *provimentos*, não deixam de ficar em alguma medida cobertas pela *preclusão*, ou pelo efeito preclusivo, especialmente após superadas as possibilidades recursais e nos casos em que direitos hajam sido adquiridos".[5]

> Essa idéia da imunização mais intensa ou menos dos efeitos dos atos jurídicos é claramente influenciada pela obra do sociólogo Niklas Luhmann, que refiro com freqüência.[6]

Eis o ponto. Estamos aqui precisamente em busca do grau de imunidade de uma particularíssima categoria de atos adminis-

---

4. *Cfr.* Dinamarco, "Discricionariedade, devido processo legal e controle jurisdicional dos atos administrativos", in *Fundamentos do processo civil moderno*, I, n. 207, esp. pp. 431-432.

5. *Cfr. A instrumentalidade do processo*, n. 12, esp. pp. 109-110.

6. *Legitimação pelo procedimento.*

trativos, que são as decisões proferidas em última instância pelo Conselho de Contribuintes do Ministério da Fazenda *em favor do contribuinte*. Não se trata de coisa julgada, ou mesmo de *coisa julgada administrativa* – e um processualista que se preze jamais iria admitir a existência dessa categoria jurídica em um país de *jurisdição una*, onde não há o contencioso administrativo. A coisa julgada só tem lugar sobre decisões tomadas em sede jurisdicional e se impõe, de modo geral, "todos os que no âmbito do ordenamento jurídico têm institucionalmente o mister de estabelecer, de interpretar ou de aplicar a vontade do Estado" (Liebman).[7] Onde incide a *auctoritas rei judicatæ* já fica por definição excluída qualquer cogitação de um novo controle jurisdicional[8] mas, em relação aos atos administrativos, por mais idôneos que sejam, algum controle por juízes é na maioria dos casos admissível.

E continuamos com o problema. Qual o grau da imunidade conferida pela ordem jurídica àquelas decisões administrativas, ou, inversamente, em quais circunstâncias e qual medida são elas suscetíveis de controle jurisdicional? Para responder a essa indagação, vejamos qual a posição ocupada pelo Conselho de Contribuintes entre os órgãos e organismos da estrutura estatal brasileira e, em seguida, qual o escopo de sua implantação.

517. compromisso com a garantia do devido processo legal

Sem ser um órgão jurisdicional nem integrar os quadrantes do Poder Judiciário, o Conselho de Contribuintes é no entanto uma instituição comprometida com a efetividade da cláusula *due process*, constitucionalmente assegurada (Const., art. 5º, inc. LIV). Ele é o órgão máximo do processo administrativo tributário na órbita federal, de acesso condicionado estritamente à vontade do contribuinte e competente para a busca de uma decisão no âmbito da própria Administração Pública, no sentido de *truncar o processo do lançamento*. "Em senda administrativa o contencioso

---

7. *Cfr.* ainda *Eficácia e autoridade da sentença*, n. 15, esp. p. 51 trad.
8. Ressalvados os casos excepcionalíssimos de relativização da coisa julgada material.

tributário constitui uma *continuação*, ou a *antecipação*, ou ainda a *reabertura do processo de lançamento*, no sentido de que essa discussão é dotada da mesma natureza do processo de lançamento, que fica suspenso até sua decisão final, a qual constituirá o lançamento definitivo" (Cleide Previtalli Cais).[9] Esse Conselho é instituído e mantido pela Administração Pública e, embora composto paritariamente por representantes estatais e não-estatais, *o que ele decide é a Administração quem decide*.

A propósito do *contencioso tributário* brasileiro, que está muito longe de se confundir com o *contentieux administratif* porque este exerce jurisdição e o nosso não, são fartas e uníssonas as manifestações doutrinárias afirmando que ele se resolve em mera *oferta de opção ao contribuinte*. O sistema oferece a este uma oportunidade a mais, ainda no âmbito da Administração, para demonstrar suas razões e assim buscar, sem a necessidade de apelo ao Poder Judiciário, o reconhecimento da inexistência de uma obrigação tributária que haja sido objeto de lançamento, ou da existência por valor menor que o exigido *etc*. Rubens Gomes de Sousa define o contencioso tributário como "a controvérsia entre o contribuinte e o fisco a propósito da existência, características ou montante da obrigação tributária".[10] E foi por isso que, logo acima, consignei que o Conselho de Contribuintes se incorpora à missão de conferir efetividade à garantia constitucional do devido processo legal.

Mas em que consiste o *substantive due process of law*? Ele consiste em um sistema de *limitações ao exercício do poder* pelos agentes estatais, implantadas para operar como um eficiente esteio das liberdades e dos direitos fundamentais. No estudo da conhecida e interessante história da cláusula *due process of law* e sua incorporação ao direito norte-americano segundo a emenda constitucional n. 14, a doutrina refere o julgamento *Mugler v. Kansas*, com a reafirmação da existência de "numerosas limitações ao poder do legislador";[11] diz-se comumente que "due process of law is

---

9. *Cfr. O processo tributário*, n. 8.1.1, esp. p. 264.
10. *Cfr. Compêndio de legislação tributária*, p. 146.
11. *Cfr.*, entre outros, Joseph Bockrath, *Droit constitutionnel*, nn. 99-103, pp. 76-80; Steven H. Gifis, *Law dictionary*, verbete *due process of law*, pp. 149-150.

a concept in U.S. and English jurisprudence that establishes *limits to the powers of government*, specifically against the arbitrary deprivation of life, liberty, or property".[12] Todos reconhecem ser extremamente difícil traçar uma conceituação muito precisa ou definir com clareza e nitidez os contornos do *due process*, mas eis o núcleo fundamental: *limitar o exercício do poder*.

E assim é que, tornando agora ao tema em desenvolvimento, vemos o Conselho de Contribuinte como responsável pela imposição de limites à atividade exatora do fisco. Esse controle é exercido mediante pronunciamentos expedidos após provocação do contribuinte com a finalidade de evitar que se consume em toda sua extensão o procedimento fiscal do lançamento; e fica obstada a produção dos resultados ordinariamente gerados por este, quando concluir o Conselho que o tributo exigido pelas autoridades tributárias seja indevido. Esse é portanto, em substância e em síntese, um autocontrole da Administração, ou, no dizer expressivo de Jellinek, um *controle inter-órgãos*: havendo um agente tributário optado pelo lançamento e com isso dado início ao procedimento administrativo-tributário, na outra ponta desse *iter* vem o Conselho de Contribuintes, como órgão máximo do sistema, e aí sim manifesta a final e definitiva vontade da Administração.

É essa a vontade que, como se debate no presente caso, vem a adquirir o predicado da *definitividade*. Mas em que consiste? Em quais casos se impõe? Quais são seus limites constitucionalmente legítimos?

518. *definitividade*

Definitividade é o grau máximo de imunidade atribuído a certos atos da Administração Pública, que os torna insuscetíveis de revisão por ela própria ou mesmo pelo Poder Judiciário, por iniciativa da Administração. No ensinamento sempre acatado de Rubens Gomes de Sousa, "o fundamento da imutabilidade do ato

---

12. *Grolier Encyclopedia*, Grolier Electronic Publishing, verbete *due process*.

administrativo não é o direito do particular à situação jurídica criada, mas sim *a confusão desse direito com o próprio interesse público na estabilidade das relações jurídicas*"[13] – sendo por isso natural que a Administração fique vinculada a seus próprios atos, máxime quando realizados por um órgão de instância final como é o Conselho de Contribuintes. E, porque assim é, disse o também tributarista Antonio Roberto Sampaio Dória que "a administração pública, após proferir decisão regular e *favorável ao contribuinte*, no sentido da não-incidência de um tributo, *está impedida de revogá-la a seu alvedrio*, fundada exclusivamente em alteração dos critérios interpretativos da legislação".[14]

Mas ainda me falta dizer com clareza e mais precisão qual a diferença, palpável na prática, entre a coisa julgada dos atos jurisdicionais e a definitividade das decisões administrativas. O traço que marca a fundamental distinção entre esses dois conceitos é precisamente a abertura para que estas (as decisões administrativas) possam vir a ser objeto de um pronunciamento por juízes, enquanto que os atos judiciais cobertos pela *auctoritas rei judicatæ* se reputam rigorosamente intocáveis, insuscetíveis de nova apreciação mesmo por juízes (ressalvada a ação rescisória e os excepcionalíssimos casos de legítima relativização da coisa julgada). Mas ainda não está dito tudo. Faltava ainda dizer que *nem todas as decisões administrativas podem ser objeto da censura judiciária* e mesmo as que em princípio podem, em casos concretos nem sempre podem.

As *decisões favoráveis ao cidadão ou ao contribuinte*, gerando para estes um direito subjetivo ou ao menos um interesse legítimo, são menos suscetíveis a essa censura do que as desfavoráveis, pela simples razão de que, para a remoção destas (das desfavoráveis), a Constituição dita superiormente a regra da *inafastabilidade do controle jurisdicion*al, também entendida como garantia constitucional do *acesso à justiça* ou *promessa de tutela jurisdicional* (art.

13. *Cfr.* "A coisa julgada no direito tributário", pp. 73-74.
14. *Cfr.* "Decisão administrativa: efeitos e revogabilidade – coisa julgada: limites objetivos em matéria fiscal", n. 25, esp. p. 58.

5º, inc. XXXV). No caso mais particularizado do contencioso administrativo-tributário perante o Conselho de Contribuinte, seja também lembrado que o acesso a este é simplesmente uma *opção* franqueada pelo Estado-legislador ao contribuinte, entendendo-se obviamente que a escolha desse caminho não pode jamais ser interpretada como suposta renúncia àquela garantia constitucional. O contribuinte que vai ao Conselho está na legítima tentativa de tudo resolver perante a própria Administração, sem necessidade das complicadas incertezas do processo judicial – mas sabe que, em caso de insucesso, a via jurisdicional estará sempre aberta para o exercício de seu constitucional direito de ação.

Obtendo desde logo o que quer, o contribuinte fica a cavalo de uma *situação favorável*, muito parecida com a autoridade da coisa julgada (embora com ela não se confunda) porque a Administração não pode simplesmente ir a juízo em busca de uma decisão que desconstitua aquela proferida por ela própria. A este ponto seja lembrado, como já foi dito, (a) que os Conselhos de Contribuintes têm lugar na estrutura Administrativa do país como órgãos destinados a assegurar a efetividade do *due process* nas atividades administrativo-tributárias do Estado e (b) que sua atividade revisional de atos e decisões dos órgãos encarregados da fiscalização e autuação fiscal é instituída como *uma garantia a mais para o contribuinte*, não para o fisco. Com essas características e diante dessas premissas, os Conselhos e suas decisões são uma arma democrática destinada a definir segundo os princípios do Estado-de-direito a linha de equilíbrio entre *a autoridade do Estado*, legitimante do poder de tributar, e *a liberdade do cidadão*, que é também direito à integridade patrimonial legítima.

> Mas o próprio fisco não fica desamparado no Conselho quando em alguma das Turmas a decisão lhe é contrária: ele dispõe da possibilidade de recorrer à Câmara Superior de Recursos Fiscais, a qual, em caso de decisão sem unanimidade, dará a palavra final e superlativamente idônea do Estado-Administração acerca da exação tributária em discussão. No caso, tal recurso foi interposto e o V. acórdão daquela Col. Câmara é um dos atos que estão sendo questionados pelo autor popular.

519. declaração de vontade do titular do poder de tributar: sua eficácia jurídico-substancial sobre o crédito

Entendo até preferível que se deixe de pensar na definitividade das decisões do E. Conselho de Contribuintes como um fenômeno de direito processual tributário, mas de *direito substancial tributário*. Tornemos àquela precisa indicação de Rubens Gomes de Sousa, referida por Cleide Cais, de que o contencioso tributário se insere no *processus* do lançamento e a decisão final que ali for proferida "consistirá o lançamento definitivo". Haverá o *lançamento* definitivo quando o último julgamento recursal administrativo concluir pela existência de valores a pagar – quer se trate do mesmo valor indicado no ato que dera início ao procedimento fiscal, quer menor. Concluindo porém o Conselho que nada há a ser pago, sua decisão valerá por um cancelamento do ato de lançamento, ou por um não-lançamento; e nessa declaração final e definitiva residirá uma *declaração de vontade* de uma das partes da relação tributária, o Estado, no sentido de *nada pretender* do contribuinte a título dos tributos, multas *etc.* constantes do ato inicial.

O que digo acima conta com apoio na obra do conceituadíssimo Seabra Fagundes, segundo o qual "a Administração manifesta sua vontade através de um órgão, dois ou mais, conforme estabelecer a lei, e a vontade assim expressa se tem como resultante do exame satisfatório da situação considerada. Ora, se, impugnada uma obrigação tributária, diversos órgãos se manifestam e, pela culminação desse processo se apura que há razão do contribuinte ou pretenso contribuinte para negar a existência da obrigação, parece que *é o próprio credor dela, o Estado, que se considera não credor*".[15]

> Essa visão dos julgamentos dos Conselhos como declarações de vontade portadoras de eficácia jurídico-substancial guarda inteira coerência com uma colocação metodológica de crescente prestígio na processualística moderna e entre os mais modernos operadores

---

15. *Cfr.* "A coisa julgada no direito tributário", esp. p. 69.

do direito – consistente em depurar as realidades jurídicas dos excessos processualísticos que as vinham contaminando ao longo de muitas décadas.

Por isso é que, como vou dizendo, nesses casos a *definitividade* é um fenômeno de direito substancial. Se estivéssemos na seara do direito privado, a decisão de nada ser devido poderia ser qualificada como uma renúncia ao direito, ou renúncia à pretensão, que torna o possível credor um não-credor, não mais se admitindo qualquer discussão em torno da existência ou inexistência da relação jurídica. No direito tributário, como ramo do direito público, os conceitos não podem ser assim tão facilmente equiparados aos de direito privado mas o núcleo é sempre o mesmo: o ente tributador, que por um órgão de escalão inferior afirmara a existência de um crédito a receber, veio depois a declarar em caráter final, pela palavra do mais elevado dos órgãos do sistema, que esse crédito inexiste. Ou, em outras palavras: o Estado-fisco acabou por declarar-se *não-credor* por aquele suposto crédito indicado na autuação realizada pelo sr. Auditor. Por isso, Antonio José da Costa chega a dizer que "a decisão administrativa, quando favorável ao contribuinte, aparece como uma das *formas de extinção do crédito tributário*".[16] Pura visão substancialista e não processualista de tais decisões, como também venho preconizando em minha área da atuação.

As coisas passam-se de modo diferente nas decisões jurisdicionais, onde quem afirma ou nega a existência de uma relação jurídica não é um dos sujeitos envolvidos mas o juiz, que é um *terceiro* e decide superiormente. Aqui no contencioso administrativo-tributário, *quem decide é uma das partes envolvidas*. Decide de modo idôneo, mediante regras tipicamente processuais regidas pelo *due process*, mas decide sobre uma relação jurídica própria. Por isso é que, sendo o Conselho de Contribuintes do Ministério da Fazenda um órgão da própria entidade possivelmente credora, que é a União Federal, o que ele decide contra o fisco é o próprio credor decidindo e vale, como disse, por uma declaração da vontade estatal de não receber.

---

16. *Cfr.* "Processo administrativo tributário", p. 270.

Falando de declarações de vontade, são de inteira pertinência as sábias e profundas lições de Francesco Carnelutti em sede de *teoria geral do direito* (não de direito privado, especificamente), nas quais não só analisa a natureza como a diversidade da eficácia que, de espécie para espécie, decorre das declarações juridicamente relevantes.[17] Contratos em geral são desenganadas *declarações de vontade* e não de *mero conhecimento*, mas não só os contratos: também compartilham dessa natureza certos atos do Poder Público, que nada têm de contrato mas expressam a intenção de influir sobre dada relação jurídica posta em controvérsia com o contribuinte. Na linguagem expressiva desse grande Mestre, atos com essa intenção não se destinam a informar o destinatário sobre fatos mas a expressar uma vontade dos declarantes, portadora de eficácia perante o direito – e a esse ponto fala Carnelutti da diferença entre o *far sapere* e o *far fare*, ou seja, da diferença entre a mera declaração de conhecimento, que não passa de uma informação, e a declaração de vontade, que incide sobre uma relação jurídica de interesse do declarante.[18]

520. *controle jurisdicional limitado*

E tornemos a unir os pontos. Quer estejamos realmente diante de uma declaração da vontade estatal de não insistir em uma exação fiscal, quer se trate simplesmente de um ato processual-administrativo sem tal conotação, em qualquer hipótese temos diante dos olhos um espaço de muito pouca vulnerabilidade à censura judiciária, porque a própria garantia da inafastabilidade do controle jurisdicional não pretende ir ao ponto de transgredir certos *landmarks* representados pela separação entre os Poderes do Estado. Existem linhas intransponíveis que o juiz deve observar, sob pena de uma indesejável intromissão nos negócios de outro Poder e ilegítima substituição dos critérios do administrador pelos seus. O princípio da separação reserva certas *áreas de autonomia* a cada um dos Poderes, dentro das quais cada um deles atua soberanamente e sem a interferência dos demais, com a única ressalva da fidelidade à lei e aos superiores mandamentos constitucionais.

17. *Cfr. Teoria generale del diritto*, §§ 145-158, pp. 369 ss.
18. *Op. cit.*, § 150, esp. p. 381.

Estamos chegando ao ponto. Os atos da Administração correspondem ao exercício da autonomia que lhe outorga a Constituição Federal – não sendo ordinariamente sujeitos a controle jurisdicional mas podendo sê-lo quando postos em confronto com a Constituição ou a lei e, particularmente, quando tachados de lesivos a direitos subjetivos de pessoas ou grupos. O juiz não altera nem modifica atos administrativos, nem tem o poder de revogá-los movido por suas escolhas próprias ou por um suposto poder discricionário que lhe permitisse fazê-lo, mas pode *anulá-los* quando ilegais ou inconstitucionais. Posto que vaga, é essa a fórmula do equilíbrio imposto pela ordem jurídico-constitucional. Os atos da Administração Pública não são sujeitos ao controle jurisdicional no tocante ao seu mérito, ou *fundo*, mas podem sê-lo com fundamento na ilegalidade. Levamos aqui em conta três premissas de assento constitucional relevantes para a solução do nosso problema, enunciando-as assim

a) *a garantia do controle jurisdicional* (Const., art. 5º, inc. XXXV) quer que, em princípio, todas as atividades, de todas as pessoas físicas ou jurídicas, de direito privado ou público, sejam suscetíveis de apreciação pelo Poder Judiciário, em nome de um dos pilares da democracia moderna, que é o acesso à justiça;

b) mas *o princípio da separação de Poderes* impõe algum grau de relativização àquela garantia, impedindo em princípio a intromissão dos órgãos de um Poder nos negócios dos demais (art. 2º). Esse é reconhecidamente um *óbice legítimo* à universalidade da jurisdição;

c) por fim, o zelo pela *moralidade administrativa* manda que, em casos de acintosa afronta a esse valor constitucionalmente reconhecido, os atos da Administração fiquem sujeitos à censura do Poder Judiciário (art. 5º, inc. LXXIII c/c art. 37, *caput*).

521. *a tendência universalizadora da tutela jurisdicional e algumas legítimas limitações*

O sistema político-constitucional de oferta do serviço jurisdicional resolve-se no equilíbrio entre uma *fundamental promessa* de absorção de pretensões de pessoas em busca de satisfação e uma *série de limitações* ao exercício do poder de recebê-las, processá-las e eventualmente acolhê-las.[19] A promessa fundamental reside na garantia constitucional da *inafastabilidade da tutela jurisdicional*, de que vamos falando e que em outros tempos era interpretada como mera garantia *da ação* (Const., art. 5º, inc. XXXV).[20] Ela constitui o eixo em torno do qual outras promessas gravitam, no contexto do zelo político-constitucional pela efetividade dos direitos e conseqüente exaltação da condição humana. O próprio direito processual, visto desse prisma político, outra coisa não é senão a instrumentalização jurídica de tais promessas e correspectivas limitações. A técnica processual constitui projeção infraconstitucional destas, com o significado de criar poderes, deveres, ônus, faculdades, sujeições, eficácias – todos eles vinculando juiz e litigantes e, em sua feição moderna, ideologicamente coordenados ao desiderato de universalizar o acesso à justiça.

> Fala-se em *universalização da jurisdição*, para expressar essa tendência expansionista tanto no plano quantitativo, quanto no qualitativo do serviço jurisdicional (sentido horizontal e sentido vertical). Reduzir os resíduos de conflitos não-jurisdicionalizáveis e dar tratamento adequado aos jurisdicionalizados.[21]

Constitui um desafio ao processualista moderno, envolvido nas tramas jurídico-constitucionais e metajurídicas que envolvem o sistema do processo, a busca de uma racional e equilibrada linha de legítima limitação entre a área dos conflitos dignos de solu-

---

19. *Cfr.* Dinamarco, *A instrumentalidade do processo*, n. 9, esp. p. 93, texto e nota 8.
20. Era uma visão introspectiva do sistema processual, sem preocupações por resultados e pelo modo como os institutos se projetam na realidade da vida das pessoas. Kazuo Watanabe atesta a moderna tendência da doutrina a ver naquele dispositivo, simultaneamente, "a garantia do direito de ação e do devido processo legal, princípio do juiz natural e tutela qualificada contra a denegação de justiça" (*Controle jurisdicional e mandado de segurança contra atos judiciais*, n. 12, pp. 28 ss.).
21. Sobre a *universalità della giurisdizione*, mas em outro sentido, falam os internacionalistas: v. esp. Gaetano Morelli, *Diritto processuale civile internazionale*, n. 44, p. 87.

ção judiciária e a daqueles que não devem ser jurisdicionalizados. Existem óbices legítimos à tendência expansionista da tutela jurisdicional, como também existem os ilegítimos. O juízo dessa legitimidade ou ilegitimidade, ou da medida em que sejam legítimos, será de ordem política em alguns casos ou de caráter técnico-processual em outros. Proponho-me agora a tentar o traçado dessa linha divisória, em face do caso concreto e à luz das grandes diretrizes do sistema processual. Para tanto reputo indispensável colocar certas idéias referentes a esse notório óbice legítimo à universalização da jurisdição, que é a separação dos Poderes do Estado, complementada pela independência de cada um.

522. o controle dos atos administrativos e a separação dos Poderes do Estado

Constitui linha evolutiva crescente na experiência dos tribunais brasileiros a gradual invasão da esfera do chamado *mérito do ato administrativo*. Antes prevalecia como dogma absoluto a incensurabilidade dos atos da Administração Pública pelo Judiciário, ao qual seria terminantemente vedado sobrepor o seu próprio juízo valorativo ao juízo discricionário do administrador – ainda quando desse juízo pudesse emanar lesão a interesse das pessoas ou revelasse menoscabo pela lei ou Constituição, com dano ao patrimônio público. O juízo de oportunidade e conveniência, feito por aquele, seria sempre soberano e insondável, de modo absoluto. Tal é o conteúdo universalmente atribuído à Súmula n. 473 do Supremo Tribunal Federal, que expõe os atos administrativos à censura judiciária somente pelo aspecto da legalidade.

Essa rígida imunidade liga-se à idéia da *discricionariedade* outorgada ao Governo e definida como "poder de valoração dos interesses em relação aos quais a ação administrativa deverá ser exercida" (Massimo Tucci);[22] ou "faculdade que a lei confere à Administração para apreciar o caso concreto segundo critérios de oportunidade e conveniência e escolher uma dentre duas ou mais

---

22. Cfr. *Giudice civile e affievolimento del diritto soggettivo*, p. 25.

soluções, todas válidas perante o direito" (Maria Sílvia Zanella di Pietro).[23] Essa idéia teve campo fértil para progredir além dos limites suportáveis nos regimes autoritários do nazi-fascismo, como escudo protetor de arbitrariedades e fator permissivo de desvios insuportáveis de conduta, de lesões ao patrimônio público ou de compressão de direitos subjetivos e interesses legítimos, sem reclamo possível ao Poder Judiciário. "La discrezionalità amministrativa è *figlia del principio della separazione dei poteri e della correlata esigenza di difendere il dispotismo illuminato dell'esecutivo da eccessive ingerenze, principalmente del potere giudiziario*".[24] Eis a aguda explicação do modo como politicamente se buscou a legitimidade desse escudo imunizante.

Com a previsão da ação popular na Constituição Federal brasileira de 1946 (art. 141, § 38), veio sugestiva abertura para alguma aproximação ao exame do *mérito do ato administrativo*. A alusão ao *ato lesivo*, oferecida naquele texto constitucional e nos subseqüentes, em certa medida tem sido capaz de permitir o ingresso do juiz no exame substancial dos atos da Administração, além de franquear-lhe a censura em face do valor definido como *moralidade administrativa*. Essa expressão, hoje incluída no texto constitucional (art. 5º, inc. LXXIII), encerra um *conceito juridicamente indeterminado* e inevitavelmente remete-se à cultura do juiz e ao modo como ele vê o ato impugnado diante dos valores da nação (Barbosa Moreira).[25] Talvez tenha sido a ação popular a grande responsável pela desmitificação do dogma da substancial incensurabilidade absoluta do ato administrativo. Repetem-se os casos em que este é examinado pelo aspecto do abuso ou do desvio de poder, o que permite ao juiz "distinguir mais nitidamente entre legitimidade e mérito dos próprios atos discricionários"

---

23. *Cfr. Da discricionariedade administrativa*, 2, n. 1, esp. p. 67.

24. *Cfr.* Massimo Tucci, *Giudice civile e affievolimento del diritto soggettivo*, p. 23.

25. *Cfr.* "Regras de experiência e conceitos juridicamente indeterminados", n. 1, esp. p. 63: "todos esses conhecimentos, que integram o patrimônio cultural comum da sociedade, atuam no processo na medida em que atuam na mente do juiz".

(ainda, Massimo Tucci).[26] O limite é sempre a independência dos Poderes do Estado.

523. *o controle jurisdicional na ação popular e sua limitação*

Na ação popular o cidadão é erigido em guardião dos interesses comunitários, sendo legitimado a agir em prol da *moralidade administrativa* em seu significado mais amplo e pela defesa do patrimônio comum. O que substancialmente se lê na Constituição, quando menciona *atos lesivos*, é o intuito de permitir que os órgãos do Poder Judiciário, quando acionados por *quisque ex populo* (princípio da iniciativa de parte – CPC, arts. 2º e 262), possam exercer o controle dos atos de outro Poder e mesmo dos atos administrativos dos próprios órgãos judiciários. Tal controle faz parte da fórmula brasileira do equilíbrio entre os Poderes do Estado e não pode, obviamente, avançar além do necessário para dar prevalência àquela conduta de probidade na administração.

Como se vê na boa doutrina brasileira (Cretella Jr.) e faz parte dessa fórmula constitucional, não compete ao Judiciário "examinar sob o aspecto intrínseco os atos administrativos, para declará-los justos ou injustos, oportunos ou inoportunos, convenientes ou inconvenientes (...) *Verificará, apenas, se são legais*".[27] E disse também o clássico Hely Lopes Meirelles: "no nosso sistema de jurisdição judicial única, consagrado pelo preceito constitucional de que não se pode excluir da apreciação do Poder Judiciário qualquer lesão ou ameaça a direito individual (...), a Justiça ordinária tem a faculdade de julgar todo ato de administração, praticado por agente de qualquer dos órgãos ou Poderes de Estado. Sua limitação é apenas quanto ao objeto do controle, que há de ser unicamente a legalidade, sendo-lhe vedado pronunciar-se sobre a *conveniência, oportunidade ou conveniência* do ato em exame, ou seja, sobre o mérito do ato administrativo".[28] Ou ainda,

---

26. *Cfr.* Massimo Tucci, *Giudice civile e affievolimento del diritto soggettivo*, p. 27.
27. *Cfr. Direito administrativo do Brasil*, III, n. 37, p. 97.
28. *Cfr. Direito administrativo brasileiro*, p. 716.

em outros termos: não se pode *substituir as legítimas escolhas do administrador* pelas do juiz nem instituir-se este como revisor das escolhas daquele, as quais obedecem a critérios de oportunidade e conveniência administrativa. Elas só podem ser censuradas judicialmente pelo prisma da inconstitucionalidade ou legalidade e, mediante a ação popular, quando *inequivocamente lesivas*.

Sobre a atuação do Conselho de Estado, que na Bélgica exerce a fiscalização da legalidade dos atos da Administração, foi dito que: "quelle que soit l'ampleur du pouvoir d'investigation du Conseil d'État, son contrôle ne demeure pas moins un contrôle de légalité. Il ne lui appartient pas de *substituer son appréciation de l'opportunité* de la décision critiqué à celle de l'Administration active" (André Mast).[29]

A esse propósito, a experiência dos tribunais mostra que nem se mantém aquela linha expressa na Súmula n. 473 em sua interpretação de algumas décadas atrás nem se chega aos extremos de uma *justiça judicial plena* – expressão de García de Enterría na monografia em cujo título se revela o radical alvitre à plena universalização da tutela jurisdicional em face dos atos do Governo: "La lucha contra las inmunidades del Poder en el derecho administrativo".[30] Mesmo nos Estados Unidos da América, berço das garantias e práticas liberais, permanece a *imunidade do soberano* em certas matérias, informando-se que "congress got into the act by which the federal government waives sovereign immunity as to certain classes of claims and *retains sovereign immunity as to other claims*".[31]

Foi por tudo isso que disse o prestigioso Marcel Waline: "notamment, le recours pour *excès de pouvoir* ne doit pas être un moyen de remettre perpétuellement en cause les situations nées des décisions administratives. *L'Administration a besoin de stabilité*. Il est inadmissible que, pour faire droit à la revendication

---

29. *Cfr. Précis de droit administratif belge*, p. 38.
30. *Cfr.* Eduardo García de Enterría, *La lucha contra las inmunidades del Poder en el derecho administrativo*.
31. *Cfr.* Coughlin Jr., *Everyday law*, p. 409.

légitime d'un particulier, l'on puisse ébranler les situations juridiques qui paraissent acquises par les tiers".[32] E, como venho dizendo eu ao longo do presente parecer, reside na *moralidade administrativa* a chave capaz de abrir as vias judiciárias com vista à censura jurisdicional dos atos da Administração. Estamos em um campo de extrema excepcionalidade, dentro do qual se admite sim a censura do ato administrativo, mas que só se caracteriza em casos acintosos de *excesso de poder*, ou desvio de poder ou de finalidade. Sem o deliberado e doloso intuito de trair a finalidade declarada do ato, não há excesso de poder e não pode haver censura judiciária em casos como este, porque não é lícito provocar uma drástica ruptura do equilíbrio entre os Poderes do Estado. É de inteira pertinência a observação feita por Charles Debbasch quando ressalta os males do controle excessivo, dizendo:

> "uma Administração controlada muito de perto, tendo a sensação de não ser compreendida, corre o risco de optar pela inércia para evitar problemas. *A Administração será então bem controlada mas o país, mal administrado*".[33]

524. tornando ao caso concreto e concluindo o capítulo

Vindo agora do político ao técnico-jurídico, passemos a examinar a demanda proposta pelo autor popular no presente caso e os fundamentos que contém, com vista à verificação de sua conformidade ou desconformidade com as premissas fincadas acima. Vamos, em outras palavras, verificar se os fundamentos postos são daqueles que, em face das já realçadas limitações à censura judiciária dos atos administrativos, comportam apreciação pelo Poder Judiciário ou se eles se confinam no campo de uma rediscussão daquilo que já foi definitivamente decidido pelo E. Conselho de Contribuintes.

Comecemos lembrando a severa advertência da conceituada Maria Sylvia Zanella Di Pietro, a qual, discorrendo sobre o

---

32. *Cfr. Traité élémentaire de droit administratif*, p. 107.
33. *Cfr.* Debbasch-Ricci, *Contentieux administratif*, n. 5, esp. p. 3.

princípio da *razoabilidade*, demonstra que é na manifesta falta de proporcionalidade e adequação entre os fatos e as decisões administrativas que pode residir a causa de nulidade destas. Somente quando o administrador, com seus atos, for *além do razoável*, sendo palpável o desvio, é que o ato comporta censura judiciária.[34] Essa idéia já foi traduzida em palavras minhas quando, neste mesmo parecer, consignei que sem o deliberado e doloso desvio não pode haver censura judiciária, porque o contrário equivaleria a provocar uma drástica ruptura do equilíbrio entre os Poderes do Estado. E quais foram as alegações do autor? Teria ele alegado algum suposto excesso de poder ou desvio de finalidade, cometido com indecoroso dolo pelos srs. Conselheiros?

Nada disso vejo na petição inicial e nos fundamentos que aduz. Sua *causa petendi* limita-se a longas exposições de direito tributário, com o exame de fatos, números, planilhas e contas, sem nada incluir que pudesse enquadrar-se no conceito de *excesso de poder* ou desvio de finalidade. Nada se alega que ingresse no campo minado do irrazoável e do desproporcional, sendo apto a legitimar a pretendida censura judiciária dos atos administrativos impugnados. Percorrendo e lendo com atenção a longa petição inicial, vê-se que o autor popular sustenta o que já fora alegado, discutido e decidido nas instâncias administrativas, inclusive em última instância pela Col. Câmara Superior de Recursos Fiscais, a saber: a) que a criação da Duratex Comercial Exportadora S.A. não teria passado de um *ato simulado* mediante o qual pretendeu sua criadora, a Duratex S.A., auferir vantagens tributárias espúrias; b) que na realidade esse teria sido um expediente destinado à prática de uma suposta *evasão fiscal*, mascarada como mera *elisão* admitida pelo direito; c) que, nessas circunstâncias, deveria ser *desconsiderada a personalidade jurídica* da Empresa criada, para se reputarem feitas pela Empresa-mãe todas as exportações realizadas em nome dessa exportadora de fachada, com a conseqüente incidência tributária sobre Duratex S.A. Tudo isso foi apreciado pela Col. Câmara Superior, que concluiu pela improcedência do alegado e,

34. *Cfr. Da discricionariedade administrativa*, cap. 5, n. 7, pp. 200 ss.

portanto, licitude da conduta dessas duas empresas e inexistência de tributos a recolher. Existe pois, se quisermos aplicar aqui uma expressão corrente em direito processual, uma *eficácia preclusiva* que encouraça aquela decisão do Conselho e o põe a salvo de novos questionamentos.

Em momento algum e nem mesmo na rubrica "das decisões atacadas nesta ação popular", diz o autor-cidadão, ou sequer insinua, que houvessem os srs. Conselheiros agido por corrupção ou dando vazão a algum sentimento pessoal, ou que por algum modo houvessem eles incorrido em prevaricação ou concussão; nem aponta a ocorrência de algum vício ou distorção tão grande e manifesta que qualquer um pudesse a olho nu percebê-la e ninguém de bom-senso fosse capaz de defendê-la, estando-se pois no campo do grotesco ou do desproporcional. Seria preciso, para a caracterização do excesso de poder capaz de conduzir à revisibilidade dos atos em sede judicial, que algo de aberrante ou macroscopicamente distorcido houvesse acontecido, o que porém não foi sequer alegado. Em um contexto de normalidade, meras alegações de eventual *error in judicando* são insuficientes porque "não se pode admitir que a Fazenda Pública exercite um suposto direito à jurisdição contra atos dela própria" (Hugo de Brito Machado).[35] E "não há qualquer senso em que a pessoa jurídica de direito público declarar uma situação de direito e pretender desconstituir judicialmente a sua própria declaração" (Ricardo Mariz de Oliveira).[36]

Diante de tão fortes premissas políticas e técnico-jurídicas, além de sustentado por lições tão significativas e convergentes, concluo firmemente pela inadmissibilidade do controle jurisdicional aqui pretendido pelo autor popular sem sequer haver lançado a mais mínima insinuação de um suposto excesso de poder ou desvio de finalidade. Ele pretende pura e simplesmente utilizar o Poder Judiciário como autêntica *instância de revisão* dos atos administrativos que impugna, o que não se admite.

35. *Cfr.* "Algumas questões de processo administrativo tributário", pp. 154-156.
36. *Cfr.* "Processo administrativo tributário", p. 217.

§ 3º – PREJUDICIALIDADE E DECADÊNCIA

525. o autor pede somente a condenação a ressarcir, não a anulação de atos

Como já foi consignado acima, a demanda posta no processo em exame visa apenas a uma sentença destinada a propiciar aos cofres públicos o ressarcimento "dos valores que deixaram de ser recolhidos pela pessoa jurídica acima identificada [*Duratex*] correspondentes ao imposto de renda de pessoa jurídica – IRPJ – e à contribuição ao programa de integração social – PIS – pelo fato de ter-se ilicitamente beneficiado de ilegais decisões" *etc.* (*supra*, n. 511). Para tanto, o autor pede exclusivamente a condenação dessa empresa (e omite-se por inteiro quanto aos srs. Conselheiros) "no pagamento da indenização, à União Federal, correspondente aos tributos acima referidos (IRPJ e PIS), que deixou de recolher, atualizados até a data do efetivo recolhimento, no montante, na presente data, de R$ 478.589.403,09". Como também já foi dito, ele não só (a) não pede indenização alguma a cargo das pessoas físicas postas no processo como réus, como também (b) não pede a anulação de ato algum, ou de alguma daquelas decisões – e isso é de vital relevância para o que se dirá logo a seguir.

526. relações jurídicas dominantes e relações dependentes – pedidos sucessivos

Como se sabe, a ação popular visa primordialmente à desconstituição de atos *nulos* e concretamente *lesivos* ao patrimônio público. O *anular* ocupa o primeiro posto, quer na motivação política da oferta dessa via democrática de participação do cidadão, quer na própria configuração técnico-jurídica do instituto da ação popular; o *condenar* é um desdobramento. Se não fosse para *anular*, a lei não exigiria a inclusão da pessoa jurídica estatal no pólo passivo nem no ativo dessa relação processual: bastaria citar aqueles sujeitos dos quais se pretendesse a indenização e a exigência constitucional do contraditório estaria satisfeita. Ela o exige justamente porque, tratando-se de desconstituir um ato de autoria da Administração, relacionado com sua esfera de direitos e interesses, não se conceberia que ela pudesse ser atingida sem sua presença e participação no processo. A inclusão dos agentes responsáveis pelo ato e de cada um dos beneficiários deste, todos em litisconsórcio passivo com a Administração, essa sim é uma conseqüência do empenho, manifestado pela lei, na condenação a repor aos cofres públicos aquilo de que houverem sido privados ou despojados. Mas *primeiro se anula para só depois poder responsabilizar*, porque toda responsabilidade civil se associa sempre à prática de um ato que seja contrário ao direito e como tal reconhecido; e, por isso, enquanto o ato administrativo não for desconstituído ele permanece eficaz em todos os sentidos, *presumindo-se conforme à lei* até que o contrário seja formalmente declarado por um juiz (Súmula n. 473-STF).

Estou, como claramente se percebe, conduzindo o discurso ao tema do *cúmulo sucessivo de pedidos* e, indiretamente, ao da *prejudicialidade*. Um pedido é sucessivo a outro quando, no plano do direito material, se apóia na existência de uma relação jurídica que por sua vez dependa da existência de uma outra. Como exemplo emblemático temos a obrigação de prestar alimentos, que é dependente da relação de filiação entre quem os postula e aquele que deverá prestá-los; conseqüentemente, sendo deduzidos os dois pedidos, o de condenação por alimentos é sucessivo ao de declaração de paternidade (ação de investigação). Percebe-se com clareza que uma dessas relações é *dependente* da outra, porque sem que esta exista aquela não pode existir; correlativamente, essa outra é *dominante* em relação àquela, porque sua existência ou inexistência lhe comanda a existência ou inexistência. E assim, do mesmo modo, no plano do direito processual diz-se que um pedido é sucessivo a outro quando para sua procedência é indispensável que também esse outro seja acolhido – sendo impossível acolher o pedido sucessivo, que é *dependente*, quando o primeiro pedido for rejeitado. Fala-se então em um *cúmulo sucessivo*, justamente porque ali se vêem dois pedidos cumulados e caracterizados pela sucessividade nos julgamentos, inerente à prejudicialidade.

"É possível o autor formular um segundo pedido que, em relação ao primeiro, dependa da sua procedência. Convém ressaltar que o autor pede o acolhimento dos dois pedidos; apenas o último, em razão de seu caráter de dependência, decorre do êxito do primeiro. Cuida-se de *cumulação sucessiva.*" São palavras de Araken de Assis, que traz entre seus exemplos precisamente o do cúmulo entre pedido de declaração de paternidade e condenação por alimentos, invocado logo acima.[37]

Ora, em casos assim é possível que a demanda prejudicial seja julgada procedente e a prejudicada improcedente, o que acontecerá quando faltar algum outro requisito para essa tutela jurisdicional. Exemplos: a) o autor é declarado filho do réu, mas aufere rendimentos suficientes e por isso não tem direito a alimentos; b) o contrato é válido mas a prestação postulada pelo autor não é devida porque ele não cumpriu sua contraprestação (CC, art. 475). Poderá também, em alguns casos, ser acolhida a demanda prejudicada (dependente) apesar de julgada *inadmissível* a prejudicial (falta de legítimo interesse à declaração sobre a relação fundamental). Podem também ser ambas acolhidas ou rejeitadas pelo mérito, ou dadas por inadmissíveis. O que não se admite, mercê da relação de prejudicialidade, seria o convívio entre a *improcedência da demanda prejudicial* e a *procedência da prejudicada.*[38] Sempre na lição de Chiovenda, existe relação de prejudicialidade entre dois pedidos ou entre dois capítulos da sentença, "quando um não pode logicamente subsistir se o outro tiver sido negado".[39]

No presente caso pergunta-se: é possível condenar alguém a um ressarcimento, em sede de ação popular, sem também anular os atos dos quais houver participado como agente do Poder Público ou como beneficiário? Poderá a contribuinte, Duratex S.A., ser condenada a esse "ressarcimento", mesmo permanecendo sem anulação os atos que declararam não ser ela devedora? Nada pagará a título de tributos porque permanecem íntegras as decisões

---

37. *Cfr. Cumulação de ações,* n. 75, p. 222.
38. Essas são conhecidíssimas lições de Giuseppe Chiovenda, que acolhi em minhas *Instituições de direito processual civil,* II, n. 473, esp. pp. 172-174.
39. *Cfr. Principii di diritto processuale civile,* § 91, V, esp. p. 1.136.

definitivas do E. Conselho de Contribuintes segundo a qual nada tem a pagar; mas pagará o mesmo valor a título de ressarcimento? E que *definitividade* seria essa?

Pergunto também, adiantando o que um pouco mais adiante será comentado: seria possível condenar o srs. Conselheiros por honorários, custas e demais despesas processuais, sem anular atos dos quais participaram e também sem serem eles condenados ao próprio ressarcimento? Seja uma vez mais lembrado: *o autor popular não pede a condenação dos srs. Conselheiros a ressarcir*.

527. anulação do ato e condenação dos agentes e beneficiários: relação de prejudicialidade

Claramente, o pedido de condenação de agentes públicos e beneficiários a prestar indenização aos cofres públicos é *dependente da ilicitude do ato administrativo impugnado na ação popular*, a qual tem a um só tempo o efeito de pronunciar a nulidade do ato e o de gerar aquela responsabilidade civil. *Não há responsabilidade civil sem ato ilícito*. Por isso, enquanto aquelas RR. decisões do Conselho de Contribuintes permanecerem intactas, sem algum outro pronunciamento estatal que as retire do mundo jurídico, elas prosseguirão eficazes e assim seria até mesmo se contivessem algum vício.

Essa dependência pode ser vista em todos os casos nos quais se apresente uma relação de *prejudicialidade* entre duas pretensões, de modo que o julgamento de uma delas (prejudicial) determinará o teor do julgamento da outra (prejudicada) – como sucede quanto aos juros, que constituem uma obrigação acessória e cuja existência, por isso, fica *a priori* excluída quando o principal não for devido. Uma causa, questão ou ponto é prejudicial quando, no plano lógico e no jurídico, a decisão a seu respeito determina ou limita o modo como será julgada outra causa, questão ou ponto (Menestrina).[40] Há *prejudicialidade lógica* entre duas causas, questões ou pontos quando a *coerência* exige que o pronun-

---

40. Cfr. *La pregiudiciale nel processo civile*.

ciamento sobre um deles seja tomado como precedente para o pronunciamento sobre o outro;[41] e a prejudicialidade torna-se relevante para o direito quando a isso se acresce a *prejudicialidade jurídica*, representada pela igual natureza do juízo relativo a esses dois pontos, questões ou causas.[42-43]

> *Causa, questão e ponto* são três conceitos necessariamente manipulados no trato da prejudicialidade (Francesco Menestrina).[44] Deles, o mais simples é o de *ponto*, conceituado como *fundamento* e caracterizado em cada um dos fundamentos da demanda e da defesa, relevantes para o julgamento. *Questão* é o ponto controvertido, ou seja, o ponto sobre o qual houver sido lançada dúvida por uma das partes – o *ponto controvertido de fato ou de direito*, da notória construção *carneluttiana*.[45] O ponto incontroverso, ou seja, o fundamento trazido por uma das partes e não impugnado, mantém-se como *ponto mesmo* e não se erige em *questão* – com a conseqüência prática de não necessitar de prova (CPC, art. 334, inc. III). *Causa*, nessa linguagem habitual entre os estudiosos da prejudicialidade, é o próprio litígio trazido ao processo por iniciativa do demandante (autor, opoente *etc.*) em busca de uma tutela jurisdicional. Julgar a causa é julgar a demanda.

41. "In logica diconsi prejudiciali questi giudizî che formano il precedente della conclusione finale; e pregiudiciale è pure il raziocinio che il soggetto pensante si ponesse per giungere a loro": Menestrina, *La pregiudiciale nel processo civile*, n. 22, p. 100.
42. "La pregiudicialità giuridica nasce dall'unirsi di un nuovo elemento alla pregiudicialità logica: e il nuovo elemento è l'eguale natura del giudizio pregiudiciale e del finale": Menestrina, *op. cit.*, p. 103. *Cfr.* ainda Barbosa Moreira, *Questões prejudicais e coisa julgada*, n. 32, esp. pp. 51-52; Adroaldo Furtado Fabrício, *Ação declaratória incidental*, n. 29, esp. p. 68.
43. É moeda corrente na doutrina atual a distinção entre prejudicial e *preliminar* porque esta, sim, subordina a própria admissibilidade da decisão de mérito, a qual será negada conforme o modo como se decida aquela. *Cfr*: Barbosa Moreira, *Questões prejudiciais e coisa julgada*, nn. 18-21, pp. 28 ss.; Adroaldo Furtado Fabrício, *Ação declaratória incidental*, n. 28, pp. 64-65.
44. *La pregiudiciale nel processo civile*, nn. 30-31, pp. 139 ss. e n. 35, pp. 153 ss.
45. *Cfr.* Carnelutti, *Istituzioni del processo civile italiano*, n. 13, esp. p. 13; Menestrina, *La pregiudiciale nel processo civile*, nn. 30-31, pp. 137 ss.; Dinamarco, "O conceito de mérito em processo civil", *in Fundamentos do processo civil moderno*, I, n. 155.

Repassados esses tão elegantes quanto elementares conceitos, tornemos ao nosso caso. Se o autor popular tivesse vindo a juízo com dois pedidos cumulados – o de anulação daquelas decisões do Conselho e o de condenação a ressarcir – teríamos no processo um *cúmulo sucessivo* que, pela técnica e pela lógica da prejudicialidade, deveriam ser julgados de modo coerente. E assim (a) se os atos fossem anulados, o pedido de condenação poderia ser julgado procedente ou improcedente, dependendo dos danos efetivamente causados e da participação de cada um, mas (b) se eles não fossem anulados, também as condenações não seriam admissíveis porque a ilicitude dos atos é sempre um requisito para a imposição de qualquer obrigação de indenizar. Assim é a relação de prejudicialidade. Ela impõe, como está na doutrina e foi ressaltado acima, uma *dependência do julgamento da causa prejudicada em relação ao da causa prejudicial*. Relembremos ainda uma vez a clássica lição de Francesco Menestrina, de que "são prejudiciais esses julgamentos que constituem precedente da conclusão final". A anulação daquelas duas decisões do E. Conselho, com o reconhecimento de sua ilicitude, seria um indispensável precedente lógico da decisão sobre o pedido condenatório, sem o qual as condenações não seriam possíveis. Seria indispensável desconstituí-los.

Mas o autor popular não pediu a anulação daqueles atos.

Será que, não a pedindo o autor, essa prejudicial teria ficado neutralizada e, com isso, contornado o problema da dependência prejudicial acima descrito? Qual diferença haveria, para o efeito de admissibilidade da condenação pedida, entre um pedido de anulação rejeitado pelo juiz e a ausência desse pedido? A resposta só pode ser esta: *nenhuma*! Tanto quanto seria no caso de um pedido de anulação julgado improcedente, também quando anulação alguma é pedida o ato criticado permanece íntegro em seus efeitos e não pode ser desconsiderado. Pormenor relevantíssimo: a anulação constitui invariavelmente efeito de uma *sentença constitutiva negativa*, sem a qual o ato permanece sempre íntegro, seja porque a demanda de anulação foi julgada improcedente, seja porque o juiz a reputou inadmissível, seja porque ela jamais foi proposta – e assim é no presente caso.

Imagino um similar na hipótese de uma ação de investigação de paternidade cumulada com pedido de alimentos, sendo julgados improcedentes ambos os pedidos. Depois do trânsito em julgado o autor volta a juízo, propondo uma ação rescisória somente contra o capítulo sentencial referente aos alimentos, cumulando ao juízo rescindendo o rescisório – e portanto pedindo que o tribunal já condene o réu pelos alimentos negados na sentença rescindenda. Essa condenação não seria admissível porque o autor terá diante de si um ato eficaz e intacto, declarando que não existe a paternidade afirmada: como a relação de filiação é um ponto prejudicial em relação à existência do direito aos alimentos e como nada se pediu no sentido de remover a declaração negativa da filiação, uma condenação por alimentos seria nesse caso flagrantemente inadmissível.

No caso presente, o reconhecimento de uma obrigação de indenizar, com a condenação do beneficiário, seria uma mal disfarçada afronta à definitividade da decisão final da Col. Câmara Superior de Recursos Fiscais. Fingir-se-ia um respeito a essa definitividade, não se anularia formalmente ato algum mas *impor-se-ia uma solução diametralmente oposta àquela preconizada pelo Conselho de Contribuintes*, para que então Duratex S.A. pagasse o que ele mandou não pagar. Não se anulariam as decisões mas, pela técnica das declarações *incidenter tantum*, reduzir-se-ia a *nada* a garantia da definitividade.

528. *definitividade, decadência, prejudicialidade*

É possível que o autor popular não haja incluído em seu *petitum* o pleito de anulação das decisões do E. Conselho de Contribuintes, justamente por ter consciência de que o direito potestativo a essa anulação já fora colhido pela decadência muito antes da propositura de sua demanda. Como registrei ao início, aquela última decisão administrativa ocorreu em 27 de novembro de 1990 e a ação popular foi proposta *mais de treze anos depois*, a saber, no dia 31 de janeiro de 2004. Sentindo a dificuldade, o autor invocou em sua petição o disposto no art. 37, § 5º da Constituição Federal, para sustentar a imprescritibilidade da obrigação de ressarcir – mas não sentiu a necessidade de defender também a imprescritibilidade do direito potestativo à anulação dos atos, justamente porque não pediu a anulação de ato algum.

Vejo nisso um artifício.

Em primeiro lugar, tenho por certo que o art. 21 da lei n. 4.717, de 29 de junho de 1965 foi recepcionado pela Constituição Federal de 1988, sem deixas para questionamentos constitucionais a respeito. Não devo alongar-me muito nessa demonstração, dado que o tema dessa recepção foi exaustivamente tratado no precioso parecer com que a profa. Ada Pellegrini Grinover enriqueceu os debates relativos à causa em exame e referiu farta jurisprudência, inclusive do Col. Superior Tribunal de Justiça.[46] Quero concluir, com ela, "que, no caso sob exame, consumou-se a extinção do direito à propositura da ação popular ou, em outros termos, extinguiu-se a pretensão de defesa, por aquela via processual, do patrimônio público, por parte do respectivo autor". O § 5º do art. 37 constitucional alude à prescrição referente a indenizações em geral, sem se aplicar aos casos em que o direito à indenização seja dependente, como aqui, da prévia anulação de um ato administrativo – de modo que, colhido pela decadência qüinqüenal o direito à anulação desse ato, fica indiretamente extinto qualquer direito de natureza patrimonial, sem qualquer conflito ou confronto com aquela disposição superior. Extinto o direito à anulação dos atos do E. Conselho por via judiciária, igualmente extinto ficou o direito ao "ressarcimento" a ser prestado aos cofres federais pela contribuinte ou pelos srs. Conselheiros.

Observo que a jurisprudência não vem distinguindo entre esses dois direitos, para fins de extinção: sempre que falam da prescrição *ex* art. 21 da lei n. 4.717, de 29 de junho de 1965, os tribunais estão a aludir a uma extinção de todos os direitos que se possam defender pela via da ação popular. Não resta espaço, portanto,

---

46. Suas citações jurisprudenciais são estas: "a) REsp n. 185, rel. Armando Rolemberg, j. 27.9.89; b) REsp n. 185, rel. Armando Rolemberg, j. 27.9.89".

para dizer que, embora já não se possa anular o ato (decadência), nada impediria o reconhecimento da obrigação de indenizar e a condenação dos participantes do ato. Além disso, e agora sim nos termos do que venho de dizer, não haveria como manter intactas as decisões do E. Conselho de Contribuintes em razão de sua definitividade e da decadência do direito a desconstituí-la, mas impor aos participantes as conseqüências de uma suposta nulidade já insuscetível de ser cominada pelo Poder Judiciário. *Todo ato jurídico tem no mundo dos direitos o valor que tiverem os efeitos que ele for capaz de produzir*, sendo falaciosa uma distinção como essa, consistente em dizer que não se anula o ato mas impõem-se os efeitos que ele de modo expresso excluiu. Além disso, como também já cuidei de pôr em muito destaque, o autor não pediu a anulação das decisões do E. Conselho, o que significa que, elas permanecendo íntegras, íntegra também deve permanecer sua eficácia de declarar indevidos os valores que o fisco vinha exigindo. Não os pagarão os srs. Conselheiros e não os pagará Duratex S.A. – quer a título de débito tributário, quer de ressarcimento.

529. nenhum pedido principal *relativo aos srs. Conselheiros*

Esse ponto chega a ser curioso, bastante curioso.

Além de pedir a condenação de Duratex S.A. a *ressarcir*, sem pedir também a anulação dos atos supostamente causadores do dano, o autor popular comete ainda um equívoco que me parece difícil de entender: pede a condenação dos srs. Conselheiros por despesas processuais e honorários da sucumbência, sem nenhum outro pedido haver formulado em relação a eles. Explico-me. Nenhuma anulação foi pedida, e quanto a isso já fui bastante explícito. Pediu-se, sim, uma condenação a "ressarcir", mas exclusivamente a cargo de Duratex S.A. e *não de qualquer dos srs. Conselheiros*. Daí, pergunto: em qual demanda eles poderiam sucumbir e por isso pagar *verbas da sucumbência*, se não são réus em demanda alguma? Confesso que jamais imaginei que um dia pudesse ter diante dos olhos um caso assim – um sujeito envolvido como réu em um processo, exclusivamente para pagar custas e honorários. Confesso também que tive até dificuldade para bem compreender o pedido feito e, talvez mais ainda, para expor em um raciocínio organizado o absurdo dessa surpreendente situação. Mas tentarei, pedindo desculpas aos qualificados leitores pelas coisas elementares que sou obrigado a dizer e sem as quais não seria capaz de compor meu raciocínio.

Aquele que postula em juízo sem ter razão, sucumbindo porque sua demanda foi julgada improcedente, ou aquele que por sua conduta põe o credor na necessidade de valer-se do processo para obter algum resultado a que tinha direito, com isso estão *causando a quem tinha razão uma despesa* e por ela deve responder. Se eu tinha direito a um certo resultado e aquele sujeito me impediu de obtê-lo quando devia haver-me proporcionado o que eu queria, é natural que ele responda pelas despesas que sua conduta me obrigou a desembolsar para a realização de um processo. É esse o fundamento substancial e o substrato ético do direito do vencedor aos honorários. Ainda uma vez invoco o magistério do Mestre Enrico Tullio Liebman:

> "como seria injusto onerar o vencedor com as despesas que foram necessárias para obter o reconhecimento de seu direito, elas deverão recair sobre o sucumbente: *victus victori*. O fundamento dessa obrigação não deve ser procurado na culpa, pois não constitui culpa sustentar de boa-fé a existência de um direito, perante a autoridade judiciária, mesmo que se verifique *a posteriori* que a pretensão era improcedente. O que vale é o *fato objetivo da sucumbência*. De um lado, o vencedor deve obter a satisfação de seu direito, se possível íntegro e não diminuído pelas despesas da causa; de outro, aquele que sucumbe demonstra com isso que causou uma lide sem razão, ou por ter proposto uma demanda improcedente ou por ter resistido a uma demanda que por sua vez era procedente. É lógico, pois, que a lei o faça suportar as despesas de todas as partes, isto é, tanto as suas como as que o vencedor houver desembolsado".[47]

Invoco ainda a clássica lição de Chiovenda, substancialmente coincidente: "o processo, como meio para a atuação da vontade da lei que garante a alguém um bem, precisa conduzir ao reconheci-

---

47. Cfr. *Manual de direito processual civil*, I, n. 62, pp. 171-172 trad.

mento desse bem na maior integridade possível. O direito, como já observei a propósito da doutrina romana, deve ser reconhecido como se o fosse ao momento da propositura da demanda, ou seja, do ataque: tudo que foi necessário para seu reconhecimento concorreu para diminuí-lo e deve ser restituído ao titular do direito, de modo que ele não sofra prejuízo com o processo".[48] Rematando, pontifica o Mestre: "a condenação pelas despesas é a conseqüência necessária da necessidade do processo".[49]

Ora, quem sucumbe é uma das partes e sempre em relação a um determinado pedido, ou a dois, ou a diversos pedidos. Sucumbe o autor que houver feito um pedido e o juiz lhe responder que ele não tinha direito ao que pedia; sucumbe o réu quando o juiz julgar procedente o pedido feito em face dele pelo autor. E qual pedido fez o autor-cidadão em relação aos srs. Conselheiros? *Literalmente, nenhum.*

Em qual pedido poderiam eles sucumbir, se nenhum pedido foi deduzido em face deles? *Em nenhum.*

Ainda que em absurda hipótese pudesse o autor ter razão quanto às alegações feitas na petição inicial e sua demanda fosse julgada procedente, essa procedência limitar-se-ia à condenação de outro sujeito a indenizar, ou seja, condenação da Duratex e não dos srs. Conselheiros – porque em relação a eles indenização alguma foi pedida. E, se eles não podem ser condenados, não sucumbem. Não sucumbindo, jamais poderiam ser condenados pelas conseqüências financeiras... *da sucumbência.*

§ 4º – CONCLUSÕES PONTUAIS FUNDAMENTADAS

530. *a definitividade das decisões do Conselho vincula a Administração*

A *definitividade* é o tema central, a cujo respeito fui consultado de modo mais direto. Respondi, em primeiro lugar, que esse

---

48. *Cfr. La condanna nelle spese giudiziali*, n. 172, esp. p. 175.
49. *Ib.*, p. 176.

predicado de certos atos administrativos é a expressão de um fenômeno de maior amplitude, a que Niklas Luhmann alude como *imunização*, ou *recrudescimento* dos atos jurídicos em geral e que varia de intensidade de ato para ato. O grau máximo de imunização possível é a coisa julgada material, a qual somente incide sobre decisões jurisdicionais de mérito, não havendo lugar para ela em sede administrativa porque todos os atos administrativos, ainda quando protegidos pela definitividade, são em princípio suscetíveis de alguma apreciação judicial. Mas a definitividade das decisões do Conselho de Contribuintes do Ministério da Fazenda, *quando favoráveis ao contribuinte*, representa o mais elevado grau possível de imunidade concebível em um ato administrativo, porque esse é o órgão encarregado de dizer a última e mais elevada palavra do Estado no tocante à concreta incidência de tributos. Ao decidir sobre a inexistência de um dado crédito fiscal, o Conselho está, talvez até em contrariedade com declarações feitas em nível menos elevado da hierarquia tributária (como aconteceu no caso examinado), prestando em nome do Estado uma solene *declaração de vontade no sentido de não ser credor e não pretender o tributo*.

A rígida imunidade dessas decisões a possíveis controles judiciários apóia-se, (a) de um lado, na criação de um ativo na esfera de direitos do contribuinte, que é a *certeza de não dever* (ou: direito subjetivo a não ser obrigado a pagar) e (b) de outro, na necessária estabilidade em suas relações, que a Administração não pode dispensar (*L'Administration a besoin de stabilité*: Marcel Waline – *supra*, n. 523). Eis os dois componentes da fórmula da definitividade: o direito subjetivo do contribuinte e a estabilidade da Administração, a que alude Rubens Gomes de Sousa ao dizer que "o fundamento da imutabilidade do ato administrativo não é o direito do particular à situação jurídica criada, mas sim *a confusão desse direito com o próprio interesse público na estabilidade das relações jurídicas*" (*supra*, n. 518).

Não fora assim, esse Conselho seria uma inutilidade porque (a) se decide contra o contribuinte, este terá sempre o direito a um julgamento pelo Poder Judiciário, pois tal é o objeto da solene promessa de *controle jurisdicional*, contida no art. 5º, inc. XXXV da Constituição e (b) se também as decisões proferidas a favor do contribuinte pudessem ser levadas pelo fisco ao julgamento pelos juízes, melhor seria mandar que viesse ele diretamente ao Poder Judiciário sempre que alguma exigência fiscal lhe fosse endereçada por qualquer agente, sem perder tempo indo a esse órgão insípido e inodoro. Se fosse assim, disse em apreciado voto o sr. Min. Humberto Gomes de Barros,

> "seria melhor *desconstituir ou extinguir completamente os conselhos de contribuintes*, que são órgãos parajudiciais, que atuam dentro de um procedimento e custam caro. *Se tais decisões não valem nada*, se podem ser desconstituídas, melhor se entregar ao Fisco".[50]

531. é inadmissível condenar sem anular

O núcleo de toda ação popular, que constitui projeção dos próprios motivos de ordem política responsáveis pela implantação dessa via processual na ordem constitucional brasileira, é a *anulação de atos lesivos*. Seria distorcivo converter a ação popular em mera ação de ressarcimento, permitindo que se deixassem íntegros os atos impugnados pelo autor e sendo este admitido em juízo somente com uma pretensão de conteúdo pecuniário a cargo de agentes públicos ou beneficiários do ato administrativo. A legitimidade ativa extraordinária de que a Constituição Federal municia todo cidadão ativo visa em primeiro lugar à *remoção do ato inconveniente*, para que não produza efeitos no futuro, para que cessem os presentes ou para que possam ser cancelados ou neutralizados os que no passado houver produzido. Só em segundo plano e para cumprir essa missão de cancelar ou neutralizar efeitos pretéritos é que a ação popular se abre no sentido do pedido de condenação a reparar danos. Pelo aspecto da técnica jurídica, o direito potestativo a provocar a anulação do ato nulo é condicionante do direito a obter a condenação a ressarcir, ou seja: existe

---

50. *Cfr.* STJ, 1ª Seção, MS n. 8.810, j. 13.8.03, v.u., *DJU* 6.10.03, p. 197.

uma *relação de dependência* desse segundo direito em relação ao primeiro, o qual por isso se diz *dominante*. Por isso, enquanto não houver uma decisão judicial (no mesmo processo ou em outro, não importa) reconhecendo a nulidade do ato e desconstituindo-o, o ato permanece e seus efeitos também, *porque seria uma ilusão* pensar na permanência de um ato sem que seus efeitos permanecessem; todo ato vale pelos efeitos que tem e, quando retirados seus efeitos, na prática isso equivaleria rigorosamente à anulação do ato.

Mas, aqui, o autor popular não pediu a anulação ou desconstituição de ato algum, senão apenas a condenação a "ressarcir". Mas ressarcir de que, se aquelas decisões do E. Conselho de Contribuintes são impenetráveis ao controle jurisdicional e sequer foi pedida sua anulação? Como não se pode conceber uma *indenização sem a prática de um ato ilícito* e como todo ato administrativo se presume lícito enquanto não for anulado (Súmula n. 473-STF), cai no vazio e se mostra totalmente inadmissível a pretensão, formulada pelo autor-cidadão, a obter as condenações pecuniárias que indica. Tenho a impressão de que seu comportamento é somente o de um auditor fiscal inconformado com a rejeição de lançamentos que quando em atividade fizera, valendo-se ele da ação popular, agora que passou à inatividade, para dar continuação àquelas suas próprias iniciativas. Qual seria seu real objetivo?

Sou propenso a sustentar que a situação existente é de *carência de ação por impossibilidade jurídica da demanda*, uma vez que já em tese e sem a necessidade do exame de mais precisos elementos sobre a constituição da suposta obrigação de indenizar, já se positiva a repulsa do direito a essa pretensão. Sem descer a pormenores conceituais, quero apenas lembrar, com Liebman, que a impossibilidade jurídica se resolve na *inadmissibilidade, em abstrato, do provimento desejado*[51] – acrescentando agora que sequer em abstrato se pode chegar ao provimento condenatório pedido por esse autor popular sem a desconstituição das decisões administrativas intatacadas. Mas, reconhecendo que a própria categoria jurídico-processual *impossibilidade jurídica* é extremamente controvertida

51. *Cfr:* "L'azione nella teoria del diritto processuale civile".

em doutrina, esclareço que, para quem não a aceita, o caso será de claríssima *improcedência do pedido de condenação.*

532. decadência do direito à anulação e extinção de supostas obrigações de indenizar

Ficou também demonstrado que o direito à desconstituição daquelas decisões do Conselho de Contribuintes pela via da ação popular está extinto por claríssima decadência uma vez que a demanda do cidadão foi ajuizada mais de treze anos após aqueles atos (LAP, art. 21). Tal constatação poderia parecer inócua para os fins do presente parecer, uma vez que outras duas fortes razões convergem no sentido de excluir radicalmente a possibilidade de tal anulação, a principiar pela ausência total de um específico *petitum* a respeito e passando pela demonstrada imunidade daquelas RR. decisões ao controle jurisdicional (*definitividade*). Mas ela na realidade não é inócua como poderia parecer, porque a decadência daquele direito potestativo tem por direta conseqüência a extinção, também, de qualquer direito de conteúdo indenizatório, como esse sustentado pelo autor popular. Repito: seria uma ridícula farsa dizer que a decisão em si não fica abalada nem poderia ficar, mas que ao mesmo tempo são devidos os tributos que mediante elas o E. Conselho de Contribuintes declarara serem indevidos.

533. encargos da sucumbência sem sucumbência?

Por duas autônomas e suficientes razões objetivas, que não deixam margem alguma a qualquer interpretação subjetiva, é rigorosamente inadmissível qualquer condenação dos srs. Conselheiros integrantes do E. Conselho de Contribuintes incluídos no processo em exame.

Primeiro fundamento. A condenação dos srs. Conselheiros a ressarcir não foi pedida e, obviamente, incluir em condenação com esse conteúdo aqueles em relação aos quais ela não foi pedida seria uma acintosa afronta ao disposto no art. 128 do Código de Processo Civil. Se toda demanda só pode ser julgada nos limites subjetivos e objetivos com que houver sido proposta, dar à sentença uma dimensão subjetiva maior seria desobediência a essa disposição infraconstitucional e, mais grave ainda, às superiores garantias constitucionais do contraditório e do *due process* (Const., art. 5º, incs. LIV e LV).

Segundo fundamento. Como os srs. Conselheiros não foram incluídos no pedido de condenação a ressarcir (o qual tem no pólo passivo exclusivamente a contribuinte), não podendo eles sucumbir onde não foram partes, impossível será também condená-los por uma suposta e imaginária sucumbência. O art. 20 do Código de Processo Civil manda que o *vencido* seja condenado por despesas e honorários, mas obviamente não se reputa *vencido* aquele que a nada foi condenado porque em relação a ele nada foi pedido. Além disso, é *inepto por falta de causa de pedir* um pedido de condenação pelos encargos do processo, quando incluídos em uma petição inicial sem qualquer associação a um pedido principal no qual o autor espera que seu adversário sucumba (art. 295, par., inc. I).

XXX – DEPÓSITO JUDICIAL DE VALORES EM DINHEIRO[1]

534. um procedimento administrativo pendente perante o Col. Conselho Nacional de Justiça – 535. o tema e a sede jurídico-positiva da questão – 536. a consulta, os temas e a estrutura do parecer – 537. execução por quantia, penhora e depósito – premissas conceituais básicas – 538. a escolha do depositário – critério central e regras ordinárias – 539. a *mens legis* – 540. o Banco do Brasil de ontem e o de hoje: de um agente estatal a uma autêntica instituição financeira – 541. uma sociedade de economia mista – 542. a Caixa Econômica Federal: uma empresa pública também inserida no mercado financeiro – 543. concorrência em busca de lucro – o lucro das instituições financeiras com os depósitos judiciais – 544. o falso mito da idoneidade maior – 545. tornando ao art. 666 do Código de Processo Civil e à sua inserção no contexto institucional de ontem e de hoje – 546. a competitividade: princípio básico das licitações – 547. aparente inconstitucionalidade do art. 666, inc. I, em sua cômoda leitura literal – 548. interpretação conforme à Constituição Federal – abordagem geral – 549. interpretação: abordagem geral e interpretação sistemática – 550. conclusão: a interpretação proposta – significado contextual do advérbio *preferencialmente* – 551. tornando à técnica processual: depositários idôneos e suficientemente confiáveis

534. um procedimento administrativo pendente perante o Col. Conselho Nacional de Justiça

Pende perante o Col. Conselho Nacional de Justiça um *procedimento de controle administrativo* instaurado por iniciativa do Banco do Brasil S.A. com vista à censura de um importante ato administrativo do E. Tribunal de Justiça do Estado do Rio de Janeiro, referente a depósitos judiciais de valores em dinheiro. Esse ato é o resultado de uma licitação realizada pela modalidade *convite*, havendo diversas instituições financeiras sido convidadas a formular propostas para o ajuste de uma "parceria por meio de convênio, visando à captação e administração dos depósitos judiciais da Justiça Comum no Estado". Ao fim desse certame

[1]. Reprodução de parecer elaborado em maio de 1988.

foi sagrada vencedora a instituição Banco Bradesco S.A., à qual veio a ser adjudicado o direito a celebrar tal convênio "para a administração exclusiva dos depósitos judiciais no Estado". No seio do Col. Conselho Nacional de Justiça foi liminarmente concedida liminar mediante decisão monocrática do sr. Relator (cons. Altino Pedrozo dos Santos), para o fim (a) de suspender o processo de contratação da instituição vitoriosa e (b) de determinar que o requerente prossiga responsável pelo "recebimento e depósito de tais depósitos, até o pronunciamento final deste Conselho Nacional de Justiça". Essa medida liminar foi submetida ao E. Plenário, que a confirmou, aguardando-se ainda a decisão final sobre o mérito da representação deduzida pelo Banco do Brasil.[2]

535. *o tema e a sede jurídico-positiva da questão*

Descontados todos os pormenores e circunstâncias do caso, substancialmente o tema posto relaciona-se com o disposto no art. 666, inc. I, do Código de Processo Civil, o qual, dando curso a uma linha que vem do passado, outorga preferência às instituições ditas *oficiais* para a captação e depósito de valores pecuniários colocados à disposição dos órgãos judiciários. Segundo tal dispositivo,

> "os bens penhorados serão preferencialmente depositados: I – no Banco do Brasil, na Caixa Econômica Federal ou em um banco de que o Estado-Membro da União possua mais de metade do capital social integralizado (...) as quantias em dinheiro, as pedras e os metais preciosos, bem como os papéis de crédito".

O advérbio *preferencialmente*, ausente na redação original do art. 666 do Código de Processo Civil, foi ali inserido por lei posterior (lei n. 11.382, de 6.12.06) e é de vital importância para o exa-

---

[2]. Situação existente quando o parecer foi elaborado. Tenho notícia de que, decidindo em sentido contrário ao alvitre aqui formulado, o E. Conselho Nacional de Justiça acolheu essa representação em decisão definitiva, mantendo pois a liminar. Mesmo assim animo-me a publicar este escrito, dada minha forte convicção no sentido da idéia sustentada.

me do tema aqui proposto. Qual o alcance dessa ressalva? Qual a razão de sua inserção no texto?

536. *a consulta, os temas e a estrutura do parecer*

Nesse contexto, sou honrado pelo eficiente advogado, dr. Sergio Sinisgalli, que, em nome do Banco Bradesco, solicita meu parecer acerca do significado, alcance e legitimidade constitucional do disposto no art. 666, inc. I, do Código de Processo Civil – e, muito especialmente, sobre a solução adequada para aquela representação do Banco do Brasil. Indaga-me, muito objetivamente, se a outorga dos depósitos judiciais de quantias em dinheiro deve caber necessariamente a uma instituição *oficial* ou se, ao contrário, andou corretamente o E. Tribunal de Justiça do Estado do Rio de Janeiro ao abrir a licitação a bancos da rede privada. Adianto desde logo que apóio por inteiro a abertura da licitação, para a preservação dos valores constitucionalmente resguardados da livre iniciativa e livre concorrência (Const., art. 170, *caput* e inc. IV) e dos pilares do federalismo brasileiro, mediante a interpretação que me parece correta do art. 666 do Código de Processo Civil – caso típico de interpretação conforme a Constituição. Adianto também que a solução aqui proposta não apresenta risco algum para os titulares dos valores em depósito, considerada a estrita vigilância do Banco Central sobre toda a rede bancária e também tendo em conta as cautelas que o Poder Judiciário há de tomar na escolha do banco depositário e normas a serem seguidas, segundo o edital.

Em preparação da conclusão proposta, o parecer passará (a) pelas razões de ser do art. 666 do Código de Processo Civil, (b) pelo exame das origens desse dispositivo em associação com o histórico do próprio Banco do Brasil como agente do Poder Público, (c) pela situação atual dessa instituição na rede bancária brasileira e (d) pelo significado constitucionalmente legítimo do advérbio *preferencialmente*, contido naquele dispositivo infraconstitucional.

537. execução por quantia, penhora e depósito – premissas conceituais básicas

Toda execução por quantia certa tem por objetivo a entrega de um valor em dinheiro ao credor-exeqüente e por técnica a expropriação do valor devido, o qual passa, por ato imperativo do Estado-juiz, do patrimônio do devedor ao daquele. Por isso essa é uma execução *por expropriação* e desse modo denominada na lei e doutrina italianas (*esecuzione per espropriazione*). Quando para a satisfação do credor é preciso lançar mão sobre bens diferentes do dinheiro, tal bem é inicialmente penhorado e em seguida posto em depósito, para afinal ser expropriado mediante arrematação ou adjudicação; o juiz o transfere por ato de império a quem por ele pagar, arrecadando desse modo um valor em dinheiro que depois será entregue ao credor. Essas são noções elementares que, em homenagem aos qualificados leitores, esclareço que aqui incluo somente com o objetivo de compor um raciocínio completo, sem hiatos. Ao fim da execução, havendo desde logo sido penhorada uma quantia em dinheiro ou sendo arrecadado dinheiro mediante a alienação forçada do bem (arrematação, adjudicação), o dinheiro vem a ser expropriado e, então, efetivamente entregue.

> Segundo prestigiosa doutrina, as técnicas da execução por quantia podem incluir *duas expropriações*, uma incidente sobre o bem penhorado e outra, sobre o dinheiro arrecadado pela expropriação desse bem (expropriação liqüidativa no primeiro caso e expropriação satisfativa, no segundo – Edoardo Garbagnati[3]). Quando a penhora recai desde logo sobre um valor em pecúnia dá-se uma só expropriação, de natureza e eficácia satisfativa, a qual incide sobre tal pecúnia para transferi-la para o domínio do exeqüente.

Em qualquer hipótese, ou seja, quer quando penhorado algum bem diferente do dinheiro ou o próprio dinheiro, é indispensável que aquele ou este seja posto sob a guarda e responsabilidade de

---

3. *Cf. Il concorso di creditori nel processo di espropriazione*, n. 3, esp. p. 13. De minha parte venho adotando com muita convicção essa correta explicação proposta pelo conceituado processualista: *cfr.* minha *Execução civil*, n. 210, pp. 348-350 e *Instituições de direito processual civil*, IV, n. 1.655-A, pp. 564-566.

um sujeito idôneo, que o juiz nomeia *depositário*. E quem será encarregado de desempenhar esse *munus*? Estamos nos aproximando de nossa questão central.

538. *a escolha do depositário – critério central e regras ordinárias*

Obviamente, esse encargo deverá sempre recair sobre sujeito idôneo, do qual se possa esperar o indispensável zelo e lisura em seu desempenho, de modo a assegurar o bem ou dinheiro para futura entrega a quem for devido. Tal é o critério central, a ser observado sempre e inclusive quando se trata da escolha de uma instituição financeira, como no caso aqui em exame. *Sujeito idôneo* será aquele que, por seu comportamento habitual, boa organização e condições técnicas, não ofereça riscos de dispersão, deterioração, perda do bem depositado. No sistema do Código de Processo Civil, o próprio executado poderá ser investido no *munus* do depósito sempre que se trate de bens de difícil remoção quando assim concordar o exeqüente, ou ainda em casos onde o juiz sinta sua idoneidade e aptidão (art. 666, § 1º).

Em casos ordinários, manda a lei que os bens móveis e os imóveis urbanos sejam confiados à guarda do depositário judicial e os demais bens (*v.g.*, imóveis rurais), de um depositário particular (art. 666, incs. II-III). Também essas regras não são inflexíveis e na prática do dia-a-dia os juízes costumam decidir segundo as peculiaridades de cada caso e sua própria sensibilidade. Chegam agora o dinheiro, pedras preciosas *etc.* que, embora sejam bens móveis, não seguirão a regra de depósito por depositário judicial porque quanto a eles o inc. 666, inc. I, do Código de Processo Civil dita uma *lex specialis*.

É em torno dela e de sua interpretação à luz dos princípios e das disposições constitucionais que gira o presente parecer.

539. *a* mens legis

É a legítima preocupação pela idoneidade do depositário (*supra*, n. 538) a razão que tradicionalmente leva o legislador brasileiro a mandar que as quantias em dinheiro, as pedras e metais preciosos e os papéis de crédito tenham por depositário uma instituição financeira ligada ao Estado. Presume-se que tais entidades sejam suficientemente seguras, adequadamente organizadas e sobretudo solváveis, para que, no momento de repor tais bens nas mãos do Estado-juiz ou entregá-los a quem tiver direito, isso realmente aconteça – minimizando-se pois os riscos de eventuais desvios, sonegações ou *infidelidades* em geral.

O vigente art. 666, inc. I, do Código de Processo Civil reproduz em substância o que estava em sua própria redação original, a qual teve como precedente imediato o disposto no art. 945, inc. I, do Código de Processo Civil de 1939, *verbis*: "se o exeqüente não convier em que fique como depositário o próprio executado, os bens penhorados depositar-se-ão da seguinte forma: (...) no Banco do Brasil ou na Caixa Econômica, ou, à falta de agências no lugar, em qualquer estabelecimento congênere acreditado, as quantias de dinheiro, as pedras e metais preciosos e os papéis de crédito". Descontados pormenores de mera circunstância, sem relevância para este estudo, o que existia lá e existe no presente é sempre aquela preocupação de assegurar a idoneidade dos depósitos mediante a outorga desse *munus* a entidades que no fundo eram emanações do próprio Estado. Mudou a configuração institucional do Banco do Brasil, alteraram-se profundamente os modos de inserção dessa instituição na estrutura dos próprios entes da administração indireta e no contexto das instituições financeiras, mas a lei continuou a mesma – no falso pressuposto, mal conscientizado ou mesmo não conscientizado, de que o Banco do Brasil de hoje fosse o mesmo de ontem.

Prepondera nessa instituição a condição de puro braço operacional do Estado, entes encarregado de executar políticas estatais mediante autêntica descentralização do exercício do poder? Ou prepondera a condição de instituição financeira, inserida no mercado como *empresa voltada ao lucro* como qualquer outra instituição financeira? Como era o Banco do Brasil de ontem e como é o de hoje?

540. O Banco do Brasil de ontem e o de hoje: de um agente estatal a uma autêntica instituição financeira

Vamos nos fixar no Banco do Brasil S.A., que é o ente responsável pela instauração do *procedimento de controle administrativo* hoje pendente perante o Col. Conselho Nacional de Justiça.

O Banco do Brasil surgiu no cenário nacional no ano de 1808 como agente financeiro do Governo, criado por um alvará do Príncipe Regente D. João ainda ao tempo do Brasil-colônia (12 de outubro de 1808).[4] Na primeira e segunda fase de sua existência era o principal encarregado da execução das políticas econômico-financeiras do país e nessa condição seu nome aparece ao centro das atividades da Coroa, como autêntico braço operacional de tais políticas. Já em 1821, por ordem de D. João VI, foi o responsável pela construção da primeira Bolsa brasileira, que financiou integralmente; financiou também, a partir de 1880 e por determinação do Imperador D. Pedro II, a construção da nova sede dessa Bolsa, na cidade do Rio de Janeiro. Com a Independência do país, em 1822, prestou apoio decisivo para que as autoridades da época custeassem escolas e hospitais e equipassem navios. Atuou como ente emissor da moeda nacional, ora em concurso com emissores das diversas províncias, ora com exclusividade. Sempre por ordem imperial, a partir dos anos *oitenta*, passou a destacar-se como instituição de fomento econômico, com o encargo de prestar financiamentos à agricultura, instituindo no ano de 1888 as primeiras linhas de crédito destinadas a recrutamento de imigrantes europeus para assentamento em lavouras de café. Com a proclamação da República, foi chamado a cooperar na gestão financeira do novo regime político e se destacou como agente saneador das finanças, abaladas pela crise do fim da Monarquia. Esteve presente na Segunda Guerra Mundial, acompanhando os *pracinhas* da Força Expedicionária Brasileira, com a missão de efetuar pagamentos à tropa e transferir numerários para o Brasil. Em 1936 passou a operar uma das mais importantes ferramentas

---

4. Os dados da história do Banco do Brasil, utilizados no presente parágrafo, foram obtidos no *site* da instituição financeira: *www.bb.com.br*.

de sua atuação financeira ligada aos objetivos econômicos da nação – a Carteira de Crédito Agrícola e Industrial. Em 1938 e 1939, sempre por ordem governamental, lançou um *papel* próprio, suas *letras hipotecárias*, com o que participou do empenho de desafogar o grave endividamento da agricultura brasileira. A partir de 1953 passou a atuar, através de uma carteira própria (Cacex), na emissão de licenças de importação e o estabelecimento de sobretaxas de câmbio. Teve também o comando da Sumoc, responsável pelo controle das exportações, fixação de taxas de câmbio de exportação *etc*.

Enfim: durante as fases iniciais de sua existência o Banco do Brasil foi estruturado e atuou segundo os *conceitos e objetivos de caráter nacional* presentes desde sua fundação, no ano de 1808. Parte de seu capital social migrou a investidores privados e sua atuação foi aos poucos mesclada por operações visando ao lucro empresarial mas durante muito tempo ele foi preponderantemente um agente das políticas econômico-financeiras do Governo, sendo sempre voltado à realização dos objetivos deste – com atividade emissora, normativa, reguladora.

Assim não é mais o Banco do Brasil de hoje. Não é mais emissor de moeda, função que cabe ao Banco Central, sendo do Conselho Monetário Nacional o poder de ordenar emissões dessa ordem. Não exerce as atividades normativas e reguladoras antes exercidas via Cacex, porque isso constitui hoje função da Secretaria de Comércio Exterior do Ministério do Desenvolvimento, Indústria e Comércio Exterior e ao seu Departamento de Comércio Exterior (SeCeX e Decex). Não interfere no mercado de capitais, porque hoje esse mister é atribuído ao Banco Central do Brasil e à Comissão de Valores Mobiliários. A Sumoc já não existe e suas atribuições são hoje de responsabilidade do Banco Central e do Conselho Monetário Nacional.

Em suma: destituído daquelas funções que no passado marcaram sua inserção na máquina do Governo, hoje o Banco do Brasil é uma autêntica *empresa* voltada ao lucro próprio e de acionistas. Autêntica instituição financeira, sujeita, ela própria, à regulamentação e controle exercidos pelo Banco Central. Predomina ainda o capital público (Governo Federal) mas o seu operar é o de uma instituição bancária como as outras, sendo notável o alargamento de suas atividades, sempre segundo os modelos vigentes nessa área de atividades privadas. Tanto quanto os demais bancos, ou talvez até mais que os outros, o Banco do Brasil de hoje é um verdadeiro conglomerado, representado pelo próprio Banco do Brasil S.A., que ali figura ao centro e por uma gama bastante ampla de subsidiárias – como a BB Financeira S.A., a BB Leasing S.A., a BB Corretora de Seguros e Administradora de Bens S.A., a BB Administradora de Cartões de Crédito S.A. *etc.* Um autêntico grupo empresarial, constituído de empresas voltadas fundamentalmente ao objetivo de lucro, sujeitas às regras do mercado e regidas, como é muito natural, pelos dispositivos constitucionais, legais e regulamentadores inerentes à *paridade na concorrência* (Const., art. 170, inc. IV). Seu comportamento acentuadamente empresarial está presente na postura agressiva adotada nos últimos tempos, seja ao adotar uma política de juros fortemente competitiva, seja ao incorporar outras instituições (como é o caso do Banco Nossa Caixa).

O próprio *site* do Banco do Brasil na *internet*[5] indica como sua missão institucional "ser a solução em serviços e intermediação financeira, atender às *expectativas de clientes e acionistas*, fortalecer o compromisso entre os funcionários e a Empresa e contribuir para o desenvolvimento do País".

541. *uma sociedade de economia mista*

A configuração jurídica atual do Banco do Brasil S.A. é a de uma sociedade de economia mista. Sua criação foi regularmente autorizada por lei específica, como exige a Constituição Federal (art. 37, inc. XIX). Por disposição constitucional explícita e como as sociedades de economia mista em geral, essa instituição "sujeita-se ao regime jurídico próprio das empresas privadas, inclusive

---

5. *www.bancodobrasil.com.br*.

quanto às obrigações trabalhistas e tributárias" (Const., art. 173, § 1º, inc. II). Como tal, é uma pessoa jurídica de direito privado. As atividades que desenvolve, seja por si próprio, seja pela mão de subsidiárias, *não têm cunho monopolístico*, não estando incluídas entre as hipóteses constitucionalmente tipificadas (art. 177, incs. I-V); insere-se pois o Banco do Brasil no contexto da livre concorrência regulamentada por disposições constitucionais e infraconstitucionais (Const., art. 170, inc. IV *etc.*).

542. *a Caixa Econômica Federal: uma empresa pública também inserida no mercado financeiro*

A Caixa Econômica Federal tem um perfil em parte diferente. Mantém-se como ponta-de-lança do Governo Federal para a realização de objetivos públicos, sendo configurada como uma *empresa pública*. Tem o propósito institucional de "incentivar a poupança e conceder empréstimo sob penhor, com vista a combater as práticas abusivas praticadas por outras entidades (juros excessivos ou falta de garantia idônea)". Como empresa pública que é, tem personalidade jurídica de direito privado embora seu capital seja exclusivamente estatal, no caso pertencente ao Governo Federal.

> No ano de 1861, um decreto do Imperador D. Pedro II proclamava que a Caixa tinha por finalidade "receber, a juro de 6%, as pequenas economias das classes menos abastadas e de assegurar, sob garantia do Governo Imperial, a fiel restituição do que pertencer a cada contribuinte, quando este o reclamar".

Mas essa inserção institucional e a destinação de seus recursos a realizações de interesse público não chega ao ponto de descaracterizar a Caixa como instituição financeira exercente de certas *atividades puramente bancárias*, como a captação de depósitos em conta-corrente ou em aplicação, ou a concessão de empréstimos a juros de mercado. São atividades que alimentam sua receita e, em relação a elas, a Caixa Econômica Federal compete com os bancos públicos ou privados. Depois, ao destinar sua receita a finalidades de interesse público, aí sim ela revela sua condição de entidade destinada à "exploração de atividade econômica que o Governo seja levado a exercer por força de contingência ou de conveniência administrativa, podendo revestir-se de qualquer das formas permitidas em direito" (dec.-lei n. 200, de 25 de fevereiro de 1967) – ou seja, a sua pura condição de empresa pública. Convivem portanto na Caixa Econômica Federal esses dois perfis, a saber, a de empresa pública através da qual o Governo Federal exerce atividades de interesse público ou social e a de instituição financeira que busca lucro mediante operações puramente bancárias.

Nesse ponto, que é o essencial para os fins do presente estudo, ela se assemelha ao Banco do Brasil. Ambos *lucram* em suas atividades bancárias de captação de depósitos ou aplicações, na concessão de mútuos remunerados segundo as leis do mercado e também (agora com referência ao que nos interessa) no exercício do *munus* de depositário judicial de valores em dinheiro.

543. concorrência em busca de lucro – o lucro das instituições financeiras com os depósitos judiciais

É natural e cristalinamente legítimo que cada uma das instituições financeiras interessadas em receber o *munus* de depositário perante o Poder Judiciário seja movida pela perspectiva de lucro. Cada um a seu modo, o Banco do Brasil e a Caixa Econômica Federal são *empresas* e, no regime capitalista vigente, o lucro é a mola propulsora das atividades de toda empresa. Aquele busca lucros em benefício dos acionistas. Esta, com o objetivo de se capitalizar para realizar obras ou desenvolver atividades de interesse público. Mas ambos *lucram* e, no plano das relações aqui tratadas, o que importa é impedir que os lucros de um ou de outra sejam obtidos à custa de prejuízo para os titulares de valores postos em depósito. Repito: a condição de empresa pública não descaracteriza a Caixa Econômica Federal como instituição financeira.

<small>Tornou-se muito conhecido há alguns anos um *jingle publicitário*, dizendo "vem pra Caixa você também". Essa lembrança, mais</small>

a consciência de que tal iniciativa foi um investimento com o qual a Caixa Econômica despendeu recursos financeiros, ilustram bem seu empenho pela conquista de mercado – obviamente com vista a *lucros* a serem obtidos mediante o aumento da clientela. Típica conduta empresarial de uma instituição financeira.

Ora, como instituições financeiras que são, estruturadas e operantes como *empresas* e buscando lucros como toda empresa busca, o Banco do Brasil e a Caixa Econômica Federal integram a rede bancária nacional como todos os bancos do país integram, devendo receber tratamento isonômico em relação às demais instituições financeiras. Nem aquele nem esta atua em áreas nas quais a Constituição Federal estabelece o monopólio da União (art. 177, incs. I-V); suas atividades estão muito longe de constituírem exercício delegado de funções como aquelas. Por isso, conceder preferências irracionais a essas instituições *oficiais* seria instituir privilégios inconstitucionais em desfavor de outras instituições, habilitadas tanto quanto elas a operar no mercado financeiro e, pior ainda, a dano dos depositantes.

544. o falso mito da idoneidade maior

O disposto no inc. I do art. 666 do Código de Processo Civil é fruto de um autêntico mito, o mito de que as instituições financeiras ditas *oficiais* fossem invariavelmente mais idôneas que as puramente privadas. Com o respaldo do Estado, aquelas instituições destacar-se-iam das demais, que seriam supostamente mais frágeis ou suscetíveis a manipulações perversas, a dano dos titulares dos valores postos em depósito. Mas a história mostra que nem os bancos controlados pelo Governo são assim tão sólidos nem os puramente privados podem ser *a priori* reputados menos confiáveis.

Bancos oficiais já quebraram, como no passado remoto o próprio Banco do Brasil, que, exaurido por saques da Corte Portuguesa em seu retorno a Lisboa, por descalabro administrativo e desmandos financeiros, veio a ser liqüidado em 1833. E são notórios os retumbantes escândalos que envolveram bancos *ofi-*

ciais dos Estados, como o Banerj, o Banespa e o Banestado, cujos correntistas e aplicadores só não foram ao desespero de perdas totais graças à absorção por bancos puramente privados, que os salvaram.

Por outro lado, como no próprio Conselho Nacional de Justiça ponderou um de seus conselheiros, de certo modo todos os bancos são *oficiais*, na medida da rígida regulação, controle e fiscalização exercida pelo Banco Central, ao qual todos prestam contas. É claro que, em um processo licitatório idôneo e bem estruturado, as condições de solidez e confiabilidade de um banco podem e devem ser levados em conta, até mesmo mediante a imposição de pré-requisitos que o edital definirá. O que se mostra de total inadequação é essa pura e simples presunção de menor idoneidade, mediante disposições legais ou decisões judiciárias pelas quais já *a priori* se aferrem à falsa premissa da idoneidade insuficiente.

545. *tornando ao art. 666 do Código de Processo Civil e à sua inserção no contexto institucional de ontem e de hoje*

Até se compreende que, no contexto político de 1939 e das funções desde o início atribuídas ao Banco do Brasil e à Caixa Econômica Federal, o Código de Processo Civil daquele ano houvesse trazido a determinação de que os depósitos judiciais fossem confiados a essas entidades (salvo em locais onde não tivessem agências). Seja lembrado que o Código de 1939 veio a lume em pleno regime totalitário de exceção, no qual se praticava uma filosofia política de conotação fascista e, portanto, de supervalorização do Estado como supremo e incontrastável comandante da vida da nação. Hoje o contexto político é outro e outro é o perfil do Banco do Brasil e da Caixa Econômica. Hoje vigem aquelas normas constitucionais de cunho comprometidamente democrático, com as garantias explícitas da livre concorrência entre entidades lançadas no mercado.

Diante dessa observação chega a ser curioso que o atual Código, promulgado em 1973 e tendo seu art. 666 sido retocado já em 2006, seja portador de uma norma ainda mais centralizadora que a anterior. À falta de agência do Banco do Brasil ou da Caixa, dispunha-se então que os depósitos se fizessem "em qualquer estabelecimento congênere acreditado" (CPC-39, art. 945, inc. I), ou seja, até mesmo em instituição bancária da qual não participasse qualquer ente estatal. Hoje, o vigente art. 666, inc. I, manda que, onde não houver agência daquelas instituições controladas pelo Governo Federal, os depósitos se façam "em um banco de que o Estado-Membro da União possua mais de metade do capital social integralizado"; só onde não existir sequer uma agência de banco *oficial* estadual é que o juiz está expressamente autorizado a valer-se da rede bancária privada.

É indispensável, pois, encarar o inc. I do art. 666 do Código de Processo Civil à luz das vigentes balizas constitucionais, em busca de uma solução que não as contrarie.

546. *a competitividade: princípio básico das licitações*

A Lei de Licitações é rica em normas que visam a estimular a abertura das licitações ao maior número possível de licitantes, de modo a proporcionar a contratação mais vantajosa possível. Tais normas incorporam o *princípio da competitividade* e, entre todas, a mais relevante é a que consta do art. 90, ao tipificar como *crime* o ato de "frustrar ou fraudar, mediante ajuste, combinação ou qualquer outro expediente, *o caráter competitivo do procedimento licitatório*, com o intuito de obter, para si ou para outrem, vantagem decorrente da adjudicação do objeto da licitação".

> A importância do princípio da competitividade é ressaltada por Toshio Mukai, para quem "se, num procedimento licitatório, por obra de conluios, faltar a competição (ou oposição) entre os concorrentes, falecerá a própria licitação, inexistirá o instituto mesmo".[6]

Igualmente grave é a interpretação tradicional do art. 666, inc. I, do Código de Processo Civil de modo ofensivo ao princípio constitucional da livre concorrência (Const., art. 170), estabele-

---

6. *O Estatuto jurídico das licitações e contratos administrativos*, p. 16.

cendo uma *reserva de mercado* em favor daquelas instituições oficiais. Sobre a inconstitucionalidade da criação de reservas de mercado como essa, é elucidativa a lição de Celso Antônio Bandeira de Mello:

> "a adoção de 'reservas de mercado', 'garantia' ou 'divisões' dele significam literalmente *o contrário do que a Constituição reputa necessário para o bom sucesso das atividades econômicas*. Tais práticas abonam concepções muito distintas, para não dizer claramente divorciadas, daquelas que inspiraram o art. 170 e nele se estamparam com indiscutível clareza. Segue-se que, já por isto – de fora parte outras razões mais além aduzidas – ter-se-ia de classificá-las como inconviventes com a Lei Maior, pois acolhem diretriz e redundam em comportamento repelidos pelo Texto Magno".[7]

Por isso, e como venho dizendo ao longo do parecer, aquele dispositivo do Código de Processo Civil deve ser interpretado de um modo que não abra portas a reservas de mercado nem venha a prejudicar, por esse meio, os interesses dos depositantes compulsórios de valores em dinheiro (depósitos judiciais).

547. *aparente inconstitucionalidade do art. 666, inc. I, em sua cômoda leitura literal*

Com a interpretação que lhe costuma ser atribuída, o inc. I do art. 666 do Código de Processo Civil tem de tudo para ser contrário à garantia constitucional da livre concorrência porque parece privilegiar duas instituições financeiras integrantes do mercado em detrimento das demais. O máximo que ele parece permitir é uma disputa restrita a dois licitantes, a saber, às duas instituições *oficiais* de crédito ligadas à União Federal (Banco do Brasil e Caixa Econômica) – o que contraria ao menos vários pilares básicos de todo procedimento concorrencial, a saber, o princípio da moralidade administrativa e o da isonomia com vista a "selecionar a proposta mais vantajosa para a Administração" (lei n. 8.666, de 21 de junho de 1993, art. 3º, *caput*). Os maiores prejudicados

---

7. "Licitação – reserva de mercado – impossibilidade".

com isso são, no final de contas, os titulares dos valores postos em depósito, vista a grande liberdade que tais instituições acabam tendo para a imposição das taxas remuneratórias de sua própria conveniência. Sequer pela via da legislação ordinária seria lícito ao Estado brasileiro, que se proclama "agente normativo e regulador da atividade econômica" (Const., art. 174, *caput*), gerar uma tão anti-isonômica regulação de uma atividade econômica, a dano da concorrência, da livre iniciativa e, conseqüentemente, dos próprios consumidores.

> Como foi ponderado em sessão do Conselho Nacional de Justiça por um de seus conselheiros, as vantagens da licitação aberta ao setor privado já se manifestaram quando o próprio Banco do Brasil, que remunerava os depósitos judiciais com 0,14%, em sua proposta veio a oferecer remuneração de 0,22% e o Bradesco, que foi o vencedor, ofereceu 0,32%. Claríssima manifestação de que estava a ganhar mais que o justo. Claríssima demonstração das vantagens da licitação aberta.

Diante disso fica o intérprete entre duas soluções: a) ou pugna pela inconstitucionalidade do inc. I do art. 666, alvitrando sua exclusão da ordem jurídico-positiva, seja por via do controle difuso, seja do concentrado; b) ou postula uma *interpretação conforme a Constituição*, capaz de compatibilizar o texto com a ordem constitucional.

A chave está no modo como se entender o advérbio *preferencialmente*, ali contido.

548. *interpretação conforme à Constituição Federal – abordagem geral*

A jurisprudência do Col. Supremo Tribunal Federal é rica de casos nos quais, ao apreciar a alegação de inconstitucionalidade de uma lei ou ato normativo, afirma que uma disposição infraconstitucional só deve ser havida por inconstitucional quando não for possível interpretá-la de modo a conciliar o texto com a Constituição Federal. Tais são os pilares da *interpretação conforme à*

Constituição, sobre a qual assim se manifesta em sede doutrinária o prestigioso Gilmar Mendes: "deve o juiz, *na dúvida, reconhecer a constitucionalidade da lei*. Também no caso de *duas interpretações possíveis de uma lei*, há de se preferir aquela que se revele compatível com a Constituição".[8]

Multiplicam-se os casos de interpretação conforme a Constituição, na jurisprudência do Col. Supremo Tribunal Federal. É com freqüência referida em muitos acórdãos a decisão com a qual "o Plenário do Supremo Tribunal Federal, no julgamento do RE 420.816-PR, conheceu do recurso e declarou a constitucionalidade da Medida Provisória 2.180-35/2001, com interpretação conforme, de modo a reduzir-lhe a aplicação à hipótese de execução por quantia certa contra a Fazenda Pública, excluídos os casos de pagamento de obrigação definidos em lei como de pequeno valor".[9]

A sadia técnica da interpretação conforme à Constituição assegura a supremacia constitucional sem extirpação do texto, bastando que se lhe atribua um significado constitucionalmente legítimo mediante aplicação de regras hermenêuticas adequadas. E, antes mesmo que no Col. Supremo Tribunal Federal se implantasse essa linha, já nos anos *oitenta* crescia nos tribunais locais a idéia de que não se deve pronunciar a inconstitucionalidade de uma lei quando fosse possível extrair do texto uma interpretação constitucionalmente incompatível – porque o contrário significaria atribuir imprudentemente ao legislador ordinários desvios que nem sempre ele teve a intenção de cometer.

É precisamente isso que postulo no presente estudo.

549. *interpretação: abordagem geral e interpretação sistemática*

Interpretar é extrair de certos sinais colhidos na realidade física, a que denominamos *símbolos*, os significados que eles sejam

---

8. *Jurisdição constitucional*, cap. III, n. III, esp. p. 316.
9. *Cfr*: STJ, 1ª T., AgR no RE n. 514.806, j. 20.11.07, rel. Ricardo Lewandowski, v.u., *DJU* 19.12.06, p. 48.

capazes de levar ao espírito. A mente humana, alimentada pela experiência formada ou herdada no seio de uma cultura, contém em seus registros de memória a relação entre esses sinais e as idéias que eles são aptos a revelar, capacitando-se com isso, em maior ou menor grau, a captar o significado de cada um daqueles e, por esse *processus*, chegar às idéias por eles expressadas.

Disse eu próprio, ao cuidar da interpretação de sentenças, algo que se aplica em cheio à das leis: "como todo texto escrito, a sentença é composta de *palavras*, que são *símbolos convencionais* pelos quais o redator procura expressar *idéias*. Para captar-lhe o significado e intenção é indispensável buscar o significado desses símbolos e a idéia que eles expressam, seja isoladamente, seja no contexto da redação. Tanto quanto a lei, a sentença precisa *sempre* ser interpretada, ainda quando o significado das palavras, como símbolos de idéias, seja aparentemente muito claro e a conjugação destas no texto, coerente e harmoniosa. Por mais imediata, fácil e segura que seja a captação das idéias, o trabalho de captá-las é sempre uma *interpretação*. Tanto quanto em relação às leis, portanto, em relação às sentenças repudiam-se as bases do superado *in claris cessat interpretatio*".[10] Sempre, interpretar é preciso.

Disse também: "a regra de ouro em toda interpretação jurídica consiste na atenção ao *bem-comum*, ou seja, às projeções da lei sobre a vida das pessoas, dos grupos e da própria sociedade, com a responsabilidade de causar-lhes sensações felizes segundo critérios de justiça (os *fins sociais da lei*, art. 5º LICC)".[11] Outra regra, também bastante ampla e substancialmente similar a essa, é a que conclama o intérprete à *razoabilidade da interpretação*. Nenhum texto deve ser interpretado, sem maiores e exaustivos cuidados, de modo a concluir que nele se contenham absurdos.

E assim é que, se as palavras contidas no inc. I do art. 666 do Código de Processo Civil comportam uma razoável interpretação não colidente com aquelas garantias constitucionais, só pela lógica do absurdo seríamos levados a dar-lhes uma interpretação discrepante. Isso equivaleria a atribuir imprudentemente ao legis-

10. *Cfr.* Dinamarco, *Instituições de direito processual civil*, III, n. 1.230, p. 707.
11. *Op. cit.*, I, n. 31, esp. p. 89.

lador o desvio consistente em afrontar preceitos superiores, o que não deve ser presumido.

O que aqui proponho, sempre atento ao saudável empenho do Col. Supremo Tribunal Federal em *salvar o salvável* mediante a interpretação conforme à Constituição, no fundo é um reclamo à *interpretação sistemática* – porque a interpretação isolada de um texto legal oferece o risco de distorções, sabendo-se que toda lei é parte de um contexto normativo e seu significado e dimensão consideram-se o resultado de uma interação com outros preceitos contidos no ordenamento jurídico. É mediante a chamada interpretação sistemática que os estudiosos "escolhem entre os possíveis significados das disposições legislativas ou dos outros elementos normativos utilizáveis, aqueles que melhor se prestem à constituição de um sistema de normas, ou seja, de um complexo de regras que se mostre racional, *em conformidade com os princípios constitucionais* e por todos os aspectos apto a produzir uma melhor ordem na sociedade" (Alessandro Pizzorusso[12]).

550. conclusão: a interpretação proposta
– significado contextual do advérbio **preferencialmente**

Ressalvo ainda uma vez que o advérbio *preferencialmente*, ausente na redação original do art. 666 do Código de Processo Civil, foi ali inserido por lei ulterior (lei n. 11.382, de 6.12.06) e é de vital importância para o exame do tema aqui proposto. Qual o alcance dessa ressalva?

> Art. 666 (texto em vigor): "os bens penhorados serão *preferencialmente* depositados: I – no Banco do Brasil, na Caixa Econômica Federal ou em um banco de que o Estado-Membro da União possua mais de metade do capital social integralizado (...) as quantias em dinheiro, as pedras e os metais preciosos, bem como os papéis de crédito".

Na redação original o art. 666 do Código de Processo Civil dizia somente que, "se o credor não concordar em que fique como

---

12. *Cfr. Corso di diritto comparato*, n. 20, esp. p. 108.

depositário o devedor, depositar-se-ão" – e seguiam-se as hipóteses, descritas em três incisos, entre as quais essa do depósito de quantias em dinheiro. Não se falava em *critério preferencial*. Essa singelíssima observação já abre as primeiras portas para a compreensão de que, se antes aquele advérbio não era empregado e agora é, isso significa que o legislador preferiu renunciar a regras rígidas, deixando margem à prudente apreciação do juiz em casos concretos. Mas permanecem vivas as indagações: que preferência é essa? Sobre quais outros possíveis depositários goza o Banco do Brasil e goza a Caixa Econômica, para serem constituídos depositários? Até onde vai e onde cessa tal preferência?

> Em um dos votos proferidos oralmente na sessão em que o Col. Conselho Nacional de Justiça referendou a liminar concedida no caso em exame foi dito que essa seria uma preferência sobre o próprio executado, o qual só poderia ser investido do *munus* do depósito quando não pudessem sê-lo aquelas instituições ditas *oficiais*. Não discordo desse pensamento mas reputo-o insuficiente. Estamos procurando preferências entre instituições financeiras.

Ora, se nos transportarmos ao plano constitucional das garantias da livre iniciativa, da livre concorrência e da igualdade nas licitações (Const., art. 37, inc. XXI) e sobre esse plano colocarmos o dispositivo infraconstitucional em exame, haveremos de ver com suficiente facilidade e clareza que as instituições oficiais devem sim gozar de preferência sobre as puramente privadas, mas somente em caso de *igualdade de propostas*. Abre-se a licitação a todos, concorrem essas entidades controladas pelo Governo Federal em igualdade de condições com aquelas outras de controle estadual (CPC, art. 666, inc. I) e também bancos privados – e, naturalmente, sagrar-se-á vitorioso no certame aquele que houver trazido a melhor oferta. Se houver *empate* (só se houver empate), um ente federal preferirá a qualquer dos outros licitantes e um banco de capital estadual preferirá aos privados. Essa solução, aliás, foi aventada em um dos votos orais proferidos no procedimento de controle administrativo aqui em exame – "preferencialmente é *tanto por tanto*", disse um dos srs. Conselheiros naquela sessão plenária do Col. Conselho Nacional de Justiça.

Essa solução interpretativa tem o incontestável mérito de, resguardando a integridade do texto infraconstitucional questionado, compatibilizá-lo com as garantias constitucionais da isonomia e da livre concorrência, bem assim com os princípios basilares da licitação, enunciados pela própria Constituição Federal e pela lei ordinária (lei n. 8.666, de 21.6.93). Com a interpretação aqui proposta, o art. 666, inc. I, do Código de Processo Civil abre expressivas portas para maiores vantagens a serem auferidas pelos titulares dos valores pecuniários depositados, mediante melhores taxas de remuneração do capital; e para o próprio Poder Judiciário, o qual, mediante cláusulas legítimas impostas em edital e depois refletidas nos contratos ou convênios, poderá, conforme o caso, receber aportes destinados a investimentos nos serviços da Justiça.

Até agora, estando livres para receberem depósitos judiciais sem licitação e portanto sem a concorrência dos bancos privados, a Caixa e o Banco do Brasil recebem para si boa parte dessas vantagens mediante a remuneração dos capitais em níveis abaixo do mercado e, portanto, abaixo daquela que outros bancos pagariam se houvesse a licitação. Não importa o que fará a Caixa com esses recursos – obras de interesse público, financiamentos de cunho social *etc.* O que importa é que, enquanto praticadas tais remunerações mais baixas, em parte os depositantes compulsórios acabam por financiar eles próprios essas realizações que o Governo Federal põe a cargo de sua empresa pública. Não é legítimo nem constitucionalmente admissível impor a esses depositantes prejuízos dessa ordem, que são notórios e indiscutíveis.

551. tornando à técnica processual:
depositários idôneos e suficientemente confiáveis

Pelo aspecto técnico-processual, essa interpretação conforme à Constituição não apresenta em si mesma qualquer risco de desvio do critério fundamental para a outorga do *munus* do depósito a sujeitos idôneos e confiáveis (*supra*, n. 538). Os tribunais tomarão o cuidado, como tomou o E. Tribunal de Justiça mineiro, de sempre segundo as normas constitucionais e infraconstitucionais de resguardo à idoneidade nas licitações, impor requisitos tanto para a outorga quanto para a execução dos contratos ou convênios a serem celebrados. O que importa ficará resguardado, a saber, (a) a preservação das quantias depositadas, para a final expropriação em favor do exeqüente e cumprimento da missão judicial de oferecer tutela efetiva àquele que tiver direito a ela e (b) o resguardo dos interesses dos depositantes compulsórios, que deixarão de suportar inconstitucionais desfalques em sua economia, a bem daquelas entidades oficiais.

XXXI – EXCEÇÃO DE PRÉ-EXECUTIVIDADE, EMBARGOS DO EXECUTADO, HONORÁRIOS DA SUCUMBÊNCIA E DIREITO INTERTEMPORAL[1]

552. antecedentes – 553. os litígios antes travados entre as partes – 554. a execução pendente – 555. os quesitos – 556. decisões no curso da execução: razões e limites de sua admissibilidade – 557. regras sobre as objeções de pré-executividade – 558. tornando ao caso: a exceção rejeitada e os embargos depois opostos – 559. sentença terminativa, insuscetível de coisa julgada material – 560. não havia o óbice da coisa julgada aos embargos opostos pelo consulente – 561. citação realizada na vigência da lei antiga – 562. direito processual civil intertemporal: abordagem geral – 563. o termo inicial do prazo para embargar segundo a lei antiga e segundo a nova – 564. conclusão: os embargos foram opostos tempestivamente – 565. honorários da sucumbência: abordagem geral e o Estatuto da Advocacia – 566. entre um crédito e um direito de propriedade – 567. legitimidade passiva dos sucumbentes, não do cliente – 568. sucumbências futuras e incertas: meras expectativas ou esperanças, não direitos – 569. concluindo: o Banco não é devedor nem parte legítima para essa execução

552. antecedentes

Sou honrado por uma consulta que me formula BFC Banco S.A., por meio de sua talentosa e eficiente patrona, dra. Vanilda Fátima Maioline Hin, a respeito de vultosa execução movida contra essa instituição financeira por um advogado. A demanda foi ajuizada em fevereiro de 2004 para a cobrança da quantia de setenta milhões de reais, supostamente devida em razão de contrato de prestação de serviços advocatícios relacionados com litígios para a cobrança de ativos financeiros na comarca do Rio de Janeiro. Tal contrato foi firmado em 1º de dezembro de 1997 e, em caso

---

1. Reprodução de parecer elaborado em julho de 2008.

de ser resilido por ato do Banco, estatuía-se que aquele patrono teria direito ao "percentual de honorários pleiteado na inicial, ou fixado pelo Juiz, ao admitir a execução". Houve novação ao contrato e tal disposição foi alterada para que o então patrono tivesse direito aos honorários da sucumbência referentes a cada processo em que houvesse atuado, de acordo com o sucesso obtido em cada caso. Seria de responsabilidade sua o acompanhamento e verificação do sucesso em cada caso. Ulteriormente o Banco veio a tomar a iniciativa de resilir aquele contrato e disso cuidou de notificar o advogado.

553. *os litígios antes travados entre as partes*

Já no ano de 2000 esse ex-patrono do ora consulente ajuizou demanda para *arbitramento de honorários*, cujo processo veio a ser extinto sem julgamento de mérito e a R. sentença assim proferida já transitou em julgado. Propôs também *execuções* autônomas para o recebimento de seu suposto crédito. Essas execuções foram declaradas extintas em primeiro grau jurisdicional mas o E. Tribunal de Justiça do Estado do Rio de Janeiro reformou as RR. sentenças então proferidas, para que se lhes desse prosseguimento.

554. *a execução pendente*

Com base em cláusula do contrato de prestação de serviços em sua redação original (anterior à novação) aquele profissional propôs a execução em que sou convidado a opinar. O consulente opôs *objeção de pré-executividade* para demonstrar que o contrato fora novado e o exeqüente não teria direito às verbas pleiteadas. Se algo tiver a receber, será do vencido em cada processo. Afirmou textualmente o consulente:

> "a inexistência de crédito líquido certo e exigível, eis que a presunção de exigibilidade do crédito de conformidade com os critérios adotados pelo agravado, com base no contrato de 1º de dezembro de 1997, foi destituída com a apresentação, pelo agravante, do contrato datado de 10 de fevereiro de 1998".

EXCEÇÃO DE PRÉ-EXECUTIVIDADE – EMBARGOS DO EXECUTADO

Apesar de ter o Banco demonstrado a ocorrência da novação, entendeu o MM. Juízo de primeiro grau que era necessária uma dilação probatória para verificar essa ocorrência, rejeitando por isso a exceção de pré-executividade. Contra essa R. decisão adversa o ora consulente interpôs o recurso de agravo de instrumento mas o E. Tribunal de Justiça do Rio de Janeiro manteve aquela decisão pelo mesmo fundamento. A execução pendente inclui cobrança de variadas verbas a título de *honorários da sucumbência* e o Banco também contra isso se rebela, sustentando que o devedor por eventuais honorários a esse título não é ele mas os adversários que perante ele sucumbem. Embargos foram opostos pelo Banco a essa execução mas surgiu também dúvida sobre sua tempestividade, diante da superveniência da lei n. 11.382, de 6 de dezembro de 2006, que institui a regra da fluência do prazo para opô-los a partir da citação e não mais da intimação da penhora.

Tal é o panorama da causa.

555. *os quesitos*

Diante dessa situação processual formula-me o consulente alguns quesitos de ordem processual, que passo a reproduzir. Adianto que o Banco também conta com o parecer do conceituadíssimo civilista prof. Gustavo Tepedino, o qual demonstra cabalmente a existência de *novação objetiva* ao contrato de 1º de dezembro de 1997. Esse é um tema de puro direito privado, estranho pois a minha especialidade acadêmica, sobre o qual não ouso manifestar-me. Eis os quesitos:

primeiro: como a execução foi ajuizada em 2004 e o executado (consulente) foi citado em abril de 2006, antes das alterações trazidas pela lei n. 11.382, de 6 de dezembro de 2006, qual o prazo para a oposição de embargos à execução?

segundo: como a questão da existência ou não de novação não foi apreciada pelo Poder Judiciário, pode o consulente discuti-la nos seus embargos à execução? Em outras palavras, a questão está preclusa?

terceiro: pode o advogado cobrar valores de processos ainda não findos e contra quem não é o vencido? Ou seja, será lícito cobrá-los ao ora consulente?

556. *decisões no curso da execução: razões e limites de sua admissibilidade*

Desde a primeira vez que escrevi sobre a execução civil[2] e ao longo das diversas décadas que desde então já se passaram, venho sustentando a plena possibilidade de, em muitas situações, voltar-se o executado contra a execução no próprio processo ou fase executiva e não exclusivamente pela via dos embargos ou impugnação a ela. Combato com muita convicção o que chamo *mito dos embargos* e chego a ironizar a idéia de que *fora dos embargos não há salvação*. Eis uma passagem dessa exposição:

> "embora o mérito não se julgue no processo executivo, deixar absolutamente de julgar o juiz da execução não deixa. Não só de mérito existem sentenças e nem só sentenças profere o juiz (CPC, art. 162). Pois seria inconcebível um juiz *robot*, sem participação inteligente e sem poder decisório algum. O juiz é seguidamente chamado a proferir juízos de valor no processo de execução, seja acerca dos pressupostos processuais, condições da ação ou dos pressupostos específicos dos diversos atos levados ou a levar a efeito".[3]

São clássicas a esse propósito as lições de Giuseppe Martinetto em monografia cujo título expressa a idéia que contém (*As declarações dos órgãos executivos*) e também em precioso ensaio. Ele sustenta e convence de que os pressupostos processuais e as condições da ação comportam plenamente apreciação incidental ao processo executivo, independentemente de embargos, por tratar-se de matéria de ordem pública.[4]

---

2. É do ano de 1973 a minha tese *Execução civil*, com a qual obtive o grau de livre-docente na Academia do Largo de São Francisco.

3. *Cfr.* minha *Execução civil*, n. 101, pp. 172 ss.

4. *Cfr. Gli accertamenti degli organi esecutivi*, cap. II, n. 4; v. também, do mesmo autor, "Il giudice dell'esecuzione", esp. n. 5, p. 8 e n. 6, p. 11.

EXCEÇÃO DE PRÉ-EXECUTIVIDADE – EMBARGOS DO EXECUTADO

É claro que certos fundamentos de embargos (ou impugnação) não comportam toda essa liberdade, como (a) a nulidade da sentença proferida sem regular citação do réu em processo de conhecimento (art. 475-L, inc. I), porque uma sentença só comporta rescisão pelas vias indicadas em lei e a impugnação por esse fundamento tem visível função rescisória;[5] e (b) a extinção do crédito por fato superveniente (art. 475-L, inc. VI), porque o processo executivo não é estruturado para o exame da existência do crédito e em princípio não comporta dilações destinadas a instrução referente a pontos como esse; a *eficácia abstrata do título executivo*, que é a mola propulsora dos atos constritivos realizados na execução forçada, consiste em pôr o juiz da execução à margem de qualquer consideração acerca de existir ou inexistir o crédito.[6] Fora daquelas duas hipóteses, todos os demais possíveis fundamentos para impugnar ou embargar, elencados nos incisos dos arts. 475-L e 745 do Código de Processo Civil, são suscetíveis de alegação antes do prazo para a impugnação ou para os embargos, na pendência destes e mesmo depois de transcorrido *in albis*. Não se trata de discutir a situação jurídico-material de um exeqüente cujo crédito se extinguiu nem de questionar a regularidade da formação do título executivo judicial, mas a validade da própria execução forçada – sendo por isso natural que tais questionamentos possam ser deduzidos e decididos no próprio processo questionado.[7]

Reportando-me ainda uma vez a Giuseppe Martinetto, lembro que todos esses temas são de ordem pública, adicionando eu agora que o direito positivo brasileiro dá ao juiz o poder e o dever de fiscalizar inquisitorialmente a observância de todos os requisitos dessa natureza, inclusive extinguindo *ex officio* o processo quan-

---

5. *Cfr.* minhas *Instituições de direito processual civil*, IV, n. 1.765, esp. p. 794.

6. Trato desde logo de ressalvar as hipóteses disciplinadas no art. 581 do Código de Processo Civil, nas quais a execução não deve ser instaurada e, se instaurada, não deve prosseguir quando ficar claramente comprovado o pagamento.

7. Só não se admite a dedução de tais defesas no curso da execução quando elas já tiverem sido deduzidas mediante os embargos ou impugnação, quer ainda pendentes, quer já julgados pelo mérito.

do algum deles não houver sido observado (CPC, art. 267, § 3º). Diante disso, seria inconvenientemente formalista a negativa de conhecimento dessa matéria quando suscitada na própria execução, em contraste com o dever judicial de conhecer dela com ou sem a provocação de quem quer que seja. O controle da existência ou inexistência de título executivo é plenamente possível e rigorosamente imperioso ao juiz, devendo por isso ser realizado a qualquer tempo ou fase da execução, sem preclusões – e esse é, na verdade, o fundamento que de modo mais sensível e veemente se compatibiliza com a defesa antes mesmo da penhora ou mesmo da citação e fora da formal impugnação ou embargos, porque o título é a base de tudo e execução alguma se legitima, sequer para começar e muito menos para prosseguir, se título não houver.

557. *regras sobre as objeções de pré-executividade*

Corresponde com a máxima fidelidade a essas idéias a espontânea implantação no processo civil brasileiro desse instituto que se convencionou chamar *objeção de pré-executividade*[8] e que consiste precisamente na oposição de resistências à execução, no próprio curso desta e sem o formalismo da impugnação ou dos embargos. Tal é realmente uma *objeção*, não uma *exceção em sentido estrito*, porque as exceções em sentido estrito dependem sempre de alegação pela parte e as objeções, não: chamam-se *objeções* as defesas das quais o juiz pode e deve conhecer de-ofício, embora tenham as partes a faculdade de formulá-las. Os fundamentos defensivos que por esse caminho comportam alegação situam-se todos na ordem pública e a possibilidade de serem conhecidos *ex officio* (CPC, art. 267, § 3º) é o mais vigoroso dos argumentos sistemáticos levantados em favor da admissibilidade das objeções de pré-executividade.

> Mas por que "*pré*-executividade"? O fato de se tratar de defesas a serem opostas antes de qualquer constrição judicial, consistentes em alegar a inexistência de requisitos para executar, não significa

---

8. Digo *espontânea* porque veio da iniciativa de advogados e aceitação pretoriana, sem necessidade de lei.

que se trate de uma executividade prévia, ou pré-executividade. Essa expressão é em si mesma incompreensível e melhor seria dizer *objeção de não-executividade* (Athos Gusmão Carneiro).

A teoria das exceções, ou objeções de pré-executividade cresceu e ganhou corpo na jurisprudência dos tribunais deste país, conquistando também espaço na doutrina, embora até hoje não se possa dizer que tenhamos chegado a um satisfatório grau de maturidade científica em relação a elas. A tendência a aceitá-las é muito grande mas falta ainda a firmeza de critérios bem definidos e solidamente estabelecidos; os tribunais ainda as aceitam ou rejeitam sem muita preocupação por uma coerência unitária em seus pronunciamentos, o que gera insegurança entre os operadores do direito e graves riscos para credores e devedores (*cfr.* a heterogênea casuística pretoriana cuidadosamente levantada por Paulo Henrique dos Santos Lucon[9]). Diante disso, para darmos alguns passos na busca daquela desejada maturidade, é indispensável tomar consciência de que (a) de um lado, a indulgente e exagerada liberalização abriria caminhos para abusos e indevidas paralisações da execução forçada, a dano da tutela jurisdicional efetiva e tempestiva, a que tem direito *o credor*; b) mas também o radical fechamento de portas à dedução de defesas na própria execução, sem os embargos e antes da penhora, seria um fator de riscos muito grandes de injustiças e truculências *contra o devedor*. De minha parte, havendo tomado tento dessa oposição entre forças antagônicas, procurei reproduzir e resumir alguns pensamentos já mais ou menos sedimentados na prática das objeções de pré-executividade, em busca de um equilíbrio capaz de evitar truculências sobre o executado mas sem afrouxar o sistema executivo a dano do exeqüente. Disse então:

> "nesse quadro de equilíbrio entre exigências antagônicas, a disciplina das objeções de pré-executividade deve compor-se dos seguintes pontos: a) elas são em tese admissíveis antes ou depois da realização do ato constritivo, não se subordinando, pois, à exigência de segurança do juízo; b) só podem versar matéria que compor-

---

9. *Cfr. Embargos à execução*, nn. 90-92, pp. 232 ss.

te exame *in executivis*, ou seja, matéria não privativa dos embargos à execução; c) não são admissíveis quando destinadas a repor em discussão as mesmas defesas já repelidas no julgamento dos embargos ou da impugnação do executado, ou pendentes de julgamento no processo dessas oposições; d) inversamente, estes não são admissíveis quando versarem matéria já apreciada a título de objeção de pré-executividade; e) só podem ser processadas quando não houver necessidade de dilações probatórias; f) não suspendem a execução e, portanto, não devem impedir a realização de atos constritivos".[10]

558. tornando ao caso:
a exceção rejeitada e os embargos depois opostos

O Banco que ora me consulta primeiro deduziu uma exceção de pré-executividade, que veio a ser rejeitada em dois graus de jurisdição. Depois veio a opor embargos àquela mesma execução e no presente momento indaga-me se a decisão final rejeitando sua *exceção de pré-executividade* teria ou não a eficácia de impedir ou de algum modo limitar a admissibilidade dos embargos agora pendentes.

Não. Tal é a resposta que dou e passo a dizer por que. Tudo quanto direi nos tópicos a seguir gira em torno dos limites da eficácia da decisão que rejeita a objeção de pré-executividade e do grau de firmeza atribuído pela ordem processual a essa eficácia.

559. sentença terminativa,
insuscetível de coisa julgada material

Tanto quanto os embargos agora pendentes, a exceção de pré-executividade rejeitada pela Justiça do Estado do Rio de Janeiro teve (a) por *fundamento central* a novação objetiva do contrato originariamente celebrado entre as partes, com a conseqüente supressão do título executivo representado pela cláusula novada e (b) *por pedido*, a extinção do processo executivo. Ora, à primeira vista poder-se-ia ter a impressão, falsa impressão, de que aquele

---

10. *Cfr. Instituições de direito processual civil*, IV, n. 1.796, esp. p. 853.

julgamento superior, rejeitando os fundamentos defensivos do ora consulente, fecharia portas ao manuseio de outra via de resistência pelos mesmos fundamentos e com o mesmo objetivo.

Só à primeira vista isso acontece, porém.

Aquela abertura para o conhecimento fora dos embargos de defesas admissíveis também no âmbito destes pode ter ou não ter, conforme o caso, a conseqüência de impedir a insistência do executado que, vencido na primeira tentativa, se lançasse à segunda, com o mesmo pedido e fundamentos coincidentes. A duplicidade de iniciativas não se admite, mas apenas quando o próprio julgamento proferido em primeiro lugar houver chegado ao fundo da matéria, ou seja, *quando o mérito tiver sido apreciado.*

Essas proposições chegam a parecer-me elementarmente óbvias, tendo em vista as limitações objetivas ditadas pela lei e pelo sistema à própria autoridade da coisa julgada material. Como é de comum sabença e está em lei expressa, só as sentenças de mérito são suscetíveis de coisa julgada e as terminativas, não. Pelo art. 468 do Código de Processo Civil a coisa julgada incide somente sobre a sentença que julgar total ou parcialmente *a lide*, sabendo-se que no linguajar desse Código *lide é o mérito* – "o projeto só usa a palavra *lide* para designar o mérito da causa", diz sua Exposição de Motivos. Por outro lado, seus arts. 28 e 268 autorizam expressamente a repropositura da demanda em caso de sentença meramente terminativa, o que significa que, como todos sabem, sentenças dessa ordem só podem ficar cobertas pela coisa julgada formal e nunca pela material. Tomo a liberdade de ainda uma vez reportar-me a escrito de minha própria autoria:

> "do objetivo de estabelecer segurança jurídica mediante a estabilização dos efeitos substanciais da sentença, decorre que só em relação às *sentenças de mérito* pode ocorrer a coisa julgada material. Toda sentença é suscetível de coisa julgada *formal*, bastando que se torne irrecorrível. Mas seria um absurdo lógico a afirmação de uma suposta estabilização dos efeitos externos de uma sentença que não os tem. Uma *sentença terminativa*, por não passar de decisão *sobre o processo*, exaure neste a sua eficácia e os efeitos que tem são com este sepultados, sem deixar marcas na vida das pessoas. Ao declarar

a ausência de algum pressuposto de admissibilidade do julgamento do mérito e por isso extinguir o processo, nenhuma afirmação ou negação a sentença faz sobre a pretensão trazida do mundo exterior nem impede que a demanda volte a ser proposta".[11]

Pois foi claramente *terminativa* aquela R. sentença que o MM. Juízo de primeiro grau proferiu e o E. Tribunal de Justiça confirmou, para rejeitar a exceção de pré-executividade oposta pelo ora consulente. De modo direto e claro disse o V. acórdão que "a tese do devedor demanda dilação probatória a ser efetivada em sede própria, por não ser evidente a alegada nulidade do título que ampara a execução, requisito necessário para a utilização da via processual escolhida". É elementarmente claro que a *sede própria* a que aludiu o E. Tribunal era e só poderia ser mesmo a dos *embargos do executado*, que efetivamente veio a ser utilizada pelo ora consulente. E a recusa à *via processual então escolhida* significa, em outros termos, que o E. Tribunal entendeu ser a exceção de pré-executividade instrumento inadequado à situação.

Tudo isso somado conduz à clara percepção de que o mérito da exceção de pré-executividade oposta pelo Banco não foi objeto de julgamento. Se o mérito não foi julgado, acontece o que acontece com qualquer outra ação quando lhe é negado o julgamento *de meritis*: a sentença é meramente terminativa e portanto incapaz de ficar revestida pela autoridade da coisa julgada material.

560. não havia o óbice da coisa julgada aos embargos opostos pelo consulente

Assentado que o julgamento final proferido na exceção de pré-executividade oposta pelo Banco teve natureza puramente terminativa e por isso não fica protegido pela *auctoritas rei judicatæ*, a conclusão natural e lógica é que os embargos depois opostos não encontram nesse julgamento empecilho algum à sua admissibilidade. É de absoluta irrelevância a circunstância de tais embargos terem fundamentos substancialmente coincidentes com

11. *Op. cit.*, III, n. 958, p. 311.

os daquela exceção, porque o ato judicial extintivo desta deixou bem claro que assim se decidia porque a via era inadequada e nada mais. Não disse se houve ou não houve a novação afirmada pelo Banco. Não afirmou nem negou que, mercê dessa novação, o título executivo ostentado pelo exeqüente existisse ou deixasse de existir. Em suma, o mérito da exceção de pré-executividade não foi apreciado e isso deixa portas escancaradamente abertas para a regular dedução daqueles mesmos fundamentos na *sede adequada*, ou seja, nos presentes embargos.

561. citação realizada na vigência da lei antiga

Como fui informado e já registrei, a instituição bancária que ora me consulta foi citada para a presente execução no mês de abril de 2002 e portanto antes da vigência da lei n. 11.382, de 6 de dezembro de 2006. Antes que se realizasse qualquer penhora opôs o Banco sua exceção de pré-executividade, a qual foi rejeitada pelo Poder Judiciário em ambas as instâncias a que se dirigiu. Depois, quando já efetivada a penhora e havendo sido intimado desta, o Banco voltou a deduzir resistência à execução que lhe é movida, agora pela via dos embargos do executado. Questiona-se, nesse quadro, (a) se a oposição de tais embargos foi tempestiva, considerando que aquela citação foi feita em um momento histórico no qual o prazo para embargar fluía "da juntada aos autos da prova da intimação da penhora" (CPC, art. 738, inc. I, red. ant.), ou (b) se aquela oposição foi intempestiva, porque segundo dispõe o direito agora vigente o prazo se conta "da data da juntada aos autos do mandado de citação" (art. 738, red. atual). Essa é uma questão claramente inserida no contexto do direito processual intertemporal, que portanto segundo as regras de direito intertemporal deve ser resolvida.

562. direito processual civil intertemporal: abordagem geral

Nada há de substancialmente diferente no trato intertemporal das normas processuais, em relação ao modo como são tratadas as de direito material que surgem na ordem jurídica. É corrente em doutrina a afirmativa de que as normas processuais têm *aplicação imediata* mas isso não significa que *retroajam* ou que possam atingir ou suprimir situações processuais consolidadas. Resguardar a estabilidade das situações consumadas é o claro objetivo da tríplice garantia contida no inc. XXXVI do art. 5º constitucional, o qual constitui, por sua vez, um culto ao valor político-constitucional da *segurança jurídica*. Aquele que já adquiriu um direito não ficará privado de seu *direito adquirido*, só porque a lei nova pretendeu excluir tal direito. Aquele que já foi tocado favorável ou desfavoravelmente por um ato jurídico inteiramente realizado e consumado segundo os cânones imperativos da lei anterior (*ato jurídico perfeito*) prosseguirá sob os efeitos desse ato ainda quando a lei nova traga novos preceitos pertinentes à hipótese. Retirar dessas garantias os atos realizados e consumados no processo seria restringir inconstitucionalmente aquela garantia constitucional, na qual não se contém qualquer restrição alusiva a eles.

> José Afonso da Silva: "uma importante condição da segurança jurídica está na relativa certeza que os indivíduos têm de que as relações realizadas sob o império de uma norma devem perdurar ainda quando tal norma seja substituída".[12]

Registram-se na história do direito processual civil intertemporal propostas de três critérios para a fixação da medida em que ao processo se aplica a regra da irretroatividade da lei nova. Pensou-se na preservação de *todo o processo* pendente quando da edição desta, de modo que ele haveria de prosseguir sob o império da antiga e assim chegar ao fim; mas essa solução foi descartada, porque consistiria em levar longe demais a garantia de irretroatividade, impedindo a aplicação de normas de ordem pública supervenientes.[13] Cogitou-se também de preservar somente a

---

12. *Curso de direito constitucional positivo*, 2ª parte, tít. VI, cap. II, nn. 18-21, pp. 433 ss.
13. Mas esse critério prevalece no tocante ao processo falimentar, uma vez que, pelo disposto no art. 192 da vigente Lei de Falências, sua disciplina "não se aplica aos processos de falência ou de concordata ajuizados anteriormente ao

fase procedimental em curso quando da alteração legislativa mas esse critério foi também prontamente excluído porque a divisão do procedimento em fases não está na lei e, por corresponder a conceitos puramente doutrinários, não seria capaz de oferecer parâmetros objetivos para sua aplicação. Chegou-se por fim ao critério do *isolamento dos atos processuais*, hoje de plena aceitação.

Por esse critério, hoje universalmente acatado, cada ato terá a eficácia que tiver segundo a lei do tempo em que houver sido ou vier a ser realizado, de modo que (a) todos os atos a serem realizados a partir da vigência da lei nova reger-se-ão pelo que esta dispuser, ainda que integrantes de fase procedimental já antes principiada, mas (b) os atos realizados antes terão toda e somente a eficácia que tivessem ao tempo em que foram realizados. Tal é o já referido *sistema do isolamento dos atos processuais*, que sustento na companhia de juristas altamente conceituados (Antônio Carlos Araújo Cintra e Ada Pellegrini Grinover).[14] Essa é uma reafirmação de tradicional regra de direito intertemporal segundo a qual *tempus regit actum*. Ressalto também: o que importa para a plena vigência da garantia constitucional da irretroatividade das leis é exclusivamente a preservação de situações jurídicas consumadas.

Aqui convém lembrar os seguros pensamentos lançados pelo grande Mestre Galeno Lacerda, o qual, levando em conta o estado em que se encontra o *iter* de constituição ou desconstituição de situações jurídico-processuais, conclui:

"quando a constituição estiver pendente, a regra será a aplicação imediata, respeitado o período de vigência da lei anterior". Mas "quanto aos efeitos da situação jurídica constituída, a norma é que a lei nova não pode, sem retroatividade, atingir os já produzidos sob a lei anterior". Inversamente, "a lei nova não pode atingir situações processuais já constituídas ou extintas sob o império da

início de sua vigência, que serão concluídos nos termos do Decreto-lei n. 7.661, de 21 de junho de 1945".
14. *Cfr.* Cintra-Grinover-Dinamarco, *Teoria geral do processo*, n. 45, esp. p. 106. *Cfr.* também, rigorosamente nesse sentido minhas *Instituições de direito processual civil*, I, n. 37, esp. pp. 102-103.

lei antiga, isto é, não pode ferir os respectivos direitos processuais adquiridos".[15]

Eis a fórmula básica.

Na relação jurídica processual, que é por definição dinâmica e evolutiva, situações novas se criam diante de cada ação ou omissão de seus sujeitos. Tais são os chamados *direitos processuais adquiridos*, tomada essa expressão no amplíssimo sentido tradicional indicador das situações já consumadas. Prevalece portanto em direito processual, como na ordem jurídica em geral, essa regra de equilíbrio reguladora da tensão entre a força da lei que chega e o respeito à *segurança das relações jurídicas preexistentes*, constitucionalmente assegurado. A freqüente alusão doutrinária a *situações jurídicas constituídas* prevalece também em direito processual intertemporal e, nesse contexto, falar em *direito processual adquirido* significa substancialmente levar em conta as situações processuais consumadas, cuja efetividade deve resistir à superveniência de lei processual nova. Também aqui importa preservar, no processo, os "efeitos já produzidos pelos fatos que a lei [*no caso, processual*] se destina a regular".[16]

563. *o termo inicial do prazo para embargar segundo a lei antiga e segundo a nova*

No direito precedente à vigência da lei n. 11.382, de 6 de dezembro de 2006, nas execuções por quantia o executado recebia citação *para pagar ou nomear bens à penhora* (CPC, art. 652, red. ant.). A citação executiva não tinha o efeito de dar início ao prazo para oferecer embargos porque o *dies a quo* era determinado, como já registrei, pela "juntada aos autos da prova da intimação da penhora" (CPC, art. 738, inc. I, red. ant.). Antes da penhora os embargos não eram sequer admissíveis (art. 737, inc. I). Depois mudou. Agora, que os embargos são admissíveis antes da penhora

---

15. *Cfr*. *O novo direito processual civil e os feitos pendentes*, cap. I, esp. pp. 12-13.
16. *Cfr*. Dinamarco, *A Reforma da Reforma*, nn. 18-19, pp. 50 ss.

(art. 736), a intimação desta deixa de influir na determinação do *dies a quo* do prazo para embargar, o qual é representado pela *citação*. "Os embargos serão oferecidos no prazo de quinze dias, contados da data da juntada aos autos do mandado de citação" (art. 738).

Passando à análise sistemática daqueles dispositivos velhos e novos e das mudanças assim ocorridas, vemos que o próprio modelo se alterou profundamente e se alteraram as eficácias dos diversos atos do processo executivo. A intimação da penhora, que hoje não tem o efeito de abrir o prazo para embargar, ontem tinha. Hoje a citação tem esse efeito mas não o tinha ontem. Então, atentos àquelas firmes e prestigiosas regras de direito intertemporal alinhadas acima (*supra*, n. 562), veremos que não se pode atribuir a uma citação realizada em abril de 2002 sob o império da lei de seu tempo a eficácia que àquele tempo a citação não tinha – a saber, a eficácia de atribuir desde logo ao executado o ônus de embargar, valendo como termo *a quo* do prazo para fazê-lo. Não se pode, em outras palavras, surpreender a parte, que recebera uma citação sem essa eficácia de abrir a fluência de um prazo, com a imposição de uma preclusão já consumada porque agora a citação tem tal efeito.

Tornamos com isso à lembrança da *mens* do veto constitucional à retroatividade das leis (Const., art. 5º, inc. XXXVI), que é o zelo pela *segurança jurídica* (José Afonso – *supra*, n. 562). Seria um ultraje à segurança jurídica tomar um ato realizado sob o império da lei anterior sem a eficácia de abrir prazo para embargar e, em um passe de mágica, dizer que, com a vigência da lei nova, esse ato passou a ter tal eficácia – com a conseqüência de que a partir dessa vigência os embargos passariam a ser inadmissíveis. Àquele que pautou sua conduta segundo a lei do tempo da citação e sabia que o prazo para embargar só fluiria da intimação da penhora (art. 738, red. ant.) dir-se-ia cinicamente que *Inês é morta* e agora ele deve resignar-se com o prosseguimento da execução instaurada e assim suportar a injustiça e ilegalidade contra as quais se vem batendo pela via adequada. Se se pensasse assim, *adeus* irretroatividade das leis e *adeus* devido processo legal!

O devido processo legal é irmão siamês da democracia e falar em *due process* equivale a falar em um *sistema de limitações ao exercício e imposição do poder pelos agentes estatais*, em nome de um valor mais elevado, que é a liberdade das pessoas, associado ao dever ético de respeitá-lo, superiormente imposto pela Constituição. É falar do respeito, politicamente indispensável, às liberdades, em nome dos valores inerentes à democracia. Diz a doutrina norte-americana que *due process of law* em sentido substancial é "a concept in U.S. and English jurisprudence that establishes *limits to the powers of government*, specifically against the arbitrary deprivation of life, liberty, or property".[17]

564. *conclusão: os embargos foram opostos tempestivamente*

No quadro da garantia constitucional do *due process* não tem o juiz o poder de impor ao executado a prevalência da lei nova com o efeito de lhe subtrair o direito, que tinha, a esperar pela intimação da penhora para só depois embargar. Essa limitação constitui um intransponível *landmark* que, se o juiz ultrapassar mediante uma interpretação inadequada da garantia da irretroatividade das leis, conduziria à inconstitucionalidade do que viesse a ser decidido (Const., art. 5º, inc. XXXVI). Conclui-se pois que os embargos foram tempestivamente opostos porque a afirmação de sua intempestividade faria parte de uma autêntica *armadilha* posta diante dos passos daquele que, pautando sua conduta pela lei do tempo, acabaria por sucumbir diante de uma surpresa imposta pelo advento da lei nova. E isso é tudo quanto a garantia constitucional da irretroatividade das lei visa a evitar.

565. *honorários da sucumbência: abordagem geral e o Estatuto da Advocacia*

Chamam-se honorários *da sucumbência*, como o nome indica, o valor a ser pago pela parte vencida (sucumbente) à vencedora, a título de reembolso pelo que presumivelmente haja despendido em remuneração ao profissional que o defendeu no processo.

---

17. *Cfr. Grollier encyclopedia*, verbete *due process*.

A chave de ouro para a solução de todas as questões relacionadas com os honorários postos a cargo da parte vencida reside no sábio postulado de Giuseppe Chiovenda, de que "la necessità di servirsi del processo per ottener ragione non deve tornar a danno di chi ha ragione".[18] Disse também o Mestre que "a condenação pelas despesas é a conseqüência necessária da necessidade do processo".[19] O processo tem sempre o seu custo e é natural que arque com ele o sujeito que lhe deu causa – ou porque propôs demanda sem ter razão, ou porque pôs quem tinha razão em situação de precisar ir a juízo para obter o bem que lhe é devido (*victus victori*).

É sobre esses pilares ético-econômicos que assenta o disposto no art. 20 do Código de Processo Civil, pelo qual "a sentença condenará o vencido a pagar ao vencedor as despesas que antecipou e os honorários advocatícios". Não se pagam honorários ao vencedor para expiar supostas culpas ou para enriquecê-lo mas para que o resultado econômico em favor daquele que tem razão seja integral e não desfalcado do valor despendido para remunerar o defensor. O que o vencido paga tem a finalidade única de pôr o patrimônio daquele na mesma situação em que estaria se o processo não tivesse sido necessário e ele tivesse obtido o reconhecimento de seu direito sem gastar pagando o advogado. Tal é o significado das insistentes lições doutrinárias sobre o tema, que não só ressaltam a *causalidade* como fundamento da condenação em despesas e honorários, como ainda a sua finalidade institucional de *reembolso* do que haja sido despendido.

Essas colocações sugerem que os honorários da sucumbência deveriam ser sempre destinados à parte vencedora, que presumivelmente despendeu dinheiro para pagar quem lhe propiciou a vitória, e não ao profissional da advocacia que, também presumivelmente, haverá sido reembolsado pelos serviços que prestou. No direito brasileiro o Estatuto da Advocacia contém todavia norma diversa, destinando esses honorários ao advogado e não à própria parte vencedora e, coerentemente, outorgando-lhe legitimidade para a cobrança desses honorários em juízo (art. 23).

18. *Cfr. Istituzioni di diritto processuale civile*, I, n. 34, esp. p. 147.
19. *Cfr. La condanna nelle spese giudiziali*, n. 172, esp. p. 176.

"Art. 23. Os honorários incluídos na condenação, por arbitramento ou sucumbência, *pertencem ao advogado*, tendo este *direito autônomo para executar* a sentença nessa parte."

Tal redação poderia insinuar uma linha diferente daquela que vem da doutrina, mas com relação ao presente caso não há qualquer interesse prático em buscar uma harmonização entre essas duas posições. Busquemos, sempre à luz daquelas lições doutrinárias, o significado das palavras contidas no art. 23 do Estatuto, que não primam pela boa técnica nem pela fidelidade aos conceitos.

566. entre um crédito e um direito de propriedade

Interpretemos de modo aceitável a afirmação, ali contida, de que os honorários da sucumbência "pertencem ao advogado". *Pertencer*, em direito e na linguagem comum, significa estar no patrimônio de alguém mediante uma relação de direito real de propriedade. Dizer que determinada coisa me pertence significa o mesmo que dizer que sou *dono* dessa coisa, sou seu *proprietário*. Mas, como é óbvio, os honorários impostos ao vencido só pertencerão ao advogado a partir de quando aquele os pagar ou de qualquer modo lhe for retirado o valor devido a título de honorários. Aí, sim, havendo o valor sido pago, seu *dono* passa a ser o advogado. Ser dono é ser titular de direito real da propriedade e, como todos nós devemos saber, um credor não é dono do dinheiro que alguém lhe deve. Antes de pagos, portanto, aqueles honorários não *pertencem* ao advogado, em uma relação de direito real. Antes de recebê-los, o advogado é somente titular de um *crédito* perante a parte sucumbente.

É essa a situação referente aos honorários da sucumbência que o advogado exeqüente está a cobrar do Banco. Com relação às causas em que este se saiu vitorioso e àquelas em que isso venha a acontecer, até que os sucumbentes paguem nada mais haverá do que um *crédito* do advogado perante eles. Estamos no campo do direito das obrigações, não ainda no do direito real de propriedade. Enquanto os sucumbentes não pagarem, o advogado é somente um credor, não um dono. Como credor, ele tem um "direito autônomo para executar", ou seja, ele tem legitimidade *ad causam* para a execução por aqueles créditos.[20] Mas ele é credor de quem? A quem moverá as execuções?

É acacianamente óbvio que ele é credor de quem deve os honorários, a saber, dos sujeitos que hajam sucumbido perante o Banco em pleitos judiciais. *Eles* foram condenados a pagá-los e, como também é para lá de óbvio, o constituinte vencedor (o Banco) é que não pode ser considerado devedor por aqueles honorários. A lei brasileira já foi bastante longe, ao atribuir ao advogado o direito a receber do vencido os honorários da sucumbência, mas seria um absurdo carregar ao constituinte vencedor uma *solidariedade com seu próprio adversário* – de modo que tivesse o advogado a liberdade de escolha entre cobrar os honorários da sucumbência ao vencido ou ao vencedor. Isso parece quase um delírio. A remuneração eventualmente devida pelo constituinte ao advogado constituído em caso de vitória são os chamados honorários *ad exitum*. Estes, sim, constituem uma obrigação do constituinte perante o advogado. Em relação a estes, sim, o advogado tem um crédito perante seu constituinte.

> Situação diferente, que no caso não ocorre, é a dos honorários sucumbenciais que já hajam sido pagos pela parte vencida diretamente à parte vencedora. Esses honorários, sim, pertencem ao advogado e não ao cliente. Há entre o advogado e tais verbas já pagas uma relação de direito de propriedade, sendo ele seu legítimo proprietário. Por isso, se o cliente os recebeu, terá o inegável dever de entregá-los àquele que é seu dono – ou seja, ao advogado.

567. legitimidade passiva dos sucumbentes, não do cliente

Assim como a outorga ao advogado de um *direito autônomo de execução* é natural decorrência de ser ele o credor pelos honorários da sucumbência (EA, art. 23), assim também a legitimidade *passiva* para tal execução será exclusiva dos sucumbentes, que são os devedores. É uma naturalíssima legitimidade ordinária,

---

20. *Cfr.* meu ensaio "Honorários advocatícios dos advogados empregados", nn. 351, 352 e 354, pp. 669 ss.

tanto quanto a legitimidade ativa do advogado, pois o que se espera é que em cada lado dessa relação figure um sujeito atuando em nome próprio para a defesa de interesses próprios.

Recuso-me a prosseguir nessa demonstração, de tão óbvia que é a situação e tão clara a ilegitimidade passiva do ora consulente para essa *execução por débitos alheios*.

568. sucumbências futuras e incertas: meras expectativas ou esperanças, não direitos

Um direito existe, ou seja, existe um *direito adquirido* quando todos os elementos de sua formação já estiverem presentes, ou todos os fatos constitutivos já hajam acontecido. Direito adquirido é, na palavra do mais autorizado civilista da história deste país, "direito incorporado ao patrimônio do indivíduo" (Clovis Bevilaqua).[21] Antes de se reunirem todos os *essentialia* o que existirá são somente expectativas ou esperanças. Direitos, não. Nem se podem fazer previsões de razoável confiabilidade, porque o futuro é incerto e só *a posteriori* será possível e será lícito avaliar a formação ou não-formação do direito.

Na lógica de meu raciocínio, isso que estou a dizer sequer seria necessário, porque excluo desde logo que o ora consulente seja titular passivo das obrigações decorrentes da sucumbência de seus adversários e, conseqüentemente, afirmo sua óbvia ilegitimidade para estar em juízo com relação a essas obrigações alheias. Mas, fosse quem fosse o devedor ou aquele a quem se move a execução, direi que àquele advogado-exeqüente falta não só o direito subjetivo de crédito, porque ainda não ocorreram todas as *sucumbências* que ele vem cobrar, como ainda lhe falece o interesse de agir. Como se sabe, e hoje isso constitui moeda corrente na doutrina brasileira, sem a *necessidade da tutela jurisdicional* não há interesse de agir. Quando se trata de um direito futuro, e máxime quando esse direito futuro não passa de uma expectativa (neste caso não se trata de direitos a termo), só se saberá se as providên-

---

21. *Cfr. Teoria geral do direito civil*, "Introdução", n. 14, p. 19.

cias do Poder Judiciário serão ou não necessárias quando chegar o tempo, todos os elementos do direito estiverem presentes e o devedor não cumprir. A ordem processual não trabalha com exercícios de futurologia. "Inexiste necessidade concreta da jurisdição enquanto a obrigação não estiver vencida; por enquanto é lícita ao obrigado a abstenção do adimplemento, pois o direito ainda não lhe exige qualquer prestação" – são palavras minhas, alinhavadas há mais de trinta anos e inspiradas em lições doutrinárias da mais nobre linhagem (Chiovenda, Liebman, Zanzucchi, Aldo Attardi).[22]

569. concluindo: o Banco não é devedor nem parte legítima para essa execução

O que disse neste capítulo conforta com folga as conclusões de que (a) os honorários da sucumbência impostos aos adversários do consulente não são objeto de um direito de propriedade do advogado, mas mero crédito; b) se de algum valor o exeqüente for credor, a obrigação pelos valores devidos será dos que sucumbiram perante o Banco, não deste, (c) daí decorre que, não sendo devedor, o Banco é parte ilegítima para a execução referente a tais honorários e (d) os honorários da sucumbência só poderão vir a ser devidos se e quando ocorrerem as sucumbências esperadas pelo advogado exeqüente, não podendo ser exigidos antes (ao Banco ou a quem quer que seja).

---

22. *Cfr.*, por todos, Dinamarco, *Execução civil*, n. 267, esp. p. 425, texto e nota n. 119 e *Instituições de direito processual civil*, II, n. 544, pp. 309-313.

XXXII – COMPETÊNCIA INTERNACIONAL E CONDIÇÕES DA AÇÃO MERAMENTE DECLARATÓRIA[1]

§ 1º – **introdução – o tema e a consulta** – 570. as partes, a demanda e os pedidos que contém – 571. os fundamentos dos pedidos: uma história de negócios entre empresas – 572. os temas processuais a desenvolver e os quesitos – § 2º – **ausentes o interesse de agir e a legitimidade ativa** – 573. a missão da ação meramente declaratória no quadro da função jurisdicional – 574. a ação meramente declaratória em sua feição específica: a dúvida objetiva e o interesse de agir – 575. a leitura adequada do art. 4º, inc. I, do Código de Processo Civil – 576. interesse-necessidade e interesse-adequação – 577. ausentes a necessidade e a adequação – 578. a motivação expressa na petição inicial: temor de insolvência – 579. alterando o enfoque: do interesse de agir à legitimidade *ad causam* – 580. legitimidade *ad causam*: noções conceituais e justificação da exigência – 581. manifesta ilegitimidade: nem legitimidade ordinária nem extraordinária – 582. nítida feição de uma ação coletiva, sem os requisitos para sua admissibilidade – 583. e a coisa julgada em face de terceiros? total inutilidade do julgado – § 3º – **incompetência da autoridade judiciária brasileira** – 584. as regras de competência internacional e sua justificação política – 585. passando ao caso em exame – 586. fato ocorrido ou ato praticado no país (CPC, art. 88, inc. III)? contratos celebrados na França – 587. obrigação a ser cumprida no país (CPC, art. 88, inc. II)? também não – 588. competência internacional e competência interna: esclarecimento – § 4º – **respostas conclusivas aos quesitos** – 589. essa ação declaratória é inadmissível – 590. nem legitimidade ordinária nem extraordinária – 591. a autoridade judiciária brasileira é incompetente

§ 1º – INTRODUÇÃO – O TEMA E A CONSULTA

570. *as partes, a demanda e os pedidos que contém*

São duas empresas integrantes do Grupo Rhodia movendo, perante a Justiça brasileira, uma demanda judicial a uma sociedade anônima francesa, constituída na França, lá sediada e regida pelas leis daquele país. Também uma das autoras é francesa como a ré,

1. Reprodução de parecer elaborado em dezembro de 2005.

sendo brasileira a outra litisconsorte ativa. As duas litisconsortes ativas denominam-se Rhodia Brasil Ltda. e Rhodia S.A. A ré, Sanofi Aventis.

Sou consultado pela ré, Sanofi Aventis.

A demanda proposta apresenta diversos pedidos, que comportam uma divisão em três tópicos, como a seguir descrevo:

I – o primeiro pedido contido na demanda inicial das autoras contém a pretensão a ver *"declarada a responsabilidade solidária da Ré perante terceiros*, na qualidade de antiga controladora integral das atividades desenvolvidas pela Rhodia-Brasil em Cubatão, pelas conseqüências dos atos praticados e fatos ocorridos até a data da transferência do controle acionário (1998)". Não especifica em concreto quais danos seriam esses nem individualiza os terceiros alegadamente atingidos por esses danos;

II – o segundo pedido é de declaração da "responsabilidade integral da Ré perante as Autoras, na qualidade de antiga e única controladora das atividades desenvolvidas pela Rhodia Brasil em Cubatão – ficando, assim, declarado às Autoras o direito de regresso por todas as quantias já despendidas ou que vierem a ser despendidas em função de atos praticados e fatos ocorridos até a data da transferência do controle acionário" *etc.*;

III – o terceiro veicula a pretensão de condenação da ré por danos decorrentes de alegada responsabilidade extracontratual, referentes a salários e encargos sociais, benefícios, exames médicos e laboratoriais, honorários periciais nos processos promovidos em face de Rhodia Brasil, consultoria e assistência técnica, consultoria jurídica e honorários advocatícios para a defesa da Rhodia Brasil nos processos relativos à contaminação, despesas processuais trabalhistas e despesas com manutenção de imóveis *etc.*, bem como por danos emergentes e lucros cessantes.

571. *os fundamentos dos pedidos: uma história de negócios entre empresas*

Tudo gira em torno de uma alegada responsabilidade da ora consulente, a francesa Sanofi Aventis, na qualidade de sucessora de Rhône Poulenc S.A., que no passado havia sido controladora da autora Rhodia Brasil, por danos ambientais e também por certos prejuízos suportados ou que viessem a ser suportados por esta. A petição inicial descreve uma sucessão de negócios societários, impertinentes para este parecer de processualista, mediante os quais certos passivos (ambientais ou não) teriam sido transferidos à também francesa Rhodia S.A., sustentando que no entanto restaram fora de qualquer disposição contratual certos outros passivos ali não enunciados – e consistentes em "indenizações a ex-trabalhadores, empregados, empreiteiros, prestadores de serviços, outras conseqüências eventualmente derivadas de contaminação difusa, desvalorização e custo de manutenção de imóveis" *etc*. A causa envolve aspectos jurídico-substanciais de natureza societária e de direito civil comum (responsabilidade extracontratual, direito de regresso) mas sou consultado, na qualidade de especialista em direito processual civil, porque a esses pontos se ajuntam outros, de natureza marcadamente processual, a cujo respeito o parecer discorrerá.

572. os temas processuais a desenvolver e os quesitos

Em si mesmo, o pedido de sentença meramente declaratória de uma responsabilidade solidária de Sanofi Aventis perante terceiros, e ainda sem a identificação desses terceiros nem dos danos a serem concretamente considerados, põe-se sob a crítica, que em capítulo específico farei, relacionada com o interesse de agir pela via da mera declaração. Qual o fator legitimante ostentado pelas autoras para assim agirem em juízo em nome próprio e na suposta defesa de terceiros? Como pedir a declaração genérica de uma responsabilidade por danos não especificados nem determinados no tempo (já que pleiteiam a abrangência de passado, presente e futuro), alegadamente suportados por pessoas também não identificadas? Estamos, como se vê, no campo das *condições da ação meramente declaratória*, carecendo de ação as autoras se uma delas faltar.

Visto pelo aspecto da *competência internacional*, qual o fator determinante da competência da autoridade judiciária brasileira para o julgamento desse pedido, ou seja, qual o ponto de ligação (*momento di collegamento* – Liebman) entre aquele pedido de declaração e o território brasileiro, suas instituições, sua população? A quem beneficiaria a procedência desse pedido? Qual a razão de ser e qual o significado da disposição contida no art. 88, inc. III, do Código de Processo Civil, no qual se fixa a competência internacional da Justiça do país para demandas fundadas em "fato ocorrido ou ato praticado no Brasil"? E qual aplicação teria aqui a regra de competência nacional para os casos em que "no Brasil tiver de ser cumprida a obrigação" (art. 88, inc. II)?

Em torno desses temas endereçou-me a empresa Sanofi Aventis a presente consulta, à qual responderei em parecer e que se consubstancia nos quesitos a seguir:

I – é admissível a ação meramente declaratória para o reconhecimento da responsabilidade solidária de Sanofi Aventis referente a danos não especificados, alegadamente causados a sujeitos não identificados?

II – têm as autoras, duas sociedades empresárias, legitimidade para estarem em juízo *em nome próprio* e em defesa de alegados direitos de terceiros não identificados?

III – tem o juiz brasileiro competência para essa causa?

Embora fosse sistematicamente mais adequado principiar pelo exame do caso concreto no plano da competência internacional – porque a negação desta exclui e prejudica o exame dos demais temas – razões ligadas à clareza da exposição levam-me a inverter essa boa ordem, respondendo aos quesitos na mesma seqüência em que foram formulados. Ficará mais fácil e fluente a exposição referente à competência internacional, quando feita após o exame minucioso da causa, de seu objeto, da real intenção das autoras e, conseqüentemente, do real interesse que seu resultado possa representar para as pessoas, o território ou as instituições do país.

§ 2º – AUSENTES O INTERESSE DE AGIR E A LEGITIMIDADE ATIVA

573. a missão da ação meramente declaratória no quadro da função jurisdicional

Na doutrina da ação meramente declaratória tem-se desde tempos bastante longevos a clássica lição de Adolf Wach, que a associa ao objetivo de *certeza do direito* e com isso assenta sua admissibilidade na existência de alguma crise jurídica capaz de pôr em dúvida a existência deste. Afirmando que "a certeza do direito tem o seu valor independente",[2] ele dá destaque à regra de associação da ação meramente declaratória às relações jurídicas (e, portanto, direitos)[3] para sobre essa base examinar o interesse à declaração à luz das ameaças que o direito possa estar sofrendo. Fala expressamente na *incerteza jurídica*[4] e diz que "a relação jurídica não é o direito objetivo mas a relação concreta de uma pessoa".[5] Eis o ponto. No momento em que se fizessem meras consultas ao Poder Judiciário e ele respondesse a elas, estariam os juízes declarando a existência ou inexistência de fatos ou a interpretar textos do direito positivo ou mesmo de cláusulas contratuais ajustadas entre as partes. Não é a isso que serve a ação meramente declaratória, não é a isso que serve a própria jurisdição institucionalizada no Estado.

Por isso, quer se trate de *crises de adimplemento, crise das situações jurídicas* ou mesmo de uma *crise de certeza*, esta suscetível de ser debelada pela sentença meramente declaratória, a tutela jurisdicional a ser dispensada pelo Estado-juiz dirige-se sempre a um caso concreto, ou seja, a uma dessas crises concretamente individualizadas em cada caso. O juiz, que não é um legislador, por isso mesmo não tem vocação ao genérico e abstrato nem à edição de preceitos destinados a se projetar no futuro à espera da ocorrência de casos capazes de serem assimilados às hipóteses

---

2. *Cfr. Feststellungsanspruch*, esp. p. 52.
3. *Op. cit.*, p. 96.
4. V. esp. p. 111.
5. *Cfr.* p. 95.

previstas. Essa missão é da lei. O juiz dispõe sobre fatos pretéritos ou relações jurídicas pretéritas ou presentes, não lhe sendo lícito deixar-se envolver no regramento de situações não-concretas que lhe sejam trazidas.

Eis por que, ao discorrer sobre os juízes como *law makers*, Mauro Cappelletti nega a assimilação da função daqueles à do legislador, pontificando: "o que faz com que um juiz seja um juiz e um tribunal seja um tribunal não é a sua não-criatividade mas (...) a conexão de sua atividade decisória com *cases and controversies* e, portanto, com as partes de tais casos concretos". É precisamente isso: *cases and controversies* são o material sobre o qual atua o juiz. No pensamento de Cappelletti, como se vê, o caráter concreto é da essência da função jurisdicional. Não é à-toa ou por acaso que o opúsculo onde tais pensamentos se encontram recebe uma denominação em forma provocantemente interrogativa, da qual já se infere intuitivamente a resposta negativa do autor: *Giudici legislatori?*[6]

A conclusão é, pois, que nem a ação meramente declaratória nem outra qualquer ação comporta julgamento *de meritis* quando não se referir a concretas situações jurídicas. Sem que haja uma relação jurídica definida em todos seus elementos, ou seja, em seu sujeito ativo, no passivo, no objeto específico e em sua própria natureza substancial, estamos fora do concreto e, pois, do campo de atuação jurisdicional do Poder Judiciário.

574. *a ação meramente declaratória em sua feição específica: a dúvida objetiva e o interesse de agir*

Vista agora em si mesma, a ação declaratória constitui o remédio, oferecido pela ordem processual, adequado para debelar crises objetivas de certeza, ou seja, para eliminar dúvidas lançadas por alguém sobre dada relação jurídica. Sem que haja alguém a afirmar uma relação que pretendo negar ou a negar uma que afir-

---

6. *Cfr. Giudici legislatori?*, n. 11, esp. pp. 64-65. A segunda peculiaridade do exercício jurisdicional, no trecho parcialmente transcrito acima, é a *imparcialidade* do juiz, associada à sua *independência*. Traduzi *corte* por *tribunal*.

mo, e sem que haja alguém atribuindo a uma relação um conteúdo diferente daquele que afirmo, faltar-me-ia um requisito indispensável à ação declaratória, que é o *legítimo interesse de agir*. Na lição autorizadíssima de Luigi Montesano, o elemento fornecedor do interesse de agir pela via meramente declaratória é representado pela "jactância, contestações ou comportamentos" contrários ao que espera a outra parte.[7] É esse o significado e a extensão do ensinamento de Alfredo Buzaid, como da doutrina em geral, de que tal espécie de tutela jurisdicional visa a debelar *dúvidas objetivas*, as quais não se confundem com meras *impressões subjetivas de dúvida*. A dúvida deve vir de fora, como dito, mediante comportamentos, omissões ou palavras de uma pessoa.[8] Vamos agora ao também clássico Celso Agrícola Barbi:

> "não é bastante que a incerteza se forme no espírito do autor; ela deve ser objetiva, isto é, ser uma dúvida séria, 'em condições de tornar incerta a vontade concreta da lei no espírito de qualquer pessoa normal', como quer Chiovenda, ou 'em face da opinião comum', como quer Zanzucchi. Além de objetiva, a incerteza deve ser jurídica, isto é, relativa a direitos e obrigações, e *atual, quer dizer, já existente e não apenas possível*".[9]

575. a leitura adequada do art. 4º, inc. I, do Código de Processo Civil

É à luz desses conceitos claríssimos e de universal aceitação que deve ser lido e entendido o art. 4º, inc. I, do Código de Processo Civil, portador da oferta de tutela meramente declaratória para quando se pretenda a "declaração da existência ou inexistência de relação jurídica". Dois elementos indispensáveis precisam sempre ser levados em conta na leitura da locução *relação jurídica*, ali contida.

---

7. *Cfr. Le tutele giurisdizionali dei diritti*, § 50, pp. 92-93.

8. *Cfr.* Alfredo Buzaid, *A ação declaratória no direito brasileiro*, nn. 162-163, pp. 262 ss. Ver ainda meu ensaio "Momento de eficácia da sentença constitutiva", n. 530.

9. *Cfr. Comentários ao Código de Processo Civil*, I, n. 48, p. 45.

O primeiro deles consiste na exigência de uma *concreta relação jurídica posta em dúvida*, não uma possível relação indefinida, ou um feixe de possíveis relações: tal é uma projeção da já examinada vocação do juiz e do Poder Judiciário ao concreto e específico – em contraposição à do legislador, que se volta ao genérico e ao abstrato (*supra*, n. 573).

O segundo elemento interpretativo de que não se pode prescindir no exame do art. 4º, inc. I, é o caráter objetivo da dúvida lamentada pelo autor – não sendo suficientes, como é notório e está na já referida lição de Buzaid, meras *impressões subjetivas de dúvida*.

576. *interesse-necessidade e interesse-adequação*

Isso que acaba de ser dito canaliza-se com docilidade ao conceito e à disciplina do interesse de agir, entendido este como *utilidade da tutela jurisdicional* e consistindo essa utilidade na capacidade de oferecer a um sujeito sensações ou situações mais favoráveis e mais felizes do que aquelas que ele vem a juízo lamentar. Como há tempo venho afirmando, a utilidade da tutela jurisdicional, ou interesse de agir, revela-se mediante dois utilíssimos indicadores que são (a) a concreta *necessidade* da intervenção do Estado-juiz, sob pena de ficar o sujeito fadado a resignar-se, recolhendo em si a sua pretensão e assim renunciar a tudo e (b) a *adequação* da tutela jurisdicional pretendida, a qual deve corresponder à situação processual ou jurídico-material lamentada. Esses são pensamentos que venho externando desde a primeira edição de minha primeira monografia, sendo de geral aceitação na doutrina brasileira atual e jurisprudência dos tribunais.[10]

Fixemo-nos inicialmente no *interesse-necessidade*. Há uma intuitiva razão para o Estado oferecer a tutela jurisdicional quando ela é o único caminho disponível para o sujeito obter o reconheci-

---

10. Refiro-me ao livro *Execução civil*, cuja primeira edição foi do ano de 1973 (v., agora, *Execução civil*, 8ª ed., nn. 261 e 264, pp. 416 ss.). Mais recentemente, reafirmo essas idéias *in Instituições de direito processual civil*, II, n. 544, pp. 309 ss.

mento ou satisfação do direito que efetivamente tiver, negando-a quando houver outros caminhos mais simples e naturais. É que, não tendo obstáculos a superar para o reconhecimento ou satisfação desse direito, o titular que vem ao Poder Judiciário estaria a provocar um antieconômico desperdício de atividades. Por que uma sentença dizendo que tenho tal direito, se o obrigado jamais o negou e jamais se negou a satisfazê-lo? Uma decisão acerca desse direito não seria capaz de acrescentar coisa alguma à situação existente entre as partes, uma vez que, com ela ou sem ela, o reconhecimento ou a satisfação seriam os mesmos. Por isso é que, para a ação meramente declaratória, exige-se a existência de uma dúvida que seja séria, que seja atual e, sobretudo, que seja *objetiva*. Se sonhei com uma recusa do obrigado, ou se simplesmente *temo* que ele não cumpra ou negue a obrigação, isso não passa de meras *impressões subjetivas de dúvida*; e as impressões subjetivas de dúvida, enquanto não se transpuserem ao mundo das relações intersubjetivas, deixam de ser um fato social incômodo e deixam de caracterizar um conflito objetivo a ser eliminado pelo exercício jurisdicional. Como também venho sustentando com extrema ênfase, o que caracteriza em primeiro plano o processo e a jurisdição é a missão de *eliminar conflitos para pacificar pessoas*.[11] Se nenhum conflito eclodiu, mediante aquela dúvida objetiva de que fala toda a doutrina, por que e para que o exercício da jurisdição? A necessidade da tutela jurisdicional é um conceito muito próximo ao de *utilidade*, que constitui a essência do próprio interesse de agir – tanto que os alemães dão a essa condição da ação o nome de *Rechtsschutzbedürfinis*, cujo significado é precisamente o de *necessidade de tutela jurídica*.[12]

E, agora, o *interesse-adequação*. Quando especificamos a crise jurídica legitimadora da tutela meramente declaratória, afirmando que ela é uma *crise de certeza*, estamos a descartar as outras possíveis crises, legitimadoras de outras espécies de tutela (crise de adimplemento e tutela condenatório-executiva, crise de situação jurídica e tutela constitutiva). Se meu devedor não me paga, pou-

11. *Cfr*: Dinamarco, *A instrumentalidade do processo*, n. 21, pp. 188-191.
12. *Cfr*: Schönke, "Rechtsschutzbedürfnis".

co importa se ele está ou não a proclamar que nada deve; ou, em outras palavras, não importa a existência ou inexistência de uma *dúvida*, bastando a mera omissão em pagar, na qual reside a crise de adimplemento, que tem por remédio a tutela condenatória. Essa será, no conhecidíssimo dizer de Francesco Carnelutti, uma *lide por pretensão insatisfeita* e não, como no caso das meramente declaratórias, *por pretensão contestada*. Existindo a insatisfação e pretendendo-se buscar a satisfação, eis o interesse à tutela condenatória, independentemente de qualquer ato de contestação. Mas, para se obter somente a declaração, dá-se precisamente o contrário: não importa o estado de insatisfação, mas também não se dispensa a contestação, ou seja, a *dúvida objetiva*. Estamos, como se vê, em plena seara da *adequação da tutela jurisdicional*, sem a qual qualquer autor carecerá da ação proposta.

577. *ausentes a necessidade e a adequação*

À luz dos conceitos até elementares lançados nos tópicos acima e em vista do conteúdo da petição inicial examinada, concluo que por dois aspectos as autoras carecem da ação meramente declaratória em análise, ou seja, daquela na qual pedem a declaração de uma genérica responsabilidade de Sanofi Aventis perante terceiros. Façamos separadamente o confronto dessa demanda com as regras e conceitos inerentes ao interesse-adequação e, depois, ao interesse-necessidade.

Interesse-adequação. Elas pedem, como foi acenado de início, que em sentença meramente declaratória o Poder Judiciário reconheça ser a ré solidariamente responsável perante terceiros em geral "pelas conseqüências dos atos praticados e fatos ocorridos até a data da transferência do controle acionário" (pedido, letra *a*). Indo aos fundamentos da demanda, vê-se a menção das autoras aos danos ambientais ocorridos no município de Cubatão, em virtude dos quais a unidade industrial da Rhodia Brasil ali localizada veio a ser interditada por ordem judicial. Contam a história das providências encetadas com vista à recomposição ambiental, discorrem no plano puramente jurídico e abstrato sobre certos conceitos fundamentais, como "a responsabilidade ambiental no Brasil" (item 5), "a responsabilidade objetiva na modalidade risco integral" (item 5.1), "os sujeitos da responsabilidade ambiental" (item 5.2), "a solidariedade" (item 5.3) – mas não fazem a descrição dos concretos danos a serem reparados nem dos individualizados sujeitos a ser prestada uma reparação. Torno, a propósito, ao que acima foi dito com sólido apoio nas reflexões do incontestável Mauro Cappelletti: o Poder Judiciário não tem vocação ao genérico ou ao abstrato, sendo essa, segundo o saudoso líder da Escola de Florença, a mais profunda nota distintiva entre o juiz e o legislador; a jurisdição trata com casos concretos e emite preceitos concretos referentes a cada um desses casos (*supra*, n. 573). E, mais especificamente, a tutela meramente declaratória foi concebida e está oferecida no art. 4º, inc. I, do Código de Processo Civil, para que sobre uma concreta relação jurídica se pronuncie o Poder Judiciário, declarando soberanamente sua existência, inexistência ou modo-de-ser; julgada procedente a ação declaratória positiva, ao credor é dada a certeza, que antes não tinha, de ser realmente credor, bem como uma outra certeza, a de saber qual a natureza e qual o valor de seu crédito. Isso é tratar com casos concretos. Mas, como exposto, o que as autoras querem nada tem de concreto, faltando-lhes por isso o requisito do interesse-adequação e, portanto, carecendo elas da ação declaratória proposta.

> Qual seria o resultado prático dessa ação declaratória, se fosse julgada pelo mérito e fosse procedente? Algum terceiro, afirmando-se lesado pelas atividades da ré, estaria assegurado quanto ao direito a receber desta um valor ressarcitório referente ao dano concreto que depois descrevesse? E quais terceiros seriam os que supostamente viessem a ser contemplados com a vaga declaração pedida pelas autoras? Cada sujeito que se afirmasse tal precisaria ainda vir a juízo, alegar sua condição de lesado, descrever o dano sofrido e pedir o reconhecimento judicial de um direito a ser ressarcido – sempre com a possibilidade de lhe responder o juiz que ele não é um lesado, ou que o ato descrito não foi lesivo. A sentença pedida pelas autoras seria praticamente inútil. E adiante, com o protesto de a seu tempo desenvolver um pouco mais essa reflexão, que a petição inicial das autoras me dá a impressão de se posta-

rem elas como verdadeiras portadoras de uma suposta *legitimidade adequada* para a defesa de titulares de direitos individuais homogêneos; em outras palavras, vejo na demanda que promoveram algo como se fosse uma *ação coletiva*, proposta por quem não tem legitimidade para ela.

578. *a motivação expressa na petição inicial: temor de insolvência*

Em um passo da petição inicial lê-se algo que, se for devidamente considerado, reconfirma a ausência de uma razão legitimadora do apelo ao Poder Judiciário como meio indispensável para o reconhecimento da responsabilidade de Sanofi Aventis e satisfação de eventuais direitos das autoras perante ela. Refiro-me a uma passagem do item 4 dessa petição, onde está dito:

> "buscam prevenir que, com o passar do tempo, a Ré, transferindo seus ativos para outro ramo de atividades, em que é inconveniente a identificação de sua imagem com gravames ambientais e à saúde, continue se afastando de sua inegável responsabilidade pelos atos praticados e ocorridos no Brasil, ou tentando diluí-la".

Leio esses dizeres como a manifestação de um temor por uma futura *insolvência* da ora consulente. Na lógica das autoras, ali expressa, "a pertinência e oportunidade da ação" (ou seja, dessa ação que propuseram) constituiria decorrência do temor assim manifestado, o qual as teria levado a vir a juízo com aquela demanda assim tão ampla e genérica e sem apoio em uma real dúvida objetiva. Como se sabe, porém, questões relacionadas com uma possível queda em insolvência comportam em direito outros remédios e não esse. Uma dissipação de bens é obstada, quando houver título executivo, pela medida cautelar de arresto (CPC, art. 813, inc. II). Não havendo título mas havendo fundado receio, caberia o *protesto contra alienação de bens* (arts. 867 ss.) e, em situações mal tipificadas mas presente algum grave risco, seria até admissível uma medida cautelar inominada, capaz de impedir a dissipação de bens e conseqüente fuga à responsabilidade patrimonial. A ação declaratória com essa grande carga de genérica normatividade, como esta que as empresas Rhodia propuseram, certamente não constitui o remédio adequado para esse temor que alegam.

579. *alterando o enfoque:*
***do interesse de agir à legitimidade* ad causam**

Certamente os qualificados leitores já se aperceberam de que muito falei sobre o interesse-necessidade e o interesse-adequação faltantes às autoras na situação aqui em exame, muito disse sobre os modos adequados para a preservação de seus direitos, mas só ligeiras referências fiz a algo muito relevante: as supostas obrigações cuja declaração pedem assim de modo genérico e abstrato não são obrigações perante elas, mas perante terceiros. Como vêem, estou a introduzir o tema da legitimidade *ad causam*. Teriam elas a adequada qualidade jurídica para promover em juízo a defesa de terceiros inominados e não identificados, à moda do que fazem o Ministério Público e associações nas ações coletivas?

Obviamente, não.

Estamos, como se vê, diante de profundas distorções, seja em relação ao próprio instituto da ação meramente declaratória, seja em relação à legitimidade para propô-la.

580. *legitimidade* ad causam:
noções conceituais e justificação da exigência

Em uma primeira aproximação, segundo conhecida lição lançada por Liebman e apoiada por Alfredo Buzaid, a legitimidade *ad causam* consiste na *pertinência subjetiva ativa e passiva da ação*.[13] Essa conceituação é ainda muito vaga, mas já na obra do antigo professor da Universidade de Milão colhemos algo mais concreto, quando ele diz: "o problema da legitimação consiste em individualizar a pessoa a quem pertence o interesse de agir (e,

---

13. *Cfr.* Liebman, *Manual de direito processual civil*, I, n. 74-B, p. 208; Buzaid, *Do agravo de petição*, n. 39, esp. p. 89.

pois, a ação) e a pessoa com referência à qual ele existe".[14] Manifestando-me sobre o tema, propus conceituar essa condição da ação como "qualidade para estar em juízo, como demandante ou demandado, em relação a determinado conflito trazido ao exame do juiz", esclarecendo que "ela depende sempre de uma necessária *relação entre o sujeito e a causa* e traduz-se na relevância que o resultado desta virá a ter sobre sua esfera de direitos, seja para favorecê-la ou para restringi-la".[15] Em suma: tem legitimidade ativa para uma causa o sujeito que em tese poderá vir a se beneficiar juridicamente dos efeitos da tutela jurisdicional pleiteada; e tem legitimidade passiva aquele que, também em tese, possa sofrer algum impacto desfavorável em sua esfera jurídica.

Dando mais um passo rumo a uma noção ainda mais concreta e palpável de legitimidade *ad causam*, venho apoiando um pensamento que teve muita força na doutrina italiana de mais de meio século atrás, consistente em apontar essa condição da ação como mero destaque de uma outra, que é o *interesse de agir*. Tomo aqui a liberdade de transcrever um trecho da obra em que sustentei essa idéia, *verbis*:

> "em rigorosa técnica processual, a legitimidade *ad causam* insere-se no âmbito do interesse de agir porque *sua falta traduz-se em ausência de utilidade do provimento jurisdicional*. Ainda que tenha legitimidade, o autor pode carecer do direito de ação se por outro motivo esse provimento não for apto a proporcionar-lhe utilidade, como no exemplo do *writ* concedido quando o concurso já se realizou; mas, se a medida for postulada por outra pessoa, já se sabe de antemão que a tutela jurisdicional será inútil, dispensada a perquirição relativa a outros elementos. A ilegitimidade *ad causam* é, assim, um destaque negativo do requisito do interesse de agir, cuja concreta ocorrência determina *a priori* a inexistência deste".[16]

E concluo esse pensamento, dando realce ao que acima já foi dito em outras palavras e aqui reconfirmo, a saber: o que dá razão

---
14. *Id., ib.*
15. *Cfr.* Dinamarco, *Instituições de direito processual civil*, II, n. 545, p. 313.
16. *Op. cit.*, n. 546, pp. 314-316.

de ser ao requisito da legitimidade *ad causam* em todo sistema processual é a *utilidade* que o provimento jurisdicional esperado possa proporcionar a quem vier a juízo, excluindo-se logo *a priori* essa utilidade quando o autor ou o réu for parte ilegítima.

581. manifesta ilegitimidade: nem legitimidade ordinária nem extraordinária

Mais não preciso dizer, na demonstração da ilegitimidade *ad causam* ativa ocorrente no presente caso. Sem mais falar da impropriedade da tutela meramente declaratória para os fins desejados pelas ora autoras, lanço agora o foco sobre o fato de estarem elas postulando algo *em benefício alheio e não próprio*. Fazem-no em nome próprio, aparecendo elas como autoras e não como representantes de quem quer que seja. Mas não seriam elas, senão os terceiros, os titulares das obrigações que imputam à consulente – donde a perceptível não-coincidência entre aquelas que figuram como demandantes de uma tutela jurisdicional e aqueles que seriam os beneficiários dessa tutela.

Não me passa despercebido que, havendo discorrido sobre a responsabilidade ambiental solidária e depois pedido a declaração da "responsabilidade solidária da ré perante terceiros", na realidade estão as autoras a *propor um salto*, chamando a ora consulente à responsabilidade com vista a uma futura repartição de encargos. Estão confessadamente pensando em preparar uma futura estratégia, querendo para tanto que Sanofi Aventis seja desde logo reconhecida como devedora solidária e, assim, queimar a etapa da discussão da solidariedade na sede apropriada.

> Transcrevo um expressivo trecho da réplica das autoras: "ao contrário do afirmado na contestação, não se formula pedido para favorecer terceiros, mas as próprias rés, que verão sua responsabilidade compartilhada, nos termos da lei ambiental".

Talvez elas pretendam também desviar o foco de possíveis ações coletivas ou individuais que ainda venham a ser propostas, para que os entes legitimados ou os sedizentes lesados se voltem contra a ora consulente e não contra elas (dizem: "(...) sendo possível à vítima escolher em face de quem pretende demandar").

Talvez ainda seja seu objetivo preparar futuras ações regressivas em face de Sanofi Aventis – hipótese essa alimentada pelo fato de haverem discorrido sobre o *direito de regresso em matéria ambiental*. O fato é que esta não é a via adequada para nada disso que elas querem. Laboram sobre hipóteses, conjecturas ou suposições, antecipando uma iniciativa que só caberia se e quando tais ações viessem a ser propostas. Repito que a tutela declaratória não se presta à hipotética afirmação ou negação de relações jurídicas possíveis e não perfeitamente identificadas na demanda e na sentença. O Poder Judiciário não é um órgão de consulta nem deve responder a indagações abstratas.

E as autoras seriam legítimos *substitutos processuais* daqueles terceiros indeterminados e inominados? Está claríssimo que não, sendo notório que, a teor do art. 6º do Código de Processo Civil, "ninguém poderá pleitear em nome próprio direito alheio, salvo quando autorizado por lei"; e é também patente que lei alguma autoriza as autoras nem alguém que esteja na condição em que elas estão, a postular em juízo em prol daquela universalidade de terceiros.

Está portanto muito claro que, seja pela óptica da legitimidade ordinária, seja pela da extraordinária, ou substituição processual, as autoras não são os sujeitos qualificados pela ordem jurídica para estarem em juízo em defesa de relações jurídicas das quais não são titulares (falta de legitimidade ordinária) e sem que uma lei ou alguma fortíssima razão jurídica as qualificasse extraordinariamente para tanto (legitimidade extraordinária).

Também pelo aspecto do requisito da legitimidade *ad causam*, portanto, carecem as empresas Rhodia da ação que vieram propor.

582. nítida feição de uma ação coletiva, sem os requisitos para sua admissibilidade

Como adiantei, põem-se as autoras em uma suposta condição de *representantes adequados* e propõem uma demanda com toda a dimensão e características de uma *ação coletiva*. Digo isso porque (a) em primeiro lugar, assumem a condição de alguém que postula em benefício de uma universalidade de possíveis titulares de supostos *direitos individuais homogêneos* perante a ora consulente e (b) por outro lado, querem uma autêntica *sentença genérica*, que fixe de modo abstrato uma responsabilidade sem ainda identificar os beneficiários e sem determinar o valor da indenização que poderia ser devida a cada um. Que falta para enquadrar-se essa demanda no modelo das ações coletivas disciplinadas pelo direito brasileiro?

Carecem as autoras, obviamente, de *legitimidade* para essa defesa genérica, como aquela que a lei outorga ao Ministério Público e associações – sendo para lá de óbvio que meras empresas, pessoas jurídicas de direito privado e com fins lucrativos, não são portadoras de representatividade adequada para tanto. A locução *representatividade substancial*, que se emprega no trato da substituição processual, revela um conceito bastante amplo, residente mesmo no plano do direito material e dos fundamentos mais profundos de seus institutos, equivalendo ao que, na teoria das *class actions*, a doutrina norte-americana denomina *adequacy of representation*. Estamos agora a falar em pessoas que, por sua posição no seio de dada entidade grupal, reúnem condições para defender os direitos do próprio grupo ou os seus interesses – sem pensar ainda nas configurações técnico-processuais das vestes a serem assumidas por aquele que reúna tais condições. Representante adequado é, nesse prisma, apenas o sujeito capaz de "exprimir os anseios da categoria" (Pedro da Silva Dinamarco[17]). E assim é que, sem serem portadoras de uma legitimidade adequada e por isso mesmo não recebendo da lei qualquer autorização para a defesa dos interesses daqueles terceiros, as empresas Rhodia jamais poderiam ser reputadas partes legítimas para essa causa. Não têm legitimidade ordinária em relação ao primeiro de seus pedidos (fls. 49, letra *a*), porque nada pleiteiam para si; não têm legitimidade extraordinária porque a lei não as constitui substitu-

---

17. *Cfr. Ação civil pública*, n. 10.6, esp. p. 135.

tos processuais dos possíveis lesados. E não são, no plano institucional ou político-social, um *representante adequado*.

A propósito desses temas tomo a liberdade de sugerir ao leitor o exame de meu escrito "Sociedades anônimas e legitimidade dos minoritários – questões processuais", contido neste mesmo volume (*supra*, esp. nn. 390 ss.).

Sem ser uma ação coletiva, essa réplica de ação coletiva não poderá jamais produzir em prol de uma universalidade de possíveis lesados aquele título (sentença genérica – CDC, art. 95) que, no sistema da tutela coletiva, autorizaria cada um a vir a juízo com seu pedido individual de liqüidação destinado a defini-lo como sujeito concretamente lesado e fixar-lhe o *quantum* a receber (CDC, art. 97). Também não escapará aos qualificados leitores que estou somente a praticar um acaciano exercício do óbvio, mas compreendam que às vezes a *lógica do absurdo* é o melhor caminho para desvendar realidades que se encontram obscurecidas em meio a situações mal definidas em escritos, falas ou pronunciamentos menos claros. Ao dizer que vejo no caso uma réplica de ação coletiva, destacando também a indiscutível inadmissibilidade desse remédio processual pelo modo como vem sendo postulado, quis somente enfatizar a ilegitimidade ativa das autoras – as quais não são, nem ordinária nem extraordinariamente, legitimadas á causa que puseram perante o Poder Judiciário.

583. *e a coisa julgada em face dos terceiros?*
total inutilidade do julgado

Em arremate ao presente capítulo observo que, não sendo as autoras representantes dos terceiros, possíveis lesados, e não as qualificando a lei como substitutos processuais, o que viesse a ser decidido entre elas e a consulente não poderia jamais vincular os supostos lesados, que não foram partes no processo. No caso de ser julgado improcedente aquele pedido referente a terceiros entraríamos em um desconfortável dilema, porque: a) impor a estes a autoridade da sentença de improcedência constituiria uma brutal infração à regra da limitação subjetiva da coisa julgada às partes, contida no art. 472 do Código de Processo Civil, bem como descaso às profundas raízes democráticas dessa limitação; b) não lhes impor essa autoridade, deixando os terceiros livres para postular a responsabilidade da ora consulente equivaleria a reduzir a *pó de nada* os resultados do processo e fadar os órgãos judiciários a uma atividade rigorosamente inútil. Esse é o fundamento maior e substancial da imposição da legitimidade *ad causam* como indispensável pressuposto do julgamento do mérito.

§ 3º – INCOMPETÊNCIA DA AUTORIDADE JUDICIÁRIA BRASILEIRA

584. as regras de competência internacional e sua justificação política

Como é notório, o Código de Processo Civil descreve, em uma enumeração rigorosamente taxativa, as hipóteses em que reputa competente o Poder Judiciário brasileiro, sendo essa competência exclusiva em alguns casos (art. 89) e, em outros, concorrente com a de outros países (art. 88). Ao estabelecer essas limitações, a lei "não o faz por altruísmo ou necessariamente em nome das boas relações internacionais, mas movido por três ordens de razões, que são (a) a impossibilidade ou grande dificuldade para cumprir em território estrangeiro certas decisões dos juízes nacionais, (b) a irrelevância de muitos conflitos em face dos interesses que ao Estado compete preservar e (c) a conveniência política de manter certos padrões de recíproco respeito em relação a outros Estados. A *conveniência* do exercício da jurisdição e a *viabilidade* da efetivação de seus resultados são os fundamentais critérios norteadores das normas de direito interno sobre competência internacional".

Essas palavras, que disse em sede doutrinária,[18] são confessadamente inspiradas naquilo que ensina o mais prestigioso dos estudiosos do direito processual civil internacional, Gaetano

---

18. *Cfr.* ainda minhas *Instituições de direito processual civil*, I, n. 133, pp. 342 ss.

Morelli. Como ensina, embora fosse abstratamente concebível o exercício ilimitado da jurisdição por determinado Estado, a realidade mostra um conjunto de razões que, somadas, ditam limitações a esse exercício no plano internacional: a existência de outros Estados soberanos, o respeito a convenções internacionais e *razões de interesse do próprio Estado*.[19] Isso nos remete a um binômio de critérios, representado (a) pela *viabilidade*, porque tem o legislador a consciência de que, com referência a certos litígios, seria inútil o exercício da jurisdição pelos juízes do país, não passando de uma vã afirmação de poder porque a sentença aqui proferida jamais seria observada pelas autoridades do país onde comportaria execução (p.ex., sentenças relativas a direitos sobre imóvel situado no exterior); b) pela *conveniência*, porque não se justificaria o exercício da jurisdição, com despesas e dispersão de atividades, com referência a causas que não digam o menor respeito ao território do país, à sua gente ou às suas instituições (Cintra-Grinover-Dinamarco).[20] O critério da conveniência está presente nas disposições contidas nos arts. 88 e 89 do Código de Processo Civil e o da viabilidade dá corpo a certas regras negativas (ou de exclusão), não contidas no Código mas observadas na convivência internacional (tratados, costumes internacionais).[21]

Da aplicação dessas regras positivas e negativas resulta aquele rol taxativo contido nos arts. 88 e 89 do Código de Processo Civil, havendo Liebman ensinado há mais de meio século que a lei nacional deve fazer "uma *determinação direta* da extensão da jurisdição do próprio país, dispondo expressamente quais são as causas a ela sujeitas, excluindo, portanto, implicitamente, todas as outras".[22] E a lei nacional brasileira fez essa determinação direta naqueles dois artigos do Código de Processo Civil, os quais devem ser lidos como portadores de enumerações taxativas.

19. *Cfr. Diritto processuale civile internazionale*, n. 44, p. 87.
20. *Cfr. Teoria geral do processo*, n. 75, p. 156.
21. *Cfr.* Morelli, *op. cit.*, n. 47, pp. 96-97; Dinamarco, *Instituições de direito processual civil*, I, nn. 133-136, pp. 342 ss.
22. *Cfr.* "Os limites da jurisdição brasileira", p. 12.

585. passando ao caso em exame

Dediquemo-nos agora a verificar qual das normas positivas de competência nacional aplicar-se-ia ao caso – ou, mais precisamente, àquela causa representada pelo pedido de genérica declaração de uma responsabilidade de Sanofi Aventis perante terceiros. *Commoditatis causa*, deixemos de lado as hipóteses de réu domiciliado no Brasil, causa envolvendo imóvel aqui situado, inventários, partilhas *etc.* (arts. 88, inc. I, e 89, incs. I-II), de manifesta inadequação ao caso. Fixemos as atenções, pois, na competência concorrente da Justiça brasileira (a) em relação a obrigações que aqui devam ser cumpridas e (b) para as ações originadas "de fato ocorrido ou ato praticado no Brasil" (art. 88, incs. II-III).

586. fato ocorrido ou ato praticado no país (CPC, art. 88, inc. III)? contratos celebrados na França

O fundamento da pretensão das empresas Rhodia, ou sua *causa petendi*, não são os danos pelos quais querem que responda a consulente Sanofi Aventis, mas os ajustes negociais de natureza societária celebrados em outro país. Elas sustentam a responsabilidade da ora consulente como conseqüência do que naqueles negócios está, ao afirmarem que eles "não englobaram todos os aspectos da responsabilidade ambiental" e que o passivo ambiental e outras contingências "não foram objeto dos acordos celebrados" – para depois concluir que é "esta ação para obter indenização pelas verbas não previstas nesses contratos".

Diante disso, se aquele pedido reunisse condições para o julgamento *de meritis*, ou seja, se as autoras não carecessem dessa ação declaratória, o que se decidisse não teria por fundamento fato ocorrido ou ato praticado no país, mas os *resultados da interpretação daqueles contratos*. Se tal demanda fosse julgada procedente, ela o seria não porque os fatos ocorreram, porque foram danosos *etc.*, mas porque a genérica responsabilidade constituiria o reflexo da vontade das partes, manifestada nos três aludidos negócios jurídicos segundo a interpretação que se desse a estes.

Essa reflexão é confortada pela explícita assertiva, contida na réplica das autoras, de que se trata "de pretensão oriunda da relação jurídica existente entre os obrigados solidários" – o que reconfirma que ela não é oriunda de eventuais ilícitos praticados ou danos ocorridos no país. Além disso, empenham-se elas em pôr em discussão "a lesividade do negócio", ou seja, a lesividade daqueles ajustes dos quais se origina sua demanda.

Por outro lado, a sentença que julgasse procedente tal *petitum* não produziria efeitos diretos no Brasil, sobre seu território, sobre sua população, sobre suas instituições, porque somente valeria para municiar as autoras da possibilidade – expressamente consignada na petição inicial – de se voltar depois contra Sanofi Aventis, em ação regressiva, para fazer valer seu alegado direito substancial de regresso.

Lançando olhares aos termos do dispositivo legal em exame (CPC, art. 88, inc. III), vemos que "os fatos ocorridos ou atos praticados no Brasil", ou seja, os danos eventualmente sofridos pelo ambiente ou por indivíduos, compareçam *só incidentemente* na redação da petição inicial das empresas Rhodia. Nesse processo assim instaurado, eles não serão objeto de qualquer conhecimento do juiz, ao qual não cumprirá, *nesse processo*, verificar se ocorreram, se houve culpa, se Sanofi Aventis ou as próprias autoras têm ou não responsabilidade objetiva em relação a cada um deles, qual teria sido o montante do prejuízo que cada um suportou *etc. Toda a atividade intelectiva do juiz centrar-se-á nas disposições contratuais ajustadas entre as partes*, cuja interpretação lhe fornecerá o norte para a conclusão a ser enunciada em sentença.

E qual juiz será esse?

Do art. 88, inc. III, do Código de Processo Civil, decorre certamente que não seja o brasileiro, porque essa causa não se origina de acontecimentos registrados no território deste país, os quais não integram sua *causa petendi* nem o objeto do conhecimento do juiz no presente caso – mas dos contratos celebrados na França. O que acabo de dizer conta com apoio na respeitadíssima doutrina do clássico Helio Tornaghi, segundo o qual, para a determinação da competência do juiz brasileiro "a causa de pedir deve ter ocorrido no Brasil. Nisso pode resumir-se o inciso III".[23] Eventuais *fatos acontecidos no Brasil* só passarão a ser considerados em algum processo futuro, não nesse.

587. obrigação a ser cumprida no país (CPC, art. 88, inc. II)? também não

Partamos de uma premissa absolutamente segura, a saber, a de que as empresas Rhodia não vieram ao processo por um altruístico empenho em buscar tutelas jurisdicionais para os possíveis lesados de Cubatão. Formalmente, seu *petitum* é de declaração de uma responsabilidade perante eles, mas sejamos realistas. O que lhes interessa – e foi expressamente dito em trecho de sua réplica que o parecer já transcreveu – é a diluição de sua própria responsabilidade mediante a intromissão de um devedor solidário com quem possa depois *compartilhar prejuízos*. Como disse, essa impressão é também fortemente alimentada pelo fato de haverem elas dedicado páginas de sua petição inicial não só ao tema da responsabilidade solidária, mas também (e de modo muito significativo) ao de um seu possível direito de regresso – que, notoriamente, é um dos efeitos da solidariedade. Disseram textualmente, invocando conhecidas regras de direito privado (CC, arts. 283 e 285):

> "àquele que arcar com a integralidade do dano caberá o direito de regresso contra os demais co-responsáveis, na medida da participação de cada um no resultado".

Isso deixa muito claro que, se sua pretensão pudesse ser objeto de apreciação pelo juiz brasileiro, se chegasse ao julgamento *de meritis* e pelo mérito viesse a ser acolhida, o resultado seria um crédito das autoras perante Sanofi Aventis, sem qualquer acréscimo ou diminuição ao patrimônio do universo de lesados; e o crédito que assim tivessem, a título de direito de regresso, não seria exigível em território brasileiro mas no francês. Aquelas

---

23. *Cfr. Comentários ao Código de Processo Civil*, I, p. 306.

obrigações a serem cumpridas no Brasil – ou seja, as obrigações perante terceiros – foram referidas somente de passagem e, não integrando o objeto do processo, poderão no máximo ser objeto de um conhecimento *incidenter tantum* e sobre elas diretamente, ou sobre cada uma delas, a sentença não poderá pronunciar-se em via principal (*principaliter*). Pela lógica do sistema e sobretudo pelos motivos conducentes à regra contida no art. 88, inc. II, do Código de Processo Civil, a competência internacional brasileira, ali estabelecida, é competência para os processos que tenham por objeto uma concreta obrigação a ser cumprida no país – e dessas obrigações só se cogitará diretamente, como objeto do processo, se e quando as ora autoras vierem a juízo para fazer valer seu alegado direito de regresso.

Descarta-se pois a competência do foro internacional *destinatæ solutionis*, o qual só teria razão de se impor se houvesse algum liame com elementos integrantes do Estado brasileiro. Eis a pergunta–chave: qual a repercussão disso na jurisdição brasileira? *Nenhuma*. Não há uma relação entre o Poder Judiciário brasileiro e essa causa examinada. Logo, nossa jurisdição deve "se recusar a julgar por tratar-se de controvérsia irrelevante para a ordem jurídica brasileira".[24]

588. competência internacional e competência interna: esclarecimento

Vejo, no exórdio da petição inicial, a invocação do disposto nos arts. 94, § 3º, e 100, par., do Código de Processo Civil, talvez como fundamento para a sustentação da competência do juiz brasileiro. Fosse ou não fosse essa a intenção das autoras, cuido de esclarecer desde logo que tais dispositivos têm um significado diferente, destinando-se a ditar regras para a competência *territorial interna*, não para a internacional. Como é rigorosamente pacífico entre todos, a competência da autoridade judiciária do país constitui um *prius*, ou uma premissa, sem a qual sequer se coloca o que-

---

24. *Cfr.* Liebman, "Os limites da jurisdição brasileira", p. 12.

sito consistente na determinação de *qual* juiz brasileiro será competente. Só se poderá perquirir sobre o foro brasileiro competente para determinada causa quando já se souber que para essa causa a *Justiça brasileira* é competente no plano internacional. Por isso, só se legitima a opção pelo foro do domicílio ou sede do autor no Brasil (art. 94, § 3º) ou pelo foro do delito (art. 100, par.) quando a causa for uma daquelas que comportam julgamento neste país (arts. 88-89). Não pertencendo à Justiça brasileira como um todo, não pertencerá a qualquer de seus integrantes.

> Mais um esclarecimento: ao aludir a *delito*, o parágrafo do art. 100 tem em vista os "delitos criminalmente tipificados, ou *crimes*" e não meros ilícitos civis, porque para estes o próprio Código já contém uma outra regra, a do mesmo art. 100, inc. V, letra *a*.[25]

§ 4º – RESPOSTAS CONCLUSIVAS AOS QUESITOS

589. essa ação declaratória é inadmissível

Não é admissível a ação meramente declaratória para o reconhecimento da responsabilidade solidária de Sanofi Aventis, referente a danos não especificados, alegadamente causados a sujeitos que as autoras não identificaram. Como é notório, (a) a função jurisdicional não é instituída com o objetivo de oferecer respostas a meras consultas abstratas sobre fatos ou meras interpretações jurídicas e (b) não é missão da sentença declaratória a pronúncia sobre relações jurídicas meramente possíveis ou não configuradas em seus elementos concretos, mas a eliminação de *dúvidas objetivas* em torno de relações reais, atuais e concretas. No caso examinado, querem as autoras uma sentença tão genérica quanto as que se pronunciam nos processos coletivos, sem guardar relação com qualquer relação jurídica objetivamente individualizada e sem especificar credores, danos, valores *etc*. Estamos por isso fora das hipóteses para as quais, segundo um pensamento doutrinário jamais posto em dúvida e nos termos do art. 4º, inc. I, do

---

25. *Cfr.* Dinamarco, *Instituições de direito processual civil*, I, n. 269, p. 543.

Código de Processo Civil, *seria adequada a tutela jurisdicional meramente declaratória*. A conseqüência é, dada a ausência do interesse-adequação, a carência da ação declaratória por falta de interesse de agir.

590. *nem legitimidade ordinária nem extraordinária*

Não têm as autoras, duas sociedades empresárias, legitimidade para estarem em juízo *em nome próprio* e em defesa de alegados direitos de terceiros. Pedem a declaração de responsabilidades perante terceiros e não perante elas próprias, embora declarando expressamente, em réplica, seu propósito não-altruísta – ou seja, embora declarem que seu objetivo é obter alguém com quem compartilhar sua própria responsabilidade. Ora, pedindo para terceiros sem ser representante destes, sua *legitimidade ordinária* está claramente excluída; e, como lei alguma lhes outorga o poder de estar em juízo para defender em nome próprio o interesse desses terceiros, as autoras não são também qualificadas para oficiar no processo como *substitutos processuais*, falecendo-lhe pois *legitimidade extraordinária*. Nos termos do notório art. 6º do Código de Processo Civil, uma pessoa só pode estar em juízo em nome próprio para a defesa de direito alheio, quando a lei lhe outorgar tal poder – ou seja, quando a lei a qualificar como substituto processual. Não sendo portadoras de legitimidade ordinária nem extraordinária, também por esse motivo carecem de ação as autoras.

591. *a autoridade judiciária brasileira é incompetente*

Não tem o juiz brasileiro competência para essa causa, ou seja, para a demanda de genérica declaração de responsabilidade da ora consulente perante terceiros, uma vez que estamos fora de todas as hipóteses dessa competência internacional, tipificadas nos incisos dos arts. 88 e 89 do Código de Processo Civil. Não se configura a hipótese de *demanda fundada em ato praticado ou fato ocorrido em território nacional* (art. 88, inc. III) porque os danos referidos pelas autoras não serão objeto de qualquer decisão judiciária, aparecendo no contexto em caráter puramente incidental; a demanda origina-se, realmente, dos ajustes negociais celebrados entre as partes e a interpretação destes é que estará ao fundo do julgamento que vier. Nem tampouco se configura a hipótese de *obrigação a ser cumprida no país* (art. 89, inc. II) também porque as possíveis obrigações versadas na inicial não estarão em julgamento – e o que as autoras pretendem é simplesmente um sujeito com o qual, no futuro, possam vir a compartilhar responsabilidades.

XXXIII – PREVIDÊNCIA COMPLEMENTAR, BANCO CENTRAL E COMPETÊNCIA DA JUSTIÇA FEDERAL

592. o caso, o contexto e os temas de direito processual – 593. significado e alcance das medidas postuladas na demanda inicial – 594. litisconsórcio necessário – 595. os resultados possíveis em caso de procedência da demanda principal – 596. cont.: em face do Banco Central do Brasil – 597. caso típico de litisconsórcio necessário-unitário – 598. competência da Justiça Federal – 599. uma jurisprudência impertinente alegada pelos autores – 600. competência para pronunciar-se sobre esse litisconsórcio necessário – 601. nulidade das decisões tomadas pela Justiça do Distrito Federal – 602. pronúncia da incompetência e imediata remessa à Justiça Federal

592. o caso, o contexto e os temas de direito processual

Fui consultado por Fundação Banco Central de Previdência Privada – Centrus, uma pessoa jurídica de direito privado, instituída e operante com o objetivo de complementar pensões e outros benefícios previdenciários de funcionários do Banco Central do Brasil. É uma *entidade fechada de previdência privada, sem fins lucrativos*, constituída com observância do disposto na lei 6.435, de 15 de julho de 1977 e no dec. n. 81.240, de 20 de janeiro de 1978, sendo no presente regida pelas leis compl. nn. 108 e 109, ambas de 29 de maio de 2001, observadas as disposições pertinentes, contidas na lei n. 9.650, de 27 de maio de 1998. O que a preocupa é a regência legal (a) de seu corpo de associados, com a definição de quem é e quem não é membro dessa instituição e (b) dos sujeitos habilitados a votar e a serem votados nas eleições para seus conselhos. Esses temas estão postos em demandas que em juízo lhe movem a Associação dos Antigos Funcionários do Banco Central e duas pessoas físicas, com o pedido de declaração relativa a esse respeito, pretendendo de modo explícito que sejam considerados membros da Centrus, com capacidade eleitoral ativa e passiva, somente "os participantes, os assistidos e os beneficiários em gozo de benefício de prestação continuada no plano único de pensão complementar de aposentadoria da Centrus"; e não querem que os "ex-participantes, já desvinculados do plano assistencial da Ré, atuais servidores públicos com regras de aposentadoria definidas no regime jurídico único da União Federal, venham a votar e a candidatar-se ao preenchimento de vagas no Conselho Deliberativo e no Conselho Fiscal da Ré". Não querem, em outras palavras, que participem das eleições os servidores inativos vinculados ao *regime jurídico único* – com referência especial àqueles que, havendo passado a esse regime, deixaram de retirar dos cofres da Centrus os valores ali recolhidos a título de contribuições mensais.

Nesse contexto e situação, a Centrus alega ser indispensável a participação do Banco Central do Brasil nesse processo mesmo e nos que lhe são acessórios, pelo fato de as medidas postuladas pelos autores interferirem na participação dessa autarquia na vida da entidade previdenciária, nas eleições que realiza e na composição de seus órgãos diretivos. E conseqüentemente, sendo o Bacen uma autarquia federal, postula também a ora consulente o deslocamento da competência para todas essas causas à Justiça Federal, nos termos do art. 109, inc. I, da Constituição da República. Essas preliminares foram acolhidas em primeiro grau de jurisdição, os autores agravaram e, no E. Tribunal de Justiça do Distrito Federal, o sr. Relator concedeu-lhes parcialmente a postulada suspensão da R. decisão recorrida, para que o feito permaneça onde está até que a propósito se pronunciasse a douta Câmara preventa.[1]

593. *significado e alcance das medidas postuladas na demanda principal*

Pelo disposto em lei expressa, em instituições fechadas de previdência complementar, como é o caso da consulente, "a com-

---

1. Era esse o estado de coisas quando o parecer foi elaborado.

posição do *conselho deliberativo*, integrado por no máximo seis membros, será *paritária* entre representantes dos participantes e assistidos *e dos patrocinadores*, cabendo a estes a indicação do conselheiro presidente, que terá, além do seu, o voto de qualidade" (lei compl. n. 108, de 29.5.01, art. 11). Análoga disposição vige quanto à composição do *conselho fiscal*, o qual terá dois representantes dos participantes e dos assistidos, ao lado dos outros dois que o patrocinador indicar (lei *cit.*, art. 15). Não me tocando opinar sobre o *meritum causæ*, a cujo respeito não fui consultado e que envolve questões estranhas a minha especialidade acadêmica, cumpre-me no entanto examinar os modos como a esfera jurídica do Banco Central do Brasil vem ficando e poderá ficar afetada pelas decisões judiciárias provocadas pelos ora autores. E vejo com clareza que as postulações destes, aparentemente voltadas apenas a excluir do processo eleitoral interno algumas pessoas físicas – a saber, os funcionários colocados sob o *regime jurídico único* – na realidade vão afetar também, de modo direto, a esfera jurídica do próprio Bacen, na medida em que os resultados desejados poderão impedi-lo de indicar seus representantes nos conselhos da entidade patrocinada e, conseqüentemente, de continuar em sua atividade de fiscalização e controle dos atos e da vida da Fundação Centrus. Eis o germe do reconhecimento do *litisconsórcio necessário* alegado em preliminar pela ora consulente e sobre o qual discorro a seguir com incursões um pouco mais profundas sobre os efeitos diretamente incidentes sobre os direitos e deveres daquela autarquia federal.

594. litisconsórcio necessário

Todo discurso sobre a necessariedade do litisconsórcio deve partir sempre de elementares conceitos relativos à legitimidade *ad causam*, resolvendo-se a necessariedade do litisconsórcio em uma legitimidade necessariamente conjunta de dois ou mais sujeitos para demandarem ou serem demandados (litisconsórcio necessário ativo ou passivo).

É também notório que no sistema brasileiro o litisconsórcio será necessário em duas situações básicas – a saber, quando a lei assim o determina de modo específico (litisconsórcio por força de lei) ou quando se trata de decidir sobre relações jurídicas de um sujeito, tão intimamente associadas à situação de outros, que se mostre impossível cindir os efeitos da decisão a ser proferida, para que aquele seja atingido e estes, não (litisconsórcio necessário-unitário). A *incindibilidade* é o fator que não só justifica como impõe o litisconsórcio unitário, o qual será também necessário por imposição da norma contida no art. 47, par., do Código de Processo Civil – sabendo-se no entanto que nem sempre o litisconsórcio unitário será também necessário, pois há casos em que é facultativo. Houve no passado uma fortíssima opinião no sentido de que a necessariedade-unitariedade somente poderia ocorrer em relação às ações constitutivas (Chiovenda) mas esse pensamento está completamente superado e hoje se entende que tanto nessas ações quanto nas meramente declaratórias poderá o litisconsórcio ser unitário e necessário. Assim é a jurisprudência dos tribunais brasileiros.

> Em sua versão original o parecer aqui reproduzido continha diversos tópicos versando sobre aspectos da teoria do litisconsórcio necessário, assim nomeados: a) litisconsórcio necessário e legitimidade *ad causam* – colocações conceituais e sistemáticas; b) sobre o litisconsórcio necessário-unitário; c) necessariedade por incindibilidade das situações jurídicas; d) ainda sobre a incindibilidade das situações jurídicas; e) não só as sentenças constitutivas – também as meramente declaratórias e certas condenatórias; f) o litisconsórcio necessário-unitário no Código de Processo Civil; g) a excepcionalidade do litisconsórcio necessário – uma ressalva pessoal. Uma vez que tais temas estão amplamente examinados em outro parecer também reproduzido neste mesmo volume, para evitar o vício da repetição tais tópicos ficaram excluídos do presente capítulo e àquele outro permito-me a liberdade de remeter o leitor interessado (*supra*, "Cumulação de pedidos em matéria tributária, litisconsórcio necessário e concurso eletivo de foros", esp. nn. 314 ss.). O que logo acima se lê é somente um apanhado geral das idéias lá desenvolvidas, destinado a encaminhar a linha de pensamento referente ao caso examinado.

595. os resultados possíveis em caso de procedência da demanda principal

Dispõe o art. 11 da lei compl. n. 108, de 29 de maio de 2001 que "a composição do *conselho deliberativo*, integrado por no máximo seis membros, será *paritária entre representantes dos participantes e assistidos e dos patrocinadores*, cabendo a estes a indicação do conselheiro presidente, que terá, além do seu, o voto de qualidade". De igual modo, está no art. 15 dessa mesma lei complementar que "a composição do *conselho fiscal*, integrado por no máximo quatro membros, será *paritária entre representantes dos participantes e assistidos e dos patrocinadores*, cabendo a estes a indicação do conselheiro presidente, que terá, além do seu, o voto de qualidade". O *patrocinador* no caso em exame é o Banco Central do Brasil, cujos funcionários têm acesso a essa entidade fechada de previdência complementar que é a Centrus. E, dando curso ao que sempre entendeu ser correto, a Centrus reconhece a todos os funcionários do Bacen, a ela vinculados de alguma forma, tanto o direito de voto como o de serem votados. A Associação dos Antigos Funcionários do Banco Central e seus dois litisconsortes vêm todavia a juízo pleitear um provimento final que, em síntese, tolheria aos funcionários da autarquia, quando vinculados ao *regime jurídico único*, todos os direitos eleitorais. É esse o resultado prático a que visam mediante a propositura de sua demanda principal, expresso sob a letra *c* do *petitum* inicial – "sejam os participantes, os assistidos e os beneficiários em gozo de benefício de prestação continuada do plano único de pensão complementar de aposentadoria da Centrus considerados com a condição de membros, sem capacidade eleitoral ativa e passiva dentro da Fundação em causa".

Ao longo de sua fundamentação (*causa petendi*) os autores desenvolvem raciocínios destinados a demonstrar que estariam fora do rol dos eleitores-elegíveis da Centrus todos os que, por força da imposição do regime jurídico único ditado constitucionalmente, passaram a ser funcionários públicos, em regime estatutário portanto, e não mais empregados celetistas. Eles foram diretamente aos arts. 2º e 3º do *regulamento* baixado pela Centrus para as eleições que se aproximavam, sustentando sua ilegalidade por conflito com a já referida lei compl. n. 108, de 29 de maio de 2001. Tais dispositivos regimentais são os que definem os eleitores e os elegíveis nas eleições, incluindo entre eles os participantes que "tenham vertido e mantido no mínimo doze contribuições até a data do pedido de registro da candidatura". Nessas disposições por eles impugnadas reside o caminho para se admitir às eleições aqueles que, estando inscritos na Centrus e havendo recolhido contribuições, ao se retirarem (porque passaram a ser funcionários públicos) lá deixaram os valores recolhidos, sob a administração da Fundação e rendendo benefícios para eles. Em suma, os autores não querem que tenham qualquer capacidade eleitoral aqueles que não se mantiveram sob o manto previdenciário da Fundação – quer eles hajam, quer não hajam retirado o valor das contribuições antes recolhidas.

> Disseram textualmente os autores: "os que não têm qualidade para serem considerados participantes do único plano de benefícios da R. também não possuem qualificação para integrar os órgãos estatutários da entidade, afastados, assim, os atuais funcionários ativos e inativos do Banco Central do Brasil vinculados ao regime jurídico único".

Sem opinar sobre o *meritum causæ* nem sobre as questões que giram em torno dele, vejo que, para os autores, a eventual procedência da demanda proposta importará aumento em seu poder na Fundação Centrus, uma vez que ficará reduzido o número de eleitores-elegíveis e eles não terão de concorrer com aqueles outros que pretendem excluir. Para a Centrus isso significará alteração em sua própria estrutura e exclusão de normas que estabeleceu, ficando pois atingida em sua esfera jurídica. E com relação ao Banco Central do Brasil?

596. cont.: em face do Banco Central do Brasil

Não é à-toa ou por acaso que os arts. 11 e 15 da lei compl. n. 108, de 29 de maio de 2001, mandam que o conselho deliberativo e o conselho fiscal de instituições fechadas de previdência complementar ligadas à Administração direta ou indireta da União sejam compostos paritariamente por representantes dos participantes e do ente patrocinador. É que, atuando sempre o Poder Público como patrocinador dos planos previdenciários dessas entidades, cumpre-lhe arcar com parte das despesas destinadas ao custeio desses planos, fazendo os desembolsos previstos em cada caso (lei compl. n. 108, de 29.5.01, art. 3º: "o custeio dos planos de benefícios será responsabilidade do patrocinador e dos participantes (...)"). Como ali são necessariamente versados dinheiros públicos, é natural que a lei queira manter o ente patrocinador a cavaleiro da gestão daquelas instituições, com o objetivo de determinar linhas corretas de administração, regularidade no cumprimento de seus encargos e, em última análise, resguardar a integridade daquelas parcelas de patrimônio público investido e velar pelo cumprimento dos objetivos institucionais das próprias entidades previdenciárias. E tal é também a *mens* do art. 202, § 4º, da Constituição Federal, ao mandar que seja regida por lei complementar a relação entre os órgãos públicos federais, na qualidade de *patrocinadores*, e suas entidades fechadas de previdência complementar.

Ora, no momento em que ficasse alijado da administração de uma dessas entidades, o Poder Público passaria a ser refém dos administradores escolhidos sem sua participação, não tendo poder algum de administração, de fiscalização ou de voto em relação às deliberações que viessem a ser tomadas – e o patrimônio ali investido, que é patrimônio público, escaparia totalmente ao controle dos órgãos públicos. Seria essa a projeção de efeitos que teria sobre a esfera jurídica do Banco Central do Brasil uma sentença que eventualmente julgasse procedente a demanda dos ora autores – o Bacen ficaria privado dos poderes que atualmente detém, de participar nas deliberações da Centrus e de exercer efetiva fiscalização sobre os atos de execução das deliberações tomadas.

597. *caso típico de litisconsórcio necessário-unitário*

Longe estou, muito longe, de poder ser considerado um pródigo no reconhecimento de litisconsórcios necessários a granel ou por atacado. Ao contrário, levo em conta que a necessariedade litisconsorcial implica por sua própria natureza alguma restrição ao constitucional direito de ação e, a partir dessa premissa sistemática, venho sempre sustentando sua *excepcionalidade no sistema* (*supra*, nesta mesma obra, "Cumulação de pedidos em matéria tributária, litisconsórcio necessário e concurso eletivo de foros", esp. n. 319).² Mas, quando realmente se configura uma situação em que o provimento pedido atingirá fatalmente a esfera de variados sujeitos, aí a garantia da ação cede à do contraditório, também de assento constitucional (Const., art. 5º, inc. LV) porque, como é óbvio e elementar, não se pode impor a quem não houver sido parte no processo os efeitos diretos de uma decisão judiciária.

É com vista a isso que tradicionalmente a doutrina fala em *sentenza priva d'ogni utilità*, ao cuidar da situação dos provimentos judiciais que venham a ser emitidos sem a presença de todos que serão atingidos por sua eficácia direta. E a expressão *sentença sem qualquer utilidade*, assim empregada pelos clássicos, indica que uma sentença proferida naquelas circunstâncias *não produzirá efeitos sequer para quem houver sido parte no processo* (Chiovenda, Redenti, Vittorio Denti, Celso Agrícola Barbi).³

  Seria acaso possível impor ao marido a nulidade de seu casamento, com averbação no registro civil e todas as demais conseqüências, sem que também o da mulher tivesse sido anulado porque ela não fora parte no processo? E seria o direito de ação do Ministério Público uma força suficiente para excluir a efetividade da garantia constitucional do contraditório, legitimando a imposição desses efeitos a quem não haja sido parte?

Diante disso, enfatizo em primeiro lugar que a restrição ao direito de ação, em casos de verdadeiro litisconsórcio necessário como este, está plenamente legitimada e compensada pelo culto que se

  2. *Cfr.* meu *Litisconsórcio*, n. 98, pp. 209 ss.
  3. *Cfr.* Chiovenda: "Sul litisconsorzio nececessario", n. 6, esp. p. 452; Redenti, *Il giudizio civile con pluralità di parti*, n. 12, texto e nota 11, p. 13; Vittorio Denti, "Appunti sul litisconsorzio necessario", n. 1, p. 14; Celso Agrícola Barbi, *Comentários ao Código de Processo Civil*, I, n. 304, p. 276. *Cfr.* ainda, por todos, meu *Litisconsórcio*, n. 125 esp. p. 288, texto e nota 134.

presta à garantia constitucional do contraditório e, por outro lado, ao próprio desiderato de plena eficácia e utilidade das decisões judiciárias. De nada valeria aos próprios autores uma sentença portadora de tanta eficácia direta sobre a esfera do Banco Central do Brasil mas que, por não haver este sido trazido ao processo, não produziria efeitos sequer em face da própria Centrus e muito menos sobre a esfera jurídica daquela autarquia. Nessa situação, e até por disposição expressa de lei (CPC, art. 47, *caput*), a parte tem, sim, o ônus de litigar contra quem não pretende, sob pena de não poder litigar contra quem pretende. Assim é a disciplina legal e sistemática do litisconsórcio necessário e assim é a mecânica operacional dos *ônus processuais*.

598. competência da Justiça Federal

Demonstrada a ocorrência do litisconsórcio necessário, a primeira conseqüência lógica a ser reconhecida consiste na competência da Justiça Federal, com exclusão da Estadual, o que corresponde a disposição expressa da Constituição da República. Segundo o art. 109, inc. I, desta, "aos juízes federais compete processar e julgar (...) as causas em que a União, *entidade autárquica* ou empresa pública federal forem interessadas na condição de autoras, rés, assistentes ou opoentes, exceto (...)". Ora, litisconsorte é sempre parte e parte principal – na condição de autor entre outros autores quando o litisconsórcio é ativo, ou na de réu entre outros réus, quando passivo. *Litisconsorte ativo é autor e litisconsorte passivo é réu*. E um ligeiro relance à *mens* norteadora daquela disposição constitucional deixa claro que não importa se o litisconsórcio é *originário ou ulterior*, uma vez que em ambas as hipóteses se trata de algum litígio sobre bens ou interesses federais – sabendo-se que a própria instituição de uma Justiça Federal constitui culto ao federalismo e à conveniência de deixar a cargo de juízes *federais* o controle jurisdicional relativo a bens e interesses da União ou de suas emanações.

As Constituições anteriores esclareciam que o ingresso de um daqueles entes federais depois da instauração do processo deslocaria a competência para a Justiça Federal. Não o faz a de 1988 mas o resultado é o mesmo porque qualquer terceiro, no momento em que ingressa no processo, torna-se parte; e, por isso, a partir do momento de sua inserção processual configura-se a hipótese daquele inciso do vigente art. 109, sendo competente a Justiça Federal daí por diante. O conceito de *parte*, inerente à técnica processual, é suficiente para conduzir a esse resultado interpretativo – porque litisconsorte é parte e litisconsorte ulterior é tanto litisconsorte quanto o originário.[4]

599. *uma jurisprudência impertinente alegada pelos autores*

Indaga-me também a Centrus sobre alguns precedentes do Col. Superior Tribunal de Justiça, dando por competente a Justiça local e incompetente a Federal em certas causas envolvendo entidades de previdência complementar e seus contribuintes. Não tenho a menor dúvida de que, como está em uma das ementas invocadas, "as fundações privadas de previdência complementar (...) não estão sujeitas à competência da Justiça Federal".

Mas, o Banco Central do Brasil está, por força do art. 109, inc. I, da Constituição Federal, tantas vezes lembrado no presente parecer.

Naqueles casos apreciados pelo Superior Tribunal de Justiça ou pelo E. Tribunal Regional Federal da Primeira Região, tinham-se por objeto simplesmente pretensões de beneficiários ou contribuintes à percepção de vantagens oferecidas pelas entidades previdenciárias, sem se cogitar de qualquer *reflexo de natureza institucional* sobre essas próprias entidades e muito menos sobre a esfera jurídica do ente público patrocinador. São temas completamente diferentes e jamais aquela elevadíssima Corte iria cometer a heresia constitucional de afirmar que, mesmo estando em jogo algum interesse autárquico, a competência permanecesse na Justiça de um Estado ou do Distrito Federal. Em um desses processos, cuja ementa está nos autos, vejo até a confirmação de

---

4. *Cfr*: Dinamarco, *Instituições de direito processual civil*, I, n. 227, p. 480 e II, n. 560, pp. 339-340. *Cfr*: também *supra*, "Relações jurídicas securitárias – questões processuais".

tudo quanto venho dizendo, porque: a) a causa pendia perante um *juízo federal* porque dele fazia parte a Caixa Econômica Federal, que, na qualidade de empresa pública da União, demanda e é demandada perante aquela Justiça; b) o E. Tribunal Regional Federal, competente para isso, determinou a exclusão da Caixa Econômica Federal, deixando ela, portanto, de figurar como parte no processo; c) nesse momento, cessada a razão constitucional para a competência da Justiça Federal, determinou-se a remessa à Estadual. Tratava-se de litígio de natureza puramente privada entre uma entidade de previdência complementar, realmente sem qualquer projeção sobre as relações institucionais entre esta e seu patrocinador, um ente de direito público. Nada parecido com o que no presente caso se vê.

Em resumo: a jurisprudência invocada é de total impertinência ao caso em exame, porque versa sobre casos e temas completamente diferentes.

600. competência para pronunciar-se sobre esse litisconsórcio necessário

"Compete à Justiça Federal decidir sobre a existência de interesse jurídico que justifique a presença, no processo, da União, suas autarquias, ou empresas públicas." Quase não seria necessário dizer mais nada, além de citar essa Súmula n. 150 do Col. Superior Tribunal de Justiça, para mostrar que a um órgão da Justiça Federal, não da Estadual, competirá decidir sobre o Banco Central do Brasil como litisconsorte necessário no processo aqui em estudo. Essa é uma autarquia federal, plenamente enquadrada não só na disposição do art. 109, inc. I, da Constituição Federal, como também na hipótese contemplada nesse enunciado sumular. Quero porém, ainda uma vez, lembrar as premissas federalistas da estrutura judiciária brasileira e da distribuição de competências entre as Justiças locais e a Federal, com o objetivo de deixar mais claro que não poderia ser de outra maneira. Não poderia o juiz estadual pronunciar-se sobre a questão do ingresso de um ente federal no processo como parte, porque já nesse momento estaríamos a municiar um agente do Estado federado a decidir sobre a sorte de um ente do Estado Federal. Já nesse momento, portanto, é da Justiça Federal a competência para decidir – e decidirá afirmando o litisconsórcio necessário e aceitando sua própria competência para prosseguir na causa, ou decidirá negando esse litisconsórcio e dizendo-se incompetente para prosseguir.

Nesse quadro e por esses motivos jurídicos, constitucionais e políticos, é dever do juiz estadual, quando surge em uma causa pendente uma alegação séria de litisconsórcio necessário envolvendo um ente federal, simplesmente remeter o processo à Justiça Federal, para que ali essa preliminar receba julgamento. E, por tudo quanto disse no tópico anterior, tenho por muito séria (e procedente) a alegação de que a autarquia federal Banco Central do Brasil é litisconsorte necessário neste processo pendente entre outras partes perante a Justiça do Distrito Federal.

601. *nulidade das decisões tomadas pela Justiça do Distrito Federal*[5]

A disposição contida no art. 113, § 2º, do Código de Processo Civil, dando por nulas as decisões proferidas por juiz absolutamente incompetente, associa-se muito de perto ao tema da competência como pressuposto de admissibilidade das decisões judiciárias. Assim como a própria sentença de mérito seria nula quando proferida por juiz sem competência (nulidade a ser reconhecida inclusive pela via da ação rescisória – CPC, art. 485, inc. II), assim também as interlocutórias serão atingidas por vício da mesma natureza porque a ordem jurídica não quer validar decisão alguma que não venha do juiz natural indicado por ela própria. E, notadamente em caso de incompetência absoluta, é também *absoluta* a nulidade do ato proferido por juiz incompetente, uma vez que transgride regras de ordem pública contidas na Constituição e na lei. Tratando-se de incompetência absoluta da Justiça

---

5. *Cfr*: Dinamarco, "Revisão de decisões do juiz incompetente pelo competente e a relativa estabilidade das medidas urgentes", *passim*.

local, decorrente de uma clara disposição contida na Constituição da República, a validação de atos decisórios emanados dessa Justiça incompetente seria em si mesma uma desconsideração de tal norma superior (Const., art. 109, inc. I).

Tornando ao caso concreto após esses destaques conceituais e sistemáticos que acabo de propor, vejo que, uma vez pronunciada a incompetência absoluta da Justiça do Distrito Federal (ausência de *competência de jurisdição*), será imperioso o reconhecimento da nulidade absoluta das decisões interlocutórias ali proferidas, especialmente (a) daquela que, a título de tutela antecipada, impôs à Centrus a proibição de realizar eleições e (b) daquela que acolheu os artigos de atentado opostos pelos autores com fundamento na desobediência a tal proibição. Essas são medidas de palpável interferência na vida da própria entidade ré e também do Bacen, cuja participação no processo eleitoral os autores pretendem e vêm obtendo por força das decisões interlocutórias ditadas por Justiça absolutamente incompetente.

602. *pronúncia da incompetência e imediata remessa à Justiça Federal*

Não têm efeito suspensivo os recursos cabíveis das decisões que pronunciam a incompetência absoluta e determinam o prosseguimento do processo perante o juízo ou (como no caso) a Justiça competente, porque (a) quando se trata de decisão desse teor, proferida em primeiro grau jurisdicional, o recurso cabível é o agravo de instrumento, ao qual a lei expressamente nega tal efeito (CPC, art. 497) e (b) quando tal decisão é proferida em grau de agravo, o recurso admissível será o extraordinário ou o especial, também destituídos de eficácia suspensiva (também art. 497). Também em caso de decisão da Justiça local no sentido de enviar o feito à Federal para que esta examine a necessariedade do litisconsórcio e sua própria competência, o recurso adequado será o agravo de instrumento (já interposto pelos autores)[6] e, quando sobrevier

---

6. Situação vigente em abril de 2004, quando o parecer foi elaborado.

decisão do E. Tribunal de Justiça, um recurso ao Supremo Tribunal Federal ou ao Superior Tribunal de Justiça – e, como esses recursos carecem de eficácia suspensiva, a conseqüência será a remessa imediata.

No presente caso, só não se operou a imediata transferência à Justiça Federal porque, no E. Tribunal de Justiça local, o sr. Relator, usando de poderes que lhe outorga o art. 527, inc. II, do Código de Processo Civil, concedeu aos agravantes o *efeito ativo* consistente em determinar que o processo permaneça onde está até julgamento pelo colegiado competente. Quando tal julgamento for proferido, de duas uma: a) ou o E. Tribunal mantém a determinação de remessa da questão à Justiça Federal e a remessa será imediata, com ou sem a interposição de qualquer recurso, ou (b) ele reforma a R. decisão agravada e nesse caso à consulente competirá recorrer aos órgãos superiores (recurso especial ou extraordinário).

> Não me passa despercebido o fato de já haver o E. Tribunal de Justiça do Distrito Federal afirmado a competência da Justiça local para a causa, negando a da Justiça Federal. Mas, em primeiro lugar, isso foi feito no julgamento de um agravo de instrumento e não da própria causa, o que significa que tal decisão não tem a eficácia de dispor sobre os destinos do processo em si mesmo. Além disso, mesmo que tal decisão fosse dotada de tanta amplitude, como se trata de matéria de ordem pública e até mesmo de fundo constitucional (Const., art. 109, inc. I), não ocorrem preclusões capazes de estabelecer definitivamente a competência de uma Justiça com exclusão da de outra; o Código de Processo Civil é explícito no sentido de que, em relação a temas de ordem pública, preclusões não existem e a matéria pode ser examinada ou revista a qualquer tempo e em qualquer grau de jurisdição (arts. 113 e 267, § 3º).

Título VII
TEMAS GERAIS E ATUAIS

XXXIV – Admissibilidade do recurso especial ou extraordinário e as chamadas questões mistas. XXXV – Recurso especial provido por fundamento constitucional e reclamação ao Supremo Tribunal Federal. XXXVI – Embargos de declaração opostos por uma Delegacia regional da Receita Federal. XXXVII – A escolha da espécie adequada de liqüidação de sentença. XXXVIII – Dação em pagamento, ação de consignação em pagamento e execução. XXXIX – Um estranho arresto imposto a sujeito não-ressponsável e dimensionado muito além do valor do crédito. XL – Ação direta de inconstitucionalidade: legitimidade de entes associativos, ilegitimidade da Assembléia Legislativa e reserva de plenário. XLI – Ação direta de inconstitucionalidade: quorum *para a modulação de efeitos. XLII – Termo inicial da correção monetária, juros e fidelidade da liqüidação à sentença. XLIII – Obrigação pecuniária, mora, juros, lucros cessantes e ação rescisória. XLIV – Processo civil e direito da mineração – questões diversas.*

XXXIV – ADMISSIBILIDADE DO RECURSO ESPECIAL OU EXTRAORDINÁRIO E AS CHAMADAS QUESTÕES MISTAS

§ 1º – **o tema e a consulta** – 603. uma elegante questão de admissibilidade do recurso especial – 604. o desequilíbrio da equação contratual e a demanda proposta – 605. a motivação do V. acórdão – 606. a consulta e o tema único – **§ 2º – o V. acórdão, as afirmações de fato e a colocação jurídica central** – 607. primeira aproximação – 608. ainda a inteligente colocação do V. acórdão – 609. a falsidade das premissas de fato – 610. pontos de fato e pontos jurídicos intimamente entrelaçados – 611. juízos puramente jurídicos, não fáticos – 612. o V. acórdão, a perícia e a necessária motivação – 613. uma premissa equivocada – 614. sobre o dever de motivar, seus limites e seu núcleo essencial – 615. a ciência então possível e a *previsibilidade* como conceito – 616. ainda sobre as *questões mistas* – 617. questões mistas, erros manifestos de fato e recurso especial – conclusão final

§ 1º – O TEMA E A CONSULTA

603. *uma elegante questão de admissibilidade do recurso especial*

A consulta aqui em exame constitui excelente oportunidade para o exame, tão aprofundado quanto possa o parecerista, do rico, desafiador e jamais bem definido tema dos limites de admissibilidade dos recursos de direito estrito. Vejo fatos e provas de tal modo e tão intensamente enleados com as *quæstiones juris* postas, que à primeira vista poderia haver dúvida quanto à definição dos pontos que pela via do recurso especial a consulente leva ao conhecimento do Superior Tribunal de Justiça – se questões jurídicas, como deve ser, se meras questões de fato estranhas à admissibilidade desse recurso. A proposta que pretendo trazer neste estudo é a do traçado de uma linha coerente com as balizas institucionais do recurso especial, sua finalidade institucional de preservação e harmonia interpretativa da ordem jurídico-positiva nacional e sua inserção no sistema, sem preconceitos e sobretudo sem a indesejável servidão a uma maniqueísta distinção entre os fatos e o direito. Parto do pressuposto, há décadas lançado por Miguel Reale, de que as concretas realidades jurídicas não são compostas somente de preceitos nem se identificam com as *normas* postas pelo Estado; elas são um amálgama resultante do encontro desses preceitos positivos com os *fatos* por eles previstos em abstrato e que um dia vêm a ocorrer em concreto no convívio social. Tais são os sólidos fundamentos da notória *teoria tridimensional do direito*, que se apóia no trinômio *fato, valor e norma*.[1]

Em situações corriqueiras não há dificuldades maiores para identificar a preponderância dos pontos de direito ou, conforme o caso, de pontos de fato para a definição da relação jurídica concretamente posta em discussão – e o recurso especial será claramente admissível na primeira dessas hipóteses e inadmissível na segunda, impondo-se a Súmula n. 7 do C. Superior Tribunal de Justiça. Mas as concretas realidades da vida e as do processo não são assim servis aos estereótipos concebidos aprioristicamente pela mente dos juristas; e, como todos nós sabemos, a tais desenhos não pode ser o jurista um lacaio servil, ou um refém resignado. Há casos limítrofes, sem definições muito claras, em que da mente iluminada dos intérpretes, notadamente dos juízes, a ordem jurídica do País espera um ponderado juízo de adequada distinção, em busca de uma preponderância das questões jurídicas, para a admissibilidade do recurso especial, ou das questões fáticas, para repelir-se este.

> Há quatro décadas escrevia Horst-Eberhard Henke preciosa monografia em torno das dificuldades, mesmo conceituais, com que ao tempo se defrontava a Corte de Cassação alemã na busca da distinção entre questões de fato e de direito com vista à admissibilidade do recurso de direito de sua competência. A interação entre fato e direito em relações jurídicas concretas é uma constante, e

---

1. *Cfr.* Reale, *Teoria tridimensional do direito, passim.*

casos ocorrem, tanto cá quanto lá, em que só a fina sensibilidade do intérprete será capaz de distinguir, dando prevalência àquele ou a este. Disse Henke: "a constatação do quadro fático e a interpretação jurídica parecem pois caminhar inseparavelmente unidas e lado a lado na captação das matérias em julgamento". Linhas atrás ressaltara as "dificuldades teóricas e práticas para julgar quando há *constatação de fatos* e quando *apreciação jurídica*".[2]

Nessas dificuldades envolvem-se incessantemente as nossas Cortes competentes para recursos de direito estrito (STF e STJ), e a Súmula n. 7 do C. Superior Tribunal de Justiça constitui somente o enunciado de um critério já presente nos próprios permissivos constitucionais do recurso especial e do extraordinário. Em nada contribui para a distinção que aqui procuramos, nem traz luz alguma para a solução das angustiosas situações criadas pelas *mixed questions*. Fora dos casos em que se mostre muito nítida a discussão em torno de questões jurídicas ou de fato, a distinção entre umas e outras é um desafio aos intérpretes e a correta interpretação de cada situação concreta é uma angustiosa provocação aos juízes e aos advogados. Repudiam-se pois os exames superficiais de casos concretos, mediante os quais a pura e simples menção a fatos e provas no julgado submetido a recurso pudesse conduzir à falsa impressão de estarmos exclusivamente no campo estrito dos fatos, não do direito.

Ao estudo das *mixed questions* dedicou Danilo Knijnik parte importante de sua monografia sobre as questões de fato pela perspectiva do recurso especial e do Superior Tribunal de Justiça em sua função de guardião da lei. Reputam-se tais e assim são tratadas na doutrina e jurisprudência norte-americanas as questões "que são *de fato e de direito ao mesmo tempo*, assim definidas pela Corte Suprema". Naquela ordem jurídica a distinção entre questões de fato e jurídicas é de suma relevância e pertinência ao sistema como um todo, dado que, inclusive, as primeiras não têm cabimento sequer no recurso de apelação.[3] "Ordinariamente a corte de apelação

---

2. *Cfr. La cuestión de hecho*, § 5º, esp. p. 152.
3. *Cfr.* Knijnik, *O recurso especial e a revisão da questão de fato pelo Superior Tribunal de Justiça*, n. 3.3.2, p. 141.

não fará a revisão de julgamentos sobre fatos tomados pela corte de primeira instância" (Taruffo-Hazard[4]).

É dessas dificuldades que venho falar, e do perigo de decisões açodadas e preconceituosas nesse terreno extremamente movediço e das propostas que me atrevo a lançar para soluções harmoniosas com o sistema e justas para as partes. O que direi visará em primeiro plano ao que sucede no presente caso, no qual um V. acórdão do E. Tribunal de Justiça paulista envolveu-se em inúmeras afirmações de fatos relevantes para a causa, dando a fugaz impressão de haver julgado a partir destes e exclusivamente com apoio em pontos meramente fáticos – quando na realidade a decisão foi tomada como resultado da *qualificação jurídica* desses fatos e sua *relevância* para a configuração do direito. Passemos, pois, ao caso e depois tornemos a essas considerações calcadas nas angustiosas dificuldades registradas por Carnelutti.[5]

604. *o desequilíbrio da equação contratual e a demanda proposta*

A empresa que me trouxe esta riquíssima consulta, Concessionária de Rodovias do Oeste de São Paulo – VIAOESTE S/A, participou de licitação promovida por três pessoas jurídicas estaduais de direito público, a saber, o Estado de São Paulo, a autarquia estadual Departamento de Estradas de Rodagem do Estado de São Paulo e a Agência Reguladora de Serviços Públicos Delegados de Transporte no Estado de São Paulo – ARTESP. Tal licitação destinava-se à outorga de concessão de serviços públicos referentes ao *Sistema Rodoviário Raposo-Castello*, integrado por quatro rodovias, entre as quais as importantíssimas Castello Branco e Raposo Tavares, e teve início mediante a publicação do edital no ano de 1997. Sagrando-se vencedora no certame, a consulente assumiu tal concessão aos 30 de março de 1998 mediante contrato que,

---

4. *Cfr.* Michele Taruffo e Gioffrey C. Hazard Jr., *American civil procedure*, cap. IX, esp. p. 178.

5. *Cfr. Diritto e processo*, n. 6, p. 11.

como é natural, refletia o edital de licitação – e sua proposta fora equacionada com fidelidade a este e com certas situações fáticas vigentes ao tempo. Dessas situações fáticas são aqui relevantes (a) a certeza de que as rodovias concedidas teriam pontos de intersecção com o *Rodoanel* que estava em via de ser construído, (b) a perspectiva, revelada pela própria ARTESP, de que o tráfego no então projetado *Rodoanel* seria sujeito a pedágio e (c) a total indefinição quanto aos pontos de intersecção entre o *Rodoanel* e as rodovias a serem concedidas.

Mais tarde, quando já vigente aquele contrato de concessão, consumou-se a construção e oferta ao público do trecho Oeste do *Rodoanel Mário Covas*, definindo-se então os pontos de intersecção e optando os entes estaduais por não imporem aos usuários o pagamento de pedágio. Sentindo-se prejudicada por essas duas inovações e alegando o desequilíbrio econômico-financeiro do contrato causado por essas duas inovações, VIAOESTE pleiteou sem sucesso nas vias administrativas o restabelecimento do equilíbrio então rompido. Veio por isso a Juízo, com sua demanda em que figuram aquelas três pessoas jurídicas no pólo passivo, aduzindo o pedido de:

> "sentença que declare a existência dos fatores de desequilíbrio da equação contratual acima indicados, bem como o dever de o poder concedente responder por tal equilíbrio, com a conseqüente imposição de tutela específica do dever de fazer (CPC, art. 461) em face dos réus, a fim de que eles promovam modificações necessárias a restabelecer, a partir da sentença, a equação econômico-financeira original da contratação".

605. *a motivação do V. acórdão*

Essa demanda foi julgada *procedente* em primeiro grau mediante uma sentença que, reconhecida a ruptura da equação contratual pelos réus, foi proferida "para condenar o pólo passivo, solidariamente, no dever de promover as modificações necessárias a restabelecer a equação econômico-financeira original da contratação, com a incidência do percentual de 4,63% sobre o valor da contratação, enquanto vigente o mesmo ou adotadas as medidas cabíveis para o pedagiamento das alças 1 e 5, tal como expresso no laudo pericial". Dispôs também a R. sentença em relação aos valores monetários devidos.

Houve *embargos de declaração* opostos por VIAOESTE à R. sentença e parcialmente recebidos pelo MM. Juízo mas destituídos de interesse para o presente estudo. Ulteriormente, havendo sido determinada a *remessa oficial* como manda a lei e sobrevindo *apelações* interpostas pelos réus, a essas devoluções deu provimento o E. Tribunal de Justiça do Estado de São Paulo ao *julgar improcedente* a demanda inicial, e, por isso, dar por prejudicado o *apelo adesivo* interposto por VIAOESTE. Duas vezes opôs esta *embargos declaratórios* (ao V. acórdão que julgara a apelação e ao que julgou o primeiro deles), sendo ambos rejeitados pela C. Primeira Câmara de Direito Público. Os fundamentos do V. primeiro acórdão, que muitas referências fizeram à prova pericial e portanto aos fatos, são a causa das dúvidas opostas à admissibilidade do *recurso especial* que finalmente veio a consulente a interpor e estava pendente quando elaborei o presente estudo.

606. *a consulta e o tema único*

Foi nessa situação que veio a mim a ora recorrente VIAOESTE, pela honrosíssima iniciativa de seus muito qualificados advogados, prof. Marçal Justen Filho, prof. Eduardo Talamini, prof. Floriano de Azevedo Marques Neto e dr. Felipe Scripes Wladeck, com esta consulta, que dispensa quesitos e se concentra em um tema de vital relevância para o prosseguimento da causa – o tema da concreta *admissibilidade do recurso especial interposto*. As dúvidas a esse respeito foram levantadas em razão de, como já registrei, haver o E. Tribunal realizado incursões no campo fático, fazendo inclusive afirmações destoantes das conclusões periciais e dando a falsa impressão de não haver decidido por critérios jurídicos, mas segundo os fatos. Adianto porém desde logo, como aliás já insinuei, que o central fundamento substancial do V. acórdão recorrido é rigorosamente jurídico, não fático, afastando-se pois a incidência da Súmula n. 7 do C. Superior Tribunal de Justiça.

§ 2º – O V. ACÓRDÃO, AS AFIRMAÇÕES DE FATO E A COLOCAÇÃO JURÍDICA CENTRAL

607. primeira aproximação

O núcleo sintético do V. acórdão recorrido consiste na negativa do direito da autora, ora consulente, à revisão do contrato em curso e às demais providências que pede. Para a sra. Relatora não ocorreu o desequilíbrio da equação econômico-financeira do contrato, *não-obstante houvesse o laudo pericial afirmado a ocorrência dos fatos dos quais decorre esse direito*. Isso foi dito entre as bem-estruturadas considerações trazidas por Sua Excelência, falando também da matéria de fato examinada no laudo e sobre as conclusões do sr. Perito – embora os bem-elaborados fundamentos hajam sido construídos com o extremo cuidado de não explicitar teses jurídicas. Bem lido, todavia, percebe-se que o V. acórdão contém, sim, uma *tese puramente jurídica* e tudo quanto está em seus fundamentos seja o concreto resultado de uma opção jurídica da culta e inteligente Relatora. A tese jurídica que constitui o eixo central de seu voto condutor é, objetivamente, esta (redação minha):

> "sendo conhecedora da já projetada e inexorável construção do *Rodoanel*, que teria pontos de intersecção com as rodovias concedidas, a contratante não tem direito às medidas decorrentes de uma alteração do equilíbrio econômico-financeiro do contrato, embora no momento da licitação e da contratação *não fosse possível saber quais, quantos e onde seriam tais pontos de intersecção* e tudo levasse a crer, inclusive por expressa declaração do próprio poder concedente ao tempo, que o tráfego naquela via de interligação *seria sujeito ao pagamento de pedágio*".

Depois de adjudicada a concessão e celebrado o contrato, o trecho Oeste do Rodoanel Mário Covas foi construído e entregue ao público, com os pontos de intersecção já definidos e implantados e *sem a cobrança de pedágio*. A dispensa deste, associada às concretas intersecções, acabou por oferecer aos usuários autênticas *rotas de fuga*, com clara e indiscutível redução nos rendimentos esperados. Os fatos levados em conta são *incontroversos* e assim se enunciam:

a) ao tempo do edital e da contratação tinha VIAOESTE pleno conhecimento de que *um rodoanel* estava para ser construído;

b) sabia também que haveria pontos de intersecção com as rodovias concedidas, com *alguma* alteração em seu tráfego;

c) não tinha porém qualquer condição para prever quais, quantos e onde seriam esses pontos de intersecção do *Rodoanel* nas rodovias concedidas;

d) também não tinha condições para vaticinar que o tráfego no *Rodoanel* seria dispensado de pedágio, havendo o Estado afirmado o contrário;

e) conseqüentemente, e como é óbvio, não poderia prever que se implantariam *rotas de fuga* para os usuários, com significativa quebra na arrecadação programada.

Na lógica desenvolvida pelo V. acórdão, como se vê, saber que *um* rodoanel seria construído e teria intersecções nas rodovias concedidas seria bastante para prever a redução dos fluxos de arrecadação naquelas rodovias e, pois, para excluir a revisão do contrato administrativo. É esse o *posicionamento jurídico* contra o qual se bate VIAOESTE em seu recurso especial, propondo ao C. Superior Tribunal de Justiça a adoção de uma tese jurídica diametralmente oposta àquela enunciada acima, a saber, propondo-lhe a tese de que (sempre, redação minha):

> "sendo a VIAOESTE conhecedora da já projetada e inexorável construção do *Rodoanel*, que teria pontos de intersecção com as rodovias concedidas, mas não lhe sendo possível saber quais, quantos e onde seriam tais pontos de intersecção e tudo levasse a crer, inclusive por expressa declaração do próprio poder concedente ao tempo, que o tráfego naquela via de interligação *seria sujeito ao pagamento de pedágio*, deu-se, sim, uma alteração nas bases econômico-financeiras do contrato quando os pontos de intersecção vieram a ser definidos, e o pedágio dispensado".

Dada a incontrovérsia de todos esses pontos fáticos no processo, não está a ora consulente em seu recurso especial – e muito menos eu no presente parecer – a pretender, em conflito com a destinação institucional de tal recurso e com a enérgica Súmula n. 7 do Superior Tribunal de Justiça, que este se ponha ao exame de fatos ou ao reexame de provas. Partimos, a VIAOESTE e este parecerista, de *fatos que não comportam discussão* e propomos que, a partir deles, se adote uma *tese jurídica* oposta àquela que, embora sem muita explicitude, está presente no R. julgado do E. Tribunal de Justiça.

608. *ainda a inteligente colocação do V. acórdão*

Ao se debruçar mais de uma vez sobre o laudo pericial, falando de fatos e das conclusões do sr. Perito, o R. voto condutor traz ao espírito do observador experiente a evidência de que veio ele permeado do objetivo de causar a impressão de estar decidindo de modo exclusivo sobre premissas de fato, e não jurídicas – ficando, pois, como seria natural, supostamente excluída a via do recurso especial.

> Essa é uma conduta não digo comum e ordinária, mas muitas vezes assumida por integrantes dos tribunais locais, com a motivação pessoal humanamente compreensível, mas institucionalmente indesejável, de verem suas decisões tornarem-se definitivas, com o manto da coisa julgada. O indesejável das condutas dessa ordem consiste, como é intuitivo, no empenho em fechar portas a um remédio processual legítimo, que é o recurso especial ou, conforme o caso, o extraordinário.

E vamos ao R. voto condutor. Diz ele, no núcleo de sua fundamentação (agora segundo sua própria redação), que:

> "os fatos que ensejaram o ajuizamento da presente ação *não consubstanciam desequilíbrio econômico-financeiro*, na medida em que se encontram inseridos na ordinária álea empresarial, correspondentes aos riscos normais do exercício da atividade econômica, e que, portanto, devem ser suportados pela concessionária".

Esses riscos seriam (segundo aquele voto) a álea normal e ordinária inerente ao contrato celebrado por VIAOESTE, uma vez que tinha pleno conhecimento de que *um* rodoanel seria construído – e, segundo o V. acórdão, saber que *um* rodoanel seria construído implicaria o ônus de prever não somente quais, quantas e onde seriam suas intersecções com as rodovias concedidas, mas também que o tráfego por essa via de acesso seria dispensado do pagamento de pedágio. Enquanto esse raciocínio calcado em um fato (previsão da construção de *um* rodoanel) e *suposições* referentes a outros fatos (pontos de intersecção e dispensa do pedágio) estivesse sozinho no processo e decorresse da discussão e interpretação de uma prova em particular ou do contexto delas poder-se-ia realmente temer pela concreta admissibilidade do recurso especial, que supostamente esbarraria na Súmula n. 7. Mas (a) quando as afirmações feitas pelo V. acórdão colidem de frente com a prova pericial, afirmando o que ela nega – a saber, as supostas plenas condições para prever a criação de *rotas de fuga* às rodovias –, e (b) quando tais afirmações não passam de uma cortina de fumaça lançada como expediente destinado a esconder o verdadeiro fundamento do V. acórdão, que é a negativa de ruptura do equilíbrio econômico-financeiro do contrato, (c) segue-se que a situação é outra, e não tenho dúvida em afirmar a *plena admissibilidade daquele recurso*.

609. *a falsidade das premissas de fato*

A *suposição* de que VIAOESTE teria plenas condições para prever a implantação de *rotas de fuga* pelas entidades concedentes não passa realmente de mera *suposição*, frontalmente contrária a certos *pontos incontroversos* ao longo do processo e contrária também ao que dissera a perícia. Não se trata de interpretar esse meio de prova, ou de reexaminar fatos ou avaliar provas, mas de ler de modo adequado o que conclui o sr. Perito, havendo ele dito, p.ex., que "restavam questões pendentes acerca da integração dos dois empreendimentos, especificamente em relação ao pedagiamento, ou não, das alças de acesso às marginais da rodovia Castello Branco".

610. pontos de fato e pontos jurídicos intimamente entrelaçados

Não estou a inovar segundo meus gostos pessoais, nem pretendo avançar uma doutrina própria e despregada do contexto, quando proponho o exame conjunto de fatos e teses jurídicas neste caso em que rigorosamente impossível se mostra a dissociação entre uns e outras. A cartesiana distinção entre questões jurídicas e de fato, que constitui, sem dúvida alguma, um dos pilares da estrutura técnica dos recursos de direito estrito (especial ou extraordinário), não é algo assim tão objetivo ou portador de um valor próprio e auto-impositivo, que exclua qualquer aproximação e não comporte exame mais acurado nos casos em que o observador sinta dificuldades para joeirar. A experiência prática põe-nos em contato com casos nos quais se mostram indecifráveis *zonas cinzentas* desafiadoras de nossas inteligências e da sensibilidade dos julgadores. Em agudíssimo ensaio sobre as tendências do recurso de cassação de seu País, o saudoso processualista Enrique Vescovi, que foi um *líder* e um precursor na doutrina uruguaia e latino-americana, descreve passos de uma tendência, dizendo:

> "el primer paso consistió en la posibilidad de considerar, aunque desde un plano puro del derecho, la premisa menor de una sentencia [*fatos*]. Luego se comienzan a juzgar en casación algunos aspectos de la prueba, en lo que tiene que ver con su valoración jurídica, pero ya adentrándose en una *zona gris* entre los factos y el derecho. Pues, justamente, uno de los problemas importantes está en la *dificultad en establecer dos campos separados totalmente*".[6]

Não precisaria haver algo mais pertinente ao nosso caso nem mais esclarecedor quanto à tendência a evitar radicalizações em casos dúbios na distinção entre *quæstiones facti* e *quæstiones juris*. O estudo do prof. Vescovi caminha por uma trilha evolutiva que principiou na Espanha, França e Itália, propagando-se por Países da América Latina e chegando ao Uruguai, seu País

---

6. *Cfr.* "Antecedentes históricos de la casación", *in Temas de casación y recursos extraordinarios*, 1982, VIII, A, esp. pp. 23-24.

de origem. E diz ainda que, presentes certos requisitos, embora o princípio seja que o juiz é soberano na medida em que os fatos e suas verdades em tal sentido escapam à cassação, aparece, não-obstante, uma brecha – e tais condições, plenamente presentes no caso que examino, são: "a) que a prova dos fatos se haja produzido nos autos; b) que a prova seja lícita; c) que a prova apresente o fato na forma exterior a ser acolhida pelo juiz para os fins do direito".[7] Esse é o ponto.

Tal tendência está presente também na jurisprudência do Supremo Tribunal Federal e do Superior Tribunal de Justiça, ambos sensíveis à nuclear distinção entre a *valoração jurídica da prova* e seu puro e simples *reexame*. As aberturas para a admissão do recurso extraordinário a partir dessa distinção tiveram início, tanto quanto a memória me seja fiel, entre os anos *setenta* e *oitenta*, com destaque a judiciosas manifestações desse grande magistrado guaratinguetaense que foi o sr. Min. Rodrigues de Alckmin, cuja saudosa memória nunca é demais reverenciar.[8] Na doutrina atual, ao discorrer sobre *a distinção entre questão de fato e questão de direito*, a moderna Teresa Arruda Alvim Wambier atesta a existência de situações em que a "questão de fato se confunde com a questão de direito", ponderando que isso é assim porque "*rigorosamente* seria impossível fazer-se essa distinção, pelo menos no plano ontológico, já que o fenômeno *direito* ocorre, de fato, no momento de incidência da norma, no mundo real, no universo empírico".[9] De sua parte, Barbosa Moreira adverte, com o apoio de Athos Gusmão Carneiro, que "o problema é mais complexo do que possa inicialmente parecer", uma vez que "a própria distinção entre questões de fato e questões de direito nem sempre é muito fácil de traçar com perfeita nitidez".[10] Ou, como está na monografia de Rodolfo de Camargo Mancuso, "nem sempre é fácil traçar as fronteiras entre o que é matéria de fato e matéria jurídica".[11]

---

7. *Op. loc. cit.*
8. *Apud* Athos Gusmão Carneiro, *Recurso especial, agravos e agravo interno*, n. 12, esp. pp. 27-28.
9. *Cfr. Recurso especial e recurso extraordinário*, n. 12.2, esp. p. 364.
10. *Cfr.* Athos Gusmão Carneiro, *op. cit.*, esp. p. 26.
11. *Cfr. Recurso extraordinário e recurso especial*, n. 2.3, esp. p. 62.

Como está em histórico voto do min. Rodrigues de Alckmin parcialmente transcrito na obra de Athos Gusmão Carneiro, "o chamado *erro de valoração ou valorização da prova*, invocado para permitir o conhecimento do recurso extraordinário, somente pode ser o *erro de direito* quanto ao valor da prova abstratamente considerado" – e o núcleo central do presente parecer consiste precisamente nisso, ou seja, na sustentação de que foi *de direito* o erro cometido pelo E. Tribunal *a quo* ao ver na prova do conhecimento de que *um* rodoanel seria construído uma suposta demonstração inequívoca de outra coisa muito diferente, que era a previsão de que esse rodoanel não seria *pedagiado* e de quais, quantas e onde seriam as interseções.

Ao ler essas palavras e captar esse pensamento, associo-os ao que foi dito no início do presente parecer com alusão às dificuldades também salientadas por Henke, ao chamar à colação a *teoria tridimensional do direito*, de Miguel Reale, e ao dar uma indicação da obra de Carnelutti a propósito da estrutura da norma jurídica.

"Precisamente perchè la struttura della legge giuridica è identica a quella della legge naturale, è composta di due elementi: il *prius* e il *posterius*: ciò che avviene prima e ciò che avviene dopo. (...). Al primo dei due elementi si dà il nome di *fattispecie*; esso consiste nella rappresentazione del fatto, il quale, in quanto accada, provoca l'accadere dell'altro, a cui secondo la legge è collegato (...). Al secondo elemento si dà il nome di *sanzione*".[12]

Aqui neste caso, a *sanção* emergente do direito positivo consiste naquilo que VIAOESTE veio a Juízo pedir em sua demanda, a saber, consiste na readequação do contrato administrativo celebrado com o Poder Público em razão da ruptura da equação contratual programada ao licitar e ao contratar. A concreta *fattispecie* colocada diante dos srs. Juízes consiste naqueles fatos incontroversos a todo momento salientados ao longo do processo. É claro que, para esses fatos incontroversos desencadearem a *sanção* pretendida, é indispensável que eles comportem adequada qualificação como fatos caracterizadores do desequilíbrio contratual lamenta-

---

12. *Cfr. Diritto e processo* cit., n. 6, p. 11.

do – porque se assim não fosse eles seriam inócuos para o fim pretendido, apesar de incontroversos. E a aferição dessa aptidão ou inaptidão em face dos objetivos colimados pela demandante será feita, como obviamente não poderia ser diferente, exclusivamente mediante um *juízo jurídico* dos srs. julgadores, não juízo fático.

> A obra de Athos Gusmão Carneiro colaciona uma série muito significativa de julgados do C. Superior Tribunal de Justiça sempre no sentido de conhecer do recurso especial quando o tribunal local (a) se limitou a emitir juízos sobre o valor da prova abstratamente considerado ou (b) atribuiu significado diverso aos fatos.

611. *juízos puramente jurídicos, não fáticos*

Do modo como os fatos relevantes foram afirmados pela consulente, não negados pelas rés e confirmados sem rebuços pela perícia, não será lícito ao intérprete ter a menor dúvida: as discussões colocadas sobre a ocorrência ou inocorrência de um desequilíbrio econômico-financeiro do contrato caracterizam *puras questões jurídicas*, pois para a tomada de posição a esse respeito o C. Superior Tribunal de Justiça tem diante de si *fatos objetivos e incontroversos*, como (a) a total desinformação da consulente, ao tempo em que licitou e contratou, a respeito de quais, quantos e onde seriam os pontos de intersecção do *Rodoanel* com as rodovias concedidas; b) sua igual desinformação quanto à dispensa do pagamento de pedágio no *Rodoanel*, com a agravante de que *o próprio poder concedente chegou a afirmar que haveria tal cobrança*; c) a implantação de acintosas *rotas de fuga*, que, também incontroversamente, vieram a minar a receita programada pela licitação e pela concessionária. A partir desses fatos, que ninguém nega no processo, basta ao juiz de qualquer instância ou grau realizar um juízo puramente *jurídico*, avaliando a relevância jurídica desses fatos, que então eram *futuros*, e aplicando *regras de experiência comum*, como manda o art. 335 do Código de Processo Civil. Dirão os srs. Ministros julgadores se aquelas *desinformações* e (pior ainda) aquela informação não-confirmada sobre fatos então futuros devem ou não ser consideradas relevantes para, como integrantes de uma *fattispecie* legal, desencadear a *sanctio juris* pretendida.

CPC, art. 335: "em falta de normas jurídicas particulares o juiz aplicará as regras da experiência comum subministradas pela observação do que ordinariamente acontece e ainda as regras de experiência técnica, ressalvado, quanto a esta, o exame pericial".

São nitidamente dois, como se vê, os pólos da experiência a ser utilizada pelo juiz na interpretação dos fatos, a saber: a *experiência comum*, inerente à vida em sociedade e à sua capacidade de perceber a realidade, e a *experiência técnica* razoavelmente acessível mesmo a quem não é especializado em técnicas alheias ao direito.[13]

As regras de *experiência técnica*, cuja aplicação o art. 335 ressalva, são aquelas às quais somente têm acesso os profissionais qualificados em cada área, a serem ouvidos no processo como peritos. Pois, como venho dizendo, o art. 335 traça uma linha divisória entre a área de conhecimentos (comuns) que estão ao alcance do próprio juiz e a dos conhecimentos (técnicos) inerentes ao perito e à perícia. Se o juiz tem diante de si fatos incontroversos (como, no caso, aquele estado de desinformação), decorre da regra contida naquele dispositivo legal sua inegável liberdade para, em um juízo puramente *jurídico*, dizer se está ou não presente aquela ruptura de equilíbrio lamentada pela consulente. Comandará esse juízo, como é natural, o princípio da *razoabilidade*, que há de estar presente em toda boa decisão judiciária.

E pergunto: estará presente o predicado da razoabilidade em uma decisão negando a ilegítima ruptura de equilíbrio quando o juiz sabe que a concessionária não tinha conhecimento de uma futura oferta de *rotas de fuga* aos usuários de seu serviço? A resposta negativa consistiria, como me parece para lá de óbvio, em um manifesto exercício da *lógica do absurdo*, quando todos sabemos que a *lógica do razoável* exige do juiz o acatamento de soluções compatíveis com o senso comum do intérprete, mediante a sensível captação de realidades, e, sobretudo, com a justiça do caso concreto – porque, como proclamava o autor da formosa e conhecida

13. *Cfr.* Dinamarco, *Instituições de direito processual civil*, III, n. 828, esp. p. 122.

teoria do *logos de lo razonable* (Recaséns Siches), "a lógica do razoável é acima de tudo a lógica da justiça".[14]

612. *o V. acórdão, a perícia e a necessária motivação*

Voltemos ao V. acórdão julgador da apelação e àquele que julgou os embargos declaratórios opostos ao primeiro. Disse o primeiro deles:

> "da análise da documentação acostada aos autos infere-se que a construção do Rodoanel e sua interferência sobre o contrato de concessão mostraram-se perfeitamente previsíveis no tráfego pedagiado do Sistema Rodoviário concedido. Isso porque assumiu a concessão do Sistema Rodoviário Raposo-Castelo em 30 de março de 1998, sendo certo que os estudos sobre a implantação do Rodoanel, como é cediço, datam de 1993, nos termos da documentação acostada a fls. 821 e ss., que *detalham inclusive os pontos de intersecção* do Rodoanel com a rodovia Castelo Branco, de sorte que cabia à concessionária, por ocasião da apresentação da proposta e plano de negócios, considerar a diminuição do volume de tráfego decorrente da implantação do Rodoanel".

E prossegue discorrendo substancialmente sobre o risco supostamente assumido pela concessionária e previsibilidade quanto ao impacto que a implantação do *Rodoanel* viria a projetar sobre sua arrecadação. Diz que essa álea negocial, supostamente assumida ao contratar, seria inerente a todo contrato, concluindo, em face desse raciocínio, que "os fatos que ensejaram o ajuizamento da presente ação não consubstanciam desequilíbrio financeiro".

A prova contida nos autos e incontrovertida entre as partes não diz exatamente isso, porém. A sra. Relatora transcreve palavras da perícia, onde se diz: "considerando o especificado nos itens *b* e *c* desta resposta, *o Rodoanel era empreendimento previsto*, com intersecção na rodovia Castello Branco" – o que é correto. E diz ainda, sem transcrever: "da mesma forma, a perita manifesta-se

---

14. *Cfr. Tratado general de filosofía del derecho*, cap. XXI, n. 7, esp. p. 661.

no sentido de que seria possível a autora ter incluído os efeitos da implantação do Rodoanel nos cálculos da sua proposta" – e aqui começa a questão que constitui tema central do presente parecer.

Teria a sra. Perita dito realmente isso? Vejo nas razões recursais de VIAOESTE a transcrição de palavras periciais dizendo literalmente: "sem a definição dos detalhes da intersecção dos empreendimentos especificamente no que concerne ao pedagiamento, ou não, das alças de acesso às marginais da rodovia Castello Branco *não era possível dimensionar adequadamente o referido impacto*". E dissera também a sra. Perita:

"pelo que se constata dos documentos juntados a fls. 100, 134, 838 a 849, 938, 1.014 a 1.025, 1.097, 2.494 e 2.504, *restavam* questões pendentes acerca da integração dos dois empreendimentos, especificamente em relação ao pedagiamento, ou não, das alças de acesso às marginais da rodovia Castello Branco".

A sra. Relatora tomou o cuidado de pôr em ênfase respeitáveis regras processuais atinentes ao poder, que tem o julgador, de formar livremente seu convencimento, consignando de modo expresso que "o juiz não está vinculado aos fundamentos e à conclusão a que chegou o laudo, tampouco às opiniões dos assistentes técnicos das partes" – e tal assertiva tem apoio específico no disposto no art. 436 do Código de Processo Civil ("o juiz não está adstrito ao laudo pericial", sendo ele o *peritus peritorum*) e, em caráter bastante amplo, em seu art. 131 (princípio do livre convencimento judicial). Mas é indispensável ter presente que a regra do livre convencimento, quando bem lida, resolve-se sempre em um *livre convencimento motivado* (José Rogério Cruz e Tucci[15]), e os elementos para formá-lo devem sempre vir *dos autos*, em conformidade com o direito positivo. A sra. Relatora, sempre muito lúcida, mostrou-se plenamente consciente disso, dizendo que o juiz "pode até utilizar-se de seu conhecimento, mas em qualquer caso deve fundamentar o porquê do acolhimento do laudo". Não fazê-

15. *Cfr. A motivação da sentença no processo civil*, cap. V, n. 2.1, pp. 102 ss.

lo, decidindo fora dos autos ou contra a prova sem fazer a crítica do laudo, é descumprir a regra do livre convencimento *motivado* (CPC, art. 131) e sobretudo a constitucional cláusula *due process of law*, que integra o direito processual constitucional (Const., art. 5º, inc. LIV).

Mas, pelo que posso alcançar, o V. acórdão proferido em grau apelação não faz crítica alguma ao laudo, nem diz por quê conclui pela previsibilidade do desequilíbrio quando a sra. Perita afirmara a imprevisibilidade no momento de licitar e no de contratar, e, quando chamados à explicitude pela via dos embargos de declaração, os srs. julgadores limitaram-se a dizer que "as razões que levaram a C. Turma a dar provimento aos recursos oficial e voluntário restaram expostas e fundamentadas no V. acórdão embargado" – mas insisto na observação de que o V. acórdão embargado não fez, em momento algum, qualquer questionamento às afirmações e conclusões periciais.

613. *uma premissa equivocada*

O que fez o V. acórdão, em vez de criticar o laudo e afastar-se conscientemente dele, como lhe era inteiramente lícito, foi tomar por asseverado pela sra. Perita o que ela não asseverara – a saber, a *previsibilidade*, no momento da licitação e contratação, do impacto a ser causado pelo *Rodoanel*. O laudo disse o contrário, em passagens que transcrevi acima. Com isso, já em um primeiro plano vê-se que o E. Tribunal não cumpriu seu dever de motivar decisões *segundo o que consta dos autos*, como é da essência da tradicional regra do livre convencimento (livre convencimento motivado – *supra*, n. 612). Cumpria à C. Turma Julgadora, fosse ao julgar a apelação estatal, fosse nos embargos declaratórios, apontar eventuais erros da perícia, tomar posições e, inclusive, demonstrar de modo logicamente encadeado como e por quê o mero conhecimento de que simplesmente *um* rodoanel seria construído nas proximidades das rodovias concedidas implicaria previsibilidade dos impactos que o funcionamento do rodoanel viria a causar no futuro. E isso jamais foi feito.

614. *sobre o dever de motivar, seus limites e seu núcleo essencial*

Seguidas vezes venho reconhecendo que têm razão os tribunais brasileiros ao não serem radicalmente exigentes no tocante ao grau de pormenorizações a que deve chegar a motivação da sentença. Como disse Liebman, e tenho tido a oportunidade de lembrar tantas vezes, "as formas são necessárias mas o formalismo é uma deformação".[16] Com essa premissa antiformalista entende-se que se toleram na sentença eventuais omissões de fundamentação no tocante a pontos colaterais ao litígio, pontos não-essenciais ou de importância menor, irrelevantes ou de escassa relevância para o julgamento da causa.

O que não se tolera são as *omissões no essencial*. Isso viola os princípios, fórmulas e regras de direito positivo atinentes à motivação da sentença, chocando-se de frente com a garantia político-democrática do devido processo legal. A sentença não-motivada transpõe os limites da deformalização racional e incide no repúdio assim expresso pelo mestre Liebman, sempre presente nos grandes temas de direito processual:

> "uma *indulgência exagerada* para com a violação das formas deixaria sem eficácia as disposições da lei e ameaçaria a segurança da ordem processual e, conseqüentemente, a regularidade e eficiência no desempenho da função jurisdicional".[17]

É portanto intuitivamente natural que sempre se aprecie o cumprimento do dever de motivar, em cada caso concreto, em face das questões versadas na instrução da causa e do grau de relevância de cada uma delas. Sem isso não se cumpre o requisito da *inteireza da motivação*, muito bem explorado por Michele Taruffo em clássica monografia. Segundo expõe, para que seja capaz de cumprir sua função técnica e política no processo, é indispensável que toda motivação seja fortemente pregada ao exame das pecu-

---

16. *Cfr. Manual de direito processual civil*, n. 117, esp. p. 328 trad.
17. *Op. cit.*, n. 117, p. 327 trad.

liaridades de cada caso, examinando e criticando o que dos autos consta. Diz:

> "o parâmetro com base no qual deve ser avaliada a inteireza da motivação é constituído pelas exigências de justificação surgidas em relação à decisão,[18] sendo pois um parâmetro cujo significado varia sensivelmente em cada caso concreto, o que conseqüentemente torna pouco pertinentes eventuais critérios formulados de modo genérico e abstrato".[19]

615. *a ciência então possível e a* **previsibilidade** *como conceito*

Voltemos a falar da *premissa equivocada*, ou falsa premissa, sobre a qual vem seguidamente discorrendo a ora consulente em seu recurso especial. Percebo que, consciente ou inconscientemente, o V. acórdão não sentiu a necessidade de desenvolver críticas ao laudo, em uma cumprida motivação, porque partiu da premissa de que ele afirmara o que não afirmara, ou seja, da premissa de que a sra. Perita afirmara a previsibilidade do impacto que depois veio a se positivar. E, se o impacto era previsível àquele tempo, a primeira conclusão seria (e foi, segundo o E. Tribunal) de que a implantação do *Rodoanel* sem pedágio e com os pontos de intersecção que depois se definiram não caracterizaria uma ruptura do equilíbrio econômico do contrato. A segunda conclusão, lógica e inexorável conseqüência da primeira e tão falsa quanto ela, seria a da improcedência da demanda movida por VIAOESTE. Estamos aqui, como se vê, diante de uma decisão que a prática norte-americana qualifica como *clearly erroneous*. Embora a matéria versada se envolva em alguma medida com fatos, a equação lógica proposta pelo E. Tribunal apóia-se em uma verdadeira *questão mista*, que, como já disse, inclui no presente caso concreto (a) fatos relacionados com a existência ou inexistência do conhecimento quanto aos modos como o *Rodoanel* impactaria a receita da consulente, (b) a caracterização ou não-caracterização, em face dos fatos

---

18. Aquelas exigências transcritas logo acima.
19. *Op. loc. cit.*

relevantes, da previsibilidade desses impactos perversos sobre a vida do contrato e (c) a previsibilidade ou imprevisibilidade como elemento determinante do procedência ou improcedência da demanda proposta.

Prever ou não prever, *that's the question*.

616. *ainda sobre as* questões mistas

Ora, enquanto o conhecimento ou não de pormenores dos projetos dos entes estatais quanto ao pedágio e pontos de intersecção era pura matéria de fato, de fato não era a questão da previsibilidade. A esta chegaria ou deixaria de chegar o juiz ou tribunal a partir de fatos provados nos autos, porque a previsibilidade não passa de um conceito, não um fato, e a ela os juízes chegam mediante exercício de sua inteligência e sensibilidade. Não se prova uma previsibilidade. Provam-se fatos dos quais ela seja ou deixe de ser uma natural conseqüência, segundo a experiência comum.

Por isso é que, como venho dizendo e enfatizando, estamos diante de uma questão mista (*mixed question*), e não de pura questão de fato, que em tese excluiria a admissibilidade do recurso especial. Não há como falar do direito da ora consulente às providências pedidas para restaurar a equação econômica programada sem examinar a questão da *imprevisibilidade*. Localizar-se-ia esta na *fattispecie* da norma pertinente, ou a meio-caminho entre a *fattispecie* e a *sanctio juris*? E também não há como formar convicção a seu respeito sem projetar relances sobre os fatos comprovados nos autos e afirmados nas conclusões periciais. No próprio sistema norte-americano, que em princípio só admite apelações por fundamentos de direito, não de fato, as Cortes admitem tal recurso quando no caso concreto as coisas são assim – e particularmente quando tiver ocorrido um *erro manifesto* em matéria fática. "Conclusões de fato, se baseadas em prova oral ou documental, não poderão ser afastadas [*em apelação*] a menos que *claramente equivocadas*".[20]

---

20. *Cfr.* julgado referido por Danilo Knijnik, *op. cit.*, n. 3.3.1, esp. p. 140.

E cá em nosso País, onde o Superior Tribunal de Justiça é em princípio encarregado de revisões de julgados inferiores somente em matéria jurídica, não fática, é também inexorável a consideração dessas *zonas cinzentas* (Henke) ou *questões mistas*, quanto às quais, se não fosse admissível o recurso especial, estaria aberta a estrada para a perpetuação de transgressões à ordem jurídica objetiva – e o juízo último sobre transgressões à ordem jurídica objetiva é missão típica do C. Superior Tribunal de Justiça. O resultado final seria o trânsito em julgado de uma decisão local negando o direito da consulente à revisão contratual, sem aplicação das normas legais das quais emana esse direito, quando essa decisão local se apoiou em algo que a prova renega (decisão *clearly erroneous*), e apesar do íntimo entrelaçamento da questão de fato com o conceito (jurídico) de previsibilidade e com afastamento do preceito objetivo contido naquelas normas (*sanctio juris*).

617. *questões mistas, erros manifestos de fato e recurso especial – conclusão final*

Para concluir pela admissibilidade do recurso especial em caso como este não é sequer necessário questionar diretamente a tradicional e a meu ver incorreta posição radical daqueles que vêm na instituição judiciária *Superior Tribunal de Justiça* um organismo predestinado *com exclusividade* ao zelo pela lei federal objetiva, sua efetividade e sua interpretação. Ninguém ponha em dúvida que essa é sua missão específica no quadro das instituições judiciárias do País, na mesma medida em que a Constituição Federal tem por soberano guardião institucional o Supremo Tribunal Federal. Mas falemos nessa missão como uma missão apenas *específica,* não única. Como todos os tribunais e todas as instituições judiciárias, ou mesmo toda a legislação processual, os dois Tribunais Maiores estão também inseridos em um contexto de órgãos, organismos e atividades institucionalmente voltados ao cumprimento da superior e nobre finalidade das atividades jurisdicionais. Acima de tudo, esse contexto com o qual convivemos diuturnamente todos que militamos em atividades forenses tem o escopo de dirimir conflitos entre pessoas, pacificando-as e sobretudo fazendo *justiça*.

É sobejamente conhecida dos estudiosos do processo civil a posição bastante extremada de Alfredo Buzaid, que, profundamente preocupado com o que já nos anos sessenta denominou *a crise do Supremo Tribunal Federal*, fixou-se rigidamente na premissa de que o recurso extraordinário teria *somente* o objetivo institucional de preservação da ordem jurídica, nada mais.[21] Nenhum compromisso com o valor do justo, porque um compromisso dessa ordem se reputaria rigorosamente exaurido nas instâncias ordinárias. Obviamente, não se pode negar ao recurso extraordinário e ao especial aquele específico escopo institucional de zelo pelo ordenamento federal, sendo por esse aspecto rigorosamente correta uma incisiva afirmação do sr. Min. Antonio Cezar Peluso no Supremo Tribunal Federal, *verbis*: "aqui nós julgamos idéias, não casos". Essa premissa está presente também na implantação da *repercussão geral* como pressuposto de admissibilidade do recurso extraordinário, na demonstração de que o constituinte dá, sim, importância à missão preservadora da ordem constitucional, confiada ao Supremo Tribunal Federal. Mas *modus in rebus*.

Embora esta não seja a sede adequada para o combate a essa idéia radical, as já apontadas peculiaridades do caso em exame conduzem com muita clareza ao entendimento de que para a efetividade das normas federais relacionadas com o direito ao reequilíbrio contratual e uniformidade de sua interpretação é indispensável o reexame daquela óbvia *mixed question* ali contida. Radicalizar, traçando uma inexorável linha divisória entre fatos e normas no presente caso, seria *renunciar ao zelo pela norma, a pretexto de não conhecer de fatos*. Rejeitar o recurso especial nessa situação seria postular uma inatingível *cisão do incindível*. E não é demais repetir que a questão mista aqui em exame foi decidida pelo E. Tribunal mediante manifestos desvios da prova pericial, que afirmara com todas as letras aquela imprevisibilidade mais tarde negada no V. acórdão. Reitero também que tal questão mista

---

21. *Cfr.* "A crise do Supremo Tribunal Federal", *in Estudos de direito*, 1972, esp. n. 16, pp. 144 ss.

foi solucionada por uma decisão *clearly erroneous*, o que também concorre para banir aquela idéia de *cindir a todo custo* e, com isso, deixar o C. Superior Tribunal de Justiça à margem de sua missão institucional de fazer cumprir o direito objetivo. A obsessão por não decidir nunca e jamais sobre fatos teria por inexorável conseqüência a negativa de uma decisão sobre o direito.

XXXV – RECURSO ESPECIAL PROVIDO POR FUNDAMENTO CONSTITUCIONAL E RECLAMAÇÃO AO SUPREMO TRIBUNAL FEDERAL

§ 1º – **o caso e as questões postas** – 618. a causa e seus recursos nas duas instâncias da Justiça Federal – 619. o tema constitucional examinado no recurso especial – § 2º – **o Superior Tribunal de Justiça e o controle de constitucionalidade** – 620. entre a tipicidade recursal e a unicidade do recurso – 621. entre o recurso extraordinário e o especial – 622. os fundamentos do V. acórdão e os dos recursos interpostos – 623. unicidade recursal e os acórdãos portadores de fundamentos distintos – 624. controle constitucional no improvimento do recurso especial e não em seu provimento – 625. tornando ao caso – 626. um indevido controle de constitucionalidade – § 3º – **uma reclamação a ser acolhida** – 627. reclamação: abordagem conceitual e sistemática – 628. a reclamação oposta pelos consulentes – agora uma abordagem concreta – 629. conclusão: admissibilidade e procedência da reclamação dos consulentes – 630. respondendo aos quesitos

§ 1º – O CASO E AS QUESTÕES POSTAS

618. *a causa e seus recursos nas duas instâncias da Justiça Federal*

O ilustre advogado que me honra com esta consulta, dr. Marciano Seabra de Godoi, patrocina causa de seus constituintes Banco Mercantil do Brasil e outros versando a *vexata quæstio* dos expurgos inflacionários impostos pelo Governo Federal nos anos *oitenta*. Impugna, com a impetração de segurança endereçada à Justiça Federal em sua Primeira Região, a aplicação de tais expurgos na apuração do lucro dessas empresas para os fins do imposto de renda de pessoa jurídica (IRPJ) e da contribuição social sobre o lucro (CSL) referentes ao exercício de 1989.

Em *primeiro grau* jurisdicional o MM. Juízo concedeu a segurança impetrada por essas empresas, julgando inteiramente *proce-*

dente a impetração, para o fim de aplicação integral do índice IPC de 70,28%, conforme pleiteado. Em grau de reexame necessário e de apelação essa R. sentença foi parcialmente reformada pelo E. Tribunal Regional Federal da Primeira Região, "no sentido de que deve ser adotado o índice de 42,72% correspondente à variação do IPC de janeiro daquele ano" (1989). Ambas as partes opuseram seus *embargos de declaração*, que foram rejeitados.

As empresas foram chamadas a responder aos declaratórios da União e nessa sede travou-se intensa discussão entre as partes acerca de temas constitucionais relacionados com a causa e o expurgo, defendendo a embargante a constitucionalidade das leis impositivas deste (leis nn. 7.730, de 31.1.89, e 7.799, de 10.7.89). Embora rejeitados tais embargos, o V. acórdão que os julgou *envolveu-se também no tema dessas alegadas inconstitucionalidades*.

Ambas as partes interpuseram *recurso extraordinário*, cada qual pugnando por decisão mais favorável a seus interesses. Em seu recurso a União Federal enfatizou que o E. Tribunal *a quo*, ainda que de modo não explícito, "afastou a aplicação da norma ordinária sob a alegação de *inconstitucionalidade*". Tais recursos ficaram sobrestados em razão da interposição de *recursos especiais* também por ambas as partes.

No âmbito do C. Superior Tribunal de Justiça o recurso especial *interposto pela União* recebeu provimento por ato monocrático do sr. Relator (CPC, art. 557, § 1º-A) no qual se invocava precedente do C. Supremo Tribunal Federal portador da afirmação da *constitucionalidade* das leis impositivas do expurgo inflacionário.

619. *o tema constitucional examinado no recurso especial*

O ponto central das críticas jurídicas lançadas pelos consulentes contra tal pronunciamento consiste na invasão da esfera de *controle de constitucionalidade* pelo C. Superior Tribunal de Justiça em decisão pela qual *deu provimento* a um recurso especial – especialmente em um caso no qual *pende recurso extraordinário* portador dessa mesma questão. Teria essa Corte competência para tanto? Ou teria invadido a competência do Supremo Tribunal Federal? Frisei a referência à decisão que *deu provimento* ao recurso especial porque me parece ser relevante para os raciocínios que desenvolverei (*infra*, n. 624).

O segundo ponto apresentado pelos consulentes e naturalmente ligado àquele primeiro é o da admissibilidade de uma *reclamação* dirigida ao C. Supremo Tribunal Federal com fundamento no art. 102, inc. I, letra *l*, da Constituição Federal ("reclamação para a preservação de sua competência").

Sobre esses temas fundamentais discorro nos parágrafos a seguir.

§ 2º – O SUPERIOR TRIBUNAL DE JUSTIÇA E O CONTROLE DE CONSTITUCIONALIDADE

620. entre a tipicidade recursal e a unicidade do recurso

Comecemos com um relance sobre o sistema recursal do Código de Processo Civil e mais particularmente sobre a *tipicidade recursal*, que constitui um de seus pilares básicos. Tratando-se de ato de primeiro grau jurisdicional esse princípio manifesta-se na claríssima distinção entre o agravo de instrumento e a apelação, cada qual sujeito aos pressupostos recursais gerais e aos seus próprios e específicos (CPC, arts. 513 e 522). Contra ato de tribunal são também tipificadas, pela própria Constituição, as hipóteses em que é adequado o recurso especial e hipóteses distintas, de admissibilidade do extraordinário (Const., art. 102, inc. III, e art. 105, inc. III).[1] Estamos, como se vê, no campo da *adequação* de cada recurso, com suas próprias hipóteses de admissibilidade e repercussões no procedimento e, como sucede entre o recurso especial e o extraordinário, na determinação do órgão *ad quem* adequado para o julgamento de cada um deles. "Quem queira recorrer há de usar a figura recursal apontada pela lei para o caso; não pode substituí-la por figura diversa" (Barbosa Moreira[2]). E assim

---

1. Sem falar do *recurso ordinário* ao Supremo Tribunal Federal ou ao Superior Tribunal de Justiça, que não tem pertinência alguma ao caso.
2. *Cfr. Comentários ao Código de Processo Civil*, V, n. 141, esp. p. 249.

também Nelson Nery Jr.: "não foi deixada ao alvedrio das partes a possibilidade de criação de recursos para exercitarem o inconformismo diante de decisão judicial, tampouco a escolha, dentre os recursos previstos na lei, daquele que melhor consultar-lhes os interesses".[3]

A chamada *fungibilidade recursal*, que na realidade consiste na possibilidade de *conversão* de um recurso inadequado, para que possa ser conhecido como se o adequado houvesse sido interposto, é excepcional e, conseqüentemente, de aplicação restrita (conversibilidade do agravo de instrumento em apelação ou vice-versa, em certos casos e sob certas condições).

Associa-se sistematicamente ao princípio da tipicidade o da *unicidade do recurso*, expressão da regra segundo a qual cada ato comporta um só recurso e nenhum outro mais. "Tanto no direito anterior como no vigente, a regra era e continua a ser a de que, para cada caso, há um recurso adequado e somente um" (Barbosa Moreira[4]). Ou seja, "é vedada a interposição simultânea ou cumulativa de mais outro visando à impugnação do mesmo ato judicial".[5] Uma notória exceção a essa regra consiste na incidência de duas possibilidades recursais em relação aos acórdãos dos tribunais locais (o extraordinário e o especial), sendo admissível a interposição cumulativa de ambos.

621. entre o recurso extraordinário e o especial

É nesse quadro conceitual e sistemático que pretendo apoiar meus raciocínios sobre os recursos de direito estrito na ordem jurídica brasileira. O próprio direito positivo autoriza de modo quase explícito a *interposição simultânea* de ambos (CPC, art. 541) e estabelece critérios para se considerar que um deles fica *prejudicado* pelo julgamento do outro (art. 543, §§ 1º a 3º). Sempre em uma visão geral e elementar, sabe-se que os dois recursos

---

3. *Cfr. Teoria geral dos recursos*, n. 2.3.1, p. 49.
4. *Cfr. Comentários ao Código de Processo Civil*, V, n. 141, esp. p. 249.
5. *Cfr.* Nelson Nery Jr., *op. cit.*, n. 2.4, p. 119.

serão cabíveis contra um só e único acórdão quando este contiver, cumulativamente, fundamentos de direito constitucional aptos a autorizar o recurso extraordinário e de direito infraconstitucional, para o especial. Também é de comum sabença que para temas constitucionais é competente o Supremo Tribunal Federal, e para os infraconstitucionais o Superior Tribunal de Justiça – embora ninguém possa negar, também, que a este a ordem jurídica outorga a competência e o poder para, em alguma medida e em certas circunstâncias, realizar um *controle difuso de constitucionalidade* (Teresa Arruda Alvim Wambier,[6] entre muitos). Qual será, porém, essa medida e quais são essas circunstâncias?

Eis o núcleo central da consulta com que fui honrado e, ao mesmo tempo, a fonte das dificuldades interpretativas que me proponho a enfrentar. Em torno desse núcleo gravitam outras questões muito relevantes e dela dependentes, que assim se equacionam: a) esse controle será legítimo tanto na hipótese de mediante ele o Superior Tribunal de Justiça *negar* como na de *dar* provimento ao recurso especial a ele dirigido? b) uma vez feito esse controle de constitucionalidade pelo Superior Tribunal de Justiça, reputar-se-á *prejudicado* não só o recurso extraordinário interposto pela própria parte por ele favorecida, mas também *o da parte contrária*? No presente parecer é examinada somente a primeira delas, de pertinência à concreta situação que me foi apresentada.

622. *os fundamentos do V. acórdão e os dos recursos interpostos*

Trata-se de tomar posição quanto a uma decisão com que, no C. Superior Tribunal de Justiça, foi *dado provimento* a um recurso especial por um fundamento consistente na interpretação da Constituição Federal, dizendo o sr. Relator, em sua decisão monocrática:

"a dedução da correção monetária efetivamente existente no período para apuração do lucro real desvirtuaria o próprio conceito

---

6. *Cfr. Recurso especial, recurso extraordinário e ação rescisória*, n. 10.6.2, esp. p. 316.

de renda, visto que a Constituição não adjetivou esse conceito, não havendo se falar em 'renda real'. (...). Frise-se, por oportuno, não haver exigência constitucional para que a inflação sirva de objeto de dedução para a apuração de *lucro real tributável*".

Como registrei, essa R. decisão foi tomada em recurso especial interposto contra um V. acórdão do Tribunal Regional Federal da Primeira Região pelo qual fora julgada procedente em parte a impetração dos consulentes. Ambas as partes interpuseram recurso especial e ambas, também, o extraordinário. Foi no julgamento monocrático do recurso especial da União que surgiu a questão aqui posta ao centro da consulta e do parecer – a dos limites do controle de constitucionalidade consentido ao Superior Tribunal de Justiça.

Pelo que sou informado, farta fundamentação constitucional se desenvolveu no julgamento da apelação pelo E. Tribunal *a quo*, como também dos declaratórios a ela opostos pela União Federal. Chegou esta, em crítica a tais decisões, a afirmar que um controle de constitucionalidade fora feito ("embora sem explicitar, a E. Turma afastou a aplicação da norma ordinária sob a alegação de inconstitucionalidade") –, prosseguindo para postular, nas razões de seu recurso extraordinário, a anulação daqueles VV. acórdãos por infração à regra da *reserva de plenário* estabelecida no art. 97 da Constituição Federal (e CPC, arts. 480 ss.). E, como a meu ver judiciosamente alegam os consulentes, "a questão constitucional da constitucionalidade ou não das leis 7.730 e 7.799 foi naturalmente a *pedra de toque do julgado ocorrido no tribunal de segunda instância*, e por isso constituiu o cerne dos recursos extraordinários interpostos pelas partes". Irresignou-se o fisco, portanto, contra uma decisão local que *declarou a inconstitucionalidade de lei federal* (Const., art. 102, inc. III, letra *b*).

E depois, como também consignei e depois reiterei, essa alegação da União Federal veio a ser encampada em outra sede, a saber, na sede do recurso especial e não extraordinário, e por outro Tribunal, a saber, pelo Superior Tribunal de Justiça e não pelo Supremo Tribunal Federal. Está aí posta a questão: seria lícito ao Superior Tribunal de Justiça, no julgamento de um recurso especial, fazer um controle de constitucionalidade dessa ordem, *dando-lhe provimento* pelo fundamento indicado no art. 102, inc. III, letra *b*, da Constituição Federal?

623. unicidade recursal
e os acórdãos portadores de fundamentos distintos

Tornemos ao início do presente parágrafo. A admissibilidade da interposição simultânea dos dois recursos de direito estrito, constituindo uma exceção à regra geral da *unicidade recursal* (*supra*, nn. 620-621), não pode ir além dos termos em que é posta no direito positivo. Autorizam-se esses dois recursos em interposição simultânea justamente porque cada um tem seus próprios fundamentos adequados segundo a Constituição Federal e para cada um deles será competente um dos dois *tribunais de superposição*[7] – sendo inconcebível levar cumulativamente a um só deles, em um só recurso, tanto a matéria constitucional quanto a infraconstitucional. Assim é o sistema dos recursos de direito estrito conforme concebidos e disciplinados na ordem processual-constitucional brasileira, a qual todavia não foi além. Autorizar a duplicidade de interposição de um só recurso por fundamentos ao mesmo tempo constitucionais e infraconstitucionais, e tudo perante um só tribunal, equivaleria a eliminar a distinção, feita no plano constitucional, entre a competência específica de cada um dos tribunais de superposição.

> É corrente o pensamento de que, havendo no acórdão local fundamento ou fundamentos autônomos de direito constitucional e também de direito infraconstitucional, a interposição de um só recurso contra esse acórdão (ou especial ou extraordinário) permitiria que o acórdão recorrido subsistisse pelo *fundamento inatacado* (Súmula n. 283-STF). E, se o acórdão recorrido for capaz de subsistir por esse fundamento deixado à sombra, isso significa que

---

7. *Tribunais de superposição*: o Supremo Tribunal Federal e o Superior Tribunal de Justiça (*cfr.* Cintra-Grinover-Dinamarco, *Teoria geral do processo*, n. 98, p. 198).

ao recorrente faleceria o requisito do *interesse recursal* (Rodolfo de Camargo Mancuso, Nelson Luiz Pinto e Teresa Arruda Alvim Wambier[8]) – sendo sabido que *interesse*, em direito, é *utilidade*, e o interesse recursal é representado pela efetiva utilidade que o provimento do recurso possa propiciar ao recorrente (Barbosa Moreira[9]).

Nesse quadro, é imperioso o entendimento de que o C. Superior Tribunal de Justiça tem sim *alguma competência* para, especificamente em sede de recurso especial, fazer seu próprio controle de constitucionalidade das leis. Nunca porém para, mediante esse controle, transmudar-se ele próprio em um duplicado do C. Supremo Tribunal Federal ou fazer do recurso especial um duplicado do extraordinário. A parte desempenha adequadamente seu ônus de recorrer ao dirigir-se a cada um dos tribunais de superposição e a cada um deles apresentar seu recurso adequado, mas sem poder apresentar a um deles todos os fundamentos dos quais disponha (constitucionais e infraconstitucionais).

Nos limites em que se admite, aquela limitada competência do Superior Tribunal de Justiça em matéria constitucional é um imperativo da *supremacia da Constituição* sobre todas as demais fontes normativas e todos os atos estatais – sendo sabido que, "por força da supremacia constitucional, *nenhum ato jurídico*, nenhuma manifestação de vontade, pode subsistir validamente se for incompatível com a Lei Fundamental" (Luís Roberto Barroso[10]). No dizer expressivo do sr. Min. Teori Albino Zavascki, contido em voto proferido no C. Superior Tribunal de Justiça, "a lei constitucional não é uma lei qualquer, mas a lei fundamental do sistema, na qual todas as demais assentam suas bases de validade e de legitimidade, e cuja guarda é a missão primeira do órgão máximo do Poder Judiciário, o Supremo Tribunal Federal (CF, art. 102)".[11]

8. *Cfr.* Mancuso, *Recurso extraordinário e recurso especial*, cap. VII, n. 3, p. 383; Nelson Luiz Pinto, *O recurso especial para o STJ*, n. 3.5, p. 183; Teresa Arruda Alvim Wambier, *Recurso especial, recurso extraordinário e ação rescisória*, n. 10.6.2, esp. p. 317.
9. *Cfr. Comentários ao Código de Processo Civil*, V, n. 167, p. 299.
10. *Cfr. Interpretação e aplicação da Constituição*, parte II, cap. I, n. 2, p. 161.
11. *Cfr.* STJ, 1ª Seção, EmbDiv no REsp n. 608.122, rel. Teori Albino Zavaski, j. 9.5.07, v.u.

624. controle constitucional no improvimento do recurso especial e não em seu provimento

Um dos limites a tais aberturas consiste porém na distinção entre hipóteses nas quais o Superior Tribunal de Justiça faz o controle difuso de constitucionalidade para *negar provimento* ao recurso especial que lhe chega e hipóteses nas quais tal controle é feito para *dar-lhe provimento*. Muito pouco se vê em doutrina quanto a tais limites e as discussões que no Supremo Tribunal Federal até hoje se travaram quanto aos limites da competência do Superior Tribunal de Justiça em matéria constitucional não chegam, tanto quanto saiba eu, ao ponto de fixar um critério assim tão objetivo. É o que ouso propor no presente estudo.

Quando um recurso especial chega regularmente ao seu destinatário natural, trazendo por suporte o adequado fundamento de que a uma disposição de lei infraconstitucional o acórdão recorrido haja negado vigência (Const., art. 105, inc. III, letra *a*), pode o Superior Tribunal de Justiça, e é seu dever, fazer a verificação *incidenter tantum* da constitucionalidade dessa lei. Verificando que a disposição infraconstitucional a que o tribunal *a quo* negou vigência é inconstitucional, negar-se-á fatalmente o Superior Tribunal de Justiça a dar provimento ao recurso especial porque isso equivaleria a incorrer ele próprio em um vício de inconstitucionalidade no qual não incorrera o tribunal *a quo* nem o seu acórdão. Torno ao excerto doutrinário já transcrito, de autoria do constitucionalista Luís Roberto Barroso: "por força da supremacia constitucional, *nenhum ato jurídico*, nenhuma manifestação de vontade, pode subsistir validamente se for incompatível com a Lei Fundamental"[12] –, para acrescentar agora que, ao *negar provimento* a um recurso especial interposto por infringência a uma lei infraconstitucional, fazendo-o mediante invocação de preceitos constitucionais, o que faz o Superior Tribunal de Justiça é conferir efetividade ao princípio da supremacia constitucional, como é dever de todo tribunal e de todos os juízes, de todos os graus jurisdicionais.

---

12. *Cfr. Interpretação e aplicação da Constituição*, parte II, cap. I, n. 2, p. 161.

Quando porém o recurso especial, nas razões do recorrente, mescla fundamentos infraconstitucionais com fundamentos constitucionais, buscando estimular o Superior Tribunal de Justiça a fazer juízos de constitucionalidade, o acolhimento dos segundos em apoio ao provimento desse recurso constitui indevida invasão da esfera de admissibilidade do recurso extraordinário e, por óbvia conseqüência, da competência do Supremo Tribunal Federal.

Assim aconteceu no caso aqui examinado, em que, apoiando-se o V. acórdão local em fundamentos infraconstitucionais e também constitucionais (e havendo a União interposto os dois recursos), o inconformismo do fisco em relação a estes só poderia ser dirigido ao C. Supremo Tribunal Federal e exclusivamente por este ser apreciado.

625. *tornando ao caso*

No caso aqui examinado tudo girou em torno da constitucionalidade das leis que determinaram a correção monetária do balanço das empresas no ano de 1989 segundo índices manipulados pelo Governo Federal (OTN e BTNF) e não pelo IPC, que refletia a real verdade inflacionária do período. Digladiaram-se as partes, tanto no âmbito da apelação e devolução oficial quanto no dos embargos de declaração opostos no E. Tribunal *a quo*, sobre a aplicabilidade de princípios constitucionais como o da capacidade contributiva, o da isonomia e o do não-confisco. E a própria Fazenda Pública deu clara demonstração de haver bem compreendido essa colocação desenganadamente constitucional, ao sustentar, em seu recurso, que o E. Tribunal local deveria ter tomado aquela decisão mediante o *incidente de inconstitucionalidade* exigido pelo art. 97 da Constituição Federal e arts. 480 ss. do Código de Processo Civil. Obviamente, sustentar a imposição da *reserva de plenário* é sustentar que a decisão tomada era de fundo constitucional.

E assim o caso chegou ao Superior Tribunal de Justiça – dois acórdãos locais girando em torno de inconstitucionalidades, um recurso especial mesclando fundamentos constitucionais próprios ao extraordinário, uma R. decisão monocrática provendo esse recurso especial. Esse provimento teve por específico e fulcral fundamento a *negação da inconstitucionalidade afirmada na instância local*, com o quê, como venho dizendo, avançou o Superior Tribunal de Justiça pela seara reservada *ao outro tribunal de superposição*, o Supremo Tribunal Federal. Nos limites do recurso que lhe competia julgar, o especial, poderia e deveria aquele C. Tribunal pronunciar-se sobre eventual lesão à efetividade das leis impugnadas, sem porém chegar ao ponto de, para *dar provimento* ao recurso especial, manifestar-se sobre tema que, por definição constitucional, pertence ao outro.

Não desconheço a relativa tendência, que no âmbito do C. Superior Tribunal de Justiça vem se manifestando, a *queimar uma etapa*, fazendo pronunciamentos como esse e por esse modo conhecendo de recursos especiais e lhes dando provimento porque *assim é a jurisprudência do Supremo*. Mas também a ninguém é lícito desconhecer as muitas manifestações com que o próprio Supremo Tribunal Federal vem acoimando de ilegítimas as incursões daquele em sua esfera de competência – tema que veio à tona em casos nos quais se discutia sobre estar ou não prejudicado o recurso extraordinário simultaneamente interposto. Uma manifestação como aquela do Tribunal incompetente teria o poder de impedir o conhecimento da matéria pelo competente, estando por essa via transversa *prejudicado o recurso extraordinário*?

626. um indevido controle de constitucionalidade

Como ficou dito, o parecer é francamente pela ilicitude do *provimento* dado pelo Superior Tribunal de Justiça ao recuso especial interposto pela União Federal com fundamento em uma interpretação da Constituição Federal. Repito que não estou a negar a competência e dever desse Tribunal de fazer *incidenter tantum* e em alguma medida um controle difuso de constitucionalidade, o que é perfeitamente admissível quando desse controle resulta o não-conhecimento ou o improvimento de um recurso de sua competência. Mas é igualmente certo que dar provimento ao recurso especial com fundamento na Constituição Federal constitui *invasão da esfera reservada ao recurso extraordinário* e à competência do Supremo Tribunal Federal.

§ 3º – UMA RECLAMAÇÃO A SER ACOLHIDA

627. *reclamação: abordagem conceitual e sistemática*

Sem ser um recurso, o instituto da reclamação ao Supremo Tribunal Federal ou ao Superior Tribunal de Justiça constitui um remédio processual-constitucional concebido com o fito de preservar a superioridade hierárquica dessas elevadas Cortes de Justiça no cenário do Poder Judiciário brasileiro. "A natureza jurídica da reclamação não é a de um recurso, de uma ação e nem de um incidente processual. Situa-se ela no âmbito do direito constitucional de petição previsto no art. 5º, inc. XXXIV, da Constituição Federal" (STF, Min. Ellen Gracie[13]). Seja na vertente da *preservação da competência*, seja na da *garantia da autoridade de suas decisões* (Const., art. 102, inc. I, letra *l*, e art. 105, inc. I, letra *f*), cuida a Constituição de assegurar a superioridade hierárquica do Supremo e do Superior ao oferecer esse instrumento para que a competência absoluta de um ou de outro não seja invadida nem desautoradas suas decisões.

> A categoria dos *remédios processuais* é muito ampla e abriga em si todas as medidas mediante as quais, de algum modo, se afasta a eficácia de um ato judicial viciado, se retifica o ato ou se produz sua adequação aos requisitos da conveniência ou da justiça (Carnelutti[14]). As medidas qualificadas como *remédios* produzem, conforme o caso, a retificação, a convalidação ou a cassação do ato.[15] Com toda essa extensão, a categoria dos remédios processuais contém em si a dos *recursos*, que é menos ampla e figura, portanto, como uma espécie integrada naquele gênero próximo. É lícito dizer, com Pontes de Miranda, que "há mais meios de impugnação que recursos, posto que todo recurso seja meio de impugnação".[16]

13. *Cfr.* STF, Pleno, ADI n. 2.212, j. 2.10.03, rel. Ellen Gracie, m.v., *DJU* 14.11.03, p. 11 (vencidos os Mins. Maurício Corrêa, Moreira Alves e Sydney Sanches – abstenção do min. Gilmar Mendes).

14. *Cfr. Istituzioni del processo civile italiano*, I, n. 314, esp. p. 286.

15. Carnelutti falava em retificação, convalidação e impugnação (*cfr. Istituzioni del processo civile italiano*, I, n. 365, p. 342).

16. *Cfr. Comentários ao Código de Processo Civil* (de 1939), XI, nota 2 ao livro VII, p. 6. A locução *meios de impugnação* é empregada ali com o mesmo significado de *remédios processuais*, da linguagem de Carnelutti.

E disse Nelson Nery Jr.: "é tarefa exclusiva do direito positivo estabelecer quais desses remédios são efetivamente recursos" e "não se pode determinar um conceito de recurso anterior ao que se encontra regulamentado pelo sistema da lei".[17]

Na reclamação não se trata de cassar o ato e substituí-lo por outro, em virtude de algum *error in judicando*, ou de cassá-lo simplesmente para que outro seja proferido pelo órgão inferior, o que ordinariamente acontece quando o ato contém algum vício de ordem processual. A referência ao binômio *cassação-substituição*, que é moeda corrente na teoria dos recursos, apóia-se sempre no pressuposto de que estes se voltam contra atos portadores de algum erro substancial ou processual, mas sempre atos suscetíveis de serem realizados pelo juiz prolator ou por outro – ao contrário dos atos sujeitos a reclamação, que não poderiam ter sido realizados (a) porque a matéria já estava superiormente decidida pelo tribunal ou (b) porque a competência para o ato era deste e não do órgão que o proferiu, nem de outro de seu mesmo grau, ou mesmo de grau superior no âmbito da mesma Justiça, ou ainda de outra Justiça. Diz ainda Nelson Nery Jr. que ela "não se configura como recurso porque sua finalidade não é impugnar decisão judicial pretendendo-lhe a reforma ou invalidação, mas tão-somente fazer com que seja cumprida decisão do STF sobre determinada hipótese, ou preservar a competência do Pretório Excelso".[18] E disse eu próprio em sede doutrinária:

> "mercê da posição elevadíssima que ocupam na pirâmide da estrutura judiciária do País, o Supremo Tribunal Federal e o Superior Tribunal de Justiça têm o poder de repudiar decisões que de algum modo lhes comprometam a competência ou desmereçam a autoridade. O primeiro deles é um *órgão de superposição absoluta*, pairando sobre todos os juízos e tribunais de todas as Justiças comuns e especiais do País e também sobre o próprio Superior Tribunal de Justiça, que a nenhuma delas pertence".[19]

17. *Cfr. Teoria geral dos recursos*, n. 3.1, esp. p. 205; *cfr.* ainda n. 2.3, pp. 49 ss., onde o autor cuida do princípio da *taxatividade dos recursos* e afirma que estes são elencados pela lei mediante um exaustivo *numerus clausus*.

18. *Cfr. Teoria geral dos recursos*, n. 2.3.4.6, esp. p. 116.

19. *Cfr.* Dinamarco, "A reclamação no processo civil brasileiro", n. 107, *in Nova era do processo civil*, p. 208.

As hipóteses de admissibilidade da reclamação, ditadas na Constituição Federal, mostram que, quando acolhida aquela, o tribunal cuja autoridade fora de algum modo molestada pela decisão inferior condena o ato impugnado à ineficácia total, *sem reformá-lo e mesmo sem anulá-lo para que outro seja proferido.* A procedência da reclamação contra ato judicial importa negação do poder do órgão inferior para realizá-lo – poder que ele não tem porque a competência é (conforme o caso) do Supremo Tribunal Federal ou do Superior Tribunal de Justiça, ou porque a matéria já fora superiormente decidida por um destes. Daí a confirmação de que a reclamação regida constitucionalmente, sendo embora um enérgico remédio processual à disposição do sujeito interessado, recurso não é. Não há recurso sem cassação da decisão recorrida e, ao mesmo tempo, sem o encaminhamento do processo para que outra seja proferida na instância de origem.

628. *a reclamação oposta pelos consulentes – agora uma abordagem concreta*

Reporto-me agora ao que ficou dito no parágrafo anterior na tentativa de demonstrar que, ao conhecer e prover o recurso especial da União porque "a Constituição não adjetivou esse conceito" (o de lucro) e por "não haver exigência constitucional para que a inflação sirva de objeto de dedução para a apuração de *lucro real tributável*", o sr. Relator no Superior Tribunal de Justiça decidiu mediante interpretações constitucionais próprias ao Supremo Tribunal Federal (*supra*, n. 625). Como disse, a competência e dever de observância da Constituição Federal por aquele C. Tribunal não chega ao ponto de, para *dar provimento* a um recurso interposto para afastar negativas de vigência à lei, chamar à colação uma norma abrigada na Constituição ou a interpretação de textos constitucionais. Como estou informado, ao assim decidir o sr. Relator reportou-se a um precedente do Supremo, relatado pelo sr. Min. Nelson Jobim, portador daquele mesmo reconhecimento da constitucionalidade das leis. Fica então o intérprete nessa perplexidade: seria indiferente que contra um dado acórdão local fosse interposto ou o recurso especial, ou o extraordinário ou ambos?

Seria possível que um só e mesmo fundamento constitucional fosse indiferentemente utilizado pelo Supremo Tribunal Federal ou pelo Superior Tribunal de Justiça com referência ao mesmo caso? Respostas afirmativas a essas indagações poriam por terra o princípio da *unicidade recursal* (*supra*, n. 620), que impõe a admissibilidade de apenas um recurso, e nunca dois ou mais, contra cada decisão judicial. A admissibilidade simultânea do recurso especial e do extraordinário, autorizada pelo sistema e pelo art. 541 do Código de Processo Civil, é uma exceção a esse consagrado princípio, e, por ser uma exceção, só chega ao ponto de autorizar os dois recursos, cada um por seu fundamento próprio, e não os dois recursos pelo mesmo fundamento (*supra*, n. 621).

> A esse propósito, ou seja, a propósito dos limites do controle de constitucionalidade pelo C. Superior Tribunal de Justiça, é de superlativa relevância o fato, já consignado no parecer, de a questão constitucional já ter sido levantada na instância local e ali haver o E. Tribunal *a quo* decidido a esse respeito, *havendo sido interposto recurso extraordinário contra essa decisão*. A matéria, que é da competência do Supremo Tribunal Federal, já foi efetivamente afetada a ele, ou devolvida, pela interposição desse recurso. Em outras palavras: não se está em uma daquelas situações específicas consideradas pela jurisprudência superior nas quais uma questão constitucional é *originariamente* suscitada no próprio Superior Tribunal de Justiça. Pontos de direito constitucional sobre os quais o acórdão local se manifestou expressamente só comportam exame em recurso extraordinário, jamais no especial. Assim é a pacífica jurisprudência do C. Supremo Tribunal Federal, expressa particularmente em RR. votos condutores dos srs. Mins. Sepúlveda Pertence e Nelson Jobim.[20]

629. conclusão: admissibilidade e procedência da reclamação dos consulentes

Como registrei, enquanto os recursos especiais interpostos por ambas as partes fluíram em direção ao Superior Tribunal de Justi-

---

20. *Cfr.* STF, Plenário, AgrReg no AgrInstr n. 145.589, rel. Sepúlveda Pertence, j. 2.9.93, v.u., *DJU* 24.6.94, e outras manifestações ali referidas (notadamente do sr. min. Nelson Jobim).

ça, pendiam e ainda pendem os recursos extraordinários interpostos por ambas as partes (*supra*, n. 618). Daí a passagem do abstrato ao concreto, de que estou falando, uma vez que, a prevalecer aquela decisão proferida pelo sr. Relator no C. Superior Tribunal de Justiça, fundamentada em interpretação constitucional, ficaria o Supremo privado de exercer concretamente sua competência nos recursos a ele endereçados. Até posso conceder que, do ponto-de-vista do interesse da União, aquela decisão monocrática valeria como possível fator de inadmissibilidade superveniente do recurso extraordinário por ela interposto – porque, uma vez satisfeita em sua pretensão no âmbito do Superior Tribunal de Justiça, ela já não teria interesse algum no julgamento desse recurso (*recurso prejudicado*, perda do interesse recursal – *supra*, n. 623).[21]
Não é todavia lícito tolerar que o mesmo suceda com o extraordinário *da parte contrária*, ou seja, dos ora consulentes. Haveria uma destoante supressão, por ato do Superior Tribunal de Justiça, da competência recursal reservada ao Supremo Tribunal Federal. No dizer sugestivo do sr. Min. Sepúlveda Pertence, reproduzido pelos ora consulentes em seu agravo interposto contra a rejeição liminar da reclamação oposta,

> "a revisão pelo STJ, em recurso especial, da solução do tribunal *a quo* às questões suscitadas na instância ordinária, de duas, uma: (a) ou implicaria usurpação de competência do STF, se interposto paralelamente o recurso extraordinário, (b) ou, se não interposto, a ressurreição de matéria preclusa".[22]

Como no caso não houve *preclusão alguma* quanto às questões constitucionais, porque pendem recursos extraordinários interpostos por ambas as partes, ficamos pois, inelutavelmente, na outra vertente posta por Pertence – a saber, na vertente da "usurpação de competência do STF".

E, como essa invasão da esfera claramente reservada ao Supremo Tribunal Federal me parece clara e manifesta, *conclui o*

---

21. *Cfr.* Rodolfo de Camargo Mancuso, *Recurso extraordinário e recurso especial*, cap. VII, n. 3, p. 383.
22. *Cfr.* STF, Plenário, *in* nota n. 20, *supra*.

parecer pela integral procedência da reclamação oposta pelos ora consulentes, a teor do disposto no art. 102, inc. I, letra *l*, da Constituição Federal.

Só não se reputaria presente essa usurpação se absurdamente se optasse por uma insustentável *indiferença recursal*, obviamente contrária ao princípio da *unicidade recursal*, sendo então concorrentes as competências dos dois tribunais de superposição e podendo ambos, indistintamente, proceder com a mesma intensidade ao controle de constitucionalidade de leis e decisões.

630. respondendo aos quesitos

– *Primeiro quesito*. "Dentro do controle difuso de constitucionalidade de leis e atos normativos, que o Superior Tribunal de Justiça está habilitado a fazer, encontra-se a prerrogativa de avançar, quando do julgamento de recursos especiais, sobre questões constitucionais ventiladas em acórdão do tribunal local, o qual inclusive constitui objeto de recursos extraordinários aviados pelas partes?"

– *Resposta*. O controle difuso de constitucionalidade, que ao Superior Tribunal de Justiça cumpre realizar, não pode chegar ao ponto de apoiar em matéria constitucional o conhecimento e provimento de um recurso especial. Ele tem sim o poder e o dever realizar um tal controle quando, interposto regularmente o recurso especial com fundamentos infraconstitucionais, *nega provimento* a esse recurso porque a norma cuja negativa de vigência o recorrente alega colide com a Constituição Federal – até mesmo porque, se não fizer esse controle em tal sede, estará ele próprio, o C. Superior Tribunal de Justiça, incorrendo em uma inconstitucionalidade. Mas lhe é vedado fazer exames de constitucionalidade para *conhecer e dar provimento* ao recurso especial, porque isso equivaleria (a) a transmudar o recurso especial em extraordinário e (b) a invadir a competência do C. Supremo Tribunal Federal para esse recurso e esse controle (Const., art. 102, inc. I). No caso em exame a incompetência do C. Superior Tribunal de Justiça para apreciar a matéria constitucional que apreciou é superlativamente posta em destaque pela circunstância de aquela mesma questão constitucional ali apreciada estar pendente de recurso extraordinário já interposto para o único órgão competente, o C. Supremo Tribunal Federal.

– *Segundo quesito.* "Considerando a resposta à questão 1, cabe reclamação ao Supremo Tribunal Federal por usurpação de competência? A reclamação oposta pelos consulentes e atualmente em trâmite perante o Supremo Tribunal Federal merece ser julgada procedente?"

– *Resposta.* Sim, a usurpação de competência claramente cometida pelo Superior Tribunal de Justiça mediante a decisão monocrática com que o sr. Relator deu provimento a um recurso especial invocando razões de ordem constitucional constitui típica hipótese legitimadora da reclamação ao Supremo Tribunal Federal, conforme disposição expressamente consignada na Constituição Federal (art. 102, inc. I, letra *l*). A reclamação oposta pelos consulentes a esse ato do Tribunal incompetente é, diante disso, não só admissível mas também claramente procedente.

XXXVI – EMBARGOS DE DECLARAÇÃO OPOSTOS POR UMA DELEGACIA REGIONAL DA RECEITA FEDERAL

§ 1º – **os antecedentes e a consulta** – 631. uma consulta envolvendo o direito processual administrativo – 632. uma decisão definitiva do Conselho de Contribuintes e sucessivos embargos de declaração – 633. dois pontos interligados de direito processual administrativo – § 2º – **a preclusão administrativa, o princípio da unirrecorribilidade e a definitividade da última decisão do Conselho** – 634. a definitividade dos efeitos dos atos administrativos – 635. sobre o Conselho Administrativo e sua função institucional – 636. a definitividade das decisões do E. Conselho – 637. definitividade – 638. declaração de vontade do titular do poder de tributar: sua eficácia jurídico-substancial sobre a pretensão fiscal – 639. limites à admissibilidade dos embargos declaratórios – 640. mera instância de revisão das decisões do Conselho? – 641. caráter infringente e unirrecorribilidade: jamais se admitem segundos embargos ao mesmo acórdão – 642. segundos embargos: um esclarecimento – 643. conclusão: embargos declaratórios em si mesmos inadmissíveis – § 3º – **representação da União Federal por um agente administrativo?** – 644. primeira aproximação – 645. a posição do sr. Delegado no processo pendente – 646. uma limitada legitimidade e capacidade de ser parte – 647. contradição entre capítulos do decisório, e não contradição entre o decisório e sua fundamentação – 648. conclusão final: embargos inadmissíveis também por falta de representatividade

§ 1º – OS ANTECEDENTES E A CONSULTA

631. uma consulta envolvendo o direito processual administrativo

Fui honrado com esta consulta dos ilustres advogados prof. Hamilton Dias de Souza e dra. Eliana Alonso Moysés, no patrocínio dos interesses de sua constituinte, a empresa RBS Administração e Cobrança Ltda., em pleito que se trava perante o E. Conselho Administrativo de Recursos Fiscais do Ministério da Fazenda. Em si mesmas, as discussões que se vêm travando entre a consulente e a Receita Federal têm fundo nitidamente jurídico-tributário, não sendo meu encargo, nem me considerando eu próprio autorizado a enveredar por essa seara, que não é a minha. A consulta e o parecer voltam-se a dois aspectos puramente processuais daquele processo pendente na instância administrativa final e definitiva representada pela C. Câmara Superior de Recursos Fiscais. E não tenho dúvida ou receio algum de caminhar por esses caminhos do processo administrativo, dadas as modernas colocações de uma *teoria geral do processo* suficientemente ampla para abrigar não só o processo jurisdicional (civil, penal, trabalhista) mas também o não-jurisdicional, como é o caso do processo administrativo. Reporto-me à preciosa monografia de Odete Medauar, cujo título bem reflete essa postura metodológica – *A processualidade do direito administrativo*. Esse é o caldo comum em que vivemos o cultor do processo jurisdicional e o do processo administrativo – todos informados por princípios comuns, por conceitos em boa parte coincidentes, por estruturas que muito se parecem. E essa é a razão pela qual me sinto à vontade para discorrer sobre conceitos, estruturas e soluções de direito processual administrativo mediante o emprego de técnicas e conceitos desenvolvidos na minha área específica, o direito processual civil, mas que, bem considerados, pertencem à teoria geral do processo.

632. *uma decisão definitiva do Conselho de Contribuintes*[1] *e sucessivos embargos de declaração*

O caso sobre o qual sou consultado versa sobre uma autuação lançada no Rio Grande do Sul pela autoridade fiscal federal com exigências relacionadas com o *imposto de renda de pessoa jurídica* (IRPJ) e *contribuição sobre o lucro líqüido* (CSLL). Desse ato inicial recorreu a ora consulente perante a Delegacia Regional de Julgamento de Porto Alegre, não obtendo êxito. Novo recurso da parte, agora dirigido ao então denominado Conselho de Contribuintes (hoje, Conselho Administrativo de Recursos Fiscais), veio a ser *provido por sua Primeira Câmara*, a qual determinou o cancelamento daquelas exigências. Volta à carga a Procuradoria

---

1. Hoje, *Conselho Administrativo de Recursos Fiscais*.

da Fazenda Nacional, interpondo recurso ao colegiado administrativo supremo (Câmara Superior de Recursos Fiscais), sendo esse recurso *improvido* – ou seja, sendo mantido o cancelamento ditado pela Primeira Câmara. O último dos atos de inconformismo manifestados nesse processo pela Procuradoria da Fazenda Nacional foram os *embargos de declaração* em seguida opostos ao acórdão da Câmara Superior de Recursos Fiscais – embargos, esses, portadores de nítido escopo infringente, sendo *liminarmente indeferidos* pela E. Presidência do E. Conselho. E tal decisão monocrática restou definitivamente preclusa, tendo em vista a não-interposição de recurso algum em face dela. Preclusa também restou, por conseqüência, aquela R. decisão da Câmara Superior pela qual fora *definitivamente cancelada* a autuação lançada no Rio Grande do Sul contra a ora consulente.

Tornando os autos à Delegacia Regional de Porto Alegre para a efetivação do cancelamento superiormente determinado por aquela instância administrativa em decisão final e definitiva, eis porém que essa repartição, em vez de dar cumprimento a tal decisão, a ela opõe *novos embargos declaratórios*. São estes portadores do mesmo escopo infringente daqueles opostos pela Procuradoria, sem aclaramentos pedir, mas a rediscussão do mérito do V. acórdão majoritário da C. Câmara Superior – e por motivos substancialmente coincidentes. Viva discussão vem se travando no âmbito desse elevado colegiado administrativo, com opiniões divergentes seja em relação à admissibilidade desse recurso interposto pela Delegacia, seja ao mérito de seu conteúdo substancial – mas, pela informação que me chegou, até ao momento em que este parecer foi elaborado voto algum havia sido proferido e o prosseguimento da sessão de julgamento estava assinado para o mês de janeiro de 2010.

633. *dois pontos interligados de direito processual administrativo*

Nessa situação fui consultado, como é natural, apenas acerca dos pontos de direito processual administrativo pertinentes. Tratando-se de definir o juízo de admissibilidade dos declaratórios opostos pela Delegacia da Receita Federal, proponho que tal juízo se desenvolva em torno de dois aspectos que reputo fundamentais, a saber: a) o da própria admissibilidade, em tese, desses segundos embargos em si mesmos e (b) o da legitimidade da Delegacia da Receita Federal para opô-los, tendo ela, ou não, capacidade de ser parte, ou poder de representação da União Federal no processo administrativo para esse fim. Cada um desses aspectos constituirá o conteúdo dos parágrafos desenvolvidos a seguir.

§ 2º – A PRECLUSÃO ADMINISTRATIVA,
O PRINCÍPIO DA UNIRRECORRIBILIDADE
E A DEFINITIVIDADE DA ÚLTIMA DECISÃO DO CONSELHO

634. a definitividade dos efeitos dos atos administrativos

Variam os graus de estabilidade das incontáveis espécies de atos jurídicos ocorrentes na vida em sociedade, mas é muito difícil indicar algum deles que jamais fique protegido por algum grau de imunidade, ainda quando muito tênue. Mesmo os negócios jurídicos celebrados entre particulares reputam-se resguardados pela força obrigatória dos contratos (CC, arts. 427 ss.), que impede a resolução unilateral, e, mais que isso, pela proteção constitucional aos atos jurídicos perfeitos (irretroatividade das leis – Const., art. 5º, inc. XXXVI). Mais rígida é a imunidade dos atos estatais. "O grau mais elevado dessa estabilidade reside na coisa julgada material, autoridade que torna imutáveis os efeitos das decisões tomadas em sede jurisdicional". Em uma intencional abertura para uma teoria geral do processo com grande abrangência ou envergadura, já afirmei também que "*as decisões administrativas, que também constituem provimentos*, não deixam de ficar em alguma medida cobertas pala *preclusão*, ou pelo efeito preclusivo, especialmente após superadas as possibilidades recursais e nos casos em que direitos hajam sido adquiridos".[2]

> Essa idéia da *imunização* mais intensa ou menos dos efeitos dos atos jurídicos é claramente influenciada pela obra do sociólogo Niklas Luhmann, que refiro com freqüência.[3]

2. *Cfr. A instrumentalidade do processo*, n. 12, pp. 107 ss.
3. *Cfr. Legitimação pelo procedimento, passim.*

Eis o ponto. Estamos, aqui, precisamente em busca do grau de imunidade de uma particularíssima categoria de atos administrativos, que são as decisões *proferidas em última instância administrativa* pela C. Câmara Superior de Recursos Fiscais do E. Conselho de Administrativo de Recursos Fiscais do Ministério da Fazenda em favor do contribuinte. Não se trata de coisa julgada, ou mesmo de *coisa julgada administrativa* – e um processualista que se preze jamais iria admitir a existência dessa categoria jurídica em um País de *jurisdição una*, ao qual é estranho o instituto do *contencioso administrativo*. A coisa julgada só tem lugar sobre decisões tomadas em sede jurisdicional e se impõe, de modo geral, "a todos os que no âmbito do ordenamento jurídico têm institucionalmente o mister de estabelecer, de interpretar ou de aplicar a vontade do Estado" (Liebman[4]). Onde incide a *auctoritas rei judicatæ* já fica por definição excluída qualquer cogitação de um novo controle jurisdicional,[5] mas em relação aos atos administrativos, por mais idôneos que sejam, algum controle por juízes é na maioria dos casos admissível.

E continuamos com o problema. Qual o grau da imunidade conferida pela ordem jurídica àquelas decisões administrativas, ou, inversamente, em quais circunstâncias e qual medida são elas suscetíveis de controle pelo Poder Judiciário ou pela própria Administração? Para responder a essa indagação, vejamos qual a posição do E. Conselho Administrativo de Recursos Fiscais entre os órgãos e organismos da estrutura estatal brasileira e, em seguida, qual o escopo de sua implantação.

635. *sobre o Conselho Administrativo e sua função institucional*

Sem ser um órgão jurisdicional nem integrar (obviamente) os quadrantes do Poder Judiciário, o Conselho de Contribuintes constitui porém uma instituição comprometida com a efetividade

---

4. *Cfr. Eficácia e autoridade da sentença*, n. 15, esp. p. 51.
5. Ressalvados a ação rescisória e os casos excepcionalíssimos de relativização da coisa julgada material.

da cláusula *due process*, constitucionalmente assegurada (Const., art. 5º, inc. LIV). Ele é o órgão máximo do processo administrativo tributário na órbita federal, de acesso condicionado estritamente à vontade do contribuinte e competente para a busca de uma decisão, no âmbito da própria Administração Pública, no sentido de *truncar o processo administrativo fiscal*. "Em senda administrativa o contencioso tributário constitui uma *continuação*, ou a *antecipação*, ou ainda a *reabertura do processo de lançamento*, no sentido de que essa discussão é dotada da mesma natureza do processo de lançamento, que fica suspenso até sua decisão final, a qual constituirá o lançamento definitivo" (Cleide Previtalli Cais[6]). O que esse Conselho decide *é a Administração quem decide*.

A propósito do *contencioso administrativo* brasileiro, que não se confunde com o *contentieux administratif* porque este exerce *jurisdição*, e o nosso não, são fartas e uníssonas as manifestações doutrinárias afirmando que ele se resolve em uma *oferta de opção ao contribuinte*. O sistema oferece a este uma oportunidade a mais, ainda no âmbito da Administração, para demonstrar suas razões e assim buscar, sem a necessidade de apelo ao Poder Judiciário, o reconhecimento da inexistência de uma obrigação tributária que haja sido objeto de lançamento ou da existência por valor menor que o exigido *etc*. O respeitado Rubens Gomes de Sousa define nosso contencioso tributário como "a controvérsia entre o contribuinte e o fisco a propósito da existência, características ou montante da obrigação tributária".[7] E por isso é que, logo acima, consignei que os órgãos e organismos administrativo-fiscais se incorporam à missão de conferir efetividade à garantia constitucional do devido processo legal.

Sobre o *due process* como um sistema de limitações ao exercício do poder e seu significado político e democrático, remete-se o leitor ao que neste mesmo volume ficou exposto mais extensamente (*supra*, n. 11). O que lá ficou exposto tem plena pertinência aos raciocínios que principiam logo a seguir, centrados na limitação aos poderes dos agentes públicos em relação aos direitos dos contribuintes.

6. *Cfr. O processo tributário*, n. 8.1.1, esp. p. 264.
7. *Cfr. Compêndio de legislação tributária*, p. 146.

636. a definitividade das decisões do E. Conselho

Tornando agora ao tema em desenvolvimento, vemos o Conselho Administrativo de Recursos Fiscais como o responsável final e último pela imposição de *limites à atividade exatora do fisco*. Esse controle é exercido mediante pronunciamentos expedidos após provocação do contribuinte com a finalidade de evitar que se consume em toda a sua extensão o procedimento fiscal do lançamento; e fica definitivamente obstada a produção dos resultados ordinariamente gerados por este quando concluir o Conselho que o tributo exigido pelas autoridades tributárias seja indevido. Esse é, portanto, em substância e em síntese, um autocontrole da Administração, ou, no dizer expressivo de Georg Jellinek, um *controle inter-órgãos*: havendo um agente tributário optado pelo lançamento e com isso dado início ao procedimento administrativo-tributário, na outra ponta desse *iter* vem o E. Conselho, como órgão máximo do sistema, e aí sim manifesta a *final e definitiva vontade da Administração*.

É essa a vontade que, como se debate no presente caso, em dado momento vem a adquirir o predicado da *definitividade*. Mas em que consiste? Em quais casos se impõe? Quais são seus limites constitucionalmente legítimos?

637. definitividade

Definitividade é o grau máximo de imunidade atribuído a certos atos da Administração Pública, que os torna insuscetíveis de revisão por ela própria ou mesmo pelo próprio Poder Judiciário, por iniciativa da Administração. É expressiva nesse contexto de legalidade a máxima consolidada pelo C. Supremo Tribunal Federal em sua Súmula n. 473, *verbis*: "a Administração pode anular seus próprios atos, quando eivados de vícios que os tornam ilegais, porque deles não se originam direitos; ou revogá-los, por motivo de conveniência ou oportunidade, *respeitados os direitos adquiridos*, e ressalvada, em todos os casos, a apreciação judicial". No ensinamento de Rubens Gomes de Sousa, "o fundamento da imutabilidade do ato administrativo não é o direito do particular à situação jurídica criada, mas sim a confusão desse direito com o próprio *interesse público* na estabilidade das relações jurídicas"[8] – sendo por isso natural que a Administração fique vinculada a seus próprios atos, máxime quando realizados por um órgão de instância final como são os Conselhos de Contribuintes. E, porque assim é, disse o também tributarista Antônio Roberto Sampaio Dória que "a Administração Pública, após proferir decisão regular e favorável ao contribuinte, no sentido da não-incidência de um tributo, está *impedida de revogá-la a seu alvedrio*" etc.[9]

Mas ainda me falta dizer com clareza e mais precisão qual a diferença, palpável, na prática, entre a *coisa julgada* dos atos jurisdicionais e a *definitividade* das decisões administrativas. O traço que marca a fundamental distinção entre esses dois conceitos é precisamente a abertura para que estas (as decisões administrativas) possam vir a ser objeto de um pronunciamento por juízes, enquanto os atos judiciais cobertos pela *auctoritas rei judicatæ* se reputam rigorosamente intocáveis, insuscetíveis de nova apreciação mesmo por juízes (ressalvados a ação rescisória e os excepcionalíssimos casos de legítima relativização da coisa julgada). Mas ainda não está dito tudo.

As *decisões favoráveis ao cidadão ou ao contribuinte*, gerando para estes um direito subjetivo ou ao menos um *interesse legítimo*, são menos suscetíveis a essa censura que as desfavoráveis, pela simples razão de que para a remoção destas (das desfavoráveis) a Constituição dita superiormente a regra da *inafastabilidade do controle jurisdicion*al, também entendida como garantia constitucional do *acesso à justiça* ou *promessa de tutela jurisdicional* (art. 5º, inc. XXXV). No caso mais particularizado do contencioso administrativo-tributário dos tribunais administrativos, seja também lembrado que o acesso a estes é simplesmente uma *opção* franqueada pelo Estado-legislador ao contribuinte, entendendo-se obviamente que a escolha desse caminho não pode jamais ser interpretada como suposta renúncia àquela garantia constitucional.

---

8. *Cfr.* "A coisa julgada no direito tributário", in *Rev. dir. tribut.* V, pp. 73-74.
9. *Cfr.* "Decisão administrativa: efeitos e revogabilidade – coisa julgada: limites objetivos em matéria fiscal", *in RT* 363, n. 25, esp. p. 58.

O contribuinte que vai aos tribunais administrativos está na legítima tentativa de *queimar uma etapa*, alimentando a esperança de tudo resolver perante a própria Administração, sem necessidade das complicadas demoras e incertezas inerentes ao processo judicial – mas sabe que, em caso de insucesso, a via jurisdicional estará sempre aberta para o exercício de seu constitucional direito de ação.

Obtendo desde logo o que quer, o contribuinte fica a cavalo de uma *situação favorável*, muito parecida com a autoridade da coisa julgada (embora com ela não se confunda), porque a Administração não pode simplesmente ir a juízo em busca de uma decisão que desconstitua aquela proferida por ela própria.

> Hugo de Brito Machado: "não se pode admitir que a Fazenda Pública exercite um suposto direito à jurisdição *contra atos dela própria*".[10] E "não há qualquer senso em a pessoa jurídica de direito público declarar uma situação de direito e pretender desconstituir judicialmente a sua própria declaração" (Ricardo Mariz de Oliveira[11]).

A este ponto seja lembrado, como já foi dito, (a) que os tribunais administrativo-fiscais têm lugar na estrutura administrativa do País como órgãos destinados a assegurar a efetividade do *due process* nas atividades administrativo-tributárias do Estado e (b) que sua atividade revisional de atos e decisões dos órgãos encarregados da fiscalização e autuação fiscal é instituída como *uma garantia a mais para o contribuinte*, não para o fisco. Com essas características, os Conselhos e suas decisões são uma arma democrática destinada a definir segundo os princípios do Estado-de-direito a linha de equilíbrio entre *a autoridade do Estado*, legitimante do poder de tributar, e *a liberdade do cidadão*, que é também um autêntico direito à integridade patrimonial legítima.

> Mas o próprio fisco não fica desamparado no Conselho quando em alguma das Câmaras a decisão lhe é contrária: ele dispõe da

---

10. *Cfr.* "Algumas questões de processo administrativo tributário", *in Processo administrativo tributário* (nova série, n. 5), pp. 154-156.

11. *Cfr.* "Processo administrativo tributário", *in Processo Administrativo Tributário* (nova série, n. 5), p. 217.

possibilidade de recorrer à Câmara Superior de Recursos Fiscais, a qual, em caso de decisão sem unanimidade, dará a palavra final e superlativamente idônea do Estado-Administração acerca da exação tributária em discussão. No caso, tal recurso foi interposto e o V. acórdão daquela C. Câmara é o ato que está sendo questionado pelo sr. Delegado da Receita em seus embargos declaratórios.

638. declaração de vontade do titular do poder de tributar: sua eficácia jurídico-substancial sobre a pretensão fiscal

Entendo até preferível que se deixe de pensar na definitividade das decisões do E. Conselho Administrativo de Recursos Fiscais como um fenômeno de direito processual tributário, mas de *direito substancial tributário*. Tornemos àquela precisa indicação de Rubens Gomes de Sousa, referida por Cleide Cais, de que o contencioso tributário se insere no *processus* do lançamento e a decisão final que ali for proferida "consistirá o lançamento definitivo". Haverá o *lançamento definitivo* quando o último julgamento recursal administrativo concluir pela existência de valores a pagar – quer se trate do mesmo valor indicado no ato que dera início ao procedimento fiscal, quer menor. Concluindo porém o Conselho que nada há a ser pago, sua decisão valerá por um cancelamento do ato de lançamento, ou por um não-lançamento; e nessa declaração final e definitiva residirá uma *declaração de vontade* de uma das partes da relação tributária, o Estado, no sentido de nada pretender do contribuinte a título dos tributos, multas *etc.* constantes do ato inicial. Como disse acima, o que o Conselho decide é o Estado-Administração quem decide (*supra*, n. 635).

Isso que digo conta com apoio na obra do conceituadíssimo Seabra Fagundes, segundo o qual "a Administração manifesta sua vontade através de um órgão, dois ou mais, conforme estabelecer a lei, e a vontade assim expressa se tem como resultante do exame satisfatório da situação considerada. Ora, se impugnada uma obrigação tributária, diversos órgãos se manifestam e pela culminação desse processo se apura que há razão do contribuinte ou pretenso contribuinte para negar a existência da obrigação, parece que *é o próprio credor dela, o Estado, que se considera não-credor*".[12]

Por isso é que, como vou dizendo, nesses casos a *definitividade* é um fenômeno de direito substancial. Se estivéssemos na seara reservada ao direito *privado* (civil, comercial) a decisão de nada ser devido, emitida por aquele que antes se afirmara credor, poderia ser qualificada como uma *renúncia ao direito*, ou renúncia à pretensão, que torna o possível credor um não-credor. A partir desse ato não mais se admite qualquer discussão em torno da existência ou inexistência da relação jurídica que antes daquela declaração talvez existisse ou deixasse de existir. No direito tributário, como ramo do direito público, os conceitos não podem ser assim tão facilmente assimilados aos de direito privado, mas o núcleo é sempre o mesmo: o ente tributador que por um órgão de escalão inferior afirmara a existência de um crédito a receber veio depois a declarar em caráter final, pela palavra do mais elevado dos órgãos do sistema, que esse crédito inexiste. Ou, em outras palavras: o Estado-fisco acabou por declarar-se *não-credor* por aquele suposto crédito indicado na autuação realizada no âmbito local. Por isso, o monografista Antônio José da Costa chega a dizer que "a decisão administrativa, quando favorável ao contribuinte, aparece como uma das formas de *extinção do crédito tributário*".[13] Pura visão substancialista e não processualista de tais decisões, como também venho preconizando em minha área de atuação.

As coisas passam-se de modo diferente nas decisões jurisdicionais, onde quem afirma ou nega a existência de uma relação jurídica não é um dos sujeitos envolvidos, mas o juiz, que é um *terceiro* e decide superiormente. Aqui no contencioso administrativo-tributário quem decide é uma das partes envolvidas. Decide de modo idôneo, mediante regras tipicamente processuais regidas pelo *due process*, mas rigorosamente *decide sobre uma relação jurídica própria*. Por isso é que, sendo o Conselho Administrativo

---

12. *Cfr.* "A coisa julgada no direito tributário", *Rev. dir. tribut.* V, esp. p. 69.
13. *Cfr.* "Processo administrativo tributário", *in Processo administrativo tributário* (nova série, n. 5), p. 270.

de Recursos Fiscais um órgão da própria entidade possivelmente credora (a União Federal), o que ele decide contra o fisco é *o próprio credor decidindo* e vale, como disse, por uma declaração da vontade estatal de não receber.[14]

Falando de *declarações de vontade*, são de inteira pertinência as sábias e profundas lições de Carnelutti em sede de *teoria geral do direito* (não de direito privado), nas quais não só analisa a natureza como a diversidade da eficácia que, de espécie para espécie, decorre das declarações juridicamente relevantes.[15] Contratos em geral são desenganadas *declarações de vontade*, e não de *mero conhecimento*, mas não só os contratos: também compartilham dessa natureza certos atos do Poder Público que nada têm de contrato mas expressam a intenção de influir sobre dada relação jurídica posta em controvérsia com o contribuinte. Na linguagem expressiva desse grande mestre, atos com essa intenção não se destinam a *informar* o destinatário sobre fatos, mas a expressar uma vontade dos declarantes, portadora de eficácia perante o direito – e a esse ponto fala Carnelutti da radical diferença entre o *far sapere* e o *far fare*, ou seja, da diferença entre a mera declaração de conhecimento, que não passa de uma informação, e a declaração de vontade, que incide sobre uma relação jurídica de interesse do declarante, ou declarantes.[16]

Mas repito: não seja eu acusado de uma suposta e espúria transposição de conceitos e estruturas de direito privado ao público, o que jamais passou por minha idéia. O fundamento metodológico do que venho dizendo sobre declarações de vontade, efeito vinculante dos atos próprios e sobre ato jurídico são elementos de *teoria geral do direito* amplamente desenvolvidos em sede privatística, mas não pertencem com exclusividade ao direito civil.

639. *limites à admissibilidade dos embargos declaratórios*

E tornemos a unir os pontos. Se não se consente ao próprio Poder Judiciário o poder de rever as decisões administrativas finais

---

14. O que digo neste tópico constitui reprodução do que disse em outro parecer também reproduzido na presente coletânea (*supra*, n. 319) e tem pertinência tanto à situação lá examinada quanto a esta.
15. *Cfr. Teoria generale del diritto*, §§ 145-158, pp. 369 ss.
16. *Op. loc. cit.*, § 150, esp. p. 381.

portadoras de uma declaração de vontade no sentido de não exigir, *a fortiori* também a Administração Pública é impedida de revê-las sucessivamente e *ad infinitum*, sempre que outro e outro recurso venha a ser interposto pelos agentes do fisco. Por sua própria destinação institucional, os embargos de declaração destinam-se exclusivamente a depurar as decisões de possíveis imperfeições técnicas, sendo transgressiva à garantia do devido processo legal a ultrapassagem desses autênticos *landmarks* representados pela delimitação de seu campo de incidência (*supra*, nn. 11 e 635).

Ora, segundo a legislação pertinente, os embargos declaratórios às decisões do E. Conselho são em tese admissíveis em termos muito semelhantes ao que dispõe o Código de Processo Civil, a saber, "quando existir no acórdão obscuridade, omissão ou contradição entre a decisão e os fundamentos ou for omitido ponto sobre o qual deva pronunciar-se a Câmara ou o Pleno". Ou seja: eles são admissíveis como instrumento aclarador ou corretivo de *imperfeições de expressão* contidas no julgado, sendo por isso notórios os questionamentos levantados quanto à sua natureza de *recurso*. Conforme concebidos pelo legislador e disciplinados em lei, eles não visam a *cassar e substituir* o julgado, mas a escoimá-lo daquelas possíveis imperfeições mediante uma atividade que sói ser denominada *integração*. Daí o *reexprimir*, de que fala Pontes de Miranda, em oposição ao *redecidir*.[17]

> "É conhecida a sátira de Sérgio Bermudes ao Código de Processo Civil, feita ao dizer que o legislador de 1973 estaria a merecer que contra ele se lançassem uns *embargos declaratórios*, porque colocou os embargos contra sentença no capítulo *da sentença* e os embargos contra acórdão no capítulo *dos recursos*. Qual seria a verdadeira natureza desse meio de impugnação, sr. legislador? Mera providência corretiva, ou recurso? Essa contradição precisava ser aclarada.[18] E ela o foi pela *Reforma do Código de Processo Civil*, que unificou o trato desse remédio processual, agora todo ele concentrado no capítulo *dos recursos* (arts. 535 ss., red. lei n.

17. *Cfr.* Dinamarco, "Os embargos de declaração como recurso", n. 102, *in Nova era do processo civil*, p. 197.
18. *Cfr. Comentários ao Código de Processo Civil*, VII, n. 197, esp. p. 208.

8.950, de 13.12.94). Hoje, desenganadamente, o direito positivo o reputa um recurso, mas a questão conceitual permanece aberta. Os embargos declaratórios exercem efetivamente a função que os recursos têm, ou alguma outra?"[19]

Diante da *relativa* abertura para o emprego desses embargos com *escopo infringente* (relativa e limitada!), a tendência atual é qualificá-los como *recursos* quando portadores desse escopo, e mera *medida integrativa de sentenças* em caso contrário. Mas os casos de legítima infringência pela via dos declaratórios constituem uma quase aberrante *excepcionalidade* no sistema, sendo tratados com extremo cuidado por todos os tribunais, em nome do exaurimento da competência do órgão julgador (CPC, art. 463), da estabilidade das decisões e, em ultima análise, da *segurança jurídica*. Tomo a liberdade de transcrever a esse propósito algumas pílulas vindas da reiterada jurisprudência dos tribunais:

I – "Os embargos de declaração não devem revestir-se de caráter infringente. A maior elasticidade que se lhes reconhece, excepcionalmente, em casos de *erro material evidente ou de manifesta nulidade* (...) não justifica, sob pena de grave disfunção jurídico-processual dessa modalidade recursal, a sua *inadequada utilização* com o propósito de questionar a correção do julgado e, obter, em conseqüência, a desconstituição do ato decisório" (STF).[20]

II – "Os embargos de declaração têm por finalidade a eliminação de obscuridade, omissão, dúvida ou contradição. Se o acórdão não está eivado de nenhum desses vícios, os embargos não podem ser recebidos, sob pena de ofender o art. 535 do Código de Processo Civil" (STJ).[21]

III – "Descabem os embargos de declaração para suscitar *questões novas*, anteriormente não ventiladas" (STJ).[22]

19. *Cfr.* Dinamarco, "Os embargos de declaração como recurso", n. 97, *in Nova era do processo civil*, pp. 187-188.
20. *Cfr.* STF, *in RTJ* 54/233, *apud* Negrão-Gouvêa, *Código de Processo Civil e legislação processual em vigor*, nota 3 ao art. 535, esp. p. 598, 1ª col.
21. *Cfr.* STJ, *in Revista do STJ* 59/170, *apud* Negrão-Gouvêa, *ib.*
22. *Cfr.* STJ, 4ª T., REsp n. 1.757, rel. Sálvio de Figueiredo, j. 13.3.90, v.u., *DJU* 9.4.90.

IV – "Não se admitem embargos de declaração infringentes, isto é, que, *a pretexto de esclarecer ou completar o julgado anterior*, na realidade buscam alterá-lo" (STJ).[23]

V – "É incabível, nos declaratórios, rever a decisão anterior *reexaminando ponto sobre o qual já houve pronunciamento*, com inversão, em conseqüência, do resultado final. Nesse caso, há alteração substancial do julgado, o que foge ao disposto no art. 535 do Código de Processo Civil" (STJ).[24]

VI – "São incabíveis embargos de declaração utilizados com a indevida finalidade de instaurar uma nova discussão sobre a controvérsia jurídica já apreciada pelo julgador" (STJ).[25]

Esses e tantos outros julgados dos tribunais brasileiros são o contraponto daqueles outros nos quais se admitem excepcionalmente os embargos declaratórios com eficácia modificativa em alguns *casos muito graves*. O confronto daquelas aberturas excepcionais com essas reiteradas ressalvas reconfirma o caráter verdadeiramente extraordinário da admissibilidade desses embargos fora das hipóteses arroladas no art. 535 do Código de Processo Civil (e, por extensão, da legislação tributária pertinente), recomendando mais uma vez que se tenha o cuidado necessário para *não transmudá-los em mero sucedâneo de outros recursos*.[26]

640. mera instância de revisão das decisões do Conselho?

Já os embargos opostos ao V. acórdão da Câmara Superior pela douta Procuradoria da Fazenda Nacional vieram carregados de denso escopo infringente, propondo a rediscussão de teses e reexame de fatos e provas, ou seja, pretendendo novo julgamento substancialmente oposto ao embargado. Foi por isso que receberam da E. Presidência um juízo de indeferimento liminar, não lo-

---

23. Essas palavras são de Negrão-Gouvêa, reportando-se a uma série de julgados do STJ: *cfr. Código de Processo Civil e legislação processual em vigor*, nota 3 ao art. 535, p. 597, 2ª col.
24. *Cfr.* Negrão-Gouvêa, *op. loc cit.*, esp. p. 598, 1ª col.
25. *Id., ib.*
26. *Cfr.* ainda meu pequeno ensaio "Os embargos de declaração como recurso", n. 103, *in Nova era do processo civil*, pp. 200-201.

grando trânsito em direção ao órgão colegiado (e ficou preclusa tal decisão). Constituíram fundamentos dessa R. decisão monocrática (a) a inexistência de erro de fato quanto a certas declarações relevantes para o julgamento, (b) a inexistência de uma alegada omissão no exame de intimações constantes dos autos e (c) a existência de outros fundamentos não atacados pelo embargante e bastantes em si mesmos para sustentar o julgado. Em suma, não permitiu o sr. Presidente que os declaratórios fossem distorcidamente utilizados como mera instância de revisão do julgado da C. Câmara Superior de Recursos Fiscais.

Depois, também os embargos ulteriormente opostos pelo sr. Delegado da Receita Federal em Porto Alegre vieram do mesmo modo carregados de uma *intensa infringência*, querendo uma nova decisão oposta à embargada, na qual o *cancelamento* de uma autuação fosse radicalmente convertido em uma *manutenção*. Trazem de novo à baila pedidos de reexame de provas, em associação à alegação de supostas omissões, obscuridades e contradições no V. acórdão embargado. Segundo salienta a ora consulente, tais embargos chegam a questionar, pelo aspecto da prova, "o mesmo ponto já afastado nos embargos da PFN".

Já por esse aspecto esses novos embargos mostram-se manifestamente inadmissíveis, por se colocarem, como venho dizendo, como verdadeira instância de revisão do V. acórdão embargado. Estão nesse contexto com o propósito de reabrir exames e discussões diretamente relacionadas com o *meritum causæ*, alongando mais uma vez aquela litispendência processual-administrativa já definitivamente extinta quando a C. Câmara Superior negou provimento ao recurso interposto pela douta Procuradoria da Fazenda Nacional. Ao confirmar o cancelamento determinado pela C. Primeira Câmara, aquele colegiado máximo deu a última palavra do Estado tributador acerca da pretensão levantada quando da autuação pelo sr. Auditor, manifestando em definitivo sua intenção de não mais exigir (*supra*, n. 638) – e tal manifestação é *vinculativa ao Estado*, de modo muito semelhante às declarações de vontade emitidas por particulares em relações de direito privado.

Pelo aspecto processual, a decisão da C. Câmara Superior reputa-se inabalavelmente protegida por uma sólida *preclusão consumativa*, que se assemelha à coisa julgada e que em processo administrativo se chama *definitividade* (*supra*, nn. 634-636). Transgredi-la indefinidamente, como quis a douta Procuradoria e como agora quer o sr. Delegado, equivaleria a reduzir a nada, ou quase nada, a *segurança jurídica*, que em si mesma constitui um bem constitucionalmente assegurado (José Afonso da Silva[27]). E equivaleria, em última análise, a um acintoso desprezo pela garantia constitucional do *devido processo legal*, que reside ao centro institucional do Estado-de-direito (*supra*, n. 635).

641. caráter infringente e unirrecorribilidade: jamais se admitem segundos embargos ao mesmo acórdão

Também por um outro aspecto intimamente relacionado com o que acaba de ser dito vê-se que os declaratórios agora opostos pelo sr. Delegado da Receita Federal em Porto Alegre são mais uma vez admissíveis, pois se trata de *segundos embargos de declaração opostos contra o mesmo acórdão*. O sr. Delegado não embargou a R. decisão monocrática com que a Presidência do E. Conselho indeferira liminarmente os embargos da Procuradoria da Fazenda Nacional. Opôs-se, em segundos embargos, *ao próprio acórdão já antes embargado*.

Ora, a jurisprudência de todos os tribunais é rigorosamente pacífica no sentido de inadmitir a repetição de embargos declaratórios opostos ao mesmo acórdão ou sentença que já fora objeto de outros. Assim, p.ex.:

I – "Os segundos embargos declaratórios devem alegar obscuridade, omissão, dúvida ou evidente erro material no acórdão prolatado nos primeiros embargos, não cabendo atacar aspectos já resol-

---

27. Cfr. *Curso de direito constitucional positivo*, tít. V, cap. II, nn. 17-20, pp. 373 ss.

vidos nesta decisão declaratórios e muito menos questões situadas no acórdão primitivamente embargado" (STF).[28]

II – "Os segundos embargos de declaração se prestam para sanar eventual vício existente no julgamento do primeiro incidente declaratório, não para suscitar questão relativa a julgado anterior que não foi argüida nos primeiros embargos declaratórios" (STJ).[29]

Essa posição assumida pelos tribunais do País, em consonância com toda a doutrina, constitui expressão viva do princípio da *unirrecorribilidade*, universalmente acatado. Todos sabemos muito bem que a interposição de um recurso extingue, pelo próprio exercício, o direito de recorrer; essa é uma autêntica *preclusão consumativa*, que a doutrina em geral apóia no princípio da *unirrecorribilidade*.

Barbosa Moreira, ao tratar desse princípio (que prefere denominar princípio da *unicidade do recurso*), diz que "ele se manifesta, em primeiro lugar, pela impossibilidade de interpor-se mais de um recurso contra a mesma decisão" – porque, como havia dito algumas linhas antes, "tanto no direito anterior como no vigente, a regra era e continua a ser a de que, para cada caso, há um recurso adequado, e somente um".[30] E o monografista Nelson Nery Jr. diz enfaticamente que essa é a regra geral em matéria de recursos: "uma vez já exercido o direito de recorrer, consumou-se a oportunidade de fazê-lo, de sorte a impedir que o recorrente torne a impugnar o pronunciamento judicial já impugnado".[31]

642. *segundos embargos: um esclarecimento*

Quando digo que esses embargos declaratórios opostos pelo sr. Delegado da Receita Federal em Porto Alegre constituem *segundos embargos* e por isso não comportam conhecimento, e muito

---

28. *Cfr.* STF, 2ª T., RE n. 229.328, AgReg-Edcl-Edcl, rel. Ellen Gracie, j. 10.6.03, v.u., *DJU* 1.8.03, p. 140 – com invocação de uma série de precedentes no mesmo sentido.
29. *Cfr.* STJ, 3ª Seção, MS n. 7.728, rel. Félix Fischer, j. 23.6.09, v.u., *DJU* 3.8.04, p. 118, *apud* Negrão-Gouvêa, *Código de Processo Civil e legislação processual em vigor*, nota 2 ao art. 535, esp. p. 719.
30. *Cfr. Comentários ao Código de Processo Civil*, V, n. 141, esp. p. 249.
31. *Cfr. Teoria geral dos recursos*, n. 2.11, esp. p. 192.

menos provimento, levo em conta, em primeiro lugar, que eles foram opostos *contra o próprio acórdão* antes já embargado pela E. Procuradoria da Fazenda Nacional e deduzem substancialmente a *mesma linha de impugnações* ao ato recorrido. Isso já foi dito em tópico anterior, mas levo também em conta o fato de o sr. Delegado estar atuando como titular de uma *repartição* integrante da estrutura do mesmo Poder Executivo Federal que pela mão daquela Procuradoria já opusera embargos àquele mesmo acórdão. Ou, em outro dizer: nessas duas vezes é sempre a União Federal quem embarga, antes pela mão da Procuradoria e agora pela de um agente integrante da própria estrutura administrativa da Receita Federal.

Esse tema será desenvolvido no parágrafo a seguir (nn. 644 ss.).

643. conclusão:
embargos declaratórios em si mesmos inadmissíveis

Por tudo quanto foi dito ao longo do presente parágrafo, os embargos declaratórios opostos pelo sr. Delegado da Receita Federal em Porto Alegre estão muito longe de serem admissíveis e de modo algum comportam apreciação pelo mérito. Não devem ser conhecidos (a) porque trazem uma proposta de *infringência do julgado*, incompatível com a destinação institucional e sistemática dos próprios declaratórios e com a segurança jurídica inerente à cláusula *due process of law*, e (b) porque são apontados ao mesmo acórdão já antes embargado pela própria Procuradoria da Fazenda Nacional e liminarmente indeferidos por decisão preclusa da E. Presidência.

Mas existe uma outra razão para o não-conhecimento desses novos embargos, como no parágrafo a seguir se exporá.

§ 3º – REPRESENTAÇÃO DA UNIÃO FEDERAL POR UM AGENTE ADMINISTRATIVO?

644. primeira aproximação

Como se vê, estamos tratando de um recurso de embargos declaratórios opostos por um delegado da Receita Federal a um mesmo acórdão já antes embargado pela União Federal através de seu órgão representativo, a Procuradoria da Fazenda Nacional. Os primeiros declaratórios foram rejeitados liminarmente por decisão da E. Presidência do Conselho Administrativo de Recursos Fiscais e estes segundos contêm o mesmo escopo de infringência que fora o motivo principal daquele indeferimento (*supra*, n. 642). Já vimos, diante disso, que por mais de um motivo esses segundos declaratórios estão muito longe de poderem ser admitidos ou conhecidos, porque (a) estão viciados por uma infringência incompatível com o sistema e (b) são eles próprios uma segunda oposição ao mesmo acórdão que já fora objeto de outros embargos (*supra*, nn. 640 ss.). Mas existe uma outra razão de muito peso a reconfirmar essa inadmissibilidade, que consiste na ilegitimidade do embargante, ou sua incapacidade de ser parte no processo administrativo, *para o fim desejado*.

645. *a posição do sr. Delegado no processo pendente*

Exclui-se pelo modo mais absoluto que o sr. Delegado da Receita Federal em Porto Alegre possa estar nesse processo administrativo como parte, em nome próprio e em defesa de interesse jurídico próprio. Em uma primeira aproximação, segundo conhecida lição concebida por Liebman e apoiada por Buzaid, a legitimidade *ad causam* consiste na *pertinência subjetiva ativa e passiva da ação*.[32] Essa conceituação é ainda muito vaga, mas já na obra do antigo professor da Universidade de Milão colhemos algo mais concreto, quando diz: "o problema da legitimação consiste em individualizar a pessoa a quem pertence o interesse de agir (e, pois, a ação) e a pessoa com referência à qual ele existe".[33] Manifestando-me sobre o tema, propus conceituar essa condição da ação como "qualidade para estar em juízo, como demandante ou demandado, em relação a determinado conflito trazido ao

---

32. *Cfr*. Liebman, *Manual de direito processual civil*, I, n. 74-B, p. 208; Buzaid, *Do agravo de petição*, n. 39, esp. p. 89.
33. Liebman, *Manual de direito processual civil*, I, n. 74-B, p. 208.

exame do juiz" – esclarecendo a seguir que "ela depende sempre de uma necessária *relação entre o sujeito e a causa* e traduz-se na relevância que o resultado desta virá a ter sobre sua esfera de direitos, seja para favorecê-la ou para restringi-la".[34]

Já se vê, portanto, que o sr. Delegado não tem uma legitimidade *ordinária* para oficiar naquele processo administrativo, onde os interesses em conflito não são seus, mas do contribuinte e do fisco. Mas disporia ele de uma legitimidade *extraordinária*, para oficiar como *substituto processual*, ou mesmo de um poder de *representação* da União Federal? A substituição processual também está excluída, (a) seja porque um agente público não é titular de qualquer relação jurídica, direito ou interesse próprio associado ao do Estado (e a existência de uma posição jurídica assim conexa é indispensável para a outorga de legitimidade extraordinária a um sujeito), (b) seja porque um agente ou órgão público ligado ao Poder Central não dispõe de *capacidade de ser parte* (atuando pois em nome próprio), senão em certos casos, em alguma medida e para certas finalidades especificamente indicadas pela lei ou toleradas pelo sistema.

> É o caso dos condomínios, das sociedades de fato ou da massa falida, que, embora não disponham de uma personalidade jurídica *plena*, têm capacidade de estar em juízo, ou personalidade de direito processual suficiente e limitada à defesa de certos interesses. Tal é o fenômeno que, em festejado ensaio, está fartamente demonstrado pelo Min. Víctor Nunes Leal, falando em uma *capacidade judiciária* desses entes. Refere ele particularmente as Câmaras Municipais, em raciocínios que também se estendem às Assembléias Legislativas – sempre, capacidade de ser parte limitada à sua própria *defesa institucional*, sem possibilidade de se expandir à defesa de outros interesses.[35] Mas aqui o sr. Delegado vai à defesa da própria pessoa jurídica União Federal, extrapolando pois os contornos de sua limitada capacidade de ser parte no processo administrativo.

34. *Cfr.* Dinamarco, *Instituições de direito processual civil*, II, n. 545, p. 313.
35. *Cfr.* "Personalidade judiciária das câmaras municipais", *in Problemas de direito público*, *passim*.

646. *uma limitada legitimidade e capacidade de ser parte*

Não pode ser ignorado ou esquecido que o direito positivo oferece aos titulares da unidade da Administração Tributária encarregada da execução do acórdão uma legitimidade para opor embargos declaratórios a acórdãos proferidos por tribunais administrativos – e portanto uma (ainda que limitada) capacidade de ser parte no processo administrativo. Digo que essa sua personalidade jurídica processual é *limitada* porque se confina nos lindes de sua finalidade específica, que é a de remover *dificuldades para a realização daquilo que lhe compete* – a saber, remover dificuldades interpretativas do acórdão que lhe cumpre pôr em execução. A representação da pessoa jurídica União Federal no processo administrativo, com amplas possibilidades de defesa e impugnação de decisões, é função notoriamente afeta a um determinado e específico setor da Administração Pública, que é a Procuradoria da Fazenda Nacional. Se tivesse o delegado ou se tivesse sua Delegacia ampla capacidade de ser parte no processo administrativo como um todo, ou mesmo um *poder de representação* da União Federal, estaríamos reconhecendo uma incômoda *superposição de funções*, incompatível com a boa distribuição de atribuições entre os agentes públicos. E, tornando ao núcleo da consulta e do parecer, se o acórdão do E. Conselho fosse suscetível de nova impugnação por essa repartição administrativa (após a rejeição dos embargos opostos por aquele que legitimamente representa a União), estaríamos diante de portas abertas à *insegurança* do contribuinte, o qual, já tendo obtido no pleito travado com a Procuradoria da Fazenda Nacional todos os sucessos possíveis no processo administrativo, ver-se-ia mais uma vez exposto a incertezas, ou à insegurança jurídica.

Por isso é que, como vou dizendo ao longo do parecer e especificamente do presente capítulo, a capacidade de ser parte no processo administrativo, outorgada às Delegacias da Receita Federal, não pode ir além da possibilidade de opor embargos declaratórios destinados a *viabilizar a execução do julgado* – e jamais a alterar a substância do julgado ou a infringir o decidido. São pertinentes, a esse propósito, algumas considerações em torno das hipóteses nas quais a lei processual civil e a processual administrativa admitem os embargos declaratórios.

647. contradição entre capítulos do decisório, e não contradição entre o decisório e sua fundamentação

A "contradição entre a decisão e os fundamentos" do acórdão administrativo, que é uma dessas hipóteses, consiste na incompatibilidade lógica entre o que houver sido decidido e as razões postas como antecedentes lógicos da decisão (fundamentos). Exemplos: a) o E. Conselho desenvolve uma tese *favorável ao fisco* e conclui pela inexistência da obrigação fiscal, ou (b) expõe razões que conduziriam à existência dessa obrigação e conclui exonerando o contribuinte. Contradições dessa ordem são em tese suscetíveis de figurar como fundamento para os declaratórios a serem opostos por aquele que representa o fisco no processo (quer administrativo, quer judicial), ou seja, pela Procuradoria da Fazenda Nacional; não podem porém constituir fundamento para aqueles opostos por uma Delegacia, porque não dizem respeito à *operacionalização da execução do julgado*. Se houvesse uma contradição como essa, que fosse ela sanada pelos embargos para os quais é qualificada somente a Procuradoria da Fazenda Nacional. Se não forem opostos ou se (como no caso) forem opostos mas rejeitados, permanece a contradição, mas o *decisum* deve ser cumprido. Aos srs. Delegados da Receita Federal, cuja missão nesse momento consiste somente em *dar execução ao acórdão*, não cumpre levantar críticas dessa ordem, porque, com ou sem a contradição, o *decisum* é claro e tem força suficiente para se impor. Diferentes seriam as coisas, e diferente a solução, se houvesse alguma contradição ou omissão no próprio *decisum*, sem qualquer colisão com a *motivação* do acórdão – porque aí, sim, contendo o acórdão disposições conflitantes entre si, não saberia a *autoridade encarregada da execução* como fazer para executá-lo. Ir além disso significa "representar" de modo espúrio a União Federal, em colisão com o poder de representação outorgado àquela Procuradoria.

648. conclusão final: embargos inadmissíveis também por falta de representatividade

Reconfirma-se pois *a ausência de capacidade de ser parte, ou de um suposto poder de representação*, que no caso em exame legitimasse a iniciativa do sr. Delegado ao opor esses declaratórios que estão pendentes perante a E. Câmara Superior de Recursos Fiscais. Também por essa razão, somada àquelas minuciosamente expostas no parágrafo anterior, não merecem conhecimento e muito menos provimento os declaratórios opostos pelo sr. Delegado da Receita Federal em Porto Alegre.

XXXVII – A ESCOLHA DA ESPÉCIE ADEQUADA DE LIQÜIDAÇÃO DE SENTENÇA

649. os temas e o caso (na fase de conhecimento) – 650. na fase de liqüidação – 651. sobre a liqüidação e sua razão de ser – 652. obrigações líqüidas e obrigações ilíqüidas – 653. uma escalada de graus de dificuldade para se chegar a um valor determinado – 654. a busca da liqüidação adequada ao caso: matéria de ordem pública não sujeita a opções – 655. sem discricionariedade judicial e sem preclusões – 656. afasta-se por completo uma suposta coisa julgada a respeito – 657. caso típico de liqüidação por artigos e não mero arbitramento – 658. os elementos do ilícito civil e os fatos que dependem de prova – 659. um caso cheio de muitas dúvidas quanto aos fatos – 660. ônus da prova – 661. conclusões

649. *os temas e o caso (na fase de conhecimento)*

Apresentam-me ilustres advogados um caso no qual se discute sobre qual a espécie de liqüidação de sentença adequada, havendo a R. sentença determinado que se fizesse por uma espécie que reputam inadequada. Adianto desde logo minha opinião, coincidente com a sua, no sentido de que neste caso é de rigor a *liqüidação por artigos*, sendo indiferente qualquer determinação do V. acórdão liqüidando em outro sentido.

Vamos ao caso.

A empresa INVESPAR S/A ajuizou, na comarca do Rio de Janeiro, demanda à instituição financeira que ora me consulta, e que é o Banco Pactual S/A, em litisconsórcio passivo com Propaganda Professa Ltda., ali deduzindo um pedido de condenação de ambas, em solidariedade, pelos danos que descreveu e segundo a narrativa que passo a sintetizar. Como está na petição inicial, durante muitos anos INVESPAR e Professa mantiveram intenso relacionamento empresarial, atuando a primeira na condição de gestora de negócios da segunda em atos que, ao longo do tempo, sempre vieram a ser reconhecidos e ratificados por esta. Tais atos e negócios incluíam saques e endossos de duplicatas.

Mas eis que, no ano de 1996, surgiu um incidente que veio a gerar a desavença entre tais empresas, posta e descrita na demanda movida por INVESPAR. Entre as muitas duplicatas integrantes dessa história, três teriam sido pagas indevidamente pelo Banco Pactual à empresa Professa apesar de endossadas por esta à ora autora e também apesar de estar o Banco regularmente ciente de tais endossos. Ou seja: foram duplicatas nas quais inicialmente figurava Professa como credora mas que, por força dos endossos, já seriam da titularidade de outrem, a saber, da autora INVESPAR. Nessa demanda que moveu ao Banco e à outra empresa, pediu a autora a condenação solidária de ambos "pelos danos causados", envolvendo os valores das três duplicatas, corrigidos e com juros, falando em "danos emergentes, além de lucros cessantes, estes consistentes nos valores que a autora, razoável e normalmente, auferiria no giro normal de seus negócios caso tivesse a disponibilidade do numerário das duplicatas na data de seus vencimentos, parcela essa a ser apurada em liqüidação de sentença, *por arbitramento*".

Essa demanda foi julgada improcedente em primeiro grau jurisdicional mas procedente em segundo, onde o E. Tribunal de Justiça do Estado do Rio de Janeiro concluiu, por maioria de votos de sua C. Décima-Quarta Câmara Cível, por "dar provimento ao recurso, reformando a sentença para condenar os apelados, solidariamente, a indenizarem a apelante nos termos do postulado no item 57 de fls. 12" *etc.* O item 57 de fls. 12 é aquele no qual, na petição inicial aforada, a autora formulara a pretensão acima transcrita. Para bem ajustar o foco do presente estudo, enfatizo mais uma vez que a petição inicial postulava, além das condenações descritas, a determinação de que a liqüidação do ilíqüido se fizesse *por arbitramento* – sendo que a C. Turma Julgadora se limitou a reportar-se àquele item onde tudo era pedido, inclusive o modo de liqüidar. Não fez a C. Turma, ela própria e por suas próprias palavras, qualquer determinação direta quanto a isso.

Sobrevieram *embargos infringentes* opostos por ambos os réus, que por unanimidade foram rejeitados pela C. Quarta Câmara sem nada acrescentar, reduzir ou alterar no V. acórdão embargado. Os *recursos especiais* interpostos por ambos os réus foram rejeitados na origem, e já na esfera do C. Superior Tribunal de Justiça não foi conhecido o *agravo contra decisão denegatória* interposto pela ora consulente, vindo a ser também improvido o *agravo regimental* por ela interposto.

Passou pois em julgado o V. acórdão proferido pela C. Quarta Câmara Cível do E. Tribunal local nos embargos infringentes opostos pelo Banco e sua litisconsorte.

650. na fase de liqüidação

Eis que, quando ainda pendentes aqueles dois agravos de instrumento contra decisões denegatórias de recursos especiais, a credora INVESPAR dá início à fase liqüidatória do julgado, com um pedido explicitamente restrito à liqüidação dos *lucros cessantes* incluídos no V. acórdão liqüidando. Pediu que se liqüidasse *por arbitramento*, como ali havia sido determinado, e assim a liqüidação vem sendo processada. Foi nomeado perito-arbitrador pelo MM. Juízo e assistentes-técnicos por todas as partes. Vieram aos autos o laudo daquele e o parecer do assistente do Banco, os quais receberam críticas das partes.

O tema fundamental suscitado com energia pelo Banco que ora me consulta consiste na sustentação, que endosso, de que tantos e tão relevantes são os fatos e conjecturas tomados em conta na perícia para encontrar os números aos quais chegou que tudo está a demonstrar a inviabilidade da liqüidação por arbitramento, sendo imperioso que ela se faça *por artigos*.

Sustenta ainda, agora com integral apoio em uma notória Súmula do C. Superior Tribunal de Justiça, que ao juiz da liqüidação compete decidir sobre qual o modo de liqüidar, se por arbitramento, se por artigos, não-obstante uma escolha já haja sido feita pelo juiz da fase cognitiva. A Súmula a que aludo é a de n. 344, *verbis*: "a liqüidação por forma diversa da estabelecida na sentença não ofende a coisa julgada".

Termina por aqui o histórico dos fatos relevantes para o presente parecer. Agradeço aos ilustres drs. Eduardo Pecoraro, Pedro de Alencar Machado e Antônio Carlos Dantas Ribeiro a deferência da consulta feita, e a partir do próximo tópico passo a expor meus raciocínios para ao fim concluir como já adiantei.

651. sobre a liqüidação e sua razão de ser

O objetivo de toda liqüidação de sentença é tornar admissível (adequada) a *tutela jurisdicional executiva*, mediante outorga do predicado de *liqüidez* à obrigação, que a sentença condenatória genérica não haja sido capaz de lhe outorgar. A tutela executiva consiste na concreta e efetiva *satisfação de um direito* pela entrega do bem devido,[1] com o quê visa a debelar a *crise de adimplemento* que a legitima e lhe dá razão de ser. Por notórias e legítimas razões, a lei exige a liqüidez como requisito sem o qual a tutela executiva não se admite. A sentença condenatória civil é título hábil à execução, diz o Código de Processo Civil (art. 475-N, inc. I),[2] mas entenda-se: desde que líqüida seja a obrigação declarada ou a partir de quando venha a ser liqüidada (arts. 475-A, 586 e 618, inc. I). Falar em liqüidação de sentença, portanto, implica falar em *sentença condenatória genérica* e na distinção entre obrigações líqüidas e obrigações ilíqüidas.

1. Carnelutti indica a *atribuição* do bem como resultado do processo de execução (*cfr. Diritto e processo*, n. 249, pp. 371-372). A *entrega* é o ato final desse processo, mas o significado meta-processual desse ato é a *satisfação* que o credor vem buscar (*cfr*: Dinamarco, *Execução civil*, n. 205, nota 37, p. 333). É claro: como o processo executivo tem *desfecho único* e jamais serve para criar novas situações favoráveis ao obrigado (*cfr*. ainda *Execução civil*, n. 89, pp. 150 ss.), aquele resultado só se obtém mediante uma *execução frutífera*, ou seja, execução que haja chegado ao seu termo final, sem percalços que a comprometam ou extingam (*cfr*. Liebman, *Processo de execução*, n. 16, pp. 38-39). Quando isso não se dá, inexiste tutela executiva. Sobre o conceito de *tutela jurisdicional*, *cfr*. Dinamarco, "Tutela jurisdicional", esp. n. 175, *in Fundamentos do processo civil moderno*, I, pp. 362-364.

2. O requisito da liqüidez só tem pertinência às obrigações de dar coisas fungíveis. É uma questão de quantidade, ou número de unidades devidas (dinheiro etc.); *cfr*. ainda minha *Execução civil*, n. 330, p. 493.

652. obrigações líqüidas e obrigações ilíqüidas

O estudioso e o profissional brasileiro já se deram conta de que, contrariamente ao que estava no sistema originariamente imposto pelo Código de Processo Civil, a liqüidez de uma obrigação está presente não só quando ela já se acha quantificada, ou seja, expressa em números monetários, como também quando a esses números se pode chegar mediante a simples realização de cálculos aritméticos de somar, diminuir, multiplicar ou dividir. Diz-se pois que a obrigação é líqüida não apenas quando já *determinada* em números, mas também quando *determinável* mediante a realização dessas operações. Na vigente versão do Código já não se liqüidam obrigações dependentes de meros cálculos, porque já são *líquidas*. Foi banida a inconveniente liqüidação por cálculo do contador, para que o próprio exeqüente apresente sua *memória do cálculo*, que depois, em algumas circunstâncias, poderá ou deverá ser objeto de algum controle pelo juiz (art. 475-B).

Subsistem somente no sistema, como não poderia deixar de ser, a liqüidação por arbitramento e a liqüidação por artigos (arts. 475-C e 475-E). É delas que se cuidará mais de perto nos tópicos que seguem, mas será útil a visão de todos esses modos de busca do *quantum debeatur* em um quadro sistemático no qual não só se explique a dinâmica de cada um deles, como também se possa esclarecer os porquês das diferenças.

653. uma escalada de graus de dificuldade para se chegar a um valor determinado

A situação mais límpida e independente de qualquer operação judicial para obter a plena determinação do *quantum debeatur* é a das *condenações ordinárias*, conceituadas estas como as condenações que já são em si mesmas completas em relação ao *an debeatur* e também ao *quantum debeatur*, cumprindo por si sós toda a tarefa inerente à fase condenatória do processo. Elas declaram a concreta existência do crédito, definindo seus sujeitos e seu objeto e desde logo colocando todos os requisitos indispensáveis para executar.³ Trazem si o valor da obrigação, com o quê sequer cálculos serão necessários.

No ensinamento antigo e consagrado de Liebman, toda sentença condenatória é composta de dois momentos lógicos, a saber: a) o *declaratório*, em que o juiz, com a imperatividade inerente à jurisdição, afirma a existência da obrigação e define desde logo seus elementos identificadores; b) o *sancionatório*, portador da sanção executiva e que, em termos mais práticos, é o elemento instituidor da *adequação* da tutela executiva a partir daí.⁴ Entre os elementos identificadores da obrigação declarada, na sentença condenatória ordinária figura desde logo o valor da obrigação, em unidades pecuniárias.

Não se enquadram no conceito de condenações ordinárias, e por isso são chamadas *genéricas*, as sentenças que contenham sim a declaração da existência de uma obrigação mas se omitam na indicação do valor devido, sem que meros cálculos sejam suficientes para tal fim.⁵

A liqüidação é necessária quando faltam mais que meros cálculos, o que acontece em duas hipóteses. Faltando somente atribuir valor a algum bem ou serviço, essa atribuição se faz mediante o auxílio de uma pessoa que arbitrará tal valor; daí a liqüidação *por arbitramento*, que o Código de Processo Civil disciplina nos arts. 475-C e 475-D. Em outras situações mais complexas que essas, sendo necessário investigar fatos ainda não considerados na sentença genérica, essa investigação é feita mediante as atividades instrutórias contidas na liqüidação *por artigos* (CPC, arts. 475-E e 475-F).

---

3. A locução *condenação ordinária* foi sugerida por Virginio Rognoni na monografia *Condanna generica e provvisionale ai danni*, esp. cap. VII, n. 11, p. 117. Aderi a essa linguagem na obra tantas vezes citada neste estudo, *Execução civil*, n. 337, p. 523, e nas *Instituições de direito processual civil*, IV, n. 911, pp. 234-237.

4. *Cfr.* Enrico Tullio Liebman, *Manual de direito processual civil*, I, n. 84, pp. 236-241-183 trad.; Virginio Rognoni, *Condanna generica e provvisionale ai danni*, cap. VII, n. 9, pp. 109 ss.

5. Substancialmente no mesmo sentido, *cfr.* Teori Albino Zavascki, *Título executivo e liqüidação*, cap. IX, n. 4, esp. p. 175.

Sugestivamente, e com a mesma idéia aqui desenvolvida, fala Teori Albino Zavascki em "graus de iliqüidez e procedimentos de liqüidação", descrevendo essa escalada de situações aqui exposta.[6] Diz expressamente que "as situações de iliqüidez *são de variado grau*".[7]

"Cada uma dessas espécies de liqüidação tem portanto sua razão de ser na espécie e grau da dificuldade existente para, partindo do que consta da sentença condenatória genérica, revelar-se o valor da obrigação a cumprir."[8] E temos assim uma escalada de graus de dificuldade, que se pode equacionar do seguinte modo: a) sendo necessários meros cálculos não se realiza liqüidação alguma, bastando que o próprio credor elabore sua *memória de cálculo*; b) quando apenas é preciso atribuir valor a um bem ou serviço ter-se-á sim uma atividade judicial, que é a liqüidação *por arbitramento*; c) em situações mais complexas, sendo indispensável investigar *fatos novos* cuja ocorrência seja relevante para indicar o valor da obrigação, aí também se procede à liqüidação em juízo, tratando-se então da liqüidação *por artigos*.[9]

654. a busca da liqüidação adequada ao caso: matéria de ordem pública não sujeita a opções

Estamos no campo da condição da ação consistente no legítimo interesse processual e, mais precisamente, no interesse-adequação. Como comecei a dizer há bem mais de trinta anos e continuo sustentando com toda convicção, em casos concretos o interesse processual é revelado por dois indicadores extremamente úteis, que são a *necessidade* da tutela jurisdicional e a *adequação* da tutela pretendida. Sem que a tutela seja necessária, havendo outros

---

6. *Cfr. Título executivo e liqüidação*, cap. IX, n. 4, p. 173.
7. *Ib.*, esp. p. 175.
8. São palavras minhas: *cfr.* Dinamarco, *Instituições de direito processual civil*, IV, n. 1.733, esp. p. 717.
9. *Cfr.* meu ensaio "As três figuras da liqüidação de sentença", in *Fundamentos do processo civil moderno*, II, pp. 385 ss., *passim*.

meios hábeis à eliminação do conflito, não há por que recorrer ao Poder Judiciário. Carece de ação o autor, p.ex., quando vem a juízo pedir mandado de segurança para que possa participar de um concurso já havendo, porém, a comissão de concurso, revendo decisão anterior, deferido seu pedido de inscrição antes indeferido; carecerá também de ação, e sempre por falta do interesse de agir, quando postula em juízo uma tutela que não é aquela predisposta pela ordem jurídica para a situação exposta. O mais eloqüente exemplo de carência de ação por falta do interesse-adequação é a do sedizente credor que, sem estar munido de título executivo, propõe uma ação de execução em vez da indispensável ação de conhecimento, ou cognitiva.

> "O *interesse-adequação* liga-se à existência de múltiplas espécies de provimentos instituídos pela legislação do País, cada um deles integrando uma técnica e sendo destinado à solução de certas *situações da vida* indicadas pelo legislador. Em princípio, não é franqueada ao demandante a escolha do provimento e portanto da espécie de tutela a receber. Ainda quando a interferência do Estado-juiz seja necessária sob pena de impossibilidade de obter o bem devido (interesse-necessidade), faltar-lhe-á o interesse de agir quando pedir medida jurisdicional que não seja *adequada segundo a lei*."[10]

Ora, sempre que o Estado faz suas opções, indicando uma espécie de tutela adequada para dada espécie de situações, ele o faz em caráter imperativo, no exercício de seu poder de império, sem deixar brechas para que a vontade dos litigantes, ou a de um deles, possa sobrepor-se a essa sua escolha superior. São excepcionais e tipificados na lei ou no sistema os casos em que alguma escolha pode ser feita pelo litigante (mandado de segurança em vez das *vias ordinárias*, processo de conhecimento em vez do monitório *etc.*). Fora dessas hipóteses bem específicas, e entre elas não se inclui o erro na escolha da espécie adequada de liqüidação, "feita uma escolha inadequada, o processo não che-

---

10. *Cfr.* ainda minhas *Instituições de direito processual civil*, II, n. 544, esp. p. 312.

gará a seu fim normal e tutela alguma será ministrada a quem a demandou".[11]

Em uma regra de bastante generalidade e portanto inteiramente aplicável à escolha da espécie adequada de liqüidação, dispõe o Código de Processo Civil que "a petição inicial será indeferida (...) quando o tipo de procedimento, escolhido pelo autor, não corresponder à natureza da causa, ou ao valor da ação" (art. 295, inc. V).

655. sem discricionariedade judicial e sem preclusões

Cumpre ao juiz fazer a fiscalização das boas ou más escolhas feitas pelo demandante, extinguindo o processo em caso de má escolha ou, conforme o caso, mandando que se realize pelo modo adequado. E, tratando-se de normas de ordem pública, inerentes às opções do legislador com vista aos modos pelos quais a jurisdição será bem exercida, sequer ao juiz sobram margens discricionárias capazes de fazer ele, acima do legislador, suas próprias opções. Há de ser cumprido o disposto nos arts. 475-C e 475-E do Código de Processo Civil, procedendo-se à liqüidação *por arbitramento* quando bastar a simples atribuição de valor a bens ou serviços, mas *sempre por artigos* quando houver fatos novos a serem descobertos e levados em consideração. E o juiz não se acha sequer vinculado à escolha que ele próprio houver feito, mesmo no curso da própria fase liqüidatória, podendo e devendo retificar rumos sempre que se der conta de uma escolha malfeita. Esse é o resultado uma norma de *superdireito processual*, pela qual certas matérias de ordem pública não são sujeitas a preclusão no curso do processo, sendo dever do juiz refazer decisões equivocadas que a propósito haja proferido. Refiro-me ao disposto energicamente no art. 267, § 3º, do Código de Processo Civil, onde se lê que "o juiz conhecerá de ofício, em qualquer tempo e grau de jurisdição, enquanto não proferida a sentença de mérito, da matéria constante dos ns. IV, V e VI".

---

11. *Cfr.* ainda *Instituições de direito processual civil*, I, n. 66, pp. 373-174.

Não há, pois, qualquer disponibilidade de meios processuais posta à escolha das partes, nem preclusões ou margens de discricionariedade franqueadas ao juiz.

656. *afasta-se por completo uma suposta coisa julgada a respeito*

Ao proclamar que "a liqüidação por forma diversa da estabelecida na sentença não ofende a coisa julgada", quis claramente o C. Superior Tribunal de Justiça, em sua Súmula n. 344, proclamar também que uma escolha da espécie liqüidatória contida na sentença ou acórdão liqüidando não estará coberta por aquela *auctoritas*. Já houve muitas afirmações, errôneas afirmações, em contrário; mas é imperioso compreender que uma determinação dessa ordem, emitida fora de seu lugar adequado, não passa de um *obiter dictum* e de modo algum integra o *decisum*. O juiz que julga procedente uma causa, proferindo sentença genérica, está, como é para lá de natural, decidindo exclusivamente sobre a pretensão posta pelo demandante, ou seja, sobre o objeto do processo – e a ninguém passaria despercebido que aquela determinação está, pelo modo mais claro que se possa imaginar, fora do objeto do processo. Trata-se somente da antecipação de *um juízo puramente ordinatório*, destinado a bem conduzir o processo ou fase de liqüidação, mas que, como todo mandamento puramente ordinatório, estará sempre sujeito a revisões, como estabelece o já referido art. 267, § 3º, da lei processual. Por essas fortíssimas razões sistemáticas e em face da grande autoridade daquela máxima jurisprudencial, excluo por completo a hipótese de, em um irracional culto a uma imaginária coisa julgada ou mesmo a uma suposta preclusão processual, sustentar-se a inviabilidade da retificação de rumos.

> Indaga Luiz Rodrigues Wambier: principiada a liqüidação pela modalidade *arbitramento* mas reconhecendo o juiz que deva ser *por artigos*, será o caso de conversão do procedimento ou de extinção processual? E responde: o juiz determinará simplesmente

a conversão do procedimento, sem desperdício dos atos úteis que houverem sido praticados.[12]

657. caso típico de liqüidação por artigos e não mero arbitramento

Reporto-me agora ao que disse em tópico anterior acerca da natureza e graus das dificuldades levadas em conta pelo legislador ao estabelecer sua distinção entre as hipóteses que cabem na liqüidação por artigos e aquelas próprias à liqüidação por arbitramento (*supra*, n. 653). Ele sabe, pela experiência construída no processo civil ocidental ao longo de séculos, que situações há nas quais a busca pela determinação do *quantum debeatur* deve necessariamente passar por fatos que ainda não foram considerados na sentença ou acórdão liqüidando e são indispensáveis em vista de tal objetivo. Ponhamos o foco nas condenações genéricas a reparar danos caracterizados como *lucros cessantes*.

Tais condenações, máxime quando proferidas sem qualquer alusão aos ganhos dos quais o demandado privou o demandante (como ocorreu no presente caso), têm apenas o conteúdo consistente em condenar aquele pelo que razoavelmente o segundo deixou de ganhar. Segundo conhecimento elementar, que superiormente Orlando Gomes põe em destaque, "lucro cessante é a frustração da expectativa de ganho. É indenizável apenas o dano previsto ou previsível ou previsível na data em que se contraiu a obrigação. Quanto a esse aspecto da *indenização*, tem importância a distinção entre *danos previsíveis* e *danos imprevisíveis*. Só os primeiros são ressarcíveis, a menos que o inadimplemento seja doloso".[13]

Não deixo de ter em mente que, ao decidir sobre a expectativa de ganho frustrada pelo ato ilícito, o juiz tem sempre alguma liberdade de apreciação, pois estamos no terreno movediço e incerto dos *conceitos jurídicos indeterminados*, os quais se caracterizam

---

12. *Cfr. Liqüidação de sentença*, n. 3.4.3.3, esp. p. 145.
13. *Cfr. Obrigações*, 1992, n. 120, p. 186.

como verdadeiras *renúncias do legislador* a emitir normas precisas e completas, deixando à sensibilidade do juiz algum grau de liberdade de apreciação em face dos casos concretos que é chamado a julgar. São conceitos dotados de algum grau de ambigüidade, às vezes maior e às vezes menor, como o de *interesse público*, o de *bem comum*, o de *boa-fé*, o de *dano de difícil reparação*, com os quais deparamos ao longo de toda nossa experiência jurídica.

A liberdade de apreciação consentida ao juiz, no entanto, não vai e não pode ir aos extremos do absurdo ou do contrário às previsões realistas. Ou seja, é preciso *razoabilidade* ao trazer ao plano concreto um preceito jurídico indeterminado. Não nos esqueçamos de que *razoável* é aquilo que seja logicamente plausível, a saber, são razoáveis as hipóteses que não colidam com o bom senso nem sejam repelidas pela normal inteligência do homem comum; razoável é o factível, o não-excluído por seguros exercícios de lógica ou por contundente demonstração contrária, e, como no caso em exame, *razoável é aquilo que a prova venha a indicar ao espírito do juiz*. A razoabilidade da indenização por lucros cessantes é um conceito lógico, ético e sobretudo *cultural*, dado que para sua concreta conceituação e correto dimensionamento é indispensável o bom senso do *homo medius*.

No presente caso, em que (repito) o V. acórdão liqüidando *nada adiantou sobre o conteúdo dos lucros cessantes*, sendo rigorosamente genérico nesse ponto, será indispensável perquirir as atividades usualmente desenvolvidas pela credora INVESPAR, qual seria sua margem de lucro em tais atividades, qual sua potencialidade de boa utilização de recursos nessas atividades, como foram suas atividades depois de não haver recebido pontualmente o crédito e, enfim, como se traduziu em dinheiro a falta que aquele pagamento lhe haja feito.

658. *os elementos do ilícito civil e os fatos que dependem de prova*

Para descobrir quanto razoavelmente teria INVESPAR ganho com aquele dinheiro não pago pontualmente será indispensável perquirir, como acabo de dizer, acerca de *fatos idoneamente indicativos* de que ganhou menos do que ordinariamente ganharia, ou nada ganhou, a partir da mora do ora consulente e, mais ainda, de que a *causa* da redução de lucros resida na conduta deste. Como é de elementar sabença, a responsabilidade por culpa, ou aquiliana, apóia-se sobre um indispensável quadrinômio, representado (a) pela ação ou omissão voluntária de um ser humano, (b) pelo dano suportado por outrem, (c) pelo *nexo de causalidade* existente entre um e outro e (d) pela disposição subjetiva do agente, consistente em culpa ou em dolo (Sílvio Rodrigues[14]). Esses elementos estão presentes no art. 186 do Código Civil, *verbis*: "aquele que, por ação ou omissão voluntária, negligência ou imprudência, violar direito ou *causar dano* a outrem, ainda que exclusivamente moral, comete ilícito". Não foi à-toa ou por acaso que esse dispositivo se valeu do verbo *causar*, porque sem uma etiologia entre a conduta e o prejuízo não haverá responsabilidade civil alguma, sequer objetiva (na qual se dispensa a culpa mas a causalidade é invariavelmente exigida).

> Adriano de Cupis: "o *conteúdo jurídico do dano* é sobretudo em função da relação de causalidade entre o fato produtivo e o dano; vale dizer que, para fixar o valor do dano a ser reprimido juridicamente, é necessário, em primeiro lugar, (...) em que limite o dano pode reputar-se *causado* por um fato enquadrado no âmbito da responsabilidade".[15]

Ora, também no trato específico da responsabilidade civil por lucros cessantes o Código Civil contém norma específica endereçada à exigência do nexo causal entre a conduta e o dano, ao dizer: "ainda que a inexecução resulte de dolo do devedor, as perdas e danos só incluem os prejuízos efetivos e os lucros cessantes *por efeito dela direto e imediato*" (art. 403). Por sua própria dicção e também no contexto da tradicional e incontrastada estrutura do ato ilícito danoso, essa disposição deve imperiosamente ser lida como portadora das regras (a) de que sem nexo causal ninguém

---

14. *Direito civil – responsabilidade civil*, n. 8, p. 14.
15. *Cfr. Il danno*, parte II, cap. I, n. 2, p. 106.

responderá por lucros cessantes e (b) de que a indenização por lucros cessantes não poderá ir além da frustração de lucro ocorrida *por efeito direto e imediato* da conduta alheia.

659. *um caso cheio de muitas dúvidas quanto aos fatos*

Voltando os olhos ao caso concreto com as preocupações impostas por esses conceitos e essa disciplina legal, confirma-se a indispensabilidade, para o fim de caracterizar a responsabilidade por lucros cessantes, daqueles fatos dos quais poderá ter decorrido para a INVESPAR uma quebra nos lucros esperados (*supra*, n. 657). Como dito, é preciso ter certeza de que ela haja efetivamente suportado tais prejuízos e, cumulativamente, de que a conduta do Banco Pactual haja sido a *causa* dessa frustração patrimonial.

Mas o que já veio a ser feito na fase de liqüidação por arbitramento mostra quanto esses fatos são e continuam obscuros e dependem de prova, sob pena de não poderem ser reconhecidos. O que vejo na liqüidação feita por essa modalidade são meros exames periciais *contábeis*, realizados por perito que não é economista mas *contador*, e que, por ser um contador e não um economista, limitou-se a examinar livros, documentos e escritas da empresa credora, sem ir à causa. *Contabilidade* é, em uma primeira aproximação, a "ciência que estuda e interpreta os registros dos fenômenos que afetam o patrimônio de uma entidade". *Economia*, bem diferentemente, é a "ciência que trata dos fenômenos relativos à produção, distribuição e consumo de bens".[16]

Esses conceitos bem espelham a realidade de uma ciência que estuda *fenômenos econômicos*, e outra, meros *registros*. Com mais profundidade, em tratado específico foi dito que a *economia*, sendo a ciência que tem por objeto a atividade produtiva, "focaliza estritamente os problemas referentes ao uso mais eficiente de recursos materiais escassos para a produção de bens; estuda as variações e combinações na alocação dos fatores de produção (terra, capital, trabalho, tecnologia), na distribuição da

---

16. *Novo Aurélio.*

renda, na oferta e procura e nos preços das mercadorias" (Paulo Sandroni[17]).

Tais conceituações demonstram serem inerentes ao mister de contabilista a elaboração e *análise de balanços*, ou seja, de escritas, a ver se correspondem à realidade dos negócios, das despesas, das entradas, das perdas de uma pessoa, empresa ou organismo estatal. O contabilista trabalha com *registros*, e os fenômenos que estão atrás dos atos registrados pertencem à seara da ciência do economista, não do contabilista.

> Os dicionaristas A. Lopes de Sá e A. M. Lopes de Sá propõem uma noção de *perícia contábil* que, substancialmente, coincide por inteiro com esses conceitos, ao dizerem que ela consiste na "verificação de registros contábeis" e na "análise para verificar a exatidão de fatos registrados".[18]

Aqui, o sr. Contador que realizou a perícia pôde somente constatar que a INVESPAR passou por uma decadência em seus negócios, deixando de lucrar, mas nada foi capaz de dizer sobre a *causa* dessa derrocada que acabou por levá-la à falência. Faltou a demonstração do nexo etiológico. O sr. perito ficou apenas em *conjecturas* quando apresentou um quadro final indicando três *hipóteses* de aplicação do capital que seriam possíveis à INVESPAR e quantificando o resultado patrimonial que teria obtido em cada uma delas. Mas, repito, não foi dito e muito menos demonstrado que a não-aplicação desse capital houvesse sido causada pela ora consulente, o que seria essencial para caracterizar a responsabilidade civil (etiologia). Também não foi feito exame algum dos modos como a credora se inseria no mercado, suas perspectivas de desenvolvimento, os reflexos que poderia sofrer das vicissitudes da macroeconomia *etc.*, o que só estaria ao alcance de um economista, não de um contador.

---

17. *Cfr. Novíssimo dicionário de economia*, verbete *economia*, p. 189, 1ª col.
18. *Cfr. Dicionário de contabilidade*, verbete *perícia contábil*, p. 353, 2ª col. Mas é imperioso registrar que o conceito por eles dado à *contabilidade* parece ser mais amplo, ao indicar como objeto dessa ciência "os fenômenos patrimoniais sob o aspecto *aziendal*" (verbete *contabilidade*, p. 96, 2ª col.).

Para essa demonstração eram indispensáveis as amplas aberturas inerentes ao *procedimento ordinário* pelo qual se realiza a liqüidação por artigos, com a realização de uma verdadeira *perícia econômica e não meramente contábil*, com o aporte de documentos referentes à má gestão da empresa INVESPAR, consultas à Receita Federal e a possível inquirição de testemunhas sobre esses fatos *etc*. Como estão as coisas na liqüidação por arbitramento, somente se sabe *quanto* INVESPAR lucraria se aplicasse o dinheiro, mas não se conhecem as causas pelas quais deixou de aplicá-lo e de lucrar.

Meras suposições não satisfazem o requisito da prova de que deixou de lucrar em razão da omissão da devedora nem se encaixam na exigência de *razoabilidade* que rege a responsabilidade civil por lucros cessantes.

660. ônus da prova

Se as coisas prosseguirem como vão sendo feitas, ou seja, se se persistir na liqüidação por arbitramento, acabarão ficando sem prova os *fatos novos*, que são fatos exteriores ao título executivo, com a conseqüência de que o juiz não poderá aceitá-los em sua decisão. Sendo esses fatos indispensáveis para que INVESPAR fosse credora de tudo quanto afirma, eles aparecem na causa como *fatos constitutivos* desse seu alegado direito – e, como é do conhecimento geral e está na lei, é sempre do demandante o ônus de provar os fatos constitutivos do direito que afirma ter, pelo valor que ele afirma que tal direito tem (CPC, art. 333, inc. I). E, como é natural, não feita essa prova, cumpre ao juiz dar como inexistentes aqueles fatos não provados que o sr. Perito simplesmente *supôs*, ou seja, aquelas supostas expectativas de ganho – com a conseqüência de que, sem essa prova, ao crédito de INVESPAR não pode ser atribuído todo aquele valor por ela sustentado.

É pertinente a essa situação o reclamo à chamada *regra de julgamento* (Liebman[19]), que os estudiosos mais antigos denomi-

---

19. *Cfr. Manuale di diritto processuale civile*, II, n. 172, esp. p. 89.

navam *ônus objetivo da prova* e que dá amparo e efetividade às disposições sobre a distribuição do ônus probatório. É inerente a esse sistema a regra prática segundo a qual fato não provado é fato inexistente – *allegatio et non probatio quasi non allegatio* (Giovanni Verde[20]).

661. conclusões

Três pontos creio haver demonstrado ao longo do parecer em resposta à honrosa consulta recebida, ficando assim sintetizadas essas duas tomadas de posição.

Primeira conclusão. No caso examinado é imperiosa a feitura da liqüidação por artigos e não mero arbitramento, porque, a teor do disposto no art. 475-E do Código de Processo Civil, há *fatos novos* a serem considerados e provados. É na liqüidação por artigos que se abrem oportunidades para a prova dos danos efetivamente suportados e, de igual modo, do nexo etiológico entre a conduta de um sujeito e os danos suportados por outro.

Segunda conclusão. Se a liqüidação não for realizada por artigos, os *fatos novos* necessários à determinação do valor do crédito de INVESPAR ficarão sem prova, não sendo suficientes as suposições e conjecturas lançadas pelo sr. arbitrador (refiro-me aos fatos não levados em consideração no V. acórdão liqüidando ao impor à ora consulente uma condenação genérica). E, como o ônus de prová-los é da credora, e não do devedor (fatos constitutivos – CPC, art. 333, inc. I), a falta dessa prova redundaria na rejeição do valor pretendido por INVESPAR, porque, como é notório, *fato não provado é fato inexistente.*

Terceira conclusão. Totalmente irrelevante é o fato de haver o V. acórdão liqüidando, acolhendo o solicitado pela autora, indicado que a liqüidação do crédito se faria por arbitramento. Estamos claramente no campo das *disposições de ordem pública* regentes do processo civil, não sendo lícito à parte optar por uma espécie de liqüidação quando a outra for adequada segundo a lei, nem

---

20. *Cfr. L'onere della prova nel processo civile*, n. 9, p. 37.

tendo o próprio juiz o poder de contrariar o que a lei dispõe com caráter cogente (CPC, art. 475-E). Ao juiz não são franqueadas discricionariedades para tanto, nem suas determinações contrárias ao direito positivo são capazes de gerar preclusões. Nada disso bastasse, tal posição já está consagrada firmemente na jurisprudência do C. Superior Tribunal de Justiça com a edição de sua Súmula n. 344.

XXXVIII – DAÇÃO EM PAGAMENTO, AÇÃO DE CONSIGNAÇÃO EM PAGAMENTO E EXECUÇÃO

§ 1º – **o caso, o tema e a consulta** – 662. um negócio entre sócios: uma demanda proposta e rejeitada pelo E. Tribunal local – 663. a consulta – § 2º – **uma cláusula limitativa de responsabilidade e seus reflexos substanciais e processuais** – 664. sobre a autonomia da vontade e seus legítimos limites – 665. uma cláusula de inegável legitimidade sistemática – 666. responsabilidade patrimonial limitada às ações mas não excluída – 667. em uma futura execução – 668. entre a responsabilidade patrimonial e a dação em pagamento – 669. dação em pagamento: o consenso do credor e a exoneração do obrigado – 670. a ação de consignação em pagamento – 671. defesa em processo de conhecimento ou de execução – § 3º – **sínteses conclusivas** – 672. legitimidade da cláusula limitativa de responsabilidade – 673. admissível a dação em pagamento independentemente do consenso dos credores – 674. uma possível ação de consignação em pagamento – 675. defesa em processo de conhecimento ou de execução

§ 1º – O CASO, O TEMA E A CONSULTA

662. *um negócio entre sócios: uma demanda proposta e rejeitada pelo E. Tribunal local*

O caso aqui examinado começou quando dois dos sócios de dada companhia de capital fechado, sendo já detentores de 50% do capital social, propuseram-se a comprar do outro sócio os 49,9% de que este era titular. A sociedade em referência chama-se Teledata Informações e Tecnologia S/A e o sócio a quem a proposta foi dirigida é o ora consulente Carlos Valdesuso.

Tal proposta foi feita com a cláusula *buy or sell*, competindo pois ao ora consulente escolher entre (a) aceitá-la tal como fora feita, cedendo suas ações pelo preço oferecido, e (b) comprar as ações dos proponentes, sempre pelo mesmo preço. Preferiu comprar e comprou, mas mais tarde deu-se conta de que fora embaído em sua boa-fé, porque as ações adquiridas valiam muito menos do que afirmaram os outros sócios. Segundo vem sustentando, o balancete levado em conta para o negócio fora fraudulentamente manipulado por estes, apresentando um saldo positivo superior a dois milhões de reais, quando a companhia estava envolvida em um saldo negativo de quase sete milhões.

Foi então a Juízo, pleiteando uma sentença que (a) reduzisse o valor a ser pago pelas ações ou, subsidiariamente, (b) anulasse o contrato como um todo. Pediu também (c) a condenação dos réus, que são aqueles sócios, a comporem perdas-e-danos. Em primeiro grau essa demanda foi acolhida em parte, com a anulação da cláusula referente ao preço – o que significa que prosperou sua pretensão ao abatimento no preço. Apelaram os réus, que do E. Tribunal de Justiça do Estado do Rio de Janeiro obtiveram a integral improcedência da demanda do autor, ora consulente. Quando elaborei o presente parecer pendia o recurso especial interposto pelo consulente Carlos Valdesuso.

663. *a consulta*

Foi nessa situação que me veio a presente consulta, por gentil iniciativa da dra. Flávia Christofaro, patrona judicial do consulente. Sua preocupação, que na consulta se manifesta, é pelo desenvolvimento futuro das relações entre Valdesuso e os sócios em caso de, no C. Superior Tribunal de Justiça, a decisão daquela causa também ser em sentido desfavorável – a saber, em caso de seu recurso não obter conhecimento ou ser improvido. Sobre este nada direi, porque não se trata de tema de minha especialidade.

Discorrerei sobre o significado, no contexto descrito, da cláusula contratual ajustada entre as três partes, pela qual as ações negociadas "são a única garantia desta operação, não podendo o vendedor satisfazer qualquer parte do débito com outros bens ou direitos do comprador" – ou seja, não sendo lícito aos sócios que venderam as ações a Valdesuso valer-se de qualquer outro bem ou direito deste como meio para obter a satisfação de seu crédito em via executiva. Em outras palavras, ainda: excluindo-se a penhora desses outros bens ou direitos.

Como se verá no parágrafo que logo a seguir tem início, essa cláusula propicia desenvolvimentos que principiam pelo exame de sua própria legitimidade, passando pela seara jurídico-processual da responsabilidade patrimonial e pelo instituto da *dação em pagamento*, para chegar à disciplina do *pagamento por consignação* e da ação de consignação em pagamento.

Principiemos pela própria cláusula e sua legitimidade.

§ 2º – UMA CLÁUSULA LIMITATIVA DE RESPONSABILIDADE E SEUS REFLEXOS SUBSTANCIAIS E PROCESSUAIS

664. sobre a autonomia da vontade e seus legítimos limites

Estamos no campo dos negócios jurídicos, onde ocupa posto de destaque a *autonomia da vontade*, filha da garantia constitucional da liberdade (Const., art. 5º, *caput* e inc. II). Como se sabe, o contrato, que vulgarmente é indicado como *lei entre as partes*, institui normas jurídicas particulares destinadas à auto-regulação dos interesses destas, legitimadas pela autonomia da vontade, ou liberdade negocial. Para o equilíbrio economicamente conveniente do sinalagma segundo a livre vontade dos contratantes, é natural que tenham eles ampla liberdade para pactuar não só os direitos e obrigações recíprocos e os concretos contornos de uma relação jurídica como um todo, mas também as garantias que instituem para o integral cumprimento de parte a parte. Respeitadas certas balizas inerentes à ordem pública e à boa-fé dos contratantes, o contrato é fonte de direitos e a vontade nele expressa deve prevalecer.

"Autonomia privada significa possibilidade, para os indivíduos, de regular por si e pelo modo desejado as relações jurídicas com outras pessoas" (Pietro Trimarchi[1]), sendo excepcionais e indicados na lei os casos em que a vontade exteriorizada pelos su-

---
1. *Cfr. Istituzioni di diritto privato*, n. 108, p. 177.

jeitos sofre limitações e não produz o efeito programado. Em um Estado-de-direito, onde a liberdade é a regra e as restrições a ela devem confinar-se a específicas áreas onde seu pleno exercício poderia ser prejudicial a certos superiores interesses da Nação, é natural que as ressalvas à liberdade negocial se circunscrevam a hipóteses bem delimitadas – sendo politicamente incompatíveis com o *substantive due process* eventuais restrições à liberdade negocial sem a justificativa de uma consistente razão de ordem pública. Na lição de Emilio Betti, que Orlando Gomes refere e apóia, são três os tratamentos que o ordenamento jurídico endereça ao exercício da autonomia da vontade, conforme os fins almejados pelos particulares, ou conforme a *função* do ato que realizam: "1º – que não considere sua função digna ou carente de tutela, caso em que *ignora* o negócio; 2º – que repute sua função como transcendente e digna de proteção, caso em que o *reconhece*; 3º – que estima a função reprovável, caso em que o *combate*".[2] O ordenamento jurídico *combate* os contratos desviados de sua *função social* ou celebrados mediante *má-fé* de um dos contratantes porque considera que, em uma dessas situações, o negócio jurídico exerceria uma função *reprovável*; mas quando não existir uma poderosa razão ética ou política capaz de restringir por esse modo a autonomia da vontade é natural que o ordenamento jurídico *reconheça* o negócio, ou seja, que ele aceite sua admissibilidade.

> Ao sujeitarem a liberdade de contratar aos "limites da função social do contrato" e à observância dos "princípios de probidade e boa-fé", os arts. 421 e 422 do Código Civil associam-se à garantia constitucional da qual descende a autonomia da vontade, a qual só não prevalecerá quando desrespeitados tais limites.

665. *uma cláusula de inegável legitimidade sistemática*

Tornemos à cláusula segundo a qual as ações negociadas "são a única garantia desta operação, não podendo o vendedor satisfazer

---

2. *Cfr.* Orlando Gomes, *Transformações gerais do direito das obrigações*, cap. V, n. 3, pp. 67-68.

qualquer parte do débito com outros bens ou direitos do comprador". Essa é uma disposição contratual limitada à regência da *responsabilidade patrimonial* de um devedor, que em nada conflita com qualquer fundamento de ordem pública, porque o dimensionamento de uma responsabilidade é um ponto de exclusivo interesse dos contratantes, sem qualquer projeção sobre situações jurídicas de terceiros e sem qualquer incompatibilidade com princípios ou regras superiores da Nação. Também não vejo o mais mínimo traço ou mesmo qualquer insinuação de uma suposta má-fé de Valdesuso na inclusão dessa cláusula no contrato celebrado com seus atuais adversários, até mesmo porque foram estes que a inseriram, e não ele. Uma eventual repulsa a ela, quando vinda daqueles que a inseriram por vontade própria, atentaria contra a proibição de *venire contra factum proprium*, inerente à boa ética dos contratos. Nada há na ordem jurídica brasileira ou entre os princípios políticos do País que autorize repudiar uma cláusula como essa, especialmente nessa situação. As partes contratantes têm ampla liberdade, inerente à garantia constitucional oferecida à autonomia de vontade, para estabelecer os contornos da responsabilidade patrimonial de cada uma, seja para ampliá-la mediante oferta de garantias pessoais ou reais (fiança, garantias reais), seja para restringi-la como bem entenderem.

> Leio a locução *fundamento de ordem pública* como alusiva ao *interesse público em geral*, quer de ordem social, quer econômica, quer relacionado com as instituições políticas do País, quer com a ordem constitucional do processo – sempre atento ao que a propósito disse o saudoso Mauro Cappelletti no sentido de que interesses públicos são interesses "permeati di un valore che trascende lo uomo singolo e *investe tutta intera la società*". Ocorrendo violação a direitos dessa ordem, "si sentono colpiti tutti i cittadini e non quelli soli che immediatamente siano interessati: colpiti in quel loro diritto di libertà, che è in fondo uno solo (o meglio sta alla base, è la causa, di tutti i diritti): spetta ad ogni uomo e la sua lesione lede ciascuno".[3]

---

3. *Cfr. La giurisdizione costituzionale delle libertà*, pp. 1-10. V. ainda as seguras observações de Kazuo Watanabe a esse respeito, *in Controle jurisdicional*

666. responsabilidade patrimonial limitada às ações mas não excluída

Vige no direito brasileiro, assim como nos ordenamentos jurídicos ocidentais mais conhecidos entre nós, a antiga e conhecida regra segundo a qual *o patrimônio do devedor é a garantia comum de seus credores*, presente, com outras palavras, no art. 591 do Código de Processo Civil ("o devedor responde, para o cumprimento de suas obrigações, com todos os seus bens presentes e futuros" – v. também CC, art. 391). Essa é a fórmula básica da responsabilidade patrimonial, ou responsabilidade executiva, que se conceitua como *a suscetibilidade de um bem ou de todo um patrimônio a suportar os efeitos da sanção executiva*: sabido que a execução por sub-rogação é uma sanção, ou conjunto de medidas destinadas a atuar sobre bens integrantes de um patrimônio (penhora, busca-e-apreensão *etc.*), responsabilidade é um estado de potencial sujeição a ela, ou seja, é *sujeitabilidade à sanção*. A imposição de medidas imperativas sobre o bem, que são as sanções inerentes à execução forçada, depende de esse bem ser *responsável*, isto é, depende de ele ser parte de um patrimônio apto a fornecer meios à execução; segundo essa regra, em princípio não se apreendem, não se penhoram, não se expropriam, bens que não o sejam.[4]

Mas como é notório e também venho dizendo, "em sua aplicação prática na operacionalização da execução forçada, a regra de que o patrimônio do devedor é a garantia de seus credores desdobra-se em duas, complementares entre si e ambas responsáveis pela definição mais precisa daquela. É indispensável oferecer meios para a satisfação do credor, mas certos limites hão de ser observados. A primeira dessas sub-regras é a de que *todo o patrimônio do devedor* responde por suas obrigações. Só em casos excepcionais um bem de propriedade do devedor se considera

e mandado de segurança contra atos judiciais, esp. p. 99, referindo e referendando essa passagem de Cappelletti.

4. Transcrição quase literal do que disse eu próprio na obra *Instituições de direito processual civil*, IV, n. 1.521, esp. p. 351.

imune à execução forçada. Entre as legítimas exceções que a ordem jurídica impõe a essa regra situam-se os bens impenhoráveis, assim definidos em lei em atenção à necessidade de não privar o devedor dos meios materiais indispensáveis a uma existência condigna".

A segunda sub-regra, sem interesse para o presente estudo, é que "só o patrimônio do devedor responde. Esse é um óbvio imperativo de ordem econômica e ética, porque não é natural generalizar a responsabilidade de um sujeito por obrigações de outro: o natural é que se lance mão dos bens daquele que se beneficiou de um crédito, recebeu um serviço ou causou um dano *etc.*, desfalcando-se em via executiva o seu patrimônio, não o patrimônio de outrem. Mas há hipóteses excepcionais em que algum bem de terceiro responde, sendo notória a responsabilidade dos que o devedor haja alienado ou onerado mediante alguma fraude causadora de redução patrimonial (insolvência); caracterizados os contornos da fraude contra credores ou da fraude de execução, o bem sai do patrimônio do devedor-alienante mas continua sob responsabilidade patrimonial pelos débitos deste".[5]

Vista por esse ângulo, aquela cláusula restritiva da responsabilidade do ora consulente é uma dessas exceções à regra legal e sistemática de que, em princípio, *todo* o patrimônio do obrigado responde pelas obrigações deste. Por força dessa disposição contratual livremente ajustada entre as partes, dos bens que integram o patrimônio de Valdesuso somente as próprias ações adquiridas poderão responder pelo débito assumido ao adquiri-las. Assim ajustaram os contratantes, por iniciativa dos sócios e hoje adversários de Valdesuso.

A licitude dessa limitação não encontra óbice algum no fato de a responsabilidade patrimonial constituir um tema inserido na ordem processual, não no sistema de direitos regido pelo direito privado. Como me parece intuitivo e para lá de óbvio, o expandir e o reduzir os bens aptos a responder por dadas obrigações são fenômenos que interferem exclusivamente na esfera de um credor e um devedor,

---

5. *Cfr.* ainda minhas *Instituições de direito processual civil*, IV, n. 1.522, pp. 353 ss.

sem interferência alguma na ordem pública do processo nem na regularidade do exercício da jurisdição. Só poderíamos pensar em um ilegítimo reflexo sobre algum princípio ou norma de ordem pública, talvez, quando houvesse uma total exclusão de responsabilidade, porque isso poderia ser equiparado a uma prévia renúncia à tutela jurisdicional, ou acesso à justiça. O que se vê no presente caso é algo muito distante de um *pactum de non petendo*, de eficácia muito questionada na doutrina, porque consiste em renunciar previamente ao direito de ação, antes mesmo que venham à tona os requisitos para propô-la. A limitação aqui ajustada entre as partes mantém a responsabilidade sobre uma parte do patrimônio do obrigado, a saber, *as ações*. Não visa a impedir o direito de ação executiva, nem esvazia de tal modo o patrimônio do consulente, a ponto de gerar a inviabilidade prática de uma futura execução.

667. em uma futura execução

Esse quadro mostra com clareza que, caso a litigiosidade entre aqueles que negociaram persista e cheguem os credores a propor uma ação executiva em face de Valdesuso (quando munidos de idôneo título executivo), no patrimônio deste encontrarão o que penhorar (as ações alienadas) – e conseqüentemente as atividades executivas não estarão destituídas de objeto. Penhorar-se-ão tantas ações quantas forem necessárias à satisfação do crédito, ou mesmo todas, se não suplantarem o valor deste naquele hipotético momento futuro. Uma vez que outros bens não poderão ser penhorados, não se aplicará a escala de preferências para penhorar, contida no art. 655 do Código de Processo Civil (*caput*). Também não se fará como no caso de execução de crédito com garantia hipotecária (art. 655, § 1º), em que, sendo insuficiente a garantia, passa-se à penhora de outros bens; a cláusula aqui em exame é claramente instituidora de uma *exclusividade* dos bens do consulente a serem possivelmente penhorados (as ações), e não de uma garantia de qualquer natureza.

Para a efetivação da penhora sobre essas ações que pretende repassar de volta aos credores e que (repito) são o único bem responsável por sua possível obrigação, nessa possível execução terá Valdesuso a faculdade de *indicá-las à penhora* e, ao mesmo tempo, *opor-se legitimamente a uma constrição sobre quaisquer outros bens*. Em sua versão atual o Código de Processo Civil não mais contempla o instituto da nomeação de bens à penhora,[6] mas a mesma mão legislativa que assim dispôs, dispôs também que, quando chamado pelo juiz a indicar bens, o executado terá o *dever* de fazê-lo, sob pena de atentado à dignidade da justiça (CPC, art. 652, § 3º, c/c art. 600, inc. V).[7] Ao cumprir esse *dever*, estará o ora consulente também, ao mesmo tempo, exercendo o *poder*, que nas circunstâncias do presente caso tem, de impedir a penhora sobre outros bens integrantes de seu patrimônio. Essa é uma natural e imperiosa conseqüência daquela cláusula que legitimamente limita sua responsabilidade patrimonial às ações negociadas (*supra*, n. 665).

668. *entre a responsabilidade patrimonial e a dação em pagamento*

Cogita o consulente de uma possível *dação em pagamento* a ser feita mediante a oferta, aos credores, daquelas ações que a eles foram adquiridas. Não preciso dizer que, como essa dação é um negócio jurídico lícito e até mesmo tipificado no Código Civil (arts. 356-359), em princípio esse modo de extinguir obrigações pode ser legitimamente acionado no presente caso. Uma vez que sobre outros bens de Valdesuso nenhuma responsabilidade executiva recai, chega a ser intuitivo que, se não for feito o pagamento em dinheiro por ato voluntário do devedor, outra perspectiva não terão os credores para a satisfação de seu crédito senão a da satisfação mediante a aceitação da dação em pagamento. Aceitá-la independentemente de qualquer pendência processual produzirá, para o patrimônio destes, o mesmo efeito que no curso da execução haveriam de produzir a penhora e ulterior adjudicação das ações penhoradas (CPC, art. 685-A).

6. *Op. cit.*, IV, n. 1.670, p. 587.
7. *Op. cit.*, IV, n. 1.672, p. 588.

Para confirmar o que acabo de dizer, façamos um relance sobre o instituto da *dação em pagamento* e os requisitos aos quais a lei condiciona sua efetivação.

669. dação em pagamento: o consenso do credor e a exoneração do obrigado

Notoriamente a dação de pagamento é um dos modos de adimplir, ao lado do pagamento ordinário, sendo ela própria uma modalidade dos chamados *pagamentos especiais*, ou *meio supletivo* de extinção das obrigações (Orlando Gomes[8]). Na clássica lição de Caio Mário, "o desfecho natural das obrigações é o pagamento",[9] entendendo-se este como a entrega da coisa devida (no presente caso, a quantidade devida de unidades monetárias). Consentindo o credor, poderá todavia a obrigação ser extinta pelo devedor mediante a cessão de outro bem, que não aquele especificamente devido (*aliud pro alio*). A exigência do *consenso do credor* como requisito ordinariamente exigido para a dação em pagamento e sua eficácia extintiva dos direitos (CC, art. 356) associa-se, como parece muito claro, ao caráter excepcional desse modo de satisfazer. O credor, que tem direito ao dinheiro, em situações ordinárias pode dar ou negar seu consentimento para que a liberação do devedor se opere pela entrega de um objeto diferente ou pela prestação de um fato (ainda Caio Mário[10]). Orlando Gomes: "é essencial o consentimento do credor. Não basta que aceite outra coisa: é preciso que a receba como pagamento" – porque "do contrário não produzirá efeito liberatório".[11]

670. a ação de consignação em pagamento

Concorrendo certos requisitos, põe a lei ao alcance do devedor "um meio técnico de se libertar da obrigação", que é o pa-

8. *Cfr. Obrigações*, n. 91, p. 142.
9. *Cfr. Instituições de direito civil*, II, n. 152, p. 113.
10. *Op. cit.*, n. 161, esp. p. 154.
11. *Cfr. Obrigações*, n. 91, esp. p. 143.

gamento em consignação. O direito à liberação pelo pagamento, dependente da presença desses requisitos, situa-se no campo do direito substancial e é regido pelo Código Civil, o qual dispõe que "considera-se pagamento, e extingue a obrigação, o depósito judicial ou em estabelecimento bancário da coisa devida, nos casos e formas legais" (art. 334). As formas legais são ditadas pela lei do processo e consistem no que o Código de Processo Civil dispõe sobre a *ação de consignação em pagamento* (arts. 890 ss.).

Antônio Carlos Marcato: "o pagamento por consignação é instituto de direito material, tendo por finalidade solucionar aquelas obrigações já vencidas e ainda pendentes por causa atribuída ao credor, representando um direito mesmo, posto à disposição do devedor a fim de liberar-se do vínculo que o submete ao *accipiens* e livrar-se, em conseqüência, dos ônus e riscos inerentes a essa submissão".[12]

Para o adequado emprego do *meio técnico-processual* consistente na ação de consignação em pagamento é indispensável, por isso, não só que o devedor tenha diante de si uma ilegítima *mora accipiendi*, ou *mora debitoris*, sem a qual inexiste o requisito processual do interesse de agir (interesse-necessidade – CPC, art. 896, inc. I); é também indispensável que, no plano do direito substancial, ele tenha realmente o direito de liberar-se da obrigação pendente mediante a consignação dos bens oferecidos, na quantidade oferecida. Se oferecer bem diferente ou em quantidade menor, a ação consignatória improcede, porque nessa situação ele não terá direito à pretendida liberação (art. 896, incs. II-IV).

Chegamos com isso ao nosso caso. Quando alvitro a ação de consignação em pagamento como meio posto à disposição do ora consulente para vencer a eventual resistência de seus credores a receber as ações negociadas em vez do dinheiro devido, estou consciente de que a essa proposta poderia ser levantada a objeção consistente em sustentar que as ações não são a *coisa devida* a que alude o art. 334 do Código Civil – e, em conseqüência, seria justa

12. *Cfr. Ação de consignação em pagamento*, n. 1.2.1, esp. p. 16.

a recusa do credor (CPC, art. 896, inc. II). Teria o credor o direito a recusar, até porque, nos termos do já referido art. 356 do Código Civil, a substituição do dinheiro por outro bem dependeria sempre do consenso daquele.

No presente caso não é bem assim, todavia.

O credor que recusa uma *dação em pagamento* só pode fazê-lo por insistir em receber o próprio dinheiro a que tem direito, e não outra coisa. O que legitima sua recusa à coisa ofertada em pagamento é o desejo, a intenção e a esperança, que a lei ampara, de receber precisamente o objeto de seu direito, ou seja, o dinheiro. *Pacta sunt servanda*. Na situação peculiaríssima do presente caso, todavia, ajustou-se uma cláusula em conseqüência da qual ou o devedor paga o dinheiro devido (adimplemento normal e voluntário) ou os credores só poderão obter satisfação mediante a obtenção daquelas ações. Obterão estes satisfação através das ações (a) aceitando-as voluntariamente em pagamento do débito, (b) promovendo a execução por quantia certa e nessa execução obtendo sua adjudicação, como lhes faculta o art. 685-A da lei processual, ou (c) optando pela realização da hasta pública para depois receber o dinheiro que ali vier a ser arrecadado. Outro caminho não lhes oferece o direito, na situação em que se encontram. Se nenhuma dessas três alternativas se positivar, o crédito jamais será satisfeito e eles nada poderão reclamar, porque veio deles próprios aquela cláusula limitativa da responsabilidade do ora consulente.

> A *situação em que se encontram aqueles credores*, vamos recapitular, é a de alienantes que, no contrato celebrado com o adquirente de suas ações, ajustaram com este a responsabilidade patrimonial incidente de modo exclusivo sobre as próprias ações negociadas, nenhum outro bem podendo ser penhorado para a satisfação do crédito (*supra*, n. 665).

Em uma situação como essa, a recusa das ações como pagamento não passaria de puro capricho, sem amparo no direito, porque, como todos sabemos, *o direito não acocora caprichos*. Para recusá-las seria indispensável um *legítimo interesse na re-*

cusa – o que, no caso, está longe de se configurar, porque, como dito acima, aquela cláusula de limitação de responsabilidade põe os credores em uma situação tal que ou recebem as ações, ou as penhoram ou ficam fadados à total resignação, sem nada receberem. Seguidamente venho dizendo que *interesse, em direito, é utilidade* – e, por não terem a menor possibilidade de obter algo melhor que as ações eventualmente oferecidas pelo devedor, de uma recusa que fizerem não poderão os credores extrair utilidade alguma.

Na lição imortal de Carnelutti o interesse consiste em uma *relação de complementariedade* entre a pessoa e o bem, aspirando aquela a este para a satisfação de uma necessidade e sendo o bem capaz de satisfazer a necessidade da pessoa.[13] Quem postula algo em juízo deve sempre fazê-lo na expectativa de obter do Poder Judiciário uma situação jurídica mais favorável que a apresentada, tendo o ato judicial postulado aptidão a lhe proporcionar essa vantagem – sob pena de carecer do direito a fazer a postulação.

Diante desses conceitos e sobretudo dessa sólida construção sistemática, uma eventual recusa das ações não será uma *recusa justa* cuja alegação pudesse aproveitar aos credores (CPC, art. 896, inc. II). Em uma ação consignatória que venha a ser proposta pelo devedor, uma defesa como essa, claramente destituída de interesse, porque incapaz de produzir para os credores uma solução melhor, comportaria desde logo uma inevitável recusa pelo juiz. Como está na lei, "para propor ou contestar ação é necessário ter *interesse e legitimidade*" (CPC, art. 3º).

671. *defesa em processo de conhecimento ou de execução*

Se essa ação consignatória não chegar a ser movida por Valdesuso mas a ele seus adversários vierem a mover uma ação de conhecimento, desta carecerão os possíveis autores, porque não

---

13. *Cfr. Teoria generale del diritto*, § 35, pp. 58-61. O que acabo de dizer é a expressão bastante sintetizada do que já escrevi em sede doutrinária: *cfr. Instituições de direito processual civil*, II, n. 544, pp. 309 ss., e *Execução civil*, n. 264, esp. p. 406.

teriam a menor necessidade do provimento que pedirem – ou seja, da condenação daquele. Faltar-lhes-ia o interesse-necessidade, dada a disposição do consulente a entregar-lhes os únicos bens com os quais responde, que são aquelas ações, a título de dação em pagamento. Como venho seguidamente afirmando em sede doutrinária, com respaldo em muitas opiniões da boa doutrina, falece o requisito do *interesse-necessidade* a quem, podendo obter fora de juízo dado resultado, vem a juízo pedir um provimento jurisdicional cujo resultado não seria outro nem poderia ser melhor que aquele. Uma condenação do ora consulente nessa situação não acresceria vantagem alguma aos sedizentes credores, por falta do requisito que venho denominando interesse-necessidade (CPC, art. 267, inc. IV).[14]

E, reportando-me ao que já disse, reafirmo que, em caso de vir a ser incluído no pólo passivo de uma execução forçada por aquele crédito, terá Valdesuso a faculdade de indicar as famigeradas ações à penhora (CPC, art. 652, § 3º), acrescida do poder de se opor a qualquer outra penhora sobre outros bens integrantes de seu patrimônio (*supra*, n. 667).

§ 3º – SÍNTESES CONCLUSIVAS

672. *legitimidade da cláusula limitativa de responsabilidade*

A cláusula de contrato segundo a qual exclusivamente com as ações adquiridas poderá o ora consulente responder pelo débito decorrente da própria aquisição constitui legítimo exercício da liberdade negocial, ou *autonomia da vontade*, de nítido assento na Constituição Federal (art. 5º, *caput* e inc. II – garantia constitucional da liberdade). Essa limitação da responsabilidade patrimonial do consulente poderia talvez ser tachada de inconstitucional se trouxesse em si uma redução tal dos bens penhoráveis, que se resolvesse no fechamento de portas à efetividade da garantia, também constitucional, do acesso à justiça (Const., art. 5º, inc.

---

14. Cfr. *Instituições de direito processual civil*, II, n. 544, pp. 309 ss.

XXXV) – o que no caso não ocorre, porque as ações permanecem responsáveis e portanto penhoráveis, estando pois resguardada a proporcionalidade do ajuste. A legitimidade aqui sustentada mostra-se ainda mais evidente quando se tem em conta que a cláusula em exame foi inserida no contrato por iniciativa dos outros contratantes, não do ora consulente.

673. admissível a dação em pagamento independentemente do consenso dos credores

É admissível uma dação dessas ações em pagamento mesmo sem o consenso dos credores (CC, art. 356), porque uma recusa eventualmente oposta por estes seria inteiramente destituída de qualquer utilidade para eles próprios. A lei exige em princípio aquele consenso, porque *pacta sunt servanda* e ao credor é lícito optar pelo recebimento do dinheiro que lhe é devido, mesmo mediante o desencadeamento de atividades executivas. Mas, no caso em exame, se o devedor não pagar, entregando-lhes o dinheiro devido, o único caminho de que poderão dispor seria a execução por quantia certa, penhorando exclusivamente as ações, e nada mais. Nessa execução optarão pela adjudicação destas (CPC, art. 685-A) ou pelo levantamento do dinheiro que vier a ser arrecadado em hasta pública – resultados, esses, que poderão, com muito mais simplicidade, obter mediante a dação em pagamento que o devedor vier a pôr em ato.

674. uma possível ação de consignação em pagamento

Precisamente em razão do que acaba de ser dito, tem o devedor neste caso o direito subjetivo material a realizar o *pagamento em consignação*, que é uma modalidade de adimplemento e tem a eficácia de extinguir a obrigação. Sempre com vista ao presente caso e às suas relevantes peculiaridades, o direito a realizar o pagamento por consignação não é obstado pelo fato de ser este realizado mediante oferta das ações, e não do dinheiro devido (*aliud pro alio*). Em uma possível *ação de consignação em pagamento* movida por esse devedor não aproveitará pois aos seus credores uma defesa consistente na alegação de ser justa a recusa das ações porque, como foi dito e enfatizado no parecer, uma tal recusa não seria apta a proporcionar a eles qualquer vantagem maior, ou qualquer utilidade adicional. E, sem estar movida por um legítimo interesse, eventual defesa consistente na alegação de ser justa a recusa não poderia ser admitida no processo (CPC, art. 3º).

675. *defesa em processo de conhecimento ou de execução*

Carecerão os autores de uma *ação condenatória* que eventualmente movam ao ora consulente, porque este já se vem manifestando disposto a satisfazer o possível crédito daqueles mediante a entrega, a título de dação em pagamento, das ações negociadas. Não terão o legítimo interesse a pleitear em juízo precisamente aquilo que fora de qualquer processo poderão obter com igual proveito. Ausente o interesse-necessidade, o destino desse suposto processo será a extinção sem julgamento *de meritis*.

Em uma possível execução que lhes movam os credores terá o ora consulente, em primeiro lugar, a faculdade de indicar à penhora aquelas ações com as quais responde (CPC, art. 652, § 3º). Penhorados que venham a ser outros bens, a isso se oporá mediante a alegação de total ausência de responsabilidade dos bens constritos, fazendo-o mediante embargos a ela (CPC, art. 745, inc. II) ou mesmo na própria relação processual executiva.

XXXIX – UM ESTRANHO ARRESTO IMPOSTO A SUJEITO NÃO-RESPONSÁVEL E DIMENSIONADO MUITO ALÉM DO VALOR DO CRÉDITO

§ 1º – **os antecedentes e a consulta** – 676. uma reclamação trabalhista e uma demanda cautelar – um início confuso, com centenas de reclamantes – 677. o arresto concedido liminarmente e os brutais agravamentos que se lhe sucederam – 678. a consulta, os temas e o plano do parecer – § 2º – **questão de responsabilidade patrimonial e não de sucessão – inexistente essa responsabilidade patrimonial** – 679. colocando a questão – 680. responsabilidade patrimonial – 681. fraude de execução e oneração de bens – 682. sucessão e sucessor – a Editora JB não é uma sucessora – 683. solidariedade passiva – a Editora JB não é uma obrigada solidária – 684. exclui-se de modo absoluto a responsabilidade da consulente – 685. licenciamento rescindido – uma pá-de-cal – § 3º – **desvios e ilegalidades no trato do arresto** – 686. o conteúdo do presente parágrafo – 687. devido processo legal, limitações ao exercício da jurisdição e os excessos praticados na instância inferior – 688. *due process* e direito processual constitucional – 689. um aglomerado de transgressões à cláusula *due process* – 690. o arresto entre as medidas cautelares: sua finalidade e sua natureza instrumental – 691. os pressupostos legais do arresto e sua legitimidade sistemática – 692. a exigência de um risco de dissipação de bens – 693. inexistente o risco e sequer considerado ou afirmado pelo MM. Juízo – 694. a exigência de título executivo – 695. inexistente o título e sequer considerado ou afirmado pelo MM. Juízo – 696. o valor do crédito – somente do autor, não de todos os credores da Gazeta Mercantil – 697. o valor dos créditos dos que "moveram a cautelar" e o do autor que permaneceu no processo – 698. decurso do prazo de trinta dias: perda de eficácia da medida cautelar – § 4º – **conexidade inexistente (mera afinidade) e decisões não-motivadas** – 699. mais duas infrações à lei e à ordem constitucional – 700. entre a conexidade e a mera afinidade de questões – 701. inadmissível a distribuição por dependência – 702. sobre a motivação dos atos judiciais – 703. decisões sem motivação: patente nulidade – § 5º – **conclusão central e proposições conclusivas** – 704. Holdco não é responsável pelas obrigações das empregadoras (essa é a conclusão central) – 705. arresto inadmissível por inexistência dos requisitos legais – 706. sem liquidez e sem proporcionalidade – 707. arresto ineficaz depois de decorridos trinta dias – 708. sem conexidade – 709. vícios de motivação – 710. excessos que se chocam com a garantia do *due process* – síntese final

§ 1º – OS ANTECEDENTES E A CONSULTA

676. *uma reclamação trabalhista e uma demanda cautelar – um início confuso, com centenas de reclamantes*

Em janeiro de 2003 centenas de trabalhadores ligados a empresas do Grupo Gazeta Mercantil promoveram em face destas uma reclamação trabalhista e, ato contínuo, uma demanda cautelar incidente, *afirmando-se* credores de um valor *aproximado* de 30 milhões de reais. Consciente dos males de um assim enorme *litisconsórcio multitudinário*, o MM. Juízo da Vigésima-Sexta Vara do Trabalho cuidou desde logo de excluir do processo todos, menos um dos litisconsortes ativos. Restou, tanto no processo principal quanto no cautelar incidente, apenas um reclamante (Paulo Totti). Contra essa exclusão, autorizada e recomendada pelo art. 46, par., do Código de Processo Civil, aqueles reclamantes impetraram *mandado de segurança*, que foi concedido pelo E. Tribunal do Trabalho mas do qual vieram a *desistir*, sendo homologada essa desistência. Por conseqüência, restou no pólo ativo daqueles processos somente o reclamante Paulo Totti. Muitos dos demais (mas não todos), que havendo sido excluídos, tornaram depois (no ano de 2005) com suas reclamações individualizadas, as quais vieram a ser, por uma equivocada afirmação de *conexidade* entre as causas, distribuídas por dependência àquela mesma Vigésima-Sexta Vara. Nenhum deles tomou a iniciativa de aforar qualquer demanda cautelar, estando porém todos, até hoje, sendo considerados beneficiários do *arresto* concedido liminarmente no processo cautelar incidente que principiara por aquela iniciativa conjunta; a inicial desse processo incidente indica como autores "Paulo Totti e outros", sem especificar quem são esses *outros* e sem estar acompanhada das procurações de quem quer que seja. A consulente Holdco não figurava como parte em qualquer dessas reclamações trabalhistas (ações *principais*) nem no processo desse estranhíssimo arresto.

677. o arresto concedido liminarmente e os brutais agravamentos que se lhe sucederam

Em sua postulação de tutela cautelar, aqueles autores inicialmente litisconsorciados alegaram, à guisa de *periculum in mora*, (a) "a situação calamitosa dos reclamantes" e (b) "o estado de pré-insolvência das reclamadas", de envolta com a "tentativa de alienar seu patrimônio". Nenhum título executivo exibiram, ou "prova literal da dívida líquida e certa" (CPC, art. 814, inc. I), obviamente porque não dispunham de título algum – nem extrajudicial nem judicial, uma vez que processo algum havia sido realizado antes desse. Sem apoio em qualquer decisão judicial ou reconhecimento extrajudicial desse crédito e seu valor, alegaram serem credores de *aproximadamente* 30 milhões de reais – valor puramente indicativo segundo sua própria estimativa e, obviamente, não confirmado em qualquer *liqüidação judicial*. Disseram também que o passivo trabalhista das reclamadas (incluído o que deveriam a todos seus ex-empregados) andaria por volta de 90 milhões de reais.

Ora, entre os bens sobre os quais os autores da cautelar pediram e o MM. Juízo concedeu a incidência do arresto figurava a marca *Gazeta Mercantil*, que havia sido objeto de um contrato de *licenciamento* entre sua titular e a empresa Editora JB, que era e é totalmente estranha aos débitos trabalhistas reclamados e também não figurava como parte no processo. E, como alegadamente a Editora JB integraria o mesmo grupo econômico que Holdco, daí se extraiu a arbitrária conclusão de que uma e outra seriam *sucessoras* da Gazeta Mercantil S/A. Desse *absurdo* falar-se-á a seu tempo (*infra*, n. 682). Foi daí que, instalada no caso essa falsa *ponte*, as medidas constritivas inicialmente postuladas em face das devedoras (reclamadas) passaram a se desencadear também sobre Holdco, que por todos os motivos era e é completamente alheia ao litígio. Por essa ponte vieram ter ao processo outras enormidades, como a ampliação do arresto antes concedido, mediante a constrição de quotas da sociedade Intelig, da qual Holdco era titular, e mais a constrição de 200 milhões de reais que esta mantinha em conta corrente bancária – sendo que tais quotas constituíam objeto de negociações então em curso com Tim Participações S/A. Esse exagero foi *parcialmente* remediado em sede de mandado de segurança impetrado ao E. Tribunal Regional do Trabalho, quando a sra. Relatora mandou substituir o arresto das quotas por depósito em dinheiro. E o depósito foi feito.

678. *a consulta, os temas e o plano do parecer*

É sobre esse quadro que, por lisonjeira iniciativa dos srs. Advogados da Holdco, prof. Luiz Carlos Amorim Robortella e dr. Antônio Galvão Peres, fui convidado a participar do caso, emitindo um parecer focado nos pontos processuais relevantes. Adianto a seguir os pontos a serem apreciados, traçando desse modo um plano para o desenvolvimento do parecer e adiantando algumas idéias.

a) ausência de sucessão e mera responsabilidade patrimonial incidente sobre a marca *Gazeta Mercantil*;

b) arresto sem título executivo e sem liqüidez;

c) ausência de proporção entre o arresto e o valor cobrado;

d) perda de eficácia do arresto após trinta dias da efetivação;

e) inexistência de conexidade legitimadora da distribuição por dependência (mera afinidade de questões);

f) decisões imotivadas;

g) infração à garantia constitucional do devido processo legal.

§ 2º – QUESTÃO DE RESPONSABILIDADE PATRIMONIAL E NÃO DE SUCESSÃO – INEXISTENTE ESSA RESPONSABILIDADE PATRIMONIAL

679. *colocando a questão*

Destina-se o presente capítulo à demonstração de que, ao assumir por um contrato de licenciamento a marca *Gazeta Mercantil*, a empresa Editora JB não se tornou *sucessora* desta em suas relações jurídico-substanciais e, particularmente, em seu passivo trabalhista. Simplesmente passou a usar em seu proveito esse bem imaterial sujeito a responsabilidade patrimonial pelas obrigações da licenciadora, não lhe sendo lícito opor aos credores desta o seu direito de licenciatária. Falemos então o mínimo necessário sobre *responsabilidade patrimonial* e, depois, sobre as situações em que se dá uma *sucessão*.

680. *responsabilidade patrimonial*

A responsabilidade patrimonial, ou executiva, constitui um dos temas nucleares ou um dos pilares fundamentais de toda a teoria da execução forçada, e pode ser definida como a *suscetibilidade de um bem ou de todo um patrimônio a suportar os efeitos da sanção executiva*. Palavras de Liebman: "ao poder executório do Estado e à ação executiva do credor corresponde a responsabilidade executória do devedor, que é a situação de sujeição à atuação da sanção, ou a situação em que se encontra o vencido de não poder impedir que a sanção seja realizada com prejuízo seu".[1] Sabido que a execução forçada é uma *sanção*, ou conjunto de medidas destinadas a atuar sobre bens integrantes de um patrimônio, responsabilidade é um estado de potencial sujeição a ela, ou seja, é *sujeitabilidade* à sanção. Ao concreto estado de sujeição de determinado bem a alguma constrição judicial (penhora *etc.*) antecede essa situação potencial que abrange abstratamente todos os bens do obrigado até quando um deles seja concretamente atingido pela constrição e somente sobre ele incida a sanção (penhora e atos subseqüentes). A imposição de medidas imperativas sobre o bem depende de esse bem ser *responsável*, isto é, depende de ele ser parte de um patrimônio apto a fornecer meios à execução; não se apreendem, não se penhoram, não se expropriam, bens que não o sejam.

A diretriz central enunciada no Código de Processo Civil a esse propósito consiste na responsabilidade do patrimônio do devedor

---

1. *Cfr. Processo de execução*, n. 35, p. 85.

pelas obrigações deste, em aplicação da tradicional máxima de que *o patrimônio do devedor é a garantia comum de seus credores*. Uma intuitiva razão de ordem ética e econômica leva os sistemas processuais em geral a buscar uma coincidência entre o plano das obrigações de um sujeito e o da responsabilidade de seu patrimônio por essas obrigações, de modo que, em princípio (*em princípio!*), não se exclui da responsabilidade qualquer bem do obrigado nem se incluem nela bens que não lhe pertençam. Daí a corrente lição doutrinária no sentido de que a regra de responsabilidade patrimonial ditada pelo art. 591 do Código de Processo Civil e reproduzida no art. 391 do Código Civil desdobra-se em duas proposições, a saber: a) uma de caráter positivo, estabelecendo que *todo* o patrimônio do devedor responde, e (b) outra de caráter negativo, mandando que *somente* o patrimônio do devedor responderá, mas o de outrem não (Liebman[2]).

> Estamos falando do binômio *obrigação e responsabilidade*, sugerido pelo romanista Alois Brinz,[3] aperfeiçoado por Carnelutti e adotado na doutrina moderna do processo civil (especialmente Liebman e Buzaid). Em sua formulação hoje acatada, trata-se de dois fenômenos residentes em planos distintos, a saber: de um fenômeno de direito material, consistente na titularidade de uma situação desfavorável contraposta ao direito subjetivo de crédito (obrigação, *Schuld*), e de outro de direito processual, representado pela possibilidade, a que se expõem os bens do obrigado (ou eventualmente de terceiro), de virem a ser objeto de constrições judiciais no processo executivo (responsabilidade, *Haftung*).[4]

2. *Op. cit.*, n. 41, esp. p. 100.
3. *Cfr. Lehrbuch der Pandekten*, 1879, II, § 206, pp. 1-2. V. referências *in* Dinamarco, *Execução civil*, n. 154, pp. 259-261.
4. São de particular relevo no estudo da responsabilidade executiva as reflexões (a) de Carnelutti (esp. *Lezioni di diritto processuale civile*, V, n. 429, e "Diritto e processo nella teoria delle obbligazioni", *in Studi di diritto processuale in onore di Giuseppe Chiovenda*, n. 19); (b) de Liebman (*Le opposizioni di merito nel processo di esecuzione*, n. 87, e *Processo de execução*, n. 35, pp. 85-86) e (c) de Alfredo Buzaid (*Do concurso de credores no processo de execução*, nn. 4-12, pp. 15 ss.). Dei notícia da evolução desses conceitos, e especialmente da maneira como esses processualistas retificaram o pensamento de Brinz sobre o binômio *débito-responsabilidade*, no livro *Execução civil*, n. 154, pp. 259-261; v. também minhas *Instituições de direito processual civil*, IV, n. 1.523, pp. 353 ss.

Mas nenhuma dessas duas sub-regras é absoluta, o que significa que o sistema inclui aberturas (a) para excluir da responsabilidade executiva alguns bens do devedor, ditos *impenhoráveis*, e (b) para incluir a responsabilidade de certos bens que não lhe pertencem, ou que já não lhe pertencem.

681. *fraude de execução e oneração de bens*

Quando um bem é *onerado*, isso significa que sobre ele é instituído um direito real em favor de terceiro, como é o caso dos chamados direitos reais de garantia (hipoteca, penhor, anticrese – Araken de Assis[5]). Nesses casos o bem responde preferencialmente pela dívida do proprietário em favor do beneficiário da garantia, e aos demais restará somente a possibilidade de obter satisfação mediante penhora e expropriação de eventual sobra. Assim é a técnica dos direitos de garantia, que conferem ao beneficiário o *jus prælationis*.

Tanto quanto em caso de alienação do bem, contudo, estando o devedor insolvente ou agravando-se com isso sua insolvência, a disciplina legal da *fraude de execução* manda que a oneração seja ineficaz perante o credor que já está em juízo com um processo em face do devedor que onera os bens (CPC, art. 593) – ou seja, em termos práticos, o bem onerado em fraude de execução continuará responsável pela obrigação do alienante, apesar da oneração.

> Em resumo: a) em princípio todos os bens do devedor respondem por suas obrigações; b) os bens onerados ficam relativamente exonerados dessa responsabilidade geral, respondendo preferencialmente em relação aos créditos garantidos; c) mas, se a oneração tiver ocorrido em fraude de execução, eles continuam respondendo ordinariamente perante o credor que já tenha tomado a iniciativa de mover uma ação em juízo (ação executiva ou mesmo cognitiva).

Senti-me na obrigação de dizer essas coisas quase acintosamente elementares porque vi no presente caso a necessidade de afirmar enfaticamente que a ineficácia da alienação ou oneração

---

5. *Cfr. Manual da execução*, n. 48, p. 250.

de bens em fraude de execução significa *somente* que o bem alienado ou onerado permanece sob responsabilidade perante os credores em geral. A aquisição do bem alienado em fraude de execução ou o desfrute de uma garantia real também fraudulenta não vão ao ponto de comprometer todo o patrimônio do adquirente ou beneficiário, pondo-o sob responsabilidade pelas obrigações do alienante. O adquirente do bem e o beneficiário dos direitos reais instituídos em fraude pelo devedor respondem, sim, pelas obrigações deste, mas somente com os bens que este haja pretendido excluir da responsabilidade patrimonial. Essa é a única razão de ser do instituto da fraude de execução, que visa somente a assegurar a intangibilidade do patrimônio responsável do devedor.

    Escrevendo em sede doutrinária sobre as fraudes do devedor, fiz muita questão de enfatizar que as conseqüências jurídicas da fraude a credores ou da fraude de execução devem ser rigorosamente dimensionadas segundo o objetivo que mediante esses institutos o sistema jurídico visa a alcançar. Ressaltei a imperiosidade de, na linha da superior lição de Carnelutti, *integrar a causa com o fim*, tendo sempre em vista "o valor do fim no direito"[6] – lição que precisa ser lembrada pelos juristas a todo momento.[7]

Pois a visão do instituto da fraude de execução conforme é delineado no direito brasileiro, e sempre tendo em vista sua razão de ser, exclui por completo qualquer tentativa (assistemática tentativa) de levar os efeitos da fraude, como disse, ao ponto de comprometer todo o patrimônio do adquirente. Se o que interessa é a *preservação* do patrimônio responsável do devedor, para atin-

---

    6 *Cfr.* "Il diritto come antistoria?", *in Riv. dir. proc.*, 1952, *passim*. Nesse estudo o autor desenvolve curiosas especulações em torno dos conceitos de *fim* e *causa*, pertencendo o *fim* ao futuro e a *causa* ao passado e notando-se a tendência dos juristas a designar o *fim* com o nome de *causa* (v. esp. n. 3, p. 255). Do mesmo Carnelutti é outro ensaio, em que se reporta a esse e põe em destaque o *valor do fim* para a ciência do direito: *cfr.* "Nuove riflessioni intorno al metodo", *in Riv. dir. proc.*, 1958, com críticas ao *antiteleologismo*, apontado como "um dos aspectos da afirmação da ciência exata na história do pensamento" (v. n. 2, p. 464).

    7. *Cfr.* Dinamarco, "Fraude contra credores alegada nos embargos de terceiro", *in Fundamentos do processo civil moderno*, II, n. 843, p. 476.

gir esse objetivo único da repressão à fraude de execução basta que a alienação ou oneração sejam tidas como ineficazes, permanecendo o bem, apesar da fraude, responsável como antes era. O adquirente ou beneficiário não passa a responder com todo seu patrimônio pelas obrigações do alienante e, muito menos, não se torna um sucessor, ou um obrigado solidário (*infra*, n. 682).

682. *sucessão e sucessor – a Editora JB não é uma sucessora*

Sucessão, como conceito geral em direito, é o fenômeno jurídico pelo qual uma pessoa se põe na posição de outra na titularidade de uma situação jurídica ativa ou passiva. A palavra *sucessão* indica a alteração subjetiva ocorrida em uma relação jurídica, de modo que *o direito ou obrigação que tinha um titular passa a ter outro* (Andrea Torrente[8]). Há sucessão pela morte ou por ato entre vivos; sucessão a título particular ou universal; sucessão em relações de direito material ou de direito processual. Segundo a lição incontrastada da melhor doutrina nacional e estrangeira, é extremamente restrita a sucessão universal em direitos e obrigações, a qual acontece somente nas hipóteses de morte da pessoa física ou de extinção da jurídica. Em qualquer das hipóteses, "decisiva in ogni caso, perchè possa verificarsi successione universale, appare la circostanza che si estingua il soggetto da cui prende impulso la vicenda" (Pietro Rescigno). Os fenômenos extintivos das pessoas jurídicas, que abrem caminho para a possível sucessão por outra, são a fusão, a cisão e a incorporação.[9]

Em primoroso parecer inédito do qual tive conhecimento por cortesia de seu autor, o prof. Luiz Gastão Paes de Barros Leães

---

8. *Cfr. Manuale di diritto privato*, § 29, esp. p. 74. Textualmente, diz esse autor que pela sucessão, que é um modo derivado de adquirir direitos, "una persona subentra all'altra nella titolarità di un diritto soggetivo". Mas a seguir esclarece: "può verificarsi non soltanto il mutamento del soggetto attivo del rapporto (successione nel lato attivo) ma anche quello del soggetto passivo (successione nel lato passivo)".

9. *Cfr.* Pietro Rescigno, *Manuale del diritto privato italiano*, n. 63, esp. pp. 250-251. Mas é claro que a extinção pura e simples não dá causa a sucessão alguma, mercê da inexistência da figura do sucessor.

estabelece pertinentes distinções, ao ensinar: "na sucessão *causa mortis* opera-se a transmissão a título universal da totalidade das relações jurídicas do *de cuius* para os seus sucessores, considerada essa totalidade na sua unidade patrimonial, abrangendo todos os direitos e obrigações da pessoa falecida. Com a extinção da sua personalidade, todo o patrimônio do pré-morto se transfere, destarte, para os seus herdeiros. Na sucessão *inter vivos* opera-se a transferência a título particular, que ocorre quando o sucessor substitui alguém em uma ou algumas relações jurídicas, particularmente consideradas, conservando porém o autor – que não se extingue – o seu patrimônio, feixe de outras tantas relações jurídicas".

Para que efetivamente haja a sucessão, todavia, com a conseqüente legitimidade passiva daquele que antes era mero terceiro e assim se torna titular de uma situação jurídica que antes tinha outro titular, é necessário que estejam presentes certos requisitos, que a doutrina e a jurisprudência identificam de modo bastante preciso. É indispensável um contexto econômico ou fático que revele, ao menos em razoável aparência, aos olhos dos que negociaram com o primitivo obrigado, *a continuação da mesma empresa ou da mesma atividade* sob comando de um autêntico sucessor. Constituem indicadores da sucessão certos fatos como (a) a utilização de equipamentos de uma empresa pela outra, (b) atividades realizadas na mesma sede da sucedida, (c) a manutenção dos empregados daquela por esta, (d) a continuação de relações com os mesmos fornecedores ou com os mesmos distribuidores *etc*. – fatos dos quais não vejo a menor notícia na realidade do caso examinado. O prestigioso Alcides de Mendonça Lima ensina que para reconhecer a sucessão entre vivos, que legitime à execução pessoa não figurante no título, exige-se:

a) "*ato contratual* entre o devedor originário e o novo", pelo qual aquele transfira e este assuma as obrigações, ou

b) "*ato unilateral deste*, se tiver motivos para assumir a dívida".[10]

---

10. *Cfr*: Mendonça Lima, *Comentários ao Código de Processo Civil*, VI, t. I, n. 307, p. 161.

Também nada disso se vê no presente caso. A assunção unilateral está descartada. E negócio algum houve entre as empresas (devedoras e suposta *sucessora*) que fosse capaz de insinuar a idéia da suposta *continuidade econômica ou empresária* indispensável a caracterizar a suposta sucessão.

683. *solidariedade passiva*
– *a Editora JB não é uma obrigada solidária*

Justamente porque estamos no campo da responsabilidade patrimonial, e não das obrigações, também se exclui que, ao ajustar com as devedoras aquele licenciamento de marca, supostamente houvesse a Editora JB assumido a condição jurídica de *obrigada solidária* pelo passivo do Grupo Gazeta Mercantil. É para lá de notório que em direito "a solidariedade não se presume: resulta da lei ou da vontade das partes" – disposição explícita e incisiva do art. 265 do Código Civil. Sem lei alguma impondo a solidariedade passiva em casos como o presente e nada tendo havido além de um negócio de licenciamento para que pudesse a Editora JB utilizar-se de uma *marca* pertencente às devedoras, afirmar a existência dessa solidariedade seria uma arbitrariedade que de frente se chocaria com o que está no sistema e no próprio direito positivo. Não houve qualquer assunção de dívidas ou aceitação negocial da condição de devedor solidário. A solidariedade – repete-se aqui o que está explícito na lei – ou vem de uma disposição legal ou de um ato voluntário.

> Caio Mário: "de caráter excepcional é também a solidariedade. Excepcional e anormal, acrescenta-se (...). Por isso mesmo precisa, em regra, ser imposta pela lei ou convencionada entre as partes (...). Por ser uma exceção ao princípio *concursu partes fiunt*, no Código Civil não se presume: a solidariedade convencional tem de ser expressamente ajustada".[11]

---

11. *Cfr. Instituições de direito civil*, II, n. 140, esp. pp. 58-59. O autor refere-se ao art. 896 do Código Civil de 1916, reproduzido *ipsis litteris* no art. 265 do estatuto que hoje temos.

684. exclui-se de modo absoluto a responsabilidade da consulente

Todos os motivos e todos os legítimos raciocínios jurídicos pertinentes ao caso convergem harmoniosa e vigorosamente ao entendimento de que aquele contrato de *licenciamento de marca* celebrado entre uma das obrigadas e a Editora JB não tem a conseqüência pretendida pelos credores trabalhistas e aceita sem discutir pelo MM. Juízo. Como anuncio na rubrica, esse negócio jurídico de natureza obrigacional ajustado entre as partes não teve e não podia ter o efeito jurídico de fazer da licenciatária uma sucessora nem uma obrigada solidária.

Primeira razão. Ainda quando tal contrato pudesse ser considerado um ato de "oneração de bens", caracterizando-se pois uma *fraude de execução* (CPC, art. 593, *caput*), ainda assim a responsabilidade transferida ao cessionário não iria além do bem cedido, cuja efetiva responsabilidade tal instituto visa a preservar. A ineficácia dos atos fraudulentos significa somente que o bem alienado ou onerado continua responsável como se nada houvesse acontecido – a saber, como se não tivesse ocorrido qualquer alienação ou oneração (*supra*, n. 681).

Segunda razão. O que acaba de ser dito exclui por completo a suposta *sucessão* daquelas empresas pela outra, porque sequer em tese ocorreu uma assunção de *obrigações*. Quando se fala de um bem que responde ou não responde por obrigações do proprietário ou titular, fala-se em *responsabilidade patrimonial*, que, segundo é de comum sabença entre os profissionais do direito, não se confunde com a *obrigação* (remonto ainda uma vez à elegante distinção entre *Schuld und Haftung*, que é soberana na teoria da execução forçada – *supra*, n. 680).

Terceira razão. Justamente porque estamos no campo da responsabilidade patrimonial, e não das obrigações, também se exclui que ao ajustar com as devedoras aquele licenciamento de marca supostamente houvesse a Editora JB assumido a condição jurídica de obrigada solidária pelos débitos do Grupo Gazeta Mercantil. "A solidariedade não se presume: resulta da lei ou da vontade das partes"

– disposição explícita e incisiva do art. 265 do Código Civil. Sem lei alguma impondo a solidariedade passiva em casos como o presente, e nada tendo havido além de um negócio para que pudesse a Editora JB utilizar-se de uma *marca* pertencente às devedoras, afirmar a existência dessa solidariedade seria uma arbitrariedade que de frente se chocaria com o que está no sistema e no direito positivo. Não houve qualquer assunção de dívida ou aceitação negocial da condição de devedor solidário. A solidariedade – repete-se aqui o que está explícito na lei – ou vem de uma disposição legal ou de um ato voluntário. Reporto-me outra vez à lição superior de Caio Mário, transcrita em outro tópico (*supra*, n. 683 e nota n. 11).

Quarta razão. No presente caso não ocorreu uma *oneração* assimilável ao preceito contido no art. 593 do Código de Processo Civil, uma vez que o *licenciamento* concedido à Editora JB foi gerador de mera relação obrigacional, sem instituir qualquer vínculo real com a marca cedida. "*Onerar* é gravar com um *ônus* ou encargo, retirando o bem à responsabilidade patrimonial pelas obrigações de quem o *onera*, ainda que sem a transferência do domínio ou posse; assim são as garantias reais, que, instituindo direitos de preferência em favor do beneficiário, têm como efeito esse resultado".[12] Considerar que neste caso houvesse ocorrido uma *oneração* capaz de abrir portas à fraude de execução seria o mesmo que afirmar a existência dessa fraude em um *contrato de locação* ou em um de *comodato*, que têm o efeito de transmitir a posse direta do bem mas também não afastam a responsabilidade executiva deste nem impedem, é óbvio, sua penhora e ulterior expropriação forçada. Com ou sem o licenciamento e com ou sem a locação ou comodato, o bem continua tão responsável como antes, e nenhum mecanismo de preservação de sua responsabilidade terá pertinência. Não houve sequer uma fraude de execução, portanto.

685. *licenciamento rescindido – uma pá-de-cal*

Nada disso bastasse, informa com veemência a consulente que o licenciamento no passado ajustado por aquelas empresas veio a

---

12. Palavras minhas: v. *Instituições de direito processual civil*, IV, n. 1.571, esp. p. 431.

ser rescindido por ajuste negocial entre elas. "A marca foi devolvida à cedente Gazeta Mercantil S/A, havendo, inclusive, ação perante a Justiça Comum envolvendo as reparações cabíveis". Se até um certo ponto pudéssemos, de absurdo em absurdo, afirmar que a Editora JB chegara a ser uma sucessora das empresas integrantes do Grupo Gazeta Mercantil ou uma obrigada solidária pelos débitos trabalhistas destas, tudo isso teria ruído, como castelos na areia, quando cessou a suposta causa dessa solidariedade ou sucessão. Se o bem houvesse sido excluído da responsabilidade geral daquelas devedoras perante seus credores, a resolução do vínculo criado pelo contrato de licenciamento teria feito com que tudo voltasse a seu lugar, especialmente o próprio bem e, mais que isso, aquela imaginária situação de sucessão ou responsabilidade solidária. Lembremos ainda uma vez qual é o escopo central e único da repressão à fraude de execução, mediante a ineficácia dos atos fraudulentos – *preservar o patrimônio responsável do obrigado, não ampliá-lo*. Por isso é que, como o patrimônio das empresas devedoras ficou inteiramente restaurado mediante o retorno da marca *Gazeta Mercantil*, insistir naquela suposta responsabilidade da Editora JB passaria a evidenciar-se como uma obcecada *caça às bruxas* destinada a favorecer os credores a todo custo. Pelo aspecto do direito processual, insiste Holdco, adequadamente e com todo o apoio da sistemática do processo, em que a rescisão do contrato de licenciamento daquela marca é um *fato superveniente*, que cumpre ao juiz levar em conta em seus julgamentos (CPC, art. 462).

§ 3º – DESVIOS E ILEGALIDADES NO TRATO DO ARRESTO

686. o conteúdo do presente parágrafo

Destina-se este parágrafo à demonstração de que, quando fosse a ora consulente Holdco responsável pelas obrigações do Grupo Gazeta Mercantil (e não o é, conforme demonstrado), essa responsabilidade jamais justificaria aquelas drásticas medidas reveladoras de um acirradíssimo empenho em invadir a todo custo seu patrimônio em busca de bens garantidores dos créditos trabalhistas aqui considerados. Em primeiro lugar, foram ditadas providências cautelares em face da consulente sem a mais mínima demonstração de que ela estivesse em via de dilapidar seu patrimônio, tornando-se insolvente (*periculum in mora* – CPC, art. 813, incs. I-II, c/c art. 814, inc. II) e sem que o próprio crédito a ser resguardado estivesse amparado por um título executivo, ainda que provisório (*fumus boni juris* – art. 814, inc. I, c/c par.). De passo em passo, foi não só arrestada a marca *Gazeta Mercantil*, que então a Editora operava por concessão ajustada com a titular, como também quotas da companhia Intelig e ainda uma vultosa quantia em dinheiro. Como tratarei de demonstrar, essas impiedosas investidas sobre o patrimônio de Holdco perderam completamente de vista o escopo da medida cautelar de arresto, indo muito além do valor dos possíveis créditos a serem no futuro levados à execução – sendo isso feito sem qualquer pronunciamento judicial anterior acerca da existência dos créditos a serem resguardados e muito menos de seu valor (liqüidez). Os próprios autores da demanda cautelar haviam declarado em sua inicial que seus créditos, somados, andariam *por volta de 30 milhões de reais* (valor aproximado, segundo eles próprios), mas o arresto feito, com as ampliações que depois vieram, atinge valores que vão às *centenas de milhões*. Essa ausência de proporcionalidade é uma indicação evidente da perda da noção da finalidade da medida cautelar de arresto. Passa portanto a ser assim a linha dos raciocínios postos no parecer:

I – a Holdco e mesmo a Editora JB não têm responsabilidade alguma pelas obrigações do Grupo Gazeta Mercantil (conforme demonstrado no capítulo precedente);

II – antes de uma sentença judicial reconhecendo a existência dos créditos daqueles ex-empregados do Grupo Gazeta Mercantil, arresto algum era admissível, por absoluta ausência de seus requisitos indispensáveis (título executivo e risco de dilapidação);

III – os arrestos foram muito além do valor dos créditos a serem talvez reconhecidos por sentença, levando-se em conta (a) o valor indicado na própria petição inicial, (b) o fato de só um reclamante ter restado no processo após o desmembramento imposto pelo MM. Juízo e (c) os limites do pedido formulado pelos próprios reclamantes.

Como também se exporá, esse conjunto de transgressões à ordem processual e brutais invasões do patrimônio da consulente constituem, em uma visão bastante panorâmica, acintoso desafio à cláusula *due process of law* e à sua garantia constitucional (*infra*, nn. 687-689).

687. *devido processo legal, limitações ao exercício da jurisdição e os excessos praticados na instância inferior*

"Os juízes devem ser uns leões, mas leões debaixo do trono – escrevia Francis Bacon há quatro séculos. A relação entre política e justiça permanece difícil ainda hoje. O trono tem a ambição de esmagar os leões e os leões manifestam uma certa ambição a sentar-se no trono. Somente uma sólida e despreconceituosa[13] consciência institucional é capaz de garantir a obtenção de um equilíbrio democrático (...)."[14] Essas palavras são do monografista Luciano Violante, em obra portadora de vigorosos apelos à *contenção de ímpetos* para que os juízes possam cumprir adequadamente sua missão, mantendo-se nos limites da legalidade e da proporcionalidade, para perguntar em seguida, enfaticamente: "qual é hoje o papel dos juízes na sociedade e no Estado?".[15] Seu discurso envolvia, embora não o explicite em palavras, um discurso sobre as legítimas e indispensáveis limitações ao exercício do poder pelos agentes da jurisdição estatal, em aplicação da garantia constitucional do *due process*. É indispensável definir os poderes do juiz e delimitá-los não só em face dos outros Poderes mas também, e principalmente, no tocante aos jurisdicionados.

Ora, notoriamente se proclama que o núcleo essencial da garantia do *due process* consiste nas limitações impostas pela ordem

13. Tradução livre. No original está *laica*.
14. *Cfr*. Luciano Violante, *Magistrati* (frase escrita na primeira capa).
15. *Op. cit.*, quarta capa.

constitucional ao exercício do poder pelo Estado – ou, tratando-se do processo judicial, limitações impostas *ao juiz* no exercício da jurisdição. Diz a doutrina norte-americana que *due process of law* em sentido substancial é "a concept in U.S. and English jurisprudence that establishes *limits to the powers of government*, specifically against the arbitrary deprivation of life, liberty, or property".[16]

> São expressivas essas palavras de profunda fé democrática proferidas pelo *justice* Felix Frankfurter na Corte Suprema norte-americana (1882-1965): "o *due process* não pode ser confinado nos inseguros limites de qualquer fórmula. Representando um profundo sentimento de justiça entre homem e homem, e não especificamente entre o indivíduo e o governo, o *due process* é composto pela História, pela razão, pela linha pretérita de decisões e pela firme *confiança na força da fé democrática que nós professamos*".[17]

Esse é o ponto. Guardar zelosamente os *landmarks* inerentes ao devido processo legal é praticar a democracia – porque ir o Estado-juiz além dos limites que lhe são legal e constitucionalmente impostos seria negar a garantia do devido processo e chocar-se com o regime democrático e com os grandes pilares do direito processual constitucional. Ou, ainda mais enfaticamente, como disse eu próprio, significaria também, "ainda quando eventualmente lho autorize a lei, exercer o poder de modo capaz de *comprimir as esferas jurídicas dos jurisdicionalizados* além do que a Constituição permite".[18]

688. due process *e direito processual constitucional*

Quis principiar as colocações sistemáticas deste parágrafo pelo realce assim dado à severíssima garantia do devido processo le-

---

16. *Cfr. Grollier enciclopedia*, verbete *due process*.
17. Ou, na língua de origem: "*due process* cannot be imprisoned within the treacherous limits of any formula. Representing a profound atitude of fairness between man and man, and not particularly between the individual and government, *due process* is compounded of History, reason, the past course of decisions and stout confidence in the strength of the democratic faith which we profess" (*apud* Gifis, *Law dictionary*, pp. 149-150).
18. *Cfr.* ainda *Instituições de direito processual civil*, I, n. 94, esp. p. 251.

gal, porque muitos foram os desvios de rota praticados pelo MM. Juízo condutor dessas causas – e foram tais, e tantos, que a própria sra. Relatora, em R. decisão proferida no mandado de segurança impetrado ao E. Tribunal Regional do Trabalho pela ora consulente, chegou a enfatizar a necessidade de "corrigir tantos erros, colocando as coisas em seu devido lugar". *Colocar as coisas em seu devido lugar*, com reclamo àquela garantia e aos sólidos fundamentos metodológicos hauridos no direito processual constitucional – eis a minha despretensiosa tentativa, o meu empenho e a minha esperança neste trabalho. Louvando as palavras de uma apaixonada cultora do direito e da justiça lançadas nos autos por Sua Excelência com doçura e ao mesmo tempo com intensa severidade profissional, quero associar-me a esse descontentamento, e tudo se fará no sentido de um adequado enquadramento daqueles desvios segundo os conceitos, as estruturas técnicas e sobretudo segundo as garantias que a Constituição Federal oferece à ordem processual. Estou, declaradamente como se vê, tentando transportar os raciocínios ao plano supremo do direito processual constitucional, fonte dos mais elevados comandos e preceitos a serem observados na vida cotidiana do processo.

> *Direito processual constitucional* é, como está na doutrina moderna, um sistema de princípios e garantias explicitados na Constituição Federal e destinados a assegurar que o processo se desenvolva segundo os valores democráticos contidos naquele patamar supremo da ordem jurídica nacional; ele é "o método consistente em examinar o sistema processual e os institutos do processo à luz da Constituição e das relações mantidas com ela"[19] – ou, em outro dizer, a "condensação metodológica e sistemática dos princípios constitucionais do processo" (Cintra-Grinover-Dinamarco[20]). Não é um ramo do direito processual, como o civil, o penal ou o trabalhista. Ele é realmente um *método* – um método instalado à base do sistema do exercício da jurisdição como penhor de segurança para a realização de um *processo justo* e legítimo produtor de resultados justos.

19. *Cfr. Instituições de direito processual* civil, I, n. 74, pp. 193 ss.
20. *Cfr. Teoria geral do processo*, n. 33, p. 85.

A grande relevância institucional do método denominado *direito processual constitucional* consiste em revelar o significado dos princípios democráticos que atuam sobre a ordem processual, sabido que todo conhecimento só é verdadeiramente científico quando tiver por apoio a consciência dos princípios que o regem: sem essa consciência há o grande risco de perder-se a necessária coerência unitária entre os conceitos exarados e jamais ter-se segurança quanto ao acerto e boa qualidade dos resultados das investigações. Sem princípios um conhecimento é desorganizado e só pode ser *empírico*, porque lhe faltam os elos responsáveis pela interligação desses resultados. No que diz respeito às ciências jurídicas o conhecimento dos princípios é responsável pela boa qualidade e coerência da legislação e também pela correta interpretação e imposição dos textos legais, do sistema como um todo e das concretas situações examinadas.

Nesse quadro político do Estado democrático de direito e do direito processual constitucional, o devido processo legal é irmão siamês da democracia e do sistema de garantias fundamentais. Falar em *due process* é falar naquelas *limitações*, em nome de um valor mais elevado, que é a liberdade das pessoas, associado ao dever ético de respeitá-lo, superiormente imposto pela Constituição Federal. É falar do respeito politicamente indispensável às liberdades, em nome dos valores inerentes à democracia, entre os quais o da segurança jurídica.

689. *um aglomerado de transgressões à cláusula* due process

Recebam os srs. Magistrados as críticas contidas no presente parecer pelo que realmente elas contêm, a saber: como incisiva reprovação dos modos como a MM. Juíza do Trabalho vem se comportando ao longo daquele processo, mas reprovação sempre colocada no plano das idéias, com o respeito que a toga merece e sem qualquer increpação, acintosas acusações ou mesmo insinuações desairosas a Sua Excelência. Estou consciente da severa e judiciosa advertência de Schoppenhauer abominando o emprego de argumentos "pessoalmente ofensivos, insultuosos, grosseiros" e tachando-os de deselegante estratagema utilizado por quem sente a fraqueza de seus próprios argumentos. Com a postura que assumo, sinto-me inteiramente à vontade para discordar, reprovar, criticar, no exercício dessa atividade eminentemente crítica como deve ser a de um parecerista.

Feito esse esclarecimento, digo agora que poucas vezes vi, em toda minha carreira, tantas transgressões à garantia do *due process*, tantas distorções, tanto desrespeito a severíssimas regras processuais que, afinal, são o penhor das limitações constitucionais condensadas nessa garantia. Em muitos momentos o MM. Juízo foi bem além dos limites além dos quais não poderia ir, transgredindo severos *landmarks* inerentes ao Estado-de-direito e ao devido processo legal. Houve um *arresto* sem apoio em um título executivo, como exige a disposição contida no art. 814, inc. I, do Código de Processo Civil. Esse arresto, que mesmo em tese só poderia ser concedido quando proporcional ao valor de um crédito representado em título, foi concedido sobre a base extremamente insegura e não-confiável da informação de um *valor aproximado*, trazida unilateralmente pelos reclamantes e *não precedida de uma liqüidação ou de qualquer manifestação judicial a respeito*. Em seguida, foi objeto de sucessivas alterações e agravamentos. E, sobretudo, foi imposto *a quem não era e não é titular de obrigações nem parte no processo*, a ora consulente, sem qualquer justificativa e mediante uma decisão onde, segundo informa a ora consulente, nada mais disse o MM. Juízo do que "defiro" – sem motivação alguma e agindo como se a Editora JB ou a própria Holdco fossem integrantes do Grupo devedor ou sucessoras de alguma das empresas que realmente o integram. São esses os pontos centrais do parecer, nos quais ou em torno dos quais se concentra todo o volume das respeitosas críticas desenvolvidas no parágrafo anterior e também as que a seguir serão feitas.

Lancemos pois os olhos sobre os modos como o caso vem sendo tratado, e particularmente sobre o arresto imposto pelo MM. Juízo.

690. *o arresto entre as medidas cautelares: sua finalidade e sua natureza instrumental*

Ser *cautelar*, como é do conhecimento de nós todos, significa ser instrumental a uma principal. Na superior lição de Liebman, toda ação cautelar "se destina a assegurar, a garantir o curso eficaz e o resultado útil das outras duas [*ação de conhecimento ou executiva*], concorrendo assim, indiretamente, para a consecução dos objetivos gerais da jurisdição".[21] Considerando a relação de instrumentalidade da ordem processual em relação ao direito material, é pois legítimo afirmar que o processo cautelar se caracteriza por sua *instrumentalidade de segundo grau*, uma vez que é instrumento a serviço daquele outro instrumento, que é o processo principal (Piero Calamandrei[22]). As medidas cautelares são instrumentos de apoio a um processo principal, sendo este, sim, o produtor da efetiva tutela jurisdicional às pessoas. Os resultados de um processo cautelar não se projetam sobre a vida dos litigantes, nem lhes propiciam diretamente situações substanciais melhores ou piores. Assim é tipicamente a *produção antecipada de prova*, que nada acrescenta ao patrimônio de quem quer que seja e serve exclusivamente ao processo de conhecimento, o qual sem a prova antecipada poderia ser uma frustração e talvez fonte de decisões injustas. Assim também se dá com o *arresto*, que consiste na constrição do bem e entrega a um depositário sem que o requerente receba a posse ou possa retirar dele os proveitos econômicos que ele é capaz de oferecer: o arresto tem somente o *efeito conservativo* consistente em preservar o bem para futura penhora, sem a qual o processo executivo seria um *nada*.

> Seja sempre lembrada a superior lição de Carnelutti de que todo processo depende sempre de certos *meios exteriores* indispensáveis à sua eficiente realização e adequada produção de resultados

---

21. *Cfr. Manual de direito processual civil*, I, n. 96, p. 277 trad.
22. *Cfr. Introduzione allo studio sistematico dei provvedimenti cautelari*, n. 9, pp. 21-22. Porque mediante o processo principal o juiz atua a jurisdição, que é instrumental à ordem jurídica material, e porque o processo cautelar serve ao principal, disse Calamandrei que aquele é um *instrumento do instrumento*.

corretos segundo o direito. Esses meios exteriores são *as fontes de prova, os bens* e, conforme o caso, até mesmo certas *pessoas* (p.ex., na busca-e-apreensão de menor). Pois o arresto, que na prática nada mais é que uma antecipação de penhora, tem o objetivo de preservar bens sobre os quais esta possa incidir e, conseqüentemente, mediante cuja utilização possa a execução produzir seus resultados institucionais.

Daí a relação de *instrumentalidade* do arresto a uma futura execução e daí também, por lógica conseqüência, a indispensável *proporcionalidade* entre o valor dos bens a serem arrestados e o do crédito a ser levado a uma possível execução.[23] Arrestar menos que esse valor é conceder uma cautela insuficiente à consecução do objetivo desejado. Arrestar valores exorbitantes é invadir indevidamente o patrimônio do sujeito, sem o amparo da ordem jurídica e das razões que em certos casos legitimam a imposição dessa constrição judiciária. Estamos a falar, claramente, de um *excesso de arresto*, assimilável ao *excesso de penhora* e tão indesejável quanto este, porque, como é notório, o arresto se faz em contemplação de uma penhora futura (ele é, na prática, uma *penhora prévia*).

"No tocante aos limites da arrestabilidade incide a regra do art. 659 do CPC. Arrestam-se tantos bens quantos bastem ao pagamento do principal, juros e honorários advocatícios. Como as regras pertinentes à penhora são aplicáveis ao arresto (art. 821), pode haver excesso de arresto *ad instar* no que ocorre no excesso de penhora ou de execução" (Sérgio Seiji Shimura[24]).

É também a relação de instrumentalidade das medidas cautelares perante o processo principal (no caso, executivo) que legitima a imposição da existência de um título executivo (CPC, art. 814) e de um risco de dissipação (art. 813) como pressupostos indispensáveis à concessão do arresto. Na lição superior do mestre Giu-

---

23. *Cfr.* Dinamarco, *A Reforma do Código de Processo Civil*, nn. 236-238, pp. 327 ss.; "O regime jurídico das medidas urgentes", n. 28, *in Nova era do processo civil*, p. 62.

24. *Cfr. Arresto cautelar*, n. 3.4.1.4, p. 100.

seppe Tarzia, "la tutela cautelare appare effettivamente un *tertium genus* rispetto a quella di cognizione e di esecuzione, all'una o all'altra delle quali è pure legata da un nesso di strumentalità, che ne afferma la specificità anche rispetto alle tutele sommarie non cautelari".[25] Pensar descuidadamente nas medidas cautelares sem a consciência de sua *instrumentalidade a um processo principal* é expor-se ao risco de sérias distorções, incoerências ou abusos, como ocorre no caso aqui em exame. Jamais se perca de mente que, como venho dizendo, o arresto nada mais é que uma constrição preparadora de uma possível penhora futura, e que a penhora deve ser dimensionada segundo o valor do crédito a ser satisfeito (CPC, art. 659) – com a conseqüência de que *também o arresto deve ter o valor desse crédito*.

É indispensável ter sempre em mente que o arresto tem, no sistema do processo civil e das medidas cautelares em geral, a específica e institucional finalidade de assegurar a *frutuosidade* de uma futura execução (Guerino Guarnieri[26]) – e por isso é que, como digo acima, torna-se rigorosamente indispensável dimensioná-lo segundo as necessidades de uma possível penhora a ser realizada no futuro, sem ficar na insuficiência nem passar à *exorbitância*.

691. *os pressupostos legais do arresto e sua legitimidade sistemática*

Não é pois à-toa ou por acaso que os arts. 813 e 814 do Código de Processo Civil exigem o título executivo e o risco de dissipação patrimonial como pressupostos para o arresto. Eles contam com uma profunda inserção no sistema do processo e da própria cautelaridade, porque (a) o possível credor só tem legítimo interesse nessa cautela e ao possível devedor só é lícito impor tal constrição quando existir um risco a ser debelado, e especialmen-

---

25. *Cfr.* "Introduzione", n. 3, *in Il nuovo processo cautelare*, p. XXVII.
26. *Cfr.* "Il sequestro giudiziario", n. 1, *b*, *in Il nuovo processo cautelare*, esp. p. 76. O autor está no trato do instituto italiano correspondente ao *seqüestro* do processo civil brasileiro, mas o que diz é de inteira pertinência também ao nosso *arresto*.

te quando esse risco houver sido criado por ele próprio, e (b) constitui insuportável truculência impor constrição sobre bens sem a *probabilidade* de um crédito a ser acautelado.

No caso, como se verá, não ocorre uma coisa nem outra (*infra*, nn. 692-695) e, o que é pior, o MM. Juízo sequer levou em consideração nem pôs em discussão tais razões e os pressupostos exigidos em lei.

692. *a exigência de um risco de dissipação de bens*

A ordem jurídico-processual só concebe a concessão de medidas urgentes, como é o caso do arresto, quando o possível direito está em risco de ser corroído pelo decurso do tempo. A *urgência* figura no sistema como a própria razão de conceder essas medidas, que, não por outro motivo, se chamam *urgentes* – sendo intuitivo que nada justificaria uma decisão tomada com apoio em mera probabilidade resultante de uma cognição incompleta, não fora o desconfortável risco de permitir que o *tempo-inimigo* solapasse irremediavelmente o direito daquele que o tem o direito a uma tutela jurisdicional mas que teria de esperar muito tempo por ela. Como há um século pontificou a mais autorizada de todas as doutrinas, "la necessità di servirsi del processo per ottener ragione non deve tornar a danno di chi ha la ragione" (Chiovenda[27]) – o que conduz à necessidade de oferecer remédios contra os males do tempo, porque o decurso deste poderia trazer danos ao litigante, que, embora possa ter o direito ao bem que pretende, de outro modo acabaria privado da possibilidade de obtê-lo ou de fruir utilmente o bem que viesse a obter.

Inserem-se nesse quadro sistemático as hipóteses previstas pelo art. 813 do Código de Processo Civil como causadoras da necessidade da tutela cautelar mediante o arresto, especialmente a do devedor que, "caindo em insolvência, aliena ou tenta alienar bens que possui, contrai ou tenta contrair dívidas extraordinárias" (art. 813, inc. II, letra *b*). O arresto se inclui, pois, entre os chamados

---

27. Cfr. *Istituzioni di diritto processuale civile*, n. 34, esp. p. 147.

"meios de conservação da garantia patrimonial" (Filippo Verde) – ou seja, mediante ele se visa a manter a integridade do patrimônio do devedor como garantia geral de seus credores quando essa garantia é posta em perigo de sofrer um prejuízo.[28] Estamos nitidamente, como se percebe, no campo do *periculum in mora*, que toda doutrina e todos os tribunais indicam como requisito rigorosamente indispensável à concessão de medidas cautelares. Segundo Ovídio Baptista da Silva, "em questão de tutela cautelar, o que se busca é o tratamento processual dessa pressão temporal determinada pela *urgência*".[29] Clarissimamente, em tal pressuposto se identifica a condição da ação consistente no *interesse de agir*, porque interesse, em direito, é *utilidade* (Carnelutti[30]), e, se não for para buscar uma utilidade mediante a atuação do Poder Judiciário, o sujeito carece de ação (art. 267, inc. VI). Qual seria a utilidade de uma constrição de bens que estão ali à disposição para uma possível penhora, sem o mais mínimo sinal de um suposto risco de dissipação ou de insolvência do responsável? Falta especificamente o interesse-necessidade, sabendo-se que a *necessidade da tutela jurisdicional* figura no sistema (ao lado da *adequação* da espécie de tutela pretendida) como seguro indicativo da presença daquela utilidade e, portanto, do interesse de agir.[31]

> Sem a existência do perigo da demora do provimento, a jurisprudência entende que deve ser indeferida desde logo a inicial da cautelar.[32] É portanto indispensável para o processamento de qualquer medida cautelar haver o que a doutrina especializada vem denominando *situação cautelanda* (Ovídio Baptista da Silva). E o Código de Processo Civil, nos incisos de seu art. 813, expressamente estabelece quais são as situações urgentes passíveis de ensejar a tutela cautelar – hipóteses não verificadas neste caso.

28. *Cfr.* Filippo Verde, *Il sequestro nel diritto processuale civile*, n. 3, pp. 13-14.
29. *Cfr. Do processo cautelar*, cap. II, seção I, n. 8, esp. p. 72.
30. *Cfr. Teoria generale del diritto*, § 35, pp. 58-61.
31. *Cfr.* Dinamarco, *Instituições de direito processual civil*, II, n. 544, pp. 309 ss.
32. *Cfr.* Negrão-Gouvêa, *Código de Processo Civil e legislação processual civil em vigor*, nota 1-a ao art. 801, p. 984, 1ª col.

693. inexistente o risco e sequer considerado ou afirmado pelo MM. Juízo

No caso aqui trazido pela consulente, em momento algum cuidaram os próprios autores, nem o MM. Juízo de primeiro grau em suas RR. *decisões imotivadas*, de demonstrar qual seria o perigo de desfalque da garantia patrimonial a que, por alguma conduta, estivesse aquela comprometendo os direitos laborais eventualmente existentes. Ninguém pôs em dúvida sua sólida e extremamente consistente situação patrimonial. Ninguém alegou que estivesse em via de se desfazer de bens indispensáveis a uma possível e futura execução por quantia. Ninguém falou em um imaginário risco de insolvência da Holdco. Ninguém tratou de saber qual seria o valor necessário a tal execução. O histórico das constrições impostas à Holdco pelo MM. Juízo mostra que inicialmente foi penhorada a marca *Gazeta Mercantil*, que havia sido cedida à Editora JB mediante contrato de licença e que tinha e tem, como se noticia nos autos, o valor de 200 milhões de reais – e isso foi feito, pior ainda, com apoio em um suposta integração dessa licenciatária e da Holdco em um só e mesmo grupo econômico. Tal valor já estava muito acima da somatória dos créditos de todos aqueles autores iniciais, que, segundo estimativa deles próprios, seria de aproximadamente 30 milhões – sendo que naquele processo só um autor restou, sendo excluídos todos os outros (*supra*, n. 676).

E os desmandos continuaram. Não bastasse a total condição de terceiro claramente demonstrada por Holdco (terceiro em relação ao processo, ao débito e à responsabilidade – *supra*, nn. 681-685) e não bastasse a sobeja suficiência das marcas arrestadas (200 milhões para garantir 30 milhões), em dado momento veio o MM. Juízo a determinar o arresto de mais duzentos milhões de reais existentes em uma conta corrente bancária de titularidade daquela. Antes, fizera arrestar também as quotas da Intelig pertencentes à Holdco – medida essa que depois veio a ser remediada por ato da sra. Relatora em mandado de segurança interposto pela ora consulente, substituindo-a pelo depósito de valores em dinheiro (*supra*, n. 677). Resultado: para garantir um crédito estimado em

30 milhões de reais encontram-se sob arresto (a) as marcas pertencentes às devedoras, no valor de 200 milhões de reais, (b) mais outros 200 milhões depositados em conta corrente da Holdco (arresto esse que veio a ser desconstituído pelo C. Tribunal Superior do Trabalho em sede de reclamação correcional), (c) mais ainda o valor de 6,5 milhões e também um certo número de quotas da Intelig, também pertencentes à Holdco. Total geral: 465 milhões de reais para garantir um crédito que, segundo os próprios autores, anda por volta de 30 milhões.

Como se vê e já foi dito, perdeu-se por completo toda e qualquer noção de *proporcionalidade*. Perdeu-se, em outras palavras, a consciência de que o arresto deve ser o suficiente para assegurar a efetividade do crédito, sem exorbitâncias como essas (*supra*, n. 690). E também se perdeu, como já foi dito em tópico acima, qualquer compromisso com a garantia constitucional do *due process*, indo o MM. Juízo muito além dos limites que lhe permitem as regras do Estado-de-direito (*supra*, n. 688).

694. *a exigência de título executivo*

Constitui também exigência legal e sistemática para a admissibilidade da medida cautelar de arresto a existência de "prova literal da dívida líqüida e certa" (CPC, art. 814, inc. I). Como venho seguidamente afirmando, locuções como essa ou como *título de dívida líqüida e certa* (*v.g.*, lei n. 6.899, de 8.4.81, art. 1º, § 1º – Lei da Correção Monetária) significam rigorosamente *título executivo*.[33] E a razão dessa exigência é superlativamente óbvia, porque, se para penhorar e executar jamais se prescinde da existência de um título executivo, também não se pode prescindir dele quando se trata de arrestar – porque, como disse e também é mais que notório, o arresto é um ato garantidor de uma penhora futura –, de modo que se não estiverem presentes os requisitos da exigibilidade e do *título executivo* não se legitima realizar esse ato preparatório de uma penhora que de antemão se sabe

---

33. *Cfr.* ainda minhas *Instituições de direito processual civil*, IV, n. 1.423, p. 187.

que não será admissível. O título executivo é o fator legalmente apontado pela lei como indicativo do *fumus boni juris* para a concessão do arresto (requisito indispensável de todas as medidas cautelares). Ele representa em si mesmo a grande probabilidade de que o crédito exista – probabilidade decorrente (a) ou da presença de um ato judicial afirmando que existe uma obrigação (título judicial) ou (b) do reconhecimento dessa obrigação pelo próprio obrigado em documento idôneo (título extrajudicial).[34] Para alguns nessa exigência existe um requisito de *mérito* para a concessão do arresto (o que me parece correto), e para outros essa é uma condição da ação,[35] mas isso não importa. A existência do título executivo é um requisito de ordem pública e sem ele é antijurídico conceder arrestos. Sem um título executivo, que rigorosamente precisa indicar uma *obrigação líqüida*, ou seja, obrigação determinada em unidades monetárias ou ao menos determinável mediante meros cálculos aritméticos, não se admite arresto algum, porque este precisa ser dimensionado segundo as necessidades da penhora futura, e sem liqüidez não se penhora nem se executa (CPC, art. 659, c/c art. 821 – *cfr.* Sérgio Seiji Shimura – *supra*, n. 690).

695. inexistente o título e sequer considerado ou afirmado pelo MM. Juízo

Mas o MM. Juízo laboral da Vigésima-Sexta Vara concedeu um arresto e depois o agravou ao longo do processo, sem qualquer consideração a respeito desse requisito legal, fosse para afastá-lo em tese, fosse para (absurdamente traindo os autos) afirmá-lo existente – e nenhuma dessas decisões foi suficientemente *motivada* (*infra*, n. 703). O resultado plantado na realidade desse estranhíssimo processo foi portanto um arresto sem prévio título executivo (CPC, art. 814, inc. I) e sem *qualquer indicação da liqüidez de um crédito*.

---

34. *Op. cit.*, IV, n. 1.439, p. 210.
35. *Cfr.* Sérgio Seiji Shimura, *Arresto cautelar*, n. 3.4.3.1, pp. 126 ss., em exaustiva pesquisa sobre essa questão conceitual.

Até se pode conceber que, diante de um extraordinário e muito grave risco de perecimento de um possível direito, sejam concedidas medidas cautelares sem que haja um título executivo a atestar a probabilidade da existência desse direito. Isso só se legitima, todavia, quando o risco é fora do comum. De minha parte venho até defendendo uma racional *interação* entre os requisitos do *fumus boni juris* e do *periculum in mora*, de modo que, diante de um risco significativo e extremamente preocupante, sinta-se o juiz tranqüilo para acautelar ainda quando bastante tênue seja o *fumus boni juris*. Em casos assim é até indiferente que a cautela seja concedida a título de *arresto* ou como medida inominada – pois a nomenclatura deve ceder à exigência constitucional de uma tutela jurisdicional efetiva e tempestiva. Mas no presente caso estamos muito longe dessas situações de extrema excepcionalidade, porque, como venho frisando, o MM. Juízo sequer cogitou de algum suposto e imaginário risco de dissipação patrimonial pela consulente (*supra*, n. 693). É portanto natural que a exigência legal de um título executivo se imponha com toda sua força, sem a flexibilização que só em nome de princípios mais elevados se permite em certos casos. A concessão de um arresto neste caso, sem título algum, constitui pura e simples negativa de vigência à exigência contida no art. 814, inc. I, do Código de Processo Civil.

696. o valor do crédito – somente do autor, não de todos os credores da Gazeta Mercantil

Como foi registrado no início, o processo cautelar aqui comentado principiou com centenas de supostos autores cujos créditos somariam, segundo eles próprios, o valor aproximado de 30 milhões de reais. *Liqüidez nenhuma portanto*, uma vez que a única estimativa trazida aos autos veio de uma afirmação dos próprios interessados, e não de título algum. Foi-lhes concedido um arresto mediante medida liminar, mas logo em seguida quase todos eles foram excluídos do processo, ali restando somente o autor Paulo Totti (*supra*, nn. 676-677). Isso aconteceu em janeiro de 2003 e alguns dos excluídos (não todos), segundo sou informado pela consulente, só vieram a promover suas próprias reclamações trabalhistas três anos depois, a saber, ao longo do ano de 2005. Todas essas demandas foram *distribuídas por dependência*, em virtude de um suposto nexo de *conexidade*, àquela mesma Vigésima-Sexta Vara do Trabalho, pela qual fluíam a reclamação e a cautelar onde figura somente Paulo Totti no pólo ativo. Os reclamantes asseguram que o passivo trabalhista total das reclamadas implica "um montante aproximado de R$ 90.000.000,00 (noventa milhões de reais)", como se isso tivesse alguma relevância para o dimensionamento do arresto concedido somente àqueles que moveram a demanda.

O que acaba de ser dito comporta considerações de duas ordens.

697. *o valor dos créditos dos que "moveram a cautelar" e o do autor que permaneceu no processo*

Para o correto dimensionamento do valor a ser arrestado é indispensável lembrar e repisar que no pólo ativo do processo em que o arresto foi concedido só figura um autor (Paulo Totti), porque todos os outros foram excluídos e ali já não são partes (sequer aparentemente). Foram sim, em um primeiro momento, beneficiados por uma R. decisão que concedia o arresto em benefício de todos (apesar de o advogado signatário não haver exibido a procuração de nenhum); e depois, quando saíram e durante três anos ficaram *no ar*, sem serem partes em processo algum (só em 2005 promoveram suas reclamações individuais), só por uma refinada *lógica do absurdo* poderia alguém afirmar que continuassem por todo esse tempo como beneficiários daquela tutela cautelar inicialmente concedida a autores não identificados e não representados por advogado algum.

Até se compreende que, se houvessem regularmente proposto suas reclamações (ações principais) no prazo de trinta dias a partir da exclusão, uma interpretação liberal da exigência contida no art. 806 c/c o art. 808, inc. I, do Código de Processo Civil pudesse manter a eficácia daquele arresto liminar. Mas *três anos se passaram*, ou seja, muitíssimo mais que os *trinta dias* exigidos em lei (*infra*, n. 698); e, nessa situação, o único parâmetro para o correto dimensionamento do arresto no presente caso é apenas e exclusivamente o crédito de Paulo Totti – o qual, segundo a estimativa trazida na própria inicial, deve andar por volta dos *50 mil reais*. Estamos, pois, estratosfericamente fora dos limites suportáveis de um arresto, havendo sido postos sob constrição valores que, somados, vão muito além dos 30 milhões. A soma dos valores postos sob constrição é inclusive muito maior que a do passivo trabalhista total do Grupo Gazeta Mercantil, que nada tem a ver com o arresto imposto no presente caso.

698. decurso do prazo de trinta dias: perda de eficácia da medida cautelar

Não é à-toa ou arbitrariamente que os arts. 806 e 808, inc. I, do Código de Processo Civil impõem ao sujeito beneficiado por medida cautelar o ônus de propor sua ação principal no prazo de trinta dias. A razão é óbvia e por todos reconhecida: "o prazo de 30 dias previsto no art. 806 para que o autor que haja obtido a medida cautelar preparatória promova a ação principal decorre da necessidade de evitar-se um constrangimento excessivo ao demandado que porventura haja sofrido um medida cautelar constritiva que importe restrição à sua liberdade de disposição" (Ovídio Baptista da Silva citando Galeno Lacerda[36]). Jamais deve acontecer o que neste caso vem acontecendo, ou seja, por maior que fosse a urgência e mais graves que pudessem ser os riscos lamentados pelo autor, não é legítimo criar a dano do demandado uma situação tão duradoura de constrangimento sobre seus bens, sem que a demanda principal haja sido movida. Ou, ainda em outro dizer, não se pode inverter assim tão drasticamente o ônus da espera, impondo ao autor uma espera por tempo indeterminado.

Ora, já quando foi concedido aquele arresto inicial todos esses *falsos autores* que logo depois vieram a ser excluídos do processo ali estavam irregularmente, pois não haviam sido sequer qualificados na petição inicial e o advogado que a subscreveu não estava munido de procuração alguma. A demanda em nome deles era

---

36. *Cfr.* Ovídio Baptista da Silva, *Do processo cautelar*, nota V ao art. 806 CPC, esp. p. 183.

pois, tecnicamente, *inexistente*. "Não se vê na lei a definição da inexistência jurídica de atos processuais nem a explícita formulação de critérios para sua existência. O Código de Processo Civil brasileiro, como seus congêneres, empenhado na disciplina das *formas* dos atos processuais e suas conseqüências, chega a disciplinar minuciosamente as *nulidades por infração formal*, mas não vai além disso (...). Há um único caso em que o ato processual civil vem explicitamente qualificado como *inexistente*, que é a propositura da demanda inicial por advogado que afirma ser procurador do autor mas não o é (CPC, art. 37, par.)."[37] Proposta a demanda pela mão de um *falsus procurator*, tudo se passa como se demanda alguma houvesse sido proposta.

Não-obstante, o MM. Juízo trabalhista concedeu inicialmente aquele arresto em benefício de todos – quando, por ditame da lei, da técnica e sobretudo da *boa razão*, aqueles sujeitos não eram sequer partes em processo algum. Só por isso, tal arresto já não devia ter sido concedido, e não deve prevalecer.

Mas logo em seguida quase todos os "autores" foram excluídos, e quando vieram a propor suas reclamações trabalhistas (ações principais) o prazo de trinta dias já se havia escoado de há muito. Admitamos até, em um esforço de convalidação dos atos processuais, que o arresto *houvesse* sido bem concedido e que, para aqueles sujeitos, ele pudesse ser tratado como um *arresto preparatório*, e não incidente. Mas é justamente para as medidas cautelares preparatórias que o art. 808 do Código de Processo Civil impõe o ônus da propositura da demanda principal no prazo de trinta dias. Passados mais de trinta dias, e provavelmente mais até que trinta meses, é imperiosa a perda de eficácia de tal arresto e de seus agravamentos, em aplicação da inexorável sanção cominada de modo muito claro no art. 808, inc. I, daquele Código, *verbis*: "cessa a eficácia da medida cautelar (...) se a parte não intentar a ação no prazo estabelecido no art. 806".

Vê-se portanto no presente caso (a) um arresto que não deveria ter sido concedido, porque inexistia título executivo e qualquer si-

---

37. *Cfr.* Dinamarco, *Instituições de direito processual civil*, II, n. 707, pp. 600 ss.

nal de uma imaginária dissipação de bens pela consulente, (b) um arresto imposto a quem não é devedor, responsável nem sucessor, (c) um arresto sem qualquer compromisso com a proporcionalidade, (d) um arresto que, se fosse regular no início (se fosse!), perdeu eficácia, porque não propostas as demandas principais no prazo de trinta dias.

§ 4º – CONEXIDADE INEXISTENTE (MERA AFINIDADE) E DECISÕES NÃO-MOTIVADAS

699. *mais duas infrações à lei e à ordem constitucional*

Cuida-se neste parágrafo de duas outras infrações cometidas pelo MM. Juízo da Vigésima-Sexta Vara do Trabalho à lei do processo e a superiores princípios residentes na Constituição Federal, garantidores da integridade das regras técnico-processuais.

Violou-se a garantia do *juiz natural* quando, depois de propostas aquela reclamação trabalhista e aquela demanda cautelar por centenas de demandantes, vindo quase todos eles a ser excluídos, todos os que voltaram a Juízo três anos depois tiveram suas reclamações distribuídas por dependência a um Juízo que *absolutamente não estava prevento*.

Violou-se também a exigência constitucional da *motivação* todas as vezes que o MM. Juízo deferiu não só o arresto, como os agravamentos trazidos a este, sem apoio algum em qualquer discurso legitimador – ou seja, nada ou quase nada dizendo a título de *motivação*.

700. *entre a conexidade e a mera afinidade de questões*

Em um único dispositivo alude o Código de Processo Civil à categoria jurídico-processual da *afinidade de questões* como elemento determinador de uma relação entre demandas, ou entre causas. Ele o faz somente ao dizer que "duas ou mais pessoas podem litigar no mesmo processo em conjunto, ativa ou passivamente, quando (...) ocorrer afinidade de questões por um ponto comum de fato ou de direito" (art. 46, inc. IV). Como disse eu próprio em sede doutrinária, para que duas demandas sejam *afins* "basta que lhes seja comum o fundamento na mesma disposição de lei ou a alegação de um fato-base do qual hajam decorrido créditos ou prejuízos para mais de uma pessoa".[38] Na afinidade não há coincidência quanto a elementos concretos da demanda, mas apenas de elementos abstratos.[39]

> Na lição do prestigioso José Roberto dos Santos Bedaque, na mera afinidade de questões "apenas um dos aspectos da fundamentação é o mesmo nas várias situações da vida reunidas no mesmo processo para julgamento conjunto". E acrescenta, algumas linhas mais abaixo: "em todos esses casos as relações de direito material são diferentes, havendo identidade apenas quanto à tese jurídica a ser aplicada pelo juiz, o que não é suficiente para configurar conexão".[40] Em casos assim, já ensinava o clássico José Frederico Marques que "o litisconsórcio facultativo tem seu fundamento na economia processual", porque "a reunião das causas em um só processo representa indiscutível economia do juízo".[41] Não é o que se dá no litisconsórcio por comunhão no direito ou por conexidade, que são movidos por um "duplo objetivo: o da economia processual e o de evitar decisões contraditórias".[42]

Ora, exatamente porque a mera afinidade de questões é *menos* que a conexidade, expressando uma relação mais tênue entre duas causas (ela pode ser considerada uma *conexidade degradada*), a ordem jurídica não lhe confere a eficácia de alterar as regras de competência ordinariamente estabelecidas em lei. Quando ocorre, poderá até formar-se um litisconsórcio, se for o caso e assim for pedido na inicial, mas jamais haverá uma prorrogação de competência, ainda que territorial, e muito menos uma distribuição por dependência. Assim é a lição incontrastada de mestres de primeira

---

38. *Op. cit.*, II, n. 461, pp. 156-157.
39. *Op. cit.*, II, n. 460, esp. p. 155.
40. *Cfr*. comentário ao art. 46 CPC *in Código de Processo Civil interpretado*, esp. p. 119.
41. *Cfr*. suas *Instituições de direito processual civil*, II, n. 378, esp. p. 183.
42. *Id.*, *ib.*, n. 380, p. 184.

linha, seja do passado (José Frederico Marques[43]), seja do presente (Humberto Theodoro Jr.[44]). E parece-me claramente óbvio que, se não tem sequer a eficácia de prorrogar a competência territorial, que é relativa, a mera afinidade de questões não poderá, *a fortiori*, ser causa determinante da distribuição por dependência, em detrimento das garantias constitucionais do juiz natural. Pendente um processo, jamais será o caso de considerar atraídas ao juízo por onde ele flui as causas que sejam *meramente afins* à pendente, como sucederia se a relação entre causas fosse de *conexidade*.

701. inadmissível a distribuição por dependência

Como todos sabemos, as garantias do juiz natural constituem um severíssimo penhor democrático-constitucional da *imparcialidade* e *impessoalidade* nos julgamentos, assegurando aos jurisdicionados o prévio conhecimento de quais são os juízes que os julgarão, ou quais os critérios para a escolha desses juízes, sem casuísmos capazes de minar esse clima de segurança. É disso que cuida o presente tópico.

Seja lembrado que, na realidade, todos aqueles sujeitos que formalmente figuravam como autores nos primeiros processos e vieram a ser excluídos não eram realmente *autores*, simplesmente porque nenhum deles havia outorgado procuração a advogado algum, e, conseqüentemente, suas demandas eram *inexistentes*, por força de lei expressa (*supra*, n. 698).

CPC, art. 37, par.: quando praticados por advogado sem procuração "os atos, não ratificados no prazo, serão havidos por inexistentes, respondendo o advogado por despesas e perdas e danos".

Ora, se eram inexistentes aquelas primitivas demandas dos que vieram a ser excluídos, não havendo eles, perante o direito, proposto demanda alguma válida e eficaz, não se pode afirmar uma suposta conexidade capaz de atrair suas reclamações ao Juízo

---
43. *Instituições de direito processual civil*, II, n. 379, pp. 183-184.
44. *Cfr. Curso de direito processual civil*, I, n. 100, esp. p. 99.

pelo qual pende o processo cautelar. Aplicar-se-ia, sim, a regra emergente da pacífica interpretação do art. 800 do Código de Processo Civil se lá no primeiro processo eles fossem partes. Como na realidade eles não são partes ali e nunca o foram, tal critério não se aplica, e a distribuição por dependência constitui clara negativa de vigência ao disposto nos arts. 251 e 252 do Código de Processo Civil.

Segundo o primeiro desses dispositivos (art. 251), "todos os processos estão sujeitos a registro, devendo ser distribuídos onde houver mais de um juiz ou mais de um escrivão"; e, segundo o outro (art. 252), "será alternada a distribuição entre juízes e escrivães, obedecendo a rigorosa igualdade". Ninguém pode ignorar ou negar que tais preceitos, impondo a distribuição por alternatividade ou (como prevalece na prática dos juízos ou tribunais) por *aleatoriedade*, constituam uma projeção, no plano infraconstitucional, da garantia constitucional do *juiz natural*.

> "Não é lícito impor a alguém um juiz cuja competência não resulte da Constituição ou da lei em vigor no momento da propositura da demanda (CPC, art. 87) – não sendo permitido sequer aos mais elevados órgãos do Poder Judiciário alterar as regras de competência estabelecidas no direito positivo. Tal é o significado do disposto no inc. LIII do art. 5º da Constituição, ao proclamar o direito a *julgamento por juiz competente*.[45]

O sistema processual inclui também algumas poucas hipóteses, entre as quais a de *conexidade* entre as causas, nas quais, sem ultraje às garantias do juiz natural, a livre distribuição fica dispensada e as causas se distribuem por dependência ao juízo de uma causa já pendente. "Distribuir-se-ão por dependência as causas de qualquer natureza (...) quando se relacionarem, por conexão ou continência, com outra já ajuizada" (CPC, art. 253, *caput* e inc. I). Mas aqui não se trata de conexidade alguma, senão de centenas de causas, com autores diferentes, ligadas por uma mera *afinidade de questões*. O que há de comum entre elas não é mais que a

---

45. *Cfr.* ainda minhas *Instituições de direito processual civil*, I, n. 81, pp. 208 ss.

afirmação de um nexo empregatício entre cada um dos autores e o mesmo empregador. Não é uma daquelas situações, ocorrentes em caso de conexidade, nas quais o juiz, para julgar as demandas interligadas, precisa formar o que a doutrina chama *convicção única*, ou seja, formar convicção sobre um ponto jurídico que, uma vez decidido, comandará o julgamento de todas as causas. Sem essa necessidade de convicção única, reunir as causas sob *judicium unum* é uma arbitrariedade ultrajante ao disposto nos arts. 251 e 252 do Código de Processo Civil e, sobretudo, à superior garantia do juiz natural.

> A idéia da *convicção única* vem de um passado relativamente distante, dizendo o seu criador no começo do século passado (Enrico Redenti) que para a configuração da conexidade pelas causas de pedir é necessário e suficiente que "se trate de duas causas de pedir tendo em comum o suficiente para que, com uma *única convicção*, possa o juiz pronunciar-se sobre as demandas cumuladas".[46] Em outras palavras, basta "a identidade *parcial* do título" (Giuseppe Tarzia), mas desde que os elementos comuns sejam tais, que eventuais pronunciamentos diferentes, feitos por dois ou mais juízes, ou mesmo pelo mesmo juiz em processos distintos, possam produzir resultados jurisdicionais discrepantes e incoerentes entre si.[47]

Aqui no presente caso *não há conexidade alguma* entre as reclamações trabalhistas propostas pelos ex-empregados no ano de 2005 e aquele processo cautelar instaurado em 2003 mediante uma só demanda válida, a do autor Paulo Totti. Não há qualquer vínculo lógico capaz de impor a reunião das causas para julgamento conjunto; e, mais que isso, seria absurdo pensar que a cautela concedida somente a esse autor pudesse beneficiar todos os demais ex-empregados do Grupo. Na prática, o que aconteceu é que as reclamações do ano de 2005 vieram *de carona* àquele processo cautelar, quando já existente uma liminar pendente e quando todos já conheciam a manifesta convicção da MM. Juíza em

---

46. Essas palavras são minhas (*Litisconsórcio*, n. 40, esp. p. 100), mas a lição vem do clássico Redenti, em preciosa e festejada monografia (*Il giudizio civile con pluralità di parti*, n. 5, nota 5, p. 6).

47. Cfr. *Il litisconsorzio facoltativo nel processo di primo grado*, p. 41.

prol de tais obreiros. Essa é a mais clara das demonstrações de ultraje à garantia constitucional do *juiz natural*, escolhendo os demandantes o Juízo perante o qual querem que suas causas tenham fluência e julgamento.

702. *sobre a motivação dos atos judiciais*

Os tribunais brasileiros não são particularmente rigorosos no tocante à exigência de motivar, dispensando considerações em torno de pontos secundários, de relevância periférica ou de cuja ocorrência ou inocorrência não resultariam alterações significativas no *decisum* – mas não dispensam nem poderiam dispensar a motivação relativa ao essencial. Eis o que diz o autorizadíssimo Michele Taruffo, conceituadíssimo monografista do tema da motivação de sentença:

> "o parâmetro com base no qual deve ser avaliada a inteireza da motivação é constituído pelas exigências de justificação surgidas em relação à decisão, sendo pois um parâmetro cujo significado varia sensivelmente em cada caso concreto, o que conseqüentemente torna pouco pertinentes eventuais critérios formulados de modo genérico e abstrato".[48]

Tal é o conceito e tais os contornos da *inteireza da motivação* (*completezza della motivazione*), sem a qual a sentença transgride o dever de motivar, imposto pelo Código de Processo Civil em seu art. 458, inc. II, e, superiormente, pelo que dispõe o art. 93, inc. IX, da Constituição Federal.

703. *decisões sem motivação: patente nulidade*

No caso que examino, omitiu o MM. Juízo da Vigésima-Sexta Vara do Trabalho a motivação de atos importantíssimos e cruciais da causa, fazendo-o, *v.g.*, quando, diante de um pedido de agravamento do arresto já antes concedido, decidiu dizendo somente "defiro" – sem motivação alguma e simplesmente dando de bara-

---

48. *La motivazione della sentenza civile*, cap. VI, n. 5, letra *e*, esp. p. 450.

to que a Holdco fosse uma integrante do Grupo devedor ou sucessora de alguma das empresas dele integrantes. Era indispensável não só justificar a própria medida em si mesma, (a) identificando qual seria o perigo a debelar e (b) explicitando como e por que ela era concedida sem a existência de um título executivo (CPC, art. 814, inc. I), e, sobretudo, (c) demonstrando com fundamentos idôneos que a consulente estivesse em uma situação tal que seu patrimônio respondesse, segundo a lei, pelas obrigações das empregadoras. Como é corrente em doutrina e nos tribunais, os fundamentos de uma decisão judiciária, para serem suficientes, precisam ser tais que, se o juiz não aceitasse os pontos que aceitou, a conclusão seria outra.

Mas o MM. Juízo se absteve de fazer tal demonstração, e por isso suas RR. decisões padecem de irremediável *vício de motivação*. Para cumprimento das normas de ordem pública contidas no art. 93, inc. IX, da Constituição Federal e no art. 458, inc. II, do Código de Processo Civil, elas devem ser *anuladas*.

§ 5º – CONCLUSÃO CENTRAL E PROPOSIÇÕES CONCLUSIVAS

704. Holdco não é responsável pelas obrigações das empregadoras (essa é a conclusão central)

O eixo nuclear do presente parecer consiste na ausência de *responsabilidade patrimonial* da ora consulente Holdco por obrigações trabalhistas das empresas do Grupo Gazeta Mercantil. A Editora JB, que os reclamantes afirmam ser ligada à ora consulente por uma suposta unidade empresarial, fora durante algum período licenciatária da marca da qual esse Grupo é titular, mas nisso não reside causa jurídica para supor a existência de uma imaginária *confusão patrimonial* autorizadora dessa arbitrária desconsideração de sua personalidade jurídica – e muito menos a ponto de propagar uma responsabilidade sobre todo seu patrimônio. E, ainda mais, pressupondo a existência de um suposto Grupo empresarial do qual participassem a licenciatária Editora JB e a ora consulente Holdco. O contrato de licenciamento em si, que implanta entre os contratantes uma relação de direito pessoal, não real, não afeta minimamente a responsabilidade patrimonial antes existente sobre a marca cedida. Arrestar (para depois penhorar) essa marca não significa aplicar sanção inerente à *fraude de execução*, simplesmente porque esse negócio de direito das obrigações não constitui uma *oneração*, para os fins do art. 593 do Código de Processo Civil. Com o licenciamento e antes, durante ou depois dele, aquela marca era e continua sempre sendo de titularidade das empregadoras, e esse negócio jurídico de direito pessoal não teria, sequer em tese, o efeito de instituir um suposto direito de preferência para a licenciatária Holdco. Nada de *oneração*, pois, e nada de fraude de execução.

Arrestar (e depois penhorar) a marca *Gazeta Mercantil* significa portanto somente exercer constrição sobre um bem *pertencente às obrigadas*, o que é muito natural em direito executório. Ir além, arrestando bens *da licenciatária* (outros bens), não seria admissível ainda quando houvesse ela *adquirido* a marca ou se beneficiado de uma oneração em fraude de execução (garantias reais). As disposições legais referentes a essa fraude limitam-se a preservar o patrimônio do obrigado contra desfalques fraudulentos, jamais a ampliar o universo dos bens que respondem pelas dívidas deste.

> Por outro aspecto, também não é lícito afirmar uma suposta *sucessão* de Holdco nas obrigações das empresas integrantes do Grupo Gazeta Mercantil. A Editora JB simplesmente negociou um contrato de licenciamento, completamente indiferente em relação à segurança dos trabalhadores e seus eventuais créditos. Pagou por isso. Sua inscrição fiscal é outra, e outro o endereço de sua sede. Não ocupou os mesmos empregados. Por tudo quanto se sabe acerca do instituto jurídico da *sucessão*, vê-se pois com clareza que, sem uma *continuação de negócios* e sem sinal algum de uma simulação, sucessão não houve. Essa mesma realidade, associada à regra legal de que *a solidariedade não se presume*, evidencia também a impropriedade de pensar em uma suposta solidariedade passiva entre Holdco e as empregadoras.

705. *arresto inadmissível por inexistência dos requisitos legais*

Como toda medida cautelar, a de arresto só tem razão de ser perante o sistema quando existem uma situação perigosa e um risco a debelar – no caso, um risco de dissipação patrimonial capaz de comprometer a efetivação do crédito em uma futura execução. Como é notório, sem *periculum in mora* não há razão para acautelar. Mas no caso, como me parece que é pacífico nos autos, a consulente Holdco é titular de um solidíssimo patrimônio estável, que jamais correu o menor risco de diminuição que pudesse comprometer sua suposta responsabilidade patrimonial. Mesmo assim, após arrestada a marca da qual era licenciatária, foram-lhe também arrestadas quotas da companhia Intelig e mais 200 milhões de reais. Isso foi de uma arbitrariedade acintosa, com transgressão direta ao disposto no art. 813 do Código de Processo Civil.

Por outro lado, também inexiste *título executivo algum* que, sendo portador de uma boa probabilidade de existência do crédito dos trabalhadores, legitimasse o arresto concedido e depois sucessivamente agravado pelo MM. Juízo. Quando o art. 814, inc. I, do Código de Processo Civil faz essa exigência, ele está ligado à idéia de que para impor medidas cautelares é indispensável a existência de uma idônea probabilidade, a que chamamos *fumus boni juris*. Concedem-se tutelas urgentes e dispensam-se cognições profundas e exaurientes, mas só em caso de isso ser necessário em razão da urgência e de, ao mesmo tempo, haver uma razoável indicação de que o direito existe e de quanto ele vale (*quantum debeatur*). No caso, nem uma coisa nem outra. Nem urgência, nem título, nem qualquer indicação idônea do valor dos possíveis créditos dos trabalhadores.

706. *sem liqüidez e sem proporcionalidade*

Exatamente por não existir título executivo algum ou qualquer decisão judiciária reconhecendo o crédito do reclamante Paulo Totti ou dos demais que indevidamente estão sendo beneficiados, perdeu-se por inteiro a noção de *proporcionalidade* ou correspondência entre o valor das constrições feitas e o do eventual crédito a ser satisfeito. Principiaram dizendo que seu crédito era de aproximadamente 30 milhões de reais, depois falou-se em 90 milhões e acabaram dizendo que o passivo trabalhista do Grupo Gazeta

Mercantil beira os 200 milhões. E o MM. Juízo, sem atenção alguma à regra de proporcionalidade contida no art. 659 do Código de Processo Civil ("a penhora deverá incidir em *tantos bens quantos bastem* para o pagamento do principal atualizado, juros, custas e honorários advocatícios") nem com o caráter instrumental do arresto em relação à penhora, foi mandando reforçar e reforçar o arresto feito, até chegar àquelas centenas de milhões de reais indicadas acima. Ainda quando aqueles obreiros excluídos pudessem ser beneficiados por algum arresto, seria totalmente inadmissível elevar essa constrição a tal nível estratosférico que chega a mais de dez vezes o valor de seu crédito, por eles próprios estimado.

707. *arresto ineficaz depois de decorridos trinta dias*

Como dito – e não poderia ser dita coisa diferente –, na realidade aqueles autores que vieram a ser excluídos do processo cautelar jamais chegaram a ser partes ali, porque o profissional que disse representá-los nada mais era que um *falsus procurator* e as demandas de todos eram, nos termos da lei e da boa razão, literalmente *inexistentes* (CPC, art. 37, par.). Só vieram a propor suas reclamações trabalhistas (ações principais) no curso do ano de 2005, ou seja, *cerca de três anos depois de concedido e efetivado o arresto*, o que significa que decorrido estava há muito o prazo de trinta dias para propô-las (CPC, art. 806) e, conseqüentemente, extinta estava a eficácia dessa medida cautelar (art. 808, inc. I).

> E, como se sabe e também está na lei, uma vez decaído de uma medida cautelar, havendo esta perdido sua eficácia inicial, *só por outro fundamento* poderá eventualmente o sujeito obter outra vez alguma outra cautela (CPC, art. 808, par.). Ou seja: pelos fundamentos já antes alinhados e (ao menos implicitamente) acatados pelo MM. Juízo em suas insuficientemente motivadas decisões, nova medida cautelar não poderá mais ser concedida àqueles reclamantes.

708. *sem conexidade*

Sem a pendência de uma relação processual cautelar em que esses ex-empregados *fossem partes*, pela regra ínsita ao art. 800

do Código de Processo Civil não há um processo capaz de, por força de uma suposta conexidade, atrair à MM. Vigésima-Sexta Vara as reclamações trabalhistas que só no ano de 2005 vieram a propor. Além disso, não há entre cada uma dessas reclamações, ou entre elas e aquela proposta por Paulo Totti, um vínculo de *conexidade*. Como é natural em casos assim, em cada uma dessas causas há concretas situações de fato a serem examinadas em cada um dos casos e possíveis questões de direito a serem objeto de decisão, nada identificando as respectivas causas de pedir. Pode ocorrer no máximo somente uma *afinidade de questões por alguns pontos de fato*, como ordinariamente acontece entre as reclamações trabalhistas movidas a uma só e mesma empresa. Para decidi-las o juiz não terá diante de si a necessidade de formar *convicção única* a propósito dos pontos relevantes em cada uma dessas causas – o que somente em caso de conexidade ocorre, não no de mera afinidade de questões. E, como somente a conexidade tem o poder de determinar a distribuição por dependência, e a mera afinidade não (CPC, art. 253, *caput* e par.), segue-se que a atribuição de todas aquelas reclamações a um só Juízo foi claramente transgressiva à regra de distribuição alternada ou aleatória (arts. 251 e 252), subtraindo as demandadas ao seu *juiz natural* constitucionalmente garantido.

> É claramente previsível que com relação a cada um desses reclamantes surjam questionamentos referentes ao tempo de serviço, eventuais adicionais ou benefícios de alguma outra ordem, e até mesmo à própria relação empregatícia. Esses são os elementos concretos da demanda que, se fossem comuns, poderiam caracterizar uma *conexidade* e, conseqüentemente, autorizar a distribuição por dependência.

709. *vícios de motivação*

São *nulas*, porque insuficientemente motivadas, ou mesmo *imotivadas*, as RR. decisões com que o MM. Juízo concedeu aquele arresto envolvendo quem não era parte na relação trabalhista nem no processo, sem desenvolver uma motivação suficiente. Nulos também foram os atos, sempre por infração ao disposto no art. 458, inc. II, do Código de Processo Civil e no art. 93, inc. IX, da Constituição Federal, que, sem motivo plausível e sem motivação suficiente, foram ampliando o arresto antes concedido, sempre a dano de quem não era e não é parte na relação trabalhista nem no processo.

710. *excessos que se chocam com a garantia do* due process *– síntese final*

A síntese final do presente estudo é que, de infração em infração, o MM. Juízo da Vigésima-Sexta Vara foi ultrapassando e ultrapassou visivelmente os *landmarks* limitadores de seu poder jurisdicional e inerentes à garantia do devido processo legal (Const., art. 5º, inc. LIV – *supra*, n. 687). Como dito, tal cláusula democrática constitui a síntese e centro de convergência de todas as garantias constitucionais do processo, e as infrações às regras do Código de Processo Civil aqui consideradas constituem, quando somadas, uma acintosa transgressão a essa garantia-síntese. Parafraseando Francis Bacon e o autor moderno que o cita (Luciano Violante – *supra*, n. 687), ouso afirmar que neste caso *o leão quis realmente sentar-se soberanamente sobre o trono*. Fique porém a consulente confortada pelas palavras da sra. Relatora, escritas ao deferir parcialmente seu pedido de reconsideração no mandado de segurança que impetrou: "ainda há tempo de corrigir tantos erros". É isso que se espera do Poder Judiciário.

XL – AÇÃO DIRETA DE INCONSTITUCIONALIDADE: LEGITIMIDADE DE ENTES ASSOCIATIVOS, ILEGITIMIDADE DA ASSEMBLÉIA LEGISLATIVA E RESERVA DE PLENÁRIO

§ 1º – **histórico e pontos a desenvolver** – 711. uma ação direta de inconstitucionalidade proposta perante o E. Tribunal de Justiça do Estado de São Paulo – 712. um agravo interposto pela Assembléia Legislativa e os pontos sobre os quais versará o parecer – § 2º – **a legitimidade *ad causam* da consulente** – 713. a questão posta – 714. sobre a legitimidade *ad causam* e a substituição processual – 715. substituição processual – 716. direito alheio e ação própria – 717. o direito alheio e a demanda proposta pelo substituto – 718. o fundamento da outorga de legitimidade pela lei – 719. tornando ao caso: o interesse que legitima e motiva a Associação – 720. interpretação do dispositivo constitucional paulista – 721. um poderoso fundamento constitucional e sistemático – § 3º – **medida urgente e reserva de plenário** – 722. a questão posta pela Assembléia Legislativa – 723. por que se antecipam tutelas? – 724. a indispensável competência do relator – os princípios e a conclusão – § 4º – **a Assembléia Legislativa, sem capacidade de ser parte** – 725. Casas Legislativas não têm personalidade jurídica – 726. sem capacidade de ser parte – 727. personalidade jurídica de direito processual – 728. a capacidade de ser parte das Casas Legislativas, limitada à sua própria defesa institucional – 729. a conseqüência processual da incapacidade de ser parte: inexistência jurídica dos atos praticados – 730. o agravo interposto pela Assembléia Legislativa paulista – 731. o *amicus curiæ* não tem legitimidade recursal, segundo a jurisprudência do C. Supremo Tribunal Federal – 732. um recurso de terceiro prejudicado, sem capacidade de ser parte e sem ter sofrido prejuízo jurídico?

§ 1º – HISTÓRICO E PONTOS A DESENVOLVER

711. uma ação direta de inconstitucionalidade proposta perante o E. Tribunal de Justiça do Estado de São Paulo

Associação Brasileira de Shopping Centers – ABRASCE, que ora me consulta por iniciativa de seus ilustres patronos, propôs perante o E. Tribunal de Justiça do Estado de São Paulo uma *ação direta de inconstitucionalidade* (Const., art. 125, § 2º) com a qual impugna e postula a declaração de ser inconstitucional a lei estadual paulista n. 13.819, de 23 de novembro de 2009. Aponta inconstitucionalidades formais e substanciais dessa indigitada lei, em confronto com disposições contidas na própria Constituição Estadual e também na Federal. No seio daquele E. Tribunal a ora consulente obteve do sr. Relator uma antecipação liminar de tutela, para *suspender a eficácia dessa lei* "até final decisão da presente ação direta de inconstitucionalidade". Trata-se da lei paulista que dispõe sobre a gratuidade do uso dos parques de estacionamento dos *shopping centers* situados neste Estado por clientes das lojas ali instaladas.

712. um agravo interposto pela Assembléia Legislativa e os pontos sobre os quais versará o parecer

Concedida pelo sr. Relator aquela medida liminar, comparece a Assembléia Legislativa do Estado de São Paulo impugnando-a mediante a interposição de agravo regimental contra ela e, nesse agravo, ferindo alguns pontos ligados ao processo civil, especialmente (a) o da legitimidade *ad causam* da ora consulente, negando-a a agravante porque a Associação autora atua mediante representações no Estado de São Paulo e em vários outros, quando o inc. V do art. 90 da Constituição do Estado exigiria, conforme diz a Assembléia, que o autor de ações como essa atuasse exclusivamente nessa unidade da Federação; b) o da *reserva de plenário*, estabelecida na Constituição Federal (art. 97) e reafirmada nos arts. 481 ss. do Código de Processo Civil, alegando a Assembléia que tais normas teriam sido transgredidas quando, em *decisão monocrática*, o sr. Relator concedeu a antecipação de tutela postulada pela ora consulente. Um terceiro ponto de direito processual de suma relevância e total pertinência ao caso é (c) o da própria Assembléia Legislativa pretendendo ser parte no processo e ali agravando sem ser uma pessoa jurídica (não figura no rol das pessoas jurídicas contido no art. 41 do CC) e não dispondo sequer de uma personalidade de direito processual (ou *personalidade judiciária* – locução empregada por Víctor Nunes Leal[1]) que, no caso em exame, pudesse qualificá-la a estar em juízo.

Adianto desde logo que me abstenho do exame dos vícios de inconstitucionalidade alegados pela ora consulente, o que não compete à pena de um processualista. Discorrerei, nos capítulos subseqüentes, acerca daqueles pontos processuais identificados logo acima.

§ 2º – A LEGITIMIDADE *AD CAUSAM* DA CONSULENTE

713. *a questão posta*

Esta ação direta de inconstitucionalidade foi proposta pela consulente ABRASCE, que é uma Associação sem fins lucrativos integrada por empresas titulares de *shopping centers* no Estado de São Paulo e em alguns outros. Foi proposta perante o E. Tribunal de Justiça deste Estado, com impugnação de uma lei paulista e portanto com o objetivo de afastar os inconvenientes que essa lei visa a impor aos associados estabelecidos neste Estado, os quais são seus naturais destinatários diretos. Atua, pois, como substituto processual desses associados, com a legitimidade que lhe confere o art. 90, inc. V, da Constituição paulista, em atendimento ao disposto no art. 125, § 2º, da Constituição Federal. A esse propósito, a discussão provocada pela Assembléia Legislativa do Estado de São Paulo em seu agravo regimental equaciona-se como questão acerca do significado da norma legitimante contida na Carta Estadual – se aquele inciso exige, para ser legitimado à ação de inconstitucionalidade, que o ente associativo tenha atuação *exclusiva* no âmbito deste Estado ou se ele exige apenas que aqui tenha atuação, não importando se a desenvolve também em outras unidades federadas. Responderei que tal exclusividade não é exigida, posição essa que decorre não só da simples exegese do dispositivo

---

1. *Cfr.* "Personalidade judiciária das câmaras municipais", *passim, in Problemas de direito público*.

em exame em uma interpretação meramente declarativa, como também de uma visão integral do sistema de deliberada ampliação de legitimidades no direito moderno, sendo anti-histórica e assistemática a interpretação restritiva pretendida pela Assembléia.

714. *sobre a legitimidade* ad causam *e a substituição processual*

Em uma primeira aproximação, segundo conhecida lição concebida por Liebman e apoiada por Alfredo Buzaid, a legitimidade *ad causam* consiste na *pertinência subjetiva ativa e passiva da ação*.[2] Essa conceituação é ainda muito vaga, mas já na obra do antigo professor da Universidade de Milão colhemos algo mais concreto, quando ele diz: "o problema da legitimação consiste em individualizar a pessoa a quem pertence o interesse de agir (e, pois, a ação) e a pessoa com referência à qual ele existe".[3] Manifestando-me sobre o tema, propus conceituar essa condição da ação como "qualidade para estar em juízo, como demandante ou demandado, em relação a determinado conflito trazido ao exame do juiz" – esclarecendo a seguir que "ela depende sempre de uma necessária *relação entre o sujeito e a causa* e traduz-se na relevância que o resultado desta virá a ter sobre sua esfera de direitos, seja para favorecê-la ou para restringi-la".[4]

Ora, compete à lei ou ao próprio sistema como um todo o traçado dos contornos das relações entre sujeitos e causas, suficientes e adequados para a outorga de legitimidade a uns, excluindo-a em relação a outros. E a mesma lei que em princípio limita a legitimidade aos próprios titulares dos interesses em conflito, ela própria oferece aberturas para que outrem, atuando em nome próprio mas em defesa de certos titulares, venha a juízo e possa obter um provimento jurisdicional ou mesmo uma efetiva tutela em benefício destes. Notoriamente, temos a *legitimidade ordinária* na primeira

---

2. *Cfr.* Liebman, *Manual de direito processual civil*, I, n. 74-B, p. 208 trad.; Buzaid, *Do agravo de petição*, n. 39, esp. p. 89.
3. *Cfr.* Liebman, *id., ib.*
4. *Cfr.* Dinamarco, *Instituições de direito processual civil*, II, n. 545, p. 313.

hipótese, e *extraordinária* na segunda – sabendo-se que esta sempre há de resultar, segundo os critérios e metros do legislador, de uma especial relação entre o legitimado (substituto processual) e o titular ou titulares daqueles interesses (CPC, art. 6º). É dessa legitimidade que cuida o presente parágrafo, com a tônica na posição ocupada por certos entes associativos em relação aos interesses de seus associados. Os órgãos ou entidades incluídos nos incisos do art. 90 da Constituição do Estado de São Paulo estão em uma posição de substituição processual *excludente* e não concorrente (Barbosa Moreira[5]) – sendo legitimados somente eles à ação direta ali disciplinada, com exclusão dos substituídos, que no caso são os titulares de *shopping centers* no Estado de São Paulo.

715. *substituição processual*

O fecundo tema da substituição processual foi pela primeira vez suscitado no longínquo ano de 1886 em um ensaio do alemão Joseph Kohler sobre o usufruto com poder de disposição.[6] Propagou-se rapidamente entre os doutrinadores de seu País e chegou logo à Itália, onde nos primeiros anos do século XX a ele dedicou Giuseppe Chiovenda profunda atenção em seus monumentais *Principii di diritto processuale civile*. Também reportando-se a fenômenos já então corriqueiros em direito privado, propôs o mestre o estudo, em direito processual, de casos nos quais a lei autoriza alguém a realizar, em nome próprio, atos relacionados com o direito de outrem. E disse: "come in diritto privato vi sono casi in cui alcuno è ammesso ad esercitare in nome proprio diritto altrui, cosi altri può *stare in giudizio* in nome proprio per un diritto altrui".[7]

---

5. *Cfr.* "Apontamentos para um estudo sistemático da legitimação extraordinária", n. 2, *in Direito processual civil*; v. também Dinamarco, *Execução civil*, n. 287, p. 438. Os sujeitos incluídos no art. 90 da Constituição paulista são sim legitimados concorrentes entre si, mas *excludentes dos substituídos*.

6. *Cfr.* "Der Dispositionsniessbrauch", in *Jehrings Jahrbücher*, XXIV, pp. 187 ss., *apud* Garbagnati, *La sostizuone processuale nel nuovo Codice di Procedura Civile*, cap. I, n. 1, p. 1.

7. *Cfr. Principii di diritto processuale civile*, § 36, n. 1, esp. p. 597.

O fenômeno não é, como se vê, privativo do direito processual civil, nem sequer do direito processual como um todo. Há substituições autorizadas por lei no campo do processo penal (a vítima exercendo a ação penal privada para a satisfação do *jus punitionis* que é sempre do Estado), em processo administrativo e até mesmo em direito tributário[8] (a substituição tributária é um fenômeno bastante conhecido na realidade brasileira atual).

Focalizando o tema da substituição processual pela óptica do processo civil, colocamo-nos claramente no campo da *legitimatio ad causam*, sendo amplamente notório que, segundo a lei, "o sujeito da relação processual não é *necessariamente* o sujeito da relação substancial deduzida em juízo" (ainda Chiovenda[9]); como se sabe, o art. 6º do Código de Processo Civil deste País abre caminho para que possa alguém, com permissão legal, "pleitear, em nome próprio, direito alheio". Quem pleiteia em nome próprio um direito ou interesse alheio é *substituto processual*, e a qualidade para agir, conferida pela lei nesses casos, é a *legitimidade extraordinária*.

A expressão *legitimação extraordinária*, antes já utilizada por Redenti e por Allorio,[10] ganhou fama após a obra de Garbagnati,[11] sendo geralmente utilizada na doutrina italiana (Liebman, Monacciani etc.[12]) e também na brasileira (José Frederico Marques, Moacyr Amaral Santos, Waldemar Mariz de Oliveira, José Carlos Barbosa Moreira, Donaldo Armelin etc.[13]); mas houve quem preferisse dizer *legitimação anômala* (Calamandrei, Salvatore Satta[14])

8. *Cfr*. Garbagnati, *La sostizuone processuale nel nuovo codice di procedura civile*, cap. I, n. 1, p. 1.
9. *Cfr*. *Principii di diritto processuale civile*, § 36, n. 1, esp. p. 597.
10. *Cfr*. Enrico Redenti, *Il giudizio civile con pluralità di parti*, cap. III, § IV, p. 258; Enrico Allorio, *Diritto processuale tributario*, cap. XIX, n. 152.
11. *Cfr*. *La sostituzione processuale nel nuovo codice di procedura civile*, cap. IV, n. 8, p. 186.
12. *Cfr*. Enrico Tullio Liebman, *Manual de direito processual civil*, I, n. 74, esp. p. 160 trad.; Luigi Monacciani, *Azione e legittimazione*, n. 148, p. 388.
13. *Cfr*., por todos, Armelin, *Legitimidade para agir no direito processual civil brasileiro*, n. 8.11, pp. 120 ss.
14. *Cfr*. Piero Calamandrei, *Istituzioni di diritto processuale civile secondo il nuovo codice*, I, § 37, p. 122; Salvatore Satta, *Diritto processuale civile*, n. 56, pp. 82-85.

ou *indireta* (Jaime Guasp[15]). De um modo geral, todos tratam o sujeito a quem a lei confere uma legitimidade extraordinária como *substituto processual*.

716. direito alheio e ação própria

Partamos da premissa de que uma legitimidade é extraordinária quando não coincidem o titular do direito ou da obrigação afirmada em juízo e o titular do direito de estar em juízo para a defesa desse direito ou obrigação.[16] É dessa premissa que decorre o emprego do vocábulo *substituição*, porque se entende que aquele a quem a lei confere legitimidade, sem ser titular do direito ou da obrigação no plano do direito material, *substitui* o titular ao defender em juízo os interesses do titular. Segundo entendimento universalmente uniforme, a outorga de uma legitimidade extraordinária configura, em outras palavras, outorga do *direito de ação* a um sujeito que não é titular da situação de direito substancial controvertida. Ou, em outras palavras, ele é, em si mesmo e em nome próprio, o *titular da ação*; defende sim um direito alheio, mas exerce *ação própria*.[17]

> É corrente em doutrina esse confronto entre a titularidade do direito substancial e a titularidade da ação, que nos casos de legitimidade extraordinária se vê. Garbagnati: "il potere di *far valere nel processo* un diritto non è altro che il potere di provocare, in merito al diritto stesso, l'esercizio della funzione giurisdizionale – e cioè, il *potere di azione*".[18]

15. *Cfr. Derecho procesal civil*, cap. III, p. 185.
16. *Cfr.* Chiovenda, *Principii di diritto processuale civile*, § 36, n. 1, pp. 596-597; Garbagnati, *La sostituzione processuale nel nuovo codice di procedura civile*, n. 8, esp. p. 186; Allorio, *La cosa giudicata rispetto ai terzi*, n. 145, p. 249; Armelin, *Legitimidade para agir no direito processual civil brasileiro*, n. 117, esp. p. 121 etc.
17. A doutrina fala sempre em *ação própria*, pondo o foco exclusivamente na legitimidade extraordinária *ativa* – porque, como é óbvio, o legitimado *passivo* não exerce ação alguma (quer o ordinário, quer o extraordinário). Existem também casos de legitimidade extraordinária passiva (Allorio, *La cosa giudicata rispetto ai terzi*, n. 148, esp. p. 254), mas não têm interesse algum em relação ao presente estudo.
18. *Cfr. La sostituzione processuale nel nuovo codice di procedura civile*, cap. V, I, n. 1, esp. pp. 205-206.

Ao exercer essa *ação própria*, o substituto processual faz-se desde logo parte no processo – sabendo-se que, em seu conceito puro, *partes* são os *sujeitos interessados* da relação processual, ou os *sujeitos do contraditório instituído perante o juiz* (Liebman[19]). O conceito de *parte processual* decorre exclusivamente desse dado objetivo consistente em estar atuando no processo sem ter tomado a iniciativa deste e sem ter sido citado ou ter ingressado como interveniente voluntário – sendo rigorosamente inadequada qualquer investigação sobre a legitimidade do sujeito para estar no processo ou suas ligações com a relação jurídico-material controvertida. "La nozione di parte è una nozione strettamente processualistica" (Monacciani[20]), e "ser parte no processo significa ser titular das faculdades, ônus, poderes e deveres inerentes à relação jurídica processual, em estado de sujeição ao juiz".[21]

> É pleonástico falar em *parte em nome próprio*, simplesmente porque aquele que é parte no processo está sempre agindo ou defendendo algum interesse *em nome próprio*. Ninguém é, em hipótese alguma, *parte em nome alheio*. Quem age em nome alheio não é parte, mas *representante* da parte; e quem é parte não age em nome alheio. Essa ponderação abre espaço para a distinção entre *substituto processual* e *representante*.

717. o direito alheio e a demanda proposta pelo substituto

A *ação própria* exercida pelo substituto processual no exercício de sua legitimidade extraordinária coincide intensamente com a ação que, em relação ao mesmo objeto ou mesma pretensão, seria movida pelo substituído nos casos em que a legitimidade extraordinária não exclui a ordinária. Dos elementos constitutivos

---

19. *Cfr.* Liebman, *Manual de direito processual civil*, I, cit., n. 41, p. 89 trad.
20. *Cfr. Azione e legittimazione*, n. 91, esp. pp. 244-245; para a ênfase desse *conceito puro de parte*, v. Dinamarco, *Instituições de direito processual civil*, II, n. 520, p. 246.
21. *Cfr.* ainda minhas *Instituições de direito processual civil*, II, n. 521-522, pp. 255 ss., onde dou adesão integral ao que, no mesmo sentido, dissera Enrico Tullio Liebman (*cfr.* seu *Manual de direito processual civil* cit., I, n. 59, p. 122 trad.).

da demanda, a que a doutrina ordinariamente se refere como *elementos identificadores da ação* (partes, causa de pedir, pedido), somente um difere, que é o próprio autor. O réu é o mesmo que seria se a demanda houvesse sido movida pelo legitimado ordinário, a *causa petendi* é a mesma, o mesmo *petitum*. A demanda ajuizada pelo cidadão com vista à anulação de um ato da Administração lesivo ao interesse público ou viciado por imoralidade administrativa (*ação popular* – Const., art. 5º, inc., LXXIII) só difere da demanda que poderia ter sido proposta pela própria Administração porque lá o autor é o cidadão, e aqui o ente estatal. O objetivo é o mesmo, e mesmos também os possíveis fundamentos.

718. *o fundamento da outorga de legitimidade pela lei*

"A legitimação para agir em via extraordinária funda-se em um especial "jogo de interesses" que, na lição autorizada de Luigi Monacciani, é o *fio condutor* capaz de proporcionar a construção harmoniosa do próprio instituto e escolha dos casos nos quais convém à boa ordem processual a instituição de uma legitimidade extraordinária. Esse mesmo monografista chega ao ponto de propor que, em vez de dizer que o substituto age *em nome próprio*, se dissesse que ele age *no próprio interesse*.[22] Parece-me correto aceitar as duas fórmulas, porque (a) o substituto atua realmente em nome próprio, figurando como parte processual ele mesmo, e não o substituído, mas (b) ele também o faz movido por um interesse que é seu, ou seja, *um seu interesse próprio a que o direito do substituído seja efetivado*. De todo modo, tenho por indiscutível que o interesse próprio do não-titular do direito substancial em litígio (ou seja, do substituto processual) é sempre a mola que ao mesmo tempo induz o legislador a instituir casos de legitimidade substitutiva e *estimula o substituto* a exercer efetivamente o direi-

---

22. *Cfr. Azione e legittimazione*, n. 148, esp. p. 390. Ele propõe uma nova leitura para o art. 81 do *codice di procedura civile* italiano, chegando a uma fórmula consistente em dizer que *substituto processual* é o sujeito "ao qual seja reconhecido por uma especial disposição de lei o poder (*rectius*, o direito) de defender processualmente, *no próprio interesse*, um direito alheio" (*id., ib.*).

to de ação destinado à satisfação do direito do titular (substituído). De algum modo habilita-se ele a obter um benefício *indireto*.

A esse propósito dissera também Edoardo Garbagnati: "constitui pressuposto da outorga do poder de ação ao substituto (...) um *seu interesse* à emanação de um provimento jurisdicional que declare a existência ou inexistência de uma relação jurídica do substituído" *etc.*[23] Enrico Allorio afirmara sucintamente que "o substituto *tem interesse na lide*", para depois esclarecer que esse interesse "é precisamente constituído por uma situação de direito substancial" e que "já no terreno do direito material ele é unido à relação deduzida em juízo".[24] E José Carlos Barbosa Moreira: "esses casos, que são excepcionais, fundam-se quase sempre na existência de um vínculo entre as duas situações, considerado suficientemente intenso pelo legislador para justificar-se o fato de autorizar alguém, que nem sequer se apresenta como titular da *res in iudicium deducta*, a exigir do juiz um pronunciamento sobre o direito ou estado alheio".[25] E ainda: a outorga de legitimidade extraordinária ao não-titular do direito substancial deve depender "das relações entre a sua situação subjetiva e a situação jurídica objeto do juízo".[26] Em termos bem práticos, digamos que, ao instituir a legitimidade de certo sujeito para atuar em prol da sociedade, o legislador toma por premissa inicial que *aquilo que será bom e útil ao substituto sê-lo-á também, ao menos indiretamente, para o substituído.*

O que acaba de ser exposto representa a primeira fase da busca das "razões jurídicas que explicam a atribuição de eficácia legitimante a determinadas situações jurídicas subjetivas diversas daquelas que constituem, em cada caso, o objeto do juízo" (Barbosa Moreira[27]). A legitimidade extraordinária é *extraordinária* porque

---

23. *Cfr. La sostituzione processuale nel nuovo codice di procedura civile*, cap. V, I, n. 3, esp. p. 212; essas palavras foram transcritas e expressamente apoiadas por Monacciani na passagem referida acima.
24. *Cfr. La cosa giudicata rispetto ai terzi*, nn. 146-147, esp. pp. 251-252.
25. *Cfr.* "Apontamentos para um estudo sistemático da legitimação extraordinária", n. 1, *in Direito processual civil*, esp. pp. 59-60 (v. também *RT* 404).
26. *Op. cit.*, n. 4, esp. p. 65.
27. *Op. cit.*, n. 7, esp. p. 72.

recai sobre quem não é titular da relação jurídica de direito material posta como objeto do julgamento em um processo; e ela é outorgada a esse não-titular de direitos em certos casos nos quais o legislador vislumbra um interesse próprio desse sujeito à satisfação de um direito conexo ao seu ou do qual o seu seja dependente. Depois, a segunda etapa dessa busca consistirá na escolha, ainda pelo legislador, das situações ocorrentes na vida em que, sempre a seu juízo, seja conveniente a outorga dessa legitimidade substitutiva: "il legislatore, basandosi sulla comune esperienza, giudica esistire un interesse del sostituto all'esercizio della funzione giurisdizionale in merito ad un rapporto giuridico altrui" (Edoardo Garbagnati).[28] Só depois disso feito é que chega o momento em que o intérprete examinará a situação jurídica conexa ou dependente que levou o legislador a outorgar tal legitimidade, caso a caso.

719. tornando ao caso:
o interesse que legitima e motiva a Associação

A entidade que move aquela ação civil pública e me dirigiu a presente consulta é uma Associação de titulares de *shopping centers*. Ao assim agir em Juízo está essa Associação cumprindo um de seus *objetivos institucionais*, no interesse daquela categoria de empresários, sendo do interesse de todos a remoção da eficácia da lei ali impugnada, que é lesiva aos associados. A mesma comunhão de interesses que os levou a se associarem, instituindo um ente que lhes defenda os interesses, é a *mola propulsora* da qual decorre o interesse da Associação na busca de situações favoráveis aos associados. Ela age em nome próprio e no interesse destes, mas assim age porque a higidez econômico-financeira dos associados é do interesse universal da categoria, e ela tem interesse nessa higidez. Não fosse para isso, não teria significado ou justificação alguma a outorga de legitimidade *ad causam* a entidades como essa (Const.-SP, art. 90, inc. V – *supra*, n. 718).

28. *Cfr. La sostituzione processuale nel nuovo codice di procedura civile* cit., p. 226; v. também Monacciani, *Azione e legittimazione* cit., n. 151, esp. pp. 396-397.

Estamos, pois, claramente no campo daquilo que a doutrina norte-americana das *class actions*, com repercussão na brasileira, denomina *adequacy of representation* e põe como substrato substancial da outorga a um *ideological plaintiff* do poder de agir em juízo em defesa dos direitos do próprio grupo ou de seus integrantes. São portadores dessa representatividade adequada os sujeitos que, por sua posição no seio de uma entidade grupal, reúnem condições para atuar essa defesa de modo útil, eficiente e fiel. *Representante adequado* conceitua-se, nesse prisma, o sujeito capaz de "exprimir os anseios da categoria" (Pedro da Silva Dinamarco[29]). No tocante às ações coletivas, "a verificação da legitimidade se dá *ope judicis* nos Países anglo-americanos e, em algumas matérias, na Itália. Aqui ela se dá *ope legis*".[30]

Vê-se pois, com toda clareza, que a consulente ABRASCE, comprometida institucionalmente com a defesa de seus associados, é portadora daquela *adequacy of representation*, sendo medularmente representativa dos interesses destes. Atuando no Estado de São Paulo, como incontroversamente atua, não importa que tenha atuação também em outras unidades federadas. Com ou sem essa diversidade de representações em outros pontos do território nacional, ela não deixa, por isso, de ser um *representante adequado* dos associados paulistas.

720. interpretação do dispositivo constitucional paulista

Como está consignado na redação do inc. V do art. 90 da Constituição do Estado de São Paulo, incluem-se entre os sujeitos legitimados à ação direta de inconstitucionalidade a ser proposta perante o Tribunal de Justiça desse Estado "as entidades sindicais ou de classe, *de atuação estadual ou municipal*, demonstrando seu interesse jurídico no caso". Do interesse jurídico já se falou em tópico precedente, havendo intensa *pertinência temática* entre a causa proposta e a entidade que a propôs, seus objetivos, suas

---

29. *Cfr. Ação civil pública*, n. 10.6, esp. p. 135.
30. *Cfr.* ainda Pedro da Silva Dinamarco, *Ação civil pública*, n. 14.2, esp. p. 201.

responsabilidades institucionais perante os associados (*supra*, n. 718). Discute-se aqui, por provocação da Assembléia agravante, o significado da referência da Constituição Estadual à *atuação estadual ou municipal* das entidades representativas.

Fujamos de interpretações tão pobres quão pobre é o próprio método puramente exegético, mas já mediante mera exegese se vê que aquele texto falou em *atuação estadual ou municipal* mas nenhuma palavra contém no sentido de uma suposta *exclusividade* – e a ABRASCE tem sim, como ninguém contesta, atuação neste Estado de São Paulo. Ela também se proclama, sim, uma entidade de *âmbito nacional* (estatuto, art. 1º), mas atua efetivamente em São Paulo, ainda que sem exclusividade, e na Capital paulista tem sua sede. As coisas poderiam ser diferentes se ela fosse uma entidade de âmbito nacional sem representação ou atuação alguma em território paulista – o que, no entanto, incontroversamente não acontece.

Atuando e tendo representações em ao menos *nove unidades da Federação*, a ABRASCE poderá até ser havida como *entidade de âmbito nacional* para os fins de legitimidade às ações diretas a serem propostas perante o Supremo Tribunal Federal (Const., art. 103, inc. IX)[31] – mas se entre esses nove Estados *não se incluísse o de São Paulo* aí, sim, careceria de legitimidade para a ação direta de competência do Tribunal de Justiça paulista. Poderia ser parte legítima perante o Supremo Tribunal Federal e os Tribunais de Justiça dos diversos Estados onde atuasse, mas em São Paulo não.

Isso não é porém o que acontece, e, nesse quadro, a posição assumida pela Assembléia Legislativa consiste em uma *interpretação indesejavelmente restritiva*, sem qualquer motivo sistemático ou político-federativo para restringir. Nada há o que possa legitimar o pensamento de que, ao não incluir naquele dispositivo (Const.-SP, art. 90, inc. V) uma restrição representada pelo

31. *Nove Estados* como mínimo para a representatividade perante o Supremo Tribunal Federal: tal é o critério adotado por este, em aplicação analógica do disposto no art. 12 da Lei Orgânica dos Partidos Políticos (*cfr.* STF, Pleno, ADI n. 772/600, rel. Sepúlveda Pertence, j. 1.7.91; STF, Pleno, ADI n. 386/600, voto min. Moreira Alves, j. 4.4.91).

adjetivo *exclusiva* ou pelo advérbio *exclusivamente*, houvesse o constituinte paulista praticado uma omissão involuntária, sendo sua intenção restringir. Não há sequer um elemento indicativo de que, nesse caso, *lex majus dixit quam voluit*. Impõe-se pois uma *interpretação puramente declarativa* daquele texto, sem ampliações e sem essa indevida restrição.

É corrente o pensamento de que pela interpretação extensiva, ou ampliativa, conclui-se que *lex minus dixit quam voluit*, e pela restritiva, que *lex majus dixit quam voluit*. Pela meramente declarativa afirma-se que o autor do texto disse precisamente o que está escrito, nem mais nem menos.

Além de tudo isso, há um forte *fundamento constitucional e sistemático* conducente à interpretação pela legitimidade de entes que atuam não só no Estado de São Paulo mas também em outros.

721. *um poderoso fundamento constitucional e sistemático*

É forte a tendência no direito processual e constitucional da atualidade a banir bolsões de conflitos imunes à atuação jurisdicional – tendência que em tempos atuais se manifesta pelo esforço do legislador em prol da *universalização da jurisdição*.[32] Nesse quadro, é imperioso ter a consciência de que a promessa constitucional de acesso à justiça (Const., art. 5º, inc. XXXV) seria algo inútil e ingênuo se as portas do Judiciário pudessem ser fechadas por vias oblíquas, com a imposição de óbices ilegítimos à concessão da tutela jurisdicional.[33]

Ora, quem tomar como ponto de partida essa severa garantia constitucional compreenderá com muita facilidade que a técnica da *extinção precoce do processo por falta de algum pressuposto do julgamento de mérito* é e deve ser marcada por uma profunda excepcionalidade – porque essa garantia restaria transgredida ou

---

32. Sobre a *universalização da jurisdição* como tendência e como realidade, *cfr.* meu ensaio "Universalizar a tutela jurisdicional", nn. 188-206, *in Fundamentos do processo civil moderno*, II, pp. 389 ss.
33. Dinamarco, *Instituições de direito processual civil*, I, n. 79, esp. p. 204.

neutralizada sempre que se prodigalizassem extinções, privando o autor da tutela jurisdicional que só poderia obter mediante o julgamento do *meritum causæ*. De certo modo e em muitos casos parece muito mais cômodo extinguir o processo desde logo, mediante interpretações exageradas das exigências processuais, do que prosseguir no exame de fatos, provas, teses jurídicas *etc.*, sem o qual o mérito não pode ser julgado, nem a tutela jurisdicional concedida. Esse fenômeno, presente na história da ciência processual dos meados do século XX, foi detectado pela doutrina mais engajada aos postulados da *efetividade do processo* e do compromisso do juiz e do sistema com os *resultados justos* a obter mediante o exercício da jurisdição. Por isso é que, como disse, venho propugnando por um método a que sugestivamente se deu a denominação *processo civil de resultados*, o qual se resolve, em última análise, no empenho em usar das vias processuais como meio eficiente para o cumprimento da promessa constitucional de tutela jurisdicional mediante abertura de largos e desobstruídos caminhos para o *acesso à ordem jurídica justa*.

Aspecto extremamente significativo dessa tendência são as aberturas das vias judiciárias a entes associativos, como a ora consulente, para a tutela coletiva de seus associados. Ressalvas puramente exegéticas e obstáculos postos à efetividade dessas legitimidades extraordinárias constituem retrocessos incompatíveis com as tendências do tempo atual ou, como digo eu próprio em doutrina, *óbices ilegítimos* à universalização da jurisdição. A restrição exegética proposta pela Assembléia Legislativa é uma proposta de retrocesso, que os tribunais devem rechaçar.

§ 3º – MEDIDA URGENTE E RESERVA DE PLENÁRIO

722. *a questão posta pela Assembléia Legislativa*

Segundo sustenta a Assembléia agravante, careceria de legitimidade constitucional e legal, por infração à *reserva de plenário*, o ato monocrático com que, no E. Tribunal de Justiça de São Paulo, o sr. Relator concedeu a antecipação tutelar postulada pela consulente, suspendendo a eficácia da lei impugnada. Invoca o notório art. 97 da Constituição Federal e os arts. 480 ss. do Código de Processo Civil para levar à douta Turma Julgadora a idéia de que só ao Órgão Especial daquela C. Corte poderia competir o exame de pretensões urgentes como essa. Esse questão revolve-se, a meu ver muito facilmente, mediante o confronto de tais disposições com a missão das medidas urgentes no sistema de tutelas jurisdicionais e, sobretudo, com a promessa constitucional da tutela jurisdicional (Const., art. 5º, inc. XXXV).

723. por que se antecipam tutelas?

Antecipa-se a tutela jurisdicional, em casos como este, quando há urgência – e daí ser a antecipação uma *medida de urgência*, como tal ordinariamente denominada entre os italianos. Antecipa-se, é claro, se houver também suficiente *probabilidade do direito*. A urgência, nas hipóteses previstas no inc. I do art. 273 ou no art. 461, § 3º, do Código de Processo Civil, é a própria razão de antecipar – sendo intuitivo que nada justificaria uma decisão tomada com apoio em mera probabilidade resultante de uma cognição incompleta, não fora o desconfortável risco de permitir que o *tempo-inimigo* solapasse irremediavelmente o direito daquele que o tem *o direito a uma tutela jurisdicional mas que teria de esperar muito tempo por ela*. Como há quase um século pontificou a mais autorizada de todas as doutrinas, "la necessità di servirsi del processo per ottener ragione non deve tornar a danno di chi ha la ragione" (Chiovenda[34]) – o que conduz à necessidade de oferecer remédios contra os males do tempo, porque o decurso deste poderia trazer danos ao litigante, que, embora tenha o direito ao bem que pretende, de outro modo acabaria privado da possibilidade de obtê-lo ou de fruir utilmente o bem que viesse a obter.

"Il valore, que il tempo ha nel processo, è immenso e, in gran parte, sconosciuto. Non sarebbe azzardato *paragonare il tempo a un nemico*, contro il quale il giudice lotta senza posa" (Carne-

---

34. *Cfr. Istituzioni di diritto processuale civile*, I, n. 34, esp. p. 147.

lutti[35]). Desencadear medidas contra esse inimigo é um modo de cumprir o compromisso solenemente assumido pelo Estado brasileiro, ao aderir ao Pacto de San José da Costa Rica, de oferecer aos litigantes uma tutela jurisdicional em prazo razoável. "Toda pessoa tem o direito de ser ouvida, com as devidas garantias e dentro de um prazo razoável, por um juiz ou tribunal competente, independente e imparcial, estabelecido anteriormente por lei (...)" (art. 8º, n. 1). E, fiel ao compromisso assumido, a emenda constitucional n. 45, de 8 de dezembro de 2004, incluiu no capítulo da Constituição Federal referente às garantias de direitos mais essa disposição: "a todos, no âmbito judicial e administrativo, são assegurados a razoável duração do processo e os meios que garantam a celeridade de sua tramitação" (art. 5º, inc. LXXVIII).

724. a indispensável competência do relator – os princípios e a conclusão

Falar em antecipações tutelares é, pois, falar em tutela jurisdicional tempestiva a efetiva, como quer o art. 5º, inc. XXXV, da Constituição Federal. A disciplina das medidas urgentes no corpo do Código de Processo Civil constitui somente o instrumento operacional dessa garantia, mas é de direito constitucional a necessidade de antecipar quando houver urgência e o direito for provável. Conseqüentemente, impor à parte a espera por uma decisão do Plenário ou do Órgão Especial seria não só contrário à índole do próprio instituto da tutela antecipada, mas sobretudo à garantia constitucional da tutela jurisdicional efetiva e tempestiva, em tempo razoável (Const., art. 5º, incs. XXXV e LXXVIII).

O que estou a dizer constitui projeção particularizada do que em sede doutrinária venho dizendo sobre a relatividade dos princípios constitucionais aplicados à ordem processual e a necessidade de estabelecer uma convivência harmoniosa entre eles. Disse eu em doutrina:

"a *regra de ouro* para a solução de problemas dessa ordem é a lembrança de que *nenhum princípio é absoluto e nenhum deles constitui um objetivo em si mesmo* – todos eles, em seu conjunto,

35. *Cfr. Diritto e processo*, n. 232, esp. p. 354.

devem valer como meios de melhor proporcionar um sistema processual justo, capaz de efetivar a promessa constitucional de *acesso à justiça* (entendida esta como obtenção de soluções justas – *acesso à ordem jurídica justa*). Como garantia-síntese do sistema, essa promessa é um indispensável ponto de partida para a correta compreensão global do conjunto de garantias constitucionais do processo civil".

E prossegui:

"não fora essa seguríssima premissa metodológica, haveria grande dificuldade para a justificação sistemática das medidas urgentes, concedidas *inaudita altera parte* e portanto não preparadas segundo um contraditório entre as partes. Mas o próprio valor democrático do contraditório, que não é fim em si mesmo mas um dos meios de construção do processo justo e équo, há de ceder ante as exigências substanciais de promover o acesso à justiça, em vez de figurar como empecilho à efetividade desta. *Os princípios existem para servir à justiça e ao homem*, não para serem servidos como fetiches da ordem processual".[36]

Conclui-se pois que não havia como postergar o exame do pedido de antecipação tutelar, sujeitando-o às longas demoras da tramitação perante o C. Órgão Especial do E. Tribunal de Justiça e impondo aos associados da ora consulente prejuízos que se acumulariam dia após dia, não se sabe durante quantos dias ou quiçá meses, até que sobreviesse uma decisão colegiada a respeito. O art. 227 do Regimento Interno do E. Tribunal de Justiça, que a Assembléia tacha de *infeliz*, guarda estrita coerência com essas idéias e observância das razões legitimadoras das tutelas urgentes – sendo notório que no âmbito do próprio Supremo Tribunal Federal, que é o guarda da Constituição, ocorre com alguma freqüência, em casos de urgência como o presente, a concessão de medidas liminares pelo relator em ações diretas, sempre com a possibilidade de acesso ao C. Plenário mediante a interposição de agravo interno. Aqui no presente caso, se quisesse o Governo do Estado de São Paulo um controle daquela medida pelo C. Órgão Especial, competia-lhe dirigir-se a este mediante o recurso admissível.

36. *Cfr. Instituições de direito processual civil*, I, n. 96, esp. pp. 255-256.

AÇÃO DIRETA DE INCONSTITUCIONALIDADE – LEGITIMIDADE 1057

É oportuno lembrar essa judiciosa lição de Calamandrei, que é a expressão da preocupação de todos por uma Justiça ágil e capaz de decidir rapidamente as situações urgentes: "entre fazer logo porém mal e fazer bem mas tardiamente, os provimentos cautelares visam sobretudo a fazer logo, deixando que o problema do bem e do mal, isto é, da justiça intrínseca do provimento, seja resolvido mais tarde, com a necessária ponderação, nas sossegadas demoras do processo ordinário".[37]

§ 4º – A ASSEMBLÉIA LEGISLATIVA, SEM CAPACIDADE DE SER PARTE

725. Casas Legislativas não têm personalidade jurídica

Que as Assembléias Legislativas carecem de personalidade jurídica, isso é uma decorrência intuitiva do próprio conceito de pessoa jurídica e dos elementos de cuja presença depende a caracterização desta. Como está em clássico ensinamento de Washington de Barros Monteiro, a mesma lei que pode privar seres humanos da personalidade (os escravos) pode também dar personalidade a outros entes; e prossegue o conceituado professor, definindo a personalidade jurídica como "uma forma, uma investidura, um atributo, que o Estado defere a certos entes".[38] *A lei* a que se refere é a substancial, que traz em si o *numerus clausus* das pessoas jurídicas de direito público e de direito privado. E Clóvis Beviláqua, ao conceituar a pessoa jurídica como "corpo social dotado de interesses jurídicos próprios", estava aludindo à capacidade de ser titular de direitos e obrigações na órbita do direito substancial.[39]

De um modo geral, a doutrina condiciona a existência da pessoa jurídica aos requisitos: a) da *identificação* do ente subjetivado (nome, sede, objetivo), para ser possível definir sua capacidade e responsabilidade; b) de sua *organização* ("organização de homens e de meios para a satisfação de interesses e necessidades

---

37. *Cfr. Introduzione allo studio sistematico dei provvedimenti cautelari*, n. 8, esp. p. 20.
38. *Cfr. Curso de direito civil – parte geral*, p. 105.
39. V. *Theoria geral do direito civil*, § 19, esp. p. 117.

comuns");[40] (c) da existência de *patrimônio próprio*; e (d) do *reconhecimento estatal*.[41] Em um plano metajurídico, legitima a subjetivação desses entes incorpóreos, como *centros de interesses coletivos*, a própria existência de interesses coletivos a serem patrocinados, defendidos, exercidos, fruídos, por determinado corpo de pessoas.[42] E, sabido que esses interesses coletivos, como tais, não coincidem por inteiro nem necessariamente com os interesses individuais de cada um dos integrantes do grupo, eis que surge a pessoa jurídica como realidade jurídica derivante dessa realidade social centrada nos interesses de uma coletividade.

> "La persona giuridica è una creazione del diritto in relazione ad una realtà sociale, allo stesso modo come la persona è una creazione del diritto in relazione ad una realtà corporea; è cioè la realtà giuridica di una realtà sociale" (Giuseppe Menotti de Francesco[43]).
> "(...) che la creazione di una persona giuridica sia il frutto dell'ermergere, nella realtà sociale, di un'entità effettivamente diversa dall'uomo singolo, o da una somma di individui considerati in modo atomistico" (Massimo Basile e Angelo Falzea[44]).

Identificada a personalidade jurídica na *plena capacidade* de ser titular de direitos e obrigações *na ordem jurídica substancial*, entidades como o consórcio, a *massa falida*, o espólio *etc.* não podem ser consideradas pessoas jurídicas. Em uma linguagem bastante conhecida, tais entidades não constituem *centros de imputação* de direitos e obrigações, por não lhes corresponder uma *integral alteridade* em relação aos seus integrantes, ou seja, por-

---

40. Palavras de Giuseppe Menotti De Francesco, "Persona giuridica – diritto privato e pubblico", n. 6, *in Novissimo digesto italiano*, XII, esp. p. 1.038.

41. *Cfr.* Massimo Basile e Angelo Falzea, "Persona giuridica – diritto privato", esp. n. 3, *in Enciclopedia del diritto*, XXXIII, pp. 238-239; De Francesco, "Persona giuridica – diritto privato e pubblico" cit., esp. nn. 6-8, *in Novissimo digesto italiano*, XII, pp. 1.038-1.039.

42. V. ainda Basile-Falzea, "Persona giuridica – diritto privato", n. 3, *in Enciclopedia del diritto*, XXXIII, p. 239.

43. *Cfr:* "Persona giuridica – diritto privato e pubblico" cit., n. 5, *in Novissimo digesto italiano*, XII, esp. p. 1.038.

44. "Persona giuridica – diritto privato", n. 3, *in Enciclopedia del diritto*, XXXIII, esp. p. 239.

que elas não se distinguem por inteiro deles. Uma das conotações essenciais das pessoas jurídicas é precisamente essa *alteridade*, sendo elas "fenômenos distintos dos indivíduos que as compõem ou de qualquer outro fenômeno com o qual pudessem ser confundidas" (Basile-Falzea[45]). Como já foi dito, é ao ordenamento jurídico que cabe, caso por caso, declarar soberanamente que tal ou qual entidade é "digna de assumir o papel de sujeito do direito", erigindo-a, se assim entender conveniente, em pessoa jurídica (Washington de Barros Monteiro).[46]

Assumidas essas seguras premissas conceituais e dogmáticas, chega-se à conclusão de que as Assembléias Legislativas carecem de personalidade jurídica – do mesmo modo como não são pessoas jurídicas as Casas Legislativas em geral, os órgãos da Magistratura e o próprio Poder Judiciário como um todo, os Ministérios, Secretarias, o Ministério Público *etc.* O Código Civil de 1916, então responsável pela formulação do rol das pessoas jurídicas no direito brasileiro, qualificava como pessoas jurídicas de direito público exclusivamente a União, o Distrito Federal, Estados e Municípios (art. 14). Sobrevieram-lhe leis especiais atribuindo personalidade jurídica de direito público às autarquias, e depois o vigente Código Civil aludiu às "autarquias, inclusive as associações públicas" (art. 41, inc. IV), mas em nenhum momento lei alguma chegou a atribuí-la às Casas Legislativas, Ministério Público, Tribunais *etc.* As Assembléias Legislativas Estaduais são colocadas pela Constituição Federal – em simetria com o trato dado aos órgãos legislativos no plano federal – como um dos chamados *Poderes*, ao qual convergem prioritariamente as funções de editar normas e realizar a fiscalização e controle dos atos do Executivo Estadual (arts. 29-31), sem todavia terem poderes de gestão administrativa geral. Não têm patrimônio próprio, senão mero orçamento mediante dotação de verbas segundo o que determinar o orçamento do Estado como um todo. Não ten-

---

45. *Id.*, *ib.*, esp. p. 241.
46. *Id.*, *ib.*, esp. p. 238. V. ainda a lição já referida de Washington de Barros Monteiro, *in Curso de direito civil – parte geral* (nota 38, *supra*).

do patrimônio próprio e não figurando no *numerus clausus* das pessoas jurídicas ditado por lei, seguramente pessoas jurídicas elas não são.

726. sem capacidade de ser parte

A ninguém é dado ignorar que varia no seio de um só e mesmo ordenamento jurídico, ou de País para País, ou de um tempo a outro, a intensidade com que certos entes recebem a capacidade de serem titulares das situações jurídicas ativas e passivas caracterizadas como direitos, poderes, faculdades, obrigações, deveres, ônus *etc.* Sirvam de exemplo a *sociedade de um sócio só*, disciplinada ou compatível com certos ordenamentos jurídicos europeus; a *sociedade entre marido e mulher*, entre nós reconhecida mesmo quando seu patrimônio coincida por inteiro com o da comunhão entre os cônjuges-sócios; a *massa de credores falimentares*, personificada na ordem jurídica francesa, e aqui não. Variando no tempo e no espaço as necessidades dos povos por força de determinantes políticas, culturais ou da conjuntura econômica ou social, é natural que varie o trato a ser destinado às inúmeras realidades sociais coletivistas.

> A escolha do legislador é discricionária, seja ao conceder a subjetivação, ao rejeitá-la quando preferir, e de igual modo ao atribuí-la com relação exclusivamente às situações jurídicas que discriminar. Também por criação pretoriana certas entidades recebem alguma dose de personificação mediante o reconhecimento de sua capacidade de ser parte, ou personalidade jurídica de direito processual (como adiante se verá – *infra*, n. 727).

Essa afirmação apóia-se na realidade de entes aos quais o direito, embora não lhes reconheça a *plena* personalidade jurídica (especialmente no plano do direito substancial), outorga capacidade de serem partes em processos jurisdicionais – ou seja, mera capacidade de direito processual ou *personalidade judiciária*, no dizer de Víctor Nunes Leal. Entidades como a massa falida, o espólio, a sociedade de fato, os consórcios e os condomínios *etc.*, embora sem serem autênticas pessoas jurídicas (elas não o são perante a ordem jurídico-substancial), podem ser titulares do direito de ação e legitimadas ativa ou passivamente para certas causas; em relação a essas causas têm capacidade de tornarem-se titulares das faculdades, poderes, ônus, deveres e sujeição, que são as situações jurídicas ativas e passivas integrantes da complexa relação processual.[47] Em suma, nos processos que podem promover e naqueles em cujo pólo passivo possam figurar, essas entidades assumem a plena condição de *partes, em sentido processual*.

Mesmo o art. 12 do Código de Processo Civil, no entanto – o qual atribui a capacidade de ser parte a certos entes não caracterizados como pessoas jurídicas plenas –, não inclui entre as *pessoas jurídicas de direito processual* as Casas Legislativas nem os tribunais *etc*. A regra legal ali ditada, com referência aos Estados-membros, é a da sua representação judicial por seus procuradores, os *procuradores do Estado* (art. 12, inc. I). Infere-se desse conjunto de premissas e conceitos, com absoluta segurança, que as Assembléias Legislativas não são pessoas jurídicas e não têm sequer a *capacidade de serem partes* em processos jurisdicionais em geral.

> Essa assertiva não é comprometida pelo fato de o presidente de Assembléia Legislativa ser legitimado para figurar no pólo passivo dos processos de mandado de segurança – simplesmente porque essa posição é legalmente destinada ao agente, e não ao ente a que pertence (lei n. 1.533, de 31.12.51, art. 7º, inc. I[48]). Nem a infirma a legitimidade ativa que os tribunais brasileiros reconhecem às Casas Legislativas para postularem medidas relacionadas com sua independência em face do Poder Executivo: essa legitimidade envolve apenas e tão-somente uma capacidade de ser parte restrita a esses casos (impetração de segurança contra atos do prefeito *etc.*). Dessa limitada capacidade de ser parte, ou *personalidade de direito processual* (capacidade judiciária), falará o parecer logo abaixo.

47. *Cfr.* Eduardo Couture, *Fundamentos del derecho procesal civil*, nn. 83-89, pp. 124 ss.; Cintra-Grinover-Dinamarco, *Teoria geral do processo*, n. 179, pp. 306-307.

48. Hoje Lei 12.016, de 7 de agosto de 2009, art. 7º, inc. I.

727. *personalidade jurídica de direito processual*

Como dito, não há inteira coincidência entre a capacidade de ser parte e a personalidade jurídica plena, havendo entidades que têm aquela sem que seja *plena* a personalidade jurídica de que são dotadas. Venho discorrendo sobre esse tema há muitos anos, e mais recentemente procurei colocá-lo de modo sistemático em minha obra de caráter geral, dizendo:

> "a lei do processo vai além e confere mera *personalidade processual* a alguns outros entes que, sem serem pessoas físicas ou jurídicas em sentido integral, são admitidas no processo como partes. Trata-se da *massa falida*, do *espólio*, do *condomínio imobiliário*, das *sociedades irregulares*, da *herança jacente* e da *herança vacante* (CPC, art. 12, incs. III-V, VII e IX). O que há de comum entre as pessoas físicas, as jurídicas e esses entes personalizados exclusivamente para fins processuais é sua capacidade de serem titulares das situações jurídicas processuais – e, daí, sua *capacidade de serem partes*".[49]

Estamos, como se vê, no campo da capacidade de ser parte, que não coincide por inteiro com o da personalidade jurídica (Víctor Nunes Leal[50]). As entidades às quais o art. 12 do Código de Processo Civil outorga capacidade de serem partes em processos jurisdicionais não são, só com isso, erigidas à condição de pessoas jurídicas plenas: o que por ali elas recebem qualifica-se como mera capacidade de direito processual, ou capacidade de ser parte, embora continuem sem personalidade perante o direito substancial. Diz a esse propósito o mestre Liebman que certas "coletividades organizadas e patrimônios autônomos" recebem a capacidade de serem partes, "embora a lei não lhes reconheça verdadeira personalidade jurídica".[51]

---

49. *Cfr.* minhas *Instituições de direito processual civil*, II, n. 535, esp. p. 291.
50. *Cfr.* "Personalidade judiciária das câmaras municipais", n. 7, *in Problemas de direito público*, p. 428.
51. *Cfr. Manual de direito processual civil*, I, n. 42, esp. p. 126 trad.

Caso típico de entidade destituída da plena capacidade de tornar-se titular de direitos e obrigações perante a ordem civil, não sendo titular de patrimônio algum e não tendo plena autonomia para reger seus próprios destinos, é o *Ministério Público*, que em tempos presentes recebe da lei tanta legitimidade para agir em juízo. É uma pessoa jurídica? Não, porque integra a própria União ou algum Estado federado, precisamente no setor do Poder Executivo. Os bens que ocupa ou dos quais se vale pertencem à pessoa jurídica de direito público à qual ele próprio pertence. Tem legitimidade, p.ex., para postular em juízo uma proteção possessória relativa a esses bens, ou para ser demandado em matéria patrimonial como essa? Obviamente, não. Mas figura como parte, ou precisamente como autor, nas ações civis públicas, em causas relacionadas com a improbidade administrativa *etc.* Que significa isso? Significa que, nos limites estabelecidos em lei, o Ministério Público tem capacidade para ser parte, ou seja, tem *personalidade jurídica de direito processual* embora não seja, plenamente e para todos os efeitos, uma pessoa jurídica.

728. *a capacidade de ser parte das Casas Legislativas, limitada à sua própria defesa institucional*

Desfruta de grande e merecido conceito no seio do C. Supremo Tribunal Federal a posição assumida pelo operoso Min. Víctor Nunes Leal em um pequeno ensaio ali tantas vezes referido em discussões, votos, acórdãos. Delineia ele os limites do que denomina *personalidade judiciária* de certos órgãos ou organismos estatais que, sem serem pessoas jurídicas, recebem da lei ou do sistema processual a capacidade de serem partes em relação a litígios de certa natureza. Nessa superior e incontrastada lição, tais entidades, que não são incluídas nem integram o rol das pessoas jurídicas, gozam todavia de capacidade suficiente para defenderem-se a si próprias perante o Poder Judiciário, sem a qual sua estabilidade institucional poderia ficar comprometida. São causas voltadas, segundo o Ministro e o entendimento acatado pela Corte Suprema, à defesa dos *direitos* dos quais, *em certa medida*, as Casas Legislativas são titulares. Reconhece-lhes o Supremo Tribunal Federal a personalidade jurídica e conseqüentemente o direito de ação como instrumento para a defesa desses "certos direitos".[52]

> É o que se dá quando se trata, v.g., de questionar uma invasão de competência do órgão legislativo cometida pelo Executivo, ou de pleitear a liberação de verbas por este, ou ainda de defender prerrogativas dos parlamentares. Nesses casos, e exclusivamente para esses fins específicos, as Casas Legislativas têm capacidade de ser parte em juízo.

Essa é uma autêntica figura de personalidade jurídica de direito processual reconhecida a entes que não dispõem da plena capacidade de se tornarem titulares de direitos e obrigações perante a ordem jurídica geral – mas que, justamente por ser uma personalidade jurídica exclusivamente de direito processual e ter por específica destinação a *defesa institucional* do ente, há de ser contida nos limites estritos dessa defesa institucional. Ir além significaria ampliar indevidamente o rol jurídico-positivo das pessoas jurídicas de direito público contido nos quatro incisos do art. 41 do Código Civil. Uma atitude como essa equivaleria a outorgar plena capacidade aos condomínios, ou aos seus síndicos, para pleitear em juízo acerca do direito de propriedade dos condôminos, o que é notoriamente rejeitado; ou a permitir que a massa falida comparecesse em juízo em defesa de direitos personalíssimos do falido *etc*. No tocante ao específico ponto das Assembléias Legislativas e sua limitada capacidade de serem partes, é enfático o Col. Superior Tribunal de Justiça, como se vê nessa incisiva manifestação:

> "esta Corte Superior de Justiça registra já o entendimento no sentido de que a Assembléia Legislativa Estadual tem legitimidade para figurar no pólo passivo de relação processual tão-somente na defesa de seus *direitos institucionais*, concernentes à sua organização e funcionamento; (...) o ente estadual não tem personalidade

---

52. *Cfr*. Víctor Nunes Leal, "Personalidade judiciária das câmaras municipais", nn. 8-10, *in Problemas de direito público*, pp. 430 ss.

jurídica, sendo sua capacidade processual adstrita à defesa de interesses relativos à sua estrutura orgânica".[53]

729. a conseqüência processual da incapacidade de ser parte: inexistência jurídica dos atos praticados

Como é corrente em toda a doutrina brasileira, a capacidade de ser parte inclui-se entre os pressupostos de admissibilidade do julgamento do mérito (Alfredo Buzaid[54]). Não a tendo o demandante, falta um dos *pressupostos de constituição e de desenvolvimento válido e regular do processo*, a que alude o inc. IV do art. 267 do Código de Processo Civil – com a conseqüência da extinção do processo sem julgamento do mérito. Inversamente, julgar contra quem não a tem (e conseqüentemente não é pessoa jurídica) significaria impor *a ninguém* os pretendidos efeitos jurídico-substanciais da sentença, em um acintoso absurdo lógico que dispensa explicação. Seria como julgar a pedido de um morto ou em face de outro. Teríamos nessas hipóteses o absurdo de uma relação jurídica processual com um dos pólos completamente desocupado, por falta de um sujeito ao qual o sistema jurídico reconhecesse ao menos a capacidade de direito processual (Ministério Público, massa falida, condomínios *etc.*).

É também natural e intuitivo que da absoluta falta de capacidade de serem partes (entes aos quais faleça não só a personalidade jurídica plena como também a de direito processual) resulta a *inexistência jurídica* não só do ato de propositura da demanda em nome de um desses entes, como também a de qualquer outro ato cuja realização lhes seja atribuída. Tal defeito radical atinge também a citação postal ou edital do morto, uma intervenção de terceiro, um recurso de terceiro prejudicado *etc.* Em todas essas hipóteses teríamos rigorosamente um ato destituído de um sujeito

---

53. *Cfr.* STJ, 6ª T., AgReg no Ag n. 388.114, rel. Hamilton Carvalhido, j. 4.10.01.

54. *Cfr. Agravo de petição no sistema do Código de Processo Civil*, cap. VIII, pp. 115 ss.

que o recebesse ou o praticasse.[55] Seriam, na verdade, verdadeiros *nadas jurídicos* (Calmon de Passos).

730. *o agravo interposto pela Assembléia Legislativa paulista*

Como se registrou no intróito, compareceu aos autos desta ação direta de inconstitucionalidade a Assembléia Legislativa do Estado de São Paulo, pela mão de seus procuradores, interpondo um *agravo regimental* contra o ato com o qual o sr. Relator concedera à autora e ora consulente Associação Brasileira de Shopping Centers – ABRASCE uma antecipação de tutela consistente na suspensão da eficácia da lei estadual impugnada, com o efeito prático de permitir a essa autora o prosseguimento na cobrança de remuneração aos usuários de suas áreas reservadas ao estacionamento de veículos pertencentes a clientes. Conquanto compostas e redigidas com invejável apuro técnico e competência profissional, a petição de interposição de tal recurso e as razões que o guarnecem silenciam quanto a um ponto vital, que é a indicação da qualidade na qual aquela Assembléia veio a Juízo. Reputar-se-ia ela parte já integrada à relação jurídica processual? Ou tal seria um recurso de terceiro prejudicado? Ou, ainda, estaria atuando na condição de *amicus curiæ*? Seguramente, parte principal ela não é, porque no pólo passivo dessa relação processual está regularmente instalado o próprio Estado de São Paulo, representado por sua Procuradoria-Geral, havendo sido expressamente requerida, no ato de propositura da demanda, a citação do sr. Procurador-Geral do Estado. Mas, então, seria a Assembléia Legislativa um *amicus curiæ* ou um terceiro prejudicado?

731. *o* amicus curiæ *não tem legitimidade recursal, segundo a jurisprudência do C. Supremo Tribunal Federal*

As discussões doutrinárias em torno da legitimidade ou ilegitimidade do *amicus curiæ* para oferecer recurso nas ações de

---

55. E o advogado, como signatário de qualquer desses atos, seria um procurador *de ninguém*.

controle difuso de constitucionalidade não têm demovido o C. Supremo Tribunal Federal de sua firme convicção e reiterada jurisprudência no sentido de que tal sujeito processual não dispõe de legitimidade para tanto. Não é o caso de nos envolvermos, aqui, nessa *vexata quæstio*, mas consigna-se que, como está em voto condutor da sra. Min. Carmen Lúcia, proferido em Plenário, "a jurisprudência deste Supremo Tribunal é assente quanto ao não-cabimento de recursos interpostos por terceiros" – sendo para tanto sustentado que a admissibilidade da participação do *amicus curiæ* (lei n. 9.868, de 10.11.99, art. 7º, § 2º) não implica sua legitimidade recursal.[56]

Mas a Assembléia Legislativa não se declarou *amicus curiæ* nesse processo estadual de que aqui cuidamos. Não recorreu nessa condição, ou ao menos não o disse. De todo modo, se assim houvesse feito, seu recurso não comportaria conhecimento independentemente daquela ausência de capacidade de ser parte, de que venho falando.

732. um recurso de terceiro prejudicado, sem capacidade de ser parte e sem ter sofrido prejuízo jurídico?

Por falta de alternativa viável, considero que esse agravo da Assembléia Legislativa do Estado de São Paulo seria um *recurso de terceiro prejudicado*, em tese admitido pelo art. 499, *caput*, do Código de Processo Civil. Se essa Casa estivesse defendendo uma prerrogativa própria, de natureza *institucional*, ou prerrogativas de seus integrantes, ela seria realmente um autêntico terceiro prejudicado e, com isso, a um só tempo (a) teria personalidade jurídica de direito processual suficiente para estar em juízo em defesa de tais valores próprios e (b) seria parte legítima para fazê-lo, na condição de terceiro prejudicado (legitimidade recursal).

Mas ela não é um terceiro prejudicado, no sentido da lei. Tomando ainda uma vez a liberdade de citar a mim mesmo, remeto

---

56. *Cfr*: STF, Pleno, ADI n. 3.615-PB, rel. Carmen Lúcia, j. 17.3.08, m.v., *DJe* 074 (vencidos os srs. mins. Carlos Britto e Gilmar Mendes).

os qualificados leitores ao que a propósito do terceiro prejudicado e sua legitimidade recursal disse em doutrina:

> "recurso de terceiro prejudicado é o pedido de novo julgamento endereçado a um tribunal pelo sujeito que, sem ter sido parte no processo até então, ficará juridicamente prejudicado pelos efeitos da sentença, decisão ou acórdão. Ele não é titular de qualquer das pretensões postas em julgamento na causa nem das relações controvertidas entre as partes, mas, para considerar-se *juridicamente* prejudicado, é necessário existir uma situação jurídico-material sua que de algum modo ficará atingida de modo indireto. O interesse jurídico do terceiro que recorre é a remoção de um julgado que de algum modo constitua concreto precedente sobre seus interesses jurídico-materiais. Daí falar a lei no *nexo de dependência entre seu interesse de intervir e a relação jurídica submetida pelas partes à apreciação judicial* (art. 499, § 1º); na realidade, ele não terá legitimidade para intervir recorrendo, se não houver nexo algum".[57]

Essas palavras são minhas, mas o pensamento que expressam não é de minha criação. Corresponde ao que dizem todos os doutrinadores que se manifestaram sobre o tema, bem como todos os tribunais brasileiros. *Terceiro prejudicado* é, em substância, aquele que haja recebido um *prejuízo jurídico* do julgamento proferido entre outros. A ele é indispensável, tanto quanto ao terceiro que pretenda vir ao processo como *assistente* (CPC, art. 50), que a decisão ou o processo pendente seja capaz de lhe causar um dano qualificado como prejuízo jurídico. E, no entendimento de todos, *prejuízo jurídico* existe somente quando a *esfera de direitos* de uma pessoa é atingida por decisão tomada entre outros sujeitos, ou seja, quando de algum modo tal decisão interfere na existência ou inexistência de direitos a seu favor ou obrigações a seu cargo. Ou, ainda: quando algum bem jurídico de sua titularidade é atingido. Remeto o leitor ainda uma vez ao precioso ensaio no qual o Min. Víctor Nunes Leal discorre sobre certos direitos das Casas Legislativas e a atribuição a elas de personalidade judiciária suficiente para a defesa de tais direitos (*supra*, n. 728).[58]

---

57. *Cfr.* ainda uma vez Dinamarco, *Instituições de direito processual civil*, II, n. 598, p. 403.

58. *Cfr.* ainda uma vez "Personalidade judiciária das câmaras municipais", nn. 8-10, *in Problemas de direito público*, pp. 430 ss.

Nada disso se vê no caso trazido para o parecer. A Assembléia Legislativa de São Paulo, que simplesmente não declinou a condição em que comparecia nem qualificou o recurso que interpunha, atuou como se fosse um representante da unidade federada, sem sê-lo. Não defende prerrogativas institucionais suas nem de seus integrantes. Está longe portanto daquelas situações, verdadeiramente extraordinárias, em que a jurisprudência vem reconhecendo a personalidade jurídica de direito processual (ou personalidade judiciária) a entes aos quais o direito substancial não confere personalidade jurídica (CC, art. 41). Ela não é uma pessoa jurídica e, *nessa situação*, não tem a indispensável capacidade de ser parte. Essa é a conclusão ordinária em relação aos entes não-personalizados. Reconhecer-lhe a capacidade de ser parte seria *algo extraordinário*, dependente daquelas circunstâncias que no caso não se vêem.

> Por outro aspecto, não estando em defesa de interesse próprio, a Assembléia paulista não está amparada por um legítimo interesse de agir que o sistema reputa indispensável para pleitear e obter provimentos jurisdicionais (CPC, art. 3º). *Interesse*, em direito, é *utilidade* (Carnelutti[59]), e se não for para buscar uma utilidade para si próprio ou para um substituído o sujeito carece de ação (art. 267, inc. VI). No presente caso as coisas se entrelaçam, porque, não estando a Assembléia em busca de proteção a direitos ou prerrogativas próprios (defesa institucional), ela ao mesmo tempo não é um sujeito interessado e, mais grave que isso, não tem capacidade para ser parte no processo de uma ação em cujo pólo passivo figura o Estado – e o Estado federado é representado em juízo por seus procuradores, não pela Casa Legislativa (CPC, art. 12, inc. I).

A conclusão é que, por todos esses motivos somados, mas precipuamente por não dispor a Assembléia Legislativa do Estado de São Paulo de capacidade de ser parte neste processo, o agravo regimental que interpôs não merece ser conhecido.

> O zelo pela efetividade das leis que aprova, que parece ter sido motivador da iniciativa da Assembléia Legislativa do Estado de

---

59. *Cfr. Teoria generale del diritto*, § 35, pp. 58-61.

São Paulo, não pode ser assimilado ao conceito de *interesse jurídico*. Ela é somente uma peça atuante no processo legislativo, tanto quanto o é o Poder Executivo e tanto quanto o são as Câmaras Municipais e as próprias Casas do Congresso Nacional. A censura judiciária às leis que aprovam poderá atingir a esfera jurídica dos sujeitos aos quais as leis se endereçam, não a das próprias Casas Legislativas nem a da Presidência da República, do Governo do Estado ou da Prefeitura.

XLI – AÇÃO DIRETA DE INCONSTITUCIONALIDADE: QUORUM *PARA A MODULAÇÃO DE EFEITOS*

§ 1º – **os antecedentes e a consulta** – 733. uma situação atípica – 734. variados temas de direito – § 2º – **modulação e segurança jurídica** – 735. modulação de efeitos da declaração de inconstitucionalidade: primeira aproximação – 736. direito processual constitucional e devido processo legal – 737. segurança jurídica e irretroatividade das leis e das decisões judiciárias – 738. a superioridade da Constituição e o império da lei – 739. segurança jurídica e repúdio às decisões com eficácia retroativa – 740. concluindo o parágrafo: a segurança jurídica como limite – § 3º – **suficiência do *quorum* sobre o número dos presentes** – 741. tornando ao caso e reavivando as questões postas – 742. ação – 743. o silêncio do art. 27 da Lei da Ação Direta e o recurso ao sistema e aos princípios – 744. o indispensável equilíbrio entre os valores em jogo – 745. o contexto metodológico como pano de fundo para a interpretação do art. 27 – 746. do pano de fundo ao Regimento Interno – 747. a interpretação adequada do art. 27 da Lei da Ação Direta – § 4º – **sobre a sessão de julgamento e seu "prosseguimento"** – 748. exigência formulada casuisticamente depois de tomados os votos – 749. julgamento terminado, sessão encerrada – ilegítimo o "prosseguimento" – § 5º – **síntese conclusiva e conclusões pontuais** – 750. a conclusão central: suficiência de dois-terços dos presentes não-impedidos – 751. votação encerrada, juiz natural e uma decisão casuística pelo prosseguimento da sessão – 752. disposição alguma exige os votos de todos os integrantes

§ 1º – OS ANTECEDENTES E A CONSULTA

733. *uma situação atípica*

Sou honrado com esta consulta dos ilustres advogados prof. José Rogério Cruz e Tucci e dr. Marcelo Terra, no patrocínio dos interesses de diversas constituintes suas, empresas do ramo imobiliário que ingressaram como *terceiros interessados* em processo de ação direta de inconstitucionalidade pendente perante o E. Tribunal de Justiça de São Paulo. Foram ali aceitas nessa qualidade e conhecidos foram os *embargos de declaração* que opuseram, mas afinal ficou consignado em ata que o C. Órgão Especial os rejeitara. Aquela ação de controle constitucional havia sido julgada procedente, sendo pois declaradas inconstitucionais as leis impugnadas, e os declaratórios das empresas visavam a obter a *modulação* de tais declarações de inconstitucionalidade. Trata-se de três leis do Município de Campinas "que dispõem sobre regras de zoneamento na cidade"; o interesse das empresas que me consultam advém do fato de *sob a vigência dessas leis e contando com sua regularidade* haverem realizado numerosos empreendimentos e vendido unidades imobiliárias a milhares de pessoas – e daí não só o prejuízo que sofreram, mas também a grande repercussão que aquela declaração de inconstitucionalidade lança sobre inúmeras pessoas físicas e jurídicas.

> São por volta de *três mil* e estão situadas em diversas regiões da cidade as unidades imobiliárias atingidas por essas leis declaradas inconstitucionais – e tais unidades imobiliárias advêm não só de empreendimentos realizados pelas consulentes, como de várias outras empresas. Existem ainda outras centenas e centenas de unidades atingidas e que não se incluem entre os chamados *empreendimentos imobiliários*; quanto a estas, os interesses atingidos dizem respeito à regularização de uso. Esse quadro reforça a impressão, já acima destacada, da grande repercussão social da declaração de inconstitucionalidade aqui em exame.

Nessa situação, e havendo ocorrido uma surpreendente situação atípica na tomada de votos daqueles embargos de declaração, tornam as empresas embargantes com *novos embargos declaratórios*, agora em face da decisão que deu por rejeitados os primeiros. A atipicidade ocorreu quando, somente vinte-e-três desembargadores havendo proferido votos sobre a procedência ou improcedência dos primeiros declaratórios e dezesseis desses vinte-e-três votado pelo acolhimento dos primeiros embargos, a E. Presidência determinou que a sessão de julgamento prosseguisse outro dia, com integração ao colegiado de outros dois desembargadores.

Não participara da apreciação dos primeiros embargos declaratórios o sr. Des. Ruy Camilo, que se dera por impedido, nem o Presidente, sr. Des. Vallim Bellocchi, ocasionalmente ausente à sessão.

Equivocadamente, entendera a E. Presidência da sessão que haveria uma suposta exigência de participação de *todos os integrantes do Órgão Especial*, sem se dar conta de que disposição alguma exige nem o sistema impõe esse integral *quorum de deliberação*. Na realidade, a sessão terminara por aí, quando os vinte-e-três votos foram tomados e, entre eles, dezesseis desembargadores decidiram por modular os efeitos daquela declaração de inconstitucionalidade. E, como *dezesseis é mais que dois-terços de vinte-e-três*, estava satisfeito o *quorum de aprovação* exigido para que se chegasse à modulação postulada.

Emprego as locuções *quorum de aprovação* para designar o mínimo de votos necessários para deferir a modulação (2/3) e *quorum de deliberação* o mínimo de presentes à sessão e em condições de votar. Nesse segundo sentido, prestigioso léxico define *quorum* como "o número de membros que devem estar presentes em um conselho deliberativo para que um negócio possa ser celebrado" (*Black's*[1]). Quando uma disposição exige a presença de todos os integrantes do colegiado diz-se que este só pode deliberar mediante a participação do *full bench*.[2] Não há uma só disposição no sentido de exigir o *full bench* para as decisões relacionadas com a modulação de efeitos da declaração de inconstitucionalidade (*infra*, n. 748).

No prosseguimento da sessão vieram a participar mais dois desembargadores, a saber: o sr. Presidente Vallim Bellocchi, agora presente à sessão, e o sr. Des. Corrêa Vianna, convocado para substituir aquele que se dera por impedido (Des. Ruy Camilo). Ao cabo de intensa discussão entre os presentes houve esses dois votos então dados por "faltantes" e várias reconsiderações de votos. O resultado final que vieram a proclamar foi o de acolher, sim, os declaratórios, mas sem a modulação pretendida pelas em-

---

1. *Cfr.* Henry Campbell Black, *Black's law dictionary*, verbete *quorum*, p. 1.255, 2ª col.
2. *Id.*, *ib.*, p. 155, 1ª col.

presas, porque a sessão terminou com apenas *quinze votos* no sentido de modular os efeitos da declaração de inconstitucionalidade daquelas leis campineiras, contra *dez* em sentido contrário (e 15 é menos que 2/3 de 25).

Em resumo: a) com vinte-e-três votantes na sessão regularmente realizada obtivera-se a modulação quando dezesseis desses desembargadores optaram por modular; b) com vinte-e-cinco participantes no prosseguimento da sessão em outro dia, somente quinze desembargadores modulavam, o que não seria suficiente para a modulação.

Foi nessa situação que sobrevieram esses *novos embargos declaratórios* das empresas, pondo em questão a decisão consistente em determinar a retomada do julgamento, quando na realidade a decisão por modular os efeitos da declaração já estava *definitivamente tomada* com a presença de vinte-e-três desembargadores e um *score* de dezesseis votos a favor e somente sete contra.

734. *variados temas de direito*

O que há de mais rico e estimulante nessa consulta com que me honram é o apelo a profundas reflexões em torno do *direito processual constitucional*, dos valores a serem resguardados e do confronto entre esses valores, em associação a técnicas inerentes à modulação de efeitos das declarações de inconstitucionalidade, à legislação infraconstitucional pertinente e até mesmo à disciplina regimental. E a pergunta que se faz ao centro desse turbilhão de questões intrigantes, sendo esse o núcleo de todo o raciocínio, é simplesmente essa: mais vale preservar a superioridade hierárquica de uma Constituição Estadual ou as *razões de segurança jurídica ou de excepcional interesse social* que constituem razão de ser da modulação regida pelo art. 27 da lei n. 9.868, de 10 de novembro de 1999? O parecer seguirá por esses caminhos cheios de *nuances* e confrontos entre valores, para concluir pela preponderância dessas razões de *interesse público* e, conseqüentemente, pela consumação da modulação de efeitos no caso aqui em exame.

§ 2º – MODULAÇÃO E SEGURANÇA JURÍDICA

735. *modulação de efeitos da declaração de inconstitucionalidade: primeira aproximação*

A doutrina e os tribunais deste País, notadamente o C. Supremo Tribunal Federal, denominam *modulação de efeitos* a técnica pela qual se chega a uma *prospecção* da eficácia de uma declaração de inconstitucionalidade, para que a lei inconstitucional tenha seus efeitos parcialmente resguardados até um certo momento, sem a radical extirpação *ex tunc* de eficácia. Pelo disposto no art. 27 da Lei da Ação Direta, "ao declarar a inconstitucionalidade de lei ou ato normativo, e tendo em vista razões de segurança jurídica ou de excepcional interesse social, poderá o Supremo Tribunal Federal, por maioria de dois-terços de seus membros, restringir os efeitos daquela declaração ou decidir que ela só tenha eficácia *a partir de seu trânsito em julgado ou de outro momento que venha a ser fixado*". Essa disposição constitui clara aplicação de uma teoria, mutuada ao direito alemão em sede doutrinária por Gilmar Mendes, centrada na idéia da *inconstitucionalidade sem nulidade*. Escrevendo antes da vigência dessa lei, tecera o constitucionalista profundas considerações de inteira pertinência ao que depois veio a ser disposto no art. 27, acima transcrito, especialmente quando discorre acerca da *aplicação da lei inconstitucional*.

Também não posso dissociar esses lúcidos pensamentos de um outro tema, evidentemente correlato e tratado na mesma obra aqui referida, que é o da *declaração de inconstitucionalidade sem a pronúncia de nulidade*[3] – embora esse tema seja ali examinado à luz do direito alemão e não do brasileiro, e embora na própria Alemanha ainda grassem muitas incertezas a esse respeito.[4] Esse tema é desenvolvido com particular aplicação aos institutos do mandado de injunção e da declaração de inconstitucionalidade por omissão, mas expressamente associado pelo próprio autor

---

3. *Cfr.* Gilmar Ferreira Mendes, *Jurisdição constitucional*, tít. IV, cap. II, seção III, pp. 202 ss.
4. *Id., ib.*

também ao *processo de controle abstrato de normas*[5] – e o que diz constitui um substrato sistemático de ordem muito geral e, portanto, também válido a embasar o que ao presente caso tem pertinência. Leiamos algumas passagens de sua monografia:

a – "em determinados casos, a aplicação excepcional da lei inconstitucional traduz exigência do próprio ordenamento constitucional";

b – "a aplicação da lei, mesmo após a pronúncia de sua inconstitucionalidade, pode ser exigida pela própria Constituição";

c – trata-se daqueles casos em que a aplicação da lei mostra-se, do prisma constitucional, indispensável no período de transição";

d – "no interesse da segurança, da clareza e determinação jurídicas, deveria o legislador editar uma regra sobre suspensão da aplicação e legitimar o Supremo Tribunal Federal a, sob determinadas condições, autorizar a aplicação da lei inconstitucional nos casos constitucionalmente exigidos" (e foi precisamente isso que a lei veio a fazer).

> É também pertinente a invocação de um instituto do processo civil italiano, o *recurso no interesse da lei*, assim regido pelo Código daquele País: "quando as partes não houverem interposto recurso nos prazos legais, ou hajam desistido do recurso interposto, o procurador-geral em exercício junto à Corte de Cassação poderá interpor recursos pedindo que seja cassada a sentença no interesse da lei. *Nesses casos as partes não poderão valer-se da cassação da sentença*" (c.p.c., art. 363). Nas palavras em itálico está o que mais de perto diz respeito ao problema aqui examinado. Dizendo que a rejeição da tese jurídica acatada na sentença pelo julgamento do recurso no interesse da lei não aproveitará às partes, está o Código italiano estabelecendo, em outras palavras, que *apenas a fundamentação da sentença ficará cassada, mas o dispositivo não*. Evita-se a adoção de uma interpretação socialmente inconveniente, mas isso de nada valerá para as partes que não houverem recorrido. É precisamente isso que o art. 27 da lei especial propõe: que, fixando o tribunal a inconstitucionalidade de uma lei com cuja efi-

---

5. *Op. cit.*, tít. IV, cap. III, seção V, n. 4, esp. p. 298 ("aplicação da lei inconstitucional").

cácia um número significativo de sujeitos viesse contando, uma tal declaração não atinja radical e inexoravelmente todos aqueles sujeitos – e depois, superado o *período de transição* de que fala a doutrina acima referida, os fundamentos da rejeição da lei inconstitucional passem a valer com eficácia *erga omnes*, impondo-se a todos os casos que venham a se configurar a partir de então.

Eis aí o *conflito entre valores*, de que venho falando, e eis afinal uma fórmula de equilíbrio posta pela lei para dirimir adequadamente esse conflito. E qual seria esse valor a ser posto em equilíbrio com o valor da Constituição Estadual e sua superioridade às leis de seu Estado? É a *segurança jurídica*, a propósito de cuja importância institucional discorrerá o parecer a seu tempo e que descende diretamente das balizas democrático-constitucionais inerentes à cláusula *due process of law*.

736. direito processual constitucional e devido processo legal

Direito processual constitucional é, como está na doutrina moderna, um sistema de princípios e garantias explicitados na Constituição Federal e destinados a assegurar que o processo se desenvolva segundo os valores democráticos contidos naquele patamar supremo da ordem jurídica nacional; ele é "o método consistente em examinar o sistema processual e os institutos do processo à luz da Constituição e das relações mantidas com ela"[6] – ou, em outro dizer, a "condensação metodológica e sistemática dos princípios constitucionais do processo" (Cintra-Grinover-Dinamarco[7]). Não é um ramo do direito processual, como o civil, o penal ou o trabalhista. Ele é realmente um *método* – um método instalado no sistema do exercício da jurisdição como penhor de segurança para a realização de um *processo justo* e legítimo produtor de resultados justos.

Ora, notoriamente se proclama em doutrina que o núcleo essencial da garantia do *due process* consiste nas limitações impos-

6. *Cfr.* minhas *Instituições de direito processual civil*, n. 74, pp. 193 ss.
7. *Cfr. Teoria geral do processo*, n. 33, p. 85.

tas pela ordem constitucional ao exercício do poder pelo Estado – ou, tratando-se do processo judicial, limitações impostas *ao juiz* no exercício da jurisdição. Diz a doutrina norte-americana que *due process of law* em sentido substancial é "a concept in U.S. and English jurisprudence that establishes *limits to the powers of government*, specifically against the arbitrary deprivation of life, liberty, or property".[8]

São expressivas essas palavras de profunda fé democrática proferidas pelo *justice* Felix Frankfurter na Corte Suprema norte-americana (1882-1965): "o *due process* não pode ser confinado nos inseguros limites de qualquer fórmula. Representando um profundo sentimento de justiça entre homem e homem, e não especificamente entre o indivíduo e o governo, o *due process* é composto pela História, pela razão, pela linha pretérita de decisões e pela firme *confiança na força da fé democrática que nós professamos*".[9]

E o monografista Luciano Violante, ao discorrer sobre a Magistratura e os magistrados, desenvolve essa sugestiva ordem de idéias: "*os juízes devem ser uns leões, mas leões debaixo do trono* – escrevia Francis Bacon há quatro séculos. A relação entre política e justiça permanece difícil ainda hoje. O trono tem a ambição de esmagar os leões e os leões manifestam uma certa ambição a sentar-se no trono. Somente uma sólida e despreconceituosa consciência institucional é capaz de garantir a obtenção de um equilíbrio democrático".[10] E "qual é hoje o papel dos juízes na sociedade e no Estado?".[11] Essa obra, fundamentalmente dedicada ao estudo institucional do equilíbrio entre o Poder Judiciário e os demais Poderes do Estado no plano político, contém ao longo de toda a exposição vigorosos apelos à *contenção de ímpetos*

---

8. *Cfr. Grollier enciclopedia*, verbete *due process*.

9. Ou, na língua de origem: "*due process* cannot be imprisoned within the treacherous limits of any formula. Representing a profound attitude of fairness between man and man, and not particularly between the individual and government, *due process* is compounded of History, reason, the past course of decisions and stout confidence in the strength of the democratic faith which we profess" (*apud* Gifis, *Law dictionary*, pp. 149-150).

10. *Cfr.* Luciano Violante, *Magistrati* (frase escrita na primeira capa).

11. *Op. cit.*, quarta capa.

para que os juízes possam cumprir adequadamente sua missão, de modo sereno e com total impessoalidade. Seu discurso envolve, embora não o explicite em palavras, uma reflexão sobre as legítimas e indispensáveis limitações ao exercício do poder pelos juízes, em aplicação da garantia constitucional do *due process*.

Esse é o ponto. Guardar zelosamente os *landmarks* inerentes ao devido processo legal é praticar a democracia – porque ir o Estado-juiz além dos limites que lhe são legal e constitucionalmente impostos seria negar a garantia do devido processo e chocar-se com o regime democrático e com os grandes pilares do direito processual constitucional. Ou, ainda mais enfaticamente, como disse eu próprio: significaria também, "ainda quando eventualmente lho autorize a lei, exercer o poder de modo capaz de *comprimir as esferas jurídicas dos jurisdicionalizados* além do que a Constituição permite".[12]

A grande relevância institucional do método denominado direito processual constitucional consiste em revelar o significado dos princípios constitucionais que atuam sobre a ordem processual, sabido que todo conhecimento só é verdadeiramente científico quando tiver por apoio a consciência dos princípios que o regem: sem essa consciência há o grande risco de perder-se a necessária coerência unitária entre os conceitos exarados e jamais ter-se segurança quanto ao acerto e boa qualidade dos resultados das investigações. Sem princípios um conhecimento é desorganizado e só pode ser empírico, porque lhe faltam os elos responsáveis pela interligação desses resultados. No que diz respeito às ciências jurídicas o conhecimento dos princípios é responsável pela boa qualidade e coerência da legislação e também pela correta interpretação e imposição dos textos legais, do sistema como um todo e das concretas situações examinadas.

Devido processo legal é pois, nesse quadro sistemático do Estado-de-direito, irmão siamês da democracia. Falar em *due process* é falar daquelas limitações, em nome de um valor mais elevado, que é a liberdade das pessoas, associado ao dever ético de respeitá-

---

12. *Cfr.* ainda *Instituições de direito processual civil*, I, n. 94, esp. p. 251.

lo, superiormente imposto pela Constituição. É falar do respeito politicamente indispensável às liberdades, em nome dos valores inerentes à democracia, entre os quais o da segurança jurídica.

737. *segurança jurídica e irretroatividade das leis e das decisões judiciárias*

A segurança jurídica consiste no "conjunto de condições que tornam possível às pessoas o *conhecimento antecipado e reflexivo* das conseqüências diretas de seus atos e de seus fatos à luz da liberdade reconhecida" (José Afonso da Silva[13]). Sem ter atrás de si a sombra de uma lei e sem ter uma lei que lhe inspire *confiança* nos resultados ou conseqüências jurídicas dos atos que realiza ou cujos efeitos deva suportar, a pessoa passaria da condição de sujeito de direitos à de *servo* dos agentes estatais. Como que uma capa para esse raciocínio, superiormente se manifesta o conceituadíssimo José Joaquim Gomes Canotilho, *verbis*:

> "os princípios da protecção da confiança e da segurança jurídica podem formular-se assim: o cidadão deve poder confiar em que aos seus actos ou às *decisões públicas* incidentes sobre os seus direitos, posições jurídicas e relações, praticados ou tomados de acordo com as normas jurídicas vigentes, se ligam os efeitos jurídicos duradouros, previstos ou calculados com base nessas mesmas normas".[14]

E Orlando Gomes, ao discorrer magistralmente sobre a *teoria da confiança* no plano do direito privado, chega a sustentar a "responsabilidade de quem, por seu comportamento, suscitou em outra pessoa a justificada expectativa no cumprimento de determinadas obrigações"; incisivamente assevera que acima da vontade do declarante, que é um fenômeno psíquico às vezes muito difícil de desvendar, prevalece o modo como a declaração chega ao destinatário e lhe alimenta justas expectativas.[15] Conquanto de-

---

13. *Cfr. Curso de direito constitucional positivo*, tít. V, cap. II, nn. 17-20, pp. 373 ss.
14. *Cfr. Direito constitucional*, parte IV, cap. 1, IV, n. 2, esp. p. 373.
15. *Cfr. Transformações gerais no direito das obrigações*, esp. pp. 15-17.

senvolvidos com vista específica ao direito das obrigações, esses pensamentos são portadores de um substrato ético e jurídico de transcendência universal, impondo-se *a fortiori* aos atos estatais e aos efeitos da *confiança* que eles devem inspirar aos membros da sociedade.

É precisamente disso que estamos a cuidar aqui no presente caso – devido processo legal, princípio da legalidade, presunção de validade das leis, segurança jurídica, confiabilidade do Estado-de-direito.

738. a superioridade da Constituição e o império da lei

"A validade da lei não depende de declaração judicial e a lei vige, após a decisão [*decisão por sua validade*], tal como vigorava anteriormente" (Gilmar Mendes[16]). Tal assertiva equivale à afirmação da *presunção de validade da lei*, ou de sua *legitimidade*, a cujo propósito discorre Eduardo Talamini em preciosa monografia.[17] Em termos técnico-processuais, a declaração de constitucionalidade de uma norma infraconstitucional em controle abstrato tem a natureza de uma sentença *meramente declaratória* de sua compatibilidade constitucional, e *não constitutiva* (como no caso da declaração de inconstitucionalidade). Como é para lá de notório, uma sentença declaratória nada acrescenta na ordem jurídica além da *certeza*; ao dirimir a *crise de certeza* que a justifica, ela não cria nem extingue direitos, não modifica relações jurídicas, não institui validades ou invalidades.

Dizer isso equivale também a afirmar o *império da lei*, tendo esta sua própria força obrigatória que independe da vontade dos particulares ou de declarações judiciais. Verificada a ocorrência de uma *fattispecie* concreta, a lei se impõe *porque é lei*, e ao juiz não resta margem de escolha, ou muito menos a qualquer das

---

16. *Cfr. Jurisdição constitucional*, tít. IV, cap. III, seção IV, n. 2, p. 280.
17. *Cfr. Novos aspectos da jurisdição constitucional brasileira: repercussão geral, força vinculante, modulação dos efeitos do controle de constitucionalidade e alargamento do objeto do controle direto* (tese acadêmica), n. 4.6.6, esp. p. 215.

partes, entre observar e deixar de observar a *sanctio juris* nela contida. A adesão da vontade dos destinatários ou julgadores é irrelevante para a eficácia das normas jurídicas estatais. Eis a voz do prestigiosíssimo Aldo Sandulli:

> "a força própria da lei ordinária consiste na possibilidade de inovar na ordem legislativa não-constitucional preexistente, dando vida a preceitos que, por sua vez, não podem ser eliminados ou alterados, a não ser pela superveniência de outra *fattispecie* de força de lei ordinária ou constitucional".[18]

E o nosso clássico Vicente Ráo

> "uma vez sancionadas, as normas de direito se destacam das normas morais que lhes serviram de fundamento, passando a operar dentro da ordem própria (a ordem jurídica) por elas estabelecida, *sendo obedecidas sem necessidade de indagação do motivo da obediência*".[19]

Confiar em uma lei é portanto confiar no ordenamento jurídico como um todo e, afinal, no próprio Estado. Por isso é que, quando uma lei é declarada *inconstitucional* em sede de controle abstrato, o ato judicial que assim decide tem nítido sabor *constitutivo*, subtraindo-lhe radicalmente, ou a partir de algum momento, a eficácia que antes tinha. "Nesse caso (...) pode-se dizer que as condutas foram adotadas *sob o império da norma que então vigorava*" (Talamini[20]). Por isso é que, tendo em vista o princípio da *proporcionalidade*, não colide com o sistema a *prospecção* da ineficácia da lei declarada inconstitucional em sede de controle concentrado, ou abstrato. Se ela era inconstitucional, não há como negar que já o era desde o início de sua vigência; mas, como *a ineficácia não se confunde com a inconstitucionalidade*,

---

18. *Cfr.* "Legge (diritto costituzionale)", n. 2, *in Novissimo digesto italiano*, IX, esp. p. 632, 2ª col.

19. *Cfr. O direito e a vida dos direitos*, I, n. 26, esp. p. 73.

20. *Cfr. Novos aspectos da jurisdição constitucional brasileira: repercussão geral, força vinculante, modulação dos efeitos do controle de constitucionalidade e alargamento do objeto do controle direto* (tese acadêmica), n. 4.6.6, esp. p. 215.

sendo plenamente admissível a lei parcialmente eficaz apesar de inconstitucional (Gilmar Mendes – *supra*, n. 735), conclui-se pela compatibilidade constitucional das decisões que, declarando a inconstitucionalidade de uma lei, estabelecem o momento a partir do qual ela se reputará ineficaz. Repete-se pois, remontando ainda uma vez a Eduardo Talamini, que "nesse caso (...) pode-se dizer que as condutas foram adotadas *sob o império da norma que então vigorava*".[21]

739. segurança jurídica e repúdio às decisões com eficácia retroativa

Essa idéia, defendida no Brasil inicialmente por Gilmar Mendes e depois positivada no art. 27 da Lei da Ação Direta, significa repudiar a radical eficácia retroativa de decisões judiciárias de controle concentrado de inconstitucionalidade, com surpresa para os sujeitos que, confiando na eficácia da lei, atuaram em sua vida de negócios *sob o império desta* e de modo conforme com o que ela dispunha.

A esse propósito, falemos um pouco sobre a disposição contida no art. 5º, inc. XXXVI, da Constituição Federal, *verbis*: "a lei não prejudicará o direito adquirido, o ato jurídico perfeito e a coisa julgada". A síntese racional dessa tríplice garantia é o culto à *segurança das relações jurídicas*, a qual em si mesma constitui um bem constitucionalmente assegurado (José Afonso da Silva, já citado neste parecer). Chega-se a essa visão sistemática de conjunto mediante a consciência de que o que importa é preservar os "efeitos já produzidos pelos fatos que a lei se destina a regular". Nem à lei de direito privado nem à de direito público substancial é lícito transgredir situações já consumadas, a dano do titular.

Essas regras de *superdireito* consistem em repelir a *retroatividade da lei nova*, que seria a imposição do império desta a fatos pretéritos ou a situações consumadas antes de sua vigência; tais regras chegam a repelir também a sua indiscriminada *aplicação*

---

21. *Op. loc. cit.*

imediata, consistente em aplicar a lei nova a fatos e situações pendentes quando entra em vigor – sempre que essa imposição seja incompatível com a preservação de alguma daquelas situações já consumadas. Bem pensado, essas tradicionais limitações temporais à eficácia da lei constituem projeção particularizada de um princípio político-constitucional de maior espectro, que é o *due process of law* – cláusula, essa, notoriamente impregnada de conteúdo substancial e liberta de um suposto confinamento à área do processo (Juiz Frankfurter – *supra*, n. 736).

Não lançar radicalmente para o passado os efeitos das decisões declaratórias de inconstitucionalidade quando ferirem interesses sociais legitimamente amparados, a dano de expectativas legitimamente alimentadas por preceitos infraconstitucionais aparentemente hígidos, significa simplesmente respeitar os *landmarks*, ou seja, os limites constitucionais condensados na cláusula *due process*. Por isso é que quando se cogita da modulação de uma decisão dessa ordem tem-se em mente aquele indispensável equilíbrio entre a superioridade de uma Constituição (mesmo da Federal, com sua proverbial *supremacia*) e a necessidade de preservar um valor também muito caro à ordem constitucional, que é a segurança nas relações jurídicas (*supra*, n. 737).

> Qual diferença haveria entre (a) a imposição retroativa de uma lei, atingindo situações consumadas e assim transgredindo o princípio da segurança jurídica, e (b) a imposição retroativa de uma *decisão judiciária superior*, que põe por terra a lei sob cujo império as partes atuaram e negociaram, confiando em seu império? Disse José Afonso da Silva: "uma importante condição da segurança jurídica está na relativa certeza que os indivíduos têm de que as relações realizadas sob o império de uma norma devem perdurar ainda quando tal norma seja substituída".[22] E digo eu agora, parafraseando o constitucionalista: "uma importante condição da segurança jurídica está na relativa certeza que os indivíduos têm de que as relações realizadas *sob o império de uma lei* devem perdurar ainda quando tal lei seja declarada inconstitucional".

22. *Cfr. Curso de direito constitucional positivo*, tít. V, cap. II, nn. 17-20, pp. 373 ss.

740. concluindo o parágrafo:
a segurança jurídica como limite

Esse limite sistemático, que constitui a um só tempo a *ratio* e o substrato ético e político do poder de modular discricionariamente os efeitos das declarações de inconstitucionalidade, é aqui neste parecer posto como premissa democrático-constitucional e ponte de passagem para a solução do problema do *quorum* de aprovação posto no caso em exame. Iluminado por essa idéia e diante do confronto axiológico entre a superioridade de uma Constituição Estadual e o valor constitucional da segurança jurídica, dispomos agora de um seguro ponto de partida de ordem política e metodológica, apto a nos orientar na interpretação do art. 27 da Lei da Ação Direta. Como procurarei demonstrar no curso do próximo parágrafo, o valor *segurança jurídica* constitui vigoroso elemento democrático e axiológico capaz de legitimar o repúdio à exacerbação consistente em exigir que os dois-terços de votos ali indicados sejam intransigentemente calculados, sempre e invariavelmente, sobre o *full bench* – ou seja, sobre a totalidade das cadeiras integrantes do Órgão Especial. Tal é a razão pela qual tanto me empenhei em explicitar tais fundamentos políticos.

§ 3º – SUFICIÊNCIA DO *QUORUM* SOBRE O NÚMERO DOS PRESENTES

741. tornando ao caso e reavivando as questões postas

Como se recorda e registrei ao início, na sessão de julgamento dos declaratórios nos quais se discutia a modulação aqui em pauta, dois desembargadores deixaram de se manifestar: o sr. Presidente, des. Vallim Bellocchi, que não estava presente, e o sr. Des. Ruy Camilo, que se deu por impedido. Entre o acolhimento e a rejeição de ditos embargos (ou seja, entre a opção por modular ou não modular) votaram pois somente vinte-e-três desembargadores, e não vinte-e-cinco. Daqueles vinte-e-três, *dezesseis desembargadores votaram pela modulação e somente sete pela não-modulação*. E, como dois-terços de vinte-e-três equivalem a quinze e uma fração, os dezesseis votos favoráveis satisfaziam a exigência do art. 27 da lei especial, devendo a sessão terminar por aí, tendo por resultado a modulação pretendida pelas embargantes. Mas eis que a E. Presidência, partindo da falsa exigência de participação de todos os vinte-e-cinco, determina o prosseguimento da sessão em data ulterior, para que novos votos fossem colhidos. Na data assinada compareceu aquele que faltara (o sr. Des. Vallim Bellocchi) e o impedido foi substituído por outro (Des. Ruy Camilo substituído pelo sr. Des. Corrêa Vianna). Acalorada discussão se travou entre os participantes, houve algumas reconsiderações de votos e o resultado final, que veio a ser proclamado, foi de somente *quinze votos pela modulação e dez, pela negativa*. E assim foi encerrada essa sessão em prosseguimento, consignando-se que, por maioria de votos, a modulação fora denegada.

E aí está o problema. A orientação consistente em determinar o prosseguimento de uma sessão que na realidade já terminara pecou (a) não só por interpretar o art. 27 da Lei da Ação Direta como impositivo de um *quorum* de dois-terços sobre a totalidade dos integrantes do colegiado, como também (b) por desconsiderar que o sr. Des. Ruy Camilo estava presente (embora impedido), totalizando-se pois vinte-e-quatro presenças. E dezesseis é precisamente dois-terços de vinte-e-quatro.

Dois pontos centrais quero neste capítulo demonstrar: a) que o disposto no art. 27 da Lei da Ação Direta deve ser interpretado como exigência de dois-terços *dos presentes*, e não da totalidade, e (b) que dispositivo algum exige, como *quorum* de deliberação, a presença de todos os vinte-e-cinco integrantes do Órgão Especial.

742. *ação*

Como todo texto escrito, a lei é composta de *palavras*, que são *símbolos convencionais* pelos quais o redator procura expressar *idéias*. Para captar-lhes o significado correto e a intenção de quem os externa (a saber, do legislador) é indispensável buscar o significado desses símbolos e a idéia que eles expressam, seja na particularidade de uma locução, seja no contexto de um dispositivo portador de mais de um preceito, seja no sistema jurídico como um todo e mediante a tomada de consciência dos objetivos a serem atingidos (interpretação sistemática e interpretação teleológica). Toda lei precisa *sempre* ser interpretada, ainda quando o significado das palavras, como símbolos representativos de idéias, seja aparentemente muito claro e a conjugação destas no texto, coerente e harmoniosa. "Por mais imediata, fácil e segura que seja a captação das idéias, o trabalho de captá-las é sempre uma *interpretação*."[23]

Repudiam-se, diante disso, as bases do superado *in claris cessat interpretatio*. Na severa lição de Recaséns Siches, "sin interpretación no hay posibilidad de que exista ningún orden jurídico".[24] E disse também Vicente Ráo: "nem mesmo a norma reputada clara exclui a interpretação" – para logo em seguida transcrever lição de De Ruggiero no sentido de que "a própria clareza é conceito relativo, pois uma lei clara em seu ditado pode ser obscura em relação aos fins aos quais tende".[25]

> Intérpretes das leis são os próprios *destinatários* que por elas devem pautar suas condutas, são os sujeitos com quem os destinatários negociam e são, em *ultima ratio*, os juízes chamados a valorar, diante das idéias expressas no texto, a conduta de uns e outros.

Outra regra de hermenêutica, também bastante ampla, é a que conclama o intérprete à *razoabilidade da interpretação*. Nenhum texto deve ser interpretado, sem maiores e exaustivos cuidados, de modo a concluir que nele se contenham absurdos ou incoerências com as bases político-axiológicas do sistema. Ainda Recaséns Siches: "la única proposición válida que puede emitirse sobre la interpretación es la de que el juez en todo caso debe interpretar la ley precisamente del modo que lleve a la *conclusión más justa* para resolver el problema que tenga planteado ante su jurisdicción".[26] É dever do juiz "interpretar essas leis de modo

---

23. *Cfr.* ainda minhas *Instituições de direito processual civil*, III, n. 1.230, p. 707.
24. *Cfr. Tratado general de filosofía del derecho*, p. 627.
25. *Cfr. O direito e a vida dos direitos*, I, t. II, n. 358, esp. p. 557.
26. *Cfr. Tratado general de filosofía del derecho*, cap. XXI, n. 7, p. 660.

que o resultado da aplicação aos casos singulares produza a realização do *maior grau de justiça*" – porque, segundo diz ainda o jurisfilósofo, *a lógica do razoável é acima de tudo a lógica da justiça*.[27]

Associa-se à regra da interpretação razoável uma outra, de grande valia e profundo substrato ético e político-democrático, que é aquela segundo a qual *benigna amplianda, odiosa restringenda* – máxima interpretativa de perene atualidade no mundo civilizado, que não permitiria optar por soluções drásticas, especialmente no silêncio da lei ou do sistema (Carlos Maximiliano[28]). Não contendo a ordem jurídico-positiva qualquer disposição específica e direta no sentido de radicalizar soluções chocantes com a consciência ética e política do intérprete, é dever deste optar por aquela menos radical ou menos lesiva a legítimos interesses dos sujeitos envolvidos. "Quando o texto é suscetível de dois sentidos, adote-se aquele do qual possa vir o maior bem ou o menor inconveniente" (ainda Carlos Maximiliano[29]).

> "As disposições benignas devem ser ampliadas e as repressivas ou restritivas de direitos, restringidas. A imposição de um tributo relacionado com determinado fato gerador não comporta qualquer ampliação, porque *odiosa*. Constitui também manifestação desse brocardo o princípio da reserva legal em matéria criminal (Const., art. 5º, inc. XXXIX – CP, art. 1º), não sendo admissível aplicar penas além dos limites estritos da tipificação contida em lei. Esse brocardo serve também como critério destinado a revelar o significado das leis, contratos, sentenças *etc*."[30]

Falemos também de uma outra regra importantíssima, que impõe o confronto entre textos vigentes na ordem jurídica do País, sejam eles de natureza constitucional ou infraconstitucional. É preciso penetrar no pensamento do legislador ou do constituinte e, em coerência com o sistema jurídico como um todo, buscar o

---

27. *Id., ib.*, esp. p. 661.
28. *Cfr. Hermenêutica e aplicação do direito*, n. 300, p. 247.
29. *Id., ib.*, n. 301, p. 202.
30. *Cfr.* Dinamarco, *Vocabulário do processo civil*, n. 210, p. 310.

significado harmônico da disposição em exame, eliminando possíveis conflitos entre duas ou mais disposições. Tal é o "*método sistemático*, consistente na busca do significado do texto no conjunto das disposições correlatas, contidas na ordem jurídico-positiva como um todo".[31] E também ensinou Carlos Maximiliano: "consiste o processo sistemático em comparar o dispositivo sujeito a exegese com outros do mesmo repositório ou de leis diversas, mas referentes ao mesmo objeto".[32]

> Em resumo: a) todo texto legal comporta interpretação, por mais claro que possa parecer (repúdio à tradicional máxima *in claris cessat interpretatio*); b) toda interpretação deve optar por *soluções razoáveis*, e a suprema manifestação da razoabilidade de uma interpretação consiste na *justiça* das soluções a que conduz; c) soluções repressivas ou limitadoras de direitos devem ser, tanto quanto possível, evitadas (*benigna amplianda, odiosa restringenda*); d) a interpretação não deve limitar-se ao exame isolado de um só dispositivo, e muito menos de um só dos preceitos que contém, mas estender-se ao ordenamento jurídico como um todo e aos seus profundos fundamentos éticos e políticos (*interpretação sistemática*).

743. *o silêncio do art. 27 da Lei da Ação Direta e o recurso ao sistema e aos princípios*

Valha o que exaustiva e minudentemente foi exposto no tópico precedente e ao longo do parágrafo anterior como legítimo *suporte metodológico* para a interpretação do art. 27 da lei n. 9.868, de 10 de novembro de 1999, onde ele diz que a modulação dos efeitos da declaração de inconstitucionalidade necessita dos votos da "maioria de dois-terços de seus membros". Que significa, nesse texto e no contexto das disposições sobre a declaração de inconstitucionalidade, a locução *seus membros*? São *todos* ou são os *presentes*? Qual a razão pela qual o legislador quis abrir portas à modulação daqueles efeitos?

Como o próprio dispositivo não oferece qualquer indicação por essa ou por aquela preferência, nem qualquer outro dispositivo

---

31. *Cfr.* Dinamarco, *Instituições de direito processual civil*, I, n. 31, esp. p. 90.
32. *Cfr. Hermenêutica e aplicação do direito*, n. 130, p. 104.

da própria Lei da Ação Direta, nem dispositivo algum integrante da ordem jurídica federal infraconstitucional, é preciso buscar nos fundamentos do próprio instituto razões que nos encaminhem para cá ou para lá. Daí o empenho, desenvolvido nas partes iniciais do parecer, por uma colocação sistemática e metodológica do instituto da modulação de efeitos. Essa colocação inclui o equilibrado confronto entre os valores postos na Constituição do Estado e aquele outro valor, muito caro à ordem constitucional *federal*, que é o da segurança jurídica (*supra*, nn. 735 e 739).

744. o indispensável equilíbrio entre os valores em jogo

Tornemos pois a esses temas, agora com sua aplicação direta sobre nosso tema central e sabendo que, se os próprios preceitos e princípios postos na Constituição Federal comportam a elasticidade representada pela modulação, *a fortiori* isso se dá também com aqueles que estão nas Constituições dos Estados. A abertura legislativa para a modulação de efeitos das declarações de inconstitucionalidade em controle abstrato é uma veemente demonstração de que em uma ordem jurídica "nenhum princípio é absoluto e nenhum deles constitui um objetivo em si mesmo";[33] e "cada um deles recebe legítimas limitações decorrentes da convivência com outros".[34] E, se os próprios princípios residentes na Constituição Federal são expostos a uma relativa flexibilização mediante a modulação de efeitos das declarações de inconstitucionalidade, muito mais expostos a essa flexibilização devem estar aqueles abrigados nas Constituições dos Estados.

> As ações diretas da competência dos Tribunais de Justiça têm por objetivo a preservação da autoridade e superioridade hierárquica das Constituições Estaduais sobre o direito infraconstitucional dos próprios Estados federados e dos Municípios que os integram (Const., art. 125, § 2º). Evita-se falar em *supremacia* da Constituição do Estado, a qual é um predicado da Constituição Federal, em

---

33. *Cfr.* ainda minhas *Instituições de direito processual civil*, I, n. 96, esp. p. 256.
34. *Id.*, *ib.*, n. 89, p. 238.

razão da posição que as Constituições Estaduais ocupam na ordem jurídico-positiva do País, jamais se configurando como resultado de um poder constituinte originário e limitando-se à estruturação do exercício da *autonomia* das unidades federadas. Autonomia não se confunde com *soberania* e não é mais que um poder de autodeterminação *relativo* e sempre condicionado à observância dos princípios e preceitos superiormente residentes na Constituição Federal, a qual constitui, como diziam os clássicos, a *tête de chapitre* de toda a ordem jurídica e política do Estado soberano. Ao instituir a ação direta de inconstitucionalidade da competência dos Tribunais de Justiça, a Constituição Federal quis, sim, oferecer um instrumento para a preservação dos princípios e preceitos consagrados nas Constituições dos Estados, mas jamais haveria de querer que tais princípios e preceitos fossem guindados a uma altitude tal, que fossem capazes de prevalecer sobre aqueles que vêm dela própria. Se mesmo as inconstitucionalidades reconhecidas pelo Supremo Tribunal Federal (incompatibilidades com a própria Constituição Federal) não conduzem necessariamente à invalidade radical e absoluta da lei inconstitucional (*supra*, nn. 735 e 739), com mais fortes razões isso se dá também em relação às incompatibilidades entre a lei do Estado ou Município e a Constituição Estadual.

Estou nitidamente fazendo um apelo ao valor *segurança jurídica*, que emana da Constituição Federal e que, em alguns casos, alguma medida e resguardado o princípio da proporcionalidade, deve prevalecer até mesmo sobre certos preceitos e garantias consagrados nela própria. Estou também chamando a atenção dos srs. julgadores para o poder maior de flexibilização que a garantia constitucional da *segurança jurídica* deve exercer quando se trata da incompatibilidade de uma lei com a Constituição do Estado, não com a Federal.

Não estou a discorrer sobre a necessidade de *modular* no presente caso, uma vez que essa decisão já foi tomada e sobre essa matéria já superada sequer fui consultado. Tudo isso que venho de dizer comparece aqui com o declarado escopo de convencer Suas Excelências da imperiosidade de interpretar o art. 27 da Lei da Ação Direta, mormente quando se trata de uma inconstitucionalidade estadual, de modo a conceder maior peso e maior trânsito à efetivação das técnicas inerentes à modulação de efeitos. Uma interpretação *fechada*, como a que alguns pretendem ao exigir os votos favoráveis de dois-terços do número de cadeiras existentes no Órgão Especial, é uma distorção que romperia aquele *equilíbrio entre valores*, de que venho falando, ainda quando se tratasse de uma incompatibilidade com a Constituição Federal – e que, em caso de conflito com a Constituição Estadual, que não é *soberana*, torna-se ainda mais patente e inadequada.

745. o contexto metodológico como pano de fundo para a interpretação do art. 27

Valha o que acabo de dizer como uma legítima diretriz interpretativa e não sejam as minhas palavras mal-entendidas como uma suposta afirmação de que, dito o que disse, estivesse o parecer postulando a imperiosidade de uma modulação sempre que se trate de uma inconstitucionalidade *estadual*. O equilibrado confronto entre valores, de que venho falando, entra nesse contexto como elemento do qual se extrai um critério interpretativo do art. 27 sem a estreiteza que decorreria da exacerbação de exigências de *quorum*. Se esse dispositivo não diz às claras como se forma a maioria de dois-terços, a sensibilidade política dos srs. julgadores à conveniência de não fechar portas e não comprimir radicalmente a efetividade da garantia constitucional da segurança jurídica certamente será capaz de conduzi-los a concordar com a tese dos dois-terços dos que participaram do julgamento. Esse é, como facilmente se compreende, um autêntico *pano de fundo*, ou uma diretriz metodológica muito clara e muito legítima, que há de guiar os raciocínios de Suas Excelências.

746. do pano de fundo ao Regimento Interno

O *iter* desses raciocínios há de passar também por uma disposição do Regimento Interno do próprio E. Tribunal de Justiça de São Paulo na qual se estabelece que o *quorum* de dois-terços para as decisões a serem tomadas em certas matérias será calculado "em relação ao número de desembargadores em condições de votar". Descontam-se os impedidos e, obviamente, também os ausentes. Se um estava ausente (o sr. Presidente Vallim Bellocchi) e outro impedido (o sr. Des. Ruy Camilo), o total de vinte-e-cinco desembargadores fica reduzido a *vinte-e-três*, e sobre esse número calculam-se os dois-terços.

> Tal dispositivo é o parágrafo do art. 114 do Regimento, pelo qual se exige o *quorum* de dois-terços para (a) "recusar juiz de maior tempo de serviço, nas promoções por antigüidade", (b) "indicar, para promoção, juízes substitutos não-vitalícios" e (c) "decretar aposentadoria de magistrado por invalidez". E o parágrafo diz: "o *quorum* de dois-terços, a que se refere este artigo, será apurado em relação ao número de desembargadores *em condições legais de votar*, como tal se considerando os não atingidos por impedimento ou suspeição e os não licenciados por qualquer motivo legal". Obviamente, também os ausentes não estão *em condições de votar*.

E pergunta-se: não passará esse dispositivo de mera *legis specialis* destinada a reger exclusivamente os casos que indica, ou será ele a expressão de um critério de maior amplitude capaz de impor-se também nos casos de modulação de efeitos da declaração de inconstitucionalidade? Solto assim no sistema, ter-se-ia dúvida em responder. Mas o reclamo aos princípios superiores hauridos na Constituição Federal, e especialmente o da segurança jurídica e o do *due process of law*, deve imperiosamente conduzir ao segundo desses entendimentos.

Ora, o art. 114 do Regimento Interno endereça-se diretamente, como se vê da transcrição acima, a matérias de grande relevância institucional para o Poder Judiciário, interligadas com o próprio sistema constitucional. Veja-se a letra *a* desse artigo, que se contenta com o cálculo de dois-terços dos votantes para "recusar juiz de maior tempo de serviço, nas promoções por antigüidade". O que a propósito dispõe o parágrafo constitui legítima e sempre respeitada interpretação do disposto no art. 93, inc. II, letra *d*, da própria Constituição Federal, segundo o qual, "na apuração de antigüidade, o tribunal somente poderá recusar o juiz mais antigo pelo voto fundamentado de dois-terços de seus membros" – e não tenho notícia de que em algum caso haja o E. Tribunal de Justiça questionado tal critério de seu Regimento. Se para matérias tão importantes como essas os dois-terços dos presentes não-impedidos bastam, por que não também para essa outra, de importância ao menos equivalente?

Torno agora ao que mais acima foi dito sobre as limitações ao exercício do poder, que constituem a essência da garantia constitucional do devido processo legal (*supra*, n. 736). Se por dois-terços entre os desembargadores em condições de votar pode o Tribunal recusar o juiz mais antigo apesar da garantia constitucional da promoção por antigüidade (art. 93, inc. II), se por essa mesma maioria pode promover juízes não-vitalícios e também decretar aposentadorias por invalidez, como se sustentaria que para essa outra matéria (a modulação) a exigência de *quorum* seria rigorosa? Logo aqui, onde se trata de assegurar a efetividade de duas severas garantias constitucionais, teria o Tribunal o poder de negar essa efetividade a partir de um critério que destoa não só dessas garantias, como também de uma disposição constante de seu próprio Regimento? Tal exigência transpõe aquele rigoroso *landmark* representado pelas duas garantias de que se vem falando. O Tribunal tem sim o poder de negar a modulação, mas, entre calcular o *quorum* mais favorável a esta e o mais radical, a opção pelo mais radical contraria não somente tais garantias como também o seu Regimento.

Nesse quadro é também oportuno invocar a *analogia* entre a questão do *quorum* para modular e a do *quorum* para aplicar aquelas medidas tão graves quanto as que são enumeradas no art. 114 do Regimento Interno. Tal analogia é patente, e "por força desta estendem-se as disposições de um texto a situações não previstas mas às quais se possa razoavelmente afirmar que o legislador atribuiria as mesmas conseqüências jurídicas se as houvesse previsto (*ubi eadem ratio ibi eadem juris dispositio* – LICC, art. 4º)".[35] Seria uma acintosa arbitrariedade sustentar que os autores do Regimento Interno do E. Tribunal de Justiça de São Paulo

---

35. *Cfr*: outra vez as *Instituições de direito processual civil*, I, n. 31, esp. p. 90.

houvessem querido estabelecer dois pesos e duas medidas, para em um caso contentar-se com dois-terços dos votantes e em outro exigir dois-terços da totalidade.

747. a interpretação adequada do art. 27 da Lei da Ação Direta

Essas razões somadas, que vão da coerência sistemática e da imperiosidade das garantias constitucionais do *due process* e da segurança jurídica às considerações desenvolvidas em torno de um dispositivo do Regimento Interno do próprio Tribunal (art. 114, par.), conduzem com segurança a interpretar o art. 27 da Lei da Ação Direta como portador da exigência de dois-terços dos votos colhidos, sendo ilegítimo e inconstitucional o cálculo sobre o *full bench*. Repito que negar a modulação com base nesse critério estrangulador significaria transgredir interesses legítimos de inúmeros sujeitos aos efeitos retroativos de uma declaração de inconstitucionalidade, exercendo o Tribunal o seu poder além dos limites inerentes à garantia constitucional do devido processo legal.

Mas há outras questões associadas a essa, das quais falo a seguir.

§ 4º – SOBRE A SESSÃO DE JULGAMENTO E SEU "PROSSEGUIMENTO"

748. exigência formulada casuisticamente depois de tomados os votos

Um dos pontos acima anunciados consiste na relevante observação de que nem a Constituição Federal, nem a Lei da Ação Direta nem o Regimento Interno do Tribunal de Justiça de São Paulo contêm uma só disposição que exigisse a tomada de votos de todos os vinte-e-cinco integrantes do Órgão Especial como requisito para modular. Seja nessa matéria, seja em sessões administrativas, seja para o julgamento de situações de primeira grandeza e especial relevância para o patrimônio e a própria liberdade das pessoas (*v.g.*, *habeas corpus*), esse Colegiado decide pelos *votos dos pre-*

sentes, não sendo necessários os de *todos* (sobre a distinção entre **quorum** *de deliberação* e **quorum** *de aprovação* v., *supra*, n. 733).

Dizer que os dois-terços calculados somente sobre os presentes não-impedidos não seriam representativos de uma maioria suficiente para modular implicaria sustentar também a necessidade de que todos os vinte-e-cinco integrantes do Órgão Especial se manifestassem sobre a própria inconstitucionalidade. É incoerente afirmar que a maioria dos votantes é representativa do pensamento do Tribunal para declarar uma inconstitucionalidade e, ao mesmo tempo, que essa maioria não é representativa para o fim de modular os efeitos de tal declaração.

No presente caso o próprio Colegiado e sua E. Presidência só cogitaram dessa necessidade de um integral **quorum** *de deliberação* depois que os votos de todos os presentes desimpedidos já haviam sido tomados e, pelos votos tomados, a modulação havia sido deferida (dezesseis votos no total de vinte-e-três). Nessa situação de extrema relevância, a insólita determinação no sentido de prosseguir o julgamento em outra data pode até soar como um indesejável *casuísmo*, autorizando indagar se essa mesma decisão haveria sido tomada se os dois-terços dos votantes não houvessem sido obtidos. O que foi feito transgrediu mais uma vez a oferta constitucional de *segurança jurídica* aos jurisdicionados, os quais vieram por essa via a ser privados de um resultado que, segundo as regras aceitas no início da sessão (votos de apenas vinte-e-três), já haviam obtido.

Transgrediu também a severíssima garantia constitucional do *juiz natural*, abrindo caminho para a pronúncia de outros dois votos que, quando contrários, alterariam o resultado do julgamento já concluído; e abrindo caminho também a novas discussões do que já havia sido discutido e decidido, o que culminou nas reconsiderações de votos que vieram a acontecer. O ultraje a essa garantia, ou seja, a subtração do julgamento ao seu juiz natural, ocorreu quando (repito), havendo a sessão principiando com os srs. Desembargadores presentes e não-impedidos, a E. Presidência mandou que ela prosseguisse em outro dia, alterada pois a regra implicitamente aceita no início.

A garantia constitucional do juiz natural é um severíssimo penhor democrático-constitucional da *imparcialidade e impessoalidade* nos julgamentos, assegurando aos jurisdicionados o prévio conhecimento de quais são os juízes que os julgarão ou que decidirão sobre seus interesses, sem casuísmos capazes de minar esse clima de segurança.

749. julgamento terminado, sessão encerrada – ilegítimo o "prosseguimento"

O que foi dito na ampla demonstração da suficiência dos votos dos srs. Desembargadores presentes e não-impedidos (*quorum de deliberação*) conduz à segura conclusão de que, tomados todos esses votos, o julgamento já estava concluído e não havia justificativa alguma para o insólito *prosseguimento* então determinado. Como está no art. 556 do Código de Processo Civil, "proferidos os votos, o presidente anunciará o resultado do julgamento". Era isso que competia ao sr. Presidente da sessão, ou seja, *proclamar* aquele resultado de *dezesseis votos contra sete*, obtido na votação entre os presentes não-impedidos. Não o fez, mas essa irregularidade não legitimaria aquela outra, mais grave, consistente em mandar *prosseguir* e, com isso, neutralizar ilegitimamente o resultado final já consumado. A jurisprudência superior (STF e STJ) consigna expressamente a

> "impossibilidade de retificação, em sessão seguinte, de votos e de julgamento já proclamados, dado que, proclamada a decisão, o Tribunal cumpre e acaba o ofício jurisdicional, só podendo alterá-la nos casos inscritos nos incisos I e II do art. 463 do CPC".[36]

E também:

> "é defeso ao magistrado proceder, de ofício, à retratação de voto depois de anunciado o resultado do julgamento pelo presidente do órgão judicante".[37]

---

36. Decisões publicadas *in RTJ* 158/853 e STF-*RT* 707/234. *Cfr.* Negrão-Gouvêa, *Código de Processo Civil e legislação processual em vigor*, nota 2-a ao art. 556, p. 774, 1ª col.

37. STJ, REsp n. 351.881, *in RSTJ* 188/333. *Cfr.* Negrão-Gouvêa, *op. loc. cit.*

Não havia, pois, como *prosseguir* o que já estava encerrado. Não havia como reabrir discussões e tomada de votos quando todos os presentes não-impedidos já haviam votado. O que foi feito, repito, contrariou não somente o disposto no Código de Processo Civil em seu art. 556, como ainda a garantia constitucional do juiz natural.

§ 5º – SÍNTESE CONCLUSIVA E CONCLUSÕES PONTUAIS

750. *a conclusão central: suficiência de dois-terços dos presentes não-impedidos*

Conclui o parecer, como tantas vezes foi dito ao longo de sua redação, que por mais de uma razão os dezesseis votos proferidos pela modulação dos efeitos da declaração de inconstitucionalidade aqui em exame eram suficientes para reputar-se aprovada essa postulação das ora consulentes. Como o art. 27 da lei n. 9.868, de 10 de novembro de 1999, nada esclarece a esse propósito, é indispensável lançar mão dos fundamentos metodológicos e constitucionais pertinentes, em associação com a *analogia* com uma expressa disposição do Regimento Interno do próprio Tribunal de Justiça de São Paulo (art. 114, par.).

Pelo prisma metodológico empenhou-se o parecer na demonstração de que *modular* é preservar a esfera jurídica de inúmeros sujeitos contra os males de uma decisão que, lançada inexoravelmente ao passado, lhes contrariasse expectativas legitimamente alimentadas pela confiança em leis vigentes e aparentemente válidas. É dar efetividade ao valor da *segurança jurídica* e do *due process*, ambos constitucionalmente assegurados. É fazer com que, no alvitre pioneiro de Gilmar Mendes, à lei inconstitucional só se imponha a sanção da nulidade nos limites da preservação dessas garantias constitucionais. Não lanço o foco dessas idéias sobre o mérito da ação direta aqui considerada, nem mesmo sobre o próprio pedido de modulação deduzido pelas ora consulentes. Discorro sobre a *modulação em tese*, como instituto jurídico integrante da ordem jurídica nacional, destinado a estabelecer um equilíbrio entre a necessidade de preservar a supremacia da Constituição e o zelo por interesses que não devem ser atingidos por decisões portadoras de uma inexorável eficácia retroativa. E digo todas essas coisas tendo presente que, assim como o respeito à Constituição é uma questão de *ordem pública*, assim também são de ordem publica e dizem respeito ao interesse público as razões legitimadoras da modulação de efeitos. No art. 27 da Lei da Ação Direta leio a locução *interesse social* como alusiva ao *interesse público em geral*, quer de ordem social mesmo, quer de ordem econômica, quer relacionado com as instituições políticas do País – atento, agora, ao que a propósito disse o saudoso Mauro Cappelletti no sentido de que interesses públicos são interesses "permeati di un valore che trascende lo uomo singolo e investe tutta intera la società". Ocorrendo violação a direitos dessa ordem,

> "si sentono colpiti tutti i cittadini e non quelli soli, che immediatamente siano interessati: colpiti in quel loro diritto di libertà, che é in fondo uno solo (o meglio sta alla base, è la causa, di tutti i diritti): spetta ad ogni uomo e la sua lesione lede ciascuno".[38]

Esse é o quadro sistemático e metodológico no qual deve ser interpretado o art. 27 da Lei da Ação Direta. Como tal dispositivo não esclarece literalmente qual a base sobre a qual há de ser computado o *quorum* de dois-terços para modular, a valorização dos fundamentos constitucionais da modulação (segurança jurídica e devido processo legal) deve contribuir fortemente para a opção que mais favoreça a obtenção desta. A modulação de efeitos é um instituto relativamente novo na ordem jurídica brasileira e corresponde a uma legítima tendência democrática de respeito à pessoa, à sua liberdade e ao seu patrimônio. Optar pela solução restritiva, ou seja, pelo *quorum* calculado sobre o total das cadeiras, seria acatar uma premissa anti-histórica e sobretudo colidente com os grandes esteios da Constituição Federal.

---

38. *Cfr.* Mauro Cappelletti, *La giurisdizione costituzionale delle libertà*, pp. 1-10. V. ainda as seguras observações de Kazuo Watanabe a esse respeito, *in Controle jurisdicional e mandado de segurança contra atos judiciais*, esp. p. 99, referindo e referendando essa passagem de Cappelletti.

751. votação encerrada, juiz natural
e uma decisão casuística pelo prosseguimento da sessão

No momento em que todos os votos então *possíveis* haviam sido tomados e a votação satisfez os dois-terços sobre o número de votos proferidos, cumpria à E. Presidência *proclamar* esse resultado, e a partir desse momento voto algum poderia ser acrescentado ou reconsiderado. Ao determinar um espúrio *prosseguimento*, o sr. Presidente da sessão não só desconsiderou que o *quorum* havia sido satisfeito, como ainda violou de frente o disposto no art. 556 do Código de Processo Civil, que manda proclamar o resultado e impede alterações no julgamento.

O que foi feito constitui, nesse quadro sistemático, uma grave violação às garantias constitucionais do *juiz natural*, dado o acintoso casuísmo da exigência dos votos de um *full bench* somente depois que uma decisão já havia sido definitivamente tomada por uma maioria suficiente. Além de abrir portas ilegítimas para a reconsideração de votos, impôs a participação de outros juízes, então não presentes nem votantes, com a conseqüência daquela alteração do resultado.

752. disposição alguma exige os votos de todos os integrantes

Não há um só dispositivo que exija a votação de todos os integrantes do Órgão Especial, ou seja, os votos de vinte-e-cinco desembargadores, como condição *sine qua non* para deliberar sobre o pedido de modulação. Exige-se somente um **quorum de aprovação** (dois-terços), mas lei alguma exige um **quorum de deliberação** (*full bench*, totalidade das cadeiras).

XLII – TERMO INICIAL DA CORREÇÃO MONETÁRIA, JUROS E FIDELIDADE DA LIQÜIDAÇÃO À SENTENÇA

§ 1º – **histórico e temas da consulta** – 753. o contexto e visão geral dos acontecimentos processuais – 754. discussões atuais: o termo inicial da correção monetária e a incidência dos juros – § 2º – **a regra da fidelidade da liqüidação à sentença** – 755. entre a regra da fidelidade e a interpretação da sentença – 756. sobre a regra da fidelidade em si mesma – 757. fundamentos sistemáticos – 758. os diversos vetos ao *bis in idem* – 759. a dimensão da regra da fidelidade e sua projeção no caso presente – § 3º – **o rico tema da interpretação da sentença e a interpretação estrita do pedido** – 760. sobre a interpretação da sentença – remissão a outro capítulo da obra – 761. indispensável uma interpretação integrada – 762. interpretação *estrita* do pedido, embora não *restritiva* – 763. os termos da demanda, da sentença e do acórdão liqüidando – 764. sobre a locução *título de dívida líqüida e certa* – 765. a partir do ajuizamento da demanda (I) – aplicação de disposição clara da lei – 766. a partir do ajuizamento da demanda (II) – a interpretação estrita do pedido – 767. a partir do ajuizamento da demanda (III) – conclusão final e sintetizada do parágrafo – § 4º – **incidência de juros sobre o valor da correção monetária** – 768. a questão posta – 769. juros incidentes exclusivamente sobre a correção monetária – 770. juros somente a partir da propositura da demanda – antes não havia verbas de correção monetária a serem pagas

§ 1º – HISTÓRICO E TEMAS DA CONSULTA

753. *o contexto e visão geral dos acontecimentos processuais*

A presente consulta versa sobre temas processuais e substanciais plantados em uma *liqüidação de sentença* em cujo pólo passivo figura a consulente Centrais Elétricas do Norte do Brasil S/A – ELETRONORTE, havendo sido condenada a pagar vultosa importância à adversária CETENCO Engenharia S/A. Todo o contexto litigioso, desde o processo de conhecimento até este de liqüidação, liga-se à pretensão da credora, ora liqüidante, a receber da consulente (a) o valor da *correção monetária* incidente sobre créditos referentes à execução de contratos, em virtude de pagamentos feitos com atraso, e (b) os juros relativos a esse valor. A demanda de conhecimento que CETENCO propôs foi julgada procedente nos dois graus de jurisdição da Justiça do Distrito Federal, havendo sido opostos embargos de declaração a esses dois pronunciamentos judiciais. Sobrevieram o recurso extraordinário e o *especial* interpostos por ELETRONORTE, que foram indeferidos na origem, não prosperando os recursos sucessivos também por ela interpostos. Passou em julgado, com isso, o V. acórdão proferido pela Justiça Distrital, o que ocorreu aos 27 de abril de 1999.

Teve então início a liqüidação promovida por CETENCO, a qual vem sendo feita pela modalidade *por arbitramento*. Nesse processo[1] uma série de julgamentos foi realizada, a partir da MM. Vara por onde ele flui em primeiro grau jurisdicional, passando pelo E. Tribunal de Justiça do Distrito Federal e chegando mais de uma vez ao C. Superior Tribunal de Justiça. Desprezados alguns pontos sem relevância para o presente estudo ou que já ficaram superados por preclusões, as discussões aqui travadas incidem sobre os temas (a) do termo inicial da correção monetária a ser paga por ELETRONORTE e (b) do termo inicial também para o cálculo dos juros devidos.

Aos ilustres advogados drs. Andrei Braga Mendes e Márcio Beze, da Consultoria Jurídica da consulente, agradeço a lisonja da consulta e a oportunidade que me deram de debruçar-me sobre os interessantes pontos colocados.

754. *discussões atuais: o termo inicial da correção monetária e a incidência dos juros*

Na última das decisões proferidas na liqüidação, estabeleceu o C. Superior Tribunal de Justiça que a correção monetária incidente sobre os valores pagos com atraso por ELETRONORTE deve ter seu

---

1. Sim, processo de liqüidação, e não mera fase. Refiro-me a fatos ocorridos antes da vigência da Lei de Cumprimento de Sentença.

termo *a quo* determinado segundo o que a propósito dispõe o dec. n. 86.649, de 25 de novembro de 1981 (*rectius*: segundo a lei n. 6.899, de 8.4.81, por ele regulamentada). O voto condutor do sr. Min. Ruy Rosado de Aguiar, relator do caso, limitou-se a fazer tal determinação mas não chegou ao ponto de particularizar especificamente qual das disposições contidas nesse decreto e naquela lei deve ser levada em conta na liqüidação: a) se aquela que manda calcular a correção monetária a partir do momento em que a obrigação se torna exigível, ou seja, do vencimento desta; b) se aquela segundo a qual o cálculo se faz a partir da propositura da demanda em juízo. A lei regulamentada, com direta repercussão no decreto regulamentador, estabelece duas hipóteses distintas, com a fixação de dois diferentes termos iniciais da correção monetária (lei n. 6.899, de 8.4.81, art. 1º, §§ 1º e 2º). Adianto que opinarei pela aplicação do disposto naquele § 2º, e não no § 1º, prevalecendo *o dia da propositura da demanda de conhecimento* pela dupla razão de o crédito de CETENCO não estar apoiado em título executivo extrajudicial (art. 1º, § 1º) e de na petição inicial da demanda de conhecimento não haver essa credora especificado o termo inicial desejado. A regra da *interpretação estrita do pedido*, sem reduções mas também sem margem para elastérios (CPC, art. 293), constitui fator relevantíssimo para a interpretação da sentença em casos como este.

Quanto aos juros pretendidos por CETENCO e incluídos no título executivo, devendo eles incidir somente sobre o valor da correção monetária, e não sobre o principal da dívida (que já foi pago há muito tempo), também não há como computá-los a partir de alguma data anterior à propositura da demanda, porque, como é notório, *accessorium sequitur principale*.

> Percebe-se com clareza, em face do que acaba de ser dito, que em sua expressão mais simples a questão magna contida no presente caso resolve-se na aplicação correta da *regra de fidelidade da liqüidação ao título executivo*, sancionada no art. 475-G do Código de Processo Civil, da qual se passa à interpretação da sentença liqüidanda, em busca de seu real significado e dimensão. Tanto lá como cá, a correta interpretação da sentença e demais atos

judiciários portadores de ambas as condenações impostas à consulente (correção monetária e juros) é o núcleo substancial ao qual devem convergir os cálculos de liqüidação e do qual emanam os parâmetros para observância da regra da *fidelidade da liqüidação à sentença.*

Esses são os temas centrais, e essa a linha de raciocínios sobre a qual se desenvolverá o parecer nos parágrafos subseqüentes.

§ 2º – A REGRA DA FIDELIDADE DA LIQÜIDAÇÃO À SENTENÇA

755. entre a regra da fidelidade e a interpretação da sentença

Tenho escrito com muita convicção sobre o texto do art. 475-G do Código de Processo Civil (antigo art. 610), para afirmar que ele e o sistema do Código de Processo Civil dizem mais do que suas palavras indicam e, portanto, mais do que a mera exegese revelaria (*lex minus dixit quam voluit*). Daí ter aludido à norma contida nesse dispositivo como sendo uma *regra de fidelidade*. Dizendo o art. 475-G que "é defeso, na liqüidação, discutir de novo a lide ou modificar a sentença que a julgou", venho propondo que se veja nessa redação o veto absoluto a qualquer inovação, seja mediante discussão ou rediscussão de questões anteriores e pertinentes ao julgamento do *meritum causæ*, que já estão no passado, seja mediante a redução, ampliação ou alteração do objeto da condenação exeqüenda. Disse também que a regra de fidelidade vai além do que o art. 475-G dispõe, incluindo a proibição do acréscimo de parcelas ou valores a cujo propósito a sentença se haja *omitido.* Disse:

"o art. 610 do Código de Processo Civil [*atual art. 475-G*] não alude expressamente aos casos em que a sentença de liqüidação fosse além da condenação genérica, incluindo parcelas sobre as quais esta não se houvesse pronunciado". Mas, "se a sentença inovar, ampliando o que no título se contém mediante inclusão do que lá não havia sido posto, ela estará incorrendo na ilegalidade consistente em preparar uma execução que, em parte, não teria apoio em título algum (CPC, art. 583). Só se concebe a integração do título executivo, pela sentença de liqüidação, na medida em que esta aclara o que lá está. O que ela incluir, sem que lá estivesse previamente, é parcela que não é lícito levar à execução, justamente porque sem título".[2]

Paralelamente a essa preocupação pela fidelidade – e como requisito indispensável para sua aplicação em cada caso –, é também imperioso penetrar no conteúdo e sobretudo na *mens* da sentença liqüidanda, para que se possa conhecer com precisão qual foi o objeto e qual a medida da condenação a ser quantificada. A correta interpretação da sentença constitui uma operação absolutamente necessária, sem a qual não se poderia ter consciência do real significado do preceito que ela contém, da natureza do bem devido segundo ela e da quantidade de bens necessários para atender ao direito que ela reconhece. Esse é ainda um trabalho muito pouco desenvolvido em doutrina, mas não raramente acontecem casos, como o presente, em que não se chega a bom termo nem se conseguem soluções justas e coerentes com a superior garantia de *acesso à ordem jurídica justa* se uma boa interpretação não for feita.

756. sobre a regra da fidelidade em si mesma

Como é notório, as atividades processuais de liqüidação têm por objeto (objeto do processo, *Streitgegenstand*) unicamente a pretensão à atribuição de valor à obrigação já constante de condenação genérica. A sentença que condenou a pagar ou a dar coisas em espécie declarou que uma obrigação existe (tal é o chamado *an debeatur*) e estabeleceu parâmetros para quantificar adequadamente as unidades devidas (e tal é o *quantum debeatur*). Depois disso, instaurada a liqüidação, pretende-se chegar à precisa determinação de um *quantum* que não poderá perder a correspondência com a obrigação genericamente indicada na sentença; não se sabe ainda a quais níveis poderá montar o valor que a sentença

---

2. *Cfr.* Dinamarco, *Execução civil*, n. 373, pp. 544-545; *Instituições de direito processual civil*, IV, n. 1.744, p. 737.

liqüidatória fixará, mas sabe-se (a) que a obrigação existe e (b) que seu valor será aquele resultante dos parâmetros fixados na condenação genérica. Ao proferir essa sentença o juiz atuará com toda a liberdade conatural ao princípio do *livre convencimento*, ditado no art. 131 do Código de Processo Civil, mas também estará adstrito não só às limitações inerentes a esse princípio em si mesmo (notadamente a vinculação à prova dos autos e o dever de motivar à luz desta) mas também àquelas outras que vêm da própria regra da fidelidade. Não poderá ir além nem ficar aquém daquilo que resulta do preceito expresso na sentença que julgou procedente a demanda, sendo essa a *regra da fidelidade* imposta por lei expressa e desenvolvida por rica doutrina.

Na redação do art. 475-G do Código de Processo Civil, que proíbe novas discussões em torno da lide, o vocábulo *lide* está por *mérito*, conforme anúncio trazido na Exposição de Motivos.[3] Ou seja: nos termos estritos da lei, é imperioso respeitar os termos pelos quais o conflito de interesses posto pelas partes no processo ou fase de conhecimento (*lide*, na linguagem do Código) houver sido definido pela sentença julgadora do *meritum causæ*. Como se sabe, a liqüidação visa somente a *integrar o título executivo*, acrescentando uma declaração que na sentença genérica falta, a saber, a declaração do *valor* da obrigação que ela chegou a declarar. A sentença genérica só não constitui título executivo em si própria porque lhe falta a indicação do *quantum*, sem a qual seria impossível dimensionar a agressão executiva. Como também está na lei, toda execução pressupõe um título por obrigação certa, *líqüida* e exigível (CPC, art. 586). Manifesta e expressamente, o legislador quer deixar proibido qualquer discussão ou pronunciamento acerca do mérito do processo ou fase de conhecimento onde se gerou a sentença genérica, ou seja, a propósito da pretensão mesma que ali ficou julgada sem determinação da quantidade de bens devidos, especialmente quando se trata de dinheiro. Quantifique-se, mas nada se altere. Nada se acresça, nada

---

3. "O projeto só usa a palavra *lide* para designar o mérito da causa" (Exp. Mot., n. 6).

se exclua, nada se reduza, nada se aumente, nada se discuta sobre o que já foi decidido.[4]

757. *fundamentos sistemáticos*

Liqüidez é, em brevíssimas palavras, *o conhecimento da quantidade de bens que constituem objeto de uma obrigação* – sendo notório que a esse conhecimento se chega *ou* diretamente pela própria declaração do valor, contida na sentença condenatória ordinária ou no título extrajudicial, *ou* pela declaração que vier a ser feita em sede de liqüidação de sentença. Sem liqüidez não é possível executar, porque para toda execução é indispensável conhecer com segurança a quantidade de bens devidos ao credor. Sem esse conhecimento ficar-se-ia sem parâmetros (a) para desde logo dimensionar a invasão patrimonial a ser realizada pelas constrições judiciais a serem impostas (penhora *etc.*) e (b) para afinal entregar ao credor precisamente aquilo a que ele tiver direito segundo o título executivo. Daí as exigências legais de um título executivo por obrigação *líqüida*, sem o qual não se admite a execução por quantia certa (CPC, arts. 580 e 618, inc. I).

Depois, quando se pensa nos limites permitidos ao juiz que irá desvendar o valor exeqüendo reconhecido em sentença genérica, é aí que também entram em cena não somente a regra da fidelidade como também, em apoio a ela, as razões que passo a expor. Tais razões prendem-se (a) à severa proibição do *bis in idem* nos processos e decisões judiciárias e (b) à eficácia preclusiva da coisa julgada.

758. *os diversos vetos ao* bis in idem

De dois modos distintos, mas intimamente correlatos, a ordem jurídica manifesta não querer que sobre o mesmo objeto, com vista à mesma situação de fato e entre os mesmos sujeitos (partes, causa de pedir e pedido) se pronuncie mais de uma vez o Poder

---

4. *Cfr.* minhas *Instituições de direito processual civil*, IV, n. 1.744, pp. 737-739; *Execução civil*, nn. 371-379, pp. 563 ss.

Judiciário:[5] a) quando a causa já foi julgada por sentença que se tornou insuscetível de reforma a reapreciação seria uma ameaça à segurança jurídica consistente na autoridade da coisa julgada material, assegurada pela Constituição (art. 5º, inc. XXXVI) e pelo próprio Código de Processo Civil (art. 467); b) quando a causa ainda pende, inclusive com sentença sujeita a recurso (litispendência), a repetição da mesma demanda ou o reexame do que houver sido decidido traria em si os riscos do mesmo perverso mal que a repetição depois do trânsito em julgado traria. Em ambos os casos nega-se o Estado-juiz a desenvolver mais de uma vez atividades para a decisão do mesmo conflito de interesses já posto uma vez em juízo.

Ora, a essas duas proibições associa-se intimamente a regra da fidelidade da liqüidação à sentença liqüidanda, porque (a) quando esta já passou em julgado, o novo julgamento transgrediria a garantia constitucional da *res judicata*, penhor de segurança jurídica, e (b) quando esta ainda não passou em julgado (liqüidação ou execução provisória), deixar caminho para o juiz decidir sobre tudo quanto ela já decidiu significaria permitir uma duplicação de decisões, em nítida *litispendência*. Por isso é que, como venho dizendo, a severa regra da fidelidade seria sempre indispensável ainda quando inexistisse o art. 475-G do Código de Processo Civil.[6]

Em caso de coisa julgada, (a) ou a nova decisão seria conforme ao que antes já se julgara, e, portanto, inútil, (b) ou seria diferente, e, portanto, violaria a garantia do julgado. Em qualquer hipótese, como se vê, criar-se-iam situações embaraçosas, e é isso que o legislador quer evitar ao impor a regra da fidelidade. Na liqüidação, ao juiz não é permitido decidir de novo a causa, seja para confirmar o que antes fora decidido, seja para alterar. Simplesmente *liqüida*, apurando os pontos que a sentença genérica houver deixado para serem apurados depois, mas sempre observando os parâmetros nela estabelecidos.

---

5. Restrições que obviamente não se referem ao reexame da causa pelas vias recursais ou em ação rescisória.
6. *Cfr.* outra vez *Execução civil*, n. 373, esp. p. 567.

Na lição sempre muito precisa de Liebman, "o princípio *ne bis in idem* tem uma dimensão muito mais vasta e a coisa julgada é apenas uma de suas manifestações".[7] Vendo as coisas por aí, a regra da fidelidade da liqüidação à sentença liqüidanda é uma dessas outras manifestações.

759. a dimensão da regra da fidelidade e sua projeção no caso presente

O reclamo à garantia constitucional do julgado conduz também à observação de que a regra da fidelidade vai além do significado gramatical das palavras do art. 475-G do Código de Processo Civil, valendo por uma genérica proibição de inovar. É esse, aliás, o tom do que vem sendo dito nos tópicos precedentes. Para perfeita observância dessa garantia, não se reputa proibido somente (a) "discutir de novo a lide" ou (b) "modificar a sentença que a julgou", mas também (c) dar ao débito qualquer dimensão, maior ou menor, que não seja precisamente aquela resultante da sentença liqüidanda.[8]

No caso que aqui examino, onde digladiam os litigantes e embrenham-se os Tribunais na busca de critérios adequados ao correto dimensionamento do *quantum debeatur* mediante observância da regra da fidelidade, as dificuldades maiores residem na precisa determinação do alcance das condenações impostas à ELETRONORTE. Seja nos diversos graus pelos quais passou o processo de conhecimento, seja em duas manifestações do C. Superior Tribunal de Justiça contidas no próprio processo liqüidatório, ficaram lacunas que só uma correta interpretação desses atos, sobretudo em sua *mens*, poderia preencher. Daí a imperiosidade de uma correta interpretação desses atos, que proponho no parágrafo iniciado logo a seguir.

7. Cfr. *Le opposizioni di merito nel processo di esecuzione*, n. 118, esp. p. 199.

8. Que a regra de fidelidade tem dimensão maior que a dos dizeres nominais da disposição legal que a consagra, isso já consignei em escrito doutrinário (*Execução civil*, n. 373, p. 566), embora a hipótese ali figurada não coincida com esta aqui em exame.

§ 3º – O RICO TEMA DA INTERPRETAÇÃO DA SENTENÇA E A INTERPRETAÇÃO ESTRITA DO PEDIDO

760. *sobre a interpretação da sentença – remissão a outro capítulo da obra*

Para evitar o mal da repetição, tomo aqui a liberdade de remeter o leitor ao que a propósito escrevi em outro capítulo desta mesma obra, onde aludo às palavras da lei ou da sentença como *símbolos* mediante os quais o legislador ou o juiz expressa seu pensamento, sendo indispensável bem compreendê-los para se poder dar a uma ou a outra uma execução adequada (*supra*, n. 742). Sendo inerente à exigência de razoabilidade a busca da captação do *alcance e amplitude* das decisões judiciárias, a isso só se poderá chegar mediante a correta interpretação destas. Por isso, se a sentença não for clara quanto às parcelas de uma obrigação ou quanto ao valor de cada uma, ou da própria obrigação como um todo *etc*., o intérprete recorrerá à prova dos autos, às normas do direito positivo substancial e aos fundamentos e conteúdo da demanda e da defesa, em busca de elementos capazes de orientar uma interpretação pelo justo e pelo razoável.

A junção das normas de direito material com os fundamentos da demanda oferece outro relevante critério para a interpretação das decisões judiciais, tendo-se em conta o princípio da *correlação* entre a demanda e a tutela jurisdicional (CPC, arts. 128 e 460). Na dúvida entre haver ou não o juiz concedido ao autor bens em quantidade menor que a pedida – decisão *infra petita* –, opte o intérprete pela interpretação que dela extraia uma postura processualmente correta. Se o juiz se limita a condenar o réu a pagar *nos termos do pedido*, sem ressalvas ou especificações, é imperioso concluir que todos os pedidos apresentados foram acolhidos. Nesse sentido as judiciosas observações do conceituado Humberto Theodoro Jr.:

> "o pedido, formulado na inicial, torna-se o *objeto* da prestação jurisdicional sobre o qual a sentença irá operar. É ele, portanto, o mais seguro critério de interpretação da sentença, visto que esta é

justamente a *resposta do juiz ao pedido do autor*, não podendo o provimento ficar aquém nem ir além dele, sob pena de nulidade (CPC, arts. 128 e 460) (...).

"O melhor meio de interpretar uma sentença é o que toma como ponto de partida da operação exegética o pedido formulado na inicial. Depois de definido o seu conteúdo, isto é, depois de revelada a *pretensão deduzida pelo autor*, passa-se à análise da resposta que lhe deu a sentença.

"As palavras com que o juiz acolheu ou rejeitou o pedido terão seu sentido e alcance clareados pelo que na inicial o autor demandou. Se houver alguma imprecisão ou alguma dubiedade na linguagem do sentenciante, a fixação do real sentido do comando jurisdicional será encontrada por meio de sua sistematização com o pedido."[9]

Esses critérios interpretativos da sentença têm ampla aplicação ao caso que examino, e sem a consciência formada em torno deles seria impossível chegar com segurança a resultados justos e conformes com o direito e seu sistema.

761. indispensável uma interpretação integrada

Como processualista, é natural e esperado que minhas atenções maiores se voltem aos fenômenos do processo – como, no caso presente, à interpretação das sentenças, que são atos processuais. Mas estou também consciente de que, "de mero técnico encarregado de explicar ou burilar formas, o processualista moderno transformou-se num verdadeiro crítico da dinâmica dos direitos. A vida dos direitos no processo é o objeto de seus estudos e de suas propostas".[10] Nessa condição é que, já em diversos pareceres e estudos anteriores, venho procurando no direito substancial a solução para muitos problemas do processo em sua vida dinâmica e prática, com a convicção de que os tempos exigem uma grande aproximação e intensa coordenação entre esses dois planos do

---

9. "Execução de sentença – iniciativa do devedor – interpretação de sentença", *in Revista Jurídica* 299/7-8.

10. *Cfr.* Dinamarco, "O conceito de mérito em processo civil", *in Fundamentos do processo civil moderno*, I, nn. 151-170, pp. 295 ss.

ordenamento jurídico, banida a obsessão pelo superado dogma da rígida autonomia da ordem processual. Tal é o fenômeno que se vai denominando *relativização do binômio direito-processo*.

Com esse espírito, e esclarecida essa premissa, acrescento que no presente caso a interpretação do V. acórdão do E. Tribunal local, em associação com o que já na liqüidação veio a proferir o C. Superior Tribunal de Justiça, se associa intimamente à da demanda inicial da autora CETENCO, ou dela depende. Para captar adequadamente o alcance da *procedência da demanda*, ditada em grau de apelação, é indispensável bem conhecer o alcance da própria demanda. Que foi que pediu CETENCO em sua petição inicial? Qual a extensão de seu pedido? Pediu correção monetária a partir do vencimento das obrigações ou da propositura da demanda? Só mesmo diante da extrema clareza e explicitude de uma petição inicial no sentido de pedir a imposição de critérios mais favoráveis à credora é que se poderia reconhecer tal dimensão assim ampla. Mas aqui estamos longe disso.

762. *interpretação* estrita *do pedido, embora não* restritiva

Na linha daqueles judiciosos alvitres lançados pelo prof. Humberto Theodoro Jr. e acima transcritos, para a correta captação da dimensão dos efeitos do V. acórdão do E. Tribunal do Distrito Federal, principiemos pela interpretação da demanda ali julgada procedente – porque, obviamente, julgar *procedente* uma demanda, sem ressalva alguma, é conceder precisamente aquilo que o autor pediu e esperava do Poder Judiciário. E é nesse ponto que se mostra imperioso levar em conta a regra da chamada *interpretação restritiva do pedido*, contida no art. 293 do Código de Processo Civil, *verbis*: "os pedidos são interpretados restritivamente, compreendendo-se, entretanto, no principal os juros legais".

Como venho insistentemente dizendo em sede doutrinária, o que a lei chama de *interpretação restritiva do pedido* e a doutrina jamais parou para pensar a respeito é, na realidade, uma interpretação *estrita*, ou meramente declaratória. Segundo está na doutrina, interpretação meramente declaratória é aquela que atribui ao texto interpretado precisamente a *dimensão que de suas palavras resulta*, nada lhe acrescentando, como sucede na interpretação extensiva, e nada lhe retirando, como na verdadeiramente *restritiva*.[11]

> No tocante às leis é corrente o pensamento de que pela interpretação extensiva, ou ampliativa, conclui-se que *lex minus dixit quam voluit*; pela restritiva, que ela *majus dixit quam voluit*. Pela meramente declarativa afirma-se que o autor do texto quis dizer precisamente o que está escrito, nem mais nem menos. Tais conceitos e métodos interpretativos não costumam ser explorados quando se trata de interpretar sentenças ou pedidos, mas sua utilização também nessa área é de extrema valia em casos de dúvida, como este que examino.

O que venho dizendo a partir dessas idéias claríssimas é que, pela disposição contida no art. 293 do Código de Processo Civil, o pedido deve ser interpretado tal e qual, ou seja, *sem ampliações e sem restrições* – porque tanto a ampliação como a restrição seriam fatores de infidelidade da sentença à demanda, ou fatores de ausência de correlação entre uma e outra. O juiz que interpreta o pedido *para mais* terminará por proferir uma sentença *ultra vel extra petita*, extrapolando a real intenção do autor, transgredindo conspícuas regras de direito processual (CPC, arts. 128 e 460) e expondo o réu a deficiências defensivas e privação do contraditório efetivo integral. Aquele que o interpreta *para menos* denega justiça ao proferir uma sentença *citra petita*, na qual deixa de fora, sem apreciação, parte daquilo que o autor declarou pretender. Liebman chega ao ponto de afirmar, com toda razão, que em caso de sentença *citra petita* o autor permanece com seu direito íntegro à reproposição do pedido omitido, sem qualquer peia ou constrangimento possivelmente emergente da garantia constitucional da coisa julgada.[12] Eis precisamente o que a propósito disse eu próprio:

---

11. *Cfr.* Cintra-Grinover-Dinamarco, *Teoria geral do processo*, n. 46, esp. p. 108.
12. *Cfr. Manuale di diritto processuale civile*, II, n. 271, esp. p. 226, nota n. 12.

"a interpretação estrita do pedido constitui norma fundamental, em tema de fidelidade da sentença a este. Não é lícito ao juiz optar por uma compreensão maior, quando a demanda deixe dúvidas sobre sua própria amplitude (art. 293). A lei fala em interpretação *restritiva*, mas não é o caso de *restringir*, ou seja, de *diminuir* a extensão do pedido. Interpretá-lo de modo *estrito* é não interpretá-lo ampliativamente, ou seja, é não se aventurar pelo *majus* quando não se sabe se o autor está a postular o *majus* ou o *minus*. Estará ultrapassando os limites jurídicos do pedido o juiz que optar pela compreensão maior, nessa situação; e incorrerá no vício de *citra petita* aquele que restringir a intenção do autor".[13]

E disse também, após alertar para a imperiosidade de uma prudente cautela do juiz no sentido de não ampliar as intenções do autor, indo-lhes além:

"essa cautela do juiz não deve ir além dos casos em que haja *dúvida* invencível quanto às intenções do autor. Não seria legítimo converter o zelo pela integridade da máxima *ne eat judex ultra vel extra petita partium* em motivo para denegar justiça mediante julgamentos *citra petita*. Que o juiz jamais conceda coisas não pedidas ou em quantidade maior que a pedida, ou por fundamento diverso do invocado pelo autor (arts. 128 e 460), mas também que não se negue a decidir sobre todo o pedido e por todos os fundamentos trazidos. Não sendo suficientemente forte a dúvida sobre a extensão da demanda, a solene promessa constitucional de acesso à justiça impede as opções pelo mais estrito (Const., art. 5º, inc. XXXV)".[14] Só mesmo quando se vir diante de uma dúvida *insuperável* na interpretação da demanda é que seria lícito ao juiz optar pela amplitude maior do *petitum* – hipótese, essa, que não se vê no presente caso.

763. os termos da demanda, da sentença e do acórdão liqüidando

Como registrei ao intróito, no tocante à correção monetária a petição inicial aforada por CETENCO contém somente o pedido de

---

13. *Cfr.* Dinamarco, *Instituições de direito processual civil*, III, n. 942, p. 274.
14. *Cfr.* outra vez minhas *Instituições de direito processual civil*, II, n. 454, esp. p. 135.

que o Juiz condenasse a ré a pagá-la, sem dizer a partir de quando. Leio essa parte do *petitum*: "condenar a ré a recompor o patrimônio da autora, pagando-lhe a correção monetária e/ou atualização monetária devida de todos os atrasos ocorridos desde o início do contrato, consoante demonstrativo anexo à presente, cujo valor será apurado por cálculo do contador". Referiu-se a *todos os atrasos ocorridos desde o início*, mas nem uma palavra consignou quanto ao termo inicial da correção de cada parcela atrasada. Essa omissão está em visível contraste com o pedido referente à condenação pelos juros, onde disse, com clareza: "bem como os juros *a partir do vencimento da obrigação*".

Depois, nada acrescentou a Justiça Estadual quanto ao *dies a quo* da correção monetária que foi objeto da condenação, se o vencimento de cada parcela em atraso, se o dia da propositura da ação. E o próprio C. Superior Tribunal de Justiça, por aquele voto condutor do sr. Min. Ruy Rosado de Aguiar, também não caminhou muito significativamente no sentido do esclarecimento desse ponto, porque se limitou a determinar que o Tribunal de Justiça do Distrito Federal se pronunciasse na liqüidação de sentença aplicando o disposto no dec. n. 86.649, de 25 de novembro de 1981 – sabendo-se que tanto esse ato regulamentador quanto a lei que ele regulamenta (lei n. 6.899, de 8.4.81) contêm os dois critérios a que já me referi em tópico anterior, a saber: a) débitos amparados por "título de dívida líquida e certa", correção a partir do vencimento: b) não amparados, da propositura da demanda. Até aqui estamos, pois, no mesmo ponto: se aplicarmos o disposto no art. 1º, *caput*, do decreto, teremos a correção a partir do vencimento de cada parcela, mas, se for aplicado o parágrafo desse mesmo artigo, corrigiremos desde o dia em que a petição inicial foi ajuizada. E como ficamos? A mera menção ao decreto é insuficiente.

764. *sobre a locução* título de dívida líqüida e certa

Entenda-se que a locução *título de dívida líqüida e certa*, contida na lei n. 6.899, de 8 de abril de 1981, significa rigorosamente *título extrajudicial*. É velho e infelizmente arraigado entre muitos profissionais esse mau hábito de pouca técnica do legislador brasileiro, reincidente em aludir à exigibilidade, à liqüidez e à certeza como se foram atributos do título – quando há muito tempo a doutrina vem ensinando que são atributos do crédito, ou da obrigação, jamais do título. Disse eu próprio, refletindo lições doutrinárias que vêm não só de processualistas como também dos mais conceituados civilistas: "a exigibilidade, tanto quanto a certeza e a liqüidez, não são requisitos *do título*, senão da obrigação por ele indicada, porque é logicamente inconcebível a possibilidade de exigir o título executivo".[15]

> E disse também: "líqüidas ou ilíquidas serão as *obrigações* ou os correspectivos créditos e não o título, porque liqüidez é um conceito de direito substancial, não processual. Quando os bens da vida que constituem objeto de um crédito são suscetíveis de quantificação por contagem, peso, volume ou medida o crédito que os envolve será líqüido na hipótese de a quantidade desses bens já estar determinada ou ser determinável por mero cálculo; na hipótese inversa o crédito será ilíqüido. O Código de Processo Civil falava muitas vezes em título líqüido (art. 583 *etc.*) e certo, mas estava equivocado, e esses equívocos dessa ordem foram corrigidos pela lei n. 11.382, de 6 de dezembro de 2006. Seria um delirante absurdo pensar em títulos que se multiplicassem e se medissem por quantidade, volume ou peso. *Quantificar títulos*? Esse é um conceito elementar, aceito e cultivado por civilistas e processualistas em geral (Chiovenda, Andrioli, José Alberto dos Reis, Washington de Barros Monteiro, Humberto Theodoro Jr., Orlando Gomes)".[16]

Essas observações reconfirmam que no sistema da lei n. 6.899, de 8 de abril de 1981, reside uma clara contraposição entre cré-

---

15. *Cfr.* ainda minhas *Instituições de direito processual civil*, IV, n. 1.423, p. 187.

16. *Cfr.* ainda *Execução civil*, n. 331, pp. 491-492, onde refiro as manifestações convergentes de Giuseppe Chiovenda (*Principii di diritto processuale civile*, § 10, IV, p. 256), Virgilio Andrioli (*Commento al codice di procedura civile*, art. 474, n. 4, I), José Alberto dos Reis (*Comentários ao Código de Processo Civil*, I, pp. 82-83), Washington de Barros Monteiro (*Obrigações*, I, p. 295, n. 3), Orlando Gomes (*Obrigações*, n. 31) e Humberto Theodoro Jr. (*Processo de execução*, 1961, XI, 2, esp. p. 136).

ditos amparados ou não amparados por título extrajudicial (ou, em seu dizer atécnico, por *título de dívida líqüida e certa*). Pois o crédito ostentado por CETENCO é um claríssimo crédito sem título extrajudicial algum – e tanto que ela própria, ao sentir a necessidade de vir a Juízo para sua cobrança, veio pela via do processo de conhecimento, não executivo. Fique bem claro que constitui objeto da execução pendente um alegado crédito por correção monetária, que não se confunde com aquele que no passado fora o crédito *principal* da empresa, a saber: não se confunde com seu crédito emergente das *medições* realizadas, *o qual já foi satisfeito há muito, no passado*. Aqui, o crédito *principal* é apenas e justamente o crédito por correção monetária, que deve fluir segundo os ditames da Lei da Correção Monetária e de seu decreto regulamentador.

**765. *a partir do ajuizamento da demanda (I)*
– *aplicação de disposição clara da lei***

O primeiro fundamento pelo qual se chega à conclusão pela incidência da correção monetária a partir do aforamento da demanda, o mais singelo e objetivo de todos, é o que se funda *na própria lei*. Havendo dito que "na execução de títulos de dívida líqüida e certa [*leia-se **execução por título extrajudicial***] a correção será calculada a contar do respectivo vencimento" (art. 1º, § 1º), logo a seguir a Lei da Correção Monetária estabelece um contraponto a tal disposição, estabelecendo com toda clareza que "nos demais casos o cálculo far-se-á a partir do ajuizamento da ação" (art. 1º, § 2º). Tais dispositivos repercutem diretamente, como é natural, na redação do dec. n. 86.649, de 25 de novembro de 1981, onde o parágrafo de seu art. 1º impõe igual solução "aos demais casos". *Demais casos*, entende-se sem condições de duvidar ou tergiversar, são os casos nos quais inexista um título executivo extrajudicial a amparar o crédito corrigendo.

Decorre daí que se a autora pedisse a correção monetária a partir do vencimento de cada parcela, sem estarem seus créditos guarnecidos por título executivo, estaria a *deduzir uma pretensão contra texto expresso da lei*, incorrendo nas penas da litigância de má-fé (CPC, art. 17, inc. I). Mas não pediu. E também o MM. Juízo e o próprio Tribunal, se lhe concedessem uma correção por aquele critério, estariam a transgredir de frente o disposto no art. 1º, § 2º, da lei n. 6.899, de 8 de abril de 1981. Mas também não concederam. Segundo a boa hermenêutica, não se deve atribuir à sentença, salvo casos de claríssima e manifesta intenção de contrariar a lei, um significado espúrio conflitante com a vontade que nesta haja o legislador expressado. Só pela *lógica do absurdo* poder-se-ia pensar que o MM. Juiz e o E. Tribunal houvessem pensado em contrariar a lei, quando eles na realidade não fizeram opção alguma por qualquer dos critérios para a fixação do termo inicial da correção monetária no presente caso.

> Disse eu próprio em sede doutrinária: "a projeção específica dessa regra no campo da interpretação das decisões judiciárias tem levado os tribunais a proclamar que o intérprete tem o dever de *evitar quanto possível a atribuição de ilegalidades ou inconstitucionalidades* às sentenças ou acórdãos interpretados. Sempre que seja possível extrair das palavras empregadas mais de um significado, e ainda quando a intenção mais provável do prolator seja por uma opção inconstitucional ou ilegal, é dever do intérprete fazer como que uma *conversão* da sentença, de modo a extrair de suas palavras um significado razoável segundo o direito positivo".[17]

766. *a partir do ajuizamento da demanda (II)*
– *a interpretação estrita do pedido*

Se essas disposições do direito positivo não fossem bastantes para afastar a dúvida, a nítida contraposição que fazem entre créditos *com* e créditos *sem* título executivo extrajudicial, uma outra razão, agora interpretativa, seria também suficiente para conduzir ao mesmo resultado no caso em exame. Refiro-me, como está claro, àquelas regras sobre a interpretação do *petitum* e da própria sentença liqüidanda. Se no tocante aos juros a autora CETENCO pediu clara e expressamente que fossem computados "a partir do

---

17. *Cfr.* Dinamarco, *Instituições de direito processual civil*, III, n. 1.230, esp. p. 709.

vencimento da obrigação" e quanto à correção monetária se omitiu quanto ao termo *a quo* do cálculo, dessa contraposição deve-se extrair, pela técnica da *interpretação estrita do pedido* (CPC, art. 293 – *supra*, nn. 761-762), a conseqüência de que aquela autora não pediu o *mais*, como poderia – ou seja, não pediu a correção a partir do vencimento de cada parcela. Ou, em outro dizer: ela poderia pedir essa correção assim mais favorável, mas, como não pediu e deixou esse ponto em aberto, ao juiz-intérprete não é lícito interpretar tal omissão pelo *mais*, mas pelo *menos*. O contrário significaria ultrajar a regra do art. 293 do Código de Processo Civil.

Depois, passando dessa regra à da *correlação entre a sentença e a demanda* (CPC, arts. 128 e 460), tem-se que jamais pensaria um juiz ou tribunal em conceder ao autor *mais* quando sua petição inicial, corretamente interpretada, contém um pedido do *menos*. O juiz deve decidir a causa segundo os limites subjetivos e objetivos da demanda proposta, diz o art. 128 do Código de Processo Civil; e a ele é vedado conceder ao autor mais, ou coisa diferente da pedida, acrescenta o art. 460 (veto às decisões *ultra vel extra petita*). Por isso é que, interpretando estritamente o pedido inicial de CETENCO e nele não descobrindo uma pretensão a receber correção monetária a partir do vencimento de cada parcela (com transgressão à lei expressa), a regra da correlação entre a sentença e a demanda deve ser considerada um óbice a mais à condenação da ELETRONORTE a corrigir por esse critério.

> Outra vez, palavras minhas: "se o juiz pudesse extravasar tais limites, dispondo sobre *algo* ou para *alguém* que não figure nela ou *com fundamento* em fato não alegado, com isso estaria comprometendo a efetividade da garantia constitucional do *contraditório*, pois poderia surpreender as partes, ou mesmo terceiro não integrado ao processo, com um resultado do qual não se defenderam (Const., art. 5º, inc. LV): a regra *ne eat judex ultra vel extra petita partium* é filha do *nemo judex sine actore*, porque na parte que não corresponde à demanda o juiz estaria decidindo sem a indispensável iniciativa de parte (arts. 2º e 262)".[18]

---

18. *Op. cit.*, III, n. 940, pp. 277 ss.

767. a partir do ajuizamento da demanda (III)
– conclusão final e sintetizada do parágrafo

Como dito, por duas razões autônomas e suficientes em si mesmas não pode restar a menor dúvida quanto ao critério para a determinação do termo inicial da correção monetária devida pela ora consulente ELETRONORTE à sua adversária CETENCO. Seja porque (a) essa autora não fez um pedido explícito nesse sentido, sendo imperiosa a interpretação estrita de seu *petitum*, seja porque (b) a sentença não pode conceder ao autor mais do que aquilo que se contém em seu pedido corretamente interpretado, seja ainda porque (c) um pedido de correção monetária a partir do vencimento de cada obrigação seria clara contrariedade à lei (litigância de má-fé), e seja também porque (d) a correta interpretação de uma sentença jamais pode conter a atribuição de ilegalidades a ela – tudo converge à conclusão de que (e) o real conteúdo do V. acórdão liqüidando é o de condenação da ré a pagar correção monetária a partir da propositura da demanda inicial, conforme resulta clarissimamente da Lei da Correção Monetária e do decreto que a regulamenta. Para vigência do art. 1º, § 2º, dessa lei, do parágrafo do decreto regulamentador e do disposto nos arts. 128 e 460 do Código de Processo Civil (correlação entre a sentença e a demanda), é nesses termos que se espera o julgamento da liqüidação de sentença pelo E. Tribunal Regional Federal da Primeira Região,[19] com o fiel cumprimento do que determinara o C. Superior Tribunal de Justiça.

§ 4º – INCIDÊNCIA DE JUROS
SOBRE O VALOR DA CORREÇÃO MONETÁRIA

768. a questão posta

Diferentemente do que fez em relação ao pedido de condenação pela correção monetária, a autora CETENCO pediu que, em cú-

---

19. Atualmente o feito tramita perante a Justiça Federal, em virtude da intervenção da União Federal, promovida pela Advocacia-Geral da União.

mulo com essa, o Poder Judiciário impusesse à ELETRONORTE uma condenação por "juros a partir do vencimento da obrigação". No tocante a essa explicitude nada há a duvidar ou discutir. Nada disse porém aquela autora quanto a *qual seria essa obrigação* sobre a qual os juros hão de incidir a partir do vencimento. Seriam as próprias parcelas da remuneração pelos serviços prestados (*medições*) ou as obrigações referentes à correção monetária aqui também postulada? E o E. Tribunal local, no V. acórdão aqui trazido como título executivo, também se omitiu quanto a esse ponto. Condenou a pagar juros a partir do vencimento de cada parcela ou da propositura da petição inicial?

A resposta é fácil, e dela decorre toda a construção do raciocínio no sentido de que também os juros fluirão a partir da propositura da demanda, como se verá nos tópicos a seguir.

769. *juros incidentes exclusivamente sobre a correção monetária*

Como está para lá de claro, não veio CETENCO a Juízo em cobrança dos valores nominais das obrigações representadas pelas diversas parcelas devidas em remuneração pelos serviços prestados (*medições*). Tais valores já foram pagos *in illo tempore*, e é precisamente porque foram pagos com atraso (mas pagos) que ela está a cobrar a correção monetária que entende incidente sobre eles. Diante disso, não passa por meu espírito, nem pelo de qualquer intérprete, salvo em caso de *loucura furiosa*, como jocosamente disse uma vez o sr. Min. Aliomar Baleeiro,[20] que, alegando-se credora por valores referentes exclusivamente à correção monetária, viesse aquela empresa com o pedido de juros incidentes sobre o valor total das obrigações. Essa acintosa insensatez, que não pode ser atribuída à própria CETENCO ou a seus ilustres patronos, também não foi cometida pelo E. Tribunal, em cujo V. acórdão nem uma palavra se disse sobre qual seria a obrigação a

20. *Cfr.* STF, 1ª T., RE n. 66.152, rel. Aliomar Baleeiro, j. 20.2.73, v.u., *RTJ* 64/676-677.

servir de base de cálculo para os juros. Sendo os juros moratórios um acessório, ou *fruto do capital*, ninguém iria pensar em condenar alguém a pagar juros sobre valores já pagos. Só por uma refinada *lógica do absurdo* poder-se-ia pensar o contrário, atribuindo ao Tribunal essa acintosa infração à lei e distorção sistemática da disciplina dos juros.

Nessa situação, a *obrigação* sobre a qual a credora CETENCO quer a incidência de juros é a obrigação da ELETRONORTE pela correção monetária. Nem é preciso, aqui, realizar qualquer esforço hermenêutico nem invocar regras interpretativas do pedido ou da sentença para se chegar a tal conclusão.

770. juros somente a partir da propositura da demanda – antes não havia verbas de correção monetária a serem pagas

Estabelecido que a autora só podia pedir e o E. Tribunal só lhe concedeu juros sobre o que é devido a título de correção monetária, falta *apenas um sopro* para chegar-se à conclusão de que também os juros foram concedidos para incidir a partir da propositura da demanda. Antes desse momento, como exaustivamente exposto no capítulo anterior, não havia correção monetária alguma a ser paga e, sendo essa a *obrigação principal* sobre a qual os juros incidem, não haveria como pensar que o E. Tribunal houvesse pretendido remontar o cálculo destes a um momento anterior. Juros *moratórios*, como é óbvio e para lá de notório, são a sanção que a lei comina à mora no pagamento de uma obrigação pecuniária. E, como a única obrigação pecuniária imposta à consulente foi a de pagar o valor da correção monetária a partir do ajuizamento da demanda, uma suposta incidência a partir de antes desse momento soaria como condenação a pagar juros sobre *nada*.

XLIII – OBRIGAÇÃO PECUNIÁRIA, MORA, JUROS, LUCROS CESSANTES E AÇÃO RESCISÓRIA

771. os temas e o caso – remissão a um capítulo anterior – 772. uma ação rescisória em perspectiva – 773. o pedido inicial, a discussão e os fundamentos do V. acórdão – 774. a regra contida no art. 1.061 do Código Civil de 1916 – 775. impossibilidade jurídica: vetos legais, constitucionais ou sistemáticos – 776. tornando ao caso e ao tema central do parecer: carência de ação – 777. nenhuma situação extraordinária – 778. uma sentença condicional e imotivada – 779. admissibilidade da ação rescisória – violação a literais disposições de lei – 780. um esclarecimento final: prequestionamento não exigível em ação rescisória

771. *os temas e o caso – remissão a um capítulo anterior*

O parecer aqui reproduzido refere-se ao mesmo contexto litigioso daquele que compõe o capítulo XXXVII da presente obra ("A escolha da espécie adequada de liqüidação de sentença", esp. n. 649). A empresa INVESPAR S/A obteve do E. Tribunal de Justiça do Estado do Rio de Janeiro a condenação do ora consulente Banco Pactual e de sua litisconsorte a lhe fazerem um pagamento *nos termos do pedido inicial*, incluindo, além do principal, uma condenação por lucros cessantes em decorrência do não-adimplemento da obrigação principal no tempo oportuno (danos emergentes e lucros cessantes). O V. acórdão portador dessa condenação passou em julgado e está pendente a liquidação de sentença promovida por INVESPAR, a cujo propósito discorro naquele capítulo acima referido (*supra*, nn. 649 ss.).

772. *uma ação rescisória em perspectiva*

Quando elaborei o presente parecer preparava-se o Banco Pactual para voltar a Juízo com a impugnação do V. acórdão condenatório pela via de uma ação rescisória que estava em vias de propor. Expôs-me os fundamentos que pretende alinhar, sempre em torno da violação a literais disposições de lei, e especificamente ao disposto no art. 1.061 do Código Civil de 1916, então vigente, e em dispositivos do Código de Processo Civil. Alega, em suma, (a) que a sanção destinada pela ordem jurídica substancial ao inadimplemento de obrigação de pagar pecúnia consiste exclusivamente nos *juros moratórios*, sem lugar para a imposição de perdas-e-danos por danos emergentes ou lucros cessantes (CC-16, art. 1.061), (b) que nenhuma fundamentação foi trazida com referência a tal dispositivo legal, sua interpretação ou razões pelas quais não foi aplicado, (c) que aquela condenação foi uma inadmissível *sentença condicional* e (d) que, quanto a tais verbas, o autor carecia de ação, por impossibilidade jurídica do pedido, não sendo, pois, admissível o julgamento *de meritis* a seu respeito.

773. *o pedido inicial, a discussão e os fundamentos do V. acórdão*

O *petitum* que a autora trouxe a Juízo em sua inicial foi de condenação dos réus "pelos danos causados", envolvendo os valores de três duplicatas controvertidas entre as partes, corrigidos e com juros, falando em "danos emergentes, além de lucros cessantes, estes consistentes nos valores que a autora, razoável e normalmente, auferiria no giro normal de seus negócios caso tivesse a disponibilidade do numerário das duplicatas na data de seus vencimentos, parcela essa a ser apurada em liqüidação de sentença". Em momento algum descreveu quais seriam os negócios dos quais teria ficado privada em virtude do inadimplemento dos réus, nem deu a mais mínima indicação daquilo que *razoavelmente* teria deixado de ganhar.

Por isso, ou por qualquer outra razão que não imagino qual seja mas que não tem o menor interesse no presente momento, o certo é que ao longo de todo o processo só discutiram as partes e só decidiram ao srs. Juízes de ambos os graus em torno da caracterização ou não-caracterização da responsabilidade civil dos réus, sua alegada culpa e sobre o desenrolar dos fatos referentes aos endossos lançados naquelas duplicatas e aos pagamentos indevidos, feitos ao endossante e não ao endossatário. *Ninguém disse uma só palavra para descrever os supostos danos supostamente suportados pela autora.*

Em primeiro grau jurisdicional a ação foi julgada improcedente porque entendeu o MM. Juízo que o Banco agira corretamente, sem culpa. Depois, ao dar provimento à apelação interposta pela autora, limitou-se o E. Tribunal a julgar procedente a demanda inicial, reportando-se ao item n. 57 da petição inicial (no qual se especifica o *petitum*), sempre preocupando-se apenas com a caracterização da culpa dos réu e sem dizer palavra sobre eventuais danos concretamente causados ou suportados. Nada disse também sobre o motivo que supostamente legitimaria o afastamento do disposto no *caput* do art. 1.061 do Código Civil então vigente e a imposição das perdas-e-danos que tal dispositivo afasta.

774. a regra contida no art. 1.061 do Código Civil de 1916

Dispondo o art. 1.061 do Código Civil de 1916, vigente ao tempo dos fatos, que "as perdas-e-danos, nas obrigações de pagamento em dinheiro, consistem nos juros da mora e custas, sem prejuízo da pena convencional", toda a doutrina esmerava-se na ênfase à exclusão de outras verbas indenizatórias associadas a danos emergentes ou lucros cessantes eventualmente suportados pela parte inocente. Incisivamente disse o clássico e venerado Agostinho Alvim, em interpretação ao art. 1.061: "quer dizer: consistem [*essas perdas-e-danos*] *somente* nos juros da mora. (...). A lei não permite outra indenização. Ela não quer somente impedir a prova de que o dinheiro poderia produzir mais de seis por cento.[1] Ela proíbe qualquer indenização além dessa".[2]

---

1. Seis por cento ao ano: os juros legais daquele tempo.
2. *Cfr. Da inexecução das obrigações e suas conseqüências*, n. 144, esp. p. 167.

Esse autor questiona a *justiça* dessa disposição, figurando hipóteses nas quais reconhece a falta que o adimplemento pontual fez na vida do credor, mas conclui, como visto acima, por um peremptório *legem habemus* que não deixa margem a discussões. A tais hipóteses excepcionais tornará o parecer em tópico mais adiante (*infra*, n. 778).

Pelo disposto no art. 1.061 do Código Civil de 1916 (atual art. 404, *caput*) entende-se que o legislador quis arbitrar imperativamente a recomposição patrimonial do credor, considerando que os juros legais representam, no giro normal dos negócios, *aquilo que razoavelmente ele haja deixado de lucrar*. A imposição dos juros representa, pois, uma imperativa prefixação legal dos lucros cessantes, cujas conseqüências são fundamentalmente (a) a desnecessidade de alegação, prova ou, mesmo, da ocorrência de efetivos danos ao credor e (b) a impossibilidade de exigir outra indenização além dos juros (Orlando Gomes[3]). Na jurisprudência colhe-se esta incisiva manifestação do C. Superior Tribunal de Justiça, pela palavra autorizadíssima de um de seus mais conceituados integrantes, o sr. Min. Eduardo Ribeiro:

> "alega a autora que os lucros cessantes deveriam compreender todo o período durante o qual o veículo esteve parado. Não tem razão. Nada o impedia de determinar, por conta própria, o imediato conserto do veículo necessário ao desenvolvimento de sua atividade econômica. Ademais, segundo o art. 1.061 do Código Civil, as perdas e danos, nas obrigações de pagamento em dinheiro, consistem, salvo pena convencional, *tão-só nos juros de mora e custas*".[4]

Estamos falando, como se vê, da *impossibilidade jurídica* de impor ao inadimplente de uma obrigação em dinheiro uma responsabilidade por lucros cessantes além dos juros moratórios. O disposto naquele art. 1.061 e no vigente art. 404 constitui um *veto legal* a essa imposição.

3. *Cfr. Obrigações*, n. 127, esp. pp. 205-206.
4. *Cfr.* STJ, 3ª T., REsp n. 166.673, rel. Eduardo Ribeiro, j. 10.4.00, v.u., *DJU* 21.8.00, p. 118.

775. impossibilidade jurídica:
vetos legais, constitucionais ou sistemáticos

Para evitar repetições, remeto o leitor ao que a propósito da *impossibilidade jurídica da demanda* e dos vetos legais, constitucionais e sistemáticos ao julgamento de demandas juridicamente impossíveis está escrito em outro capítulo desta obra (*supra*, nn. 72-73). Digo ali o que há várias décadas a doutrina vem dizendo, a saber, que a impossibilidade jurídica consiste na *inadmissibilidade, em abstrato, do provimento desejado*, sendo essa exclusão do julgamento de mérito imposta por específicos vetos contidos na lei, na própria Constituição Federal ou, conforme o caso, no sistema de direito positivo como um todo. São hipóteses, como esta aqui examinada, em que, independentemente dos fatos que ocorreram ou deixaram de ocorrer, o autor não tem o direito a haver o julgamento de sua pretensão deduzida em juízo.

776. tornando ao caso e ao tema central do parecer:
carência de ação

Visto nesse contexto conceitual e sistemático, o art. 1.061 do Código Civil de 1916 (atual art. 404) apresenta-se como um autêntico *veto legal* à imposição de outras verbas reparatórias ao devedor inadimplente em caso de obrigação por objeto pecuniário. Desse veto legal decorre, sempre no quadro acima descrito, a *impossibilidade jurídica do pedido de condenação por danos emergentes e lucros cessantes* deduzido em Juízo e indevidamente acolhido pelo E. Tribunal de Justiça. É rigorosamente pacífico entre todos que, quando a demanda é assim juridicamente impossível, perdem toda relevância os demais elementos constitutivos do direito alegado pelo autor. No presente caso não importa a eventual culpa do Banco que me consulta, o grau dessa culpa, eventual redução patrimonial suportada pelo credor, os lucros que talvez pudesse auferir se o pagamento houvesse sido feito pontualmente, o montante de uns e outros *etc.*

A conseqüência final e prática dessa impossibilidade era a *carência de ação*, que o E. Tribunal não pronunciou, optando por julgar procedente a demanda de INVESPAR nos termos em que fora deduzida. Por estar caracterizada essa carência de ação, cumpria àquele órgão judiciário negar julgamento *de meritis* a esse pedido, como energicamente impõe o art. 267, inc. VI, do Código de Processo Civil. Como esse mérito foi julgado, ficou literalmente transgredido o art. 1.061 do Código Civil então vigente como ainda aquele dispositivo processual.

777. nenhuma situação extraordinária

Estou consciente de que na vigência do Código de 1916 vozes havia na jurisprudência no sentido de flexibilizar a disposição de seu art. 1.061, para que *em casos excepcionais* se reconhecesse o direito do credor a haver uma indenização pelos efetivos danos suportados – fosse a título de danos emergentes, fosse de lucros cessantes. Não existia no direito positivo uma disposição como o parágrafo do art. 404 do Código Civil vigente, segundo o qual tais verbas são devidas quando "os juros da mora não cobrem o prejuízo" (ressalvadas as hipóteses em que haja uma pena convencional). Não existia uma disposição como essa, mas para situações assim algumas decisões desconsideravam o veto legal contido no art. 1.061 e impunham ao devedor uma condenação por lucros cessantes ou danos emergentes, além dos juros. Mas isso, realço, exclusivamente naquelas situações superlativamente extraordinárias que levavam Agostinho Alvim a considerar injusto tal dispositivo legal (*supra*, n. 774).

Com as vistas postas no presente caso, todavia, nada vejo de extraordinário na situação descrita pela petição inicial de INVESPAR. Leio essa petição e vejo a narrativa daqueles desencontros ocorridos na circulação de três duplicatas, pagamentos feitos ao endossante e não ao endossatário, culpa do Banco, sua responsabilidade civil *etc.* Nada há na *causa petendi* que sequer se pareça com a situação do credor que, contando com o adimplemento, "planeja uma viagem, faz gastos, recusa serviços e, no dia do recebimento do dinheiro, o devedor falha" (Agostinho Alvim). Estávamos então no campo da *normalidade* e, portanto, da legítima imposição do art. 1.061 do Código Civil de 1916. Decidir assim como o E. Tribunal decidiu não é flexibilizar a lei ou interpretá-la segundo os valores inerentes ao sistema, mas pura e simplesmente *transgredi-la*.

778. uma sentença condicional e imotivada

Pelo aspecto processual, ao menos duas infrações legais cometeu aquele V. acórdão, porque (a) a condenação por danos emergentes e lucros cessantes não foi apoiada por qualquer motivação, e (b) sem haver o reconhecimento de qualquer dano extraordinário suportado pelo credor condenou o Banco a pagar tais verbas somente no caso de, no futuro, talvez ficar demonstrada a ocorrência desse suposto dano.

Por esse último aspecto o V. acórdão rescindendo incorre no vício das *sentenças condicionais*, expressa e rigorosamente vedadas pelo Código de Processo Civil no parágrafo de seu 460 ("a sentença deve ser certa, ainda quando decida relação jurídica condicional"). Disse eu próprio em sede doutrinária que "sentença condicional é aquela que *submete sua própria eficácia a algum evento futuro e incerto*. O Código de Processo Civil a põe na ilegalidade e a jurisprudência afirma sua nulidade, porque sentenças com esse vício são a negação da oferta da *segurança jurídica* que pela via do exercício da jurisdição o Estado se propõe a fornecer às pessoas ou grupos envolvidos em conflitos. Pacificação alguma existiria, nem eliminação de conflito, quando a própria sentença ficasse assim na pronúncia de um verdadeiro *non liquet*, que o sistema repudia (CPC, art. 126)".[5]

E também esclareci: "*sentença condicional* não se confunde com a sentença que *decida sobre relação jurídica condicional*, que o Código de Processo Civil expressamente admite logo após haver proscrito as sentenças condicionais (art. 460, par.); sentença

5. *Cfr.* minhas *Instituições de direito processual civil*, III, n. 900, p. 218.

condicional é somente aquela que submete seus próprios efeitos a algum evento futuro e incerto (como a prova de um dano de cuja ocorrência depende a condenação)".[6]

No caso em exame, o E. Tribunal simplesmente deixou em aberto o ponto referente a algum dano extraordinário que INVESPAR houvesse suportado, e sobre isso foi somente em sede de *liqüidação de sentença* que se começou a discutir, com o sr. Perito levantando conjecturas sobre os modos como o dinheiro poderia ser utilizado e ganhos que essa empresa talvez tenha deixado de auferir. E esses eram, rigorosamente, *danos de cuja ocorrência dependeria a condenação*. Não há a menor dúvida, portanto, de que o V. acórdão rescindendo transgrediu de frente o disposto pela letra do art. 460, par., do Código de Processo Civil.

E, como foi imposta ao Banco uma condenação por danos emergentes e lucros cessantes (além dos juros a que aludia o art. 1.061), sem que o V. acórdão descrevesse tais supostos danos extraordinários nem dissesse uma só palavra a seu respeito, vê-se aí também um manifesto *vício de motivação*. Como já registrei, a C. Turma Julgadora só discorreu sobre a culpa do consulente, fatos relacionados com a circulação das cártulas *etc.*, sem sequer cogitar de alguma daquelas situações extraordinárias aventadas na monografia de Agostinho Alvim (*supra*, nn. 774 e 777) – quando para condenar por lucros cessantes ou danos emergentes seria indispensável demonstrar, na motivação, a *concreta ocorrência* de uma dessas situações. Os tribunais brasileiros não são particularmente rigorosos no tocante à exigência de motivar, dispensando considerações em torno de pontos secundários, de relevância periférica ou de cuja ocorrência ou inocorrência não resultariam alterações significativas no *decisum* – mas não dispensam nem poderiam dispensar a motivação relativa ao essencial, sem o quê não se tem o que Michele Taruffo denominou *inteireza da motivação* (*supra*, nn. 493 e 702 – *completezza*). Uma sentença assim insuficientemente motivada transgride o dever de motivar, imposto pelo Código de Processo Civil em seu art. 458, inc. II, e,

---

6. *Op. cit.*, III, n. 1.435, esp. p. 203.

superiormente, pelo que dispõe o art. 93, inc. IX, da Constituição Federal. Tais dispositivos ficaram frontalmente violados porque o V. acórdão rescindendo impôs ao consulente uma condenação por lucros cessantes e danos emergentes sem qualquer justificação para fazê-lo, quando o art. 1.061 do Código Civil de 1916 dispunha que naquela situação só os juros poderiam ser impostos. Sequer afirmou que se estivesse diante de alguma situação supostamente excepcional, nem muito menos alinhou os fatos dos quais pudesse decorrer essa suposta excepcionalidade.

779. admissibilidade da ação rescisória
– violação a literais disposições de lei

Com os vícios apontados nos tópicos acima, aquele V. acórdão da Quarta Câmara Cível do E. Tribunal de Justiça do Estado do Rio de Janeiro violou diversas disposições literais do direito positivo nacional, sendo uma de ordem jurídico-substancial (CC-16, art. 1.061) e três de natureza processual (CPC, art. 267, inc. VI, art. 458, inc. II, e art. 460, par.). E, por haver cometido tais infrações a literais disposições do direito nacional, esse V. acórdão está claramente exposto à desconstituição pela via da ação rescisória, como dispõe o art. 485, inc. V, do Código de Processo Civil.

Infração ao art. 1.061 do Código Civil de 1916. Foi transgredida a letra do art. 1.061 do Código Civil de 1916, vigente ao tempo dos fatos, porque o V. acórdão rescindendo impôs uma condenação por danos emergentes e lucros cessantes a um devedor de obrigação de conteúdo pecuniário quando tal dispositivo limitava a responsabilidade desse devedor ao principal e juros. Essa limitação, reconhecida por toda a doutrina, só poderia talvez ser afastada quando se reconhecesse que o dano suportado superaria de longe o valor dos juros, mas dessa circunstância sequer se cogitou ao longo de todo o processo de conhecimento.

Infração ao art. 267, inc. VI, do Código de Processo Civil. O pedido de condenação por lucros cessantes e danos emergentes era *juridicamente impossível*, considerados o conceito e a disciplina da impossibilidade jurídica segundo o Código de Processo

Civil. E, como ocorria a falta dessa condição da ação, o autor era carecedor desta no tocante a tais verbas indenizatórias, razão pela qual, nessa parte, o disposto no art. 267, inc. VI, desse Código impedia o julgamento *de meritis*. Esse capítulo do mérito foi julgado pelo V. acórdão rescindendo, o qual, por essa razão, transgrediu de frente a letra de tal dispositivo legal.

Digo que faltou o requisito da *possibilidade jurídica* mas admito que, para aqueles que repudiam ou minimizam tal condição da ação (e não são poucos), na concreta situação examinada seria o caso de julgar *improcedente* a demanda inicial quanto a essa parte. De todo modo, quer se trate de uma condição da ação, quer se veja ali uma questão de mérito, o resultado é o mesmo, porque, em qualquer dessas hipóteses, o art. 1.061 do Código Civil de 1916 foi transgredido.

Infração ao art. 458, inc. II, do Código de Processo Civil e ao art. 93, inc. IX, da Constituição Federal. Se a C. Turma Julgadora pretendia ir além do disposto no art. 1.061 do Código Civil de 1916, considerando alguma situação extraordinária legitimante da condenação por lucros cessantes e danos emergentes, seria seu dever indicar, em motivação, qual seria essa situação extraordinária. Não dizendo uma palavra sequer a esse respeito e sequer aludindo à (discutível) possibilidade de ir além do disposto naquele artigo, o V. acórdão padece de um visível *vício de motivação*, havendo claramente desconsiderado a literal disposição do art. 458, inc. II, do Código de Processo Civil e, pior ainda, a do art. 93, inc. IX, da Constituição Federal.

Infração ao art. 460, par., do Código de Processo Civil. O resultado dessa maneira como o E. Tribunal tratou o ponto referente aos lucros cessantes e danos emergentes sequer descritos na inicial foi que o V. acórdão então proferido se caracterizou como uma autêntica *sentença condicional*, que o art. 460, par., do Código de Processo Civil repele energicamente. Sentenças condicionais são aquelas cuja eficácia fica na dependência de algum fato futuro e incerto, como no caso seriam as perdas de ganho, que só em fase de liqüidação passaram a ser consideradas.

Não pode haver a menor dúvida, portanto, quanto à admissibilidade da ação rescisória que o consulente Banco Pactual se avia a propor pelo fundamento consistente na violação a literal disposição de lei (CPC, art. 485, inc. V).

780. *um esclarecimento final: prequestionamento não exigível em ação rescisória*

Apenas a título de complementação, e para não deixar um vazio no raciocínio, quero lembrar que o sistema processual brasileiro autoriza a ação rescisória sempre que houver violação a literal disposição de lei, sem qualquer exigência referente ao *prequestionamento* (Flávio Luiz Yarshell[7]) – sendo, pois, indiferente que a norma violada tenha ou não sido invocada expressamente ou que hajam silenciado as partes ou o próprio tribunal sobre sua aplicação (Barbosa Moreira[8]). Não tem a menor relevância, pois, o fato de a C. Turma Julgadora haver, provavelmente sem muita percepção do que fazia, praticado aquelas infrações a literais disposições do direito positivo. Para o fim da admissibilidade de ações rescisórias, diferentemente do que se dá em relação ao recurso extraordinário e ao especial, basta que a infração à letra da lei haja sido cometida, nada importando que os temas hajam ou não sido ventilados pelas partes ou pelo acórdão rescindendo.

---

7. Cfr. *Ação rescisória: juízos rescindente e rescisório*, n. 108, esp. p. 324.
8. Cfr. *Comentários ao Código de Processo Civil*, n. 78, esp. p. 133.

XLIV – PROCESSO CIVIL E DIREITO DA MINERAÇÃO – QUESTÕES DIVERSAS

§ 1º – **o caso e a consulta – temas** – 781. um preciso relato recebido da consulente – 782. antecedentes relevantes – uma concessão de lavra e uma série de óbices à efetiva mineração – 783. os aspectos jurídicos, a consulta e os quesitos – 784. colocando os pontos de interesse – pedidos, legitimidades passivas, causas de pedir – **§ 2º – os pedidos cumulados e as partes legítimas** – 785. pedido – o ônus de deduzi-lo com as pertinentes especificações – 786. cúmulos de pedidos – 787. os pedidos que a consulente cumulará – sua recíproca compatibilidade e adequação à situação concreta – 788. legitimidade *ad causam* – aspectos conceituais e sistemáticos – 789. as partes legítimas que Omnia incluirá em sua petição inicial – 790. legitimidade *ad interveniendum* do Ministério Público – 791. um palco de incertezas e um litisconsórcio alternativo – 792. possível também um litisconsórcio ativo – 793. um vasto litisconsórcio multitudinário – 794. sujeitos numerosos e de difícil identificação – entre o processo oficial e o inoficial – 795. ainda a citação dos assentados – um autêntico *procedimento edital* – **§ 3º – os fundamentos dos pedidos da consulente – matéria a ser conhecida *incidenter tantum*** – 796. causa de pedir – abordagem conceitual e sistemática – 797. as causas de pedir a serem alegadas pela consulente – 798. nulidade e ineficácia – aspectos conceituais e sistemáticos – 799. nulidade do ato e ineficácia perante a consulente – precedência de seu direito – 800. matéria a ser conhecida *incidenter tantum* e não *principaliter* – **§ 4º – antecipação da tutela jurisdicional – os juízos do mal maior e do direito mais forte** – 801. sobre a antecipação de tutela – entre sua razão de ser e os requisitos para sua concessão – 802. *periculum in mora* dispensado no Código Nacional de Mineração – **§ 5º – respostas fundamentadas aos quesitos** – 803. Omnia tem legitimidade ativa – 804. a União e o DNPM têm legitimidade passiva – 805. do INCRA é a mais patente das legitimidades passivas – 806. via processual adequada – 807. a nulidade e a ineficácia do Projeto de Assentamento Agroextrativista (PAE) – 808. imperiosa antecipação liminar da tutela jurisdicional

§ 1º – O CASO E A CONSULTA – TEMAS

781. um preciso relato recebido da consulente

Recebi dos qualificadíssimos profissionais do direito, os advogados Pedro Bentes Pinheiro Filho, Jorge Alex Nunes Athias e Gilberto Pimentel Pereira Guimarães, o seguinte relato, que retrata com fidelidade a situação que os levou a me consultar e que servirá de apoio para tudo quanto ao longo do presente parecer terei a dizer:

"A Alcoa, através de sua subsidiária Omnia Minérios, está em fase de implantação de projeto de exploração de minério de bauxita no Município de Juruti, Estado do Pará. A Omnia, nesse desiderato, recebeu do Departamento Nacional de Produção Mineral (DNPM) autorizações para pesquisa, e, posteriormente, lavra do minério. Com o mesmo objetivo, recebeu licenças prévia e de instalação junto à Secretaria Estadual de Meio Ambiente (SEMA), órgão ambiental competente.

"Ocorre que, apesar da concessão dessas licenças ambientais juridicamente válidas e, ainda, da notoriedade, na região, das atividades desenvolvidas pela Omnia no exercício de seu direito decorrente do licenciamento ambiental e dos alvarás de pesquisa e lavra, o Instituto Nacional de Colonização e Reforma Agrária (INCRA), posteriormente às atividades minerárias exercidas, decidiu instituir, em parte da área do projeto licenciado à Omnia, um *Projeto de Assentamento Agroextrativista* (PAE), que, por óbvio, prejudicará as atividades de mineração legalmente licenciadas.

"Por essa razão nossa cliente Omnia solicitou ao prof. Luiz Edson Fachin *nota técnica* na qual o renomado jurista enfrentou a questão pelo enfoque do direito material para, em apertada síntese, afirmar, no que pertine aos aspectos da consulta agora formulada, (i) a existência de irregularidades no ato de criação do PAE, (ii) a precedência da atividade minerária à atividade de reforma agrária e, por via de conseqüência, (iii) a indispensabilidade da participação da Omnia na eventual demarcação das áreas sobre as quais seria constituído o assentamento, considerando ser ela detentora de autorização para pesquisa e lavra, a qual, no contexto da inteligência das normas acerca do direito de propriedade (à luz do princípio da liberdade e da disposição de iniciativa constitucionalmente assegurados) garante-lhe instar seu vizinho (ou próximo) a, em conjunto, definir e corrigir limites e reavivar rumos entre prédios, (iv) que, sobre essa porção dos imóveis, a Omnia exerce uma posse juridicamente protegida, que a torna infensa à pretensão de apropriação ou apossamento por terceiros a autorizar a incidência das regras acerca da demarcação de terras com a participação de todos os interessados.

"A Omnia quer e procura solução amigável. Porém, ante a possibilidade de essa via fracassar, poderá ser compelida a tentar solução através de medida judicial."

Passo em seguida a descrever o caso com palavras minhas e com os sentidos postos nas *quæstiones juris* que ali entrevejo, com vista a responder adequadamente à consulta recebida e aos quesitos nos quais se corporifica.

782. *antecedentes relevantes – uma concessão de lavra e uma série de óbices à efetiva mineração*

Esse é, em uma visão global, o caso trazido à consulta por Omnia Minérios referente a um importante projeto de mineração em fase de implantação no Estado do Pará, ao qual veio a unidade regional do Instituto Nacional de Colonização e Reforma Agrária – INCRA a criar um sistema de óbices. Esse empreendimento denomina-se *Projeto Juruti*, com alusão ao Município onde se desenvolve, e o minério a ser extraído é a *bauxita*, componente essencial à produção de alumínio, que é o ramo a que tradicionalmente se dedica o prestigioso Grupo Alcoa, do qual a consulente faz parte. Os óbices colocados pelo INCRA decorrem da criação e implantação, mediante portaria de sua Superintendência, de um assentamento de extrativistas, denominado *Projeto de Assentamento Agroextrativista* – PAE Juruti – que inclui a ocupação daquela mesma área de concessão por "pessoas que, embora não ocupem fisicamente toda a área, já teriam, por perambulação e extração, utilizado parcialmente o imóvel". Contam-se às centenas esses *perambuladores*, passando de milhar o número de pessoas integrantes das famílias de todos eles.

Pois o PAE Juruti Velho inclui áreas de domínio da União, precisamente em relação às quais obtivera Omnia aquela autorização de pesquisa e ulterior lavra do minério, concedida pelo Departamento Nacional de Produção Mineral – DNPM – com o respaldo de uma *licença prévia* e de uma *licença de instalação*, deferidas pelo órgão ambiental competente (Secretaria do Meio Ambiente do Estado do Pará). Ali foram realizados os *assentamentos* promovidos pelo INCRA, chegando-se a uma difusa ocupação pelos assentados – ocupação mediante fixação de residências na área e disponibilização da área como um todo para a extração de produtos vegetais mediante perambulação de todos. Daí chamar-se um *projeto extrativista*.

Da criação e implantação do PAE Juruti Velho adveio para Omnia toda a série previsível de dificuldades para efetivar seu projeto, por todos os lados autorizado oficialmente, porque a implantação de sua *servidão minerária* sobre o bem público cedido em concessão encontra diante de si os óbices representados por aquela posse difusa e comunitária exercida pelos assentados. As autorizações obtidas por Omnia são precedentes no tempo à ocupação pelos assentados e à própria instituição do PAE Juruti Velho, mas lá estão aqueles, e sem que sua posse comunitária seja suplantada por uma medida jurídica, ou mesmo judiciária se for necessário, seria inviável implantar o *Projeto Juruti*.

783. *os aspectos jurídicos, a consulta e os quesitos*

Sentindo diante de si todo esse angustioso problema, cuidou Omnia de se esclarecer adequadamente sobre os aspectos jurídico-substanciais pertinentes, solicitando e obtendo precioso parecer elaborado pelo prof. Luiz Edson Fachin, da Universidade Federal e da Pontifícia Universidade Católica do Paraná. Em relação aos aspectos processuais de sua pretensão e possível litígio a ser posto em juízo, consulta-me agora. Devo e agradeço a seus competentíssimos patronos a honra de me haverem consultado em nome de Omnia.

Essa consulta envolve fundamentalmente dois temas processuais, que são as vertentes medulares sobre as quais o parecer versará, a saber: a) a dos *pedidos a serem deduzidos* em juízo com vista a obter a servidão minerária a que a consulente tem direito, com a posse efetiva da área e conseqüente possibilidade de minerar; b) a das *partes legítimas* para figurarem no pólo passivo do processo em relação aos pedidos que vierem a ser formulados. Em torno dessa temática central gravita uma série de relevantíssimas questões jurídicas de natureza substancial e de natureza processual de cuja adequada solução depende a boa colocação da causa a ser proposta, como (a) a da regularidade ou irregularidade do próprio ato de constituição do PAE Juruti Velho, (b) a de sua eficácia ou ineficácia perante o titular do direito de pesquisa e lavra sobre aquele bem, (c) a do possível cúmulo de pedidos, (d) a dos requisitos formais da petição inicial e da citação, considerando-se o enorme número de assentados e as naturais dificuldades para sua identificação e localização, (e) a do litisconsórcio multitudinário, envolvendo um número grande de sujeitos no pólo passivo, (f) a do litisconsórcio alternativo ou eventual, (g) a das antecipações de tutela tipificadas em lei. Envolvendo os temas que há de essencial, formularam os srs. Advogados os seguintes quesitos, aos quais darei ao final respostas sinteticamente fundamentadas, com freqüentes remissões ao corpo do parecer. Eis os quesitos:

Primeiro: "considerando os direitos minerários dos quais a Omnia Minérios Ltda. é detentora, decorrentes tanto das autorizações de pesquisa e lavra quanto das licenças que atestam a viabilidade ambiental do empreendimento; considerando que a atividade minerária é juridicamente precedente e é exercida anteriormente à instituição do PAE, confirma-se sua legitimidade ativa para postular em juízo a constituição de servidão minerária e imissão na posse mediante a alegação de *nulidade e ineficácia* dos atos administrativos de criação do PAE?"

Segundo: "considerando que a União Federal é detentora do domínio e superficiária da área em debate e que o DNPM outorgou as autorizações de pesquisa e lavra, terão esses entes federais legitimidade passiva para a demanda visando a garantir os direitos da Omnia?"

Terceiro: "considerando que o INCRA instituiu o PAE, essa entidade de natureza jurídica autárquica deve integrar a lide como litisconsorte da União Federal?"

Quarto: "qual a via processual mais adequada para a consecução dos objetivos da Omnia?"

Quinto: "o fato de a Omnia ter recebido do DNPM, entidade da Administração Federal, autorização para lavrar minério poderá inibir, pela via processual adequada, a plena efetivação de PAE que prejudique a exploração minerária?"

Sexto: "considerando que a questão é de direito e que os fatos são objeto de prova pré-constituída, é viável a obtenção liminar de antecipação dos efeitos da tutela, notadamente diante do risco de dano irreparável e de difícil reparação que representaria a paralisação das atividades minerárias, especialmente em face do que prevê o Código Nacional de Mineração (art. 87), no contexto do próprio interesse nacional preconizado na Constituição Federal, art. 176?"

784. colocando os pontos de interesse
– pedidos, legitimidades passivas, causas de pedir

Pelo aspecto prático e empresarial, o que pretende Omnia é implantar de modo integral seu *Projeto Juruti*. Para tanto precisa obter a efetiva servidão minerária sobre as áreas cujo uso lhe foi concedido pela União Federal e em relação às quais o Departamento Nacional de Produção Mineral lhe outorgou a indispensável autorização de pesquisa e lavra. *Obter a servidão minerária* é, pois, o objeto central da pretensão a ser levada ao Poder Judiciário mediante a demanda que está em via de propor. Tal pretensão estará ao centro do objeto do processo a ser instaurado e, uma vez instaurado este, tal será o mérito principal da causa. Mas outras pretensões serão deduzidas e outros pedidos feitos, sem os quais a efetiva consecução daquele objetivo não seria viável. Aflora em primeiro lugar a necessidade de pedir a *posse das áreas onde minerará* e sobre as quais incidirá sua servidão minerária, para o efetivo exercício do direito a esta.

É natural que em relação a cada um dos pedidos que a consulente cumulará em sua demanda inicial haverá sujeitos portadores de uma legitimidade passiva *ad causam* decorrente da influência que o acolhimento de cada um deles projetará sobre suas respectivas esferas de direito. A servidão minerária constitui restrição ao pleno direito do superficiário sobre as áreas – e daí a legitimidade da União Federal, na qualidade de proprietária destas. Também os exercentes da posse serão atingidos, ou seja, os assentados ali residentes, os quais ficarão parcialmente impedidos da habitual perambulação extrativista e receberão indenizações que o juiz deve fixar – sendo também eles partes legítimas passivas, portanto. Além disso, a introdução física da Omnia e seus equipamentos na área onde o INCRA desenvolve seu projeto de assentamento por certo implicará restrições à plenitude da consecução do PAE *Juruti* e de suas atividades no local – e daí ser também essa autarquia parte legítima para figurar no pólo passivo da demanda a ser proposta pela consulente.

Ora, para obter mediante aqueles pedidos o resultado final desejado, precisa a Omnia fundamentá-los adequadamente em *fatos* (que no caso não são objeto de profundas controvérsias) e em razões jurídicas de direito material idôneas. Compete-lhe, concretamente, o ônus de desenvolver razões jurídicas pelas quais se conclua, sempre perante o direito material, que a efetiva implantação do assentamento imposto pelo INCRA viola seus direitos de pesquisa precedentemente obtidos – sendo portanto ineficazes perante ela os atos realizados pela autarquia a dano de tais direitos, além de nulo o próprio ato constitutivo do PAE. Compete-lhe também, acima de tudo, invocar em sua demanda o direito, que da concessão obtida decorre, a obter o reconhecimento e efetivo exercício de sua *servidão minerária* sobre aquelas terras públicas.

Eis o trinômio de facetas pertinentes ao caso sobre o qual sou consultado e sobre os quais o parecer discorrerá – *pedidos* a deduzir, *partes legítimas* a serem incluídas no pólo passivo, *fundamentos de fato e de direito* a serem agitados (causas de pedir). A esta apresentação intencionalmente vaga e imprecisa dos temas segue-se o exame pormenorizado de cada um deles, que farei nos parágrafos subseqüentes – um deles cuidando dos pedidos e partes legítimas, e outro dos fundamentos de direito material que amparam a pretensão de Omnia.

§ 2º – OS PEDIDOS CUMULADOS E AS PARTES LEGÍTIMAS

785. *pedido – o ônus de deduzi-lo com as pertinentes especificações*

Pedido é a manifestação da vontade de obter do Estado-juiz um provimento jurisdicional de determinada natureza sobre determinado bem da vida. É através dele que o autor externa sua pretensão a essa tutela jurisdicional. Sua maior importância consiste na introdução do *objeto do processo*, que nele reside e sobre o qual incidirá o preceito a ser emitido pelo juiz na parte dispositiva da sentença de mérito: é ao pronunciar-se sobre o pedido, acolhendo-o ou rejeitando-o, que o juiz oferece a uma das partes a tutela jurisdicional capaz de produzir efeitos em sua vida exterior ao processo.[1]

No processo de conhecimento pede-se invariavelmente uma sentença favorável, mas para que o processo se instaure validamente tem o autor o ônus de pedir, em cada caso, *determinada espécie de sentença* (condenatória, constitutiva, meramente declaratória). Tem também o ônus de deduzir pedido suficientemente especificado em sua individualidade quando traz a juízo a pretensão a uma coisa certa (determinado imóvel, determinada relação jurídica a ser desfeita *etc.*), ou somente indicado em seu gênero e quantidade em caso de pretensão a coisas fungíveis e sujeitas a medição, contagem ou peso (dinheiro, ouro *etc.*). Nesse binômio provimento-bem expressa-se a configuração *bifronte* dos pedidos em processo civil – dizendo Humberto Theodoro Jr., em estreita consonância com essa idéia, que "o pedido *imediato* põe a parte em contato com o direito processual, e o pedido *mediato*, com o direito substancial".[2] Pretende-se substancialmente o bem, mas para chegar a ele é preciso um provimento jurisdicional que o conceda. A tutela jurisdicional pedida pelo autor é integrada por esse provimento, que incide sobre o bem. Mas, da parte do autor, é sempre indispensável indicar com precisão o bem, ou bens, que pretende.

> Liebman: "o objcto da ação é aquilo que se pede ao juiz. Ele deve ser individualizado tanto com base no tipo de provimento que se pede (*objeto imediato*: p.ex., condenação, seqüestro) como no bem jurídico a que o provimento deve referir-se (*objeto mediato* ...)".[3] Ou, em outras palavras: *pedido mediato* é o bem da vida

---

1. *Cfr.* minhas *Instituições de direito processual civil*, III, n. 995, pp. 371 ss.
2. *Cfr. Curso de direito processual civil*, I, n. 360, p. 324.
3. *Cfr. Manual de direito processual civil*, I, n. 87, esp. p. 251 trad.

pretendido; o *pedido imediato* visa a um provimento jurisdicional concedendo o bem (Moacyr Amaral Santos[4]). A obtenção do bem da vida é o objetivo substancialmente visado pelo ator, a sentença é o meio para obtê-lo.

Quanto ao *bem da vida a ser obtido*, a lei impõe ao autor o ônus de deduzir pedido *certo*, ou seja, ela exige que o bem esteja perfeitamente caracterizado em sua individualidade específica (tal casa, tal relação conjugal ou, como no presente caso, tal área a ser submetida a servidão minerária). Se o objeto do pedido for sujeito a quantificação, é também imperiosa a indicação da quantidade de bens postulados (liqüidez, pedido determinado – CPC, arts. 282, inc. V, e 286).

786. cúmulos de pedidos

Seja quanto ao bem da vida ou à espécie de sentença solicitada, é lícito ao autor reunir *dois ou mais pedidos em cúmulo* em uma só demanda e uma só petição inicial. Como está na doutrina mais moderna e corresponde aos conceitos fundamentais de direito processual, não se cumulam *ações* (ação é o poder ou direito de agir), mas *pedidos* ou, talvez, *demandas*. Em outras palavras: na unidade formal de uma só demanda podem ser ajuntados dois ou vários pedidos. Dando-se a cumulação de pedidos, o processo tende a vários provimentos, ainda que a final venham eles, através do procedimento que é um só, "somados numa sentença formalmente única" (Enrico Redenti[5]). A sentença que se pronuncia sobre os pedidos cumulados estrutura-se em *capítulos* nitidamente distintos, tão distintos quanto os capítulos da demanda em julgamento.[6]

Por outro enfoque, o cúmulo de pedidos determina a complexidade do objeto do processo (*Streitgegenstand*), o qual passa a

---

4. *Cfr. Primeiras linhas de direito processual civil*, II, n. 409, p. 177.
5. *Cfr. Il giudizio civile con pluralità di parti*, n. 5, p. 5 (v. também n. 7, p. 10). *Cfr.* ainda Friedrich Lent, *Zivilprozessrecht*, § 82, IV, esp. p. 314 trad.
6. Sobre o interessante tema dos capítulos de sentença, v. em primeiro lugar Enrico Tullio Liebman, "Parte o *capo* di sentenza", *in Riv. dir. proc.*, 1964, n. 4, pp. 52-53; Dinamarco, *Capítulos de sentença, passim*.

incluir todas as pretensões deduzidas. O *meritum causæ*, que equivale ao objeto do processo, compõe-se da soma de todas essas pretensões, e cada uma delas será objeto de acolhimento ou rejeição nos diversos capítulos da sentença.

Estamos falando do *cúmulo simples de demandas* (ou de pedidos), portador de pretensões autônomas entre si, que bem poderiam ser deduzidas em processos distintos mas que, por opção do autor e expressa autorização legal, vêm a compor o objeto de um só processo. O Código de Processo Civil admite esse cúmulo ainda quando entre tais demandas assim reunidas inexista o nexo da conexidade objetiva, desde que haja inteira coincidência entre os sujeitos (autor e réu – art. 292). A autonomia das demandas reunidas em cúmulo simples autoriza o juiz a acolher todas ou alguma delas, ou a rejeitar todas, sem que nesse caso o julgamento de uma seja prejudicial ao das demais (Araken de Assis[7]).

Se as pretensões cumuladas forem interligadas por um nexo de *conexidade*, a necessidade de formar *convicção única* em torno do ponto ou questão que as interliga conduzirá o juiz a soluções harmoniosas e coerentes pelo aspecto lógico (Redenti[8]): mas, justamente porque essa necessária compatibilidade é meramente *lógica*, cada um dos pedidos cumulados terá sempre seu próprio julgamento, independente como já se disse, mas sem necessária correspondência prática com o julgamento dos demais. Isso poderá ser determinado pela existência de pontos não-comuns de fato ou de direito influentes no julgamento de cada um dos pedidos.[9] É precisamente essa autonomia entre os pedidos deduzidos em

---

7. *Cfr. Cumulação de ações*, n. 74, p. 221.

8. Superando a teoria dos três *eadem*, que o Código utiliza como base para a determinação da conexidade (mesma causa de pedir ou mesmo pedido – art. 103), Redenti demonstra que, substancialmente, o que determina a utilidade do conceito de conexidade é essa imperiosidade lógica de formar *convicção única* em torno de algum ponto comum (*cfr. Il giudizio civile con pluralità di parti*, n. 5, nota n. 5, p. 6).

9. Não é como na *cumulação eventual*, em que o segundo pedido só será apreciado se rejeitado o primeiro (art. 289), ou como no cúmulo com *alternatividade*, em que um dos pedidos será atendido, a critério do juiz, sem poderem sê-lo todos ao mesmo tempo.

cúmulo simples que leva a lei a exigir o requisito da *compatibilidade entre eles*. "Os pedidos se mostram incompatíveis quando um exclui o outro, vale dizer, não se lhes concebe o triunfo simultâneo" (Araken de Assis[10]).

O vínculo é mais estreito entre as demandas cumuladas, e por isso surge a necessidade de julgamentos estritamente coerentes quando entre elas houver o particular nexo de *prejudicialidade*. Estou, como claramente se percebe, conduzindo o discurso ao tema do *cúmulo sucessivo de pedidos*. Um pedido é sucessivo a outro quando, no plano do direito material, se apóia na existência de uma relação jurídica que por sua vez dependa da existência de uma outra. Como exemplo emblemático temos a obrigação de prestar alimentos, que é dependente da relação de filiação entre quem os postula e aquele que deverá prestá-los; conseqüentemente, sendo deduzidos os dois pedidos, o de condenação por alimentos é sucessivo ao de declaração de paternidade (ação de investigação). Percebe-se com clareza que uma dessas relações é *dependente* da outra, porque sem que esta exista ela não pode existir; correlativamente, essa outra é *dominante* em relação àquela, porque sua existência ou inexistência lhe comanda a existência ou inexistência. E assim, do mesmo modo, no plano do direito processual diz-se que um pedido é *sucessivo* a outro quando para sua procedência é indispensável que também esse outro seja acolhido – sendo impossível acolher o pedido sucessivo, que é *dependente*, quando o primeiro pedido for rejeitado (o *dominante*). Fala-se então em um *cúmulo sucessivo*, justamente porque ali se vêem dois pedidos cumulados e caracterizados precisamente pela sucessividade nos julgamentos, inerente à prejudicialidade.

> "É possível o autor formular um segundo pedido que, em relação ao primeiro, dependa da sua procedência. Convém ressaltar que o autor pede o acolhimento dos dois pedidos; apenas o último, em razão de seu caráter de dependência, decorre do êxito do primeiro. Cuida-se de *cumulação sucessiva*." São palavras de Araken de Assis, que traz entre seus exemplos precisamente o do cúmulo

---

10. *Cfr.* ainda *Cumulação de ações*, n. 79, p. 228.

entre pedido de declaração de paternidade e condenação por alimentos, invocado logo acima.[11]

Em casos como tais é possível que a demanda prejudicial seja julgada procedente e mesmo assim a prejudicada seja improcedente, o que acontecerá quando faltar algum *outro requisito* para essa tutela jurisdicional – a saber, algum requisito estranho ao ponto ou questão prejudicial que liga as duas causas. Exemplos: a) o autor é declarado filho do réu mas aufere rendimentos suficientes e por isso não tem direito a alimentos; b) o contrato é válido mas a prestação postulada pelo autor não é devida porque ele não cumpriu sua contraprestação (CC, art. 475). Poderá também, em alguns casos, ser acolhida a demanda prejudicada (dependente) apesar de julgada *inadmissível* a prejudicial (falta de legítimo interesse à declaração sobre a relação fundamental). Podem também ser ambas acolhidas ou rejeitadas pelo mérito, ou dadas por inadmissíveis. O que não se admite, mercê da relação de prejudicialidade, *seria* o convívio entre a *improcedência* da demanda prejudicial e a procedência da prejudicada. Na lição superior de Giuseppe Chiovenda, há essa relação de dependência entre dois pedidos ou entre dois capítulos da sentença "quando um não pode logicamente subsistir se o outro tiver sido negado".[12]

Como a seu tempo se verá, a demanda que Omnia está em via de propor inclui um cúmulo sucessivo de demandas interligadas por intenso nexo de prejudicialidade.

787. os pedidos que a consulente cumulará – sua recíproca compatibilidade e adequação à situação concreta

O primeiro pedido a ser formulado por Omnia mediante a demanda que está em via de ajuizar tem por objeto sua pretensão a uma sentença de *constituição de servidão minerária* sobre as áreas

---

11. *Op. cit.*, n. 75, p. 222.
12. Essa é uma conhecidíssima lição de Chiovenda (*Principii di diritto processuale civile*, § 91, V, esp. p. 1.136), que acolhi em minhas *Instituições de direito processual civil*, II, n. 473, esp. pp. 172-174.

onde está autorizada a exercer atividades inerentes à mineração de bauxita, conforme ato do Departamento Nacional de Produção Mineral. Essa será, no caso muito provável de procedência de sua demanda, uma *sentença constitutiva positiva*, responsável pela instituição de uma situação jurídica nova, da qual no presente não desfruta a consulente, apesar de todas as autorizações obtidas.

É natural que, logrando a constituição dessa servidão, desde logo adquira Omnia todas as faculdades inerentes a esse *direito real sobre coisas alheias*, mas na concreta situação que está vivenciando o exercício dessas faculdades é drasticamente obstado pela presença de sedizentes proprietários e centenas de posseiros, ditos *assentados*, que ali foram alocados por iniciativa do INCRA e como efeito da criação do PAE.

788. legitimidade ad causam
– aspectos conceituais e sistemáticos

Louvando-me em prestigiosas lições de Liebman e de Buzaid e tentando dar um passo adiante na conceituação da legitimidade *ad causam*, venho em variados escritos propondo a conceituação dessa condição da ação como "qualidade para estar em juízo, como demandante ou demandado, em relação a determinado conflito trazido ao exame do juiz" – esclarecendo que "ela depende sempre de uma necessária *relação entre o sujeito e a causa* e traduz-se na relevância que o resultado desta virá a ter sobre sua esfera de direitos, seja para favorecê-la ou para restringi-la".[13] Em suma: tem legitimidade ativa para uma causa o sujeito que em tese poderá vir a se beneficiar juridicamente dos efeitos da tutela jurisdicional pleiteada; e tem legitimidade passiva aquele que, também em tese, possa sofrer algum impacto desfavorável em sua esfera jurídica (*supra*, nn. 112 e 580).

Dando mais um passo no rumo de uma noção ainda mais concreta e palpável de legitimidade *ad causam*, venho apoiando um pensamento que teve muita força na doutrina italiana de mais

---

13. *Cfr.* Dinamarco, *Instituições de direito processual civil*, II, n. 545, p. 313.

de meio século atrás, consistente em apontar essa condição da ação como mero destaque de uma outra, que é o *interesse de agir*. Como venho dizendo em sede doutrinária, "em rigorosa técnica processual, a legitimidade *ad causam* insere-se no âmbito do interesse de agir porque *sua falta traduz-se em ausência de utilidade do provimento jurisdicional*. A ilegitimidade *ad causam* é, assim, um destaque negativo do requisito do interesse de agir, cuja concreta ocorrência determina *a priori* a inexistência deste".[14] Bem pensado, portanto, a legitimidade é apenas um dos requisitos sem os quais o interesse de agir não pode estar presente (*supra*, n. 113).

Concluo esse pensamento dando ênfase ao que acima já foi dito em outras palavras e aqui reconfirmo, a saber: o que dá razão de ser ao requisito da legitimidade *ad causam* em todo sistema processual é a utilidade que o provimento jurisdicional esperado possa proporcionar a quem vier a juízo, excluindo-se logo *a priori* essa utilidade quando o autor ou o réu for parte ilegítima. Essa regra vale tanto para a legitimidade ativa quanto para a passiva. Se o autor não é a pessoa que possa ser beneficiada pela decisão judiciária que pede, ou se o réu não é a pessoa de cuja esfera de direitos possa sair algo que beneficie o autor, este carece de ação porque o provimento postulado não lhe trará tutela alguma. Inversamente, a dupla legitimidade ocorrerá sempre que o autor peça um provimento que lhe possa ser útil, sendo na prática possível que o bem da vida pretendido por aquele venha a ser extraído da esfera de direitos do réu. O mais é mérito.

789. *as partes legítimas que Omnia incluirá em sua petição inicial*

O INCRA é parte manifestamente legítima e será, por certo, incluído no pólo passivo da demanda que Omnia proporá, porque dele foi a iniciativa de criar o PAE Juruti Velho e dele é a gestão do empreendimento. Sua esfera de direitos será necessariamente

---

14. *Cfr.* Dinamarco, *op. cit.*, II, n. 546, pp. 314-316.

atingida pelas medidas judiciais a serem postuladas por Omnia, ao menos de dois modos: a) *primeiro*, porque a constituição e efetivação da servidão minerária pretendida por aquela interferirá na efetividade de seu projeto, restringindo na medida do necessário a continuidade da atividade agroextrativista de seus assentados e impedindo, com relação às áreas destinadas a pesquisa e lavra, a futura inclusão de novos assentados; b) *segundo*, porque a demanda a ser proposta questionará não só a validade do ato de constituição do próprio PAE, como ainda sua *eficácia* perante a consulente – o que por certo contraria os planos e desígnios da autarquia. É tão íntima a relação entre o projeto do INCRA e as atividades que Omnia pretende implantar na área, que técnicos ligados àquele chegaram a recomendar, em um *parecer técnico interdisciplinar*, a "suspensão das atividades da Alcoa/Omnia sobre a área". Dada a incompatibilidade entre o projeto de lá e o de cá, a efetivação deste implicará inevitavelmente restrições àquele. O INCRA é portanto, sem a menor sombra de dúvida, *pessoa cuja esfera de direitos será restringida pela medida postulada por Omnia* – sendo esse o critério central para a determinação da legitimidade *ad causam* passiva (*supra*, n. 787).

A União Federal também é parte legítima, em primeiro lugar porque a área onde se implantarão as atividades minerarias é em parte constituída por terras públicas, de sua propriedade, como expressamente dispõe o art. 176 da Constituição Federal ("as jazidas, em lavra ou não, e demais recursos minerais e os potenciais de energia hidráulica constituem propriedade distinta da do solo, para efeito de exploração ou aproveitamento, e pertencem à União" *etc.* – v. também art. 20, inc. IX). A legitimidade do *superficiário*, além de óbvia, porque sua posse fatalmente sofrerá restrições impostas pelas medidas que Omnia postulará, decorre também de expressa determinação legal, dispondo o Código Nacional de Mineração que "o promotor de justiça da comarca será citado para os termos da ação, como representante da União" (art. 27, inc. VIII – leia-se: "a União será citada em seu representante legal"). Outra vertente da legitimidade passiva da União é representada por sua condição de ente soberano responsável pela política minerária do País, sendo da competência do Ministro das Minas e Energia a autorização de lavra (arts. 38, 43, 46 *etc.*). Frustrar a pesquisa e lavra já autorizadas de modo regular é interferir nessa atividade normativa e reguladora do Estado, o qual também por isso é sujeito interessado e, conseqüentemente, parte legítima para figurar no pólo passivo do processo que se instaurará.

Também tem legitimidade passiva o Departamento Nacional de Produção Mineral, órgão autárquico de intensa participação no processo de autorização e implantação de atividades minerárias em todo o País e responsável pela fiscalização do regular exercício dessas atividades. A esse propósito dispõe o Código Nacional de Mineração, *v.g.*, (a) que "o aproveitamento das jazidas depende de alvará de autorização de pesquisa, do Diretor-Geral do DNPM" *etc.* (art. 7º), que "o titular da autorização fica obrigado a realizar os respectivos trabalhos de pesquisa, devendo submeter à aprovação do DNPM dentro do prazo de vigência do alvará, ou de sua renovação, relatório circunstanciado dos trabalhos" (art. 22, inc. V), (b) que "as autorizações de pesquisa ficam adstritas às áreas máximas que forem fixadas em portaria do Diretor-Geral do DNPM" (art. 25), e (c) falando ainda em "vistorias realizadas pelo DNPM, no exercício da fiscalização dos trabalhos de pesquisa e lavra de que trata este Código" (art. 26, § 4º) *etc.* Essa intensa participação tem por reflexo o manifesto interesse do Departamento Nacional de Produção Mineral nos rumos a serem dados a uma atividade que ele tem o dever de coordenar, que ele autorizou, que ele fiscaliza e tem o poder-dever de fiscalizar. Não se concebe que as importantes medidas postuladas pela mineradora ao Poder Judiciário sejam concedidas à margem da participação dessa autarquia, sob pena de pôr em risco a efetividade de toda essa complexa missão institucional.

Óbvia legitimidade passiva têm também os assentados residentes na área e que por ali perambulam em sua atividade agroextrativista. Eles serão os mais atingidos pela imissão na posse de partes dessa área, uma vez que da posse ficarão privados durante o tempo que durarem as atividades de pesquisa e lavra da Omnia por ali. Exercem posses difusas e comunitárias, não-delimitadas mas suficientes para serem caracterizados como *superficiários* e, nessa qualidade, como *sujeitos interessados*. Seu interesse vai até além, porque a eles serão devidas as indenizações que a lei manda pagar (CNM, art. 27 – "... desde que pague aos respectivos proprietários ou posseiros uma renda pela ocupação dos terrenos e uma indenização pelos danos e prejuízos que possam ser causados pelos trabalhos de pesquisa"). Sendo sujeitos assim tão interessados, cujas esferas de direito serão atingidas pelo que vier a ser decidido, sua legitimidade está fora de dúvida.

Parte legítima é ainda a Associação das Comunidades da Região de Juriti Velho, que congrega centenas de assentados e, por disposição constitucional direta e clara, é qualificada "para representar seus filiados judicial ou extrajudicialmente" (Const., art. 5º, inc. XXI). Não constitui óbice a essa legitimidade passiva a necessidade de expressa autorização, também imposta pela Constituição Federal, porque as necessárias autorizações poderão ser diligenciadas pelo próprio ente associativo, após citado. É claro que, ao legitimar os entes associativos para a defesa judicial ou extrajudicial de filiados, sem distinguir entre representação ativa e representação passiva, o constituinte quis deixar campo aberto para essas duas possibilidades, sem qualquer distinção entre elas (*ubi lex non distinguit nec nos distinguere debemus*). Uma interpretação restritiva do art. 5º, inc. XXI, seria contrária ao acentuado espírito garantístico da Constituição Federal de 1988 e aos seus notórios propósitos liberais voltados à ampliação da tutela jurisdicional. Ampliar a tutela jurisdicional, com abertura para a coletivização da jurisdição, constitui conhecidíssima tendência do constitucionalismo moderno, expressa em uma das famosas *ondas renovatórias* postas em destaque pelo processualista e profundo pensador Mauro Cappelletti.[15] Aqui no caso em exame, onde é particularmente difícil identificar, localizar e citar todos os muitos assentados, a representatividade da Associação das Comunidades da Região de Juriti Velho constitui fundamental fator

---

15. *Cfr.* Dinamarco, "Universalizar a tutela jurisdicional", in *Fundamentos do processo civil moderno*, I, n. 189, p. 390.

de efetividade da garantia constitucional da tutela jurisdicional e do acesso à justiça, valendo também, ao mesmo tempo, como idôneo resguardo dos direitos de toda a categoria de perambuladores agroextrativistas.

São ainda partes legítimas as pessoas físicas proprietárias ou possuidoras de partes da área sobre a qual Omnia tem o direito de realizar suas pesquisas e lavra, bem como o Estado do Pará, que vem afirmando ser proprietário na região. Na qualidade de superficiários, a sentença a ser proferida impor-lhes-á restrições a essa posse e às faculdades inerentes ao domínio, de que são titulares (CC, art. 1.228 – "usar, gozar e dispor da coisa"). Mais não é preciso dizer na demonstração de que essas pessoas físicas e jurídicas, sendo possíveis destinatários dos efeitos dessa sentença e portanto estando suas esferas jurídicas sob o risco de suportar restrições, são claramente *sujeitos interessados* e, como tais, devem figurar no pólo passivo desse processo.

790. *legitimidade* ad interveniendum *do Ministério Público*

Clara *legitimatio ad interveniendum* tem ainda o Ministério Público para, na qualidade de fiscal da lei, oficiar nessa causa em que há um inegável "interesse público evidenciado pela natureza da lide ou qualidade da parte" (CPC, art. 82, inc. III). Ele não representa sujeito algum e não tem legitimidade para, como substituto processual, defender em nome próprio os interesses de quem quer que seja no presente caso. Mas as profundas e difusas repercussões sociais da causa aqui considerada, com centenas de assentados e famílias devendo suportar os efeitos da servidão minerária devida à Omnia e conseqüente imissão desta na posse das áreas, revelam aquela hipótese de intervenção do *Parquet*, imposta por lei em consideração ao *interesse público* que em casos assim se manifesta. "*Interesse público* é locução que indica as conveniências da sociedade como um todo, ou de grupos razoavelmente significativos, que transcendem os direitos e interesses postos pelas partes em cada processo e com eles devem conviver harmoniosamente." Os interesses públicos são "permeati di un valore che *trascende lo uomo singolo* e investe tutta intera la società", e quando violati "si sentono colpiti tutti i cittadini e non quelli soli, che immediatamente siano interessati: colpiti in quel loro diritto di libertà, che è in fondo uno solo (o meglio sta alla base, è la causa, di tutti i diritti): spetta ad ogni uomo e la sua lesione lede ciascuno" (Mauro Cappelletti[16]).

Diz também Calmon de Passos, invocando realidades notórias na experiência processual, que "o processo desenvolve-se, normalmente, entre os que são sujeitos da lide, vale dizer, entre os que se encontram, na vida, em situação de conflito suscetível de solução segundo o direito", mas, por outro lado, "dificilmente a decisão de uma lide repercute apenas sobre a situação dos contendores diretos". Essa é a premissa da autorização da intervenção de terceiros em alguns casos (titulares de interesses próprios que de algum modo serão atingidos) e, em outros, da atuação do Ministério Público no processo. A legitimidade do Ministério Público é sempre decorrência da previsível projeção das decisões sobre a esfera de direitos de um número significativo de pessoas – ou seja, decorrência da presença do *interesse público*.[17]

Assim é que, partindo da hipótese descrita no art. 82, inc. III, do Código de Processo Civil, a expansão de efeitos a um número grande de pessoas, com perceptível impacto social, como no presente caso, é fator de manifestação do interesse público que legitima o Ministério Público a intervir – sabendo-se, como é elementar, que essa instituição é, por natureza e constitucional destinação, o guardião institucional do interesse público (Const., art. 129, esp. inc. IX). Daí sua legitimidade para intervir no processo que está para ser instaurado, sendo intimado e participando na qualidade de *custos legis* (CPC, arts. 84 e 246).

---

16. *Cfr. La giurisdizione costituzionale delle libertà*, pp. 1-10. V. ainda as seguras observações de Kazuo Watanabe a esse respeito, *in Controle jurisdicional e mandado de segurança contra atos judiciais*, esp. p. 99, referindo e referendando essa passagem de Cappelletti.

17. *Cfr.* "Intervenção do Ministério Público nas causas a que se refere o art. 82, III do Código de Processo Civil", *in Justitia* 107/80 ss. (esp. nn. 5-11, pp. 81 ss.).

A falta da intimação do Ministério Público não implica nulidade alguma no processo quando o fator determinante de sua legitimação é uma dessas situações indicadas no art. 82, inc. III, do Código de Processo Civil (Calmon de Passos), mas isso não infirma sua legitimidade *ad interveniendum* e a conveniência de sua intimação e participação.[18]

791. um palco de incertezas e um litisconsórcio alternativo

O minucioso exame das diversas legitimidades passivas para a causa que Omnia está em via de propor não encobre o quadro de incertezas decorrente da complexa situação desfavorável a ser debelada para a efetivação de seu direito à servidão minerária, à imissão na posse e, afinal, à implantação de suas atividades na área. Dúvida não há quanto à legitimidade dos posseiros, que precisam ser desalojados, ou da Associação das Comunidades da Região de Juriti Velho, que os representa, ou do INCRA, que foi o causador de todas as dificuldades e cuja atividade no local deverá sofrer restrições, ou ainda da União e demais superficiários nessa qualidade. São também legitimados a própria União Federal, na qualidade de responsável pela política minerária em todo o País, e o Departamento Nacional de Produção Mineral, como órgão gestor dessa política e encarregado de sua implantação e fiscalização. Tais legitimidades passivas, porém, pressupõem a existência de algum conflito entre o que Omnia pretende e o que essas entidades concedem, permitem e também pretendem. Não sou capaz, à primeira vista, de identificar alguma resistência, ao menos provável, da parte da União ou daquele Departamento, mas também ninguém pode, no presente estado de coisas, vaticinar ou muito menos assegurar que nenhum óbice seja posto por um deles às medidas que a consulente pretende e vem pedir em juízo. Daí falar eu em *palco de incertezas*.

Nessa situação, é amparada por elevadíssimo grau de razoabilidade a inclusão da União e do Departamento entre os litisconsortes passivos do processo, sob pena de correr-se o grave risco de em

18. *Id.*, *ib.*, n. 27, p. 93.

algum momento ser alegada a falta de um litisconsorte necessário e o processo sofrer retrocessos indesejáveis (CPC, art. 47, *caput* e par.) ou, pior ainda, o perigo de ser proferida uma sentença *inutiliter data* por ausência desses possíveis litisconsortes necessários. Terá a União algum interesse oposto aos da consulente, ou razões para resistir à sua demanda? Tê-lo-á o Departamento Nacional de Produção Mineral? Assim como não ouso responder afirmativamente, assim também neste momento não terá nenhum mortal, ou mesmo o juiz da causa, condições para dar uma resposta negativa.

Daí por que, reafirmando o que disse antes, dou por partes legítimas todos aqueles que indiquei (*supra*, n. 788), inclusive a União e o Departamento Nacional de Produção Mineral, alvitrando a inclusão de todos no pólo passivo da demanda inicial e a citação de todos. Situações de extrema dúvida objetiva como essa dão azo à instauração de um *litisconsórcio facultativo ou eventual*, a cujo respeito belas páginas escreveu na doutrina italiana Enrico Allorio. Figurou o velho professor de Milão hipóteses substancialmente equivalentes a esta do presente caso, em que a pessoa não tem certeza sobre quem deva responder à sua demanda, sendo plenamente compatível com o sistema processual a inclusão de todos os possíveis legitimados, para que todos venham a ser responsabilizados, ou só um, ou só o outro. Em casos assim, se ao fim algum dos litisconsortes incluídos pelo autor vier depois a ser havido por parte ilegítima, o mérito será julgado somente em relação aos demais e o autor assume o risco de arcar com os encargos financeiros da sucumbência em face do excluído. Fiquei desde logo impressionado e inteiramente convencido dessa riquíssima tese, que vim a sustentar no livro *Litisconsórcio*[19] e, depois, nas *Instituições de direito processual civil*.[20] E transcrevi, como aqui volto a transcrever, a interessante e pitoresca explicação dada por Allorio:

> "Rosso chiede che sia emanato un provvedimento giurisdizionale nei confronti di Verde o d'Azzurro, manifestando così

---

19. *Cfr. Litisconsórcio*, n. 182, pp. 457 ss.
20. *Cfr. Instituições de direito processual civil*, II, n. 581, pp. 370 ss.

un'incertezza intorno alla persona del rapporto controverso; che molte volte è incertezza anche oggettiva, dipendente da non chiari, ingarbugliati eventi o comportamenti, e magari imputabile al modo d'agire degli stessi convenuti; p.es., non si sa se Verde abbia negoziato come rappresentante d'Azzurro, obbligandolo, o in proprio, vincolando se stesso".[21]

Ou, em vernáculo:

"o *Vermelho* pede que seja emitido um provimento jurisdicional em face do *Verde* ou do *Azul*, manifestando assim uma incerteza quanto ao titular da relação controvertida; incerteza que muitas vezes é até objetiva, decorrente de comportamentos não claros e entrelaçados, e talvez imputável ao modo de agir dos próprios réus – p.ex., não se sabe se o *Verde* negociou como representante do *Azul*, vinculando-o, ou em nome próprio, vinculando-se a si mesmo".

Sinto-me, em face disso, inteiramente confortável para alvitrar o que neste tópico alvitro, na certeza de que incluir cumulativamente na demanda a União Federal e também a autarquia Departamento Nacional de Produção Mineral trará à ora consulente o único risco de arcar com encargos da sucumbência se uma dessas entidades comparecer e manifestar-se concorde com a inicial. Nesse caso, não teria realmente a Omnia qualquer interesse em prosseguir com a causa em face daquela que se manifestar concorde, mas no presente momento, ainda sem condições para estar confiante quanto à posição da União ou do Departamento, digo e reafirmo que a conduta mais segura e prudente será incluí-los.

792. possível também um litisconsórcio ativo

Aventa-se ainda a hipótese, nada improvável, de a União ou o Departamento Nacional de Produção Mineral não só negarem a oposição de qualquer óbice à pretensão da Omnia, mas também manifestarem interesse na procedência desta. Afinal, a produção mineral é de sumo interesse para a economia do País, sendo o

---

21. *Cfr.* "Litisconsorzio alternativo passivo e impugnazione incidentale", *in Problemi di diritto*, I, n. 1, p. 515.

Governo e sua autarquia co-responsáveis pelo incremento dessa atividade, "no interesse nacional" (Const., art. 176, § 1º). Em tal hipótese, nada obstará a que alguma dessas entidades ou ambas pretendam figurar no pólo ativo do processo, mediante uma *intervenção litisconsorcial voluntária* – com o quê se tornarão litisconsortes ativos, ao lado da Omnia, deixando de figurar como réus. E a autora, concordando, estará, com isso, na prática, desistindo da ação inicialmente movida a esses entes federais.

> A situação da União Federal tem ainda uma peculiaridade a mais, porque (a) como proprietária de parte das áreas em questão, sua legitimidade passiva é indiscutível, mas (b) como ente responsável pelo incremento das atividades minerárias deve ter interesse coincidente com o da Omnia. Ainda assim é possível que, entendendo-se adequadamente com esta sobre a indenização a receber na qualidade de superficiária, com isso elimine eventual conflito que a legitimaria passivamente, passando a integrar o pólo ativo da relação processual pela técnica da intervenção litisconsorcial voluntária.

Não me passa despercebido que sempre houve e nunca deixou de haver muita resistência da doutrina e dos tribunais à plena admissibilidade da intervenção litisconsorcial voluntária no direito brasileiro,[22] mas em alguma medida os tribunais a admitem. Consiste essa modalidade interventiva no ingresso, em um processo pendente, de um novo sujeito com uma *pretensão própria* que de algum modo se associe à do autor ou autores originais (conexidade ou ao menos afinidade de questões); e esse terceiro, intervindo, torna-se autor ao lado do autor, ou seja, *litisconsorte ativo*, e não mero assistente, justamente por esse motivo de trazer ao juízo uma nova pretensão (a sua). Ele não é um assistente, sequer *litisconsorcial*, porque o assistente, qualquer que seja, limita-se a trazer colaboração para a vitória do assistido (intervenção *ad coadjuvandum*, ou seja, para ajudar).[23] Embora a lei processual não cuide expressamente desse instituto, ele é compatível com

22. *Cfr.* Dinamarco, *Litisconsórcio*, n. 15, p. 55.
23. *Op. cit.*, n. 13, pp. 50 ss.; n. 72.1, esp. p. 337.

o sistema e, ainda que de modo indireto, conta com apoio no direito federal positivo, representado pelo Regimento de Custas da Justiça Federal (lei n. 9.289, de 4.7.96, art. 14, § 2º – alusão ao "litisconsorte ativo voluntário", entre outras categorias de intervenientes).

É claro que sustentar ou aceitar a admissibilidade desse instituto no direito brasileiro não significa necessariamente sustentar ou aceitar essa admissibilidade incondicionalmente, em termos radicais. O mais agudo ponto de resistência dos tribunais a ele consiste na preocupação pela efetividade da garantia constitucional do *juiz natural*, a qual poderia ficar comprometida se pudesse o terceiro escolher o juiz mais conveniente a seus interesses, intervindo como litisconsorte ativo após definidos os rumos da causa. "Uma fraude que realmente preocupa é o aproveitamento de um processo em que *importante liminar haja sido concedida* por litisconsortes intervenientes interessados em contornar a exigência constitucional do juiz natural."[24]

> Se formos ao plano internacional, em uma útil comparação jurídica, depararemos com o instituto norte-americano da *certification*, confirmando a tendência a permitir a ampliação da causa, inicialmente proposta em prol de um só sujeito e depois alargando-se a outros. Tem o juiz americano o poder discricionário de emitir ou negar a *certification*, ato com o qual, em uma ação individual, o autor comum faz-se *ideological plaintiff* e com isso promove a defesa de todos. Embora por vias diferentes, é coisa parecida, que aqui neste País se dá quando ocorre uma intervenção litisconsorcial voluntária como essa do caso – mediante a qual, no lugar de uma ação individual, coloca-se uma coletiva, destinada a tutelar toda uma categoria de sujeitos.

Assim será o caso da União ou do Departamento, se algum deles optar por figurar como autor, porque estarão postulando, em proveito da economia do País, algo que outra coisa não é senão a implantação de um projeto já aprovado porque já fora reconhecido ser "do interesse nacional". Nessa situação não se pode sequer

---

24. *Op. cit.*, n. 72.2, esp. p. 338.

cogitar do mais mínimo sinal de fraude ou intenção de burlar a garantia constitucional do juiz natural. Se acontecer o que estou imaginando que possa acontecer, a vinda da União ou do Departamento será fator de segurança e tranqüilidade para o julgador, o qual terá a seu respaldo a consciência de estar decidindo segundo o que convém ao País.

793. um vasto litisconsórcio multitudinário

Como venho dizendo, no pólo passivo da demanda a ser proposta pela consulente figurarão, além da União Federal, do Departamento Nacional de Produção Mineral, do INCRA, do Estado do Pará, de pessoas físicas ou jurídicas proprietárias ou sedizentes proprietárias de partes da área destinada à mineração, também *centenas de sujeitos assentados por ali*. Ordinariamente, um bloco litisconsorcial assim amplo poderia gerar aqui, no caso concreto, a preocupação que levou o legislador a ditar a norma contida no art. 46, par., do Código de Processo Civil – a saber, a preocupação pelo bom exercício da jurisdição, que em princípio deve conduzir ao desmembramento subjetivo do processo, para que dele se originassem vários e em cada um destes figurasse um número limitado de litisconsortes passivos. Eu mesmo já havia, antes ainda da inclusão desse parágrafo ao art. 46, manifestado repúdio ao que chamei *litisconsórcio multitudinário* – i.é, ao litisconsórcio formado por uma verdadeira *multidão* de sujeitos e, conseqüentemente, portador de uma insuportável massa de situações pessoais a serem consideradas.[25] Mas também cuidei de ressalvar, mais de uma vez, que esse repúdio perde razão de ser, e o disposto no parágrafo do art. 46 do Código de Processo Civil não pode impor-se, quando o litisconsórcio é *necessário* e, mais ainda, quando ele é ao mesmo tempo necessário e unitário. Ou a causa comporta cisão, ou não comporta. Se não comporta cisão, e por isso o litisconsórcio é necessário-unitário, cindir a causa em nome do repúdio ao litisconsórcio multitudinário equivaleria pura

---

25. *Cfr.* meu *Litisconsórcio*, n. 147, pp. 402 ss.

e simplesmente a negar ao autor o acesso à justiça, que a Constituição Federal assegura (art. 5º, inc. XXXV) – porque, em caso de cisão do incindível, cada sentença seria inoponível aos que não participaram do processo que a gerou e, por óbvia conseqüência, cada uma das sentenças seria rigorosamente inútil (*inutiliter data*).

> Palavras minhas, em sede doutrinária: "sendo necessário o litisconsórcio, tais e outras dificuldades não constituem óbice à sua admissibilidade, já que as razões da própria necessariedade têm um poder muito grande de aglutinação e são suficientes para superá-las, determinando a todo custo o cúmulo subjetivo".[26]

Ora, no caso sobre o qual sou consultado será rigorosamente unitário, e por isso necessário, o litisconsórcio passivo entre todas aquelas entidades e os ocupantes da área (assentados). Seria *priva di ogni utilità* uma sentença que constituísse a servidão minerária, a que Omnia tem direito, sem demitir da posse os assentados, ou que demitisse da posse um grupo de assentados, sem demitir todos. A utilidade que a consulente busca através do processo consistirá na efetiva disponibilidade de toda a área destinada a suas atividades de pesquisa e lavra, de nada lhe valendo obter o acesso a algumas e isoladas glebas, sem ter acesso a todas. Este caso enquadra-se rigorosamente naquela situação em que, mesmo sendo elevado o número de litisconsortes, o litisconsórcio numeroso é inevitável e deve ser admitido.

794. *sujeitos numerosos e de difícil identificação – entre o processo oficial e o inoficial*

Em concurso público à titularidade de direito processual civil na Faculdade de Direito do Largo de São Francisco (USP), o prof. José Roberto dos Santos Bedaque apresentou no ano de 2006 uma tese, que foi vitoriosa em todos os sentidos, denominada *Efetividade do processo e técnica processual – tentativa de concilia-*

---

26. *Op. cit.*, n. 147, p. 402.

ção.²⁷ Fiz parte da Comissão Examinadora desse concurso na qualidade de seu presidente e, por estar inteiramente convencido da mensagem de que essa tese era portadora, não lhe poupei louvores. Pois o próprio título da tese de Bedaque, que muito bem lhe reflete o espírito, já antecipa o que pretendo dizer no presente tópico. Pretendo dizer que a vida prática exibe ao operador do processo situações extraordinárias em que ele se depara com o dilema entre prestigiar regras técnicas do direito processual e abrir portas para o *acesso à justiça* e, portanto, para a efetividade do processo como meio de efetivar direitos. Estamos vivenciando aqui uma de tais situações extraordinárias.

A técnica processual manda que a *petição inicial* inclua "os nomes, prenomes, estado civil, profissão, domicílio e residência do autor e do réu" (art. 282, inc. II). Manda também que a *citação de todos os demandados* seja feita, sob pena de nulidade, "pessoalmente ao réu, ao seu representante legal ou procurador legalmente autorizado" (arts. 38, 214 e 215). Mas pergunto: como cumprir tais exigências da técnica processual, conquanto legítimas em si mesmas, em casos nos quais, como este, é humanamente impossível conhecer desde logo todos os sujeitos a serem envolvidos no pólo passivo do processo, seus "nomes, prenomes, estado civil, profissão, domicílio e residência"? Sem saber seus nomes, prenomes, domicílio e residência, como citá-los pelas formas estabelecidas no Código de Processo Civil?

Estamos aqui precisamente naquela situação de perplexidades e de angustioso dilema entre cumprir as formas que vêm do Código e dar curso à garantia constitucional da inafastabilidade do controle jurisdicional (Const., art. 5º, inc. XXXV). Para não permitir que esse dilema se radicalize como um doloroso impasse entre o plano constitucional e o infraconstitucional do ordenamento jurídico, é preciso ter presente que *agir e legislar segundo a Constituição* constitui uma inarredável característica formal do Estado-de-direito, e no contexto desses confrontos entre o constitucional e o infraconstitucional a verdadeira problemática polí-

---

27. A qual veio a ser trazida ao público com a denominação simplificada *Efetividade do processo e técnica processual.*

tica consiste em "buscar o sistema e meios aptos a realizar efetivamente esses programas" (Nicolò Trocker[28]). Essa orientação está presente em primoroso ensaio do pensador Tércio Sampaio Ferraz Jr., incluído no contexto de uma coletânea jurídica coordenada pelo não menos prestigioso Joaquim de Almeida Falcão, em torno de um capítulo da história pernambucana caracterizado por seguidas invasões de terrenos na cidade do Recife.[29] O artigo do prof. Tércio gira precisamente sobre dificuldades práticas da mesma natureza que esta enfrentada pela consulente, representadas pela impossibilidade de identificar, qualificar e localizar pessoas a serem incluídas na demanda e depois citadas segundo as regras ordinárias. Em situações como essas, o *oficial* do Código de Processo Civil há de ceder ao *inoficial*, que aponta para o cumprimento da Constituição Federal, sob pena de inversão da ordem hierárquica entre as leis do País. Cumprir o Código ou observar a Constituição? Assim equacionado, aquele dilema posto acima acaba por se desfazer docilmente, como o gelo da neve se dissolve quando tocado pelo calor do Sol que lhe chega do alto. Cumpriremos a Constituição, obviamente, ainda que com algum sacrifício de algumas formas do Código.

No plano da experiência prática, essa opção pelo *inoficial* de bases constitucionais tem sido uma constante na jurisprudência atual do C. Superior Tribunal de Justiça, como se lê, *v.g.*, na seguinte pílula contida em um V. acórdão de sua Quarta Turma: "em caso de ocupação de terreno urbano por milhares de pessoas, é inviável exigir-se a qualificação e a citação de cada uma delas" (Min. Barros Monteiro[30]). Foi dito também, agora pela voz do sr. Min. Jorge Scartezzini: "a decisão de reintegração de posse vale em relação a todos os outros invasores. Isto dada a dificuldade de nomear-se, uma a uma, as pessoas que lá se encontram nos dias atuais".[31]

28. *Cfr. Processo civile e Costituzione*, pp. 96 e 118.
29. *Cfr.* Tércio Sampaio Ferraz Jr., "O oficial e o inoficial", in *Conflito de direito de propriedade – invasões urbanas*.
30. *Cfr.* STJ, 4ª T., REsp n. 154.906, rel. Barros Monteiro, j. 4.5.04, v.u.
31. *Cfr.* STJ, 4ª T., REsp n. 326.165, rel. Jorge Scartezzini, j. 9.11.04, v.u.

Pelo visto, as dificuldades encontradas por Omnia para a identificação e localização dos assentados a serem incluídos no processo são *superáveis* mediante o confronto entre o valor da Constituição e o da lei ordinária, e estão efetivamente *superadas* pela jurisprudência superior. Ao MM. Juízo a quem couber a demanda a ser promovida por Omnia incumbirá a adoção de medidas que razoavelmente se aproximem do ideal de uma citação efetiva, fazendo publicar editais, divulgando via rádio, imprensa escrita *etc.* a notícia da propositura dessa ação e, por esse meio possível, atraindo os posseiros ao processo, para que se defendam. Estará, assim, cumprida a garantia constitucional do controle jurisdicional, sem impasses para a ora consulente e sem que com isso deixe de ser também cumprida uma outra garantia, a do contraditório, para que os assentados possam participar.

795. *ainda a citação dos assentados*
 – *um autêntico* **procedimento edital**

É da essência e do espírito do próprio Código Nacional de Mineração a necessidade de atrair ao processo todos aqueles a quem a empresa mineradora deva pagar indenizações pela ocupação de áreas antes por eles possuídas. É preciso ter presente que a lei manda a empresa mineradora indenizar o superficiário (dono ou possuidor), pagando-lhe "uma renda pela ocupação dos terrenos e uma indenização pelos danos e prejuízos que possam ser causados pelos trabalhos de pesquisa" (CNM, art. 27). Sempre segundo o Código Nacional de Mineração, "instituem-se as servidões mediante indenização prévia do valor do terreno ocupado e dos prejuízos resultantes dessa ocupação" (art. 60). Em íntima correlação com esses dispositivos, também manda tal Código que, "feitos esses depósitos, o juiz, dentro de oito dias, *intimará os proprietários ou posseiros* do solo a permitirem os trabalhos de pesquisa" *etc.* (art. 27, inc. XII).

Ora, diante dessas exigências, o apego às formas de uma citação pessoal, feita por correio ou oficial de justiça, acabaria por inviabilizar os próprios desígnios do Código Nacional de Mineração em todos os casos nos quais os possuidores sejam múltiplos, incontáveis e tão dificilmente suscetíveis de identificação, como aqui acontece. Para cumprimento do próprio Código, portanto, é inevitável a adoção de um verdadeiro *procedimento edital*, conceituado este como um processo no qual todos os possíveis interessados são chamados por via de editais – assim se fazendo justamente porque os possíveis interessados não são conhecidos nem identificados no momento da propositura da demanda. Ou, nas palavras do conceituadíssimo Adroaldo Furtado Fabrício: um processo "em que, por indetermináveis *ex ante* a identidade e a própria existência de legitimados passivos (= pessoas cuja situação seria afetada negativamente pela sentença de procedência), a citação é lançada ao conhecimento geral pelo público, para que chegue aos hipotéticos interessados, utilizando-se a única via então possível, que é o edital".[32] Os procedimentos editais são também denominados *juízos universais*, e a eles dediquei também eu alguma atenção em obra doutrinária.[33]

> Não são tão raros os *procedimentos editais* no direito processual civil brasileiro. Conhecemos os casos da *anulação e substituição de títulos ao portador* (CPC, art. 908, inc. I), da *ação de usucapião* (art. 942) e, em certa medida, o da *ação de desapropriação* (dec.-lei n. 3.365, de 21.6.45, art. 34), o do edital de praça, na execução por quantia certa (CPC, arts. 686-687), *etc.* Em todos esses casos, como também aqui deve ser, convocam-se ao processo pessoas incertas, pela via da publicação de editais.

Reconfirma-se, pois, a imperiosidade de desencadear, para convocação dos possuidores desconhecidos, o procedimento edital acima alvitrado, possibilitando-se a estes o comparecimento em juízo com a dupla finalidade de defender-se com as razões que forem admissíveis e de postular as indenizações fixadas segundo os critérios vindos do Código Nacional de Mineração.

32. *Comentários ao Código de Processo Civil*, VIII, t. III, n. 211, p. 255.
33. *Cfr.* Dinamarco, *Intervenção de terceiros*, n. 16, pp. 47-49, e n. 40, pp. 89-90.

§ 3º – OS FUNDAMENTOS DOS PEDIDOS DA CONSULENTE
– MATÉRIA A SER CONHECIDA *INCIDENTER TANTUM*

796. *causa de pedir – abordagem conceitual e sistemática*

A *causa petendi*, de grande importância na propositura de toda demanda, é constituída (a) da narrativa dos fatos que segundo o autor geraram a conseqüência jurídica pretendida e (b) da proposta de seu enquadramento em uma categoria jurídico-material. Por *fundamentos jurídicos do pedido*, locução empregada na lei, entende-se a indicação dessa categoria jurídica (responsabilidade civil contratual ou extracontratual, obrigação de prestar alimentos, responsabilidade do fornecedor de bens ou serviços *etc.*); não se inclui uma suposta exigência de menção aos *dispositivos legais* onde estejam consignadas as conseqüências dos atos ou fatos narrados. Se peço a anulação de um negócio jurídico, afirmando que ele é anulável por erro ou coação e narrando fatos que em tese caracterizem tais vícios do consentimento, isso basta para cumprir a exigência de declinar a causa de pedir; não é necessário que refira também os textos do Código Civil que definem os vícios e ditam a anulabilidade dos negócios atingidos por eles (arts. 86, 98, 147). *Fundamentos jurídicos* não é o mesmo que *fundamentos legais*, porque, como é notório, *jura novit curia*.[34] Aos fundamentos de direito a doutrina costuma atribuir a denominação de *causa próxima*; aos de fato, *causa remota* (Amaral Santos[35]).

A causa de pedir é exigida pelo Código de Processo Civil (art. 282, inc. III) com a dupla finalidade de possibilitar ao demandado a plenitude de sua defesa em contraditório (conhecendo e sendo-lhe possível impugnar os fundamentos da demanda inicial) e identificar a demanda proposta, delimitando-a. Pelo sistema processual brasileiro, a que denominamos *substanciação*, somente a narrativa dos fatos (causa remota) concorre para delimitar o âm-

---

34. *Cfr.* Dinamarco, *Instituições de direito processual civil*, III, n. 994, pp. 369-371.
35. *Cfr.* *Primeiras linhas de direito processual civil*, II, n. 408, pp. 175-177.

bito da sentença de mérito a ser proferida – contrariamente ao que vige no sistema da *individuação*, no qual a sentença deve guardar correlação com a causa próxima, i.é, com a categoria jurídico-material invocada na demanda do autor.[36]

797. *as causas de pedir a serem alegadas pela consulente*

No caso aqui em exame a petição inicial a ser aforada pela consulente terá por causas de pedir, no plano dos fatos, (a) a autorização de pesquisa e lavra, concedida pelo Departamento Nacional de Produção Mineral, (b) a anterioridade desse ato à instituição do PAE Juruti Velho e à implantação da ocupação difusa pelos extrativistas credenciados pelo INCRA, (c) o investimento em obras de infra-estrutura, já realizado, de cerca de 120 milhões de reais, e (d) a premente necessidade de obter a efetividade da posse sobre a área, para que possa exercer seu poder-dever de minerar, segundo o interesse nacional e a autorização já recebida do ente oficial competente.

Alegará ainda, agora no plano dos *fundamentos de direito*, (a) seu direito à servidão minerária regida pelo Código Nacional de Mineração, (b) seu direito à imissão na posse das áreas destinadas à pesquisa e lavra que tem o direito de realizar, (c) a nulidade do ato constitutivo do PAE Juruti Velho, (d) a anterioridade de seus direitos à implantação desse *Plano* e sua implantação mediante a alocação de extrativistas na área, com a conseqüência da (e) ineficácia desses atos perante ela, Omnia, e (f) seu direito a não ver sua obra paralisada, o qual lhe é assegurado pelo próprio Código Nacional de Mineração.

Os fundamentos integrantes dessas prováveis *causæ petendi* serão examinados no presente capítulo, sempre pela óptica do processo civil e na medida do que for pertinente à seara do processo civil.

---

36. *Cfr.* José Rogério Cruz e Tucci, *A causa petendi no processo civil*, n. 3.9, pp. 109 ss.

798. nulidade e ineficácia
– aspectos conceituais e sistemáticos

Todo negócio jurídico, como ato de auto-regulação de interesses, visa à produção de algum efeito programado pelo agente ou agentes. Descartada aqui a discutida categoria da *inexistência jurídica*, temos que o negócio jurídico (existente) precisa, para ser plenamente apto a produzir os efeitos programados, estar livre de qualquer vício ou circunstância que o inquine de invalidade ou de ineficácia. Na realidade, invalidade e ineficácia (em sentido estrito) são duas espécies do gênero maior consistente na inaptidão a produzir efeitos, ou seja, *ineficácia em sentido amplo*.[37] Ato inválido é ato portador de vício interno, quanto a seus elementos constitutivos. *Validade* quer dizer *higidez*, estado daquele ou daquilo que é sadio; esse vocábulo é derivado do verbo latino *valeo, valere* ("ter saúde"), ao qual também se associa o substantivo *valetudo*, que se traduz por *saúde*.[38] Quando um negócio jurídico não realiza concretamente o modelo traçado na lei, ele está destinado a ficar privado dos efeitos programados pelas partes, ou seja, ficar sem *eficácia* (em sentido amplo) ou ser incapaz de produzir efeitos. Daí a *confluência* da invalidade na ineficácia *lato sensu* e a idéia de que ela é, em última análise, causa de ineficácia do ato;[39] e, justamente porque o sistema jurídico retira do ato inválido (impregnado de vício) a capacidade de produzir o efeito eco-

---

37. Já pude dizer: "a ineficácia em sentido lato compreende *qualquer falta de efeitos*, mesmo aquela decorrente de um vício do negócio, que lhe exclui a validade; já a ineficácia em sentido estrito pressupõe um fato concreto relevante, que como tal é potencialmente eficaz e coloca-se então como categoria autônoma e contraposta à nulidade ou irrelevância do ato" (*cfr.* Dinamarco, *Litisconsórcio*, n. 124, p. 332).

38. Embora, contraditoriamente, *valetudinarius* tenha o significado de *doente, adoentado*.

39 *Cfr*: Scalisi, "Inefficacia (diritto privato)", *in Enciclopedia del diritto*, XXI, n. 2, esp. p. 325. Pontes de Miranda afirmou: "a ineficácia pode não coexistir com a nulidade, posto que, de regra, os negócios jurídicos nulos sejam ineficazes"; e "a nulidade acarreta, de ordinário, a ineficácia" (*Tratado de direito privado*, V, § 529, 5, p. 71). Considerações da mesma ordem, voltadas ao direito público e especialmente ao processo, desenvolvi *in Litisconsórcio*, n. 121, p. 315, e n. 124, pp. 331 ss.

nômico-social programado, tradicionalmente nós o dizemos *nulo* (de *nec-ullus* = *nenhum*), ou seja, ato desprovido de efeito perante o direito, ato irrelevante.[40] Ao lado das causas (intrínsecas) de nulidade do ato jurídico vêem-se também certos fatores extrínsecos (daí, *circunstâncias*) que, sem macularem o ato em si mesmo em sua estrutura, conteúdo e elementos constitutivos, impedem que produza efeitos.

Na busca do *fundamento axiológico* das causas (extrínsecas) de ineficácia, os juristas costumam chegar à "interferência de interesses externos incompatíveis e prevalentes em relação ao interesse interno negocial"; trata-se de uma "avaliação, que faz a lei, dos interesses que estão em jogo, tratando de tutelá-los em face de outros interesses".[41] As pessoas não vivem isoladas das demais, na sociedade; os atos que realizam acabam, tantas vezes, por projetar efeitos sobre a situação jurídica de terceiros, e se esses efeitos forem danosos ao terceiro atingido, e a lei considerar que o interesse deste merece prevalecer, eis aí a *ineficácia em sentido estrito*.

Resumindo essas idéias correntes, o clássico Emilio Betti ensina ser a *invalidade* "o tratamento que corresponde a uma carência intrínseca do negócio, no seu conteúdo preceptivo; e ineficácia, pelo contrário, apresenta-se como a resposta mais adequada a um impedimento de caráter extrínseco, que incida sobre o projetado regulamento de interesses, na sua realização prática".[42] Substancialmente no mesmo sentido, diz Stolfi: "ao contrário da *invalidade*, que é conseqüência de um ato afetado total ou parcialmente

---

40. Ascarelli: "não é que o ato não produza efeitos porque nulo; o que se dá é que, quando a norma impõe a falta de efeitos, dizemos nulo o ato; por nulidade designamos, pois, a disciplina dos efeitos do ato (*fattispecie*)" (v. "Inesistenza e nullità", *in Riv. dir. proc.* I, esp. p. 63; *cfr.* também Denti, "Inesistenza degli atti processuali civili", *in Novissimo digesto italiano*, VIII, n. 2, p. 636).

41. *Cfr.* Scalisi, "Inefficacia (diritto privato)", *in Enciclopedia del diritto*, XXI, n. 6, p. 333.

42 *Cfr. Teoria generale del negozio giuridico*, III, n. 57, esp. p. 11 trad.; v. também Tondo, "Invalidità e inefficacia del negozio giuridico", *in Novissimo digesto italiano*, VIII, n. 1, p. 995. Vacilando embora entre ineficácia e anulação parcial, diz Butera que a *actio pauliana* tem por fundamento um *vício extrínseco* (*Dell'azione pauliana*, n. 23, p. 53).

em sua constituição íntima, a *ineficácia* supõe um negócio jurídico validamente formado".[43]

Por tudo quanto acabo de dizer, chega-se a esta síntese: a) enquanto a invalidade atinge o ato, o qual, em virtude dela, será desde logo improdutivo de efeitos, ou no futuro poderá deixar de produzi-los, (b) *a ineficácia refere-se diretamente aos efeitos* do ato, não ao ato em si mesmo. Pontes de Miranda: "a nulidade diz respeito à falta de pressupostos de validade" e "a ineficácia deriva de falta de pressupostos para a irradiação de efeitos". Toda sanção de ineficácia resolve-se sempre em um escudo de proteção à *esfera jurídica alheia*.[44]

> Do direito processual vem um exemplo muito eloqüente de ineficácia, que é a sentença dada sem a presença coletiva de todos os litisconsortes necessários (*inter pauciores ex pluribus*): o art. 47 do Código de Processo Civil a fulmina de ineficácia não porque ela apresente algum vício intrínseco (nem ela nem o procedimento em que foi gerada) mas porque a situação jurídica de terceiro não inserido na relação processual ficou regulada em sua ausência, sendo exigência da própria lei e da Constituição a sua inserção no processo (princípio do contraditório). Ali também, como em relação aos negócios jurídicos (direito privado), a ineficácia em sentido estrito apresenta-se "em função da tutela de interesses externos, em relação aos autores do ato programático" (Massimo Severo Giannini[45]).

Bulhões Carvalho: ocorre ineficácia em sentido estrito, não invalidade, quando "um negócio em si perfeito é paralisado por uma

---

43 A ineficácia, segundo expõe esse autor, resultará: a) de uma situação casual não ocorrida (condição resolutiva); b) da falta de uma formalidade que limita a determinadas pessoas os efeitos do negócio (trata-se aqui da ineficácia relativa: *cfr.* Dinamarco, *Litisconsórcio*, n. 124, pp. 331 ss.); c) de certos fatos ocorridos e invocados (os *negócios impugnáveis*) (*cfr.* Stolfi, *Teoria del negozio giuridico*, § 32, pp. 123-124 trad.).
44. *Cfr.* Pontes de Miranda, *Tratado de direito privado*, V, § 529, 3, pp. 69-71.
45. *Cfr.* "Inefficacia – diritto amministrativo", *Enciclopedia del diritto*, XXI, nn. 2-3, p. 377. Sobre o que está no texto, remeto o leitor ainda uma vez ao que disse *in Litisconsórcio*, n. 124, esp. p. 333, com a observação de que os conceitos e lições hauridos principalmente da doutrina privatista da ineficácia foram-me duas vezes úteis, na elaboração daquele trabalho e deste.

causa extrínseca". Isso tem apoio na lição do próprio Windscheid, que foi o primeiro a cuidar da categoria da *ineficácia simples* e disse: "não podem colocar-se sob o conceito de invalidade os casos em que a ineficácia do negócio jurídico não tem sua razão de ser no próprio negócio".[46]

Em resumo: o negócio jurídico reputa-se *inválido* (nulo, anulável) quando *intrinsecamente* viciado em algum de seus elementos (vontade, forma, objeto); e ele será *ineficaz*, mesmo quando válido, sempre que alguma *resistência externa* se oponha à plena produção de seus efeitos programados. Vício interno, invalidade. Resistência externa, ineficácia.

Como alega a consulente, a constituição e implantação do *Projeto de Assentamento Agroextrativista* – PAE Juruti foram atos realizados pelo INCRA e seus auspícios, sem qualquer participação dela própria, ou seja, da Omnia – à qual, justamente por ser pessoa estranha a tais negócios jurídicos e iniciativas práticas, não será lícito impor os efeitos danosos que a estão atingindo.

799. nulidade do ato e ineficácia perante a consulente – precedência de seu direito

Da nulidade do ato constitutivo do PAE Juriti Velho tratou o especialista prof. Luiz Edson Fachin na *nota técnica* elaborada por solicitação da ora consulente, nada tendo eu, como processualista, a acrescentar ao que com precisão e agudeza ali está exposto. Assumo como certa essa nulidade, e a seu respeito aqui desenvolvo raciocínios pertinentes ao tratamento técnico-processual que me parece adequado a esse relevante fundamento.

Sobre a *ineficácia*, que no tópico precedente já encarei pelo plano conceitual, considero que no presente caso ela efetivamente compromete os efeitos da instituição e implantação do PAE Juriti Velho,porque estão nitidamente presentes os pressupostos para que o ato seja ineficaz, a saber: a) a Omnia não teve qualquer

---

46. *Cfr.* Bulhões Carvalho, "Ineficácia", *in Repertório enciclopédico do direito brasileiro*, XXXII, n. 13, p. 6.

participação nesses atos promovidos pelo INCRA nem foi a seu respeito consultada previamente; b) os efeitos desses atos, se forem efetivamente produzidos, serão lesivos à Omnia e atingirão ilegitimamente seus direitos já adquiridos à pesquisa e lavra, à servidão minerária imposta pelo Código Nacional de Mineração e, conseqüentemente, à efetiva posse das áreas concedidas. Quando falo em *direitos adquiridos* estou pensando, como naturalmente pensarão também os qualificados leitores, na anterioridade dos atos do Governo Federal e do Departamento Nacional de Produção Mineral a esses do INCRA, de criação e implantação do PAE Juruti Velho. Tais fatos serão minuciosamente expostos na petição inicial, e aqui examino somente sua conseqüência jurídica caracterizada como *ineficácia*.

800. *matéria a ser conhecida* incidenter tantum *e não* principaliter

A um observador menos atento poderia parecer que estou, aqui, a sustentar a legitimidade *ad causam* ativa de Omnia para pleitear em juízo a desconstituição de atos de um órgão oficial, o INCRA, que integra a Administração descentralizada da União. Essa não é porém a colocação proposta no presente parecer, e vejo como manifesta a ilegitimidade da ora consulente a formular um *petitum* nesse sentido. *Petitum*!

O que aqui se alvitra é a invocação da nulidade e ineficácia daqueles atos como fundamentos dos pedidos a serem feitos, ou seja, dos pedidos de constituição da servidão minerária e imissão na posse – para os quais a Omnia é parte manifestamente *legítima*, porque consistem em pleitear para si, em nome próprio, a efetivação de direitos que são seus (CPC, art. 6º – legitimidade desenganadamente ordinária). Uma coisa é *pedir a anulação*, e outra coisa, bem diferente, é alegar a nulidade e a ineficácia como fundamentos de um pedido. Estive com a mente posta nessa distinção ao mesmo tempo importante e elementar quando discorri conceitualmente a propósito dos conceitos de pedido e causa de pedir (*supra*, nn. 785-786 e 797-798). Acrescento agora que, do mesmo modo como no *decisum* integrante da sentença o juiz dá resposta ao *pedido* constante da petição inicial, assim também na fundamentação (ou motivação) da sentença reside a resposta aos fundamentos da demanda inicial. A esse respeito discorri doutrinariamente sobre *dois eixos imaginários* existentes (a) entre o pedido inicial e o decisório contido na sentença e (b) entre os fundamentos da demanda inicial e a motivação da sentença. Leia-se:

> "existe *um eixo imaginário que liga o pedido posto na demanda inicial e a parte dispositiva da sentença*, de modo que o autor *pede* determinada providência em relação a determinado bem da vida e o juiz lhe responde *concedendo ou denegando essa providência*. É nessa *resposta*, e não nas razões adotadas pelo juiz para responder, que reside a fórmula de convivência a ser observada pelos sujeitos envolvidos no conflito".

E leia-se a seguir:

> "existe *outro eixo*, a interligar os fundamentos do pedido do autor e os da sentença, passando pelos da defesa do réu. Assim como tem o autor o ônus de dizer por que sustenta estar protegido pelo bom direito, assim também o juiz tem o dever de dizer por que decide de um modo e não de outro. Mas essas são exigências ligadas à legitimidade do *processo justo e équo*, fiel aos princípios constitucionais do contraditório e devido processo legal, sem serem essenciais à efetividade do resultado do processo. Esses resultados estão definidos no *decisum* e não na motivação, razão por que aquele ficará imunizado pela autoridade da coisa julgada e não esta".[47]

Esses reclamos ao meu próprio pensamento vieram com a finalidade de enfatizar a diferença entre os pronunciamentos feitos pelo juiz na *decisão da causa*, ou seja, pronunciamentos *principaliter*, e aqueles que ele faz na motivação sentencial, os quais não passam de declarações lançadas *incidenter tantum*.

> Liebman: "o exame da questão prejudicial ocorrerá *incidenter tantum*, isto é, apenas como passagem obrigatória do *iter* lógico da

---

47. *Cfr.* ainda uma vez minhas *Instituições de direito processual civil*, III, n. 960, esp. p. 320.

verdadeira decisão. Poder-se-á então dizer que *a questão prejudicial é objeto de cognição, não porém de decisão*; e a solução que lhe for dada será vinculativa apenas para os efeitos da *decisão* dada à principal (assim como, em geral, os motivos da sentença não são cobertos pelo julgado)".[48]

Fica, assim, fora de dúvida que Omnia tem sim legitimidade para *invocar* a nulidade e a ineficácia dos atos realizados pelo INCRA, impugnando com isso a projeção destes sobre sua própria esfera de direitos. Não pedirá uma declaração de nulidade, a ser pronunciada no decisório sentencial e que, se fosse pronunciada, retiraria aqueles atos, de modo radical, do mundo jurídico. Sua legitimidade é limitada à efetividade de seus próprios direitos, e para prevalência de seus próprios direitos basta que o juiz, reconhecendo na motivação aquela nulidade e aquela ineficácia, dê efetividade à sua pretensão por uma servidão minerária e pela efetivação desta mediante imissão na posse das áreas a cujo uso tem direito adquirido.

§ 4º – ANTECIPAÇÃO DA TUTELA JURISDICIONAL
– OS JUÍZOS DO MAL MAIOR E DO DIREITO MAIS FORTE

801. sobre a antecipação de tutela – entre sua razão de ser e os requisitos para sua concessão

Antecipa-se a tutela jurisdicional, em casos como este, quando há urgência – e daí ser a antecipação uma *medida de urgência*, como tal denominada entre os italianos. Antecipa-se, é claro, se houver também suficiente *probabilidade do direito*. A urgência, nas hipóteses descritas no inc. I do art. 273 ou no art. 461, § 3º, do Código de Processo Civil, é a própria razão de antecipar, porque nada justificaria uma decisão tomada com apoio em mera probabilidade resultante de uma cognição incompleta, não fora o risco de permitir que o *tempo-inimigo* solapasse irremediavelmente o direito daquele que o tem o direito a uma tutela jurisdicional mas que teria de esperar muito tempo por ela. E, justamente porque

---

48. *Cfr. Manual de direito processual civil*, I, n. 80, esp. p. 225 trad.

a necessidade de oferta de tutela jurisdicional em breve ou brevíssimo tempo prejudica a eficiente busca da verdade dos fatos e criação de uma certeza no espírito do juiz, a lei e o sistema contentam-se com um razoável grau de probabilidade da existência do direito, produzido em mera cognição sumária. Fala-se então, com extrema freqüência, nos clássicos requisitos do *periculum in mora*, sem o qual não há necessidade de antecipar a tutela jurisdicional, e do *fumus boni juris*, sem o qual não seria sensato premiar o demandante com medidas urgentes sem que haja ao menos a probabilidade de ter direito a elas. O sistema de medidas urgentes é o campo no qual com maior intensidade se sente a necessidade de bem equilibrar o trinômio *certeza, probabilidade e risco*, inerente a toda ordem processual.[49] Sem ter *certeza* quanto aos fatos alegados pelo autor, mas somente sentir alguma *probabilidade* de que tenham acontecido conforme narrados, é lícito ao juiz correr o *risco* de errar, sabendo que eventuais erros comportarão conserto pela via da revogação do ato ou, em último caso, pela responsabilização da parte beneficiada (art. 811).

> Calamandrei: "entre fazer logo porém mal e fazer bem mas tardiamente, os provimentos cautelares visam sobretudo a fazer logo, deixando que o problema do bem e do mal, isto é, da justiça intrínseca do provimento, seja resolvido mais tarde, com a necessária ponderação, nas sossegadas demoras do processo ordinário".[50]

802. periculum in mora *dispensado no Código Nacional de Mineração*

O tema do *periculum in mora* e dos meios de que dispõe o juiz para neutralizá-lo associa-se muito de perto àquela sábia premissa lançada há quase um século por Giuseppe Chiovenda ao dizer que "la necessità di servirsi del processo per ottener ragione non deve tornar a danno di chi ha la ragione".[51] De pouco ou nada serviria

---

49. *Cfr*: Dinamarco, *A instrumentalidade do processo*, n. 33, pp. 279 ss.
50. *Cfr*: *Introduzione allo studio sistematico dei provvedimenti cautelari*, n. 8, esp. p. 20.
51. *Cfr*: *Istituzioni di diritto processuale civile*, I, n. 34, esp. p. 147.

ter razão, e portanto direito a uma decisão favorável, se durante o tempo de espera fatos graves e desfavoráveis pudessem acontecer sem que nada pudesse o juiz fazer para evitar sua consumação.

Ora, quando se fala no poder geral de antecipação regido pelo art. 273 do Código de Processo Civil o concreto perigo constitui (ao lado de outras hipóteses) requisito essencial para antecipar (art. 273, inc. I). Em princípio, e como regra geral, nada se antecipa se uma concreta urgência não houver. Mas a lei, tomando em consideração certos direitos havidos como particularmente relevantes para as relações intersubjetivas e para o interesse social da comunidade (os *direitos mais fortes*), dispensa a concreta demonstração desse perigo, o que faz, *v.g.*, na disciplina da proteção possessória e dos alimentos. Essas são antecipações *típicas*, ditadas em lei para certos e determinados *direitos mais fortes*, em confronto com as antecipações apoiadas no poder geral de antecipação estabelecido no art. 273 do Código de Processo Civil com caráter amplo e geral, as quais se qualificam como *atípicas*.

Pois o direito de minerar é incluído pelo Código Nacional de Mineração entre esses *direitos mais fortes* a que se deve conceder uma tutela jurisdicional mais efetiva e que, para ser realmente efetiva, deve ser urgente em si mesma – independentemente da concreta demonstração de algum particular motivo de urgência. É do *interesse nacional* a pronta implantação de serviços de mineração, conforme proclama a própria Constituição Federal em seu art. 176, § 1º. Por isso é que aquele Código traz severas regras *mandando* e não somente *autorizando* a imissão na posse para a efetivação das servidões minerárias. Assim está em seu art. 45, *caput* e inc. I, onde se dispõe sobre a imissão na posse a ser efetivada pela própria autoridade administrativa, e assim está no art. 60, *caput* e § 1º, segundo o qual a imissão na posse será imperiosa e automática desde o momento em que sejam depositadas pelo autor as indenizações devidas.

Sobre o conceito de direitos mais fortes. Observando as relações interindividuais a partir de um plano metajurídico e tomando em consideração o universo axiológico de uma sociedade, vê-se que ao longo da história do direito sempre houve forte tendência a privilegiar certos direitos em relação a outros, mediante a facilitação das tutelas jurisdicionais relacionadas com eles, porque eles revelam valores socialmente dignos de maior atenção e respeito. Tais são os *direitos mais fortes*, segundo a consciência coletiva das Nações e as opções do legislador no sentido de privilegiá-los.[52]

Mesmo não sendo necessário nem relevante demonstrar concretamente a urgência do caso concreto, é sempre útil, para maior clareza e tranqüilidade dos srs. julgadores, discorrer sobre a tempestividade da tutela jurisdicional, ou do *processo em tempo razoável*, que constitui um dos postulados básicos do direito processual constitucional em tempos modernos. Como é do conhecimento dos estudiosos em geral, a explícita promessa de tutela jurisdicional tempestiva ingressou na ordem jurídica brasileira mediante adesão deste País à Convenção Americana de Direitos Humanos (*Pacto de São José da Costa Rica*), onde se consigna que "toda pessoa tem o direito de ser ouvida, com as devidas garantias e *dentro de um prazo razoável*, por um juiz ou tribunal competente, independente e imparcial, estabelecido anteriormente por lei" *etc.* (art. 8º, n. 1). Ao aderir a essa Convenção, o Estado Brasileiro incorporou essa promessa em seu próprio direito constitucional (Const., art. 5º, § 2º), para depois o próprio texto constitucional assimilá-lo de modo direto ao estatuir que "a todos, no âmbito judicial e administrativo, são assegurados *a razoável duração do processo* e os meios que garantam a celeridade de sua tramitação" (art. 5º, inc. LXXVIII, red. EC n. 45, de 8.12.2005). E, como "o valor que o tempo tem no processo é imenso e em grande parte desconhecido, não constituindo ousadia comparar o tempo a um *inimigo* contra quem o juiz luta sem tréguas" (Carnelutti[53]), segue-se que não só a lei deve disponibilizar meios adequados e eficientes, como também o juiz deve saber atuá-los com presteza e agilidade, com vista a neutralizar ou ao menos mitigar

---

52. *Cfr.* Dinamarco, "O regime jurídico das medidas urgentes", *in Nova era do processo civil*, nn. 33 e 33-A, pp. 72 ss.

53. *Cfr. Diritto e processo*, n. 232, esp. p. 354.

os males do tempo-inimigo. É contra esse tempo-inimigo que já se posicionou de modo bastante severo o Código Nacional de Mineração ao ditar a automática e imediata imissão liminar na posse, sem maiores considerações (arts. 40 e 60).

§ 5º – RESPOSTAS FUNDAMENTADAS AOS QUESITOS

803. *Omnia tem legitimidade ativa*

É rigorosamente fora de dúvida a legitimidade ativa da consulente Omnia para postular em juízo a servidão minerária e a imissão na posse das áreas em relação às quais é detentora de autorização de pesquisa e lavra, concedida pelo Departamento Nacional de Produção Mineral. Tal é uma autêntica *legitimidade ordinária*, dado que tal postulação será feita em nome próprio e no próprio interesse (CPC, art. 6º). Alegar a nulidade e a ineficácia dos atos constitutivos do PAE Juriti Velho entre os *fundamentos* da demanda inicial significa simplesmente pedir uma sentença que *entre seus motivos* inclua esses vícios, o que não é o mesmo que pedir que esses atos sejam retirados do mundo jurídico. Não se cogita da legitimidade de Omnia para pedir a anulação de tais atos, ou declaração *principaliter* de sua nulidade – mas somente de um reconhecimento *incidenter tantum* suficiente para acolher seus pedidos de constituição de servidão minerária e imissão na posse. Somente esses pedidos repercutirão no *decisum* sentencial, e, na medida dos pedidos que está em via de fazer, Omnia é parte manifestamente legítima (*supra*, n. 787).

804. *a União e o DNPM têm legitimidade passiva*

Por dois aspectos a União Federal é parte legítima para figurar no pólo passivo da demanda que Omnia proporá com vista a obter servidão minerária sobre a área onde está autorizada a minerar e imissão na posse dessa área. *Primeiro*, porque é proprietária de parte dessas terras e, como tal, será atingida pela servidão minerária e terá direito a indenização. *Segundo*, porque de sua qualidade de ente responsável pela produção mineral em todo o País decorre seu natural interesse no resultado da demanda que a consulente proporá. Mas, se as partes se compuserem para a fixação e recebimento da indenização devida à União Federal e esta se manifestar concorde com a pretensão de Omnia a obter condições efetivas para minerar, admite-se que seja ela excluída do pólo passivo e, querendo, intervenha no processo pela técnica da intervenção litisconsorcial voluntária – tornando-se, com isso, um litisconsorte ao lado da própria autora originária (*supra*, nn. 788 e 790).

De igual modo, o Departamento Nacional de Produção Mineral tem também legitimidade passiva porque é o institucionalizado órgão gestor da política minerária nacional e encarregado de sua implantação e fiscalização. E também essa autarquia poderá ser excluída do pólo passivo se se manifestar aderente à pretensão de Omnia, passando a figurar no ativo, se assim quiser, na qualidade de litisconsorte desta (intervenção litisconsorcial voluntária).

805. *do* INCRA *é a mais patente das legitimidades passivas*

Foi o INCRA quem deu origem a todas as dificuldades que Omnia pretende superar pela via do processo, ou seja, foi dessa autarquia a iniciativa de instituir o PAE Juriti Velho e de assentar extrativistas perambuladores em parte da região, havendo inclusive um seu funcionário emitido parecer pela imediata suspensão das atividades da ora consulente. Sua legitimidade passiva é a mais patente de todas, seja porque o processo conterá o *petitum* de remoção de toda essa sua resistência ao projeto minerário que o Departamento Nacional de Produção Mineral aprovou e Omnia tem o direito de implementar, seja porque serão postas em questão a validade e a eficácia da implantação do próprio PAE Juriti Velho (*supra*, n. 788).

806. *via processual adequada*

Considerando (a) que o objetivo final de Omnia é a obtenção de plenas condições para minerar na região, conforme autorização já concedida pelos órgãos competentes, (b) que para a efetiva consecução desse objetivo é indispensável obter uma servidão minerária sobre as áreas nas quais pretende minerar, pagando as indenizações devidas e imitindo-se na posse, (c) que para tanto vem encontrando dificuldades postas principalmente pelo INCRA quando instituiu e implantou o PAE Juriti Velho e (d) que a União Federal, os assentados e outras possíveis pessoas de direito público ou privado (superficiários) são titulares de alguns direitos sobre a área e, nessa condição, a efetivação do objetivo de Omnia atingirá esses seus direitos, conclui-se (e) que a via adequada para a consecução do objetivo final será a propositura de uma demanda com os pedidos cumulados de constituição de servidão minerária e imissão na posse (*supra*, nn. 785-786). Esse pedido será obviamente formulado em um *processo de conhecimento* e o procedimento adequado será o *ordinário*. Os sujeitos legitimados, que figurarão no pólo passivo desse processo, são todos aqueles cujas esferas de direito de alguma forma serão atingidas pelos provimentos jurisdicionais postulados, e que a seu tempo especifiquei de modo pormenorizado (*supra*, nn. 788-790).

807. *a nulidade e a ineficácia do Projeto de Assentamento Agroextrativista (PAE)*

O fato de a Omnia ter recebido do Departamento Nacional de Produção Mineral autorização para lavrar minério poderá inibir, pela via processual adequada, a plena efetivação do PAE em prejuízo da exploração minerária. Não se trata de excluir do mundo jurídico o próprio PAE instituído pelo INCRA, ou os atos constitutivos desse Projeto, mas somente de impor, em relação à Omnia e à sua legítima pretensão, a ineficácia dos efeitos desses atos. Sua nulidade perante o direito substancial e sua ineficácia perante a Omnia serão objeto de apreciação e declaração pelo MM. Juízo da causa, mas somente em caráter incidental. Como toda declaração *incidenter tantum*, esta de que aqui se cuida figurará na *motivação* da sentença que vier a ser proferida, não no seu *decisum*. E, ao reconhecer desse modo tal nulidade e tal ineficácia, o MM. Juízo não impedirá que para outros eventuais efeitos tais atos possam prevalecer, só não prevalecendo perante a Omnia ou a dano de seu projeto superiormente aprovado, com precedência, pelo Departamento Nacional de Produção Mineral e órgãos ambientais (*supra*, n. 799).

808. *imperiosa antecipação liminar da tutela jurisdicional*

Nessa específica matéria regida pelo Código Nacional de Mineração é imperiosa ao juiz a concessão de medida antecipatória de tutela jurisdicional, independentemente de verificações ou dimensionamentos relacionados com o *periculum in mora*. Essa é uma antecipação típica, posta por lei expressa (CNM, art. 45, *caput* e inc. I, e art. 60, *caput* e § 1º), não prevalecendo as exigências dessa ordem contidas no art. 273 do Código de Processo Civil. Este rege apenas o *poder geral de antecipação*, e, diante da *lex specialis* contida no Código Nacional de Mineração, cessa a imposição do requisito do *periculum* (CPC, art. 273, § 1º), o qual constitui objeto de uma *legis generalis* (*supra*, n. 801).

Mesmo que fosse exigível o *periculum in mora*, nos termos do art. 273, inc. I, do Código de Processo Civil, ainda assim seria imperiosa a concessão da antecipação tutelar, (a) porque o direito de minerar é sempre um *direito mais forte*, máxime quando se trata de pesquisa e lavra já superiormente autorizadas, não devendo ceder ante eventuais direitos de menor relevância para a sociedade ou a macroeconomia do País, e (b) porque todos os pressupostos do direito da ora consulente estão fartamente comprovados por documentos e amparados pelo direito positivo, sendo esse direito, portanto, dotado de elevadíssimo grau de probabilidade, que chega às raias da própria *certeza* (*supra*, n. 801).

BIBLIOGRAFIA

ABRÃO, Nelson. *Sociedade por quotas de responsabilidade limitada*. 5ª ed. São Paulo, Ed. RT, 1995.

ALLORIO, Enrico. *La cosa giudicata rispetto ai terzi*. Milão, Giuffrè, 1935.

_____. *Diritto processuale tributario*. Turim, 1966.

_____. "Litisconsorzio alternativo passivo e impugnazione incidentale". *In Problemi di diritto*, I. Milão, Giuffrè, 1957.

ALVARO DE OLIVEIRA, Carlos Alberto. *Do formalismo no processo civil*. 2ª ed. São Paulo, Saraiva, 2003.

ALVIM, Agostinho. *Da inexecução das obrigações e suas conseqüências*. São Paulo, Saraiva, 1959.

AMARAL SANTOS, Moacyr. *Primeiras linhas de direito processual civil*. 27ª ed. São Paulo, Saraiva, 2010.

ANDRIOLI, Virgilio. *Commento al Codice di Procedura Civile*. Nápoles, Jovene, 1941.

ARAÚJO, Edmir Netto de. *Responsabilidade do Estado por ato jurisdicional*. São Paulo, Ed. RT, 1981.

ARAÚJO CINTRA, Antônio Carlos. *Comentários ao Código de Processo Civil*. IV. Rio de Janeiro, Forense, 2000.

_____. *Teoria geral do processo*. 30ª ed. São Paulo, Malheiros Editores, 2014 (em coop. com Ada Pellegrini Grinover e Cândido Rangel Dinamarco).

_____. "A coisa julgada em direito tributário". *In Direito tributário atual* 4. São Paulo, Resenha Tributária, 1984.

ARMELIN, Donaldo. *Legitimidade para agir no direito processual civil brasileiro*. São Paulo, Ed. RT, 1979.

ASCARELLI, Tullio. *Cambiale, assegno bancario e titolo di credito*. Turim, Utet, 1938.

_____. "Inesistenza e nullità". *In Riv. dir. proc.* I, 1955.

ASSIS, Araken de. *Cumulação de ações*. São Paulo, Ed. RT, 1989.

_____. *Manual da execução*. 11ª ed. São Paulo, Ed. RT, 2007.

BANDEIRA DE MELLO, Celso Antônio. "Licitação – reserva de mercado – impossibilidade". *In RTDP* 6/96.

BARBI, Celso Agrícola. *Comentários ao Código de Processo Civil*, I. 8ª ed. Rio de Janeiro, Forense, 1998.

_____. *Do mandado de segurança.* 4ª ed. Rio de Janeiro, Forense, 1984.

BARBOSA MOREIRA, José Carlos. *Comentário ao Código de Processo Civil*, V. 15ª ed. Rio de Janeiro, Forense, 2009.

_____. *O juízo de admissibilidade no sistema dos recursos civis.* Rio de Janeiro, s/edit., 1968.

_____. *Questões prejudiciais e coisa julgada.* Rio de Janeiro, s/edit., 1967.

_____. *Litisconsórcio unitário de Janeiro.* Rio de Janeiro, Forense, 1972.

_____. "A expressão 'competência funcional' no art. 2º da Lei da Ação Civil Pública". *In A ação civil pública após 20 anos: efetividade e desafios.* São Paulo, Ed. RT, 2005 (coord. Edis Milaré).

_____. "Apontamentos para um estudo sistemático da legitimação extraordinária". *In Direito processual civil.* Rio de Janeiro, Borsói, 1971.

_____. "Regras de experiência e conceitos juridicamente indeterminados". *In Temas de direito processual – segunda série.* São Paulo, Saraiva, 1980.

_____. "A legitimação para a defesa dos interesses difusos no direito brasileiro", n. 1. *In Temas de direito processual – terceira série.* São Paulo, Saraiva, 1984.

_____. "Os temas fundamentais do direito brasileiro nos anos 80". *In Temas de direito processual – quarta série.* São Paulo, Saraiva, 1989.

BARROS MONTEIRO, Washington de. *Curso de direito civil – parte geral.* 2ª ed. São Paulo, Saraiva, 1960.

_____. *Curso de direito civil – direito das obrigações*, 1ª parte. 2ª ed. São Paulo, Saraiva, 1960.

_____. *Curso de direito civil – direito das obrigações*, 2ª parte. 29ª ed. São Paulo, Saraiva, 1997.

BARROSO, Luís Roberto. *Interpretação e aplicação da Constituição.* 5ª ed. São Paulo, Ed. RT, 2003.

BASILE, Massimo. "Persona giuridica – diritto privato". *In Enciclopedia del diritto*, XXXIII. Milão, Giuffrè, 1973 (em coop. com Angelo Falzea).

BASTOS, Celso Ribeiro. *Comentários à Constituição do Brasil*, II. São Paulo, Saraiva, 1989 (em coop.).

BEDAQUE, José Roberto dos Santos. *Efetividade do processo e técnica processual.* 3ª ed. São Paulo, Malheiros Editores, 2010.

_____. *Tutela cautelar e tutela antecipada: tutelas sumárias e de urgência.* 5ª ed. São Paulo, Malheiros Editores, 2009.

_____. "Comentário ao art. 46 do Código de Processo Civil". *In Código de Processo Civil interpretado.* 3ª ed. São Paulo, Atlas, 2008 (coord. Antonio Carlos Marcato).

_____. "Nulidade processual e instrumentalidade do processo". *In RePro* 60.

BERMUDES, Sérgio. *Comentários ao Código de Processo Civil*, VII. 2ª ed. São Paulo, Ed. RT, 1977.

BETTI, Emilio. *Teoria generale del negozio giuridico*. 2ª ed. Turim, Utet, 1950 (trad. port. de Fernando de Miranda: *Teoria geral do negócio jurídico*. Coimbra, Coimbra Editora, 1970).

BEVILAQUA, Clóvis. *Theoria geral do direito civil*. 7ª ed. Rio de Janeiro, Francisco Alves, 1955.

BLACK, Henry Campbell. *Black's law dictionary*. 6ª ed. St. Paul, West Publishing, 1990.

BOCKRATH, Joseph. "Droit constitutionnel". *In Droit des États Unis* (dir. Alain Levasseur). Paris, Dalloz, 1990.

BRINZ, Alois. *Lehrbuch der Pandekten*. Verlagen von Andreas Deichert, 1879.

BULGARELLI, Valdírio. *Fusões, incorporações e cisões de sociedades*. 2ª ed. São Paulo, Atlas, 1996.

BULHÕES CARVALHO, Francisco Pereira de. "Ineficácia". *In Repertório enciclopédico do direito brasileiro*, XXXII. Rio de Janeiro, Borsói, s/d.

BULHÕES PEDREIRA, José Luiz. "A responsabilidade civil do diretor de S.A.". *In A Lei das S.A.* Rio de Janeiro, Renovar, 1992 (obra em coop. com Alfredo Lamy Filho).

BUTERA, Antonio. *Dell'azione pauliana o revocatoria*. Turim, Utet, 1934.

BUZAID, Alfredo. *Do agravo de petição no sistema do Código de Processo Civil*. São Paulo, Saraiva, 1956.

_____. *A ação declaratória no direito brasileiro*. 2ª ed. São Paulo, Saraiva, 1986.

_____. *Do concurso de credores no processo de execução*. São Paulo, Saraiva, 1952.

_____. "A crise do Supremo Tribunal Federal". *In Estudos de direito*. São Paulo, Saraiva, 1972.

_____. "O Supremo Tribunal Federal e a função do recurso extraordinário". *In Estudos de direito*. São Paulo, Saraiva, 1972.

_____. "Ensaio para uma revisão do sistema de recursos no Código de Processo Civil". *In Estudos de direito*. São Paulo, Saraiva, 1972.

CAETANO, Marcelo. *Princípios fundamentais do direito administrativo*. Rio de Janeiro, Forense, 1977.

CAHALI, Yussef Said. *Honorários advocatícios*. 3ª ed. São Paulo, Ed. RT, 1997.

CAIS, Cleide Previtalli. *O processo tributário*. 4ª ed. São Paulo, Ed. RT, 2004.

CALAMANDREI, Piero. *Istituzioni di diritto processuale civile secondo il nuovo codice*. 2ª ed. Pádua, Cedam, 1943.

_____. *Introduzione allo studio sistematico dei provvedimenti cautelari*. Pádua, Cedam, 1936.

CALMON DE PASSOS, José Joaquim. *Do litisconsórcio no Código de Processo Civil*. Salvador, s/edit.

_____. *Esboço de uma teoria das nulidades aplicada às nulidades processuais*. Rio de Janeiro, Forense, 2002.

_____. "Em torno das condições da ação – a possibilidade jurídica". *In Revista de direito processual* 4. São Paulo, Saraiva, 1961.

_____. "Intervenção do Ministério Público nas causas a que se refere o art. 82, III do Código de Processo Civil". *In Justitia* 107.

CAMARGO FERRAZ, Antonio Augusto Mello de. *A ação civil pública e a tutela jurisdicional dos interesses difusos*. São Paulo, Saraiva, 1984 (em coop. com Nelson Nery Júnior e Édis Milaré).

CANOTILHO, José Joaquim Gomes. *Direito constitucional*. 6ª ed. Lisboa, Almedina, 1993.

_____. *O problema da responsabilidade do Estado por atos lícitos*. Coimbra, Almedina, 1974.

CAPPELLETTI, Mauro. *La giurisdizione costituzionale delle libertà*. Milão, Giuffrè, 1971.

_____. *Giudici legislatori?*. Milão, Giuffrè, 1984.

_____. *Processo e ideologie*. Bolonha, Il Mulino, 1969.

CARNEIRO, Athos Gusmão. *Intervenção de terceiros*. 10ª ed. São Paulo, Saraiva, 1998.

_____. *Recurso especial, agravos e agravo interno*. 3ª ed. Rio de Janeiro, Forense, 2003.

CARNELUTTI, Francesco. *Teoria generale del diritto*. Roma, Foro it., 1940.

_____. *Diritto e processo*. Nápoles, Morano, 1958.

_____. *Sistema di diritto processuale civile*. Pádua, Cedam, 1936.

_____. *Lezioni di diritto processuale civile*. Pádua, Cedem, 1929.

_____. *Istituzioni del processo civile italiano*, I. 5ª ed. Roma, Foro it., 1956.

_____. "La certezza nel diritto". *In Riv. dir. proc. civ.* XX, 1943.

_____. "Il diritto come antistoria?". *In Riv. dir. proc.*, 1952.

_____. "Nuove riflessioni intorno al metodo". *In Riv. dir. proc.*, 1958.

_____. "Diritto e processo nella teoria delle obbligazioni". *In Studi di diritto processuale in onore di Giuseppe Chiovenda*. Pádua, Cedam, 1927.

CARVALHOSA, Modesto. *Comentários à Lei das Sociedades Anônimas*, II. São Paulo, Saraiva, 1997.

_____. *Comentários à Lei de Sociedades Anônimas*, III. 3ª ed. São Paulo, Saraiva, 2003.

CHESSA, Frederico. "Consumo (economia politica)". *Novissimo digesto italiano* XII. Turim, Utet, 1960.

CHIOVENDA, Giuseppe. *Istituzioni di diritto processuale civile*. Nápoles, Jovene, 1933; 5ª ed. Roma, Foro it., 1956.

_____. *Principii di diritto processuale civile*. 4ª ed. Nápoles, Jovene.

_____. *La condanna nelle spese giudiziali*. 2ª ed. Roma, Foro it., 1935.

_____. *Lezioni di diritto amministrativo*. Milão, Giuffrè, 1991.

_____. "Dell'azione nascente dal contratto preliminare". In *Saggi di diritto processuale civile*, I. Roma, Foro it., 1930.

_____. "Sul litisconsorzio necessario". In *Saggi di diritto processuale civile*, II. Roma, Foro it., 1931.

_____. "Sulla eccezione". In *Saggio di diritto processuale civile*, II. Roma, Foro it., 1931.

COELHO, Fábio Ulhoa. *O empresário e os direitos do consumidor*. São Paulo, Saraiva, 1997.

COMPARATO, Fábio Konder. "A natureza da sociedade anônima e a questão da derrogabilidade da normas legais de *quorum* nas assembléias gerais e reuniões do conselho de administração". In *Novos ensaios e pareceres de direito empresarial*. Rio de Janeiro, Forense, 1981.

COSTA, Antônio José da. "Processo administrativo tributário". In *Processo administrativo tributário* (nova série, n. 5), coord. Ives Gandra da Silva Martins. Ed. RT, 1999.

COUGHLIN JR., George Gordon. *Your handbook of everyday law*. 5ª ed. Nova Iorque, Harper, 1992.

COUTURE, Eduardo Juan. *Vocabulario jurídico*. Buenos Aires, Depalma, 1956.

_____. *Fundamentos del derecho procesal civil*. Buenos Aires, Depalma, 1958.

CRETELLA JR., José. *Direito administrativo do Brasil*. Rio de Janeiro, Forense, 1985.

CRUZ E TUCCI, José Rogério. *A motivação da sentença no processo civil*. São Paulo, Saraiva, 1987.

_____. *A causa petendi no processo civil*. 2ª ed. São Paulo, Ed. RT, 2001.

CUNHA FERRAZ, Ana Cândida da. *Processos informais de mudança da Constituição*. São Paulo, Max Limonad, 1986

DAHL, Robert A. *A moderna análise política*. Rio de Janeiro, Lidador, 1966.

DE CUPIS, Adriano. *Il danno*. Milão, Giuffrè, 1946.

DE FRANCESCO, Giuseppe Menotti. "Persona giuridica – diritto privato e pubblico". In *Novissimo digesto italiano*, XII. Turim, Utet, 1957.

DE STEFANO, Giuseppe. *La cessazione della materia del contendere*. Milão, Giuffrè, 1972.

DEBBASCH, Charles. *Contentieux administratif.* 6ª ed. Paris, Dalloz, 1994 (em coop. com Jean-Claude Ricci).

DENTI, Vittorio. "Appunti sul litisconsorzio necessario". *In Rivista di diritto processuale* XIV. Pádua, Cedam, 1959.

_____. "Inesistenza degli atti processuali civili". *In Novissimo digesto italiano,* VIII. Turim, Utet, 1962.

DEUTSCH, Karl Wolfgang. *Política e governo.* Brasília, Ed. UnB, 1979.

DI MAJO, Adolfo. *La tutela civile dei diritti.* Milão, Giuffrè, 1987.

DI PIETRO, Maria Sylvia Zanella. *Da discricionariedade administrativa.* 2ª ed. São Paulo, Atlas, 2007.

DINAMARCO, Cândido Rangel. *Instituições de direito processual civil.* vol. I, 7ª ed., 2013; vols. II e III, 6ª ed., 2009; vol. IV, 3ª ed., 2009. São Paulo, Malheiros Editores.

_____. *Capítulos de sentença.* 6ª ed. São Paulo, Malheiros Editores, 2014.

_____. *Execução civil.* 8ª ed. São Paulo, Malheiros Editores, 2002.

_____. *Fundamentos do processo civil moderno.* 6ª ed. São Paulo, Malheiros Editores, 2010.

_____. *A instrumentalidade do processo.* 15ª ed. São Paulo, Malheiros Editores, 2013.

_____. *Intervenção de terceiros.* 5ª ed. São Paulo, Malheiros Editores, 2009.

_____. *Litisconsórcio.* 8ª ed. São Paulo, Malheiros Editores, 2009.

_____. *Nova era do processo civil.* 4ª ed. São Paulo, Malheiros Editores, 2013.

_____. *A Reforma do Código de Processo Civil.* 5ª ed. São Paulo, Malheiros Editores, 2001.

_____. *Teoria geral do processo.* 30ª ed. São Paulo, Malheiros Editores, 2014 (em coop. com Antônio Carlos Araújo Cintra e Ada Pellegrini Grinover).

_____. *Vocabulário do processo civil.* 2ª ed. São Paulo, Malheiros Editores, 2014.

_____. "Relendo princípios e renunciando a dogmas". *In Nova era do processo civil.* 4ª ed. São Paulo, Malheiros Editores, 2013, nn. 7-10.

_____. "A reclamação no processo civil brasileiro". *In Nova era do processo civil.* 4ª ed. São Paulo, Malheiros Editores, 2013, nn. 105-110.

_____. "O regime jurídico das medidas urgentes". *In Nova era do processo civil.* 4ª ed. São Paulo, Malheiros Editores, 2013, nn. 26-54

_____. "As três figuras da liqüidação de sentença". *In Fundamentos do processo civil moderno* II. 6ª ed. São Paulo, Malheiros Editores, 2010, nn. 781-803.

_____. "Relativizar a coisa julgada material". *In Nova era do processo civil.* 4ª ed. São Paulo, Malheiros Editores, 2013, nn. 111-124

_____. "Os efeitos dos recursos". *In Nova era do processo civil*. 4ª ed. São Paulo, Malheiros Editores, 2013, nn. 55-85.

_____. "Súmulas vinculantes". *In Fundamentos do processo civil moderno* I. 6ª ed. São Paulo, Malheiros Editores, 2010, nn. 116-134.

_____. "Das ações típicas". *In Fundamentos do processo civil moderno* I. 6ª ed. São Paulo, Malheiros Editores, 2010, nn. 227-240.

_____. "Universalizar a tutela jurisdicional". *In Fundamentos do processo civil moderno* I. 6ª ed. São Paulo, Malheiros Editores, 2010, nn. 183-206.

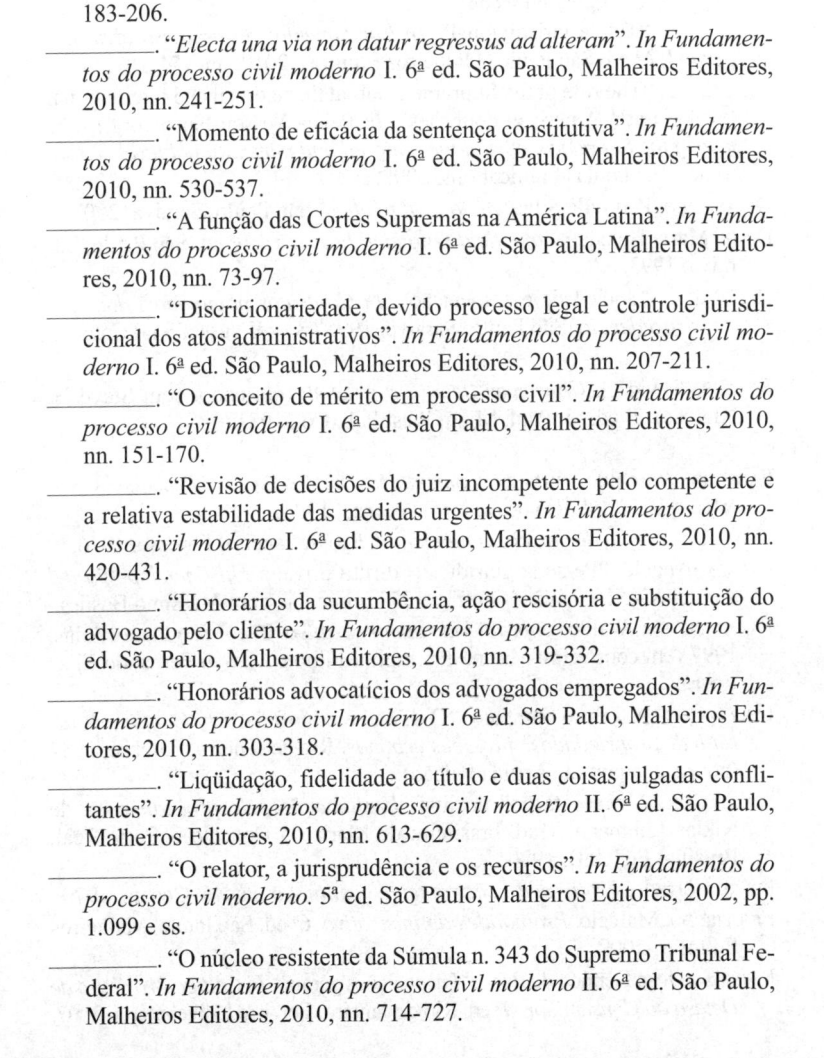

_____. "*Electa una via non datur regressus ad alteram*". *In Fundamentos do processo civil moderno* I. 6ª ed. São Paulo, Malheiros Editores, 2010, nn. 241-251.

_____. "Momento de eficácia da sentença constitutiva". *In Fundamentos do processo civil moderno* I. 6ª ed. São Paulo, Malheiros Editores, 2010, nn. 530-537.

_____. "A função das Cortes Supremas na América Latina". *In Fundamentos do processo civil moderno* I. 6ª ed. São Paulo, Malheiros Editores, 2010, nn. 73-97.

_____. "Discricionariedade, devido processo legal e controle jurisdicional dos atos administrativos". *In Fundamentos do processo civil moderno* I. 6ª ed. São Paulo, Malheiros Editores, 2010, nn. 207-211.

_____. "O conceito de mérito em processo civil". *In Fundamentos do processo civil moderno* I. 6ª ed. São Paulo, Malheiros Editores, 2010, nn. 151-170.

_____. "Revisão de decisões do juiz incompetente pelo competente e a relativa estabilidade das medidas urgentes". *In Fundamentos do processo civil moderno* I. 6ª ed. São Paulo, Malheiros Editores, 2010, nn. 420-431.

_____. "Honorários da sucumbência, ação rescisória e substituição do advogado pelo cliente". *In Fundamentos do processo civil moderno* I. 6ª ed. São Paulo, Malheiros Editores, 2010, nn. 319-332.

_____. "Honorários advocatícios dos advogados empregados". *In Fundamentos do processo civil moderno* I. 6ª ed. São Paulo, Malheiros Editores, 2010, nn. 303-318.

_____. "Liqüidação, fidelidade ao título e duas coisas julgadas conflitantes". *In Fundamentos do processo civil moderno* II. 6ª ed. São Paulo, Malheiros Editores, 2010, nn. 613-629.

_____. "O relator, a jurisprudência e os recursos". *In Fundamentos do processo civil moderno*. 5ª ed. São Paulo, Malheiros Editores, 2002, pp. 1.099 e ss.

_____. "O núcleo resistente da Súmula n. 343 do Supremo Tribunal Federal". *In Fundamentos do processo civil moderno* II. 6ª ed. São Paulo, Malheiros Editores, 2010, nn. 714-727.

_____. "Os embargos de declaração como recurso". *In Nova era do processo civil*. 3ª ed. São Paulo, Malheiros Editores, 2009, nn. 97-104, esp. n. 102.

_____. "Coisa julgada *rebus sic stantibus*, transação superveniente, aquiescência e ação rescisória". *In Fundamentos do processo civil moderno* II, 6ª ed. São Paulo, Malheiros Editores, 2010, nn. 646-656.

_____. "Fraude contra credores alegada nos embargos de terceiro". *In Fundamentos do processo civil moderno* II. 6ª ed. São Paulo, Malheiros Editores, 2010, nn. 843-858.

_____. "Tutela jurisdicional". *In Fundamentos do processo civil moderno* I. 6ª ed. São Paulo, Malheiros Editores, 2010, nn. 171-187.

_____. "The role of the Supreme Court at the national and international level – Latin American countries". *In* Pelaia Yessou-Faltsi (org.), *The role of the Supreme Court at the national and international level*. Tessalônica, Sakkoulas Publications, 1998.

DINAMARCO, Pedro da Silva. *Ação civil pública*. São Paulo, Saraiva, 2001.

DINIZ, Maria Helena. *Curso de direito civil brasileiro*. 9ª ed. São Paulo, Saraiva, 1993.

_____. "Sociedade e associação". *In Contratos nominados, doutrina e jurisprudência*. São Paulo, Saraiva, 1995 (coord. Yussef Said Cahali).

EPSTEIN, David G. *Consumer Law in a nutshell* (em coop. com Steve H. Nickles). 2ª ed. St. Paul, Minn. West Pub. Co., 1981.

FABRÍCIO, Adroaldo Furtado. *Comentários ao Código de Processo Civil*, VIII, t. III. 2ª ed. Rio de Janeiro, Forense, 1984.

_____. *Ação declaratória incidental*. Rio de Janeiro, Forense, 1976.

FALZEA, Angelo. "Persona giuridica – diritto privato". *In Enciclopedia del diritto*, XXXIII. Milão, Giuffrè, 1973 (em coop. com Massimo Basile).

FAZZIO JÚNIOR, Waldo. *Improbidade administrativa*. 2ª ed. São Paulo, Atlas, 1997 (em coop. com Marino Pazzaglini Filho e Márcio Fernando Elias Rosa).

FERRAZ JÚNIOR, Tércio Sampaio. "O oficial e o inoficial". *In Conflito de direito de propriedade – invasões urbanas*. Rio de Janeiro, Forense, 1984 (coord. Joaquim de Arruda Falcão).

_____. "Apresentação" do livro *Legitimação pelo procedimento*, de Niklas Luhmann. Trad. brasileira de Maria da Conceição Corte-Real. Brasília, Ed. UnB, 1980.

FERRI, Corrado. *Profili dell'accertamento costitutivo*. Pádua, Cedam, 1970.

FIGUEIREDO, Marcelo. *Probidade administrativa*. 6ª ed. São Paulo, Malheiros Editores, 2009.

FILOMENO, José Geraldo de Brito. "Disposições gerais". *In Código Brasileiro de Defesa do Consumidor*. 9ª ed. Rio de Janeiro, Forense Universitária, 2007.

FRANÇA, Erasmo Valladão Azevedo e Novaes. *Invalidade das deliberações de assembléia das S/A*. São Paulo, Malheiros Editores, 1999.

GARBAGNATI, Edoardo. *La sostituzione processuale nel nuovo codice di procedura civile*. Milão, Giuffrè, 1942.

_____. *Il concorso di creditori nel processo di espropriazione*. Milão, Giuffrè, 1959.

GARCÍA DE ENTERRÍA, Eduardo. *La lucha contra las inmunidades del Poder en el derecho administrativo (poderes discrecionales, poderes de gobierno, poderes normativos)*. 3ª ed. Madri, Civitas, 1983.

GIANNINI, Massimo Severo. "Inefficacia – diritto amministrativo". *Enciclopedia del diritto*, XXI. Milão, Giuffrè, 1971.

GIFIS, Steven H. *Law dictionary*. 3ª ed. Hauppauge, Barron's, 1991.

GOLDSCHMIDT, James. *Principios generales del proceso*. Buenos Aires, Ejea, 1961.

GOMES, Orlando. *Introdução ao direito civil*. 10ª ed. Rio de Janeiro, Forense, 1993.

_____. *Obrigações*. 8ª ed. Rio de Janeiro, Forense, 1992.

_____. *Transformações gerais no direito das obrigações*. São Paulo, Ed. RT, 1980.

_____. "Traços do perfil jurídico de um *shopping center*". *Shopping centers – aspectos jurídicos*. São Paulo, Ed. RT, 1994 (obra coletiva).

GOMES DA CRUZ, José Raimundo. *O controle jurisdicional do processo disciplinar*. São Paulo, Malheiros Editores, 1996.

GOUVÊA, José Roberto Ferreira. *Código de Processo Civil e legislação processual em vigor*. 41ª ed. São Paulo, Saraiva, 2009 (em coop. com Theotônio Negrão).

GRANZIERA, Maria Luíza Machado. "Execução, alteração e rescisão dos contratos administrativos". *In Licitações e contratos administrativos*. São Paulo, Edit. NDJ, 1998 (obra coletiva).

GRECO FILHO, Vicente. *Direito processual civil brasileiro*, I. 17ª ed. São Paulo, Saraiva, 2006.

_____. *Da intervenção de terceiros*. 2ª ed. São Paulo, Saraiva, 1986.

GRINOVER, Ada Pellegrini. *Teoria geral do processo*. 30ª ed. São Paulo, Malheiros Editores, 2014 (em coop. com Antônio Carlos Araújo Cintra e Cândido Rangel Dinamarco).

_____. "A tutela jurisdicional dos interesses difusos no direito comparado". *In A tutela dos interesses difusos*. São Paulo, Max Limonad, 1988 (em coop.).

_____. "Das ações coletivas para a defesa de interesses individuais homogêneos". *In Código Brasileiro de Defesa do Consumidor*. 9ª ed. Rio de Janeiro, Forense Universitária, 2007.

GROLLIER ENCICLOPEDIA. Grollier Electronic Publishing, Inc.

GUARNIERI, Guerino. "Il sequestro giudiziario". *In Il nuovo processo cautelare* (obra coletiva coordenada por Giuseppe Tarzia). Pádua, Cedam, 1993.

GUASP, Jaime. *Derecho procesal civil*. 3ª ed. Madri, Instituto de Estudios Políticos, 1968.

HAZARD JR., Gioffrey C. *American civil procedure*. New Haven e Londres, Yale University Press, 1993 (em coop. com Michele Taruffo).

HENKE, Horst-Eberhard. *La cuestión de hecho*. Buenos Aires, Ejea, 1979 (trad. argentina de Tomas A. Banzhaf, da obra *Der unbestimmte Begriff In Zivilrecht und seine Revisibilität*. Berlim, Duncker & Humblot, 1986).

JOLOWICZ, J. A. "The role of the Supreme Court at the national and international level". *In* Pelaia Yessou-Faltsi (org.), *The role of the Supreme Court at the national and international level*. Tessalônica, Sakkoulas Publications, 1998.

JUNQUEIRA DE AZEVEDO, Antônio. *Negócio jurídico – existência, validade e eficácia*. São Paulo, 1974.

_____. *Negócio jurídico e declaração negocial*. São Paulo, Saraiva, 1986.

KNIJNIK, Danilo. *O recurso especial e a revisão da questão de fato pelo Superior Tribunal de Justiça*. Rio de Janeiro, Forense, 2005.

KOHLER, Joseph. "Der Dispositionsniessbrauch". *In Jehrings Jahrbücher*, XXIV, 1886.

KOMATSU, Roque. *Da invalidade no processo civil*. São Paulo, Ed. RT, 1991.

LACERDA, Galeno. *Despacho saneador*. 3ª ed. Porto Alegre, Sulina, 1990.

_____. *O novo direito processual civil e os feitos pendentes*. Rio de Janeiro, Forense, 1994.

LARA LEITE, Clarisse Frechiani. *Prejudicialidade no processo civil*. São Paulo, Saraiva, 2008.

LEAL, Victor Nunes. "Personalidade judiciária das câmaras municipais". *In Problemas de direito público*. Rio de Janeiro, Forense, 1960.

LENT, Friedrich. *Zivilprozessrecht* (trad. italiana de Edoardo Ricci: *Diritto processuale civile tedesco*. Nápoles, Morano, 1962).

LEWANDOWSKI, Enrique Ricardo. "Comentários acerca da indisponibilidade liminar de bens prevista na lei 8.429, de 1992". *In Improbidade administrativa*. São Paulo, Malheiros Editores, 1995.

LIEBMAN, Enrico Tullio. *Manual de direito processual civil*, I. 3ª ed. São Paulo, Malheiros Editores, 2005.

_____. *Manuale di diritto processuale civile*, II. 4ª ed. Milão, Giuffrè, 1981.

_____. *Efficacia ed autorità della sentenza*. Milão, Giuffrè, 1962 (reimpr.) (trad. brasileira de Alfredo Buzaid e Benvindo Aires: *Eficácia e autoridade da sentença*. 4ª ed. Rio de Janeiro, Forense, 2007, com notas de Ada Pellegrini Grinover).

_____. *Le opposizioni di merito nel processo d'esecuzione*. Roma, Foro it., 1931 (trad. brasileira de J. Guimarães Menegale: *Embargos do executado*. São Paulo, Saraiva, 1952).

_____. *Processo de execução*. 4ª ed. São Paulo, Saraiva, 1980.

_____. *Problemi del processo civile*. Nápoles, Morano, 1962.

_____. "Azioni concorrenti". *In Problemi del processo civile*.

_____. "L'azione nella teoria del diritto processuale civile". *In Problemi del processo civile*.

_____. "Parte o *capo* di sentenza". *In Riv. dir. proc.*, 1964.

_____. *Estudos sobre o processo civil brasileiro*. São Paulo, Bushatsky, 1976.

_____. "Limites objetivos da coisa julgada". *In Estudos sobre o processo civil brasileiro*.

_____. "Os limites da jurisdição brasileira". *In Estudos sobre o processo civil brasileiro*.

_____. "Limites da coisa julgada em matéria de imposto". *In Estudos sobre o processo civil brasileiro*.

LOPES DE SÁ, A. *Dicionário de contabilidade*. 9ª ed. São Paulo, Atlas, 1995 (em coop. com A. M. Lopes de Sá).

LOPES DE SÁ, A. M. *Dicionário de contabilidade*. 9ª ed. São Paulo, Atlas, 1995 (em coop. com A. Lopes de Sá).

LUCON, Paulo Henrique dos Santos. *Embargos à execução*. 2ª ed. São Paulo, Saraiva, 2001.

LUHMANN, Niklas. *Legitimação pelo procedimento*. Brasília, Ed. UnB, 1980 (trad. brasileira de Maria da Conceição Corte-Real).

MACHADO, Hugo de Brito. "Algumas questões de processo administrativo tributário". *In Processo administrativo tributário* (nova série, n. 5), coord. Ives Gandra da Silva Martins. Ed. RT, 1999.

MACHADO GUIMARÃES, Luiz Macedo Soares. "Preclusão, coisa julgada, efeito preclusivo". *In Estudos de direito processual civil*. Rio de Janeiro, Jurídica Universitária, 1969.

MAGALHÃES GOMES FILHO, Antônio. *Sobre o direito à prova no processo penal*. São Paulo, Ed. RT, 1999.

MALATESTA, Nicolò Framarino dei. *La logica delle prove in materia criminale*. Turim, Utet, 1895.

MANCUSO, Rodolfo de Camargo. *Manual do consumidor em juízo*. 4ª ed. São Paulo, Saraiva, 2007.

_____. *Interesses difusos*. São Paulo, Ed. RT, 1988.

_____. *Recurso extraordinário e recurso especial*. 10ª ed. São Paulo, Ed. RT, 2007.

MARCATO, Antonio Carlos. *Ação de consignação em pagamento*. 6ª ed. São Paulo, Malheiros Editores, 2001.

MARINONI, Luiz Guilherme. "Novidades sobre a tutela antecipatória". *In RePro* 69.

MARIZ DE OLIVEIRA, Ricardo. "Processo administrativo tributário". *In Processo Administrativo Tributário* (nova série, n. 5), coord. Ives Gandra da Silva Martins. Ed. RT, 1999.

MARQUES, Cláudia Lima. *Contratos no Código de Defesa do Consumidor*. 4ª ed. São Paulo, Ed. RT, 2005.

_____. "Superação das antinomias pelo diálogo das fontes". *In Revista de direito do consumidor* 51/34.

MARQUES, José Frederico. *Instituições de direito processual civil*, II. 3ª ed. Rio de Janeiro, Forense, 1971.

_____. *Manual de direito processual civil*. São Paulo, Saraiva, 1974.

MARTINETTO, Giuseppe. *Gli accertamenti degli organi esecutivi*. Milão, Giuffrè, 1963.

_____. "Il giudice dell'esecuzione". *In L'espropriazione forzata*. Turim, Utet, 1988 (obra coletiva – integra a coletânea *Giurisprudenza sistematica del diritto processuale civile*, coord. Andrea Proto Pisani).

MARTINS, Sérgio Pinto. "Competência da Justiça do Trabalho para julgar questões relativas a relações de trabalho". In *Repertório de jurisprudência IOB* 9/2005.

MAST, André. *Précis de droit administratif belge*. Bruxelas-Gant, Editions Scientifiques, 1966.

MAXIMILIANO, Carlos. *Hermenêutica e interpretação do direito*. 19ª ed. Rio de Janeiro, Forense, 2003.

MAZZILLI, Hugo Nigro. *Manual do promotor de justiça*. São Paulo, Saraiva, 1987.

_____. *A defesa dos interesses difusos em juízo*. 11ª ed. São Paulo, Saraiva, 1999.

_____. *O inquérito civil*. São Paulo, Saraiva, 1999.

MEDAUAR, Odete. *A processualidade no direito administrativo*. 2ª ed. São Paulo, Ed. RT, 2008.

MEDINA, José Miguel Garcia. *O dogma da coisa julgada*. São Paulo, Ed. RT, 2003 (em coop. com Teresa Arruda Alvim Wambier).

MEIRELLES, Hely Lopes. *Direito administrativo brasileiro*. 24ª, 26ª e 36ª e 40ª ed. São Paulo, Malheiros Editores, 1999, 2001, 2010 e 2014.

_____, WALD, Arnoldo, e MENDES, Gilmar Ferreira. *Mandado de segurança e ações constitucionais*. 35ª ed. São Paulo, Malheiros Editores, 2013.

MENDES, Gilmar Ferreira. *Jurisdição constitucional*. 4ª ed. São Paulo, Saraiva, 2004.

MENDES DE ALMEIDA, Joaquim Canuto. *A contrariedade na instrução criminal*. São Paulo, 1937.

MENDONÇA LIMA, Alcides de. *Introdução aos recursos cíveis*. São Paulo, Ed. RT, 1976.

_____. *Comentários ao Código de Processo Civil*, VI, t. I. Rio de Janeiro, Forense, 1974.

MENESTRINA, Francesco. *La pregiudiciale nel processo civile*. Milão, Giuffrè, 1965.

MICHELI, Gian Antonio. *L'onere della prova*. Pádua, Cedam, 1966 (reimpr.).

MILARÉ, Édis. *A ação civil pública na nova ordem constitucional*. São Paulo, Saraiva, 1990.

_____. *A ação civil pública e a tutela jurisdicional dos interesses difusos*. São Paulo, Saraiva, 1984 (em coop. com Antonio Augusto Mello de Camargo Ferraz e Nelson Nery Júnior).

MONACCIANI, Luigi. *Azione e legittimazione*. Milão, Giuffrè, 1951.

MONIZ DE ARAGÃO, Egas Dirceu. *Comentários ao Código de Processo Civil*, II. 2ª ed. Rio de Janeiro, Forense, 1976.

MONTESANO, Luigi. *Le tutele giurisdizionali dei diritti*. Bari, Cacucci, 1991.

MORAES, Walter. *Sociedade civil estrita*. São Paulo, Ed. RT, 1986.

MORELLI, Gaetano. *Diritto processuale civile internazionale*. 2ª ed. Pádua, Cedam, 1954.

MORELLO, Augusto Mario. *Dinámica del contrato*. La Plata, Platense, 1985.

MOTA DE SOUZA, Carlos Aurélio. *Poderes éticos do juiz*. Porto Alegre, Fabris, 1987.

MUKAI, Toshio. *O Estatuto jurídico das licitações e contratos administrativos*. São Paulo, Saraiva, 1988.

NEGRÃO, Theotonio. *Código de Processo Civil e legislação processual em vigor*. 41ª ed. São Paulo, Saraiva, 2009 (em coop. com José Roberto Ferreira Gouvêa).

NERY JÚNIOR, Nelson. *Teoria geral dos recursos*. 6ª ed. São Paulo, Ed. RT, 2004.

_____. *A ação civil pública e a tutela jurisdicional dos interesses difusos*. São Paulo, Saraiva, 1984 (em coop. com Antonio Augusto Mello de Camargo Ferraz e Édis Milaré).

_____. "O Ministério Público e sua legitimação para a defesa do consumidor em juízo". *In Justitia* 54.

NEVES, Celso. *Coisa julgada civil*. São Paulo, Ed. RT, 1971.

NICKLES, Steve H. *Consumer Law in a nutshell* (em coop. com David G. Epstein). 2ª ed. St. Paul, Minn. West Pub. Co., 1981.

NUNES, Hélio da Silva. "Incorporação e a concordata preventiva". *In Revista de Direito Mercantil* 73.

PAZZAGLINI FILHO, Marino. *Improbidade administrativa*. 2ª ed. São Paulo, Atlas, 1997 (em coop. com Márcio Fernando Elias Rosa e Waldo Fazzio Júnior).

PIMENTEL, Bernardo. *Introdução aos recursos cíveis e à ação rescisória*. Brasília, Brasília Jurídica, 2000.

PINTO, Nelson Luiz. *O recurso especial para o STJ*. 2ª ed. São Paulo, Malheiros Editores, 1996.

PINTO FERREIRA, Luís. *Comentários à Constituição brasileira*, I. São Paulo, Saraiva, 1989.

PIZZORUSSO, Alessandro. *Corso di diritto comparato*. Milão, Giuffrè, 1983 (reimpr.).

PONTES DE MIRANDA, Francisco Cavalcanti. *Tratado da ação rescisória das sentenças e de outras decisões*. 5ª ed. Rio de Janeiro, Forense, 1976.

_____. *Tratado de direito privado*. 3ª ed. São Paulo, Ed. RT, 1980 (reimpr.).

_____. *Comentários ao Código de Processo Civil* [de 1939]. Rio de Janeiro, Forense, 1958.

RÁO, Vicente. *O direito e a vida dos direitos*, I. São Paulo, Max Limonad, 1952.

REALE, Miguel. *Filosofia do direito*. 2ª ed. São Paulo, Saraiva, 1957.

_____. *Teoria tridimensional do direito*. São Paulo, Saraiva, 1968.

RECASÉNS SICHES, Luís. *Tratado general de filosofía del derecho*. 9ª ed. México, Porrúa, 1986.

REDENTI, Enrico. *Il giudizio civile con pluralità di parti*. Milão, Giuffrè, 1960 (reimpr.).

REIS, José Alberto dos. *Comentários ao Código de Processo Civil*. Coimbra, Coimbra Editora, 1945.

REQUIÃO, Rubens. "Considerações jurídicas sobre os centros comerciais (*shopping centers*) no Brasil". *Shopping centers – aspectos jurídicos*. São Paulo, Ed. RT, 1994 (obra coletiva).

RESCIGNO, Pietro. *Manuale del diritto privato italiano*. 2ª ed. Nápoles, Jovene, 1975.

RICCI, Jean-Claude. *Contentieux administratif*. 6ª ed. Paris, Dalloz, 1994 (em coop. com Charles Debbasch).

RIVERO, Jean. *Droit administratif*. 15ª ed. Paris, Dalloz, 1995 (em coop. com Jean Waline).

RODRIGUES, Sílvio. *Direito civil – responsabilidade civil*. 13ª ed. São Paulo, Saraiva, 1993.

ROGNONI, Virginio. *Condanna generica e provvisionale ai danni.* Milão, Giuffrè, 1961.

_____. *La condanna in futuro.* Milão, Giuffrè, 1958.

ROSA, Márcio Fernando Elias. *Improbidade administrativa.* 2ª ed. São Paulo, Atlas, 1997 (em coop. com Marino Pazzaglini Filho e Waldo Fazzio Júnior).

ROSENBERG, Leo. *Zivilprozeßrecht.* 10ª ed. Munique-Berlim, Beck'sche, 1969 (atualizador: Karl Heinz Schwab).

RUFFOLO, Ugo. *La tutela individuale e collettiva del consumatore.* Milão, Giuffrè, 1985.

SAMPAIO DÓRIA, Antonio Roberto. *Direito constitucional tributário e due process of law.* 2ª ed. Rio de Janeiro, Forense, 1986.

_____. "Decisão administrativa: efeitos e revogabilidade – coisa julgada: limites objetivos em matéria fiscal". *In RT* 363.

SANDRONI, Paulo. *Novíssimo dicionário de economia.* 11ª ed. São Paulo, Best Seller, 2003.

SANDULLI, Aldo. *Manuale di diritto amministrativo.* 12ª ed. Nápoles, Jovene, 1974.

_____. "Legge (diritto costituzionale)". *In Novissimo digesto italiano,* IX. Turim, Utet, 1963.

SATTA, Salvatore. *Diritto processuale civile.* 7ª ed. Pádua, Cedam, 1967.

SCALISI, Vincenzo. "Inefficacia (diritto privato)". *In Enciclopedia del diritto,* XXI. Milão, Giuffrè, 1971.

SCHÖNKE, Adolf. "Rechtsschutzbedürfnis". *In Riv. dir. proc.*, 1948 (trad.: "Bisogno di tutela giuridica?").

SCHWAB, Karl Heinz (atualizador). *Zivilprozessrecht* (de Leo Rosenberg). 10ª ed. Munique-Berlim, Beck'sche, 1969.

SCIALOJA, Vittorio. *Lezioni di procedura civile romana.* Roma, Pollotta, 1894.

SEABRA FAGUNDES, Miguel. *O controle dos atos administrativos pelo Poder Judiciário.* 5ª ed. Rio de Janeiro, Forense, 1979.

_____. "A coisa julgada no direito tributário". *In Rev, dir. tribut.* V, jul./1946.

SHIMURA, Sérgio Seiji. *Arresto cautelar.* 2ª ed. São Paulo, Ed. RT, 1997.

SILVA, José Afonso da. *Curso de direito constitucional positivo.* 37ª ed. São Paulo, Malheiros Editores, 2014.

SILVA, José Antônio Ribeiro de Oliveira. "Critério científico para a definição das relações de trabalho". *In Repertório de jurisprudência IOB* 22/2005.

SILVA, Ovídio Baptista da. *Do processo cautelar.* 2ª ed. Rio de Janeiro, Forense, 1999.

SILVA PEREIRA, Caio Mário da. *Instituições de direito civil,* I. 14ª ed. Rio de Janeiro, Forense, 1993.

_____. *Instituições de direito civil*, II. 10ª ed. Rio de Janeiro, Forense, 1990.

_____. *Instituições de direito civil*, III. 11ª ed. Rio de Janeiro, Forense, 2003.

_____. "'Shopping centers' – organização econômica e disciplina jurídica". *In Shopping centers – aspectos jurídicos*. São Paulo, Ed. RT, 1994 (obra coletiva).

Sousa, Rubens Gomes de. *Compêndio de legislação tributária*. São Paulo, Resenha Tributária, 1975.

_____. "A coisa julgada no direito tributário". *In Rev. dir. adm.* V, jul./1946.

Stolfi, Giuseppe. *Teoria del negozio giuridico*. Pádua, Cedam, 1947 (trad. de Jaime Santos, *Teoría del negocio jurídico*. Madri, Editorial Revista de Derecho Privado, 1959).

Talamini, Eduardo. *Novos aspectos da jurisdição constitucional brasileira: repercussão geral, força vinculante, modulação dos efeitos do controle de constitucionalidade e alargamento do objeto do controle direto* (tese). São Paulo, s/edit., 2008.

Taruffo, Michele. *La motivazione della sentenza civile*. Pádua, Cedam, 1975.

_____. "Il diritto alla prova nel processo civile". *In Riv. dir. proc.*, 1984.

_____. *American civil procedure*. New Haven e Londres, Yale University Press, 1993 (em coop. com Geoffrey C. Hazard Jr.).

Tarzia, Giuseppe. *Il litisconsorzio facoltativo nel processo di primo grado*. Milão, Giuffrè, 1972.

_____. "Introduzione". *In Il nuovo processo cautelare* (obra coletiva coordenada por Giuseppe Tarzia). Pádua, Cedam, 1993.

Theodoro Júnior, Humberto. *Curso de direito processual civil*, I. 40ª ed. Rio de Janeiro, Forense, 2003.

_____. *Processo de execução*. 6ª ed. São Paulo, Leud, 1961.

_____. "As nulidades no Código de Processo Civil". *In RePro* 30.

_____. "Execução de sentença – iniciativa do devedor – interpretação de sentença". *In Revista Jurídica* 299, 2002.

Thorndike-Barnhart. *Handy pocket dictionary*. Garden City (NY), Permabooks, 1951.

Tondo, Salvatore. "Invalidità e inefficacia del negozio giuridico". *In Novissimo digesto italiano*, VIII. Turim, Utet, 1962.

Tornaghi, Hélio. *Comentários ao Código de Processo Civil*. 2ª ed. São Paulo, Ed. RT, 1976-1978.

Torrente, Andrea. *Manuale di diritto privato*. 13ª ed. Milão, Giuffrè, 1990 (obra atualizada por Piero Schlesinger).

TRIMARCHI, Pietro. *Istituzioni di diritto privato*. 9ª ed. Milão, Giuffrè, 1991.

TROCKER, Nicolò. *Processo civile e costituzione*. Milão, Giuffrè, 1974.

TUCCI, José Rogério Cruz e. *A motivação da sentença no processo civil*. São Paulo, Saraiva, 1987.

TUCCI, Massimo. *Giudice civile e affievolimento del diritto soggettivo*. Milão, Giuffrè, 1991.

VELLOSO FILHO, Carlos Mário. "A indisponibilidade de bens na Lei 8.429, de 1992". *In Improbidade administrativa*. São Paulo, Malheiros Editores, 1995.

VERARDI, Carlo Maria. "Riflessioni introduttive – la protezione del consumatore tra strumenti di tutela individuale ed azione collettive". Estudo integrante da coletânea *La tutela collettiva dei consumatori*. Roma-Benevento-Milão, Edizione Scientifiche Italiana, 1995.

VERDE, Filippo. *Il sequestro nel diritto processuale civile*. 2ª ed. Pádua, Cedam, 2003.

VERDE, Giovanni, *L'onere della prova nel processo civile*. Camerino, Universidade de Camerino, 1974.

VESCOVI, Enrique. "Antecedentes históricos de la casación". *In Temas de casación y recursos extraordinários*. La Plata, Platense, 1982.

VIDIGAL, Luís Eulálio de Bueno. "Do mandado de segurança". *In Direito processual civil*. São Paulo, Saraiva, 1965.

VIEIRA NETO, Manoel Augusto. *Ineficácia e convalidação do ato jurídico*. São Paulo, Max Limonad, s/d.

VIOLANTE, Luciano. *Magistrati*. Turim, Einaudi, 2009.

VIVANTE, Cesare. *Instituições de direito comercial*. São Paulo, Tip. Teixeira, 1928.

WACH, Adolf. *Der Feststellungsanspruch*. Leipzig, Duncker-Humblot, 1889 (trad. arg. de Sentís Melendo: *La pretensión de declaración*. Buenos Aires, Ejea, 1962).

WALINE, Marcel. *Traité élémentaire de droit administratif*. 5ª ed. Paris, 1950.

_____. *Droit administratif*. 15ª ed. Paris, Dalloz, 1994 (em coop. com Jean Rivero).

WAMBIER, Luiz Rodrigues. *Liqüidação de sentença*. 2ª ed. São Paulo, Ed. RT, 2000.

WAMBIER, Teresa Arruda Alvim. *O dogma da coisa julgada*. São Paulo, Ed. RT, 2003 (em coop. com José Miguel Garcia Medina).

_____. *Recurso especial e recurso extraordinário e ação rescisória*. 2ª ed. São Paulo, Ed. RT, 2008.

WATANABE, Kazuo. *Controle jurisdicional e mandado de segurança contra atos judiciais*. São Paulo, Ed. RT, 1980.

_____. "Da defesa do consumidor em juízo – disposições gerais". *In Código Brasileiro de Defesa do Consumidor*. 9ª ed. Rio de Janeiro, Forense Universitária, 2007.

_____. "Tutela jurisdicional dos interesses difusos: a legitimação para agir". *In A tutela dos interesses difusos*. São Paulo, Max Limonad, 1988 (em coop.).

WHITAKER, José Maria. *Letra de câmbio*. São Paulo, Saraiva, 1928.

YARSHELL, Flávio Luiz. *Ação rescisória: juízos rescindente e rescisório*. São Paulo, Malheiros Editores, 2005.

ZAVASCKI, Teori Albino. *Título executivo e liqüidação*. São Paulo, Ed. RT, 1999.

_____. "Antecipação de tutela e colisão de direitos fundamentais". *In Ajuris* 64.

* * *

00941

GRÁFICA PAYM
Tel. (11) 4392-3344
paym@terra.com.br